TIANJIN
EDUCATIONAL YEARBOOK

2022
天津教育年鉴

天津市教育委员会　编

天津出版传媒集团
天津人民出版社

图书在版编目(CIP)数据

天津教育年鉴.2022 / 天津市教育委员会编. -- 天
津：天津人民出版社, 2023.10
ISBN 978-7-201-19921-4

Ⅰ.①天… Ⅱ.①天… Ⅲ.①地方教育－教育事业－
天津－2022－年鉴 Ⅳ.①G527.21-54

中国国家版本馆CIP数据核字(2023)第206833号

天津教育年鉴(2022)
TIANJIN JIAOYU NIANJIAN(2022)

出　　版　天津人民出版社
出 版 人　刘　庆
地　　址　天津市和平区西康路35号康岳大厦
邮政编码　300051
邮购电话　(022)23332469
电子信箱　reader@tjrmcbs.com

策划编辑　安练练
责任编辑　李　荣
封面设计　汤　磊

印　　刷　天津新华印务有限公司
经　　销　新华书店
开　　本　889毫米×1194毫米　　1/16
印　　张　48
插　　页　22
字　　数　1600千字
版次印次　2023年10月第1版　2023年10月第1次印刷
定　　价　230.00元

编辑说明

《天津教育年鉴》是由天津市教育委员会主持，市、区教育部门及各类学校共同参与编辑的大型专业性资料工具书。1999年开始，每年出版一卷。具有信息资料权威准确、信息资料全面系统、信息资料连续可比、信息资料查检便捷、出版及时等特点。

《天津教育年鉴》以马克思列宁主义、毛泽东思想、邓小平理论、"三个代表"重要思想、科学发展观、习近平新时代中国特色社会主义思想为指导，全面、系统、翔实地记载天津市教育系统基本情况，为社会各界及海外人士了解、研究天津教育提供基本资料。

本年鉴采用分类编辑法，主体内容分类目、分目、条目三个结构层次。不同层次标题的字体、字号有明显区别，全书条目标题统一用黑体字加【 】表示。

本卷年鉴主要记载天津市2021年教育发展的基本情况，设11个类目。为了更好地方便读者使用，更好地发挥年鉴的作用，检索系统包括中英文目录和主题索引，并附全文检索光盘，方便读者查阅。

本卷年鉴基本框架保持稳定，部分内容进行了调整。取消领导讲话、政策文件、提案议案类目，取消综合管理类目中的教育团体分目，新增附录类目，大事记类目由卷末调整到卷首，各级各类学校类目高等学校分目中新增天津传媒学院、天津仁爱学院两所学校。

本卷年鉴采用的稿件原件由各入鉴单位提供，数据因统计口径不同造成不一致的，一般以教委财管中心提供的教育统计类目数据为准。

4月8日，天津市委常委、市委宣传部部长陈浙闽参加天津市实验中学高一7班"凝聚青春力量，传承百年信仰"党史学习教育主题班会

（天津市实验中学　供稿）

12月28日，天津市新时代学校劳动教育成果交流活动暨工作推动会在天津职业技术师范大学举行，揭牌成立天津市劳动教育师资培养培训中心、教学研究中心，组建大中小学劳动教育联盟。天津市委常委、市委教育工委书记王庭凯（右一）出席并讲话

（天津职业技术师范大学　供稿）

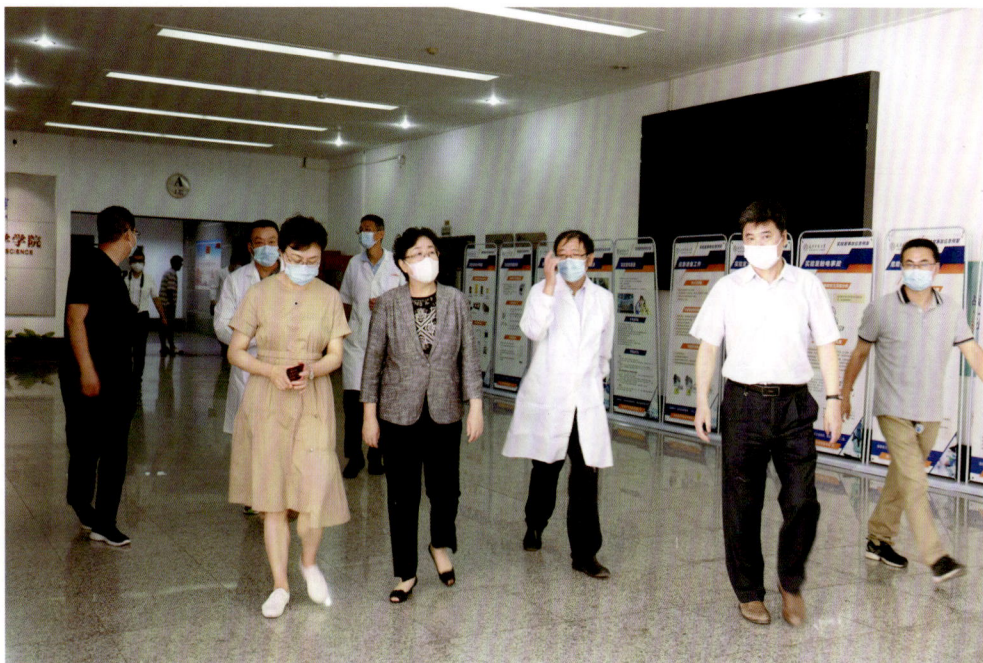

6月22日，天津市副市长曹小红（前左二）到天津商业大学调研并指导工作

（天津商业大学　供稿）

11月26日，天津市副市长李树起（左二）到天津城建大学调研并参观"革命丰碑——天津市红色旧址展览"，该展览获批成为天津市青少年实践教育基地

（天津城建大学　供稿）

11月26日，天津市委教育工委常务副书记、市教委主任荆洪阳（右一）到武清区杨村第一中学调研

（天津教育报刊社刘东岳　供稿）

10月17日，南开大学成立新闻与传播学院　　　　（南开大学　供稿）

10月19日，南开大学眼科学研究院成立 （南开大学 供稿）

南开大学代表队在第七届中国国际"互联网+"大学生创新创业大赛中获得3金2银5铜，南开大学获"青年红色筑梦之旅"赛道高校集体奖

（南开大学 供稿）

4月20日，天津市国家应用数学中心揭牌 （天津大学 供稿）

8月26日，由天津大学与津南区人民政府共建的天津大学津南医院举行揭牌仪式
（天津大学 供稿）

天津大学团队为"天问一号"火星探测器平稳着陆护航　（天津大学　供稿）

4月22日，中国民航大学与北京航空航天大学签署战略合作框架协议

（中国民航大学　供稿）

　　天津工业大学纺织科学与工程学院的研发团队为参加第二十四届冬季奥林匹克运动会的中国运动员和教练员设计开发可以实现电热保暖的头套、手套

（天津工业大学　供稿）

　　5月15日，第十六届"挑战杯"中国银行天津市大学生课外学术科技作品竞赛在天津科技大学举行

（天津科技大学　供稿）

12月20日，第一届全国博士后创新创业大赛在广东省佛山市落幕，天津理工大学团队获全国总决赛金奖

（天津理工大学　供稿）

5月29日，天津医科大学心血管疾病中心成立大会暨全国心血管科学高峰论坛在天津医科大学举行

（天津医科大学　供稿）

10月30日，现代中医药海河实验室揭牌仪式在天津中医药大学举行

（天津中医药大学　供稿）

12月18日，以"新需求、新理念、新路径——新时代国际中文教育高质量发展"
为主题的世界汉语教学学会第十四届国际中文教学研讨会在天津师范大学举行

（天津师范大学　供稿）

9月14日，天津市职业教育产教融合研究项目启动会暨"两院四中心"揭牌仪式在天津市教育科学研究院举行

（天津市教育科学研究院　供稿）

4月28日，埃塞俄比亚鲁班工坊揭牌仪式通过互联网云端技术在天津职业技术师范大学和埃塞俄比亚技术大学同步举行

（天津职业技术师范大学　供稿）

9月27—28日，天津外国语大学承办第七届全国对外传播理论研讨会

（天津外国语大学　供稿）

9月30日，天津商业大学与津南区人民政府共建"双碳"研究院正式成立

（天津商业大学　供稿）

6月28日，"百年华章"——天津美术学院庆祝中国共产党成立100周年主题作品展正式开展

（天津美术学院　供稿）

5月25日，2021年天津市职业教育活动周启动仪式在天津职业大学举行

（天津职业大学　供稿）

12月17日，天津医学高等专科学校金域检验学院、国药智惠民生药学院举行揭牌仪式

（天津医学高等专科学校　供稿）

天津轻工职业技术学院组织学院内天津市企业科技特派员教师在天津圣纳科技有限公司开展实践活动，为企业提供技术服务

（天津轻工职业技术学院　供稿）

12月3日，摩洛哥鲁班工坊启运仪式通过互联网云端技术在天津商务职业学院和摩洛哥阿伊阿萨尼应用技术学院同步举行

（天津商务职业学院　供稿）

12月，天津工艺美术职业学院师生参加全国交通安全日活动，学生们以涂鸦绘画形式创作宣传图

（天津工艺美术职业学院　供稿）

9月10日，天津城市职业学院幼儿教育产教融合实训与服务基地建设启动仪式在泰兴路校区举行

（天津城市职业学院　供稿）

6月8—11日，天津海运职业学院代表天津市高校参加2021年度全国军事课教学展示

（天津海运职业学院　供稿）

天津市第一商业学校为参建的非洲吉布提鲁班工坊购置安装了叉车模拟设备

（天津市第一商业学校　供稿）

12月25—26日，天津市第二届"海河工匠杯"技能大赛电气装置赛项、工业机械赛项、CAD机械设计赛项、数控车赛项、数控铣赛项在天津市机电工艺技师学院（天津市机电工业学校）开赛

（天津市机电工艺技师学院　供稿）

天津市仪表无线电工业学校（天津市电子信息技师学院）的工业机器人实训室

（天津市仪表无线电工业学校　供稿）

　　6月25日，天津市跨境电子商务示范园区暨天津开放大学跨境电商产业园揭牌仪式在天津开放大学举行

（天津开放大学　供稿）

4月24日，2021年度天津市中小学劳动技能大赛涉农组决赛在天津农学院西校区举行

（天津农学院　供稿）

4月，天津市南开中学与南开区五马路小学师生代表在南开中学英烈纪念碑前举行"弘扬英烈精神，奋进新时代"主题清明祭扫活动

（天津市南开中学　供稿）

11月16日，天津体育学院中国排球学院常务副院长、女排奥运冠军张娜一行到天津市第一中学开展排球专项课后服务

（天津市第一中学　供稿）

天津市新华中学与天津师范大学共同研发"水墨流光——伟大的雕版印刷术"体验课程

（天津市新华中学　供稿）

12月17日，天津市召开品牌高中建设项目培育学校建设启动会，并依托天津市教育科学研究院成立天津市品牌高中建设项目研究中心。图为天津市实验中学代表就"实验教育"品牌的创建思路及策略作典型发言

（天津市实验中学　供稿）

天津师范大学文学院国韵京剧社老师在天津中学授课　　（天津中学　供稿）

6月16日，甘肃省会宁县管理干部和骨干教师赴和平区挂职培训和考察学习启动会在和平区举行

（和平区教育局　供稿）

9月25日，天津市河东区太阳城学校代表队在2021世界机器人大赛青少年机器人设计大赛DOBOT智造大挑战——天津城市选拔赛中获初中组冠军，晋级国家级比赛

（河东区教育局　供稿）

7月1日，天津市南开区教育系统举行"在国旗下成长"庆祝中国共产党成立100周年主题升旗仪式

（南开区教育局　供稿）

天津市北辰区实验中学的学生们在化学实验室做实验（北辰区教育局　供稿）

10 月 21 日，天津海河教育园区南开学校的素质拓展课——轮滑

（津南区教育局　供稿）

11 月 24 日，天津市宝坻区第一中学线上举行市级高中英语精品教研活动

（宝坻区教育局　供稿）

5月，天津市实验小学开展"提高防灾减灾意识 增强互救避险技能"全国第13个防灾减灾日主题教育活动

（天津市实验小学　供稿）

天津市和平区岳阳道小学全员运动会上，400名学生共同表演"篮球活力操"

（和平区教育局　供稿）

　　10月16日，天津市河西区复兴小学与天津理工大学语言文化学院开展大中小思政一体化研究，理工大学的青年党员与复兴小学的大队辅导员共同为学生上思政课，传承红色基因

（河西区教育局　供稿）

　　12月20日，天津市文昌宫民族小学开展第十届津沽文化日活动

（红桥区教育局　供稿）

天津市西青区实验小学开展的课后服务——杨柳青年画彩绘课程

（西青区教育局　供稿）

11月25日，天津市武清区杨村光明道小学扎染社团作品展示

（武清区教育局　供稿）

8月9—20日，天津市蓟州区教育局在城区直属小学试行暑期校内托管服务工作。图为蓟州区第二小学学生活动现场　　　　（蓟州区教育局　供稿）

天津市河北区第八幼儿园的生活实践课堂 （河北区教育局 供稿）

6月，天津市河东区第一幼儿园组织"快乐木工坊"活动

（河东区教育局 供稿）

10月18日，天津市蓟州区第七幼儿园开展"运动悦童心，与国共成长"趣味体育游戏活动

（蓟州区教育局 供稿）

4月22日，天津市聋人学校对口帮扶保定市特殊教育中心项目签约仪式在天津市聋人学校举行

（天津市聋人学校　供稿）

6月15日，天津市教育两委举行庆祝中国共产党成立100周年"信仰的力量"天津市大中小学歌咏展演

（刘东岳　摄）

6月21日，庆祝建党100周年天津市老年人大学专场汇报演出——舞蹈《映山红》

（天津市老年人大学　供稿）

天津市静海区中小学生体育节开幕式上的舞狮表演

（静海区教育局　供稿）

天津市和平区哈密道小学的学生们在元旦联欢会上与机器人一同舞蹈

（和平区教育局　供稿）

9月，新建成的天津市东丽区华诚中学投入使用 　　（东丽区教育局　供稿）

8月，天津市北辰区实验中学新校区投入使用 　　（北辰区教育局　供稿）

目 录

CONTENTS

大事记
Educational Events

大事记 ································ 1

综合管理
Comprehensive Administration

综合工作 ································9
Comprehensive Work

天津教育改革发展情况 ·······9

教育协作支援 ····················10

结对帮扶 ···························10

全国推广普通话宣传周 ·······10

经典诵读 ···························11

语言文字推广基地建设 ·······11

民族教育 ···························11

德育工作 ································11
Moral Education

党史主题教育 ····················11

"四史"教育 ······················11

创新实践育人载体 ···············11

学生心理健康教育 ···············12

提升学校家庭共育水平 ·······12

提升思想政治队伍质量 ·······12

中职德育工作 ····················12

高校助学贷款 ····················13

资助育人 ···························13

学生资助 ···························13

普通高校学生先进个人和集体评审 ···13

高校毕业生就业创业 ···········13

大学生创业和众创空间建设 ······14

就业创业课程建设 ···············14

网络思政课建设 ·················14

开设习近平新时代中国特色社会主义

    思想课程 ·······················14

高校思政课教学质量评价 ·······14

全国思政课名师工作室建设 ······14

多名专家入选全国高校思政课教指委 ···14

法治建设 ································15
Rule of Law

法制审核及行政应诉 ···········15

普法工作 ···························15

政务服务 ···························15

人事管理 ································16
Personnel Administration

人才工程 ···························16

人才创新创业联盟建设 ·······16

规范机构编制管理 ···············16

教师职称评价改革 ···············16

职称评审监管 ·················16
教师招聘 ·················17
公费师范生 ·················17
教师资格认定 ·················17
免试认定改革 ·················17
"十四五"基础教育教师队伍建设项目 ·················17
中小学教师继续教育 ·················17
"国培计划"项目 ·················17
乡村教师队伍建设 ·················18
学科骨干教师认定管理 ·················18
区域内交流轮岗 ·················18
援派干部教师管理 ·················18
中小学教育惩戒规则 ·················18
减轻中小学教师负担 ·················18
评选首批教育世家 ·················18
评选巾帼先进 ·················19
评选黄大年式教师团队 ·················19
严肃查处师德失范行为 ·················19
师德师风建设 ·················19
纪念章发放 ·················20

计划财务
·················20

Planning and Financial Affairs

天津市教育现代化"十四五"规划 ·················20
推进教育乡村振兴 ·················20
签订《"十四五"时期京津冀教育协同发展总体
框架协议》 ·················20
京津冀高校深度对接协同发展 ·················20
北京协和医学院天津校区建设 ·················20
助力雄安新区发展建设 ·················21
教育评价改革 ·················21
教育事业统计 ·················21
统筹制定院校招生计划 ·················21
中央财政支持地方高校发展专项资金项目 ·················22
高校债务管理 ·················22
民办高校收费市场化改革 ·················22
中小学课后服务收费标准 ·················22
天津市教育委员会财务与资产管理中心概况
·················22
财务管理 ·················23
事业统计 ·················23

基本建设
·················23

Fundamental Construction

高校基础设施建设 ·················23
义务教育学位建设 ·················23
校园食品安全守护行动 ·················24
学校食堂"互联网+明厨亮灶"100%全覆盖 ·················24
车辆安全管理 ·················24
天津教育信息化"十四五"规划 ·················24
高等院校智慧校园建设 ·················24
推进"三个课堂"应用 ·················24
智慧教育建设与应用 ·················24

审计工作
·················25

Audit

审计工作概况 ·················25
完善内部审计制度 ·················25
履行审计监督职责 ·················25

科研工作
·················25

Scientific Research

学位授权审核 ·················25
学位授权点动态调整 ·················25
服务产业特色学科群 ·················26
全国高校研究生"双百"创建 ·················26
研究生课程思政建设 ·················26
专业学位研究生联合培养基地评估 ·················26
硕士学位论文抽检 ·················26
研究生科研项目 ·················26
研究生教育改革案例 ·················26

公共管理硕士专业学位研究生（MPA）案例
　　大赛 …………………………………………26
规范所属企业管理 ……………………………27
知识产权工作 …………………………………27
科学技术奖 ……………………………………27
大学科技园 ……………………………………27
科普活动 ………………………………………28
科研计划专项任务项目（科学普及教育）………28

教育交流与合作 ……………………………28
Communication and Cooperation in Education

天津音乐学院茱莉亚研究院和天津茱莉亚
　　学院 …………………………………………28
汉语国际教育 …………………………………28
中外合作办学 …………………………………28
外籍人员子女就学 ……………………………29
外国留学生教育 ………………………………29
港澳台教育交流 ………………………………29
引进国外智力 …………………………………29

实验室建设 …………………………………29
Laboratory

海河实验室 ……………………………………29
虚拟教研室试点建设 …………………………29
高校实验室信息统计数据报送 ………………29

体育卫生与艺术教育 …………………30
Physical, Public Health and Art Education

体美劳教育改革 ………………………………30
出台《天津市关于全面加强和改进新时代学校
　　体育工作的若干措施》及相关配套文件 ……30
提升体育场地面积 ……………………………30

第十四届全国学生运动会 ……………………30
国家学生体质健康数据上报及国家抽测复核
　　………………………………………………31
学生体质健康标准测试 ………………………31
学校体育工作年度报告 ………………………31
中小学生体质健康管理 ………………………31
"我运动、我健康"活动 ………………………31
"排球之城"建设 ………………………………31
制定中小学生寒暑假体育指南及体美劳作业
　　方案 …………………………………………31
儿童青少年近视防控 …………………………31
重点传染病防控 ………………………………32
应急救护工作 …………………………………32
疫情防控 ………………………………………32
"信仰的力量"歌咏展演 ………………………33
"沽上四季"童声合唱工程 ……………………33
学生管乐展演 …………………………………33
天津市学校文艺展演 …………………………33
劳动技能大赛 …………………………………33
全国中小学劳动教育实验区 …………………34
劳动周活动 ……………………………………34
劳动教育课程改革 ……………………………34
中小学生劳动教育实践基地 …………………34
中小学生"庆丰收、感党恩"主题劳动教育
　　活动 …………………………………………34
遴选劳动教育典型案例 ………………………34
印发《关于推进天津市中小学劳动教育的
　　方案》 ………………………………………34
中小学劳动教育主题日 ………………………35
新时代天津市劳动教育成果交流与工作推动
　　系列活动 ……………………………………35

后勤安全 ……………………………………35
Logistics and Security

天津市教育委员会教育综合服务中心概况 ……35

新闻舆情 ················· 35

校舍管理 ················· 35

食品安全 ················· 36

校服管理 ················· 36

校园安全专项整顿 ············· 36

预防和治理校园欺凌 ··········· 36

预防中小学生溺水教育专项督导检查 ···· 36

防范电信网络诈骗工作 ··········· 37

创建"无诈"校园反诈知识答题活动 ···· 37

道路交通安全隐患集中整治工作 ······ 37

招生考试 ················· 37
Admissions and Examinations

普通高考基本情况 ············ 37

春季招生基本情况 ············ 38

研究生考试基本情况 ··········· 38

高中学业水平合格性考试基本情况 ···· 38

疫情防控常态化下各类考试 ······· 38

普通高考报名政策调整 ········· 38

中考招生录取 ·············· 39

"绿色考试"模式探索 ·········· 39

高等教育自学考试专业计划管理 ····· 39

疫情状态下的自学考试 ········· 39

自学考试助学管理 ············ 39

自学考试服务 ·············· 39

京津冀自学考试协同发展 ········ 40

社会考试概况 ·············· 40

社会考试报考规模大增 ········· 40

教育督导 ················· 40
Educational Supervision

教育督导机制改革 ············ 40

市区两级政府履行教育职责评价 ····· 41

"五项管理"和"双减"专项督导 ···· 41

各类教育专项督导 ············ 41

学前教育普及普惠督导评估 ······· 41

幼儿园办园行为督导评估 ········ 42

义务教育优质均衡发展督导评估 ····· 42

国家义务教育质量监测 ········· 42

机关建设 ················· 42
Construction of Administration Organs

"两优一先"评选表彰 ·········· 42

作风建设专项行动 ············ 42

党史学习教育 ·············· 43

教育报刊 ················· 43
Educational Press

天津教育报刊社概况 ··········· 43

提高意识形态质效 记录天津教育发展 ··· 43

回应教育热点关切 引领正确舆论导向 ··· 43

推动媒体融合创新 形成全方位传播矩阵 ·· 44

各级各类教育
Education of Different Levels

高等教育 ················· 45
Higher Education

综述 ·················· 45

课程思政建设 ·············· 46

"双万计划"建设 ············· 46

本科专业设置和调整 ··········· 46

新增专业评估 ·············· 46

教学团队和教学名师奖评选 ······· 46

新文科研究与实践 ············ 46

新农科建设 ··············· 46

中国国际"互联网+"大学生创新创业大赛 ·· 46

第十届中国大学生医学技术技能大赛

  总决赛 ……………………………… 47

首届全国高校教师教学创新大赛 ………… 47

第十四届全国大学生创新创业年会 ……… 47

构建大学生创新创业训练计划项目体系 …… 47

现代产业学院建设 ………………………… 47

高校附属医院专项治理整顿 ……………… 47

第二批国家级和市级一流课程建设 ……… 47

本科生优秀毕业设计(论文)评选 ………… 47

本科教学质量监控 ………………………… 48

全国教材建设奖 …………………………… 48

师范类专业认证 …………………………… 48

拔尖基地建设 ……………………………… 48

大学生学科竞赛 …………………………… 48

基 础 教 育

Basic Education

综述 ……………………………………… 49

学前教育工作专项考核 …………………… 50

学前教育宣传月 …………………………… 50

幼小衔接工作 ……………………………… 50

扩大普惠性学前教育资源供给 …………… 50

幼儿园游戏品质提升 ……………………… 50

幼儿园保教质量专项培训 ………………… 50

幼儿园三级监控系统巡查工作 …………… 50

"双减"工作 ……………………………… 51

基础教育优质教育资源辐射引领工程 …… 51

实施义务教育教学质量提升项目 ………… 51

落实"五项管理"工作 …………………… 51

乡村温馨校园建设 ………………………… 52

改进义务教育阶段学校考试管理机制 …… 52

提升课后服务质量 ………………………… 52

"品牌高中"建设 ………………………… 52

实施普通高中新课程新教材 ……………… 52

完善特殊教育保障机制 …………………… 52

职 业 教 育

Vocational Education

综述 ……………………………………… 53

职业教育大会 ……………………………… 53

启动新一轮部市共建 ……………………… 53

高职扩招 …………………………………… 53

"双高计划"建设 ………………………… 54

职业教育创优赋能项目建设 ……………… 54

高职院校课程思政建设 …………………… 54

职业教育活动周 …………………………… 54

鲁班工坊 …………………………………… 54

职业教育东西部协作 ……………………… 54

"1+X"证书制度试点 …………………… 55

退役军人技能培训 ………………………… 55

谋划布局"十四五"职业教育改革 ……… 55

继 续 教 育

Continuing Education

综述 ……………………………………… 55

疫情防控与继续教育教学 ………………… 56

学习型城市建设 …………………………… 56

终身教育研究计划项目 …………………… 56

高等学历继续教育拟招生专业填报 ……… 57

终身教育成果 ……………………………… 57

天津开放大学综合改革 …………………… 57

终身学习活动周 …………………………… 57

高等学历继续教育质量建设 ……………… 58

民 办 教 育

Non—government Education

综述 ……………………………………… 58

普惠性学前教育 …………………………… 58

独立学院转设 ……………………………… 58

民办义务教育专项工作 …………………… 58

社会组织管理 …………………… 59

规范民办学校办学行为 ………… 59

教育科研机构

Institution of Educational Science Research

天津市教育科学研究院 …………… 60

Tianjin Academy of Educational

Science

概况 ……………………………… 60

天津市教育科学规划课题工作 ……… 61

助推"双减"工作 ………………… 61

成立学生德育研究中心 …………… 61

天津市中小学教育惩戒规则实施细则研究 …… 61

成立教育评估研究中心 …………… 62

天津市 2021 年国家义务教育质量监测 ……… 62

天津市中小学"未来教育家行动计划" …… 62

三杰支持计划 …………………… 62

首发《天津市中小学生寒暑假体育、音乐、美术、

劳动教育作业方案》 ………… 62

"互联网+"精品教研展示活动 …… 62

"思政一体化"建设 ……………… 62

初中道德与法治教学实践研究 …… 63

中小学项目式学习案例征集和展示 …… 63

农村校教研帮扶 ………………… 63

建立幼小科学有效衔接联合教研长效机制 …… 63

天津市幼儿园游戏活动资源库建设 …… 63

天津市追求卓越幼教师资培训项目

(第二期) …………………… 64

服务特殊教育 …………………… 64

成立"两院四中心" ……………… 64

编制 2021 年天津市职业教育质量年度报告 …… 64

普通话水平测试工作 …………… 65

举办普通话水平专场测试 ………… 65

助力少数民族学好说好普通话 ……… 65

各区教育

Education in Districts

滨海新区 ……………………………… 66

Binhai New Area

概况 ……………………………… 66

教育经费收入与支出 …………… 66

师资队伍建设 …………………… 66

学校布局结构调整 ……………… 67

教育督导 ………………………… 67

共青团工作 ……………………… 67

学前教育 ………………………… 67

小学教育 ………………………… 68

中学教学管理视导 ……………… 68

品牌高中建设 …………………… 68

特殊教育 ………………………… 68

教育科研 ………………………… 68

校外教育培训机构监管 …………… 69

职业教育 ………………………… 69

社区教育 ………………………… 69

民办教育 ………………………… 69

劳动教育 ………………………… 69

学校阳光体育 …………………… 69

艺术教育 ………………………… 70

和平区 ………………………………… 70

Heping District

概况 ……………………………… 70

教育经费收入与支出 …………… 71

党史学习教育 …………………… 71

加强党对教育工作的全面领导 …… 71

意识形态工作 …………………… 72

落实全面从严治党主体责任 ……… 72

干部和教师队伍建设 ………………72

教科研工作 ………………………72

学前教育 …………………………72

幼小衔接 …………………………73

暑期托管服务 ……………………73

"双减"工作 ………………………73

"双新"示范区示范校建设 …………73

品牌高中建设 ……………………74

校外培训机构治理 ………………74

大中小思政一体化建设 …………74

心理健康教育 ……………………74

班主任队伍建设 …………………75

家校共育工作 ……………………75

法治教育 …………………………75

团队工作 …………………………75

阳光体育 …………………………75

美育工作 …………………………76

劳动教育 …………………………76

工会妇联工作 ……………………76

教育信息化建设 …………………76

教育督导 …………………………77

招生考试 …………………………77

东西部教育扶贫协作和支援合作 …77

安全管理 …………………………77

"互联网+明厨亮灶"建设 …………78

教育保障与服务 …………………78

河北区 ……………………………79

Hebei District

概况 ………………………………79

教育经费收入与支出 ……………79

教育教学改革 ……………………79

师资队伍建设 ……………………79

干部队伍建设 ……………………80

学校布局结构调整 ………………80

素质教育全面落实 ………………80

学生体质健康提升 ………………80

校园安全 …………………………80

幼儿园办园行为督评工作 ………80

落实"双减"要求 …………………81

职业教育终身教育 ………………81

思政教育社会实践基地授牌仪式 …81

市委常委、统战部部长冀国强到红光中学

看望藏族学生 …………………81

赴北京市石景山区教育委员会签约学访 …81

河北区教育系统领导干部系列培训交流

活动 ……………………………82

区领导慰问河北区教育系统一线教师 …82

河北区中小学劳动技能大赛 ……82

河东区 ……………………………83

Hedong District

概况 ………………………………83

教育经费收入与支出 ……………83

思政工作 …………………………84

体育美育劳动教育 ………………84

打造民办学前教育品牌 …………85

社区教育 …………………………85

学前教育 …………………………85

集团化办学 ………………………85

学区化办学 ………………………86

义务教育 …………………………86

高中特色发展 ……………………86

高中转学工作 ……………………86

特殊教育 …………………………86

河东区义务教育优质均衡发展稳步推进 …87

师德师风建设 ……………………87

东西部教育协作 …………………87

名师工作室 ………………………87

食品安全 …………………………88

教育资源建设 …………………88

党史学习教育 …………………88

加强精神文明建设 ……………88

民族团结教育 …………………88

安全稳定工作 …………………89

成立"双减"工作专班 …………89

"双减"工作会议 ………………89

区政务办设立"'双减'窗口" …89

学科类培训机构"营转非"工作 …………89

群团工作 ………………………90

天津市河东区天铁教育中心 ………90

Tiantie Education Center of Hedong District

概况 ……………………………90

党建工作 ………………………91

"双减"工作 ……………………91

河西区 ………………………91

Hexi District

概况 ……………………………91

教育经费收入与支出 …………93

党史学习教育 …………………93

干部教师队伍建设 ……………93

课后服务 ………………………93

校外培训机构治理 ……………94

构建大中小思政课一体化建设联盟 …………94

推进五项管理工作 ……………94

做强"活力阳光"体育品牌 ……94

建立"勤巧克俭"劳动品牌 ……95

加强教育督导工作 ……………95

创建"共学养老——榕树课堂" …95

智慧教育示范区创建 …………95

巩固教育帮扶成果 ……………96

完成教育系统国有企业公司制改革 …………96

筑牢校园安全防线 ……………96

南开区 ……………………………97

Nankai District

概况 ……………………………97

教育经费收入与支出 …………97

优化作业设计与作业管理 ……98

多措并举提升课后服务质量 …98

"公办—民办"幼儿园联动发展 …98

楷模精神育新人 ………………98

庆祝中国少年先锋队建队72周年主题大队会 ………………99

"百年行动"主题教育系列活动 …99

充分发挥督导作用 ……………99

教师队伍建设 …………………99

思政课改革创新 ………………99

"三位一体"助推劳动教育 ……100

教育资源布局调整 ……………100

红桥区 ……………………………100

Hongqiao District

概况 ……………………………100

教育经费收入与支出 …………101

招生工作 ………………………101

党史学习教育 …………………101

体美劳工作 ……………………101

与河西区教育合作 ……………101

民办校终止办学 ………………101

教育集团 ………………………102

教育资源布局规划 ……………102

教育协作 ………………………102

"双减"工作 ……………………102

教师队伍建设 …………………102

东丽区 ················103
Dongli District
概况 ················103
教育经费收入与支出 ················103
党史学习教育 ················103
师资队伍建设 ················104
编制《东丽区教育现代化"十四五"规划》 ···104
教育教学改革 ················104
中小学德育工作 ················105
美育、科技活动成果 ················105
学校体育 ················105
劳动教育 ················105
校外培训机构管理 ················105
学前教育 ················106
终身教育 ················106
疫情防控 ················106
校园安全 ················107

西青区 ················107
Xiqing District
概况 ················107
教育经费收入与支出 ················108
党建工作 ················108
优化教育资源布局 ················108
教育教学管理 ················109
"双减"工作 ················109
学前教育 ················109
体美劳教育 ················109
思政教育 ················110
教师队伍建设 ················110
校车试点运营 ················110
校园安全 ················110

津南区 ················111
Jinnan District
概况 ················111

教育经费收入与支出 ················111
学校布局调整 ················111
师资队伍建设 ················112
党史学习教育 ················112
师德师风专项治理 ················112
大中小幼思政课一体化建设 ················112
义务教育学区化办学 ················113
优质教育资源引进 ················113
教育教研 ················113
落实《深化新时代教育评价改革总体
    方案》 ················113
建立津南区教育科研课题管理平台 ···113
学前教育宣传月活动 ················113
劳动教育实验区建设启动会 ················113
第三轮现代化达标 ················114
校外培训机构治理 ················114

北辰区 ················115
Beichen District
概况 ················115
教育经费收入与支出 ················115
新课程改革 ················116
教师队伍建设 ················116
学校布局结构调整 ················116
信息化建设 ················116
东西部扶贫工作 ················116
京津冀教育联盟 ················117
校外培训机构管理 ················117
学前教育 ················117
义务教育优质均衡发展 ················118
成人教育 ················118
建党百年 ················118
思政工作 ················119
党建工作 ················119
心理健康教育 ················119
艺体工作 ················119
五项管理工作 ················120

平安校园建设 ……………………120

宝坻区
Baodi District

概况 ……………………………121
教育经费收入与支出 ………………121
教育教学改革 ………………………121
师资队伍建设 ………………………122
学校布局结构调整 …………………122
党史学习教育 ………………………122
开展"千百工程"治理校外培训机构 ……122
京津冀教育协同发展 ………………123
心理健康教育 ………………………123
巩固拓展脱贫攻坚成果同乡村振兴有效
　衔接 ……………………………123

武清区
Wuqing District

概况 ……………………………124
教育经费收入与支出 ………………125
教育教学改革 ………………………125
师资队伍建设 ………………………125
学校布局结构调整 …………………125
教育督导成效 ………………………126
实验区创建 …………………………126
集团化、学区化办学 ………………126
大中小幼思政一体化建设 …………126
文明校园创建 ………………………127
"互联网+明厨亮灶"工程 ……………127
劳动教育成果 ………………………127
艺体教育成果 ………………………127
"双减"政策落地见效 ………………128

蓟州区
Jizhou District

概况 ……………………………128

教育经费收入与支出 ………………129
机构改革 ……………………………129
教育教学成果 ………………………129
教育教学改革 ………………………129
学校布局结构调整情况 ……………129
师资队伍建设 ………………………129
疫情防控 ……………………………130
思政育人 ……………………………130
党史学习教育 ………………………130
体育 …………………………………130
美育 …………………………………130
劳动教育 ……………………………130
理想信念教育 ………………………131
心理健康教育 ………………………131
教育交流合作 ………………………131
暑期托管服务 ………………………131
"双减"工作 …………………………131
民心工程建设 ………………………131
东西部教育帮扶协作 ………………132

静海区
Jinghai District

概况 ……………………………132
教育经费收入与支出 ………………133
全面从严治党 ………………………133
党史学习教育 ………………………133
心理健康教育 ………………………133
体育工作 ……………………………134
学前教育 ……………………………134
课后服务 ……………………………134
科技教育 ……………………………134
队伍建设 ……………………………135
校外教育培训机构监管 ……………135
职业教育 ……………………………135
继续教育 ……………………………135
督导工作 ……………………………136
校园安全管理 ………………………136

宁河区 ……………………137
Ninghe District

概况 ………………………137

教育经费收入与支出 ……………137

教育教学改革 ………………137

师资队伍建设 ………………137

学校布局结构调整 …………138

德育工作 …………………138

体育工作 …………………138

美育、劳育工作 …………138

教育督导 …………………138

语言文字工作 ………………139

民族团结教育 ………………139

东西部教育帮扶 ……………139

学前教育 …………………139

义务教育 …………………140

普通高中教育 ………………140

老年教育 …………………140

社区教育创新发展 …………140

各级各类学校
Schools of Different Levels

高等学校 ……………………141
Higher Education Institutions

南开大学 ……………………141

概况 ………………………141

教育经费收入与支出 ……………142

党史学习教育 ………………142

中央巡视整改 ………………142

党建工作 …………………142

思想政治工作 ………………143

教育教学 …………………143

学科建设 …………………143

人才队伍建设 ………………143

科学研究 …………………143

社会服务 …………………144

交流与合作 ………………144

天津大学 ……………………144

概况 ………………………144

教育经费收入与支出 ……………145

教育教学改革 ………………145

师资队伍建设 ………………145

学科建设 …………………146

科学研究与社会服务 …………146

对外合作与交流 ……………146

推进治理体系和治理能力现代化 …147

校园文化建设 ………………147

党的建设 …………………147

中国民航大学 ………………147

概况 ………………………147

教育经费收入与支出 ……………148

本科层次教育教学 …………148

研究生层次教育教学 …………148

科技研究与社会服务 …………149

建校70周年庆祝活动 …………149

"十四五"规划纲要 …………149

"三全育人、五育并举"综合改革 …149

"五飞"新格局 ………………149

对外开放合作办学 …………150

天津工业大学 ………………150

概况 ………………………150

教育经费收入与支出 ……………151

教育教学 …………………151

科技研究和社会服务 …………151

庆祝中国共产党成立100周年 …152

党史学习教育 ………………152

学位授权点数量取得重大突破 …152

师资队伍建设 ………………152

招生实现突破 ………………153

成立"天工创新学院" …………153

天津科技大学 ………………153

概况 ……………………………………153

教育经费收入与支出 …………………153

疫情防控 ………………………………154

党建工作 ………………………………154

教育教学 ………………………………154

学科专业建设 …………………………155

师资队伍建设 …………………………155

学生工作 ………………………………156

科学研究 ………………………………156

服务社会 ………………………………157

天津理工大学 ………………………157

概况 ……………………………………157

教育经费收入与支出 …………………158

教育教学 ………………………………158

科技研究和社会服务 …………………158

师资队伍建设 …………………………159

国际交流 ………………………………159

提升办学条件 …………………………159

思想政治教育 …………………………159

党史学习教育 …………………………160

教风学风建设年 ………………………160

天津医科大学 ………………………160

概况 ……………………………………160

教育经费收入与支出 …………………161

师资队伍建设 …………………………161

教育教学 ………………………………161

学科建设与科学研究 …………………161

大学医院工作 …………………………162

合作与交流 ……………………………162

公共服务体系建设 ……………………162

党建与组织工作 ………………………162

学生工作 ………………………………163

疫情防控 ………………………………163

天医优秀文化传承发展 ………………163

天津中医药大学 ……………………163

概况 ……………………………………163

教育经费收入与支出 …………………164

办学治校 ………………………………165

教育教学改革 …………………………165

学科建设 ………………………………165

科研和社会服务 ………………………165

院士引领 ………………………………166

人才队伍建设 …………………………166

全面育人 ………………………………166

校园文化建设 …………………………166

思政改革 ………………………………166

对外教育与交流 ………………………167

新校区建设 ……………………………167

附属医院建设 …………………………167

疫情防控 ………………………………167

党建工作 ………………………………167

天津师范大学 ………………………168

概况 ……………………………………168

教育经费收入与支出 …………………169

教育教学改革 …………………………169

完善教师教育体制 ……………………169

加强内涵式发展 ………………………169

人才队伍建设 …………………………170

合作交流 ………………………………170

社会服务 ………………………………170

学校管理 ………………………………170

党建工作 ………………………………171

天津职业技术师范大学 ……………171

概况 ……………………………………171

教育经费收入与支出 …………………172

教育教学 ………………………………172

学科科研 ………………………………172

思政工作 ………………………………172

交流与合作 ……………………………173

深入学习贯彻落实习近平新时代中国特色

社会主义思想 ………………………173

党史学习教育 …………………………173

服务职业教育发展 ……………………173

推进人社部与天津市共建 ……………173

天津外国语大学 ……………………173
　　概况 ……………………………173
　　教育经费收入与支出 …………174
　　思政建设 ………………………174
　　干部队伍建设 …………………174
　　统战和巡察工作 ………………175
　　教育教学 ………………………175
　　科研与师资队伍建设 …………175
　　国际交流 ………………………176
　　社会服务 ………………………176
　　办学治校 ………………………176
天津财经大学 ……………………177
　　概况 ……………………………177
　　教育经费收入与支出 …………177
　　教育教学 ………………………177
　　学科建设 ………………………178
　　科研和社会服务 ………………178
　　市委常委、市委教育工委书记王庭凯
　　　到校调研指导 ………………178
　　副市长周德睿调研检查秋季开学和疫情防控
　　　工作 …………………………178
　　思想政治工作会议 ……………179
　　党史学习教育融入课程思政建设 …179
天津商业大学 ……………………179
　　概况 ……………………………179
　　教育经费收入与支出 …………179
　　党建和思政工作 ………………179
　　教育教学 ………………………180
　　学科建设 ………………………180
　　科学研究和社会服务 …………180
　　师资队伍建设 …………………180
　　管理制度改革 …………………181
　　校园建设 ………………………181
天津城建大学 ……………………181
　　概况 ……………………………181
　　教育经费收入与支出 …………182
　　教育教学 ………………………182

　　学科建设 ………………………182
　　科技研究与成果转化 …………182
　　人才队伍建设 …………………183
　　国际交流与合作 ………………183
　　校园文化建设 …………………183
　　内部治理 ………………………183
　　加强党的领导 …………………184
天津农学院 ………………………184
　　概况 ……………………………184
　　教育经费收入与支出 …………184
　　教育教学 ………………………185
　　体美劳教育 ……………………185
　　学科建设与研究生培养 ………185
　　招生与就业 ……………………185
　　科学研究与社会服务 …………186
　　师资队伍建设 …………………186
　　学生工作 ………………………186
　　党建工作 ………………………187
天津体育学院 ……………………187
　　概况 ……………………………187
　　教育经费收入与支出 …………188
　　党建工作 ………………………188
　　思政改革 ………………………188
　　教育教学改革 …………………188
　　学科建设 ………………………189
　　科研工作 ………………………189
　　师资队伍建设 …………………189
　　竞技体育 ………………………190
　　社会服务 ………………………190
天津美术学院 ……………………190
　　概况 ……………………………190
　　教育经费收入与支出 …………191
　　教育教学 ………………………191
　　学科建设与研究生培养 ………191
　　科研创作与服务社会 …………192
　　党建工作 ………………………192
　　师资队伍建设 …………………192

校区调整 …………………………193

学生工作 …………………………193

交流与合作 ………………………193

承办"庆祝中国共产党成立100周年

——中国·天津第二届公共艺术大展" ……193

举办"百年华章"——天津美术学院庆祝中国

共产党成立100周年主题作品展 ………194

大美之艺·厚德之行——2021天津美术学院

设计学类教师作品双年展 …………194

天津音乐学院 ………………………194

概况 ………………………………194

教育经费收入与支出 ……………194

教育教学 …………………………194

科研与研究生教育 ………………195

人才队伍建设 ……………………195

交流与合作 ………………………195

艺术实践与服务社会 ……………195

团学工作 …………………………195

党建工作 …………………………196

思政教育 …………………………196

服务保障 …………………………196

天津市大学软件学院 ………………196

概况 ………………………………196

教育经费收入与支出 ……………197

教育教学 …………………………197

学生工作 …………………………197

党建工作 …………………………198

校园管理 …………………………198

疫情防控 …………………………198

天软信创大学科技园 ……………198

天津中德应用技术大学 ……………198

概况 ………………………………198

教育经费收入与支出 ……………199

党建工作 …………………………199

思政工作 …………………………199

教育教学 …………………………200

一流应用技术大学建设 …………200

师资队伍建设 ……………………200

干部队伍建设 ……………………200

三大办学支柱 ……………………200

科研与社会服务 …………………201

帮扶援建 …………………………201

疫情防控 …………………………201

河北工业大学 ………………………202

概况 ………………………………202

教育经费收入与支出 ……………202

党建工作 …………………………202

学科建设 …………………………202

教育教学 …………………………203

科学研究 …………………………203

师资队伍建设 ……………………203

学生工作 …………………………203

对外交流合作 ……………………203

管理服务 …………………………204

天津天狮学院 ………………………204

概况 ………………………………204

教育经费收入与支出 ……………204

教学工作 …………………………204

教学质量监控 ……………………205

师资队伍建设 ……………………205

科研工作 …………………………205

学生工作 …………………………205

党建工作 …………………………206

国际交流合作 ……………………206

天津传媒学院 ………………………207

概况 ………………………………207

教育经费收入与支出 ……………207

人才队伍建设 ……………………207

实验室建设 ………………………208

思政教育 …………………………208

教育教学 …………………………208

科研与社会服务 …………………208

学生工作 …………………………208

团委工作 …………………………209

　　天津传媒学院揭牌仪式 ┈┈┈┈┈209

天津仁爱学院 ┈┈┈┈┈┈┈┈┈209
　　概况 ┈┈┈┈┈┈┈┈┈┈┈┈209
　　教育经费收入与支出 ┈┈┈┈┈210
　　教育教学 ┈┈┈┈┈┈┈┈┈┈210
　　科技研究和社会服务 ┈┈┈┈┈211
　　首次党员代表大会 ┈┈┈┈┈┈211
　　思政工作 ┈┈┈┈┈┈┈┈┈┈211
　　体美劳成果 ┈┈┈┈┈┈┈┈┈211

天津职业大学 ┈┈┈┈┈┈┈┈┈211
　　概况 ┈┈┈┈┈┈┈┈┈┈┈┈211
　　教育经费收入与支出 ┈┈┈┈┈212
　　教育教学 ┈┈┈┈┈┈┈┈┈┈212
　　基础设施建设 ┈┈┈┈┈┈┈┈212
　　技能大赛 ┈┈┈┈┈┈┈┈┈┈213
　　科技研究和社会服务 ┈┈┈┈┈213
　　重大项目申报与建设 ┈┈┈┈┈213
　　党的建设 ┈┈┈┈┈┈┈┈┈┈214
　　"双高计划"建设 ┈┈┈┈┈┈┈214
　　疫情防控 ┈┈┈┈┈┈┈┈┈┈214
　　鲁班工坊建设 ┈┈┈┈┈┈┈┈214
　　产业学院建设 ┈┈┈┈┈┈┈┈214

天津医学高等专科学校 ┈┈┈┈215
　　概况 ┈┈┈┈┈┈┈┈┈┈┈┈215
　　教育经费收入与支出 ┈┈┈┈┈215
　　党建工作 ┈┈┈┈┈┈┈┈┈┈215
　　教育教学 ┈┈┈┈┈┈┈┈┈┈216
　　科学研究 ┈┈┈┈┈┈┈┈┈┈216
　　社会服务与培训 ┈┈┈┈┈┈┈216
　　师资队伍建设 ┈┈┈┈┈┈┈┈217
　　学生工作 ┈┈┈┈┈┈┈┈┈┈217
　　校园建设 ┈┈┈┈┈┈┈┈┈┈217
　　国际化建设 ┈┈┈┈┈┈┈┈┈217
　　院校共建　产学共育 ┈┈┈┈┈218

天津电子信息职业技术学院 ┈┈218
　　概况 ┈┈┈┈┈┈┈┈┈┈┈┈218
　　教育经费收入与支出 ┈┈┈┈┈218

　　教育教学 ┈┈┈┈┈┈┈┈┈┈219
　　科研和社会服务 ┈┈┈┈┈┈┈219
　　举办论坛和讲堂 ┈┈┈┈┈┈┈219
　　国赛成绩 ┈┈┈┈┈┈┈┈┈┈219

天津交通职业学院 ┈┈┈┈┈┈220
　　概况 ┈┈┈┈┈┈┈┈┈┈┈┈220
　　教育经费收入与支出 ┈┈┈┈┈220
　　党史学习教育 ┈┈┈┈┈┈┈┈220
　　防疫常态管理 ┈┈┈┈┈┈┈┈221
　　国家级重点项目建设 ┈┈┈┈┈221
　　校企合作　产教融合 ┈┈┈┈┈221
　　社会服务 ┈┈┈┈┈┈┈┈┈┈221
　　资助育人 ┈┈┈┈┈┈┈┈┈┈222
　　平安校园建设 ┈┈┈┈┈┈┈┈222

天津轻工职业技术学院 ┈┈┈┈222
　　概况 ┈┈┈┈┈┈┈┈┈┈┈┈222
　　教育经费收入与支出 ┈┈┈┈┈223
　　教育教学 ┈┈┈┈┈┈┈┈┈┈223
　　科研与社会服务 ┈┈┈┈┈┈┈223
　　办学成果 ┈┈┈┈┈┈┈┈┈┈224

天津现代职业技术学院 ┈┈┈┈224
　　概况 ┈┈┈┈┈┈┈┈┈┈┈┈224
　　教育经费收入与支出 ┈┈┈┈┈225
　　教育教学 ┈┈┈┈┈┈┈┈┈┈225
　　科研和社会服务 ┈┈┈┈┈┈┈225
　　国家级职业教育无人机应用专业教师教学
　　　创新团队 ┈┈┈┈┈┈┈┈┈225

天津渤海职业技术学院 ┈┈┈┈226
　　概况 ┈┈┈┈┈┈┈┈┈┈┈┈226
　　教育经费收入与支出 ┈┈┈┈┈226
　　教育教学 ┈┈┈┈┈┈┈┈┈┈226
　　科研与社会服务 ┈┈┈┈┈┈┈227
　　集团化办学成果 ┈┈┈┈┈┈┈227
　　学生工作 ┈┈┈┈┈┈┈┈┈┈227
　　国际合作交流 ┈┈┈┈┈┈┈┈227
　　师资队伍建设 ┈┈┈┈┈┈┈┈228
　　信息化建设 ┈┈┈┈┈┈┈┈┈228

提升治理水平 ……………………228

校园文化建设 ……………………228

天津商务职业学院 …………………229

概况 …………………………………229

教育经费收入与支出 ……………229

教育教学 …………………………230

科技研究 …………………………230

社会服务 …………………………230

摩洛哥鲁班工坊"云揭牌" ………230

天津工程职业技术学院 …………230

概况 …………………………………230

教育经费收入与支出 ……………231

教育教学 …………………………231

科研和社会服务 …………………231

党建工作 …………………………232

天津滨海职业学院 …………………232

概况 …………………………………232

教学经费收入与支出 ……………233

教学工作 …………………………233

学生工作 …………………………233

科研和社会服务 …………………234

师资队伍建设 ……………………234

天津机电职业技术学院 …………234

概况 …………………………………234

教育经费收入与支出 ……………235

教育教学 …………………………235

科研和社会服务 …………………235

校企合作与产教融合 ……………236

天津国土资源和房屋职业学院 ……236

概况 …………………………………236

教育经费收入与支出 ……………236

教育教学 …………………………236

科研和社会服务 …………………237

国家首届职业技能大赛 …………237

学生工作 …………………………237

天津艺术职业学院 …………………237

概况 …………………………………237

教育经费收入与支出 ……………238

教育教学 …………………………238

科研和社会服务 …………………238

校园疫情防控 ……………………238

天津工艺美术职业学院 …………239

概况 …………………………………239

教育经费收入与支出 ……………239

教育教学 …………………………239

科研与社会服务 …………………240

党建工作 …………………………240

交流与创新 ………………………240

天津城市职业学院 …………………240

概况 …………………………………240

教育经费收入与支出 ……………241

教育教学 …………………………241

科研工作 …………………………241

社会服务 …………………………242

创优赋能高水平高职院校 ………242

幼儿教育产教融合实训与服务基地建设 ……242

天津石油职业技术学院 …………242

概况 …………………………………242

教育经费收入与支出 ……………242

教育教学 …………………………243

学生工作 …………………………243

科技研究和社会服务 ……………243

党建与思政工作 …………………243

天津工业职业学院 …………………243

概况 …………………………………243

教育经费收入与支出 ……………244

教育教学 …………………………244

科研与社会服务 …………………244

学院转隶工作 ……………………245

天津铁道职业技术学院 …………245

概况 …………………………………245

教育经费收入与支出 ……………245

教育教学 …………………………246

科研与社会服务 …………………246

招生与就业 ························246

天津海运职业学院 ···············246
概况 ····························246
教育经费收入与支出 ············247
教育教学 ······················247
科研与社会服务 ················247

天津生物工程职业技术学院 ······248
概况 ····························248
教育经费收入与支出 ············248
教育教学 ······················248
课程建设 ······················249
师资管理 ······················249
科研与社会服务 ················249
创新推动就业 ··················249

天津城市建设管理职业技术学院 ···249
概况 ····························249
教育经费收入与支出 ············250
教育教学 ······················250
科研和社会服务 ················250
打造绿色能源特色的中亚首家鲁班工坊 ······251

天津公安警官职业学院 ··········251
概况 ····························251
教育经费收入与支出 ············251
党建工作 ······················251
教育教学 ······················251
科研工作 ······················252
学生工作 ······················252
在职培训 ······················252
基础设施 ······················252
社会服务 ······················253

天津体育职业学院 ···············253
概况 ····························253
教育经费收入与支出 ············253
教育教学 ······················253
科研与社会服务 ················253
征兵与军训 ····················254

天津滨海汽车工程职业学院 ······254

概况 ····························254
教育经费收入与支出 ············254
教育教学 ······················254
科技研究 ······················255
社会服务 ······················255
招生工作 ······················255
党建工作 ······················255

成人高校 ·····························256
Adult University and Colleges

天津开放大学 ····················256
概况 ····························256
党史学习教育 ··················256
天津广播电视大学更名仪式 ······256
印发实施"十四五"事业发展规划 ······256
京津冀协同发展 ················257
产教融合 ······················257
课程思政建设 ··················257

天津市建筑工程职工大学 ········257
概况 ····························257
教育教学 ······················258
科研和社会服务 ················258

天津市河西区职工大学 ··········258
概况 ····························258
教育教学改革 ··················259
师资队伍建设 ··················259
完善"五育"并举体系 ············259
全面提高教学质量 ··············259
智慧校园、和谐校园建设 ·········259

天津市南开区职工大学 ··········259
概况 ····························259
办学成果 ······················260
老年教育 ······················260
社区教育 ······················260

天津市红桥区职工大学 ··········260
概况 ····························260

志愿服务 ································· 261

参赛承赛 ································· 261

中学 ······················· 262

Secondary Schools

天津市南开中学 ··················· 262
概况 ································· 262

领导调研 ····························· 262

承办"弘扬南开爱国精神 担当铸魂育人使命"
专题培训班 ························· 263

召开纪念周恩来总理诞辰暨三·五表彰大会 ···263

开展党史学习教育 ····················· 263

天津市第一中学 ··················· 264
概况 ································· 264

持续推进教育协同发展 ················· 264

扎实做好"双减"工作 ················· 264

坚决贯彻落实党的教育方针 ··········· 265

充分发挥教科研先导作用 ············· 265

天津市耀华中学 ··················· 265
概况 ································· 265

学校领导班子调整 ····················· 266

致敬建党百年 传承耀华力量 ········· 266

推进思政改革创新 赋能党史学习教育 ···266

实施"双新"示范 开启"品牌高中"建设 ···266

深化"五育融合""双减"提质增效 ···267

助力乡村振兴 扩大优质资源辐射 ·····267

天津市新华中学 ··················· 268
概况 ································· 268

加强课程建设创新劳动教育 ··········· 268

构建"1+X"课后服务课程体系 ······· 268

唱响红色主旋律 ······················· 269

深化心理健康研究 ····················· 269

天津市实验中学 ··················· 269
概况 ································· 269

市领导到校视察 ······················· 270

创建"实验教育"品牌 ················· 270

落实"双减"政策 ····················· 270

天津外国语大学附属外国语学校 ·······271
概况 ································· 271

校际交流 ····························· 271

与天津师范大学马克思主义学院签署合作
共建协议 ··························· 271

高中音乐特色课程基地校成果汇报 ·······271

天津中学 ························· 272
概况 ································· 272

"思政一体化"+实践育人 ············· 272

天津中学南开大学京剧传承基地共建签约 ···272

教研活动 ····························· 273

领导考察调研 ························· 273

天津市复兴中学 ··················· 273
概况 ································· 273

党建工作 ····························· 274

五育并举 ····························· 274

推动"高效课堂"研究实践 ··········· 274

天津市瑞景中学 ··················· 274
概况 ································· 274

关爱学生心理,促进健康成长 ········· 275

提质增效落实"双减" ················· 275

天津市工读学校 ··················· 275
概况 ································· 275

专门学校教育 ························· 275

中小学劳动教育基地、青少年法治教育实践
基地建设 ··························· 275

市教委12345政务服务便民热线 ······· 276

北京师范大学天津生态城附属学校 ·······276
概况 ································· 276

党建工作 ····························· 276

育人工作 ····························· 276

队伍建设 ····························· 277

现代化建设 ··························· 277

天津市第二南开学校 ··············· 277
概况 ································· 277

"双新"示范校与品牌高中共进 ·············278

线上线下融合 落实精准帮扶 ·············278

五育并举促教育评价改革 ·············278

天津市第五十七中学 ·············278

概况 ·············278

教育教学 ·············279

思政教育 ·············279

天津市河东区太阳城学校 ·············279

概况 ·············279

党建工作 ·············280

立德树人 ·············280

教学研究 ·············280

科技教育 ·············280

天津市河东区天铁第二中学 ·············281

概况 ·············281

线上教学 ·············281

思政教研 ·············281

党史学习教育 ·············282

天津市卓群中学 ·············282

概况 ·············282

办学特色 ·············282

五育融合 ·············282

天津市第二十五中学 ·············283

概况 ·············283

灵隐道校区投入使用 ·············283

品牌高中建设 ·············283

天津市西青道中学 ·············284

概况 ·············284

立德树人 培根铸魂 ·············284

优化课程 轻负提质 ·············284

素质拓展 全面育人 ·············284

天津市华明中学 ·············285

概况 ·············285

立德树人 增强成效 ·············285

教研立校 卓越发展 ·············285

五育和谐 全面育人 ·············285

奉献爱心 结对支援 ·············286

天津市第九十五中学益中学校 ·············286

概况 ·············286

教学内容标准控制中心 ·············286

主体教育 ·············286

天津海河教育园区南开学校 ·············287

概况 ·············287

"五彩育人"学生发展模式 ·············287

协同育人 ·············287

多元增值评价 ·············287

天津市北辰区实验中学 ·············287

概况 ·············287

办学特色 ·············288

结对帮扶 ·············288

党史学习 ·············288

天津市宝坻区第一中学 ·············288

概况 ·············288

党的建设 ·············288

队伍建设 ·············289

教学与科研 ·············289

艺体教育 ·············289

天津市宝坻区第十一中学 ·············289

概况 ·············289

办学特色 ·············290

校园文化建设 ·············290

"2646"教学策略和"双线六环节"教学模式 ·············290

天津市蓟州区康各庄中学 ·············290

概况 ·············290

办学特色 ·············291

教学特色 ·············291

德育特色 ·············291

"双创"主题教育活动 ·············292

天津市蓟州区尤古庄镇初级中学 ·············292

概况 ·············292

党建引领 ·············292

德育工作 ·············292

教学改革 ……………………………293

后勤保障 ……………………………293

天津市静海区第六中学 ……………293

概况 …………………………………293

"三结合"教育机制 …………………293

"五育"并举 …………………………293

科研兴校 ……………………………294

文化润校 ……………………………294

天津市静海区运河学校 ……………294

概况 …………………………………294

党建引领融合推进 …………………295

减负增效 ……………………………295

"善良教育"实践活动 ………………295

天津市宁河区潘庄中学 ……………295

概况 …………………………………295

教育教学 ……………………………295

师资培训 ……………………………296

小学
…………………………………296

Primary Schools

天津市实验小学 ……………………296

概况 …………………………………296

五育并举 ……………………………297

"双减"工作 …………………………297

优质资源辐射 ………………………297

疫情防控 ……………………………297

天津市滨海新区大港东城小学 ……297

概况 …………………………………297

探索高效课堂教学 …………………298

建立完备作业管理体系 ……………298

提高课后服务水平 …………………298

天津市和平区岳阳道小学 …………298

概况 …………………………………298

德育工作 ……………………………299

"双减"工作 …………………………299

课程赋能 ……………………………299

队伍建设 ……………………………300

天津市和平区哈密道小学 …………300

概况 …………………………………300

加强五项管理 落实"双减"政策 ……300

阳光体育 ……………………………300

美育工作 ……………………………301

东西部教育扶贫工作 ………………301

天津市河北区开江道小学 …………301

概况 …………………………………301

特色教育 ……………………………301

"五育并举"提高课后服务质量 ……301

天津市河东区凤凰小学 ……………302

概况 …………………………………302

体育特色 ……………………………302

劳动课程 ……………………………302

非遗文化 ……………………………302

天津市河西区复兴小学 ……………302

概况 …………………………………302

党建工作 ……………………………303

队伍建设 ……………………………303

全面育人 ……………………………303

天津市南开区科技实验小学 ………303

概况 …………………………………303

海洋特色教育 ………………………304

五育并举 ……………………………304

天津市红桥小学 ……………………304

概况 …………………………………304

思政一体建设 ………………………305

落实"双减" …………………………305

天津市东丽区流芳小学 ……………305

概况 …………………………………305

"双减"工作 …………………………305

心理健康教育 ………………………306

天津市西青区大柳滩中心小学 ……306

概况 …………………………………306

校本研修特色 ………………………307

篮球特色文化 …………………307

天津市津南区小站第一小学 …………307

概况 …………………307

三级教研 …………………307

劳动教育 …………………308

课后服务 …………………308

天津市北辰区翙辰小学 …………308

概况 …………………308

教育教学 …………………308

教学成果 …………………309

天津市宝坻区务本道小学 …………309

概况 …………………309

书画特色文化 …………………309

课后服务建设 …………………309

天津市武清区杨村光明道小学 …………309

概况 …………………309

劳动教育特色直播课 …………310

学生素质拓展 …………………310

天津市蓟州区第一小学 …………310

概况 …………………310

党建活动 …………………311

菊花节活动 …………………311

津沽文化传承活动 …………311

体育节活动 …………………311

心理辅导 …………………311

课后服务 …………………311

冬令营活动 …………………312

天津市静海区梁头镇梁头小学 …………312

概况 …………………312

社团活动 …………………312

深化家校沟通 …………………313

爱心帮扶 …………………313

校内劳动教育实践基地 …………313

天津市宁河区造甲城小学 …………313

概况 …………………313

课程建设 …………………313

教育评价创新 …………………313

办学成果 …………………314

幼儿园
…………………314

Kindergartens

天津市滨海新区塘沽燕飞幼儿园 …………314

概况 …………………314

党建引领 …………………314

队伍建设 …………………314

安全校园 …………………314

天津市和平区第五幼儿园 …………315

概况 …………………315

帮扶引领 成果共享 …………315

五维一体 筑梦远航 …………315

科研助力 高位发展 …………315

天津市河北区第八幼儿园 …………316

概况 …………………316

教育教学 …………………316

师资培训 …………………316

天津市河东区第一幼儿园 …………316

概况 …………………316

特色科研引领园所发展 …………317

以队伍建设提升教育质量 …………317

天津市河西区美棠幼儿园 …………317

概况 …………………317

党建引领 红色传承 …………317

专业培优 同育同行 …………317

特色创建 个性成长 …………318

团队聚力 志愿文明 …………318

天津市南开区第五幼儿园 …………318

概况 …………………318

弘扬高尚师德 打造优质园所 …………319

"辐射"引领 携手共进 …………319

天津市红桥区第十二幼儿园 …………319

概况 …………………319

园所文化 …………………319

教育教学 …………………………319
家园共育 …………………………319
天津市东丽区第一幼儿园 …………………320
概况 …………………………320
管好用好教育经费 …………………320
深化教育教学改革 …………………320
搭建平台培育骨干 …………………320
因地制宜盘活资源 …………………320
特色活动力求创新 …………………321
天津市西青区张家窝镇华夏阳光幼儿园 ………321
概况 …………………………321
优化育幼环境 …………………………321
本土资源文化 …………………………321
教师队伍建设 …………………………321
天津市津南区第八幼儿园 …………………322
概况 …………………………322
实施爱悦管理 打造爱悦团队 …………322
营造爱悦环境 培养爱悦儿童 …………322
构建蕴爱课程 …………………………322
一园多址 一址一特色 …………………323
天津市北辰区集贤里幼儿园 …………………323
概况 …………………………323
园所文化 …………………………323
教育科研 …………………………323
队伍建设 …………………………324
天津市宝坻区北环路幼儿园 …………………324
概况 …………………………324
信息化建设 …………………………324
特色教学 …………………………324
家园社区 …………………………325
天津市武清区第四幼儿园 …………………325
概况 …………………………325
建党100周年主题系列活动 …………325
环境育人 …………………………325
集团办园 …………………………326
天津市蓟州区第七幼儿园 …………………326
概况 …………………………326

家园共育促成长 …………………326
专业引领促提升 …………………327
主题活动促发展 …………………327
天津市静海区团泊镇第二中心幼儿园 ………327
概况 …………………………327
安吉游戏特色课程实践 …………327
园所管理 …………………………327
平安校园 …………………………328
天津市宁河区第一幼儿园 …………………328
概况 …………………………328
课程建设 …………………………328
办学特色 …………………………328

特教学校
Special Education Schools

天津市聋人学校 …………………………329
概况 …………………………329
党史学习教育 …………………………329
践行为民服务宗旨 …………………330
区域共建 …………………………330
天津市视力障碍学校 …………………………330
概况 …………………………330
党建引领促发展 …………………331
落实"五育并举" …………………331

中等职业学校
Secondary Vocational Schools

天津市幼儿师范学校 …………………………332
概况 …………………………332
党史学习教育 …………………………332
建校70周年 …………………………332
推进教育教学改革 …………………332
巩固"三全育人"成果 …………………333
校园疫情防控 …………………………333
后勤服务安全保障 …………………333
社会服务 …………………………333

329
332

天津市第一商业学校 ·······333
    概况 ·······333
    坚持党建引领 筑牢思想根基 ·······334
    交流与合作 ·······334
天津市第一轻工业学校 ·······334
    概况 ·······334
    庆祝建党100周年系列活动 ·······335
    全国中职教学诊改试点学校通过专家组复核
    ·······335
    探索"互联网+"教育发展新模式 ·······335
    特色展示活动 ·······335
天津市红星职业中等专业学校 ·······336
    概况 ·······336
    职普融通系列活动 ·······336
    教学诊改助力课程思政建设 ·······337
天津市经济贸易学校(天津市烹饪技术学校) ·······337
    概况 ·······337
    构筑"七位一体"大思政 ·······337
    国际化教育深度合作 ·······338
天津市宝坻区职业教育与成人教育中心 ·······338
    概况 ·······338
    教育教学改革 ·······338
    师资队伍建设 ·······339
    专业建设 ·······339
    党建工作 ·······339
    校园建设 ·······339
天津市武清区职业教育中心 ·······339
    概况 ·······339
    思政工作 ·······340
    队伍建设 ·······340
    技能训练 ·······340
天津市劳动保护学校 ·······340
    概况 ·······340
    思政工作 ·······341
    教育教学 ·······341
    技能竞赛 ·······341

    社会服务 ·······341
天津市园林学校 ·······342
    概况 ·······342
    校园文化墙 ·······342
    植物微景观制作比赛 ·······342
    志愿服务站 ·······342
天津市机电工艺技师学院(天津市机电工业
学校) ·······343
    概况 ·······343
    产教融合发展大会 ·······343
    承办第二届"海河工匠杯"技能大赛 ·······343
天津市仪表无线电工业学校(天津市电子信息技师
学院) ·······344
    概况 ·······344
    "沉浸式"教学模式 ·······344
    刘磊获中华人民共和国第一届职业技能
     大赛优胜奖 ·······344
    开办工业机器人应用技能大师工作室 ·······344

乡镇成人教育中心学校 ·······345

Township Adult Education Schools

天津市静海区杨成庄乡成人文化技术学校 ·······345
    概况 ·······345
    特色培训 ·······345
    终身学习 ·······345
    社区教育 ·······346

民办教育机构 ·······346

Non—government Education Institutes

天津市雍阳中学 ·······346
    概况 ·······346
    思政教育成果展示 ·······347
    体育工作特色 ·······347
    心理健康辅导工程 ·······347
天津市河北区津宝贝幼儿园 ·······347

概况 ……………………………… 347

品牌普惠园建设 …………………… 348

特色活动 …………………………… 348

天津市河东区太阳月亮恒大帝景幼儿园 ………… 348

概况 ……………………………… 348

课程与教师 ………………………… 348

立德树人 …………………………… 348

党建引领 …………………………… 349

老年学校

Schools for the Elderly

老年人学校 …………………………… 349

概况 ……………………………… 349

天津市老年人大学 …………………… 349

概况 ……………………………… 349

教育教学 …………………………… 349

文明校园建设 ……………………… 350

理论研究与校际交流 ……………… 350

人物

Personage

新当选两院院士 …………………… 351

Newly Elected Academicians of Chinese Academy of Sciences and Chinese Academy of Engineering

新当选中国科学院院士 ……………… 351

卜显和 …………………………… 351

元英进 …………………………… 351

新当选中国工程院院士 ……………… 352

王树新 …………………………… 352

王成山 …………………………… 352

新当选中国科学院外籍院士 ………… 352

米夏埃尔·格雷策尔 ……………… 352

新当选中国工程院外籍院士 ………… 353

赵　华 …………………………… 353

逝世人物 …………………………… 353

Personage Passed Away

王敬中　辜燮高　尚稚珍　张岩贵　肖英达

张毓琪　徐民忠　陈新坤　王家骅　李美盈

吴弘宝　刘家鸣　陈瑞阳　车铭洲　赵文芳

宋德瑛　何柏荣　李宝森　朱海清　胡　青

赵春益　张素华　王者福　魏宏运　史慧明

吕可诚　潘同龙　宋秋蓉　吕福云　张鸿文

李正名　徐温元　刘珺珺　黄成龙　林华宽

安　旭　唐士雄　李宪庆　张廷贤　聂兰生

周昌震　何永江　亢　亮　吴文林　李恩贵

宋　初　汪克让　赵光济　严宗达　李希曾

张金昌　张东明　王象箴　张振衡　邱　驹

黄　洁　陈关裔　赵　珺　霍秉海　董庆绵

康锡惠　宋光复　王茂瑶　曲林桀　马会英

孙明珠　鹿中甫　舒同林　刘廷志　左秉坚

刘敏江　王开和　钟维德　苏光郡　翁福海

李冬田　赵俊岭　苗　戎　李淑高　赵广玉

王鸿江

获奖人物 …………………………… 367

Award Winners

天津市自然科学特等奖 ……………… 367

天津市自然科学一等奖 ……………… 367

天津市自然科学二等奖 ……………… 367

天津市自然科学三等奖 ……………… 368

天津市技术发明特等奖 ……………… 368

天津市技术发明一等奖 ……………… 368

天津市技术发明二等奖 ……………… 369

天津市科学技术进步特等奖 ………… 369

天津市科学技术进步一等奖 ………… 369

天津市科学技术进步二等奖 ………… 372

天津市科学技术进步三等奖 ………… 377

中国机械工业科学技术奖一等奖

　　（技术发明类）·················378

中国机械工业科学技术奖三等奖

　　（科技进步类）·················378

中华中医药学会科学技术奖一等奖 ······378

中华中医药学会科学技术奖二等奖 ·········379

中华中医药学会科学技术奖三等奖 ·········379

中国中西医结合学会科学技术奖一等奖 ······379

中国纺织工业联合会科学技术奖科技进步

　　二等奖·····················380

中国专利奖优秀奖 ···················380

中国化工学会科学技术奖基础研究成果奖

　　一等奖·····················380

中国化工学会科学技术奖基础研究成果奖

　　二等奖·····················380

中国石油和化学工业联合会科学技术奖

　　科技进步二等奖················381

中国石油和化学工业联合会科学技术奖

　　科技进步三等奖················381

中国石油和化学工业联合会科学技术奖

　　（创新团队奖）·················381

侯德榜化工科学技术奖（成就奖）·········381

侯德榜化工科学技术奖（创新奖）·········381

侯德榜化工科学技术奖（青年奖）·········381

全国优秀教材（基础教育类）特等奖 ·······381

全国优秀教材（基础教育类）一等奖 ·······381

全国优秀教材（基础教育类）二等奖 ·······382

全国优秀教材（职业教育与继续教育类）

　　二等奖·····················382

全国优秀教材（高等教育类）特等奖 ·······383

全国优秀教材（高等教育类）一等奖 ·······383

全国优秀教材（高等教育类）二等奖 ·······384

高教社杯全国大学生数学建模竞赛本科组

　　一等奖·····················384

高教社杯全国大学生数学建模竞赛本科组

　　二等奖·····················385

高教社杯全国大学生数学建模竞赛专科组

　　一等奖·····················386

高教社杯全国大学生数学建模竞赛专科组

　　二等奖·····················386

天津市级教学团队 ···················386

全国教材建设先进个人 ················387

全国优秀共产党员 ···················387

全国先进基层党组织 ·················387

全国优秀共青团干部 ·················387

全国五一劳动奖章 ···················387

全国工人先锋号 ····················387

全国脱贫攻坚先进个人 ················387

全国脱贫攻坚先进集体 ················387

全国杰出专业技术人才 ················387

第六届世界中国学贡献奖 ··············387

全国青年文明号 ····················387

第十三届中国青年志愿者优秀个人奖 ·······388

第十三届中国青年志愿者优秀组织奖 ·······388

全国向上向善好青年"勤学上进好青年" ·····388

全国中小学劳动教育实验区 ············388

国家防震减灾科普示范学校 ············388

高校图书馆事业突出贡献者 ············388

高校图书馆榜样馆长 ·················388

高校图书馆榜样馆员 ·················388

第十三届"高校辅导员年度人物" ·········388

首届全国高校教师教学创新大赛部属高校

　　（含部省合建高校）正高组三等奖 ···388

首届全国高校教师教学创新大赛地方高校

　　正高组一等奖················388

首届全国高校教师教学创新大赛地方高校

　　副高组三等奖················388

首届全国高校教师教学创新大赛地方高校

　　中级及以下组三等奖············388

首届全国高校教师教学创新大赛优秀

　　组织奖·····················388

乡村优秀青年教师培养奖励计划 …………388

第七届中国国际"互联网+"大学生创新创业大赛
　总决赛高教主赛道金奖 …………388

第七届中国国际"互联网+"大学生创新创业大赛
　总决赛高教主赛道银奖 …………389

第七届中国国际"互联网+"大学生创新创业大赛
　总决赛高教主赛道铜奖 …………389

首届智能制造创新大赛创意奖 …………389

首届智能制造创新大赛优秀奖 …………389

天津楷模 …………390

天津市先进基层党组织 …………390

天津市五一劳动奖状 …………390

天津市五一劳动奖章 …………390

天津市工人先锋号 …………391

天津青年创新能手 …………391

天津青年创业能手 …………391

天津青年创优能手 …………391

天津市脱贫攻坚先进集体 …………391

天津市结对帮扶困难村优秀驻村工作组 …………391

天津市高等学校教学名师奖 …………391

天津向上向善好青年"爱岗敬业好青年" …………392

天津向上向善好青年"创新创业好青年" …………392

天津向上向善好青年"勤学上进好青年" …………392

天津向上向善好青年"扶贫助困好青年" …………392

天津向上向善好青年"崇德守信好青年" …………392

天津市"新时代好少年" …………392

附录
Appendix

政策文件 …………393
Policies and Documents

教育部 天津市人民政府关于深化产教城融合
　打造新时代职业教育创新发展标杆的意见
　…………393

天津市人民政府关于加快推进天津市大学科技园
　建设的指导意见 …………399

市委教育工委 市教委关于印发推进心理健康教
　育与思想政治教育深度融合提升育人质量的若
　干举措的通知 …………401

天津市关于进一步加强新时代基础教育教研工作
　的实施意见 …………404

市教委关于印发提升新时代义务教育教学质量的
　若干举措的通知 …………407

市教委等六部门关于进一步推进天津市老年教育
　发展的意见 …………412

天津市关于加强残疾儿童少年义务教育阶段随班
　就读工作的指导意见 …………414

市教委关于天津市普通高中课程设置与实施的指
　导意见(2020年修订) …………420

市教委 市发展改革委 市财政局 市人社局关于
　进一步做好义务教育阶段学校课后服务工作的
　实施意见 …………428

天津市教育委员会关于印发天津市中小学教育惩
　戒规则实施细则(试行)的通知 …………430

提案议案 …………435
Proposals

对市政协第十四届四次会议第0806号提案的
　落实情况 …………435

对市政协第十四届四次会议第0788号提案的
　落实情况 …………437

对市十七届人大五次会议第0602号建议的
　落实情况 …………440

对市十七届人大五次会议第0373号建议的
　落实情况 …………442

教育统计
Educational Statistics

天津市各级各类学校基本情况 …………444

民办教育学校基本情况表 …………446

高等教育

Higher Education

高等教育学校(机构)数 ……………447

高等教育学校(机构)学生数 ………448

普通本科分形式、分学科学生数 ……449

普通、职业本专科学生数(高等学校分类型、性质
类别) ……………………450

高职专科分举办者学生数 ……………451

高职专科分大类学生数 ………………452

成人本科、专科分举办者、成人高校分类型
学生数 ……………………453

成人本科分形式、分学科学生数 ……454

成人专科分形式、分学科学生数 ……455

网络专科分学科学生数 ………………456

网络本科分学科学生数 ………………457

分部门、分计划研究生数 ……………458

分学科研究生数 ………………………459

分培养类型、分学科研究生数 ………460

高等教育国际学生基本情况 …………461

高等教育学校教职工情况(总计) ……462

高等教育学校分类型、性质类别教职工
情况 ……………………462

成人高校教职工情况 …………………464

高等教育专任教师年龄情况(总计) …465

普通高校专任教师年龄情况 …………466

职业高校专任教师年龄情况 …………467

成人高校专任教师年龄情况 …………468

普通高校专任教师教学领域分学科门类
情况 ……………………469

职业高校专任教师教学领域所属大类情况 ……470

成人高校专任教师教学领域分学科门类
情况 ……………………471

高等教育教师学历(位)情况(总计) …472

普通高校教师学历(位)情况 …………473

职业高校教师学历(位)情况 …………474

成人高校教师学历(位)情况 …………475

普通高校教师授课分类情况 …………476

职业高校教师授课分类情况 …………477

成人高校教师授课分类情况 …………478

高等教育专任教师变动情况 …………479

研究生指导教师情况 …………………480

高等教育学校心理咨询工作人员情况 ………481

高等教育学校专职辅导员分职务、专业技术职务
情况 ……………………482

高等教育学校专职辅导员分年龄、学历情况 ……483

普通高校校舍情况 ……………………484

职业高校校舍情况 ……………………485

成人高校校舍情况 ……………………486

高等教育学校资产情况 ………………487

博士研究生情况分学校一览表 ………488

硕士研究生情况分学校一览表 ………489

普通本、专科生情况分学校一览表 ……490

普通本、专科生情况分学校一览表(续) ……491

成人本、专科生情况分学校一览表 ……492

高等教育学校(普通、职业)分学校教职工
情况一览表 …………………494

高等教育学校(普通、职业)分学校教职工
情况一览表(续) ……………495

高等教育学校(成人)分学校教职工情况
一览表 ……………………496

高等教育学校(普通、职业)分学校校舍情况
一览表 ……………………497

高等教育学校(普通、职业)分学校校舍情况
一览表(续) ……………………498

高等教育学校(成人)分学校校舍情况
一览表 ……………………499

高等教育学校(普通、职业)分学校资产情况
一览表 ……………………500

高等教育学校(普通、职业)分学校资产情况
一览表(续) ……………………501

高等教育学校(成人)分学校资产情况
一览表 ……………………502

中等职业教育 ·····503

Secondary Vocational Education

中等职业学校机构数 ·····503

中等职业学校(机构)各类学生数 ·····504

中等职业学校分办学类型及举办者的中职

学生及教职工情况 ·····505

中等职业学校学生分科类情况 ·····506

中等职业学校教职工情况 ·····507

中等职业学校专任教师分年龄情况(总计) ···508

普通中专学校专任教师分年龄情况 ·····509

成人中专学校专任教师分年龄情况 ·····510

职业高中学校专任教师分年龄情况 ·····511

中等职业学校专任教师教学领域所属

大类情况(总计) ·····512

普通中专学校专任教师教学领域所属大类

情况 ·····513

成人中专学校专任教师教学领域所属大类

情况 ·····514

职业高中学校专任教师教学领域所属大类

情况 ·····515

中等职业学校教师分学历(位)情况(总计) ·····516

普通中专学校教师分学历(位)情况 ·····517

成人中专学校教师分学历(位)情况 ·····518

职业高中学校教师分学历(位)情况 ·····519

中等职业学校教师授课分类情况(总计) ·····520

普通中专学校教师授课分类情况 ·····521

成人中专学校教师授课分类情况 ·····522

职业高中学校教师授课分类情况 ·····523

中等职业学校专任教师变动情况 ·····524

中等职业学校校舍情况(总计) ·····525

普通中专学校校舍情况 ·····526

成人中专学校校舍情况 ·····527

职业高中学校校舍情况 ·····528

中等职业学校资产情况 ·····529

中等职业学校分学校情况一览表 ·····530

中等职业学校分学校情况一览表(续一) ·····531

中等职业学校分学校情况一览表(续二) ·····532

附设中职班情况一览表 ·····533

普通中等教育 ·····534

General Secondary Education

普通中学、职业初中校数 ·····534

中学班数 ·····535

中学班额情况 ·····536

普通初中分办别、分城乡学生情况 ·····538

普通高中分办别、分城乡学生情况 ·····540

中学学校教职工数 ·····542

中学专任教师专业技术职务、年龄结构

情况(总计) ·····543

中学专任教师专业技术职务、年龄结构

情况(城区) ·····544

中学专任教师专业技术职务、年龄结构

情况(镇区) ·····545

中学专任教师专业技术职务、年龄结构

情况(乡村) ·····546

中学分课程专任教师学历情况(总计) ·····547

中学分课程专任教师学历情况(城区) ·····548

中学分课程专任教师学历情况(镇区) ·····549

中学分课程专任教师学历情况(乡村) ·····550

中学专任教师变动情况 ·····551

中学教育学校办学条件 ·····552

中学学校占地面积及其他办学条件 ·····553

普通中学分区情况一览表 ·····554

普通中学分区办学条件情况一览表 ·····555

初等教育 ·····556

Primary Education

小学校数 ·····556

小学班数 ·····557

小学班额情况 ·····558

小学分办别、分城乡学生情况 ……………560

小学学校教职工数 …………………562

小学专任教师专业技术职务、年龄结构
情况(总计) ……………………563

小学专任教师专业技术职务、年龄结构
情况(城区) ……………………564

小学专任教师专业技术职务、年龄结构
情况(镇区) ……………………565

小学专任教师专业技术职务、年龄结构
情况(乡村) ……………………566

小学分课程专任教师学历情况(总计) ………567

小学分课程专任教师学历情况(城区) ………568

小学分课程专任教师学历情况(镇区) ………569

小学分课程专任教师学历情况(乡村) ………570

小学专任教师变动情况 ……………571

小学学校办学条件 …………………572

小学学校占地面积及其他办学条件(小学、
教学点) ……………………573

小学分区基本情况一览表 ……………574

小学分区办学条件情况一览表 …………575

学前教育 ……………………576
Preschool Education

幼儿园园数 …………………………576

学前教育班数 ………………………577

学前教育幼儿数(总计) ………………579

学前教育幼儿数(幼儿园) ……………581

学前教育幼儿数(附设幼儿班) …………583

学前教育分年龄幼儿数 ………………585

学前教育分年龄幼儿数(续) ……………587

幼儿园教职工数 ……………………589

幼儿园专任教师年龄、职称情况 …………591

幼儿园园长、专任教师学历情况 …………593

幼儿园办学条件 ……………………594

幼儿园资产等办学条件情况 ……………594

幼儿园分区基本情况 …………………595

特殊教育 ……………………………596
Special Education

特殊教育学校校数 …………………596

特殊教育班数 ………………………597

特殊教育学生数 ……………………599

特殊教育学生数(续一) ………………601

特殊教育学生数(续二) ………………603

特殊教育学校教职工数 ………………605

特殊教育专任教师分年龄职务情况 …………606

特殊教育专任教师学历情况 ……………608

特殊教育学校办学条件 ………………609

特殊教育学校占地面积及其他办学条件 ……609

特殊教育分区情况一览表 ……………610

其他教育 ……………………………611
Other Education

专门学校基本情况 …………………611

学校名录
School Directory

普通高等学校 ………………………612

成人高等学校 ………………………614

中等职业学校 ………………………615

成人中专 …………………………617

滨海新区 …………………………618

和平区 …………………………636

河北区 …………………………639

河东区 …………………………643

河西区 …………………………646

南开区 …………………………651

红桥区 …………………………654

东丽区 ……………………………… 656

西青区 ……………………………… 662

津南区 ……………………………… 665

北辰区 ……………………………… 671

宝坻区 ……………………………… 675

武清区 ……………………………… 685

蓟州区 ……………………………… 703

静海区 ……………………………… 714

宁河区 ……………………………… 724

索引

Index

索引 ……………………………… 733

2021 年天津市教育两委领导及处室负责人

名单 ……………………………… 737

大事记

1月

5日 天津外国语大学教育集团成立。该教育集团是天津外国语大学内设的社会服务和教育研究机构,突出"以外语为特色,全方位、开放式教育"的办学特色,培养具有家国情怀、国际视野、外语出色、全面发展的复合型预备人才。

6日 天津市教育两委会同市人社局以天津市就业工作领导小组名义印发《关于进一步做好新时代高校毕业生就业创业工作的若干措施》,要求天津市各区、各高校及各相关部门通过拓岗开源、建立机制、强化保障,千方百计促进高校毕业生更加充分、更高质量就业,全力确保全市就业大局总体稳定。《若干措施》指出,要开发更多高校毕业生就业岗位,实施高校毕业生就业补贴支持政策;要建立机制,全面加强就业观教育、丰富就业途径、推进就业带动创业、深化就业服务;要落实就业工作"一把手工程",加强领导和组织保障,压紧压实工作责任。

13日 天津市召开2021年教育工作会议暨教育评价改革部署推动会。会议强调,要按照市委十一届九次全会、十次全会部署要求,加强党对教育工作的全面领导,全面贯彻党的教育方针,落实立德树人根本任务,深化育人关键环节和重点领域改革,建设高质量教育体系,增强贡献支撑能力,推进教育治理体系和治理能力现代化,确保"十四五"天津教育实现良好开局,高点起步,以优异成绩迎接建党100周年。

本月 天津市和平区教育局与蓟州区教育局举行教育合作签约仪式,双方围绕两区教育在干部交流、教师研修、课程实施、教学改革、城乡合作、劳动教育等方面达成了合作意向。

本月 全国师德师风建设专家委员会成立,天津市教育系统4人入选。天津职业技术师范大学党委书记张金刚当选职业学校师德师风建设专家委员会主任委员,南开大学副校长陈军当选高校师德师风建设专家委员会委员,天津职业技术师范大学职业教育教师研究院院长曹晔、天津市红星职业中等专业学校副校长庄建军分别当选职业学校师德师风建设专家委员会秘书长和委员。

本月 天津市委办公厅和市政府办公厅联合印发《关于全面加强新时代大中小学劳动教育的若干措施》,通过相关举措,积极构建德智体美劳全面培养的教育体系。

本月 天津市教委印发《关于进一步优化天津市研究生教育质量评价体系的实施意见》,以评估评价体系建设引导研究生教育高质量发展。包括4方面内容:一是健全质量评价机制。二是完善研究生培养质量评价。三是改进高校科研评价。四是优化导师水平评价。

本月 为加快一流大学和一流学科建设,促进科教融合和产教融合,以学科建设带动学校整体发展,市教委印发《关于深入推进天津市高校学科建设的指导意见》。意见提出,到2025年,形成"重点突破、整体提升,高端引领、战略支撑"的学科建设格局。具体包括优化学科布局结构,凝练学科特色优势,促进学科交叉融合,发挥学科育人功能,强化科研源头供给,突出社会服务贡献,提升资源配置能力,健全考核评价机制,完善学科治理体系,构建良好学科生态等十项举措。

2月

25日 全国脱贫攻坚总结表彰大会在北京人民大会堂举行。大会对全国脱贫先进集体、先进个人进行表彰。天津市教育系统4人获评全国脱贫攻坚先进个人,3个集体获评全国脱贫攻坚先进集体。

本月 教育部发布2020年度高校思想政治理论课教师研究专项立项名单,在获批的163个项目中,天津市9所高校12个项目入选。这些项目包括:天津城市建设管理职业技术学院的"高职高专思政课教师队伍质量提升战略研究"、天津科技大学的"青年亚文化视域下靶向辨析教学法在'思想道德修养与法律基础'课教学中的构建与应用"、天津财经大学的"'舆论战'背景下推进高校爱国主义教学研究"、天津财经大学的"新时代劳动教育融入高校思政课教学研究"、南开大学的"'四史'教育融入高校思想政治理论课教学研究"、南开大学滨海学院的"课程思政与思政课程协同育人机制研究"、河北工业大学的"新时代增强高校形势与政策课对大学生网络舆情的引领力研究"、天津商业大学的"高校思政课体验式教学的学理支撑与实践路径研究"、天津财经大学的"基于'提取、聚焦、整合、牵引'方式下的'马克思主义基本原理概论'小专题教学研究"、天津商业大学的"习近平总书记关于崇尚英雄、学习英雄、关爱英雄的重要论述融入高校思想政治教育机制与路径研究——以某市为例"、天津城建大学的"'抗疫故事'融入高校爱国主义教育的教学策略研究"、天津师范大学的"在批判和反制历史虚无主义中深化高校'四史'教育的案例教学研究"。

本月 天津市教育两委决定,新学期开学中小学继续实行相对封闭式管理,所有学生、教师和外包服务企业人员进入时,一律核验身份、检测体温,体温正常者方可进入。每日做好学生晨午(晚)检和因病缺课监测,切实保障春季开学平稳有序。

3月

1日 由教育部颁布的《中小学教育惩戒规则》3月1日起实施。天津市教育两委下发了《关于贯彻落实〈中小学教育惩戒规则〉的通知》,通知要求,全市各区教育局、中职学校行业主管部门要安排专门时间专题学习传达《中小学教育惩戒规则》,确保在2021年春季学期开学前后,通过学习文件、专家讲座等多种形式将《中小学教育惩戒规则》精神和要求传达宣传到全市中小学校(含中职学校)及全体干部、教师、学生和家长。

3日 天津市卫生健康委、市教委等6部门联合制定《儿童青少年肥胖防控实施方案》,以期进一步加强全市儿童青少年肥胖防控工作,遏制儿童青少年超重肥胖流行。

8日 为庆祝中国共产党成立100周年,加强青少年思想道德建设,天津市文明办将河西区梧桐小学作为主会场,在全市中小学同步启动"百万青少年歌颂党"主题系列活动。至2021年底,将开展以百场宣誓、千场升旗、万场党史教育为主要内容的系列活动,帮助广大青少年"扣好人生第一粒扣子"。

9日 天津市教育系统召开党史学习教育动员部署会,标志着全市教育系统党史学习教育正式启动。

15日 以"热爱劳动、勤于劳动、善于劳动"为主题的天津市中小学劳动技能大赛正式启动。比赛项目包含基本生活技能、技术技能和农业技能。小学低年级组项目有包书皮、整理行李、洗手绢;小学中高年级组项目有电子焊接、包饺子、钉纽扣、施用底肥、搭黄瓜架;初中组项目有包粽子、木模工艺、机缝技艺、深翻平整土地、移苗定植;高中组项目有冷菜拼盘、擦玻璃、金工工艺、平整土地起垄做畦、挑水浇园。

23日 由天津市教科院课程教学研究中心主办的天津市教研工作交流会暨2021年新课程新教材培训工作启动会在北辰区第二模范小学召开。

本月 天津市教委发布《关于天津市普通高中课程设置与实施的指导意见(2020年修订)》,就全市普通高中课程的学制课时、科目安排、学分认定、毕业要求等提出指导意见。

本月 "新发展格局下我国区域协调发展展望暨京津冀协同发展战略七周年"高校智库论坛在津举行。市教委副主任白海力出席论坛并致辞。

本月 从2021年春季学期开始,天津市首个校园气膜体育馆——南仓中学气膜体育馆正式投入使用。体育馆总占地面积2400平方米,气膜占地面积1380平方米,长60米、宽23米、最高高度9.5米。气膜体育馆的空气净化系统可杀灭有害物质,抵御PM2.5,保证馆内优质的空气质量,为学校体育课、体育社团活动提供良好的室内运动环境。该馆在课余时间向社会开放,为广大市民提供良好的运动场所。

本月 天津市教委印发《2021年市委教育工委市教委继续教育处工作要点》,落实《2021年天津教育工作要点》和《天津市继续教育发展第十四个五年规划》有关任务,进一步推进天津市学历继续教育和非学历继续教育高质量发展,加快推进学习型城市建设,不断提升市民终身学习的获得感和幸福感,在"十四五"开局之年实现发展新突破。

本月 为有效落实全国校园食品安全电视电话会议精神和校园食品安全十项工作举措,持续开展校园食品安全守护行动,天津市市场监管委、市教委联合印发《关于开展2021年春季学校食品安全专项监督检查的通知》,自2021年2月22日至2021年5月28日,在全市范围内开展2021年春季学校食品安全专项监督检查,切实做好学校食品安全保障工作。

本月 天津市政府办公厅、市人民政府办公厅印发《关于全面加强新时代大中小学劳动教育的若干措施》的通知,市教育两委据此通知制定印发《天津市义务教育学校劳动教育课程建设指南》《天津市普通高等学校劳动教育课程建设指南》《天津市职业院校劳动教育课程建设指南》,包含中小学劳动教育必修课每周不少于1学时、普通高校开设劳动教育必修课程、职业院校劳动课以实习实训课为主要载体等内容。

本月 天津市教育两委会同市公安局、市市场监管委,研究制定并出台了《天津市关于加强校外培训机构风险防控措施》,通过完善信息公示方式、建立信用监管评价体系、建立资金管理制度、规范合同使用、加大宣传告知力度、提高审批服务质量、加大行政执法力度、完善防范化解风险联动机制八项措施,联合加强对校外培训机构的管理。

本月 天津市委市政府印发《关于深化教育教学改革全面提高义务教育质量的若干措施》的通知。《若干措施》提出,优化资源配置,扩大教育资源供给。严格控制义务教育学校办学规模和班额,采取新建和改扩建学校、补齐学位短板、调整优化招生入学政策等措施,确保全市小学、初中学校规模均不超过2000人,九年一贯制学校和十二年一贯制学校规模不超过2500人,小学、初中班级学生数分别不超过45人、50人。深入推进义务教育学校免试就近入学,严禁以各类考试、竞赛、培训成绩或证书证明等作为招生依据,不得以面试、评测等名义选拔学生。民办义务教育学校招生纳入审批地统一管理,与公办学校同步招生;报名人数超过招生计划的,采取随机派

位方式确定学生入学。自2021年起,中小学教师申报高级教师职称和特级教师须有在乡村学校、薄弱学校2年任教经历。到2022年,学生体质健康标准优良率达到60%。到2023年,实现全市儿童青少年总体近视率在2019年的基础上每年降低1个百分点。

4月

1日 2021年全国高教处长会议在西安召开。会议以"夯实教学'新基建',托起培养高质量"为主题,对高等教育相关工作进行了动员部署。会上,天津市教委副主任白海力代表市教委作典型发言,介绍了天津市本科教育改革工作经验。同时,天津市教委高教处被教育部高教司评为榜样高教处。

11日 由教育部主办,教育部高等学校护理学类专业教学指导委员会学术指导,天津中医药大学承办的第十届中国大学生医学技术技能大赛护理学专业赛道东北华北分区赛落幕。

13日 天津市科技局、市教委联合出台《天津市大学生科技园建设三年行动计划(2021—2023)》,计划提出,到2023年新建5家市级大学科技园,力争2家获批国家级大学科技园。发挥大学科技园成果转化、创业孵化、集聚资源、培育人才和协同创新等核心功能,成为高校成果转化"首站"、区域创新创业"核心孵化园"和新兴产业"策源地"。

15日 天津市教育两委印发《关于开展2021年"4.15"全民国家安全教育日宣传教育活动通知》,推动国家安全教育进校园,进一步提高广大师生维护国家安全的意识。

17日 京津冀终身教育论坛暨天津广播电视大学更名仪式在海河教育园区举行。仪式上,天津市政府副秘书长王璟宣读了《天津市人民政府关于同意天津广播电视大学更名为天津开放大学的批复》,副市长、市政协副主席曹小红,国家开放大学党委书记、校长荆德刚共同为天津开放大学揭牌并讲话。

20日 天津市国家应用数学中心揭牌仪式暨建设研讨会在津举行。天津市副市长曹小红,天津大学党委书记李家俊,中国工程院院士、天津大学校长金东寒,国家自然科学基金委数学物理科学部主任江松院士,中国科学院院士葛墨林、马志明、彭实戈、严加安、龙以明、张伟平、叶向东、陆夕云、陈永川等数十位专家,以及来自天津市科学技术局、南开大学、天津师范大学、天津工业大学、国家超级计算天津中心、三六零科技集团有限公司等单位代表出席仪式。

仪式上,天津市科技局总工程师王凤云为天津市国家应用数学中心名誉主任葛墨林院士、学术委员会主任马志明院士、建设委员会主任张伟平院士、天津市国家应用数学中心主任陈永川院士发放聘书。天津市副市长曹小红和天津大学党委书记李家俊共同为天津市国家应用数学中心揭牌。

22日 由天津市教委主办的天津市职业教育"三教(即教师、教材、教法)改革"推进会在天津医学高等专科学校召开。

28日 埃塞俄比亚鲁班工坊"云揭牌"暨启运仪式以在线形式在埃塞俄比亚技术大学和天津职业技术师范大学同步举行。中国驻埃塞俄比亚大使赵志远与埃塞俄比亚职教司司长格塔丘共同为埃塞俄比亚鲁班工坊揭牌。

29日 "鲁班工坊产教融合发展联盟"成立大会暨"一带一路"校企合作发展论坛在天津铁道职业技术学院举行。经联盟成员推选,中国土木工程集团有限公司担任联盟理事长单位,中铁十八局集团有限公司、华为技术有限公司、天唐集团、天津铁道职业技术学院、天津市教育科学研究院担任副理事长单位,32家合作企业和18所参建"鲁班工坊"的职业院校成为联盟首批成员。

本月 为进一步加强市校人才合作,促进优秀大学生来津就业创业,《天津市支持市校合作高校学生来津实训实施办法(试行)》出台,该办法设财政补贴,对与市政府或市级人才主管部门建立市校合作关系的外省市高校在校生和符合条件的天津市"双一流"高校在校生,参加天津市实训基地岗位训练活动并留津工作,给予多方面精准支持。

本月 天津市第6批援疆实习大学生支教团启程赴新疆和田地区东三县,开启为期半年的援疆支教。此次选派的援疆支教大学生共计300人,分别来自天津体育学院、天津音乐学院和天津美术学院。其中,天津体育学院选派169名大学生、天津音乐学院选派50名大学生、天津美术学院选派81名大学生,他们将在和田地区策勒县、于田县、民丰县的试点学校实习支教,从事小学和幼儿园教育教学工作。此外,还有20名带队教师与学生一同赴疆。

本月 天津市教委制定并启动"青年享学计划",发挥天津市有关院校继续教育优势,为在津青年提供教育服务,使其享受线上线下优质教育资源,提升个人学历和生活技能,实现自身价值,享受幸福生活。

本月 由全国高校"数字马院"联盟、《思想教育研究》编辑部、国家教材建设重点研究基地、天津市形势与政策课程协同创新中心共同主办的全国党史学习教育与思政课建设论坛在津举办。

5月

15日 第十届中国大学生医学技术技能大赛全国总决赛在天津开幕。本届大赛由教育部和天津市人民政府共同主办,由天津医科大学、天津中医药大学联合承办,北京大学、北京中医药大学、首都医科大学协助承办,相关专业教指委担任学术指导。全国211所高校的497支代表队参赛,覆盖国内近91%的医学院校。经过前期预选赛和分区赛的层层选拔,共有81所高校的142支代表队晋级全国总决赛。

19日 天津商业大学在图书馆举行"冷链能源技术"创新人才培养联盟成立仪式暨第一届"工匠班"选拔启动仪式。"人才培养联盟"将以"工匠班"的培养模式,通过对大四学年相应课程的针对性改革,从大学三年级学生中选拔品学兼优的学生,在大四学年输送到企业接触实际工程,参与到企业产品的设计、研发、检测的各个环节,提高毕业设计的考核标准,助推新一轮人才培养质量提升,培养以冷链技术为核心的制冷行业卓越人才。

23日 "建行杯"第七届中国国际互联网+大学生创新创业大赛天津赛区比赛启动会及专题培训在天津科技大学滨海校区举行。副市长曹小红出席。

25日 2021年职业教育活动周天津市启动仪式在天津职业大学举行,副市长曹小红出席并讲话。2021年职业教育活动周的主题为"技能:让生活更美好"。活动周期间,天津市将围绕立德树人、产教融合、国际合作、职教帮扶、职普融通等开展10项重点活动,弘扬劳动光荣、技能宝贵、创造伟大的时代风尚,宣传展示职业教育的改革发展成果,营造全社会关心支持职业教育的良好氛围。

同日 天津外国语大学中国特色社会主义理论体系国际传播外译研究中心正式揭牌成立。该研究中心是天外开展党史学习教育的重要成果,是发挥学校学科优势,落实构建中国特色对外话语体系、构建人类命运共同体的重要行动。该中心成员已在对外宣介中国主张、中国智慧、中国方案方面取得丰硕成果,先后翻译并在国外发行包括《中国特色社会主义理论体系形成与发展大事记》《习近平新时代中国特色社会主义经济思想研究》(英文版)、《习近平生态文明思想研究(英文版)》等在内的四个系列、十余部宣介中国改革开放成果和中国特色社会主义理论体系研究成果的译著。

28日 泰国鲁班工坊建设五周年纪念大会在天津渤海职业技术学院举行。天津市教育委员会副主任白海力、天津市教育科学研究院党委书记靳昕,天津渤海化工集团有限责任公司行政总监刘振军,市教委国际交流处处长张华泉,市教科院终身教育研究所副所长杨延,天津铁道职业技术学院党委书记、院长于忠武,天津渤海职业技术学院党委书记王义龙出席,泰国大城技术学院前院长哲仁、前副院长颂巴,泰国大城技术学院院长玛悠丽在泰国分会场出席,天津渤海职业技术学院院长于兰平主持会议。

本月 天津市工程师学会成立大会在海河教育园区天津中德应用技术大学举行。这标志着天津市最大的综合性工程科技团体正式成立,也将为津南区工程技术与智能制造发展带来全新动能。市区两级政府、相关高校、科研院所、企业代表以及学会代表200余人参加会议。大会审议通过了《天津市工程师学会章程》,选举产生了第一届理事会和监事会。会上,天津市工程师学会正式揭牌。中国工程院院士、天津理工大学教授吴以成当选为学会首届理事长,世界工程组织联合会主席龚克受聘为学会名誉理事长。

本月 天津电子信息职业技术学院举行全球首家国际培训中心信息网络布线分中心签约暨授牌仪式。国际培训中心——世界技能组织全球行业合作伙伴,是由世界技能组织支持、世赛项目经理积极参与、以国际先进技术培训课程资源为依托、面向全球技术技能从业者开放的职业教育和技能培训平台,统一使用在线培训和资源平台,支持全球各地技能从业者进行在线学习与交流。

6月

11日 第九届全国少年儿童海洋意识教育论坛在天津市举行。论坛围绕海洋教育理论与政策、学校海洋教育实践和社会海洋教育开展等进行探讨交流,提出相关建议,为加快构建海洋教育学科体系,推进海洋教育实践,建设海洋强国贡献教育智慧。论坛上,专家作题为"科学认知蓝色星球,人与自然和谐共生"的讲座,全国7所海洋教育特色学校作经验介绍。

15日 天津市教育两委召开教育系统安全工作视频会议。会议指出,安全工作事关教育事业大局,各单位要充分分析研判本单位、本部门的安全稳定风险隐患,采取有力措施大力开展风险隐患排查整治。

17日 天津大学召开纪念张太雷同志诞辰123周年座谈会、中国共产党百年华诞张太雷同志诞辰123周年学术研讨会,举办"百年恰是风华正茂"庆祝中国共产党成立100周年交响合唱音乐会、青年学子向太雷像献花宣誓、张太雷家书故事微党课展示等系列纪念活动。

18日 由天津市教委主办的天津市终身教育研究计划项目交流会在天津城建大学召开。会议总结了"十三五"期间天津市终身教育发展成果与经验,对2021年天津市终身教育研究计划项目立项、教学成果培育和落实年度工作任务提出了要求,还研究推动天津市学习型城区建设监测项目工作。会上,天津大学、天津开放大学、天津市教育科学研究院、南开区职工大学和天津城建大学项目负责人交流汇报了以往开展终身教育研究计划项目所取得的研究成果与应用效果。

28日 天津市教育系统"两优一先"表彰大会在天津师范大学召开。会上宣读了《关于表彰天津市教育系统优秀共产党员、优秀党务工作者和先进基层党组织的决定》。为获"光荣在党50年"纪念章的党员代表颁发了纪念章;为教育系统和市教育两委机关党委"两优一先"颁发了荣誉证书和奖牌;为天津市学校党建"领航工程"创建培育验收通过单位颁发了奖牌。

29日 天津滨海新区大中小学思政课一体化教学研究联盟成立仪式由天津滨海职业学院牵头在滨海新区文化中心举行。滨海新区教体局领导以及166个联盟成员单位的180余名分管思政课的领导、思政课教师代表参加。

本月 天津市教委下发《关于进一步加强中小学生睡眠管理工作的通知》,对全市中小学生睡眠作出具体要求。根据要求,各区教育局要合理确定中小学校作息时间,小学上午上课时间一般不早于8:20,中学一般不早于8:00;学校不得要求学生提前到校参加统一的教育教学活动;合理安排课间休息和下午上课时间,有条件的地方和学校应保障学生必要的午休时间。

本月 天津市委办公厅、市政府办公厅根据《中共中央办公厅、国务院办公厅关于减轻中小学教师负担进一步营造教育教学良好环境的若干意见》精神,印发了《天津市中小学教师减负清单》。根据《减负清单》,减轻了督查检查评比考核负担、社会事务进校园负担、相关报表统计负担和抽调借用中小学教师负担。

本月 作为第五届世界智能大会期间成果之一,首个国家地方共建的现代中药创新中心在津揭牌成立。国家地方共建现代中药创新中心是在张伯礼院士的指导下,由天津中医药大学牵头,联合天士力集团、扬子江药业集团、天津市医药集团、上海医药集团、天津红日药业等5家行业优势企业共同组建。中心精准定位现代中药及大健康产业关键共性技术问题,深入开展组分中药新药创制、中药绿色智能制造、中药制药品质提升、生物新技术研发、经典名方研究开发、中药国际化等方面技术创新研发,致力于成为中药现代化、国际化的推动者和引领者。中心关注中药材资源与中药产业智能制造,创建智慧中药创新联盟、中药材基地共建共享创新联盟,形成公司加双联盟创新模式,促进行业政策信息共享、资源整合,扎实推进中医药事业传承发展,同时依托国家发改委、教育部共同支持的天津中医药大学"中药产教融基地",进行人才培养和成果转化。

本月 河西区与和平区入选教育部遴选确定的首批23个义务教育课后服务典型案例单位。

7月

1日 获"最美奋斗者",坚持十几年蹬车支教义举的白方礼老人铜像在天津市耀华中学院士路落成。天津市委宣传部、市教育两委、天津美术学院、河北区委宣传部领导同志,白方礼老人的家属代表、受白方礼老人资助的学生代表以及耀华中学干部师生代表参加了白方礼铜像揭幕仪式。

5日 天津职业技术师范大学与津南区人民政府签订协议,合作共建大学科技园,并举行揭牌仪式。

本月 由天津市教育两委主办,天津美术学院、天津市学校原创思政艺术作品创作中心、天津市学校思想政治教育新媒体工作室共同承办的2021年天津市"读革命经典,讲红色故事"党史故事比赛落下帷幕。本次活动以"读革命经典,讲红色故事"为主题,分为初赛、复赛和决赛三个阶段,共历时三个月。

8月

16日 天津市东丽区教育局与天津师范大学"教师发展工程"战略合作仪式暨首批项目开班仪式在天津师范大学举行。东丽区教育局负责人与天津师范大学负责人代表双方签署协议。东丽区教育局与天津师范大学教育学就"东丽校长领航、骨干教师领雁项目"签署了合作协议。

27日 天津教育系统160名干部教师组团从天津滨海国际机场启程飞赴新疆和田地区、新疆生产建设兵团开展教育对口支援工作。为确保援派工作取得实效,此次赴疆支教将采取"组团式"教育支教形式,集中优势力量支援受援学校,打造天津援疆教育特色品牌学校,重点帮助各受援学校提升教育教学和教育管理水平,同时发挥示范、引领、辐射作用,带动当地学校共同发展。

9月

1日 天津市出台规定,开学后21天内,全市大中小学幼儿园都要实行相对封闭式管理。严格出入管理。高校学生非必要不离校,实行离校请假制度。中小学校外车辆、人员原则上不得进入,如必须进入,须在入校时检测体温、核验身份及天津健康码、接种码、通信大数据行程卡方可进入。

6日 天津市"双减"工作会议在天津礼堂召开,会议贯彻党中央对"双减"工作的部署要求,研究推动天津市重点任务。市委书记李鸿忠,市委副书记、市长廖国勋出席会议并讲话。

14日 天津市职业教育产教融合研究项目启动会暨"两院四中心"揭牌仪式在天津市教育科学研究院举行。天津市职业教育"两院四中心"依托天津市教育科学研究院成立"天津市职业教育研究院"和"天津市产教融合研究院""天津市职业教育发展评估中心",同步深化已有的"鲁班工坊研究与推广中心"和"国家职业教育质量发展研究中心"建设;依托天津轻工职业技术学院成立"非洲职业教育研究中心"。

25日 中国民航大学建校70周年庆祝大会在天津举行。中共中央政治局委员、国务院副总理刘鹤发来书面致辞。民航局党组书记、局长冯正霖出席大会并讲话,市委副书记、市长廖国勋致辞。

本月 天津市教委等六部门制定印发了《市教委等六部门关于进一步推进天津市老年教育发展的意见》,把老年教育作为天津学习型城市建设的重要内容纳入天津终身教育体系。

本月 由教育部主办,天津体育学院、全国高等学校体育教学指导委员会承办,天津市教委、高等教育出版社协办的2021年全国高校体育教育专业学生基本功大赛在天津体育学院举行。来自全国24所高校的192名体育教育专业本科生参加比赛。

10月

10日 天津科技大学正式成立软件学院并举行揭牌仪式。

15日 保加利亚鲁班工坊"云揭牌"暨启运仪式在天津农学院和保加利亚普罗夫迪夫农业大学同步举行。天津市委常委、市委教育工委书记王庭凯出席并致辞。

16日 由南开大学和韩国崔钟贤学术院主办的天津论坛(2021)在津举行。副市长孙文魁出席。

17日 非洲职业教育研究中心启动大会暨课题发布会议在津举行,会议宣布了中心首批研究成员单位名单及承担研究任务,首批研究成员单位将分别开展南非、肯尼亚、乌干达、塞内加尔、赞比亚、埃及6个典型非洲国家与中国职业教育合作研究;会议公布了中心2021年起三年的研究工作计划,研究成果将形成"中非职业教育合作发展蓝皮书"。

同日 南开大学举行新闻与传播学院成立仪式。

23日 创办中国聋人高等工科特殊教育30年纪念大会在天津理工大学图书馆召开。天津市委常委、市委教育工委书记王庭凯出席并讲话。天津理工大学聋人工学院是由天津市政府和中国残疾人联合会共同创办的中国第一所聋人高等工科院校,为国家和地方培养输送了大批优秀听障毕业生,是中国特殊教育高层次人才培养、实践创新的重要基地。会上,天津理工大学与中国聋人协会、国家通用手语数字推广中心共同签署战略合作协议,联合成立"无障碍智能科技研发中心"。

26日 天津茱莉亚学院举行校园落成典礼,国家主席习近平夫人彭丽媛向天津茱莉亚学院校园落成典礼致贺信。市委书记李鸿忠出席并宣读贺信。市委副书记、市长廖国勋向美国茱莉亚学院荣誉院长、首席中国事务官波利希授予"天津市荣誉市民"证书。中国前驻美大使崔天凯、教育部副部长田学军、市政协副主席曹小红致辞。

本月 天津市召开2021年老年教育工作推动会。会议总结梳理天津市"十三五"期间老年教育工作成效,部署"十四五"开局之年天津老年教育工作重点安排,并对市教委有关老年教育工作的文件精神进行解读。

本月 天津市教委推出《提升新时代义务教育教学质量的若干举措》,完善"五育并举"课程体系、深化课堂教学改革、减轻学生过重学业负担、完善教育评价体系、加强教育教学研究、加强工作保障等17项改革创新举措,将"双减"工作落实、落细。

本月 由天津市教育两委主办的"砥砺巡察初心,勇担巡察使命"天津市教育系统巡察教育培训基地暨党风廉政建设教育培训基地落成并启用。该基地以主题展览为依托,以中央巡视工作方针为逻辑主线,设置"学思践悟、砥砺初心""发现问题、形成震慑""推动改革、促进发展"三个展区,总占地面积约290平方米。

11月

3日 2020年国家科学技术奖励大会在北京召开,天津市22项成果获国家科学技术奖,其中获自然科学二等奖2项,技术发明二等奖3项,科学技术进步奖17项,包括特等奖1项、一等奖5项、二等奖11项。

8日 南开大学青年学者创新联盟成立仪式在八里台校区海冰楼举行。南开大学校长曹雪涛为首届联盟成员颁发名牌,副校长王磊主持仪式,校党委常委李君,校长助理张伯伟,中国科学院院士、陈省身数学研究所教授葛墨林,中国科学院院士、化学学院教授周其林出席活动。

13日 2021年天津市大学生TRIZ杯专项赛暨第六届天津市大学生创新方法应用大赛在天津工业大学举行。

18日 天津市教委召开天津市义务教育阶段学校课后服务工作推动现场会暨区域性课后服务"互比互看"活动启动会,进一步深入贯彻落实"双减"工作精神,交流推广"'双减'百日会战"涌现出的课后服务典型经验和做法,促进全市中小学在"互比互看"中不断扩容、升级,全力推动课后服务从"有没有"转向"好不好""优不优"。会议以视频形式召开,主会场设在市教委,全市16个区设分会场,市教委一级巡视员孙惠玲出席会议并讲话。

25日 以"提升职业教育质量 促进两岸融合发展"为主题的"第八届大江论坛——津台职业教育融合发展论坛"在天津举行,津台两地嘉宾围绕打造大国工匠、深化产学融合、加强职教师资培养等专题展开交流。本届论坛由台盟中央主办,台盟天津市委会、天津市海峡两岸民间交流促进会、台湾永续教育发展协会承办,天津职业技术师范大学、台湾华梵大学以及台湾大同大学协办。

29日 2022年天津市硕士研究生招生考试安全工作视频会召开。市委常委、市委教育工委书记王庭凯出席会议并讲话。

本月 天津市教育两委组织召开全市教育系统文娱领域综合治理工作部署会。会上,市教育两委宣布成立文娱领域综合治理工作专班,印发了《关于开展教育系统文娱领域综合治理工作的通知》。

本月 南开大学纪念国际数学大师陈省身诞辰110周年。

本月 由教育部高教司主办、南开大学承办的2021

年度拔尖计划2.0优秀学生学术交流会在津召开。

本月　国家市场监管总局、教育部等八部门联合印发《关于做好校外培训广告管控的通知》。自中办、国办印发"双减"文件以来，天津市"双减"工作专班加大校外培训广告治理力度，重拳打击校外培训违规广告乱象。

本月　天津市召开加强学校食品安全和多病共防工作会议。市委常委、市委教育工委书记王庭凯出席并讲话。

12月

3日　天津市高等学校课程思政建设推动会在天津师范大学召开，"人民英雄"国家荣誉称号获得者、中国工程院院士张伯礼出席会议并做了经验分享。

同日　摩洛哥鲁班工坊"云揭牌"暨启运仪式在天津商务职业学院和摩洛哥阿伊阿萨尼I应用技术学院同步举行。市委常委、市委教育工委书记王庭凯出席并致辞。

11日　天津市党的十九届六中全会精神融入思政课主题论坛在天津师范大学举行。市委教育工委专职副书记孙志良出席会议并讲话。

13日　天津市召开学校体美劳教育工作推动视频会。

15日　欧洲首家鲁班工坊——英国鲁班工坊验收评估会议在天津召开。专家组按照验收评估办法，从项目建设与管理、取得成效与特色等多方面对英国鲁班工坊的建设情况进行了全面评估。最终英国鲁班工坊以优异成绩通过评估验收。

17日　天津市举行品牌高中建设项目培育学校建设启动会，确定30所品牌高中建设项目培育学校，为天津市品牌高中建设项目研究中心授牌。

18日　以"新需求、新理念、新路径——新时代国际中文教育高质量发展"为主题的世界汉语教学学会第十四届国际中文教学研讨会在天津师范大学举行。

19日　天津市首届职业院校"故事思政"微课大赛在国家会展中心举行。大赛由天津市教委、共青团天津市委员会、天津海河教育园区管委会共同主办，以"润物无声　同向同行"为主题，通过中职、高职两个组别的赛道比拼，全面推进思政课程与课程思政建设。

20日　在21世纪海上丝绸之路首创地建设的鲁班工坊——印度尼西亚鲁班工坊验收评估会议在天津召开。天津市鲁班工坊研究与推广中心组建专家组对项目进行了全面评估。项目最终通过验收评估。

24日　天津市召开全市职业教育大会，市委常委、市委常务副市长马顺清出席并讲话，市委常委、市委教育工委书记王庭凯主持。

27日　南开大学免疫学研究所成立。

28日　天津市召开普通高中新课程新教材实施国家级示范区(校)建设暨市级试验区(校)建设工作推动会。

本月　天津市教委印发《天津市义务教育阶段校外培训机构学科类与非学科类培训鉴定指引(试行)》。培训机构面向义务教育阶段中小学生开展的培训是否为学科类有了鉴定标准。

本月　天津城建大学与西青区合作共建的西青区古琴弦歌基地在西青区老年大学揭牌。

本月　"国家区域重大战略高校智库联盟"在南开大学正式揭牌。该联盟由南开大学京津冀协同发展研究院(经济与社会发展研究院)发起，联合北京大学首都发展研究院、武汉大学中国中部发展研究院、山东大学黄河国家战略研究院、上海财经大学长三角与长江经济带发展研究院和暨南大学经纬粤港澳大湾区经济发展研究院共同成立，旨在充分发挥高校智库的理论创新、舆论引导、咨政建言、社会服务、对外交往等重要功能，汇聚成员智库力量，形成助力区域协调高质量发展的智库合力，搭建学术界、政策界和实践界的交流、合作和对话平台。

本月　天津市教委制定《关于推进天津市中小学校劳动教育的方案》，为进一步加强和改进新时代天津市中小学校劳动教育，加快构建德智体美劳全面培养的教育体系，划出时间表和路线图。根据《方案》，通过实施劳动教育"夯基垒台""中流砥柱""春风化雨""扎根落地""同心育人"五大工程，到2022年，天津市将实现学生自主负责校园环境卫生常态化。天津市将挂牌成立50个市级劳动教育高校实践基地，推动普通高校、职业院校结合自身专业优势与学科建设特色，开放实训实习场所、实践基地、设施设备等为中小学服务。

本月　天津市教委发布《天津市中小学生家庭劳动正面清单》和《天津市中小学生家庭劳动负面清单》，根据小学低年级、中年级、高年级和初中、高中不同年龄段设置家庭劳动内容，给全市中小学生及家长提供可参考的劳动教育指南。

综合管理

综合工作

【天津教育改革发展情况】 2021年，天津市教育系统坚持以习近平新时代中国特色社会主义思想为指导，深入学习贯彻党的十九大和十九届历次全会精神，认真贯彻落实习近平总书记关于教育的重要论述，弘扬伟大建党精神，发扬历史主动精神，加快教育高质量发展，完成全年各项目标任务。制定高校党委、党支部党建工作基本任务清单范本，印发中小学校党组织委员会会议和校长办公会议议事规则示范文本，出台民办高校、民办中小学校章程中党的建设有关内容示范文本，推动学校党建工作重点任务落实落地。深入推进党建"领航工程"，推出一批示范学校、标杆院系、样板支部，党对教育工作的全面领导持续加强。印发党史学习教育实施方案、巡回指导工作方案、党史学习教育工作提示、开展"我为群众办实事"实践活动工作方案等文件，各级理论学习中心组组织专题学习2860余次、专题读书班147期，教育系统各单位开展专题宣讲1330余场。扎实推进市委第八轮巡视整改落实，全面从严治党压实到基层和学校。扎实推动党史学习教育，用心用情用力开展"我为群众办实事"实践活动，加大思政课教学中的党史教育比重，组织"开学第一课"，大中小学思政课教师开展"党史"主题集体备课、说课展示等活动。举办"学百年奋进史、做信仰传承人"青少年党史学习教育百校百集微视频征集活动，精选100个优秀作品在津云、津门教育等新媒体平台刊播。开展庆祝建党100周年"百年行动"党史主题活动，将党史教育融入日常思想政治教育。开展专题党课和组织生活会、中心组列席旁听等专项督导，对重点评估内容进行"回头看"。出台深化新时代学校思想政治理论课改革创新若干措施，制订大中小学思政课课程群体系化建设指导方案，全面开设习近平新时代中国特色社会主义思想课程。编写中小学学科德育渗透知识点教学参考书和德育一体化建设指导纲要。全市各区全部建立区校思政课协同创新中心。启动"百年行动"开学季系列活动，组织学生观看"党的光辉照我心"开学第一课，举办大学生思政辩论赛，开展"青春心向党"实践行活动、"十百千"大中小学思政课教师讲党史主题活动、中职学校"文明风采"活动。制定全面加强和改进新时代学校体育美育工作的若干措施。对114万名中小学生进行了视力筛查。出台中小学、职业院校、高等院校劳动教育课程建设指南，举办中小学劳动技能大赛。将体育、美育、劳动教育开展情况纳入区政府履行教育职责评价指标体系。修订普惠性民办幼儿园等级评定标准，新评定普惠性民办幼儿园92所，学前三年毛入园率、普惠性幼儿园覆盖率双达标的区增至11个。扎实推进义务教育优质均衡发展三年行动，新增中小学学位5.9万个，配置中小学教学仪器设备91万台（套、件），提升改造学校体育运动场馆52.2万平方米。推进基础教育优质资源辐射引领，成立办学集团42个、区域合作办学25所、区域发展共同体9个，学区化办学比例达到98%。推进校园安全专项整顿工作，率先完成中小学专职保安员配备率、学校封闭化管理率、一键式紧急报警和视频监控系统达标率、学校"护学岗"配备率4个100%达标任务。出台45条支持就业创业"硬核"措施,高校毕业生就业率达到85.37%。率先设立市、区两级校外培训监管机构,出台加强校外培训机构风险防控措施和学费资金管理暂行办法,制定义务教育阶段学科类校外培训政府指导价收费标准,建立高危风险校外培训机构包保管理制度,强化督查整改,线下义务教育学科类校外培训机构减少1946家,压减率达到92.89%,义务教育阶段学科类校外培训机构100%完成"营转非"。出台加强义务教育学校课后服务、教学视导、作业管理等系列文件,义务教育阶段学校作业控制时间100%达标,课后服务实现100%全覆盖,学生课后服务参与率达到95%。推动落实教育评价改革工作安排清单、正面清单、负面清单,清理"负面清单"涉及相关政策文件450个,推出123个试点项目。启动实施规范公有主体参与办学专项整治行动。召开全市职业教育大会,与教育部共建新时代职业教育创新发展标杆,成立市职业教育产教融合研究院,"十三五"高职院校提升办学能力建设项目全部通过验收。孔子学院、孔子课堂达到89个。海外"鲁班工坊"增至20个,天津茉莉亚学院校园落成启用。天津市高校"双一流"建设项目全部通过国家首轮验收,"世界一流"建设学科增至14个。深入实施"顶尖学科培育计划"和"服务产业特色学科群计划"。认定10所高校为特色化示范性软件学院建设单位。南开大学、天津大学"物质绿色创造与制造海河实验室"、天津中医药大学"现代中医药海河实验室"揭牌运行。470余家科技型企业入驻7个大学科技园。25所高校利用学科优势投身11个产业联盟建设。选派1056名科技特派员入驻827家企业。在第七届中国国际"互联网+"大学生创新创业大赛获6项金奖。持续加强教师队伍建设,新增两院院士4人。出台加强新时代乡村教师队伍建设的若干措施。印发中小学教师减负清单。出台关于深化高校教师职称制度改革的实施意见,制定普通高校、高职院校教师职称评价标准和思政理论课教师职称评价标准,深化中小学教师职称制度改革,坚决破除唯论文、唯职称、唯学历、唯奖项不良倾向。深化"区管校聘"管理改革,盘活存量编制资源3167个。

撰稿:杨　彬

【教育协作支援】　2021年,天津市委教育工委、市教委调整原扶贫工作领导小组,成立由市委教育工委、市教委主任荆洪阳任组长、市教育两委一级巡

视员闫国梁主管的天津市教育东西部协作和支援合作工作领导小组。积极参与市"十四五"规划制定,起草《2021年天津市教育东西部协作和支援合作专项工作实施方案》。市教育两委负责同志10人次赴结对地区调研,签订2个协议,加强教育助力乡村振兴工作的领导。安排对口支援高中班计划招生新疆746人、西藏350人,对口支援中职学校计划招生新疆100人、西藏110人。选派151名管理干部和骨干教师援藏援疆、753名教师柔性支教;从6所院校选派654名大学生、45名带队教师,赴和田地区东三县支教,加强教师力量,提高当地国家通用语言文字水平。

撰稿:周志勇

【结对帮扶】　2021年,天津市911所学校与帮扶地区1714所中、小、幼学校间开展"手拉手"活动,创建97所"天津市教育支援示范校",深化交往交流交融,全面助力结对地区教育教学水平提升。天津市4所院校采取"院包系"的方式帮扶黄南州职业技术学校四个薄弱专业发展,打造天津市教育援青亮点。天津市12所高职、14所中职国家示范骨干院校与甘肃职业院校开展"一对一"结对合作,完成168名教师挂职培训。各区组织结对地区管理干部及骨干教师来津培训74次,培训2375人。派"讲师团"55个、360人赴结对地区送教送培;组织网络送培送教666次,使当地55364人受益。根据市《关于天津市面向对口支援地区开展"民族团结一家亲·百行百业交流行"活动方案》部署,荆洪阳和闫国梁同志分别与新疆和田地区光明村1户困难户结亲,动员天津教育发展基金会出资30万元为该村建设"津和儿童教育乐园",促进当地乡村振兴。举办帮扶地区农产品展销会,超额完成消费帮扶任务。

撰稿:周志勇

【全国推广普通话宣传周】　2021年,天津市组织主题为"普通话诵百年伟业,规范字写时代新篇"的第24届全国推广普通话宣传周活动。市语委印发推普周活动通知,制订活动方案。印发公益宣传广告画3000套。组织开展2021年天津市中小学黑板报设计创作比赛和天津市大学生语言文字艺术设计创作比赛,分别收到全市参赛作品261件、102件,丰富了全市大中小学校园语言文字文化生活。

撰稿:张紫华

【经典诵读】 2021年，天津市组织全市大中小学生参加第三届中华经典诵写讲大赛。对全市报送的523件"诵读中国"经典诵读作品进行评审，评出市级一等奖20个、二等奖29个、三等奖47个、优秀奖141个。推荐52件作品参加全国比赛，取得理想成绩。和平区教育局、天津中医药大学、天津外国语大学附属滨海外国语学校、南开大学获优秀组织奖。举办天津市"诵读中国"经典诵读能力提升培训班（第1—3期），共有95名优秀教师参加培训，围绕经典诵读、诗文讲解、规范书写等进行专项能力提升。

撰稿：张紫华

【语言文字推广基地建设】 2021年，天津师范大学入选第二批国家语言文字推广基地。建成天津商务职业学院、天津市大中专毕业生就业指导中心2

个天津市普通话水平测试站。强化普通话水平测试工作，全年累计测试人数约8万人次。

撰稿：张紫华

【民族教育】 2021年，天津市落实西藏新疆高中（中职）班招生计划，共接收学生1404人，21所学校在校生达5073人。贯彻落实中央领导同志关于西藏、新疆高中班重要指示批示精神，提升少数民族学生国家通用语言文字应用水平，切实增强四个认同，组织开展"红心向党"系列活动，通过"唱支歌儿给党听"合唱比赛、"感恩伟大祖国、增进民族团结"演讲比赛和少数民族学生普通话比赛，在广大学生中掀起热爱党、热爱祖国、提升国家通用语言文字应用水平的高潮。

撰稿：张紫华
审稿：杨继荣

德育工作

【党史主题教育】 2021年，天津市坚持以习近平新时代中国特色社会主义思想铸魂育人，牢牢把握立德树人根本任务，加强理想信念教育，聚焦庆祝建党百年，围绕"明理、增信、崇德、力行"，在全市大中小学生中开展40项党史主题教育活动，包括：演讲比赛、思政辩论赛、大中小优秀师生巡讲、诵读大赛、党史故事会、读书分享会、公益广告设计大赛、新时代实践行、礼敬中华优秀传统文化工作成果征集、先进人物进校园事迹报告会等活动，引导学生研读党史故事，回顾革命经典，全面提升全市大中小学生政治素养，在潜移默化中增强思想认同、政治认同、情感认同。将党史学习教育与开学教育相结合，组织全市大中小学生收看"党的光辉照我心"开学第一课，课程包括"初心""浴火""奋斗"三个篇章，以觉悟社部分成员合影照片和《没有共产党就没有新中国》创作手稿等珍贵档案为切入点，生动讲述中国共产党团结带领中国人民不懈奋斗的故事，不断提升学生思想政治工作品牌化、精细化、规范化水平。

撰稿：张　瑶

【"四史"教育】 天津市为丰富课堂教学资源，创作了一套4本的《红色记忆》"四史"教育漫画读本，以青少年喜闻乐见的形式呈现给学生，免费向全市中小学生发放，每所中小学校至少1套，实现全覆盖，在校园里掀起了一股"红色阅读"热潮，得到李鸿忠书记的批示肯定。出版一套6本的《三爱育苗》学前思政教育绘本，紧密结合幼儿园三个学龄班特点，通过主人公在幼儿园三年的成长历程展现"三爱"主题内容，面向全市所有幼儿园免费发放，每个幼儿园至少2套。指导录制《红色少年团》红色主题内容电视节目，节目参赛队伍覆盖了天津市16个区的46所学校，千余名学生及教师参与，通过演唱经典红歌、"四史"知识抢答、限时游戏挑战等环节，让参与的学生了解历史，学习中国英雄故事和先进事迹，感受榜样的力量，累计播放次数近100万次。

撰稿：张　瑶

【创新实践育人载体】 为贯彻落实习近平总书记关于"双减"工作重要指示批示精神，探索高校助力中小学课后服务，出台《关于发挥高校实践育人功能,提高中小学课后服务质量的实施方案》,并组织专题部署工作会,将服务中小学课后服务作为高校社会实践和志愿服务的重要内容,推进高校与中小学常态化沟通、常态化联合开展实践活动。连续第二年录制《同学去哪里》研学实践教育示范课程电视节目,通过中小学生代表、思政课教师代表以"大手拉小手"集体参与体验的形式,结合百年党史教育走出天津,去往嘉兴南湖、井冈山、遵义和延安,发挥知行合一的作用,将从书本中、思政课堂上学到的知识于实践体验中得到印证和升华,开展研学实践教育,突出思政导向和知识学习,节目受众学生20多万人次,得到学校、学生和家长的广泛赞誉和喜爱,成为天津教育的一个重要思政文化品牌。

撰稿:张 瑶

【学生心理健康教育】 2021年,全面提升育人质量,印发《推进心理健康教育与思想政治教育深度融合 提升育人质量的若干举措》,以"心育"促德育;起草《构建学生心理健康教育联动机制的实施意见》,构建多部门协同联动的心理健康工作机制,举办心理健康月活动,开展心理养成类、心理成长类、心理创新类、心理帮扶类和心理疗愈类等市级主题活动,覆盖学生超百万。"线上+线下"联动组织开展大中小学生"阳光行动计划",其中包括线上课程:秋季开学录制播出引导学生适应校园环境的"阳光成长"心理指导课,覆盖大中小学全体学生。线下活动有:聚焦培养学生心理品质的"阳光魅力"学生抗逆力训练营、"阳光力量"团体辅导示范活动、"阳光青春"励志演讲比赛,心理健康教育教师技能大赛。编写出版5本《中小学生心理健康自助手册》,引导中小学生通过自助阅读的方式,在书中"小主人公"的带领下正确认识自己、积极与人交往、有效调节情绪等,手册发行10万册,免费为每所学校每个班级配发2本,引导学生自助助人。

撰稿:张 瑶

【提升学校家庭共育水平】 2021年,天津市教育两委印发《市教育工委 市教委关于印发关于全面加强党对家长委员会领导的若干举措的通知》,制定天津市中小学家长委员会建设标准,从强化党对家委会工作的领导、强化家委会政治能力建设和强化家委会制度体系建设三大方面,完善家校共育机制,营造良好的育人环境,确保家委会始终处于党的领导轨道之中。在天津开放大学设立天津市学校家庭教育中心,着力实现学校家庭教育指导管理常态化,提升天津市学校家庭教育质量。加强学校家庭教育骨干教师队伍建设,举办学校家庭教育骨干培训、家访工作专项培训会、"讲暖心家访故事"主题演讲大赛活动。在天津广播电台设立《虎妈奶爸圆桌会》家庭教育栏目,每周1期,结合"双减"等热点问题,通过专家访谈、老师座谈、家长倾谈等形式,开展家庭教育宣传,让家长获得更多心理育儿知识,为学生健康成长助力。"家校共育示范课",纳入开学第一课系列课程。

撰稿:张 瑶

【提升思想政治队伍质量】 2021年,天津市提升思政工作质量,开展高校思政工作考核,印发《天津市区级教育行政部门思政工作考核方案(试行)》,制定区教育局思政考核指标。组织大中小学"三全育人"优秀工作案例征集工作;开展高校思想政治工作精品项目申报及项目验收工作;开展市级中小学名班主任工作室考核与申报工作,组织中小学班主任工作精品项目评审,推进全市中小学打造"一校一案"典型案例。加强思政队伍建设,开展第五届市级辅导员技能大赛,举办14期辅导员主题培训,覆盖全体高校辅导员;完成全市中小学骨干班主任培训工作,组织完成参与全国中小学德育干部、班主任和心理健康教育教师网络培训示范班,全市共有410名相关教师参加。与北京市教委、河北省教育厅联合举办第六届京津冀中小学班主任共同体研讨交流活动。

撰稿:张 瑶

【中职德育工作】 2021年,天津市继续加强中职学校德育工作。一是实施新时代中等职业学校德育改革创新工程。培育遴选"三全育人"综合改革试点学校、名班主任工作室,遴选德育特色案例,培训德育骨干管理人员,组织德育研究专项课题申报、德育工作精品项目申报、德育示范教案评选。二是加强中等职业学校党史教育。开展中职学校"初心志不渝·翰墨书百年"庆祝建党100周年主题书法实践活动;开展中职学校"献礼百年荣光 益展时代担当"公益广告设计大赛活动;举办中职学校"读革命经典,讲红色故事"党史故事会;开展中职学校"薪火相传百年路 青春扬帆正当时"中华优秀传统文化系列活动;组织中职学校观看"同学去哪里"实践研学示范课百年党史特辑活动。三是中等职业学校"文明风采"活动。组织学校面向全体学生持续开展

"文明风采"活动,坚持活动育人、实践育人、以文化育人,推进活动常态化、规范化。四是中等职业学校德育队伍建设。以"劳动教育——我们该做什么,能做什么?"为主题,组织中职学校德育工作骨干劳动教育讲座,提高德育干部劳动教育水平。以"建党百年开新篇 五育并举育新人"为主题,组织中职学校班主任高级研修班,各中职学校分管德育工作校领导、德育主任、具有特殊贡献的优秀班主任参加为期3天的培训活动。做好全国职业院校技能大赛中职学校班主任能力比赛工作,组织遴选参赛班主任,在全国比赛中天津市有2名班主任获三等奖。五是评优创建。推荐"市级优秀学生"119名、"市级优秀学生干部"119名、"市级先进班集体"47个。

撰稿:何 飞

【高校助学贷款】 2021年,天津市积极推动高校学生助学贷款工作。共为1144名高校新生办理助学贷款1122.27万元。为198名高校学生办理校园地助学贷款,发放贷款金额513.60万元。

撰稿:孔令鑫

【资助育人】 2021年,天津市教委进一步加强资助育人工作,指导各级各类学校全面加强学生资助工作,组织开展天津市高校资助宣传大使选拔赛、获奖受助学生"庆百年,感恩党"回馈社会实践活动等资助育人活动;分层次、分学段组织开展大中小学资助工作专题培训,解读国家和天津市资助政策;设立大中小学资助育人研究课题,深入推进资助育人研究,提升天津市资助育人专业化水平。

撰稿:孔令鑫

【学生资助】 2021年,天津市修订了《天津市人民政府奖学金、助学金管理办法》,做到"应助尽助、应贷尽贷"。开展《天津市获奖受助学生"庆百年,感恩党"回馈社会实践活动》,参与"云课堂""云家教"等各类回馈社会活动,参与活动达29.6万人次;制订学生资助工作宣传方案,利用主流媒体进行宣传;组织各学校做好"自编简介"编印发放工作,天津市高校均开通了资助政策咨询专线电话。召开专门会议研究新旧政策衔接事项,组织新旧政策衔接政策部署会和业务培训会。天津市校园地助学贷款一次申请全部发放,生源地助学贷款除首贷外全部网上办理,做到方便快捷;秋季学期,天津市高校录取学生16万人,无一人因家庭经济困难未报到入学。天津

市全部高校均开通"绿色通道",通过"绿色通道"入学学生7153人。天津市共评审普通高等学校研究生国家奖学金639名,其中博士研究生83名、硕士研究生556名,发放研究生国家奖学金1361万元;研究生学业奖学金33540名,其中博士研究生2438名、硕士研究生31102名,发放研究生学业奖学金13269.3万元;发放研究生国家助学金23351.31万元。本专科生国家奖学金676名,发放国家奖学金540.8万元;本专科生国家励志奖学金15909名,发放国家励志奖学金7954.5万元;发放本专科国家助学金35122.33万元。评审天津市人民政府奖学金800名,发放金额640万元。评审中等职业学校国家奖学金107名,发放金额64.2万元。发放中等职业学校国家助学金1145.1万元;发放天津市人民政府助学金430万元。2021—2022学年,为60995名学生免除学费,金额共计15799.46万元。发放普通高中国家助学金1662.5万元。春季学期为1413名家庭经济困难普通高中学生免除学杂费,秋季学期为1482名家庭经济困难普通高中学生免除学杂费,金额共计155.06万元。春季学期,天津市共有1014名家庭经济困难的幼儿享受学前教育资助金政策,秋季学期共有1138名家庭经济困难的幼儿享受学前教育资助金政策,资助资金总额159.93万元。

撰稿:史永强 孔令鑫

【普通高校学生先进个人和集体评审】 2021年,天津市共评审认定普通高等学校2020—2021学年度天津市优秀学生730名,天津市优秀学生干部270名,天津市先进学生集体100个,天津市大学生年度人物10名,天津市大学生自强自立年度人物10名,天津市大学生年度人物提名奖40名,天津市大学生自强自立年度人物提名奖40名,王克昌奖学金单项奖186名。

撰稿:孔令鑫

【高校毕业生就业创业】 2021年,天津市教育两委会同市人社局等16个相关部门,于1月6日在全国率先印发《关于进一步做好新时代高校毕业生就业创业工作的若干措施》,45条"硬核"举措全力促进2021年高校毕业生就业工作提质增速。在全市开展"勇赴基层担使命 青春奋斗报祖国"就业观主题教育系列活动,累计1887场,联合市人社局开展"爱津城·强技能·促就业"天津市大学生就业技能培训专项活动。联合各相关委办局、各行业协会、各高校联合举办市级"津英就业"系列专场招聘会31场,提供

岗位21万个,指导各高校组织招聘会和宣讲会11910场,提供岗位103.1万个。充分利用新兴业态资源,与云账户、猪八戒网、中车四方所等进行战略合作,1594名毕业生通过签约平台实现灵活就业。联合市人社局做好2022届毕业生求职创业补贴发放工作,累计为19489名学生发放5846.7万元。

撰稿:满 荣

【大学生创业和众创空间建设】 2021年,天津市完善《天津市高校众创空间绩效评估实施细则》,将服务带动就业人数纳入评估指标,进一步激发创业带动就业作用。建设6家天津市高校众创空间协同中心,遴选培育12项天津市大学生创新创业拔尖项目,举办大学生创新创业人才展洽会、知识产权创新创业发明与设计大赛、电商直播创业大赛、创客马拉松大赛、新媒体创新创业大赛等多项比赛。评选2021年度天津市大学生创新创业专项课题立项13项。

撰稿:满 荣

【就业创业课程建设】 2021年,天津市组织开展天津市高校就业创业金课评选,天津大学郑春东老师入选全国就业金课榜。组织首届天津市就业指导课程教学大赛,天津工业大学教师宁甜甜在全国比赛中获二等奖,市教委获优秀组织奖。选树培育促就业创业典型案例,天津大学、天津美术学院典型做法获中央电视台报道宣传。

撰稿:满 荣

【网络思政课建设】 2021年,天津市依托各市级思政课中心、基地围绕伟大建党精神、战“疫”斗争、习近平新时代中国特色社会主义思想等主题开展线上线下大中小学思政课集体备课活动86场,累计培训81718人次;精心策划制作“百年辉煌”思政品牌课程教案、“美丽天津”思政课特色案例、“信仰的力量”品牌党史示范课、“学习时间”思政教育电视节目、“初心映照新时代”全媒体思政课。

撰稿:满 荣

【开设习近平新时代中国特色社会主义思想课程】 全市大中小学(含中职学校)从2021年秋季学期开始全面开设习近平新时代中国特色社会主义思想课程,全市中小学开始使用《习近平新时代中国特色社会主义思想学生读本》,组织专家编写并面向全

市小学、初中、中职、高中、大学的授课教师分别配发五个学段的《习近平新时代中国特色社会主义思想教学指导方案》。8月10—14日分学段举办市级骨干教师培训,累计450人参加市级培训。

撰稿:满 荣

【高校思政课教学质量评价】 2021年,天津市开展“全覆盖、多主体、多维度”高校思政课课堂教学质量评价。统一评课标准,组建20余支录课团队“直达”全市各高校,采用统一技术标准给每位思政课教师每年录制6学时教学视频,按照“本校回避、随机分配、多元同评”的原则组建由领导干部、思政课教师、专业课教师、学生代表等组成的近3000人评课团队进行评价赋分,逐校逐人排名。2021年录制思政课课堂教学视频8千余个、组织评课近5万次,《中国教育报》头版头条报道天津市开展高校思政课教学质量评价工作情况。

撰稿:满 荣

【全国思政课名师工作室建设】 根据2020—2022年教育部全国高校思想政治理论课建设项目评审立项结果,天津市新增获批4个全国思政课名师工作室,获批数量位居全国第一。思政课名师工作室是教育部思政课建设项目中最能体现教学能力和思政课教师队伍建设成果的项目,主要选树一批教学能力卓越、能够引领全国思政课改革创新的领军人才。天津市全国思政课名师工作室有6个,分别是:天津师范大学李朝阳名师工作室、天津工业大学杨永利名师工作室、天津师范大学杨仁忠名师工作室、南开大学孙寿涛名师工作室、天津城市建设管理职业技术学院张泽玲名师工作室、天津大学孙兰英名师工作室,总数量居全国第一。

撰稿:满 荣

【多名专家入选全国高校思政课教指委】 在教育部公布的2021—2025年高等学校思想政治理论课教学指导委员会名单中有天津市高校委员9人,分别是:南开大学逄锦聚教授、天津大学颜晓峰教授、南开大学副校长王新生、南开大学寇清杰教授、南开大学纪亚光教授、南开大学武东生教授、天津财经大学丛屹教授、天津师范大学李朝阳教授、天津城市建设管理职业技术学院张泽玲教授。

撰稿:满 荣
审稿:杨 明

法治建设

【法制审核及行政应诉】 天津市教委印发《关于进一步加强高等学校法治工作的实施意见》,推动高校法治建设。对4所独立学院转设后的章程进行审核,参与转设评审工作;完成了所有高职学校章程的核准;对委内行政规范性文件10件、党内规范性文件32件、"三重一大"事项39件进行法律审核。对照《行政处罚法》,分三次对教育地方性法规、政府规章和行政规范性文件进行清理。完成42部国家、地方立法的征求意见工作。行政处罚案件合法性审核8件。制定"双随机"抽查事项清单,明确抽查依据、抽查主体、抽查内容和抽查方式等,并及时向社会公布。细化执法计划。梳理随机抽查事项清单并及时在政府网站公开,制定《天津市教育委员会2021年度抽查工作计划》。组织天津市教育系统行政执法人员近200人专业法律知识的考试及试卷评审。五是按照要求进行行政执法案件评查,经评查全部合格。共受理6件行政复议案件、7件学生申诉案件、2件教师申诉案件。4月29日组织市教委领导干部及行政执法人员30余人至天津市第一中级人民法院旁听案件。迎接中央依法治国办的法治督察,按照要求,制作工作预案,选取有关学校及区教育局作为点位,准备汇报材料及佐证材料。

撰稿:陶 涛

【普法工作】 天津市教委落实教育部相关要求,将学习宣传贯彻习近平法治思想作为教育普法的首要任务,融入学校教育,纳入高校法治理论教学体系,做好进教材、进课堂、进头脑工作。推动教育系统加强民法典学习宣传,引导教育系统干部师生学好用好民法典;将民法典纳入国民教育体系,加大民法典在大中小学法制教育中的内容占比;部署开展"美好生活 民法典相伴"主题活动,举办教育系统民法典学习宣传讲座。组织青少年开展相关法律法规学习宣传,主要是对《中华人民共和国预防未成年人犯罪法》等新修订的法律法规的学习宣传。启动建设天津市青少年法治教育实践基地建设,项目从立项、论证、设计、招标、施工,力争建成具有全国示范标准的青少年法治教育实践基地。按照教育部要求,充分利用教育部全国青少年普法网,引导广大学生积极参加第六届全国学生"学宪法讲宪法"网上学习和"宪法卫士"行动计划,着力提升学习与考试参与率,截至11月底,"宪法卫士"行动计划在线学习人次7617余万;在线学习考试人数140余万人,参与率75.29%。与天津广播电台联合举办全市学生"学宪法 讲宪法"演讲比赛,获胜选手代表天津市学生参加教育部全国学生"学宪法 讲宪法"全国总决赛。在全国总决赛中,天津市代表队获全国季军,高中选手杨一在全国高中组名列第一。在演讲比赛中,天津市获高校组一二等奖、初中组二等奖。

撰稿:陶 涛

【政务服务】 2021年,天津市教委完成政务服务事项的调整工作。按照要求,通过对接国家及比照北京、上海等先进城市政务服务平台,调整市教委政务服务事项清单,调整后的市教委政务服务事项共74项。对市教委政务服务事项操作规程信息进行核查完善,共调整400余条相关信息;在事项库实施清单中为新增政务服务事项录入关联热词。完善事中事后监管细则并在网上办事大厅同步发布;进一步压缩事项办理时限。完成2021年教师资格认定工作,推动市级及区级教师资格事项的全程网上办理,其中区级事项幼儿园、小学、初中教师资格第一年在全市范围内实施网上办理不见面审批和一表式审批;市教委负责的高中、中职教师资格及中职实习指导教师资格共认定6860人。完成天津市居住证积分落户受教育程度审核工作,全年共办理居住证积分落户学历审核3500余件。完成年初制定的政务服务系统培训计划。采取现场、网络视频会议等方式对有关区审批局、教育局相关单位进行6次共计400余人次的专题培训。

撰稿:陶 涛
审稿:邢建涛

人事管理

【人才工程】 2021年,天津市推进高校高层次人才队伍建设,提升高校师资队伍综合实力,依托国家人才项目,结合高校发展规划积极开展申报和培养工作。天津市高校新增国家级人才110余人,其中两院院士4人、长江学者14人、国家杰出青年科学基金获得者7人、国家优秀青年科学基金获得者22人。

撰稿:邵树斌

【人才创新创业联盟建设】 天津工业大学、天津理工大学、天津师范大学、天津科技大学等高校发挥人才优势、突出学科特长,支持无人机和新材料、半导体集成电路、电子信息与大数据、生物医药等人才创新创业联盟建设,面向经济主战场进一步加强与产业联系,到企业挂职工作、承担横向课题以及与企业联合科研攻关的高校教师达3500余人。

撰稿:邵树斌

【规范机构编制管理】 按照党中央的部署,天津市教育两委增设"校外教育培训监管处",相应增加处级领导职数1正2副。16个区教育局均单独设置"校外教育培训监管科"。明确了校外教育培训监管机构的职责。配备精干力量,立即投入校外培训机构监管工作。全市配备校外教育培训监管机构机关行政编制总量66名,其中由编制部门核增的编制12名。各区校外教育培训监管机构设置科级领导职数16正7副,其中由编制部门核增的科级领导职数8正3副。按照国家政策和教育领域新的要求,将市教育两委原"扶贫协作与语言文字处"更名为"协作支援与语言文字处",并相应调整机构职责。推动天津医科大学和天津中医药大学所属8所附属医院规范独立设置"感染管理处(科)"。开展第二次全市机构编制核查工作,通过组织单位自查和接受工作组实地核查,及时发现机构编制管理工作中存在的问题,认真落实公示要求,积极推动问题整改,全面规范工作管理,为统筹和用好编制资源、科学规范设置内设机构、做好领导干部配备、完善编内编外人员使用提供依据和保障。

撰稿:杨宝贵

【教师职称评价改革】 制定印发《市人社局市教委关于进一步深化中小学教师职称制度改革的实施意见》《市人社局市教委关于深化高等学校教师职称制度改革的实施意见》《市人社局市教委关于深化试验技术人才职称制度改革的实施意见》《市教委市人社局关于实施天津市中等职业学校教师及实验系列职称自主评审工作的通知》等职称工作规范性文件。全面落实高校评聘自主权,探索中职学校自主评审,完善中小学教师职称评审。结合高校和中小学教师岗位特点,制定分类评价标准;贯彻破"五唯"要求,业绩条件实现并联可替代;思政教师实行单列职数、单设标准、单独评审;高校设置"应用推广型"岗位,鼓励教师服务区域经济和创新发展;健全职评绿色通道机制,鼓励高层次和紧缺人才破格晋升;完善中小学职评业绩条件,鼓励教师提高课堂教学和课后服务质量,发挥辐射示范作用。

撰稿:杨宝贵

【职称评审监管】 2021年,天津市教委所属3个市级评审委员会克服疫情影响,创新工作模式,提升服务质量,提高工作效率,分别组织中等职业学校教师系列高级,高校图书专业正高、副高、中级,中小学教师系列正高级专业技术职称评审。受理各区和有关单位推荐申报人员共计240人,经评审通过117人,整体通过率48.75%。其中中等职业学校教师申报正高级、副高级职务47人,通过35人,通过率74.47%;高校图书专业申报正高级、副高级、中级职务19人,通过17人,通过率89.47%;中小学教师系列申报正高级职务174人,通过65人,通过率37.36%。市教委积极做好对取得职称自主评审权的本科高校、高职学院、独立学院的评审监管工作。印发《市教委关于进一步规范2021年高校职称评审落实科学评价有关工作的通知》,监督高校落实职称评审主体责任,健全校内评审机构和评委专家库建设。规范和细化自主评审工作程序,鼓励和引导高校将职称评审与教师日常表现、业绩贡献、能力评价、聘后考核紧密联系在一起。建立申报人员、工作人员和评委诚信承诺和惩戒机制。

撰稿:吕晓晶

【教师招聘】 按照教育部工作部署结合天津市的实际情况,市教委召开专项工作会和视频推动会部署并推动全市中小学教师招聘工作。指导各区教育局贯彻城乡统一编制标准,结合“区管校聘”改革,积极谋划招聘岗位,贯彻教育评价改革要求,合理设计招聘岗位条件。全市发布公办中小学、幼儿园教师岗位3410个,落实3229人,其中应届毕业生2260人,占比70%。强化急需紧缺专业补充,招聘补充音体美教师402人、校医48人、中小学专职思政类教师161人、幼儿园教师789人。积极协调市编制、财政、人社部门推动高校公开招聘工作,创新工作、解决难题、规范管理、完善服务。市属高校发布招聘计划1422人,招聘落实及调入1074人,其中思政教师和专职辅导员153人,博士或副高以上高层次人才411人,进一步强化了天津市高校师资队伍力量。

撰稿:杨宝贵

【公费师范生】 积极做好天津市报考华中师范大学、陕西师范大学、西南大学、东北师范大学4所部属师范大学2021级公费师范生的24名考生公费教育协议签约工作。同意华中师范大学2020级、2021级6名有志从事教育事业的优秀在校生转入师范生公费教育专业,并履行签约。推动有关区开展18名2022届天津籍部属师范大学公费生专项双选招聘工作。推动落实天津师范大学2021级60名天津市公费师范生计划招录工作。按照教育部要求,按时完成教育部直属师范大学公费师范生报考2021年硕士研究生资格审查工作。

撰稿:杨宝贵

【教师资格认定】 继续依法依规开展教师资格认定工作。2021年全年共为24247人认定教师资格,其中幼儿园教师资格3734人、小学教师资格7585人、初级中学教师资格3651人、高级中学教师资格6869人、中等职业学校教师资格787人、中等职业学校实习指导教师资格7人、高等学校教师资格

1614人。在面向社会认定工作中,指导全市16个区全部开展网上办理,实现申请人“一次都不用跑”。

撰稿:吕晓晶

【免试认定改革】 推进教师资格免试认定改革,按照教育部《关于印发〈教育类研究生和公费师范生免试认定中小学教师资格改革实施方案〉的通知》精神,在天津师范大学、天津职业技术师范大学、天津外国语大学开展2021届教育类研究生和公费师范生免试认定中小学教师资格工作。相关高校制定师范生教育教学能力考核办法,严格把握免试认定人员范围,认真完成培养过程性考核和师范生教师职业能力测试,共为204名学生颁发《师范生教师职业能力证书》。经教育部备案同意后,共为190名教育类研究生和公费师范生免试认定中小学教师资格。

撰稿:吕晓晶
审稿:陈长征

【“十四五”基础教育教师队伍建设项目】 天津市教委研究制定《天津市教育委员会关于实施“十四五”期间基础教育师资培训计划的通知》等文件,启动实施天津市“新时代乡村教师专业发展助力计划”“未来教育家行动计划”“中小学校长领导力提升计划”“特级教师训练营计划”“乡村幼儿园骨干师资专业发展助力计划”“追求卓越幼教师资培训项目(第二期)”等6项市级师资培训项目,开展上述各项目参训学员遴选工作,根据工作进度安排,开展部分项目学员集中培训。深入实施“中小学教师信息技术应用能力提升工程2.0”,进一步提升校长信息化领导力和教师信息化教学能力。组织实施2021年度“天津市幼儿园教师和保育员能力提升计划”,全市共计培训幼儿园教师和保育员5000余名。

撰稿:周化平

【中小学教师继续教育】 持续推进“教师培训者培训计划”“优质教师培训课程资源建设项目”等全员培训保障项目,做好中小学教师第六周期全员继续教育组织推进工作。

撰稿:周化平

【“国培计划”项目】 完成教育部“国培计划”项目2021年度参训人员遴选推荐工作。共计选派181名培训管理人员和教师、30名校长(园长)分别参加培训者高级研修班、骨干教师培训项目、高中/初中

骨干校长高级研修班、幼儿园优秀园长高级研修班等培训项目。

撰稿：周化平

【乡村教师队伍建设】 天津市研究制定《市委教育工委 市教委 市委组织部 市委编办 市发展改革委 市财政局 市人社局关于印发加强新时代乡村教师队伍建设的若干措施的通知》文件，围绕提升乡村教师思想政治素质、做好乡村教师配备补充、合理配置乡村教师资源、强化乡村教师培养培训、提升乡村教师地位待遇等多个方面，采取有力措施共同发力，促进新时代天津市乡村教师队伍建设。

撰稿：周化平

【学科骨干教师认定管理】 在开展完成市级学科骨干教师认定工作的基础上，指导推动各区做好区、校级学科骨干教师培养、认定、管理工作，逐步构建市、区、校三级骨干教师梯队。截至2021年末，天津市16个区共计认定区级骨干教师19196名、校级骨干教师23021名，为推进义务教育优质均衡发展提供人力资源保障。

撰稿：周化平

【区域内交流轮岗】 指导各区推进交流轮岗工作制度化、常态化建设。2021年，天津市交流教师3383人（占符合交流条件教师比例为15.65%），其中骨干教师1835人（占交流教师比例为54.24%），交流校长243人。研究制定《市教委关于进一步深化义务教育学校教师校长交流轮岗改革的通知》，指导各区进一步加大交流轮岗工作改革推进力度。

撰稿：周化平

【援派干部教师管理】 组织完成市委组织部第十批援疆干部人才22名中小学管理人员和教师中期轮换工作，完成教育部"组团式"援疆教育人才项目首批赴新疆维吾尔自治区和田地区、新疆生产建设兵团十一师110名中小学管理人员和教师选派工作，组织开展上述132名干部教师行前培训和集中赴疆工作。做好天津市中小学校共计147名援藏援疆干部教师日常管理、服务工作。

撰稿：周化平

【中小学教育惩戒规则】 在做好《中小学教育惩戒规则（试行）》学习宣传基础上，于年初成立工作专班并邀请市教科院法治所专家参与，启动《天津市中小学教育惩戒规则实施细则（试行）》研究制订工作。分别召开中小学校（含中职学校）校长、德育主任、一线教师、学生家长座谈会，调研了解各方需求。在邀请法律专家论证，召开座谈会，并多次多方征求相关委办局、学生家长、学校教师和管理人员、教育系统部分人大代表、政协委员及社会各界意见后，经社会稳定风险评估，于12月10日印发《天津市中小学教育惩戒规则实施细则（试行）》，12月22日正式向社会公布，切实保障和规范学校、教师依法履行教育教学和管理职责，保护学生合法权益，促进学生健康成长、全面发展，保证天津市中小学教育惩戒的有效实施。

撰稿：黄　怡

【减轻中小学教师负担】 4月2日，由天津市委教育工作领导小组办公室印发《关于进一步做好2021年我市中小学教师减负工作的通知》，从认真落实"正面清单"、切实减少填写报表事项、规范借调中小学教师工作、统筹安排中小学教师培训工作等4个方面提出了具体工作要求。在市委办公厅、市政府办公厅《天津市中小学教师减负清单》文件5月31日正式向社会公布后，组织媒体召开新闻通气会，公布文件精神，解读减负措施，加强正面宣传，强化舆论引导。研究制订《对各区人民政府2020年履行教育职责评价方案》并印发各区政府，将减轻中小学教师负担作为重要内容纳入了指标体系。重点评价各区在督查检查评比考核工作实行年度计划和审批报备制度、严格控制督查检查评比考核总量和频次、严格规范社会事务进校园、严格规范精简相关报表填写工作、严格限制和规范抽调借用中小学教师行为等5个方面的落实情况。7月，各区政府进行自查自评。10月在各区自查自评的基础上，组织督学对蓟州区、宝坻区、武清区、宁河区和静海区进行实地督查。12月将实地督查结果反馈5个区政府，并抄送区委、区人大、区政协、区政府主要负责同志，督促各区针对问题进行整改，确保减负各项措施落地落实。

撰稿：马蕴龄　黄　怡

【评选首批教育世家】 为深入贯彻落实习近平总书记关于教育的重要论述，深化落实《中共中央国务院关于全面深化新时代教师队伍建设改革的意见》，提升教师从教的幸福感、成就感、荣誉感，激励广大教师长期从教、终身从教，教育部联合中国教科文卫体工会在第37个教师节前开展首批教育世家学习宣传活动。按照《教育部办公厅关于开展首批教育世家学习宣传活动的通知》文件精神，天津市教委开展了首批教育世家学习宣传活动的推选活动。各区、各学校积极参与，自下而上、广泛动员、择优推荐。经各单位认真遴选，天津市共申报候选家庭35个。其中高校14个、职教7个、基础教育14个。市教委评审小组以模范事迹的感染力、较强的榜样引领作用、突出的成绩等为标准，推选出"首批教育世家"候选家庭3个并报教育部。根据《教育部办公厅关于公布首批教育世家名单的通知》，天津师范大学郝岚家庭、天津中医药大学刘睿家庭、天津市蓟州区官庄镇中心学校吴学著家庭当选首批教育世家。市教委以推选工作为契机，在校园里掀起学习先进典型，营造尊师重教的浓厚氛围，激励广大教师以优异成绩向建党100周年献礼。

撰稿：王　旸

【评选巾帼先进】 按照市妇联《关于开展2021年度全国城乡妇女岗位建功先进集体（个人）评选表彰活动的通知》文件精神，市教委在天津市教育系统中开展了推选活动。经市教委评审小组审定，在2020年当选天津市巾帼文明岗、天津市巾帼建功标兵、天津市巾帼建功先进集体基础上，按照评选条件，优中选优，推选出校园内为教育事业做出突出贡献的优秀女性，取得优异成绩的优秀妇女团队，共推选出2个全国巾帼文明岗，1个全国巾帼建功标兵，1个全国巾帼建功先进集体（涉农）并报市妇联。经市妇联集中公示，提出表彰建议名单报请全国妇联审议。根据《全国妇联关于表彰全国城乡妇女岗位建功先进个人、先进集体的决定》，市教委申报的天津中医药大学第二附属医院护理团队、天津现代职业技术学院春雨教师组被评为"全国巾帼文明岗"；天津市幼儿师范学校附属幼儿园刘健被评为"全国巾帼建功标兵"；天津市宁河区潘庄镇潘庄小学被评为"全国巾帼建功先进集体（涉农）"。

撰稿：王　旸

【评选黄大年式教师团队】 按照《教育部关于开展第二批"全国高校黄大年式教师团队"创建活动的通知》文件精神，天津市教委开展了第二批"全国高校黄大年式教师团队"创建活动的推选工作。全市各高等学校共申报候选团队17个，其中高校8个、职教9个。市教委分别组织高职高专、市属普通高校

专家评审组从师德师风、教育教学、科研创新、社会服务、团队建设等五个方面进行综合评定，无记名投票推选出天津市第二批"全国高校黄大年式教师团队"候选团队5个并报教育部。根据《教育部关于公布第二批全国高校黄大年式教师团队的通知》，天津中医药大学"省部共建组分中药国家重点实验室教师团队"、天津职业大学"汽车检测与维修技术专业教师团队"、天津轻工职业技术学院"新能源技术专业群教师团队"、天津医学高等专科学校"护理专业教学团队"当选第二批"全国高校黄大年教师团队"。

撰稿：王　旸

【严肃查处师德失范行为】 市教育两委印发《市委教育工委　市教委关于开展中小学有偿补课和教师违规收受礼品礼金问题专项整治工作的通知》，决定自2021年7月至2022年3月，面向全市中小学校和教师开展有偿补课和违规收受礼品礼金问题专项整治工作，通过六个月的专项整治，有效遏制中小学教师"课上不讲课下讲""组织开办校外培训班""到校外培训机构兼职""同家长搞利益交换"等突出问题，营造风清气正的育人环境。为深入贯彻落实教育部《新时代中小学教师职业行为十项准则》和市教育两委《进一步贯彻落实新时代教师职业行为十项准则的实施方案》等文件精神，进一步加强师德师风建设，依法依规严肃查处师德失范问题，建立健全师德违规通报曝光机制，市教育两委年内印发了《市委教育工委　市教委关于对7名教师违反新时代教师职业行为十项准则问题的通报》，对7名教师课堂上发表不当言论、参与有偿补课等典型案件通报。

撰稿：王　旸

【师德师风建设】 2021年，天津市深入开展"津门师德巡讲"系列活动，以"为党育人、为国育才"为主题组织4次师德巡讲。组织广大干部教师认真学习讨论天津市全国模范教师、优秀教师，向全市教师发出"崇德敬业、铸魂育人，争做'四有'好老师"的倡议书。完善市教委及各学校主页的"师德师风建设"专栏，推动学校党政领导同志讲好"师德必修课"，强化正面宣传，弘扬尊师重教正能量，进一步提振师道尊严。组织召开天津市全国黄大年教师团队工作研讨会，贯彻落实习近平总书记专门给全国高校黄大年式教师团队代表重要回信。按照《教育部教师工作司　中国教师发展基金会关

于开展2021年度"为教师亮灯"公益活动的函》要求,市教委号召全市于教师节当晚为教师"亮灯",并在全市范围内积极组织开展为教师"亮灯"活动,各学校通过电子显示屏、E校通、微信公众号等以字幕滚动方式为教师亮灯并送祝福信息和宣传标语,进一步在全社会营造尊师重教和关心、理解、支持教师的浓厚氛围。

撰稿:王　旸

【纪念章发放】　每年在教师节前以天津市人民政府的名义对从事教育工作满三十年及以上的教师发放从事教育工作三十年荣誉证书。2021年,天津市从事教育工作的教师和教育工作者共5511人,其中普通高校742人、所属各区4280人、行业办学393人、委直属单位96人。

撰稿:王　旸
审稿:狄建明

计划财务

【天津市教育现代化"十四五"规划】　2021年,天津市编制印发《天津市教育现代化"十四五"规划》,明确未来五年天津市教育事业改革发展的总体思路,强调以新发展理念引领高质量发展,在构建新发展格局中展现教育的担当作为,着力提升教育服务国家战略和区域经济社会发展的能力和水平。坚持以人民为中心,了解人民群众需求,调结构、补短板、强亮点,着力解决群众最关心的教育问题,办好人民满意的教育。重点实施坚持和加强党对教育工作的全面领导、落实新时代立德树人根本任务、全面提升教育服务创新驱动发展能力、推进基础教育优质均衡发展、建设新时代职业教育标杆、促进高等教育高质量内涵发展、完善终身学习体系、深化新时代教师队伍建设改革、实施教育信息化2.0行动、促进教育合作与开放、全面深化教育综合改革和推动"滨城"教育先行先试等11个方面的重点任务。

撰稿:李　清

【推进教育乡村振兴】　2021年,天津市教委编制实施《天津市乡村振兴战略教育实施方案(2018—2022年)》。本着立足当前、着眼长远、聚焦重点、带动全局的原则,充分调动各方面积极性、主动性和创造性,以补齐教育短板为突破口,围绕促进农村学前教育普及普惠安全优质发展,区域内城乡义务教育一体化优质均衡发展,农村高中阶段教育高水平普及,农村职业教育和继续教育发展水平全面提升等重点任务,全面提升乡村教育整体发展水平,切实打好乡村教育振兴攻坚战。

撰稿:李　清

【签订《"十四五"时期京津冀教育协同发展总体框架协议》】　2021年,天津市教委与北京市教委、河北省教育厅共同签订《"十四五"时期京津冀教育协同发展总体框架协议》,将京津冀教育协同发展作为天津教育现代化"十四五"规划的重要战略任务,谋划教育设施布局,优化教育资源配置,深化部市合作、部市共建、市校合作。

撰稿:阮澎涛

【京津冀高校深度对接协同发展】　2021年,天津市教委推动天津师范大学与北京师范大学签署战略合作协议。推动两校合作共建"北京师范大学认知神经科学与学习国家重点实验室天津师范大学脑成像中心"和"北京师范大学全国基础教育质量监测2011协同创新中心天津分中心"工作。推动天津职业技术师范大学与北京师范大学签署战略合作协议,推动"北京师大—天职师大职教教师培养联盟""北京师大—天职师大职教教师培训基地""教育部普通高校人文社会科学重点研究基地北京师范大学教师教育研究中心分中心"筹建工作。

撰稿:阮澎涛

【北京协和医学院天津校区建设】　2021年,天津市教委牵头推动"北京协和医学院天津校区"项目前期筹建工作稳步开展。北京协和医学院天津校区将成为"协和"品牌的高端医学人才培养和研究生基础教育基地,最终建成集医学卫生健康人才培养、医疗健康服务转化、国际合作交流为一体的医学教育基地,为天津乃至全国输送优秀医学人才。

撰稿:阮澎涛

【助力雄安新区发展建设】 2021年,天津职业大学与雄安新区管委会公共服务局签订委托协议,编制《雄安新区职业教育强基体制培优引领行动计划(2021—2025年)》。继续开展天津市第一商业学校雄县分校、天津市第一轻工业学校雄安协作校区、天津市经济贸易学校雄安协作校区建设。

撰稿:阮澎涛

【教育评价改革】 2021年,天津市各级各类学校累计举行601场教育评价改革学习培训活动,覆盖19.5万人次;出台《关于全面清理教育评价改革"负面清单"涉及相关政策文件的通知》,对全市教育系统接续进行2轮相关政策文件清理,共清理450个相关政策文件,有关情况被《每日要情》第170期刊发;征集教育评价改革典型案例41个,上报教育部12个;组织教育评价改革试点申报项目评审,公示公布47项重点项目、31项一般项目,全面展开试点工作。

撰稿:新 刚

【教育事业统计】 2021年,全市共有各级各类教育机构3950个,教职工218746人,专任教师162789人,在校生2551742人,招生701371人,毕业生618003人。(说明:各级各类教育学校的教职工按照学校类型统计,专任教师按照教育层级统计。特殊教育总学生数包含义务教育阶段随班就读和送教上门人数。)高等教育:研究生培养单位24个,其中市属高校研究生培养单位15个,研究生培养科研单位6个。普通高等学校56所(含独立学院8所),其中市属高校53所。本科学校30所,高等职业学校(含专科学校)26所。成人高校13所。在校研究生86320人,其中博士生14210人,硕士生72110人。在校普通本专科生583353人,其中本科生372830人,专科生210523人。在校成人本、专科生45045人,其中本科生23900人,专科生21145人。在校网络本、专科生132727人,其中本科生96268人,专科生36459人。毕(结)业研究生21465人,其中博士生2057人,硕士生19408人。毕(结)业普通本、专科生143462人,其

中本科生84843人,专科生58619人。毕(结)业成人本、专科生14991人,其中本科生6376人,专科生8615人。毕(结)业网络本、专科生53288人,其中本科生23917人,专科生29371人。研究生招生30040人,其中博士生3616人,硕士生26424人。普通本、专科招生161795人,其中本科生92958人,专科生68837人。成人本、专科招生24078人,其中本科生13062人,专科生11016人。网络本、专科招生35946人,其中本科生34515人,专科生1431人。高等学校教职工49167人,其中市属高校37853人。专任教师32926人,其中市属高校25986人。基础教育:普通中学535所,其中完全中学107所,高级中学69所,十二年一贯制学校15所,初级中学286所,九年一贯制学校58所。普通中学在校生531559人,其中普通高中190701人,普通初中340858人。普通中学招生177758人,其中普通高中64707人,普通初中113051人。普通中学教职工59482人,其中专任教师47524人。小学895所,在校生751918人,招生124168人,教职工49609人,其中专任教师49277人。学前教育:幼儿园2346所。在园幼儿315967人,其中托班在园1506人。教职工49837人,其中专任教师25300人。特殊教育:特殊教育学校20所,其中盲人学校1所,聋人学校1所,培智学校15所,其他学校3所。在校学生4734人(其中包含义务教育学校随班就读和送教上门1470人),其中学前阶段45人,小学阶段2874人,初中阶段1402人,高中阶段413人。招生562人(其中包含义务教育学校随班就读和送教上门230人)。毕业生801人(其中包含义务教育学校随班就读和送教上门248人)。教职工831人,其中专任教师640人。中等职业教育:普通中专、职业高中、成人中专、技工学校共84所。在校生101589人,招生36783人,毕(结)业生31006人,其中获得职业资格证书11518人。教职工9794人,其中专任教师7106人。

撰稿:于晓伟

【统筹制定院校招生计划】 2021年,天津市以服务需求、提高质量、优化结构为原则,紧密对接国家重大战略,主动服务高校"双一流"建设,建立招生计划动态调整机制。安排2021年市属高校博士研究生招生计划1007人;硕士研究生招生计划15675人。支持高职院校适当扩大春季高考招生计划,保障天津市高校考试招生制度改革。安排市属高校2021年春季高考招收高中毕业生计划4178人(全部为高

职)、招收中职毕业生计划16129人(本科850人,高职15279人)、3+2转段高职计划5227人、五年制转段高职计划559人、中高职衔接系统培养技能型人才转段高职计划1300人。另安排2021年市属高校高职升本科招生计划3355人。以稳定规模、优化结构、提高质量为原则,综合考虑高校发展需求、办学条件等因素制定分学校招生计划。安排市属高校2021年普通本科招生计划79660人。努力促进教育公平,足额落实教育部下达的支持中西部地区协作计划以及农村和贫困地区专项招生计划。积极落实高职扩招任务,足额下达市属高校普通高职招生计划64100人(不含长学制转段)。继续组织相关高校面向退役军人、农民工、下岗工人、高素质农民等人群和基层在岗群体安排高职扩招专项招生计划。认真贯彻落实中央第七次西藏工作座谈会和第三次中央新疆工作座谈会精神,编报市属高校2021年少数民族预科招生计划703人,其中本科518人,高职185人;西藏班和新疆高中班毕业生招生计划470人,其中本科400人,高职70人。根据全市中考报名情况以及普职比,确定2021年高中阶段学校招生计划99681人,其中普通高中63865人,普通中职35816人(包含天津市初中生源计划26870人、高中及小学生源计划318人,外省生源计划8628人)。保持普制招生比例大体相当,满足考生合理升学愿望。根据考生报名情况,参考各高校办学条件等因素,下达2021年市属高校成人本科招生计划20902人;安排成人高职招生计划12342人。

撰稿:李　清
审稿:连忠锋

【中央财政支持地方高校发展专项资金项目】 2021年,天津市继续实施中央财政支持地方高校改革发展项目,中央财政下达16所市属高校建设资金23235万元,其中支持市属高校"双一流"学科建设项目4项,建设资金8100万元;支持教学实验平台建设项目42项,建设资金6790万元;支持科研平台建设项目22项,建设资金2652万元;支持实践基地建设项目5项,建设资金995万元;支持公共服务体系建设项目17项,建设资金2318万元;支持人才培养和创新团队建设项目9项,建设资金2380万元。

撰稿:任焕娣

【高校债务管理】 2021年,天津市市属高校债务化解工作按照市政府确定的高校债务化解整体方案继续推进,完成了高校"百亿银团"贷款债务化解工作,释放1亿元贷款保证金,缓解高校资金压力。同时,为筹集学校建设资金,继续向市财政局申请政府专项债券资金支持,2021年共申请政府专项债券资金9.3亿元,主要用于天津师范大学、天津医科大学等9个单位10个项目建设。政府专项债券资金的持续投入,有力推进了学校项目建设进度。

撰稿:任焕娣

【民办高校收费市场化改革】 天津市在2019年推进民办高校教育收费市场化改革,在放开三所试点民办高校收费的基础上,自2021年招收新生起,对转设为独立设置的民办普通高校的天津仁爱学院实行市场调节价管理;其他尚未完成转设的独立学院,仍维持现行收费政策。该政策的出台,可进一步扩大民办高校办学自主权,有效弥补办学成本,促进学校办学质量不断提升。

撰稿:任焕娣

【中小学课后服务收费标准】 为贯彻落实习近平总书记关于"双减"工作重要指示批示精神,进一步做好公办中小学课后服务工作,建立并完善课后服务经费保障机制,规范中小学课后服务经费管理,研究制定《关于做好我市义务教育阶段学校课后服务经费保障工作的通知》,明确课后服务工作所需经费通过财政补贴和收取服务性收费或代收费的方式解决。财政补助标准为生均200元/年,课后服务费最高收费标准为:小学、初中每生每月不超过180元;初中晚自习每生每月不超过100元。各区可结合服务内容、服务方式、服务时间等实际情况,在不超过上述标准范围内确定具体收费标准,市教委直属学校按所在区标准执行。

撰稿:杨　萌
审稿:范志华

【天津市教育委员会财务与资产管理中心概况】 天津市教育委员会财务与资产管理中心(简称"市教委财管中心")是市教委直属公益一类正处级事业单位,编制20人,领导职数为1正2副,内设办公室、财务科、资产科、统计科4个科室。2021年中心实有在编人员13人,其中高级会计师2人、高级统计师1人、中级职称人员5人,中级及以上职称人员占专业技术人员比例达89%。中心主要职责:负责天津市教育系统专项业务经费的集中核算与管理;负责天津市教育经费、教育事业基础信息及其他教育信息统计与分析工作;负责教委系统政府采购审核、汇总与报批工作;负责教委系统国有资产管理工作;负责教委系统财务信息化工作。

撰稿:郭福生

【财务管理】 2021年,天津市教委财管中心协助市教委开展对直属预算单位的财务风险隐患排查工作,配合市教委财务处拟定《市教委关于加强财务管理防范化解财务风险的若干意见》;协助市教委落实"小金库"专项治理工作,组织专班对市教委直属预算单位进行了"小金库"专项抽查,配合市教委财务处拟定《市教委关于加强管理健全防治"小金库"问题长效机制的通知》。受托承办市区教育部门财会骨干队伍培养工程,拟定实施方案并组织实施,完成2021年度的骨干队伍选拔工作;受托完成对市教委所属预算单位开展会计基础工作规范化检查重点工作,形成了检查报告,对市教委所属预算单位实际会计工作进行摸底,对存在的问题及时提出整改建议。协助市教委相关部门做好"双减"工作,采用委托开展"经济鉴证"的形式对校外培训机构收取资金纳入监管账户的情况进行统计摸底,对全市360余家校外培训机构的经济鉴证报告进行全面核查,出具分析报告,为"双减"政策的扎实推进作出专业支持;协助市教委相关部门完成8所院校转隶的资产清查

审计工作,为转隶工作的顺利实施创造基础条件。启动"天津市教委系统教育经费监控大数据平台"的前期预研,形成监控平台建设项目书,完成立项准备工作;完成财管中心"财务信息化升级"的项目需求论证工作,启动相关升级建设项目的商务谈判工作,进一步提升财管中心的专业价值,为更好地服务教育事业发展提供新路径。

撰稿:郭福生

【事业统计】 天津市教委财管中心组织完成2021年天津市教育事业综合统计布置培训、汇总上报工作;组织完成2021年天津市学校(机构)代码系统修订工作;组织完成2021年天津市教育综合事业统计季报填报工作;为使各级领导和各有关部门及时掌握教育发展的基本情况,编印了《2020/2021学年初天津市教育事业统计信息快报》和《2020年天津市教育事业统计资料》;协助财务处完成2020年度教育经费统计数据的会审、上报工作,参与完成天津市教育经费执行情况公告基础数据核实和2021年教育经费投入情况测算等工作。分别向市统计局、市规划局、市财政局、市国土资源和房管局、市教科院等单位提供统计咨询服务,向市教委各处室、各相关高校及区教育局提供统计资料与咨询服务。

撰稿:郭福生
审稿:陈 炜

基本建设

【高校基础设施建设】 2021年,天津市将14个高等院校及大学附属医院基础设施建设项目列入2021年重点建设项目,当年完成总投资21.7亿元。截至2021年末,天津理工大学新建电气电子教学科研楼项目竣工并投入使用;天津体育学院新校区三期项目完工;中国民航大学新校区建设及老校区更新改造工程、天津医科大学新校区一期建设工程、天津农学院扩建实验楼项目、天津海运职业学院水上教学训练中心项目、天津中医药大学第二附属医院中医药传承创新工程、天津医科大学肿瘤医院扩建二期工程等6个项目主体建设;天津中医药大学新校

区三期工程项目、天津师范大学京津冀教育协同发展实训基地项目、天津科技大学人工智能实践基地项目、天津职业技术师范大学职业教育师资培训中心建设项目、天津中医药大学第一附属医院中医药传承创新工程暨北院区提升改造工程5个项目开工建设。

撰稿:李淑君

【义务教育学位建设】 2021年,天津市教委紧盯全年新增义务教育学位3.2万个的民心工程任务目标,全力推动实施义务教育资源建设工作,通过建立

工作台账和月报制度加强精细化管理,组织各区千方百计挖掘资源、筹措资金,并会同财政部门对各区扩大中小学教育资源项目及时拨付奖补资金,为各区义务教育资源建设工作提供市级资金支持。全年完成义务教育学校建设项目57个,新增义务教育学位5.9万个,超额完成民心工程任务目标。

撰稿:齐 军

【校园食品安全守护行动】 天津市教委联合市市场监管委、市卫生健康委等部门共同印发了《关于开展2021年春季校园食品安全专项监督检查的通知》《关于开展2021年秋季校园食品安全专项监督检查的通知》,对2021年学校食品安全工作进行部署,组织人员对学校食品安全工作进行全面自查、督查。持续推进校园食品安全守护行动重点工作,严格落实《学校食品安全与营养健康管理规定》要求,压实校园食品安全校长(园长)负责制,做好陪餐管理工作,广泛宣传普及食品安全及节粮知识,加强食品安全应急处置、舆情监测能力,杜绝食品安全事件发生。

撰稿:王洪福

【学校食堂"互联网＋明厨亮灶"100% 全覆盖】 2021年,为提升校园食品社会共治和食品安全管理水平,加快推进天津市学校食堂、校外供餐单位"互联网＋明厨亮灶"建设工作,天津市教委制定印发《天津市教育系统食品安全检查工作指南(2021版)》,对学校食堂、校外供餐单位"互联网＋明厨亮灶"建设的相关工作进行部署、检查,在学校食堂"明厨亮灶"全覆盖的基础上实现"互联网＋明厨亮灶"100% 全覆盖。

撰稿:王洪福

【车辆安全管理】 2021年,天津市教委与市公安局、市交通运输委等部门联合指导各区教育局和各学校对学生儿童上下学出行情况、校车及接送学生车辆安全管理情况等进行排查和整治,并做好校车及接送学生车辆管理台账的积累和更新,配合公安交管、交通运输等部门加强对校车及接送学生车辆的执法检查,协调推进校车接送学生车辆安全管理工作。组织人员对部分区和市属学校的校车及接送学生车辆安全工作进行督导抽查。

撰稿:王洪福
审稿:王 岩

【天津教育信息化"十四五"规划】 2021年,天津市教委根据国家和天津市对教育信息化发展的总体要求,结合天津市教育教学发展和改革的实际需要,制定印发《天津市教育信息化"十四五"规划》。规划提出"十四五"期间,在全面完成天津教育信息化2.0行动计划目标任务的基础上,基本建成基于"一网五平台"的教育信息化新体系。优化完善天津教育科研网,提升天津教育管理服务平台、天津教育资源平台、天津终身教育平台,建设天津教育安全平台,整合天津教育治理信息化平台。加强新型信息基础设施建设,利用新技术创新教育信息化服务业态和教育信息化治理生态,有效支撑各类教育高质量发展。

撰稿:王 阳

【高等院校智慧校园建设】 为贯彻落实《教育现代化2035》,全力发展天津市"互联网＋教育",天津市教委修订下发《天津市高等院校智慧校园建设标准》(2021年版)。高等学校智慧校园建设将充分利用信息与智能技术,结合业务需求,提升学校信息化基础建设、网络安全体系化建设、信息数据资源建设、校园环境的数字化建设,以教育信息化促进教育现代化的发展,提升高等院校整体水平和教育治理能力。

撰稿:王 阳

【推进"三个课堂"应用】 2021年,根据《关于深化教育教学改革全面提高义务教育质量的意见》《关于新时代推进普通高中育人方式改革的指导意见》《关于加强和改进新时代基础教育教研工作的意见》《教育部关于加强"三个课堂"应用的指导意见》等文件精神,天津市教委制订印发《市教委印发关于推进"三个课堂"应用实施意见的通知》。利用信息技术手段解决农村薄弱学校缺少师资、开不出开不足开不好国家规定课程的问题;解决教师教学能力不强、专业发展水平不高的问题;解决区域、城乡、校际教育质量差距的问题。

撰稿:王 阳

【智慧教育建设与应用】 2021年,天津市教委依托天津市网络学习空间,组织全市师生开通实名制网络学习空间,巩固"一人一空间,人人用空间"成果。和平区岳阳道小学、天津市第十九中学、天津市中华职专、天津城建大学被教育部评为网络学习空间应用优秀学校,宁河区被评为教育部网络学习空间应用普及活动优秀区域。天津大学、天津理工大学入选教育部教育信息化教学应用实践共同体项目。落实《天津教育信息化2.0行动计划》,遴选出 100所市级智慧教育示范校。

撰稿:王　阳
审稿:王　峥

审计工作

【审计工作概况】　2021年,天津市市属高校共有19个内部审计机构,审计人员72人,其中国际注册内部审计师12名,高级职称29名,全年开展各种审计项目1582项。

撰稿:孙未宁

【完善内部审计制度】　2021年,天津市教委准确把握审计"机关首先是政治机关"的根本定位,根据《审计署关于内部审计工作的规定》,在全面征求市教育系统各单位意见的基础上,修改制定《天津市教育系统内部审计工作规定》。

撰稿:孙未宁

【履行审计监督职责】　2021年,市教委内部审计工作紧紧围绕贯彻落实国家重大政策部署跟踪、维护国家财政经济秩序、提高财政资金使用效益、促进教育系统廉政建设、保障国民经济和社会健康发展,依法独立履行审计监督职能,完成年度内部审计各项任务。全年市属高校开展财务收支审计14项,固定资产投资审计2项,内部控制审计5项,经济责任审计151项,其他审计及审计调查1410项。

撰稿:孙未宁
审稿:淡春江

科研工作

【学位授权审核】　2021年,天津市教委按照市委、市政府制造业立市重要部署,加快学科体系布局调整,支持各高校新增与产业链相关的一级学科博士硕士学位点、专业学位类别,引导高校将新增研究生招生指标向信创、集成电路等相关学科倾斜。2021年,天津中德应用技术大学获批硕士学位授予单位,天津工业大学、天津师范大学、天津理工大学等3所高校获批数学、化学、生物学、地理学、控制科学与工程、电气工程等6个一级学科博士点,天津工业大学获批电子信息、天津科技大学获批生物与医药工程博士专业学位点。天津工业大学获批航空宇航科学与技术一级学科硕士点,天津科技大学等7所高校获批14个硕士专业学位点。

撰稿:刘海波

【学位授权点动态调整】　2021年,根据《国务院学位委员会关于修订印发〈博士、硕士学位授权学科和专业学位授权类别动态调整办法〉的通知》,天津市继续开展博士硕士授权学科和专业学位类别动态调整工作。经过学校申报和专家遴选,天津市共有中国民航大学等6所学校申请增列13个学位授权点。增列申请已报送至国务院学位委员会。

撰稿:刘海波

【服务产业特色学科群】 根据《市教委 市科技局 市工业和信息化局 市人社局关于启动天津市服务产业特色学科群建设计划的通知》文件要求，加快构建符合国家战略需求和天津市"制造业立市""1+3+4"现代工业产业体系发展需要的学科创新体系，2021年9月26日，天津市教委印发《关于公布首批天津市高校服务产业特色学科群建设名单的通知》，正式发布首批天津市高校服务产业特色学科群，重点围绕高端装备、汽车、石油石化等产业领域。2021年12月发布第二批服务产业特色学科群。

撰稿：刘海波

【全国高校研究生"双百"创建】 2021年，教育部开展第二批全国高校"百个研究生样板党支部"和"百名研究生党员标兵"创建工作。天津市教委组织遴选推荐，南开大学化学学院分析科学研究中心研究生第四党支部、天津大学材料科学与工程学院金属材料系博士生金属第三党支部、天津师范大学政治与行政学院行政管理研究生党支部、天津外国语大学高级翻译学院英语笔译学生党支部4个研究生党支部获批教育部第二批全国高校"百个研究生样板党支部"称号，南开大学电子信息与光学工程学院李佩慧、天津大学材料科学与工程学院许全军、天津师范大学政治与行政学院李永俊、天津科技大学食品科学与工程学院林晓东、天津理工大学计算机科学与工程学院赵泽宁、天津中医药大学研究生院黄明6名研究生党员获批教育部"百名研究生党员标兵"称号。

撰稿：刘海波

【研究生课程思政建设】 为贯彻习近平总书记关于教育的重要论述和全国教育大会精神，落实教育部《高等学校课程思政建设指导纲要》和《市委教育工委 市教委印发关于全面推进全市高等学校课程思政建设的若干举措的通知》要求，加快推进天津市高校课程思政建设高质量发展，开创课程思政教学改革发展新格局，天津市教委开展2021年天津市高校课程思政示范课程遴选认定工作。经过高校申报、专家评审，最终认定天津市高校课程思政研究生示范课程60门，天津市高校课程思政优秀研究生教材37种。经教育部审定，南开大学《图论》等3门课程被认定为全国高校课程思政研究生示范课程。

撰稿：聂大群

【专业学位研究生联合培养基地评估】 2021年，根据《市教委关于开展专业学位研究生联合培养基地建设工作的通知》安排，天津市教委决定对天津市18所高校遴选建设的联合培养基地建设情况开展评估。结合专家组的评估意见，共计认定天津市高校专业学位研究生联合培养基地107个，其中示范基地22个。联合培养基地充分发挥了引领带动作用，为加速研究生教育与天津市现代产业体系及相关亟需领域深度融合奠定了坚实的基础。

撰稿：聂大群

【硕士学位论文抽检】 2021年，依照国务学位委员会《博士硕士学位论文抽检办法》及教育部《关于加强学位与研究生教育质量保证和监督体系建设的意见》文件要求，天津市启动对2020年毕业硕士学位论文抽检工作。天津市2020年硕士毕业研究生22376人，初审抽取硕士学位论文1119篇，全部论文完成评审。市教委对存在不合格论文较多的高校进行约谈。

撰稿：刘海波

【研究生科研项目】 2021年，天津市继续开展研究生科研创新项目立项申报工作。服务天津市经济社会发展需要，围绕天津市"1+3+4"现代工业产业体系中的重点产业和关键领域，聚焦以信息技术应用创新、集成电路、生物医药等12条产业链领域，联合龙头企业持续开展网联汽车专项、航空专项计划，鼓励和引导在校研究生积极开展创新性研究课题，产出更多高水平科研成果，提高相关领域人才培养质量。全年共计设立研究生科研创新项目819项，其中一般项目733项，航空航天专项30项，智能网联汽车专项56项。

撰稿：李英霞

【研究生教育改革案例】 为持续深化天津市新时代研究生教育改革创新，总结近年来研究生教育改革经验，展现改革成效，探索天津模式，天津市18所高校围绕立德树人、综合改革、学科建设、培养改革、专业学位、导师队伍、招生改革、管理改革等方面，共推荐研究生教育改革案例59个。经遴选审核，共计选取13所高校的50个研究生教育改革典型案例，指导各高校学习借鉴。

撰稿：聂大群

【公共管理硕士专业学位研究生（MPA）案例大赛】 2021年，在教育部学位与研究生教育中心、中国专业学位案例中心、全国公共管理专业学位教指委的指导下,天津市教委牵头联合山东省教育厅、河北省教育厅、内蒙古自治区教育厅、山西省教育厅五省市自治区,依托南开大学举办五省市自治区高校公共管理硕士专业学位研究生(MPA)案例大赛。五省市共选出48支队伍参加决赛,促进了专业学位研究生教育改革,取得良好效果。

撰稿:刘海波

【规范所属企业管理】 2021年,天津市教委进一步规范所属各高校及直属事业单位所属企业管理制度,加强对企业的监管力度。在完成校企改革的基础上,制定了《市委教育工委 市教委关于规范所属高校及直属事业单位国有企业管理的实施意见》《市委教育工委 市教委关于印发加强所属高校及直属事业单位国有企业党的建设实施意见的通知》《市委教育工委 市教委关于完善高校资产经营公司法人治理结构暂行办法》《市教委所属高校及直属事业单位企业国有资产交易监督管理办法》《市教委所属高校及直属事业单位企业国有资产评估管理暂行办法》《市教委所属高校及直属事业单位企业国有资本经营预算和财务决算管理暂行办法》《市教委所属高校及直属事业单位国有企业工资总额管理暂行办法》7个规范性文件,从企业党的建设、法人治理结构、国有资产交易、资产评估、工资管理等方面,规范市教委所属高校及直属事业单位国有企业的管理和经营,推动企业提质增效,服务天津市高质量发展。

撰稿:崔 捷

【知识产权工作】 2021年,天津市引导高校充分发挥信息资源和人才资源优势,支撑国家创新驱动发展战略。国家知识产权局、教育部联合确定南开大学为第三批高校国家知识产权信息中心。天津大学积极承担知识产权强国战略相关课题研究,参加天津市知识产权强市战略纲要编制工作。市教委与市知识产权局共同开展2021年天津市青少年小发明设计大赛等系列工作。

撰稿:聂大群

【科学技术奖】 在2021年11月发布的2020年度国家科学技术奖获奖名单中,天津市共有22项成果获奖,其中自然科学二等奖2项、技术发明二等奖3项、科学技术进步特等奖1项、科学技术进步

一等奖5项、科学技术进步二等奖11项。天津市获奖项目首次突破20项,创历史新高。天津市单位牵头主持项目有7项获奖,与往年相比有大幅提升,打造战略科技力量成效显著。天津高校共有9项成果获国家科学技术奖。其中天津大学获自然科学奖二等奖1项(第一完成单位)、技术发明奖二等奖2项(第一完成单位和第二完成单位各1项)、科技进步奖一等奖1项(第二完成单位)、科技进步奖二等奖2项(第一完成单位),天津中医药大学获科技进步奖二等奖1项(第二完成单位)、科技进步奖一等奖1项(第三完成单位),天津工业大学获科技进步奖二等奖1项(第四完成单位)。2021年度天津高校共有78项科技成果获天津市科学技术奖(第一完成单位),其中自然科学奖13项(市属高校5项、教育部直属高校8项)、技术发明奖6项(市属高校1项、教育部直属高校5项)、科学技术进步奖58项(市属高校33项、教育部直属高校25项)。其中自然科学奖特等奖1项、一等奖4项、二等奖5项、三等奖3项,技术发明一等奖4项、二等奖2项,科学技术进步特等奖5项、一等奖14项、二等奖35项、三等奖5项。

撰稿:王晶晶

【大学科技园】 天津市教委会同市科技局全面完成2021年大学科技园建设任务,遴选出首批市级大学科技园4家,分别为天津科技大学科技园、西青大学科技园、中国民航大学科技园和天津职业技术师范大学科技园;培育2家,即天津中医药大学科技园、河北工业大学科技园(北辰)。市教委会同市科技局出台《天津市大学科技园建设指导意见》和三年行动计划,研究制定《天津市大学科技园认定与绩效评价管理办法》,完成顶层设计。市教委多次组织召开大学科技园工作推动会和现场工作会,推动高校和所在区"双主体"联动共建,汇集各方力量推动大学科技园建设。9所重点建设高校(南开、天大、河工、工大、科大、中医药、农学院、民航、大学软件学院)均成立大学科技园建设工作领导小组或工作专班,均将大学科技园建设工作纳入学校"十四五"规划或年度工作要点。天津科技大学科技园、西青大学科技园、中国民航大学科技园、天津职业技术师范大学科技园4家获批市级大学科技园,天津中医药大学科技园、河北工业大学科技园(北辰)2家纳入培育建设。200余家企业入驻6个园区。

撰稿:王晶晶

【科普活动】 2021年,市教委协助市科协举办天津市"大学—中学"科普创新大赛,共收到来自17所普通高校、8所独立学院、14所中高职院校、5所直属学校、12家区教育局提交的申报视频1375项。参赛人员涉及大学生752项、中学生353项、青年教师或科技辅导员270项。经单位推荐、专家评审和现场展示,本次活动评出一等奖52项,二等奖106项,三等奖194项,优秀组织单位奖54项。9月10日至11月30日市教委会同市科协、市关工委开展2021年天津市全域科普教育成果展示活动。在16个区召开了启动会,有3000多所学校,20多万名学生参与,并对科技重点学校进校拍摄采访。人工智能科普创作活动积极推进,经过对提交的科技创新优秀案例社会投票,评选出102项优秀组织学校奖、228项优秀作品指导教师奖、23个案例将纳入优秀案例汇编,26个优秀作品将参加天津广播电视台《奇思妙想看未来》节目的录制。

撰稿:王晶晶

【科研计划专项任务项目(科学普及教育)】 按照《市教委关于2021年度科研计划专项任务项目(科学普及教育)申报工作的通知》要求,组织各区教育局和直属学校根据《天津市教委科研计划专项任务项目(科学普及教育)管理办法(试行)》中研究范围、研究方向和研究重点积极申报。全年共立项26项。其中,科普研发类项目10项(包括:科普图书创作8项,科普产品开发2项),科普活动类项目16项(包括:科普宣传活动7项,科普实践活动9项)。

撰稿:王晶晶
审稿:苏 丹

教育交流与合作

【天津音乐学院茉莉亚研究院和天津茉莉亚学院】 天津音乐学院茉莉亚研究院为不具有独立法人资格的中外合作办学机构,开设管弦乐表演、室内乐表演、钢琴艺术指导三个硕士专业,学制为两年。研究生项目在校学生共计70人,其中外籍学生30人,来自美国、加拿大、韩国、新加坡、泰国、日本、乌兹别克斯坦、哥伦比亚、匈牙利、智利、俄罗斯等11个国家。天津茉莉亚学院是具有独立法人资格的非学历高等教育中外合作办学机构,大学预科项目在校学生共计105人。在教育部和市委、市政府的大力支持下,天津音乐学院茉莉亚研究院和天津茉莉亚学院两个中外合作办学机构运行进展顺利,组织架构日渐完善,搭建成围绕研究生、大学预科、继续教育和公众艺教项目服务的专业教师和行政团队。作为中外合作办学项目,天津音乐学院茉莉亚研究院和天津茉莉亚学院在中美人文交流领域发挥了独特作用。2021年10月26日,天津茉莉亚学院举行校园落成典礼。彭丽媛向天津茉莉亚学院校园落成典礼致贺信。市委书记李鸿忠出席并宣读贺信。市委副书记、市长廖国勋向美国茉莉亚学院荣誉院长、首席中国事务官波利希授予"天津市荣誉市民"证书。中国前驻美大使崔天凯、教育部副部长田学军、市政协副主席曹小红致辞。

撰稿:陈宇驾

【汉语国际教育】 充分发挥中文国际教育作为综合文化交流平台的作用,不断加强教师队伍建设、创新人才培养,提升孔院办学水平。截至2021年底,天津市已在海外建立孔子学院36所,孔子课堂53个,分布在美国、英国、法国、俄罗斯、澳大利亚、哥伦比亚、葡萄牙、斯洛伐克、意大利、波兰、瑞典、乌克兰、肯尼亚、南非、埃塞俄比亚、日本、韩国、泰国、印度、科特迪瓦、土耳其、巴西、加蓬、波黑、匈牙利和布基纳法索等26个国家。

撰稿:陈宇驾

【中外合作办学】 2021年,天津市教委支持天津市高校积极引进国外优质教育资源,天津中德应用技术大学与德国柏林工程和经济应用技术大学合作举办机械电子工程(微系统方向)专业本科合作办学项目、天津职业大学与奥地利维也纳模都尔大学合作举办酒店管理专业专科合作办学项目进行课程对接。截至2021年末,天津市共有6个中外合作办学机构、37个中外合作办学项目。

撰稿:陈宇驾

【外籍人员子女就学】 天津市共有5所外籍人员子女学校,即天津惠灵顿外籍人员子女学校、天津日本人外籍人员子女学校、天津韩国外籍人员子女学校、天津思锐外籍人员子女学校和天津星国外籍人员子女学校。2021年,天津市外籍人员子女学校共有在校生1235人,主要提供美国、英国、日本、韩国等国家的课程。

撰稿:陈宇驾

【外国留学生教育】 2021年,天津市32所高等院校共招收外国留学生13480人次,来自165个国家和地区,其中长期生共8500人次、短期生共4980人次。2021年,全市中小学、外籍人员子女学校具有接收国际学生资质,共招收国际学生2513人次。

撰稿:韩 岚

【港澳台教育交流】 2021年,天津市16所高等院校共招收483名港澳台学生,其中中国香港学生144人、中国澳门学生127人、中国台湾学生212人。全市中小学共招收625名港澳台学生,其中中国香港学生427人、中国澳门学生7人、中国台湾学生191人。全市高等院校共聘请26名港澳台教师,其中中国香港教师11人、中国澳门教师2人、中国台湾教师13人。全市中小学共聘请10名港澳台教师,其中中国香港教师2人、中国台湾教师8人。

撰稿:韩 岚

【引进国外智力】 2021年,天津市19所高等院校共聘请外籍教师333人;全市中小学共聘请外籍教师588人,来自73个国家和地区。

撰稿:韩 岚
审稿:王俊艳

实验室建设

【海河实验室】 2021年,按照市委、市政府进一步推动科技创新会议部署,天津市教育两委全力推进海河实验室筹建工作。市教委作为海河实验室筹建工作专班成员,会同市科技局、市卫健委、市工信局等部门出台《以体制机制创新 引领海河实验室高水平建设的指导意见》《海河实验室建设工作指引》《海河实验室运行章程(蓝本)》等系列文件。市教委牵头,会同南开大学、天津大学筹建"物质绿色创造与制造海河实验室",聘请程津培院士担任实验室主任;会同天津中医药大学筹建"现代中医药海河实验室",聘请张伯礼院士担任实验室主任。积极推动依托高校、所在区政府落实建设任务,制订《建设运行实施方案》并通过市政府常务会议批复。10月30日,现代中医药海河实验室举行揭牌仪式暨首届理事会全体会议。11月29日,物质绿色创造与制造海河实验室举行揭牌仪式和首届理事会全体会议。

撰稿:王晶晶

【虚拟教研室试点建设】 根据教育部相关文件精神,研究制定了《市教委关于开展天津市虚拟教研室试点建设工作的通知》,遴选认定南开大学"理论力学虚拟教研室"等15个项目为天津市首批虚拟教研室试点建设项目。在国家级虚拟教研室试点建设项目遴选中,天津市成绩突出,有14个教研室入选教育部首批虚拟教研室建设试点。

撰稿:刘 冰 张必兰

【高校实验室信息统计数据报送】 按照教育部《关于报送2010/2021学年高等学校实验室信息统计数据的通知》要求,组织各高校按照教育部要求认真填报实验室信息统计数据,并对各学校上报的数据进行审核,顺利完成高校实验室信息统计数据填报工作。

撰稿:张必兰
审稿:徐 震

体育卫生与艺术教育

【体美劳教育改革】 2021年,天津市出台了《天津市关于全面加强和改进新时代学校体育工作的若干措施》《天津市全面加强和改进新时代学校美育工作的若干措施》《关于全面加强新时代大中小学劳动教育的若干措施》及《天津市学前教育体育活动指南》,《义务教育和普通高中体育与健康课程建设指南》,《职业院校和普通高等学校体育课程建设指南》,《天津市学前教育艺术活动指南》,《义务教育和普通高中美术与音乐课程建设指南》,《天津市义务教育学校、普通高中、职业院校、普通高等学校劳动教育课程建设指南》。全面加强和改进新时代学校体育工作的主要措施是构建天津特色体育课程体系、落实体育课程和体育活动时间刚性要求、强化学校体育教学训练、打造特色体育品牌学校、健全体育竞赛和人才培养体系、加强师资队伍建设、加强场地建设和器材配备、深化学校体育评价改革、强化教师评价机制、健全教育督导监测体系、强化组织领导和经费保障、加强学校体育安全管理、营造全社会重视支持学校体育的良好氛围。全面加强和改进新时代学校美育工作的主要措施是构建学段衔接的美育课程与教材体系、落实美育课程刚性要求、加强美育教学指导、丰富美育实践课堂、弘扬和传承中华优秀传统文化、配齐配好美育教师、加强场地建设与器材配备、加强社会美育资源供给、建立校际帮扶机制、推进美育评价改革、加强组织领导和经费保障、完善美育教育督导和质量监督机制、营造以美育人良好氛围。全面加强新时代大中小学劳动教育的主要措施是统筹推动大中小学劳动教育一体化建设、加强中小学劳动教育、改进职业院校劳动教育、强化普通高等学校劳动教育、优化劳动教育课程设置、落实劳动教育课时、加强劳动教育实践基地建设、拓展校内劳动教育实践场所、建立劳动教育实践资源共享机制、发挥学校在劳动教育中的主导作用、发挥家庭在劳动教育中的基础作用、发挥社会在劳动教育中的支持作用、建强劳动教育师资队伍、加强劳动教育教师培养培训、建立劳动教育教师考核制度、健全劳动素养监测评价制度、开展劳动教育质量评估、加强组织领导、加大支持力度、强化安全保障、加强宣传引导。

撰稿:邓小娟

【出台《天津市关于全面加强和改进新时代学校体育工作的若干措施》及相关配套文件】 贯彻落实《中共中央办公厅 国务院办公厅关于全面加强和改进新时代学校体育工作的意见》。中共天津市委办公厅、天津市人民政府办公厅印发了《天津市全面加强和改进新时代学校体育工作的若干措施》,天津市教委印发了《天津市学前教育体育活动指南》《天津市义务教育体育与健康课程建设指南》《天津市普通高中体育与健康课程建设指南》《天津市职业院校学校体育课程建设指南》《天津市普通高等学校体育课程建设指南》等相关配套文件。

撰稿:王丽华

【提升体育场地面积】 2021年,天津市教委推进140所义务教育学校完成生均体育场馆面积达标和改造水泥类硬化体育运动场地有关工作,提升改造面积共53.62万平方米。

撰稿:王丽华 邓小娟

【第十四届全国学生运动会】 2021年,天津市组队参加中华人民共和国第十四届学生运动会。天津代表团共派出大学男子篮球、大学女子篮球、大学田径、大学游泳、大学乒乓球、大学羽毛球、大学健美操、大学武术、中学田径、中学游泳、中学武术、中学跳绳12支代表队共203名运动员、教练员参加此次全国学生运动会。天津代表团共收获6金5银8铜,并获得本届学生运动会"体育道德风尚奖"和"优秀组织奖",天津大学获第十四届全国学生运动会"校长杯"。同时,在本届学运会科学论文报告会上,天津代表团获大会报告一等奖3篇,分会报告二等奖20篇,书面交流三等奖37篇,并获"优秀组织奖"。

撰稿:王丽华

【国家学生体质健康数据上报及国家抽测复核】 2021年,按照教育部国家学生体质健康测试数据上报要求,天津市按照时间要求完成1507所学校数据上报工作,上报率达100%。11月按照教育部全国统一抽测复核工作安排,委托天津体育学院对天津市8个区32所中小学的5896名学生、4所高校的973名学生进行了《国家学生体质健康标准》测试抽测复核。

撰稿:王丽华

【学生体质健康标准测试】 2021年,天津市教委严格执行《国家学生体质健康标准》,建立健全学生体质健康档案,推动学校每年对全体学生进行一次体质健康标准测试,在学校内公布测试总体结果,将学生体质健康标准情况作为学生评优评先、毕业考核的重要依据。第四届天津市《国家学生体质健康标准》抽测工作委托第三方进行测试完成,随机抽取16个区约2万名高中二年级、初中二年级、小学四年级中小学生进行测试,形成测试数据统计分析报告,反馈各区,有助于全面评估学生体质健康状况,有针对性地指导学校科学干预、积极锻炼,不断提升学生体质健康水平,全市《国家学生体质健康标准》抽测优良率43.64%,合格率94.56%。

撰稿:王丽华

【学校体育工作年度报告】 2021年,天津市教委按照教育部要求,完成52所高校、18所行业办中职学校、16个区教育局学校体育工作年度报告收集、审核、上报工作。市教委组织专家编制《天津市学校体育工作年度报告》,报送教育部体卫艺司。

撰稿:王丽华

【中小学生体质健康管理】 2021年,天津市教委安排部署加强课间十五分钟活动,让中小学生真正做到课间十五分钟(中学阶段十分钟)"文明其精神,野蛮其体魄",切实增强青少年学生体质。为引导广大青少年学生积极参加体育锻炼,磨炼意志品质,培养锻炼习惯,提高学生体质健康水平,相继印发了《市教委关于进一步加强中小学生体质健康管理工作的通知》《关于征集天津市中小学生阳光体育活动项目的通知》《关于弘扬奥运精神,融合奥运项目,加强学生体质健康管理,进一步提高身体素质的通知》《关于进一步增强学生体质,加强体育运动开展"一校多项目 一生一方案"体育锻炼的通知》。

撰稿:王丽华

【"我运动、我健康"活动】 2021年,举办了天津市百万中小学生"我运动、我健康"活动。经校级、区级初选,共10526名学生参加市级单人跳绳、双人跳绳、三人跳绳、单人编花跳、12人8字大跳绳,引体向上、仰卧起坐、篮球定点投篮项目的评选。此项活动掀起广大青少年学生广泛参与阳光体育活动的热潮,进一步提高了青少年学生的身体素质。

撰稿:王丽华

【"排球之城"建设】 根据《天津市加快推进"排球之城"建设实施方案(2021—2030年)》,天津市教委部署各区、各相关高校制定"排球之城"实施方案,推进此项工作。评选出25所学校作为2021年天津市排球传统特色学校。在天津市南开区中营瑞丽小学举办以"弘扬女排精神,铸就光明未来"为主题的加强"排球之城"建设活动。

撰稿:王丽华

【制定中小学生寒暑假体育指南及体美劳作业方案】 寒暑假期间,为进一步指导广大青少年学生在常态化疫情防控下参与体育锻炼,增强体质,市教育两委组织专家制定了2021年《天津市中小学寒假期间体育锻炼、劳动教育、国防教育活动指南》《天津市中小学暑假期间体育锻炼、劳动教育活动指南》《天津市中小学生寒暑假体育、音乐、美术、劳动教育作业方案》。

撰稿:王丽华

【儿童青少年近视防控】 5月24日,天津市召开综合防控儿童青少年工作联席会议机制第三次会议,15个部门联合开展8个专项行动,贯彻落实《儿童青少年近视防控光明行动工作方案(2021—2025年)》。把对全市所有中小学生开展视力筛查纳入天津市2021年20项民心工程,教育部副部长钟登华、时任市政府副市长曹小红出席启动仪式并揭幕,会同市卫生健康委制订了《2021年天津市中小学生视力筛查工作方案(试行)》。印发《关于开展2021年春季学期近视防控宣传教育月活动的通知》,部署在3月开展春季学期近视防控宣传教育月活动。组织市区两级基地医院为全市青少年学生开展近视验光和近视个性化矫正控制工作。2月18日印发《关于转发《教育部办公厅关于加强中小学生手机管理工作的通知》的通知》,5月18日印发《关于进一步加强中小学生睡眠管理的通知》,5月18日印发《关于贯彻落实〈中小学生课外读物进校园管理办法〉的通知》,5月19日印发《关于进一步加强和改进义务教育学校作业管理的若干措施》,5月24日印发《关于进一步加强中小学生体质健康管理工作的通知》,为预防儿童青少年近视工作提供政策保障。由市市场监管委牵头,开展定配眼镜产品质量监督抽查,规范相关经营行为,加强对镜制配单位计量监管,推动眼视光产品和服务认证,与市卫生健康委联合开展抽检工作,重点改善学校教室环境卫生。在市人社局支持下制定校医自主招聘方案。

撰稿:高占山

【**重点传染病防控**】 2021年,天津市召开全市加强学校食品安全和多病共防工作会议,对学校常见传染病、新冠肺炎疫情防控和食品安全工作再部署、再推动。市教育两委、市卫生健康委、市市场监管委联合开展"'抓落实、强弱项、补短板'七项行动",着力推动责任链条完整、监督问责及时、防控措施落地。落实"四方责任",发挥属地责任,市教育两委、市卫健委、市市场监管委履行部门责任,落实部门联动机制,监督指导各区相关部门、各校做好防控工作,做到"点对点""人对人"。市教育两委、市卫健委联合开展"防控责任与知识大考核",随机入校、就地考核,推动责任入脑入心入行。市教育两委、市卫生健康委联合印发《关于加强学校常见病防控工作的紧急通知》,明确十项强化措施,重点夯实加固薄弱环节。坚持"预防为主、多病共防",重点突出"四早"(早知道、早发现、早报告、早处置)。升级学校传染病防控制度群,突出问题导向,盯紧重点环节,把握关键岗位。建立学校日自查、区级周检查、市级月抽查制度。对防控不力、不到位的,一律按照责任链条从上到下严格追究责任。

撰稿:高占山

【**应急救护工作**】 2021年,天津市教委、市红十字会联合实施"救在身边·校园守护"行动,深入开展学校应急救护知识普及、救护技能培训、救护设施配置、救护服务阵地建设等工作。将应急救护培训纳入学校素质教育内容,融入教育教学活动、健康教育、生命教育和综合实践课程,进一步丰富宣教载体,创新培训普及手段,切实提高应急救护知识与技能普及率。将救护培训师资纳入全市红十字培训师资平台管理,并建立鼓励褒扬机制。积极推广在学校配备急救箱、AED(自动体外除颤器)、应急救护一体机等急救设备,建设"博爱校医室",完善急救培训和设备设施标准,加强应急救护培训和演练,有效增强校园应急救护服务能力。督促各高校申领安装应急救护一体机,市教委会同市红十字会指导爱心企业做好捐赠安装及服务。

撰稿:高占山

【**疫情防控**】 2021年,天津市教育系统始终绷紧疫情防控思想之弦不放松,牢固树立底线思维和风险意识,切实落实"四方责任""四早""五有要求",建立扁平指挥、高效灵活运行机制,强化部署调度和监测预警,突出党政"一把手"既是疫情防控主要责任人,又是直接责任人,把责任压实、措施落实到教学科研、行政管理、后勤服务、基建维修等每一个岗位、每一个环节、每一个人,做到有防护指南、有防控管理制度和责任人、有防护物资设备、有医护力量支持、有隔离转运安排,严禁出现"责任盲区""工作死角""防控漏洞",及时有效处置突发疫情,确保师生健康、秩序平稳、校园安全。下发防控文件近200份,组织专项检查和"蓝军"抽查40余次,检查学校1000余所,及时查找封堵疫情防控短板漏洞,加固薄弱环节。坚决做到严防死守、严上加严,强化人物同防、多病共防,坚决落实人员排查、重点人员健康管理、三码查验、离津及集体活动管理等重点措施,精准掌握师生健康状况和行程轨迹,持续加强健康教育,健全家校协同防控机制,做好师生员工及其共同居住人员健康监测,科学有序做好春季和秋季学期开学工作,坚决守好"门"、盯好"人"、管好"物"、建好"环境"、防控"升温",切实阻断新冠病毒从家庭、社会向学校传播的风险。按照市委、市政府决策部署和市防控指挥部安排,市区两级教育行政部门上下联动,精细有序推进疫苗接种。全市教育系统18—59岁累计接种837752人,接种率达到98.02%;12—17岁累计接种574024人,接种率达到99.48%;3—11岁累计接种1035438人,接种率达98.19%。在迎战奥密克戎变异毒株引发的本土疫情中,教育系统坚决贯彻市委、市政府和市防控指挥部决策部署,坚持以快制快、以新赢新,统筹有力做好校园疫情防控,严防疫情扩散外溢,采取坚决果断措施,力阻断校园传播渠道。针对在津师生员工,严明在校不许离校、在津不许离津的"两个不许",实施200万人一键"原地静止"；针对离津师生员工，争分夺秒开展一场35万人的"大追踪"，全力做好离津人员延伸管理，确保做到"两个立即"（立即向属地报备、立即开展核酸检测），实现"五个百分百"（百分百通知到人、百分百向社区报备、百分百开展核酸检测、百分百回收核酸检测结果、津南区高校师生离津满14日百分百再做一次核酸检测），切实做到了底数清、情况明、动态准、管得住，不落一人、不留隐患，牢牢守住了阵地。此外，教育系统10万余名干部教师主动融入全市抗疫战斗，纷纷出列出征、冲锋在前，为打赢打好全市抗疫大仗贡献力量。坚持精心、精细、精准工作思路，突出人性化管理与服务，推动各校建立健全多渠道、反应快的师生诉求反应机制，及时化解矛盾、尽早处理问题。倾力护送滞留学生离校返乡，推动各学校紧紧围绕"尊重学生个人意愿，倡导在校在津过节"大基调，联合卫健、公安、交通等部门，确保4.3万名离校学生"一站式"安全返乡回家，用实际行动赢得了学生和家长的点赞和好评。稳妥做好留校学生管理和服务保障工作，印发《关于加强2022年寒假期间留校学生教育与服务工作的若干举措》《关于做好天津市寒假留校学生疫情防控工作的措施》，全力以赴让9000余名留校学生"在校"如"在家"。建立健全学校自查、区级检查、市级抽查"三级"督查体系，市教育两委采取专项督查及随机抽查相结合，不定期督查抽查学校疫情防控工作情况；各区教育局针对辖区学校开展全覆盖督查检查；各校党政"一把手"负总责督查防控制度与措施落实落地。11月以来，考虑常见传染病多发和本土疫情零星散发的情况，进一步强化督查检查力度，学校每日开展自查，各教育局每周下校督查辖区各类学校不少于15所，市教育两委每日派出"蓝军"队伍随机抽查，实施周调度工作机制，通报反馈督查问题，学习以他鉴津典型案例经验教训，强力推动防控制度和措施落实落地。

撰稿：郭瑞丽

【"信仰的力量"歌咏展演】 2021年新学年开学，天津市以歌咏展演为方式、以音乐党课为内容，进一步深化全市学校"四史"学习主题教育"班集体合唱"活动，深入推进"四史"学习教育与立德树人、以美育人、以文化人的有机融合，让青少年学生在审美实践中知史爱党、知史爱国，缅怀无数先烈的丰功伟绩，牢记党的光荣传统，坚定理想信念，明晰肩负使命，筑牢信仰之基。6月15日在天津城建大学体育馆举行"信仰的力量"天津市大中小学歌咏展演，全市4000名大中小学生参加。

撰稿：刘恒岳

【"沽上四季"童声合唱工程】 "沽上四季"童声合唱工程是在春分、端午、中秋、冬至四个时间点，分别以"沽上春早""沽上夏荷""沽上秋浓""沽上冬阳"为主题，开展天津市学校优秀童声合唱团交流展示。其中，7月17日在天津音乐厅举行的"沽上夏荷"专场音乐会，列入国民音乐教育大会与中国国际合唱节童声合唱提升计划，受到与会全国音乐教育同行的好评。

撰稿：刘恒岳

【学生管乐展演】 为推动天津市中小学校园乐队建设与发展，9月27日在宝坻潮白河畔举办天津市管乐露天展演，受到学校和孩子们的欢迎。第四十五中学、第九中学、华辰学校、外国语大学附属外国语学校、崇化中学、西青区致远中学、北辰区实验中学、耀华滨海学校、王庆坨中学等优秀学生管乐团将《我和我的祖国》《闪闪的红星》《唱支山歌给党听》《百年祝福》《青春舞曲》等优秀曲目与市民见面。

撰稿：刘恒岳

【天津市学校文艺展演】 2021年，天津市9670名学生经过校、区展演入围参加15项个人项目的市级展演，6136名同学分获各项等级奖励。受疫情影响，集体项目展演调整为线上举行，2131个学生艺术团通过网络参加15项集体项目展示，1595个艺术团获奖。在教育部主办的全国第六届大学生艺术展演上，天津代表团在展演设立的全部项目中取得11项金奖，天津代表团在四大设置项目全部获奖，项目发展均衡，充分展现了天津市加强与改进新时代美育工作的阶段性成果和高校艺术教育的整体实力。天津市教育委员会与天津大学、天津师范大学、天津科技大学、天津职业技术师范大学获得最佳优秀组织奖。

撰稿：刘恒岳

【劳动技能大赛】 4月24—25日，天津市举办中小学劳动技能大赛。本次大赛由市教育两委主办，和平区教育局承办，天津农学院协办。本次大赛决出一等奖36支代表队（共120名学生）、二等奖56支代表队（共188名学生）、三等奖84支代表队（共

284名学生)。此次大赛网络直播点击率达到200万人次,受到社会广泛关注,取得了良好的社会效益。

撰稿:邓小娟

【全国中小学劳动教育实验区】 根据教育部《关于遴选推荐全国中小学劳动教育实验区的通知》文件精神,天津市教委积极组织各区参与申报,并组织专家进行评审。经过遴选,向教育部推荐了和平区、河西区、宝坻区和津南区4个区。5月14日,和平区、河西区和津南区3个区获批成为全国中小学劳动教育实验区,发挥示范引领作用,带动其他区形成劳动教育有效推动、蓬勃开展的良好工作格局。

撰稿:邓小娟

【劳动周活动】 4月中旬至6月初,天津市教委统筹组织10所直属校近3500名学生(初二、初一和五年级)分批前往天津农学院、北京科技大学天津学院进行为期一周的集中劳动活动。本次劳动周活动受到了社会各界的广泛好评,尤其是天津农学院组织开展的集体劳动,于6月3日被中央电视台《朝闻天下》栏目报道。此外,16个区已有986所中小学利用校内、校外劳动教育实践基地开展了劳动周活动,参与集体劳动的学生共计105万余名。

撰稿:邓小娟

【劳动教育课程改革】 2021年初,天津市教委开启劳动教育课程开设情况普查工作,要求各中小学及时上报课表,通过校外公示栏、校内宣传栏、微信公众号等渠道公开劳动教育课表、本校监督举报电话和区教育局监督举报电话,主动接受社会监督。为进一步丰富劳动教育内容,提升劳动教育实效,市教委于5月31日发布了《关于在大中小学劳动教育课堂中融入劳动模范专题内容的通知》,强化对袁隆平等劳动模范先进事迹的学习,大力弘扬劳模精神、劳动精神、工匠精神。

撰稿:邓小娟

【中小学生劳动教育实践基地】 3月下旬至6月上旬,天津市教委组织开展2021年天津市中小学生劳动教育实践基地申报评定工作。在自主申报的基础上,经专家初审材料、实地考察和综合评定,天津农学院、天津市工读学校、北京科技大学天津学院3家单位被正式认定为天津市中小学生劳动教育实践基地。天津中德应用技术大学、天津职业技术师范大学、天津职业大学、天津市静海区教育保障中心、津静多兴自然农耕文化传播(天津)有限公司、天津光合文化投资管理有限公司、天津市津南区津彩青少年素质教育服务中心、天津七色阳光生态科技有限公司、天津市东丽区育才中学9家单位为天津市中小学生劳动教育实践基地(试运行),试运行1年(2021年7月1日至2022年6月30日)。

撰稿:邓小娟

【中小学生"庆丰收、感党恩"主题劳动教育活动】 9—10月,天津市各区教育局在2021年中国农民丰收节之际,以主题班会、手抄报、绘画评比、文艺展演、农耕文化故事演讲、我讲农耕故事、丰收歌曲对唱、中国农民丰收节诗朗诵、农耕与非遗、快乐农场、农业知识竞赛、学农趣味运动会等形式组织开展以"庆丰收、感党恩"为主题的劳动教育活动,并充分利用电子屏幕、宣传栏、校园广播、公众号等媒介进行广泛宣传。

撰稿:邓小娟

【遴选劳动教育典型案例】 按照教育部《关于报送中小学劳动教育进展情况和典型案例的通知》要求,天津市教委组织全市各区报送中小学劳动教育典型案例。案例围绕中小学劳动教育组织实施、课程资源开发、师资队伍建设、劳动实践场所建设、家校社协同机制、评价考核制度、劳动清单等方面,案例体现典型经验和特色做法,特别突出中小学课后服务中劳动教育的典型案例。11月16日,教育部公布天津市2个案例——《天津市和平区:区域中小学劳动教育整体推进的创新实践》《北京师范大学天津附属中学:坚守初心劳动铸魂,以劳为"基"系统实施》入选全国中小学劳动教育典型案例。

撰稿:邓小娟

【印发《关于推进天津市中小学劳动教育的方案》】 11月23日,天津市教委印发了《关于推进天津市中小学劳动教育的方案》,通过实施劳动教育"五大工程",重点关注学生劳动意识增强、劳动观念树立、劳动技能掌握、劳动习惯养成等方面的教育。"五大工程"分别是:以抓好劳动教育实践基地建设、加强劳动教育课程体系研发实施劳动教育"夯基垒台"工程;以突出劳动教育师资专业引领、统筹劳动教育研究指导实施劳动教育"中流砥柱"工程;以营造崇尚劳动氛围、用好主题特色活动抓手实施劳动文化"春风化雨"工程;以五力联动形成"一盘棋"、落实劳动教育多元化评价实施劳动教育"扎根落地"工程;以强化家庭劳动教育落实、多渠道发挥社会支持作用实施家校社"同心育人"工程。同时,印发了《天津市中小学生家庭劳动正面清单和负面清单》和《天津市中小学劳动教育工作评议考核量化分值表》。

撰稿:邓小娟

【中小学劳动教育主题日】 12月26日,天津市中小学劳动教育主题日活动启动仪式暨和平区劳动教育主题日活动在耀华中学和耀华小学举行。启动仪式上,举办了劳动技能艺术表演综合赛、劳动门店展示、劳动体育比赛、教师劳动技能基本功大赛。各区均因地制宜举办富有本区特色的劳动教育主题日活动。

撰稿:邓小娟

【新时代天津市劳动教育成果交流与工作推动系列活动】 12月28日,在天津职业技术师范大学举办新时代天津市劳动教育成果交流与工作推动系列活动,展示天津市劳动教育成果与特色案例,举行天津市劳动教育师资培养培训中心和教学研究中心揭牌仪式和"天津市大中小学劳动教育联盟"成立仪式,交流分享新时代劳动教育实践探索与理论研究成果。天津市劳动教育师资培养培训中心和教学研究中心将聚焦师资培养培训、课程开发、教学指导、教学质量评价与改进,加快建设天津市劳动教育师资的"摇篮""充电站",加快打造课程研发改革"高地",为构建大中小学一体化劳动教育体系提供平台保障,为加快提升天津市劳动教育师资水平和教学水平提供智力支持。

撰稿:邓小娟
审稿:张健青

后勤安全

【天津市教育委员会教育综合服务中心概况】 根据《关于改革调整市教委所属公益类事业单位有关问题的通知》,经整合组建的天津市教育委员会教育综合服务中心,为正处级、财政补助事业单位,划入公益一类。综服中心内设办公室、组织人事科、新闻舆情科、基建后勤科、学生资助科、档案管理科6个部门,领导职数为1正3副。在职职工79人,其中具有高、中级职称职工38人。2021年,综服中心进一步加强中心中层干部和职工队伍建设,积极完善中心各项制度建设,从体制机制着手,全面提升中心综合服务水平,提高中心综合服务效果,完成好综服中心年度整体工作任务。

撰稿:陈 林

【新闻舆情】 2021年,在天津市教委官网发布教育动态3726条,共计420余万字,其中233条被天津政务网选用。全年共处理网民各种问题1086条,多次协助两信部门对所提供的线索进行核实,对可能引发矛盾的答复提出合理化建议。制作、推送微博4000余条、微信文章1100余篇。推出"百年奋进 学史铸魂"

"'双减'在行动"等10余个专题报道,其中多篇报道收获"1万+"阅读量,收到良好的宣传效果。"津门教育"官方微信号订阅用户数已超过10万,较年初增长超过20%。全年组织高校"微联盟"同步宣传国家及天津市重要新闻、信息30余次。累计制作了近百万字的各类网络舆情产品。协助教育系统各单位处置突发舆情150余次,获得市教育两委相关领导的肯定与表扬。协助完成网络安全和网络意识形态安全现场检查工作,历时2个月,共对73家单位进行了现场检查,并撰写了各阶段检查报告。全年报送信息574篇次,约70万字,被中办、国办、教育部等上级单位采用139次。制作并上传至津云"云上教育"平台900余条新闻。处理市教委公文738余件,总字数360余万字。完成由市政府办公厅、市委网信办、海河传媒中心共同策划推出的《公仆走进直播间》栏目"向群众汇报——2021委办局长年终访谈"的文字稿撰写工作。

撰稿:隋春艳

【校舍管理】 2021年,天津市教委建立对口联络机制,深入直属学校开展校舍管理工作调研和检查,检查建筑物106个,建筑面积共计约53万平方米。进一步推动落实项目库建设工作,指导学校做好项目申报工作。对9所高校的25个项目组织专家开展拟入(出)库评估论证。完成5所高校建设项目初步设计的评审工作,涉及概算约23.7亿元,面积25万平方米。持续推进天津市中小学C级校舍提升改造工作。全年各区完成82个项目、12.5万平方米的提升改造任务。完成纪检监察组谈话室改造项目。

撰稿:刘志远

【食品安全】 2021年,天津市共组织4期食品安全专题视频培训会议,各区教育局、各级各类学校近万人参加。深入开展"蹲点服务",在春、秋季开学期间对16所市教委直属学校进行蹲点服务。开展春、秋两季食品安全检查,发现问题隐患310项,对存在问题隐患较为突出的8所院校进行通报。推行科学营养供餐。

撰稿:刘志远

【校服管理】 2021年,天津市教委对16个区教育局、32所中小学开展校服招标工作调研,以掌握天津市校服招标工作的主要问题和难点,印发《市教委关于进一步做好天津市中小学校校服管理工作的通知》。

撰稿:刘志远
审稿:白志新

【校园安全专项整顿】 2021年11月起,天津市开展为期5个月的校园安全专项整顿。校园安全专项整顿作为平安天津建设的重要内容,突出平安校园建设这个重点,着力于完善安全风险排查防范化解机制,建立完善的学校安全管理体系,充实安全管理人员,健全安全工作各项规章制度,全面实施安全管理标准化建设,逐步做到安全管理工作的规范化、标准化、科学化,确保不发生重特大校园安全事件。成立天津市校园安全专项整顿工作组,市委常委、市委教育工委书记王庭凯同志任组长,相关委办局负责同志为成员,各区、各级各类学校均成立校园安全专项整顿工作组,制定例会制度和通报制度,定期研判各类风险隐患,定期通报校园安全专项整顿工作进展情况。此次专项整顿采取整体推进与分步实施相结合,自查和督查相结合的方式,分为学校自查,地方检查,部门督查,总结评估四个阶段,明确了13个成员单位的责任分工,并列出10个方面的重点工作:一是校园安全组织领导和工作机制方面。二是

政治安全和意识形态安全方面。三是安防体系建设方面。四是学校日常安全管理方面。五是师生安全法制教育和突发事件应急预案与应急演练方面。六是防范校园欺凌及涉校违法犯罪和校园及周边治安综合治理方面。七是师生心理健康教育及心理安全方面。八是常态化疫情防控方面。九是网络安全方面。十是独立学院转设涉及安全稳定方面。

撰稿:俞建民

【预防和治理校园欺凌】 2021年,天津市教育两委进一步开展预防和治理校园欺凌工作,狠抓宣传教育、加强调查研究、加大治理力度,全力防范和遏制校园欺凌事件发生。一是做好工作部署,压实学校责任。市教育两委持续做好防范校园欺凌相关工作,印发《防范校园欺凌专项治理行动工作方案》《关于进一步推动落实教育系统开展防范校园欺凌专项治理行动的通知》,压实工作责任、加强教育培训、加大排查力度,全力防范和遏制校园欺凌事件发生。二是坚持问题导向,做好整改落实。市教育两委会同市公安局、市人社局等10部门对市人大常委会对天津市贯彻实施《天津市预防和治理校园欺凌若干规定》情况开展执法检查报告中提出的四大类共计9项问题立即整改落实。三是加强教育培训,提升应对能力。市教育两委加强正面宣传引导,推广预防和治理校园欺凌的先进典型、先进经验,普及知识和方法。市教育两委联合市教科院、市人社局,对中职院校师生代表450余人现场开展预防校园欺凌讲座,培训采取网络同步授课的方式,7000余师生参与培训。四是组织和平区召开题为"新形势下校园欺凌防治难点与对策"的校园欺凌防治工作研讨会。五是加强心理教育,开展调研工作。市教育两委委托天津市学生心理健康发展中心对天津市校园欺凌进行认真调研。

撰稿:俞建民

【预防中小学生溺水教育专项督导检查】 天津市教委从7月26日至8月2日,采取各区互查方式对各区教育局预防中小学生溺水教育工作开展专项督导检查。每个区成立1个专项督导检查组,由教育局分管局领导带队,抽调2名懂业务的人员组成。督导检查用车各区自行保障,督导检查时间由各督导检查组与受检区自行联系,在规定时间内完成督导检查内容。重点督导检查六方面内容,一是落实《市教委关于做好2021年中小学幼儿园安全管理工作的通知》《市教委关于做好预防中小学生溺水事故工作的

通知》等相关文件情况。二是各区教育局和学校提请当地党委和政府，统筹协调水利、应急、公安等部门，及时对辖区内易发溺水事故的河、塘、沟、渠、坑和水库、湖泊等重点危险水域进行排查整治，完善安全警示标识，配置安全防护设施，认真组织巡查值守，妥善做好应急处置等情况。三是学校开展防溺水"六不"宣传情况，组织防溺水专题课情况。四是学校统筹家长委员会、家长学校、家长会、家访、家长开放日、家长接待日、致家长一封信等各种家校沟通渠道，提醒家长切实履行好学生看管监护责任情况。五是《致学生家长的一封信》发放及"回执"收存情况。六是学校放暑假前开展预防溺水教育情况。

撰稿：俞建民

【防范电信网络诈骗工作】 按照全国及天津市打击治理电信网络新型违法犯罪工作联席会议和平安天津建设领导小组专题部署会议要求，为进一步加强教育系统防范电信网络诈骗工作，切实提高广大师生识骗防骗能力，市教委从4月21日起至6月底，在全市教育系统深入开展防范电信网络诈骗工作。各单位深刻认识做好防范电信网络诈骗工作的重大意义和严峻形势，切实增强广大师生防范电信网络诈骗的责任感、紧迫感，保持对电信网络诈骗犯罪零容忍、零懈怠。以"单位内部零发案、关联人员全覆盖"为目标，将电信网络诈骗风险防控工作作为维护学校安全稳定和深化"平安校园创建"的重要任务来落实，压实工作责任、完善防范措施、加强宣传教育、强化源头治理，毫不松懈地抓好电信网络诈骗防范工作，实现"无诈校园"工作目标，共同构建"全社会反诈"格局。

撰稿：俞建民

【创建"无诈"校园反诈知识答题活动】 2021年，天津市教委联合中国人民银行天津分行、天津市公安局联合开展创建"无诈"校园反诈知识答题活动。人民银行天津分行划拨专项经费，并在"云闪付"App中开通专门模块，用于答题活动，并制作了相关宣传物料；市教委进行专项部署，组织领取宣传物资，指导督促各高校积极开展宣传动员工作，定期跟踪活动开展情况；市公安局向属地公安分局和派出所提出明确意见，要求加强与属地高校的协作配合，进一步强化反诈宣传，配合开展答题活动。活动中，各高校通过宣传栏、微信公众号、公共大屏幕等媒体积极宣传反诈知识；利用主题班会、反诈知识进课堂、反诈心得座谈会等方式加强对学生的安全教育，形成了良好的反诈宣传教育氛围，积累了一大批好经验、好做法。全市58所高校累计参与答题人数12万余人，取得了良好效果。

撰稿：俞建民

【道路交通安全隐患集中整治工作】 深入学习贯彻习近平总书记关于安全生产工作的重要指示批示精神，按照市委、市政府的工作部署，深刻汲取道路交通死亡事故教训，以案为鉴、举一反三，天津市教委从2021年9月13日起至2021年底，在教育系统开展道路交通安全隐患集中整治工作。本次集中整治聚焦六大重点领域：一是加强校车和接送学生车辆安全管理，二是开展交通安全宣传教育，三是组织校园道路交通专项检查，四是加强日常校园交通管理，五是加强校警联防联控工作，六是开展校园周边道路交通集中整治。

撰稿：俞建民
审稿：梁春雨

招生考试

【普通高考基本情况】 2021年，天津市普通高考报名55679人，比去年减少579人，减幅1.03%。1005所高校在津安排招生计划51053个（不含保送生、体育单招、艺术类自划线、春季高职面向高中生招生计划），计划总量比去年增加241个；从计划结构上看，本科计划比去年增加90个。3月19日和6月7日至10日，疫情防控常态化下的英语第一次考试（含一次笔试，两次听力），以及普通高考和普通高中学业水平等级性考试安全顺利举行。全市共设20个考区、66个考点、1900余个考场。根据疫情防控要求，另外设置22

个隔离考点和300余个隔离备用考场。两次考试违规考生共计34人次,均严格按照违规处理办法予以处理。1005所招生院校在津共录取新生51871人(不含春季高职已录高中毕业生),累计争取增加本科计划4811个。天津市总录取率和本科录取率继续保持全国前列,为考生提供了更多接受优质高等教育的机会,新高考改革纵深推进让更多考生和家长在高考录取中感受到获得感,达到了改革的预期成效。

撰稿:付慧宇

【春季招生基本情况】 2021年,天津市高职升本科报名18039人,生源增幅35.0%;13所院校安排招生计划3130个,计划减幅22.7%;实际录取3340人,录取率18.5%,低于去年。春季高考(面向中职毕业生)报名17060人,生源减幅4.2%;41所院校共安排招生计划16129,计划减幅0.2%;实际录取16266人,录取率95.3%,计划完成率100.8%。春季高考(面向普通高中毕业生)报名人数4102人,比去年减少1510人;31所高职院校共安排招生计划4178个,比去年减幅21.7%;实际录取人数4080人,录取率99.5%,计划完成率97.7%。"三二分段"中职接高职报名5768人,生源减幅19.5%;22所院校共录取5227人,录取率90.6%,与去年持平。高职扩招报名4728人,录取4357人。

撰稿:陈培增

【研究生考试基本情况】 2021年,天津市24个硕士研究生招生单位招生27224人,比2020年增加1480人,增幅6%。13个博士研究生招生单位招生3700人,比2020年增加293人,增幅9%。2022年研考在津报名人数激增。在天津市报名参加研究生考试的考生总数为86014人,比2021年增加12943人,增幅17.7%,再创历史新高。天津市生源结构依然以应届生为主,约占报考人数的57.5%。初试于12月25—27日举行,全市共设立35个考区、50个常规考点、2937个考场(含备用隔离考场)。考试期间,为4名北京考生提供借考,为10名封控管控区考生专门设置"转移重置考点",为40名其他隔离考生实行闭环转运至12个隔离考点,为168名考生在常规考点提供77个隔离考场,为3600余名考生进行考中核酸检测现场采样。

撰稿:谷 青

【高中学业水平合格性考试基本情况】 2021年1月天津市普通高中学业水平合格性考试于1月5日

举行,全市共有5.3万余名高中在校生参加考试,其中思想政治53724人,物理53516人。2021年6月天津市普通高中学业水平合格性考试于6月22日—23日举行,全市共有11.6万余名高中在校生参加考试。各科目考试人数为:语文37899人,数学37726人,外语37726人,历史58599人,地理58313人,化学62592人,生物61155人。2021年12月天津市普通高中学业水平合格性考试于12月30日举行,全市共有6.7万余名高中在校生参加考试,其中思想政治67377人,物理68021人。

撰稿:王宏健

【疫情防控常态化下各类考试】 2021年,天津市精心落实疫情防控责任,认真履行管理和监督职责。精心研制疫情防控方案,根据不同考试的实际情况,出台涉及防疫举措、考务组织、舆情应对等重要环节的实施细则。通过短信点对点向考生推送疫情防控重要提示,打电话对重点人群逐一排查等措施,将疫情防控工作落实落细。组织开展防疫工作培训演练,增设防疫副主考,设置备用隔离考场和隔离通道,配备充足的防疫物资,加强考试场所的清洁消毒,对重点地区返津考生严格按照天津市疫情防控要求进行管理。通过对所有考生和考试工作人员进行考前14天健康监测,考前、考中及考后核酸检测,为可能出现的确诊、疑似、隔离及发热考生设置隔离备用考点和隔离备用考场,提前公布考场分布图,发布《天津市十项举措护航高考考生》的公告,加强考生心理疏导等措施,确保普通高考、研究生考试、春季高考、高职升本科等多项普通高校招生考试安全平稳实施。增开了音乐类专业市级统考,增加了艺术类考生选择和录取的机会。全年完成了艺体类专业考试6033人、体育统一测试98922人、初中学业考查201919人、初中毕业生学业考试99291人、成人高考35548人各项考试的组考工作,实现疫情防控和考试安全"双战双赢"。

撰稿:王松岭 肖玉宇 黄 涛

【普通高考报名政策调整】 2021年,天津市招生委员会制定《市招委关于天津市普通高考报名有关事项的通知》,对天津市高考报名条件进行完善。完善后的高考报名条件有两点主要变化:一是具有天津市常住户籍的考生在报名参加高考时,应届毕业生增加须具有天津市高中阶段学校3年学籍并实际就读,实行3年过渡政策;持外省学校毕业证书的往届毕业生和高中阶段同等学力考生分别增加毕业年限要求,同样实行3年过渡政策。二是分别明确过渡政策期间及过渡政策结束后户籍办理的截止时间。完善后的高考报名政策于8月16日正式发布,同时发布了政策解读,以及转学安排、加强学籍管理等配套文件。

撰稿:王松岭

【中考招生录取】 2021年,天津市进一步优化各类中职学校录取阶段的批次、志愿及投档办法。合并五年制高职与中职三二分段类专业批次,使考生跨类型填报志愿更为灵活;增加各类中职学校普通类专业的志愿数量,并将投档办法由志愿优先调整为分数优先,增加考生选择中职学校的机会。采取有效措施,加强宣传引导,开展线上线下志愿咨询会,合理引导志愿走向,因人施策、有的放矢地做好志愿填报指导工作,确保天津市高中阶段学校各层次招生计划落实、落稳。2021年天津市各类高级中等学校共录取天津市新生94431人,普通高中共录取新生63842人,普通高中计划完成率99.96%,比上一年提高0.13%;各类中职学校录取天津市应届新生30589人,计划完成率96.2%,比去年提高4.56%。2021年成人高考录取期间,为增加考生录取机会,采取分批次志愿征询,经过几个批次征询,顺利完成成招录取工作。全市各成人高校在津录取新生27549人,高中起点升专科录取新生11613人,高中起点升本科录取新生227人,专科起点升本科录取新生15709人。计划完成率达99.1%。

撰稿:肖玉宇 黄 涛

【"绿色考试"模式探索】 2021年,天津市落实新发展理念,积极探索绿色环保与招生考试有机融合。中考、成考所有考试外包装纸箱、各科目草稿纸均使用再生纸印制,并在成人高考计算机基础科目试卷印刷中,首次采用环保再生纸印制试卷。9月,联合天津科技大学、天津市教育发展基金会,成功举办"2021年绿色考试包装创新设计大赛",积极推动大赛获奖成果在考试中的应用。

撰稿:肖玉宇 黄 涛

【高等教育自学考试专业计划管理】 2021年,天津以"改造传统专业、发展特色专业、培育新兴专业"为指导思想,通过对全市60个专业的深入研究,与160余名专家学者沟通专业计划设置标准及要求,广泛听取意见,逐步镌刻出天津市新的专业计划雏形,为科学部署专业计划调整工作奠定了坚实的基础。为适应新发展要求,修订完善了《天津市高等教育自学考试专业实施办法》。天津市自考办经过历时三年的整理,编印了《天津市高等教育自学考试停考专业情况汇总》,细致梳理40年来天津自考专业演变情况,将停考、转考方案汇总成册,提升服务考生的综合能力。

撰稿:高凤萍

【疫情状态下的自学考试】 面对疫情的不断反复,天津市自考组考工作严格执行天津市疫情防控相关要求,统筹制定疫情防控安全工作实施方案及应急处置办法,全力确保涉考人员身体健康和生命安全。2021年共组织笔试统考、实践考核、网络助学综合测验等24万余科次(222797+网络18114),比2020年增加2.8万余科次;5837名考生获得毕业证书,其中6月3067人、12月2770人。各项工作安全平稳,实现了"平安自考"的工作目标。依据教育部出台的考务工作新规范,修订《考务工作实施细则》和《评卷工作实施细则》,进一步规范考务管理,确保考试的公平公正。

撰稿:林 华 徐 瑞

【自学考试助学管理】 天津市精细谋划,切实做好网络助学工作。新增6大专业下的网络助学课件共计60门,为满足疫情防控常态化下考生的自主学习需求提供有力支撑。2021年度网络助学平台为1.1万考生提供网络助学服务,平稳组织实施网络综合测验1.8万科次。

撰稿:高 川

【自学考试服务】 秉承"问题导向"的工作理念,精准靶向治理,把群众"问题清单"变成"履职清单"。针对考生对于自考政策信息了解不全面的问题,在考生手册中新增"考生问答"内容,针对考生关心的126个热点问题,以问答形式向考生解读有关自学考试政策规定、专业计划、考试安排、考务考籍、助学管理等内容。同时在考试院官方微信公众号上增设"自考讲堂"专栏,定期推送提示信息,向考生解读有关自学考试相关政策及操作方法,不断强化自考宣传服务。针对原定于2022年前停办毕业的专业,尚有部分考生无法在规定时间完成计划内全部课程的情况,依据教育部下发的自考《专业规范》相关要求,积极与教育部考试中心沟通,发布了"视觉传达设计等专业延期停考的通知",共112个专业延期停考至2023年6月,最大限度保护了考生利益。

撰稿:高凤萍 徐 瑞

【京津冀自学考试协同发展】 7月初,京津冀三地自考办召开线上视频会议,对合作开考专业的确定、考务考籍管理等问题达成了初步意见,决定将三地共开专业统称为"京津冀一体化专业",明确在当前背景下,高等教育自学考试的职能定位应向普惠性的公共服务职能转变,应在法规体系、标准体系、综合评价体系和服务体系四个方面,围绕"学、考、教"三个维度进行改革,以强化职业教育,培养技术技能型和应用型人才为发展目标,努力形成三省资源共享共建、考核本地化、开创京津冀"学分银行"的新格局。

撰稿:高 川

【社会考试概况】 2021年,天津市招生考试院全年共完成6个考试项目14次组考工作。其中教育部考试中心项目4个,分别是:全国中小学教师资格考试(笔试分别于3月13日、10月30日举行,上半年面试于5月15—17日举行;下半年面试受突发疫情影响,原定于2022年1月8日下午安排在津南区3个考点以及1月9日安排在全市所有考点举行的面试延期举行;总报考规模为笔试300414科次,面试48729科次)、全国大学英语四六级考试(笔试分别于6月12日、12月18日举行,口语考试分别于5月22—23日、11月20—21日举行;总报考规模为笔试509355科次,口语考试21730科次)、全国计算机等级考试(分别于3月27—29日、9月25—27日举行;原定于12月4—5日举行的加考因疫情原因取消;总报考规模为77508科次)、全国英语等级考试(分别于3月20—21日、9月25—26日举行;总报考规模为1462科次)。教育部学位与研究生教育发展中心项目1个,即同等学力人员申请硕士学位外国语水平和学科综合水平全国统一考试(5月23日举行;报考规模为4696科次)。自主考试项目1个,即普通高考英语口语考试(3月27—28日举行;报考规模为42844科次)。

撰稿:林 杰 黄 丹

【社会考试报考规模大增】 天津市全年社会考试报考规模继2019年突破100万科次后,再次攀上百万台阶,达到1006738科次。教育部考试中心4个考试项目报考规模全部实现增长。全国中小学教师资格考试,笔试报考同比增加118769科次,增幅为65.39%;面试报考同比增加30410科次,增幅为165.99%。全国大学英语四六级考试,笔试报考同比增加87338科次,增幅为20.70%;口语考试报考同比增加9707科次,增幅为80.74%。全国计算机等级考试,同比增加9879科次,增幅为14.61%。全国英语等级考试,同比增加1128科次,增幅为337.72%。

撰稿:林 杰 黄 丹
审稿:徐广宇

教育督导

【教育督导机制改革】 2021年,天津市教委深入贯彻落实《市委办公厅、市政府办公厅印发〈关于深化新时代教育督导体制机制改革的若干措施〉的通知》精神,研究制订市级贯彻落实《若干措施》的任务分工方案,并向各区政府、市有关部门发出通知,要求做好《若干措施》的具体贯彻落实工作,各区政府加快形成区级贯彻实施方案。对照国务院教育督导委员会设置标准,调整充实市政府教育督导委员会组成单位。召开市政府教育督导委员会2021年全体会议,印发《市政府教育督导委员会议事协调规则》《天津市教育督导2021年度工作要点》,统筹部署2021年度教育督导重点工作。依据教育督导新形势新变化新要求,进一步完善全市教育督导法律法规,加快规章制度和配套政策出台,及时修订公布《天津市教育督导条例》,启动《天津市教育督导问责办法实施细则》研制,推动教育督导各方面、各环节工作有章可循、规范有序。

撰稿:袁 伟

【市区两级政府履行教育职责评价】 2021年，天津市组织各区、各部门坚决落实整改任务。7月，召开重点整改任务中期推动会，进一步指导推动各区加快整改。形成向市委、市政府领导同志汇报稿和向国务院教育督导办提交的整改工作报告。按照国务院教育督导办统一部署，对照省级人民政府2020年履行教育职责评价指标体系，组织市有关部门自评，并牵头起草全市自评报告，市政府网站公示后，按时报送国务院教育督导办。同时，网络上传本市佐证材料。根据国家标准，结合本市实际，制订对区政府2020年履行教育职责的《评价方案》和《指标体系》，在组织各区自查自评基础上，重点对武清、宝坻、静海、宁河、蓟州5个区进行实地督查，并一对一反馈意见。11月，结合疫情防控工作形势，主要通过查看资料的方式对河东、河北、红桥、滨海新区等4个区政府2019年履行教育职责整改落实情况复查回访，逐区反馈复查意见，确保相关区各项整改任务落实到位。

撰稿：袁　伟

【"五项管理"和"双减"专项督导】 2021年5月，天津市教委按照国务院教育督导办统一部署，印发《关于组织责任督学进行"五项管理"督导的通知》，组织本市759名责任督学，对照45条实地督查要点，对全市1428所中小学（含小学、初中、九年一贯制、完全中学、普通高中），每月开展"五项管理"（手机、睡眠、作业、读物、体质）进校督导，实现检查100%全覆盖。分类分问题汇总全市情况，形成自查报告和问题汇总报告，报送国务院教育督导办。6月，做好国务院教育督查组实地督查迎检工作。依据实地督查反馈意见，制定整改工作实施方案，落实"八个一"要求，印发问题通报，约谈被通报学校及其上级主管部门负责同志，举办全市中小学校长、教师、责任督学专题培训班，面向学校、家长、学生开展问卷调查，推动"五项管理"要求落到实处。2021年下半年，按照国务院教育督导办统一部署，围绕不同阶段重点任务，先后实施7次全市范围"双减"督查。共点调访谈区负责同志19人、教育局负责同志34人、校长教师1361人、中小学生及家长10722人，问卷调查家长24485人、教师3200人、学生21656人，实地检查中小学校和校外培训机构2753所，重点覆盖乡镇街道、学校周边、商业楼宇和居民社区等区域。印发7期全市"双减"督查专题通报，确保各区不折不扣落实党中央、国务院和市委、市政府"双减"工作各项要求。按照国务院教育督导办要求，落实"双减"

工作半月报制度，下半年共报送本市半月报6期。

撰稿：袁　伟

【各类教育专项督导】 2021年，天津市教委依据国务院教育督导办部署，先后印发《关于巩固义务教育教师工资收入专项督导工作成果的通知》《关于核查农村义务教育教师待遇保障情况的通知》《关于提醒严格落实义务教育教师工资待遇保障政策的通知》等文件，全面核查预算安排落实情况和长效联动机制建立情况，加强动态监测和重点问题核处，及时调查举报线索，报送全市数据报表、工作报告和问题核查报告，督促各区落实工作要求。3—4月，两次动员部署全市1500余名责任督学，深入本市3300余所中小学、幼儿园，围绕新冠疫情防控、诺如病毒防控、安全稳定、心理健康、落实减负、后勤食堂等内容，通过听取情况、查阅资料、问询交流、座谈访谈、查看点位等方式，开展进校督导。区责任督学、区教育督导部门、市教育督导部门三级联动，分级形成问题清单和督导报告，及时发现并督促解决问题，合力保障全市春季开学阶段各项工作平稳推进。8月，向各区教育局印发《关于开展"双减"疫情防控等事项综合督查的通知》，市教育两委联合市公安局、市市场监管委、市卫健委、市消防救援总队4个市级部门，围绕"双减"、高中学位资源建设、普通高中转学、财政教育投入"两个只增不减"、疫情防控等5项内容，对各区工作落实情况进行综合督查，形成综合督查报告，推动各区履行属地责任、达成既定目标。转发《国务院教育督导办关于几起普通高中违规招收借读生查处情况通报的通知》，组织各区重点对是否存在人籍分离、空挂学籍、学籍造假以及插班借读和收取借读费等问题开展全面排查，确保全覆盖、无遗漏。抽取和平、东丽、西青、北辰、武清、蓟州6个区开展市级实地督查，共检查学校23所、班级69个。经查，本市未发现借读和空挂学籍等违规办学行为。

撰稿：袁　伟
审稿：马蕴龄

【学前教育普及普惠督导评估】 2021年，天津市教委制定下发学前教育普及普惠区级自查工作通知，开展工作自查，梳理问题短板，明确整改方案。制成县域学前教育普及普惠督导评估工作规程、专家工作手册，明确区级自评工作清单，市级评估工作清单和实地督导工作清单。组建学前教育普及普惠市级评估专家组，进行专家培训，明确岗位职责和工作流程。9—10月,对和平区、河西区、河北区、红桥区等4个区进行市级实地督导评估,召开天津市学前教育普及普惠市级评估认定启动会,组织4个区申报国家学前教育普及普惠区认定。

撰稿:申宗磊

【幼儿园办园行为督导评估】 2021年,天津市教委下发《2021年幼儿园办园行为督导评估工作安排通知》,召开教育局督导室主任会议,对全年工作作出工作部署,指导各区做好幼儿园办园行为督导评估工作,深入到和平区、河东区、河西区、河北区、红桥区、西青区、北辰区、静海区和宁河区9个区20所幼儿园进行幼儿园办园行为跟踪调研,随机督导。

撰稿:申宗磊

【义务教育优质均衡发展督导评估】 2021年,天津市教委下发《关于做好第三轮义务教育学校现代化标准建设工作总结通知》,鼓励各区总结成绩,树立典型,分享经验。在全市范围征集优秀案例,编辑《天津市义务教育学校现代化标准建设案例荟萃》,在《天津教育》刊登了《努力办好人民满意的教育——教育局局长谈天津市现代化标准建设推进义务教育优质均衡发展》专栏,在天津教育报推出系列专题报道《天津市第三轮义务教育学校现代化标准建设工作巡礼》。组建专家组,开展学习培训,牵头研制《天津市"义务教育优质均衡发展区"督导评估

实施办法》《天津市"义务教育优质均衡发展区"督导评估细则》,为区级创建工作给出具体指导。下发《关于2021年深入推进区域义务教育优质均衡发展工作安排的通知》,对2020年事业统计中的相关数据进行测算监测,指导培训各区填写《义务教育优质均衡发展区拟报表》,做好工作规划。建立工作台账,开展数据跟踪,对基本均衡、优质均衡的核心指标数据的动态变化做出分析。聚焦问题、依据区域情况,逐区梳理短板和弱项。制定义务教育优质均衡发展区市级督导评估工作规程及工作手册。组建专家组,召开市级督导评估专家培训会,布置市级督导评估工作。对红桥、河东、西青、北辰、宁河、静海6个区开展区域义务教育优质均衡发展阶段性督导评估。

撰稿:申宗磊

【国家义务教育质量监测】 2021年,天津市严格落实《国务院教育督导委员会办公室关于开展2021年国家义务教育质量监测的通知》的要求和教育部基础教育质量监测中心的工作部署,由河西区、南开区、武清区、滨海新区、静海区、蓟州区6个区作为样本区参加监测,和平区等10个区作为协议区参加监测,320所义务教育学校的9424名学生和3879名教师参加2021年度质量监测相关测试或问卷。现场测试和问卷调查工作于5月底完成。

撰稿:申宗磊
审稿:李翔忠

机关建设

【"两优一先"评选表彰】 2021年,天津市开展市教育两委机关党委"两优一先"评选表彰,共计表彰优秀共产党员45名、优秀党务工作者15名、先进基层党组织10个。经组织推荐,1名机关党员获"天津市优秀党务工作者"称号、2名党员获"市级机关优秀共产党员"称号、1名党员获"市级机关优秀党务工作者"称号、1个基层党组织获"市级机关先进基层党组织"称号。

撰稿:伊 东

【作风建设专项行动】 2021年,天津市教委按照市委《关于开展讲担当促作为抓落实、持续深入治理形式主义官僚主义不担当不作为问题专项行动工作方案(2021—2023年)》部署,研究出台《机关作风建设工作组关于专项行动任务的实施方案》,全面推进机关作风建设专项行动开展。编印作风建设重要文件汇编,制作《市级机关作风建设负面清单》和《市教育两委机关干部担当作为正面清单和不作为不担当负面清单》海报。将专项整治与2020年度机关党

支部组织生活会相结合,开展作风建设的专项查摆,形成支部层面的整改清单和个人的承诺践诺事项;与党史学习教育紧密结合,各机关党支部建立基层联系点32个。

撰稿:伊 东

【党史学习教育】 2021年,天津市教育两委制订《市委教育工委市教委关于在机关和直属单位开展党史学习教育的工作方案》,建立领导小组,全面细致推动党史学习教育多形式、分层次、全覆盖开展。机关党支部开展党史学习教育专题学习研讨272次、直属单位党组织领导班子开展学习研讨173次、基层党支部开展专题学习研讨462次。深入开展"我为群众办实事"实践活动,两委领导班子制定"两个清单",完成重点事项23项、重点解决群众诉求6项,机关党支部共计推动完成87项具体事项。着力压实专题组织生活会问题整改。建立"联点访户"长效机制。

撰稿:伊 东
审稿:梁 宏

教育报刊

【天津教育报刊社概况】 天津教育报刊社成立于1996年,负责编辑出版《天津教育报》和《天津教育》《家长》《启蒙》杂志,拥有"天津教育报""天津教育头条"微信公众号、天津教育报今日头条号、抖音号"津彩教育"等新媒体平台。中国教育报刊社天津记者站设在天津教育报刊社。2021年,天津教育报刊社坚持以习近平新时代中国特色社会主义思想为统领,以庆祝中国共产党成立100周年为契机,深入学习贯彻党的十九届五中、六中全会精神,切实增强"四个意识"、坚定"四个自信"、做到"两个维护",围绕市教育两委中心工作,讲好天津教育故事,写好天津奋进之笔,推进报刊社各项事业发展,取得了显著成效。

《天津教育报》是天津教育新闻宣传最具权威性和影响力的主流媒体,是天津市唯一的教育行业媒体和市教育两委指导工作的机关报。在教育改革发展的不同时期,《天津教育报》都奏响了教育改革发展的时代主旋律,成为天津教育改革发展解放思想、阐释政策、推广典型、交流经验、传播价值、弘扬正气的主流宣传舆论阵地,是天津教育新闻宣传的"排头兵"。

撰稿:魏 红

【提高意识形态质效 记录天津教育发展】 2021年,天津教育报刊社认真贯彻落实党中央对意识形态工作的要求以及市委、市教育两委、天津师范大学对意识形态工作的部署,牢牢把握意识形态工作领导权、管理权、话语权。制订并实施《教育报刊社意识形态工作实施方案》,落实意识形态工作责任制,强化阵地建设管理,确保政治安全。为庆祝中国共产党成立100周年,《天津教育报》推出"奋斗百年路,启航新征程——喜迎中国共产党建党100周年专题报道",以及"学党史、悟思想、办实事、开新局""深学笃行,天津行动"等专栏,大力营造举国同庆中国共产党百年华诞、齐心协力开创教育新局的浓厚氛围,宣传天津教育系统开展党史学习教育的成果,全面展示各区、各高校2021年取得的教育发展成果。在《天津教育》杂志推出深度报道,《学史明理心向党》《当代中小学生思想品德存在的问题及对策》《关于暑期托管服务亟待解决的问题思考》等专题文章,为广大教育工作者提供启迪与借鉴。为面向全国宣传好天津教育改革发展成果,天津教育报刊社与中国教育报刊社骨干记者组成采访团,深入各区教育局、高校走访,深入天津市教委、天津城建大学、天津财经大学、蓟州区等地采访,进行"奋斗百年路 启航新征程 神州行"主题采访报道,加大对天津市教育两委和天津师范大学中心工作和基层工作的新闻宣传力度。

撰稿:魏 红

【回应教育热点关切 引领正确舆论导向】 2021年,天津教育报刊社发挥一流教育行业媒体的优势,生动鲜活地讲好党领导下的天津教育改革发展故事,聚焦教育热点,回应群众对教育的关切。组织"深学笃用,天津行动"专题报道,推出"双减落实落地——学校在行动"栏目,宣传各区教育系统,特别是基层中小学校开展"双减"工作、解决家长"急难愁盼"的好做法和典型经验,营造"双减"良好舆论氛围,让更多的家长了解"双减"、支持"双减"。报刊社与天津广播新闻中心、津云新媒体教育频道共同策划推出《公仆走进直播间》特别节目——《"家长 您好"与教育局局长面对面》。

撰稿:魏 红

【**推动媒体融合创新 形成全方位传播矩阵**】 2021年,天津教育报刊社迎来建社25周年。25年来,天津教育报刊社与天津教育同发展、共奋进,成为天津教育高质量发展的重要参与者、记录者和推进者。天津教育报出版社庆特刊,全面展示报刊社建社25年来的发展变化,开启赓续辉煌、再立新功的新篇章。为了推进媒体深度融合,在天津教育报微信公众号、今日头条号等新媒体平台的基础上,开设天津教育报刊社官方抖音号,实现了多媒介、数字化、网络化、移动化传播。抖音号开展以"百年初心映百校,百校放歌新时代"为主题的线上线下系列宣传活动,使党的优良传统和热爱祖国、热爱人民、热爱社会主义的高尚情怀通过歌声代代相传,共同打造正能量充沛的教育宣传氛围,向中国共产党建党100周年献礼。截至2021年底,集微信公众号、抖音号、今日头条号等多媒体平台为一体的新媒体矩阵已然形成,并发挥出融媒体的立体化传播效应,实现了报刊社新闻产品的多媒体展示与多媒介推送,为天津教育发展提供更有力的行业舆论引导和支撑。

撰稿:魏 红
审稿:刘延军

各级各类教育

高等教育

【综述】 2021年，天津市以习近平新时代中国特色社会主义思想为指导，全面贯彻落实习近平总书记对天津工作提出的"三个着力"重要要求和视察南开大学时的重要指示精神，紧密围绕立德树人这个根本任务，全面贯彻落实党的教育方针，全面推进本科教育教学改革实践。

一是努力开创立德树人新局面。切实贯彻《关于全面推进全市高等学校课程思政建设的若干举措》，天津市高校课程思政教学研究中心揭牌成立，133门本科生课程和77种本科生教材分别被认定为天津市级课程思政示范课程和优秀教材，天津大学课程思政研究与实践中心获批国家级课程思政教学研究示范中心，9门本科生课程获批国家级课程思政示范课程。组织召开全市高校课程思政建设推动会议，市委常委、市委教育工委书记王庭凯同志出席会议并讲话，中国工程院院士张伯礼出席会议并做经验分享。

二是持续推进本科专业新布局。坚持强基、树优、培强并重并举，主动适应发展需要设专业，主动对接产业变革强专业，主动服务民生诉求建专业。2021年11月，完成第三批一流本科专业点建设遴选工作，共推荐市属院校151个专业参评国家级一流专业建设点。稳步推进天津师范大学的师范类专业认证工作，按时完成物理学、化学、生物科学等6个师范类专业的认证工作。2021年3月，教育部备案同意11所普通高校增设20个目录内本科专业，审批同意2所高校增设2个目录外本科专业，同意4所高校撤销6个本科专业。

三是深入实施教学改革新举措。印发《关于推进本科高校现代产业学院建设的指导意见》，启动首批市级现代产业学院申报与建设工作。新医科建设取得显著成效，印发《关于深化医教协同进一步推动中医药教育改革与高质量发展的实施方案》。新文科教学改革与实践迈出关键步伐，59个项目被认定为首批市级新文科研究与改革实践项目。41个项目入选国家级新文科研究与改革实践项目。基础学科拔尖学生培养基地建设再次取得突破进展，4个基地被教育部认定为基础学科拔尖学生培养基地。

四是精心打造本科教学新资源。天津市高校在首届国家级教材建设奖评选中取得佳绩，9种本科生教材获奖，其中特等奖1项，一等奖4项，二等奖4项。完成第二批国家级、天津市级一流本科建设课程的遴选认定工作，454门课程被认定为天津市一流本科建设课程；130门课程被推荐参加第二批国家级一流本科课程评选。完成天津市级教学团队和教学名师奖评选表彰工作，24个本科教学团队被评选为2021年天津市级教学团队，22位教师被评选为第十五届天津市高等学校教学名师奖获奖教师。开展虚拟教研室试点建设，2个项目获批国家级虚拟教研室试点建设项目，15个项目被认定为天津市首批虚拟教研室试点建设项目。

五是积极构筑创新创业新平台。天津市高校在第七届中国国际"互联网＋"大学生创新创业大赛全国总决赛中取得历史最佳成绩，共获金奖6项，银奖

8项,铜奖63项。第十四届全国大学生创新创业年会取得历史性突破,3篇论文被评为"优秀学术论文"、2个项目被评为"最佳创意项目"、1个项目被评为"最佳创业项目",获奖数量位居全国第三位。

撰稿:徐卫红　刘　冰　孙　亮　张必兰

【课程思政建设】 天津市组织召开全市高校课程思政建设推动会议,市委常委、市委教育工委书记王庭凯同志出席会议并讲话,中国工程院院士张伯礼出席会议并做经验分享。天津大学课程思政研究与实践中心被批准为教育部课程思政教学研究示范中心。9门课程被教育部批准为国家级课程思政示范课程,9名负责教师和团队被评为课程思政教学名师和团队。认定256门课程为市级课程思政示范课程,认定133种教材为首批天津市高校课程思政优秀教材。印发《关于进一步深入推进全市普通高等学校课程思政建设的通知》,指导各学校落实全市高等学校课程思政建设推动会议精神,进一步推进课程思政高质量建设。

撰稿:刘　冰　孙　亮　张必兰

【"双万计划"建设】 11月,天津市按照教育部部署,在前两轮一流专业建设点的基础上组织实施第三轮一流本科专业点遴选推荐工作,共遴选出市属高校的151个专业申报国家级一流本科专业建设点。以一流本科专业建设"双万计划"为抓手,指导各高校建强一流本科、建好一流专业,持续推动本科教育内涵式建设,迎接新一轮科技革命和产业变革战略机遇,坚持以"智"提"质"服务天津市经济社会发展。

撰稿:徐卫红　张必兰

【本科专业设置和调整】 天津市教委按照教育部《本科专业类教学质量国家标准》和《本科专业目录》(2020版),组织各市属高校、民办高校和独立学院做好年度本科专业设置、调整工作。经各学校申报、市教委形式审核,教育部备案同意11所普通高校增设20个目录内本科专业,审批同意2所高校增设2个目录外本科专业,同意4所高校撤销6个本科专业。

撰稿:孙　亮

【新增专业评估】 8月,天津市启动实施2021年普通高校本科新专业评估暨学位授权审核工作。市教委组织有关高校,从办学指导思想、师资队伍、教学条件、教学过程、教学管理和教学效果六个方面对14所高校首年产生毕业生的新增专业进行合格评估。经市教委审核,14所高校的37个新专业评估结果均为合格。

撰稿:徐卫红　张必兰

【教学团队和教学名师奖评选】 天津市开展市级教学团队和第十五届天津市高等学校教学名师奖评审工作,经各学校推荐申报、市教育两委组织专家评审委员会评审,共评选出2021年天津市市级教学团队24个,评选出第十五届天津市高等学校教学名师奖获奖教师22位。

撰稿:徐卫红　张必兰

【新文科研究与实践】 天津市教委组织开展教育部和天津市新文科研究与改革实践项目的遴选建设工作。南开大学"数字经济时代经济学科人才培养创新与专业改造升级"等41个项目被批准为国家级新文科研究与改革实践项目,南开大学"PPE专业特色建设研究与实践"等59个项目被认定为天津市首批新文科研究与改革实践项目。

撰稿:刘　冰　张必兰

【新农科建设】 进一步完善高等教育农业农村人才培养体系,推动4个国家级新农科项目建设,推进涉农专业供给侧结构性改革,积极构建与天津市现代都市型农业高质量发展相适应的学科专业体系,指导农学院出台《天津农学院加强和改进耕读教育实施方案(2021—2025)》。

撰稿:刘　冰

【中国国际"互联网+"大学生创新创业大赛】 10月12日,第七届中国国际"互联网+"大学生创新创业大赛总决赛在南昌大学开幕。本届大赛天津市组织普通高校、职业院校、高中积极参加了高教主赛道、"青年红色筑梦之旅"赛道、职教赛道、萌芽赛道和产业命题赛道等5个赛道,共吸引了天津地区64所本科院校和职业院校的63290名学生参赛,累计参赛项目18019个、参赛人次93191人次,参赛项目数和人数比去年提高40%。通过校赛、市赛初赛、决赛、争霸赛四个阶段,天津市遴选出77个项目参加全国总决赛,最终获得6金、8银、63铜的成绩,南开大学获"青年红色筑梦之旅"赛道高校集体奖。

撰稿:刘　冰　张必兰

【第十届中国大学生医学技术技能大赛总决赛】 5月15日—16日,由教育部与天津市人民政府共同主办,天津医科大学、天津中医药大学联合承办,北京大学、北京中医药大学、首都医科大学协助承办的第十届中国大学生医学技术技能大赛总决赛在天津举行。本届大赛共决出5个赛道金奖21项、银奖41项、铜奖80项,产生169名优秀选手、171名优秀指导教师、86名优秀组织管理者、54所优秀组织高校。天津中医药大学张伯礼院士获得大赛"特别贡献奖",天津中医药大学夺得中医学专业赛道冠军,天津医科大学获临床五年制赛道亚军,天津中医药大学获得护理学赛道季军,天津医科大学获得预防医学赛道银奖和护理学赛道铜奖。

撰稿:刘　冰

【首届全国高校教师教学创新大赛】 5月,由天津市教委主办,天津大学和天津市高等教育学会承办的首届全国高校教师教学创新大赛天津赛区现场决赛在天津大学卫津路校区举行。来自全市23所高校的80名选手(团队)参加了本次大赛。比赛分为部属高校和地方高校两个赛道,每个赛道分为正高组、副高组、中级及以下组三组。经专家网评、会评,最终评选出个人奖45项、专项奖19项、基层教学组织奖45项、优秀组织奖11项。在7月27—30日于复旦大学举办的国赛中,天津代表队获得一等奖1项、三等奖5项,天津大学获大赛"优秀组织奖"。

撰稿:刘　冰

【第十四届全国大学生创新创业年会】 12月11日,第十四届全国大学生创新创业年会在西北工业大学长安校区拉开帷幕。来自全国258所高校的900余名师生采用线上和线下相结合的方式,通过学术研讨、创新创业项目改革成果展示、创新项目推荐等形式开展交流展示。本届年会天津市高校取得历史最好成绩,3篇论文获评"优秀学术论文"、2个项目获评"最佳创意项目"、1个项目获评"最佳创业项目",获奖数量位居全国第三位。同时,天津市教育委员会获评省级教育行政主管部门"最佳组织奖",天津大学获评高校"最佳组织奖"。

撰稿:刘　冰

【构建大学生创新创业训练计划项目体系】 为纵深推进创新创业教育改革,强化大学生创新精神、创业意识和创造能力,天津市教委下发《市教委关于开展2021年大学生创新创业训练计划项目工作的通知》,组织各高校立项4178项校级"大创计划"项目,并从中推荐国家级项目743项、其中重点支持领域项目13个;遴选建设1472个市级项目,其中重点支持领域项目30个。同时,对480个以往项目进行中期检查,对1785个以往项目进行结题验收。

撰稿:刘　冰

【现代产业学院建设】 贯彻落实教育部、工信部印发的《现代产业学院建设指南(试行)》要求,天津市教委与市工信局、市发改委、市科技局等委局联合印发《关于推进本科高校现代产业学院建设的指导意见》,共同加强天津市现代产业学院的布局、培育和建设。同时,积极构建与市工信局、发改委、科技局等相关部门的联合工作机制,多次组织召开现代产业学院建设布局和工作研讨会,加强顶层设计和协同创新,组织首批市级产业学院申报,提升高等教育服务区域经济和产业发展的能力。天津中医药大学中药制药现代产业学院被批准为国家级现代产业学院。

撰稿:刘　冰

【高校附属医院专项治理整顿】 天津市教委按照《教育部办公厅　国家卫生健康委办公厅　国家中医药局办公室关于开展高校附属医院专项治理整顿工作的通知》部署,成立天津高校附属医院专项治理整顿工作组,召开专题会议研究部署治理整顿工作,指导学校开展全面认真自查和整改工作,并取得阶段性成果。

撰稿:刘　冰

【第二批国家级和市级一流课程建设】 天津市教委按照教育部文件精神,研究制定了《市教委关于开展第二批国家级市级一流本科课程推荐认定工作的通知》,组织开展了第二批一流本科课程遴选推荐工作。经学校推荐、专家评审,最终推荐天津科技大学"民法—1"等130门课程参加国家第二批一流本科课程遴选,认定南开大学"电影叙事与美学"等454门课程为天津市一流本科建设课程。

撰稿:刘　冰　张必兰

【本科生优秀毕业设计(论文)评选】 经各学校推荐,市教委组织专家委员会评审,共评选出天津市级本科生优秀毕业设计(论文)47份。组织各学校开展毕业设计(论文)管理工作自查,严把本科生毕业关口,切实保障本科生培养质量。

撰稿:孙 亮

【本科教学质量监控】 天津市教委按照国务院教育督导委员会办公室关于开展本科教学质量监控的有关工作部署,组织全市高校做好年度本科教学基本状态数据填报和2020—2021学年本科教学质量报告撰写并依法公开工作。

撰稿:孙 亮

【全国教材建设奖】 国家教材委员会公布《关于首届全国教材建设奖奖励的决定》,天津市高校共有9项本科生教材获奖,其中特等奖1项、一等奖4项、二等奖4项。中国工程院院士、天津中医药大学教授张伯礼主编的《中医内科学》(新世纪第四版)获唯一的医学类本科生教材特等奖。

撰稿:孙 亮

【师范类专业认证】 教育部高等教育教学评估中心公布天津师范大学汉语言文学、数学与应用数学、英语3个专业的认证报告。委托教育部高等教育教学评估中心,对天津师范大学的物理学、化学、生物科学、美术教育、音乐教育、思想政治教育6个专业开展认证工作。完成2021—2025年天津市普通高等学校师范类专业认证工作计划的编制和报送工作。

撰稿:孙 亮

【拔尖基地建设】 教育部公布了第三批基础学科拔尖学生培养计划2.0基地名单(以下简称拔尖基地),天津市4个基地入选。这是继前两批已获得10个拔尖基地后,天津市高校在基础学科拔尖学生培养方面的再次突破。天津市总共获批14个拔尖基地,涉及数学、经济学、力学、计算机科学、中药学等11个类别,获批数量在北京市、上海市、湖北省、江苏省、广东省之后,位居全国第六名,其中南开大学获批8个、天津大学获批5个、天津中医药大学获批1个。

撰稿:刘 冰 张必兰

【大学生学科竞赛】 2021年,天津市共举办第七届中国国际"互联网+"大学生创新创业大赛天津赛区比赛等19项大学生学科竞赛,共有来自79所学校的41649个项目、131538名学生、15058名指导教师参赛。普通本科院校共有73487名学生报名参赛,独立学院共有21966名学生报名参赛,其他高校、部队院校及高职高专院校共有37468名学生报名参赛,大赛影响力及范围进一步扩大。

第七届中国国际"互联网+"大学生创新创业大赛天津赛区竞赛是由天津科技大学承办,共有64所学校参赛。共产生天津赛区金奖1554人次、银奖2386人次、铜奖5931人次。

2021年全国大学生数学建模竞赛天津赛区竞赛是由天津理工大学承办,共有22所学校参赛。共产生天津赛区一等奖387人次、二等奖623人次。

2021年全国大学生电子设计竞赛天津赛区竞赛是由天津大学承办,共有23所高校参赛。共产生天津赛区一等奖69人次、二等奖141人次、三等奖216人次。

2021年第七届全国大学生工程训练综合能力竞赛天津赛区竞赛是由天津职业技术师范大学承办,共有17所高校参赛。共产生天津赛区一等奖145人次、二等奖206人次。

2021年全国大学生广告艺术大赛天津赛区竞赛是由天津师范大学承办,共有37所高校参赛。共产生天津赛区一等奖47人次、二等奖116人次、三等奖181人次,天津市教育委员会获评全国优秀指导单位。

2021年华北五省(市、自治区)大学生计算机应用大赛天津赛区竞赛是由天津科技大学承办,共有19所学校参赛。共产生一等奖40人次、二等奖67人次、三等奖44人次。

2021年华北五省(市、自治区)大学生人文知识竞赛天津赛区竞赛是由天津师范大学承办,共有19所学校参赛。共产生一等奖20人次、二等奖30人次、三等奖50人次。

2021年华北五省(市、自治区)大学生机器人次大赛天津赛区竞赛是由天津工业大学承办,共有22所学校参赛。共产生一等奖72人次、二等奖116人次、三等奖140人次。

2021年天津市大学生信息技术"新工科"工程实践创新技术竞赛是由天津职业技术师范大学承办,共有23所学校派参赛。共产生一等奖165人次、二等奖254人次、三等奖321人次。

2021年天津市第十四届大学生工业与艺术设计竞赛是由天津商业大学承办,共有24所学校参赛,共产生一等奖125人次、二等奖237人次、三等奖420人次。

2021年第十届天津市大学生校园微视频大赛是由天津体育学院承办,共有22所高校派队伍参赛。

共产生一等奖60人次、二等奖147人次、三等奖244人次。

2021年"启诚杯"第十届天津市大学生人工智能电脑鼠竞赛是由南开大学承办,共有14所学校参赛。参赛对象主要为电子、自动化、机械等相关专业的学生。共产生一等奖51人次、二等奖61人次、三等奖102人次。

2021年天津市第八届大学生动漫与数字创意设计大赛是由天津职业技术师范大学承办,共有26所学校参赛,其中包括7所北京及河北省高校。共产生一等奖65人次、二等奖128人次、三等奖267人次。

2021年天津市第七届大学生生命科学基本实验技能竞赛是由南开大学承办,共有18所学校参赛,其中包括2所河北省高校。共产生一等奖51人次、二等奖84人次、三等奖135人次。

2021年天津市大学生信息安全网络攻防大赛由天津市大学软件学院承办,19所学校参赛。共产生一等奖48人次、二等奖12人次、三等奖20人次。

2021年天津市普通高校大学数学竞赛由天津理工大学承办,24所学校参赛。共产生一等奖159人次、二等奖174人次。

2021年天津市大学生外语学科竞赛包括演讲、写作和翻译三个分竞赛,由天津大学和天津市译协承办,共有20所学校参赛。最终共评出特等奖6名、一等奖18名、二等奖32名、三等奖43名。

2021年第九届天津市普通高校大学物理竞赛由天津科技大学承办,18所学校参赛。共产生特等奖12人次、一等奖57人次、二等奖114人次、三等奖168人次。

2021年第六届天津市大学生化学竞赛由天津工业大学承办,20所学校参赛。共产生一等奖155人次、二等奖354人次、三等奖717人次。

撰稿:刘 冰 张必兰
审稿:徐 震

基础教育

【综述】 2021年,天津市落实学前教育深化改革规范发展的实施意见,巩固大力发展学前教育两年行动方案成果,持续推进学前教育普及普惠安全优质发展。全市学前三年毛入园率93.7%,普惠性幼儿园覆盖率82.3%,公办园在园幼儿占比52.3%。

修订印发《天津市普惠性民办幼儿园等级评定标准》,新评定普惠性民办幼儿园92所,增加普惠性资源供给。组织全市121所公办示范园与195所其他类别幼儿园签订帮扶协议,推进各级各类幼儿园协同发展。建设天津市幼儿园游戏活动资源库,开展安吉游戏实验区工作,提升幼儿园游戏品质。在全市幼儿园和小学全面深入推进幼小衔接工作。开展2021年幼儿园提高保教质量专项培训。制定幼儿园三级监控系统管理制度,先后开展7次线上检查,抽查幼儿园200所,反复整改复核,实现全链条闭环管理。

天津市深刻领会习近平总书记关于"双减"工作重要指示批示精神,贯彻落实《关于进一步减轻义务教育阶段学生作业负担和校外培训负担的意见》,进一步强化学校教育主阵地作用,增强教育公共服务能力,努力办好人民满意的教育。研究制定《关于进一步加强和改进义务教育学校作业管理的若干措施》《关于进一步做好义务教育阶段学校课后服务工作的实施意见》《关于提升新时代义务教育教学质量的若干举措》等政策性文件,进一步优化作业设计,提高作业管理水平,完善课后服务机制,提高课后服务水平,持续深化课堂教学改革,提高教育教学质量,充分发挥学校育人主阵地作用,在校内满足学生多样化学习需求,让学生学习更好回归校园,有效落实"双减"目标。

持续推进"基础教育优质资源辐射引领"工程,进一步完善全市基础教育优质资源辐射引领工作推动机制,对标对表八项举措,扎实推动工作落实落地。深入推进集团化办学,持续创新集团化办学模式,完善集团化办学管理机制,推动优质学校办学集团科学发展、创新发展、特色发展、可持续发展,不断扩大全市基础教育优质教育资源供给。

促进普通高中优质特色发展。继续实施"品牌高中"建设工程,开展为期三年的品牌高中建设,培育建设一批具有先进办学理念、独特办学文化、鲜明办学特色、一流办学队伍、丰富办学成果、卓越办学品质，以及育人评价机制科学、核心品牌价值突出的"品牌高中"。深入实施普通高中新课程新教材。持续推进1个国家级示范区、3所国家级示范校、10个市级实验区和37所市级实验校建设，作为深化普通高中课程改革、推动普通高中育人方式变革和全面提高育人质量的重要途径。实施"普通高中学生发展指导专项行动"，建设学生发展指导示范基地，加强学生理想、心理、学业、生涯和生活指导。

推动特殊教育优质融合发展。巩固残疾儿童、少年义务教育入学工作成果，确保以区为单位残疾儿童、少年义务教育入学率达到95%以上。研究制定《天津市关于加强残疾儿童、少年义务教育阶段随班就读工作的指导意见》。加强孤独症儿童康复服务工作。推广特殊教育改革实验区先进经验。

撰稿：张振君 李 晶

【学前教育工作专项考核】 按照全市绩效管理工作要求，将学前教育资源建设任务完成率、学前教育普及普惠指标、幼儿园三级监控系统摄像头在线率与幼儿园覆盖率、保教人员持证上岗比例、幼儿园责任督学挂牌督导实施情况5项指标纳入考评体系，对各区进行专项考核。

撰稿：彭 博

【学前教育宣传月】 5月20日至6月20日，市教委以"砥砺十年 奠基未来"为主题，在滨海新区大港第一幼儿园开展2021年学前教育宣传月展示活动。活动期间，在市教委官网开辟"天津市学前教育改革发展十年风采"宣传专栏，遴选优秀案例在教育部官网巡展。天津市科学开展幼小衔接、幼儿园保教质量提升专项培训等特色工作先后在教育部官网、中国学前教育学会官微、天津日报、广电网络电视、津云融媒体上开展专题宣传。

撰稿：李 晶

【幼小衔接工作】 印发《天津市深入推进幼儿园和小学科学衔接实施方案》，在全市幼儿园和小学全面深入推进幼小衔接工作。联合海河传媒中心旗下的中国广电天津网络有限公司和津云新媒体集团，制作专题访谈节目《幼小衔接促健康成长》，并在广电云课堂、津云、津门教育等媒体播放，访问量逾10万人次。录制专题讲座视频《科学做好幼小衔

接》，上线到"天津市基础教育资源公共服务平台"。《天津日报》刊发《我市科学开展幼小衔接工作》专题宣传天津市工作经验。

撰稿：李 晶

【扩大普惠性学前教育资源供给】 修订印发《天津市普惠性民办幼儿园等级评定标准》。新修订的标准更加突出办园方向，明确规模要求，强化安全底线，落实重点工作。按照修订后的标准，组织全市开展普惠性民办幼儿园等级评定工作，新评定普惠性民办幼儿园92所，进一步增加普惠性民办学前教育资源，提高普惠性幼儿园覆盖率。

撰稿：李 晶

【幼儿园游戏品质提升】 委托市教科院在天津市基础教育网络教研平台建设天津市幼儿园游戏活动资源库，上线354个精品游戏活动视频。整理形成《天津市幼儿园游戏活动资源库建设工作报告》。开展安吉游戏实验区工作，深入河西区、静海区调研幼儿游戏质量提升经验，召开幼儿游戏质量提升工作交流会，提升幼儿园游戏品质。

撰稿：彭 博

【幼儿园保教质量专项培训】 印发《关于开展2021年幼儿园提高保教质量专项培训的通知》，面向全市各级各类幼儿园教职工、学前教研员和新任学前科长开展专项培训。培训聚焦保教质量，由幼小衔接、游戏活动、青年教师队伍培养、融合教育、常见病预防和常见传染病预防6个专题组成。培训采取线上线下相结合的方式，特邀专家录制讲座视频在天津市基础教育资源公共服务平台上线，同时制作讲座光盘发至各区开展学习。截至12月底，近1500所幼儿园的8.9万人次完成线上学习。编印《2021年天津市幼儿园提高保教质量专项培训工作汇编》。

撰稿：李 晶

【幼儿园三级监控系统巡查工作】 开展幼儿园三级监控系统常态化巡查。围绕入园、晨检、室内外教育活动、进餐、午休、离园等幼儿在园一日生活重点环节，先后开展7次幼儿园线上检查，抽查幼儿园200所。线上巡查实现各区各级各类幼儿园全覆盖，幼儿园主要活动场所全覆盖，幼儿在园一日生活环节全覆盖。线上检查注重问题导向，持续追踪整改效果，实现保教质量"检查—整改—复核—巩固"全

链条闭环管理。

撰稿：马秀平
审稿：刘　岚

【"双减"工作】　2021年，天津市成立由市委常委、市委教育工委书记任组长，由分管教育的副市长任副组长的市"双减"(要有效减轻义务教育阶段学生过重作业负担和校外培训负担)工作专班，各区同步成立区级"双减"工作专班，市、区两级教育行政部门在全国率先单独设立校外教育培训监管机构。"双减"工作开展以来，市、区两级工作专班注重发挥校内教育主阵地作用，着力提高教育教学质量、作业管理水平和课后服务水平，严格审批、严格监管校外培训机构，系统治理、综合施策。围绕作业设计和管理，课后服务组织和经费保障，提升教育教学质量，义务教育学校优质均衡发展，体育、文化艺术、科技等非学科类校外培训机构设置标准，校外培训机构从业人员和培训材料管理，义务教育阶段学科类校外培训机构统一登记为非营利机构、培训收费执行政府指导价，校外培训机构培训预收费资金监管等方面制定配套文件，及时提供政策供给和操作指导，基本建立起完备的政策制度体系。围绕控制作业时间、课后服务全覆盖、学科类机构减压、校外培训机构风险化解、查处隐形变异违规培训、培训广告治理、舆论宣传引导等方面重点突破，校内提质减负、家校合力育人，校外综合治理、治乱防风险。截至2021年末，天津市义务教育阶段学校"5+2"课后服务(每周5天都要开展课后服务，每天至少开展2小时)实现100%全覆盖，义务教育阶段学生课后服务参与率达到95%，教师参与率达到96%。100%的义务教育学校作业控制时间完全达标。线下义务教育阶段学科类校外培训机构压减率达到92.89%，线上义务教育阶段学科类校外培训机构压减率为100%，义务教育阶段学科类校外培训机构100%完成了统一登记为非营利性机构工作。市教委制定《关于做好我市义务教育阶段学校课后服务经费保障工作的通知》，明确课后服务工作所需经费通过财政补贴和收取服务性收费或代收费的方式解决。财政补助标准为生均每年200元。课后服务费最高收费标准为：小学、初中每生每月不超过180元；初中晚自习每生每月不超过100元。各区可结合服务内容、服务方式、服务时间等实际情况，在不超过上述标准范围内确定具体收费标准，市教委直属学校按所在区标准执行。9月，天津市"双减"工作经验《天津综合施策打出"双减"组合拳》，刊发在中央教育工作领导小组秘书组教育工作情况第121期。9月和12月，天津市两次参加教育部新闻通气会，做典型经验交流发言。全社会支持和认可"双减"改革的良好氛围逐步形成。

撰稿：高　巍　宋美超

【基础教育优质教育资源辐射引领工程】　天津市实施基础教育优质教育资源辐射引领工程，南开中学等市教委直属学校，分别与滨海新区、宝坻区等远城区合作办学，实现结对帮扶全覆盖。和平区、河西区等中心城区发挥优质教育资源聚集效应，与滨海新区、环中心城区和远城区结成9个区域发展共同体，在战略规划、学校管理、学生思政、课程建设、教师发展、"五育"并举等方面开展全方位合作交流，推动区域基础教育高质量发展。各区、各学校采取委托管理、单一法人、多法人组合等多种模式，广泛开展区域内、跨区域、跨学段集团化办学，共成立办学集团60个，集团成员校共计224所。

撰稿：田泽林

【实施义务教育教学质量提升项目】　天津市教委制定《关于提升新时代义务教育教学质量的若干举措》《关于进一步加强和改进义务教育学校作业管理的若干措施》《关于进一步加强与改进中小学教学视导工作的实施意见》《天津市关于进一步加强新时代基础教育教研工作的实施意见》等文件。提出完善"五育并举"课程体系、深化课堂教学改革、减轻学生过重学业负担、完善教育评价体系、加强教育教学研究、加强工作保障等六方面共17条举措，以及21项重点项目清单和17项负面清单。进一步明确减轻中小学生过重作业负担的刚性要求，同时指导学校做好作业统筹管理，科学布置作业，提高作业设计质量。聚焦课堂教学，指导各区完善教学视导体系，通过视导分析研判，研究提高区域、学校管理和教学质量的对策，促进学校内涵发展，全面提升中小学教育教学质量。健全教研体系、规范教研运行机制、创新教研范式、搭建成果展示平台。

撰稿：田泽林

【落实"五项管理"工作】　天津市教委制定《市教委关于进一步加强和改进义务教育学校作业管理的若干措施》《市教委关于进一步加强中小学生睡眠管理工作的通知》和《关于转发〈教育部办公厅关于加强中小学生手机管理工作的通知〉的通知》。做好作业统筹管理,强化作业总量控制,提高作业设计质量,探索布置分层作业、弹性作业和个性化作业,设计探究性作业、实践性作业及跨学科综合性作业,强化作业批改与反馈的育人功能。合理安排确定作息时间,确保中小学生睡眠时间充足,建立市、区两级学生睡眠状况监测机制,将学生睡眠状况纳入教育质量监测。教育引导学生科学理性合理使用手机,提高学生信息素养和自我管理能力,建立手机带入学校申请制度,指导学校制定手机管理办法。

撰稿:田泽林

【乡村温馨校园建设】 天津市围绕学校布局、办学条件、教育质量、校园文化、校园关系、校园安全等方面,结合义务教育优质均衡发展以及薄弱环节改善与能力提升工作实施,着力把乡村学校校园校舍等"硬环境"与精神文化等"软环境"结合起来,进一步优化教书育人的校园文化环境,增强学校吸引力、凝聚力,建设小而美、小而优的乡村小规模学校,不断提升农村教育质量,确保农村孩子享有公平而有质量的教育。蓟州区罗庄子镇桑园小学、静海区梁头镇西柳木小学和西青区大寺镇青凝侯中心小学被教育部评为第二批乡村温馨校园学校。

撰稿:宋 蔚

【改进义务教育阶段学校考试管理机制】 天津市教委制定《市教委关于进一步加强和改进义务教育学校考试管理工作的实施办法》,加强统筹规划设计,完善制度与机制建设,规范考试命题设计与实施。强调严格控制考试数量,小学一、二年级不进行纸笔考试,义务教育其他年级由学校每学期组织一次期末考试,初中年级从不同学科的实际出发,可适当安排一次期中考试。

撰稿:田泽林

【提升课后服务质量】 天津市制定《市教委 市发展改革委 市财政局 市人社局关于进一步做好义务教育阶段学校课后服务工作的实施意见》。推动课后服务全覆盖,做好课后服务相关保障工作,积极探索体育、美育、劳动教育全面融入课后服务的创新措施。完善激励导向机制,充分调动优秀教师、骨干教师及各类优质社会资源参与课后服务的积极性,确保课后服务质量。进一步形成工作合力和良好氛围,构建"课上+课后"相互衔接、有效拓展的教育生态,满足学生多样化需求,促进学生全面健康成长。截至2021年秋季学期末,全市义务教育阶段学校"5+2"课后服务实现100%全覆盖,义务教育阶段学生课后服务参与率达到95%以上,教师参与率达到96%以上。

撰稿:高 巍

【"品牌高中"建设】 天津市教委制定《市教委关于天津市品牌高中建设的实施意见》《天津市品牌高中建设学校遴选办法》和《天津市品牌高中建设学校遴选评估指标体系》。经过学校自主申报、区级遴选推荐,共有43所普通高中进入市级遴选。市教委组建市级专家评估组,开展全市品牌高中建设项目培育学校市级遴选工作,经过网络评审、校长现场答辩和入校评估等环节,市级专家评估组综合研究,最终确定30所普通高中入选名单。拟通过为期3年的建设,建成一批具有先进办学理念、独特办学文化、鲜明办学特色、一流办学队伍、丰富办学成果、卓越办学品质、育人评价机制科学、核心品牌价值突出的品牌高中。

撰稿:龙祖胜

【实施普通高中新课程新教材】 天津市教委制定《普通高中课程设置与实施的指导意见》《新课程新教材实施市级实验区、实验校名单的通知》和《优秀教学成果推广应用市级实验区的通知》。推进1个国家级示范区、3所国家级示范校、10个市级实验区、37所市级实验校建设以及优秀教学成果推广、2个国家级示范区和9个市级实验区建设,作为深化普通高中课程改革、推动普通高中育人方式变革和全面提高育人质量的重要途径。在全市遴选确立40项基础教育教学成果奖重点培育项目,扎实推进相关研究工作,完成中期汇报,做好成果总结工作。下发《关于开展普通高中学生发展指导实验校遴选工作方案》,经过普通高中自主申报、区级初评推荐,共38所学校参加市级评审,组建市级专家组在12月底完成市级评选,启动普通高中学生发展指导实验校建设工作。

撰稿:龙祖胜

【完善特殊教育保障机制】 天津市全面总结第二期特殊教育提升计划,研究谋划特殊教育"十四五"规划方案。精准落实"一人一案"教育安置,全市义务教育阶段残疾儿童入学率达到了95%以上。落实特殊教育经费保障,天津市特教学校、随班就读、送教上门生均公用经费标准每生每年由6000元提高到10000元。提高特教教师待遇,天津市特教津贴比例从基本工资的15%提高到25%，部分区已将特教津贴标准提高到30%发放。加强特殊教育专业支撑和引领，制定《加强残疾儿童少年义务教育阶段随班就读工作指导意见》，组织召开特教随班就读工作现场会。做好孤独症儿童康复服务工作，确定44所融合教育试点学校。

撰稿：高　巍
审稿：乔　盛

职业教育

【综述】　2021年，天津市认真学习贯彻习近平总书记关于职业教育的重要论述，全面落实全国职业教育大会精神和《关于推动现代职业教育高质量发展的意见》要求，在教育部的大力支持和天津市委、市政府的坚强领导下，坚持从政治上看职业教育、从民生上抓职业教育、从规律上办职业教育，紧紧围绕部市共建新时代国家职业教育创新发展标杆，在创新上发力，在改革上攻坚，各项举措递次推出，各项任务扎实推进，顺利实现"十四五"良好开局。

成功召开天津市职业教育大会，举办2021年天津市职业教育活动周。全面推进高职院校课程思政建设，把思想政治教育贯穿人才培养体系。紧密对接1+3+4产业体系，优化职业院校专业布局，服务天津市经济社会发展。深化天津市职业教育内涵建设，扎实推进"双高计划"。持续推进1+X证书制度试点。出台《天津市职业教育创优赋能建设项目管理办法》，遴选市级"双高"校和"双优"校，实施创优赋能项目建设。持续优化鲁班工坊全球布局，打造职业教育国际交流合作世界品牌。连续三年圆满完成扩招专项工作任务。强化系统设计与规划引领，科学制定《天津市职业教育事业发展"十四五"规划》。

2021年全国职业教育大会对天津建设鲁班工坊给予高度肯定："天津以改革促创新，全面建设新时代职业教育创新发展标杆"的典型案例获国务院教育督导办通报表扬。《中国教育报》教改先锋重大典型报道专栏分别以"潮起海河边""津门逐浪高"为题，用两个连续头版头条系统报道天津市职业教育改革创新成果。12月，《中国教育报》以头版报道"天津在非洲建成12个鲁班工坊——为非洲职教贡献中国方案"，引发各界强烈反响。

撰稿：居　峰

【职业教育大会】　12月24日，天津市召开全市职业教育大会，传达学习习近平总书记关于职业教育工作的重要指示和全国职教大会精神。召开传达学习习近平总书记关于职业教育重要指示精神会议暨职业教育"三教改革"推进会。举办学习贯彻习近平总书记重要指示和全国职业教育大会精神专题报告会，邀请教育部职成司负责同志作宣讲报告。

撰稿：耿昊伟

【启动新一轮部市共建】　为落实《中国教育现代化2035》《国家职业教育改革实施方案》，以职业教育产教城融合推动城市高质量发展，为全国提供具有天津特点、中国特色、世界水平的职业教育创新发展的样板和标杆，天津市会同教育部制定出台《教育部　天津市人民政府关于深化产教城融合　打造新时代职业教育创新发展标杆的意见》。《意见》从7个方面提出了20条具体改革举措：一是对接经济结构优化，打造行业企业办学先行典范；二是融入产业高端发展，打造职业教育技术创新样板；三是融入学习型城市建设，打造职业教育终身学习样板；四是融入城市文化建设和人文交流，打造职业教育中国名片；五是融入高技能社会发展，打造全国职业教育科研高地；六是建设一流技术技能队伍，打造职业教育强基样板；七是加强组织领导，打造世界一流职业教育。

撰稿：耿昊伟

【高职扩招】　2021年是国家实施高职百万扩招的第三年，在圆满完成2019和2020年高职扩招专项工作任务的基础上，天津市教育两委会同市退役军人事务局、市关爱退役军人工作委员会、市教育招生考试院等部门，印发《关于做好2021年高职扩招专项工作的通知》,加强招生宣传和政策解读,合理分配招生计划,分类组织扩招专项考试,抓好扩招生源教学管理,圆满完成2021年扩招任务,连续三年完成高职扩招工作任务。

撰稿:居 峰

【"双高计划"建设】 天津市支持天津职业大学、天津医学高等专科学校、天津轻工职业技术学院等7所院校建设高水平高职学校和高水平专业群。组织7所建设院校完成2019—2020年度绩效自评工作,1069个子任务阶段性建设目标全部实现。各院校抓住"技术技能人才培养高地"和"技术技能创新服务平台"两大支点,持续完善工作机制和管理制度,依据教育部审定的建设方案和任务书,全力推进2021年度项目建设,各项子任务顺利推进,实现预期年度建设目标。

撰稿:王丽楠

【职业教育创优赋能项目建设】 天津市教委、市发改委、市工信局、市财政局等15部门共同印发《天津市职业教育创优赋能建设项目和资金管理办法》,全面启动实施天津市职业教育创优赋能建设项目,遴选确定20所高职和37个专业群(含国家"双高计划"项目)开展市级高职"双高计划"建设,遴选确定21所中职和28个专业开展中职"双优计划"建设,将918个重点建设任务纳入项目库管理。

撰稿:王丽楠

【高职院校课程思政建设】 天津市持续推进高职院校课程思政建设,深度挖掘专业课程蕴含的思想政治教育资源,发挥好每门课程的育人作用,推进课程思政与思政课程同向同行,形成协同效应。持续深入抓典型、树标杆、推经验,开展高职课程思政示范项目建设,认定56门天津市高职院校课程思政示范课程,认定1个天津市高职院校课程思政教学研究示范中心和7个示范中心培育项目,认定8项天津市高职院校课程思政优秀教材。其中天津职业大学课程思政教学研究中心获批国家级课程思政教学研究示范中心,天津职业大学、天津医学高等专科学校3门课程被评为国家级课程思政示范课程。

撰稿:王丽楠

【职业教育活动周】 5月25日,2021年职业教育活动周天津市启动仪式在天津职业大学举行,天津市副市长曹小红出席并讲话。市教委、市委宣传部、市委网信办、市发改委、市财政局、市人社局、市工信局、市农委、市国资委、市总工会、团市委、天津中华职教社、市教科院等单位有关负责同志,行业企业办学代表,各区教育局和70余所中高职院校主要负责同志参会。启动仪式上,与会代表观看了鲁班工坊《创新竞进 打造中外人文交流国际品牌》专题片,共同回顾天津职教在积极服务京津冀协同发展、助力决胜脱贫攻坚等方面的工作和成果。活动周期间,大国工匠、技能大师走进校园,与师生分享自己的成长故事;全市职业院校纷纷敞开"大门",邀请中小学生走进校园,参与职业教育体验项目,发现学习乐趣、了解技能进步;职业院校师生在校园外宣传展示职业教育的改革发展成果。

撰稿:张仁刚

【鲁班工坊】 4月28日,在非盟总部所在国埃塞俄比亚,由天津职业技术师范大学建设的埃塞鲁班工坊揭牌落成。10月15日,东欧第一家鲁班工坊——保加利亚鲁班工坊建成揭牌。12月3日,由天津商务职业学院建设的摩洛哥鲁班工坊正式揭牌。截至2021年底,天津市已在亚非欧三大洲19个国家建成20个鲁班工坊。11月,"中国在非洲设立鲁班工坊,为非洲培养适应经济社会发展急需的高素质技术技能人才"写入国务院《新时代的中非合作》白皮书。不断完善鲁班工坊建设标准和体系,立项建设、发展评估、研究推广"三位一体"质量控制体系逐步形成,泰国、英国和印度尼西亚鲁班工坊以优异成绩通过评估验收;成立天津市鲁班工坊产教融合发展联盟,服务全国工坊建设。

撰稿:居 峰

【职业教育东西部协作】 天津市《发挥示范优势形成教育扶贫长效机制——天津市以现代职业教育实现精准长效扶贫》案例,收入国务院扶贫办编写的《巩固拓展脱贫攻坚成果》,是天津市唯一一篇入选案例。获全国脱贫攻坚先进个人2名、先进集体1个,占全国职教继教系统获表彰总数的八分之一。天津12所高职、14所中职国家示范骨干院校与甘肃职业院校开展"一对一"结对合作对口支援甘肃职业教育,接收168人为期一学期的教师挂职任务。天津渤海职业技术学院、天津电子信息职业技术学院、天津海运职业学院、天津农学院采取"院包系"的方式帮扶黄南州职业技术学校专业建设。天津职业大学同时面向新疆和田职院全体教师开展四场次讲座直播,共培训教师988人次。天津职业大学、天津交通职业学院、天津轻工职业技术学院、天津商务职业学院、天津海运职业学院、天津农学院19名政治思想素质高、业务能力强、责任心强、有奉献精神、经验丰富的教师管理人员赴新疆和田职业技术学院进行对口帮扶。

撰稿:张　峰

【"1+X"证书制度试点】　天津市共有50所学校为"1+X"证书制度试点院校,其中中职22所、高职22所、本科6所;　733个培训计划正在执行中,涉及180个证书、192个专业,共有41547人获准参与试点,其中中职8094人、高职29983人、本科3470人;17350人参加考试,13555人取得证书、通过率78.13%。

撰稿:张仁刚

【退役军人技能培训】　天津市教委组织高职院校针对退役军人特点,提供就业好的专业组织退役

军人进行技能培训。20所高校纳入市级退役军人就业创业承训机构培训名单,在天津职业大学等8所学校设立"天津市退役军人职业技能培训基地",天津市大学软件学院、天津职业大学申报全国退役军人就业创业园地。面向302名退役军人开展技能培训。

撰稿:张仁刚

【谋划布局"十四五"职业教育改革】　天津市科学布局"十四五"职业教育改革任务,将《关于深化产教城融合　打造新时代职业教育创新发展标杆意见》《职业教育提质培优行动计划(2020—2023年)》重点任务有机融入《天津市职业教育"十四五"发展规划》,同规划、同部署。印发《天津市职业教育事业发展"十四五"规划》,在系统总结天津市职业教育"十三五"主要成就的基础上,针对天津市职业教育面临的形势与问题,明确了"十四五"期间天津市职业教育8项发展目标,提出8个方面30个具体的改革与发展任务。

撰稿:王丽楠
审稿:李　力

继续教育

【综述】　2021年,天津市教育两委印发《2021年市委教育工委市教委继续教育处工作要点》,加强工作部署与统筹指导。落实市教育两委防控指挥部要求,做好天津市继续教育疫情防控和2021年教学工作,做好在线学习支持服务,确保教学质量。2021年天津市高等学历继续教育拟招生专业填报工作,共涉及34所高等学校,全市计划招生68326人。完成2020年天津市高校继续教育发展报告,促进高校学历继续教育和非学历继续教育的发展。加强对在津远程教育学习中心的管理和服务。推进天津开放大学综合改革,为建设学习型城市和完善全民终身学习体系提供有力支撑。开展"四史教育进社区"活动,推动党史学习教育深入基层、深入群众。加强天津终身学习网、天津老年远程学习网等平台的数字化学习资源建设,丰富远程老年教学内容。印发《市教委等六部门关于进一步推进天津市老年教育发展

的意见》和《市教委关于广泛开展老年人运用智能技术教育培训的通知》,进一步努力办好家门口的老年教育,为老年人跨越"数字鸿沟"提供教育支持服务。开展2021年度天津市终身教育研究计划项目立项工作,确认20项2021年度天津市终身教育研究计划项目,开展2021年天津市市级社区教育项目的申报评审工作,共评选出32个项目获奖。"百姓学习之星""终身学习品牌项目"工作取得优异成绩,5人获得2021年全国"百姓学习之星"、5个项目获得2021年全国"终身学习品牌项目"。天津市第十五届社区教育展示周暨2021年全民终身学习活动周启动仪式在南开大学学生活动中心成功举行,启动仪式设近百个分会场,两千余人参加线上启动仪式。活动周期间,通过线上线下的方式举办22项主题活动和丰富多彩的特色活动,普惠市民40余万人次。市教委在全国"老年大学管理干部领导能力提升培训班"作大

会经验分享,天津市"职继协同"品牌项目不断深化并在中国教育电视台专题播报。全国学习型城市建设与监测工作交流研讨会上,中国成人教育协会和教育部职成司给予天津市学习型城市建设充分肯定。

撰稿:陈延德

【疫情防控与继续教育教学】 天津市教委印发《市教委关于认真做好2021年春季学期继续教育教学准备工作的通知》,保障2021年春季学期天津市继续教育教学工作稳定有序运行,做好线下开学和线上教学两手准备。按照《市委教育工委 市教委关于明确秋季开学师生员工返校有关要求的通知》等文件要求,制订天津市继续教育开学预案。加强组织领导,落实工作目标,确保疫情防控方案落实落细。坚持分批分期分类有序开学,做好在线学习支持服务,优先实施毕业年级教学,有序组织线下校内学习,做好远程教育校外学习中心、函授站工作,老年大学适当延期开学。印发《关于做好我市继续教育秋季开学和学校疫情防控工作的通知》,对天津市继续教育秋季开学和学校疫情防控工作提出要求。全面贯彻落实各疫情防控文件要求,加强组织领导与保障,进一步细化落实疫情防控常态化措施,制订学校秋季开学工作方案,确保秋季开学平稳有序。各独立设置成人院校要按照属地和上级主管部门疫情防控的要求,做好开学前各项准备工作,全面细致落实校园疫情防控各项措施;举办学历继续教育的普通高校,要按照疫情防控的要求,统筹本校学历继续教育工作,确保学历继续教育正常运行;外地高校在津举办的函授站和校外远程教育学习中心,要按照依托单位和举办学校相关要求,做好秋季开学和疫情防控工作。9月1日,各老年大学参照中小学校历开学,各区教育局牵头做好本区老年大学疫情防控和开学工作。

撰稿:陈延德

【学习型城市建设】 2月5日,全国学习型城市建设与监测工作交流研讨会在线上召开。会议在中国成人教育协会设主会场,在天津、西安、青岛等城市设分会场。天津市教委副主任白海力以"加快推进学习型城市建设——天津之为"为题,介绍了天津市推进学习型城市建设的经验、做法和成果。天津市委市政府高度重视学习型城市建设,将"建设学习型社会,完善惠及全民的终身教育体系"纳入《天津市国民经济和社会发展第十三个五年规划纲要》。近年来,天津市加快推进学习型城市建设,不断构建现代化终身学习服务体系,助力五个现代化天津建设,展现"天津之为",涌现出全国性的"率先"品牌,学习型城市建设再上新台阶,形成具有鲜明地方特色的"天津经验"。中国成人教育协会常务副会长张昭文代表专家组对学习型城市建设"天津经验"进行了点评。张昭文指出,天津市委、市政府及市教育两委等有关部门统筹协调推进学习型城市建设,从天津的学习型城市发展报告和监测报告来看,总体上反映了天津学习型城市建设的各个方面,各项指标普遍达到较高水平,体现了天津在学习型城市建设总体上达到了很高的水准和质量,取得了重要的进展和显著的成绩,应该说天津学习型城市建设进入了国内学习型城市建设的第一梯队。一些做法对于全国的工作具有典型示范和引领作用。教育部职成司郝雅梅处长对天津市学习型城市建设的经验和建设成果给予充分肯定。

撰稿:陈延德

【终身教育研究计划项目】 6月18日,天津市教委在天津城建大学召开天津市终身教育研究计划项目交流会。各区教育局和举办继续教育的相关高校、成人院校的负责同志共计60余人参加会议。会议总结了"十三五"期间天津市终身教育发展成果与经验,对2021年天津市终身教育研究计划项目立项、教学成果培育和落实年度工作任务提出要求,研究推动天津市学习型城区建设监测项目工作。按照《天津市终身教育研究计划项目管理办法》,市教委组织专家组,对"天津音乐学院'红色轻骑兵'团队服务终身教育模式的探索与实践"等15项2020年度天津市终身教育研究计划项目进行结题评议,专家组一致认为15项项目已完成项目研究计划的任务,取得了高水平的终身教育理论与实践成果,同意予以结题并印发《市教委关于公布2020年度天津市终身教育研究计划项目结题的通知》。印发《市教委关于公布2021年度天津市终身教育研究计划项目的通知》,经专家进行网评、会评和质疑答辩,并经公示后,确认2021年度天津市终身教育研究计划项目,包括《党建引领下学习型社区构建的实践研究》等8个重点项目和《社区教育内涵发展、品质提升与特色创新的研究——以天津医科大学社区思想政治教育为例》等12个一般项目。各单位按照《管理办法》,整合研究资源,落实组织保障、政策支持和经费投入,确保研究任务顺利完成。

撰稿:陈延德

【高等学历继续教育拟招生专业填报】 天津市教委组织各高校以业务部门申报、校内专家复核、主管校长审签的三级管理模式,开展2021年度专业设置申报工作。2021年天津市继续教育拟招生专业申报工作共涉及34所高等学校,其中普通高校18所、高职院校8所、成人高校8所,共260个专业。学习形式涵盖脱产、业余、函授和网络教育,培养层次涉及高起专、专升本和高起本三种层次,全市计划招生68326人。2021年度继续教育拟申报专业总数由2020年的291个降为256个,较去年减少35个专业;而在助力天津市民生和经济发展方面,新增了23个特色专业。部分高校依托行业办学,创新人才培养模式,填补人才需求缺口,大力发展新兴专业,为社会发展提供人才支持。

撰稿:陈延德

【终身教育成果】 天津市教委组织并指导24所院校进行继续教育课程思政示范课程和优秀教材建设,经评审专家组评审,认定13所院校的30门课程为天津市课程思政示范课程,认定5所院校的11种教材为天津市课程思政优秀教材。教育部公布南开大学、天津师范大学、天津城建大学共3门课程为课程思政示范课程;天津农学院被教育部确认为乡村振兴人才培养优质校;南开大学、天津大学、天津理工大学学历继续教育案例被教育部案例集收录。市教委组织开展了2021年天津市市级社区教育项目的申报评审工作。经市教委组织市专家组进行综合评议,共评选出32个项目获奖。河北区老年大学申报的《探索线上线下融合新模式,改革老年教育教学实践》等4个社区教育实验项目获一等奖;南开区社教办申报的《社区工作者队伍建设实验项目——以天津市南开区学府街为例》等6个社区教育实验项目获二等奖;和平区妇联申报的《"小纽扣家庭成长计划"公益项目》等22个社区教育实验项目获三等奖。组织开展2021年天津市"百姓学习之星"和"终身学习品牌项目"征集评审工作。经各区教育局和有关单位征集推荐,市专家组综合评议并公示,认定23位同志为2021年天津市"百姓学习之星",18个品牌项目为2021年天津市"终身学习品牌项目"。5人获评2021年全国"百姓学习之星",其中1人获评2021年全国"事迹特别感人的百姓学习之星";5个项目获评2021年全国"终身学习品牌项目",其中河北区老年大学"老党员朝阳行"获评2021年全国"特别受百姓喜爱的终身学习品牌"。

撰稿:陈延德

【天津开放大学综合改革】 天津市教委印发《市教委转发天津市人民政府关于同意天津广播电视大学更名为天津开放大学的批复和教育部办公厅关于39所省级广播电视大学更名开放大学备案的通知》,天津广播电视大学更名为天津开放大学。学校更名后,其隶属关系、管理体制以及原有的学历、非学历教育办学权等保持不变。其主要职责为服务天津市全民终身学习,推进天津市开放教育体系建设,探索高等教育、职业教育与继续教育融合发展。学校以更名为契机,加快转型发展,认真落实立德树人根本任务,为建设学习型城市和完善全民终身学习体系提供有力支撑。4月17日,京津冀终身教育论坛暨天津广播电视大学更名仪式在海河教育园校区举行。天津市人民政府副市长、市政协副主席曹小红,国家开放大学党委书记、校长荆德刚,市政府副秘书长王璟,津南区委书记刘惠,市委教育工委委员、市教委副主任白海力,市人大教科文卫委员会副主任委员吴惟义,津南区委常委、海河教育园区管理体制改革筹备组组长郭建华,北京开放大学、河北开放大学、天津中德应用技术大学、天津农学院有关领导,学校离退休老领导代表,市政府办公厅、市教委、津南区有关部门负责人,国家开放大学有关部门负责人,系统各办学单位负责人,学校领导班子成员、全体中层干部及教职工代表、优秀校友代表、学生代表等200余人出席。学校全面启动综合改革,提升办学服务水平,全力构建新发展格局,努力为天津市学习型社会和社会主义现代化大都市建设做出新的更大贡献。

撰稿:陈延德

【终身学习活动周】 12月7日,天津市第十五届社区教育展示周暨2021年全民终身学习活动周启动仪式在南开大学学生活动中心举行。市教育两委、南开大学、天津开放大学、和平区政府、天津广播电视网络有限公司领导与课程思政获奖代表和全国"百姓学习之星"及"终身学习品牌项目"获得者代表共同出席启动仪式。本届活动周由天津市教育委员会主办,南开大学承办,各区教育局、天津开放大学、市教科院协办。除主会场外,在各区教育局、各高等院校、天津开放大学办学系统设近百个分会场,两千余人参加,全民终身学习活动周网站专栏观看总量达到100万人次,全面展示了天津市学习型城市建设的丰硕成果。启动仪式上,开通了广电云课堂全民终身学习频道,服务天津全域百姓。对全国"百姓学习之星"、全国"终身学习品牌项目"、继续教育课程思政获奖代表进行了表彰,全国"事迹特别感人的百姓学习之星"张振东、河东区非遗传习基地全国"终身学习品牌项目"负责人接受了现场采访;启动仪式上还播放了南开大学叶嘉莹先生、陈志远教授的视频感言。在活动尾声,南开大学和和平区完成旗帜交接仪式,和平区展示了终身教育的开展情况,期待2022年续写终身学习篇章。各区、各院校按照疫情防控要求,通过线上线下的方式举办22项主题活动和近900项特色活动,充分体现"五个全民"的目标要求,普惠天津市民40万人次,有效推进了学习型城市建设,营造全民终身学习的良好氛围。

撰稿:陈延德

【高等学历继续教育质量建设】 为加强对在津远程教育学习中心的管理和服务,天津市教委对2021年有关普通高校在津举办的现代远程教育校外学习中心的办学单位进行了备案。天津大学现代远程教育天津市滨海新区天大北洋教育培训中心学习中心完成登记。组织开展对在津现代远程教育校外学习中心检查,涉及的27所主办高校对在津校外学习中心进行检查和工作指导,均按时提交报告。加强对高等学历继续教育广告发布的管理,联合市市场监管委、市委网信办、市通信管理局、市公安局共同开展了高等学历继续教育广告发布专项整治行动,共同制定了《高等学历继续教育广告发布管理的工作机制》。通过规范规章制度、校内部门联动联防、招生季专项清理等实际行动,切实将广告发布管理工作抓紧抓实。加强高等学历继续教育教材建设,组织开展高等继续教育教材建设与使用情况调研,全市共37所院校参加调研活动,筛选出继续教育精品课程与优秀教材科研成果等,对重点课程和教材进行再分析、再梳理,总结提炼出继续教育课程开发与教材建设体系的"天津实践"。

撰稿:卢　明
审稿:缪　楠

民办教育

【综述】 2021年,天津市民办教育工作坚持以习近平新时代中国特色社会主义思想为指导,积极开展扶持工作,强化规范管理,有效促进天津市民办教育健康有序发展。截至2021年12月止,全市有民办高校3所,独立学院7所,民办高等职业学校1所,民办义务教育学校71所,民办高中9所,民办幼儿园1380所。

撰稿:李慧颖

【普惠性学前教育】 2021年,天津市教委继续开展普惠性民办幼儿园认定工作,对普惠性民办幼儿园按照示范园4400元、一级园4000元、二级园3600元、三级园3200元、四级园2800元的生均年补助标准,由市、区两级财政给予补助,其中市财政补助50%,持续引导社会力量积极投身于普惠性学前教育资源建设。全年新增普惠性民办园92所,新增普惠性民办园学位1万余个。鼓励符合条件的民办幼儿园转为普惠性幼儿园,2021年共计认定和补贴普惠性民办幼儿园527所,受惠幼儿达9万余人,市级财政补助资金1.7亿元。

撰稿:李慧颖

【独立学院转设】 2月,经教育部批准,天津体育学院运动与文化艺术学院转设为天津传媒学院,天津大学仁爱学院转设为天津仁爱学院。在此过程中,独立学院须注销事业单位法人,转设后的民办高校须登记为民办非企业单位法人。对此,相关法律、政策没有做出规定,存在空白。在没有工作先例的前提下,市教委积极协调市委编办、市民政局,突破政策堵点,就相关工作流程达成一致,帮助两学校赶在高招前办理民办非企业单位法人登记,两学校以民办非企业法人身份顺利开展2021年高招录取工作。

撰稿:李慧颖

【民办义务教育专项工作】 按照中央关于规范民办义务教育发展的有关要求,指导、督促各区强化政府责任落实,优化义务教育结构布局,以科学规范引领科学发展。启动公有主体参与举办的民办义务教育学校专项治理工作,理顺"公参民"学校体制机制。

撰稿:李慧颖

【社会组织管理】 加强市教委主管社会组织的日常监管,出台《天津市教育委员会主管社会组织重大事项备案工作规范》,进一步明确市教委主管社会组织重大事项备案范围、程序与要求,促进社会组织依法依章程开展工作。加强对新成立社会组织的服务和审核,2021年新成立2家社会组织——天津医科大学天津校友会和天津美术学院教育发展基金会。做好68家市教委主管社会组织的年检初审工作。

撰稿:李慧颖

【规范民办学校办学行为】 2021年,天津市教委加大力度,完善举措,切实规范民办学校办学行为:一是会同有关部门制定印发了《天津市关于加强校外培训机构风险防控措施》和《天津市校外培训机构学费资金管理暂行办法》,建立健全风险防控机制;二是发起成立了"天津市校外培训机构治理工作联席会议制度",加强部门协调,形成工作合力;三是集中曝光校外培训机构违法违规典型案件,形成震慑,加强了对消费者的教育引导;四是成立校外教育培训监管的专门机构,为持续深入进行校外培训机构治理奠定了基础;五是贯彻落实《教育部等八部门关于规范公办学校举办或者参与举办民办义务教育学校的通知》要求,积极组织各区开展规范民办义务教育学校工作。

撰稿:李慧颖
审稿:刘 卫

教育科研机构

天津市教育科学研究院

【概况】 天津市教育科学研究院(以下简称市教科院)成立于1985年12月,是全国首家省级教科院,为正局级事业单位。内设机构18个,其中研究所6个、研究中心8个、行政职能处室4个。在职职工274人,具有专业技术职务228人(含正高级专业技术职务25人、副高级专业技术职务119人、中级专业技术职务72人);具有本科以上学历260人,其中,博士34人、硕士102人。主要开展教育发展战略、教育基础理论、教育教学、教育评估、课程建设、科学应用、教师专业发展等方面研究,同时承担教育培训、学术交流、教育信息化、期刊出版等工作,为政府教育管理和决策提供智库支持,为各级各类学校提高教育教学质量提供服务。天津市教育科学规划领导小组办公室设在市教科院,承担天津市教育科学规划的具体实施。

2021年,市教科院获批国家社科基金青年项目1项,全国教育科学规划课题3项,省部级课题86项、厅局级课题60项,承担横向项目30项。1项成果获第六届全国教育科学研究优秀成果奖著作成果三等奖,2项成果分获首届全国教材建设奖全国优秀教材(基础教育类)一等奖和二等奖;8项成果获省部级及以上奖励,包括一等奖2项,二等奖2项,三等奖4项;公开发表文章154篇,其中在CSSCI及北大核心期刊发表学术论文26篇、在《人民政协报》《中国教育报》《天津日报》等省部级以上报刊发表文章13篇、被人大复印报刊资料全文转载8篇。出版学术专著4部、编著7部、主编学术著作7部、教材读本类9部。全年

共有65项成果提供决策咨询服务,其中转化为政策文件35项、获领导批示5项、成果采用25项、报送《教育决策参考》6期。服务全市思政教育、德育、心理健康教育实践,举办"关爱教师心理、健康快乐工作"活动。做好全市中小学、幼儿园教研成果认定推介,开展第三届中小幼精品网络校本课程(园本活动方案)、综合实践活动优质课程资源、中小学思政课与心理健康教育特色案例、体美劳教育特色案例征集活动,遴选建设一批精品网络课程资源。推进职业教育教研工作,做好中职学校"送课下校""教师能力提升""技能竞赛专题""10+5、学科+专业"等教研活动。完成高等学历继续教育本专科教学质量监测;完成2021年全民终身学习活动周、职业教育活动周、全国职业院校技能大赛和天津市职业院校技能大赛等工作。落实教育部《教育信息化2.0行动计划》和市教委《天津教育信息化2.0行动计划》年度重点工作。推动"三个课堂"的按需应用,推进《天津市中小学数字校园建设与应用指导意见》的落实,加强数字校园、智慧校园建设。研究制定《天津市幼儿园玩教具配备指南》《天津市中小学理科实验教学基本目录》,搭建中小学图书教研工作平台。协助市语委办推进实施普通话水平测试站建站工作,做好各类在津人员国家通用语言文字培训推广工作。完成图书馆整合工作,实施《天津市教科院学报》质量再提升行动,《天津教育年鉴(2020)》获第八届全国地方志优秀成果(年鉴类)三等奖。统筹推进鲁班工坊研推中心建设,研制出版《2021年鲁班工坊建设与发展报

告》;完成泰国、英国等鲁班工坊的评审工作;举办全国联盟单位研修活动,开展专题培训。推进与河东区人民政府、天津出版传媒集团、天津职业技术师范大学等单位的战略合作。搭建天津市职业教育研究院、产教融合发展研究院等学科平台型研究中心,推动融合发展。举办面向全市高层次教育的"海河教育大讲堂"。开展"精品教研"活动,加大市、区、校三级教研活动整合,扩大优秀教研成果推介范围;举办教研"求是"大讲堂,活跃基础教育教研氛围。

2021年,市教科院做好市教育两委重点项目工作。协助市教育两委制定大中小学思政课程群建设指导纲要,编写习近平新时代中国特色社会主义思想"三进"教学指导方案。做好首批"品牌高中建设学校"遴选工作,积极探索义务教育高品质学校、高品质幼儿园研究与建设。推进高中学科特色课程基地建设项目认定工作,启动义务教育阶段学科特色课程基地建设遴选工作;加强新时代基础教育质量标准研究,加强幼儿园保教质量、义务教育学校和普通高中办学质量评价标准研究。协助市教委做好中小学课程教学计划与教材征订工作。做好教育部"全国教育信息化工作(业务)管理信息系统"数据统计管理、上报和审查工作。

撰稿:郝　冰

【天津市教育科学规划课题工作】 2021年上半年,市教科院完成天津市教育科学"十三五"规划课题全部结题工作,结题率达89.17%。开展"十四五"规划课题专项调研,先后形成全国教育科学规划领导小组办公室和30个省(自治区、直辖市)规划办网络调研报告、市"十三五"时期教育科学发展规划调研报告和北京、上海、重庆市规划办实地调研报告;对标对表全国教育科学规划课题和天津市哲学社会科学规划课题,研究编制天津市教育科学规划课题管理办法和结题鉴定细则。6月17日,印发《天津市教育科学规划领导小组办公室关于印发〈天津市教育科学规划课题管理办法〉和〈天津市教育科学规划课题结题鉴定细则〉的通知》。10月22日,印发立项通知,共立项420项课题。组织开展课题申报专题培训、开题专题培训;组织重大课题集中开题和抽查重点课题开题。

撰稿:耿　洁

【助推"双减"工作】 2021年,市教科院着眼于科学全面的教育质量观,立足理论创新、服务决策、引领实践三大职能,注重课题研究、项目设计,推动"双减"政策咨询与实践研究,引导区域、学校正确处理"双减"政策与教育改革关系,研制并落实"天津基础教育科学'双减'整体行动计划",切实提高教育教学质量,提高作业管理质量,提高课后服务质量。系统开展了教培治理智库行动,科研引领、教研协同行动,作业提质行动,优质资源进学校行动,宣传引导走心行动,课程思政赋能行动等"六大行动",合力推进"双减"各项工作落实落地。

撰稿:曹　瑞

【成立学生德育研究中心】 2021年4月19日,市教科院正式成立跨部门的"学生德育研究中心"(德育与教育心理研究所牵头)。"中心"秉持"大德育"理念,致力于以"项目制"为基本形式推动各项工作。"中心"已围绕"天津市大中小德育一体化机制建设""少先队辅导员队伍建设""三全育人"等问题开展了项目研究,部分研究成果获得政府决策转化。

撰稿:武秀霞

【天津市中小学教育惩戒规则实施细则研究】 2021年1月,市教科院受市教委委托承担天津市中小学教育惩戒规则实施细则研究,最终起草的文件转化为《天津市中小学教育惩戒规则实施细则(试行)》。该细则自2022年1月1日起正式施行,是中国首部关于中小学教育惩戒规则的地方性细则。《天津市中小学教育惩戒规则实施细则(试行)》共五章三十四条,主要内容包括:一是明确了教育惩戒应当遵循育人为本、合法合规、措施适当的原则。二是规定市、区教育行政部门对教育惩戒工作负有组织、指导、监督和实施职责。学校、教师是教育惩戒实施的直接主体,在依法规范实施教育惩戒过程中起主导作用。家长应当理解、支持和配合学校的教育惩戒工作。三是细化教育惩戒的实施要求。以举例的方式细化教育惩戒的适用情形和具体措施,规范不同程度教育惩戒的实施程序。四是健全教育惩戒的监督保障机制。明确学校校规校纪的基本内容和制定程序,明确学校应当将教育惩戒有关内容纳入教师培训,突出对教师合法权益的保障。五是畅通教育惩戒的救济渠道。专门规定了教育惩戒后的权利救济渠道,重点规范学生校内申诉制度的运行机制。

撰稿:方　芳

【成立教育评估研究中心】 2021年,市教科院依托教育法治与评估研究所成立教育评估研究中心,打造教育评估特色学科品牌和跨学科智库平台。该中心立足天津教育改革发展对教育评估工作的实际需求,开展教育评估理论研究,宣传科学的教育评价理念,提供区域教育质量评估、学校办学质量评价、学生学业质量评价、教育政策评估、教育发展监测等教育评估服务。承接了《新阶段第三方教育评价的实践探索研究》《天津市学前教育普及普惠督导评估研究》《天津市义务教育优质均衡发展监测研究》《北辰区义务教育均衡发展监测评估研究》《天津市中小学绩效考核研究》等委托项目,为教育决策部门推进教育评价改革提供科研服务和智力支持。

撰稿:王志辉

【天津市2021年国家义务教育质量监测】 市教科院受市人民政府教育督导室委托,承担天津市2021年国家义务教育质量监测实施工作。根据国务院教育督导委员会办公室和教育部基础教育质量监测中心的相关工作要求,2021年度对义务教育学段四年级和八年级的数学、体育、心理健康三个学科进行抽样施测。天津市河西区、南开区、武清区、滨海新区、静海区、蓟州区6个区作为样本区参测,其余10个区作为协议区参测。据统计,共有320所义务教育样本校的9424名学生和3879名教师参加了2021年度质量监测相关测试或问卷。

撰稿:王志辉

【天津市中小学"未来教育家行动计划"】 2021年,市教委发布《市教委关于实施"十四五"期间基础教育师资培训计划的通知》,作为其中一项师资培训项目,天津市中小学"未来教育家行动计划"(以下简称"行动计划")正式启动。"行动计划"由市教委主办,市教科院承办。在个人自荐、专家举荐、区级推荐的基础上,天津市共91位教师被推荐为候选人。11月16—17日,专家委员会按照"行动计划"学员遴选条件,对候选人的申报材料及相关佐证材料进行评议,择优确定了58名候选人;经公示无异议后,58名候选人正式成为培训学员。"行动计划" 培养周期为五年,按照培养目标的要求,遵循教育家型教师、校长的成长规律,精心设计培训方式与内容。培训设计遵循逐渐递进、循环深入的原则,全程贯穿实践与理论密切结合的基本方法,以发展需求为导向,

组建导师学员发展共同体,在整个培训过程中安排导师与学员结对式的定制指导、精准指导和全面指导。

撰稿:郑彩华

【三杰支持计划】 2021年,天津市启动实施了"天津市杰出津门校长、杰出津门班主任、杰出津门教师支持计划"(以下简称"三杰支持计划")。"三杰支持计划"由市教委主办、市教科院承办。目前共有两期119名学员入选培训计划。9月28日,"三杰支持计划"学员开班典礼在市教科院举行。9月—12月,按照培训计划,"三杰支持计划"一期学员完成了专业发展诊断指导、师德师风主题报告会、专业发展专题讲座、"教育改革与发展"主题报告会等培训活动。

撰稿:贺慧敏

【首发《天津市中小学生寒暑假体育、音乐、美术、劳动教育作业方案》】 为真正促进体美劳教育步入"常态化"阶段,天津市教育两委决定开展"体美劳"寒暑假作业的研制工作。受市教委体美劳处委托,市教科院体美劳教育研究中心会同相关学科教研员共同研制了《天津市中小学生寒暑假体育、音乐、美术、劳动教育作业方案》。市教委以文件形式(津教体美劳函〔2022〕1号)印发各区教育局贯彻落实,助力中小学生德智体美劳全面发展。

撰稿:霍晓宏

【"互联网+"精品教研展示活动】 2021年,市教科院积极探索天津市中小幼"互联网+教研"实践,采用网络教研和混合式教研的形式举办94场精品教研展示活动。自2019年创办"精品教研"活动以来,全市共举办精品教研展示活动154场。在创办"精品教研"展示活动过程中市、区、校三级教研体系协调联动,形成了学校申报答辩—区级遴选推荐—市级评审展示的三级遴选机制。借助精品教研活动的平台,纵向市、区、校三级联动,横向行政、教研双轮驱动,市、区教研部门形成项目团队共同指导学校梳理学科特色,提炼教学教研成果。

撰稿:赵松涛

【"思政一体化"建设】 2021年,市教科院围绕"思政一体化"建设与南开大学、天津师范大学和天

津科技大学协作,编著了《习近平新时代中国特色社会主义思想教学指导方案》,举办了天津市中小学思政教师教学基本功大赛,开展了大中小学集体备课和教师培训活动;立项开展国家级课题《深度学习视域下高中思想政治学科议题式教学模式的实践研究》;结合"双新"工作,指导学科基地校开展"精品教研"活动;在国家和"京津冀"课堂教学研讨会上做教研成果展示。初中道德与法治学科持续开展守正创新教学策略研究,以《初中道德与法治"拓展空间"应用研究》课题为引领,将市级特色教研成果应用于教学实践中。小学道德与法治学科教研则注重从课程内容、知识储备和教学技能方面,努力提高教师的思政课一体化能力。通过开展"落实思政课'八个相统一'要求的教学研究"系列活动,以及六位教师参与思政课大中小一体化联盟的集体备课、教案编写,提高了学科站位;1节展示课在全国思政课一体化展示活动中获得好评;10位教师编写习近平新时代中国特色社会主义思想"三进"指导方案,集结成册;组织教师参加京津冀教育联盟的中小学思政课说课活动。

撰稿:张要武 刘淑敏 孙 静

【初中道德与法治教学实践研究】 2021年,市教科院针对初中道德与法治学科持续开展使用国家统编教材教学实践研究,《初中道德与法治"拓展空间"应用研究》被认定为2020年市级特色教研成果。《国家统编教材初中道德与法治拓展空间教学实践研究》被立项为天津市教育学会"十四五"重点研究课题。开展《习近平新时代中国特色社会主义思想学生读本》(初中)"精品课堂"系列展示活动,形成了系列教学案例资源。多节教学实录和微课由教育部"统编教材深度宣传解读"项目——落实"铸魂工程"双师资源研发录用。

撰稿:刘淑敏

【中小学项目式学习案例征集和展示】 2021年,市教科院共征集基于场馆资源的中小学项目式学习案例220余个,经专家遴选,选出优秀案例137个。以组织中小学生参观场馆与项目式学习方式相结合为创新点的场馆课程,改变了长久以来学生进入博物馆、展览馆只是参观听讲解的被动学习方式。基于场馆资源的项目式学习以项目主题为核心、以问题为驱动,开启了学生的自主、合作、探究的学习方式。形成了项目背景、项目主题、项目目标、与学科知识联系、驱动性问题、实施过程、作品展示和评价反思的项目式学习基本模式和流程。

撰稿:赵松涛

【农村校教研帮扶】 2021年,市教科院与农村小学建立"点对点"帮扶制度,与西青区天易园小学建立了教研帮扶共同体,与天易园小学语文、数学、英语教师共同开展学校教学模式的研究。各学科教研员坚持每个月深入学校教师课堂,开展听评课活动,对教师进行面对面、手把手的教学指导,帮助学校构建了"三学三问"阶梯式教学模式。下半年,深入静海区杨成庄小学、蓟州区下营镇镇东中心小学、宁河区俵口小学开展"手拉手"帮扶活动,并与各小学骨干教师建立师徒关系。学科教研员深入教师课堂问诊把脉,指导教师制订个性化成长方案;帮助教师确定课题研究方向,在教学研究的实践中提升科研能力。

撰稿:曹 媛

【建立幼小科学有效衔接联合教研长效机制】 2021年3月,教育部颁布《教育部关于大力推进幼儿园与小学科学衔接的指导意见》,对幼儿园与小学科学有效衔接提出了更具体、更深入、更科学的指导意见。为了更好地指导幼儿园做好适龄儿童入学的准备期教育,指导小学做好一年级新生适应期教育,市教科院开展了一系列联合教研活动,构建联合教研长效机制。4月15日至5月20日,前往河西区第二幼儿园、河西区第八幼儿园、南开区第一幼儿园、南开区第十九幼儿园、河北区第二幼儿园、河北区第五幼儿园、北辰区宸宜幼儿园、静海区模范幼儿园等8所幼儿园开展调研活动,通过教师座谈和课堂观察,深入了解各学科在幼儿园课程或教学活动中的呈现方式和程度。10月中下旬,前往静海模范学校、河西师大二附小、天津师范大学南开附属小学开展调研活动,调研活动内容包括座谈与听课。各学科教研员走进一年级课堂,了解任课教师在课程实施中如何采取游戏化、活动化、综合性的方式开展教学活动,并在座谈中与任课教师进行了交流。

撰稿:曹 媛

【天津市幼儿园游戏活动资源库建设】 在2020年延期开园期间,为确保幼儿居家"快乐玩耍、快乐成长",市教科院推出了30个亲子游戏,通过天津市基础教育网络教研平台、天津广电网络有限数字电视等平台为全市3—6岁幼儿提供亲子游戏活动资源。2021年,在已有视频资源的基础上,拓展资源渠道,挖掘资源内容,将游戏活动资源按照不同年龄班进行设置。游戏活动资源在不同年龄班的分布情况为:小班105个,占32.4%;中班115个,占35.4%;大班104个,占32.1%。游戏活动资源各有侧重,在不同年龄班的分布比较均衡,为广大教师提供游戏活动素材与可借鉴的资源。游戏视频资源同时具有方便、快捷的特点,教师可以不受时间、空间的限制,将这些游戏活动内容及时、快速地推送给家长,使家长能够获得大量生动而科学的育儿游戏资源,便于幼儿在家及时巩固所获得的经验。

撰稿:回蕴玫

【天津市追求卓越幼教师资培训项目(第二期)】 市教科院受市教委委托于2021年—2025年实施"天津市追求卓越幼教师资培训项目(第二期)",并将其作为"十四五"基础教育师资培训的重要项目,市财政拨款400万元作为项目经费,用于培训优秀幼儿园园长、优秀幼儿园教学副园长、优秀幼儿教师,预计规模为100名。市教科院在充分总结一期培训工作经验的基础上,经过调研、征求意见,了解各方面对二期培训的需求,做好二期培训的实施方案和课程方案,协助市教委做好二期学员的推荐和遴选,最终经各区推荐、专家团队审议,共有98名学员入选,于2021年12月5—8日进行了首次集中培训。

撰稿:回蕴玫

【服务特殊教育】 2021年,市教科院继续开展盲、聋、培智三类特殊教育部分学科教学指导意见的研制工作,5—6月,组织聋人学校语文、培智学校生活语文、视力障碍学校数学的展示交流活动,展示教学案例、交流阶段成果;组织特殊教育新课标教材实施专题教研系列活动,10—11月,举办视障教育、培智学校生活数学、培智学校生活适应、听障教育专场,分别围绕五育并举、微课资源建设应用、社区生活、学科思政等主题,促进课程标准理念转化为教学实践。依托市教委社科重大项目《义务教育普通学校孤独症学生随班就读融合教育课程开发与实施研究》,市教育两委天津市教育工作重点调研课题《义务教育随班就读教师队伍现状的调查研究》,加强普通学校随班就读的研究实践,组织随班就读教学和教师队伍现状调研,梳理问题,形成对策建议;5月和

11月,组织课题研究调查活动,深入华辰学校、秋怡中学、北辰区特殊需求指导中心听课调研,问卷访谈,交流研讨,探索适合孤独症儿童教学的途径和方法。以个别化教育支持计划的制订与实施为主题,深化重度残疾儿童少年送教上门的研究实践,加强送教服务流程的研究。12月17日,就教育评估、课程实施、家校共育进行展示交流,增进普特融合,提供适合有效的送教服务途径。

撰稿:林晓洁

【成立"两院四中心"】 为落实教育部和天津市人民政府共同制定的《关于深化产教城融合 打造新时代职业教育创新发展标杆的意见》要求,2021年3月,市教育两委依托天津市教育科学研究院,汇聚天津和全国职业教育研究优质资源,成立天津市职业教育研究院、天津市产教融合研究院、天津市职业教育发展评估中心,同步深化已有的鲁班工坊研究与推广中心、国家职业教育质量发展研究中心建设,依托天津轻工职业技术学院成立非洲职业教育研究中心,简称"两院四中心"。9月14日上午,职业教育产教融合研究项目启动会暨"两院四中心"揭牌仪式在天津市教育科学研究院召开。职教"两院"旨在建设职业教育高端智库,打造高端职业教育科研体系,以更加有效地支持并服务于全市职业教育的政策研发和实践创新。机构设置基于天津市现有职业教育教科研基础,构建起在全国具有首创意义的区域职业教育"两院四中心"的职教科研体系和平台,为天津作为全国职业教育标杆城市的建设形成强有力的理论研究支撑体系。"两院四中心"均承担着天津市职业教育领域的政策研究、标准制定、项目指导、质量评估、教师培训、资源开发、信息发布、学术交流与宣传推广应用等职能,主要任务各有侧重。12月8日,天津市职业教育专家咨询委员会成立,这是市教育两委推进职业教育发展、提高治理水平和能力的重要举措,是推动天津市职业教育标杆建设的重要保障之一。

撰稿:耿 洁

【编制2021年天津市职业教育质量年度报告】 2021年,市教科院受市教委委托,承担编制《2021年天津市中等职业教育质量年度报告》和《2021年天津市高等职业教育质量年度报告》工作。《年度报告》从特色亮点、发展概况、学生发展、教学改革、政策保障、国际合作、服务贡献、面临挑战等八

个部分,展示天津市职业教育贯彻全国职业教育大会精神的关键举措,特别是服务国家战略、服务天津发展、开展技术研发、服务行业企业、服务学生发展等方面取得的成效,落实高职扩招任务、促进产教融合校企双元育人、开展"1+X"证书制度试点、开展高质量职业培训、打造"双师型"教师队伍、实施中国特色现代学徒制、健全内部质量保证体系、推进国际交流与合作、培育和传承工匠精神、疫情防控等方面工作的具体做法。2021年,新时代职业教育创新发展标杆改革任务重点是,打造人才培养的新高地,打造制度创新的新引擎,打造体系构建的新标尺,打造质量提升的新支点,打造产教融合的新典范,打造国际交流的新窗口,打造涵养发展的新生态。

撰稿:耿 洁

【普通话水平测试工作】 2021年,市教科院增建测试站点,规范操作流程,提升测试质量,持续推动天津市普通话水平测试工作。严格执行《市语委办关于在疫情防控下做好我市院校普通话水平测试工作的通知》要求,推进天津市普通话水平测试分级管理、属地服务改革工作。编制修订测试管理规定,细化测试工作流程,调动测试站点积极性,缩短测试运转周期。截至12月,天津市共建立社会人员测试站2个,院校测试点36个、报名点6个,站点数量为2020年初的3倍。年度共组织普通话水平测试293场,83730人报名参加测试。

撰稿:安 爽

【举办普通话水平专场测试】 2021年,市教科院采用邮箱报名、人工审核反馈信息、现场领取准考证参加测试、等级证书快递到家的一站式服务方式,为天津市699名取得教师资格证人员举办两期

专场普通话水平测试,定向解决考生急盼问题。为满足在津少数民族师生普通话水平测试需求,为北辰职专少数民族班学生、第45中学少数民族高中班学生举办普通话水平专场测试,250余人参加测试;为天津师范大学在津学习的新疆籍骨干教师开展专场测试,120余人参加测试。市教科院派出普通话水平测试工作团队,奔赴650千米外的河北省邯郸地区涉县天津铁厂,为天津铁厂教育行政管理人员和一线教师开展普通话水平专场测试,280余名教师参加了测试。

撰稿:安 爽

【助力少数民族学好说好普通话】 2021年,市教科院开展在津新疆籍务工人员国家通用语言培训。5月,在南开区南江东里社区开展普通话培训活动。此后采取"送培到店""送培到社区"的方式,为在津新疆籍务工人员开展普通话专项培训。12月,在和平区宾西社区为在津新疆籍务工人员举办普通话专题辅导,提升新疆籍务工人员普通话口语水平。年内组织培训10期,近400人参加。9月14日—18日,赴甘肃省甘南藏族自治州,采取线上、线下同时教学的形式,开展普通话发音、普通话朗读、普通话演讲、学会阅读等多场国家通用语言专题培训讲座,当地1376名少数民族中小学教师参加了培训。11月17日,对天津市17所开设少数民族高中班的学校信息技术教师进行模拟测试系统使用培训。11月25日,组织专家团队走进滨海新区,在天津市实验中学滨海学校和天津市滨海新区塘沽紫云中学为少数民族高中班学生、内派教师开展普通话培训和模拟测试,200余人参与活动。

撰稿:安 爽
审稿:李剑萍

各区教育

滨海新区

【概况】 2021年滨海新区拥有各级各类学校、幼儿园共计482所,在校生总计259541人,教职工总计27192人,其中专任教师19873人。中职学校13所,2021年招生2478人,毕业1911人,在校学生6676人,专任教师466人;高中学校32所,2021年高中招生8997人,高中毕业7134人,高中在校学生27641人,专任教师2578人;初中学校62所,2021年初中招生16952人,初中毕业14108人,初中在校学生49924人,专任教师4683人;小学97所,2021年招生20910人,毕业16906人,小学在校学生123619人,专任教师8240人;特教学校3所,2021年招生20人,毕业69人,在校学生393人,专任教师62人;幼儿园273所,2021年招生14953人,毕业13621人,在园幼儿51288人,专任教师3844人。

2021年,滨海新区教育资源建设加快推进,编制完成《滨海新区教育设施布局专项规划(2019—2035年)》。教育改革创新进一步深化,持续推动集团化办学。教师队伍建设进一步加强,共计2287人被认定为区级骨干教师,1名校长、3名班主任、4名教师被授予2021年天津市"津门杰出校长""津门杰出班主任""津门杰出教师"称号。思政课改革创新进一步落实,187所中小学校与高校签署共建协议,在天津市率先成立滨海新区大中小学思政课一体化教学研究联盟。推荐50余名思政课教师走进街镇村居新时代文明实践站所,为市民和未成年人作示范宣讲。加强思政课程资源库建设,《蓬勃兴盛天津港》等9个特色案例入选"美丽天津"思政课特色案例。制定《滨海新区提高中小学生体质健康水平八条措施》,组队参加2021年天津市中小学田径冠军赛,滨海新区中小学代表团取得优异成绩。"双减"工作成效显著,充分发挥校园主阵地作用,制定《滨海新区关于进一步加强和改进义务教育学校作业管理的若干措施》,在天津市"双减"阶段性重点任务综合督查情况反馈中,新区课后服务得分全市第一名。加强校外培训机构监管,在全国率先完成"营改非"登记,《人民日报》客户端以《天津滨海新区率先完成"营改非"登记》为题给予报道。

撰稿:马林林 刘玉林

【教育经费收入与支出】 2021年滨海新区教育经费总收入927341万元,比上年增加234591万元,增长33.86%。其中教育事业费822589万元,教育费附加43万元,事业收入74183万元(其中学费72010万元),其他收入30526万元。全年教育经费总支出943989万元,比上年增加263107万元,增长38.64%。其中教育事业费支出853984万元,教育费附加支出43万元,其他支出89962万元。总支出中公用经费支出248947万元,人员经费支出695042万元。总支出中学前支出128283万元,小学支出375773万元,初中支出214043万元,高中支出124839万元,其他支出101051万元。

撰稿:李浩媛

【师资队伍建设】 出台《滨海新区加强新时代

乡村教师队伍建设实施办法》(津滨教体〔2021〕27号),为进一步加强乡村教师队伍建设工作提供区级政策支撑。新招聘教师、校医291名,安置公费师范生6名,面向全国招聘高层次人才2名。不断推进交流轮岗制度化、常态化建设,208名教师参加区域内义务教育阶段学校交流轮岗工作,其中骨干教师占交流教师总数的21.1%。选派5名教师参加教育部援疆教育人才计划到新疆和田地区于田县第二小学支教。加强教师培养培训,成立津门杰出教师郭瑞芬(思政课)工作室,充分发挥名师的辐射引领作用,2021年认定区级骨干教师2550名(含功能区264人)。段红等3人被评为天津市杰出校长,王薇薇等10人被评为天津市杰出教师,吕萍等5人被评为天津市杰出班主任。刘颖等10名教师被评定为中小学教师系列正高级教师,290名教师参加高级教师评审推荐,652名教师参加一级教师评审推荐。

撰稿:汤 瑛

【学校布局结构调整】 调整完善教育资源布局,《滨海新区教育设施布局专项规划(2019—2035年)》完成阶段成果,与滨海新区国土空间总体规划进行衔接。制定实施《滨海新区2021年教育补短板工作计划》,教育民生工程积极推进,建成实验中学滨海育华学校和大港育秀幼儿园,新增中小学学位1500个、学前教育学位300个。实施C级校舍加固计划,完成太平村中学等5所学校1.53万平方米校舍加固任务。落实资金937万元,对30所学校进行应急维修。实施运动场馆拓展工程,通过寻求企业支持,对34所学校损坏严重的塑胶场地进行维修改造,补齐生均体育运动场馆面积不足短板。推进校园消防设施改造,完成塘沽九中等23所学校、幼儿园消防设施改造施工。

撰稿:张红伟

【教育督导】 组织中小学责任督学对责任区中小学体育美育劳动教育课程开课情况以及音乐教室、美术教室和劳动教室被挤占情况开展专项督查。组织中小学责任督学采用校园巡查、推门听课、查阅资料、问卷调查、走访座谈等多种方式,对责任区中小学落实"五项管理"工作要求情况开展每月不少于一次的常规督导。调整滨海新区中小学责任督学挂牌督导责任区,将全区193所中小学校调整为87个责任督学挂牌督导责任区,配备190名责任督学。组织12个区级督导评估专家组72名督导专家,对滨海

新区塘沽胡家园第一幼儿园等65所幼儿园的办园行为进行督导评估,58所幼儿园督导评估结果为750分以上,7所幼儿园督导评估结果为750分以下。通过查阅相关佐证材料和档案资料对滨海新区人民政府2019年履行教育职责整改落实情况进行复查回访。调整滨海新区幼儿园责任督学挂牌督导责任区,将全区公办幼儿园和取得合法资质的民办幼儿园共293所幼儿园调整为77个幼儿园责任督学挂牌督导责任区,配备114名责任督学。

撰稿:王春庆

【共青团工作】 开展党史教育活动,不断加强系统团员和青少年的思想政治教育引领。开展"习近平总书记'七一'重要讲话精神学习""十九届六中全会精神学习"等6个学习专题,1900多个支部,20000余名团员参加学习;组织开展区级"五四"期间"学党史 强信念 跟党走"主题入团仪式及18岁成人仪式;纵深推进从严治团要求,不断规范基层团组织建设,按照标准、严格审核,共发展1656名青年加入团组织。打好"学社衔接"攻坚战,高标准完成6900多名毕业团员组织关系转接。组织开展16000多个团(总)支部"对标定级"、团书记述职和1600多名团员开展团员评议活动;开展学雷锋、志愿者主题实践活动,发动20000多名团员青年在志愿汇App进行注册成为志愿者,并在社区报道参与志愿活动,在疫情防控工作中发挥生力军、突击队作用。开展"海河青听"实践活动,全系统1600多个支部开展活动,解决青年问题。配合团区委完成区第三届团代会和第二届少代会的相关工作。

撰稿:王建军

【学前教育】 落实《天津市幼儿园保教质量规范》,着力发展学前教育,优化办学结构,普及程度和保教质量稳步提高,初步形成了覆盖城乡、布局合理、普惠均衡的学前教育公共服务体系,学前三年毛入园率85.35%,普惠性幼儿园覆盖率达到80.41%,公办幼儿园在园幼儿占比50.04%。推进新区各级各类幼儿园协同发展,调整完善学前教育发展共同体名单,50个共同体依据《关于组建滨海新区学前教育发展共同体的实施方案(试行)》的要求,制定共同体活动措施,25所公办示范幼儿园与26所薄弱的民办园、托幼点签订了帮扶协议。依据《市教委关于印发天津市普惠性民办幼儿园等级评定标准的通知》(津教政〔2021〕5号)精神,21所幼儿园被评定为普惠性

民办幼儿园。开展以"砥砺十年、奠基未来"为主题的学前教育宣传月活动,面向全区各幼儿园以"我(们)与学前教育改革这十年"为主题征集案例,向天津市学前教育学会报送68篇,大港凯旋幼儿园的案例在中国教育学会网站上公开发表。举办以"建功'十四五' 奋进新征程"为主题的2021年"金锤杯"滨海新区幼儿园教师职业技能大赛。1人获大赛一等奖,2人获二等奖,3人获三等奖。

撰稿:李 欣

【小学教育】 推动滨海新区小学教育优质均衡发展,聚焦"学为中心"的课堂实践研究,组织教学干部分别围绕"教学五环节如何进行管理""如何实施减负监控"2个专题开展论坛交流活动。在大港第四小学举办"基于数形结合思想的小学数学'四画'教学策略研究的探索实践"专场展示活动。在塘沽育才学校举办"思政育人铸魂 献礼建党百年"思政教学的研讨交流展示。在大港向阳小学举办"深化教学改革暨'双导互动'教学模式研究展示交流会"。在汉沽桃园小学举办"在单篇阅读教学中落实单元语文要素的研究活动"。通过交流展示活动,进一步深化课程改革,落实五育并举,实现立德树人根本任务。

撰稿:徐 文

【中学教学管理视导】 贯彻落实《市教委于进一步加强与改进中小学教学视导工作的实施意见》(津教中小学函[2021]3号),督促和指导全区中小学校全面加强教育教学管理,深化课堂教学改革,提高教育教学质量。发布《加强共同体建设 开展初中教学管理视导活动方案》,组织各初中学校以共同体为单位组成以教学校长、教务主任、教学名师等为主要力量的视导组,开展跨区域教学视导工作,就作业管理、课后服务管理、课程管理、毕业班管理、学籍管理、综评管理、共同体建设等项目,进行现场考察、资料查看和访谈,做到听一次课、组织一次座谈、听取一次汇报、查询相关档案,进行一次反馈。通过交流展示,总结教学管理工作经验,查找教学管理工作不足,切实起到以强带弱、优势互补的作用,进一步提高学校管理水平。

撰稿:刘 洋

【品牌高中建设】 2021年4月,启动首批天津市品牌高中培育建设学校遴选工作。4月1日,组织召开新区天津市品牌高中培育建设学校申报工作动员会,鼓励全区高中学校对照建设要求和评审标准申报。4月8日,组织各高中校校长、教学校长在塘沽一中举办"品牌高中培育建设学校培训会",邀请市教育科学研究院基础教育研究所所长马开剑教授以"以卓越品牌托起享誉品牌"为题进行培训讲座。全区24所学校上报《天津市品牌高中培育建设学校申报书》。经过区、市两级评审,塘沽一中、塘沽紫云中学、大港油田实验中学、大港一中、开发区第一中学等5所学校入选天津市品牌高中培育建设学校。

撰稿:李 佳

【特殊教育】 核实滨海新区121名适龄残疾儿童教育安置信息,对应安置的94名儿童接受义务教育情况逐一落实,与区残联密切配合对17名重度残疾适龄儿童做好送教上门服务。完成新学年义务教育学校随班就读的认定与巡回指导工作,持续进行随班就读巡回指导,对资源教室、资源角的使用进行督查指导,对全区第一批次持证上岗的资源教师开展四次专题培训,组织4所孤独症试点单位和全区普通学校的随班就读指导教师参加孤独症儿童教育质量提升的线上培训。组织全区义务教育阶段学校随班就读指导教师参加特殊教育学校教材国家级示范培训,154所普通学校的504名教师报名参训。指导塘沽育才学校、云山道学校、大港四中、大港三小、塘沽一幼、大港凯旋幼儿园制订资源教室建设设备选配方案,6间资源教室完成采购进行安装调试。

撰稿:崔慧梅

【教育科研】 完成"十三五"290项各级别课题结题。组织"十四五"课题申报,立项752项,其中市级583项,区级169项。遴选优秀论文报送参加2021年天津市教育学会"教育创新"论文评选,3篇获一等奖、97篇获二等奖、571篇获三等奖,2751篇分获区级奖项。征集2022年度"教育创新"论文3920篇,其中1127篇上报市教育学会参评市级奖项,在天津市教育学会2021年教育教学成果认定活动中获得突出成果认定4项,市级认定230项,区级认定403项。完成2022年度天津市教育学会10385名会员网上注册。组织第八届青年校长(干部)学术论坛,区级参赛115人,共推荐13人参加市级论坛。举办教科研讲座12次、课题研讨交流15次、优秀成果推介活动9次。组织完成2021年度"草根型"优秀案例的征集与评选,在天津市基础教育教学研究课题中期推动会上做典型发言。

撰稿:倪红莉

【校外教育培训机构监管】 2021年7月底,滨海新区教体局依据"双减"工作要求,新增内设部门校外教育培训监管室,加强对校外教育培训机构的办学资质、教学活动、师资情况、规范收费等方面日常监管,加强对无证无照和其他违规办学行为的治理力度,开展广告治理、违规培训查处等"秋风"专项治理行动,累计出动约2000人次、检查机构约3000个次、查处问题200余个,初步达到重拳治违的效果;加强校外培训机构预收费资金监管,做到资金监管协议应签尽签,资金监管账户应建尽建,消课计划应交尽交,预收款应存尽存;从严压减学科机构,在全国率先完成"营改非"登记,比国家规定要求的时间节点提前两个月。

撰稿:王薇薇

【职业教育】 推进滨海职业学院和汉沽中专"1+X证书试点"项目建设。组织域内各职业院校对接新区产业发展需求,合理调整专业设置。滨海职业学院增设老年服务与管理专业,人工智能技术服务、跨境电子商务3个专业。塘沽一职专增设工业机器人技术应用专业。增设天津北方职业学校,该校开设计算机应用、电子商务、会展服务与管理3个专业。以"技能:让生活更美好"为主题,组织开展2021年职业教育活动周系列活动,展示职业教育成果。举办"唐昊喆口腔健康杯"第九届天津滨海职业教育科技文化节暨2021年科技文化作品展、2021天津市滨海职业教育集团建设暨产教融合发展论坛等系列活动,完成滨海职教集团董事会换届工作。2021年,新区公办中等职业学校在天津市职业技能大赛获一等奖2人、二等奖6人、三等奖22人,全国职业院校职业技能大赛获三等奖2人。

撰稿:孙 敬

【社区教育】 制定《2021年滨海新区继续教育工作要点》,指导滨海新区社区教育工作,健全社区教育制度建设,加快完善终身教育体系,培育特色优质品牌项目,推进学习型城市建设。组织开展主题为"庆建党百年华诞 谱终身学习新篇"的2021年全民终身学习活动周系列活动。推进学习型城区建设工作,完善推进滨海新区学习型城区建设工作机制,完成《滨海新区学习型城市建设监测报告》。加大农村成人教育培训,全年组织开展社区教育和实用技能培训近60场,助力乡村振兴和现代农业发展,新区推荐的魏永华同志被天津市教委评为2021年天津市"百姓学习之星"。新区教育体育局被天津市社区教育指导中心评为2021年"四史"教育进社区活动优秀组织单位,2021年11月,大港老年大学和太平成校的社区教育创新项目,获准申报教育部创新项目。

撰稿:孙 敬

【民办教育】 开展2020年民办学校年检工作,对辖区内各级各类民办学校财务情况进行审计。加强民办幼儿园日常监管工作,就民办幼儿园疫情防控、安全管理、师德教育、人员资质、收费管理等提出工作要求,组织检查组对民办园进行实地检查,督促各民办幼儿园规范管理、规范办园。开展2021年普惠性民办幼儿园申报和认定工作,做好普惠性民办幼儿园等级评定工作,对普惠性民办幼儿园按照等级评定结果发放生均经费补助。组织民办幼儿园、民办托幼点教师和保育员参加"滨海新区幼儿园教师和保育员能力提升计划"集中培训,提高保教人员职业道德和科学保教能力水平。梳理新区域内民办义务教育学校情况,对照《关于规范民办义务教育发展的意见》,对域内民办义务教育学校逐一进行核查,针对问题制订整改方案。

撰稿:周 密

【劳动教育】 举办2021年度滨海新区中小学劳动技能大赛。为培养中小学生正确劳动价值观和良好劳动品质,提高劳动技术素养,充分展示新区劳动技术教育成果,2021年4月,新区教体局组织举办2021年度滨海新区中小学劳动技能大赛,全区79所学校177支参赛队伍的336名选手分别参加了10个项目的劳动技能比赛。经裁定,塘沽胡家园小学等31支代表队获一等奖,经济技术开发区第二小学等46支代表队获二等奖,大港八中等100支代表队获三等奖,大港花园里小学等24所学校获优秀组织奖。组织新区代表队参加市级劳动技能大赛,汉沽九中等代表队成绩优异。

撰稿:苗有志

【学校阳光体育】 制定《滨海新区提高中小学生体质健康水平八条措施》。制定《滨海新区中小学

〈国家学生体质健康标准〉提升计划》。开展全区中小学生体质健康抽测工作,共抽测中小学生16812人,新区12所学校的1199名学生参加实测,体测结果优秀率6.51%,良好率33.36%,及格率54.05%,不及格率6.09%;优良率39.87%,合格率93.91%。组织学校体育竞赛。2021年组织开展中小学田径、足球、篮球、排球、乒乓球、羽毛球、"三跳"等10项区级体育竞赛,直接参与中小学生10000余名。参加2021年天津市中小学田径冠军赛,滨海新区中小学代表团以团体总分1617分,金牌总数108枚的优异成绩取得团体总分和金牌总数第一名,连续7年蝉联团体冠军。塘沽一职专获中职组团体第三名,滨海学院获高职院校组团体第三名。

撰稿:梅洪顺

【艺术教育】 以庆祝中国共产党成立100周年为主题,组织开展滨海新区学校文艺展演(美育实践课堂)活动。通过线上和线下相结合的方式展示学生美术、书法、声乐、舞蹈、器乐、戏剧等项目优秀作品,5万余名学生参与其中。举办"沐党恩、听党话、跟党走"——滨海新区中小学学习"四史"班级合唱和戏剧展示活动。举办"奋斗百年路、启航新征程"滨海新区教体系统庆祝中国共产党成立100周年文艺演出和师生书画大赛活动。区彩虹教师合唱团与天津交响乐团联袂举办"凤凰涅槃"——合唱经典作品音乐会。开展中华优秀传统文化艺术工作,13所学校(青少年宫)挂牌滨海新区第三批

"中华优秀传统文化艺术传承学校",滨海新区塘沽善门口小学等8所学校获教育部"全国中华优秀传统文化传承学校"荣誉称号。以天津设卫筑城617周年为契机,组织全区中小学校开展 "弘扬华夏文明 传承津沽文化" 第十届津沽文化日专题活动,开展戏曲进校园活动,邀请天津京剧院、天津评剧院、天津青年京剧院等院团到滨海新区演出折子戏6场。

撰稿:陈 曦
审稿:方 华

附:区分管领导、教育局领导及驻地
区委副书记:张弢(2021年12月到任)
副区长:梁春早(2021年10月离任)
　　　张兴瑞(2021年10月到任)
2019年12月,成立天津市滨海新区教育体育局
党委书记、局长:宫丽艳
党委委员、副书记:李玉秋
副局长:兰玉柱
党委委员、副局长:方　华
党委委员、副局长:李春年
党委委员、副局长:吴英元
党委委员、区纪委监委驻教体局纪检组组长:王凡生
办公室主任:阳立文
办公室副主任:刘东溟
电话:66896693
地址:天津市滨海新区响螺湾迎宾大道1988号
邮编:300452

和平区

【概况】 2021年,和平区有公办中学13所(包括市属校2所)、小学16所(包括市属校1所)、各类型幼儿园33所,民办中学5所、小学3所,特殊教育学校1所,中等职业学校1所,成人中专1所,成人大学1所,并设有教师发展中心、综合服务中心、教育考试中心、青少年宫等教育科研和服务保障机构。在岗教职员工7千余人,在校学生7万余人。义务教育完成率、巩固率、合格率和高中阶段入学率均达100%,残疾儿童义务教育入学率100%。

按照《关于调整和平区教育局校外教育培训管理工作有关机构编制事项的通知》(津和党编〔2021〕17号)要求,增设校外教育培训监管科,负责全区民办学校和民办教育机构(不含面向中小学生及幼儿园儿童的校外教育培训机构)的日常管理工作,并对其办学水平进行检查评估。

深化"1+1+N"联盟学校协作发展,助力巩固拓展教育脱贫攻坚成果同乡村振兴有效衔接,区教育局获评全国脱贫攻坚先进集体。和平区成功获批全

国中小学劳动教育实验区,获邀连线全国政协召开的"全面加强新时代中小学劳动教育"远程协商,展示和平区第三届中小学生劳动技能大赛现场情况,得到中共中央政治局常委、全国政协主席汪洋的充分肯定。成立教育评价改革工作领导小组,"和平区高质量教育评价体系及运行机制改革试点"获批天津市教育评价改革试点重点项目。第二十中学、第二南开学校获评"天津市品牌高中"。出台《小学就学和初中入学政策调整办法》,推动创办"天津经济技术开发区岳阳道小学"。推进教师招聘方式改革,赴全国部分知名高校宣介,扩大学校招聘自主权,引进教育高端人才11人。4人入选天津市杰出津门校长、杰出津门班主任、杰出津门教师学员;3人入选天津市中小学"未来教育家行动计划"学员;4人入选天津市"特级教师训练营计划"学员;7人入选"追求卓越幼教师资培训项目(第二期)"学员。1单位获评国家级节能示范单位;3所学校获"全国防震减灾示范校"称号;1人获全国优秀共产党员称号;2人获评2020年度"全国优秀少先队员";1人获2020年度"全国优秀少先队辅导员";岳阳道小学少先队大队获评2020年度"全国优秀少先队集体"。岳阳道小学案例获评2020年全国中小学教师信息技术应用能力提升工程2.0典型案例。万全第二小学被确定为孤独症儿童融合教育试点学校。

撰稿:李 妍 李 艳

【教育经费收入与支出】 2021年,和平区教育经费总收入192296万元,比上年增加25115万元,增长15%。其中一般公共财政教育经费收入151938万元,其他公共财政教育经费收入17393万元,民办学校举办者投入1721万元,捐赠收入3326万元,事业收入16064万元,其他教育经费收入1854万元。全年教育经费总支出191574万元,比上年增加23119万元,增长13.7%。其中工资福利支出148124万元,对个人和家庭补助支出6975万元,商品和服务支出28547万元,其他资本性支出7928万元。

撰稿:郭 姗

【党史学习教育】 发布《和平区教育局党委印发〈关于在全系统开展党史学习教育的实施方案〉的通知》,召开全系统党史学习教育动员部署会,扎实开展党史学习教育。局党委理论中心组专题学习了习近平总书记"七一"重要讲话精神、习近平总书记赴福建、广西、青海、西藏考察时发表的重要讲话精

神。组织全系统55个基层党组织170余名中心组成员、170个支部2700余名党员开展习近平总书记"七一"重要讲话精神专题学习,组织宣讲近百场,受众教师4215人,参与学生16642人。下发《和平区教育局党委关于认真学习宣传贯彻党的十九届六中全会精神的通知》《宣讲方案》《社会宣传方案》和党员教育专题学习内容,开展宣讲352场,覆盖师生45280人,收集征文118篇,案例28篇。持续在未成年人中广泛开展"庆祝建党百年,赓续红色血脉"诗文朗诵、红色舞台剧展演等,展示和平区教育系统"四史"学习教育的优秀成果,创新教育形式,组织开展"红色记忆"系列漫画故事成果汇报工作,昆明路小学获全市唯一的市级一等奖,和平区教育局获优秀组织单位称号。发挥协同育人的优势,依托高校的人才资源和"五老"资源,累计邀请20余名大学生党员和20余名老同志走进中小学对学生进行"四史"教育。组织67名机关干部到社区入列轮值,开展"和平夜话"活动和"我为群众办实事"主题党日活动,全系统每周参与人数达1500余人次,共解决问题近100个,交朋友约400人次。

撰稿:李会红 程玉伟

【加强党对教育工作的全面领导】 修订完善教育局党委工作规则和议事决策清单,制定《贯彻落实党内法规抓基层党建工作清单》,完善兴安小学、耀华小学、华夏未来幼教集团党组织设置,新成立4个民办学校党组织。巩固深化"不忘初心、牢记使命"主题教育成果,制定落实《关于巩固深化"不忘初心、牢记使命"主题教育成果的工作措施》的工作清单。贯彻落实《天津市民办学校党建工作重点任务清单》,推动"党建进章程"、健全党组织参与决策和监督制度等重点任务落实,提升民办学校党建工作水平。深化中小学党组织领导的校长负责制试点工作,推动试点学校制定实施《中小学校党组织委员会议议事决策规则(示范文本)》和《中小学校校长办公会议议事决策规则(示范文本)》。第二南开学校党委、实验小学党总支被确定为天津市学校党建"领航工程"党建工作示范学校,天津一中初中党支部被确定为天津市学校党建"领航工程"党建工作样板支部。召开"两优一先"表彰大会,表彰和平区教育系统优秀共产党员、优秀党务工作者和先进基层党组织,做好"光荣在党50年"纪念章发放工作。2人获市级优秀共产党员称号,1人获市级优秀党务工作者称号,教育局党委获市级先进基层党组织称号;6人

获区级优秀共产党员称号,1人获区级优秀党务工作者称号,2个基层党组织获区级先进基层党组织称号。

撰稿:叶 红 张学宝

【意识形态工作】 严格落实《关于规范教育系统思想文化类报告会、研讨会、论坛、讲座审批管理工作的实施办法》《关于做好和平区教育系统敏感事件舆论引导和舆情管控工作的实施办法》《和平区教育系统师德师风建设专题研判工作方案》要求,对思想文化类报告会、研讨会、论坛、讲座严格审批,加强对敏感事件的舆论引导和舆情管控工作。结合实际,明确意识形态工作责任清单(涵盖党委主体责任清单、党委书记第一责任人清单和班子成员"一岗双责"责任清单),制定《和平区教育系统宣传阵地管理制度(试行)》《和平区教育系统论坛管理制度(试行)》《和平区教育系统学校思想政治课管理制度(试行)》《和平区中小学教材管理制度(试行)》《和平区课堂教学意识形态管理制度(试行)》《和平区教育系统学生社团管理制度(试行)》等文件,印发全系统各单位落实。

撰稿:李会红

【落实全面从严治党主体责任】 召开两次教育系统警示教育大会,组织开展全面从严治党第一责任人廉政大讲堂,着力推动"和平讲廉"活动在教育系统落地落实。制订《开展讲担当促作为抓落实、持续深入治理形式主义官僚主义不担当不作为问题专项行动工作方案(2021—2023年)》,落实中央八项规定精神,力戒形式主义、官僚主义。推进警示教育常态化制度化,落实"以案三促",增强党风廉政建设的针对性和实效性,教育引导广大党员干部守住底线、远离红线。组织召开教育系统2020年度党组织书记抓基层党建工作述职评议会暨2021年党建工作推动会、党员领导干部述责述廉会议。充分运用监督执纪"四种形态",特别是第一种形态,坚持抓早、抓小、抓苗头,落实全面从严治党主体责任。

撰稿:叶 红 张学宝

【干部和教师队伍建设】 优化领导班子配备,调整11个处级领导班子,21个科级领导班子,提拔处级领导干部8名,平级交流副处级领导干部1名;提拔科级干部18名,平级交流科级干部13名。落实《和平区领导干部家访工作办法(试行)》和谈心谈话制度,注重培养选拔优秀年轻干部,组织校级干部和中层干部专题培训。召开和平区教育局优秀人才培养工作推动会,25人获评"第二期教育领军人才",59人获评"第三期名教师",62人获评"第五届学科首席教师",542人被推荐为"区级学科带头人",315人被推荐为"第一期区级新锐教师",1345人被认定为区级学科骨干教师。建立14个示范引领培养基地,组建25个开放协作卓越团队,83个名师工作室,61个学科首席教师领衔团队。成立思政骨干教师研修班,组建12个思政团队。2021—2022学年度交流轮岗教师290人,其中骨干教师207人,43人获"和平区优秀交流教师"称号。落实《和平区教育系统师德师风建设专题研判工作方案》,所有在职教师建立师德承诺书和个人师德档案。制订《关于评选表彰2021年和平区教育系统师德先进个人的实施方案》,对169名师德先进个人进行表彰。制订《关于开展和平区教育系统师德师风建设基地学校遴选工作的方案》,评选14所师德师风建设基地学校。

撰稿:夏晓棠 李会红 张学宝

【教科研工作】 立项天津市教育学会课题66项,天津市教育规划课题34项,天津市重大社科项目3项、科普教育专项4项、心理健康专项等市教委专项研究课题,其中天津市教育规划课题立项数量占全市基础教育立项数的46%。完成2021学年度基础教育教学成果认定工作以及优秀成果奖的推荐工作,上报为市级认定的成果150项,其中8项推荐为市级突出成果。组织召开和平区第六届青年校长学术论坛活动。2项成果入选第六届全国教育博览会进行推广。3个经验成果被国家双新示范区校建设2021年成果汇编收录。第二南开学校两次在教育部组织的示范区示范校建设会上分享经验。与北京西城、河北石家庄共同举办4场面向全国直播的"京津冀国家级示范区联合教学研究"活动;在教育部组织的全国双新示范区、校建设工作年度总结会上作典型发言,向全国28个示范区分享建设经验。

撰稿:祁金敏

【学前教育】 开展以"砥砺十年奠基未来"为主题的"学前教育宣传月"活动,持续开展儿童哲学启蒙教育的理论与实践研究,组织研究团队开展区域教研和实践活动,每周录制"儿童哲学故事",通过微信公众号"和平区儿童哲学研究团队"进行宣传,研究成果向国内其他地区推广。强化质量监管,有效利用幼儿园三级监控系统,围绕8项重点内容对各类幼儿园保教质量开展常态化抽查。完善幼儿园工作评价机制,组织相关部门和7个区域幼教兼职视导小组联合深入全区32所幼儿园开展办园质量实地调研,出台《和平区幼儿园办园质量评价指导意见》(津和教〔2021〕35号),制定《和平区幼儿园办园质量评价指标(试行)》,围绕五大项重点内容,提出13条关键指标,明确76项考察要点。充分发挥公办民办1+N联盟发展机制作用,结合年度计划和重点工作,开展互查互学互访,推广典型经验,共享教育资源,推进各类幼儿园协同发展。2个营利性幼儿园转设为非营利性幼儿园,1所托幼点提升为非营利性幼儿园,3所民办幼儿园被认定为普惠性民办一级幼儿园,1所幼儿园被认定为普惠性民办二级幼儿园,新增普惠性学位400个以上。组织开展"发挥评价引领作用 助推学前优质发展"幼儿园主题论坛,评选出一等奖4名、二等奖4名、三等奖8名;开展和平区教育系统"第二届我最喜爱的幼儿教师"评选活动,33名教师获奖;组织开展"2021年幼儿园提高保教质量专项线上培训"活动,提升学前教育专业化水平。

撰稿:吕　娜　张　丹

【幼小衔接】 2021年秋季学期和平区全面实施入学适应教育,将一年级上学期设置为入学适应期,减缓衔接坡度,帮助儿童顺利实现从幼儿园到小学的过渡。召开幼小科学衔接专题研讨会,从教师、家长、学生三个维度开展培训,累计约80次。印发《和平区进一步推进幼儿园与小学科学衔接工作的若干举措》(津和教〔2021〕41号),依托学区化管理模式,全区所有小学与幼儿园分三个学区,建立起小学和幼儿园学习共同体,深入推进幼小科学衔接。开学前通过微信公众号推送新生家长系列微课36节,内容涵盖帮助家长树立科学的教育观念、为孩子创设良好环境、关注孩子心理动态和体质健康、培养孩子的生活能力与学习能力、家长如何与学校沟通孩子在校情况、开学前的学习用品和服装准备、家长不宜做的准备等多个方面的内容。开学后,各小学从身心适应、生活适应、社会适应、学习适应四个方面,开展不少于10次的学生活动,关注个体差异,有针对性地为每个儿童提供个别化的指导,为每个儿童搭建入学适应的阶梯。

撰稿:李艳艳　吕　娜

【暑期托管服务】 2021年8月和平区18所小学共859名学生参加暑期托管服务。以学区化办学为背景,彰显集团化办学优势,各小学汇聚集体智慧,制定周密的活动方案和安全预案,通过涵盖思政、体育、劳动、艺术、科技、阅读、书法、心理健康教育、素质拓展、观看爱国主义影片、党史教育等内容的丰富多彩活动,开展融合教育,将暑托活动与思政教育、新时代文件实践活动有机结合,全面提升和丰富学生各项素质能力,寓教于乐,增长本领,厚植爱国情怀、激发学生全面成长,长大报效祖国的决心。暑期托管服务的亮点工作被多家媒体深入宣传报道。

撰稿:李艳艳　吕　娜

【"双减"工作】 成立和平区"双减"工作领导小组,召开专题研讨会,研制《和平区中小学常态课堂教学评价标准》《和平区中小学作业设计评价标准》《和平区中小学校本教研评价标准》等一系列标准,出台《关于进一步做好中小学课后服务工作的实施方案》,举办天津市"双减"工作系列展示交流活动(和平专场),开展"推门听课"调研活动,召开"减负优质"思考力课堂主题峰会,举办"打造智慧课堂 助力双减落地 奠基学生未来"主题小学教学校长论坛,全面推进"双减"各项任务落地见效。全面推行"5+2"课后服务模式,结合各学校办学特色、教育资源,形成"一校一方案"。切实强化学校教育主阵地作用,树立科学教育观念,提升课堂教学质量,以校本教研、校内示范课、区级双优课为抓手,开展常态课质量提升行动,提高作业管理水平,严控作业总时长,实行分年级作业调控,健全作业总量审核监管、质量定期评价和校内公示制度,加强全过程管理。积极构建"多维育人"体系,提升学校课后服务水平,中学开设素质拓展课程近400门,小学800余门,满足学生多样化需求,学生及家长满意度达98.18%。

撰稿:李艳艳　史小玉　丁孝莉

【"双新"示范区示范校建设】 和平区以"智慧教育 奠基未来"区域教育核心理念为引领,示范校先行一步,各校全员参与。进行课题引领,整合多方力量,建立研究共同体,3项市教委社科重大项目成功立项。实现重点突破,建设优质丰富可选择的新课程;坚持素养本位,实施适合学生发展的新教学;强化育人导向,探索基于人才成长的新评价。"和平区高质量教育评价体系及运行机制改革试点"被列为天津市教育评价改革试点重点项目。建设成果面向蓟州、宝坻等兄弟区和甘肃、新疆、西藏等地辐射。

撰稿：丁孝莉

【品牌高中建设】 和平区将普通高中新课程新教材实施国家级示范区示范校建设与品牌高中建设有机融合，各高中校研究制定三年整体建设与发展规划，明确推进建设的目标、任务和实现路径。整体设计"五育并举的课程样态、素养导向的教学体系、奠基未来的发展指导、立德树人的质量评价、四级联动的教研机制、创新融合的智慧教育"六个项目。深化能力导向的课堂教学变革，不断完善"符合认知规律、融合信息技术、自主灵活高效、激发个性潜能"的课堂教学"和平模式"。建设素养导向的优质课程体系，强化教研专业支撑作用，构建全面培养的育人体系。全区有5所高中被确定为特色高中项目学校，10个学科获得普通高中学科特色课程基地，3所高中获评国家级示范校，4所高中获评品牌高中培育校。

撰稿：丁孝莉

【校外培训机构治理】 全面摸清全区校外培训机构的数量、性质、办学情况、学生、沉淀资金等重要信息，建立校外培训机构违法行为定期通报机制。通过媒体多次发布校外培训消费提醒、"十六条禁令""五条红线禁区"、《和平区校外培训机构办学行为检查细则》，实时公示"营改非"校外培训机构，定期公示校外培训机构资金监管账户信息。以多种形式对校外培训机构明察暗访，建立重点监督台账，通过媒体对存在问题的机构"亮黄牌"。深入开展广告治理，依法依规严肃查处各类培训违法违规广告，对"地下培训""众筹家教"的隐形变异行为严厉打击，并通过媒体曝光。开展资金监管工作，全部正常经营的校外培训机构均开立唯一学费托管账户。开展风险研判，对全区机构反复排查，形成深度风险研判报告。贯彻落实全市防范校外培训机构集中"爆雷"风险专题调度会精神，加强排查和动态监管。创新工作方式，开设校外培训机构"双减"政策服务指导课堂，通过媒体发布校外培训机构"营转非"办理流程，开通学科类校外培训机构转为非学科"绿色通道"，组建区级非学科鉴定专家库。通过治理，义务教育阶段学科类机构压减率达94.33%，营转非完成率100%。

撰稿：周　琳　王立明

【大中小思政一体化建设】 制订《和平区大中小幼思政教育一体化建设工作方案》，与南开大学、天津大学等全市13所高校建立了一体化共建协议，持续推动课程建设一体化、课外活动一体化、资源共享一体化、线上线下一体化和统筹指导一体化建设。充分发挥和平区作为天津市中小学思想政治理论课协同创新中心的优势，通过任务引领驱动，强势打造专业化思政教师队伍，从"习近平新时代中国特色社会主义思想进教材、进课堂、进学生头脑"教材编写到"天津市中小学学科德育渗透知识点"出台，教师们不断深化对教材的理解和掌控能力。加强科研的引领和推动作用，积极开展"思政课程"和"课程思政"课题申报，实验小学和万全小学课题获市级重点课题，第五十五中学课题获市级一般课题。全过程、全方位探索德育工作针对性和实效性，第十九中学等校"三全育人"案例入选市级案例集。推动构建学校德育工作体系，形成目标明确、内容系统、措施具体、体系完善、特色鲜明的学校德育工作特色亮点，开展"一校一案"征集活动，万全小学案例获市级一等奖并被推报到教育部，中心小学案例获市级二等奖。

撰稿：程玉伟

【心理健康教育】 组织开展2021年"逐梦百年　你我同行"和平区中小学心理健康月系列活动，通过植物微景观创作、美文朗诵、文化创意产品设计、心理音乐歌舞创作、心理韵律操、家庭微电影等九项面向全体学生的心育主题活动，在全区营造出关爱自我、珍视生命、重视心理健康的良好氛围，引导学生树立积极向上的人生观，促进学生全面健康成长。面向全区小学高年级、初中、高中学生开展心理素质测评工作，完善学生心理成长档案，落实重点关注学生"一生一档、一生一策、一人一帮"。强化心育队伍专业提升，面向全区中小学心理教师、班主任开展2场线上专题培训，4场线下"专家校园行"系列讲座，参与人数620余人次。举办"新时代，心教师，心融合，新作为"和平区第二届中小学心理教师技能大赛，承办天津市首届"同心杯"中小学心理健康教育教师技能大赛各学段决赛，1人获小学组一等奖，1人获高中组二等奖，1人获职校组二等奖，1人获初中组三等奖。组织开展心理健康教育领衔团队新成员评聘工作，建立心理领衔团队区域化指导常态工作机制，以学区为单位对口包联，开展师资培训、课程教研、个案指导、经验推广等，提升全区心理健康教育整体水平。

撰稿：郑 铂

【班主任队伍建设】 组织开展和平区班主任评优工作。13人获评领衔班主任，28人获评名优班主任，246人获评骨干班主任。对从事班主任工作20年以上的15名教师命名为资深班主任，对从事班主任工作30年以上的27名教师命名为功勋班主任，并在全系统教师节大会进行表彰。组织开展优秀班主任巡讲月活动，"优秀班主任讲师团"成员深入全区各学校开展36场巡讲活动。注重班主任在岗培训与提升，组织开展班主任岗后第三周期四批次培训考核。2021年共组织全区优秀班主任代表参加市级各类培训94人次。严格落实见习班主任制度，组织开展班主任岗前、心理C类培训考核工作，共为163名教师颁发《班主任证书》，不断充实班主任队伍的新生力量。积极培树先进典型，3人成功申报2021年天津市名班主任工作室。在首届天津市中小学教师"讲暖心家访故事"主题演讲比赛中1人获小学组一等奖、1人获高中组一等奖、1人获高中组二等奖，和平区教育局获优秀组织奖。

撰稿：郑 铂

【家校共育工作】 统筹规划家庭教育工作，形成"常态工作""督促检查""评优激励"相结合的三位一体家庭教育品牌建设。以"五个一"为工作抓手，推动学校将家庭教育作为常态化工作。组织开展首届家校共育示范校评选活动，选树11所中小学校作为优秀典型，授予"家校共育示范校"称号并予以表彰，推动形成家庭教育激励机制。加强家校共育专家队伍建设，吸纳8名新成员弥补讲师团成员在幼小衔接、小初衔接领域的不足。召开和平区家庭教育讲师团汇报展示会暨和平区家庭教育培训会、"家校社协同共育，助学生健康成长"和平区教育系统德育工作交流展示会，积极开展工作成果展示和业务提升培训。与区妇联深度合作，面向学校组织6场家庭教育讲座；选派全区优秀家校共育工作者和优秀心理教师参加市级培训4场。积极推动家校共育理论研究，全面总结2021年和平区教育系统家校共育突出亮点和经验成果，编撰《德育工作案例集》。

撰稿：崔依姗

【法治教育】 7月29—30日召开和平区第八届中国教育创新年会学校法治领导力主题峰会暨第十一届和平教育对外交流研讨会。和平区教育局被评为"2016—2020年天津市普法工作先进单位"。举办"第五届学宪法讲宪法演讲比赛"，和平区学生在市赛中斩获全市小学组、初中组2个冠军、1个亚军、1个季军和1个三等奖，获得全国赛季军和演讲比赛三等奖的好成绩。开展"防诈骗专题讲座""律师进校园""美好生活民法典相伴""走进区检察院""宪法宣传周系列""网络安全系列讲座""12·2交通安全教育活动"等活动，努力推动法治教育常态化机制、教育资源建设机制落地落实。加强青少年法治教育，开展"宪法卫士2021年行动计划线上培训"活动，全区中小学校完成率接近100%。

撰稿：崔依姗

【团队工作】 强化团前教育，严把团员发展入口关，2021年共发展团员665人，初中团学比为2.7%，高中团学比为38.1%。从严治团，落实团基层组织"三会两制一课"制度，按时收缴团费，完成线下和线上团员关系转接及学社衔接工作，完成团员民主评议和团籍注册管理工作。开展"学党史 强信念 跟党走"学习教育、学习宣传贯彻习近平总书记5月30日给江苏省淮安市新安小学的少先队员们回信精神、举办"高举队旗跟党走 百年党史我传承"——和平区庆祝六一国际儿童节大会暨"红领巾心向党"主题队日活动、开展"传承红色基因，争做时代新人——庆祝中国共产党成立100周年书画作品征集活动"、开展"学党史 铭初心 传美德"——天津市和平区教育系统庆祝中国共产党成立100周年专场演出暨2021年度和平区新时代好少年发布仪式活动、"十·一三"期间在和平区三个学区片分别开展"请党放心 强国有我"和平区纪念少先队建队72周年主题队日系列活动。2021年和平区教育系统共青团和少先队组织共获天津市五四红旗团委1个、天津市优秀共青团干部1人、天津市优秀共青团员1人、天津市向上向善好青年1人，天津市新时代好少年2人。

撰稿：侯媛媛

【阳光体育】 加强学生"五项管理"，制定《和平区关于进一步加强中小学生体质健康管理工作的通知》。实施全覆盖《国家学生体质健康标准》测试，全区学生体质及格率和优良率明显提升。2021年市教委抽测报告显示，和平区学生体质健康合格率97.82%，较2020年增长3.05%。组织首届"和平杯"

中小学桥牌比赛,举办2021年"和平杯"中小学春、秋季田径运动会,37所中小学千余名学生参赛,2人次破区运会最高纪录。组织天津市百万中小学生"我运动、我健康"校赛和区赛,帮助学生在体育锻炼中享受乐趣、增强体质、健全人格、锤炼意志。获2021年天津市中小学田径冠军赛团体总分第二名。

撰稿:赵 娜

【美育工作】 组织全区师生开展"听党话 跟党走"第二届青少年"美育云端课堂"美育鉴赏活动。开展和平区"2020年金牛贺岁 辛丑迎春"天津市学生剪纸作品展、"用知识缝制铠甲——庚子新冠的童画"大赛,近百余作品入围。组织开展"学史崇德 建党百年砥砺奋进 童心向党 红色江山世代相传"和平区学校文艺展演个人项目工作。坚持先进文化方向,坚持面向全体,建立校级展演推荐、区级展演交流、市级展演三个阶段模式,线上活动集中展演1051个节目,优秀艺术作品827幅,摄影作品24幅。开展"童心向党"教育实践活动——"童心向党 唱支红歌给党听"、精品微视频征集工作,29个单位入围。青少年宫小白鸽童声合唱团、岳阳道小学凌霄之韵学生合唱团参与录制天津广播电视台文艺广播频道红歌展演录制。以戏曲、曲艺、书法、剪纸、诗词等中华优秀传统文化艺术为项目,围绕"弘扬华夏文明,传承津沽文化"主题,组织开展形式多样的主题文化活动。举办戏曲进校园之戏曲师资培训、11场戏曲进校园活动。

撰稿:张晓宇

【劳动教育】 2021年5月印发《和平区关于全面加强新时代大中小学劳动教育的实施细则》。着力加强劳动教育队伍建设,全年组织专题培训20余次。拓展优化中小学劳动实践课堂,增加金属造型工艺、数控加工、电子产品制造及无人驾驶调试等实践课程。加强劳动实践基地建设,开展高中学生暑期工业实践劳动周活动。建立学校物业采购与校内学生劳动岗位和时间联审机制,削减学校物业采购数量。公示劳动教育课表,成立劳动教育管理队伍和劳动学科教研组,组织100余名教师参加全区中小学劳动技术教师技能考核和第三届劳动教育教师技能大赛。实施学生课后服务和家庭劳动项目清单制,开展多种形式校内劳动教育和家庭劳动作品展示。责任督学对学校课程、劳动教育队伍、资源、机制建设等进行全面督查和指导。2021年4月,承办

天津市首届中小学劳动技能大赛,和平区22名学生参加市赛,其中14人在7个项目中分获一等奖,8人在4个项目中分获二等奖。

撰稿:赵 青

【工会妇联工作】 组织开展"我心向党"天津市职工红色经典网上观影、"学四史 强信念 跟党走"全国职工党史知识竞赛线上知识竞答、区教育工会"关爱会员"心理减压和小型趣味赛等活动,参观弘扬劳模精神劳动精神工匠精神教育展,市教育工会对组织有力、落实到位的和平区教育工会予以通报表扬。组织召开和平区教育系统工会工作亮点展评分享交流会。推荐中心小学、鞍山道小学和逸阳梅江湾国际学校参加天津市教育工会组织的"红色旋律迎百载 百舸争流育新人"展评活动。推荐培育学校参加天津市教育工会组织的"弘扬三种精神 凝聚奋斗力量"的线上展示。推荐鞍山道小学赵振晓的《学校如何贯彻落实"传统文化教育"的办学特色》提案参加区总工会提案征集推荐活动。在区总工会征文比赛中,2名教职工的参赛作品获一等奖、4名教职工的参赛作品获二等奖、6名教职工的参赛作品获三等奖;在区总工会演讲比赛中,4名教职工的参赛作品获一等奖、9名教职工的参赛作品获二等奖、3名教职工的参赛作品获三等奖。和平区教育工会获区级优秀组织奖。岳阳道小学刘嫄获天津市五一劳动奖章。组织参加由区妇联组织开展的"巾帼心向党 红歌大家唱"主题演唱比赛,和平区教育局获最佳组织奖。完成《和平区教育局妇女发展规划(2011—2020年)的终期报告》和《和平区教育局儿童发展规划(2011—2020年)的终期报告》。万全小学赵岩被评为2017—2021年度天津市妇联系统先进个人。

撰稿:叶 宁

【教育信息化建设】 实践案例《探索线上线下混合式教学》入选教育部教育管理信息中心主编《2021年度中国智慧教育区域发展研究报告》。岳阳道小学、第十九中学、中华职业中等专业学校被教育部评选为"2020年度网络学习空间应用普及活动优秀学校"。在市教委发布《天津市基础教育信息化发展报告(2020)》中,和平区获得基础教育信息化发展综合指数第一名。汇文中学、第二十一中学、第十九中学、岳阳道小学、万全小学被确认为天津市基础教育智慧教育示范校。在2021年天津市信息技术与

教学融合创新交流展示活动中,和平区有29件作品获市级奖项,占全市获奖作品的7.1%。在天津市"第十九届中小学信息技术创新与实践大赛"中,和平区报送的12支队伍获市级奖项,其中一等奖5个,占比42%。在天津市第22届学生信息素养提升实践活动中,138名学生获市级以上奖项,成绩优异。稳步推进"国家级信息化教学实验区"建设,遴选多所实验学校分五个方向进行实践探索。上线"和平区教学助手",升级"和平云图"校园阅读管理系统,为有新增需求的学校配备智能互动卡,有效提升全区校园数字化水平。

撰稿:钱蓓蓓 焦辰菲

【教育督导】 2021年9月,和平区在全市率先通过县域学前教育普及普惠市级评估认定,并申报国家级县域学前教育普及普惠县。和平区通过持续推动资源建设,扩充普惠性学前学位供给,落实财政扶持政策,强化教师队伍,健全管理制度,实现幼儿园党的组织和党的工作全覆盖,保证正确办园方向,促进幼儿科学健康成长,健全多部门协同机制,保证幼儿园依法规范安全办园,不断提高人民群众的满意度。深入贯彻落实新时代教育督导体制机制改革重点任务,结合和平区教育工作实际研究制定改革措施,2021年12月,出台《中共和平区委办公室 和平区人民政府办公室关于印发〈和平区深化新时代教育督导体制机制改革落实举措〉的通知》(津和党办〔2021〕21号),立足贯彻落实党的教育方针和立德树人根本任务,充分发挥教育督导职能作用,助推和平区教育事业高质量发展。

撰稿:王 莉

【招生考试】 区教育招生考试中心坚持依法治考,认真做好组考工作,做到政策宣传解释到位、考试招生服务到位、考试招生安全到位、全程监督过程到位、考生权益保障到位。市区级领导多次到招生考试中心针对英语考点考场、服务保障、疫情防控和安全保密等工作开展调研和指导。为进一步提高工作效率和服务水平,更好地做好国家级、市级考试试卷押运工作,加快实施公务用车更新工作。为落实教育部《普通高中英语新课程标准》和《天津市深化考试招生制度改革实施方案》相关要求,启动中高考英语听力计算机考试标准化考点建设工作,保障中高考英语听力考试方式改革平稳落地。区教育招生考试中心获评"2021年度空军招飞工作先进集体"

称号。

撰稿:薛 莉 卢春艳

【东西部教育扶贫协作和支援合作】 巩固拓展教育帮扶成果,深化与甘肃省舟曲、会宁、靖远三县的东西部教育协作和支援合作。选派74人次干部教师支教送培,完成中组部驻舟曲扶贫工作组专项工作,舟曲职专支教团队在课程设置、育人方式上升级,着力打造职业教育发展新模式,加快技能型人才培养;舟曲一中支教团队建立"一二三"教研模式,打造"五维课堂",构建"三个一"德育体系,学校进入良性循环的发展轨道,获评甘南州文明校园、民族团结进步教育示范单位。做好三县选派179名教师的在津培训,组织好跟岗挂职锻炼和研修培训。深化35所学校、幼儿园与三县92所学校的"1+1+N"结对帮扶成果,在结对地区创建23所"天津市教育支援示范校",两地通过线上研讨与实地参访相结合,教育帮扶内容不断向深度和广度延伸,宏观层面涉及学校办学理念、五育并举、文化建设、课程改革等;微观层面涉及教师培训、课堂观摩、教学研讨、学生活动等,交流内容紧扣"大中小思政一体化建设""思政课学科教学""大单元教学设计"等新时代教育主题。在2021年12月国家乡村振兴局对会宁的实地考核中,"上好五堂课、打造精准教育帮扶升级版"作为和平区巩固拓展脱贫攻坚成果推进东西部协作的一项创新举措,得到认可。

撰稿:石 英

【安全管理】 全区中小学、幼儿园安防示范建设"四个100%"任务全面达标,实现一键报警系统与公安和平分局、属地派出所"两连接";全区校园专职保安员配备年龄普遍在50岁以下。评选表彰2021年度平安校园示范单位5个、先进单位10个、优秀管理者15人、优秀工作者25人。完善"区级巡查、局级督查、校际互查、各校自查和第三方专业检测"的"4+1"安全检查长效机制,稳步推进安全生产专项整治三年行动,长效常治实验室及危险化学品安全、消防安全、燃气安全、建筑施工、特种设备、交通安全、食品安全等关键领域,通过购买服务开展年度电气及电气智能化、消防设备设施安全检测,强化闭环管理,有力确保重要节日、建党百年保障期等关键节点校园安全形势持续稳定。着力开展校园安全专项整顿,精准发力10个重点整顿方面,定期联合督查校园及周边治安环境。着力提升防治校园欺凌工作水平。召开专题研讨会,持续深化防范校园欺凌专项治理行动。定期开展全覆盖摸排调查,探索"无欺凌区"创建标准和实践。常态开展扫黑除恶专项斗争,持续推进"无黑校园"建设,有效提升人民安全感和社会满意度。

撰稿:李翠玲

【"互联网+明厨亮灶"建设】 2021年6月,实现40家学校食堂"互联网+明厨亮灶"100%全覆盖。2021年10月,通过国家创城评审组对《学校食堂"互联网+明厨亮灶"覆盖率达到100%,接受社会监督》项目条款的验收,并以此为主体延伸承担《聚焦"一老一小"食品安全和平区校园和养老机构食品安全行业监管机制创新》国家级食品安全示范城创示范项目。推动校园食品安全守护行动。2021年12月,实现2021年学校食品安全的两个100%,即100%学校食堂投保校园责任险,加装防护层,降低食品安全风险;100%公办学校食堂通过HACCP或ISO22000认证,不断提升管理水平、提高管理效能。

撰稿:郝小泉

【教育保障与服务】 加快教育资源建设,推动天泰置业公司泰安道24号办公楼、天津一商投资有限公司唐山道54号办公楼等租用改造项目,预计将新增学位2500个;新星小学众城里校区、二南开学校同安道校区投入使用,新增学位1500余个。推动新建区级垃圾分类示范校6所,创建无烟学校45所;创建市级优秀节水型单位2个。完成2021年度和平区教育系统二级预算单位设备采购预算计划,总计采购教学设备23大类,9773(台/套/件),投入教育经费1571.37万元;完成和平区义务教育学校新增教学仪器2020—2021年配置计划,总计采购中小学体育美育理科实验室教学仪器59967(台/套/件),投入教育经费757.74万元;完成2021年度和平区中小学新增更新纸质图书,总计57323册。完成和平区2021—2022学年度学前教育资助金、义务教育建档立卡完成家庭经济困难补助金、高中建档立卡及家庭经济困难免学杂费及高中国家助学金的审核、汇总、下发,资助金额共计37.292万元;指导36所学校完成5.16万套校服的征订工作;督促73所单位完成75183人的参保缴费工作。完成新生结核筛查3389人;视力普查近14万人次;开展市、区级各类内容健康教育大讲堂活动84场;创建健康学校23所、健康促进学校4所;按期完成和平区教育局系统干部人事档案数字化建设。

撰稿:么会平 董小溪
审稿:明建平

区管领导、教育局领导及驻地

区委常委、宣传部部长:管　强(2021年10月11日离任)
　　　　　　　　　　　李　康(2021年10月25日到任)

副区长:孟冬梅(2021年10月16日离任)
　　　　沙　红(2021年10月18日到任)

区教育局党委书记:明建平

区教育局局长:明建平

区教育局党委副书记:空　缺

副局长:王　鹏(2021年10月25日离任)
　　　　郝红伟
　　　　刘　洋
　　　　王　伟(2021年3月6日到任)
　　　　王　刚(2021年12月29日到任)

调研员:杨占波
　　　　潘　成

办公室主任:赵信恒(2021年4月25日到任)

电话:27126366

地址:和平区南门外大街257号

邮政编码:300020

河北区

【概况】 2021年,河北区共有各级各类学校(幼儿园)89所。其中中学18所(含市直属外大附校、民办校4所,其中完中校11所、高中校2所、初中校5所),小学28所(含民办校1所),幼儿园41所(含民办幼儿园21所、少年宫幼儿园1所、集体幼儿园2所、部队幼儿园1所),中等职业学校1所,高等职业院校1所,特殊教育学校1所,少年宫1所,教师发展中心1所。共有在职教职工6863人(含民办学校、幼儿园教职工),在校(园)学生(幼儿)70320人。

2021年,河北区教育局深入落实教育高质量发展三年规划,加快推进义务教育阶段学校联盟建设,实施普通高中新课程改革,天津二中被遴选为市品牌高中建设培育学校,教育体制机制改革成效凸显。杨桥大街配套小学新建项目建成并顺利交接,新增义务教育学位2925个,成立4个学前教育联合发展体。优化义务教育资源布局,扶轮丹庭幼儿园正式开园,第二实验瑞庭小学新建项目、育婴里第二小学改扩建项目建成并交付使用,集团化办学、合作办学不断深化,成立昆一教育集团。教育教学质量稳步提升。全面提升职业教育水平,城市职业学院启动"鲁班工坊"肯尼亚梅鲁郡分中心建设,中山志成职专持续推进"1+X"试点工作。加大教师队伍建设力度,健全师德师风建设长效机制,引导广大教师争做"四有"好老师。特教中心组织开展多次特教专题知识讲座、培训等,提高普校随班就读教师的专业能力水平。开展"全覆盖"主题督导,完成督政、督查整改工作,聘任河北区第一届首席督学和兼职督学。

撰稿:路　军

【教育经费收入与支出】 2021年,河北区教育经费总收入169189.31万元,比上年减少3665.32万元,下降2.12%。其中一般公共预算财政拨款收入163879.07万元、政府性基金预算财政拨款收入200万元、事业收入3828.56万元、其他收入1281.68万元。全年教育经费总支出173296.34万元,比上年增加1025.58万元,增长0.60%。其中人员经费支出146349.58万元、公用经费支出18038.58万元、项目支出8908.18万元(其中:基本建设类项目4383.68万元)。教育经费总支出中中学支出(含职专)62230.58万元、小学支出65825.66万元、幼儿园支出26241.36万元、其他单位等支出18998.74万元。2021年河北区安排义务教育段生均公用经费均超过市颁标准。项目支出8908.18万元,主要用于新建、改扩建中小学、幼儿园,天津城市职业学院幼儿教育产教融合实训与服务基地建设等。

撰稿:路　璐

【教育教学改革】 小学集团化办学不断深化,成立昆一教育集团。进一步深化办学体制机制改革,与外大附校合作日益紧密,成立天津外国语大学附属河北外国语中学,2021年完成招生318人。扎实推进区品牌高中培育建设,经过学校自主申报、区级遴选推荐、市级专家组评审。普通高中新课程改革深入实施,天津二中、十四中学、五十七中学、外大附校被遴选为普通高中新课程新教材实施市级实验学校,河北区被遴选为市级实验区。推荐天津二中、天津十四中学做好天津市普通高中学生发展指导实验校的申报工作。深化"三教"改革,"岗课赛证"综合育人,持续推进"1+X"证书试点工作,持续推进职业教育教学改革,深化产教融合。

撰稿:陈立芹　赵　鹏　杨培月

【师资队伍建设】 大力推进师德师风建设,学习师德楷模先进事迹,学习先进师德楷模精神。开展中小学有偿补课和教师违规收受礼品礼金问题专项整治。在全区遴选优秀教师推荐"十四五"期间市级师资培训项目。教师队伍不断优化,骨干教师队伍进一步扩充,5人晋升正高级教师职称。红星路小学校长刘伟被授予"2021年天津市杰出津门校长"称号;南普小学教师胡瑞峰被授予"2021年天津市杰出津门班主任"称号;教师发展中心教研员慈树梅、第五十七中学教师姜健被授予"2021年天津市杰出津门教师"称号。2021年各学段教师交流共计268人，其中骨干教师140人，占比达到52.24%。

撰稿：郑 飞 郝舒婷

【干部队伍建设】 党组织领导下的校长负责制工作进一步推进。基层党组织更加健全合理、建设基础更加牢固。2021年全区教育系统共调整基层领导班子44个；在校（园）级干部中，新提任29人，交流53人，试用期满转正9人；在中层干部中，新提任18人，交流17人，解聘8人。截至2021年底，基层单位校（园）级干部平均年龄51.24岁，专科及以上学历比例达到100%；高级职称比例达到76.8%，其中8人为正高级职称。依据《河北区教育局关于河北区义务教育阶段公办学校校级干部交流工作实施的意见》，结合全区干部队伍实际，在原有校长交流机制基础上，全面贯彻落实市教委关于教育均衡发展的要求，以校级干部交流轮岗作为重点，全年共调整义务教育阶段基层领导班子26个，交流校（园）级干部31人。

撰稿：郭 玲

【学校布局结构调整】 开展涉及5所学校的C级校舍改造工作，共计完成改造面积1.15万平方米。完成十四中学、三十五中学、红光中学、兴宜小学、增产道小学、大江路小学、红权小学7所学校共计9000余平方米场地的达标任务。育婴里第二小学改扩建项目，新增5个班，225个学位；第二实验小学中铁国际校区项目建成并交付使用，新增36个班，1620个学位；完成接收杨桥大街配套小学项目，新增24个班，1080个学位。育婴里第三小学改扩建（一期）项目，主体建设基本完成，现正在进行二次结构施工。四十八中学迁址重建项目已完成前期施工手续。出台固定资产管理办法，指导基层单位规范管理，实行一物一条码管理。

撰稿：毛继明 路飞月

【素质教育全面落实】 开展"立德树人铸师魂 青春领航育新人"党史巡讲活动、"北靓红娃心向党 红色基因永传承"教育系庆祝建党100周年主题庆祝活动、"小手拉大手 青马育青苗"等党史教育系列活动。举办区级美育实践课堂暨第十七届学校文艺展演集体项目、个人项目比赛。推选500个个人项目和93个集体项目参加市级学校美育实践课堂比赛。与区文化旅游局联合开展2021年传统艺术进校园系列活动，并在宁园小学举行启动仪式。与天

津北方演艺集团合作，开展戏曲进校园活动，天津京剧院、曲艺团分别走进第二中学和育婴里小学。3000余名学生参与了河北区学生美术作品展暨河北区庆祝建党100周年"小天鹅杯"首届青少年学生书画展示活动。组织学生参加天津市学校阳光体育活动，靖江路小学、光明小学成立河北区学校武术工作室。制定《河北区落实关于全面加强新时代大中小学劳动教育的若干措施》，开展寒暑假劳动小能手、"庆丰收感党恩"主题劳动教育等活动。

撰稿：王安宁 曹克成

【学生体质健康提升】 制订落实《关于进一步加强河北区中小学生体质健康管理工作的实施方案》，完成国家体质健康标准测试和国家级、市级抽测工作，河北区抽测总分评定等级合格率为93.91%，较上年提高7.15%，优良率为39.31%，较上年提高21.56%。高中学段合格率、优良率排名全市第4位，小学学段优良率较上年提升37.18%。规范"防近"工作，落实相关部门职责，形成齐抓共管的"防近"工作机制。各部门齐抓共管"防近"工作机制不断健全，在校学生上半年筛查近视率为50.63%。

撰稿：曹克成 毛继明

【校园安全】 落实《天津市中小学幼儿园安全管理规定》，进一步完善"三防"建设。完成校园一键报警装置提升改造工作。普及学校消防、电气、燃气检测。编制《河北区教育系统突发公共事件应急预案》，推进保安员年轻化建设。持续推进警校联动，在全市率先建立校园周边安全区域，完成一校一警的警力配置。推进消防安全管理、应急疏散演练、校舍排危抢险等工作，全年未发生安全责任事故。编制《河北区教育系统突发公共事件应急预案》，建立突发事件分级响应机制，全力维护重点时期校园的安全稳定。完成全系统61个自办食堂、183个视频点位的"互联网+明厨亮灶"建设。

撰稿：毛继明 唐 强

【幼儿园办园行为督评工作】 将幼儿园办园行为督导评估列入督导重点工作及年度工作计划，制定了《2021年河北区幼儿园办园行为督导评估工作规划》。强化组织建设，聘请18位专家，组成3个专家组队伍，根据《教育部幼儿园办园行为督导评估系统》，对幼儿园办园条件、安全卫生、保育教育、教职工队伍和内部管理五个方面的规范办园情况进行督

导评估。专家组对幼儿园进行实地查找问题、给出意见、指导整改、帮助、指导幼儿园进一步做到依法办园、规范办园。幼儿园经过整改后通过评估系统先进行自评、专家组再督评,以评促建,不断提高幼儿园科学保教水平。2021年度已经完成34所达标园的系统自评和专家督评工作,成绩均为合格。

撰稿:李 静

【落实"双减"要求】 为持续深入推动中央和市委市政府有关"双减"工作要求,全面推行"5+2"课后服务模式,2021年秋季开学以来,本着需求导向和自愿原则,对全区12305名在校学生全面实行"5+2"课后服务,参与率达到96%,中学共开设社团193个,各学校充分利用管理、人员、场地、资源等方面的优势,积极做好校内课后服务工作。落实市、区两级《关于进一步做好中小学课后服务实施意见》,总结26所小学校的经验做法。进一步加强作业的统筹规划,严格控制作业总量,优化作业设计与实施。组建河北区"双减"工作专班,制定教育协查员制度、问题转办制度、"地下"违规办学常态化治理制度,开展专项检查与联合执法。指导152家校外教育培训机构与指定委托银行签订预收费资金托管协议,完成《经济鉴定报告》。学科类校外教育培训机构82家全部完成转型,压减74家,"营改非"8家,办结率100%。

撰稿:赵 鹏 杨培月 李小海

【职业教育终身教育】 把握办学能力项目建设契机,促进学校可持续发展。中山志成职专从抓内涵建设着手,不断提高教育教学质量,严把教学关,深化"三教"改革,"岗课赛证"综合育人,持续推进"1+X"证书试点工作。完成并通过天津市第四批"1+X"证书制度试点院校的申报及审核工作。持续推进职业教育教学改革,深化产教融合,整合职业教育资源,加强高水平专业群建设。2021年天津市职业教育创优赋能建设项目申报书及建设方案获天津市教委审批通过。制定推进河北区老年教育发展实施方案,组织"天津市第十五届社区教育展示周暨2021年全民终身学习活动周启动仪式天津河北区分会场",打造"区校终身学习联合体"。光复道街段锡斌老人获评全国百姓学习之星,老年大学"老党员朝阳行"获评全国终身学习品牌、全国特别受百姓喜爱终身学习品牌第一名。

撰稿:赵 鹏 李小海

【思政教育社会实践基地授牌仪式】 12月1日,河北区教育局思政教育社会实践基地授牌仪式在第二实验小学举行。区教育局副局长王彦祺、新蕾出版社副总编辑焦娅楠出席仪式。焦娅楠副总编辑表示,出版社将以思政教育社会实践基地的建立为契机,为河北区的学子们带来更多关于思想教育、品德教育和社会主义核心价值观教育等方面的课程和活动,引导学生扣好人生第一粒扣子。仪式结束后,第二实验小学的学生们表演了舞台剧《共产党宣言》中文版的诞生。随后,出版社编辑做了主题为"铭记历史,振兴中华"的专题讲座。河北区教育局将以此次授牌仪式为契机,积极争取多方力量,统筹利用课内外资源,深入挖掘思政教育元素,推进全区中小学思政教育在铸魂定向、涵德化人中落地见效。

撰稿:谭 蕾

【市委常委、统战部部长冀国强到红光中学看望藏族学生】 2021年2月4日春节前夕,市委常委、统战部部长冀国强,天津市民族和宗教事务委员会主任刘广理,市委教育工委、市教委一级巡视员闫国梁,市民族和宗教事务委员会一级巡视员刘佩年,河北区委书记刘志强等领导及相关部门负责同志到红光中学看望在校藏族学生。冀国强部长和藏族学生们亲切交谈,随后冀国强部长一行观看了学生舞龙队、足球队、舞蹈队等社团活动情况,叮嘱学校干部教师一定要妥善安排好在校学生的寒假学习生活,让在津的藏族学生度过一个祥和、喜庆、安全、稳定的新春佳节。

撰稿:邢中阳

【赴北京市石景山区教育委员会签约学访】 为贯彻落实京津冀协同发展战略,构建适应新时代的区域基础教育体制机制,推动教育事业持续高质量发展,加快推进教育现代化,努力办好人民满意的教育,河北区教育局党委书记、局长付锐带队赴北京市石景山区开展签约学访交流。3月30日上午,河北区学访团一行来到北京市第九中学。石景山区教工委书记石显富、教委主任李秀兰、副主任段新仓、胡光熠及相关科室负责同志和九中的校领导参加了签约仪式并进行座谈。双方分别介绍了各自区域的人文地理特点及教育发展概况,并就素质教育实践探究、课程建设互动研讨、人才能力提升培养、问题导向实践研究、青年教师实践交流等五方面问题签署

《战略合作框架协议》。双方就集团化办学和干部、教师管理体制机制改革等问题进行了深入交流,并就继续开展交流学习,互访互鉴达成一致意见。座谈会后,河北区学访团一行先后参观了石景山区实验小学、石景山区实验幼儿园。

撰稿:王　怡

【河北区教育系统领导干部系列培训交流活动】 河北区教育局于10月23—24日,在河北区教师发展中心举办河北区教育系统校(园)长交流研讨活动。本次活动以"依法治校办一流教育　立德树人促内涵发展"为主题,59位校(园)长分别结合课件,汇报暑期专题培训班学习体会、结合本单位工作实际所拟定的依法治校思路举措以及计划开展的重点工作等,9位教育专家逐一对校(园)长进行评审打分并就汇报交流整体情况进行点评。此次暑期专题培训和交流研讨活动为校(园)长提供了一次领导能力提升平台,有利于打造一支具有较高思想理论素养和开拓创新精神,掌握现代科学文化和管理知识,懂教育、善管理,作风优良的高素质校(园)长队伍。

撰稿:张　亮

【区领导慰问河北区教育系统一线教师】 9月8日上午,在第37个教师节来临之际,区委书记刘志强,区委副书记、区长徐刚,区委常委、区委组织部部长赵鸣,区政府副区长刘冬云一行先后来到河北区育婴里第三小学、天津外国语大学附属河北外国语中学,慰问教育教学一线教师,代表区委区政府向全区广大教师和教育工作者致以节日祝福和崇高敬意,并深入调研学校"双减"工作开展情况,广泛听取一线教师的意见建议。在育婴里第三小学、天津外国语大学附属河北外国语中学,区领导一行现场查看了学校规划建设进展情况、教育教学成果展示,并召开座谈会,详细听取有关情况汇报。育婴里第三小学和天津外国语大学附属河北外国语中学教师代表结合自身工作实际,先后介绍了贯彻落实"双减"工作要求的特色、亮点做法。刘志强书记、徐刚区长对两所学校在教育教学和"双减"工作中取得的成绩给予充分肯定,希望广大教师继续深入学习贯彻习近平总书记关于教育工作的重要论述,牢牢坚守立德树人初心,不断提升在新时代教书育人的能力水平,切实为培养德智体美劳全面发展的社会主义建设者和接班人作出新的贡献。

撰稿:杨　芳　周作强

【河北区中小学劳动技能大赛】 为深入学习贯彻习近平总书记关于劳动教育的重要讲话精神,贯彻落实《中共天津市委办公厅天津市人民政府办公厅印发关于全面加强新时代大中小学劳动教育的若干措施的通知》(津党办发[2020]18号)要求,丰富劳动实践课堂,河北区于4月9日在启智学校、光明小学举办2021年度河北区中小学劳动技能大赛。大赛共设置小学低年级组整理行李、洗手绢,小学中高年级组(3—6年级)电子焊接、包饺子、钉纽扣,初中组包粽子、木模工艺、机缝技艺及高中组冷菜拼盘、擦玻璃、金工工艺11个项目。参赛选手精神饱满、各显身手充分展示了劳动技能和风采。

撰稿:张耀文
审稿:路　军

附录:区分管领导、教育局领导及驻地

区委常委、区委组织部部长:赵　鸣
副区长:李晓霞
区教育局党委书记:王柯伟(2021年1月离任)
　　　　　　　　付　锐(2021年1月到任)
区教育局局长:王柯伟(2021年3月离任)
　　　　　　付　锐(2021年3月到任)
区纪委监委驻区教育局纪检监察组组长、
区教育局党委委员:孙林妹(2021年5月离任)
　　　　　　　　王　磊(2021年5月到任)
区教育局副局长:张莉莉
　　　　　　　吴晓红(2021年10月到任)
　　　　　　　王彦祺
　　　　　　　吕家华(2021年5月到任)
　　　　　　　张华云(2021年10月离任)
　　　　　　　曹俊峰(2021年10月到任,挂职)
区教育局一级调研员:王柯伟(2021年1月到任)
　　　　　　　　　王柯伟(2021年9月离任)
区教育局二级调研员:张华云(2020年12月到任)
　　　　　　　　　高秀萍(2021年3月离任)
办公室主任:杨　芳
电话:26288180
地址:河北区中山路205号
邮政编码:300140

河东区

【概况】 2021年，河东区有各类教育机构共146个单位。其中教育行政单位1个，区委党校1个，其他教育事业单位5个，成人教育学校1所，中职教育1所，特殊教育1所，高级中学1所，完全中学10所（含民办校2所），九年一贯制学校2所，初级中学9所，小学教育29所（含民办校1所），幼儿园85所（其中教育行政部门办园21所、民办园64所）。天铁教育中心及所属学校共10所（幼儿园4所、小学3所、初级中学1所，高级中学1所，其他事业单位1个）。共有教职工14373人。包括在职人员8063人，其中教育行政事业单位财政供养人口6324人、党校23人、经费自理1716人（含大桥道中心幼儿园4人），占总教职工的56.10%；离退休人员6310人，其中教育行政事业单位6283人（财政供养退休人员5979人、经费自理退休人员304人）、党校27人，占总教职工的43.90%。年末在校学生人数共77252人，幼儿园学生15178人，小学生36712人，初中生13486人，高中生9218人，职业高中学生812人，高等职业教育学生1716人，特殊教育130人。其中教育行政部门办校共65803人，幼儿园6714人（含大桥道中心幼儿园107人）、小学35478人、初中11735人、高中9218人、职业高中学生812人、高等职业教育学生1716人、特殊教育学生130人。天铁教育3191人（幼儿园723人、小学1350人、初中568人、高中550人）。民办校11449人，其中幼儿园8464人、小学1234人、初中1751人。教职工人数中，天铁教育10个单位在职人员449人，退休人员185人。

2021年，河东教育坚持党对教育工作的全面领导，坚持落实立德树人根本任务，坚持将办人民满意教育作为工作目标，全力在教育高质量发展、特色发展和内涵发展、提升教育引领力和影响力上下功夫。全年296名教师、199名学生在国家、市级等76项比赛中获奖。5人获评晋升正高级教师。全市遴选产生名班主任工作室，河东区选入3个；1个少先队工作室被首批授牌为市级少先队名师工作室。全年238篇信息被学习强国、《天津新闻》《天津日报》等报道。2021年，全力推进资源建设，接收9所配套幼儿园，其中5所投入使用；接收并投入使用配套小学1所。提升改造义务教育学校4所，6所学校实施校舍加固改造，2所九年一贯制学校新校舍投入使用，校园环境得到显著改善。结合创文，打造特色校园文化76所，1所学校评获2021年全国文明校园，建设红色教育基地2个，新建特色实验室33间。通过资源建设，不断促进教育优质均衡发展。开展思政活动868场，在国家、市级思政各类比赛中，获奖116人次。组织区级劳动大赛，参加天津市中小学劳动技能大赛中11人获奖。聘请第三方开展学生体质健康监测，开展学生屈光检测2次、视力筛查4次，中小学学生近视率较去年下降1.03%。中小学艺术社团建立做到100%全覆盖，举办河东区美育课堂实践5个专场活动。坚持教育综合改革，河东区教育局成立校外教育培训监管科配齐配强工作人员，与市教委校外教育培训监管处对接。坚持校外培训治理和发挥课堂主阵地双管齐下，3次接受市教委专项检查，"双减"政策满意度位列全市第2位。新成立2个教育集团，让集团办学覆盖各学区。发挥河东区中小学办学质量绿色评价体系作用，从5个维度对全区15所中学的5998名师生、1834名家长进行问卷调查，为学校育人提供参考性数据，推进教育高质量发展。

撰稿：米 兰

【教育经费收入与支出】 2021年，河东区教育经费总收入203273.92万元，比上年增加10235.06万元，增长5.3%。其中教育事业费拨款158762.50万元，教育费附加1170.77万元，社会保障和就业经费14067.49万元，卫生健康经费6005.44万元，其他一般公共预算安排的教育经费1.7万元，事业收入20801.51万元，非同级财政拨款预算收入243.77万元，民办学校举办者投入531万元，其他收入1689.74万元。全年教育经费总支出215334.54万元，比上年增加19708.78万元增长10.07%。其中财政拨教育事业费支出 166720.62 万元，区教育费附加支出 3182.50 万元，财政拨款社会保障及医疗保障缴费 20003.01 万元，财政拨款其他教育经费支出 1.7 万元，非财政性资金支出 25426.71 万元。支出中人员经费支出 163676.33 万元，其中财政性资金支出 153618.66 万元（含社会保障及医疗保障缴费支出 20003.01 万元）；公用支出 51259.76 万元（其中财政性资金支出 36289.18 万元）；民办幼儿园债务还本支出 9.1 万元，其他支出 389.35 万元。

撰稿：赵　敏　张歆伟

【思政工作】 2021年，河东区共有41名领导干部进校园讲授58节思政课，开展52次调研座谈，为3所学校办实事。落实立德树人根本任务，加强对中小学德育工作指导。加强学生思想教育，在全区中小学开展庆祝建党100周年党史学习教育主题系列活动，深化党史学习教育，将爱党爱国爱社会主义主题贯穿全年，举办"永远跟党走　筑梦新时代""请党放心　强国有我""不忘百年路　争做接班人"主题系列教育活动。建立由专职思政教师、兼职思政教师、特聘思政教师构成的"专职为骨干、专兼结合，优势互补、动态平衡"的思政教育工作队伍体系，形成全员育人、全过程育人、全方位育人的思政工作大格局。聘请高校教师、党校教师、政府机关党政领导干部、教育系统"四史"宣讲团成员、五老宣讲团成员、文化场馆负责人、道德模范等为特聘思政课教师。河东区教育系统特聘思政课教师58人，校级特聘思政课教师151人。开展学校"书记校长讲党史"活动，打造本校的党史思政"金课"，汇集《河东区党史思政"金课"教案集》。友爱道小学朱广英、天津市二十八中学刘洋思政课入选天津市100堂"百年辉煌"思政品牌课程。天津市第三十二中学袁莉娜《中国人民站起来了》、友爱道小学李玥《"五年规划"——中国从"一穷二白"走向辉煌》、天津市第九十八中学付继美《伟大的改革开放》入选天津市100节党史教育示范课。制订《关于成立河东区思想政治教育工作一体化建设共同体的实施方案》，组建5个思想政治教育工作一体化建设工作共同体。与天津工业大学、天津师范大学、中国民航大学、天津城建大学、天津理工大学5所高校马院签署合作协议。开展全区教育系统专职思政课教师和兼职思政课教师岗前培训，全区中小学184名专职教师和508名兼职思政课教师参加，实现培训100%全覆盖。同时加强禁毒、生态文明教育，开展学生评优工作。评选市级优秀

学生299名，优秀学生干部42名，市级优秀班集体8个；区级优秀学生2850名，优秀学生干部294名，优秀班集体75个；校级优秀学生9872名，优秀学生干部922名。7人被评选为天津慈善总会"时代少年榜样"，4人被推荐参评宋庆龄奖学金。深化学校德育特色创建工作。启动首批河东区学校德育特色创建评审工作，天津市第四十五中学、河东区第二中心小学等10所学校通过德育特色校评审。积极推动研学资源的共建共享，分别与景德镇陶瓷艺术馆、天津市文化遗产保护中心（元明清天妃宫遗址博物馆）签订共建协议，开辟学校教育第二课堂。加强班主任队伍建设。河东区第二中心小学丁倩被评为杰出津门班主任。1人被市教委推荐参加2021年全国中小学班主任基本功展示交流活动。加强天津市名班主任工作室建设，召开胡雯天津市名班主任工作室中期推动会。丁倩、战云飞、高艳华班主任工作室入选2021年天津市中小学名班主任工作室。推进"河东名班主任"培养工程，以立德树人工作室为发展辐射点，不断扩大名班主任的专业领航示范作用。完成中小学班主任第三周期岗后培训，为120名经培训合格的见习班主任颁发班主任证。举行河东区心理健康教育教师C证培训，全区中小幼专兼职心理健康教育教师109人参加培训取证。

撰稿：王　欢　湛琴

【体育美育劳动教育】 2021年，开展"河东区中小学体育竞赛活动"，参与人数达到7000余人。对全区49所中小学6万余名学生体质健康测试和视力筛查。区内10所学校的1320名中小学生参加了天津市《国家学生体质健康标准》抽测工作，测试合格率93.58%，比上年增长5.14%。优良率31.86%，较上年提高15.13%。河东区儿童青少年近视率为53.84%，较上年同期下降1.03%。2021排球校园公益行河东站活动在天津市第七中学举行，天津市排球运动管理中心主任李珊，天津排协校园排球公益行专家组成员李娟、殷娜以及区内中小学体育教师代表、中小学生代表参加公益活动。将天津市第七中学确立为河东区首个排球训练基地。确定第一中心小学、实验小学、第二实验小学、缘诚小学以及天津市第七中学为河东区首批排球特色学校。9月组织开展河东区美育课堂实践合唱、器乐、舞蹈、戏剧4个专场活动。39所中小学的2000余名学生参加。河东区第二实验小学合唱团、天津市第一〇二中学舞蹈团、河东区香山道小学民乐团等10支艺术社团被命名为

"天津市首批优秀学生艺术社团"。5万余名师生参加"庆祝中国共产党成立100周年——红色经典歌曲传唱活动"。4月成功举办2021年河东区首届中小学生劳动技能大赛,约有170名指导教师及560名选手参赛。在市级比赛11个项目中,河东区获得1个一等奖,6个二等奖,4个三等奖,团体成绩位列全市(含滨海新区)第三名。38所学校52563人次参加"劳动周""庆丰收·感党恩"等活动。

撰稿:肖　彤

【打造民办学前教育品牌】　2021年5月22日,在河东区太阳月亮恒大帝景幼儿园启动"河东区民办学前教育品牌展示活动",成立"太阳月亮教育集团"和"卓越天成教育集团",最大程度发挥优质民办园的辐射引领作用,带动区内民办幼儿园整体协调发展。太阳月亮幼儿园是一家致力于开办普惠性民办连锁幼儿园的教育集团,定位"党建引领、普惠、优质",围绕科学学习力,开展幼儿教育培养。以党建促园建,建设智慧党建平台,运用新兴科学技术产品,创新思维来丰富党建活动,运用及使用VR技术、智能书柜、党建智慧大屏,传承红色基因,赓续红色血脉,让孩子在游戏中体验、学习、成长。卓越天成教育集团历经八年深耕学前教育,以中国传统文化教育培养幼儿的爱国情怀,以多元化课程拓展幼儿的全球视野,以特色课程支持幼儿的个性发展,以完备的园所设施提升幼儿艺体兼修的人文素养,帮助幼儿完成各年龄阶段所需的知识及能力储备。河东区以2个学前教育集团成立为契机,将各级各类幼儿园均纳入"两纵五横集团联盟"的管理网络,横向学习交流,纵向互通共融,立体推进联盟特色,凸显集团化办园优势。

撰稿:关文思

【社区教育】　2021年12月7日,"河东区第十五届社区教育展示周暨2021年河东区全民终身学习活动周"启动仪式在河东区教育局举行。河东区教育局党委书记、局长、社区教育工作委员会办公室主任李旭,教育局副局长陈立萍,河东职大相关负责人出席。教育局、社区学院、各街道分管主任、宣传科长、社区教育工作者及获奖代表共计50余人参加活动。活动周深入贯彻落实党的十九大和十九届二中、三中、四中、五中、六中全会精神,以"庆建党百年华诞,谱终身学习新篇"为主题,采取线上线下结合的学习方式,营造浓厚学习氛围。河东区社区教育2021年

获得了优异成绩:东新街道居民蔡成获评全国"百姓学习之星";春华街道"聚安东园非遗传习基地"品牌获全国"终身学习品牌项目"称号;二号桥街道居民张惠萍被评为天津市"百姓学习之星";唐家口街道"社区红船教育"实验项目获评天津市一等奖。启动仪式上介绍了春华街道的"聚安东园非遗传习基地"品牌,全国"百姓学习之星"获得者进行了经验分享,与会领导为获奖代表颁发了荣誉证书、奖杯及奖牌。

撰稿:关文思

【学前教育】　2021年,接收4处配套幼儿园,在完成两年攻坚行动、实现新增13930个学位的基础上,积极发挥学位服务能力,极大程度解决了河东百姓入园需求。引导更多力量举办普惠性幼儿园,不断扩大普惠性资源供给,解决不同家庭的不同入园需求。有效推进公、民办一体化管理,持续发挥十大幼儿园教育联盟作用,区内92所各级各类幼儿园均纳入联盟管理,累计开展各项交流活动125次,组织专题教研活动39次。精准培训与全覆盖培训相结合,派员参加全国优秀园长培训班,扎实开展保育教育质量培训、"立德树人　特色发展"月培训、保育员培训,实现各级各类各岗全覆盖,实现保教人员全员持证上岗,实现促进公、民办幼儿园保育教育质量稳步提升。组织开展第四届"幼儿园教师教育智慧分享活动",为幼儿教师成长搭建交流展示平台,公、民办园共98位幼儿教师参与,评选出一等奖16名、二等奖14名、三等奖17名。开展2021年公办幼儿园和普惠性民办幼儿园等级评定工作,新评定公办一级幼儿园1所,公办二级幼儿园2所,普惠性民办二级幼儿园5所,现有普惠性幼儿园44所,不断提升河东学前教育普及普惠水平。

撰稿:周　宁

【集团化办学】　2021年6月成立了以教科研引领为依托的教师发展中心教育集团、体现地域文化的直沽文化教育集团。扩容实验教育集团和一中心教育集团。发挥优质教育资源带动引领作用,不断扩大优质资源供给能力,实现集团化办学共享"五个一"。即所有集团校共享一个办学理念、共享一个管理模式、共享一个教研体系、共享一个课程框架、共享一个资源平台。促进全区义务教育优质均衡发展。全面推进"以品牌优质园为中心、覆盖新建园所靶向式管理"集团办园模式。及时将新建配套幼儿园纳入天津市河东区第一幼儿园教育集团和天津市

实验幼儿园教育集团管理,实现新建园所与龙头园所资源共享、课程共通、教师共育,各园所协同发展、共生共赢的框架目标。两个学前教育集团涵盖10个园址,优质学前教育品牌有效覆盖7个街域。2021年3月26日人民网报道了河东区集团化办学经验。

撰稿:胡　娟　周　宁

【学区化办学】　深化学区化办学,通过共建"五个一"创立了五个紧密型学区,每个学区以优质学校为学区长学校,共同确定一个特色育人目标、制定一个章程、实施一个行动方案、每学期组织一次学区展示活动、编辑一本2021年度成果集,将学区内各学校结成紧密型学校联盟。各学区制定章程,建立学区化办学管理和运行机制。明确目标,培育学区育人特色。第一学区特色为"艺"即"技艺、艺术"。第二学区以体育为特色,定位为"强"。第三学区思政教育为学区办学特色,特色定位为"正"即"守正创新,追求卓越"。第四学区美育和体育为学区特色,学区特色定位为"美"和"健"。第五学区坐落在涉县革命老区,学区特色为"红",即红色热土,爱我中华。一年来通过丰富多彩的活动,促进学校互动交流。

撰稿:胡　娟

【义务教育】　按照"学校划片招生、生源就近入学"的总体目标,为每所义务教育阶段学校科学划定服务片区范围(学区片),确保适龄儿童接受义务教育权利,小学、初中就近划片入学比例均达到100%,初中三年巩固率均达到100%。民办与公办学校同步招生。充分尊重学生入学意愿,中学入学志愿数由3个调整为5—7个,学生填报志愿顺序以自愿为原则。实施"阳光招生",在公办校随机派位工作实施中,公证部门予以全程监督和公证,邀请人大代表、政协委员和家长代表参与,过程严谨,结果公平公正。加快学校规划建设,有效增加学位供给,七中教育集团·太阳城学校、七中教育集团·东局子学校搬迁入新校舍;新建行知小学纳入实验教育集团,为该校划分学区片,2021年顺利完成招生。进一步深化高中招生制度改革,进一步优化教育结构,推动区域内义务教育均衡发展,均衡配置生源,执行优质高中招生指标定向分配到全区各初中校的招生办法,高中指标定向分配达50%。统筹安排符合条件的全区居住证持有人随迁子女在公办学校就读。依据市、区有关规定落实好各类优抚对象相关教育优待政策。依法保障适龄残疾儿童少年接受义务教育,

切实提高残疾儿童少年义务教育普及水平。2021年,河东区义务教育阶段适龄残疾儿童少年入学率达100%。

撰稿:孙　涛

【高中特色发展】　深化普通高中特色发展,启动品牌高中区级遴选和市级推荐工作,评选出第七中学、第四十五中学、第一〇二中学、第五十四中学4所学校为河东区品牌高中建设项目学校。第七中学被确定为天津市品牌高中建设项目培育学校。深化高中课程改革,推动普通高中育人方式变革,在天津市普通高中新课程新教材实施市级实验区和实验校遴选建设工作中,河东区被确定为市级实验区,第七中学、第四十五中学、第九十八中学被确定为市级实验校。进一步推进全区高中学科基地建设,开展高中学科育人示范基地、生涯教育示范基地遴选工作,评选出6个高中学科育人示范基地和1个生涯教育示范基地。

撰稿:侯　崇

【高中转学工作】　根据天津市统一要求,启动2019级、2020级和2021级具有河东区户籍在外省市普通高中就读学生转学工作。经学生报名、现场核验、统一测试等环节,共统一接收符合通知要求的2019级、2020级三百余名学生转入河东区普通高中就读。

撰稿:侯　崇

【特殊教育】　河东区现有特殊教育学校1所。2021年,全区义务教育阶段未入学适龄残疾儿童少年安置率达100%,适龄残疾儿童少年入学率达100%。义务教育阶段随班就读学生78人,高中阶段残疾学生1人,启智学校学生130人,其中送教学生56人。特殊教育资源教室5间,河东十幼、河东区中心东道小学为孤独症儿童融合教育试点学校。2021年1月在教师发展中心成立特殊教育工作室,进一步提升特教资源中心巡回指导作用。全面推进全纳教育,提高普及水平。将残疾儿童少年义务教育纳入学籍管理,保证轻度残疾儿童随班就读,中度残疾儿童在特教学校就读,需专人护理、不能到校就读的重度残疾儿童和多残儿童由区特殊教育资源中心安排专业教师进行送教上门。保障特殊教育向两头延伸,启智学校学前部顺利招生。开展多种形式送教服务,落实好一人一案安置工作。由特殊教育工作

室牵头成立"河东区启智学校""普校送教教师"两支志愿服务队,在天津志愿服务网注册并招录志愿者,已有180多名教师报名参加。构建随班就读机制,完善特殊教育体系。2021年在天津八中和丽苑小学各建1间资源教室,以达到资源教室的合理配置。

撰稿:胡　娟

【河东区义务教育优质均衡发展稳步推进】 区教育局先后出台《河东区教育局关于进一步推进义务教育学区化办学的实施方案》《河东区域优质教育资源集团化管理的实施意见(试行)》《河东区落实我市深化基础教育优质资源辐射引领的若干举措路线图》《河东区义务教育优质均衡发展三年规划路线图》,建立河东区义务教育优质均衡发展国家督导认定指标和河东区义务教育优质均衡发展资源建设2项工作台账,摸清19个方面底数问题,提出32条措施办法,明确年度目标,实施挂图作战、销号管理。2021年11月12日,天津市人民政府教育督导室对河东区义务教育优质均衡发展情况开展阶段性督导评估。市级教育督导专家组一行12人,在国家督学、和平区政协副主席张素华带领下,听取汇报、查阅资料、查看学校,全面评估河东区义务教育均衡发展情况。专家组认为区委、区政府高度重视教育,肯定河东区在集团化办学、资源建设、教学仪器设备投入、特殊教育、提高教育质量等方面取得了成绩,提出继续推动区域义务教育优质均衡发展的建议。

撰稿:刘婧怡

【师德师风建设】 河东区将师德专题教育纳入师德工作领导小组重点工作,教育系统各基层单位主要领导直接负责组织实施,落实一把手上好"师德必修课"要求,扎实开展师德宣讲和教育活动。深入贯彻落实习近平总书记给全国高校黄大年式教师团队代表重要回信精神,组织教师观看《黄大年》等以优秀教师为题材的影片,通过师德讲堂将师德教育贯穿教育始终,同时依托"双减"工作,不断提升教师素养,将师德建设落到实处。2021年,累计开展师德宣讲活动247场。启动中小学有偿补课和教师违规收受礼品礼金问题专项整治工作,下发《河东区教育系统关于师德师风建设考评的实施意见》(东教发〔2021〕6号),对全系统所有中小学幼儿园进行教师师德档案互查与检查,全系统共抽查约1280份,师德档案整体水平较以往有明显进步。全区中小学开

展有偿补课和教师违规收受礼品礼金问题专项整治工作,进一步规范中小学教师职业行为。分别开展新教师入职宣誓活动和全体教师的师德承诺书签订活动。与教师节、国庆节重要节点相结合,在师德讲座后进行承诺书签订,让老师们做到知行结合。将专项师德培训融入校园"青蓝工程",开展师德师风、师德队伍建设等专题培训讲座,再由青年教师们进行专题研讨,让教师明确职责和使命。开展"为教师亮灯"公益活动,大力弘扬优秀尊师文化,引导社会各界感念师恩、礼敬教师,努力营造浓厚的节日氛围。

撰稿:马肃新

【东西部教育协作】 继续巩固教育帮扶成果,重点从选派骨干教师到帮扶地区任教、开展专业技能培训和结对帮扶等多方面方面入手,促进两地教育工作的交流和融合。2021年新选派43名教师赴甘肃省宁县、迭部县和新疆等地任教,选派3批骨干队伍赴宁县、迭部县开展专业培训,培训人数达719人。河东区教育局以受援地需求为导向,为宁县和迭部县学访团开辟培训绿色通道,打造"卓越校长"工程,通过专题讲座、经验分享、校园参观、集体观摩等形式,全方位传播河东教育的教学理念和方式,促进双方教育理念的融合和共同提升。2021年共承接学访活动3场,帮扶管理骨干57人。全区46所中小学全部参加结对帮扶工作任务,与214所中小学签订帮扶协议,通过云端课件分享、线上师德培训、主题微班会等10余种线上形式实现优质资源共享,参与达10000余人次,创建"教育支援示范校"4所。组织支教人员宣讲教育帮扶感人事迹,征集支教教师典型案例15篇,录制微视频28个,组织事迹宣讲会39场,50余人获得各级各类荣誉称号。与西藏昌都的小学开展"津藏互通"2021年"课程育人"优秀领路课展示活动8场,3000余名教师参与,《天津教育报》以此专题连载8期,结对地区教育质量和影响力不断提升。通过结对帮扶,全系统教职员工为受援地区捐款40万元,完成消费帮扶718万元,超额完成帮扶任务。

撰稿:马肃新

【名师工作室】 成立54个名师工作室,名师工作室学员达到600余人,覆盖中小幼18个学科,涉及66所单位。2021年教师节前后分别举行幼儿园、小学、中学三个学段的名师工作室展示活动。通过专

项工作的解读、高效工作的经验分享、工作室引领青年教师成长、教师风采展示等各项环节,全面展现河东区名师工作室立足工作岗位,钻研专业技能,带动区内广大中小幼教师加强学习与交流,稳步提升专业水平。2021年12月印制《河东区名师工作室领衔人成果文集》,文集分为成长之路、教育之梦、师爱之源、教法之变、教学之悟、科研之行、带徒之法和读书之思八个板块,共收集领衔人论文52篇,此文集发至各基层单位,用于广大教师交流学习。

撰稿:高玉青

【食品安全】 认真推进校园守护行动,扎实开展春秋两季校园食品安全专项检查,2021年暑期通过公开招标择优选择了12家入围配餐企业为河东区中、小、职学生提供配餐。河东区教育局给各配餐学校下发了《河东区教育系统配餐工作指导意见》,和《关于学校更换配餐公司的明白纸》,指导各配餐学校进行配餐企业的更换、选取工作。2021年有配餐学校42所,聘请第三方有资质的检测公司对给河东区教育系统各学校提供配餐的所有配餐公司的盒饭进行全覆盖生物菌群检测,盒饭所检项目综合评价结果均为十分满意。

撰稿:李 凡

【教育资源建设】 全年接收天房万欣城配套小学(行知小学),9月投入使用,新增小学学位1080个。投入使用5所幼儿园,新增1170个学前教育学位,其中河东区华馨幼儿园、河东区来安里幼儿园9月正式投入使用,二幼分园金地紫云府配套幼儿园、一幼分园振业城中央配套幼儿园、实验分园万欣城配套幼儿园具备开园条件,随时可以招生。2021年5个C级校舍提升改造项目,其中天津市第七中学实验楼加固改造11月已经投入使用,天津市第五十四中学连廊完成拆除,天津市第一○二中学初中教学楼B、天津市第八十二中学初中教学楼、河东区前程小学主教学楼,3个项目已经进场施工。提升改造东局子中学竣工并于9月投入使用。

撰稿:王 英

【党史学习教育】 举办党史学习教育专题读书班2期,党史讲堂4讲。教育系统相继成立党史宣讲团、模范宣讲团、红领巾宣讲团和"五老"宣讲团、学习贯彻"七一"重要讲话精神专题思政教师宣讲团以及党的十九届六中全会精神专题宣讲团,分众化、对象化、互动化开展宣讲,全年共组织党史学习教育主题宣讲398场、"七一"重要讲话精神主题宣讲204场、十九届六中全会精神主题宣讲287场。召开河东区教育系统庆祝中国共产党成立100周年座谈会;召开河东区2021年教育系统党外知识分子议政建言座谈会,听取部分党外知识分子学习习近平总书记关于"七一"重要讲话精神的心得体会。举办河东区教育系统"昂首阔步新征程 再创教育新辉煌"庆祝中国共产党成立100周年文艺演出和庆祝建党百年主题书画展,区委书记范少军等7位区领导出席活动,范少军书记作为领誓人,带领全体党员重温入党誓词。开展群众性宣传教育,在公众号发布我系统各单位录制的"同唱一首歌 永远跟党走"歌咏展演短视频37份。开展党史知识竞赛,推荐3名教师参加区级竞赛,获团体三等奖及个人一等奖、三等奖各1名。挖掘红色资源,深挖六纬路小学红色校史排演校史剧《红潮》,组织学生观看《长津湖》等红色电影、参观红色展厅等。

撰稿:孙向智

【加强精神文明建设】 助推河东区参评全国文明城区。召开动员、部署、培训会议16次,下发创文简报10期、明白纸4版、家长信1封,及时通报工作动态、沟通工作问题、调动工作积极性。成立教育局创文专项检查组,通过单位自查、校际互查、检查组排查、迎接市区模拟测评等方式,不断推进实地创建。完成教育相关创文档案79条,协助区融媒体、区文旅局、区科协开展创文系列活动,为河东区创建全国文明城区发挥作用。2021年,第一○二中学在全国文明校园年度复检中位列全市中学组第一,盘山道小学被天津市推荐参评"全国文明校园先进学校"。第一幼儿园、第二幼儿园、实验幼儿园、教育中心获评2018—2020年度天津市文明单位,第一○二中学、第四十五中学、第八中学、盘山道小学、缘诚小学获评2018—2020年度天津市文明校园,第二实验小学获评第五届天津市未成年人思想道德建设工作先进单位。启智学校志愿服务团队获得2021年度"天津市优秀志愿服务团队"称号。

撰稿:孙向智

【民族团结教育】 组织"颂党恩·跟党走"暨"党旗在我心中"庆祝建党百年师生书画展和庆祝建党百年文艺演出,开展民族宗教政策法规宣传月、民族团结进步宣传月活动,在民族宗教领域开展"宪法宣传周"活动,通过召开主题班会、开展主题升旗仪式、开展发声亮剑活动、举行中华优秀传统文化讲座、参与线上答题等,增强少数民族学生"五个认同"。抓牢传统节日、纪念日等时间节点,举行庆祝中华人民共和国成立72周年联欢会、"汉藏齐跳锅庄舞,师生共赏津门月"篝火晚会等多彩活动,加强对少数民族学生的爱国主义和中华优秀传统文化教育。

撰稿:孙向智

【安全稳定工作】 落实安全生产专项整治三年行动要求,每年春秋两季开学初,成立校园安全督导组深入各个学校开展安全大检查,2021年检查发现295项隐患,对相关学校逐一下发整改通知书,并督办整改。推进校园安全"五必查",即校园重点场所、关键点位、设施设备、水电气安全、消防安全5方面每日必查。在全市率先聘请第三方专业机构对义务教育学校的51个校区进行"风险评估"。召开工作例会4次,形成8个方面的"风评"体系,召开全系统"风评"工作推进会、总结会,通报反馈隐患、压实校园主体责任、督促限期整改。加强校园安防建设,在全市率先完成4个100%要求,严格执行"高峰勤务"和门前"三见"工作机制,确保校园周边环境安全、稳定、有序。教育局与公安河东分局、交警河东支队共同研究校园门前秩序、周边治安环境及学生上学放学时间交通安全有关工作。实施一路一策、一校一策,明确早晚高峰时段校园门前有序。特别是"双减"政策实施,根据早晚高峰的变化科学设置"护学岗",形成了校园周边联防联控常态化机制,校门及周边安全有人管、有人巡、有人防。做好重点学生群体关爱,聘请24位区检察院检察官担任中小学校法治副校长,开展"校园欺凌"防治专题讲座,普及法律知识,扼制"校园欺凌"苗头。2021年,召开教育系统各类安全工作会议9次,针对安全问题案例发放安全提示5次,指导校园举一反三、积极防范。聘请应急、消防等专家开展《安全生产法》专题培训,组织消防安全讲座,压实学校主体责任和一把手的第一责任。成立河东区教育系统防范电信网络诈骗讲师团,深入71所校园进行宣传教育,通过宣传栏、电子屏展示安全标语、挂图227个,播放安全公益宣传视频170部,开展安全宣传进学校活动78场,组织参与线上"公众开放日"1.3万人次;围绕"4·15"全民国家安全教育日、"5·12"防灾减灾日、"5·25"心理健康月、"11·9"消防日等节点开展师生安全教育,提高校园师生安全防范意识。

撰稿:范世庆

【成立"双减"工作专班】 8月19日河东区"双减"工作专班召开第一次全体会议,会议审议通过了河东区"双减"工作方案,设立双组长,明确河东区"双减"工作专班领导小组成员及成员单位职能分工,议定区级层面会商调度、专题联席会议制度,制定工作专项台账,建立联合督查机制、部门协同机制。

撰稿:郭 骥 王 宾

【"双减"工作会议】 9月8日,召开河东区"双减"工作会议,"双减"专班所有成员单位、各街道党政主要负责同志、各中小学党政主要负责同志、区教育局领导班子成员及相关科室负责人参加会议,区委书记范少军,区委副书记、区长周波,区委常委、区委宣传部部长刘云光,副区长丁梅、郭鹏志、于振江、刘涛出席会议。会上传达全市"双减"工作会议精神,总结河东区"双减"工作开展情况,部署下一阶段重点工作。区委书记范少军提出三点要求:一是提高政治站位,认识重大意义;二是明确重点任务,扎实开展工作;三是层层落实责任,确保工作到位。区长周波强调三个"坚持",对"双减"工作各成员单位和相关层层任人员提出具体工作要求。区教育局、区市场监管局参会人员做汇报发言,嵩山道小学、七中参会人员做交流发言。

撰稿:郭 骥 王 宾

【区政务办设立"'双减'窗口"】 为全面贯彻落实"双减"工作要求,加速推进河东区学科类校外培训机构转型工作,为机构提供高效、便捷、全面的服务,11月1日河东区政务服务中心在区"双减"专班的领导下,设立"'双减'窗口"区政务服务办公室及区教育局工作人员共同为培训机构提供政策咨询及"双减"事项审批服务,为全区校外培训机构开通"绿色通道"。

撰稿:郭 骥 王 宾

【学科类培训机构"营转非"工作】 河东区积极推动学科类培训机构转为非营利工作落实落地,9月初由教育局牵头,联合政务服务办、市场监管局组织学科类校外培训机构"营转非"政策指导会,制作"营转非"明白纸,公布《河东区校外培训机构"营转非"办理指南》,正面引导机构做好"双减"背景下的平稳过渡。为提高现有学科类培训机构办理"营转非"工作效率,区教育局、区市场监管局、区政务服务办等多部门联动,开设绿色通道,在区政务服务办设立"双减"审批专门窗口,建立变更登记全流程联办机制,优化办理流程,压缩办理时间,在保证合法合规合理的基础上,快速推进审批工作,及时换发民办学校办学许可证、登记民办非企业单位登记证书。全区学科类培训机构"营转非"工作全部按时完成。

撰稿:郭 骥 王 宾

【群团工作】 持续擦亮"少年军校"品牌特色工作。河东区"向阳筑梦"郭沫竹名师工作室被团市委、市教委、市少工委首批授牌为市级少先队名师工作室。河东区教育局团委获评"2021年全国青少年维权岗";系统1名学生团员获"全国优秀共青团员"称号;1个幼儿园青年文明号被评为"全国青年文明号";1个中学团组织获评"市五四红旗团委",1名团干部、1名大队辅导员获"市优秀共青团干部"称号,1名学生团员获"市优秀共青团员"称号;1名少先队员被评为"天津市新时代好少年"。在市少工委组织开展的"我最喜爱的少先队活动课"征集展示活动中,河东区11节少先队活动课脱颖而出,荣获奖项。其中,获一等奖1节,二等奖6节,三等奖4节。"五四"前夕开展教育系统"青春心向党 永远跟党走"集体入团仪式活动,5月4日中央一台《新闻联播》将河东区入团画面作为天津共青团开展活动情况的代表进行播报、4月

30日天津卫视晚间新闻专门报道河东区活动。六纬路小学《红潮》参加团市委情景剧展演被津云、津彩青春等多家媒体平台宣传报道,受到广泛好评。5名大、中队辅导员参加天津市辅导员技能大赛,4人获一等奖、1人获三等奖,河东区少工委获优秀组织奖。4名教师被遴选为"青马工程"2021年学员。河东区教育局关心下一代工作委员会被教育部关心下一代工作委员会授予先进集体称号。2021年全年,工会会员卡专享大病保障24人,24万元补助。关爱行动住院慰问263人,24.2万元,大病救助28人,49.5万元,单身未回家过春节慰问191人,3.8万元。系统1个基层单位工会(河东一幼)被评为"天津市工人先锋号",并在天津市教育工会举办的2021年工会工作亮点展示获特等奖。

撰稿:董 芝
审稿:李 震 米 兰

附:区分管领导、教育局领导及驻地
副区长:商 伟
区教育局党委书记、局长:李 旭
区教育局党委副书记、副局长:孙 增
区教育局副局长:邵长森
　　　　　　　于 曦
　　　　　　　陈立萍
综合办主任:李 震
电话:24127787
地址:河东区十四经路5号
邮编:300171

天津市河东区天铁教育中心

【概况】 天津市河东区天铁教育中心位于河北省邯郸市涉县,始建于1981年,占地2829平方米,建筑面积2731.19平方米,前身为天津天铁冶金集团有限公司教育委员会。2017年4月,整建制转为河东区教育局所辖事业单位,注册资本为64.8万元。按照事业单位编制规定,下设5个内设机构,分别为综合办公室、财务科、教育管理科、后勤保卫科和招生考试办公室。主要承担天铁1所市重点高中、1所初中、3所小学、4所幼儿园共9个事业单位

的教育教学、校舍、财产、校园安全稳定等事务性工作。目前天铁在校学生3162人,在职教职工433人。中心占地面积2829平方米,建筑面积3228.51平方米。

2021年,天铁教育中心按照区委、区政府和教育局党委行政工作要求,以习近平新时代中国特色社会主义思想为指导,全面贯彻落实党的十九大和十九届历次全会精神,认真落实习近平总书记对天津工作提出的"三个着力"重要要求,坚持和加强

党对教育工作的全面领导,全面贯彻党的教育方针政策,积极推进党组织领导的校长负责制。中心立足天铁教育实际,围绕教育教学工作,坚持守正创新发展,践行服务校园、服务师生的根本宗旨,不断强化服务意识和质量意识,提高学校办学水平,促进教师专业成长,发展学生核心素养,落实立德树人任务,培养德智体美劳全面发展的社会主义建设者和接班人,为河东教育高质量发展作出了贡献。

撰稿:王同娟

【党建工作】 天铁教育中心结合党建工作实际,各支部坚持以习近平新时代中国特色社会主义思想和党的十九大和十九届历次全会精神为指导,充分发挥党组织和党员在天铁教育发展、服务师生、服务教育教学等方面的战斗堡垒作用和先锋模范作用。2021年9月,天铁教育中心党委组织开展党建品牌交流展示活动。各支部围绕"党建引领·星汉工程""七个一"目标任务,重点展示了本支部在贯彻落实新发展理念、党建引领"四个之区"高质量发展等方面的突出成效,在参与基层社会治理创新、促进经济社会健康稳定发展等方面的经验做法,以及在引导党员创先争优当先锋、攻坚克难做表率等践行为民宗旨和群众路线方面的工作成效等内容。各支部分别形成"思想引领 合力共赢""党建引领,立德树人""思政引领 集智共享""三包三带·幸福工程"等党建品牌,特色鲜明、主题突出、成效明显。

撰稿:王同娟

【"双减"工作】 2021年,天铁教育中心严格落实市教育两委、河东区教育局党委工作要求,坚持立德树人鲜明导向,认真落实"双减"政策。中心领导班子把开展义务教育学校课后服务作为解决家长"急难愁盼"问题的重要民生工作,成立了课后服务工作领导小组,负责天铁中小学生课后服务工作的组织实施、检查督导,确保课后服务工作在天铁义务教育学校全覆盖,有需要的学生全覆盖。各中小学坚持强化学校教育主阵地作用,聚焦做好校内减负提质,创新工作思路,从人文素养、艺术素养、健康素养、劳动素养等多维度,探索以作业辅导、实践活动、特长发展为主要内容的课后服务体系,帮助学生培养兴趣、发展特长、开阔视野、增强实践,促进学生全面发展,让课后服务成为学校教育的有力补充和营养补给。按照教育部印发《关于加强义务教育学校考试管理的通知》和市、区、局工作要求,天铁教育中心制定了《天铁教育中心关于义务教育阶段各类考试的若干要求》和《关于做好天铁各小学期末复习考试工作的提示》等文件,严格规范天铁中小学考试工作,对考试年级、次数、形式、成绩呈现方式等明确要求,细化管理,严格督导落实。天铁教育中心会同铁城分局、天铁街道办对校外培训机构进行联合检查督导,对天铁义务教育学校所在生活区9个疑似办学点进行办学情况督查,对督查中发现的办学行为不规范问题,督查人员进行政策法规宣传,要求培训机构严守有关法律法规的规定,严格落实"双减"政策要求,规范办学行为。

撰稿:王同娟
审稿:李保东

河西区

【概况】 全区共有中小幼学校133所。中学19所(含新华、实验),其中公办中学17所、民办中学2所;小学39所,其中公办小学35所(含东湖)、民办小学4所;幼儿园68所,其中教育部门办园28所、机关企事业部队办园7所,民办幼儿园33所;民办九年一贯制学校5所;特殊教育学校1所;中等职业学校1所。成人教育院校1所、国际学校1所。校外培训机构285家。社区终身学习服务中心110个,社区青少年快乐营地144个,"共学养老——榕树课堂"44个,社区早期教育资源中心40个。全区共有在校中小幼学生113895名,其中中学学生34124名,中职学生1074名,小学学生60990名,幼儿园学生17559名,特殊教育学校学生148名。现有在编教职工6462人,退休教职工6691人。

2021年，全系统各级党委（党组）理论学习中心组开展党史专题学习300余次，党史专题读书班300余期。各类学习、宣讲、思政课等覆盖教师8700余人，学生8.7万余人。系统党史学习教育宣讲团，获评2021年天津市基层理论宣讲先进集体。开展庆祝中国共产党成立100周年系列活动。开展"我为群众办实事"实践活动400余次，近万人次参与。

坚持五育并举，促进河西学子全面发展。打造"崇德向善"德育品牌。积极构建大中小幼思政课一体化建设联盟，与天津财经大学、天津职业技术师范大学、天津科技大学签约建立研究共同体。"高中思想政治课程协同创新中心"落户河西。4所学校入选《习近平新时代中国特色社会主义思想指导方案》试点校。深化"敏学创新"智育品牌。以"发挥'5G+'智能教研"优势，提升区域教研品质。做强"活力阳光"体育品牌。实施河西区中小学生体质健康提升计划，16所中小学为首批河西区排球进校园试点学校。全区儿童青少年总体近视率在上年基础上降低。深化"尚美博雅"美育品牌。举行美育实践课堂系列展演活动，7100余名中小学生参赛，571人在市级文艺展演中获奖，87个集体节目获奖，7个节目参加全国文艺展演。建立"勤巧克俭"劳动品牌。举行区中小学劳动技能大赛，参加市级比赛获得11个奖项，获奖总数位列全市前列。河西区被教育部认定为"全国中小学劳动教育实验区"。北师大天津附中案例入选教育部中小学劳动教育典型案例，并在"全市学校体美劳教育工作推动会"作典型发言。

稳步推进"双减"工作，构建良好教育生态。实施暑期小学生托管服务。全区1746名学生报名参加，1075名中层干部和骨干教师轮岗值班，100多名社会志愿者参与授课。共开设38个托管服务点，76个托管班，最大限度满足家长就近托管的需求。扎实开展课后服务工作。制定中小学作业管理评价标准。精心设计课后服务项目，推出20余个类别、200余门素质拓展课程。组建"三个一百"志愿者队伍。学生课后服务参与率在市内六区中名列前茅。编辑出版《温故手札　知新图鉴——河西区小学课后服务工作集锦册》。河西区入选教育部首批义务教育课后服务典型案例单位。统筹高校资源共建课后服务实践共同体典型做法入选教育部第二批学校落实"双减"工作典型案例。全面开展校外培训机构治理，严厉打击地下违规培训机构。285家校外培训机构全部签署银行资金监管协议。实现压减率、"营转非"占比两个100%。

完善公民办联盟发展机制，启动"1+1"园所手拉手帮扶发展模式，形成5个片区27个帮扶小组。启动"1+2"教师手拉手帮扶发展模式，形成46个帮带小组。深化集团化办园模式，6个幼教集团建立孵化小组。促进义务教育优质均衡。深化高校联办机制，华江里小学更名为天津职业技术师范大学附属小学，珠江道小学更名为天津职业技术师范大学附属珠江道小学。小学办学体制机制改革实践案例被教育部评为全国基础教育优秀工作案例。推动高中教育品牌特色发展。加强普通高中学科特色课程33个市区基地建设，启动品牌高中建设项目，3所中学成功入选天津市品牌高中建设项目。加快推动职业教育高质量发展。努力构建计算机应用和计算机网络技术优质专业群，不断拓展新专业。促进特殊教育融合提升。积极构建集教育、科研、医疗、康复为一体的多层次、综合性特殊教育服务体系，保持残疾儿童少年义务教育入学率95%以上。促进民办教育健康发展。开办3所民办小学和2所民办幼儿园，满足百姓多样化需求。社区教育优质资源服务全民终身学习。"快乐宝贝"计划惠及社区孩子及家长1500余人次。打造快乐营地精品课程，社区未成年人2100余人次参与。创建"共学养老——榕树课堂"，为全区14个街道45个居家养老服务中心送课1000场次，参与老人达3万余人次。

扎实推进新时代教育评价改革。完善以结果评价、过程评价、增值评价等为主的多维度评价体系，在质量调查命题和科学分析教学反馈中落实改革要求。研究制定深化新时代教育督导体制机制改革的若干措施，出台落实教育督导问责办法的措施细则。积极推进国家义务教育优质均衡发展区创建工作。深入开展"五项管理""双减"等专项督导检查。落实河西区智慧教育示范区创建项目，承办全国"智慧教育示范区"建设经验交流会，助力区域教育品质提升。统筹推进义务教育教师交流和"区管校聘"管理改革，区管校聘和交流轮岗共802人，其中骨干教师532人，占66.33%。提升教育对外开放水平，河西区与红桥区签署教育合作协议。

全力落实疫情防控要求，压实学校疫情防控主体责任。落实新冠疫苗接种工作，教育系统各基层单位和校外培训机构教职员工首剂疫苗接种1.4万剂，接种率达98.01%；15—17岁学生接种1.5万余人，接种率达99.35%；12—14岁学生接种2万余人，接种率达99.04%，为构筑全民免疫屏障作出积极贡献。

撰稿：郭　妍

【教育经费收入与支出】 2021年,河西区教育经费总收入222361.55万元,比上年减少2158.24万元,下降0.96%。其中上级教育转移支付6415.75万元,事业收入730.62万元,经营收入782.86万元,附属单位上缴收入14.13万元,其他收入2161.34万元,本区安排的财政经费212256.84万元。全年教育经费总支出224723.30万元,比上年增加6935.34万元,增长3.18%。其中基本支出196814.75万元,项目支出27622.22万元,经营支出286.33万元。其中工资福利支出171016万元,对个人和家庭补助支出7902.46万元,商品和服务支出39249.97万元,资本性支出(基本建设)68.13万元,资本性支出6486.74万元。

撰稿:张瑞伟

【党史学习教育】 成立河西区教育系统党史学习教育领导小组和教育局机关党史学习教育领导小组,出台《关于在河西区教育局机关开展党史学习教育的实施方案》和《工作方案》,召开党史学习教育动员部署大会,组织教育巡回指导。各处级单位共开展集中形式理论中心组学习300余次,1600余人次参加;开展专题读书班300余次,13079人次参加;全系统党员集中学习近600场次,参与近20000人次。组建河西区教育系统党史学习教育宣讲团宣讲30余场,获2021年天津市基层理论宣讲先进集体称号。全系统书记讲党课139场次,覆盖9295人次。全区各学校、幼儿园累计开展各类宣讲243场次,受众42788人次。抓实青少年群体党史学习教育,注重仪式教育作用,开展"百万青少年歌颂党"系列活动。全区共举行主题升旗229场,参与149407人次,召开主题班队会参与93836人次;清明节期间56753人次参与各类祭英烈活动。发挥学校思想政治理论课主渠道作用,通过红色电影进校园、红色书籍进教学楼、诗歌书法展等喜闻乐见的方式,激发主动参与、感悟红色文化底蕴。各单位组织党员干部观看红色影片165场次,覆盖7907人次,组织青少年学生开展红色观影300余次,73000余学生参加。全年共有55名教育局机关干部下沉社区入列轮值,为群众办实事、解难题,得到社区的好评。

撰稿:王 强

【干部教师队伍建设】 优化配强干部队伍,调整8个单位的领导班子,提拔科级领导干部7人,平职交流19人,科级干部试用期满转正7人。局机关3人晋升四级调研员。安排15位基层单位中青年干部在局机关相关科室轮岗交流。推荐3名校(园)长参加教育部"国培计划"。选派1名中学校长参加京津冀中小学校长协同创新研修,1名小学校长参加全国基础教育改革动态研修班。1名高中校长入选天津市杰出津门校长;2名高中校长入选天津市"三名工程";6名小学校长入选天津市"中小学校长领导力提升计划"。举办名校长培养工程中期推动会,完成27篇校园文化建设论文和22所基层学校校园文化建设蹲点指导。加强年轻干部梯队培养,启动年轻干部"青蓝行动"培养项目,举办第八届青年校长论坛。全面启动第三期名师工作室建设,专门设立2个"思政课名师工作室",组建区域思政教师核心团队。评选第九届"希望之星"110名,第五届"教坛新秀"68名。619名教师参与流动,义务阶段交流人员460人,交流轮岗教师占符合义务阶段交流轮岗总数23.69%;骨干教师458人,占交流轮岗教师74.0%。统筹推进"区管校聘"管理改革工作,全区统筹使用183人,骨干教师占比40%以上。完成2021年公开招聘,招录184名教师、5名保健医生、10名财务人员。

撰稿:门宇恒 李恩建

【课后服务】 制订并实施《河西区中小学课后服务工作试点方案》,不断强化学校教育主阵地作用,倾力打造"崇德向善"德育品牌、"敏学创新"智育品牌、"活力阳光"体育品牌、"尚美博雅"美育品牌、"勤巧克俭"劳动教育品牌,探索形成特色鲜明的河西课后服务品牌,满足学生多样化发展需求。自2021年9月开始,全区各中小学全面推行"5+2"课后服务模式,每周5天开展课后服务,每天至少开展2小时,根据家长意愿实行"弹性离校"制度。各中小学实施"一校一策",充分调动校内外优质教育资源,通过提供高质量的课后服务,破解学生课业负担和家长经济负担过重的难题。精准指导学生自主完成作业,确保小学生在校完成全部作业、初中生在校完成大部分作业;对学习有困难的学生进行补习辅导与答疑,为学有余力的学生拓展学习空间;开展丰富多彩的思政、法治、科普、文体、艺术、劳动等兴趣小组及社团活动,满足学生个性化需求,促进综合素质提升。出版《温故手札 知新图鉴——河西区小学课后服务工作集锦册》。各学校通过在公众号开设"双减"专栏、录制"课后服务"案例视频等方式,定期推送落实"双减"政策、开展课后服务的工作亮点和举措,推动形成全社会关心、支持校内课后服务工作的共识,营造良好的社会氛围。

撰稿:孙　涛　王君红

【校外培训机构治理】 强化校外培训机构专项治理,与区市场监管、公安、消防、街道等多部门联合,采取定期包保检查、日常巡查、节假日、晚间突袭检查等多种方式,共出动执法人员1298人次,对478家培训机构,开展38轮次各级、各类"拉网式"联合执法检查,责令现场整改49家,限期整改17家,约谈警示24家,停业整改21家,关停隐形变异培训黑窝点19个,守住"双减"指标高线,筑牢安全生产底线。落实校外培训机构资金监管,与区金融局及16家银行合作联动,积极探索最低余额预警和大额动账预警的资金监管模式,实现签署银行资金监管协议全覆盖,回笼监管资金764.84万元,最大限度地保障学生家长的合法权益。压减学科类校外培训机构数量,与区公安、市场监管、政务服务办等多部门密切配合,对全区194家义务教育阶段学科类培训机构进行了全面压减,其中7家转为成人,10家转为非营利性机构,62家剥离为高中,78家转为非学科,注销办学许可证20家,关停17家。压减率94.85%,高于全市平均水平1.96个百分点,有效遏制培训机构的野蛮生长。

撰稿:张继军

【构建大中小思政课一体化建设联盟】 落实立德树人的根本任务,构建大思政格局,与天津财经大学、天津职业技术师范大学、天津科技大学签约建立研究共同体,组织思政工作室成员参加大中小一体化签约和集体备课活动,开展现场微党课教学展示。举办河西区召开高校联合办学成果展示会暨思想政治教育大中小一体化建设推动会,全面展示联合办学成效,深入推进思政教育一体化工作进程。"高中思想政治课程课协同创新中心"落户河西区。上海道小学、环湖中学、海河中学、电子计算机职专入选《习近平新时代中国特色社会主义思想指导方案》试点校。加强2个名师思政工作室建设,深化思政课教学方法改革创新。举办以"新时代思政课教师的使命担当"为主题的河西区首届中小学思政课教师论坛,交流思政教师的思想和思政课改革创新成果。推进设立中小学思政课教师专项岗位津贴。举办2020年天津市学校思想政治理论课教师年度影响力人物经验分享会,通过宣传思政影响力人物的经验做法,发挥先进思政教师的辐射引领作用,切实推动思政课改革创新工作向更高质量发展。课题《大中小学思政教育工作一体化研究》被中共天津市委教育工作委员会、天津市教育委员会批准立项为天津市德育工作市级重点课题。

撰稿:呼春生

【推进五项管理工作】 河西区严格落实"五项管理"的文件精神,坚持学生"健康第一"思想,先后制定河西区中小学生手机、睡眠、读物、作业、体质管理的实施细则,出台《河西区中小学作业管理细则》《河西区中小学手机管理办法》《落实"五项管理"健康家庭行动计划》,多次召开专项会议部署工作要求,及时总结推进经验,进行交流分享,从规范手机使用、保障学生睡眠、加强读物管理、减轻课业负担、锻炼强健体魄五个方面,促进学生身心健康全面发展。2021年5月25日起各小学上午上课时间从原来的8:00延迟到8:20。各中小学落实主体责任,加强制度建设,建立完善相关工作机制,保障五项管理工作常态长效开展;充分利用各种媒介,加大"五项管理"的宣传力度,营造良好舆论氛围;加强督导检查,组织责任督学对全区中小学落实五项管理情况进行常规督导,不断规范学校办学行为;注重家校合作,积极引导家长切实做好孩子课后时间的管理和监督,家校携手,共同关注学生的健康成长。

撰稿:孙　涛　王君红

【做强"活力阳光"体育品牌】 持续推进《河西区中小学生体质健康提升行动计划》高效落实,聚焦"教会　勤练　常赛",大力提升学生提质健康水平。严抓体育课程建设,夯实基础;狠抓大(小)课间、课后服务、素质拓展活动的开展,保证阳光体育活动质量;深抓"哪吒体育"专项竞赛,举办"哪吒体育"春季田径运动会、三大球·一小球专项联赛,促进体教融合深化发展。召开学生体质健康专项工作部署会和中期推动会,实施全区中小学生体质健康统一测试,分析测试结果,制定体质健康提升计划,积极开展寒暑假综合素质实践活动,学生体质健康达标率、优良率不断提高。以天津市"排球之城"建设为带动,加强市排球特色校、区排球进校园单位建设,确定16所中小学为首批河西区排球进校园试点学校,4所学校被评为天津市排球传统特色学校。推动校园足球特色发展,组织管理人员、教练员共21人参加全国青少年足球教练员和师资国家级专项培训;组织12名中学、4名小学生参加全国足球夏令营的选拔,15名学生入选天津市最佳阵容。积极参加开展实施义务教育学校场地提升改造,对中心小学(梅江、西园2个校区)、梧桐小学、纯真小学、滨湖中学4所学校进行体育场地提升改造,提升改造总面积8737平方米。

撰稿:李纪妹

【建立"勤巧克俭"劳动品牌】 出台《关于全面加强中小学劳动教育的工作方案》,举办2021年"热爱劳动、勤于劳动、善于劳动"河西区中小学劳动技能大赛,并组织9所中小学22名学生参加2021年度天津市中小学劳动技能大赛,获一等奖4个、二等奖4个、三等奖3个,位列全市前列,以赛促建,提升全区学生劳动素养。以"庆丰收、感党恩"为主题开展中国农民丰收节劳动教育主题活动,开展"丰收的故事我来讲"主题宣传教育、"丰收的体验我来做"主题实践活动、"丰收的未来我来担"成果共享活动。开展"人人知劳动 人人爱劳动"的中小学劳动教育主题日活动,并于梧桐小学召开"秀出我的劳动范儿——河西区中小学劳动教育主题日活动",各学校通过线上交流的方式同步进行观摩学习,互学互鉴取长补短。少年宫创新学生实习项目完成30所学校、7500名六年级毕业生劳技课毕业检测。河西区被教育部认定为"全国中小学劳动教育实验区"。北师大天津附中《坚守初心劳动铸魂 以劳为"基"系统实施》入选教育部中小学劳动教育典型案例。

撰稿:李纪妹

【加强教育督导工作】 深入开展中小学、幼儿园责任督学挂牌督导工作,全区现有38名责任督学,负责132所中小学、幼儿园的督导工作,实现挂牌督导全覆盖。责任督学坚持每月一次深入责任校开展经常性督导,依据市区重点工作,每月明确主题,采取听取汇报、实地查看、师生座谈、随堂听课、查阅资料等多种方式,查找问题,给出对策,指导改进,助推学校内涵发展。针对中小学作业、睡眠、手机、读物、体质等"五项管理"和课后服务等教育改革热点难点问题,深入全区各中小学校,通过发放问卷、随堂听课,随机访谈师生,查阅相关资料,实地查看学生进校、大课间活动、眼保健操情况等方式,开展督导检查,就相关问题及时反馈、立即督促整改。同时,将学校的典型经验和做法在"河西教育"微信公众号上宣传推介,充分发挥教育督导保驾护航作用。顺利通过全国学前教育普及普惠区市级督导评估。以学前教育普及普惠督导评估为契机,努力提升学前教

育工作质量,针对43个评估要点,全区17个职能部门各司其职,积极开展工作,特别是围绕自查中发现的问题和短板,扎实整改达标。9月3日,接受市政府教育督导室专家组学前教育普及普惠市级督导评估,河西区高水平通过市学前教育普及普惠评估认定,社会总体满意度94.5%,位列全市第一。

撰稿:陈惠莉

【创建"共学养老——榕树课堂"】 2021年,河西区充分发挥社区教育"区校终身学习联合体"项目优势,整合高校及社会各方面为老服务教育资源,将优质教育资源向居家养老服务中心汇集,在街道、社区两级居家养老服务中心共开办"共学养老—榕树课堂"45个,用学习的方式将老年人组织起来,不断丰富老年人的精神文化生活,提升养老品质。"区校终身学习联合体"签约的大学,定期在榕树课堂中开设《健康天津》《桑麻之光——手工艺》《夕阳爱党——珍爱朗读》《津门百将——传统非遗文化》《智慧老人—老年手机》等课程。授课教师均由大学教授、大学生和非遗传承人等志愿者组成。引进天津医科大学、天津工业大学、天津开放大学、天津师范大学、天津音乐学院、天津科技大学等多所大学,参与榕树课堂授课的大学教授和大学生志愿者共计100多位,送课达1000余场,20余种40多门丰富多彩的终身学习课程,30000多人次参加学习,受到老人们欢迎。

撰稿:尚晓梅

【智慧教育示范区创建】 在区委、区政府的大力支持下,经市教委推荐,教育部审批,2021年2月,河西区被列入国家"智慧教育示范区"创建区县名单。河西区"智慧教育示范区"建设依托信息素养培育工程等七大项目工程,围绕"未来学校、未来教师、未来学生"构建五育融合的智慧教育体系,按照"整体思考、统筹规划;同步建设、互通共享;梯次推进、以用促建"的原则,构建智慧教育的六大体系,即构建智慧教育的目标体系、政策体系、供给体系、课程体系、教学体系和共享体系,全面推进智慧教育示范区建设。7月16日,河西区教育局承办全国"智慧教育示范区"建设经验交流会。组织中学参加"基于教学改革、融合信息技术的新型教与学模式"国家级示范区专题培训、河西区智慧教育在线学习平台专题培训。参加第79届中国教育装备展示会,河西区在"大数据+AI双轮驱动新时代创新高峰论坛"上做《AI+大数据构建河西区智慧教育新生态》主题报告。

海河中学、第二新华中学、第四十二中学、第四中学、第四十一中学、北师大天津附中、微山路中学、平山道小学8所学校被市教委评为天津市智慧教育示范学校。

撰稿：王连鹏

【巩固教育帮扶成果】 2021年，完成天津市"第十批援疆干部人才项目中期轮换"、教育部"援藏援疆万名计划项目"支教任务，河西区东西部交流协作柔性专业技术人才选派三项支教工作，选派援疆干部教师6名在新疆和田地区高级中学担任教学工作，开展培训4次，受益73人，讲座6次，受益617人，听课44节，受益34人。派出54名骨干教师赴甘肃庄浪、卓尼、崆峒三个地区开展支教工作，其中一年期的17人，一个月的36人，6个月的1人，开展培训116次，受益2144人；讲座57次，受益3344人，上课116节，受益2668人；听课217节，受益686人。按需求完成受援地管理干部和教师来津跟岗培训任务，为庄浪县257名骨干教师进行为期一个月的跟岗实践活动、开展专题培训16场次；为卓尼县88名骨干教师进行跟岗培训、开展专题培训11场次；为崆峒区180骨干教师开展专题培训24场次。巩固"十三五"期间与受援地中小学之间"手拉手"结对帮扶成果，16所中小学与庄浪县31所中小学结成32个帮扶对子；13所中小学与卓尼县24所中小学结成25个帮扶对子；12所中小学与崆峒区13所中小学结成13个帮扶对子，全年开展线上教研，同课异构等线上帮扶活动60余场，受益教师300余人。天津市环湖中学杨富恩被评为天津市脱贫攻坚先进个人。

撰稿：何 琛

【完成教育系统国有企业公司制改革】 区教育局高度重视国有企业公司制改革工作，召开河西区教育系统国有企业公司制改革工作部署会，对区教育系统国有企业中现存的3户全民所有制企业情况有针对性地进行摸底，针结合企业实际情况，制订《河西区教育系统国有企业公司制改革工作方案》，确定2户企业改制，1户企业出清的整体思路，按照方案要求稳步推进。在区国资委的监督指导下，将2户全民所有制企业改制为公司制企业，2个企业通过改制变更为有限责任公司。成立企业出清领导小组推进工作，共召开"企业员工安置小组会议"6次，"企业出清领导小组会议"11次，商议研判疑点难点问题，推进落实各项工作要求。积极安置企业员工、企业资产处置及债权债务清理等工作做到合理合规、平稳有序，最大限度实现企业利益最大化，保证国有资产不流失，于2021年6月2日完成企业的税务清算及工商注销工作，完成教育系统国有企业公司制改革任务。

撰稿：周亚辉

【筑牢校园安全防线】 严格落实"三管三必须"要求，压实校园安全管理责任，加强平安校园建设，全系统围绕校园政治安全、安防体系4个100%建设等9个方面开展排查整治，成立139个学校检查组，开展约15000人次的日常安全检查。开展"迎百年华诞 创平安校园"安全生产综合整治行动，坚持安全隐患排查整治常态化，全覆盖开展隐患排查3450校次，5万余人次。对14个中学的化学实验室和危险品仓库进行消防安全检查评估。强化校园及周边综合治理，加强学校内部人员管控，联合公安部门对教职工、第三方服务人员累计进行1万余人次背景审查工作。出台《河西区教育系统保安管理办法》，投入3500余万元，为每个公办校园区配备6名保安员。高标准落实"一校一警"要求，中小学、幼儿园全部安装新式一键报警装置，视频监控重点部位全覆盖，幼儿园公共区域全覆盖，并与市教委联网。136个校区门前安装防冲撞设施，累计安装防冲撞柱、隔离墩等车阻装置839个，全面提升校园安防体系标准化、规范化建设水平。深入开展校园安全宣传教育，定期开展中小学幼儿园应急疏散演练，提升师生应急逃生避险和自救自护能力。8月30日，董家禄副市长到海河中学进行调研，对教育系统法治教育工作及校园安防建设给予高度评价。11月17日，市人大常委会李虹副主任一行对河西区宣传贯彻落实《天津市预防和治理校园欺凌若干规定》调研工作，调研组领导同志对河西区预防和治理校园欺凌的工作给予肯定。

撰稿：张凤玉
审稿：何 琛

附：区分管领导、教育局领导及驻地
副区长：李丽君（2021年12月离任）
　　　　孟冬梅（2021年12月到任）
区教育局党委书记、局长：杨 琳
副书记、副局长：田玮
副局长：吴晓红（2021年10月21日离任）
　　　　刘玉生（2021年1月18日离任）
　　　　陶子福（2021年3月2日到任）

孔繁超（2021年8月2日到任）

阿布来克木·阿地里（2021年12月20日挂职
　　结束）

办公室主任：孙晓宁

何　琛

电话：28302310

地址：河西区广东路211号

邮政编码：300201

南开区

【概况】　2021年，南开区幼儿园总计97所，其中教育部门办29所、事业单位办3所、其他部门办4所、集体1所、民办60所；在园幼儿16820人，教职工3045人。中学24所，其中完全中学14所、初级中学4所、九年一贯制学校4所、十二年一贯制学校2所；在校生35307人，教职工4187人。小学31所，在校学生61683人（含九年一贯制和十二年一贯制学校小学学生），教职工2970人。中等职业学校1所，在校学生781人，教职工181人。特殊教育学校1所，在校学生271人，教职工30人。

扎实开展党史学习教育。围绕井冈山精神、长征精神、遵义会议精神等十二种革命精神，组织开展"12种精神伴12年成长"系列活动。开展以"学习党史，培根铸魂，为党育人，为国育才"为主题的"师德巡讲"系列活动。组织"传红色基因　诵经典美文　庆建党百年——第六届中小学经典诵读"主题演讲比赛暨党史宣讲进校园活动。

多举措助推教育质量提升。出台《南开区关于提升普通高中教育品质三年行动方案（2021—2023年）》，以优化顶层设计助推学校品牌高中建设。组建9个教育发展共同体，搭建师资调剂交流平台。将全区21所初中学校和35所小学调整建成9个教育发展共同体，推进义务教育均衡发展。制订《南开区公办示范幼儿园引领辐射工作方案》，深化"公办—民办"友好园联动发展，开展南开区普惠性民办幼儿园等级评定，评选出普惠性民办示范幼儿园3所，普惠性民办一级幼儿园2所，普惠性民办二级幼儿园2所。制定《基础教育国家级优秀教学成果推广应用南开示范区三年行动计划》，召开基础教育国家级优秀教学成果推广应用南开示范区启动暨培训会。

注重教师队伍建设。开展南开区第九届优质课大赛，对221名新教师进行培训，组织全区500多名幼儿园教师和保育员进行保教能力提升培训。加大名优教师的培养和选树力度，遴选出市级学科骨干教师93名，区级学科骨干教师1681人、校级学科骨干教师1699人。选派196名教师参与交流轮岗。

深化思想品德教育。举行南开区第四届"周恩来班"命名表彰暨"四史"教育班级合唱展示活动，全区10个优秀班级被授予"周恩来班"荣誉称号。评选教育系统"新时代好少年"，广泛宣传"新时代好少年"的先进事迹。关注学生心理健康，南开区校外未成年人心理辅导站被团中央命名为全国"青少年维权岗"。

推进阳光体育运动。结合体育艺术"2+1"工程，开展足球、篮球、排球等特色项目，使学生普遍掌握1—2项运动技能。将推铁环、抖空竹、踢毽融入小学体育课程，推广中华传统体育项目。弘扬中华传统文化，开展6场戏曲进校园，5场书法进校园，3所学校被评为第三批全国中小学中华优秀传统文化传承校。

实施劳动教育。制定《南开区中小学劳动教育实施方案》《南开区劳动实践活动评价标准》，与天津市七色阳光生态科技有限公司建立南开区学农基地，开展形式多样的劳动实践活动，五马路小学劳动教育案例入选全国劳动教育典型案例。

筑牢校园安全屏障。组织开展应急预案演练，完成全区各学校防冲撞柱、电子张力围栏的安装，一键报警系统升级改造，实现100%封闭管理。开展学校食品安全检查，落实学校领导陪餐制度，保障学生饮食安全。

撰稿：王　欣

【教育经费收入与支出】　2021年，南开区全年教育经费总收入184328万元。比上年增加1162万元,增长 0.63%。其中区财政拨教育事业费 159476 万元,社会保障和就业支出收入 15278 万元,医疗卫生健康支出收入 6716 万元,事业收入 1251 万元,附属单位缴款 44 万元,其他收入 1563 万元。全年教育经费总支出 190283 万元,比上年增加 6369 万元,增加 3.46%。其中人员经费支出 153572 万元,公用经费支出 31560 万元,对个人家庭补助支出 5151 万元。教育经费总支出中财政拨款(含上年结转)186876 万元,事业收入等(含上年结余)支出 3407 万元。

撰稿:赵宏伟

【优化作业设计与作业管理】 南开区各中学充分发挥义务教育发展共同体的机制优势,围绕"作业""教研""课堂""管理"等重点环节开展减负提质的主题式研究与实践。南开中学教育发展共同体加强基于作业管理的集体备课研究,提高作业设计质量,充分发挥各学校优势学科备课组的集体智慧,并通过专题研讨互鉴互进;天津中学发展共同体建立共同体内教研常态化机制,多次开展"运用数据分析,提高教学针对性"等主题式教研,聚焦解决教学问题,最大限度满足学生在校学足学好;"天大附中—南大附中"教育发展共同体多维度创新作业设计,各学校围绕作业管理制度设计、作业管理制度实施以及作业管理评价,凝练以作业设计撬动学生学习方式的改变、实现作业有效管理的策略;第二十五中学教育发展共同体开展"双减"背景下的课例研讨活动,以课堂教学主渠道为载体,注重学生思维能力的培养和核心素养的达成,并围绕拓宽课后服务渠道等方面进行同商共研。

撰稿:陈　锋

【多措并举提升课后服务质量】 贯彻落实《市教委　市发展改革委　市财政局　市人社局　关于进一步做好义务教育阶段学校课后服务工作的实施意见》(津教规范〔2021〕8号)文件精神,进一步强化学校教育主阵地作用,有效减轻义务教育阶段学生过重作业负担和校外培训负担。南开区小学立足学生成长进步的生长点、教师职业幸福的落脚点和家长在工作与教育中的平衡点,结合学生成长需求,教师能力水平和学校办学特色,把课后服务和作业管理、因材施教结合起来,分年级、分层次设置"1+X"课后服务"项目菜单"。深挖内部资源,整合教师专业能力与全科拓展教学能力;共享优质资源,融合义务教育学校发展共同体中各校特色;借力专业资源,充分发挥少年宫教师的作用;联动社会资源,联合区内高校、具备资质的社会专业人员或志愿服务力量与校园教师,组建"双师"教学专班开展"走班兴趣课""班本兴趣课""大师课""精品社团"等多种形式的课后服务。运用南开区"云动课程资源平台",课内与课后相互衔接。构建能够满足学生全面而有个性发展的南开区课后服务体系,不断增强课后服务的吸引力,促进学生全面发展。

撰稿:徐子懿

【"公办—民办"幼儿园联动发展】 学前教育多措并举,"公办—民办"幼儿园联动,促进教育均衡发展和教师共同成长。制订《南开区公办示范幼儿园引领辐射工作方案》,4月安排 12 所公办示范幼儿园,以一拖二的形式,与 24 所民办园、集体园签订友好园协议。公办园始终坚持资源共享原则,通过线上线下相结合方式,开展专题教研、互动教研、专家讲座、名师引领、跟岗锻炼、经验分享等活动。派教师到友好园进行教学业务指导,帮助制定学期计划、完善周计划。保健医生和保育老师在安全护理、卫生保健、疾病预防及消毒等方面进行指导。帮助友好园做好普惠性民办幼儿园等级评定申报工作,针对民办园缺乏准备工作经验,公办园领导、骨干教师多次进行实地研讨,从资料准备、展板制作、教学准备各方面进行详细指导,为民办园顺利通过等级评定提供保障。10月召开公办示范幼儿园引领辐射工作中期推动会,公办和民办幼儿园园长以问题为导向,从工作目标及年度目标达成度、存在问题、整改措施等方面进行交流分享。

撰稿:张　玥

【楷模精神育新人】 开展第四届南开区中小学"周恩来班"创建工作,经过学校申报、区级复评、专家终评,10 个优秀班级被命名为"周恩来班"。开展以思政教育与美育教育相结合的"四史"学习教育为主题的班集合唱活动。全区 53 所中小学紧扣主题、主旨、主线,结合学校育人实际,将"四史"教育与立德树人、以美育人、以文化人有机融合,在提升青少年学生审美与人文修养的同时,激发他们走近"四史",学习"四史",知史爱党、知史爱国的民族自信心,使"四史"教育更加深入学生心灵。3月5日在南开区少年宫举行"牢记使命跟党走,楷模精神育新人"——南开区第四届"周恩来班"命名表彰暨"四史"教育班集合唱展示活动。会上,对"南开区第四届周恩来班"进行表彰;"四史"教育班集合唱优秀作品进行展示。

撰稿:曹玉虹

【庆祝中国少年先锋队建队72周年主题大队会】 贯彻习近平总书记关于少年儿童和少先队工作的重要论述,围绕贯彻落实《中共中央关于全面加强新时代少先队工作的意见》,10月12日,团区委、区教育局、区少工委联合举办"请党放心 强国有我"南开区庆祝中国少年先锋队建队72周年主题大队会。伴随着激昂乐曲,旗手迈着坚实的步伐,精神抖擞地高举队旗入场,全体少先队员齐唱《中国少年先锋队队歌》,拉开大队会的帷幕。会上为2021年度区级优秀少先队集体、优秀少先队员、优秀少先队辅导员代表颁奖,为南开区红领巾实践营和少先队名师工作室授牌。

撰稿:曹玉虹

【"百年行动"主题教育系列活动】 3月22日,在庆祝中国共产党成立100周年倒计时100天之际,在南开田家炳中学举办"在国旗下成长——南开区中小学党史学习教育主题升旗仪式",由此拉开南开区中小学喜迎建党100周年"百年行动"主题教育系列活动的序幕。开展"红领巾学党史特别学习章——红星少年章"争章活动,指导少年儿童在辅导员和家长的帮助下,制定好学习目标,完成学习打卡,同时用少年儿童能听得懂、喜欢听、记得住的语言传授党史知识。开展"青春心向党"新时代实践行活动,面向中学生推荐一批党史读物,结合志愿服务、社会实践,引导广大青少年积极投身红色活动,推动党史教育深入人心。征集"画百年历史 讲党史故事"庆祝建党百年绘画作品3506幅,征集红色党史故事、快板书、红色剧目等作品2528个,制作"红船领航红领巾"红船模型166个,征集少先队员与革命先辈、先锋人物时空对话10343条,参观少年儿童党史教育主题馆10294人次。

撰稿:曹玉虹

【充分发挥督导作用】 规范责任督学下校制度,助推学校内涵发展,每月深入学校开展督导,及时发现问题并进行有效的指导。先后组织责任督学重点督查疫情防控、安全稳定、心理健康、减负工作、后勤食堂等方面内容,撰写"一对一"督导报告。落实教育部、市教委关于手机、睡眠、读物、作业、体质

管理的各项要求,制定南开区"五项管理"实施方案,全体责任督学对照《"五项管理"实地督查要点》,综合采用查阅资料、问询座谈等多种方式,对中小学落实"五项管理"工作情况进行全覆盖督查。组织幼儿园参加办园行为评估验收,对11所民办幼儿园进行实地督导,全部顺利通过验收。落实《南开区教育系统义务教育学校考评绩效奖励考核分配实施方案》,组织各科室依据《南开区中学、小学、幼儿园考评绩效指标体系》,对区属公办13所中学、26所小学、22所幼儿园开展考核,25所学校(园)获优秀等次。

撰稿:李承伦

【教师队伍建设】 强化师德师风建设,制订《南开区加强师德师风建设的工作方案》,下发《师德师风建设工作学习指导手册》,签订师德承诺书,建立师德档案,组建南开区师德宣讲团。持续推进第六周期中小学教师全员继续教育培训。组织全区中小幼5775名教师参加市级通识培训,完成率100%。采用线上线下相结合研修模式,完成221名新教师培训。开展南开区第九届优质课大赛,全系统6539名教师参与,经过初赛、复赛,最终评选出一等奖209名,二等奖287名,三等奖497名。加大名优教师的培养和选树力度,遴选出市级学科骨干教师93名,区级学科骨干教师1681名,校级学科骨干教师1699名。继续推动教师交流轮岗工作,符合交流轮岗条件的教师总数是1165人,选派196名教师参与交流轮岗,其中中学教师78人,小学教师118人,占符合交流轮岗条件教师总数的16.82%。交流教师中校级以上骨干教师156名,占实际交流总数的79.59%。完成援派干部教师选派工作,共选派29名干部教师,其中8名援疆,21名援甘。

撰稿:王亚辉

【思政课改革创新】 推动思想政治课教学改革创新,采取主题研讨、观摩学习等多样的培训方式指导教师上好《习近平新时代中国特色社会主义思想读本》课。5月底,南开区教育局与天津大学马克思主义学院建立"天津市区校思政课协同创新培训与研修基地",3位思政课教师在基地揭牌仪式暨大中小思政课集体备课会上进行示范课展示。发挥基地作用,聘请天津大学马院思政课专家,组成培训授课团队,8月开始,面向全区中小学思政课教师,进行10个专题多种形式的全员培训。参加天津市"百年行动"思想政治理论课特色案例和品牌课程征集展示

99

活动,崇化中学李宗航老师的"以弘毅之精神,酬强国之梦想"、天津大学附属小学宋雪老师的"兴学强国,筑梦未来"被评为优秀视频。

撰稿:王 欣

【"三位一体"助推劳动教育】 充分发挥家庭、学校、社会"三位一体"作用,对学生进行劳动教育。组织全区中小学生开展"我是父母小助手""劳动创造幸福"等活动,鼓励学生在家中做一些力所能及的事情。在学校通过浇花、擦洗课桌、收拾餐箱等活动,增加劳动体验。组织南开区劳动技能大赛;开展南开区"庆丰收、感党恩"劳动创意T台秀和讲述劳动丰收故事大赛。开展"劳动美"社会实践活动,全区学生累计参与社会实践活动530场。南开区劳动教育实践活动在《中国教育报》《天津教育报》等媒体报道。五马路小学劳动教育案例入选全国劳动教育典型案例。

撰稿:王 欣

【教育资源布局调整】 2021年新增学前学位1230个,义务教育学位7275个。根据生源发展趋势、布局调整、队伍现状,对教育局下属事业单位编制统筹调整4次,招聘新教师385名。完成二十五中学灵隐道校区、新星小学、科技实验小学改扩建工程。启动外国语中学新建幼儿园项目、宜宾里小学扩建工程以及新星小学雅苑校区加固工程建设。完成崇德园配套幼儿园对接,接收东北角13号地公建并进行改造施工。完成一键报警系统升级改造。

撰稿:王 欣
审稿:孙建昆

附:区分管领导、教育局领导及驻地

副区长:王 锐

区教育局党委书记、局长:班东江(2021年10月18日 调出)

副局长:王 毅
   张 凯
   来 颖

办公室主任:高 岑(2021年7月21日到任)

电话:27459979

地址:南开区广开四马路与广开南街交口

邮编:300102

红桥区

【概况】 2021年,红桥区共有幼儿园59所,其中公办幼儿园17所,民办幼儿园16所,托幼点26个,在园幼儿9501人,在编教职工535人;小学17所,其中公办小学16所,民办小学1所,在校学生19364人,在编教职工1808人;中学12所,其中完全中学5所,初级中学6所,民办高中1所,在校学生12980人,在编教职工1752人;中等职业学校1所,在校学生3006人,在编教职工311人;职工大学1所,在编教职工80人;特殊教育学校1所,在校学生166人,在编教职工49人。

2021年,红桥区面贯彻党的教育方针,深入落实"教育兴区"发展举措,深化教育综合改革,落实立德树人根本任务,提升教育的育人质量,促进教育优质公平。编印《红桥区教育系统实施教育兴区发展举措任务分解台账》,细化108项工作。编制完成《红桥区基础教育设施布局"十四五"规划和2035年远景目标建议》,为进一步推进教育资源均等化、公平化奠定坚实基础。新建成的三中附小投入使用,红桥小学改扩建工作完成,八十九中学校园整修工作完成,大丰西幼儿园开工建设。调整6个学前教育学区片,开展公办园和民办园托幼点结对帮扶,学前三年毛入园率达到87.1%,普惠性幼儿园覆盖率83.6%,公办园在园幼儿占比53.6%,顺利通过学前教育普及普惠市级督导评估。完成7个教育集团的构建,全部小学和优质中学实现全覆盖。平稳推进民办学校终止办学工作,"公进民退"工作走在全市前列。与河西、宁河、北辰3个兄弟区开展教育合作。制订《红桥区教育局提升教育教学质量三年行动方案(2021—2023年)》,抓实教育主阵地,做好"双减"工作。第三中学入选全市30所天津市品牌高中建设项目培育学校。推进大中小幼思政一体化建设,与5所博物馆搭建馆校合作平台。持续推进学生阳光体育运动,举办红桥区学校文艺展演,完成红桥区创造性劳动教育实践基地创建,举办红桥区首届劳动技能大赛。开展第七届"三名"评选,选树6名"名校长"、30名"名班主任"和50名"名教师"典型,构建红桥教师素养提升机制。启动新教师、后备优秀年轻干部、思政骨干教师等15个不同层次业务培训,夯实干部教师专业技能。坚持考评绩效奖励"五个倾斜",激发教师活力。高效完成教育系统新冠病毒疫苗接种工作。

撰稿:唐宏婕

【教育经费收入与支出】 2021年,红桥区全年教育经费总收入157266.87万元,比上年增加4669.87万元,增长3.06%。其中国家财政性教育经费收入143881.28万元,民办学校中举办者投入715.64万元,捐赠收入450.11万元,事业收入11191.41万元,其他教育经费收入1028.43万元。全年教育经费总支出169185.3万元,比上年增加25106.3万元,增长17.43%。其中教职工人员经费支出129365.65,学校运转、校舍建设、设备购置等支出39819.65万元。

撰稿:唐宏婕

【招生工作】 2021年,红桥区小学一年级新生3042人,其中天津市户籍2705人,随迁子女337人;红桥区培智学校新生人数21人。11所公办中学参加初中招生工作,招生计划为3040人。公办校随机派位录取2819人,回红桥区升学25人。所有应届小学毕业生均保有学位。普通高中学校(包括艺术类高中学校、市重点高中学校、其他高中学校)实际录取1811人,各类中职学校(五年制高职和中高职衔接系统培养技能型人才项目试验学校及专业、中职学校"三二分段中职接高职"类专业、其他各类中职学校)实际录取973人。

撰稿:唐宏婕

【党史学习教育】 成立红桥区教育系统党史学习教育领导小组,教育局党委书记任组长,组建12个巡回指导组。先后召开全系统党史学习教育动员部署会、中期推动会,组织召开专题组织生活会,对44个非处级单位党组织党史学习教育开展情况进行3轮次下校指导。编发党史学习教育简报26期,区教育局代表队获红桥区党史学习教育知识竞赛二等奖。开展"我为群众办实事"实践活动,52名机关干部下沉社区入列轮值,围绕巩固创文创卫成果、推动

疫情防控和疫苗接种积极开展工作,受到社区高度认可,好评率100%。全系统各基层党组织围绕解决群众关心关注的教育问题制定实践活动项目清单581项、群众诉求清单732项,全部完成,一批群众关切、社会关注的教育热点难点问题得到解决。组织435名党员干部群众代表开展随机测评,对党史学习教育总体评价为"好"的达到100%,得到全系统党员干部群众认可,达到预期目标。

撰稿:唐宏婕

【体美劳工作】 开展常态体育课巡查,持续推广"课课练"。全面推进中小学生阳光体育运动,精心组织区级十大体育赛事,加强体教融合,组建专项体育运动基地27个,不断加强篮球特色学校建设工作,提升校园足球特色学校建设。做好《国家学生体质健康标准》实施工作,2021年度对全区中小学进行《国家学生体质健康标准》全覆盖测试。开展好课外艺术活动,举行中华优秀传统文化系列活动。举办红桥区学校美育实践课堂文艺展演赛事,积极推动校园文化建设。推动学校劳动育人工程落实课程标准,优化课程设置,推进劳动基地建设,构建"一体化"教育教学体系。组织红桥区首届劳动技能大赛。

撰稿:唐宏婕

【与河西区教育合作】 4月,红桥、河西两区签订教育项目合作协议,为金潞园地块教育配套项目引入上海道小学教育资源。双方在办学理念、学校文化、特色课程、五育并举、管理模式等方面开展深度合作,推动红桥教育优质均衡发展。提前着手为新建学校配备管理干部,选派2位优秀青年干部、6位骨干教师采取跟岗、顶岗的形式到上海道小学开展交流锻炼。

撰稿:唐宏婕

【民办校终止办学】 全面提升红桥区义务教育优质均衡发展水平,根据《中华人民共和国义务教育法》《国务院关于深入推进义务教育均衡发展的意见》及天津市教委关于做好公办学校在编教师到民办中小学任教清理规范工作通知的要求,经红桥区委区政府研究决定,天津市方舟实验中学和天津市怡和中学自2021年秋季起停止招生,现有在校学生统一安置到天津市第三中学和天津市第五中学就读,初中学生不再收取民办学校学费,高中学生收费标准与天津市第三中学、天津市第五中学高中学生

收费标准相同。2021年4月2日启动终止办学程序。

撰稿:唐宏婕

【教育集团】 3月30日,召开红桥区中小教育集团成立大会,成立文昌宫民族小学教育集团以及第三中学、第五中学和民族中学三个中小纵向一体化办学集团。第三中学教育集团充分挖掘第三中学优质资源,邀请集团内小学毕业年级学生参与第三中学浸润式校园活动。第五中学教育集团以集团内教师队伍和课程资源建设为抓手,先后开发、开设100余门校本课程。民族中学教育集团丰富教学资源供给和管理经验交流,扩大优质教育资源覆盖面,推动集团内各成员校的共同发展。河北工业大学附属红桥中学借助高校优质资源,着力打造大中小学思政课程一体化建设。红桥区"三小、三中小、一大中小"7个教育集团的构建,全部小学和优质中学实现全覆盖。

撰稿:唐宏婕

【教育资源布局规划】 红桥区以《天津市教育设施布局规划(2018—2035年)》为依据,结合红桥区教育资源现状,依托棚改整理的土地资源载体,完成《红桥区基础教育设施布局"十四五"规划和2035年远景目标建议》编制工作,以法定规划的形式确保未来教育用地充足供应。根据《红桥区基础教育设施布局"十四五"规划和2035年远景目标建议》,至2025年,通过新建、改扩建幼儿园8处、小学7处、中学3处,补充幼儿园学位0.27万个、小学学位0.486万个、初中学位0.18万个、高中学位0.11万个; 2035年,共规划学校95处,其中幼儿园49处,规划学位数约1.40 万个;规划小学27处,规划学位数约2.90万个;规划初中5处、高中4处、完中10处,规划初中学位约1.26万个、高中学位约1.14万个。

撰稿:唐宏婕

【教育协作】 发挥徐长青工作室辐射引领作用,开展"新时代育人方式变革在课堂"简约教育京津冀系列活动,累计辐射5000余人。开展东西部协作和支援合作,选派15名教师赴甘肃合水、5名教师赴碌曲、9名教师赴新疆生产建设兵团开展支教活动,红桥区18所中小学幼儿园与甘肃碌曲、合水的19所学校开展结对帮扶,开展"互通一封信""共上一节课""线上教研"等活动,9名合水教师到红桥区进行为期三个月的跟岗学习。完成鲁班工坊师资培训中心建设,建成鲁班工坊课程资源平台,推广中医药

国际化、数字化传播。

撰稿:唐宏婕

【"双减"工作】 成立红桥区校外教育培训监管科、红桥区"双减"工作专班,围绕制式合同使用、预收费资金监管、营转非、学转非、一证多址、查处违规培训行为等重点工作通过召开会议、实地检查、现场办公、开展联合执法等方式,不断规范校外培训机构办学行为,全力提高校外培训机构的压减率与预收费资金的归集率。深化课堂主阵地作用。出台学生作业管理实施细则,充分发挥教研指导作用,教研员深入课堂指导,做好课后服务,搭建区、集团、学校、专家四级平台,153位名师开设"杏坛云享",教育集团建立114位名师走校服务团队,确定第一批219名有资质的校外人员"白名单",聘请南大、河工大等5所高校的14位知名专家学者开设"专家开讲啦",积极与机关团体、大学、社会力量等建立联系参与学校课后服务,学校参与率稳步提升。

撰稿:唐宏婕

【教师队伍建设】 1名校长入选天津市"杰出津门校长支持计划"人选,2名班主任入选天津市"杰出津门班主任支持计划"人选,2名教师入选天津市"杰出津门教师支持计划"人选。7人入选天津市"追求卓越幼教师资培训项目(第二期)"学员,3人入选天津市"特级教师训练营计划"学员,2人入选天津市中小学"未来教育家行动计划"学员。34名天津市中小学学科领航工程学员完成培训任务,综合评议8人优秀、13人良好、13人合格。7名老师所写教学案例入选《信息技术与教学融合创新优秀案例集》。3名老师所写教学案例入选《新时代教学模式改革实践优秀案例集》。3名老师所写教学案例入选《课程思政育人优秀案例集》。10余名教师教育教学风格特色的文章先后刊登在《红桥教育》。教师节前后通过座谈会、微信公众号宣传红桥区正高级教师、特级教师、杰出津门校长、班主任、教师的先进事迹,弘扬先进精神。推荐教育系统11名事业单位工作人员申报高质量发展先进个人。

撰稿:唐宏婕
审稿:代超建

附:区分管领导、教育局领导及驻地
区长:何智能
区教育局党委书记、局长:袁滨渤(2021年1月离任)
区教育局党委书记:赵国庆(2021年2月到任,10月

离任）

区教育局局长：欧阳敏（2021年4月到任）
副局长：欧阳敏（2021年3月离任）
　　　　刘晶华（2021年3月到任）
　　　　鞠知达
　　　　吴美芹（2021年3月离任）

李　艳（2021年7月到任）
王广星（2021年7月离任）
办公室主任：代超建
电话：26372001
地址：红桥区育苗路2号
邮编：300131

东丽区

【概况】　2021年，天津市东丽区行政辖区共有驻区高校4所，全日制中小学校57所（民办校7所），其中小学36所、初级中学10所、完全中学5所、高级中学1所、九年一贯制学校4所，十二年一贯制学校1所。幼儿园96所（公办20所，事业单位办1所，民办75所），职业教育学校1所，中等技术学校1所，特殊教育学校1所，学生军训实践基地1个。在职教职工7905人（含民办学校、幼儿园教师，不含驻区高校教师），在校学生69996人（不含驻区高校学生），在园幼儿17633人。

2021年东丽区教育局以建设高质量教育体系为目标，以党史学习教育为引领，以推进五育并举为中心，以推动教育资源建设为重点，以提升教育教学质量为抓手，实现"十四五"高质量开局。教师队伍建设不断加强，"双减"工作取得实效。思政工作逐渐形成品牌。全区所有中小学均与南开大学、中国民航大学、天津师范大学等15所大学高校建立大中小学思政一体化"手拉手"协同共建联盟。东丽区获批天津市"课程思政协同创新中心"和"区校思政课协同培训与研究基地"。高度重视学生体质健康工作，完成4.8万名学生视力筛查和1.4万学生体质健康抽测工作。实施光环境改造，投入224.98万为27所公办幼儿园288间幼儿活动室安装LED护眼灯3834套。抓实心理健康教育，完成心理摸排4.4万余人，入户家访1.1万余户。新建8所公办幼儿园并顺利投入使用，新增学位2340个。持续推进普惠性民办幼儿园等级评定工作，新评定3所普惠性民办二级幼儿园，1所普惠性民办三级幼儿园。扩大优质学前教育资源覆盖面，推进集团化办园，组建8个学前教育集团。义务教育更趋于优质均衡。建成并投入使用百

中华新实验学校、好美中学、华城庭苑中学3所中学，实验小学东丽湖学校、好美小学、华城庭苑小学、丽贤小学、北程林小学5所小学，增加中小学学位8580个，填补东丽区北部地区无优质高中和万新北部地区无公办园的空白。组建实验小学东丽湖学校、百中华新学校、华城庭苑中学教育集团、东羽小学教育集团、李明庄学校教育集团。与南开公能教育集团、逸阳文思教育集团合作办学，发挥优质教育资源示范带动作用。普通高中办学水平稳步提升，职业教育持续健康发展，终身教育水平不断提高。平安校园建设扎实推进。疫情防控工作毫不松懈。

撰稿：刘　琨

【教育经费收入与支出】　2021年，东丽区全年教育经费总收入153061万元，比上年增加16378万元，增长11.98%。其中一般公共预算安排的教育经费149663万元（教育事业费123521万元，教育费附加9535万元，其他一般公共财政预算安排的教育经费16607万元）；事业收入694万元，其他收入2704万元。全年教育经费总支出170619万元，比上年增加36393万元，增长27.1%。其中人员经费支出120285万元，公用经费支出50334万元。2021年东丽区教育系统固定资产总值原值225349万元，其中房屋建筑物141363万元，其他固定资产83986万元。

撰稿：吴　培

【党史学习教育】　一是压实主体责任，落实"四个走遍"工作要求。筑牢以人民为中心的发展思想，真心实意为师生，为家长，为群众办实事解难题，不断推动东丽区教育绿色高质量发展。制订《东丽区

教育系统党史学习教育工作方案》和"我为群众办实事"实践活动包联台账,组建8个专班,细化责任分工,树立"一盘棋"思想。二是推动党史教育融入思政课堂。教育局党委带领全区4400余名教师积极探索党史学习教育与课程内容的融合之道。东丽区、西青区联合举办,"学思践悟明四史"大中小学思政教师教研等系列活动,引导教师讲好党的故事,帮助学生扣好人生第一粒扣子。与此同时开展"学科+思政"展示课3155节次,其中党员引领课1695节次,使各类课程与思政课程同向而行,构建全员全过程全方位育人格局。三是筑牢红色教育基地。5月底,区委党校与教育局党委联合建立的位于华明小学、军粮城中学的"华明党史教育基地""军粮城党校校史馆"正式落成。两所学校均建立预约登记制度,并通过"留言簿"寄语的方式留下参观者珍贵的心灵之语。党史馆通过"预约单"的形式辐射周边学校、社区,扩大参观面,用身边的红色资源"活"教材,把"资源红"变为融入师生、群众血脉的"基因红"。7月7日和10月22日,教育系统接待市委党史学习教育领导小组两次工作指导,均对党史学习工作给予高度评价。

撰稿:翟志爽

【师资队伍建设】 截至2021年底,东丽区教育系统共有事业单位82个,实有教职工4564人,其中高级教师1068人,中级教师2298人,初级教师833人。积极推进"区管校聘"管理改革工作,进行机构编制调整,新建2所中小学校、2所幼儿园,调整3所学校、18所幼儿园机构编制,调动教师72人,交流教师234人,招聘教师147人。按照国家市区相关政策落实教师工资待遇和保障。出台《东丽区教育系统关于完善奖励性绩效工资考核分配办法的通知》,提高东丽湖、华新地区人均奖励性绩效工资400元。做好专业技术职称申报评审工作,第一百中学王宝香获得正高级教师专业技术职称,东丽区正高级教师达到7名。加强师德师风建设,制订《2021年东丽区教育系统师德师风建设实施方案》,开展师德先进典型宣讲活动。按照区委编委《关于印发〈关于开展东丽区机构编制核查的工作方案的通知〉》(津丽党编〔2021〕23号),部署完成教育系统机构编制核查工作。落实区委区政府编外人员管理要求,核减公益岗人员66名。按照《市教委关于做好2021年天津市杰出津门校长 杰出津门班主任 杰出津门教师支持计划人选推荐工作的通知》

(津教人函〔2021〕13号)文件精神开展推荐工作,第一百中学倪大茹入选杰出津门教师、第一百中学刘娟入选杰出津门班主任。

撰稿:王德霜

【编制《东丽区教育现代化"十四五"规划》】 2021年,为加快推进教育现代化、建设高质量教育体系,教育局编制了《东丽区教育现代化"十四五"规划》,"十四五"期间,实施新时代立德树人工程、教学质量提升工程、学生体质健康提升工程、学校美育提升工程、劳动育人工程、学前教育提质培优工程、绿色教育培育工程、新时代教师专业素养提升工程、"智慧+"教育平台建设工程9大工程,推进德智体美劳全面培养体系现代化、基本公共教育服务体系现代化、课程教学与评价体系现代化、职业教育创新发展体系现代化、终身教育体系现代化、高素质专业化校长、教师培训体系现代化、教育治理体系和治理能力现代化7个现代化。

撰稿:张 艳

【教育教学改革】 2021年,东丽区教育局继续深化新课程改革,完成第一百中学品牌高中申报、答辩,并通过市教委实地考察验收;继续推进"普职融通",与5所高职院校研讨交流;举办地理学科市级特色基地建设展示活动;举办5场高中新教材新课改专题教学研究;完成初高中综合素质评价工作;科学备考14场专家讲座、专题教研68场次;推进义务教育优质均衡发展,与南开公能教育集团、逸阳文思教育集团完成签署委托管理办学协议;推进5个集团化办学,9个教学共同体40余场专题研究活动;落实"免试就近"及"公民同招"政策,完成招生工作;落实"双减"政策,"一校一案",优化课后服务内容,参与率97.1%,教师参与率93.85%,学生、家长满意率98.6%;"五项管理"落地见效,组建"创新作业"团队,开发特色作业160个单元、艺体类31个;建立睡眠状况监测制度,家校合力,确保学生充足睡眠时间;落实课外读物遴选、审核工作;完善视导评价标准,形成56所中小学视导报告;打造思政课协同创新中心和思政课名师工作室;开展网络教研604场次、教材培训145场次;组织"双优课"市级评审工作,小学市级认定25人、区级奖88人、中学市级认定37人、区级奖112人、特殊教育市级认定4人、区级奖6人;市级教科研立项课题15项、区级课题128项;落实外省市普通高中就读学生转学政策,转学333人;成立特殊教育7人康复小组,召开3次专题学科教研和康复讲座交流活动。

撰稿:李金柱

【中小学德育工作】 推进中小幼一体化德育体系建设,制定《东丽区中小学(幼儿园)德育工作三年行动计划》,明确德育工作目标和思路举措。加强学生理想信念教育,以青少年党史学习教育为重点,结合重大纪念日深化"三爱"教育,开展形式多样的庆祝建党100周年主题教育实践活动。加强规范养成教育,组织各学校开展行为习惯养成教育月活动,评选10所"学生行为规范培育项目"优秀学校。加强中华优秀传统文化教育,4所学校入选"第三批全国中小学中华优秀传统文化传承学校"。加强生态文明教育、节约教育,开展"珍惜粮食,拒绝浪费"主题教育活动。加强心理健康教育,制订《东丽区中小学心理健康教育工作实施方案》,组建东丽区中小学心理健康教育共同体,编写《心理健康教育班会案例集》。组织线上家庭教育讲座6场,10万余人次观看直播,课程满意率90%以上。设立"家长大课堂"栏目,推送家庭教育讲座14期。入户家访11000余户,加强家长学校建设。加强德育队伍建设,评选10名区级名班主任、30名区级骨干班主任,加快形成区、校两级班主任梯队。加强德育品牌建设,成功举办"德育论坛",开展东丽区教育系统庆祝"六一"国际儿童节大会暨德育成果展示活动。

撰稿:吉 楠

【美育、科技活动成果】 构建美育课程体系,丰富美育载体,加强美育实践,举办东丽区中小学庆祝中国共产党成立100周年学生书画艺术展,开展学校美育实践课堂展示学生艺术成果,千余名学生获得市、区级奖项,获奖率比去年同期提高2.5个百分点。开展东丽区学生剪纸展示活动,报送作品300余件。强化艺术社团建设,组织学生艺术社团和兴趣小组,将美育深度融合凸显美育特色。丽泽小学"天歌"合唱团作为天津12支优秀童声合唱团之一,参加市教委主办的"沽上夏荷"童声合唱主题音乐会,代表东丽区展示了合唱教学成果。鉴开中学、耀华滨海学校管乐团获得市教委奖补资金。深入推进全域科普工作,大力提升全区教师和青少年的科学素质。第九届全国少年儿童海洋意识教育论坛在丽泽小学成功举办。华明中学等6所学校参加2021年天津市全域科普教育成果展示活动,东丽中学等3所学校被认定为"天津市青少年知识产权教育示范学校"。

撰稿:吉 楠

【学校体育】 积极推进幼儿园足球特色项目发展。到2021年,东丽区共有13所幼儿园被认定为全国足球特色幼儿园。华明第二幼儿园被评为全国足球特色幼儿园示范园。开展2021年《东丽区中小学体育特色项目创建学校》评估工作,命名工业区小学、华侨城实验学校、东丽区英华学校为区级体育特色学校。鉴开中学、滨瑕小学开展"激光枪射击运动"进校园活动。刘台小学、华明小学、军粮城中学、一百中学参加天津市中小学篮球比赛,获得3金1银。钢管公司中学参加天津市初高中足球比赛,分别获得初高中组亚军。东丽区12名运动员代表天津市参加全国校园足球夏令营。全面落实《国家学生体质健康标准》。2021年完成全区58所中小学校《国家学生体质健康标准》测试和数据上报工作,学校上报覆盖率100%。天津市教委对东丽区《国家学生体质健康标准》进行抽测,合格率94.41%,较上年提升4.66%,优良率35.31,较上年提升8.68%。落实《中小学校体育工作评估》工作,优秀学校50所,占全区学校比例86.2%,良好学校8所,占全区比例为13.8%。逐步加大学校体育经费投入力度。2021年,东丽区学校体育工作经费支出总额802万元,包括体育场地经费142万元,体育专用器材286万元,体育工作经费374万元,为东丽区学校体育优质发展提供有力保障。

撰稿:李学文

【劳动教育】 结合主题活动设立劳动周,开展劳动节、教师节、国庆节、丰收节等劳动主题教育实践活动。组织学生参加校园劳动,鼓励学生参与家庭、校外劳动和社区志愿服务。举办2021年东丽区中小学劳动技能大赛,全区共55支代表队854名学生参赛。参加2021年天津市中小学劳动技能大赛,获得一等奖1个、二等奖2个,三等奖8个。

撰稿:李学文

【校外培训机构管理】 加强部门联动。7月28日成立区"双减"工作专班,专班办公室设在教育局,牵头组织区36个部门组成"双减"工作联络网,建立健全信息沟通常态长效工作机制。召开12次专班会议,印发专班函、简报等督办文件40余件。加大执法力度。制订《东丽区加强校外培训机构联合执法检查工作方案》,组成12支由公安、消防、市场、街道执法队构成的"双减"联合执法小组,并制订"白名单"方案。对校外培训机构实行7次拉网式排查,下发整改通知书200份,进行140余次执法抽查,处理12345投诉案件238件,约谈重点机构负责人40余人。做实资金管理。教育局为全区机构召开3次调研摸排会、8次政策宣讲培训会,进行点对点电话沟通2380余次。在要求所有机构进行经济自查、上交经济自查报告的基础上,抽查部分培训机构进行第三方经济鉴证。牵头金融局、银行上门对机构进行技术指导,牵头税务进行专项稽查工作,并通过执法小组全面摸排、各专班单位抽查等形式,强制落实资金账户监管。截至12月,228家教育局备案机构均已完成规范注销、剥离、学转非、营转非、和办学许可证吊销工作,压减率规范100%,营转非占比100%,教育部平台监管100%,提前一周完成"双减"工作校外培训机构规范管理攻坚战。

撰稿:李 玥

【学前教育】 坚持公办为主、民办补充,扩大学前教育资源,实现学位供给稳定增长。2021年新建8所公办幼儿园,新增学位2340个;新增普惠性民办幼儿园4所,增加学位780个。现有公办幼儿园28所,普惠性民办幼儿园45所,学前三年毛入园率达到107.1%。推进公办园"集团化"管理模式,以优质园所为基础,初步形成"以老带新、资源共享、优势互补、共同发展"的办园新模式,实现规章制度同建立、园务管理同规范、教师培训同开展、保教质量同提升。落实《东丽区幼儿园教研指导责任区制度》,将全区幼儿园按照区域划分为7个教研片区,组织开展20余次教研、交流、研讨等活动,有效促进公民办幼儿园保教质量的共同提升。制定《东丽区公办幼儿园结对互助工作考核办法》,按照园所自愿、行政推动的原则,17所公办园和34所民办园建立结对帮扶关系,各结对园所签订《东丽区公民办幼儿园结对互助协议书》,不断提高帮扶工作的实效性。建立《东丽区幼儿园三级监控系统使用管理制度》,利用三级监控系统对各类型幼儿园进行抽查,对存在问题的园所及时提醒或约谈,规范幼儿园办园行为。制订《东丽区大力推进幼儿园与小学科学衔接实施方案》,组建张贵庄街片、军粮城街片、华明街片、金钟街片等4个幼小衔接实验区,建立幼小互访、互助、共研制度,全面落实幼小科学衔接。

撰稿:霍秀娟

【终身教育】 以社区教育为切入点,推动终身教育工作向纵深发展。大力推进"社区学校—社区教育学习中心"社区教育公共服务体系建设,截至2021年底,共挂牌成立社区学校11个、社区教育学习中心102个,终身教育网络覆盖全区所有街道。成功举办"东丽区第十五届社区教育展示周暨2021年全民终身学习活动周",评选出15名区级"百姓学习之星"、万新街临月里社区居民陈静被评为市级"百姓学习之星",丰年村街新泰道社区"《快乐驿站》儿童友好社区建设项目"被评为天津市"终身学习品牌项目",军粮城街冬梅轩社区《社区党建引领青少年第二课堂实践》和金桥街悦盛园社区《社区儿童课外探索实践》项目获评市级优秀社区教育实验项目。持续组织开展"四史"教育进社区活动,东丽区教育局被评为天津市最佳组织单位。把老年教育纳入终身教育体系,制订《东丽区进一步推进老年教育发展的实施方案》,健全老年教育三级办学体系,推动老年教育持续健康发展。职业教育方面加强校企合作,成立校企合作企业家委员会,助力校企合作深度发展。东丽职教中心学校被评为天津市民族团结进步典型示范单位,2021年12月顺利通过印度尼西亚鲁班工坊验收评估。东丽电大分校完成天津开放大学东丽分校转型验收工作。

撰稿:霍秀娟

【疫情防控】 2021年,东丽区教育局为应对复杂多变的新冠肺炎疫情形势,在疫情防控工作中,精准用力实施各项防控措施,并为公务员国考、中高考等重要考试提供有力保障。对应上级指挥部成立并完善了以教育局新冠肺炎疫情防控指挥部为指挥中心,全系统各单位疫情防控领导小组为分支的防控体系,明确"四方责任",时刻保持热备状态,抓牢常态化疫情防控措施落实。依据《关于进一步加强新冠肺炎疫情防控常态化下学校卫生管理工作的通知》《高等学校、中小学校和托幼机构新冠肺炎疫情防控技术方案》(第三版和第四版)等文件要求,严格指导监督落实春秋季开学、开学后、假期等关键时期的疫情防控工作。为建立有效的免疫屏障,本着"适龄无禁忌应接尽接"的工作原则,先后安全有序组织并如期完成18岁以上师生、12—17岁学生、3—11岁学生及幼儿疫苗接种。开展"小手拉大手"动员家长接种活动。在做好本系统疫苗接种工作的同时,充分发挥党员干部先锋模范作用,组织1350人次下沉社区,持续30天,近2000次入户开展告知、动员 18 岁以上重点人群接种工作。为全区疫情防控工作贡献出东丽教育人的一份力量。

撰稿：孟庆军

【校园安全】 加大资金投入，加强安防基础建设。投入 314 万元为丽泽小学等 12 所学校维修玻璃幕墙；投入 241 万元为东丽一幼等 11 所学校进行彩钢板房改造；投入 249 万元为 16 所新建校、幼儿园安装防冲撞设施；投入 3157 万元为四合庄中学等 8 所学校加固维修项目。实施视频监控系统提升改造工程。投入 862 余万元对 41 所学校网络、监控等弱电系统进行提升改造，为学校重点部位安装监控设施；全区中小学校、幼儿园视频监控安装率 100%，实现教育部门和公安部门联网对接。对全区 161 所中小学校、幼儿园一键式紧急报警装置进行提升改造，实现"一键报警"两连接。设立"护学岗"，加大上下学重点时段校园周边巡逻防控力度，全区中小学校"护学岗"设置率 100%。配齐配强校园安保力量。全区中小学、幼儿园共有 577 名保安人员在学生上放学等重点时段武装上岗，维持秩序，专职保安员配备率 100%；安全防护装备器械、校门口硬质隔离和防冲撞设备配备齐全、性能良好。深入开展法治安全教育。将法治安全教育纳入教育教学计划，确保教材、师资、课时落实到位。在四合庄小学、丽景小学建设校园安全教育体验教室，让安全因子充分融入校园。

鉴开中学被评为国家防震减灾科普示范学校。在全国交通安全"开学第一课"启动仪式上，鉴开中学任益萱同学作为学生代表向全国中学生发出倡议。丽泽小学作为唯一的中小学校代表在天津市校园安全专项整顿视频会上作典型发言。

撰稿：张绍敏
审稿：姚晨辉

附：东丽区教育局区分管领导、教育局领导及驻地

副区长：颉喜东（2021 年 8 月到任）
　　　　张庆岩（2021 年 8 月离任）
教育局党委书记、局长、区政府教育督导室主任、二级巡视员：黄佩玲
教育局二级调研员：李正海
　　　　　　　　　金传应
教育局党委副书记：张志欣
教育局党委委员、副局长：姚晨辉
　　　　　　　　　　　　王　鹏
　　　　　　　　　　　　杨占峰（2021 年 8 月到任）
　　　　　　　　　　　　李正午（2021 年 7 月离任）
教育局四级调研员：李正午（2021 年 7 月到任）
教育局党委委员、四级调研员：付爱民
办公室主任：王　琳（2021 年 8 月到任）
　　　　　　孙连栓（2021 年 8 月离任）
电话：84375705
地址：东丽区跃进路 51 号
邮政编码：300300

西青区

【概况】 2021 年，西青区共有中小学 58 所，其中小学 38 所（含公办校 35 所，民办校 3 所），中学 19 所（含公办中学 12 所，民办中学 7 所，其中民办九年一贯制学校 2 所，民办十二年一贯制学校 1 所）；特殊教育学校 1 所；区属中专 1 所。全区中小学生 55173 人，其中小学 35453 人，初中 13332 人，高中 6388 人；职专学生 1765 人；启智学校学生 176 人。截至 2021 年 9 月教育事业统计结果显示，全区共有幼儿园 165 所（含托幼点 60 个），其中公办园 25 所，民办园 80 所（含普惠性民办园 52 所），在园幼儿 23668 人。2021

年底，全区幼儿园总数达到 166 所（含托幼点 60 个），其中公办园 35 所，民办园 71 所（含普惠性民办园 46 所）。全区共有在编教职工 4115 人，专任教师 6324 人（含编外）。2021 年，注销杨柳青镇第三小学等事业单位 13 个，新设张家窝镇祥和小学等事业单位 5 个。

西青区教育系统总结梳理教育发展三年行动计划实施以来的工作成果，制定《西青区教育现代化"十四五"规划》，加快教育事业科学化、现代化进程，推动西青教育优质均衡发展、服务民生。区教

育局狠抓教育经费"两个只增不减"工作,追加中职教育投入1438万元,保障中职教育生均一般公共预算教育支出增长。强化教育经费执行监测,定期测算完成情况,加大教育事业投入、加快教育支出进度。赤龙小学和精武中学体育场馆面向社会开放。坚持党建带团建,开展"红心向党 争当新时代好队员"入队示范活动等区级示范活动4场,组织"红领巾讲师团"开展宣讲活动50场次。完成155个团支部"对标定级"工作,建立关心下一代活动阵地64个。启动国家"十四五"规划中职学校提质培优项目,强化社会服务功能,精准对接区域经济社会发展需要,打造财经商贸类专业群,提高专业建设水平。组织西青区第十五届社区教育展示周暨2021年全民终身学习活动周活动。实施老年教育"智慧助老"行动,266个老年大学各街镇社区(村)教学基地挂牌。深化助推乡村振兴教育帮扶成效。制订《西青区教育局2021年东西部协作和支援合作工作实施方案》,增派17名援教教师,接待25名甘肃白银景泰、20名甘肃天水麦积挂职教师到西青学校幼儿园跟岗培训;加强职教帮扶,迎接第二批河北承德平泉中职学生来津学习;借助"西青教育智慧平台"建立智库,精选新高考、督学、教研、网络应用等结对地区急需的资源提供帮扶"菜单",实施网络帮扶;开展书信往来、图书互赠、同唱一首歌等活动,巩固学校幼儿园"手拉手"结对帮扶交流成果,助力两地学子共同成长。

西青区教育局被中共天津市委宣传部、天津市司法局、天津市普及法律常识办公室授予2021年普法工作先进单位,西青区杨柳青第二中学王颖老师被评为天津市杰出津门班主任,天津市第九十五中学孙慧宾老师被评为杰出津门教师。

天津市精武中学党支部书记、副校长(主持工作)孟凡永同志,于2021年12月24日在陪同学生跑操的过程中失去意识,经抢救无效,于当日不幸离世,终年43岁。孟凡永同志曾获天津市新长征突击手、天津市教育学会先进工作者、天津市百名立德树人模范校长、天津市义务教育学校现代化标准建设先进个人等称号,于2022年1月被天津市西青区委追授"西青区优秀共产党员"称号。

撰稿:杨 鑫

【教育经费收入与支出】 2021年,西青区教育经费总收入207252万元,比上年减少4205万元,下降1.99%,其中国家财政性教育经费204280万元,捐赠收入10万元,事业收入2216万元,其他教育经费746万元。全年教育经费总支出207451万元,比上年减少12540万元,下降5.7%,其中高等学校教育经费1659万元,中等专业学校教育经费为6978万元,成人中等专业学校教育经费699万元,中学教育经费79191万元,小学教育经费88274万元,特殊教育经费1279万元,幼儿园教育经费21275万元,其他单位教育经费8097万元。教育经费中,人员经费支出135865万元,公用经费支出71586万元(其中资本性支出45502万元)。

撰稿:武彩艳

【党建工作】 深入推进"党史"学习教育,全力开展"学史力行践初心、我为群众办实事"实践活动。定期组织召开向群众汇报会,处级领导"我为群众办实事"专题汇报会。开展深入学习宣传贯彻党的教育方针专项行动,跟进学习习近平总书记关于教育的重要论述,每月下发工作提示。以多种形式宣讲433次,实现全系统基层党组织全覆盖。组织召开建党100周年庆祝大会。做好教育系统讲担当促作为抓落实、持续深入治理形式主义官僚主义不担当不作为问题专项行动。开展党史故事诵读,红色作品展,党史小宣讲员等系列特色活动,引导学生学习党史、认识国情。加强思想理论武装,分级分层组织培训。制定《教职工理论学习制度》,每月下发学习参考,实现理论学习常态化扩大化。夯实基层党建基础,新建17个党组织,完成4个党组织换届和30个党组织补选工作。壮大党员队伍,发展党员46名,新增入党申请人256名、积极分子95名。指导开展党日活动1000余次,讲专题党课1036次。

撰稿:杨 鑫

【优化教育资源布局】 充实教育资源总量,建成精武中学(原付村中学)、当城中学等14所学校、幼儿园,启动建设东咀小学、东咀幼儿园等8所学校、幼儿园。建立公立校委托管理办学机制,引进天津益中教育管理有限公司等公司、集团对公办南开敬业中北中学等学校进行委托管理;天津益中西青学校、华诚中学、津衡高中3所新开办民办学校于2021年秋季学期开始招生。深化义务教育学校学区化办学,开展学区共享活动。强化合作办学,依托京津冀教学微联盟,西青区17所中小学与北京、河北两地中小学校签订合作协议,实现优质教育资源共建共享。开展市域内教育合作交流,与市直属3所中小学校、南开区多所中小学结成12对帮扶对子,制订"一校一策"帮扶方案,扩大优质教育资源覆盖面。发挥高校优质教育资源带动作用,西青区大寺镇、王稳庄镇与天津师范大学签署助力乡村振兴教育合作框架协议,落实乡村教育振兴工程,两镇13所中小学与天津师范大学13个学部(院)建立联系,构建教育帮扶长效机制。

撰稿:杨 鑫

【教育教学管理】 依法规范招生,开足开齐开好课程,优化作业设计。开展校本研修、选课走班课改实践和学生综合素质评价,应用启发式、体验式、自主探究式等教学方法,落实学业减负、课堂改革,助力义务教育内涵发展。杨柳青一中入选天津市第一批"品牌高中",3名学生入选天津市国家英才计划。借助"品牌高中"建设工程,发挥杨柳青一中生物学科和杨柳青四中美术学科2个市级学科特色课程基地作用,推进普通高中多样化特色发展。加强区级基础教育网络课程建设,创新集体备课和教研模式,加强教学模式探究,推动信息技术与教育教学深度融合。深化教育评价改革,开展全区中小学听评课活动。落实"公民同招",加强学籍管理,做好控辍保学工作,完成223名具有西青区户籍在外省市普通高中就读学生转学工作。做好义务教育阶段适龄残疾儿童少年随班就读和送教上门服务工作,推进孤独症试点学校建设,残疾儿童入学率达到97.7%。

撰稿:杨 鑫

【"双减"工作】 成立区"双减"工作专班,加强校外培训机构监管,摸清247家校外培训机构底数,制订风险防控预案,开展联合监管行动,发现问题严格整改,及时消除各类隐患。2021年,全区133家学科类校外培训机构,"营改非"完成率100%;处于压减状态126家,"压减率"达成94.73%,兑现注销及转型承诺的机构126家,"承诺兑现率"100%。提升课后服务质量,开展"5+2""N+1"模式课后服务,形成"一校一案"多样化服务体系,拓展社区资源,充分利用区档案馆、平津战役天津前线指挥部旧址陈列馆等各类校外活动场所,引进非遗、传统文化等资源,丰富课后服务科目、项目和内容。完善课后服务效果评价机制,改进课服内容碎片化、课服形式课堂化、课服评价单一化问题。全区中小学课后服务参与率达100%,家长满意率为94.7%。"双减"工作各项

政策扎实落地。

撰稿:杨 鑫

【学前教育】 挖掘学前教育资源载体,补充公办幼儿园学位,年内新增公办园7所,扩大公办园招生范围,公办幼儿园在园幼儿占比提高10.69%,调整班级结构,随时补充空余学位,做到应招尽招,提高公办园学位利用率、办园水平和服务能力。印发《关于加快推进西青区学前教育普及普惠区创建工作的通知》,召开创建学前教育普及普惠区工作推动会,推进西青区王稳庄镇、津门湖街、张家窝镇小区配套幼儿园民办幼儿园转型为公办园。建立健全监管机制,加快建设三级视频监控系统,建立幼儿园安全网上巡查机制和突发事件应急处置机制,消灭无证幼儿园。依法监管民办园收取学费,将民办园教师纳入培训范围,持续开展幼儿园办园行为督导评估。规范幼儿园管理,严把民办幼儿园准入关,加大不规范办园行为治理力度,提高保教质量。积极扶持普惠性民办幼儿园,按标准发放生均经费补贴。做好幼小衔接工作,防止、纠正幼儿园"小学化"倾向。

撰稿:杨 鑫

【体美劳教育】 推动体美劳教育协同发展。组织开展14项体育比赛和活动,411校次10508名学生参赛,将"教会、勤练、常赛"内涵贯穿体育教学全过程。对全区48所学校11958名学生进行"国家学生体质健康标准"抽测,全区合格率为98.33%,优良率为63.88%,均列全市第五名,其中小学合格率为100%,优良率为88%,列全市第一名。西青区在天津市中小学田径冠军赛中获团体总分第四名。制定《关于全面加强和改进新时代学校美育工作的实施意见》,开展传统文化校际交流、创意美展、艺术教师合唱能力提升工程等美育活动。西青区委办、政府办印发《西青区落实天津市关于全面加强新时代中小学劳动教育的若干措施的实施方案》,统领全区劳动教育工作,把劳动教育纳入学生培养全过程。与西青区辛口镇第六埠村、天津市农学院共建劳动教育实践基地,组织庆丰收劳动活动,开展全区中小学劳动技能大赛。建立心理健康"联盟体",组织开展"六个一"心理健康教育活动、摄影朗诵等心理健康教育特色活动,对学校德育干部、心理健康教师进行"抗逆力训练"和"心理健康团体辅导"等专项培训,评选10所区级心理健康特色校。采购视力筛查设备,完成52所学校5万余名学生视力筛查工作,推动中小学生作业、睡眠、手机、

读物、体质"五项管理"落地见效。

撰稿:杨 鑫

【思政教育】 深化思想政治理论课改革,制定《西青区教育局学校思想政治理论课创新工作联席会议制度》。推进大中小幼思政课一体化建设,搭建街镇中小学思政教育共建平台,全区56所公、民办学校均完成与天津市14所高校的16个学院共建工作。各学校开展大中小共建活动500余次,各级领导干部进校园讲思政课50余人次,学校领导干部讲思政课1000余人次,特聘思政教师党史系列主题宣讲300余次,开展跨学段教育教学活动600余次。加强思政教师配备。落实市教育两委关于中小学思政课教师配备标准的要求,核定思政课教师编制,加大招聘力度,逐年提升专职教师比例,年内招聘16名思政课教师。召开全区思政工作交流会,编制《2021年度西青区学校思政教育一体化建设工作经验分享汇编》,打造学校思政教育"同构共建、同向同行"育人格局,思政教育一体化共建优势彰显。

撰稿:杨 鑫

【教师队伍建设】 构建全新人才引进模式,年内招聘新教师190名,重点补充思政、音体美、校医、心理健康等师资缺口,加强专业化教育人才配备。制订《西青区加快集聚培养高层次教育人才三年行动方案》及配套实施细则,实施"12351"人才引育工程,拓宽"双一流"高校教育人才引进渠道。建立教师培养发展体系,遴选"杰出校长、杰出教师、杰出班主任"35名;组织开展中小幼教师继续教育全员培训、中小学教师信息技术应用能力提升工程2.0培训等各级各类培训共计8300余人次;制定《西青区新教师在职研修培养三年助推计划》,与天津师大签订领军人才培养协议,对15名优秀教师启动为期三年的重点培养。深化中小学教师职称改革,3人评为正高级教师。推进教师"区管校聘"管理改革,统筹分配各校教职工编制,持续加大交流轮岗工作力度,交流中骨干教师占比66.5%。完善教师招聘、教职工编制、教师岗位设置及聘用等管理机制,促进区域内教师资源均衡配置。扎实推进干部人事档案数字化改革。加强师德师风建设,制订《师德专题教育宣讲工作方案》,遴选优秀援派干部及思政教师组建师德宣讲团,采取点单式邀约方式进学校宣讲60余场,惠及教师3000余人;组织"两优一先"评选工作,健全师德违规通报制度,常态化

开展警示教育。

撰稿:杨 鑫

【校车试点运营】 加强"黑校车"治理,建立区"黑校车"治理工作例会制度、教育系统交通安全联动机制。制作展牌、宣传栏,悬挂宣传横幅、LED显示屏,利用班团队会、升旗仪式、板报墙报等方式,广泛进行交通安全宣传。聘请民警、辅警担任学校交通安全辅导员,形成一校一警、一园一警常态化工作机制。科学规范开展校车运营,加强西青区学生出行安全管理,解决中小学生乘车需求和上下学安全问题。调研校车需求,打造"政府主导+部门监管+企业运作+财政补贴+家长付费"校车运营模式,启动运营试点4个,开通线路29条,设立站点53处。校车运行实行"一车一档""一校一档"管理模式,兼具测温、人脸识别、紫外线消毒、防遗忘等智能多元化功能,建立实时动态监测系统,对接区委网信办大数据平台,配套推出"校车通"App,提供学生上车、到站等消息推送,在线缴费、网上咨询、实时视频查看等服务。

撰稿:杨 鑫

【校园安全】 夯实校园安全责任,制定《区教育局学校幼儿园安全管理制度》,编印《西青区平安校园建设文件汇编》,完善学校、幼儿园安全管理制度。开展安全生产三年行动专项治理、"两会"期间校园安全专项检查、建党百年校园安全综合整治、危化品大起底大排查等工作。提升人防、物防、技防水平,完成配齐校园专职保安、校园封闭化管理、一键报警和视频监控建设任务。针对校园保安超龄问题,积极采取措施改善保安队伍年龄结构,新聘用50岁以下保安23名,50岁以下保安占比由50%提高到65%。盯紧校园消防、食品、交通和实验室化学品安全,筑牢校园安全事故防线。落实校园食品安全校长(园长)负责制、陪餐制,做好区政府食品安全绩效评议考核工作,推进"互联网+明厨亮灶"建设,实现违规行为抓拍、自动推送、自动预警、限期整改等智能化监管功能,覆盖率达100%。抓好监管自查、专项检查和委托检查,深挖事故隐患,降低隐患存量。强化安全教育、预警预防和安全演练机制,开展"一盔一带"安全守护行动,提升学生安全素养。加强传染病防控及疫苗接种科学宣传,做到多病共防、精准防控、不漏一人,全系统师生员工无一人感染新冠肺炎。对教职员工、12—

17岁目标人群、3—11岁目标人群分三批次进行新冠肺炎疫苗接种累计达8万余人次。加强防疫督导,确保防疫工作落实到位。

撰稿:杨　鑫
审稿:程　洁

附:区分管领导、教育局领导及驻地

区委常委:张建华(2021年10月离任)
　　　　　齐中波(2021年10月到任)
副区长:高　艳(2021年10月离任)

柴树芳(2021年10月到任)
局党委书记、局长:李伟志
局党委副书记、副局长:黄国红
副局长:任兆刚
　　　　孙国兰
办公室主任:程　洁
电话:27397202
地址:天津市西青区杨柳青镇柳口路10号
邮政编码:300380

津南区

【概况】 2021年,津南区教育局有直属事业中心3个、各级各类学校130所。其中公办幼儿园14所(39处)、民办幼儿园60所,九年一贯制学校1所,小学33所,中学18所(含2 所民办校),中等职业学校1所,民办职业高中1所,特殊教育学校1所,少儿体校1所。全区在校生9万余人,其中高中8465人,初中18064人,小学42969人,幼儿园20699人,中职2272人,职高2087人,特教150人。全区专任教师5712人(含民办)。学前教育入园率91.34%,特殊教育入学率98.2%,小学入学率100%,九年义务教育巩固率100%。

2021年,津南教育进一步强化实践育人机制,开展形式多样的主题教育实践活动。举办津南区第二十二届校园艺术节展演,第六届学生合唱节、戏剧节、器乐节、舞蹈节,"童心向党剪影颂盛世"主题剪纸作品展,"新时代好少年　红心向党"汝昌书苑经典诵读,"翰墨迎新春　丹青颂辉煌"少年儿童春联书法作品征集,迎冬奥儿童画作品征集活动。开展戏曲、高雅艺术进校园,组织"助力'双减' 七彩周末"主题音乐美术校外实践活动。2021年,4所学校被评为全国中华优秀传统文化艺术传承学校,10所学校被评为天津市中华优秀传统文化艺术传承学校。继续推动阳光体育、体育艺术2+1活动,促进学生身心健康发展。开展全区创新大课间评选活动,组织津南区篮球、足球冬令营,校园足球"满天星"训练营,中小学篮球、啦啦操、武术比赛等活动。

撰稿:刘学敏

【教育经费收入与支出】 2021年,津南区全年教育经费总收入305623万元,比上年增加130502万元,增长74.52%。其中一般公共预算教育事业费136043万元、基本建设经费121630万元、教育附加费5699万元、其他一般公共财政预算安排的教育经费25953万元、政府性基金预算安排的教育经费8956万元、学校办学收入4425万元、其他教育收入2917万元。全年教育经费总支出309699万元,比上年增加了139756万元,增长82.24%。其中财政拨款支出302900万元、预算外支出6799万元。教育经费总支出中,人员经费125577、公用经费62647万元、基本建设经费121475万元。其中公用经费支出中,办公费2565万元、取暖费4661万元、维修(护)费10377万元、培训费576万元、物业管理费5754万元、劳务费6250万元、专用材料费991万元、工会经费996万元、福利费1463万元、其他商品和服务支出4904万元、房屋建筑物构建10025万元、办公设备购置5795万元、专用设备购置2598万元、信息网络及软件购置更新97万元、大型修缮4602万元、其他资本性支出993万元。

撰稿:刘振梅

【学校布局调整】 2021年津南区教育局完成6所小区配套学校的装修改造工程。中海公园城配套中学,位于八里台镇中海公园城内,建筑面积4.04万平方米,规模60个班,其中高中24个班,初中36个班,高中可提供学位1200个,初中可供学位

1800个。咸水沽镇合祥园配套小学装修改造工程,位于天津市津南区尚德路与津沽公路交口,占地2.73万平方米,建筑面积1.64万平方米,规模36个班,可提供学位1620个。葛沽镇绿水园配套幼儿园装修改造工程,位于天津市津南区葛沽镇绿柳路与蛤沽路交口,占地4700平方米,建筑面积5530平方米,规模15个班,可提供学位450个。双桥河镇兆和园配套幼儿园装修改造工程,位于天津市津南区双桥河镇南华路与经五路交口,占地3900平方米,建筑面积2912.64平方米,规模12个班,可提供学位360个。八里台镇大韩庄配套幼儿园装修改造工程,位于天津市津南区八里台镇致诚道与致美路交口,占地5445.50平方米,建筑面积5161.51平方米,规模12个班,可提供学位360个。咸水沽镇合盈园配套幼儿园装修改造工程,位于咸水沽镇坤元路,占地4320平方米,建筑面积3920平方米,规模9个班,可提供学位270个。从2021年9月开始,以上配套学校陆续投入使用。

撰稿:吕志骞

【师资队伍建设】 2021年,津南区教育局奋力打造招才引智"蓄水池",内外协同集聚人才。在内部教育人才引进上,多渠道补充优秀教师,录用免费师范生1人,招聘新教师201人,招募三支一扶大学生11人,"三支一扶"期满安置7人,在职专技教师调入11人,多种形式和渠道补充教师共计231人。着力发挥名优教师队伍优势,整合现有资源。全区教育系统3人分获津门杰出校长、班主任、教师荣誉,3人入选天津市中小学"未来教育家行动计划",1人入选天津市"特级教师训练营计划",5人入选"追求卓越幼教师资培训项目",3人被评为正高级教师,正高级教师队伍已达11人。充分发挥9个"名师工作室"作用,培养一批学科带头人队伍,形成品牌效应,完成津南区第二批4个名师工作室遴选工作。推进干部交流轮岗,鼓励城镇教师交流到农村。2021年,基层学校集中调整交流任职干部23人、教师154人。积极推进"区管校聘"改革,进一步优化师资配置。组织中小学幼儿园干部教师第六周期继续教育全员培训收尾工作,推进全区中小学幼儿园教师信息技术能力提升工程2.0培训。加大青年教师培训力度,夯实青年教师教学基本功,切实提高业务素质,促进青年教师专业化发展,实现入门期"扶一把"、胜任期"帮一把"、成才期"送一程"。

撰稿:刘永强

【党史学习教育】 按照区委统一部署,教育系统深入开展党史学习教育。以党史学习教育为契机,结合"我为群众办实事",切实把学习成果转化为推动工作的强大动力。组建教育系统党史宣讲团并进行5场宣讲。各基层单位党组织书记在校开展党史宣讲370余场、"七一"重要讲话精神宣讲125次。录制宣传MV8首、党史微课20节,组织开展各类主题活动30项。制订《津南区青少年党史学习教育方案》,以"明德善行 做津南好学子"十大主题教育月为主要载体,开展主题教育实践活动近500场,400余名师生参与津南区庆祝建党百年美育课堂展示活动。认真开展"我为群众办实事"实践活动,各单位党员深入社区开展志愿服务活动458次,为家长群众解决问题340余项。

撰稿:李 敬 段亚冲

【师德师风专项治理】 2021年,津南区教育局各基层单位充分利用每周二下午时间,组织全体教职工认真学习习近平总书记关于教育的重要讲话精神、关于师德师风的重要论述;深入学习师德师风建设的法律法规;组织开展警示教育4次;为全系统党员干部统一配发4本指定学习材料,强化"四史"学习教育。通过自查剖析、深刻反思、同事互查、个别访谈、广泛向学生、家长、社会征求意见,主动接受群众监督,全面查找工作短板。制定《津南区教育系统师德师风对照检查问题清单和整改清单》,组织全体干部教职工签订《天津市中小学教师师德承诺书》《天津市幼儿园教师师德承诺书》,持续抓好问题整改。召开"向群众汇报"师德师风专项治理征求意见座谈会,邀请各镇主管教育的镇长、部分政协委员、人大代表,区教育局负责同志及中小学校长,幼儿园园长,民办园园长、托幼点、校外培训机构代表参加,广泛征求意见建议。座谈会共征集意见建议26条,涉及完善师德师风建设机制、加强队伍建设、关注教师身心健康、解决群众"急难愁盼"问题这四个方面。加大师德违规惩戒力度,查处师德违规行为4人,对涉事教师所在单位4位校长进行约谈,政务处分4人。

撰稿:魏凤强

【大中小幼思政课一体化建设】 牵头带领全区61所中小学幼儿园和驻区7所高校以"校对校"形式签订思政一体化协同共建协议,并开展思政、德育共建活动。举办"喜迎建党百年,思政课一体化深入推进习近平新时代中国特色社会主义思想'三进'"交流研讨会,部分大中小幼学校专家学者、学生代表参加。与天津现代职业技术学院联合成立"津南区大中小学思政课一体化区校协同共建基地",共建"手拉手"一体化合作机制,开展"大中小学思政课教师共上一堂课"活动。组织全区部分师生集中同上一节思政课,观看《左力:一个人的长征》主题演讲;组织部分师生联合天津现代职业技术学院开展"大中小学思政课教师共上一堂课"活动。

撰稿:张 枫

【义务教育学区化办学】 结合区内教育发展水平和实际情况,进一步完善以优质义务教育学校为学区长的紧密型学区化办学机制,健全"设置合理、目标明确、职责明确、职责清晰、运行协调、保障有力"的学区化运行体系。全年各学区开展活动40余次,内容涵盖学生习惯养成、教学质量分析、课程建设和课堂教学交流等。各校充分利用学区化办学的优势,整合课程和教师资源,促进义务教育优质均衡发展。9月,各学区牵头校签订了新学年学区化办学工作协议。

撰稿:刘金岺

【优质教育资源引进】 津南区教育局先后与南开区、河西区教育局签订全面战略合作框架协议,引进市区的优质学校资源,在战略规划、学校管理、课程建设、教师发展、"五育"育人等方面与各区建立常态化合作交流机制。9月,天津市南大附中津南学校投入使用。

撰稿:刘金岺

【教育教研】 津南教研在保证重点工作落实的基础上,常规工作有序开展。推动教育教学信息化建设,探索"网络化教研"新模式,继续强化三级教研网络,注重区级教研的引领作用,助推津南教育可持续发展;多层次多角度进行学校教学干部、骨干教师、学科教师的三级培训,提升津南教师队伍整体水平;开展教材教法分析培训,促进教师专业化发展;在全体干部教职工的共同努力下教研工作取得了显著成绩,完成中小学市级"双优课"中学评比活动,做区级研究课100多节,区级培训活动近百场。

撰稿:范丽娜

【落实《深化新时代教育评价改革总体方案》】 全面落实中共中央、国务院《深化新时代教育评价改革

总体方案》,2021年4月聘请教育部综合改革司李轶群处长为全区教育系统领导干部做《深化新时代教育评价改革》专题辅导报告。全区中小学、幼儿园在广泛进行学习宣传的基础上拟定工作思路,深化落实教育评价改革,组织问卷调查5000余份,发现典型,推广经验。葛沽第三小学的《小学生劳动教育评价方式的改革》被确定为天津市教育评价改革试点校中的重点项目。

撰稿:陈卫娟

【建立津南区教育科研课题管理平台】 2021年6月,津南区教育科研课题管理平台建立。平台包括课题管理、成果管理、科研事务、科研培训等板块。平台的建立,使课题任务发布、科研培训、课题资料提交、课题材料审核评审、课题成果交流等工作,简便、快速、高效,结果反馈及时。平台自建成以来,各项功能运行良好,实现预期目标,受到基层单位的欢迎和好评。2021年度,本区干部教师用平台上报津南区"十四五"教科研规划课题707项,经专家线上评审,566项被批准立项,截至年末,均完成开题并上传开题报告。

撰稿:王洪军

【学前教育宣传月活动】 2021年是全国学前教育宣传月开展的第十个年头,是《3—6岁儿童学习与发展指南》颁布十周年,也是津南学前教育实现跨越式发展、推进科学保教取得重大进展的十年。按照教育部和市教委统一部署,津南区开展了以"砥砺十年,奠基未来"为主题的学前教育宣传月活动。全区各幼儿园开展"我们与学前教育改革这十年"系列宣传活动,回顾这十年在硬件水平提升、推进科学保教、园所特色创建等方面的经历、故事,并在"津南教育动态"微信公众号刊登;组织幼儿到小学参观、开展家长学校等活动,使科学实施幼小衔接的理念进一步深入人心。津南区教育局整合十年来学前教育发展历程的素材,制作《砥砺十年 扬帆启航》学前教育宣传片,将规范小区配套幼儿园的使用、扩大公办幼儿园规模、促进民办幼儿园发展、实施科学保教促幼儿健康成长等方面取得的成果,向社会进行展示。

撰稿:杨晓霞

【劳动教育实验区建设启动会】 2021年8月27日,津南区劳动教育实验区建设启动会在海河教育

园区南开学校召开。津南区副区长、天津市教委、津南区教育局、天津职业技术师范大学等有关单位的领导、专家、干部、教师共计100余人参加了本次会议。会上，津南区教育局与天津职业技术师范大学、天津海河教育园区"劳动教育联盟"、高等教育出版社签署合作意向书，共同打造津南区劳动教育教研基地、课程和教材研发基地、实践基地群及教学服务管理平台，形成以"三基地一平台"为支撑的劳动教育体系，建设具有示范引领作用的劳动教育实验区，树立津南区劳动教育品牌。

撰稿：张云凯

【第三轮现代化达标】 2021年，津南区第三轮现代化达标工作着眼于管理效益与教育质量的提升，继续深入落实《津南区落实天津市义务教育学校现代化标准建设（2016—2020年）工作实施方案》，大力开展"公平普惠、均衡发展、优质创新"的工作实践，实施"2+4"建构方式的6项标准建设，即"优化资源配置"与"学校信息化"是本轮建设的必选项目，其余内容（学生素质发展、教师专业发展、学校文化建设、现代学校制度）可根据学校发展规划与实际逐年创建。着力做到调结构、补短板、全覆盖、强亮点，全面引领学校内涵发展，助力区域教育优质均衡。截至2021年上半年，高质量完成全区中小学6个专项的建设和评估工作。

撰稿：朱金梅 韩荣春

【校外培训机构治理】 贯彻落实《关于进一步减轻义务教育阶段学生作业负担和校外培训负担的意见》，2021年7月31日津南区教育局增设校外教育培训监管科。8月11日津南区成立由区委办、区政府办、区委宣传部、区教育局等31个部门组成的"双减"工作专班，先后召开26次专班会议，分析问题，研判风险，部署推动调研摸排、宣传引导、专项治理、风险防范等"双减"工作。津南区教育局先后5次组织召开学科类和非学科类机构负责人参加的"双减"工作监管会。向机构负责人宣讲"双减"工作相关政策，要求各机构负责人提高政治站位，强化责任担当，理解认识"双减"政策，共同推动"双减"工作走深走实。津南区"双减"专班成员形成合力，建立"日巡查、周执法"机制，组成9个"双减"工作检查组对全区校外培训机构进行大排查。围绕合同签订，资金监管，户外广告治理等，区教育局9个督导组先后进行8轮专项检查。2021年10月，区教育局成立2个日常巡查组，连续2个月，每天对津南区的校外培训机构进行全面巡查，规范其培训行为。2021年12月，区教育局连同多部门，保持每周一频次进行联合执法检查4轮次。教育局及时对违规机构负责人进行约谈、下发整改通知书，保持对违规机构查处的高压态势。津南区现有7家义务教育阶段学科类校外培训机构、48家高中阶段学科类校外培训机构、182家非学科类校外培训机构，其预收费资金全部纳入监管。

撰稿：董津
审稿：刘学敏

附：区分管教育领导、教育局领导及驻地

副区长：邵　将（2021年10月离任）
　　　　陈妍卉（2021年11月到任）
区教育局党委书记、局长：张志华（2021年4月离任）
　　　　　　　　　　　　刘艳群（2021年4月到任）
区教育局党委副书记、副局长、教育工会主席：刘恩艳
党委委员、驻教育局纪检监察组组长：吴嘉庆（2021年7月离任）
党委委员、副局长：张　勇（2021年4月到任）
　　　　　　　　　魏举洪（2021年9月离任）
　　　　　　　　　王希生
　　　　　　　　　张洪祥（2021年12月到任）
副局长：刘风瑞（2021年11月离任）
办公室主任：张丽荣（2021年2月到任）
电话：88511000
地址：津南区咸水沽镇津沽路77号
邮政编码：300350

北辰区

【概况】 北辰区现有小学47所,初中12所,九年一贯制学校2所,十二年制学校1所,高中5所(含2所完中校),中职学校2所,特殊教育学校1所,体育中学1所,成人学校15所,广播电视大学1所,青少年宫1所,科学技术馆1所,教师发展中心1所、学生综合素质发展中心1所、教育综合服务中心1所。幼儿园118所,其中公办幼儿园61所,民办园57所。在校学生82401人,幼儿园包括民办园及校内园所总计23270人,小学35318人,初中13274人,高中阶段6658人,中职学生3695人,特殊教育186人。公办教职工5284人,其中高中教师601人,初中教师1269人,小学教师2419人,中职教师213人,幼儿园在编教师497人,广播电视大学、青少年宫、教师发展中心以及成人教育学校等非教学单位共有教师285人。

2021年,为更好实现幼有所育,满足群众入优质园的期盼,北辰区下大力气开办公办园、规范民办园、整治不规范配套园、取缔无证园、大幅减少托幼点,增加优质资源供给,扎实做好督导评估全程工作。建设学前教育资源库,为各类幼儿园提供可使用、可复制的可视性资源,确保学前教育安全优质可持续发展。2021年,全区新开办幼儿园11所,其中公办园4所,民办园7所,新增学位共2640个,基本满足百姓就近入园需求,学前三年毛入园率94.1%,公办率45.9%,普惠率80.8%。

坚持五育并举。率先在全市构建大中小幼思政一体化联盟,推进各学段同研同训。完成普通高中课程改革,47中学被遴选为市品牌高中建设项目培育学校。北辰区为国家特殊教育改革实验区,成立特殊需求服务指导中心,实现特殊学生从学前到大专18年全免费教育。

深化体教融合。在全市中小学运动会夺得14连冠,在市运会获得奖牌数、团体总分双第一,足篮排球赛成绩均在全市名列前茅。在市级抽测中,学生体质健康优秀率排名第五,合格率排名第三。在市级文艺展演中,参赛率、获奖率均位居全市第一,4所学校被教育部评为"优秀艺术传承学校"。深入开展劳动教育,市级赛事11人获奖。

扎实推动"双减"政策落地见效。切实减轻义务教育阶段学生过重作业负担和校外培训负担,使教育回归育人本质。成立工作专班,实现联动治理常态化,严查隐形变异地下培训机构,畅通投诉举报渠道,强化社会监督。发挥学校教育主阵地作用,坚持课堂减负不减质,开展"双减"背景下作业设计与管理的研究,优化学生作业设计、合理确定作业比例、提供"5+2"课后服务托管,丰富课后服务课程,满足学生和家长多样化需求。

注重师资队伍建设。印发《北辰区教师师德承诺书和师德档案制度实施办法》,规范各校师德档案建设,完善师德失范行为监测、通报警示及责任追究机制;评选第六届"三名工程"人员90名和区级学科带头人100名;有4人入选天津市"津门三杰"培养计划;2位教师入选全国教书育人楷模候选人,2人通过正高级评审,招聘中小学幼儿园教师112名补充到新建校和缺编学校;共认定629名教师。选派优秀骨干教师赴新疆十一师、和田地区支教7人,选派赴甘肃华池、正宁17人。

撰稿:刘亚文

【教育经费收入与支出】 2021年,北辰区全年教育经费总收入192991万元,比上年增加19072万元,增长10.9%。其中国家财政性教育经费172822万元,捐赠收入17万元,事业收入16847万元,民办学校中举办者投入1672万元,其他教育经费1634万元。全年教育经费总支出199811万元,其中人员支出139461万元,公用支出60350万元。全年支出主要用于支付教师工资、教育教学运转、学校提升改造工程、设备购置及信息化建设等,保证教育教学所需。

撰稿:刘 艳

【新课程改革】 全面推进新课程改革,高中教育优质发展迈上新台阶。2021年北辰区各高中校全面推进新高考改革进程,积极谋划提升全区普通高中校综合办学实力。对所有任课教师多次进行市、区、校三级高中新课程标准和课程建设培训,加强对课程建设与校本教研的专业引领。鼓励学校创造性地实施新课程改革,充分发挥其主动性和创造性,加强改革过程中的调控与分类指导。各校认真总结高中课改经验,综合素质评价推动高中学校多样化特色发展,促进学生身心健康、促进德智体美劳全面发展,2021年高考再创佳绩。2021年全区应届高中毕业生参加秋季普通高考实际人数为1903人,本科上线率74.1%。

撰稿:李凤芬

【教师队伍建设】 抓实师德师风建设,推行教师师德年度考核,规范各校师德档案建设,建立"一人一案",开展"北辰师德巡讲"第一讲活动。加强教师考核管理,建立教育系统所属事业单位工作人员平时考核工作制度。激励教师提升专业素养,开展每三年一次的教师全员业务水平考核,全系统各单位4000余名教师参加。强化人才培养建设,评选第六届"三名工程"人员90名和新一轮区级学科带头人100名。教师队伍整体素质不断提升,2021年北辰区有4人入选天津市"津门三杰"培养计划,1人入选"教育部乡村优秀青年教师培养奖励计划",2人通过正高级评审,河工大附中李亚娟获评"天津市脱贫攻坚先进个人"。培训覆盖面不断扩大,组织教师参加市、区两级各类项目培训,参训教师1200余人次;2021年4—5月开展"名师送教下乡"活动,39位名师送教到21所乡村中小学,助力乡村教师素质提升。师资配置得到进一步优化,暑期招聘112名,校际调动126人,政策性安置服务期满"三支一扶"人员22名,公费师范生2名;稳慎完成体育中学持小学教师资格证13人的人员流转,认定629名初中、小学、幼儿园教师资格。推进"组团式"教育帮扶,选派优秀骨干教师赴新疆十一师、和田地区支教7人,赴甘肃华池、正宁17人。全面保障教师待遇落实到位,完成2020年教师考评绩效奖励金发放,教育系统所属各单位发放资金8670万余元。

撰稿:郑德伟

【学校布局结构调整】 《天津市北辰区教育设施布局规划(2022—2035年)》经区政府专题会审核,已完成意见建议征集。接收工农新村配套幼儿园等8所幼儿园,接收阳光城配套小学、二建材配套小学2所小学,接收双青17号地配套中学,新增学位6420个。加快教育基础设施建设,着力解决民生实事,高质高效完成北仓幼儿园改扩建工程,新增学位360个,有效缓解片区入园紧张问题,改善了办学条件。加快推进中储小学新建工程、盛福园配套幼儿园装修工程及璟悦中学装修工程等一批学校的建设装修工程,补齐局部教育资源不足短板,提升教育配套水平。消除学校安全隐患,打造良好的育人环境,完成霍庄中学、华辰学校、模范小学等24所学校的暑期维修工程、杨嘴小学等14所学校玻璃幕墙的维保工程、辛侯庄小学等15所学校自来水改造工程,为学校正常教学工作的开展提供有力的硬件保障。

撰稿:李 科

【信息化建设】 2021年区教育局投资290余万元优化基层学校的校园网络环境,11所学校的校园网得到升级提升,新增10所学校无线用户实名身份认证,无线接入安全可控,全区中小学实现无线网络全覆盖。教师发展中心电教部以微信公众号为载体面向全区教师开设"微主题"培训,以短视频、短文、图片等形式,着重解决教师应用信息技术支撑教育教学工作中的难点与痛点问题,促进教师信息素养的提升。全年推出"微主题"培训60期,浏览学习21802人次,7位教师获信息技术与教学融合全国一等奖,31位教师获市级奖项。华辰学校于上达、王子鸣等13名学生获市级比赛一等奖,83名学生获市级奖项,13个作品获全国信息素养提升实践获奖证书,11名教师获由中央电化教育馆颁发的指导教师奖,教师发展中心获优秀组织奖。

撰稿:任学忠

【东西部扶贫工作】 以聚焦精准、深化帮扶为核心,围绕教育资源共享与结对地区反复沟通协商,达成深化教育交流、提升学校发展、教师专业成长意向,签订教育帮扶框架协议。按照"培养一个、带动一批、辐射一片"的思路,确定开展"组团式"驻点支教,在结对地区幼儿园、小学、中学三个学段各创建一所"天津市北辰区教育支援示范校"。在三地9所示范校中,倾力打造"教师研训工程""名师引领工程"和"互联网+教研工程",深化"全链条"帮扶机制,开展远程教学研讨及交流,参与师生12643人次,开设优质资源共享平台账号,资源总量达到2115.6GB。加大互访交流,选派11名干部教师赴丁青县开展送教上门活动,培训丁青干部教师590人次。选派54名优秀教师赴结对地区支教。44名教师被省市级和当地教育部门授予不同奖项,12名支教教师事迹被国家级、省市级及县级媒体报道。选优配强帮扶学校,扩大帮扶覆盖面,采取"1+N"模式与华池县、正宁县、丁青县学前教育、义务教育、高中教育、职业教育等不同教育阶段建立"手拉手"学校125对。开展实地听评课、专题培训、学科教研等3707节次,线上活动双方参与教师8766人次。25710名学生参与"小手拉小手"活动,捐赠书籍56945册、小礼物18611件、捐款3500元。发挥职业教育优势,探索职教联合办学项目。创新帮扶方式,实施线下线上、实地网络相结合帮扶新形式,提高教育帮扶效益。教育系统购买受援地区产品费用总计403万元,超额完成2021年的消费扶贫390万元任务指标。

撰稿:蔺广萍

【京津冀教育联盟】 教育局领导班子高度重视京津冀协同发展工作,与北京、河北两地区密切对接,利用"大北廊"机制体制,促进区域基础教育深度融合、协同发展。与河北工业大学成立区校思政课协同培训与研修中心,中心设在北辰区教师发展中心,成员包括相关思政教师及区思政课教研员、中小学思政骨干教师,对全区思政教育进行研究指导。河北工业大学与域内指定中小学、幼儿园建立共建协议。4月8日,津冀大中小学思政课一体化建设研讨会在河北工业大学召开。来自河北省5所重点中学及北辰区11所中小学的校长、思政课教师共同参加本次研讨。4所代表校的老师分别介绍了小学、初中、高中及大学思政课教学的内容,并分享教学经验,各学段教师自选与党史有关的某一专题制作"五分钟课堂"视频精品课,以形成共享资料库。4月16日—18日,北辰职专领导带领15名年轻干部前往河北兴隆职教中心开展为期三天交流活动。分别聆听了焦瑞珊书记的"2021年职业教育体验"的思政课讲座;观看了大课间操展示。4月23日模范小学迎来了兴隆县于家堡镇学区片的部分领导及教师共27人来校参观学习。实验中学师生持续资助原结对学校贫困学生,接续提升兴隆教育教学水平。"联盟杯"京津冀中小学校园足球邀请赛于7月9日至12日在北京市大兴区魏善庄中学胜利闭幕。北辰

区高中组、初中组、小学组均获优胜奖。8月13日北辰区教育局、宜兴埠镇政府与北京市十一学校签订合作协议,将进一步加强教育的合作探索,委托北京市十一学校对九年义务教育公办学校和公办幼儿园的办学实践进行帮扶和指导,实现"优质学校带动"的战略辐射效应,达成北辰区教育前瞻性的思考和实践。

撰稿:蔺广萍

【校外培训机构管理】 根据教育部2021年的工作重点部署,5月20日北辰区教育局下发《北辰区校外培训机构治理工作联席会议制度》津辰教发〔2021〕27号文件。该制度的建立加强了各委办局的沟通合作,形成长效的工作机制,促进校外培训机构规范健康发展。并以"五项管理"落实为抓手,加强对校外培训机构的专项检查和不定期抽查,指导校外培训机构找准定位,不断规范机构办学行为,提升培训机构管理水平,确保每个学生安全、健康、快乐地成长。按照市委、市政府部署,在市"双减"工作专班指导下,加强领导、明确职责、统筹协调、疏堵结合、综合施策、稳妥推进,如期完成"双减"各项任务,取得良好社会效果。

撰稿:王光健

【学前教育】 学前教育普及普惠率大幅度提升。新开办公办园4所,民办园7所,新增学位共2640个,基本满足百姓就近入园需求,学前三年毛入园率94.1%,公办率45.9%,普惠率80.8%。出台《2021年北辰区幼儿园招生工作指导意见》《2021年北辰区幼儿园招生工作方案》,落实防疫一线、消防、烈士等子女入园优待政策,招生工作平稳有序。制作《优质普惠花开有声——回眸2012—2021·奋进的北辰学前教育》专题片,在"北辰教育"微信公众号宣传。撰写《把握历史性机遇 推进学前教育高质量发展》刊发在《天津教育报》上。联盟园进行宣传月展示交流活动。公办园和民办园协同发展。落实公办园和普惠园生均经费和民办园奖励资金等各类奖补政策。完善联盟工作机制,提升保教质量。制定《北辰区教育局关于印发幼儿园联盟发展共同体建设实施方案(试行)的通知》《北辰区幼儿园联盟发展共同体建设管理办法(试行)》《北辰区幼儿园联盟视导评估细则(试行)》《天津市北辰区深入推进幼儿园和小学科学衔接实施方案》,形成常态化监管工作机制,带动各类型幼儿园全面提高和发展。北辰区联

盟工作取得成效,在《天津日报》刊登发表。实验、北仓、引河里幼儿园3所园成为天津师范大学教育学部实践教学基地,3位园长也获评专业实践导师,为学前教育专业培养高质量人才。多个幼儿园被评为2021年全国生态文明教育特色学校、天津市文明单位、健康食堂等。多名园长被授予年度天津市杰出津门校长、天津市优秀党务工作者、全国生态文明教育先进个人等称号。多位老师受邀到广播电台、中国学前教育研究会、天津市学前教育学会以及外省市做发言、讲座、送教等活动。

撰稿:祝丽文

【义务教育优质均衡发展】 坚持以优质均衡发展区创建为目标,实施多项措施,重点在补齐短板、缩小差距、扩大优质资源上下功夫,提升基础教育优质均衡发展水平。科学谋划,精准施策。对全区义务教育学校全面起底排查,找准问题短板,出台《北辰区创建"义务教育优质均衡发展区"实施方案》,制定实施"两优化两提升"行动和13项具体工作措施,设定时间表路线图。强化保障,全力推动。一方面组建区级创建领导小组和教育系统领导小组,成立工作专班,以上率下,层层压实责任。组织召开相关委局、教育系统各单位的动员会、培训会和部署会,加强政策宣传,强化指标解读。另一方面与天津市教育科学研究院开展项目合作,以科研协同方式对全区均衡发展指标监测评估,汇总区、校详细数据,明确政策调适和工作举措方向,全程跟踪、指导、参与全区创建工作。务实笃行,稳中求进。建立区级"月度、季度、年度"跟进监测制度和区级自评制度,规范组织学校自查,组建区级评估指导组,开展区级阶段性督导评估,对全区义务教育学校跟进指导,督促建设进程,努力实现"以评促建"。四是守正创新,初显成效。北辰区顺利通过市级阶段性督导评估,被推荐为天津市义务教育优质均衡先行创建区。

撰稿:杨 静

【成人教育】 健全北辰区老年教育三级办学体系,重点建设老年学校和老年教育学习中心,推进"养教结合"新模式,积极办好我区家门口的老年教育。在123个村和156个社区的党群服务中心或市民(社区)学校等建设老年(社区)教育学习中心,统筹利用社区教育办学体系。按照市统一标识和规格,加挂牌子,成为老年教育的主阵地。打造终身学习"区校联合体"。依托"对接需求、整合资源、创新形式、优化过程"四大工作板块,创建"全面覆盖、深入对接"工作体系,充分发挥终身学习"区校联合体"作用。在做好疫情防控保障基础上,实现线下培训共计72次,惠及群众7260人。2021年11月15日至11月21日,由北辰区教育局主办,双街镇协办,召开北辰区第十五届全民终身学习活动周暨社区教育成果展示周活动。围绕"庆建党百年华诞 谱终身学习新篇"这一主题,从"建党百年、津门乐学、老年享学、智享悦学、成果展示、品牌示范"六大板块出发,采用线上线下相结合方式,共组织开展了132项活动,参与人数11043人,获"百姓学习之星"称号市级2人,区级13人;特色活动中被评为"终身学习活动品牌"市级1个,区级14个;教育科研中获"社区教育实验项目"市级三等奖4个。充分展示北辰区社区教育的成果。

撰稿:王光健

【建党百年】 深入开展内容丰富、主题鲜明、形式多样的庆祝建党100周年系列活动。开展主题教育大讲堂,邀请市区宣讲专家、"天津楷模"开展专题培训,引导广大党员干部全面回顾100年中国共产党领导全国各族人民取得的辉煌成就,切实将学习教育过程中激发出来的信念信心、热情激情转化为攻坚克难、干事创业的强大动力。教育系统开展书记讲党课540余场,开展学习"习近平总书记在庆祝中国共产党成立100周年活动中的讲话"活动700余场,实现教育系统教师学生全覆盖。开展教育系统"做时代先锋,讲教育故事"微党课、"学党史党建知识,强管党治党能力"知识竞赛和"同课异构"主题党日评选活动,深入学习体会伟大建党精神,不断提升党组织凝聚力、向心力,促进学习成果转化为教育事业奋斗的决心和动力。开展"党史融入课程思政"案例编写、教案编写和微课教学比赛,依托天津市教委、天津初中专业委员会开展思政与党史学习教育融合高品质课堂展示活动,吸引天津市名优教师参加,受到各方赞誉。结合庆祝建党百年,开展主题音乐会、儿童画作展、诵读大赛、故事会、情景剧展示等系列活动,用红色教育"践初心",用创新方式来"庆生"。全区各中小学组织主题社会实践研学活动70余场,参与学生32000余人次。

撰稿:王冬丽

【思政工作】 全面深化新时代学校思政课改革创新,推动思政课实践教学与学生社会实践活动、志愿服务活动结合,完善思政课实践教学机制。组织开展区级思政教师社会实践和学习考察7次,参与人次836余人,开展区级思政课教师集体备课、专题讲座48次,1970余人参加。组织开展"课程+思政"展示周活动,全体高中思政教师参与抗"疫"思政微课交流展示活动,近150节抗"疫"思政微课获奖,组织中小幼各学段思政课教师,开展党史教学专题教研活动10余场,不断增强思政教育的思想性、理论性和针对性。充分利用区内红色教育资源,组织广大青少年深入开展思政红色体验活动,开展"讲党史故事、学英烈精神、做红色传人"主题实践活动,全区4万多名中小学生走进北辰区烈士陵园、杨连弟烈士纪念馆、安幸生故居等红色教育基地,弘扬英烈精神,筑牢红色思想根基。成立中小幼思政学科教学指导委员会,统筹思政学科各项工作,组织学科开展有实效的专题教研活动8次,参加教师120余人次。2021年全区申报立项20项思想政治课实践研究和学科思政科研专项课题,取得一定成效,其中10余篇论文思政获天津市2021年教育创新二三等奖,32余篇思政论文获区级一二三等奖。

撰稿:王冬丽

【党建工作】 聚焦党建引领,推动高质量发展。实施党建工作联系点、专题大会、述职评议会、将党建工作纳入"千分考核"等措施,严格落实意识形态工作责任制,积极践行党建带团建带队建,构建大统战工作格局,打造北辰教育民族团结进步品牌。坚持以习近平新时代中国特色社会主义思想铸魂育人,不断推动党史学习教育走深走实,"多层次、多场域、多举措"推动思政与党史学习教育深度融合,将"三全育人"落到实处。推出一系列结合实际、服务群众的务实举措,打通服务学生和家长"最后一公里"。持续抓实基层党建重点任务,推动党风廉政建设向纵深发展。组织开展同课异构党日活动观摩周、庆祝建党100周年系列活动,高标准完成基层党组织换届工作,实现应换尽换。严格执行干部选拔任用条例,调整后备干部库,开展经常性考察,分期分批对党组织书记、党员干部培训20余场,全年选优配强党组织书记13人。加强对招生、考试、聘用、职称评聘等重点领域的监督,出台家访工作、师德师风"双风"建设大整治活动方案、典型违纪问题通报制度,大力营造干事创业、风清气正的教育生态。2021年以来,运用监督执纪"第一种形态"处理16人,给予党纪行政处分11人。

撰稿:王冬丽

【心理健康教育】 通过成立机构、建章立制、统筹规划、考核评价、出台保障性政策等措施,构建科学、系统的中小学心理健康教育工作运行机制。以"校际联手推进"为抓手,科学规范地引领各项心理健康教育工作的开展,在经费投入、师资培训、教学科研、社会服务等诸方面进行大胆尝试,使全区心理健康教育工作扎实、稳步推进。2021年投入300万元对10所学校进行心理咨询室升级改造,有20所学校心理咨询室建设达到市级标准。组织开展专题心理培训会240余场;积极开展家访活动,家访率达100%;100%完成一对一谈话,达到家校携手、心育同行的目的。坚持心理健康教育与思政教育相结合,通过升旗仪式宣讲心理、主题班会介入心理;通过传统老游戏辅助心理,红色歌舞剧融入心理等形式多样的教育活动,为学生构建一个科学健康的心理大环境,帮助学生树立积极向上的人生观。组织开展中小学"逐梦百年·你我同行"5·25心理健康教育月活动,共有15个项目201个节目,近万名学生参与,共获得8个市级一等奖,8个二等奖,9个三等奖。北辰区心理教师参加天津市第一届心理教师技能大赛,2人分获市级一二等奖。

撰稿:丁 静

【艺体工作】 体育美育坚持"立足身心健康,感受美、参与美促进特长发展"的育人目标,促进学生健康成长,"以艺战役"抗击疫情。开足开齐学校艺体课程,着力开展体育美育改革。深入开展中华优秀传统文化,戏曲进校园工作,提升学生艺术素养。依托美育实践课堂,鼓励各校开展丰富多彩的课后托管活动。美育实践课堂获得市级一等奖25个,二等奖58个、三等奖57个,北辰区教育局获市级优秀组织奖,其中2个节目代表天津市入选全国文艺展演,4所学校被教育部评为"优秀艺术传承学校",10所学校的社团获评市级"优秀艺术社团"。全面推进学校体育与艺术"2+1"项目活动。保质保量召开区级运动会,积极组织10项单项竞赛活动。2021年市中小学田径冠军赛连续夺得14连冠,市教委足球比赛实现初中女足四连冠、初中男足五年三冠军、一亚军、一季军。田径、足球、羽毛球、游泳、绳健、啦啦操、武术、跆拳道等项目,竞技水平、普及率均处于全市领先地位。校园足球班级联赛,比赛总场次达到125场。20名校园足球队员入选国家级足球夏令营希望之星,24所学校被评为国家级校园足球特色校,7所学校被评为国家级篮球特色校,5所学校被评为国家级排球特色校,1所学校获评国家级田径传统学校,6所学校被评为国家级冰雪项目特色校,市级各类体育特色学校18所,北辰区学生体质健康水平实现持续攀升。

撰稿:刘泽霞

【五项管理工作】 落实五项管理工作要求,为学生健康保驾护航。下发《北辰区教育局关于落实五项管理工作的通知》,对作业管理、睡眠管理、手机管理、课外读物进校园管理、体质健康管理进行统筹安排。通过问卷、座谈等形式,加强调研统一思想。召开校长会,指导其深入领会"五项管理"相关文件精神。强化教师培训,定期检查学校培训工作落实情况,采取教师问卷、电话问询等方式,督促学校教师深入学习要点要求。通过征集典型做法、经验交流等形式,加强宣传,推广经验。通过督导、检查等形式,加强落实,责任到人。区政府教育督导室将"五项管理"作为2021年责任督学挂牌督导首要任务,纳入责任督学日常督导重要内容。组织责任督学134人次,累计报告18所学校存在40个问题,责任督学均现场与学校反馈,学校高度重视,做到立行立改。结合"双减"丰富课余体美劳活动,强化身体锻炼、美育涵养、劳动育人,在天津市各项比赛中均取得较好成绩。

撰稿:刘泽霞

【平安校园建设】 投入经费4790余万元用于提升学校的"三防建设"。为全区所有学校和国办幼儿园配备专职安保人员524名,校园保安配备率达到100%;为33所单位配备消防控制室值守人员,将全区所有教学单位纳入消防维保范围,发现故障及时排除;对全系统一键报警设备进行音视频提升改造,实现学校与分局和属地派出所可视双联接;全区所有学校均安装符合反恐要求的防冲撞设施。加强监管,确保覆盖全区151家幼儿园的三级监控安全管理平台和全区各中小学视频区级监控管理平台正常使用。建成平安数字校园信息化平台,将校园日常安全、专业安全、门禁门卫安全等实现信息化、数字化、智能化,形成校园"明、细、全"的安全风险预控系统。组织全覆盖的校园安全检查和专项安全检查,覆盖率100%,整改率100%,坚决消除安全隐患。内容涉及校园安全防范、校园安全管理、校舍安全、危化品、消防安全等方面,对学校的"三防"措施落实情况进行地毯式排查,做到全覆盖,不留死角。北辰区教育局被推荐为全国119消防奖先进集体培树对象。天津市第四十七中学、天津市北辰区华辰学校被评为"天津市防震减灾科普示范学校"。

撰稿:刘　珺
审稿:刘亚文

附:北辰区区政府分管领导、教育局领导及驻地

区人民政府副区长:贾宏伟(2021年10月16日到任)
区教育局党委书记、局长:郑丽莉
区教育局副局长:王宝龙
　　　　　　　　刘福颖
　　　　　　　　苗　芊
　　　　　　　　张　婷(2021年7月9日到任)
区教育局调研员:赵培刚(二级调研员,2021年2月7日到任)
　　　　　　　　杜双鸿(四级调研员)
办公室主任:刘亚文
电话:26390666
地址:天津市北辰区京津公路富锦道1号
邮政编码:300400

宝坻区

【概况】　宝坻区共有各级各类学校、幼儿园（托幼点）337所。其中公办学校268所，包括幼儿园112所、小学82所、初中35所、高中10所，特教、中专、体校、培训基地、老年大学各1所，成人技术教育学校24所。民办学校和幼儿园32所，其中十二年一贯制民办学校1所，民办幼儿园31所；民办托幼点37个。在校学生100550人，教职工11396人。

2021年宝坻区教育系统全面贯彻落实习近平总书记关于教育的重要论述，努力践行为党育人为国育才初心使命，推进学前教育普惠提质，完善学前教育布局规划，城区新投入使用朝霞路幼儿园、北城路幼儿园、银练路幼儿园、第二幼儿园，提供学位1440个，全面改革招生制度，实行摇号管理，有效缓解城区学前教育资源紧张问题。科学调整学校布局，促进义务教育优质均衡发展，不断扩大优质教育资源覆盖面，双站路小学、务本道小学和十一中学的投入使用，增加学位近4000个，保证公办小学、初中实现100%免试就近入学，最大限度满足老百姓在家门口上好学的愿望。坚持教育公益性原则，把"双减"作为"一号工程"抓紧抓实，确保党中央决策落地见效。成立监管科，推动工作专班多次召开会议，按照"校外治理与校内提质联动，制度建设和监督检查并进"工作思路，高位、稳妥、扎实、有序推进"双减"工作。实施校外教育培训机构"千百工程"，强化治理力度，压减义务教育学科类机构70家，压减率达97.22%，在全市处于较高水平，宝坻区校外教育结构治理案例被评为全国"双减"工作优秀案例。加强体美劳教育。开齐开足开好体育课，完善"健康知识+基本运动技能+专项运动技能体育"的教学模式，学生体质得到切实提高，在2021年天津市《国家学生体质健康标准》抽测中，中小学总平均分为82.82，居全市第三名，合格率为99.58%，居全市第二名。积极探索课堂教学、校园文化和课外活动"三位一体"的艺术教育模式，成功举办"红心向党，携手共进"京津冀三校师生庆祝建党百年书画作品展，结集出书500册，实现宝坻区艺术教育跨区域借势发展。强化劳动实践，成功举办宝坻区首届中小学劳动技能大赛，创造多项劳动教育成果，其中"幸福劳动教育"案例被市教委立项为市级项目，"快乐汗水润童心　劳动实践育新人"教育案例被推荐到教育部进行评选。

撰稿：潘广深

【教育经费收入与支出】　2021年宝坻区全年教育经费总收入278528万元，比上年增加43797万元，增长18.66%。其中教育事业费228800万元，教育费附加2908万元，其他公共财政预算安排的教育经费30252万元，民办学校举办者投入532万元，社会捐赠经费43万元，事业收入14488万元，其他教育经费1505万元。全年教育经费总支出282393万元，比上年增加6087万元，增长2.2%。其中工资福利支出223704万元，对个人和家庭的补助支出6245万元，商品和服务支出28346万元，其他资本性支出24098万元。

撰稿：李克良

【教育教学改革】　加快建设一体化思想政治工作体系，把树立和践行社会主义核心价值观与宝坻区疫情防控和"创城创卫"有机结合，通过开展国旗下讲话、主题班团队活动、社会实践活动、和志愿者行动等多种方式，不断加强学生的理想信念、社会公德、生命安全、心理健康和养成教育。按照"自主、合作、探究"学习方式的要求，深化教育教学改革，积极探索新课改理念下的多样化、行之有效的高效教学模式，用教学模式保证教学底线，以教学创新保证教学质量。大力推广集体备课，强化全区性、学区化、校本式三级教研网络建设，加强信息技术与课堂教学的深度融合，培养信息化教学的习惯和素养，推进课堂教学改革向纵深开展。关注学生体质健康，广泛开展区中小学生田径锦标赛、校园足球联赛、篮球及乒乓球等各项体育比赛，努力形成"一校一品"的体育特色。职业成人教育服务区域经济发展能力进一步提升，充分发挥天津市首家产教融合职业教育集团作用,加强与北京市密云区、河北省唐山市成立的密宝唐职教联盟关系,国家级职业教育与成人教育示范县创建成果进一步巩固。

撰稿:潘广深

【师资队伍建设】 贯彻落实新时代教师职业行为十项准则,实行师德考核负面清单制度,完善师德失范行为监测报告和失信惩戒机制,突出全员全方位全过程师德养成,引导教师成为先进思想文化的传播者、党执政的坚定支持者、学生健康成长的指导者和引路人;多途径提升教师队伍业务素质,不断完善国家层面的国培项目、市级层面的教师培养、区域层面的教师培训、学校层面的校本研修等系列化、制度化、常态化的教师专业化发展机制,持续推进青年教师培养、名师建设和校长研修三项工程,深化名师工作室建设,举办第五届"宝坻工匠"幼儿教师讲红色故事、青年教师成长论坛,充分展示全区青年教师的教学风采;严选优选教师,公平公正完成规模最大的508名教师招聘工作,实现教师队伍的可持续发展;完善校长轮岗、教师交流制度,2021年,共交流轮岗教师94名,其中骨干教师70人,占交流教师人数74.5%,57名城区教师到农村学校任教,占交流教师60.6%,促进城乡教育均衡发展。

撰稿:潘广深

【学校布局结构调整】 2021年宝坻区教育局围绕还迁片区和新建住宅区新建6所学校,其中初中1所,小学3所,幼儿园2所。在区委、区政府的正确指导下和各职能部门的大力支持下,6所学校新建工程有序推进,如期竣工。提供学位5580个,扩大城区学位保障能力,满足居民子女就近入学的需求。

撰稿:肖继海

【党史学习教育】 2021年,宝坻区教育系统坚持"规定动作要到位,自选动作要出彩"的理念,聚焦"六张图",织密党史学习教育网,确保全系统党史学习教育取得扎扎实实成效。第一,确保"三个到位",绘好"作战图"。思想认识到位。从动员会到推动会,区教育局党委广泛开展学习培训,掀起学习热潮。组织领导到位。成立党史学习教育领导小组和巡回指导组,拧紧工作责任阀。安排部署到位。研究制定"工作方案",下发"工作提示",列出"任务清单",明确责任主体,细化具体举措。第二,通过"三种形式",绘好"劝学图"。领导干部带头学。党委理论学习中心组举办两期专题读书班和一期研讨班,做到潜心自学、辅导领学、研讨互学、观影导学、宣讲深学、测试促学、实践砺学"七学"并举。丰富载体综合学。通过学模范典型先进事迹、讲故事谈感受、观看红色影视剧、参观红色教育基地、诵读红色诗歌等多种载体,进一步强化学习成效。专题研讨交流学。各级党组织利用指定教材,围绕重点学习内容,通过"三会一课"、主题党日等形式,广泛开展集体学习研讨。第三,打造"两个主线",绘好"体验图"。围绕党的十九届六中全会和建党100周年两条主线,打通过现场讲堂、实地体悟、情景体验、重温誓词等多种方式,结合"缅怀革命先烈,铭记革命历史"主题教育活动、主题党团日、研学旅行等,带动师生体验百年党史的辉煌历程。组织开展"翰墨飘香,礼赞百年"主题书画展、"传承红色经典 献礼建党百年"活动作品展播、"七一"走访慰问等系列活动。第四,抓好"四个面向",绘好"宣讲图"。通过党委成员面向全体教师讲、帮扶同志面向帮扶村群众讲、支部书记面向党员师生讲、线上影音面向社会讲四种形式,广泛宣讲党的光辉历史。第五,搭好"两个平台",绘好"氛围图"。搭好线下平台。充分利用学习专栏、文化墙、展板、LED电子屏等宣传载体,打造党史学习教育"可视化"视觉工程。搭好线上平台。积极利用"宝坻教育"微信公众号、基层88个新媒体平台,打造线上"随身课堂",让线上平台成为学习教育的移动"资源库"。第六,突出"一个宗旨",绘好"实践图"。始终突出"全心全意为人民服务"这一宗旨,以落实落细"我为群众办实事"各项工作要求,切实解决基层的困难事、群众的烦心事,让人民群众的获得感幸福感安全感成色更足。

撰稿:张秀玉

【开展"千百工程"治理校外培训机构】 落实党中央、国务院和市委、市政府关于校外培训治理的各项决策部署,进一步提高校外培训治理工作成效。宝坻区"双减"专班办公室多次召开"千百工程"部署会议,从2021年9月底开始,城区中小学校及局直单位千余名党员志愿者,包保负责全区百余所学科类培训机构,做好治理工作。区"双减"专班办公室制订《宝坻区校外培训机构"千百工程"行动方案》,各包保学校按照行动方案,进行不定期检查,持续加大学科类校外培训机构巡查力度。特别是检查校外培训机构不得占用国家法定节假日、休息日及寒暑假期组织学科类培训,培训结束时间不得晚于晚上8点30分落实情况。按照"千百工程"工作要求,各包保单位实行小问题周汇报制度,每周上报检查表与检查照片,对检查中发现问题较大的机构各包保单位立即上报区"双减"工作专班办公室,对违反有关要求的培训机构,区"双减"专班坚决予以关停。截至2021年底,"千百工程"共出动1128人,对全区百余家学科培训机构进行检查,各机构每天均有党员志愿者在工作。千余党员志愿者教师辛勤志愿工作,在治理校外培训机构上"校内校外"持续用力,达到让不合格的学科类机构及早注销的目的,校外培训机构治理效果明显。《开展"千百工程"治理校外培训机构》获评全国"双减"工作优秀案例。

撰稿:刘婉红

【京津冀教育协同发展】 积极抢抓京津冀协同发展的战略机遇,通过互派、互访、互学活动,促进区内学校与三地名校开展深度交流合作。重点推进中小幼与市区名校(园)开展挂牌共建、联盟办学、委托管理等办学改革,积极引进市区名校到宝坻区开办分校。2020年5月采取"1+3"模式分别和天津市教育委员会、和平区教育局、南开中学、天津市实验小学签订教育合作协议,借重名校优势,提升宝坻区教育教学水平。2021年10月25日宝坻区中关村中学与天津一中专家团队针对学校管理、教师专业发展、信息化建设等方面对接交流;10月27日宝坻区大口屯镇初级中学与第九十中学的骨干教师就教学展示、评课说课、讲座指导等板块开展校际交流活动;10月28日宝坻区八门城镇5所幼儿园与南开区第一幼儿园签订共建协议书,明确"合作促共赢,交流促提升"发展思路,确定共建时间、内容和方式,系列交流合作进一步激发教师的教学改革热情,拓宽"双减"背景下提升教育教学质量、优化作业分层设计、多元发展课后服务等工作思路,切实把提高教育教学的软实力变为推进教育强区的"硬支撑"。

撰稿:潘广深

【心理健康教育】 秉承"以人为本,育人育心,为学生终身发展奠基"的理念,精心打造心育课程、心育阵地和心育活动,初步形成学校、家庭、社会"三位一体"的学生心理健康服务新格局。强化组织保障,制定实施《宝坻区构建学生心理健康教育联动机制的实施意见》,明确任务分工,加强责任落实。强

化队伍建设,招聘7名专职教师,成立心理健康教育中心组,配备心理教师专家为专职教研员,指导推动学习培训和专题教育活动。2021年组织开展近2000人次的区级、市级、国家级教师培训,组织首届宝坻区"同心杯"心理健康教育教师技能大赛,刘俊荣老师被评为天津市首届"最美护心志愿者"。拓展教育渠道,2021年中高考前夕,区教育局通过宝坻电视台"家有考生"栏目,对全区考生家长进行心理疏导,并通过宝坻教育公众号及时转发,受众1.3万人次。定期邀请区检察院未检工作室深入中小学做"防范校园欺凌"专题讲座,最大限度地避免校园欺凌事件对学生造成的心理伤害,每年开展讲座达50余场,累计受众学生10万余人次。

撰稿:潘广深

【巩固拓展脱贫攻坚成果同乡村振兴有效衔接】 教育扶贫专项工作组积极探索新路径,持续深化拓展"全链条"教育帮扶成果。一年来,选派58名专技人才在永登、武山、民丰开展支教活动,接收永登、武山70人次到宝坻区教育系统进行交流学习,促进受援地办学水平的提升。区教育局与永登、武山、民丰三地教育局签订教育合作协议,幼儿园、小学、初中、高中、职校共20所与三地20所学校分别建立一对一"手拉手"结对帮扶关系,在教师队伍建设、教育教学管理和教研教改等方面开展深层次交流协作,不断巩固和扩大协作成果,努力形成全方位、多层次、多领域的合作交流格局。2021年4月,宝坻九中与甘肃省永登县第六中学、大口屯高中、艺术中学以及宝钰滨联合街道教委共同开展了以"技术·素养·发展"为主题的青年教师学术论坛,讲述青年教师的教育智慧,进一步提升青年教师的学术素养,提高教育教学质量和学校育人水平。2021年10月29日宝坻三中作为主办单位,以网络直播形式召开宝坻区初中语文学科创办"精品教研"暨天津市与新疆和田地区民丰县"手拉手"帮扶教研活动,进一步展示和推介优秀教研经验和成果,促进交流合作,引领宝坻区和重点帮扶地区基础教育教研工作有效开展。

撰稿:高文旺
审稿:周振亮

附:区分管领导、教育局领导及驻地
区委副书记:李东升(2021年12月离任)
　　　　　　李喜军(2021年10月到任)
人民政府副区长:陈秀华(2021年10月离任)
　　　　　　吴志华(2021年10月到任)

教育局党委书记、局长：周振亮　　　　　　张永喜
副局长：张玉强　　　　　　　　　　　　　董连发
　　　　辛春明　　　　　　　　　　　　　张起明（2021年11月离任）
　　　　刘淑玲（2021年4月离任）　　教育局办公室主任：王艳菊
　　　　李忠新（2021年6月到任）　　电话：29241233　29241983
　　　　刘　晖　　　　　　　　　　　　地址：宝坻区城关镇广川路16号
调研员：张武生　　　　　　　　　　　　邮编：301800

武清区

【概况】 全区现有公办幼儿园145所，民办幼儿园76所，部队幼儿园2所，公办小学121所、初中42所、普通高中12所、中等职业学校1所，民办学校6所，体育运动学校、特殊教育学校各1所。另有教师发展中心、成教中心、考试中心、教育保障服务中心、青少年活动中心、劳动实践基地各1处，镇街成人教育文化技术学校29所。全区在职干部教职工1.07万人，在校生15.8万人。

2021年，武清教育发展水平全面跃升。党对教育事业领导进一步加强。《2019—2023年全国党员教育培训工作规划》按计划实施，党领导的群团工作任务全面落实。以党史学习教育为抓手推动全面从严治党责任做实走深，"五层宣讲""六种学习"等活动推动党史学习"全覆盖"；"五下基层""四个走遍"、入列轮值、志愿服务、"结对子、认亲戚、常相助"等工作有序开展，推动"我为群众办实事"实践活动落实见效。

各级各类教育协调健康发展。5所直属示范幼儿园分别与7所镇（街）幼儿园建立帮扶结对关系，优质园引领辐射作用进一步加强。制订《武清区深入推进幼儿园和小学科学衔接实施方案》，幼小双向衔接机制完全建立。超额完成上年确定的100所义务教育学校达标创建任务，创建达标学校117所。制发《武清区集团化学区化办学实施意见（试行）》，5个集团化办学试点工作按计划稳步推进。职业实训中心建立，校企合作、现代学徒制、"1+X"职业技能等级证书试点工作深入推进。

立德树人工程高质高效推进。领导干部进校园讲思政课、学校思政课专人负责机制推动落实，大中小幼思政一体化建设有效推动。"阳光体育运动""体育、艺术2+1"项目、"校园足球"普及推广，"一校一品"或"一校多品"逐步形成。学生体质健康监测机制建立，2021年学生体质健康监测取得全市第四名成绩，获突出进步奖。"视力防控六大工程"持续推进，2021年全区中小学近视率下降1个百分点，学生体质健康优良率比上年提高8.9个百分点。学生心理健康教育工作包联机制、排查机制、家访机制和危机干预机制建立。劳动教育体制机制不断完善，劳动实践教育深入推进，35家中小学劳动教育实践基地挂牌成立，"庆丰收、感党恩"中国农民丰收节庆祝活动、全区中小学劳动技能大赛顺利开展。文明校园创建、校园欺凌专项治理持续推进。

教育教学改革全面深化优化。实验区创建大力推进，51所实验校初步形成新型教学模式，制定实验区创建三年规划，武清教育云平台成功搭建并投入使用。《武清区教育事业发展第十四个五年规划》编制实施。武清区"双减"工作专班成立，制订《武清区"双减"工作专班2021年暑假校外培训机构专项治理行动方案》，聚焦"三个提高"，制定校内减负"1+N"推进的顶层设计。将"双减"和"五项管理"有机结合，坚持课后服务"一校一案"，课后服务"学业辅导+素质拓展"模式成功构建，全区义务教育学校课后服务参与率达97.68%。校外培训机构"治理"力度加大，"全覆盖"督查、培训广告清零、机构资金监管、预收学费管控、"营转非"强力推动等多举措压减学科类机构数量，压减率达到91.87%，校外培训热度迅速降温，校外培训各种乱象基本

消除。

师资队伍建设彰显活力实力。20人入选武清"追求卓越幼教师资培训项目（第二期）"、武清区"乡村幼儿园骨干师资专业发展助力计划"。武清学前教育名师培养计划即将展开，各级各类培训按期保质完成。"区管校聘"管理改革稳步推进，师德师风建设长效机制、师德失范行为通报警示和责任追究机制进一步健全完善。深挖21个名师工作室人才专业优势，梳理21个服务项目，开展"群众点单、专家上门"活动。

积极推进教育基础设施建设，确保全区教育基础设施的均衡协调可持续发展。2021年，实施滨河小学、紫泉郡小学等一批学校新建改建迁建工程。杨村一中分校施工、英华分校规划有序推进。10所中小学体育场馆改造任务、80间音乐美术专用教室施工任务、2所中学C级校舍提升改造任务全部按期完成。

教育服务保障能力全面提高。学校章程建设做到"全覆盖"，教育系统"七五"普法工作收官，"八五"普法工作顺利启动。平安校园建设有成效，安全生产和重大安全生产事故风险问责机制、机关干部安全包联机制严格落实，三级安全责任体系成功构建。校园安全隐患大检查大整改实现"全覆盖"。校园"三防"建设、幼儿园三级监控平台建设完成，校园安全工作"四个100%"全面落实。"互联网+明厨亮灶"工程加速推进，26所城区中小学、30所镇街公办幼儿园实现午间配餐。2020年市教育督政顺利完成迎检工作，教育督导评价改革进一步深化。坚持人、物、环境同防和多病共防，校园疫情防控措施从严落实。

撰稿：汪　培

【教育经费收入与支出】　2021年，武清区全年教育经费总收入336232.03万元，比上年增加43022.55万元，增长14.67%，其中国家财政性教育经费332697.29万元，事业收入2281.56万元，其他教育经费1253.18万元。全年教育经费总支出339867.47万元，比上年增加34904.19万元，增长11.45%。其中工资福利支出249432.43万元，商品和服务支出52206.9万元（其中基本公用支出25317.72万元，专项公用支出6889.2万元），对个人和家庭补助支出5662.32万元，其他资本性支出32565.82万元。

撰稿：宋亚珺

【教育教学改革】　2021年，认真落实"双减"工作精神，向"四十五分钟"要效率，教育局印发《武清区进一步提高课堂教学效率工作实施方案》，开展专题培训和主题活动，推进"双减"工作落地。以课堂教学研究为中心，线上线下相结合的形式，深推区域教研，义务教育阶段300余次、高中阶段100余次；特别关注基层薄弱学校的教学指导，2021年度赴基层联系点进行精准教研，小学段30余次、初中段30余次、高中段26次，有效提升基层校教师的课堂教学水平；积极推进国家级信息化教学实验区创建工作，通过说播课评比、同课异构等活动，推进实验区工作有效开展；为充分发挥未来教育家和各学段、各批次名师工作室领衔专家的作用，2021年度开展了30余场专题讲座或主题活动，辐射带动全区教师提升业务水平。举行高中物理、道德与法治和幼教学科三场精品教研活动；在教育科研层面，完成天津市教育学会课题104项，天津市教育科学学会课题151项课题的立项及开题工作；在第十届"双优课"评比认定工作中，小学段上报45节课均获市级认定，通过率达到100%，其中12节课被认定为一等奖；在"基础教育精品课"评选中，有16节课参加全国评比。

撰稿：王春艳

【师资队伍建设】　印发《武清区教育局关于开展师德师风专项整治活动实施方案》，以拒绝有偿家教，杜绝体罚变相体罚学生为重点，开展师德师风专项教育活动，对教师从事有偿补课、体罚或变相体罚学生等突出问题进行全面整治，全年师德信访案件减少20%，处理案件减少30%，武清区教师队伍师德师风不断加强，职业道德素养不断提升。不断强化名师工作室领衔专家及工作室成员的日常管理，深度挖掘工作室人才的专业优势，梳理21个服务项目，积极参与群众点单，专家上门活动，让名师工作室的优秀人才做乡村振兴的"领头雁"。按照《武清区教育局　区委编办　区人社局　区财政局关于推进中小学教师"区管校聘"管理改革的实施意见》和《武清区教育局关于推进中小学教师"区管校聘"管理改革工作的实施方案》安排，稳步推进区管校聘工作，全年交流教师173名，实现教师队伍的优化配置，促进城镇与乡村学校师资均衡发展。

撰稿：孙　颖

【学校布局结构调整】　教育局与规划部门积极配合，对各级各类教育配套设施进行合理的结构整合、系统的空间布局以及科学的定性定量控制。根据相应的千人指标和相关法律法规规范提出规划控制要求,同时适度超前,留出发展空间,体现远近期相结合的原则。2021年,共完成5所幼儿园和1所初中建设任务,新增学位1050个,建筑面积1.58万平方米,总投资11603.11万元。启动7所中小学新建、迁建、改建和重建工作,2021年度内完成部分前期手续任务。

撰稿:张　斌

【教育督导成效】 2021年,全区117所义务教育学校完成义务教育优质均衡达标创建的主要指标。制定2021年幼儿园办园行为督导评估工作规划,推进2021年幼儿园办园行为督导评估工作。完成2017—2019年已接受幼儿园办园行为督导评估的181所幼儿园平台录入和区级督评,完成2020年未通过督导评估并整改到位的幼儿园跟踪复查。印发《武清区教育局2020—2021学年度考评绩效奖励工作实施方案》,召开全系统2020—2021学年度考评绩效奖励发放工作会议,经组织测算,绩效奖励发放总人数为10737人,绩效奖励总金额为205528231元,教师考评绩效奖励全部发放到位。强化责任督学挂牌督导工作,集中力量做好市教委和局党委安排的专项督导,强化疫情防控督查力度,做好"五项管理""双减""党史学习"等工作的督查。

撰稿:吴雨童

【实验区创建】 成立武清区国家级信息化教学实验区创建工作领导小组和实验区专项工作办公室。按照领导小组的工作部署,确定51所学校为全区首批实验校,商讨制定全区创建国家级实验区的三年规划,初步确定"三上二下一评价"的创建模式。2021年3月,召开2021年度实验区建设工作推动大会暨实验区先导培训,邀请相关专家围绕实验区建设开展了4场专题讲座。对实验校开展小组调研交流活动,深入了解8个片区共51所中小学实验校的创建工作开展情况。4月为加快推动武清区国家级信息化教学实验区创建工作,组织开展实验校片区融合课堂展示活动,分学段同时开展。组织特殊教育专题展示交流活动,在实验校创建中确立"一二四X"的整体思路,努力探索"二上四下一计划"的模式。为提升实验区工作领导小组的区域规划力、发展指导力和实践推动力,专项办公室于4

月、5月,组织实验区创建领导小组、专项工作组、部分实验校校长,分两批前往宁夏银川和山东青岛开展学访活动,加强交流学访,借力创新。6月,举行武清区新型教与学模式展示交流会,进一步加强融合信息技术的新型教与学模式的探索和创新。武清区不断加大投入,努力改善全区教育信息化硬件水平,大力实施网络运营环境改善工程、武清区教育网络安全提优和资源平台建设工程,完成武清区教育云平台建设工作,着力推进智慧教室创建工程。

撰稿:王春艳

【集团化、学区化办学】 2021年,制定印发《武清区集团化学区化办学实施意见(试行)》,召开武清区集团化学区化办学启动会议,明确阶段性任务和具体工作要求,组建武清四幼教育集团、杨村十小教育集团、杨村五中教育集团、杨村一中教育集团,4个试点教育集团,积极探索集团化办学工作方法。4个教育集团在教师备课、听课、评课和教学交流研讨,心理健康教育,学科共建,共办主题活动等方面开展丰富多彩的交流共建活动,同时加大教师交流轮岗的工作力度,实现城乡不同区域、不同类别学校的优质教育资源的辐射引领和共享。

撰稿:王春艳

【大中小幼思政一体化建设】 2021年,天津市武清区杨村第一中学与南开大学周恩来政府管理学院签署共建协议,推动建立思政一体化教育教学联合体,进一步加快一体化建设整体工作进程。由武清区教育局主办,六力学校和天津市大中小学思政一体化教学研究联盟承办,召开以"强化立德树人,大力推进大中小幼思政课一体化建设"为主题的思政一体化交流活动,同时通过开展大中小学思政课一体化建设的现状、问题及实践路径,举办主题讲座、党史思政一体化课程观摩和学术教研等专题活动,持续深化武清区大中小幼思政一体化育人互通机制,打造大中小幼思政育人一体化建设的"武清样本"。组织区内思政骨干教师和思政工作负责同志参加市教育两委组织的天津市高校思政课教师高级研修班和大中小学思政课教师一体化示范培训班,为推动大中小幼思政一体化建设积累宝贵经验。区教育系统,积极参与天津市大中小学一体化思政课教学研究联盟专项课题,召开《德育活动与思政一体化协同创新研究》课题的线上开题报告会。

撰稿:孙晓静

【文明校园创建】 2021年,武清区教育局以创建全国文明城区为抓手,积极组织开展文明校园创建工作,有效推动全区学校创建工作上水平。成立由教育局主要领导任组长,科室负责人为成员的文明校园创建工作领导小组,制定下发《2021年度武清区文明校园创建工作安排意见》,严格对标领导班子建设标准,明确责任,细化管理,有效推动创建工作常态化、制度化、规范化,确保全区文明校园参与创建率达到100%。把创建文明校园活动经费列入年度预算,全年累计经费投入共计200余万元,有效保障全区中小学校文明校园创建高标准、有特色。加强师德师风建设,组织全区学校建立师德档案,与1万余名教师签订师德承诺书,杜绝不规范行为。发挥典型引领,组织优秀教师事迹宣讲和师德专题报告300余场,评选杰出津门校长、班主任和教师5名。组织班主任、党员、青年教师等线上线下培训8场,有效提升队伍整体水平。落实思想道德建设标准,开展"扣好人生第一粒扣子""新时代好少年"评选、"爱学习、爱劳动、爱祖国""戏曲、书法、传统体育和经典诵读"中华优秀传统文化进校园等活动180余场,深入开展"学雷锋""社会主义核心价值观""国家安全教育""心理健康教育"等系列主题教育活动120余场,有效提升未成年人思想道德水平。对照校园文化建设标准,组织全区183所学校打造"一校一品"品牌,形成一批"书香校园""经典诵读"和"国学文化"等特色学校。

撰稿:张建国

【"互联网+明厨亮灶"工程】 为进一步压实全区教育系统校园食品安全主体责任,强化社会共治,提高学校集中用餐智慧化监管效能和餐饮质量安全水平,2020年武清区教育局启动"互联网+明厨亮灶"建设。"互联网+明厨亮灶"建设是基于武清教育系统三级监控、平安校园视频平台,在重新搭建服务器,将视频平台中食堂点位视频流推送到新服务器,在服务器前端安装防火墙、网关等网络安全设备,在新服务器实现视频直播、存储、回放和智能抓拍等功能,并定期通过视频监控大屏和手机监控系统进行监管的项目。2021年武清区教育局进一步深化"互联网+明厨亮灶"建设,在2020年投资127万完成全区各类学校(幼儿园)食堂"互联网+明厨亮灶"80%的基础上,2021年继续投资37.6万完成各类学校(幼儿园)食堂达到100%"互联网+明厨亮灶"。

撰稿:吴春念

【劳动教育成果】 2021年,武清区委、区政府审议通过了《武清区全面加强新时代中小学劳动教育的实施方案》。全区各中小学开展劳动技能大赛,以赛促学,培养学生劳动创新精神,提高学生的劳动技能。组队参加天津市中小学劳动技能大赛,武清区代表校分别取得一等奖2个,二等奖4个,三等奖5个。15所高中学生到下伍旗劳动实践基地参加为期一周的劳动实践和通用技术课的集体学习。区教育局与区民政局、文化和旅游局签署共建服务型劳动实践基地协议,挂牌成立37家中小学劳动教育实践基地。开展以"庆丰收、感党恩"为主题的劳动教育活动。组织60余名中小学劳动教师前往市总工会,参观天津市"弘扬劳模精神、劳动精神、工匠精神教育展"。全年各中小学充分利用微信公众号、美篇等媒介加大劳动教育宣传,共计宣传报道562篇,营造学校、家庭、社会协同育人的劳动教育氛围。

撰稿:刘建利

【艺体教育成果】 举办武清区中小学第三十届校园艺术节、"四史"主题教育班集合唱、"红心向党"书画摄影作品展和"党的光辉照我心"文艺汇演等活动,推荐589名学生和56个演出团队参加2021年天津市学校美育实践课堂展示,其中314名学生和30个演出团队获市级奖项。邀请戏曲专业院团走进学校开展6场"戏曲进校园"活动。组织开展武清区中小学第十届津沽文化日活动。南蔡村中学被命名为2021年全国青少年校园足球特色学校,河西务镇中心幼儿园、王庆坨镇中心幼儿园、君利花园幼儿园、培文实验幼儿园等4所幼儿园被命名为2021年全国足球特色幼儿园。2021年天津市高中、初中篮球、高中足球比赛中,杨村第三中学、杨村第四中学和王庆坨镇篮球运动队捧回5座奖牌,杨村三中女子足球队蝉联冠军,武清区以团体总分120分的成绩获得天津市第一名。在2021年天津市中小学田径冠军赛中,武清区代表队110名中小学生参加比赛,共获得金牌33块,银牌24块,铜牌32块,13人达到国家二级运动员水平,1人达到国家一级运动员水平,武清区以总成绩921分取得区县组第二名。在2021年天津市中小学生《国家学生体质健康标准》抽测中,武清区排名全市第二名。

撰稿:李建凤

【"双减"政策落地见效】 武清区"双减"工作专班成立,制订《武清区"双减"工作专班2021年暑假校外培训机构专项治理行动方案》。校内减聚焦"三个提高"。制定校内减负"1+N"推进的顶层设计,将"双减"和"五项管理"有机结合。制定出台《武清区义务教育学校作业管理实施细则》,落实作业管理责任。严格执行义务教育阶段考试管理办法,严肃处理以测试、测验、限时练习、学情调研等各种名义变相组织考试的行为。坚持课后服务"一校一案",课后服务"学业辅导+素质拓展"模式成功构建,组织开展美术、舞蹈、音乐、球类等兴趣小组和社团活动2508个,聘请退休教师、高校大学生、学生家长、民间艺人等校外人员461人参与课后服务。充分利用科技馆、博物馆、爱国主义基地等社会资源,开阔学生视野,增长学生见识,提高课后服务实效,全区课后服务教师参与率97.68%,学生参与率93%以上,基本实现"全覆盖、广参与"。校外减聚焦培训机构治理。一是停止审批新的学科类校外培训机构,现有的17家面向义务教育阶段学生的学科类校外培训机构统一登记为非营利性机构,严格执行政府指导价;二是强化校外培训机构预收费资金监管,校外培训机构与预收费托管银行签订托管协议,通过托管银行二维码将预收费缴入唯一托管账户;三是全面规范校外培训机构培训服务行为,围绕培训时间、培训内容、制式合同使用、托管银行二维码使用、疫情防控等开展联合常态化执法检查,对中小学校外培训材料和从业人员开展专项核查,依法依规从严治理,大幅压减学科类培训机构,2021年学科类培训机构压减率达到91.87%;四是全面清理主流媒体及其新媒体、网络平台以及公共场所、居民区等线上线下空间校外培训广告,坚持动态清零,全区共清理校外培训广告769处,实现培训广告清零。校外培训热度迅速降温,校外培训各种乱象基本消除。

撰稿:安学东 周亚宁
审稿:王宝艳

附:区分管领导、教育局领导及驻地

副区长:王欣耕

党委书记、局长:赵学斌

党委委员、区纪委驻教育局纪检组组长:

戴晓萱(2021年8月到任)

党委委员、副局长:艾玉红

　　　　　　蔡玉海(2021年4月离任)

　　　　　　刘旭晖(2021年5月到任)

　　　　　　边志发(2021年7月离任)

　　　　　　陈云涛(2021年8月到任)

党委委员、区教育招生考试中心主任:

李志永(2021年5月离任)

正处级领导干部:邢国顺

调研员:王树欣

　　　　胡　鸿

　　　　孙宝福

党委办公室主任:薄廷永

行政办公室主任:王宝艳

电话:82171820

地址:武清区富民道与泉旺路交叉口东200米

邮编:301700

蓟州区

【概况】 2021年,蓟州区共有各级各类学校176所,普通高中14所,初级中学46所(九年一贯制1所),小学113所,中等职业学校2所,特殊教育学校1所;共有在校学生106334人,其中高中15821人,初中35435人,小学50968人,中职3902人,特教208人。共有各级各类幼儿园271所,其中公办园149所,民办园122所;共有在园幼儿22433人,其中公办园13473人,民办园8960人。共有在编教职工9082人。

撰稿:梁宏利

【教育经费收入与支出】 2021年,蓟州区全年教育经费总收入289603万元,比上年增加36062万元,增长14.22%。其中财政拨款272789万元(含事业费拨款248607万元,政府性基金安排的教育经费261万元,其他拨款23921万元),事业收入14690万元,其他收入2124万元。全年教育经费总支出289213万元,比上年增加29584万元,增长11.39%。其中人员经费238663万元,公用经费50550万元。2021年全区生均预算内教育经费高中27461元,初中26744元,小学17535元。

撰稿:梁宏利

【机构改革】 2021年1月,区教育局所属原"蓟州区教师进修学校""教育教学研究室""军训和社会实践基地""招生考试中心""网络信息中心"5家单位合并成立天津市蓟州区教师发展中心,为区教育局管理的事业单位,加挂天津市蓟州区教育招生考试中心牌子,规格为副处级。区教育局所属原"蓟州区教育技术装备管理中心""蓟州区中小学后勤管理服务中心""蓟州区学校卫生保健所"3家单位合并成立天津市蓟州区教育综合服务中心,为区教育局管理的事业单位,规格为副处级。2021年7月,教育执法科更名为校外教育培训监管科。

撰稿:梁宏利

【教育教学成果】 中高考成绩有新提升,主要指标位居全市前列;春季高考成绩继续全市领先,上线率100%,16名学生考入本科院校;1所学校评为国家级乡村温馨校园,蓟州区被确定为普通高中新课程新教材实施市级实验区,2所学校被确定为市级实验校,1所学校被确定为天津市品牌高中建设项目培育学校;在天津市第二届"海河工匠杯"职业技能大赛中5人获市级奖;在天津市"读革命经典,讲红色故事"总决赛中2人获市级奖;参加第20届天津市青少年机器人竞赛,3人获市级奖;在未来发明家国际选拔赛中,获国家级金奖38人、银奖15人;蓟州区被授予"国家级农村职业教育和成人教育示范县展示与交流平台县(区、市)分平台"牌匾。

撰稿:梁宏利

【教育教学改革】 推进教育改革发展,学前教育坚持以示范园引领、国办园带动,联合学区组团联动的新模式,促进全区办园水平整体提升,29所民办园达到普惠标准,提供普惠学位4300个;义务教育注重普惠均衡,压实工作责任,严格落实管理标准,大力提高农村学校办学水平,努力缩小城乡间、区域间、学校间的办学差距;职业教育坚持产教融合发展,以企业需求为导向,开设汽车运用与维修、机电技术应用等7个专业,建立起校企合作的长效机制;成人教育强化服务三农,实施科教惠农提升工程,开展"科技周""全民终身学习活动周"等活动;民办校招生随机派位更加公开透明,平稳有序;制订《蓟州区教育局关于组织开展贯彻落实〈深化新时代教育评价改革总体方案〉分层培训实施方案》,健全领导机制,成立以区教育局主要负责同志为组长的工作领导小组,完成教育评价改革"负面清单"涉及政策文件的清理工作。

撰稿:梁宏利

【学校布局结构调整情况】 启用渔阳镇原贾庄小学旧址,完成提升改造,占地8556平方米,建筑面积2612平方米,拥有18间教室,提供810个学位;完成州河湾镇A2区中学新建工程,占地3.61万平方米,建筑面积1.4万平方米,设计规模24个班,铺设塑胶草皮运动场,进一步优化提升校园环境。接收2所小区配套幼儿园,其中嘉华帕提欧小区配套幼儿园作为山倾城幼儿园分园,于2021年8月投入使用,该园占地2400平方米,建筑面积1200平方米,设计规模4个班;泽丰名苑小区配套幼儿园占地4454平方米,建筑面积2820平方米,设计规模9个班。增加29所普惠性民办幼儿园,提供普惠学位4300个。

撰稿:梁宏利

【师资队伍建设】 2021年面向社会公开招聘教师270人;构建科学规范的交流轮岗常态机制,交流轮岗教师294人,校长32人;继续做好第六周期继续教育各项培训,完成7802干部教师市级网络研修;加强师德师风建设,评选市级优秀党员1名,2021年度杰出津门校长1名、班主任1名、教师1名;加强骨干教师培训,分级分类培养67名市级、1419名区级、2192名校级骨干教师;组织完成"未来教育家四期工程""学科领航""国培计划""优秀青年校长助推计划""乡村骨干教师能力提升"等国家和市级培训项目活动,组织35名"学科领航"、25名"乡村教师能力提升项目"学员自主研修、团队攻坚;2名青年教师获全国乡村优秀青年教师奖励。

撰稿:梁宏利

【疫情防控】 坚持防控结合,强化防疫关口前移,建立健全师生疫苗接种、离蓟返蓟、健康监测三个工作台账,精准掌握每一名师生及身边人的疫苗接种、健康状态、行程轨迹、人员接触情况,强化校园"四查一登记"封闭管理制度,与有关部门建立疫情防控联动机制,实现疫情处置联防联控。安全平稳实现秋季开学,稳妥推进全系统疫苗接种工作,分批分期相继完成3—17周岁两针剂接种任务。以学生为引线,在全系统开展"小手拉大手"活动,推动家长亲属完成疫苗接种,助力全区疫苗接种工作,受到区领导和全社会的充分肯定。

撰稿:梁宏利

【思政育人】 大视野高站位谋划思政育人改革,成立思政课改革创新工作领导小组,出台《蓟州区教育局关于深化新时代学校思想政治理论课改革创新工作方案》《蓟州区教育系统深化新时代学校思想政治教育一体化建设的实施方案》《关于落实学校党政一把手亲自抓思想政治建设的指导意见》3个文件,与南开大学、天津大学等多所大学建立大中小幼一体化建设联盟,成立4个骨干教师思政课工作室,建立92人的思政种子教师资源库,专兼职思政教师1193人;开展领导干部进校园讲思政课,强化联合学区手拉手共建,点面结合打造高质量思政课堂,搭建思政课教师培训平台,思政育人成效显著。

撰稿:梁宏利

【党史学习教育】 召开教育系统党史学习教育动员大会,组织21名思政课教师成立宣讲团,在全系统宣讲1000多场次,党员干部和师生参与率达到100%;庆祝建党百年两场大型汇报演出,全程观看网络直播人数达70万人次;充分发挥课堂主渠道作用,开展思政辩论赛、主题祭扫、演讲等活动,达到在活动中育人的效果;开展"我为群众办实事"活动,组织全系统广大党员干部教师深入村庄、街道、社区进行环境清整,关爱困难学生、组织学生开展助老慰问5000余人次;首次推出高考特别直播栏目《家有考生》,深受考生及家长欢迎,线上关注人数达8万多人次,赢得全社会广泛赞誉;举办蓟州区中小学党组织书记、校长"弘扬南开爱国精神 担当铸魂育人使命"专题培训班,273名基层党组织书记宣讲306场次,1193名思政教师把全会精神融入课堂,东二营镇初级中学"党的十九届六中全会精神进校园活动"案例,入选中央党史学习教育简报。在全市对教育群众满意度调查中,蓟州教育位居全市前列,新华网、《中国教育报》《天津日报》《天津教育报》等各级新闻媒体先后多次报道。

撰稿:梁宏利

【体育】 努力提升全区学生体质健康水平,在天津市《国家学生体质健康标准》达标抽测中,第四次蝉联全市第一;在天津市中小学田径冠军赛上,5名教师被评为市级优秀教练员,7名学生被评为市级优秀运动员,区教育局被评选为市级先进集体;第一中学、第二中学、别山镇下里庄初级中学、桑梓镇初级中学、桑梓镇中心小学参加天津中小学篮球比赛,分获高男季军,高女第五名,初男亚军,初女季军,小男第六名,小女第五名,2名教师被评为市级优秀篮球教练员,2名学生被评为市级优秀篮球运动员。燕山中学参加天津市中小学足球、排球比赛,获得初级女子组足球第四名、排球第八名;在天津市百万学生我运动我健康活动中,共有474个项目的1306名学生获奖。举办区中小学田径运动会,线上观看直播人数近50万人;第一幼儿园、山倾城幼儿园被评为全国足球特色幼儿园示范园。第七幼儿园、第八幼儿园、东二营镇中心幼儿园、侯家营镇中心幼儿园、许家台镇中心幼儿园、东赵各庄镇中心幼儿园获批天津市足球特色幼儿园。

撰稿:梁宏利

【美育】 落实国家课程计划,开齐开足美育课程,开足课时;成功举办"蓟州区教育系统'学党史 悟思想 践行动'——庆祝中国共产党成立100周年暨第五届校园文化艺术节文艺汇演和美术作品展";开展天津市美育实践课堂活动,获70个市级奖项;侯家营镇中心小学和邦均镇李庄子中心小学被命名为"第三批全国中小学中华优秀传统文化传承学校"。

撰稿:梁宏利

【劳动教育】 全面贯彻落实市委、市政府办公厅《关于全面加强新时代大中小学劳动教育的若干措施》,研究制订《蓟州区全面加强新时代中小学劳动教育的实施方案》,指导全区中小学开展劳动教育,设立劳动实践基地424个,培育实践课、示范课600节,充分挖掘蓟州区红色教育资源,重点开发4条具有很强教育意义的红色研学实践线路。举办蓟州区首届劳动技能大赛。全区参赛选手在天津市中小学生劳动技能大赛中获得11个市级奖项,蓟州区成绩位居全市第二名。

撰稿：梁宏利

【理想信念教育】 开设《习近平新时代中国特色社会主义思想学生读本》课程，录制优秀微课43节，其中小学6节，初中11节，高中26节，在全区学校推广；组织开展全区中小学生网络祭扫活动；在盘山烈士陵园、黄崖关长城、鼻岭庙烈士陵园等爱国主义教育基地开展研学实践活动；与区地质博物馆联合开展"我与地质博物馆有个约会"爱国主义教育研学实践活动；编写完成《蓟州区中学生历史文化读本》《蓟州区中学生红色故事读本》《我爱你，蓟州——蓟州区小学生乡土故事读本》，并在全区中小学校推广使用；组织开展社会主义核心价值观、爱国主义、中华优秀传统文化、生态文明、国情、国家安全、生态文明和民族团结教育，以及"金融与诚信"知识普及教育；成立"四史"宣讲团、红领巾讲师团，深入校园开展"四史"宣讲。

撰稿：梁宏利

【心理健康教育】 完善心理健康教育"11234"工作体系，组织召开学生心理健康教育联动机制沟通会商工作第一次会议，开展"线上线下结合、学校家庭联动、自学导学共赢"的家校共育活动；举办蓟州区讲暖心家访故事演讲赛和蓟州区首届心理健康教师技能大赛；制定《蓟州区教育局关于加强学生心理健康教育工作的再提示》，开展"面对面""一对一"谈心谈话23余万人次，摸排发现学生心理危机事件416人次，全部及时解决；实施教师心理健康教育能力提升工程，组织开展心理健康教师培训6次，录制心理健康教育专题讲座10节，为全区377名入职教师发放心理健康教育C证；组织开展学生心理健康讲座6次，家长心理健康教育专题讲座2次。

撰稿：梁宏利

【教育交流合作】 主动对接京津优质教育资源，深化与北师大教育集团、明远书院交流合作，深化与天津市河东区教育局、和平区教育局、天津市第一中学等"两区一校"合作交流，开展师资培训、集体教研、校长交流、打造优质课体系等领域合作，启动实施"二三六六"工程，选派20名校长、30名中层干部、60名班主任、60名骨干教师赴和平区、河东区和市一中跟岗实践。

撰稿：梁宏利

【暑期托管服务】 8月9—20日，在天津市农口地区率先开展暑期校内托管服务。成立区教育局主要负责同志任组长的暑期校内托管服务领导小组，制定《2020—2021学年度小学生暑期托管服务实施方案》。坚持"自愿参加、全面发展、以校为主、公益惠民"的原则，面向城区直属小学一至五年级学生，优先保障外省市随迁子女、单亲家庭子女、留守儿童、家庭经济困难子女托管，开设篮球、足球、乒乓球、器乐、主持人、书法、舞蹈等课程，组织开展红色教育、党史学习教育、体能训练、劳动教育、文艺活动、阅读指导、综合实践、心理辅导、作业辅导等教育活动。城区11所直属小学、1328名小学生参加暑期托管服务，受到市领导高度称赞和学生家长的一致好评。

撰稿：梁宏利

【"双减"工作】 成立蓟州区"双减"工作专班，建立风险联防联控机制，定期研判形势；全力开展校外培训机构治理，学科类机构消减课时金额1310.7万元，资金归集率100%；压减义务教育学科类校外培训机构165家；完成11家义务教育阶段学科类培训机构"营转非"，完成率100%；3900余名教师助力27个乡镇街专项检查组，累计出动9300余人次；关停78家无证无照培训场所和未按要求整改的机构，有效遏制违规开展学科类培训行为。全区182所义务教育阶段学校全部开展课后服务，参加学生79879人，参与率94.81%，实现义务教育学校和有意愿参加课后服务学生两个"全覆盖"；20余种课后服务套餐为学生及家长提供"点餐式"服务，推动课后服务与思政育人有机结合，开展红色教育、传统文化教育、四史教育；开展联合学区"互评互学""互比互看"活动，构建"831"工作机制，成立8个课后服务指导组、3个督查考核组、1个蓝军暗访组加强督查指导。

撰稿：梁宏利

【民心工程建设】 承担区2021年民心工程中4个子项。加快推进城区学校规划建设，完成渔阳镇原贾庄小学旧址提升改造工程，配齐教育教学仪器设备；推动城东学校建设，完成前期手续。完成中小学C级校舍提升改造工程一期4万平方米平房校舍鉴定，推进提升改造建设。推动完成85所中小学校舍修缮工程，翻建隐患校舍、重铺老化破损屋面防水、更换锈蚀破损门窗、更换老化供电线路、拆砌隐患围墙。邀请天津眼科医院专家开展健康大讲堂，对全区中小学生完成两轮视力筛查。

撰稿：梁宏利

【东西部教育帮扶协作】 选派援疆援藏干部教师 24 人，援甘干部教师 26 人，赴古浪、天祝两县开展短期柔性帮扶 97 人；建立高考、督学、教研、推普和网络应用等方面专业人才的专家智库，主动向受援地提供"点餐"式服务；安排 39 名甘肃教育系统挂职干部到蓟州区开展挂职锻炼，组织 420 名天祝、古浪两地干部和骨干教师进行能力素质提升培训；蓟州区 167 所学校与古浪、天祝 224 所中小学结成联谊对子，实现学校"一对一"签约式结对帮扶；开展蓟州、天祝、古浪三地学生"一封信两地情"书信交友活动，线上交流活动 1212 次；共承担消费帮扶目标任务 1142.2189 万元，实际完成 1145.5658 万元，超额完成 3.2708 万元。区教育局被天津市委市政府授予"天津市脱贫攻坚先进集体"称号。

撰稿：梁宏利
审稿：花宜春

附：区分管领导、教育局领导及驻地
副区长：徐向广（2021 年 10 月到任）
党委书记、局长：花宜春
党委副书记、副局长：刘福海
党委委员、副局长：孙永功（2021 年 6 月到任）
杨晓红
徐连旺
党委委员、教师发展中心主任：孙德新（2021 年 1 月到任）
党委委员、教育综合服务中心主任：唐自国（2021 年 1 月到任）
三级调研员：王义山
四级调研员：刘志奎
四级调研员：崔瑞丰
办公室主任：丁宝利
电话：29142619
地址：天津市蓟州区兴华大街 4 号
邮政编码：301999

静海区

【概况】 静海区现有各级各类学校 146 所，其中高中校 9 所、初中校 39 所、中心小学 96 所、特殊教育学校 1 所、中职学校 1 所，在校生 100302 人。现有各类型幼儿园 257 所，其中公办园 168 所、民办园（点）89 个，在园幼儿 21115 人。全系统共有在编教师 7530 人，各级党组织 252 个、党员 3569 人。

2021 年，静海区全力推进教育工作高质量发展。全面加快教育资源建设步伐，功能完善 33 所幼儿园，等级提升 46 所公办幼儿园。新建大邱庄镇长江道小学投入使用，杨成庄乡朝阳学校主体竣工。完成"村村好"7 所农村义务教育学校提升改造和 2.5 万平方米 C 级校舍改造。加强师德师风建设，完成第六周期教师全员培训年度任务，精心组织新教师入职培训、骨干教师高端培训，做好职称评定、岗位设置等工作。面向全市招聘教师 304 人。推进"区管校聘"岗位聘任工作，建立竞争择优的用人机制和科学有序的流动机制，激发教师队伍活力。3 名教师被评为天津市杰出津门班主任、杰出津门教师。3 名教师入选全市"未来教育家行动计划"。严格落实市、市教育两委、区疫情防控常态化防控举措，严格执行验码、测温、戴口罩防疫"三件套"，严格落实跨省传播聚集性疫情阶段聚集性活动管理，筑牢校园疫情防线。积极推进疫苗接种工作，3—11 岁学生接种率 98.19%，12 周岁以上学生接种率 99.25%，在岗教职工接种率 97.46%，离退休教职工接种率达到 88.71%。全系统 7000 余名干部教师积极参与多轮次全区核酸"大筛"、电话流调、隔离点值守等工作。积极推进落实 2021 年思政课改革等 10 项全面深化改革任务。组织全区 143 所中小学与天津高校进行协同共建，推进大中小学思政一体化工作。落实《新时代教育评价改革总体方案》正面清单和负面清单，清理完善教育评价相关制度文件 15 个。全面加强新课程新教材市级实验区和基础教育优秀教学成果推广应用市级实验区建设。落实重点财务改革事项，推进预算一体化前期工作,坚持审改并重,开展审计监督。深化新时代教育督导体制机制改革,实施责任督学挂牌督导全覆盖。持续推动东西部协作和支援合作,援派31名教师赴新疆、西藏、甘肃支教。与镇原县285所和卡若区24所学校签署结对帮扶全覆盖协议,实现常态化帮扶。推动创建8所"天津教育支援示范校",对镇原县43名在学孤儿开展全方位帮扶。完成403.7万元消费帮扶采购任务。全区学前三年毛入园率达到97.8%,普惠性幼儿园覆盖率达到81.1%,公办园在园幼儿占比74.6%,义务教育完成率达到100%,残疾儿童入学率达到98.7%。

撰稿:梁续广 张作怀

【教育经费收入与支出】 2021年,静海区全年教育经费总收入241087.56万元,比上年增加5514.71万元,增长2.3%。其中一般公共预算教育事业费收入191523.75万元,教育费附加6067.05万元,其他一般公共预算安排的教育经费(含养老保险、职业年金、离退休费、医疗费等)收入28180.87万元,民办学校中举办者投入459.79万元,事业收入12581.91万元,捐赠收入93万元,其他教育经费收入2181.19万元。全年教育经费总支出248001.81万元,比上年增加4217.07万元,增长1.73%。其中工资福利支出189537.65万元,对个人家庭补助支出4724.70万元,商品和服务支出28606.93万元,其他资本性支出25132.53万元。

撰稿:梁续广 张作怀

【全面从严治党】 坚持把政治标准摆在首位,深入学习习近平新时代中国特色社会主义思想,增强"四个意识"、坚定"四个自信"、坚决做到"两个维护"。印发《天津市静海区教育系统2021年全面从严治党工作要点》,召开教育系统全面从严治党工作暨警示教育会议。组织局班子成员、基层党组织书记与局党委签订落实全面从严治党主体责任"责任清单""任务清单"。组织局班子成员和300余名基层党组织班子成员广泛开展谈心谈话。严格程序发展党员68名。组织60名党组织书记参加全国中小学党组织书记网络培训班。组织局领导班子读书班3期。面向师生开展习近平总书记"七一"重要讲话精神和党的十九届六中全会精神宣讲500余场次。规范组织"三会一课"等党内政治生活,完成202个党组织换届工作。开展不担当不作为问题治理三年行动,对2017年以来中央、市委、区委巡视巡察整改

落实情况开展"回头看"。组织7000余名干部教师签订廉政承诺书。开展"百日集中整治""拜把结盟"问题专项治理。推荐市级优秀共产党员1名,区级优秀共产党员7名、优秀党务工作者2名、先进基层党组织1个。

撰稿:梁续广 张作怀

【党史学习教育】 发挥课堂引领作用,讲好党史教育课程,组织思政课示范党史课、优质党史思政课、党史"微班会"评选,189节课获区级以上奖励。各学校举办"永远跟党走"主题宣誓活动和"在国旗下成长"升旗仪式,举行"国旗下讲话"专题教育2000次,召开主题班会15000节。组织"百万青少年歌颂党""童心向党"系列主题教育,在学生中开展"党的故事我来讲""学史增信,红心向党"主题演讲、"听党话、感党恩、跟党走"诗文诵读和"新时代好少年·红心向党"读书等教育活动,1034件作品获奖。6月28日全区中小学同步举行"党的光辉照我心"主题升旗仪式,10万名师生同唱《没有共产党就没有新中国》,学习强国天津平台、静海区电视台做了专题报道。组织3支"红色少年团"参加市电视台党史教育专题录制展播活动。在市教委组织的系列读书、故事、演讲、公益广告、微视频大赛中,99件作品获奖,教育局获优秀组织单位奖。开展"清明祭英烈""学党史敬劳模""崇尚祖国、崇尚英雄、崇尚母亲""学习党史漫画读本·讲述红色记忆故事"等教育实践活动,丰富学生道德体验。

撰稿:梁续广 张作怀

【心理健康教育】 加强学生心理健康教育,深入学校进行专项督查。学校干部教师与学生进行"一对一,面对面"谈心谈话,为需要重点关心关注的学生建立信息库,进行针对性教育疏导。组织学生收看阳光成长心理课程、开展团体辅导578次,召开心理主题班会1156节。组织全区学生及家长线上、线下培训14场次,受众20万人次。静海德育公众号推送心理科普稿件18篇,《同学少年》5期180余篇故事续写。承办天津市"家的N次方"家庭微电影大赛评选活动,组织开展5·25心理健康教育月活动,20个集体和个人获市级奖,教育局获优秀组织单位奖。第四中学参加首届全市高中心理健康运动会获团体第三名。举办区中小学"心理健康教育案例"征集和"心理健康教育教师技能大赛",112位教师获奖,2位教师参加市中小学心理健康教育教师技能大赛分

获二三等奖。组织2359名教师参加区级以上培训，举办7场专兼职心理健康教师线上线下能力提升培训，319位教师获得心理健康教育C类证书。6项课题获批2021年天津市中小学心理健康教育研究课题。8所学校被评为区级"心理健康教育特色学校"。

撰稿：梁续广　张作怀

【体育工作】　4月下旬，全区57支代表队参加静海区中小学篮球联赛。7月，全区68支代表队736名运动员参加静海区中小学足球联赛。10月上旬，全区800多名运动员参加静海区中小学田径运动会12个组别11个项目比赛。5支代表队参加市教委举办的天津市中小学校园篮球比赛，获得小学女子组第7名和初中男子组、女子组第6名。3支代表队参加市教委举办的中小学足球比赛，获得初中女子组第6名，和初中男子组第7名。组队参加天津市青少年田径锦标赛，12人达到国家二级运动员标准。65名运动员组队参加天津市中小学田径冠军赛，获得区县组第5名。1296人在市教委举办的"我运动我健康"阳光体育跳绳、仰卧起坐、引体向上、定点投篮四项比赛中分获一二三等奖。7所学校的9名运动员入选全国校园足球夏令营，人数创静海历史最高。蔡公庄学校代表队参加天津市青少年手球锦标赛获初中乙组冠军。杨成庄乡中学自行车队在天津市青少年自行车锦标赛个人计时赛中分获4金1银2铜佳绩。

撰稿：梁续广　张作怀

【学前教育】　组织开展幼儿园等级评定工作，对45所公办园进行等级提升评定、2所民办园进行普惠性民办园等级评定。开展学前教育宣传月活动，制作静海区"我们砥砺前行——行走在普惠优质学前教育的路上"专题宣传片，开展幼儿园优秀案例评选活动，团泊镇第二中心幼儿园工作经验在天津市学前教育宣传月启动仪式上作典型发言。推动实施教育部安吉游戏试验区研究，通过直播培训、网上研训、邀请教育部导师专题讲座、开展游戏视频与案例专项培训、组织交流研讨会等方式，推进试点园和试验区研究进程。先后接待市区级学前专家、同行100余人到试点园观摩。11月29日，静海区实施安吉游戏试验区工作在全市学前教育工作会上作专题介绍。制订《静海区关于深入推进幼儿园和小学科学衔接的实施方案》，开展市、区级幼儿园幼小衔接现场调研与展示活动。开展市、区级幼儿园教师保

育员能力提升培训、各类幼儿园保教质量提升线上全员培训，保教人员持证上岗率达到100%。9个国家和市级幼儿园研究课题完成结题，21个天津市学前教育学会"十四五"教育科研课题立项。7个精品幼儿游戏视频入选天津市第三届中小学幼儿园精品网络校本课程建设项目，18名教师在市学前教育学会组织的幼儿园游戏视频评选活动中获奖。

撰稿：梁续广　张作怀

【课后服务】　全面落实《关于进一步做好义务教育阶段学校课后服务工作的指导意见》要求，健全完善学校《作业管理办法》《作业总量审核监管和作业质量定期评价制度》《作业校内公示制度》，建立学校、年级、学科、班级统筹协调机制，明确校长、教务主任、班主任、学科教师作业管理职责。在天津市义务教育学校作业管理与作业设计优秀案例征集评选活动中，26件作品获示范奖，85件作品获优秀奖。全区中小学按照农村、城区分为两个区域，统一作息时间，统一服务时间。围绕加强学生理想信念教育、培养兴趣爱好，各校分年级分层次设置课后服务"项目菜单"。全区中小学共开设精品社团830个，班级社团1010个，红色文化、心理健康、安全等专题教育社团342个。10月13日，在梁头镇梁头小学召开静海区学校课后服务工作现场会，全区18位乡镇教育服务中心主任、直属小学校长现场观摩学生社团活动及作品成果展示。全区义务教育学校全部实施课后服务，覆盖率100%，学生参与率96.8%。在教育部"双减"统计——学生和家长对校内减负提质满意度网上调查中，静海区学生满意度99.37%，家长满意度99.41%。

撰稿：梁续广　张作怀

【科技教育】　邀请市青少年活动中心专家在大邱庄镇津美小学、第七中学对全区15所中小学的35名教师进行专业培训。开展系列宣传活动。21所中小学开展"科普大篷车"进校园活动。唐官屯中学的20名学生参加上海交通大学、北京林业大学的高校科学营活动。开展第35届科技周科普宣传活动，在全区中小学组织开展了以"百年回望：中国共产党领导科技发展"为主题的"智能时代、数字社会、全域科普"科普教育活动。参加第22届全国学生信息素养提升实践活动，获市级奖项100项，国家级奖项16项。参加第20届天津市机器人比赛，10支队伍全部获市级奖项。参加全国第19届信息技术创新与实

践活动大赛,获国家级奖项46个,市级奖项16个。参加"天津市大学—中学科普创新"活动,13个作品分获科普讲解、科学实验展演获市级表彰,区教育局被天津市科学技术协会授予"优秀组织单位"。

撰稿:梁续广　张作怀

【队伍建设】　完成67名科级干部、47名备案干部的任免备案工作。因身体年龄原因免去14名干部职务,调整选拔14名中青年干部到主要领导岗位。进一步强化对科级干部的日常管理监督,加强科级干部年度考核,完成45名科级干部家访工作。组织1055名老干部参加"两读一看"知识竞答活动,39名老干部获区级奖励,3名老干部获市级奖励。完成静海区教育系统第三届政协委员换届工作。6806名中小学幼儿园教师经过聘期考核、个人申请、竞聘等程序竞聘上岗。修订《静海区教育系统教职工病、事假管理规定》并下发执行。交流中小学教师98人,其中骨干教师22人,占交流教师的22.45%;交流中小学校长8人,占应交流校长的100%。完成中小学幼儿园教师职称评议推荐工作。完成10名正高级教师推荐、材料报送工作,完成97名高级教师、259名一级教师申报材料审核工作,完成2名高级政工专业职务申报、评选推荐工作。

撰稿:梁续广　张作怀

【校外教育培训机构监管】　成立区"双减"工作专班,制订《静海区"双减"工作实施方案》。组织各乡镇街道工作专班建立完善包保制度和每周排查报告制度,建立"双减"工作台账。督促指导全区机构在全国校外教育培训监管与服务综合平台完成注册、信息录入等工作。会同区审批局、市场监管局研究优化工作流程,推动学科类机构转为非学科11所,剥离义务教育阶段36所、注销46所、转为非营利性机构8所。研究制定校外培训机构办学行为负面清单,组织开展12轮次重点督查、专项检查、假期督查和明查暗访。印发《静海区加强校外教育培训机构联合执法检查工作方案》,开展每周联合执法检查行动,严查机构隐形变异等各类违规培训行为。联合市场监管局和属地政府加强违规广告治理,推动机构全面使用《中小学生校外培训服务合同(示范文本)》。会同金融局加强预收费资金监管,督促机构与银行签订预收费资金托管协议、开通资金监管平台。教育局等7部门联合印发《静海区关于开展职业资质资格许可和认定领域专项治理工作方案》,加

强成人类机构治理。对校外培训机构运营情况开展全面摸排,根据待消课时、预收费等情况,建立高危风险机构台账,采取联合检查、走访调查、约谈提醒等措施,实行动态监管。会同政法、公安、市场监管、网信、信访、司法及属地政府多次开展会商研判,研究处置环球优学、启梦、导氮等培训机构风险问题。教育局及各乡镇设立监督举报电话,畅通群众反映问题渠道,广泛接受社会监督。

撰稿:梁续广　张作怀

【职业教育】　区成职教中心完成2020年度提升办学能力项目(1+X证书制度试点)建设和2020年度提升办学能力项目建设的终期验收工作。申报并完成2021年度天津市职业教育创优赋能项目建设工作。完成数字化校园提升项目建设智慧型仿真虚拟实训室教师培训工作。完成"乐学静海"学习平台建设。与26家企业建立校企合作关系。2021年成职教中心招生555人;电大招生181人。春季高考,本科一次上线34人,高职高专一次上线100%。191名学生参加"三二分段"中职接高职考试,升学率99.5%。毕业生就业率99.47%。完成招工就业培训、电焊技术、岗位用电安全和养老服务技能等培训9234人次。为镇原职业中等专业学校学生开展电焊技能培训和就业推荐。区成职教中心先后开展"新时代文明实践"志愿服务关爱活动、"百万青少年歌颂党"主题系列活动、"缅怀先烈　赓续精神　永远跟党走"烈士陵园祭扫活动、"讲好革命故事传承红色基因"、庆祝建党100周年暨第33届艺术节文艺演出、全民终身学习活动周等活动,师生参与率100%。学校获天津市第四届黄炎培职业教育创新创业大赛竞赛组织奖,获评第二十二届全国学生信息化素养提升实践活动区级优秀组织单位。学校关工委分别被天津市教育系统关工委和静海区教育局授予"先进集体"称号。

撰稿:梁续广　张作怀

【继续教育】　建立37个学校+基地(合作社)+农户的试验示范实训基地。开展实用技术、企业职工等教育培训6万多人次。开展"四史教育进社区"活动100多场次,静海镇的活动获市级"四史"教育"特别受欢迎活动"称号,区教育局获"最佳组织单位"表彰。印发《教育局等六部门关于进一步推进静海区老年教育发展的实施方案》和《静海区老年(社区)学校、老年(社区)教育学习中心、老年学校挂牌

实施方案》。区老年大学投入4万元提升办学实力，开设书法、绘画等7个专业，172名学员参加学习，充分发挥辐射带动作用，定期为社区老年教育提供指导服务，和康宁老年大学参加全市庆祝中国共产党建党100周年活动，2个节目在天津电视台展演。区教育局《统筹推进社区教育创新发展的研究与实践》被确定为市重点课题。区成职教中心参加城市社区学习中心（CLC）能力建设项目子课题研究。大邱庄等5个乡镇的社区教育研究项目分获市级一、三等奖。印发《推进静海学习型城市建设工作机制成员单位职责分工》，完成《静海区学习型城市建设监测报告》。成立区社区教育指导中心，与天津农学院签订区校终身学习联合体协议。组织开展全民终身学习活动周系列活动。评选区级"百姓学习之星"49人、"学习型家庭"50个、"学习型企业"16个、"学习型社区"16个、"终身学习品牌项目"6个。徐庆星获国家级"百姓学习之星"称号，徐庆星、夏清庵获市级"百姓学习之星"称号，"静海诗人诗社""无双编艺堂"获市级"终身学习品牌项目"荣誉。

撰稿：梁续广　张作怀

【督导工作】 落实中央办公厅、国务院办公厅《关于深化新时代教育督导体制机制改革的意见》，制定印发《静海区关于贯彻落实〈天津市关于深化新时代教育督导体制机制改革的若干措施〉具体措施的通知》，全区145所中小学和248所幼儿园（含托幼点）实现责任督学挂牌督导全覆盖。3月，组织召开幼儿园办园行为督导会议，对194条评估内容标准以及幼儿园自评系统的使用进行培训。5月27—28日，指导12所小学、8所初中样本校、20名校长、163名教师、582名学生完成国家义务教育学校质量监测工作，静海区被国家义务教育质量监测中心评为优秀组织单位。9月，组建评估组，完成165所幼儿园（含托幼点）区级办园行为督导评估任务。10月20日、21日，市教育督察组，对静海区政府2020年履行教育职责情况实地督导。全力推进义务教育优质均衡发展区创建工作，全区小学、初中资源配置差异系数为0.424、0.427，达到资源配置差异系数标准。制定《静海区推进义务教育优质均衡区五年创建规划（2022—2026年）》。11月10日接受市教委义务教育优质均衡发展区创建阶段性专项督导。配合完成市政府教育督导室督政工作，撰写完成《天津市静海区人民政府关于2020年履行教育职责情况自评报告》并通过区政府门户网站公示，完成面向家长（社会人

士）、教师和学生的教育满意度调查工作。

撰稿：梁续广　张作怀

【校园安全管理】 压实学校安全主体责任，乡镇教育服务中心和直属单位与教育局党委签订校园安全管理目标责任书。推动落实教育系统安全生产专项整治三年行动，建立安全隐患排查和整改两清单；在全系统推广消防安全"三自主两公开一承诺"措施，289所独立成院的学校排查整改隐患，向师生公开承诺消防安全；持续开展"打通生命通道"三年行动，289所学校在大门口施划消防通道网格线，悬挂消防车通道标志牌；开展学生上下学出行方式摸排，组织家长与学校、车辆驾驶人分别签订安全协议。利用全国中小学生安全教育日、5·12防灾减灾日等重要节点组织安全宣传教育活动。通过安全教育进课堂、国旗下讲话、板报橱窗展示等多种形式宣传防学生溺水、消防、交通、防范电信诈骗等安全知识。组织学校保安员参加消防支队的培训。建立学校每周安全提示提醒制度，深化家校共管共育机制。制定出台教育系统《突发公共安全事件总体应急预案》。联合应急管理局、卫健委、人防办等部门开展应急演练及安全培训。完成公办学校一键报警器提升改造。推动学校和属地公安派出所联合开展反恐怖防范演练。健全家校社共管机制。建立《静海区校园及周边交通安全共管联动机制》，协调公安、交通等部门对204所中小学幼儿园门前及周边的道路交通设施开展建设；协调区水务、各乡镇街道面向社区居民开展防溺水宣传，在坑塘河渠设立安全提醒警示牌、建设安全护栏和防护网；联合消防、公安交警进学校开展"安全第一课""千警进千校""防电信诈骗"等教育活动；联合区检察院未检部门建立"水滴工作室"，深入20所学校开展预防未成年人犯罪教育；联合区委宣传部建立扫黄打非护苗工作站。

撰稿：梁续广　张作怀
审稿：张玉雪　边士雨　孙学丽

附：区分管领导、教育局领导及驻地

区委副书记：许　南（2021年10月离任）
　　　　　　徐　瑛（2021年12月到任）
副区长：张金丽（2021年10月离任）
　　　　杨文胜（2021年10月到任）
教育局党委书记、局长：孙开祥（2021年7月离任）
　　　　　　　　　　　张玉雪（2021年7月到任）
副局长（正处级）：强兆麟
副局长：边士雨

王艳丽（2021年11月离任）
刘风瑞（2021年10月到任）
综合办主任：孙学丽

电话：28942511
地址：静海镇建设路3号
邮政编码：301600

宁河区

【概况】 2021年，宁河区有90所中小学校，其中小学60所，初中校25所，高中校5所（含完中校2所）。国办幼儿园7所，镇中心园22所，村办幼儿园（含小学附设幼儿园）34所，民办幼儿园30所，民办托幼点67所。中专学校、特教学校、青少年宫、广播电视大学、教师进修学校、老年大学各1所。在职教师全额事业编4963人，其中男1776人，硕士73人，本科4645人，专科234，中专14人；正高职6人，副高职1376人，中级职称2467人，初级职称1101人，高级工12人，初级工1人。在校（园）学生（幼儿）60082人，其中高中7210人，初中14083人，小学27206人，中专1123人，特教133人，幼儿园10327人。

撰稿：马长月 宁克东

【教育经费收入与支出】 2021年，宁河区全年教育经费总收入151150万元，比上年增加1678万元，增长1.12%。其中财政拨款149443万元，事业收入1250万元，其他收入457万元。全年教育经费总支出163776万元，比上年减少1084万元，下降0.66%。其中人员经费127465万元，公用经费36311万元（日常经费16732万元、专项经费19579万元）。

撰稿：陈 硕 李志林

【教育教学改革】 加强党建统领下的大中小学思政课一体化建设，成立一体化集体备课中心组，加入天津市中小一体化思政课教学研究联盟，与天津民航大学签订"大中小思政课一体化合作协议"。在全区中小学开展"讲好百节党史思政课"主题活动。组织评选宁河区2021年"十佳思政课教师"。将地域党史素材融入课堂教学，用习近平新时代中国特色社会主义思想铸魂育人。下发《宁河区关于推进中华优秀传统文化、革命传统进课程教材工作的通知》及工作指南。出台《宁河区学科育人基地校建设实施方案》，评出3个学科育人基地校。全面落实"五项管理"，全力抓好"双减"工作，切实发挥学校主阵地作用。努力打造"五育并举"的课程结构，各中小学组建社团1284个，引进外来专业人员200余人。加强对薄弱校的帮扶和学区片教研联盟工作的指导与服务。深化普通高中课程教学改革，完善选课走班管理机制，开齐开足开好体育与健康、音乐、美术、综合实践活动和理化生实验等课程。出台《关于全区中小学全面落实劳动教育课程的实施意见》，研发、使用天津首个成体系完整区本劳动教育课程资源《劳动实践》。组织开展宁河区教师教学基本功常态化训练活动和"宁河区第三届课堂教学创新大赛"。5节课获市级"双优课"一等奖，18节课被选为市级精品课。宁河区被评为全市智慧教育示范区，在全市排名第三。教育部网站发布《关于2020年度网络学习空间应用普及活动优秀区域和优秀学校的公示》，宁河区成为天津市唯一优秀区域。

撰稿：张洪久 宁克东

【师资队伍建设】 结合《中国共产党支部工作条例（试行）》进一步加强基层组织建设，共进行干部调整1次，提拔20人，平职交流12人，选派去西藏、新疆、甘肃支教干部8人，1人通过公开招考进入公务员队伍；建立教育系统后备干部库90人、党外干部人才库64人。开展年度"好校长"评选表彰活动。完成全区"百日练兵"区级评比各项工作。深入推进"名师"工作室项目，共成立名师工作室54个，招收学员310名。完成2021年入职新教师岗前培训，经考核73名新教师全部合格。启动"宁河区中小幼思政教师能力提升项目"，对597名中小幼专兼职思政教师进行系统培训。完成拟任班主任心理健康C证培训，414名拟任班主任考核合格取证。推进第二阶段"种子"校长、班主任、教师培训工程，组织完成536名种子校长、种子班主任、种子教师的24学时面授培训和361名学员影子培训。实施"宁河区中小学教师信息技术应用能力提升2.0工程"工作。完成天津市第八届青年校长(园长)论坛的区级评审与申报,并对入选参加市级比赛的校长(园长)进行培训,完成天津市第七届基础教育教学成果的区级评选,完成"课程思政"专项课题的培训指导工作;组织部分年轻教师参加全国小学语文名师和数学名师落实"双减"课程教学观摩活动;组织宁河区"三名"培养工程结业仪式暨京津冀新时期教师发展研讨会、2018级新教师课例研修、劳动教育校长培训等。

撰稿:李秋梅　李志林

【学校布局结构调整】 芦台一中迁址新建工程新建面积7.99万平方米,设计办学规模60个教学班,计划总投资54744万元,新建内容包括教学楼、实验艺术楼、行政综合楼、报告厅、地下停车场、学生宿舍、食堂等设施。2021年9月正式投入使用。朝阳花园幼儿园属于政府接收配套项目,设计办学规模12个教学班,建成后移交区教育局使用,该项目于2020年11月完成移交,2021年3月正式投入使用。为满足芦台街适龄学生入学需求,缓解小学段入学压力,区教育局对全区教育资源布局进行相应调整,将原芦台四中调整为芦台街第一小学路南校区,并对新校区实施提升改造工程,新校区可容纳24个教学班,新增小学学位1080个。芦台一小路南校区于2021年8月完成改造,2022年春季开学后投入使用。

撰稿:王松林　李志林

【德育工作】 举办"一校一案,优势发展"1988杯宁河区第五届德育干部分享会论坛比赛,13位优秀德育干部作论坛演讲,百余名德育干部参加活动;组织举办"新班级　成长+"宁河区第十二届班主任论坛赛,各中小学德育主管领导、心育教师、班主任代表　150余人参加活动;组织参加2021年天津市大中学生思政辩论赛,芦台第一中学代表队获得中学组季军;重组"宁河区心理健康教育指导中心"机构,实现中小学一体化跨校研究;在市级5.25心运会中,潘庄中学获三等奖;2021年度天津市学校"三全育人"优秀工作案例评选活动中,造甲城小学王立英、潘庄镇白庙小学李娜的案例获奖;组织参加市教育关工委"新时代好少年·红心向党"主题教育读书活动,获市级特等奖1人、一等奖3人、二等奖4人、三等奖5人,8名教师获优秀指导教师奖,宁河区教育局关工委获得优秀组织先进单位称号;组织参加天津市中小学教师"讲暖心家访故事"主题演讲大赛,西塘坨小学教师杨楠获得市级奖项;在市教育两委开展的学习"红色记忆"系列漫画故事活动中,区教育局获得优秀组织单位奖。

撰稿:于丽鸣　宁克东

【体育工作】 组织参加"我运动,我健康"阳光体育展示活动,宁河区教育局获优秀组织奖称号;在天津市中小学田径运动会中宁河区获郊县组第三名,同时获得精神文明单位称号;2021年1所小学,2所幼儿园被评为国家级足球特色学校;2021年12月获得全国足球特色校试点区称号;组织参加天津市中小学生篮球比赛,七里海镇中学获初中女子组第五名。组织参加2021年全国健身操舞天津分站赛,芦台第一中学健美操队获特等奖和一等奖各1个。组织参加天津市教育委员会举办的"天津市学生操舞健康活力(云)大赛",芦台第一中学健美操队获得第一名和第三名,桥北街第一小学代表队获特等奖和一等奖。

撰稿:梁建国　宁克东

【美育、劳育工作】 芦台街第一小学、造甲城镇小学入选第三批全国中小学中华优秀传统文化传承学校;造甲城镇小学入围由中央文明办三局、教育部体卫艺司、中央音乐学院发起的"百所中小学美育音乐教育成果展演——美育云端课堂"展示活动;组织参加天津市学校文艺展演个人项目比赛,219名学生分获市级一二三等奖;组织参加2021年度天津市中小学劳动技能大赛,获一等奖1个,二等奖4个,三等奖6个。

撰稿:王卫欣　宁克东

【教育督导】 重新调整督导委员会成员,制定《宁河区人民政府教育督导委员会工作规则》,明确各成员的分工与职责。制订《宁河区落实市政府办公厅、市委办公厅〈关于深化新时代教育督导体制机制改革的若干措施〉的实施方案》,指导督导工作顺利开展,发挥教育督导的利剑作用。组织责任督学完成国家教育行政学院举办的全国骨干督学教育评价改革专题网络高级研修班和苏州举办的教育督导高级研修班的培训。完成20所义务教育学校国家质量监测工作的信息上报;制订国家义务教育学校质量监测实施方案、工作细则及各种应急预案和疫情防控工作方案;组织6场各样本校校长、信息员、监测教师、体育教师及责任督学的培训和工作部署会;完成20所样本校的质量监测工作。完成125所幼儿园(托幼点)办园行为的系统评估上报工作。完成44所幼儿园(托幼点)办园行为的实地区级督导评估验收工作。进一步推进全区学前教育普及普惠工作,完成区级自查和整改工作。完成市专家对宁河区人民政府2020年履行教育职责情况的督导评估检查。制定《宁河区推进义务教育优质均衡发展区五年规划(2021—2025年)》,接受市专家对区义务教育优质均衡发展区创建工作的督导检查。依据《教育督导问责办法》,对1所托幼点进行通报,约谈2所学校的直接责任人,下发54份督导整改通知书。

撰稿:杨玉萍　宁克东

【语言文字工作】　加强全区语言文字工作队伍建设,组织13名教师参加语言文字工作骨干培训。制定出台《宁河区语委办宁河区教育局关于印发进一步提升教师普通话达标水平指导意见的通知》,全面落实国家通用语言文字作为教育教学基本用语用字的法定要求,截至年末达标率达到97.64%。完成第24届推普周宣传任务,42个成员单位紧扣"普通话诵百年伟业,规范字写时代新篇"宣传主题,结合行业特点共开展14项活动,以党政机关为龙头,学校为基础,新闻媒体为榜样,公共服务行业为窗口,参与总人数超过8万人次,营造全社会学习使用国家通用语言文字的良好氛围,17个单位被评为"宁河区第24届推普周活动先进单位"。积极开展第三届中华经典诵写讲活动,桥北实验学校于骐佑同学代表天津进入"经典诵读"全国复赛,李艳华等17位老师获指导教师奖,区交通局唐云弘参加"笔墨中国"汉字书写大赛,进入全国决赛。成功举办第二届语文规范化知识大赛、好书伴成长庆祝建党百年读书征文活动,组织参加中小学黑板报设计创作大赛、京津冀书法作品展。以推普助力乡村振兴,完成青壮年普通话年度培训任务。

撰稿:马长月　李志林

【民族团结教育】　认真贯彻党的教育方针和民族政策,落实中小学民族团结教育课程计划。积极推进民族团结教育进学校、进课堂、进头脑,着力培育社会主义核心价值观,铸牢中华民族共同体意识。以庆祝中国共产党成立100周年为主题,以"中华民族一家亲,同心共筑中国梦"为目标,组织2500余名师生参加天津市第十二届"感恩伟大祖国,增进民族团结"演讲比赛,东魏甸小学尹亚楠获教师组市级二等奖(全市第4名),宁河镇中学梁家瑞获学生组市级二等奖,姜保艳老师获市级指导奖,宁河区教育局获市级优秀组织奖。宁河镇中学等13所学校获区级优秀组织奖。

撰稿:马长月　宁克东

【东西部教育帮扶】　组织开展结对帮扶活动875次,做实做细"互联网+教育",深入实施"全链条"精准帮扶:选派13名教师赴榆中县、贡觉县支教。榆中县有两批25名干部教师来宁河进行为期半年的挂职和跟岗培训。16名支教教师与49名受援校教师"结对子",听评课116节,受益557人次,举办专题讲座16期培训1442人次。开展"教师结对子、分享一节课、办一次讲座、共读一本书"活动,受援校参与师生达2万余人次——教师间结对子895对,联合教研377次,传递优质资源618次,学生交流读书笔记5668篇。聘请全国知名专家就"双减"背景下的教学改革和作业管理进行专题培训,榆中、贡觉结对教师参训人数1207人次。国家扶贫日期间,捐款11.3万余元,捐赠图书9736册,支教教师结对帮扶42名困难生。帮扶工作得到受援县的充分认可,1名援派教师获评全国脱贫攻坚先进个人,3名援派教师获评天津市脱贫攻坚先进个人。

撰稿:马长月　李志林

【学前教育】　2021年,宁河区有幼儿园、民办托幼点160所,班级535个,在园幼儿10327人,3—6岁适龄幼儿入园率51.8%。幼儿园教职工总数349人,其中专任教师数315人,增加20人。全区幼儿园占地21.46万平方米,园舍建筑面积10.1万平方米,生均园舍面积9.78平方米。持续增加普惠性学位,通过盘活存量、国办园配建、小区配套园接收、普惠性民办园认定等措施,扩大普惠性资源覆盖面,8581名幼儿享受到普惠且有质量的学前教育。截至2021年12月底,全区学前三年毛入园率达到92.72%、普惠性幼儿园覆盖率82.55%、公办园在园幼儿占比51.82%。拓宽教师培训学习途径,通过教师专业技能培训、保育员能力培训等活动,不断提高教师专业能力素质。2021年,先后实施幼儿园教师和保育员能力提升计划和提高保教质量专项培训项目,共计2300余人次参加培训。组织开展保育员技能大赛,全区公民办幼儿园53名保育员参加比赛。组织开展民办园教师优秀教育活动评选,30所民办园骨干教师参加活动。

撰稿:马长月 宁克东 赵 晖 李志林

【义务教育】 2021年,宁河区有义务教育阶段学校85所,全区义务教育阶段招生8138人,在校生41289人,专任教师3438人。其中有小学60所,班级779个,招生3679人,在校生27206人,毕业生4268人,专任教师2118人;校舍建筑面积19.23万平方米,生均校舍建筑面积7.07平方米,占地77.97万平方米。初中学校25所,班级335个,招生4459人,在校生14083人,毕业生4981人,专任教师1320人;校舍建筑面积13.23万平方米,生均校舍建筑面积9.40平方米,占地52.48万平方米。全面落实教育部、市教委关于小学生作业、睡眠、手机、读物、体质管理(简称"五项管理")要求,下发《宁河区教育局关于落实"五项管理"的工作安排》,作出工作部署。"五项管理"是全面贯彻党的教育方针、落实立德树人根本任务的重要载体,是确保"双减"落地见效的重要行动。经过近一年的努力,全区84所学校建立健全了学生睡眠监测制度、严格执行手机管理,对照12条负面清单对校园图书进行清理,体质管理持续推进,"五项管理"初见成效。全面落实"双减"政策,制定配套文件。校外培训机构大幅压减,校内服务有效提升,课后服务全面铺开,"双减"成效显著,初步实现校内减负增效,100%学校作业总量和时长得到有效控制,实现义务教育学校课后服务全覆盖、有需要的学生全覆盖。课后服务特色课程落地生花,芦台三中科技社团2名学生在全国中小学信息技术创新与实践大赛中获得一等奖。造甲城小学毛毛虫合唱团获天津市学校美育实践课堂小合唱第一名。造甲中学《航模科普教育图书》、桥北实验学校《依托素质拓展活动培植科学探究精神》获批市级立项。2021年全域科普成果展示3名教师获得优秀指导奖、23名学生获得优秀学生作品奖获奖。1个优秀案例入选《奇思妙想看未来》作品名单。通过网络研修、集中培训、学区集体备课、送教下乡等形式,开展教学教研活动,进一步提高教师的教育教学理念、方法、技能、水平等业务素养。加强"互联网+教育"研究和培训,聚焦在线课堂、名师课堂、名校课堂,充分利用区资源平台,推动网络教研、网络备课和个人学习空间的应用。"以赛促研""以赛促训",市级双优课小学一等奖5名、二等奖13名、三等奖12名。基础教育精品课市级奖3名。义务教育作业设计案例示范奖8名、优秀奖28名。义务教育作业管理案例示范奖2名、优秀奖7名。

撰稿:赵 晖 马长月 李志林 宁克东

【普通高中教育】 2021年,宁河区有普通高中校5所(含完中校2所),班级149个。招生2680人,在校学生7210人,毕业生1875人。高中专任教师558人。普通高中校舍建筑面积12.82万平方米,生均校舍建筑面积17.78平方米,占地31.5万平方米。

撰稿:马长月

【老年教育】 宁河区有1所区老年大学、14所镇(街道)老年学校、303所村(社区)老年教育学习中心,逐步形成老年教育三级办学体系。广泛开展"智慧助老"老年人智能技术日常应用教育和培训活动,在光明新区居委会开展老年人"手机课堂"活动,各镇成校也深入各村(社区)开展运用智能手机微信支付、智能出行、预约就医、生活缴费、网上购物等内容的培训。区教育局获天津市社区教育指导中心颁发的2021年"四史"教育进社区活动优秀组织单位奖,宁河区在市老年教育工作会议上作典型发言。

撰稿:田长学

【社区教育创新发展】 高水平举办宁河区第十六届社区教育展示周暨2021年全民终身学习活动周,芦台街道陈学洪、廉庄镇胡学军被评为2021年天津市"百姓学习之星",板桥镇"天津宁河双健素质教育拓展培训项目",被评为2021年天津市"终身学习品牌项目"。多个社区教育实验项目获2021年天津市市级社区教育实验项目二三等奖。

撰稿:田长学
审稿:郑春甫 傅佳佳

附:区分管领导、教育局领导及驻地

区委副书记:李 春
副区长:仵海燕
区教育局党委书记、局长:刘宗山
区教育局党委委员、工会主席:闫焕福
区教育局党委委员、副局长:李 洋
区教育局党委委员、副书记:杨树泽
区教育局党委委员、副局长:于学洪
党政办公室主任:傅佳佳
电话:69591092
地址:宁河区芦台镇新华道34号
邮政编码:301500

各级各类学校

高等学校

南开大学

【概况】 南开大学占地443.12万平方米，其中八里台校区占地121.60万平方米，津南校区占地245.89万平方米，泰达校区占地6.72万平方米。校舍建筑总面积195.33万平方米。有专业学院27个，学科门类覆盖文、史、哲、经、管、法、理、工、农、医、教、艺等。学校有专任教师2245人。其中博士生导师915人、硕士生导师844人，教授930人、副教授864人。学校具备培养学士、硕士和博士的完整教育体系。在校学生32599人，其中本科生16902人，硕士研究生10966人，博士研究生4731人。有网络专科学生24601人，网络本科学生68816人。

学校积极构建和发展适应21世纪经济社会发展和人才培养需要的学科体系，有本科专业96个（其中国家级特色专业18个），硕士学位授权一级学科11个，硕士专业学位授权点25个，博士学位授权一级学科31个，博士专业学位授权点2个，不在一级学科覆盖下的二级博士点1个，博士后科研流动站31个。有国家"双一流"建设学科5个，一级学科国家重点学科6个（覆盖35个二级学科），二级学科国家重点学科9个，一级学科天津市重点学科32个，国家级一流本科专业建设点42个，省级一流本科专业建设点2个。有国家重点实验室2个，国家工程研究中心1个，国家地方联合工程研究中心1个，2011协同创新中心3个。教育部重点实验室7个，教育部工程研究中心3个，教育部国际合作联合实验室2个，国家环境保护重点实验室1个，教育部哲学社会科学实验室（试点）1个，国家人权教育与培训基地1个，教育部人文社会科学重点研究基地6个，省部共建协同创新中心1个，教育部国别和区域研究基地7个（培育基地1个、备案基地6个），科技部国家国际科技合作基地4个，文化和旅游部文化和旅游行业智库建设试点单位1个。国家级实验教学示范中心5个，国家级虚拟仿真实验教学中心2个，国家虚拟仿真实验教学项目5项，国家基础学科人才培养和科学研究基地9个，国家教材建设重点研究基地1个，国家大学生文化素质教育基地1个，中华传统文化传承基地2个，国家语言文字推广基地1个，国家创新人才培养示范基地1个。天津市重点实验室20个，天津市工程技术中心4个，天津市普通高等学校实验教学示范中心14个，天津市国际科技合作基地22个，天津市人文社科重点研究基地9个，天津市高校智库8个，天津市社科实验室5个，天津市科技创新智库1个，天津市爱国主义教育基地1个。

学校拥有中国科学院院士13人，中国工程院院士3人，发展中国家科学院院士8人，国家"万人计划"领军人才28人、青年拔尖人才22人，教育部"长江学者奖励计划"特聘教授45人、青年学者27人，"国家杰出青年科学基金"获得者62人、"国家优秀青年科学基金"获得者46人，国家"百千万人才工程"入选者31人，国家级有突出贡献的专家21人，国务院学位委员会学科评议组成员16人，教育部"跨世纪人才基金"获得者20人,教育部"高校青年教师奖"获得者8人,教育部"新世纪优秀人才支持计划"入选者157人,国家自然科学基金创新研究群体负责人7人,"国家高技术研究发展计划(863计划)"首席科学家3人,"国家重点基础研究发展计划(973计划)"首席科学家15人,国家重点研发计划项目负责人25人。国家级教学名师奖获得者7人,国家级教学团队9个。天津市杰出人才12人,天津市"人才发展特殊支持计划"领军人才3人、青年拔尖人才10人、高层次创新创业团队带头人11人,天津市有突出贡献专家7人,天津市杰出津门学者3人,天津市"131"创新人才培养工程第一层次人选63人,创新型人才团队带头人20人、"项目+团队"重点培养专项团队带头人5人,"天津市杰出青年科学基金"获得者43人,天津市宣传文化"五个一批"人才培养项目入选者23人,天津市级教学名师奖获得者37人,天津市级教学团队20个。

撰稿:王 芃

【教育经费收入与支出】 2021年,学校教育经费总收入384143万元,比上年增加22674万元,增长6.27%。其中财政拨款预算收入189416万元,事业收入159277万元,非同级财政拨款预算收入24527万元,其他预算收入10924万元。全年教育经费总支出409346万元,比上年增加31736万元,增长8.40%。其中人员支出219649万元,公用支出189697万元。人员支出中,工资福利支出177231万元,对个人和家庭补助支出42418万元。公用支出中,商品和服务支出151902万元,资本性支出(基本建设)13350万元,资本性支出24444万元。

撰稿:陈 思 宋 蕾

【党史学习教育】 扎实开展贯穿全年的党史学习教育,深入学习贯彻习近平总书记"七一"重要讲话精神、党的十九届六中全会精神,举办庆祝建党100周年系列活动,党政主要负责同志带头讲好"七一"专题党课、宣讲六中全会精神,全体班子成员认真上好党史学习教育"必修课",把"四史""三爱"教育融入课堂教学和思政工作全过程,教育引导师生从党的百年奋斗历程中汲取智慧和力量,不断增加历史自信、增进团结统一,增强斗争精神,牢记"国之大者",胸怀"两个大局",增强"四个意识",坚定"四个自信",做到"两个维护",以实际行动捍卫"两个确立"。

撰稿:王 芃

【中央巡视整改】 按照党中央统一部署,全力支持配合中央巡视组对学校党委开展巡视,坚决扛起巡视整改主体责任,把"标杆"标准贯穿始终,不折不扣抓好整改任务落实。成立学校巡视整改领导小组和4个专项整改工作组,建立6方面17个大项问题69个子项问题177项措施的整改台账,召开整改相关党委常委会、全校推动会、校级专题会60余次,层层压实责任,强化严督实导,形成上下联动、协同推进的整改合力。截至11月底,177项整改任务已完成171项,集中整改期应完成的149项任务全部按期完成。通过整改,制约学校发展的深层次矛盾和突出问题得到有力推动解决,学校管党治党和办学治校各项工作呈现新气象新局面。

撰稿:王 芃

【党建工作】 深化落实习近平总书记视察南开大学重要讲话和重要回信勉励指示精神,结合新形势新要求全面修订"谱写六个新篇章"实施意见,完善6方面24项125条任务清单,细化时间表、施工图,开展季度督查、持续跟踪问效。落实《南开大学关于加强党的政治建设的若干举措》,修订党委全委会、党委常委会、校长办公会议事规则,细化制定议事清单,提升科学民主决策水平。出台《南开大学党委关于推动工作落实的九项措施》,建立二级单位党委双月报制度,力促学校重要决策和重点任务落地见效。落实全面从严治党责任"三个清单",制定主体责任检查考核实施办法,扎实开展年度履责情况考核。推动中央巡视整改与校内巡视整改贯通融合,以系列制度举措提升校内巡视整改质量,九届党委届内巡视全覆盖目标高质量完成。落实《中国共产党普通高等学校基层组织工作条例》,修订《南开大学专业学院工作细则》《中共南开大学支部工作细则》,举办学习贯彻"条例"提升党建工作能力专题培训班,加强对院系党建工作的督促指导。"对标争先"培育创建工作持续深入开展,化学学院党委获"全国先进基层党组织"称号,龙以明院士获"天津市优秀共产党员"称号。树牢抓实支部鲜明导向,推进学生党支部党建统领、班团一体化建设,推动教师党建与教师思政、课程思政紧密融合。从政治安全、国家安全的高度充分认识高校意识形态工作的特殊重要性,梳理完善校院两级意识形态工作制度体系,全覆盖开展责任制落实情况专项督查。召开专题警示教育会,举一反三、警醒镜鉴,提升打赢主动仗的能力。坚持和完善三级研判会商机制,强化课堂、教材、讲座、出版、网络等重点阵地建设管理。

撰稿：王 芃

【思想政治工作】 加强马克思主义学科和思政课建设，修订《新时代南开大学重点马克思主义学院建设实施方案》，"习近平新时代中国特色社会主义思想概论"必修课慕课上线人民网。加强习近平新时代中国特色社会主义思想"三进"工作，牵头编写的教学指导方案修订至第三版。成立课程思政教学研究中心，校院联动、"一院一案"推进课程思政建设。持续深化南开特色爱国主义教育体系，高标准推进爱国主义教育类通识选修课程建设，大力传承弘扬周恩来精神，深入挖掘校史资料育人功能。完善教师思政工作体系，加强师德专题教育，健全教师荣誉体系，加大师德典型选树宣传力度。发布专业学院"三全育人"综合改革建设标准，做优做强师生"四同"育人品牌，"同学同研"工作室入选中国科协2021年学风传承示范基地。获批立项全国高校思政课名师工作室，2门课程入选教育部课程思政示范项目，2个项目入选教育部高校思想政治教育工作培育建设项目。

撰稿：王 芃

【教育教学】 持续落实"南开教改40条"，大力推动"五育"融合，稳步推进大类招生和培养改革。完善特色培养体系，打造"名师引领"通识课、"服务学习"系列课程、智慧书院等育人品牌。推进基础学科"拔尖计划2.0"、一流专业与一流课程、"四新"专业等建设，新增2个基础学科"拔尖计划2.0"基地、21个国家级一流本科专业建设点、6个教育部新文科研究与改革实践项目。实施研究生教育质量提升行动计划，完善研究生招生计划分配体系，修订研究生培养方案等系列制度，健全研究生导师责任落实机制，把好研究生培养质量全过程关口。获批新增3个本科专业、1个博士专业学位授权点。5部教材、2位教师获首届全国教材建设奖，就业工作案例入选全国高校典型案例。南开学子获"全国优秀共青团员"称号，在"互联网+"大学生创新创业大赛中创历史最好成绩。

撰稿：王 芃

【学科建设】 全力推进新一轮"双一流"建设，制定"十四五"学科发展规划，统筹推进学科"四大计划"，实施"学科引领与会聚"战略，明确学科协同发展路径，突出一流引领、交叉汇聚，带动学科优质率整体提升。对接国家重大需求，科学研判学科基础和发展潜力，动态调整优化学科布局，启动学科专业"加减法"调研论证。强化一流学科重点支持导向，持续巩固文理传统优势，大力支持基础学科建设，积极推进学科交叉融合。成功举办化学学科创建100周年大会，首届文科发展基金项目全面启动，新闻与传播学院成立，与市农科院合作筹建农学院有序推进，新结构经济学研究中心、眼科学研究院等相继揭牌。组织动员全校力量，全力做好第五轮学科评估、专业学位水平评估工作，在全球学科评价体系中，"微生物学"首次进入前1%，上榜学科增至15个。

撰稿：王 芃

【人才队伍建设】 落实中央人才工作会议精神，精心筹备学校人才工作会议，修订升级一揽子人才引育政策，完善人才特区、三个"百人"计划、人才引进绿色通道等措施，举办第六届国际人才论坛，成立青年学者创新联盟。高层次人才引育工作取得重要突破，全年新增"四青"以上国家级人才49人，卜显和教授当选中国科学院院士。深化新时代教育评价改革，强化分类评价和管理，突出能力和贡献导向，修订专业技术职务评聘、绩效考核等办法，建立"能上能下"的岗位聘任机制。教师创新竞进的干事热情得到进一步激发，各类人才获得一系列重要荣誉，周其林院士获评全国杰出专业技术人才，许京军教授团队获评全国高校黄大年式教师团队，叶嘉莹先生荣获第六届世界中国学贡献奖、当选感动中国年度人物，饶子和教授当选欧洲科学院院士。

撰稿：王 芃

【科学研究】 瞄准国家重大需求和科技发展方向，发挥"4211卓越南开行动计划"牵引作用，在大平台、大项目、大成果等方面持续发力。重大平台建设取得可喜进展，农药国家工程研究中心入选新序列，物质绿色创造与制造海河实验室揭牌成立，21世纪马克思主义研究协同创新中心通过省部共建认定，经济行为与政策模拟实验室获批首批教育部哲学社会科学实验室。统筹推进国家重点实验室重组建设，有机新物质创造前沿科学中心建设进入专家论证阶段，病原体进化机制及致病机理研究基地成功获批，国家基础数学中心、校内前沿交叉学科中心等建设有力推进。承接重大项目能力不断提升，获批国家重点研发计划项目6项、课题15项，国际合作专项3项;获批国家自然科学基金项目285项,其中创新群体项目1项、杰出青年科学基金项目2项、重大科研仪器研制项目2项、重点类项目17项,参与国家基础科学中心项目1项。在拓扑光子学等诸多"卡脖子"领域取得重要突破,相关成果在《科学》等国际顶级刊物发表,陈军院士成果获高等学校科学研究优秀成果奖自然科学一等奖。

撰稿:王 苪

【社会服务】 深化甘肃省庄浪县定点帮扶工作,在教育、科技、消费帮扶等方面持续精准发力,高质量承担对口支援等任务。举全校之力推进新型智库建设,发起成立"国家区域重大战略"等智库联盟,京津冀协同发展研究院申报国家高端智库,现代旅游业发展省部共建协同创新中心入选首批行业智库建设试点单位。《百年风华——中国共产党理论与实践研究丛书》重磅出版,高校社科界庆祝建党100周年专场座谈会成功举办,"天津论坛2021""人权蓝皮书10周年""中国加入APEC三十周年"等重要活动影响广泛,《南开智库成果专刊》正式编发。全年获批国家社会科学基金项目76项,其中各类重大项目13项,含研究阐释党的十九届五中全会精神重大项目4项、位居全国第四;年度项目及青年项目48项,位居全国高校第五。

撰稿:王 苪

【交流与合作】 国内交流合作不断深化拓展,深圳研究院盐田新址正式启用,与海南、云南等省的合作项目落地实施,与滨海新区合作高起点谋划建设滨海校区,与南开区等共建大学科技园稳步推进。与国际儒学联合会签署战略合作框架协议,深化与三峡集团全方位多领域合作,携手海螺集团、中国生物等头部企业共建联合研发平台。国际交流合作层次不断提升,与联合国工业发展组织签署框架合作协议,成为首个与联合国专门机构签署高级别全面框架合作协议的国内高校。与世界经济论坛、泰晤士高等教育等国际知名机构深度合作,与牛津大学等共建国际联合研究中心聚合效应显现,获批2个教育部国际组织人才培养项目,与10个新拓展合作高校新签协议18份,协议总数较上年度提升22%。一批世界知名政要和友好人士到访南开,外国专家加尼·瑞泽普获2021年中国政府友谊奖。

撰稿:王 苪
审稿:任 一

天津大学

【概况】 天津大学,其前身为北洋大学,始建于1895年10月2日,是中国第一所现代大学。1951年由国家定名为天津大学,1959年被中共中央指定为国家首批重点大学。天津大学是"211工程""985工程"首批重点建设大学,入选国家"世界一流大学建设"A类高校。学校秉承"兴学强国"的使命、"实事求是"的校训、"严谨治学"的校风、"爱国奉献"的传统和"矢志创新"的追求,为国家经济社会发展作出卓越贡献。

天津大学有卫津路校区、北洋园校区和滨海工业研究院校区。卫津路校区占地136.2万平方米,北洋园校区占地243.6万平方米,滨海工业研究院校区占地30.9万平方米。学校现有全日制在校生38302人,其中本科生19091人,硕士研究生13840人,博士研究生5371人。现有教职工4960人,其中院士17人,国家"杰出青年科学基金"获得者62人,国家"优秀青年科学基金"获得者77人,青年拔尖人才25人,教授887人。

学校坚持"强工、厚理、振文、兴医"的发展理念,形成工科优势明显、理工结合,经、管、文、法、医、教育、艺术等多学科协调发展的综合学科布局。现有74个本科专业,43个一级学科硕士点,31个一级学科博士点,30个博士后科研流动站。在第四轮全国学科评估中,天津大学共有25个一级学科参评,进入A类学科数达到14个。其中化学工程与技术学科进入A+档、4个学科进入A档(2%~5%)、9个学科进入A-档(5%~10%)。12个学科领域进入ESI前百分之一,其中3个进入ESI前千分之一。由学校牵头培育组建的"天津化学化工协同创新中心"成为全国首批14个"2011协同创新中心"之一。由学校牵头的天津应用数学中心成为国家首批建设的13个国家应用数学中心之一。学校持续深化医教协同,现有7家直附属医院及多家合作共建医院。在2018年高等教育国家级教学成果奖评选中,由天津大学作为第一完成单位获得成果奖7项,其中2项成果获一等奖。有国家级教学名师奖获得者8人;国家级教学团队9个;国家级工程实践教育中心12个;国家级实验教学示范中心7个;国家级虚拟仿真实验教学中心3个;国家虚拟仿真实验教学项目5项;国家级一流课程45门;国家级虚拟仿真实验教学一流课程12门;国家级双语教学示范课程6门;国家级一流本科专业37个;全国"基础学科拔尖学生培养计划2.0基地"5个;全国"强基计划"专业5个;国家级人才培养创新实验区10个;全国示范性专业学位研究生联合培养基地4个,是首批"国家大学生创新性实验计划"入选学校。

学校科研实力雄厚,始终聚焦国家重大战略需求、聚焦世界科技发展前沿。共获国家三大奖21项,其中国家自然科学二等奖3项、国家技术发明二等奖6项、国家科技进步特等奖1项、国家科技进步一等奖3项、国家科技进步二等奖8项。共有4个国家重点实验室,分别为水利工程仿真与安全国家重点实验室、内燃机燃烧学国家重点实验室、精密测试技术及仪器国家重点实验室和化学工程联合国家重点实验室。国家工程实验室4个、国家工程(技术)研究中心4个、国家国际科技合作基地3个、教育部重点实验室8个、教育部工程研究中心8个、天津市重点实验室33个、天津市工程中心23个、天津市国际合作基地36个。有国家自然科学基金委员会创新研究群体8个、教育部创新团队12个。国家重大科技基础设施——大型地震工程模拟研究设施于2019年10月正式启动建设;获批建设合成生物学前沿科学中心,是教育部首批批复建设的7个前沿科学中心之一。学校获批10个国家"高等学校学科创新引智计划",药学院获批"高校国际化示范学院推进计划"。

学校重视国际交流与合作。成立"中国—东盟工科大学联盟"与"中国与中欧国家科技创新大学联盟",成立"中国—东盟智慧海洋教育中心"及"国际能源合作机构—APEC可持续能源中心"。学校与世界上50个国家、地区的256所高校、研究机构及公司签署协议。在海外成立了3所孔子学院,分别是斯洛伐克布拉迪斯拉发孔子学院、澳大利亚昆士兰大学孔子学院和法国尼斯大学孔子学院。

撰稿:李奂奂

【教育经费收入与支出】 2021年,学校教育经费总收入606600万元,比上年增加17700万元,增长3.01%。其中财政拨款预算收入296200万元,事业收入246500万元,债务预算收入1000万元,非同级财政拨款预算收入36600万元,投资预算收益100万元,其他预算收入26200万元。全年教育经费总支出585000万元,比上年增加14300万元,增长2.51%。其中人员经费支出243300万元,公用经费支出341700万元。年末,学校资产总额为1472900万元,比上年增加59100万元,增长4.18%;净资产1187400

万元,比上年增加151600万元,增长14.64%。

撰稿:李奂奂

【教育教学改革】 2021年,学校深入落实立德树人根本任务,深化教育教学改革,努力培养一流卓越人才。学校持续深化"三全育人""五育并举"人才培养综合改革。不断完善工作机制和制度体系,出台加强和改进体育工作实施方案,持续深化美育综合改革,依托校内外实践基地加强劳动教育,构筑具有天大特色的 "育人大厦"。以"家国情怀"培育为引领,全年共开设300余门通识课程,重点立项34门"体美劳"及"四史类"通识课程。获评教育部"课程思政教学研究示范中心"。10项育人成果获评天津市"三全育人"优秀案例。承办全国高校课程思政建设工作研讨会,6万余人线上线下参会,为区域内高校课程思政建设贡献天大智慧与经验。学校不断提升人才培养质量。招生工作成效显著,取得了近六年来的最好成绩。在首届全国教材建设奖评选中,1人获全国教材建设先进个人,获全国优秀教材奖5项。新获批18个国家级一流专业,新认定37门国家级一流课程,3门课程入选教育部课程思政示范课程。发布《天津大学一流研究生教育行动计划》,明确学校新时代研究生教育创新发展路线图。在教育部研究生论文抽检中,博士论文合格率连续两年100%。学校推动新工科建设迭代创新。入选全国首批12家未来技术学院建设高校,国家储能技术产教融合创新平台通过教育部、发改委评审。新建19个新工科人才培养平台,覆盖13个理工科学院,着力构建校、院两级平台体系。深入实施项目式教学,建立10个项目式教学改革建设点,组织开展首届新工科项目式课程设计大赛,评选出14门优秀课程。开展新工科毕业设计"海陆空智能无人系统安全巡查项目",着力培养学生的多学科跨界整合能力、团队协作意识和组织领导力。

撰稿:李奂奂

【师资队伍建设】 2021年,天津大学坚持"引育并举",全面加强教师队伍建设,努力建设一流师资队伍。学校深入推进人事制度综合改革。落实教育评价改革任务,以评价改革促管理体制机制创新,推进分类评价体系建设,持续深化职称制度改革,突出质量贡献导向,优化院级单位绩效考核体系。推动人事制度综合改革在院级单位全面实施,建立健全教职工荣誉体系,强化全员育人责任意识。健全师德建设体制机制,营造良好师德文化氛围。举办第十一届"北洋青年科学家论坛",吸引近1500人次参会,累计点击量超过10万。学校高层次人才队伍建设成效显著。元英进教授当选中国科学院院士,王树新教授、王成山教授当选中国工程院院士,赵华教授当选中国工程院外籍院士。新增国家级领军人才14人,国家级青年人才40人,新增各类高层次人才216人。

撰稿:李奂奂

【学科建设】 学科竞争力持续提升。2021年,在各类世界大学排行榜中,天大的世界排名持续上升,展现出良好发展态势。在2021年QS世界大学学科排名中,校14个学科上榜,达到历史最好水平,工科的全球影响力不断提高。地球科学领域首次进入ESI全球前1%,共有12个学科领域进入ESI前1%,3个学科领域进入ESI前1‰。理科建设稳步推进。数学与应用数学、应用化学、生物科学、药学、环境科学获批一流本科专业,获批求是数学、侯德榜化学、生命科学和计算机科学4个拔尖学生培养基地。自主审核增设药学、地球系统科学2个博士学位授权一级学科点。哲学社会科学影响不断扩大。起草的全球生物安全治理领域首个以中国地名命名、以中国倡议为主要内容的国际倡议《科学家生物安全行为准则天津指南》获国际科学院组织的核准并在国际上广泛推广。在教育部新文科研究与改革实践项目评选中,共有12个项目获批。在软科中国最好学科排名中,马克思主义理论、公共管理、法学等学科均呈上升趋势。医科建设不断深化。牵头研发的脑机操作系统和脑机专用芯片作为"国之重器"科技成果入选国家"十三五"科技创新成就展。脑机交互与人机共融系统搭载"神州十三号"载人飞船成功发射并执行试验任务。药学院张雁教授团队在生命科学领域取得突破性研究成果,并在国际顶级学术期刊《科学》刊发。"医学救援关键技术装备实验室"入选应急管理部重点实验室重点培育名单。天津大学津南医院揭牌,天津大学滨海国际医学院建设被列入天津市"十四五"规划,并启动选址与规划建设。

撰稿:李奂奂

【科学研究与社会服务】 2021年,天津大学坚持"聚焦国家重大战略需求,聚焦世界科技发展前沿,扎根国民经济主战场"的科技方针,坚持创新引领,努力贡献一流科研成果。学校科研实力实现新提升。2021年,科研总经费再创新高,首次超过40亿元。以第一完成单位获得2020年度国家科学技术奖4项,1项科研成果入选2021中国智能制造十大科技进展,在第八届高等学校科学研究优秀成果奖(人文社会科学)中获一等奖1项。机械学院焦魁教授团队在新一代超高功率密度燃料电池发动机理论与设计领域取得突破性研究成果,并在国际顶级学术期刊《自然》刊发。学校重点项目取得新突破。2021年,牵头立项国家重点研发计划19项。获批国家自然科学基金项目368项,其中创新研究群体项目2项,国家杰出青年科学基金项目5项,优秀青年科学基金项目13项;获批国家社科基金重大、重点项目4项,教育部社科重大攻关项目1项,国家社科基金项目17项,数量创历史新高。学校社会服务取得新成效。推进与广东、浙江、福建等地的密切合作,新建天津大学浙江国际创新设计和智造研究院。与南开区、津南区共建"国家大学科技园",着力打造天大"斯坦福+硅谷"创新创业生态。科技成果转化体量持续扩大,签订技术转让交易合同91项,共计金额2591万元。上报各类决策咨询报告100余份,其中47篇获省部级以上部门采纳应用,10篇获省部级以上领导批示,7篇获国家领导人批示。

撰稿:李奂奂

【对外合作与交流】 2021年,天津大学努力提升国际化办学水平。学校持续深化国际交流。努力打造世界顶尖高校"朋友圈",推动与伯明翰大学、德国马克思普朗克化学研究所等世界一流高校和研究机构的合作,新签院校两级协议60份,全球合作伙伴扩增至256个。持续建设中国—东盟工科大学联盟,与马来西亚彭亨大学签署首个来华联合培养项目,首次获批国家留学基金委"国别区域研究人才支持计划"立项资助。承办2021工程教育国际研讨会等高端论坛,与法国驻华大使馆签署共建中法文化遗产与城市研究中心协议。学校持续推进合作办学。天津大学佐治亚理工深圳学院现有在读硕士研究生207人,同比增加79人;永久校区建设项目可行性研究报告获深圳市发展改革委批复。福州联合学院一期工程4座主体建筑全部完成封顶。与新加坡国立大学签署化学工程、化学、物理学三个中外合作办学硕士项目协议,与意大利米兰理工大学签署合作办学谅解备忘录。

撰稿:李奂奂

【推进治理体系和治理能力现代化】 2021年，学校坚持和完善党委领导下的校长负责制，不断推进治理体系和治理能力现代化。学校优化资源配置机制改革。强化预算统筹能力，制定收入分配管理办法、财政专项资金预算执行管理办法，建立专项经费执行情况与预算分配、绩效考评相挂钩的奖惩机制，硬化预算和绩效"双约束"，加强精细化管理，提高经费使用效益。修订仪器设备管理办法，完善共享系统建设，推进大型仪器入网共享。细化经营用房合同管理，推进公用房屋有偿使用改革，加强实物资产和经营性资产监管。加强内部审计，开展内部控制评价，健全完善审计整改长效机制，促进资源优化配置。学校推进管理服务提质增效。制定发布学校"十四五"发展规划，统筹推进分规划和专项规划编制，持续优化"1+X+N"战略规划体系。加强校级会议统筹，进一步精简会议数量、压缩会议时长，加大双校区视频会场建设和使用力度，提高运转效率。综合服务大厅探索建立"学生业务综合窗口"，打破部门壁垒；推进"一网通办"，上线服务事项27项。建成教师业绩成果信息平台，推进数据集约有序共享。通过二级保密资格认定现场审查，保密管理水平进一步提升。

撰稿：李奂奂

【校园文化建设】 2021年，学校坚持以文化人，努力打造一流文化高地。学校隆重庆祝建党百年。成立全国首个中国共产党人精神谱系研究中心、全国首个中国共产党人精神谱系讲师团，面向校内外宣讲150余场，受众超15万人。开展"六个一百"系列活动，推动学生党史学习教育入脑入心。举办张太雷诞辰纪念会，打造《一封家书探初心》情景团课、《醒世惊雷》微话剧等特色品牌，持续加强《侯德榜》《大学》等原创文化品牌的传播和推广。学校持续深化文明校园建设。持续打造"情怀天大、创新天大、人文天大、和谐天大"的特色文化，举办第十个"天大·海棠季""秋愿·2021第三届红叶季"等品牌活动。成立教育融媒体工作室，通过媒体融合传播，讲好中国故事，传播天大好声音。积极推进双校区食堂暖心空间建设，通过优化管理和改进措施节能降耗，打造绿色校园。实施"健康天大工程"，为师生建立健康档案，构建师生健康管理和保障体系。校友捐建的纪念双亭在卫津路校区青年湖畔落成，为学校再添"新地标"；杰出校友林松华捐赠3.13亿元人民币，成为校史上最大额度的

公益捐赠。

撰稿：李奂奂

【党的建设】 2021年，学校深入贯彻落实新时代党的建设总要求和新时代党的组织路线，坚持以党的政治建设为统领，全面推进学校党的建设，为落实立德树人根本任务，为加快建设中国特色世界一流大学提供坚强保证。学校扎实开展党史学习教育。抓好自学、领学、研学、导学，校党委理论学习中心组举行8次集中学习研讨，开展34次常委会学习，邀请理论专家做辅导报告29场，组建师生党员理论宣讲团宣讲700余场，系统深入学习党的百年奋斗历程、重大成就和历史经验，不断增强政治判断力、政治领悟力、政治执行力。强化教职工思想引领，重点开展师德专题教育活动，筑牢信仰之基；扎实推进学生党史学习教育，将党史学习教育深度融入日常思政教育；发挥老同志传帮带作用，组建微党课报告团，为课程思政素材库提供生动教材，激发爱党之情。举办"穿越百年看初心"等各类活动，传承校友张太雷等革命先烈红色基因，赓续精神血脉。完成"我为师生办实事"校级项目9项、院级项目212项，及时解决师生"急难愁盼"问题，满意度调查中师生对办实事实践活动评价为"好"和"较好"的比例为99.5%。学校着力抓紧抓实抓好中央巡视整改。十九届中央第十巡视组于2021年5月8日至7月5日对天津大学进行了巡视。9月3日，向学校党委反馈了巡视意见。学校党委高度重视巡视整改工作，召开巡视整改专题会议24次，制定整改措施190项。全校"一盘棋"、上下"一股绳"，逐条逐项推动整改任务落地落实，确保巡视反馈问题条条有整改、事事有回应、件件有着落，全力做好巡视"后半篇文章"。

撰稿：李奂奂

审稿：刘 一

中国民航大学

【概况】 中国民航大学是中国民用航空局直属的一所以培养民航高级工程技术和管理人才为主的高等学府，是中国民用航空局、天津市人民政府、教育部共建高校，也是天津市"双一流"建设计划和高水平特色大学建设高校。学校总占地169.4万平方米，总建筑面积87.4万平方米，现建有天津东丽校区，朝阳飞行学院、内蒙古飞行学院、新疆天翔航空学院3个飞行训练学院，正在建设天津宁河校区。学

校设有飞行分校、科技创新研究院、研究生院以及19个教学单位,拥有工、管、理、经、文、法、艺7个学科门类,拥有安全科学与工程一级学科博士授权点,11个一级学科硕士授权点,6个专业学位硕士授权点,学科专业覆盖民航主要业务领域。现有1个学科进入ESI全球前1‰,安全科学与工程学科入选天津市一流学科和天津市高校顶尖学科培育计划培育建设学科,航空宇航和交通运输学科群入选天津市特色学科(群)建设名单。

学校现有教职工2165人,其中专任教师1549人(含正高级职称178人、副高级职称357人),拥有长江学者特聘教授、国家杰出青年科学基金获得者、国家"万人计划"科技创新领军人才等国家级人才5人,享受国务院特殊津贴专家29人,天津市人才发展特殊支持计划、天津市"131"创新型人才培养工程、民航科技创新人才推进计划等省部级人才150人次。省部级教学团队11个,省部级创新团队11个,36名教师入选2018—2022年教育部高等学校教学指导委员会。

学校现有博士研究生30人,硕士研究生2884人,来华留学生168人,本科生21231人,专科生4725人。学校拥有34个本科专业,6个专科专业,其中4个国家级一流本科专业建设点、3个国家级特色专业、3个国家级专业综合改革试点专业、4个教育部卓越工程师教育培养计划专业、9个天津市一流本科专业建设点、5个天津市卓越工程师教育培养计划专业、9个天津市品牌专业、8个天津市特色优势专业建设项目、8个天津市应用型专业建设项目。交通运输和通信工程2个专业通过教育部工程教育认证,电子信息工程专业为教育部CDIO工程教育模式改革试点专业,中欧航空工程师航空工程研究生层次学科领域加入教育部、天津市卓越计划,飞行器制造工程、飞行器动力工程、电子信息工程3个专业通过国际航空认证委员会(AABI)认证。学校有1门课程获批教育部精品视频公开课,4门课程获批国家一流本科课程,2门课程获批教育部课程思政示范本科课程,38门课程获批天津市一流本科课程,4门课程获批天津市课程思政示范本科课程,4部教材获批天津市本科课程思政优秀教材。

学校拥有国家级实验教学示范中心2个,国家级虚拟仿真实验中心1个,全国示范性工程专业学位研究生联合培养基地1个,国家级工程实践教育中心1个,天津市级实验教学示范中心9个,天津市级虚拟仿真实验中心2个。学校有各类飞行教学训练飞机75架(不含新疆天翔航空学院),机务维修实习飞机22架,D级飞行全动模拟机3台,其他各类训练模拟机/器208套,各类飞机发动机60台。

学校图书馆现有馆藏纸质图书238万册,电子图书317万册,数据库106个,与全球知名航空制造企业合作共建中商飞、空客、波音、赛峰资料室,开通中商飞在线、波音在线、空客在线网站,可直接访问相关技术资料。

撰稿:丁 昕

【教育经费收入与支出】 2021年,学校教育经费总收入201578.93万元,比上年减少2661.55万元,减少1.3%。其中财政拨款收入141761.76万元,事业收入55787.52万元,其他收入4029.65万元。全年教育经费总支出200832.3万元,比上年减少1563.76万元,减少0.77%。其中人员经费(含工资、对个人及家庭的补助支出)74450.67万元,公用经费(含日常经费、资本性支出等)126381.63万元。

撰稿:丁 昕

【本科层次教育教学】 2021年,学校打造一流本科专业体系,申请新增5个本科专业;完成3个专业的AABI认证;获批2个国家级和4个省部级一流本科专业建设点。打造一流特色课程体系,获批国家级课程思政示范课程2项,获批市级一流建设课程19门,市级课程思政示范课程4项,市级课程思政优秀教材4项。加强新工科和新文科建设,获批3个教育部"新工科"项目,4个教育部和3个天津市"新文科"项目。积极组织省部级改革项目,获批10项天津市教育科学规划项目。加强智慧教学环境建设,新建智慧教室9间。大学英语、高等数学等十几门课程率先进入智慧教室授课,使用率70%以上。学校建设一流实践环境,投入1300多万元开展25个教学实验室建设。15个项目在"虚拟仿真实验教学项目展示平台"正式运行,投入教学使用,2个项目参加国家项目认定,参与人数2842人。支持4000余名学生开展校外实习。

撰稿:丁 昕

【研究生层次教育教学】 2021年,学校深化新时代研究生教育改革,研究生人才培养质量显著提高。学校完善思想政治教育体系,做好研究生思想政治理论课建设和课程思政示范课建设工作,维修工程分析等4门课程获批2021年天津市研究生课程思政示范课程,《航空运输法》等2部教材获批首届天津市高校课程思政优秀教材;首次开展研究生教学成果奖评选工作,评选出7项获奖成果;开展"十四五"期间研究生教材立项建设及出版工作,评选出17部教材予以建设立项;落实新时代研究生教育改革要求,完善2021版研究生培养方案;推动科教融合,提升研究生知识创新能力,首次在天津市研究生科研创新项目中设立"航空专项",市级高水平科研创新项目累计获批46项;改革研究生参加国赛组织方式,研究生创新实践系列大赛累计获国家二等奖3项,三等奖4项;促进产教融合,提高研究生实践创新能力,牵头与民航重点实验室建立联合培养机制,新建校级实践基地12项,2个实践基地认定为天津市高校专业学位研究生联合培养基地;谋划解决研究生实践难题,开展科技园校内实践基地建设,遴选2个研究生科研创新项目入驻科技园,打通研究生实践与创新创业"最后一公里"。

撰稿:丁　昕

【科技研究与社会服务】　2021年,学校根据"五纵一横一园一院"科技发展建设布局,"超前探索,领先创新",着力增强自主创新能力,引导科研力量汇聚,致力打造一流创新平台和科研团队,促进学校科技创新高质量发展。以推进落实航空器安全性与适航国家技术创新中心和航空安全国家重点实验室建设为目标指引,推动战略科研平台建设,获批"民航智慧机场理论与系统重点实验室"和"民航飞联网重点实验室"2个民航重点实验室;获批天津市航空装备安全性与适航技术创新中心;获批人文社科领域"中国民航行业文化研究中心"智库;成立"坝道工程医院—民航分院"。科研项目攻关取得新进展,获批国家重点研发计划项目1项;完成国家重点研发项目答辩1项;民航局安全能力建设项目经费增幅80%;实现天津市杰出青年基金项目零的突破,启动天津市多元投入基金智慧民航项目。获批国家级项目28项、省部级项目44项,发表高水平论文349篇、专著6部,获专利授权172项,获"中国航空学会冯如航空科技精英奖"等省部级奖励6项,实现科研总到账经费1.4亿元。

撰稿:丁　昕

【建校70周年庆祝活动】　2021年是中国民航大学成立70周年。9月25日学校成功举办建校70周年庆祝大会,中共中央政治局委员、国务院副总理刘鹤发来书面致辞,中共中央政治局委员、天津市委书记李鸿忠来校调研,中国民航局局长冯正霖、天津市市长廖国勋出席庆典大会。学校建校70周年庆祝活动以庆祝大会为主轴,先后开展学术类、文化类、校友活动类、展馆展示类等系列活动,辅以各学院围绕校庆主题开展的相关活动,显著提升学校的社会影响力。

撰稿:丁　昕

【"十四五"规划纲要】　2021年,学校发布《中国民航大学"十四五"事业发展规划和二○三五年远景目标纲要》。规划确定了"一二三四四五"总体工作思路,即坚持人才培养一个中心,围绕"双一流"建设和构建高质量民航教育体系两条主线,打造"三个若干"人才队伍,坚持"四个面向",实施四大"核心战略",统筹推进建设"五个一流"。按照规划,学校着力构建由"顶尖安全、一流交通、知名航宇、精品信息、交叉理学、特色文管"六大学科群组成的学科生态体系,全面打造"五纵一横一园一院"的科技发展新平台。

撰稿:丁　昕

【"三全育人、五育并举"综合改革】　2021年,学校构建"三全育人"格局与"五育并举"育人体系相结合,审议通过《中国民航大学关于进一步深化"三全育人"工作格局的实施办法》等系列文件,成立中国民航大学"三全育人"工作领导小组,加大力度持续推进"三全育人"综合改革。由全国民航团委指导的民航院校思政课青年教师联盟成立,中国民航大学成为首届轮值主席单位,联盟在中国民航大学设立中国民航行业文化研究中心,引领行业持续构建"大思政"格局。制订《深入推进习近平新时代中国特色社会主义思想进课程教材工作的实施方案》,成立课程思政教学研究中心,推动思政课程和课程思政同向同行。制订《本科教育教学改革攻坚行动方案》,压缩课内学时实现课上精讲,引导学生开展个性化自主学习,深化教学模式和考核方式改革。制订《体育教育实施方案》《美育工作实施方案》《劳动教育实施方案》。

撰稿:丁　昕

【"五飞"新格局】　2021年12月28日,学校召开学科建设工作会,大会以"构建'五飞'格局·促进'一流'发展"为主题。丁水汀校长做大会主报告。丁校长强调,中国民航大学首先要优化提升学科生态内涵,支撑"五飞"新格局。"研飞"主要回答"如何设计赋予、如何制造实现、如何验证表明、如何局方确认、如何维护保持","能飞"的任务是要锻造学科发展的"硬实力","助飞"和"护飞"是指"研飞"成果分别向航空制造业、民航运输业全产业链环节转化的能力,"会飞"是要提升高端飞行人才的培养能力。其次,战略布局科学研究新架构,形成"五飞"新平台。以"守安全基线、践智慧主线、破负碳高线、追质效极限"为科学研究战略,全面打造"五纵一横一园一院"的科教发展新格局。第三,打造分类卓越新雁阵,形成"五飞"新动力。将人才存量做优、增量做强,系统推进人事制度改革,打造"三个若干"人才队伍,突出评价"五飞"的贡献,实施分类卓越评价方法,提供条件保障,助力形成民航强国建设的人才生力军。曹胜利书记做大会总结,对学校的"双一流"建设提出五点要求。

撰稿:丁　昕

【对外开放合作办学】 学校积极开展校际合作,协同创新。2021年4月22日,中国民航大学与北京航空航天大学签署战略合作框架协议。双方将在科研平台建设、重大项目申报、资源高效共享等方面合纵连横、突破壁垒,共建航空安全国家重点实验室、民航大兴科技创新基地、航空器安全性与适航国家技术创新中心。学校深入加强战略赋能,共谋未来。2021年9月25日,中国民航大学发展战略咨询委员会成立。中国工程院院士张彦仲为主任委员;中国科学院院士、中国工程院院士、中国民用航空总局领导、行业企业负责人、国际民航组织代表等26人任副主任委员和委员。咨询委员会围绕打造中国特色世界一流民航大学的战略目标进行规划性、战略性谋划,细化探索如何在学科布局、科研人才培养等方面形成比较优势,引领行业发展。

撰稿:丁　昕
审稿:丁水汀

天津工业大学

【概况】 天津工业大学办学历史始于1912年创建的北京工业专门学校机织科。经整合1968年更名为天津纺织工学院,2000年更名为天津工业大学,2017年入选国家"双一流"世界一流学科建设高校,2018年获批国防科工局与天津市共建高校,是国家最早开展纺织高等教育的学府之一,现已发展成为一所以工为主,工、理、文、管、经、法、艺、医协调发展的多科性综合大学。

学校总占地195万平方米,总建筑面积86万平方米。学校下设5个学部、24个学院、1个书院、2家附属医院,现有在校本科生21000余人,全日制硕士生约4500人,博士生420余人,成人教育学历生1000余人,各类留学生约2000人(学历生660余人)。现有教职工2200余名。其中专任教师1700名,具有博士学位教师900余名,具有高级职称教师近900名。拥有两院院士7名、教育部长江学者5名、国家杰出青年科学基金获得者5名。现有教研仪器资产117016.25万元,教学数字终端10655台,教学辅助用房379926.83平方米。现有65个本科专业,其中包括15个国家级一流专业建设点、6个国家级特色专业、4个市级一流专业建设点、15个天津市品牌专业、6个天津市战略性新兴产业相关专业、8个天津市优势特色专业、12个应用型专业,4个专业通过工程教育专业认证。学校拥有1个国家重点学科、12个天津市重点学科,1个学科入选国家"双一流"学科,5个学科入选天津市一流学科,5个学科入选天津市高校顶尖学科培育计划,建有5个天津市特色学科群、2个天津市服务产业特色学科群;拥有3个博士后流动站、6个博士学位授权点、26个一级学科硕士学位授权点和11个硕士专业学位授权类别;纺织科学与工程学科在全国第四轮学科评估中获得A+;4个学科进入ESI全球前1%。

2021年,学校坚持以习近平新时代中国特色社会主义思想为指导,深入推进党史学习教育,践行高等教育初心使命,深化综合改革,各项事业发展迈上新台阶。艾瑞深校友会中国大学排行榜学校位列105名。成立天工创新学院、蒋子龙文学艺术研究院、量子材料与器件研究院、生物医药研究院,与西青区政府共建大学科技园。新增3个博士学位授权点和1个硕士学位授权点,5个学科入选"天津市高校顶尖学科培育计划",首次获天津市科学技术进步特等奖1项,引进或培育全国杰出专业技术人才1名、国家"万人计划"科技创新领军人才2名、国家优青1名,获首届全国教师教学创新大赛全国赛金奖。招生和就业质量显著提升,硕士研究生报考人数首次突破万人。成立红色文化研究中心,"百年辉煌"思政品牌课被评为天津市"优秀课程视频",2名辅导员获"天津市普通高校十佳辅导员"称号,获天津市2021届高校毕业生就业质量考核评价"优秀"等级,获"2018—2020年度天津市文明校园"称号。

撰稿：张英丽

【教育经费收入与支出】 2021年，学校教育经费总收入123739万元，比上年增加6221万元，增长5.29%。其中财政拨款75723万元，事业收入39634万元，非同级拨款财政收入1161万元，其他收入7221万元。全年教育经费总支出120145万元，比上年增加1318万元，增长1.11%。其中基本支出84731万元，包括人员经费65636万元、日常公用经费19095万元；项目支出35414万元。

撰稿：窦 静

【教育教学】 学校贯彻落实教育部和市教育两委关于疫情防控期间本科教育教学工作部署，科学谋划、全面部署，实现本科教育教学工作和疫情防控工作的双战双赢。进一步修订专业人才培养方案，制订并发布《天津工业大学课程思政教育教学改革行动方案》《新时代天津工业大学劳动教育实施方案》，构建"德智体美劳全面发展"的教育体系。新增智能制造工程专业，停招1个专业，专业布局进一步优化。5个专业类实行大类招生培养；开设"新工科"等16类教改试点班；开设5个辅修专业和15个微专业；启动首届"本硕博"人才培养项目；推出天工一流本科教育工作坊、天工一流本科教育研讨沙龙、天工本科微讲堂等系列活动。着力构建全员全过程全方位育人格局。立项建设校级研究生"课程思政"教学名师、教学团队及示范课程培育项目34项；4门市优秀思政示范课程、14门校级立项思政课程为基础的课程MOOC及思政微课建设；持续开展校级学位与研究生教育改革研究项目立项工作，立项建设38项重点、15项一般项目。16项研究课题获中国学位与研究生教育学会2020年重点立项与面上立项。顺利完成艺术硕士广播电视领域专业学位授权点培养质量专项巡查工作。教育教学研究改革不断深入。获2021年度"纺织之光"高等教育教学成果奖特等奖6项、一等奖22项、二等奖30项，位居纺织行业高校最高水平。10个本科专业入选国家级一流本科专业建设点；获首届全国教师教学创新大赛全国赛金奖；获批教育部首批新文科研究与改革实践项目2项，全国教育科学规划课题2项；25门课程被评为天津市一流课程；6部教材被评为天津市高校课程思政优秀教材；获批天津市新文科研究与实践项目4项、天津市教育科学规划课题26项，获批中国纺织工业联合会

"纺织之光"教育教学改革项目141项。加强教学团队的培育工作，获批2个天津市级教学团队，1人获天津市教学名师奖。研究生培养取得丰硕成果。4门研究生课程获评2021年天津市高校课程思政示范课程，4门研究生课程授课教师、团队获评教学名师和团队，4本研究生教材获评2021年天津市高校课程思政优秀教材；1个案例入选中国专业学位教学案例中心；15个研究生联合培养基地全部通过天津市高校专业学位研究生联合培养基地认定。其中学校与天津市融创软通科技股份有限公司和中国石油集团工程技术研究有限公司分别建立的两个基地被评为市级示范联合培养基地；获得天津市工程专业学位"优秀研究生导师"39名，获批41篇天津市工程专业学位研究生优秀论文。获2021年全国研究生数学建模竞赛全国一等奖1项、三等奖2项。获第十六届中国研究生电子设计竞赛全国总决赛团队二等奖4项、三等奖4项。积极参与2021年天津市研究生科研创新项目、航空航天专项和智联网联汽车专项申报，共有20项博士研究生项目和37项硕士研究生项目予以立项。学校以"工科做强、理科做优、文科做精、医科做好"的学科发展战略为指引，形成"高峰凸显、高原崛起、基础厚实、特色交叉"的学科布局，完成新一轮"双一流"建设方案编制，有序推进学科评估，积极打造2个市级特色学科群，5个学科入选"天津市高校顶尖学科培育计划"，组织实施"天津工业大学学科建设水平提升行动计划"，编制《学科建设资料汇编》，进一步提升学科治理能力，保障"十四五"规划和"双一流"建设高质量实施，带动学校高质量内涵发展。

撰稿：郭 晶 陈汉军 陈 斌 翟晓飞

【科技研究和社会服务】 2021年，学校获国家科技进步二等奖1项、天津市科技奖一等奖2项、二等奖9项、三等奖1项，纺织联合会科技奖二等奖3项，获科技奖质量和数量均创历史。以项目第一承担单位获批国家自然科学基金36项，国家级社科和教育部人文社科等项目5项，其他省部级项目84项。SCI一区论文201篇，同比增长125.8%；新增科研项目661项，同比增长81.1%；到位科研经费1.56亿元，同比增长34.5%；获授权专利329件，同比增长33.2%；转让、实施许可发明专利98件，同比增长444.4%；与企事业单位签订技术合同494项，同比增长100.8%。1人被评为中国纺织学术带头人、1人获第十三届侯德榜化工科学技术奖"创新奖"。学报再

次被2020版《中文核心期刊要目总览》收录为中文核心期刊,排名上升到第62名;综合影响因子增加25.3%、下载量增加35.1%。建立天津工业大学绍兴研究院,天津工业大学西青科技园等科技创新转化基地,服务地方经济社会发展。

撰稿:宋文贺　张桂芳

【庆祝中国共产党成立100周年】　紧扣建党百年主题主线,统筹内宣外宣、网上网下,广泛开展政策宣传、成就宣传、典型宣传、主题宣传等,全力营造良好舆论氛围。制订实施《关于庆祝中国共产党成立100周年组织开展"永远跟党走"校园主题宣传教育活动方案》。组织全校师生收看收听建党100周年庆祝大会。举行"同唱一首歌　永远跟党走"庆祝中国共产党成立100周年歌咏展演暨第二届师生合唱节。组织开展"迎建党百年　绘时代新篇"主题设计大赛,打造"党建记忆+设计传承"模式,激发大学生群体爱党爱国爱社会主义的巨大热情。组织思政课开学第一课宣讲"七一"重要讲话内容和精神。录制"百年辉煌"思政品牌课程,该课程被评选为天津市"优秀课程视频"。在校园网、微信公众号、微博、抖音号等阵地平台开设"我读红色家书""党史天天读""100件党史文物背后的故事""那时他们正年轻""那时他们的友情"专栏,邀请校内外专家讲授"七一"党史专题党课,强化宣传育人。开展优秀共产党员、优秀党务工作者、优秀教职工等评选表彰工作,突出示范引领。做好庆祝建党100周年氛围营造。充分利用宣传栏、标语、展板、展牌、道旗、LED电子屏等载体,营造浓厚氛围。制作宣传展板27块,张贴海报156张,覆盖学校教学楼、宿舍楼、食堂等主要场所,在校园主干道悬挂道旗70组,LED电子显示屏刊播标语320余条,制作主题景观1组。

撰稿:刘旭虹

【党史学习教育】　2021年,学校党委按照党中央、市委和市教育两委有关部署,紧扣"学史明理、学史增信、学史崇德、学史力行""学党史、悟思想、办实事、开新局"目标要求,聚焦全面落实立德树人根本任务,面向全体党员干部师生,以处级以上领导干部为重点,注重融入日常、抓在经常,不断创新形式、突出特色,围绕专题学习、专题培训、专题宣讲等关键动作,坚持规定动作不走样、自选动作有亮点,推动党史学习教育整体开展。抓好节点引领,聚焦庆祝中国共产党成立100周年大会和党的十九届六中全

会,持续掀起学习贯彻热潮。抓好分类实施,认真组织处级以上干部、教职工、学生、离退休教职工党员等不同群体学习。用好红色文化资源,成立天津工业大学红色文化研究中心,举办以"庆祝建党一百周年　革命文物进校园"为主题的系列文物展,与天津平津战役纪念馆联合举办展览5次,天津工业大学红色文化研究与教育基地展览馆落成。运用红色体验式教学,把党史课堂"搬到"红色教育基地。聚焦青年学生,组织召开党史学习教育动员部署会和中期交流推动会,教育引导学生从百年党史学习教育中进一步坚定信念、汲取前进力量。扎实推进"我为群众办实事"活动,聚焦"五个着力"重点任务,科学制定办实事和群众诉求两个清单并全部办结,推动党史学习教育走深走实。抓好党史学习教育与中心工作深度融合,大力推进学校"双一流"建设,确保学校"十四五"开好局、起好步。

撰稿:谢光勇

【学位授权点数量取得重大突破】　2021年学校新增航空宇航科学与技术硕士点,新增控制科学与工程、数学、电子信息博士学位授权点,博士学位授权点数量由原来的3个增加至6个。学位授权点的重大突破,学校学科实力显著增强,形成了更合理的高层次人才培养格局。控制科学与工程等学位授权点的获批对瞄准科技前沿和关键领域、加快培养国家急需的高层次人才具有重要意义。基础学科博士点实现突破,学科生态更加科学,有利于整体布局更好落实。新增航空宇航科学与技术硕士点,形成新的学科增长点,提升学校服务国家航空航天重大战略需求的能力,为天津区域"国之重器"高端制造提供人才支撑。学位授权点建设的突破对改善学科专业结构、促进相关学科及其相近学科的高质量发展具有重要的支撑和推动作用。

撰稿:翟晓飞

【师资队伍建设】　举办第五届"津门学者"国际青年论坛,全职引进国家"万人计划"科技创新领军人才2名、教育部新世纪优秀人才1名、天津市特聘教授2名、天津市131一层次人选1名、天津市创新人才推进计划中青年领军人才1名、北京市优秀青年人才1名;培育全国杰出专业技术人才1名、国家优青1名、国务院特殊津贴专家2名、天津市杰青获得者1名、"天工杰青"5名、"天工百人"15名、"天工青托"2名;培育天津市"131"创新型人才团队2支;第十三届

侯德榜化工科学技术奖"创新奖"1名。全职引进各类人员128名,其中具有博士学位教师80名,高级职称教师28名,具有留学经历人员21名。从国家宏观政策导向、高水平大学建设实际、学科发展定位等出发,对专业技术职务评聘、岗位聘任、绩效分配、考核等5个人事制度进一步修订完善,制度修订过程中共启动三轮大范围征求意见工作,共收到190余条反馈意见,经梳理、分析整理后采纳合理意见百余条,于11月4日经学校第四届教职工代表大会第五次会议审议。全年新聘专业技术职务184名,其中正高级33人、副高级64人、中级67人、初级20人,转系列平聘26人。

撰稿:王思雨

【招生实现突破】 2021年,学校积极深化国家考试招生制度改革,合理规划招生计划,创新招生宣传方式方法,本科生源质量持续提升。在31个招生省市中,大多省市录取位次比去年有较大提高,理工类最高提升16%,文史类最高提升27%,各省高分段考生数量明显增多。2021年招收全日制硕士生1734人,同比增长11.01%;招收非全日制硕士生147人,同比增长24.58%;各类研究生在校生突破5400名。完成教育部下达的全日制和非全日制硕士研究生招生计划1881名,共录取全日制一志愿考生1411人,一志愿率为81.37%,同比增长9.35%。非全日制一志愿率75.51%。持续深化博士招生制度改革,健全博士研究生招生选拔机制,制定《天津工业大学博士研究生招生"申请—考核"制实施办法》(津工大〔2021〕32号)。2021年博士公开招考"申请—考核"制报名人数220人,同比增长44.74%;招收博士生110人,同比增长3.77%;录取考生脱产学习比例达100%。2021年招收硕博连读研究生34人,占博士新生的31.48%,同比增长5%。

撰稿:陈洪霞

【成立"天工创新学院"】 2021年9月28日,天津工业大学天工创新学院成立大会暨首届学生开班仪式在会议中心举行。校长夏长亮院士、常务副校长陈莉出席,各相关学院、部、处及直属部门主要负责人,导师代表和学生共计90余人参加会议。校长夏长亮为天工创新学院揭牌。"天工创新学院"是落实学校立德树人、加速"双一流"建设和提高人才培养质量的开创性举措。学院引入国内外先进的拔尖创新人才培养理念,依托工程类优势学科,构建以"1+3"培养方式、学分制和个性化培养、导师制与本硕博贯通、开设荣誉课程为特色的人才培养体系,形成"基础—专业—创新"梯次推进的培养方案,致力于培养综合素质高、基础理论扎实、实践能力强的科技创新和工程领域领军人才。首届60名"天工创新学子"从2021级理工类本科新生中择优遴选产生。学生将在导师的引领下开展个性化修读,以及跨学科、跨专业学习。其中第一学年采取通识培养的方式,第二学年初学生确定主修专业。学生可以修读辅修专业、微专业,并参与"本硕博"贯通培养,全班不少于80%的学生具有推免资格,享受"天工创新"专项奖学金。

撰稿:陈　斌
审稿:芦晓东

天津科技大学

【概况】 天津科技大学是中央和地方共建、天津市重点建设高校,是以工科为主,工、理、文、农、医、经、管、法、艺等学科协调发展的多科性大学。学校创建于1958年,时名为河北轻工业学院。1968年,学校更名为天津轻工业学院。2002年,经教育部批准,学校更名为天津科技大学。2013年,原天津经济技术开发区职业技术学院并入。2018年,天津市教育委员会与滨海新区人民政府签署《共建天津科技大学战略合作协议》,2020年,顺利完成一院一地办学布局调整和办学资源优化配置,一校两地办学运行机制不断完善。学校现有滨海、河西2个校区,总占地153.32万平方米,总建筑面积88.7万平方米,运动场面积15.6万平方米;图书馆馆藏图书194.96万册;固定资产总值345872.7万元;现有在校生26000余人,专业学院14个,本科专业71个。

撰稿:张奎利

【教育经费收入与支出】 2021年,学校教育经费总收入110472.99万元,比上年增加19742.09万元,增长21.76%。其中财政拨款64325.67万元,教育事业收入21302.44万元,科研事业收入15401.07万元,其他收入7443.81万元,新增政府性基金预算收入2000.00万元。全年教育经费总支出110917.22万元,比上年增加18137.52万元,增长19.55%。其中教育事业支出64212.95万元,科研事业支出18009.18万元,行政管理支出6869.87万元,后勤保障支出20832.32万元,离退休支出942.90万元,新增投资支出50.00万元。在总支出中用于工资福利支出57937.78万元,用于商品和服务支出31732.51万元,用于对个人和家庭补助支出9241.97万元,用于资本性支出5957.97万元,用于债务利息支出46.99万元,新增基本建设支出6000.00万元。

撰稿:程炯梅

【疫情防控】 学校全年共组织召开疫情防控有关会议37次,及时传达上级有关指示精神、研判疫情防控形势、部署落实各项防控措施;及时拟订学校复课开学方案、疫情防控实操指南、应急演练方案、全员核酸检测方案、疫苗接种方案、督导检查方案、岗位职责谱系图和封控管控预案等各类防控方案28个,修订学校《新型冠状病毒感染的肺炎疫情防控工作方案》《应急处置流程图》,推动落实校园疫情防控各项重点工作落实落细;及时向上级报送学校疫情防控工作落实情况、应急处置信息、阶段性工作总结等39篇,全面推动落实重要时期、重点岗位和重点人员各项防控任务;强化疫情防控宣传教育,学校校园网累计刊发专题文章724篇,专题网站刊发转发文章1583篇,官方微信推文1189篇,官方微博推文350篇,津云账号推文630篇,头条推文306篇,官方抖音推送视频10个,悬挂横幅百余条,道旗90余套。认真做好两校区师生(含第三方人员)三剂疫苗接种工作,做到应接尽接;组织完成多轮次两校区大规模核酸检测,坚持特殊时期在校值班的值班体系。

撰稿:张奎利

【党建工作】 学校坚持以习近平新时代中国特色社会主义思想为指导,认真贯彻新时代党的建设总要求和党的组织路线,扎实推进党史学习教育。召开2021年全面从严治党工作推动会暨警示教育大会,开展基层党委(党总支)落实全面从严治党主体责任考核和基层党建述职评议及领导干部述责述廉工作。以《中国共产党普通高等学校基层组织工作条例》为纲,夯实基层党建工作基础。构建坚强基层党组织体系,组织机械工程学院党委等10个基层党委顺利完成换届选举。抓紧抓实基层党支部建设,制定基层党支部2021年党的建设和全面从严治党工作要点,组织开展党建巡察整改及深化党支部标准化规范化建设。选优配强党组织书记,制定《教师党支部书记"双带头人"队伍建设实施意见》,深入实施教师党支部"双带头人"培育工作,"双带头人"配备率100%。积极创新基层党建实践载体,探索"党建+"工作模式,制定实施《关于强化基层党组织在课程思政建设中引领作用的实施意见》,创新开展"创最佳党日"优秀活动评选、基层党建创新项目创建等活动,推动"领航工程"创建工作深入开展。扎实开展党史学习教育专题培训,推动"我为群众办实事"实践活动取得实效。全年发展党员1934名,其中青年教师6名(含"双高"教师1名)。分类整合干部培训,建立"实训学堂""理论学堂"两个课程培训体系,2021年共举办6期理论学堂、5期实训学堂。制定落实年度干部教育培训和党员教育培训计划,举办"红色大讲堂""党课开讲啦"等系列活动。组织开展建党100周年评选表彰等庆祝活动。根据教育部指导意见,制定《关于全面推行基层领导班子任期目标管理工作实施方案》,研究制定《关于干部选拔任用分析研判和动议阶段开展调研工作的实施办法》。加强干部交流轮岗,推进干部能上能下,2021年共交流处级领导干部27人次。大力推进优秀年轻干部发现培养选拔工作,确定22名思政课教师纳入年轻干部信息库管理,不断强化正向激励措施。

撰稿:范孟男 张 颖

【教育教学】 以立德树人为根本,以工程教育认证为抓手,以深化产教融合为途径,以特色创新发展为动力,相继出台《天津科技大学2021版本科人才培养方案制定工作的指导意见》《天津科技大学关于落实本科生导师制的指导意见》《天津科技大学劳动教育实施方案》《天津科技大学关于切实加强美育工作的实施方案》《天津科技大学关于加强体育工作的实施方案》《天津科技大学教材建设和使用管理办法》等文件,不断深化学校新时代高等教育综合改革,推动学校内涵式、特色化、创新性发展。以一流课程"双万计划"建设为契机,构建"课程思政+X"大思政育人新格局;以一流专业"双万计划"建设为契机,探索人才培养模式创新与改革,实施"卓越人才实验班2.0计划",设立"智能科学与先进制造实验班"培养项目;以"新工科""新文科"建设为契机,探索产教融合协同育人创新机制,提高学校服务国家战略及区域经济社会发展能力。修订研究生培养方案,落实新时代思政课改革创新质量提升专项行动,推进研究生思政课课程群建设,设置三级课程体系,开设硕博阶段思政课13门。落实德智体美劳全面发展培养目标,增设公共选修课课程模块,提供线上线下公选课14门。根据研究生教育改革发展新形势、学科专业类别特色,全面修订博士、硕士研究生学位授予标准,制定多元化的研究生创新成果要求。修订研究生指导教师选聘标准,实现研究生导师岗位与招生资格定期审核与动态调整,制定《天津科技大学研究生指导教师岗位选聘与招生资格审核管理办法》。2021年教育教学成果丰硕:艺术设计学院2名本科生用三年时间完成了四年制本科学习,完全学分制改革取得阶段性成效。获批天津市高校课程思政示范课程12门;获批天津市高校"党史专题课程思政精品课"1门;获批天津市高校课程思政优秀教材12本、天津市高校课程思政教学团队12支;完成天津科技大学课程思政建设百强案例文件汇编,向建党100周年献礼;获批天津市首批新文科研究与实践项目3项、教育部新文科研究与改革实践项目1项、教育部产学研协同育人项目8项、"十四五"天津市教育科学规划课题20项;获评2021年天津市级教学团队2支、第十五届天津市高等学校教学名师奖2人;作为参与单位,获全国首届优秀教材建设二等奖1项;成立生物医药现代产业学院;获批国家级"大创计划"项目38项,市级"大创计划"项目55项,入选全国第十四届大学生创新创业年会学生论文1篇、成果展示项目1项;获第七届中国国际"互联网+"大学生创新创业大赛全国银奖1项、铜奖8项,天津市金奖19项、银奖12项、铜奖26项,入选第七届中国国际"互联网+"大赛"七个一百"系列活动优秀红旅项目案例名单1项、导师2人;生物工程专业通过工程教育专业认证,高分子材料与工程专业、机械设计制造及其自动化专业完成工程教育专业认证专家入校考察。2021年录取博士研究生71人,硕士研究生1769人。获批中国学位与研究生教育学会课题8项,其中重点课题2项,立项数量在全国184所立项单位中排名前20;获批全国农业专业学位教育指导委员会课题2项,全国农业专业学位研究生实践教育培育基地1个;获评天津市高校研究生课程思政示范课程4门,同时被认定为天津市高校课程思政教学名师和教学团队;4种教材被认定为天津市高校课程思政优秀教材;立项天津科技大学研究生教育教学研究与教学改革专项项目46项;获评天津市工程专业学位优秀指导教师42人,天津市优秀学位论文48篇;获评天津市高校专业学位研究生联合培养基地9个,其中2个被认定为"示范基地"。

撰稿:徐　娜　万丽丽　刘洪斌

【学科专业建设】　面向国家及区域重大战略、社会经济发展需求,不断优化学科生态,积极推进学科专业建设。全面落实全国和天津市研究生教育会议精神,完成《天津科技大学贯彻落实习近平总书记对研究生教育工作重要指示精神情况报告》。获批生物与医药博士专业学位授权点、汉语国际教育硕士专业学位授权点。学校现有食品科学与工程、轻工技术与工程、化学工程与技术、机械工程4个一级学科博士学位授权点和1个博士专业学位授权点,20个一级学科硕士学位授权点,12个硕士专业学位授权点。建有"发酵工程"国家重点学科。生物学与生物化学、化学、农业科学、工程学4个学科进入ESI全球排名前1%。食品科学与工程学科软科排名世界第38位,高分子学科在USNews全球排名中位列第31位。轻工技术与工程、食品科学与工程学科入选天津市高校顶尖学科培育计划。工业生物技术、药食同源、化工新材料、智能轻工装备制造、近海海水资源综合利用及环境保护、大数据与智能汽车6个学科群获批天津市高校服务产业特色学科群。积极做好16个学位点合格评估自评工作,明确学位点的建设目标和改进提升方向,促进学校各学位授权点的建设和发展。推进化学工程与技术、机械工程一级学科博士点建设,做好专项评估准备工作。加强基础学科与应用学科的交叉融合,加大人工智能、公共卫生与预防医学学科的建设力度,做好全国第五轮学科评估,以及专业学位水平评估后续核查工作。新增大数据管理与应用、食品营养与健康2个新专业。获批国家级一流本科专业建设点6个,天津市级一流本科专业建设点8个,天津市一流本科课程25门。

撰稿:刘洪斌　顾　媛　徐　娜

【师资队伍建设】　学校现有教职工2194人。专任教师1400人,教授、副教授758人。双聘院士5人,国家特支计划等在内的国家级重大人才工程人选16人,天津市杰出人才、天津市杰出津门学者、天津市特聘教授等在内的省部级人才近百人。学校不断加强教师队伍思想政治教育,进一步完善师德师风考核评价体系,积极组织好教师先进典型的评选、推荐和宣传工作。进一步完善职称评聘制度,完成2021年度专业技术职务聘任工作;修订人才引进政策,制定《天津科技大学"天科人才计划"实施办法》,制定《天津科技大学名誉学衔聘任管理办法》,加入"天津市新医科和生物医药产业博士后创新联合体",增加招收资源,推动学校博士后工作进一步向外发展。2021年学校新增国家级人才2人,省部级人才6人,人才创新团队4支,天津市杰出人才1人、享受国务院政府特殊津贴专家2人、天津市宣传文化"五个一批"人才1人、天津市教学名师2人、天津市"131"创新型团队1支、天津市"项目+团队"(创新类)3支;共引进博士后44人,在站博士后中1人获批国家自然科学基金面上项目资助,7人获批国家自然科学基金青年科学基金,12名博士后获中国博士后基金面上资助,其中一人获批一等资助,获博士后面上基金数量和质量在市属高校中排名第一;6个项目入围第一届全国博士后创新创业大赛全国总决赛,最终获1金1银1铜2优胜,获奖数量在天津市高校中名列第一;积极利用博士后平台拓展合作企业保持联系,搭建青年教师培养平台,与工作站联合培养博士后27人,工作站提供博士后培养费共计121万元;21名教师参加企业工程实践;成功举办2021全国信创与人工智能发展博士后论坛。

撰稿:王 瑾

【学生工作】 以学习贯彻习近平新时代中国特色社会主义思想为主线,不断深化学生教育、服务、管理职责,深入开展中国共产党成立100周年迎庆活动和党史学习教育。推进大学生思想政治教育进宿舍,积极推进劳动育人,强化思政工作研究基地、实践育人共同体建设,选树9个研究生党支部重点培育,推进研究生党建工作质量整体提升,研究生林晓东获"全国百名研究生党员标兵"称号,组织开展"百年行动"开学季系列活动、"献礼百年华诞 奋斗红色青春"百年献礼特辑活动等,厚植爱国主义情怀。落实各类疫情防控学生管理方案,不断强化疫情防控、安全教育和分类指导,及时处理突发情况,做到新冠肺炎疫苗应接尽接,核酸检测筛查应检尽检。做好资助育人和实践育人,落实精准资助、加强资助宣传,完善研究生奖助体系,继续开展新生义务劳动、学长关怀计划、朋辈讲堂等资助育人品牌活动;成立研究生志愿服务队,开展天津市"爱国心 报国情 强国志"征文审稿等活动。加强学生工作队伍建设,召开第二次研究生代表大会,办好"研华英才"研究生骨干培训营。启动润心培根工作,深化教医结合和学院二级心理辅导站建设。认真做好评奖工作,"天津科技大学学风传承基地"获批首批学风传承示范基地,1人获评全国高校百名研究生党员标兵,1人获评天津高校"大学生年度人物"、王克昌奖学金,在"新时代·实践行"系列实践活动中,学校取得5个先进集体标兵、5个先进个人标兵的好成绩,

同时获优秀组织单位称号。推进科研育人,继续办好"渤海风"研究生学术文化季,开展"研知互助"学术沙龙等学术活动,组织研究生参加创新实践竞赛,在重要赛事中获国家级奖项12项、省级奖项40项;17人获教育部人文社会科学研究专项任务项目、天津市高校思政工作精品项目、天津市思想政治工作专项课题、科研计划专项任务项目立项;36个项目获批2021年天津市研究生科研创新项目立项;7个项目获批人工智能专项立项,立项数蝉联市属高校首位;1个项目获批航空专项立项;94个项目获批校级研究生科研创新项目立项。营造学风建设新高地,开展"科学道德和学风建设宣讲教育月"系列活动,形成富有成效的学风教育"一院一品"实践项目,申报"天津科技大学学风传承基地",获全国"首批学风传承示范基地"称号。做好疫情下精准化就业,构筑全员就业格局,开展"研职论坛""研职在线"等多项就业服务活动,平稳推进就业工作全方位提升,完成初次毕业去向落实任务,完成2020届就业工作。

撰稿:信 欣 郭 婧

【科学研究】 学校高度重视科学研究和成果转化工作,鼓励高水平科研平台服务本科教学。按照学校"顶层设计"的要求,大力推动实施"强校计划",已逐步构建"政策、平台、项目、人才"四位一体的科技工作创新体系,在大平台、大项目、大成果方面取得显著的成效。科技创新综合实力不断攀升,实现新突破,获批国家自然科学基金项目31项;获批国家重点研发计划项目2项,课题6项;获批中央引导地方科技发展资金百城百园项目1项,中央引导地方科技发展资金省部共建国家重点实验室建设项目3项;获批天津市科技奖3项,其中天津市科技进步一等奖1项;获第十七届天津市社会科学优秀成果奖7项,其中二等奖1项、三等奖6项;获批新疆维吾尔自治区科技进步一等奖1项;获批第二十二届中国专利优秀奖2项;获批天津市企业科技特派员项目10项,天津市农业科技特派员项目2项;获批教育部人文社会科学研究项目4项,天津市哲学社会科学规划项目13项;5项成果入选天津市庆祝建党100周年《思想的力量——新时代党的创新理论天津实践》;1份政策建议被中央领导批示,1份政策建议获天津市第十五届优秀调研成果三等奖;在人民论坛、《中国社会科学报》、党建网、《天津日报》等中央和地方主要媒体报刊发表理论文章48篇;获批建设天津滨海新区知识产权运营服务体系建设——综合产业知识产权

运营中心建设项目,经费500万元,2021年有效专利数量达到1350余件,较2020年度增长48.5%。持续推进科技成果转化工作,获批天津市首批技术转移示范机构,在全国各地建设科技成果转化分中心、企业重点实验室、校企协同创新中心等一批新型产学研合作机构,与中国科学院天津工业生物技术研究所、世界500强企业万华化学、正威国际集团以及中兴通讯、科大讯飞等一批高水平科研机构和大型企业共建研发中心、现代产业学院、产业技术研究院等产学研合作平台。获批2021年度天津市科技局支持国家重点实验室建设项目资金500万元,"食品营养与安全教育部重点实验室"经教育部批准更名为"海洋资源化学与食品技术教育部重点实验室",并完成2021年度教育部重点实验室评估工作;获批食品安全低碳制造省部共建协同创新中心,及天津市"一带一路"联合研究中心;成立天津市第一家由高校牵头的碳中和研究院。

撰稿:王 瑾 张 杰

【服务社会】 学校通过技术转移中心、国家知识产权信息服务中心和高校科技创新成果转化中心等机构和平台,以市场化方式推进科技成果转移转化。学校围绕天津市"1+3+4"产业格局,结合学校特色优势学科和滨海新区产业特点,培育创新集群和高新技术产业群,促进高校科技成果市场化落地发展,进一步推动科技成果扩散、流动、共享与应用,支撑学校"双一流"建设。2021年全面推进大学科技园建设,被认定为首批天津市大学科技园,学校利用学科和人才优势将创新资源导入科技园,形成"校区、科技园区、城市社区"三区联动体制机制,构建大学和区域协同融合发展的创新生态体系,科技园规划建设产业技术研究院、中试基地、孵化基地和双创基地等功能载体,累计入驻企业38家,在谈项目20余个,依托大学科技园申请发明专利172件,授权49件。与中国食品报社签署战略合作协议,在专家观点报道、技术成果展示开展实质性合作。2021年新增天津市企业科技特派员51名,农业特派员13名,津甘双地农业特派员7名,"津科帮扶"咨询服务专家10名。持续加强推进省校科技合作,组织召集全国50家企业、高校及科研机构,共同成立天津市粮油食品保鲜与加工产业技术创新战略联盟。应答第六届中国创新挑战大赛需求35项,举办和参加项目发布会40余场,技术辐射企业500余家。深度参与"京津冀"协同发展,积极与河北省工业企业和科研机构所开展"结亲戚"行动,目前已与40家河北工业企业建立一对一直通车战略合作。参与天津新能源、乡村振兴和精细化工和新材料等产业(人才)联盟建设,做好产业链、创新链、人才链的三链融合,积极服务新区产业发展。与中国酒业协会合作成立中国酒业协会产业创新技术研究院,与巨石控股签约共建食品和生物工程研发基地与成果转化中心,规划建设国家级食品及生物制品产业生态园区。积极推动就业工作,全员参与就业形成工作合力,将"稳就业""就业育人"放在更加突出的位置,2021届本科毕业生毕业去向落实率为85.56%,研究生全年毕业去向落实率为91.17%。学校深入挖掘新产业新业态新模式中的就业机会,积极引导毕业生在数字经济、平台经济等多个领域灵活就业,从事自由职业、自主创业占已就业人数的23.68%。

撰稿:王 瑾 徐 静 郭 婧
审稿:冯翠玲

天津理工大学

【概况】 天津理工大学是一所以工为主,工理结合,工、理、管、文、艺等学科协调发展的多科性大学。学校前身为天津理工学院,于1979年以天津大学理工分校名义开始招收本科生,1981年经国务院批准正式设立。1996年,原天津理工学院与原天津大学分校、天津大学机电分校、天津大学冶金分校三所本科院校合并,组建成新的天津理工学院。2004年经教育部批准,更名为天津理工大学。

学校坐落于天津市西青区宾水西道391号,总占地159.42万平方米、建筑面积76.96万平方米。本科以上全日制在校生29000余人。现有专业学院15个,还设有继续教育学院、工程训练中心、体育教学部等机构。现有本科专业66个,一级学科硕士点22个,一级学科博士点4个(材料科学与工程、计算机科学与技术、管理科学与工程、电气工程),一级学科博士后科研流动站2个(材料科学与工程、计算机科学与技术),天津市重点学科12个(计算机科学与技术、材料科学与工程、管理科学与工程、电子科学与技术、化学工程与技术、控制科学与工程、电气工程、软件工程、机械工程、环境科学与工程、网络空间安全、物理学)。

学校获批国家一流本科专业建设点19个,教育部特色专业4个、教育部"本科教学工程"专业综合改革试点项目2个、教育部卓越计划专业5个;建有国家级实验教学示范中心2个、国家级虚拟仿真实验教学中心1个、国家级虚拟仿真实验教学项目1项、国家级工程实践教育中心3个、国家级"本科教学工程"大学生校外实践教育基地建设项目2个;编有国家级精品和规划教材14部,获批首批国家级一流本科课程3门、教育部精品视频公开课和国家级精品资源共享课3门,获国家级教学成果奖8项。学校积极推进工程教育改革,12个专业已通过工程教育专业认证。学校建有大学生活动中心、体育馆、田径运动场等,配套齐全。图书馆建筑面积4.6万平方米,纸质藏书216万余册、电子图书193.9万册、电子期刊3.4万种,拥有中外文高水平数据库60余个。

学校注重科技创新平台建设。现有国家级工程实验室1个、教育部重点实验室2个、教育部国际合作联合研究实验室1个、教育部工程研究中心2个、科技部创新人才培养示范基地1个、国家外专局教育部联合创新引智基地1个、教育部高等学校科技成果转化和技术转移基地1个,入选国家知识产权试点高校;天津市重点实验室、工程中心、人文社科基地、各类智库共25个。牵头建设天津市"西青大学科技园",实施科技强校战略,推进科技自立自强。

学校现有教职工1910人,其中专任教师1461人,具有博士学位教师779人,具有高级职称教师641人。拥有中国工程院院士、国家杰青、国家级优秀青年人才、百千万人才工程国家级人选、国家教学名师等国家级领军人才15人,天津市杰出津门学者、天津市特聘教授、天津市特支计划人选、天津市"131"创新型人才培养工程第一层次人选等省部级人才155人,高水平创新团队17支,为学校发展提供了有力的人才支撑。

学校大力实施国际化战略。与36个国家和地区的137所知名大学和科研机构建立了友好合作关系;与加拿大、日本等国家大学开展本科和研究生层次的合作办学,培养了我国首批项目管理硕士;"新能源材料"创新引智基地入选教育部、国家外专"111计划";学校获批中国政府奖学金来华留学生院校;在波兰、印度、科特迪瓦建立3所孔子学院和1个孔子课堂;在科特迪瓦建立首个由普通高等院校参建的鲁班工坊。

撰稿:苏荣华

【教育经费收入与支出】 2021年,学校教育经费总收入116006.94万元,比上年增加12994.32万元,增长12.61%。其中教育经费拨款56711.88万元,医疗经费拨款2638.50万元,政府性基金拨款9358.40万元,教育事业收入27037.33万元,科研事业收入13957.02万元,其他收入6303.81万元。全年总教育经费总支出115044.55万元,比上年增加10050.65万元,增长9.57%。其中工资福利支出53566.54万元,对个人和家庭补助的支出11317.13万元,商品和服务支出33998.11万元(含利息支出293.50万元),其他资本性支出16162.77万元。

撰稿:徐春静

【教育教学】 2个专业通过工程教育专业认证,9个专业入选国家级一流本科专业建设点,5个专业入选省级一流本科专业建设点。11门课程已推荐国家级一流本科课程评选,17门课程获批市级一流本科建设课程。1个项目入选教育部、2个项目入选天津市首批新文科研究与改革实践项目。制定《教材工作管理办法》,打造具有天理特色的教材库,4部教材成功获批天津市课程思政优秀教材。2人获批天津市教学名师、1支团队获批天津市教学团队。建立多学科专业共享的新工科实践平台,积极推进实践教学。获批立项市级以上大学生创新创业训练项目33项,其中1个项目入选全国大学生创新创业年会成果展示。制定《高水平研究生教育行动计划》,全面修订研究生培养方案。不断健全研究生招生计划动态调配机制,全年招生1675人,比去年增加148人。新增电气工程一级学科博士点,调整增列集成电路科学与工程一级学科硕士点和工商管理硕士专业学位授权点,4个学科群入选首批天津市高校服务产业特色学科群建设名单。学校在2022年US News世界大学排名中,位居全球第1202名,上升158位,国内第130名,上升13位。

撰稿:简 皓

【科技研究和社会服务】 持续实施"科研倍增计划",到校科研经费达到1.29亿元,同比增长17%。教育部社科基金立项数位列市属高校第二,获批国家海外优秀青年科学基金项目、天津市杰出青年科学基金。获批第七批天津市宣传文化"五个一批"人才2人,新增派驻科技特派员92人,获批优秀科技特派员项目8项。新增1个天津市科技创新智库,成立"天津理工大学绿色纳米技术研究院""天津理工大学绿色化工与废弃物资源化产业技术研究院"和19个院级研究机构。持续推动天津市半导体集成电路人才创新创业联盟建设,率先成立集成电路学院,邀请紫光展锐、中芯国际等大型企业参与人才培养方案制订,努力培养卓越工程师。深化政产学研合作,与地方政府共建天津理工大学浙江智能制造研究院、菏泽研究院、青岛研究院、江阴技术材料创新研究院等4个外埠研究机构;与天津滨海新区、西青区、菏泽市等5家政府机构及中国聋协、国家手语数字推广中心等单位签订全面战略合作协议;与奥克控股集团等企业达成战略合作意向。出台《关于鼓励教职员工等到大学科技园创业的若干规定》,积极推进西青大学科技园建设。组织召开第五届世界智能大会开源创新与信创产业发展论坛,加入新能源产业技术创新战略联盟,助力天津信创产业发展。

撰稿:简 皓

【师资队伍建设】 大力实施"明理学者计划",举办第二届"明理学者"国际论坛。2名国家杰青全职到校工作,进一步巩固提高学校在功能晶体材料和生命健康智能检测领域的优势地位。1名教师入选教育部"长江学者奖励计划",获批海外优秀青年科学基金项目1项。高层次人才团队建设取得新成绩,2支团队入选天津市"131"创新型人才培养工程团队。新增博士教师80人,招聘硕士教师、辅导员、教辅及管理人员47人。博士后工作质量不断提升,新增5位博士入站,1个项目获第一届全国博士后创新创业大赛总决赛金奖。深化岗位聘用制度改革,制定聘期考核方案和新聘期岗位聘用方案,完善人才流动和退出机制。严格年薪制人员中期考核和预聘期考核,实现待遇能上能下、人员能进能出,激发教师工作活力。深化岗位聘用制度改革,强化分类聘用,发挥教师专长,持续激发教师创新热情。深化教育评价改革,落实破"五唯"要求,制定《2021年度专业技术职务评聘工作方案》,完善教师职称评聘制度,修订《教师突出业绩奖励办法》,突出标志性成果和代表作评价,畅通优秀人才发展通道。坚持师德师风第一标准,党委书记、校长带头讲授"师德必修课",选树教书育人先进典型。推进实施教师培训"双百五年计划",提升教师教书育人能力。

撰稿:简 皓

【国际交流】 克服全球疫情影响,积极与国际友好院校保持交流互通,探索合作新模式。3个项目顺利通过中外合作办学项目评估。有序组织学生到国外开展学术交流、企业实习,开拓学生国际视野。修订《国际学生管理规定(试行)》,全面推进国际学生与中国学生趋同化管理。大力推动中华文化国际交流,深入推进鲁班工坊建设,完成2所孔子学院转隶工作,启动孔子学院中方院长和公派教师的人才储备工作。

撰稿:简 皓

【提升办学条件】 加强网络基础设施建设,网络出口带宽达到8G,持续优化办公自动化系统功能,21个信息系统完成数据对接,为疫情防控、教学科研等提供服务保障。新增RSC数据库等,推出"检索报告无纸化"服务,充分满足师生需求。成立知识产权信息服务中心,提升师生知识产权保护意识。加强国有资产程序化、动态化管理,严格执行"阳光采购",新增固定资产8083台件,价值3700余万元。开展贵重仪器设备核查调研,推动优化配置与资源共享。制定《学院公用房屋配置实施细则(试行)》,学院用房管理更加规范有序。落实控烟、垃圾分类要求,完成学一食堂和24小时餐厅装修,建立4600平方米牡丹园,整理绿化用地近2万平方米,能源管理和水电等运行保障良好,美丽校园和节约校园建设成效显现。新建电气电子教学科研楼竣工并交付使用,海运自动化机舱项目开工建设,学校控规编制顺利获批。

撰稿:简 皓

【思想政治教育】 持续推进习近平新时代中国特色社会主义思想"三进"工作,增设习近平新时代中国特色社会主义思想概论为必修课,增设中共党史等19门选修课。成立课程思政建设领导小组,统领学校课程思政工作,制定课程思政建设方案,11门课程被认定为"天津市高校课程思政示范课程"。马克思主义学院建设不断加强,1人入选天津市思政课最具影响力人物,1门思政课程获批天津市一流课程,建立2个名师工作室,新增2个实践教学基地。学校以大中小幼一体化建设为契机,与东丽区教育局、天津中学、中北小学等30余家单位签订共建协议或达成一体化合作意向,在思政课教学研究、实践与文化育人等方面开展交流合作,助力中小学课后服务"双减"政策落地。持续开展"暖阳工程""求实"励志班等,进一步充实"四位一体"发展型资助育人体系,切实让天理学子感受到学校温暖。落实"一把手"工程,强化就业服务指导,努力保障毕业生充分和高质量就业。加强国防教育,成立国防教育展厅暨征兵工作站,获评征兵工作先进单位。学校学生在全国各类赛事中斩金夺银,首次摘得"互联网+"大学生创新创业大赛全国总决赛金奖,展现了天理学子昂扬向上、奋力拼搏的精神风貌。

撰稿：简　皓

【党史学习教育】 成立党史学习教育领导小组，确保党史学习教育走深走实。校党委理论学习中心组赴觉悟社、中国共产党历史展览馆、滨海新区、天津港开展党史学习，与西青区委理论学习中心组开展联组学习，将党史学习与业务提升相融相促。举办专题读书班、"百年风华"党史学习教育展，组织参观"红色记忆——天津革命文物展"和"百年恰是风华正茂"主题档案文献展，举办专题辅导报告7场，讲授专题党课262场。打造沉浸式党史学习教育实践基地，举办党史情景剧大赛、合唱展演等活动，经验做法被天津市委和教育系统党史学习教育简报采用27次。用心用情用力讲好天理故事，受到央视、新华社、《光明日报》等中央媒体报道52次，大力提升了学校社会知名度。在光明网、新华网理论频道、《天津日报》等重要媒体发表理论文章20余篇，阐释好宣传好党的路线方针政策。巩固主题教育成果，实施2021年10项"为师生办实事"项目，坚持不懈为师生办实事、做好事、解难事。校领导带头开展专题调研，凝练学校"我为群众办实事"重点项目25项，各基层党委（党总支）梳理办实事项目240项，其中教工子女体育技能公益培训、中小学生课后服务等活动多次被媒体专题报道。

撰稿：简　皓

【教风学风建设年】 召开"教风学风建设年"阶段性部署推动会，把教风学风建设作为学校战略性基础性工程常抓不懈。坚持以教风带学风，开展33场"天理榜样""天理先锋"教风学风建设巡讲系列活动。召开天津市教学名师座谈会，成立12个"名师工作室"，建立13个"示范课堂"，引导广大教师涵养崇高师德，坚定育人初心。实施"课前三分钟"微课堂制度，把思政教育融入专业教育，在课堂主阵地实现润物细无声的育人效果。坚持以学风促教风，制定2021—2022学年清朗学风建设工程工作安排，明确五大方面47项学风建设举措。成立"清朗学风"辅导员工作室，举办首届明理卓越创新班，开展朋辈帮扶、学业辅导、学涯规划、诚信教育等特色活动，开展"百人先锋、千场宣讲、万人受益"宣讲会300余场，形成善学乐学良好氛围。

撰稿：简　皓
审稿：张继东

天津医科大学

【概况】 天津医科大学前身为天津医学院，创建于1951年，是中华人民共和国成立后原国家政务院批准建立的高等医学院校。1994年6月天津医学院与天津第二医学院合并组建天津医科大学。1996年12月成为天津市唯一的国家"211工程"重点建设市属院校，2015年10月成为天津市人民政府、国家卫生健康委员会和教育部共建高校，2017年9月入选国家"世界一流学科建设高校"。

学校有气象台路与广东路2个校区和8所大学医院。现有本科专业21个，设有19个学院（系）和1个独立学院。全日制本科以上在校生10891人，其中本科生5431人，硕士生3649人，博士生955人，学历留学生856人。包含大学医院在内学校现有各类专业技术人员8668人，其中正高级709人，副高级1303人。拥有中国工程院院士2人、中国科学院院士1人、外籍院士1人；国家杰出青年科学基金获得者12人及优秀青年科学基金获得者9人；国家"万人计划"领军人才7人及青年拔尖人才2人、国家百千万人才工程人选15人；科技部"973"首席科学家4人；国家人社部有突出贡献专家17人；国家卫生健康委员会有突出贡献中青年专家12人。

现有国家级一流本科专业建设点11个，天津市一流本科专业建设点1个，国家级特色专业5个，国家级专业综合改革试点1个，国家级教学团队2个，天津市级教学团队20个，天津市级教学名师30人，5个教学团队和10名教师获得天津市"在抗击疫情工作中课程思政优秀教学团队和优秀教师"称号；国家级精品课程7门，国家级精品资源共享课5门，国家级精品视频公开课3门，国家级双语示范课程3门，国家级一流本科课程6门，天津市级一流本科建设课程42门；天津市级课程思政示范课程（优秀团队、教学名师）10项，天津市级课程思政优秀教材6部；国家级人才培养模式创新实验区3个，国家级实验教学示范中心3个，国家级大学生课外创新实践基地2个，国家临床教学培训示范中心2个。现有一级学科博士学位授权点10个，博士专业学位授权点2个；一级学科硕士学位授权点12个，硕士专业学位授权点7个。博士后流动站6个。博士生导师435人，硕士生导师1304人。学校留学生教育规模与质量居全国医学院校前列，留学生生源来自105个国家，现有国家级来华留学生英语授课品牌课程8门，天津市来华留学生英语授课品牌课程25门。

学校大学医院有国家临床重点专科13个,天津市临床重点专科16个。4所大学医院获批7个国家临床医学研究中心(区域分中心),其中肿瘤医院是首批国家恶性肿瘤临床医学研究中心;总医院、肿瘤医院、第二医院、眼科医院、精神卫生中心获批11个天津市临床医学研究中心。学校有18所非直属临床学院。

学校先后与24个国家和地区的96所大学和科研机构建立学术交流与合作关系,在医学和生物医药领域开展高水平国际合作,聘请159位世界知名医学专家、教授担任学校各学科的名誉教授和客座教授,成立了"外国专家顾问委员会",推动学校国际化发展。

撰稿:林　峤

【教育经费收入与支出】　2021年,学校教育经费总收入128595万元,比上年减少2008万元,下降1.5%。其中上年结转18580万元,利用非财政拨款结余弥补2516万元,当年收入107499万元。2021年收入较上年减少3437万元,主要原因是科研经费及其他收入减少。其中财政补助收入70728万元,行政事业性收入14686万元,其他事业收入13110万元,其他收入8975万元。全年教育经费总支出128595万元,其中结转下年14349万元。当年总支出114246万元,比上年增加2206万元,增长2%,主要为新校区一期建设和科研绩效经费支出增加。其中人员经费支出47335万元(包括工资福利支出36330万元,对个人和家庭的补助支出11005万元),公用经费支出66911万元(包括商品和服务支出32950万元,债务利息及费用支出749万元,资本性支出33212万元)。

撰稿:王　妍

【师资队伍建设】　出台高层次人才引进与培养工作实施办法,召开海内外青年学者论坛等多措并举,构建科学的人才引育体系。完成校学术委员会调整,新增思想政治教育学科评议组。破除"五唯",实施同行专家代表性成果评审制,探索第三方评审方式。推进兼职辅导员、班主任、临床班主任考核聘任,增强青年教师教书育人责任担当。学校全年引进高层次人才18人,其中校级高端人才3人,校级青年人才11人,院级人才4人。新增国家级人才项目3项,长江学者特聘教授青年学者1人,国家自然科学

基金优秀青年项目1人、国家享受政府特殊津贴专家5人、天津市杰出人才1人、天津市"131"创新型人才团队3个。中国博士后国际交流计划引进项目获得零的突破,5人获博士后科学基金面上资助项目。

撰稿:焦红兵

【教育教学】　全年共招收本科以上学生3208人,其中本科生1214人、硕士研究生1321人、博士研究生342人,夜大学331人。共授予学位2515人,其中学士学位1137人、硕士学位1104人、博士学位274人。一流本科教育进一步巩固。优化专业结构,眼视光学专业首次招生,新增国家级一流本科专业建设点6个,获批市级一流本科课程24门。承办第十届中国大学生医学技术技能大赛总决赛,学校参赛队分获临床医学专业五年制赛道金奖亚军、预防医学专业赛道银奖和护理学专业赛道铜奖,学校获中国大学生医学技术技能大赛优秀组织高校称号。卓越研究生教育逐步构建。服务国家及天津市健康战略需求,适度扩大研究生招生规模。实现"朱宪彝班"本硕博一体化培养有机衔接。优质来华留学生教育保持领先。完善网上一体化招生系统,出台线上教学实施细则。初步构建留学生教育"体、美、劳"特色课程体系。继续教育可持续发展。围绕继续教育战略转型发展,开展全科医学、康养方向等调研,推进健康教育资源建设。独立学院加快发展,健康服务与管理学专业通过市教委专业评估审查。新增天津市级线下、线上线下混合式一流建设课程4门。全年学校新增天津市教学名师2名,天津市教学团队2个;获首届全国高校教师教学创新大赛国赛三等奖1人,市赛一等奖2人和团队2个。学生参加市级以上基础学科竞赛,获奖199项,其中特等奖1项,一等奖15项。获批国家级大学生创新创业训练计划项目21项,市级项目34项。

撰稿:李晓霞　焦红兵　韩　霏　马跃美　刘佩梅

【学科建设与科学研究】　"双一流"首期建设圆满收官,临床医学首次进入ESI全球排名前1‰,进入ESI世界排名前1%学科达8个。科学编制新一轮"双一流"整体建设方案和学科建设方案,完善学校"十四五"事业发展规划,明确高质量发展总体思路。成立天津医科大学心血管疾病中心。整合大学医院与校本部资源,出台基础医学卓越人才PI与大学医院临床科室交流合作管理办法,促进互聘交流合作,打通基础研究向临床应用快速转化通道。筹建临床

医学部,推行学校与学院、大学医院"条块结合"管理模式。科研创新能力获得新突破。全年承担科研项目621项,同比增长14.36%,科研经费同比增长39.3%。其中国家自然科学基金项目153项,直接经费7959.8万元,国家重点研发计划项目3项、课题3项及课题参与4项,资助经费7652.08万元。科技成果转化同比增长75%。获中华医学科技奖二等奖1项,华夏医学科技奖二等奖1项。全年获天津市科学技术奖9项,其中特等奖1项,一等奖1项。

撰稿:冯世庆　陈可欣

【大学医院工作】　大学医院综合实力显著增强,总医院、肿瘤医院入围"2020年度中国医院排行榜(复旦版)"和"2020年度中国医院科技量值(STEM)综合排行榜";总医院、第二医院入围"2020年顶级医院100强"。制定学校临床专病研究中心管理办法及建设方案,启动跨学科、跨医院、跨基础与临床的"专病研究中心"建设。深入推动公立医院改革,推进落实DRG/DIP综合示范点、分级诊疗等医改重点任务及按病种付费、日间手术等改革举措,建立以病人为中心的多学科诊疗模式,整体推进预约诊疗、临床路径、优质护理等工作。开展大学医院行风示范科室创建活动,营造风清气正的医疗环境。加快医院基础设施建设,推动肿瘤医院扩建二期南院区工程和质子治疗中心项目,启动总医院门急诊综合楼、鞍山西道新院区工程,推进第二医院三期工程建设。

撰稿:杨立成

【合作与交流】　与国内"一流大学"合作实现实质性突破,与南开大学联合举办首届医学创新发展天津高峰论坛暨院士校长国际研讨会,合作研修跨校修读课程。国内八所部委省共建地方医科大学共同发起成立"部委省共建医科大学国际化协作网"。与天津药物研究院有限公司、天津市医药集团等建立战略合作关系,搭建产学研用合作平台。推进京津冀协同发展,与北京协和医学院开展专业型研究生规范化培训,与首都医科大学、河北医科大学联合举办国际青年创新发展论坛,搭建京津冀高水平医学人才交流高地。国际交流与合作日益扩大,与新加坡国立大学签署校际合作协议,同加拿大麦吉尔大学、埃及艾因夏姆斯大学达成人才培养、科研合作、全科医学培训等合作意向,与日本神户大学商建中日老年病防治合作项目。推动"一带一路"沿线国家医学教育发展,与中石油国际勘探开发有限公司

协商推进在土库曼斯坦交流合作项目。举办国际会议4场,线上"海外名师讲坛"9场。

撰稿:冯世庆　夏睦群

【公共服务体系建设】　新校区建设步入快车道,获批4亿元政府专项债并投入建设,一期工程所有在建楼宇全部封顶,完成一期室外工程施工招标及三期工程勘察、设计等前期准备工作。实施模拟卫生应急移动处置中心、妇产儿外科护理实训室、基研中心药筛平台、免疫楼低温冰箱间及PBL教室多项改造项目,提升改造完成医学技术学院、基础医学院、药学院和实验动物部实验室。加强图书馆馆藏资源建设,学校获2016—2020年度华北地区高等学校图书资料先进集体。强化网络安全建设及终端安全保障。完成2家市科技局企业划转。完成和平区人大代表换届选举工作。开发线上学籍档案远程利用平台。加大对学校外包食堂在财务、采购、招标等方面的监管力度。强化平安校园建设。落实"三保"支出,完善项目支出动态调整机制及内部控制体系。重新修订学校内部审计工作规定,强化审计监管力度。全面加强党管保密,设立保密工作专项经费,推进新发展阶段各项保密工作。

撰稿:王卫国　王　华　常　红　杨　昆　杨立成
　　　卫丽君　王　妍　田　欣　刘万泉　陈　欣

【党建与组织工作】　深入开展党史学习教育,扎实做好庆祝建党百年宣传教育。开展建党百年"两优一先"评选表彰和"光荣在党50年"纪念章颁发工作,学校获评市教育系统优秀共产党员7名、优秀党务工作者5名、先进基层党组织7个、市级优秀共产党员1名。用心用情开展"我为群众办实事"实践活动,广泛收集师生诉求,办实事解难题,各大学医院提升服务水平,服务百姓就医,总医院开设专家夜间门诊,获全市十大经典案例第三名。严格落实学校意识形态和网络意识形态工作责任制要求,修订完善27项制度。开展2021年度意识形态、网络意识形态工作专项督查,完善日常监管、月度研判、季度汇报和专题调研等机制。加大年轻干部培养选拔力度,新提拔处级干部9名,其中40岁以下年轻干部7名。举办处级干部培训班和科级干部培训班,提高年轻干部综合能力素质。加大干部交流轮岗力度,调整交流处级干部35名。深入实施基层党组织组织力提升工程,7项"创最佳党日"优秀活动获教育系统表彰。持续做好对口支援帮扶工作,选派54名优秀

师生组建援疆支教团奔赴和田开展支教,选派2个工作队6名队员帮扶4个经济薄弱村,助力乡村振兴。深入履行全面从严治党"两个责任",会同派驻纪检监察组联合召开学校全面从严治党工作部署会、中期推动会、警示教育会等,开展政治生态分析研判,保持政治生态建设持续向善向好态势。出台清廉学校建设实施方案,联合派驻纪检监察组制订大学医院纪检监察工作实施方案。完成4个学院党委巡察,开展基层党建检查暨全面从严治党考核。深入开展讲担当促作为抓落实专项行动,激励干部新时代、新担当、新作为。加强民主党派基层组织建设,成立农工党天津医科大学基层委员会,完成民进天津医科大学委员会换届选举。强化工会各项职能,凝聚教职员工团结奋进力量,助力疫情防控、医疗服务及医教研各项事业发展,1人获全国五一巾帼标兵称号。

撰稿:陈 欣 孙 彬 梅 玫

【学生工作】 牵头成立全国医学院校学生思政工作联盟。开展一院一品、思政工作精品项目、思政工作特色案例评选,培育全员育人项目。开展"百年风华正茂 青春筑梦远航""赓续红色百年 争做时代新人"等系列活动,引领学生做"请党放心,强国有我"的新一代青年。实施新时代五好大学生助力腾飞计划,构建发展型资助育人体系。召开心理健康教育工作专题会议,组织开展天津市大中小学一体化心理健康教育专题培训等,促进心理育人质量不断提升。坚持把"稳就业"放在更加突出的位置,校院两级领导干部带头包干学生就业工作,搭建平台、开辟渠道,学生毕业去向落实率80.33%,较同期增长5.29个百分点。启动马克思主义理论学习研究计划,开展辅导员素质能力专题培训、素质能力大赛。推动学生工作双周例会、思政工作考核例会等形成机制,抓牢思政教育重点任务落实。学校获评"青春心向党"新时代实践行主题实践活动优秀组织单位,11个集体(个人)获市级表彰。学校获批市级思政精品项目2项、市级三全育人优秀案例5项,新增5名学校青年志愿者捐献造血干细胞挽救患者生命,学生创新创业项目获"挑战杯"全国大学生课外学术科技作品竞赛"累进创新专项奖"等。

撰稿:王 菁 林 怡

【疫情防控】 学校从严从紧落实疫情防控常态化工作要求,不断完善工作机制。全年党委常委会、校长办公会及专题工作会40余次研究疫情防控工作,制订并印发疫情防控工作方案和通知提示20余件,确保校园安全稳定。统筹推进新冠病毒疫苗接种工作。严格按照知情、同意、自愿的总体原则,提前谋划、统一部署,制订《天津医科大学新冠病毒疫苗接种工作实施方案》,做好师生摸排、宣传动员、服务保障、风险信息研判及处置等工作,提升师生接种意愿,顺利完成全校师生员工新冠疫苗三剂次接种工作及返津入校学生大规模核酸采集工作。疫苗接种率98%。大学医院持续开设发热门诊,做好医疗救治、支援防控一线、突发公共卫生事件应急处置及重大活动医疗卫生保障工作,为全市人民生命健康提供有力保障。

撰稿:卫丽君

【天医优秀文化传承发展】 举办建校70周年纪念大会、世界大学校长论坛暨医学创新发展论坛、建校70周年交响音乐会、师生歌咏大会等具有一定社会影响力的重大活动,并以富于特色的主题展览、首映式、天塔灯光秀、媒体见面会等方式打造健康向上的校园文化氛围。成立天津校友会,召开天津医科大学天津校友会第一次会员代表大会,设立天津医科大学"校友日"。改扩建完成校史馆、朱宪彝纪念馆、生命意义展厅,重塑朱宪彝铜像,拍摄完成纪录片《医之大者朱宪彝》,举办首映式并于天津电视台首播,编辑出版图书《朱宪彝》,展演中英文话剧《朱宪彝》,编纂校史、画册等,集中呈现学校的文化底蕴和发展成就,激发师生知校、爱校、荣校情怀。

撰稿:卫丽君 梅 玫
审稿:卫丽君 祖雅琼

天津中医药大学

【概况】 天津中医药大学始建于1958年,原名天津中医学院。2005年更名为天津中医药大学。2017年,学校列入国家"双一流"建设高校名单,中药学科入选国家"双一流"建设学科。2020年,学校成为天津市人民政府、教育部与国家中医药管理局共建高校。学校是原国家教委批准的唯一一所中国传统医药国际学院,是世界中医药学会联合会教育指导委员会主任委员单位。新校区坐落于天津市静海区团泊湖畔,占地173余万平方米,建筑面积60余万平方米,拥有全国最大的中药植物园、全国最先进的中医药科技园及具有国际影响的中医药国际教育中心。学校有全日制本科生11375人,研究生3786人,留学生627人。全校(含附院)有在编教职工1727

人。中国工程院院士3人（其中1人为兼聘），国医大师2人，全国名中医4人，岐黄学者6人，青年岐黄学者5人，教学大师奖获得者1人，拥有国家"特支计划"领军人才、国家"特支计划"教学名师、教育部"长江学者奖励计划"特聘教授、"国家杰出青年科学基金"获得者、国家"特支计划"青年拔尖人才、全国模范教师、全国中医药高等学校教学名师等高层次人才。有教育部创新团队3个，科技部创新团队2个，国家中医药多学科交叉创新团队2个、传承创新团队2个。

学校设有6个学科门类，以中医药为主体，医、理、文、管、工、教育多学科协调发展，共计31个本科专业。拥有中药学国家"双一流"建设学科，中医内科学和针灸推拿学2个国家级重点学科、23个国家中医药管理局重点学科，9个天津市"十三五"重点学科，2个天津市一流学科，3个天津市顶尖学科，3个优势特色学科群，3个服务产业特色学科群。拥有中医学、中药学、中西医结合3个博士后科研流动站，中医学、中药学、中西医结合3个一级学科博士学位授权点，16个二级学科博士学位授权点，1个中医博士专业学位授权点，6个一级学科硕士学位授权点，26个二级学科硕士学位授权点，5个硕士专业学位授权点。在教育部第四轮学科评估中中药学A-，中医学和中西医结合B+；药理学与毒理学、临床医学进入ESI前1%。

学校拥有国家级一流专业8个，一流课程7门，卓越医生（中医）教育培养计划改革试点项目3个，教育部中药学基础学科拔尖学生培养基地1个；教育部工信部中药制药现代产业学院1个；"新工科"研究与实践项目2项，"新文科"研究与改革实践项目1个；拥有国家级高等学校特色专业建设点3个，国家级专业综合改革试点项目1个，国家级人才培养模式创新实验区2个，国家级精品资源共享课6门，国家级双语教学示范课1门，国家级实验教学示范中心2个，国家级虚拟仿真实验教学中心1个，国家级虚拟仿真实验项目2项，国家级大学生校外实践教育基地1个，国家级教学团队1个。学校拥有国家中医针灸临床医学研究中心、组分中药国家重点实验室、国家级国际联合研究中心——中意中医药联合实验室、科技部创新人才推进计划创新人才培养示范基地、方剂学教育部重点实验室、现代中药发现与制剂技术教育部工程研究中心、现代中药省部共建协同创新中心、现代中医药海河实验室、4个天津市重点实验室、3个天津市临床医学研究中心、天津市高

校智库——中医药战略发展研究中心、2个国家中医药管理局重点研究室、14个国家中医药管理局三级科研实验室、2个国家中医临床研究基地（冠心病、中风病）、2个国家药物临床研究基地、国家药品监督管理局中医药循证评价重点实验室、天津市中医药循证医学中心等一批国家级、省部级高水平科研创新平台。连续承担国家"973计划"项目、"重大新药创制"国家科技重大专项、国家重点研发计划"中医药现代化研究"重点专项、国家自然科学基金重点项目等重大科研任务。近三年新增纵横向课题900余项、科研经费6.8亿余元。

学校原创性提出中成药二次开发理论、方法与技术策略，完成了天津市30余个中成药品种二次开发研究，成果在全国19个省市近百家中药企业推广应用，并获2014年国家科学技术进步一等奖。学校以中医药对外教育为特色，1992年成立中国传统医药国际学院。作为世界中医药学会联合会教育指导委员会会长单位，组织研究制定的《世界中医学本科（CMD前）教育标准》成为全球第一个中医药教育国际标准。制定了《世界中医学专业核心课程》《世界中医学专业核心课程教学大纲》，编译《世界中医学专业核心课程教材》，明确了世界中医学专业内涵，规范了核心课程教学内容。学校是教育部"教育援外基地"、教育部和外交部"中国东盟教育培训中心"、国家中医药管理局"中医药国际合作基地"和"首批中医药国际合作专项建设单位"、世界中联"一带一路"中医药教育师资培训基地（天津）。与教育部中外人文交流中心合作共建"中医药中外人文交流研究院"，入选商务部和国家中医药管理局首批"国家中医药服务出口基地"，获"2019优秀中国—东盟教育培训中心"奖。学校是教育部"中非高校20+20合作计划"项目唯一中医药院校。

撰稿：端华倩

【教育经费收入与支出】 2021年，学校教育经费总收入95279.24万元，比上年增加20400.85万元，增长27.25%，其中财政拨款收入65031.11万元，自筹经费收入30248.13万元。财政拨款中，人员经费拨款21309.40万元，日常公用经费拨款8119.60万元，项目经费拨款25305.34万元；自筹经费收入中，教育事业收入10281.64万元，科研事业收入14567.40万元，其他自筹收入5399.09万元。全年教育经费总支出88260.35万元，比上年增加2125.16万元，增长31.66%，其中基本支出42185.03万元，项目支出

46075.31万元。在总支出中，工资福利支出29019.25万元，对个人和家庭的补助支出6172.49万元，商品和服务支出25403.44万元，资本性支出（基本建设）8000万元，其他资本性支出19321.68万元，债务利息及费用支出343.49万元。

撰稿：邵　萍

【办学治校】　制定并实施《天津中医药大学第十四个五年发展规划纲要》。制定学校全面推进依法治校实施方案。开展《天津中医药大学章程》修订，梳理各类行政规范性文件共797项，编制规章制度清单，制定规章制度管理办法。健全学术管理体系，制定《天津中医药大学学术委员会章程》，修订《天津中医药大学学位评定委员会工作条例》，进一步厘清各学术组织的权利边界、职责范围和运行规定，全面规范学术事务的程序和职权。进一步落实师生员工参与民主管理。发挥职工代表大会、工会、共青团、学生会组织在民主管理中的作用，召开第四届第二次教代会、第一次学生代表大会、第一次研究生代表大会。

撰稿：端华倩

【教育教学改革】　2021年，学校共招收各类全日制学生4179人，其中本科生2776人，研究生1323人，来华留学生73人，港澳台学生7人；各类毕业生3076人。新增临床医学、中医养生学、中医康复学、中医骨伤科学4个专业并招生。针灸推拿学、中西医临床医学、临床药学、中药制药、应用心理学5个专业获批国家级一流本科专业建设点，康复治疗学专业获批省级一流本科专业建设点。张伯礼院士主编的《中医内科学》（新世纪第四版）获首届全国优秀教材特等奖；新增全国第一个教育部中药学基础学科拔尖学生培养基地、第一个教育部工信部中药制药现代产业学院、1项"新文科"项目。初步建立了校—市—国家三级一流课程培育建设体系，21门课程入选市级一流金课，推荐《中医儿科学》等9门课程申报国家一流金课。《中医疫病学》等9种教材被遴选为全国中医药行业高等教育"十四五"规划教材。进一步完善教材建设与管理工作机制，建立院校两级教材管理机制，修订《天津中医药大学教材管理办法》。以本科教学工程项目为牵引，有序开展专业核心课程题库试题修订、课程思政案例库建设等工作。实验针灸教研室获批市级虚拟教研室立项，另有13个校级虚拟教研室立项。中医学类专业（本科）水平测试在43所参考院校中排名第三，首次将递进式三个阶段成绩纳

入医学生毕业实习准入条件。联合承办第十届中国大学生医学技术技能大赛总决赛，获中医学专业赛道金奖冠军和护理学专业赛道金奖季军；获全国中医药院校针灸推拿临床技能大赛团体二等奖、个人单项刺法一等奖；大学生创新创业项目获批立项国家级10项，市级30项；互联网+大学生创新创业大赛天津赛区获金奖6项、银奖6项、铜奖19项，1项进入国赛。新增天津市教学团队2个，第十五届天津市高等学校教学名师奖1个；校级优秀教学团队12个，教学名师10位，青年教学标兵12位；获天津市首届教师教学创新大赛一等奖2项，二等奖2项，三等奖1项，教学学术创新奖1项。2021年，共有560名中医硕士专业学位研究生进入四家基地进行住院医师规范化培训，其中"5+3"一体化研究生123人、九年制研究生19人、统招研究生418人。进行两批次中医硕士专业学位研究生住院医师规范化培训结业考核，第一批570人参加考核，524人考核合格；第二批46人参加考核，41人考核合格。

撰稿：焦金金　王　涛　何　薇

【学科建设】　2021年，完成首轮"双一流"建设，以中药学一流学科为引领，带动学校整体发展。中药学、中医学和中西医结合进入天津市高校顶尖学科培育计划培育建设学科名单，智能制药与绿色制药、中西医结合医学、老年整合照护与社会服务入选首批天津市高校服务产业特色学科群建设名单。学校获批5个国家级一流本科专业建设点。共有中医学、中药学、护理学、针灸推拿学、中西医临床医学、中药制药、临床药学、市场营销8个国家级一流本科专业建设点，包含了医、理、工、管四个学科领域。新增临床医学、中医养生学、中医康复学、中医骨伤科学4个本科专业并招生；新增全国第一个中药学基础学科拔尖学生培养基地并招生；中药制药现代产业学院入选教育部首批现代产业学院公示名单；新增教育部"新文科"项目1项。《方剂学》获评国家级普通本科教育课程思政示范课、教学名师和教学团队。制定《天津中医药大学"十四五"学科建设发展规划》，构建可持续发展学科体系。临床医学、药理学与毒理学继续保持在ESI全球前1%行列。

撰稿：曹　亭　崔吉义　何俗非

【科研和社会服务】　学校牵头建设的现代中医药海河实验室获批，是天津市首个正式揭牌的海河实验室。新增国家地方共建现代中药创新中心、国

家药品监督管理局中医药循证评价重点实验室、3个天津市科普基地。新增国家级项目48项、省部级项目87项,纵向经费合计9292万元。新增横向183项,经费10949万元。3月,张伯礼院士团队研发的新冠肺炎疫情抗击新药"宣肺败毒颗粒"通过特别审批程序应急批准上市,并被纳入医保目录。11月,宣肺败毒颗粒两件核心专利获得授权,并成功转让,转化经费过亿元,此药获加拿大天然和非处方健康产品管理局加急审核通过并获准上市销售,正式登陆北美市场。12月,校长高秀梅教授带领科研团队,历经15年研发的新药"丹知青娥片"成功转让2800万元。2021年,学校获国家科技进步二等奖、天津市科技进步一等奖、中华中医药学会科技进步一等奖、中国中西医结合学会科学技术一等奖、天津市第十七届社会科学优秀成果奖一等奖等奖励共计15项。申请专利74项,转让专利6项。发表论文共计3200余篇,其中SCI收录约650篇。成立天津中医药大学科技园,主办、举办系列学术会议,增强了学校国内外学术影响力。学校主办的新刊 Acupuncture and Herbal Medicine(《针灸和草药》)获中国科技期刊卓越行动计划高起点新刊类项目,获批刊号并正式发行。新冠疫情期间,临床救治和科技攻关协同推进,为形成中医药特色治疗方案做出了重要贡献,向海外展现了中国方案的独特优势。

撰稿:曹 亭 崔吉义 何俗非

【院士引领】 2月26日,张伯礼院士入选2020"中国非遗年度人物"。11月5日,张伯礼院士荣获第八届全国道德模范称号,在人民大会堂接受习近平总书记会见。12月8日,石学敏院士获"敬佑生命·荣耀医者"最高荣誉"生命之尊"奖。12月30日,张伯礼院士带领的省部共建组分中药国家重点实验室教师团队入选第二批"全国高校黄大年式教师团队"公示名单。

撰稿:曹 亭 崔吉义

【人才队伍建设】 新增国家"特支计划"科技领军人才1人,新增国家"特支计划"青年拔尖人才1人,新增国家级海外引进人才项目入选者1人;引进海外高层次人才1人;新增天津市杰出人才2人,享受国务院政府特殊津贴专家3人,天津市教学名师1人,天津名中医12人,天津市杰青入选者2人。李正教授作为带头人的组分中药与智能制造多学科交叉创新团队、校长高秀梅教授作为带头人的方剂配伍和方药作用机理传承创新团队入选首批中医药创新团队及人才支持计划项目。人才队伍建设资助经费累计2328.14万元。完成年薪制高层次人才聘期考核工作,并续签下一聘期年薪制聘任合同;新签订年薪制高层次人才2人。教师刘睿家庭入选教育部首批教育世家名单。校长高秀梅教授获2021年度天津市"最美科技工作者"荣誉称号。

撰稿:孟 鑫

【全面育人】 庆祝建党"百年行动"活动得到《天津教育报》《天津日报》等媒体宣传报道。获评天津市"新时代实践行"先进集体和个人荣誉10项。选派87名师生赴新疆开展实习支教工作。评选奖助学金7500余人次,发放金额1380余万元。博士研究生杜昆泽获天津市大学生年度人物称号,并获王克昌特等奖学金(全市共10名)。设立辅导员"铸魂润心班",开展培训交流活动26场。2人获评天津市优秀辅导员,1人获全国中医药院校辅导员能力大赛二等奖。"馨"火相传社会实践服务队获大学生暑期"三下乡"全国优秀实践团队;1人获评全国向上向善好青年;《中·疫·晴》获全国第六届大学生艺术展演二等奖;1人获"中国大学生自强之星"奖学金;在第十六届 "挑战杯"天津市大学生课外学术科技作品竞赛中共获奖18项,其中特等奖2项、一等奖4项、二等奖3项、三等奖9项,学校获"优秀组织奖"。

撰稿:郭 葳 田 耀

【校园文化建设】 加强与中小学开展中医药文化共建,开展中医药文化和保健知识宣讲,策划开展"感受中医魅力 向抗疫勇士致敬"活动,收到全市中小学生各类作品300余件,向各类学校发放《中医药文化读本》400余本。推进"双一流"文化传承板块建设,整理非遗传承人文字和视频资料,编写第二套中医药文化传播丛书。"请进来、走出去",多维度弘扬中医药文化,邀请文化名人开展线上线下人文大讲堂,与媒体合作推出"中医名家谈节气防病"专栏、"天津中医药非遗展示"专栏。

撰稿:安岩峰

【思政改革】 在青年学生中开展"三融入"活动,以赛促学做好思政课建设,成立"杏林育贤班",提高专业教师思政教学能力。与34所中小学签订协议,积极构建大中小学思政课一体化。获批3项市级思政工作精品项目和基地项目。方剂学获国家级普通本科教育课程思政示范课、教学名师和教学团队。6门本科课程、4门研究生课程被认定为2021天津市高校课程思政示范课程、课程思政教学名师和教学团队。

撰稿:齐从品　焦金金　郭 葳

【对外教育与交流】　组织实施教育部"中非高校20+20"合作计划项目——"中国·加纳药用植物研究与发展线上研讨会"。举办与教育部合作共建的"中医药中外人文交流研究院"第一届理事会。继续推动商务部和国家中医药管理局首批"国家中医药服务出口基地"建设。承办教育部2020—2021学年中欧学分生专项奖学金项目。组织实施与泰国皇家陆军医学部联合举办第15期西学中针灸培训班等。推进世界中医药学会联合会教指委工作,协调筹备第六届世界中医药教育大会等事宜。推进孔院课堂建设。协办泰国华侨崇圣大学中医孔子学院"第三届中医本科生再教育"培训课程等,累计培训泰国教师学生354人。申报获批并启动教育部中外语言交流合作中心2021年"汉语桥"线上团组交流项目。组织举办天津中医药大学—英国诺丁汉大学首届联合英语师资培训,完成并再次申报成功教育部中日韩教育旗舰项目"亚洲校园"项目。2021年度视频交流293人次,组织专家20余人次参加视频交流,参与举办线上研讨会9个,签署协议14项。

撰稿:张 岩

【新校区建设】　老校区北院完成整体拆除和南院部分建筑保留已办理完成建筑注销手续。大健康项目除中药制药实训中心的净化工程外已全部施工完成。新保康医院改造提升项目1号楼改造工程、室外管道工程、消防水箱间工程已基本完成。完成三期硕博公寓、图书馆、博物馆、研究生院等两个标段施工招标工作,取得三期建设用地许可函及规划许可函,硕博公寓开工建设。

撰稿:钱正坤

【附属医院建设】　天津中医药大学第一附属医院门急诊总量271.85万人次,总收入26.05亿元。获批天津市唯一一家国家区域医疗中心中医输出医院,成为6所入围国家医学中心"辅导类"的中医院之一;积极推进国家中医针灸临床医学研究中心各项任务落实,充分发挥6个国家区域中医(专科)诊疗中心带动作用,稳步推进中医药传承创新工程暨北院

区提升改造工程,加快国家中医疫病防治/紧急医学救援基地建设,全面提升中医药公共卫生事件应急处置能力;获批天津市中医治未病中心挂靠单位。天津中医药大学第二附属医院门急诊量97.64万人次,总收入11.11亿元。卒中中心溶栓患者DNT时间进一步优化;胸痛中心顺利通过国家认证;成立天津市中医康复中心,被纳入《天津市中医药事业发展"十四五"规划》;筹建创伤中心委员会及创伤救治中心委员会;肺病科、脑病科、妇科获"2021届中国中医医院最佳临床型专科"称号;主办"全国公立医院高质量发展交流会(天津站)";中医药传承创新工程主体结构封顶。保康医院加快推进新院建设,承担清感四季饮及清金益气颗粒调剂,服务患者约13万人次,医院总收入约7002万元;承担校园医疗保健、卫生防疫等工作,筑牢大学师生疫情防控防线。天津中医药大学第三附属医院建设方案逐步完善,由静海区政府全面推进,拟建设成为三级甲等综合医院,突出中西医结合特色。天津中医药大学第四附属医院北塘新院如期投入使用,"一院双址"全面铺开;合作共建二期协议正式签署;成为"滨城"首家三级中医医院。附属武清、北辰、南开中医院事业稳步发展。

撰稿:陈 磊

【疫情防控】　1月,经国务院联防联控指导组批准,张伯礼院士率团赴石家庄、邢台等地指导新冠肺炎中医药救治与康复工作。学校全面筑牢校园疫情防控网络,完善疫情防控工作方案、应急处置预案、多病共防工作方案、封控管控预案等60余项。坚持"应接尽接",积极推进疫苗接种,加强与属地对接。落实"四早要求",学校采取"三层核酸检测"方式,秋季入学期间,在天津市高校中率先完成大规模核酸检测。强化"网格管理",分类精准掌握师生员工健康状况和行程轨迹,加强重点地区来津来校人员全面排查、管控,完善流调迅速反应机制。织密"责任链条",筑牢校疫情防控指挥部、校疫情防控各组、各二级单位及部门"一把手"疫情防控主体责任,强化责任担当,细化责任分工,刚性落实各方责任。全年学校疫情形势稳定,有力支撑了校园安全稳定和各项事业发展。

撰稿:崔吉义

【党建工作】　扎实开展党史学习教育。举办读书班3期,组织集体学习12次、专题研讨10次,班子成员带头讲授专题党课21场,带动各级宣讲223场,

累计受众2.3万余人次。深入开展"我为群众办实事"实践活动,班子成员落实"四个走遍",深入一线调研47次,分层确立"两个清单"。抓好意识形态工作责任制落实情况专项监督检查和课堂专项督导反馈意见整改落实,制定整改措施83条。精心组织庆祝建党100周年系列活动。各级党组织书记讲授"七一"专题党课327场。举行庆祝中国共产党成立100周年大会,做好党内先进典型表彰。加强基层党组织建设。实施夯实基层基础性工作12条措施,整顿提升相对后进党支部;推进组织员队伍素质能力内涵式提升;3家单位顺利通过市级"领航工程"建设验收并授牌。加强干部队伍建设。成立"守正力行班",举办专题培训12次、"成长沙龙"3次;选派优秀干部参加驻村帮扶、市委专项巡视等实践锻炼。对处科级干部开展常态化家访;加强"一把手"和领导班子监督,做好党政主要负责同志离任交接。推动全面从严治党工作。分层确定"两个清单",制定工作台账,形成了"一把手"负总责,人人抓落实的三级工作格局。持续整治形式主义官僚主义不担当不作为问题,梳理形成2021年度学校层面6大方面28项重点治理清单,推动形成二级层面整改任务199项,建立完善制度40余项。做好"四个领域"腐败风险专项清理整顿和学生食堂领域廉洁问题专项整治工作,深入开展政府采购内部控制管理自查自纠。扎实开展医学科研诚信与作风学风建设专项教育整治活动。推进"清廉学校"建设。持续推进十九届中央第七轮巡视、十一届市委第六轮巡视整改落实。推进对四个二级党组织政治巡察。着力加强党对统一战线、群团、离退休工作的集中领导。

撰稿:齐丛品
审稿:张皓楠

天津师范大学

【概况】 天津师范大学始建于1958年,原名天津师范学院,1982年更名为天津师范大学。1999年,原天津师范大学、天津师范高等专科学校、天津教育学院合并组建新天津师范大学。校园占地233.33万平方米,建筑面积75.5万平方米。学校设有2个学部,20个学院。现有本科生26325人,硕士研究生5473人,博士研究生589人。港澳台学生34人,国际生2000人。京津冀教育协调发展实训基地入选教育强国计划,在建及改造项目面积9.6万平方米。学校2020年底获评"全国文明校园"。学校现有74个本科专业,33个硕士学位授权一级学科,16个专业硕士学位授权类别,11个博士学位授权一级学科,1个教育专业博士学位授权点,7个博士后科研流动站。其中28个本科专业获批"双万计划"国家级和省市级一流本科专业建设点,获批国家重点学科2个,市一流学科7个,市重点学科18个,市特色学科(群)15个。化学学科、材料学科进入"ESI"排名全球前1%,马克思主义学院入列全国重点马院。近年来,学生在中国国际"互联网+"大学生创新创业大赛连续夺金,获得2金1银16铜和先进集体奖。

在校教职工2531人,其中专任教师1720人。教育部长江特聘青年教授5人,国家杰出青年科学基金项目获得者1名,两院外籍院士2名,双聘院士3人,"万人计划"等国家级人才45人次,国家级"新世纪优秀人才支持计划"等人才114人次。国务院学位委员会第八届学科评议组成员3人;专业学位教育教指委副主任委员1人、委员2人;教育部高等学校教学指导委员会副主任委员1人、委员10人;教育部高等学校小学教师培养教学指导委员会副主任委员1人;中学教师培养教学指导委员会委员1人、第四届全国教师教育课程资源专家委员会委员1人,学校教师担任世界汉语教学学会会长和中世纪史委员会会长。学校多名教师获评"全国道德模范提名奖""全国优秀教师""人类学终身成就奖""全国最美思政课教师""全国最美辅导员""天津楷模"等称号。

学校获批国家社科重大项目17项、重点项目24项;获第八届高校科学研究优秀成果奖(人文社会科学)一等奖1项、二等奖3项;获第五届、第六届全国教育科学研究优秀成果奖二等奖2项;入选全国哲学社会科学成果文库1项;获天津市哲学社会科学优秀成果奖和省部级专项奖一等奖49项,天津市科学技术进步一等奖1项。拥有教育部人文社会科学重点研究基地1个,教育部中华优秀传统文化传承基地1个,国家语言文字推广基地1个;天津市重点实验室5个,社科实验室4个,天津市科普基地5个,省市级工程中心1个,"一带一路"联合研究中心1个,国际联合研究中心3个,天津市科技创新智库1个,省部级科研平台32个。近三年立项各类科研项目总金额1.76亿元。学校主办各类期刊10种,其中,5个刊物收录北京大学最新版中文核心期刊要目总览,7个刊物收录南京大学CSSCI来源期刊目录(含C扩)。

学校坚持开放办学,与34个国家和地区的183所大学、机构和地方政府建立友好合作关系。举办4所孔子学院和1所独立孔子课堂。承办非洲第一家孔子学院——内罗毕大学孔子学院,累计获得3次"先进中方承办机构",7次"全球先进孔子学院"称号,1次"孔子学院开创奖",进入全球示范孔子学院行列。学校主办孔子学院获先进全球孔子学院总数达11次。与俄罗斯、日本、韩国等合作建设4个中外合作办学项目,为全国首批"来华留学示范基地"院校。

天津师范大学京津冀教育协调发展实训基地,依托教育学、国际中文教育、心理学在各自领域的深厚积淀和学术地位,实施京津冀教育协同发展实训基地项目。该项目包括京津冀国际中文教育交流中心、京津冀教师发展协同创新中心、京津冀心理健康与社会治理中心。总用地面积8.76万平方米,总建筑面积8.24万平方米,其中地上建筑面积7.69万平方米,地下建筑面积0.5万平方米。资金来自国家"教育强国"推进工程投资项目和申请地方政府专项债券支持。

撰稿:苏小龙

【教育经费收入与支出】 2021年,学校教育经费总收入140004.12万元,比上年增加30038.26万元,增长27.32%。其中财政拨款91404.14万元,自筹经费收入48599.98万元。自筹经费收入中教育事业收入34770.63万元,科研事业收入4222万元,其他收入9607.35万元。全年教育经费总支出140418.92万元,比上年增加29924.34万元,增长27.01%。其中教育事业支出84556.87万元,科研事业支出7860.81万元,行政管理支出5067.95万元,后勤保障支出38418.12万元,离退休支出2572.10万元,其他支出1943.07万元。总支出中人员经费支出80818.59万元,其中工资福利支出67868.08万元,对个人和家庭的补助12950.51万元。

撰稿:张吉丽

【教育教学改革】 构建一体化思想政治工作体系。完善"三全育人"体系,"五个一体化"协同育人机制受到教育部充分肯定。推进大中小幼思政工作一体化建设,与17所小学签署思政一体化建设协议,实现全学段德育工作队伍紧密衔接和思政教育螺旋式上升。聚力辅导员职业发展,打造100节"献礼百年"辅导员微课。深入推进思政课程与课程思政协同育人。12门课程、8种教材获批2021年天津市高校课程思政示范课程、优秀教材。在前期率先对本科生开设"习近平新时代中国特色社会主义思想概论"课、"四史"选择性必修课和对研究生的"习近平

总书记教育重要论述"课的基础上,试点开设"铸牢中华民族共同体意识"课,"中国自信"系列选修课已成为学生"抢手课",打造学习党的创新理论的立体课堂。在获得全国首届思政课教学展示特等奖之后,2021年再次闯入第二届教学展示全国决赛;1人获"2020年天津市学校思想政治理论课教师年度影响力人物",蝉联全国大学生讲思政课公开展示一等奖。制订《天津师范大学关于全面加强新时代体育、美育和劳动教育工作,促进学生全面发展总体方案》等"1+3"制度文件,充分发挥体育、文学、艺术等学科与专业优势,加强体育、美育和劳动教育课程和教材建设,推进体育、美育、劳动教育评价改革,促进学生"五育"并进。扎实推进"第二课堂成绩单"建设,完善学生综合素质测评体系。加强体美劳社团建设、校内外实践基地建设,开设丰富多样实践活动,强化体美劳文化,完善课程教学、实践活动、校园文化、比赛展演多位一体的综合素质教育。在中国国际"互联网+"大学生创新创业大赛中,连续两年夺金,累计取得2金1银16铜和先进集体奖,获评天津市深化创新创业教育改革示范高校。

撰稿:苏小龙

【完善教师教育体制】 完善高水平现代教师培养体系,培养"四有"好老师。全面加强师范专业建设,14个师范专业通过二级专业认证,实现师范专业一流本科专业建设点全覆盖。持续推进卓越教师培养计划项目,完善优质卓越师资"3+1+2+3"本硕博连贯式培养选拔机制。落实师范专业建设、教师教育协同育人机制、师范生双导师制等制度,突出师范性、学术性、实践性,全面提升师范生培养质量。率先在天津市启动课后服务送教入校并开展"双减"示范课程研发与实践。做好公费师范生培养,为农村地区培养"下得去、留得住、用得上、干得好"的优质师资。着力培养体现校训精神、具有天师大特质的卓越拔尖人才。获批教育部"国家教师发展协同创新实验基地",入选教育部"卓越中学教师培养计划实施院校"。学校28个专业获批"双万计划"国家级和省市级一流本科专业建设点,29门课程获批"双万计划"国家级和省市级一流本科课程,获批4个教育部首批新文科立项项目。

撰稿:苏小龙

【加强内涵式发展】 实施优先发展战略,加强学科集群建设,做大做强优势学科、特色学科,成立

心理学部,整合重组教育学部,教育硕士专业学位授权点进入 B+档。化学、地理学、生物学 3 个一级学科博士学位授权点,实现理科一级博士授权历史性突破。以进军全国前 10%、冲击一流学科为目标,建设"21 世纪马克思主义研究院",形成马克思主义理论指导下的新文科集群。学校获批国家社科重大项目 13 项、重点项目 15 项;获第八届高校人文社科研究优秀成果奖一等奖 1 项、二等奖 3 项;获第五届、第六届全国教育科学研究优秀成果奖二等奖 2 项;入选全国哲学社会科学成果文库 1 项;获天津市哲学社会科学优秀成果奖和省部级专项奖一等奖 15 项,天津市科学技术进步一等奖 1 项。

撰稿:苏小龙

【人才队伍建设】 出台《天津师范大学关于加强和改进新时代师德师风建设的实施意见》,开展立德铸魂工程。严格落实师德失范行为"一票否决制",强化师德考核结果运用,坚持师德师风研判报告、问题通报、警示教育制度。建立健全教师培训制度,持续实施"新师计划"、举办"同德师坊"、开展"青年教师成长训练营",努力培育建设具有全国影响力的师德师风培养培训基地。修订《百名国家级人才支持计划》《百名省市级人才支持计划》《年薪制人员管理办法》等相关文件规定,建立能上能下、能进能出的高层次人才聘任管理办法,促进优秀人才脱颖而出。引进和培育国家级高层次人才实现历史性突破,省市级高层次青年人才聚集效应突显,引进国家杰出青年基金资助者 1 人,"百千万人才工程"国家级人选等高端人才 42 人。高层次人才集聚成效显著,人才强校发展格局初步形成。制定出台《教师及其他专业技术职务"以聘代评"实施办法》等制度,科学构建符合学校发展实际的学术评价及考核机制,建立标志性成果、代表性成果认定机制,推动学术评价回归学术价值,营造有利于人才释放活力、干事创业的良好氛围。针对重点建设学科,组建重点研究机构或重点研究团队,成立古籍保护研究院、语言心理与认知科学研究院、网络内容建设与综合治理研究院、跨文化与世界文学研究院等 4 个具有引领示范作用的 PI 制创新研究团队。制定《外聘人员管理办法》,加强外聘人员管理。

撰稿:苏小龙

【合作交流】 积极服务"中华文化走出去""讲好中国故事"等重大需求,主动对接"一带一路"建设,全面提升学校在"一带一路"沿线国家肯尼亚及泰国孔子学院办学质量。与 34 个国家和地区的 183 所大学、机构和地方政府建立友好合作关系,举办中外合作办学项目 4 个。注重引智工作,实施百名外籍专家进校工程,13 人入选国家及天津市"外专千人计划"和"国家高端外专项目"。进一步加强孔子学院、孔子课堂建设力度,出台《天津师范大学孔子学院(课堂)中方院长(课堂长)管理办法》,鼓励师生申报国际交流实习实践项目,不断拓展远程网络学习优质教育资源,2021 年以来,学校 23 名师生获批国家留学基金委各类项目,与泰国、马来西亚、韩国、美国、日本等优质高校进行多语言线上互换学习与实践,充分引进优质教育资源,不断提升师生国际化视野水平。

撰稿:苏小龙

【社会服务】 与北京师范大学签署全面战略合作协议,筹划组建京津冀生态文明研究院,服务国家"双碳"战略;主动融入京津冀教育协同发展,获批国家发改委教育强国推进工程中央预算内资金和地方政府专项债券的资金支持,建设"天津师范大学京津冀教育协同发展实训基地"项目。服务天津"1+3+4"现代工业产业体系建设,建立天津师范大学科技园管理委员会,20 个以智能科技、信创产业为主体企业逐步进驻。坚持服务天津基础教育,在全市 16 个区全部设立服务项目。助力"乡村振兴"战略,长期选派师生赴新疆、西藏、内蒙古、甘肃、雄安、承德支教,派遣赴新疆、西藏挂职干部 8 人,累计帮扶培训来校少数民族骨干教师 5400 余人次,形成点面结合立体式教育扶贫"师大模式",获天津市脱贫攻坚记大功奖励。

撰稿:苏小龙

【学校管理】 不断完善以学校章程为核心的制度体系,全面推进依法治教、依法办学、依法治校。贯彻落实《深化新时代教育评价改革总体方案》,深入学习、分层培训、提高认识,贯彻落实三个清单,明确改革方向,确定改革重点,细化任务分工,确保改革成效。加强统筹协调,注重部门联动,深入组织开展规章制度"废改立"和议事机构调整工作,开展专项清理整治,克服"五唯"顽瘴痼疾,建立健全服务国家社会经济发展,服务基础教育改革,适合学校特点的科学化多元化评价体系。学校在官方微信平台上以实名制的方式设立"事事通"平台,成为师生信赖的排忧解难、纾解情绪、加深理解平台,也成为学校及时发现苗头隐患、化解矛盾问题的有效途径。坚持把党的领导贯穿疫情防控全过程,落实疫情防控常态化机制,完善校园防控应急预案,做到防输入、防突发、防松懈。按照层级管理、分工负责的原则,构建"分级管理、层层履责、纵横交错、无缝覆盖"的"校园网格处处通"管理体系。

撰稿:苏小龙

【党建工作】 党委常委会专题学习习近平总书记关于意识形态工作的重要论述,研究部署2021年意识形态工作。认真做好中央第十一巡视组和市委第八轮巡视意识形态责任制专项检查发现问题整改工作,聚焦重点问题对症施策、系统施策。修订完善党委意识形态工作责任制实施细则,强化意识形态工作会商研判和内审内巡工作,在第八届党委第三轮巡察工作中,对意识形态责任制落实情况进行专项巡察。加强意识形态阵地建设和管理,严格落实"一会一报"制度,完成活动审批124场次。健全舆情预防预警体系和应急处置机制,抓好舆情监测和意识形态阵地管理管控,落实网络信息发布"三级审核"制度。学校党委成立党史学习教育领导小组,制订印发《关于在全校开展党史学习教育的实施方案》等党史学习教育相关制度文件21项。各基层党委、党总支认真落实规定动作,精心设计自选动作,举办党史专题培训班930场,培训人次超过3万人,组织5300余名党员赴中共天津历史纪念馆、觉悟社等红色教育基地进行党性锻炼。将党史学习教育与"四史""三爱"学习教育相结合,学校获评由党史学习教育官网、人民网联合主办的"红色基因代代传"全国青少年诵读党史故事活动"优秀组织单位"。深入开展"党员做表率 网格处处通为民办实事 服务我先行"主题党日活动,深化驻区单位和在职党员"双报到"工作,组织党员到周边社区开展志愿服务10余次。组织开展庆祝建党百年师生合唱展演等主题庆祝活动,切实把学习感悟建党百年的辉煌历史与天津近代百年师范教育传承发展史结合起来,汲取强大精神力量。认真学习贯彻《中国共产党普通高等学校基层组织工作条例》,通过基层党委、党总支书记例会进行专题培训,深入学习领会《条例》的精神实质,切实抓好落实。落实处级干部家访制度,有步骤有计划完成42名干部家访工作,积极探索"八小时以外"监督有效途径。强化干部教育培训和实践锻炼,完成处级以

上领导干部学习贯彻党的十九届五中全会精神、党史学习等网络专题学习培训,启动科级干部"落实《深化新时代教育评价改革总体方案》精神,全面提升教育质量"专题网络培训,不断提升领导干部能力水平。加大高知识群体、大学生重点领域发展党员力度,认真做好党支部标准化规范化建设,严肃党内政治生活,严格执行主题党日制度,23个专业学院全部配备党员活动室,完成年度"主题实践活动"评选。学校1个基层党组织、1人获天津市"两优一先"表彰,6个基层党组织、9人获教育系统"两优一先"表彰。4个全国样板支部、10个天津市"领航工程"党组织通过验收,充分发挥示范带头作用,全面激发基层党组织生机活力。积极学习宣传贯彻《中国共产党统一战线工作条例》,坚持对党外人士的思想政治引领,开展"四史"教育活动。开展党内关怀和困难帮扶,建党百年之际,入户慰问45位离休和退休老干部,为228名退休党员颁发在党50年纪念章。积极组织引导老同志释放正能量,组织关工委开展党史宣讲42场。坚持党建带团建,召开第十二次学生代表大会和第二次研究生代表大会,推动学生社团持续稳定健康有序发展。

撰稿:苏小龙
审稿:张向东

天津职业技术师范大学

【概况】 天津职业技术师范大学是国家最早建立的以培养职业教育师资为主要任务的普通高等师范院校,成立于1979年,隶属于原国家劳动部;2000年,转制为中央与地方共建,以天津市管理为主;2010年,更名为天津职业技术师范大学;2012年,教育部与天津市人民政府共建天津职业技术师范大学;2017年,进入天津市高水平特色大学建设行列。学校位于天津市河西区大沽南路1310号,占地56万平方米,建筑面积46万余平方米;现有全日制在校生1.8万余人,教职工1300余人;建有"智能车路协同与安全技术国家地方联合工程研究中心""汽车模具智能制造技术国家地方联合工程实验室",省部级重点实验室4个,省部级重点技术工程中心5个;拥有教学科研仪器设备资产5.2亿余元。

学校现有教育学、工学、理学、管理学、经济学、文学、艺术学、法学8个学科门类,天津市一流学科2个、特色学科群4个、省部级重点学科5个、重点培育学科2个。拥有服务国家特殊需求博士人才培养项

目1个、一级学科硕士点10个、硕士专业学位类别6个。设有本科专业52个,其中国家级、天津市一流本科专业建设点15个,国家级、天津市优势特色专业12个,天津市应用型专业12个。国家级精品资源共享课程4门,国家级、天津市一流本科课程32门。

撰稿:白燕华

【教育经费收入与支出】 2021年,学校教育经费总收入70909.91万元,比上年增加8682.62万元,增长14%。其中教育经费基本拨款27289.54万元,教育经费专项拨款13076.84万元,科研经费拨款304.69万元,社会保障及医疗卫生经费拨款4428.4万元,事业收入21156.61万元,其他收入4653.82万元,全年教育经费总支出70280.53万元,比上年增加8126.9万元,增长13.1%,其中基本支出49293.18万元,项目支出20987.35万元。工资福利支出36864.43万元,商品和服务支出17327.7万元,对个人和家庭补助支出5213.72万元,其他资本性支出10874.67万元。

撰稿:白燕华

【教育教学】 持续推进人才培养能力提升攻坚行动,全面提升人才培养质量。获批国家级一流专业2个、天津市一流专业5个,天津市一流本科建设课程18门,机电技术教育专业通过职业技术师范专业二级认证,获批机器人工程专业。创新人才培养模式,对天津市高职院校技能大赛获奖免试升本选手单独组建"冠军班"培养。推进教学改革,获批天津市职业学校"十四五"职业教育教改项目6项,天津市新工科研究与实践项目2个,市级教学团队和教学名师各1个。召开第一届全国技能大赛天津职业技术师范大学表彰大会,组织承办"海河工匠杯"技能大赛等市级比赛4项,在国家级学科竞赛中获奖42项,在全国大学生工程实践与创新能力大赛中荣获4项金奖,在省部级学科竞赛中获奖136项,获批国家级大创项目36项。成立体美劳教育中心,市教育两委在学校召开天津市新时代学校劳动教育成果交流活动暨工作推动会,天津市劳动教育师资培养培训中心、教学研究中心,天津市大中小学劳动教育联盟均落户学校,获批天津市中小学生劳动教育实践基地,开发13个"劳动+实践"实训项目,举办首届劳动周活动,申报劳动教育专业;在市大学生田径运动会中获5金4银2铜;在市美育实践课堂文艺展演中获二等奖1项,三等奖6项。加强就业工作,获全国就业指导课程教学比赛优秀组织奖,获评全国就业创

业金课1门,毕业生签约率在全市高校中名列前茅。

撰稿:白燕华

【学科科研】 充分发挥学科龙头作用,不断提升科技创新水平。全力推进博士学位授权单位建设攻坚行动,"信息传感与智能控制学科群""智能制造装备学科群""智能交通学科群"入选天津市服务产业特色学科群,全面赋能天津市"1+3+4"产业布局。教育硕士专业学位授权点复评合格;获批汉语国际教育、交通运输、电子信息3个硕士专业学位授权点,金融、应用心理、翻译3个硕士层次专业学位类别通过天津市学位委员会审议,实现所有承担学生培养任务的二级学院硕士点全覆盖。入选首批天津市大学科技园,获批国家自然科学基金项目14项,省部级纵向项目30项,其他各级各类纵向项目31项,重大横向项目53项,获天津市科技进步一等奖2项、二等奖1项。获批教育部人文社科项目5项,获天津市社会科学优秀成果8项。科研经费超1亿元。加入天津市高端装备和智能制造等4个人才创新创业联盟,与中国通用技术集团天津第一机床有限公司等7家行业龙头企业共建协同创新联合体。

撰稿:白燕华

【思政工作】 深化思想政治工作创优攻坚行动,不断提高育人铸魂水平。优化"三全育人"格局,出台《思想政治理论课教师队伍建设实施办法》等文件,建设8个"三全育人"试点学院及10项"三全育人"综合改革研究专项课题。天津市高校思想政治工作精品项目获批结项5项,其中2项被评为"优秀",获批立项2项,着力打造"一核六维"融合式思政育人品牌。获"全国大中专学生志愿者暑期'三下乡'社会实践优秀团队""全国巾帼文明岗"称号。获全国高校思想政治工作优秀论文二等奖1项,获批天津市高校课程思政示范课程5门,课程思政示范团队4个,课程思政优秀教材1本,思想政治工作专项课题3项,获评天津市研究生思想政治理论课教学展示活动二等奖和优秀奖各1项。推进大中小学思政课一体化建设,与6所中小学校签署合作共建协议,获评天津市大中小学"党史专题课程思政精品课"2门,在天津市大中小幼思政一体化党史主题绘画竞赛中获一等奖1项,二等奖2项。承办第五届天津市普通高校辅导员素质能力大赛,获一等奖1项,二等奖1项,承办天津市高校辅导员十佳辅导员评选工作,获评"十佳辅导员"1人。以铸牢中华民族共同体意识为

主线,开展民族团结进步教育系列活动,获批"天津市民族团结进步教育基地"。实施行知园提升改造工程,创新校园文化载体。

撰稿:白燕华

【交流与合作】 深化国内外合作交流,影响力进一步提升。完成教育部国别和区域研究重点课题1项,参与完成联合国教科文组织项目1项。设立孔子学院工作办公室,出台孔子学院中方院长管理暂行规定、志愿者出国管理暂行规定。向埃塞技术大学捐赠价值321万元教学仪器设备,埃塞俄比亚鲁班工坊被非盟总部设立为面向整个非洲的技能人才培训中心,中国特色职教师资培养模式走向世界。承办津台青年职业技能竞赛、竞赛作品展及第八届大江论坛——津台职业教育融合发展论坛,形成两地"一赛一展一论坛"的交流活动新品牌。与河西区签署战略合作框架协议,落实共建附属学校等措施,助力河西区提高基础教育质量。

撰稿:白燕华

【深入学习贯彻落实习近平新时代中国特色社会主义思想】 深入推进"'四个意识'导航,'四个自信'强基,'两个维护'铸魂"攻坚行动,召开党委常委会会议学习习近平总书记重要讲话重要指示44次。举办党的十九届五中全会精神专题培训班、党的十九届六中全会精神专题研讨班。把学习宣传贯彻党的十九届六中全会精神作为当前和今后一个时期的重大政治任务,召开党委常委会会议专题传达学习贯彻全会精神,制订工作方案、宣传方案、宣讲方案。二级党组织围绕学习贯彻全会精神开展专题学习研讨,基层党、团支部开展集中学习,确保全会精神传达到每个支部、每名党员、每名师生,推动全会精神进教材、进课堂、进头脑。组建学校党的十九届六中全会精神宣讲团,校党委书记带头宣讲。

撰稿:白燕华

【党史学习教育】 成立党史学习教育领导小组,召开党史学习教育动员部署会,研究制订27个党史学习教育相关工作方案,开展6轮巡回指导,编印19期党史学习教育专题《政治理论学习参考》,举办2期党委理论学习中心组党史学习教育专题读书班。成立宣讲团,为全校2万余名师生和周边社区居民、中小学生开展专题宣讲。组织开展"颂党恩知党情跟党走"主题"七个一"系列活动。"匠心师魂,筑梦强

国"思政品牌课程入选天津市"百年辉煌"思政品牌课程。举办"党课开讲啦"活动,讲授党课216场次,参与党员7814人次。开展好"我为群众办实事"实践活动,为群众办实事145项。编印党史学习教育简报83期,其中17期特色活动被天津市委和市教育两委采纳并宣传推广。157个党支部完成党史学习教育专题组织生活会。

撰稿:白燕华

【服务职业教育发展】 参与制定教育部《中等职业教育专业师范生教师职业能力标准(试行)》,参与制定人社部《中华人民共和国职业分类大典》。获批"国培计划"项目3项和教育部职业院校教学创新团队线下培训项目,为职业院校培训骨干教师近400人。组织召开教育部高等学校中等职业学校教师培养教学指导委员会全体委员工作会议,全国职业学校师德师风建设海河论坛,举办中国职业教育合作峰会,推动学校成为我国职业学校师德师风建设理论与实践的策源地。获批国家级职业教育教师教学创新团队课题研究项目1项,获批天津市职业教育赋能创新建设项目8项。职业教育师资培训中心建设项目列入2021年天津市重点工程。

撰稿:白燕华

【推进人社部与天津市共建】 细化部市共建措施,制订实施方案,推动建设"技工教育发展研究中心""世界技能大赛中国研究(研修)中心和集训基地联盟办公室""全国技工院校教师进修中心"。人社部确定学校为第46届世界技能大赛中国集训基地,3名专家担任世赛中国技术指导专家组组长,为第46届世界技能大赛提供心理训练、方案评审、基地遴选、专家遴选和技术支持服务。制定世界技能大赛获奖选手免试保送政策,录取1人。

撰稿:白燕华
审稿:吴让汉

天津外国语大学

【概况】 天津外国语大学是一所主要外语语种齐全,文学、经济学、管理学、法学、教育学、艺术学、工学等多学科协调发展、特色鲜明的高等学校。现有五大道和滨海两个校区,总占地46.42万平方米,其中学校产权占地31.14万平方米。校舍总建筑面积34.39万平方米,其中产权校舍建筑面积8.55万平

方米。图书馆馆舍面积2.51万余平方米,藏书737万余册(含电子图书和纸质图书)。在校生10785人,其中博士研究生41人,硕士研究生1479人,本科生9230人,成人专科3人,成人本科67人。留学生306人(其中学历生183人)。教职工1028人,其中专任教师682人;专任教师中有正高级职称人员110人,副高级职称人员212人。

学校设有14个教学单位,建有61个本科专业。其中有外语专业35个(涵盖33个外语语种)、非外语专业26个。获批有国家级一流本科专业建设点12个、省级一流本科专业建设点10个,国家级特色专业、国家级本科专业综合改革试点项目5个。学校拥有1个服务国家特殊需求"党和国家重要文献对外翻译研究"博士人才培养项目、7个硕士学位授权一级学科点、7个硕士专业学位授权类别。拥有5个天津市重点学科、4个天津市特色学科群、1个天津市高校服务产业特色学科群,其中外国语言文学学科是天津市一流建设学科,中国语言文学学科是天津市一流(培育)学科。外国语言文学学科具有接受国内高校青年骨干访问学者和一般访问学者资格。

学校拥有6个教育部国别和区域研究中心,与中央编译局等单位共建天津市级协同创新中心——中央文献对外翻译与传播协同创新中心;设有2个天津市普通高校人文社会科学重点研究基地、2个天津市高校智库、1个天津市普通高等学校社会科学实验室,3家智库机构入选中国智库索引(CTTI)来源智库;依托所设孔子学院打造海外智库——中国学研究中心;5个创新团队入选天津市高等学校创新团队培养计划;围绕天外重点研究领域和学科特色,建有翻译与跨文化传播研究院、国别和区域研究院、"一带一路"天津战略研究院、应急外语服务研究院,形成服务国家、天津以及学校发展需要的国际化科研平台体系。

2021年,学校党委坚持和加强对学校工作的全面领导,履行管党治党、办学治校的主体责任,充分发挥领导核心作用。坚持党委领导下的校长负责制,认真贯彻民主集中制,班子自身建设不断加强。编制发布《天津外国语大学事业发展第十四个五年规划和二○三五年远景目标纲要》,扎实推动学校"十四五"事业发展规划开好局起好步;依法依规完成学术委员会、学位委员会、教学指导委员会、教材委员会换届,扎实推进以学术委员会为核心的治理体系建设;进一步深化育人关键环节和重点领域改革,持续推进学校内部治理体系和治理能力现代化,不断提高人才培养质量。

撰稿:黄玉培

【教育经费收入与支出】 2021年,学校教育经总收入44151.98万元,比上年增加897.39万元,增长2.1%。其中年初结转2198.00万元,非财政拨款结余2092.72万元;财政拨款收入24661.87万元,事业收入7957.71万元,其他收入7241.68万元。全年教育经费总支出44151.98万元,比上年增加897.39万元,增长2.1%。其中年末结转2309.94万元,工资和福利支出24654.53万元,对个人和家庭的补助支出3046.30万元,商品和服务支出10675.25万元,债务利息支出476.53万元,资本性支出2989.43万元。

撰稿:郭晓婷

【思政建设】 深入贯彻党的十九届六中全会和市委十一届十一次全会精神,举办专题培训班,推动全会精神进校园、进课堂、进头脑。校院两级中心组累计开展学习228次。高标准、高质量开展党史学习教育,制定下发23个指导性文件、编发简报25期,相关特色工作被市委相关简报刊载26次。开展现场见学、观看党史主题话剧等系列活动,推动党史学习教育走深走实。坚持将党史学习教育同解决实际问题结合,扎实开展"我为师生办实事"实践活动,为师生解决难事236件。通过校领导接待日、茶叙会、支部书记直通车、书记走遍下一级党组织、领导班子走遍分管领域等各种渠道了解群众诉求,收集解决师生诉求650件。坚持领导干部带头讲思政课,校院两级党政领导干部为学生讲授形势政策课21场次。承办"开学第一课——党的光辉照我心"电视公开课录制,举办天津市中小学庆祝建党百年读书分享演讲决赛,推动大中小学思政工作一体化建设。校关工委思想育人项目获全国教育系统关工委创新案例,校关工委获教育部2020年"读懂中国"活动优秀组织奖。新建6个校级辅导员工作室,1人获评2020年"天津市高校思想政治理论课教师年度影响力人物",1人获评天津市高校"大学生年度人物",2人获评2021年首届天津市高校资助宣传大使,学校连续四年获评"天津市大学生思想政治教育工作优秀单位"。4名学生成功捐献造血干细胞,学校获评"全国红十字模范单位"。

撰稿:黄玉培

【干部队伍建设】 统筹推进干部队伍建设,出台《年轻干部教师实岗锻炼工作实施办法(试行)》,选派2名干部校内实岗锻炼。开展年轻干部调研,建立各级优秀年轻干部人才库、专业技术骨干人才库,为推动年轻干部培养奠定基础。提拔任用处级干部11

人,平职交流干部12人,聘任正科级干部70人、副科级干部52人。持续加强干部监督管理,深入开展选人用人问题专项整治、领导干部违规在社会团体兼职清理规范工作以及违反任职回避规定问题专项整治"回头看"工作,督促5名干部辞去兼职。织密建强党组织体系,印发《2021年组织工作要点》《党委、二级党组织、党支部党建工作基本任务清单》,加强对基层党建工作指导和检查。4个二级党组织和63个基层党支部完成换届,2个新调整二级党组织完成选举。2021年共撤销党支部21个,新建党支部24个。发展党员741人,其中在岗职工11人,学生730人。与天津外国语大学滨海外事学院开展党建结对共建和党建责任包联,落实年度计划和共建项目39条。召开庆祝建党100周年"两优一先"表彰大会,为55名老党员颁发"光荣在党50年"纪念章。1名同志获评天津市优秀共产党员、1个基层党组织获评天津市先进基层党组织。3个党日活动获评教育系统"创最佳党日"优秀活动。6名同志分别获市教育系统优秀共产党员、优秀党务工作者称号,3个基层党组织获评市教育系统先进基层党组织,1个学生党支部获全国"百名研究生样板党支部"称号。举办建党百年珍贵档案实物展,以档案视角讲述天外校史及共产党员先进事迹。

撰稿:黄玉培

【统战和巡察工作】 深入宣传贯彻《中国共产党统一战线工作条例》、中央民族会议精神、党的十九届六中全会精神,对统战成员开展多种形式的系统培训和全面轮训,为全校党支部和党外人员配发有关学习材料1000余册。将党史学习教育贯穿统一战线全年工作,举办6次"统战大讲堂",举办统战成员学习贯彻党的十九届六中全会精神专题辅导班,参观各类主题展览,凝聚统一战线力量,全面加强学校统一战线思想政治引领。加强党外知识分子相关制度建设,进一步提高党外知识分子思想政治工作的针对性和时效性。大力培养党外后备干部,补齐旗帜人物缺乏和后备力量不足短板。全面贯彻落实党的民族政策,举办学习贯彻中央民族工作会议精神专题培训班,召开新疆内派教师、少数民族辅导员座谈会,推动新时代党的民族工作高质量开展。巩固深化宗教工作阶段性成果,在教师、学生信教底数已经全部摸清的基础上进行再次摸排、动态管理,多次召开宗教专题会议,对重点关注对象进行一对一情况研判,精准有序开展帮扶,建立定期报告制度、联系机制和防范向未成年人传教长效机制,坚决阻断宗教邪教向校园传教渗透。出台巡察工作五年规划,明确第二届学校党委任期内巡察全覆盖的目标任务、工作要求和时间表、路线图。建立巡察人才库,为完成全覆盖任务提供人员保障。对5个二级党组织开展常规巡察,督促对5个被巡察单位做好巡察整改后半篇文章,推动巡察整改落实落地。

撰稿:黄玉培

【教育教学】 新增5个国家级和6个天津市级一流本科专业建设点。4个新专业顺利通过2021年本科新专业评估。16门课程获批第二批天津市一流本科建设课程。着力推进课程思政建设,7门本科课程获批2021年天津市高校课程思政示范课程,1本教材获批2021年天津市高校课程思政优秀教材。9门自建慕课成功上线智慧树等慕课平台。出台《选用境外教材管理办法(试行)》,规范境外教材选用管理。首批开设10门通识教育核心课程,出台《微专业、辅修专业(学位)管理办法》《美育工作实施方案》《关于全面加强新时代劳动教育的实施意见》,"五育并举"全面提高育人质量。积极推进大学生科技创新,5个团队获2021年天津市"挑战杯"课外学术科技作品竞赛二、三等奖。开展2021书香天津·校园"悦读之星"评选,学校选手获天津市一等奖。贯彻落实全国、天津市研究生教育大会精神,出台《加强研究生教育改革发展实施意见》等多个文件。3门研究生课程成功获批天津市高校课程思政示范课程、3种研究生教材成功获批天津市高校课程思政优秀教材。主办第十届天津市高等学校教育学科研究生论坛。指导研究生参加首届天津市大学生新媒体创新创业大赛,获天津市特等奖1个。新增招生大数据管理与应用、国际组织与全球治理专业、网络与新媒体3个专业,本科招生专业(组)数达44个。成功获批法律硕士专业学位授权点,学位布局结构进一步优化。2021年本科招生2219人,博士研究生10名、硕士研究生624名。

撰稿:黄玉培

【科研与师资队伍建设】 获批国家级项目7项、省部级项目23项、厅局级项目12项,推荐认定天津市教委科研项目16项,横向课题立项25项。获天津市第十七届社科优秀成果奖一等奖1项、三等奖7项。参加天津市大、中学生科普创新大赛,获一等奖1项、二等奖3项,学校获评"优秀组织单位"。举办第三届"文明互鉴·文明互译"学术交流季,开展23项学术活动,网刊《百家谈》全年刊发30期,进一步彰显天外学术特色。积极贯彻习近平总书记关于加强我国国际传播能力建设讲话精神,协助市委宣传部承办第七届全国对外传播理论研讨会,并作为组织方之一,承办研讨会"对外话语体系创新研究"分论坛,得到中央电视台、《人民日报》等30余家国家级和天津市媒体广泛报道,形成良好的社会影响。不断加大高层次人才培养力度,选派教师博士后进站2人,博士进修3人,硕士进修1人,推荐申报访问学者1人,推荐3名教师申报高层次人才培养计划、16名教师参加天津市翻译专业高级资格评审委员会评委专家库遴选,1人获评天津市第十五届教学名师奖。柔性引进客座教授5名,续聘特聘教授1名。新招聘教职工21人。获批博士人才资助11人。举办学校第十六届青年教职工基本功竞赛,选拔4名青年教师参加市级竞赛;举办"榜样青竹"第五届青年教职工师德演讲比赛,选送1名选手参加市级决赛。积极推进干部档案专项审核,认定116人"三龄两历一身份"信息,归档1721份补充材料、290份档案专审干部任免表和54份学历学位比对排查材料。

撰稿:黄玉培

【国际交流】 积极推进中外合作办学项目申报,出台《中外合作办学项目管理办法》《关于加强中外合作办学项目党建工作的实施办法》,不断加强中外合作办学项目的规范管理。与境外18所院校新签或续签20份友好交流协议,交流合作院校达到250所。赴国外研修、留学的学生达到1100余人,超过往年出国学生人数。不断拓展留学生招生渠道,完成2020年8个"汉语桥"项目结项、获批2021年"汉语桥"项目17项、国际中文教师奖学金专项项目14个,获批项目数和资金支持额度位居全国高校前列,累计招收长短期留学生4600余名。获批2021年度国际中文教育研究课题立项7项,立项数量排名全国第三。孔子学院建设取得新成绩,与天津美术学院、匈牙利德布勒森大学举行中国传统文化展后座谈会并签署三校合作协议。受教育部中外语言交流合作中心委托,承办俄罗斯"小鹰"全俄儿童中心合作业务,与俄罗斯伏师大合作申报"全俄中文网络教学中心项目"。参与语合中心—曼谷中心"中泰伙伴计划",与泰国天素谛皇家大学签署协议,帮扶泰国合作高校开展中文学科建设、"短期教席"项目。应邀加入"澳门特别行政区与内地学术图书馆葡语资源联盟",搭建葡语资源共享共建平台。

撰稿:黄玉培

【社会服务】 承接完成《中国共产党简史》和《中华人民共和国国民经济和社会发展第十四个五年规划和2035年远景目标纲要》等党和国家重要文献的英译,以及在津外籍人士接种新冠病毒疫苗明白纸、知情同意书等疫情防控文件翻译任务。完成第五届世界智能大会、2021中国·天津城市治理国际论坛现场同传和口笔译任务,"天外翻译"特色品牌建设成效显著。组织500余名学生志愿者为国家会展中心(天津)首展、2021年中国(天津)非公有制经济发展论坛、全国第七届对外传播研讨会、新领军者年会等高端会议提供语言翻译和志愿服务,65名志愿者为南开区、和平区外籍人员疫苗接种进行现场引导和翻译服务。校青协获评第十三届中国青年志愿者优秀组织奖、天津市2021年度学雷锋志愿服务"六个一批"优秀志愿服务团队。成立天外教育集团,建立教育集团专家库,与高新区管委会、生态城管委会、河北区政府等签订合作办学协议,基础教育合作办学规模不断扩大。成立海外教育中心,与国家留学基金委东方国际合作举办国际名校留学预科项目,搭建海外教育培训与留学支持平台。成功获批"天津市退役军人就业创业承训机构"。举办第二期新疆和田地区教育局基础英语教师综合能力提升研修班,助推新疆基础教育优质均衡发展。承接市教委2021年中文国际教育师资(基础教育)培训班、天津市"鲁班工坊"师资英语培训班等培训任务,助力天津教育国际化发展。继续开展驻村帮扶,选派6名干部组成2个工作队,赴蓟州区4个经济薄弱村开展帮扶,帮扶组长获评市级优秀驻村工作组组长。

撰稿:黄玉培

【办学治校】 编制发布《天津外国语大学事业发展第十四个五年规划和二〇三五年远景目标纲要》,找准学校事业发展的着力点、突破点,着力构建学校高质量发展新格局。直面"五唯"顽瘴痼疾,坚决落实教育评价改革相关要求,修订《2021年专业技术职务聘任条件》《"求索学者"聘任办法》等文件。进一步完善科研评价机制,探索增值评价,建立以科研创新质量、贡献、绩效为导向的科学评价体系,修订《论文等级目录》及《科研业绩量化管理办法》。不断增强内部控制和治理体系建设,修订/制定外籍教师管理办法、薪酬待遇管理办法、兼职借聘协议等系列文件,加强对外籍教师的规范管理。开展学生食堂领域廉洁问题专项整治、四个领域腐败风险专项清理整顿,不断完善学校监管制度,建立风险防范长效机制。坚持关口前移,加强对学校各类经济活动的过程监督和审计,避免出现廉政风险。完成校外剩余房源流转,依法依规推动公产房确权等历史遗留问题解决。坚持校领导联系基层、接待日等制度,召开第二届教职工代表大会,选举产生新一届教执委、提案委、生活福利委委员,确保教职工管理学校事务的知情权和参与权。两校区开设"公文一日达"服务,不断为基层减负,提高文件流转效率。启动新一轮《天津外国语大学章程》修订,以章程为统领,修订制度7件,废止1件。出台加强法治工作的实施办法,成立法治工作领导小组,着力提升学校治理能力和水平。

撰稿:黄玉培
审稿:陈法春

天津财经大学

【概况】 学校坐落于天津市河西区珠江道,占地90.82万平方米,建筑面积58.62万平方米,图书165.89万册。拥有应用经济学、工商管理、管理科学与工程等3个一级学科博士学位授权点和博士后科研流动站,应用经济学、工商管理、管理科学与工程等9个一级学科硕士学位授权点,以及工商管理硕士(MBA)、会计专业硕士(MPAcc)、公共管理硕士(MPA)等15个专业硕士学位授权点。开设有51个本科专业。教职工1300余人,全日制在校生16000余人。

2021年,财大党委坚持以习近平新时代中国特色社会主义思想为指导,全面贯彻党的十九大和十九届历次全会精神。围绕学习贯彻习近平总书记在庆祝中国共产党成立100周年大会上的重要讲话,校院两级开展内容丰富、贴近师生的建党百年系列活动。落实"四方责任"和"四早要求",落实各项防控措施,坚持人物同防、多病共防,有序开展信息摸排、校园管理、外地返津学生核酸检测、师生三剂次新冠疫苗接种等工作。深入学习宣传贯彻党的十九届六中全会精神,把学原文、悟原理作为学习第一步,引导师生深刻把握"两个确立"的决定性意义,推动全会精神进教材、进课堂、进头脑。举一反三抓意识形态领域问题整改。针对教师课堂上出现的问题,落实市委主要负责同志批示和教育两委要求,分课堂教学管理、意识形态阵地管理、意识形态责任制落实、教师思想政治管理、学生思想政治引领、民主党派政治建设和党外知识分子政治引领、完善学校政治风险防控机制7个专题落实50项整改措施。持续

构建"大思政"工作格局。召开学校思想政治工作会,完善"三全育人"工作体系。"学习强国"天津学习平台"天津教育"频道编辑部落户学校。召开2次全校就业工作联席会议和推动会,实现招生、培养、就业协调联动。牵头成立天津市"三全育人"联盟。

盖地教授主编《税务会计学》获全国优秀教材二等奖。在科研评价、人事评价、教育教学等方面稳步推进教育评价改革具体举措。优化人才培养载体,推进课程改革创新。举办"教师教学能力提升工作坊",进行数据可视化课程专项培训。开设VBSE跨专业综合实验课,启动区块链实验室建设。健全硕博连读招生选拔机制,推行"申请—考核"制。新增7个国家级一流本科专业建设点,4个天津市级一流本科专业建设点,27门课程获批天津市一流本科建设课程。立项国家级项目22项,其中国家社科基金重大项目1项、重点项目1项。

撰稿:杨 东

【教育经费收入与支出】 2021年,学校教育经费总收入60993.5万元,比上年增加2473.6万元,增长4.2%。其中财政拨款35523.5万元(其中专项经费6166.8万元),事业收入21493.7万元,其他收入3976.3万元。2021年学校自筹经费25470万元,经费自给率41.8%。全年教育经费总支出54996万元,比上年减少3036.3万元,下降5.2%。按照支出性质分类:基本支出46641.7万元(人员支出32767.6万元,公用支出13874.1万元);项目支出8354.3万元。按照支出经济分类包括:工资福利支出30924.8万元;商品和服务支出14999.6万元;对家庭及个人支出6051.3万元;其他资本性支出2981.3万元;债务利息支出39万元。2021年度资产总计156868.6万元。其中流动资产27892.4万元,非流动资产128976.2万元。2021年度负债总额4515.6万元,资产负债率2.9%。2021年银行贷款全部还清。2021年度净资产152353万元。

撰稿:韩 琪

【教育教学】 加快推动14个国家级一流专业建设点和20个天津市级一流专业建设点建设工作。1个教学团队被评为2021年市级教学团队,1名教授获第十五届天津市高等学校教学名师奖。3个项目获首批国家新文科研究与改革实践项目,4个项目获天津市新文科研究与改革实践项目,22个项目获教育部高等教育司2021年产学合作协同育人项目立项。在首

届高校教师教学创新大赛天津赛区比赛中,2名教师获天津赛区二等奖,3名教师获三等奖。经济统计虚拟教研室获批天津市首批虚拟教研室试点建设项目。持续开展"学情研究与教学发展"调查,25所国内高水平财经类高校累计近8.5万名学生参与调查。1门课程获评首批国家级课程思政示范课程,1名教师获评国家级课程思政教学名师,1个团队获评国家级课程思政教学团队。6门课程获评天津市高校课程思政示范课程,27门课程获评天津市第二批一流本科建设课程,1本教材获首届全国教材建设奖全国优秀教材二等奖,6本教材获评天津市高校课程思政优秀教材。构建核心素养实践教学平台,427平方米的跨专业综合仿真实验教学中心投入使用。

撰稿:刘红梅

【学科建设】 学校学科建设以全国教育大会和全国研究生教育会议精神为指导,以建设顶尖学科和服务产业特色学科群为重点,催生新兴学科和交叉学科,全面推进"新财经"建设,加快实现重点突破,带动学校核心竞争力不断提升。结合《天津财经大学"十四五"时期事业发展规划》,科学制定《天津财经大学"十四五"学科建设专项规划》。截至2021年年末,学校有天津市重点(含培育)一级学科7个。应用经济学、工商管理学科入选天津市高校顶尖学科培育计划第二层次建设学科。3个学科入选天津市一流学科建设,6个学科入选天津市特色学科(群)建设。

撰稿:马亚明

【科研和社会服务】 年内获批国家社科重大项目1项,国家级项目21项、教育部人文社会科学研究项目3项,其他省部级项目40余项,项目经费1300余万元。深入贯彻落实习近平总书记关于"打造我国自主创新的重要源头和原始创新的主要策源地"重要指示要求,进一步强化科研创新团队建设,启动人工智能与新财经交叉创新计划。发展天津市企业科技特派员队伍,促进产学研深度融合,入选首批"天津市科技创新智库"。获十七届天津市社会科学优秀成果奖25项,其中一等奖3项,二等奖8项,三等奖14项。召开学校科技创新推动工作会,深入实施创新驱动发展战略。制定实施《天津财经大学高水平代表性成果目录》,围绕学校立德树人的根本目标,开展"天财·创智"学术活动,促进学校一流学科和一流专业建设,提升科技创新、

科研育人和服务社会的能力。

撰稿:刘乐平

【市委常委、市委教育工委书记王庭凯到校调研指导】 12月21日,市委常委、市委教育工委书记王庭凯深入学校思政教育基地思贤堂、虚拟商业社会环境VBSE跨专业综合仿真实训中心和天津市学校思政课、思政教育两个新媒体中心调研,围绕学习宣传贯彻党的十九届六中全会精神以及党的建设、思政育人、教育教学、就业创业等重点工作作指导推动。王庭凯强调,要深入学习贯彻党的十九届六中全会精神,深化党史学习教育,加强党对高校的全面领导,增强基层党组织政治功能,以"大思政"理念落实立德树人根本任务,切实以高质量党建推进高质量发展。要围绕经济社会发展对高等教育的新要求新任务,不断提高办学质量,统筹推进人才培养、科技创新、科研成果转化等重点工作,不断提高引领力、贡献力和服务力。要盯紧岁末年初关键节点,严格落实学生假期离校、校园疫情防控等工作措施,高质量做好2021年各项工作"收官",高标准谋划明年工作思路举措,推动学校各项工作迈上新台阶。市教委副主任仇小娟,以及市委教育工委、市教委有关部门负责同志参加调研。

撰稿:孙梅娟

【副市长周德睿调研检查秋季开学和疫情防控工作】 8月31日上午,副市长、市政府党组成员周德睿对财大秋季开学情况和疫情防控工作进行调研检查指导。周德睿前往学生报到处,检查学生入校防疫管理措施,了解学生进校体温检测、健康码和通信大数据行程卡查验、行李消毒、注册手续办理等流程,以及学生就餐、住宿管理等环节的防疫举措。在临时隔离观察点和防疫物资储备点,了解防疫和生活物资储备、师生出现发热症状应急处置具体流程等情况。学校党委书记张亚汇报了学校基本情况、疫情防控及秋季开学相关情况。周德睿就具体工作和相关细节进行现场指导,强调要切实提高政治站位,严格落实主体责任,从严从快、从实从细落实疫情防控措施,落实"四早要求";要加强学校闭环管理,严密做好人防、物防和技防,精准掌握师生情况,减少对外接触感染风险;要坚持属地管理原则,做好疫情风险研判,筑牢联防联控防护网,守牢校园疫情防控阵地,让学生安全、安心学习生活。市政府、市教育两委、河西区相关负责同志参加调研检查。

撰稿:孙梅娟

【思想政治工作会议】 5月11日,财大召开思想政治工作会,对学校五年来思想政治工作进行全面总结,分析存在的问题,对学校思政工作进行再部署、再推进、再提升。校党委书记张亚从提高政治站位、统一认识,总结工作经验、查找不足,厘清工作思路、推动落实三个方面作总结部署。会后,学校陆续出台落地系列配套制度举措,完善"三全育人"体系,打造学校"大思政"工作格局。

撰稿:孙梅娟

【党史学习教育融入课程思政建设】 财大专业学院在开展党史学习教育过程中,着力将党史学习教育与课程思政紧密结合,以"三融入"方式推进落实立德树人根本任务,在学史力行的同时开新局育新人。一是启动"学百年党史·践初心使命"系列活动,将党史学习教育融入课堂专业教学。组织师生前往财大对口帮扶困难村,开展主题课程思政实践教学活动,开展文化扶贫和创作采风。举办艺绘百年师生笔会,围绕建党百年主题,现场创作开展教研活动。二是以"传承红色足迹·讲好党史故事"主题实践活动为依托,将党史学习教育融入第二课堂实践活动。组织学生走进家乡红色教育基地,拍摄一分钟宣讲视频,"团日骑行"寻访革命历史遗迹等,从百年历程中传承红色基因。三是将党史学习教育融入大中小思政一体化。与微山路中学签订大中小思政一体化共建协议,开展系列活动,大手拉小手打造"行走的思政课堂",在大中小一体化教育中承担起红色基因传承的时代责任。

撰稿:孙梅娟
审稿:杨　东

天津商业大学

【概况】 天津商业大学原名天津商学院,由原国家商业部和天津市人民政府于1980年创建。1998年学校实行中央与地方共建、以地方管理为主的管理体制。2007年学校更名为天津商业大学。学校位于天津市北辰区光荣道409号,占地89.33万平方米,建筑面积近51万平方米,教学科研仪器设备总值5.63亿元。图书馆现有中外文藏书220.77万册,中外文数据库66个,电子图书418.85万册。学校坚持以学科建设为龙头,经济学、管理学、工学、法学、文学、理学、艺术学等学科门类协调发展,相互支撑,具有鲜明的商科特色。现有7个市级重点学科、1个教育部工程研

究中心、1个天津市工程中心、2个天津市重点实验室、2个国际联合研究中心、2个天津市人文社会科学重点研究基地、2个天津市高校智库,另建有多个校级研究院、所、中心。学校共有教职工1481人,其中专任教师1101名,正高级153名,副高级299名;具有博士学位者538名。在校生2.3万余人,设有14个学院和3个教学部。现有59个本科专业(方向),硕士学位一级学科授权点11个,专业硕士学位类别12个。拥有国家级实验教学示范中心2个,天津市级实验教学示范中心(含建设单位)10个,天津市级虚拟仿真教学实验中心1个,天津市A级(优秀)高校众创空间1个。市级教学名师12人,市级教学创新团队2个,市级教学团队16个。学校具有推荐优秀应届本科毕业生免试攻读研究生资格,以及港澳台研究生招生资格和同等学力人员申请硕士学位授予权。

学校2021年主要成果:一是科学编制"十四五"规划,明确"十四五"时期三大战略主题,制定形成1个总体规划和人才培养、师资、学科、校园建设4个专项规划,各学院结合实际制定子规划,科学构建起学校未来五年发展的战略地图。二是召开课程思政建设推动会,提出紧扣立德树人"1个目标",实施好发掘、加工、融入"3个步骤",把握好课程、思政、教师"3个要素"的"133"课程思政建设工程。三是加强专业和课程建设,获批国家级一流本科专业建设点5个,省级一流本科专业建设点4个;获批天津市一流本科建设课程16门,9门课程获推参评国家级一流课程。

撰稿:吴常青

【教育经费收入与支出】 2021年,学校教育经费总收入73142.32万元,比上年增加3798.73万元,增长5.48%。其中财政补助收入46521.18万元,教育事业收入19998.59万元,科研事业收入2247.96万元,其他收入4374.58万元。全年教育经费总支出70813.80万元,比上年增加3400.40万元,增长5.04%。其中人员经费支出44527.52万元,公用经费支出26286.28万元。

撰稿:吴常青

【党建和思政工作】 扎实开展党史学习教育,把党史学习教育作为学校全年重大政治任务,教育引领全校党员干部师生努力做到学史明理、学史增信、学史崇德、学史力行。坚持党对学校工作的全面领导,把牢正确办学方向、发展方向、育人方向,确保

学校始终成为培养社会主义建设者和接班人的坚强阵地。加强党的建设,压实管党治党政治责任,抓实党的组织体系建设,持续深化党风廉政建设,努力以高质量党建引领保障高质量发展。深化"331大思政"格局建设,推动"1+4+N"思政制度体系落地见效。办好思想政治理论课,深化"三进"工作,建设以习近平新时代中国特色社会主义思想为核心内容的思政课课程群;推进思政课改革,优化思政课教师评价和评聘机制,改进教学质量评价办法,严抓育人质量,天津市全媒体深度宣传学校思政课教学改革成效。全面推进课程思政建设,召开课程思政建设推动会,提出紧扣立德树人"1个目标",实施好发掘、加工、融入"3个步骤",把握好课程、思政、教师"3个要素"的"133"课程思政建设工程。

撰稿:吴常青

【教育教学】 夯实人才培养核心地位,大力推进新商科、新文科、新工科建设,打造人才培养优势。加强专业和课程建设,5个专业获批国家级一流本科专业建设点,4个专业获批省级一流本科专业建设点,16门课程获批天津市一流本科建设课程,9门课程被推荐参加国家级一流课程评选。获批教育部新文科研究与改革实践项目3项,获批天津市教学名师1人、教学团队1个。推进研究生教育改革,制定《天津商业大学新时代研究生教育改革行动计划》和相关配套文件,明确改革重点和育人导向,持续提升研究生培养质量。加强体美劳教育,出台《天津商业大学新时代劳动教育实施方案》,将劳动教育纳入必修课、选修课;建成大学生艺术教育中心,设置3门艺术课程,将艺术实践活动给予学分认定;开齐开足体育必修课,新增2门选修课,满足全学段学生体育课需求。成立"冷链能源技术"创新人才培养联盟,以"工匠班"培养模式深化产学研协同育人,培养创新型人才。在第七届中国国际"互联网+"大学生创新创业大赛中获1银2铜。获批首批国家级"大创计划"重点支持领域项目1项,国家级项目55项、市级项目97项。获国家级奖144项、市级奖137项。与英国哈德斯菲尔德大学、日本流通科学大学以"3+1"方式建立5个本科专业国际实验班,推进国际化办学。生源质量、就业质量稳中有升,一志愿录取率97.68%,占录取总人数64.60%。学生毕业去向落实率为77.36%。39名学生到西部、基层、艰苦边远地区就业,1名毕业生就业事迹被中央广播电视总台宣传报道。

撰稿:吴常青

【学科建设】 发挥学科建设龙头作用,以博士点建设为牵引,大力推进一流学科建设,提升学科建设整体水平,服务人才培养。坚持问题导向,聚焦生师比、科研经费、生均经费等博士学位授权单位建设的关键指标,研究制定攻坚方案,找准工作发力点,着力建机制、补短板、强弱项,加快推进建设进度,努力破解发展瓶颈。推动校级综合交叉学科平台建设,对接国家"双碳"战略和数字经济战略,与津南区政府及市工业和信息化局联合,成立校级交叉创新平台"双碳研究院"和"数字经济与绿色发展研究中心",以动力工程与工程热物理、应用经济学2个优势特色学科为引领,大力建设符合学校发展方向、带头人明确、对接国家重大需求、学科覆盖面广的交叉学科平台,推动学科交叉融合。坚持"重点为"战略,利用博士点建设、天津市顶尖学科建设计划等契机,构建博士学位授权一级培育学科、天津市顶尖培育学科、天津市重点建设学科、校级重点建设学科等层次清晰、相互衔接的学科建设体系。"冷链能源系统"成功入选天津市第二批拟建设服务产业特色学科群。

撰稿:吴常青

【科学研究和社会服务】 强化科教协同,以高质量科研促进创新型人才培养。获批国家自然科学基金、国家社会科学基金项目12项,国家生态环境部招标课题1项,教育部人文社会科学研究项目7项;获批天津市哲学社会科学规划项目15项,其中重点项目7项;发表高水平论文SCI一区、二区42篇,SSCI论文39篇;科研经费到账2502.58万元;获批天津市科技进步二等奖2项、三等奖1项;获批天津市社科优秀成果奖10项,其中一等奖1项,三等奖9项。推进自主创新与社会服务,谋划筹建低碳智能冷链技术及环境省部共建(重点)实验室;发挥冷链学科优势,组织力量开展冷链环节防范新冠肺炎消毒技术开发应用科技攻关;咨政建言获得市委主要领导批示5个;主动与北辰区政府、社会力量沟通筹建大学科技园,助力学校科技成果转化;获得专利47项,转化科技成果24项;编制《天津市文化和旅游融合发展"十四五"规划》,为河西区、蓟州区编制旅游规划,服务天津文旅事业高质量发展。承办2021年中国环境科学学会科学技术年会和第十三届全国颗粒测试学术会议。

撰稿:吴常青

【师资队伍建设】 加强师资队伍建设,突出思想政治素质和立德树人能力,推动人才引育取得突破。加强师德师风建设，把师德师风作为评价教师队伍素质的第一标准，部署开展贯穿全年的师德教育培训；开展"十项准则"全覆盖宣传教育，校长亲自讲授"师德必修课"；举办教师节表彰大会、优秀教职工先进事迹展览、师德建设月等活动，大力弘扬高尚师德；健全师德承诺书和师德档案制度，加强师德师风警示教育，完善师德失范行为监测、通报警示及责任追究机制，开展师德考核，严惩师德失范行为。加大人才引育力度。深入实施"智汇天商"人才工程，修订《天津商业大学人才引进工作实施办法》《天津商业大学博士学位教师招聘工作实施办法》等文件，在引进条件、待遇支持、管理考核等方面持续调整优化。严把人才引进"入口关"，博士教师招聘新增校级面试及岗位实践考察环节，新招聘博士教师71人。创建"名师工作坊"，邀请校内外学术和业界名师进行专题培训，服务教师全面发展。加强对青年教师的培养，举办"青年教师成长沙龙"，建立"线上+线下+素质拓展"等培训模式，助力青年教师成长。加强高层次人才及团队建设。1人获批国家生态环境保护专业技术领军人才，推荐1名教师参评国家高层次人才项目；1人获天津市"最美科技工作者"称号，1个团队获批天津市"131"创新团队，1人获批天津市"项目+团队"重点培养专项资助项目。聘任中国科学院院士赵天寿教授为学校名誉教授。

撰稿：吴常青

【管理制度改革】 坚持以改革创新为根本动力，以教育评价改革为抓手，持续完善学校内部治理体系。坚持以立德树人为主线，以破"五唯"为导向，力争在重点领域、关键环节改革上取得突破。改进用人评价。深化人事分配制度改革，坚持学校总揽、学院主导，坚持分类分层管理，注重业绩贡献和能力水平，持续改进考核指标体系，完善教师分类评价标准。深化职称制度改革，落实"破五唯"要求，重点评价学术贡献、社会贡献以及支撑人才培养情况；完善直聘教授和破格晋升路径，为德能兼备、业绩突出的青年英才创建职务晋升绿色通道。开展科级岗位聘任工作，推动多岗位锻炼，持续激发管理干部队伍活力。改进教学评价。制定《天津商业大学高水平教学成果奖励办法》，突出教育教学实绩，将教师开展课程思政建设、参与专业认证、编写教学案例等纳入评价体系，根据成果质量和贡献按照分级分类原则实施奖励。改进科研评价。制定《天津商业大学高水平科研成果奖励办法》，注重科研成果的质量、贡

献和影响，形成以高质量成果为核心的科研评价体系。坚持多元评价，针对纵向科研项目、横向科研项目、学术期刊论文、报纸类论文、学术著作、应用性研究成果、科技成果转化等指标，进行多维度评价。实施分类评价，科学评价不同岗位、不同领域、不同类别成果，形成针对科研人员、科研项目、科研成果的分级分类评价体系。深化校院两级管理体制机制改革，遴选3个学院打造改革试点，推进管理重心下移，释放学院办学活力，逐步破解学校内部治理的体制性障碍问题和机制性梗阻问题。

撰稿：吴常青

【校园建设】 以党史学习教育为契机，扎实开展"我为群众办实事"实践活动，新建新能源机动车和电动自行车充电设施；修缮学生公寓、学生食堂；改造1号实验楼，建成2间智慧教室；推出网上办事大厅、设立图书馆新书阅览专区、开发全场景报销系统、建立"一站式"档案服务体系等，努力为师生谋利益、谋发展。牢固树立总体国家安全观，把保障师生安全和维护校园稳定作为头等大事，以维护政治安全为重点，全力抓好意识形态领域安全、网络安全、生产安全、生活安全、防暴恐安全、疫情防控等领域安全管理工作。着眼学校长远发展，与北辰区签订协议将刘房子地块东北角与学校相连的58.79亩土地无偿划拨给学校，同时在学校附近规划500亩土地作为教育发展预留用地，最大限度争取学校发展空间。

撰稿：吴常青
审稿：葛宝臻

天津城建大学

【概况】 天津城建大学坐落于西青区津静路，占地59.54万平方米，校舍建筑面积45.32万平方米。全日制在校生18827人。其中本科生16707人，硕士研究生1864人，留学生204人，预科生52人。教职工1429人，专任教师1059人。其中具有副高级以上职称教师429人，硕士及以上学位的教师956人。教师中有国家级人才工程项目人选2人。教育部新世纪优秀人才支持计划人选2人。天津市青年拔尖人才1人、天津市特聘教授1人、青年学者3人，天津市"131人才工程"第一层次人选8人，天津市宣传文化"五个一批"人才4人，天津市人才推进计划中青年科技创新领军人才4人。青年科技优秀人才3人，天津市杰出青年基金获得者2人，天津市教学名师奖获得

者14人,国家中青年有突出贡献专家、享受国务院政府特殊津贴专家18人。拥有2个省部级人才团队,8个省部级创新团队,15个省部级教学团队。学校设置有建筑学院、土木工程学院等15个学院,体育部、计算中心、工程实训中心3个教学部(中心)和1个继续教育学院。拥有14个硕士学位授权一级学科,11个硕士专业授权类别,其中1个天津市一流学科、1个天津市一流(培育)学科、4个天津市特色学科群、4个天津市服务产业特色学科群、6个省部级重点学科。拥有58个本科专业,其中9个国家级一流专业、7个天津市一流专业,1个国家级特色专业,1个国家级、2个天津市综合改革试点专业,7个天津市品牌专业建设项目和5个天津市战略性新兴产业相关专业建设项目,8个天津市优势特色专业和12个天津市应用型专业,6个专业通过住建部本科专业评估(认证),3个新工科专业。获批国家级一流课程1门、天津市一流建设课程24门、教育部首批课程思政示范课程1门、天津市精品课程12门、天津市高校课程思政示范课程7门、天津市"党史专题课程思政精品课"2门、天津市来华留学英语授课品牌课程4门。获批首批天津市高校课程思政优秀教材1部、国家级和省部级规划教材12部。获得天津市教学成果奖18项,其中一等奖9项、二等奖9项;获批教育部"新工科"研究与实践项目3项。建立有4个省部级重点实验室,1个国家工程中心、6个省部级工程中心、1个教育部工程中心,1个省部级人文科学重点研究基地,1个天津市国际科技合作基地,2个省部级协同创新中心,1个天津市科技智库,4个天津市科普基地。拥有10个天津市实验教学示范中心,2个天津市实验教学示范中心建设单位,1个天津市虚拟仿真实验教学中心,9个天津市虚拟仿真实验教学建设项目,1个天津市高校思想政治理论课协同创新中心,1个天津市高校实践育人示范基地。

撰稿:任天琪

【教育经费收入与支出】 2021年,学校教育经费总收入61507.82万元,比上年增加5448.94万元,增长9.72%。其中财政拨款42000.99万元,教育事业收入14955.53万元,科研事业收入3268.94万元,其他收入1282.36万元。全年教育经费总支出61738.74万元,比上年减少6863.73万元,下降12.51%。其中工资福利支出38918.01万元,对个人和家庭补助支出4078.53万元,商品和服务支出14772.98万元,债务利息及费用支出573.08万元,其他资本性支出3396.14万元。

撰稿:任天琪

【教育教学】 2021年,学校大力加强专业和课程建设,获批国家级一流专业建设点6个,天津市一流专业建设点4个;2个专业顺利通过工程教育专业认证;新增新工科专业1个;获批天津市一流本科建设课程12门。课程思政入选教育部首批课程思政示范课程1门,获批天津市高校课程思政示范课程10门、天津市"党史专题课程思政精品课"2门、首批天津市高校课程思政优秀教材1本。获批天津市教学团队1支、教学名师1人。构建"五育并举"人才培养体系,成立体美劳教育工作领导小组,将体美劳教育纳入人才培养方案。强化教育教学改革,获批新文科研究与改革实践项目教育部项目1项、天津市项目2项;获批天津市首批虚拟教研室试点建设项目1项,教育部产学合作协同育人项目23项。加强研究生培养管理,修订研究生培养方案和学位授予文件,获评天津市工程专业学位优秀指导教师8名、优秀学位论文6篇;加强研究生创新能力培养,获批天津市研究生科研创新项目19项;加强导师队伍建设,分类遴选、新增导师62人;继续扩大研究生规模,招收全日制研究生725人,增幅达11.5%。健全教育教学督导体系,认真推动思政课与课程思政督导工作。获评教育部2020年度全国网络学习空间应用普及活动优秀学校。

撰稿:任天琪

【学科建设】 2021年,学校紧扣高质量发展,制定完善学校"十四五"事业发展规划。深化新时代教育评价改革,成立学校综合改革领导小组并制订总体方案,建立健全制度11项。加强学科建设,获批能源动力、机械、电子信息、汉语国际教育、公共管理5个专业硕士学位点,获批绿色低碳建材新技术学科群、建筑工业化及智能建造、城市更新与空间治理、城市水资源化和智慧水务4个天津市高校服务产业特色学科群。完成现代城市建设产业学院申报工作,深化产学研协同育人机制。推进博士学位授权单位建设,制定实施新一轮博士学位授权单位建设方案。

撰稿:任天琪

【科技研究与成果转化】 2021年,获批省部级以上项目70项,其中国家自然科学基金项目17项。

实际到账科研经费 3644.4 万元。获省部级奖项 16 项,其中天津市科技进步奖 8 项、天津市社科优秀成果奖 5 项。授权专利 188 件,其中发明专利 34 件。获批天津市科技创新智库 1 个,获批天津市智库专项项目 2 项,新增天津市科普基地 3 个。新增科技特派员 121 名,获批科技特派员项目 15 项,连续 5 年位列天津市第一。2 篇咨政成果获得市委研究室采纳,3 篇理论文章在全国及天津市主流媒体发表,1 名教师获聘首届天津市政府特约研究员,3 名教师入选市委特约信息员。顺利完成西青区大学科技园创建工作。加强校政、校企合作,与津南区、西青区、蓟州区、中铁、中交二公局、住宅集团等政府、企事业单位开展合作。

撰稿:任天琪

【人才队伍建设】 2021 年,学校全面贯彻落实党管人才原则和新时代人才工作的新理念新战略新要求,组织召开人才工作会议 6 次,落实校党委联系服务专家制度,健全人才工作服务体系。加强人才引进工作,引进国家级人才 1 人,引进教授副教授 4 人,招聘博士学位教师 44 人。首次获批天津市"131"创新型人才团队 1 支,获批天津市宣传文化"五个一批"人才 1 人。持续深化教师评价改革,制定修订人事管理制度 7 项,完善职称分类评聘标准。重视师德师风建设,开展师德师风建设月活动,健全师德管理体系。营造尊师重教氛围,遴选表彰师德师风先进个人 10 名、优秀教师 50 名、优秀教育工作者 40 名、"五比双创"岗位竞赛示范岗先进个人 48 名、示范集体 10 个。

撰稿:任天琪

【国际交流与合作】 2021 年,新增国外友好院校 4 所,首次与韩国、瑞典、罗马尼亚高校开展友好合作。新增、续签中外合作办学项目 4 项。获批国家级外国专家项目高端外国专家引进计划 2 项。选派 10 名师生赴境外知名高校交流访问学习;14 名学生获得中外双学位,4 名学生获得欧盟奖学金资助。受邀参加"中国—波兰教育合作成果展",22 名师生在国际竞赛中获奖,有力提升了学校的国际影响力。留学生教育质量稳步提高,通过教育部高等学校来华留学质量认证;招收学历留学生 45 人,在校学历留学生 163 人。持续推进国际工程学院中波合作办学,顺利完成与波兰 2 所高校的国际工程学院合同签署,并成功召开联合管理委员会及学术委员会第一次会议,首届招收 52 名研究生。修订完善因公、因私出国

(境)管理办法,进一步规范外事管理。

撰稿:任天琪

【校园文化建设】 2021 年,学校加强学生思想政治教育,开展庆祝中国共产党成立 100 周年系列学生主题教育活动百余场;获评天津市高校"大学生年度人物"称号暨"王克昌奖学金"特等奖 1 人,获评"中国大学生自强之星"2 人、"天津向上向善好青年"1 人;首次获评"全国高校活力团支部",获评"天津市五四红旗团支部"2 个。夯实"三全育人"体系,获评 2021 年度天津市大学生思想政治教育工作优秀单位,获批天津市高校思想政治工作精品项目 4 项、"三全育人"优秀工作案例 6 个,数量创历史新高;获评省部级以上实践团队 7 个,其中国家级 2 个;获评"天津市征兵工作先进高校"。辅导员水平不断提升,获评天津市十佳辅导员 1 名、优秀辅导员 3 名。创新创业工作成效突出,连续六年获评天津市 A 级(优秀)高校众创空间,获省部级以上各类竞赛奖励 200 余项,首次获得天津赛区"优胜杯";获批大学生创新创业训练计划项目 47 项,其中国家级 16 项;且首次获批天津市拔尖项目 1 项;获批天津市大学生创新创业专项课题 1 项;6 名学生获得天津市大学生创新创业奖学金,其中特等奖 2 项。学生就业质量大幅提升,毕业生初次毕业去向落实率达 86.83%,以全市第三名成绩获评天津市高校毕业生就业质量考核评价优秀单位。

撰稿:任天琪

【内部治理】 2021 年,学校持续巩固脱贫攻坚成果,推进驻村帮扶工作,选派 6 名干部、教师赴宝坻区开展扶持经济薄弱村发展工作。深化中西部教育结对帮扶工作,接收兰州城市学院 17 名学生来校访学。加强内部控制管理,完善内部控制制度 32 项,完成处级领导干部经济责任审计和工程审计 29 项,推进审计发现问题整改工作,探索"巡察—审计"联动机制。推进学校信息化建设,完成 7 个项目的维修改造工作,加强贵重仪器设备管理与使用效益考核工作,建设贵重仪器设备开放共享平台。拓展资金来源,与中国农业银行天津分行签署银校合作战略协议。统筹资金需求,实现"三保"预期,优先保障民生福祉,提前一年发放教职工的 40% 简历型绩效工资,全面完成退休教职工养老保险清算工作,提高退休教职工福利保障水平。统筹各方资源,建设"鸣飞青年之家",获评天津市五星级"青年之家"。统筹推进

国家安全、食品安全、消防安全、实验室安全等校园安全综合治理,获评"2018—2020年度天津市文明校园"。持续做好常态化疫情防控和新冠疫苗接种工作,新冠疫苗接种率达99.15%。

撰稿:任天琪

【加强党的领导】 坚持和加强党对学校的全面领导,严格落实党委领导下的校长负责制,实行学校行政工作会议制度。完善二级党组织会议议事规则、学院党政联席会议议事规则。高质量开展党史学习教育,认真开展"我为群众办实事"实践活动。强化党的思想建设,积极发挥理论中心组旗舰作用,打造建成"革命丰碑—天津市红色旧址展览",成为天津市青少年实践教育基地。加强党的组织建设,学习贯彻《中国共产党普通高等学校基层组织工作条例》,推动学校党的建设与事业发展深度融合。深入贯彻《中国共产党基层组织选举工作条例》,扎实做好119个基层党支部换届选举工作。加强党员队伍建设,发展党员768名。举办学习贯彻十九届五中全会精神、年轻干部培训等11个专题培训班。创新学生党员培养模式,推出学生党建"四个工程",成立学生党员骨干"红旗班"。获评天津市优秀党务工作者1人、教育系统优秀党务工作者和优秀共产党员4名、先进基层党组织2个。认真落实全面从严治党主体责任,压实巡察工作,对5家二级党组织开展常规巡察,建成天津市教育系统巡察教育培训基地暨党风廉政建设教育培训基地。不断深化党风廉政建设,开展形式主义官僚主义和不作为不担当专项整治以及"小金库"专项治理等11个专项督查检查工作。

撰稿:任天琪
审稿:李忠献

天津农学院

【概况】 学校坐落于西青区津静公路,总占地86.16万平方米,校舍建筑面积30万平方米,藏书125万册。2021年,普通全日制在校生共计14403人,其中本科生12649人、高职生201人、硕士研究生1382人、留学生123人、预科生48人。学校现有教职工1066人,其中专任教师717人。教师当中具有博士学位的332人,有教授108人、副教授261人,双师型教师123人,双聘院士4人,享受国务院政府特殊津贴专家18人,国家级人才7人,省部级人才53人,省部级教学、科研团队22支。有全国优秀教师1人、全国脱贫攻坚先进个人1人,天津市教学名师11人。

学校以农科为主体,有农学、工学、管理学、理学、经济学、文学、艺术学7个学科门类。有16个教学单位,45个本科专业、3个高职专业,有3个一级学科、9个二级学科学术硕士学位授权点、4个硕士专业学位授权点。学校有1个天津市一流学科、4个天津市重点学科、2个天津市重点实验室、2个教育部特色专业建设点、1个国家级实验教学示范中心、1个国家水产品加工技术研发专业分中心、1个国家级大学生校外实践教育基地。有4个国家级一流本科专业建设点、11个省级一流本科专业建设点,有2门国家级一流本科课程、7门天津市级精品课程、7个天津市级品牌专业。近两届教学成果奖评选中,获天津市教学成果奖13项,其中一等奖5项、二等奖8项。有国家级观赏植物资源开发工程实验室、天津市现代渔业技术工程中心等50余个省部级及以上科技创新平台。近年来,获国家和省部级科技奖励100多项,其中获国家科技进步二等奖1项。

学校先后与德国、乌克兰、菲律宾、日本、加拿大、英国、美国等30多个国家和地区的60余所高校建立友好校际关系和交流协作关系。2021年,克服新冠肺炎疫情影响,加大留学生招生力度,共招收52名留学生。联合天津市经济贸易学校与保加利亚普罗夫迪夫农业大学合作共建的鲁班工坊于10月15日顺利揭牌。与泰国塔亚武里皇家理工大学合作举办的神农学院2021年招收首届40名学生,并于12月在线举行开学典礼。

2021年,学校扩建实验楼项目建设进展顺利,12月底基本竣工。启动了蓟州区教师休养所土地及相关建筑的流转工作。顺利完成电力增容,学生宿舍安装空调。在西校区成功接入燃气管道,彻底解决西校区燃气能源供应问题。

严格落实落细各项新冠肺炎疫情防控措施。制定春季、秋季开学返校工作方案、暑期疫情防控工作方案、新冠肺炎疫情封控管控工作预案等各类方案8项。协助属地部门开展疫苗第一针、第二针及加强针的接种工作,共接种4万余针次。联合属地疫情防控部门开展东西校区学生核酸检测,共检测1.4万余人。

2021年,获"2018—2020年度天津市文明校园"称号。

撰稿:王善科

【教育经费收入与支出】 2021年,学校教育经费总收入44281.92万元,比上年增加4298.17万元,增长10.75%,其中财政拨款32879.06万元,事业收入10405.18万元,其他收入997.67万元。全年教育经费总支出44454.95万元,比上年增加3983.41万元,增长9.84%,其中工资福利支出24422.37万元,商品和服务支出9667.01万元,对个人和家庭的补助支出3833.54万元,资本性支出6305.08万元,债务利息支出226.95万元。

撰稿:王善科

【教育教学】 2021年,扎实推进专业建设和教育教学工作。获批国家级一流本科专业建设点3个,省级一流本科专业建设点6个。获批第二轮省级一流建设课程18门、天津市课程思政示范课程8门、天津市课程思政优秀教材4部。在天津市首届教学创新大赛中,获正高组三等奖1项。水文与水资源工程专业认证自评报告通过验收,向工程教育协会提交食品质量与安全、测控技术与仪器专业认证申请。获批本科专业2个,天津市首批新文科研究与改革实践项目2个。获批国家级大创项目44项、市级大创项目65项。获批教育部产学合作协同育人项目12项。加快完善本科教学治理体系建设。出台《天津农学院教师课堂教学质量综合评价办法》《天津农学院混合式教学管理办法》等12个教学管理文件,获批天津市教育评价改革试点重点项目1项。启动实施"思政课程与课程思政建设年"。按照"所有课程都具有育人功能,所有教师都负有育人职责"的要求,出台《天津农学院思政课程与课程思政建设年实施方案》。组织成立天津农学院"课程思政"建设工作领导小组,统筹谋划学校课程思政建设工作。学校思政选修课《信仰与人生》入选天津市"百年辉煌"思政品牌课程。落实"新工科"建设理念,协同推进产业学院建设。统筹产业需求与人才培养,企业实践和学校培养,与天津市大学软件学院合作成立天津农学院产业学院。首批2个学院150余名学生进驻天津市大学软件学院中北天软创业学院。规范和加强教材选用与建设工作。严格执行教材选用"凡编必审,凡选必审"的原则,出版主编教材11部,4部教材获出版社"'十四五'规划教材"立项。学生获各类学科竞赛、科技竞赛、体育比赛等省部级及以上各类奖项267项。其中在第七届中国国际"互联网+"大学生创新创业大赛天津赛区比赛中,获金奖1项、银奖3项、铜奖17项;在第七届全国大学生水利创新设计大赛中,获一等奖、三等奖各1项;在2021年天津市大学生信息技术"新工科"工程实践创新技术竞赛中,获一等奖1项、二等奖5项、三等奖3项。

撰稿:王善科

【体美劳教育】 创新美育方式。组织全体团员青年通过网络视频平台,共赏"美育云端课堂",以美育人,以文化人,让团员青年在"云端"近距离地感受艺术的魅力。开足开齐上好体育课,为学生开设15门体育必修课。引入"乐跑"App,开展校园阳光健康跑活动,调动学生参与锻炼的积极性。男子篮球队获得"2021年天津市大学生篮球赛暨第24届中国大学生篮球联赛天津赛区选拔赛"第三名。深化劳动教育,出台《天津农学院加强和改进耕读教育实施方案(2021—2025)》《天津农学院加强新时代大学生劳动教育实施方案(2021—2025)》。天津市教委批复认定学校为天津市中小学劳动教育实践基地。完成17所中小学共计4600余名中小学生参加的劳动周活动,成功举办天津市首届中小学劳动技能大赛涉农项目比赛。学校在全市学校体美劳教育工作推动视频会议上做典型发言。学校获农产品经纪人、有害生物防制员等7个职业(工种)的职业技能等级认定资格,成立天津农学院职业技能等级认定中心。学校入选全国乡村振兴人才培养优质校。

撰稿:王善科

【学科建设与研究生培养】 扎实开展学科建设与研究生培养工作。完成4个一级学科第5轮学科评估和农业硕士专业学位水平评估工作。组织全面修订完善9个一级学科、2个类别、6个领域的研究生培养方案。获批1门天津市高校研究生课程思政示范课程和1个天津市高校研究生课程思政优秀教材。举办第六届研究生学术论坛。2021届春季学期硕士研究生以第一作者发表文章共155篇,其中SCI收录13篇、EI收录1篇、中文核心84篇、专利2项。

撰稿:王善科

【招生与就业】 2021年,录取新生4317人,其中本科3220人,高职升本439人、高职66人、研究生540人、预科52人。2021届毕业生共计3242人,其中本科2966人、硕士研究生82人、高职生194人。截至12月8日,毕业生毕业去向落实率为80.57%。2021届毕业生中,参加"三支一扶"1人、"西部计划"11人、"应征入伍"12人、地方基层项目24人、"新疆和田地区专招项目"1人。2021年学校涌现出许多扎根基层、建功立业的优秀学生,中央电视台《新闻联播》报道了藏族毕业生白玛曲珍矢志"三农",思源奋进,助力家乡发展的优秀事迹,2018级农学专业学生茹曼古丽·卡哈尔入选2021年第四届"闪亮的日子——青春该有的模样"大学生就业创业典型人物。

撰稿:王善科

【科学研究与社会服务】 2021年,科研项目累计合同经费5482.78万元,到校经费2487.95万元。新立科研项目248项,其中自然科学217项(纵向92项、横向126项),含国家自然科学基金项目9项,农业农村部资源调查及评估项目1项,市科技局东西部协作科技援助项目3项;社会科学31项,含天津市哲学社科智库项目1项,天津市科协重点决策咨询课题2项,天津市教育规划课题8项。组织开展2021年企业科技特派员选派工作。5位专家获批武清区科技特派员。24位专家入选天津现代农业产业技术体系岗位专家,1人入选综合试验站站长。学校入选第一批农业微生物种质资源保护单位,命名为天津市农业微生物种质资源库。学校被推选为天津乡村振兴产业(人才)联盟主席单位。选派6名干部组成两个驻村工作队赴蓟州区开展扶持经济薄弱村工作,选派4名教师赴新疆支教,推荐1名教授参加天津市第21批博士服务团,志愿服务西部发展。与青海省黄南州签订"绿色农牧产业转型升级关键技术示范推广项目",组织6位专家参加2021年"津企陇上行"及津甘双地科技特派员活动,与新疆于田县人民政府签署合作协议设立"天津农学院助力于田县乡村振兴科技服务站"。完成共计93人参加的两期甘肃省庄浪县"乡村振兴科技带头人专项能力提升培训班"活动。组织完成共计50人参加的甘肃省甘南州农业种质资源保护和开发利用培训班活动。学校被推选为天津乡村振兴产业(人才)联盟主席单位。班立桐教授获"全国脱贫攻坚先进个人"称号,田淑芬研究员获"天津市脱贫攻坚先进个人"称号,学校校驻宁河区帮扶工作组获评"天津市结对帮扶困难村优秀驻村工作组"。4人获评"天津市结对帮扶困难村优秀驻村干部(技术帮扶)"。乡村振兴研究院获批天津市科技局科技创新智库。加强平台建设,推进协同发展。天津市科技创新智库获科技局批复立项。与西青区政府签署合作共建西青大学科技园框架协议,与天津理工大学、天津城建大学以"多校一园"模式共同申报第一批市级大学科技园。与天津市农村社会事业发展服务中心、天津市农业发展服务中心、

天津嘉立荷牧业集团有限公司签署全面合作框架协议。与京东科技集团签署战略合作协议,合作成立天农—京东智慧农业研发中心。与中国农业大学共同开展天津盐碱地治理调研活动和"碳达峰、碳中和"目标实现及循环农业高质量发展研讨交流会。学校乡村振兴研究院入选天津市第三批高校智库。新增产学研联合体6个。9月,承办以"全面推进乡村振兴开启现代化新征程"为主题的天津市"新时代青年学者论坛"(2021)第二场论坛。

撰稿:王善科

【师资队伍建设】 2021年,持续推进师德师风建设工作。组织新入职教师宣誓仪式、"津门师德巡讲"系列讲座、师德主题演讲比赛和师德观影等活动,累计参加4000余人次。加强青年教师培训。举办新入职教师及青年教师教学适应能力提升培训班,培训采取网络直播的形式进行,邀请来自西安交通大学、北京理工大学等名校专家开展授课。成功举办第十九届青年教师课堂教学竞赛,"课程思政"元素、"新农科""新工科"建设理念在教学竞赛各环节都得到充分体现。柔性引进双聘院士1人,引进国家级人才1人、省部级人才1人、高层次人才8人、优秀博士32人。陈长喜教授领衔的面向智慧农业的软件工程教学团队获评天津市级教学团队;张树林教授获天津市高等学校教学名师奖;田淑芬研究员获2021年天津市"最美科技工作者"称号。李慧燕副教授获批天津市宣传文化"五个一批"人才称号。

撰稿:王善科

【学生工作】 开展党史学习教育,厚植爱国主义情怀。组织开展市级思政课巡讲团和市级优秀辅导员宣讲、先进人物进校园、夕阳红报告团系列讲座共计11次。开展第二十四届学风教育季活动。积极做好心理育人,严格建立并落实辅导员心理危机干预知识培训和测试制度。开通24小时心理咨询热线电话,加强对全体在校生心理测评,为需要进行干预的学生及时给予心理疏导。完善资助育人工作体系,严格落实各级资助,完善以国家资助为主、学校和社会资助重要补充的多元化资助体系。全年发放各级各类资助1158.13万元,惠及学生5905人次。为2485名学生办理生源地贷款审批手续,放款金额1735.79万元。获"天津市高校资助宣传大使称号"。做好以"新时代·实践行"为主题的实践育人工作,全年组织42个主题实践团队、2支实践团及2名个人分

别获天津市先进实践团标兵集体及标兵个人称号。做好少数民族学生管理工作,召开少数民族学生交流座谈会、开展"学党史 强信念 跟党走"等主题班团会活动。顺利完成2020级学生军训任务。获天津市庆祝中国共产党成立100周年天津市学校国旗护卫队展演二等奖。获2021年度"天津市征兵工作先进单位"称号。

撰稿:王善科

【党建工作】 坚持和加强党对学校工作的全面领导。制定《天津农学院领导班子及班子成员任期目标》,加强组织领导,强化顶层设计,突出部署落实。各二级党组织结合工作实际,制定全面从严治党主体责任"两个清单",明确责任和任务,细化措施和时限,确保各项工作落地见效。召开党的建设暨全面从严治党工作会议、全面从严治党推动会暨警示教育大会等会议,全面部署、统筹推进2021年度党的建设和全面从严治党工作,切实推动全面从严治党向基层延伸、基层党建全面进步全面过硬。扎实开展党史学习教育,深入学习贯彻习近平总书记"七一"重要讲话精神和党的十九届六中全会精神。校党委对标提高领导干部"七种能力",通过专题报告、集中宣讲、交流研讨等多种方式,对校领导班子成员、各级党组织书记、处科级干部等开展集中培训、轮训12次,培训总数达到1200余人次。校党委理论学习中心组集中学习16次,专题研讨8次,举办理论报告会、讲座2次;11个二级党委理论学习中心组集中学习176次,专题研讨89次,讲授党课97次。隆重召开庆祝中国共产党成立100周年暨"两优一先"表彰大会,共评选表彰校级优秀共产党员41人、校级优秀党务工作者8人、校级先进基层党组织9个,其中2人被评为教育系统优秀共产党员,1人被评为教育系统优秀党务工作者,2个基层党组织被评为教育系统先进基层党组织,1人被评为天津市优秀共产党员,1个基层党组织被评为天津市先进基层党组织。定期分析研判意识形态领域和安全稳定工作总体情况,制定下发《二级学院党委意识形态研判工作规范》《天津农学院校园安全专项整顿工作安排方案》,压实工作责任。扎实开展"民族团结进步宣传月"活动。发展民主党派成员2名。做好关心关爱老同志工作,积极组织离退休干部参加"庆祝建党百年""红色歌曲""红色电影"等活动。

撰稿:王善科
审稿:金危危

天津体育学院

【概况】 天津体育学院成立于1958年8月,学校逐步形成了以体育学科为主、相关学科协调发展的办学特色与优势,构建从本科教育到硕士、博士研究生教育的完整办学体系,以及涵盖普通高等教育、成人教育和留学生教育的开放式办学格局。学校为国家体育和教育战线培养了3万余名受到社会欢迎的应用人才,涌现出全国先进工作者、全国优秀体育教师、省市劳动模范、国家队教练员和金牌运动员。学校在群众体育与全民健身、青少年体质普查与评价、运动能量代谢、中国人骨龄发育标准、体育情报、体育法制建设等领域做出了开创性工作。

学校团泊校区位于静海区团泊新城西区健康产业园,占地74.38万平方米,各类校舍建筑总面积约42.4万平方米,于2017年11月投入使用。教学科研仪器设备总值1亿9千余万元。学校图书馆新馆建筑面积近1.77万平方米,现有纸质文献馆藏总量44.2万册,纸质期刊851种,拥有数据库78个,电子图书总量105万余册。

学校现有18个本科专业,涉及教育学、管理学、文学、艺术学、理学、医学6个学科门类。1979年开始招收硕士研究生,1986年获得硕士学位授予权,2013年通过立项建设博士学位授权单位验收,被国务院学位委员会正式批准为"博士学位授予单位",体育学一级学科被批准为"博士学位授权学科"。学校现有全日制在校生6501余人,其中本科生4939人,博士研究生68人,硕士研究生1274人。

学校现有教职工594人。专任教师中具有正高级职称57人,副高级职称127人;专任教师中具有博士学位的97人,硕士学位教师213人。入选国家级优秀教学团队1个,天津市优秀教学团队13个,天津市"十二五"教学创新团队3个。拥有享受国务院政府特殊津贴专家5人,国家教学名师1人,天津市教学名师6人,其他各类省部级人才称号获得者14人。学校现有博士研究生导师4人,硕士研究生导师102人,博、硕士研究生导师31人。

学校不断强化教学工作的中心地位,实施深化教学改革、提高教学质量的一系列方案和措施,取得标志性成果。学校的体育学一级学科获A-等级。承担国家级、省部级、局级科研项目403项。科研成果获省部级奖励30项,出版著作、编著、教材工具书等172部,发表学术论文2325篇。学校主办的《天津体育学院学报》,为中国社会科学引文索引来源期刊、《中文核心期刊要目总览》体育类核心期刊、科学引文数据库源期刊,入选中国科技核心期刊。学校重视高水平竞技体育人才培养,学校师生作为教练员和运动员在奥运会、世界杯、亚运会、全运会等大赛中取得过在国内外均有较大影响优异成绩。合作共建中国排球学院、中国柔道学院、中国棒球学院、天津体育学院水上运动学院,承接全国学校体育联盟(足球项目)主席单位工作。重视开放办学,不断加强对外合作与交流,与20余所国外知名高校和体育专业院校建立校际友好关系。学校坚持服务于"一带一路"和"中国文化走出去"国家战略,在天津市高校率先成立"天津市留学生武术文化体验基地",与天津医学高等专科学校共建鲁班工坊,助推中华武术"走出去"战略落地。

撰稿:陈　洁

【教育经费收入与支出】　2021年,学校教育经费总收入40699.04万元,比上年减少148824.16万元,下降365.7%。其中财政拨款33243.64万元,事业收入6720.35万元,其他收入735.05万元。全年教育经费总支出45927.77万元,比上年减少138916.69万元,下降302.5%。其中工资福利支出15943.94万元,商品和服务支出9366.05万元,对个人和家庭补助支出3223.16万元,资本性支出17082.19万元,债务利息支出312.43万元。

撰稿:袁广丽

【党建工作】　学院聚焦政治建设,以党史学习教育推进党建工作开新局。2021年度,学校共召开全委会2次、党委常委会74次、院长办公会45次,第一时间学习传达习近平总书记重要批示指示和上级精神并研究制订学校贯彻落实方案。修订了《天津体育学院章程》《天津体育学院领导班子落实"三重一大"制度实施办法》。制订党史学习教育实施方案和工作方案,定期召开学校党史学习教育领导小组会议,制定《天津体育学院2021年理论学习安排意见》,2021年度学校党委理论学习中心组开展15次集中学习研讨,举办3期专题读书班和研讨班,成立学校党史学习教育宣讲团,实现80个党支部全覆盖。组织开展"强党性、办实事、促发展"主题活动,扎实开展"我为群众办实事"实践活动,努力解决师生急难愁盼问题。召开2021年党建工作会,全面开展基层党支部的标准化建设,加强党员教育管理。组织开展各级"两优一先"推

荐和评选工作。完成2021年320名党员发展计划。配合市委教育工委完成独立学院党组织关系转隶工作并选派工作组赴天津传媒学院开展党建结对共建工作。学校的天津市扶持经济薄弱村发展驻村工作队开展对静海区沿庄镇西禅房村、东禅房村的经济薄弱村扶持工作,助力乡村振兴工作。制定《中共天津体育学院委员会关于加强新形势下统一战线工作的实施意见》和《天津体育学院二级党组织统战工作实施办法》。召开2021年统一战线工作会,助推党外教师参政议政,完成党外知识分子联谊会换届工作。

撰稿:陈　洁

【思政改革】　强化铸魂育人的思政改革。发挥课程育人作用,构建思政教育"大格局"。制定《天津体育学院落实市教委思政课教学质量评价实施细则(试行)》,发挥思政课主渠道作用,全面推进思政课改革,打造"线上+线下"混合教学模式。《科学社会主义与中国共产党的百年奋斗》等2门课程获批"党史专题课程思政精品课"称号。《中国近现代史纲要课程》获批第二批天津市线上线下混合式教学一流课程,《科学社会主义与中国共产党百年奋斗》课程获批党史专题课程思政精品课,1人获2021年天津市中国近现代史纲要课教学比武优秀教案奖,1人获2021年天津市思想道德与法治课教学比武优秀教案奖,1人获第二届全国高校思政课"马克思主义基本原理"教学展示二等奖。实施院校共建合作,与天津体育职业学院等静海区6所大中小学校共建大中小思政课一体化联盟,统筹推进大中小学思政教育一体化建设。持续加强课程思政建设工作,举办学校课程思政骨干教师教学能力提升训练营。《街舞》等5门课程获批市级课程思政示范课、教学名师和教学团队称号。《弘扬女排精神、助力伟大时代》课程获评市教委"百年辉煌"思政品牌课程"优秀课程"第一名。依托学生社区思想政治工作阵地,推动"三全育人"综合改革,深化五育并举改革创新,努力构建精准思政育人体系,持续推进学生思政工作内涵发展。建设校园网络新媒体矩阵,开展网络思想政治教育工作。开展思想政治教育类线上活动50余场,鼓励师生创作千余项优秀网络文化作品,歌曲MV《执着的梦》阅读量达79.8万。

撰稿:陈　洁

【教育教学改革】　学校全面深化教育教学改革,加强优势特色专业建设。完成本科人才培养方

案修订工作,围绕一流专业、一流课程建设,深化教育教学改革,构建高水平的人才培养体系。推荐应用心理学、武术与民族传统体育、运动人体科学、公共事业管理4个专业申报国家级一流专业。进一步加大专业调整力度,优化专业结构,获批大数据管理与应用专业。着力一流本科课程建设,打造一流本科金课。"教育学"等9门课程被认定为第二批天津市一流本科建设课程。"学校体育学"和"运动训练学"2门课程被市教委推荐参评国家级一流本科课程。高度重视教材建设工作,持续开展外国语言类教材与其他学科专业类境外教材排查"回头看"和法学类教材排查工作,提升教材管理质量水平。开通20门超星尔雅网络通识课程及相应学习平台,提升教学效果及考试效率。首次试行线上与线下相结合的本科毕业设计(论文)质量检查管理模式。不断完善教学质量管理体系建设和教学质量监控体系,持续关注本科毕业生培养质量追踪调研,2020届毕业生培养质量和2017届毕业生培养目标达成与职业发展居于国内同类院校前列。以《国家体育锻炼标准》为依据,促进全体学生积极参加体育锻炼。认真落实全面加强新时代大中小学劳动教育的若干措施及劳动教育课程建设指南,开齐开足劳动教育课程。加强公共艺术教育,将公共艺术课程与艺术实践纳入人才培养方案,实行学分制管理,严格按照国家课程方案和课程标准开齐开足艺术课程,新增《大学美育》,开展特色美育实践活动。

撰稿:陈 洁

【学科建设】 加快特色优势学科建设步伐。完成2021年体育学、教育学各二级学位授权点评估工作。完成2021年文化名家暨"四个一批"人才、国家高层次人才特殊支持计划哲学社会科学领军人才等推荐选拔工作。多环节多渠道强化研究生培养质量。制定《天津体育学院加快新时代研究生教育改革行动计划》,切实推进研究生教育的改革与创新。积极推进研究生课程思政建设。2门研究生专业教育课程、2门研究生综合素质课程获批天津市课程思政示范课程。组织10期"天体学术大讲堂"系列讲座活动,邀请体育领域国内知名专家为师生进行专题讲座。修订完成《天津体育学院博士研究生指导教师年度招生资格审核选聘办法》《天津体育学院硕士研究生指导教师选聘与管理办法》《天津体育学院专业学位硕士研究生行业导师聘任管理办法(试行)》,进一步规范和完善博士、硕士生导师、硕士生行业导师选聘与管

理工作。组织完成2021年博士、硕士研究生导师的选聘和专业学位行业导师聘任工作。优化导师队伍专业结构、年龄结构,选聘博士生指导教师16人、硕士研究生指导教师45人、行业导师45人。修订《天津体育学院高级专家延聘管理办法》,充分发挥高级专家在学科建设、人才培养中的作用。完成2021年硕士、博士研究生招生录取和2022年度研究生招生考试工作。组织实施研究生创新实践能力提升项目,214篇论文入选第十二届全国体育科学大会。

撰稿:陈 洁

【科研工作】 获批2项国家社科基金项目一般项目,1项后期资助项目,1项天津市科学技术普及项目,1项国家体育总局决策咨询项目;1项教育部首批新文科研究与改革实践项目,3项天津市首批新文科研究与改革实践项目;6项天津市社科项目;3项天津市社会科学界联合会庆祝建党100周年"思想的力量——新时代党的创新理论天津实践大调研"项目;2021年天津市体育科研"备战攻关计划"和"调研项目"中获批重大项目2项,重点项目6项,一般项目4项;立项1项市教委科研计划专项任务项目。与青海民族大学签署战略合作协议,共建高原体育实验室。《天津体育学院学报》获"2020年度中国高校优秀科技期刊""体育学学科最受欢迎期刊"称号。2021年7月创刊《亚洲运动与锻炼心理学》(英文刊)。运动生理学与运动医学重点实验室加入天津市实验室大型仪器共享平台,实现网上预约共享。

撰稿:陈 洁

【师资队伍建设】 强化师资队伍建设,培植学校发展新动力。举办"甘洒热血育花蕾,立德树人铸师魂"主题职业道德演讲比赛,组织开展2020年新入职教职工培训班开班暨入职宣誓仪式,制订《天津体育学院关于开展师德专题教育的工作方案》,强化师德师风考核,在人才引进、职务评聘、年度考核、评优评奖等工作中,师德和思想政治考核实行"一票否决制",明确师德底线,建立负面清单,健全惩处机制,1名教师因违法被开除公职。同时,做好各类教师评优、师德典型宣传工作,引导教师增强政治定力和时代使命。1人获天津市担当作为先进典型市级五一劳动奖章。认真落实新时代教育评价改革工作,做到教育培训全覆盖,制订天津体育学院关于贯彻落实《深化新时代教育评价改革总体方案》工作安排清单、正面清单、负面清单,组织开展清理整治,坚

决把与总体方案精神不一致的各种做法规定改过来。修订《天津体育学院绩效工资分配办法》《天津体育学院绩效工资发放的有关规定》等文件。修订《天津体育学院教师等专业技术职务聘任办法》,全面深化学校职称制度改革,充分发挥人才评价指挥棒作用。修订《天津体育学院高层次人才引进与管理办法》,为高层次人才及团队的引进和培养创造良好的基础条件。

撰稿:陈　洁

【竞技体育】 "体教融合"提升竞技体育发展后劲。竞技运动心理与生理调控重点实验室积极深入开展运动心理学科技工作,为天津市体育局运动队等提供心理咨询服务。与北京大学、天津大学、武警后勤学院、军事医学科学院卫生学环境医学研究所等院校和研究所开放实验室进行合作研究,取得良好效果。进一步完善科技助力竞技体育平台建设,组建科研团队承接田径奥运攻关项目,完成全国游泳冠军赛测试和技术分析工作。充分发挥体育竞赛在人才培养过程中的积极作用,培养优秀体育后备人才。与中国柔道协会共建中国柔道学院,与宝坻区人民政府共建天津体育学院水上运动学院,成立全国足球特色幼儿园师资培训中心,建立天津体育学院崇礼冰雪运动学院。9名学生入选中国体育代表团,出征第32届奥林匹克运动会,李晶晶先后获第32届奥林匹克运动会赛艇女子八人单桨有舵手铜牌和第十四届全运会赛艇女子八人单桨有舵手金牌。学校师生分别作为教练员和运动员入选天津棒球队,获第十四届全运会棒球比赛银牌,天津体育学院棒球队作为独立参赛队伍,获第十四届全运会棒球比赛第七名。7名学生分别入选中国橄榄球队、羽毛球队、赛艇队、棒球队,备战杭州亚运会。学院积极组队参加各级、各类体育竞赛20余项,累计获得第一名37项、第二名26项、第三名31项、第四名10项、第五名11项、第六名6项。校内举办五人制足球、羽毛球等7个项目的体育竞赛,承办2021年全国运动训练竞赛联盟排球联赛、2021年天津市大学生排球比赛和2021年全国体育教育专业学生基本功大赛。学校获批"天津市少数民族传统体育项目训练基地",获"2021年天津市民族团结进步创建示范单位"称号。

撰稿:陈　洁

【社会服务】 按照市委、市政府及市教育两委的工作部署,学校党委选派11名带队教师、169名学生组成天津体育学院赴新疆和田地区实习支教团,承担和田地区于田县第一幼儿园等11个学校的实习支教任务,全方位多角度强化"教育援疆、文化润疆"的深度和广度,获天津援疆前方指挥部、和田地区教育局、于田县教育局及各实习学校的高度赞扬,多项支教事迹被国内主流媒体争相报道。学校参与筹建的西藏昌都市特教学校特殊儿童运动康复训练中心投入使用。学校与50所中小学达成共建协议,开展中小学课后服务实践,中国排球学院为天津一中学生开展排球专项课后服务,建设体育特色品牌,助力"双减"政策落地见效,《光明日报》对学校助力"双减"工作进行专题报道。与天津市第一中学签署战略合作协议,为其开设运动协调与防护能力体育示范课(柔道项目)。完成教育部体育美育浸润行动计划2年期工作任务,获对口支持学校师生的一致好评。积极推动主动健康大学(联盟)、大学科技园等项目,服务全面健康事业。举办"新征程全民健身高质量发展的新理念新格局"——2021全民健身高峰论坛,积极开拓全民健身发展的新格局。组织师生发挥专业优势,为老年人进行功能性体适能筛查,进行《老年人跌倒防治》科普讲座,录制天津卫视体育频道"科学健身一点通"栏目,向观众讲授四季导引养生功。多次举办有关运动健身知识、心肺能力提升、运动康复等方面的讲座及体质测试活动,完成国家国民体质监测中心委托的"天津市第五次国民体质监测标准回代试验"工作,开展小学生体育素质拓展课运动强度与效果评估实验测试。"全民体质与主动健康"智库入选天津市首批重点联系和推动建设的科技创新智库。学生体质与身心健康促进研究中心入选中国智库索引(CTTI)来源智库。完成天津市一级和国家级社会体育指导员、天津市2021终身学习活动周暨社区教育展示周等工作。积极为军委、科技委提供3批8000人次的军事体育科普服务。

撰稿:陈　洁
审稿:孙　敬

天津美术学院

【概况】 学校现有天纬路、志成路两个校区,校园占地11.98万平方米,建筑面积15.11万平方米。现有美术学、设计学、艺术学理论3个一级学科点,均有硕士学位授予权及艺术硕士授予权。现有18个本科专业,9个二级学院。现有全日制在校生4802人,其中本科生3918,研究生873人。

学校现有国家级一流专业建设点8个,国家级特色专业2个,国家级实验教学示范中心1个,国家级大学生社会实践基地1个,国家级一流本科课程2门,国家级规划教材3部,教育部精品视频公开课1门;天津市重点学科2个,天津市一流学科建设项目2个,天津市特色学科(群)建设项目1个;天津市品牌专业5个,天津市战略新兴产业相关专业1个,天津市优势特色专业5个,天津市应用型专业6个;天津市级教学团队12个,天津市教学名师13人;天津市一流本科课程建设项目27个,天津市精品课程5门,天津市规划教材8部;天津市实验教学示范中心1个;艺术创作研究中心1个。

学校现有教职工505人,专业教师293人,其中教授64人,副教授97人。现有中宣部文化名家暨"四个一批"人才1人,全国中青年德艺双馨文艺工作者1人,享受国务院政府特殊津贴专家14人,天津市有突出贡献专家1人,天津市特聘教授1人,天津市"131"创新型人才培养工程第一层次人选2人,天津市宣传文化"五个一批"人才培养工程15人,硕士生导师152人。

学校与世界上17个国家及地区39所高校签署合作协议,在教学、科研领域达成多层次的合作构架。同法国、美国、意大利多所美术学院建立"3+1"和"2+1"模式的联合培养项目以及硕士双学位。与英国赫特福德大学合作举办"3+1双学位"合作办学项目。

2021年,学校隆重庆祝中国共产党成立100周年,扎实开展党史学习教育,加强依法治校、科学治校,落实学校第二次党代会和学校"十四五"事业发展规划的部署要求,落实立德树人根本任务,着力推进一流学科、一流专业、一流课程建设,努力培养人文厚重、基础扎实、技艺融通、创意活跃、德才兼备的高素质艺术人才,培养德智体美劳全面发展的社会主义建设者和接班人,扎根中国大地办人民满意的高等美术教育,实现"十四五"良好开局。召开贯彻落实全国高校思想政治工作会议精神五周年总结大会,大会全面总结了学校五年来思政工作经验,进一步统一思想、凝聚共识。

撰稿:谭　寒　蒋鑫楠

【教育经费收入与支出】 2021年,学校教育经费总收入27350.87万元,比上年增加6641.56万元,增长28.35%,其中教育经费拨款16940.37万元(其中基本经费11405.5万元、项目经费5534.87万元),教育事业收入9537.75万元,其他收入872.75万元(包括食堂收入362.63万元)。全年教育经费总支出27169.92万元,比上年增加5964.16万元,增长28.12%。其中基本支出21185.8万元、项目支出5984.12万元。总支出中人员经费支出14715.04万元,其中工资福利支出12568.82万元、对个人及家庭补助2146.22万元;公用经费支出12454.88万元,其中商品服务支出10251.3万元、其他资本性支出1153.24万元、债务利息支出1050.34万元。

撰稿:郭宇邦

【教育教学】 学校以"一流专业"建设为抓手,加强专业建设,投资163万元着力建设中国画专业等8个国家级一流专业建设点,积极推动美术学等5个专业申报2021年度国家级一流专业建设点;以"课程建设"为核心,全面提高教学质量,申报国家级"一流本科课程"3门;成功立项天津市"一流本科课程建设项目"16门。举办学校"金课"课程展览,全面展示近年来课程建设成果;6门课程被认定为天津市高校课程思政示范课程,4部教材被认定为天津市高校课程思政优秀教材,6名教师被认定为天津市高校课程思政教学名师,6个教学团队被认定为天津市高校课程思政优秀团队。认定校级"课程思政"精品课34门。1个团队获天津市教学团队称号,1名教师获第十五届天津市高等学校教学名师称号,7项教学改革项目通过中期检查。完善教学激励体系建设,奖励教学突出业绩88项,专项奖励金额近28万余元。创新毕业季工作,在做好防疫工作的前提下,安排7个教学单位近千名2021届毕业生作品分为5场进入学校美术馆进行展览,和天津华侨城文化发展有限公司在校外联合主办"渡通——2021天津美术学院毕业生作品邀请展"。制订《天津美术学院关于全面加强新时代劳动教育的实施方案》,开全开好劳动教育课程。制定《关于进一步加强课堂教学管理的指导意见》,严守课堂主阵地。获批地方高校国家级大学生创新创业训练计划项目4项、市级项目9项。

撰稿:哈伊莎

【学科建设与研究生培养】 学校被市学位委员会确定为2021—2023年博士学位授予单位立项建设高校。制定天津美术学院博士授予单位立项建设单位建设规划,组织2个学科点制定美术学、设计学博士学位授予点建设规划。举办第五届研究生学术季暨第十届研究生中期教学汇报展。成立研究生教学质量督导组,制定《研究生教学质量督导工作管理规定》《研究生教材选用管理办法》。制定《硕士学位论文盲审实施细则(试行)》《关于学位论文抽检中"存在问题学位论文"的处理办法》,加强研究生学位论文管理。加强对研究生教学环节的意识形态审核工作,重点对2021届研究生毕业环节进行审核和管理。修订《硕士研究生指导教师选聘实施细则》,新增硕士研究生导师28名。修订《硕士研究生导师工作量计算办法》。3门示范课程(研究生)、1种优秀教材(研究生)获批2021年天津市高校课程思政示范课程,优秀教材。授课教师、团队被认定为2021年天津市高校课程思政教学名师和教学团队。获批2021年天津市研究生科研创新项目3项。

撰稿:董 亭

【科研创作与服务社会】 获批2020年国家艺术基金项目4项(集体项目2项,个人项目2项)、2021年度天津市教育科学规划项目4项、2021年度天津市教委社科重大项目1项、天津市教委科研计划项目(人文社科一般项目)8项、2021天津市教委科研计划专项任务项目(心理健康教育)2项。2021天津市教委科研计划专项任务项目(英语教育)1项。举办"大美之艺·厚德之行——2021天津美术学院教师作品双年展(设计学类)",在中国美术馆举办"一杆铁笔刻诗魂:王麦杆艺术展",承办"庆祝中国共产党成立100周年——中国·天津第二届公共艺术大展",举办"百年华章"——天津美术学院庆祝中国共产党成立100周年主题作品展、2021年天津市高校"风华正茂——纪念建党100周年"主题招贴设计作品展等高水平展览。1名教授设计的《雪舞·2022》作为北京2022年冬奥会和冬残奥会公共艺术作品全球征集活动最佳作品落成于冬奥会主场馆——国家速滑馆西北广场,1名教授设计的《中华人民共和国第十四届运动会》纪念邮票全国发行。1名教授受邀为党史题材献礼剧《觉醒年代》创构1000多幅版画样稿,最终选用原画226幅。举办"水墨为上"山水画高研班、中国画综合研修班、中国画综合高研班、"第二届花鸟画精研与创作高研班""第二届山水画精研与创作高研班(宋代山水专题研究)""中国非物质文化遗产传承人研修培训计划"天津美术学院第十一期培训班(泥塑艺术研修)等13个培训班,培训人数214人。

撰稿:董 亭

【党建工作】 学校党委落实全面从严治党和办学治校主体责任,召开2次校党委全委会会议、35次校党委常委会会议和各类专题工作会议,及时学习贯彻习近平总书记关于教育的重要论述和重要指示批示精神,及时学习贯彻中央和市委关于全面从严治党的一系列决策部署,研究具体贯彻落实措施。制定《2021年党建工作要点暨全面从严治党工作要点》《2021年领导班子全面从严治党主体责任清单和任务清单》,逐级制定和分解主体责任、第一责任和一岗双责。召开学校全面从严治党工作会议暨警示教育大会,全面部署2021年全面从严治党工作。加强廉政风险防控机制建设,形成学校廉政风险防控机制建设汇编。制定政治生态年度工作要点,召开政治生态研判分析会,推动14家二级党组织完成2020—2021年度"肃黄"工作和政治文化建设纪实总结。党委理论学习中心组开展17次集中学习、10次专题研讨。召开党史学习教育动员部署会,印发党史学习教育实施方案、庆祝中国共产党成立100周年实施方案和党的十九届六中全会精神等实施方案,成立党史学习教育领导小组,召开6次党史学习教育领导小组会议推动各项工作落实;开展"我为师生办实事"实践活动,1个案例获天津市"我为群众办实事 服务百姓暖心案例"。对2名正处级干部进行平职交流,对18名处级干部进行试用期满考核正式任职,1名特聘干部经考核合格后续聘教学单位副院长职务。学校获全国教育系统关心下一代先进集体称号。2个优秀党日活动获批教育系统"创最佳党日"活动。

撰稿:谭 寒

【师资队伍建设】 深化师德师风建设,制订《天津美术学院2020—2021学年师德考核工作实施方案》,明确考核指标,强化师德建设主体责任,通过每月组织教职工进行政治理论学习、开展师德专题教育、加强师德考核、教师签订师德承诺书、建立师德档案、新教师入职培训等工作强化师德师风建设。把加强教职工思想政治教育,弘扬尊师重教传统作为教师队伍建设的首要任务,实行师德考核负面清单制度,严惩师德失范行为。落实中央、天津市委和市教育两委关于加强党管人才工作的部署要求,制订《关于进一步加强党委联系服务专家工作实施方案》,强化党对人才的政治引领,采取多种形式,与专家建立广泛、密切的联系,创造机会加强不同层次不同领域专家的沟通交流,进一步提升党委联系服务专家工作的实际效果。落实教育部、天津市教委关于《深化新时代教育评价改革总体方案》,制订《天津美术学院深化新时代教育评价改革总体方案》和天津美术学院深化新时代教育评价改革正面清单、负面清单,落实"破五唯",修订《天津美术学院公开招聘人员实施办法》。调入副高级以上人才2人。用于各类人才引进与培养经费支出80余万元。鼓励青年教师报考攻读博士学位,完成青年教职工培训、各类访学、继续教育共70余人次。稳步推进工资福利及绩效工资管理水平,进一步加强对二级单位的绩效考核管理,修订《天津美术学院教学突出业绩奖励办法》,奖励绩效向教学一线倾斜。

撰稿:付晓霞

【校区调整】 2014年,经学校授权,市教委与天房集团签订框架协议,约定将天津美术学院月纬路校区纳入天房集团收储。后来由于天房集团不具备土地整理资质,无法履行协议内容。2021年12月2日与天房集团解除土地出让协议,2021年12月10日天房集团向学校交还月纬路校区南院,学校与河北区签订房屋征收补偿协议,北院由河北区征收,北院由天房集团与河北区交接。

撰稿:蒋鑫楠

【学生工作】 选派81名优秀大学生和5名教师赴新疆和田进行为期3个月支教工作,举办援疆支教工作总结表彰大会和"梦舟催发,丝路朱霞"天津美术学院援疆支教团美术创作暨成果汇报展。绘制出版《红色记忆系列漫画故事》和《三爱育苗学前思政教育系列绘本》。承办"传承红色记忆·献礼建党百年"天津市红色文创产品设计大赛,学校囊括全部一等奖等共计16个奖项。获邀参加教育部主办的"献礼建党100周年——全国高校创新创业成果展"。在第七届中国国际"互联网"大学生创新创业大赛天津赛区中获1金1银2铜;1支团队获得中美青年创客大赛全国二等奖,1支团队获全国艺术院校大学生创新创业大赛铜奖。1支团队成功立项谷歌中国教育合作项目;1支团队获天津市高校毕业生创业就业专项资金资助项目第一等次建议资助项目。众创空间在2021年天津市高校众创空间绩效评估中获A级评价。2021届毕业生就业去向落实率为88.49%,位列市属本科院校第1名,在天津市2021届高校毕业生就业质量考核评价工作中被评为优秀。承办天津市第三届艺术心理主题作品大赛,多项作品获市级心理健康活动一、二等奖。召开学校第七次团代会,完成校学生会、研究生会换届工作。1个团支部获全国"高校活力团支部"称号,艺术工作坊获第六届全国大学生艺术展演一等奖,2名学生获评中国大学生自强之星。1名辅导员获天津市辅导员大赛三等奖、天津市优秀辅导员提名奖。

撰稿:汪延斌

【交流与合作】 攻坚克难,主动作为,打造高水平交流境外项目。与意大利弗罗西诺内美术学院、匈牙利德布勒森大学、德国德累斯顿应用技术大学以及中国台湾华樊大学等知名院校签署协议,搭建合作项目。与天津外国语大学、匈牙利德布勒森大学共同举办"中国春·天津美术学院匈牙利教师作品展"并成功签署三校交流合作框架,德布勒森市政府专程向学校致函,感谢学校为中匈文化交流做出的贡献。成功获批教育部对台教育交流项目1项、天津市重点对台项目2项、天津市重点"一带一路"项目1项、天津市对意重点外事项目2项。与中国台湾华樊大学的合作项目被中国台湾网、津台之桥等多家媒体报道,"中国春·匈牙利天津美术学院教师作品展"被德布勒森电视台、《新导报》等多家媒体先后报道。积极开展国际学生以及港澳台侨学生培养,疫情发生以来,面向境外不能返校的国际学生,迅速组织开展线上教学,召开座谈会、定期组织学生调研课程进展情况,为这部分学生的学习保驾护航。1名台湾学生获市台办"原创短视频"活动二等奖,1名台湾学生获市台办第六届"爱媒·奖"活动三等奖,学校获天津市人民政府台湾事务办公室台湾学生活动"优秀组织奖"。

撰稿:沈 岩

【承办"庆祝中国共产党成立100周年——中国·天津第二届公共艺术大展"】 5月28日,由中共天津市委宣传部主办、天津美术学院承办的"庆祝中国共产党成立100周年——中国·天津第二届公共艺术大展"在天津意式风情区启幕。市委常委、市委宣传部部长陈浙闽,市委宣传部副部长张宁宁,河北区、天津美术学院等单位负责人和师生参加开幕仪式,本次大展在延续首届公共艺术大展理念基础上,围绕"城市生活走向品质时代"这一主题,分为"公共雕塑及景观装置艺术展""城市更新主题设计展""城市更新系列讲座""公共艺术活动"

4个平行板块进行。大展以公共艺术的方式聚焦"城市更新"的当下主题,主张艺术回归生活,倡导以艺术推动城市的品质化发展。展览作品不仅体现时代主旋律下的社会审美表征,同时体现未来城市以"品质"作为核心竞争力的发展背景下,文化艺术引导城市软实力提升与品质塑造的必然性与可行性。

撰稿:王金阳

【举办"百年华章"——天津美术学院庆祝中国共产党成立100周年主题作品展】 6月28日,"百年华章——天津美术学院庆祝中国共产党成立100周年主题作品展"在天津美术学院美术馆隆重开幕。本次作品展包含教师作品、学生作品、主题书法作品、主题招贴设计作品、手绘天津革命遗址作品5个分展区,汇聚学校几代艺术家和青年学子的800余幅主题性创作,参展作品兼具主题性和学术性,题材多样、内容丰富,5展同开,用翰墨弘扬中国精神,以丹青凝聚中国力量,共同庆祝中国共产党成立100周年。

撰稿:王金阳

【大美之艺·厚德之行——2021天津美术学院设计学类教师作品双年展】 11月16日,"大美之艺·厚德之行——2021天津美术学院设计学类教师作品双年展"在学校美术馆序厅开幕。天地有大美而不言,艺术集众美而成大美,立德树人,德行天下,师者以厚德为行。展览筹备近一年时间,汇集学校设计学类 80余位专业教师260余件作品,集中展示天津美术学院设计学类6个专业方向教师教学与创作实践成果。

撰稿:王金阳
审稿:宋桂展

天津音乐学院

【概况】 天津音乐学院建于1958年,是全国首批具有硕士学位和学士学位授予权的音乐艺术院校之一。现拥有艺术学理论、音乐与舞蹈学、戏剧与影视学3个一级学科和1个专业学位(MFA)硕士授权点,音乐与舞蹈学、戏剧与影视学为市级重点学科。设有音乐学、作曲、声乐、民族声乐、民乐、管弦、钢琴、手风琴键盘、音乐教育、艺术管理、现代音乐、舞蹈、戏剧影视13个教学系、基础课部、思政教学中心

和继续教育学院、附属中学,形成完备的多层次、多类型艺术人才培养模式和培养体系。

学院分为南、北两个校区,分别坐落于天津市河东区十四经路9号、十一经路57号,总占地10.35万平方米,建筑面积8.4万平方米。现有教职工443人,专任教师268人,其中高级职称129人,硕士生导师134人。全日制在校生3297人,其中本科生2753人,研究生544人。

图书馆现有馆藏各类文献346497册(盘)。其中中文及英、俄、德、日、法等外文乐谱共72012册,中外文专业理论及普通图书209135册,唱片(包括唱片和光盘)52495张,录音带12608盘,中外文期刊247种。拥有天津高校中外文共享数据库13个、共享试用数据库14个,引进数据库9个,自建数据库23个。

学院坚持开放的办学方针,积极开展高水平国际音乐文化交流,与世界顶尖学府美国茱莉亚学院合作,开办天津音乐学院茱莉亚研究院和天津茱莉亚学院。2020年9月,天津音乐学院茱莉亚研究院迎来首届研究生。2021年10月,举行天津茱莉亚学院校园落成典礼。学院还与丹麦皇家音乐学院等多所国外著名高等音乐院校开展学术交流;举办五届"天津五月音乐节"、四届"天津国际手风琴艺术节暨国际比赛"、五届国际手风琴大师班,以及"天津国际现代音乐节暨中青年新作品交流会"等多项丰富的大型学术活动;邀请国内外著名的作曲家、理论家、演奏家进行学术讲座和大师班教学,促进中外音乐文化交流。

撰稿:毕毅强

【教育经费收入与支出】 2021年,学院教育经费总收入17400.88万元,比上年增加1227.05万元,增长7.6%。其中财政拨款10970.60万元,自筹收入6430.28万元。全年教育经费总支出17472.09万元,比上年增加1297.65万元,增长8%。其中人员经费支出12112.83万元;日常公用经费支出3442.20万元;专项经费支出1917.06万元。2021年末固定资产总额25511.14万元,比上年减少6939.14万元,下降21.4%。

撰稿:高 炜

【教育教学】 推进实施"高等学校本科教学质量与教学改革工程"建设,获批国家级一流本科专业建设点3个、天津市级一流本科专业建设点3个、国家级一流本科课程2门、天津市一流本科课程11门;

获批天津市高校课程思政示范课、教学名师和团队3项,新增专业选修课程7门。

撰稿:李小科

【科研与研究生教育】 顺利完成国家艺术基金、国家社会科学基金艺术学项目等各级各类科研项目的申报、结项以及研究管理工作。获批国家艺术基金2020年度艺术人才培养资助项目1项,教育部人文社会科学研究青年基金项目2项,以及天津市教委社会科学重大项目、天津市哲学社会科学规划项目等多个省部级项目立项。加强学科全局谋划,依托于音乐与舞蹈学学科优势,推动艺术学理论、戏剧与影视学等学科均衡发展。2021年学院成为天津市2021—2023年博士学位授予单位立项建设高校。深入贯彻全国研究生教育工作会议以及天津市研究生教育工作会议精神,做好疫情防控常态化背景下的研究生招生考试和研究生培养工作,录取新生187人,授予硕士学位155人。持续优化研究生培养方案与课程体系,研究生课程累计开设65门。重视培养研究生科研创新能力,共计5名研究生获批2021年度天津市研究生科研创新项目立项。

撰稿:刘 研

【人才队伍建设】 进一步优化师资队伍结构,提升学院核心竞争力和综合影响力。积极组织国家"四个一批"哲学社会科学领军人才、宣传思想文化青年英才、青年拔尖人才、天津市领军人才、天津市特聘教授、天津市"五个一批"人才培养工程等人才项目的申报工作,其中天津市领军人才、天津市特聘教授、天津市"五个一批"人才培养工程等人才项目顺利获批。不断加强师资队伍建设,增强人事制度改革的成效。严格程序完成2021年15个岗位的公开招聘工作,共招聘教职工8人,其中具有博士学位的教师3人,通过人才引进方式引进高层次人才3人。切实做好人才服务工作,获批博士人才资助7人。完成聘期管理岗位聘任工作,共聘任科级干部37人,多元用工持续加强,出台《天津音乐学院外聘教师管理办法》,完善外聘人员的管理和聘任。

撰稿:王 荣

【交流与合作】 2021年10月,天津音乐学院和美国茱莉亚音乐学院合作办学项目天津茱莉亚学院校园正式落成,国家主席习近平夫人彭丽媛向校园落成典礼致贺信,市委书记、市长、中国前驻美大使崔天凯、教育部副部长田学军、天津市政协副主席曹小红、学院领导和美国茱莉亚学院荣休院长、首席中国事务官波利希共同参加典礼。学院先后组织多批次各专业学生到天津茱莉亚学院参加艺术交流活动,邀请天津茱莉亚学院十余名常驻教师来校举办大师班讲座,发挥中美人文交流新平台作用,增进文化交流互鉴。学院承办"天津—费城友好城市教育国际研讨会天津音乐学院专场活动",组织指导港澳台学生参加天津市学校文艺展演、全国港澳台生中华文化知识大赛等活动。

撰稿:毕毅强

【艺术实践与服务社会】 学院注重将课堂教学与艺术实践紧密结合,积极为师生搭建艺术实践平台,采用"线上+线下"相结合的方式,举办各类学术交流、教学实践、公开课、大师班、音乐会等400余场。鼓励师生积极参加各类比赛,提升舞台表现能力,民族声乐专业、钢琴专业各有1名学生获第十三届中国音乐金钟奖声乐(民族)比赛半决赛入围奖,多名学生入围金钟奖复赛或晋级全国青少年民族器乐教育教学成果展示活动决赛,全年师生共获国内外奖项300余项。围绕"坚定文化自信、传承红色基因"主题,深入挖掘"红色资源",将党史学习教育成果转化为生动的专业艺术实践,以举办音乐会、学术讲座、征集、创作音乐艺术作品,排演歌剧、情景音乐剧、话剧,编创舞剧,讲音乐党课等形式将最美赞歌献给党;组成数支"红色文艺轻骑兵"志愿演出服务队进社区、进学校、进部队、进乡村等开展公益性文化艺术活动50余场。组织师生赴蓟州区举办天津音乐学院"学史力行助力乡村文化振兴"大型文艺演出,丰富人民群众文化生活。落实文化帮扶具体举措。选派54名师生赴新疆和田地区开展实习支教,师生们克服众多困难,教授学生文化知识,组织并参加文艺演出,与当地文工团开展艺术实践交流,用音乐艺术和实际行动书写奉献边疆的胡杨精神,践行"团结稳疆""文化润疆"职责使命,受到当地人民的认可和好评;按照市教育两委部署,学院建立,大学生赴新疆和田实习支教长效机制工作方案,将持续为援疆事业和促进各民族交流交往交融贡献天音力量。

撰稿:毕毅强

【团学工作】 落实"三全育人"举措,推动学生德智体美劳全面发展。举办第十三届"5·25"大学生心理健康月活动,开展普适性心理活动10余场。建立"家长学校"强化家校协同育人。发挥学校指导作用,明确家长主体责任,形成学校、家庭、社会三位一体的教育良性互动新格局。以文化课教学体系为依托,以实践教学平台和健身健康基地为载体,通过"第二课堂"延伸教育,促进学生德智体美劳全面发展,共开设"知音读书""英语文化""运动健身""文化讲堂"四个板块、共计15项系列活动。通过实习支教、课后服务等形式,深入推进大中小幼思政育人一体化建设,与天津市16所中小学进行共建,发挥资源优势,以区域联动为抓手,积极探索学生思政工作新途径、新方法,促进一体化建设的内涵式发展。组织申报28支团队开展"青春心向党"新时代·实践行暨"青年红色筑梦之旅"活动;开展"小我融入大我,青春献给祖国""读懂中国"等活动,深入推进党史学习教育。

撰稿:毕毅强

【党建工作】 完成处级干部换届聘任工作,提任23人,交流20人。制定《天津音乐学院关于进一步做好年轻干部发现培养选拔管理监督的工作措施》,开展年轻干部日常考核。加强干部管理监督,从严掌握中层干部离津请假,完成领导干部社团兼职清理规范等4个专项工作;严格执行领导干部个人有关事项报告制度,随机查核一致率100%;家访处级干部18人;完成6名干部帮扶回访工作。开展"我为群众办实事"实践活动,院领导班子成员办实事清单33项民生项目全部完成,学院层面建立重点任务清单50项全部完成,全院二级党组织制定重点任务清单240项均已完成。贯彻落实《中国共产党普通高等学校基层组织工作条例》,指导二级党组织修订两项议事规则,推动"党课开讲啦"和"学习身边榜样"活动开展。组织开展天津市、教育系统和天津音乐学院"两优一先"评选表彰相关工作,马梅同志获天津市、天津市教育系统优秀共产党员称号,管弦系教师党支部获天津市、天津市教育系统先进基层党组织称号,张丽娜同志获天津市教育系统优秀党务工作者称号,授予34名同志院级优秀共产党员称号,8名同志院级优秀党务工作者称号,6个基层党组织院级先进基层党组织称号。"七一"慰问老党员、老干部43人,向35位老党员颁发"光荣在党50年"纪念章。8个党组织开展的主题党日活动被命名为2020—2021年度"创最佳党日"优秀活动,其中2个党组织主题党日活动获评天津市教育系统2020—2021年度"创最佳党日"优秀活动。发展党员98名(教职工6名,学生92名),发展党员数量比2020年增长34%,超额完成年度发展计划。

撰稿:西家鹏

【思政教育】 结合学院专业特点,全面推进思政课程结构、课程内容和教学方式方法改革,打造体现专业特色的思政课程。召开学院第五届思想政治工作会议,以"聚焦艺术人才培养加强大学生思想政治教育"为主题,坚持把立德树人作为根本任务,深入探索艺术院校培养德智体美劳全面发展的高素质艺术人才的机制和路径。立足天音专业特色,持续建设特色课程。《乐说 乐教》获批天津市第二批一流本科建设课程。继续开设《乐说 爱国》,结合百年党史,以红色作品涵养学生的爱国情怀,明确新时代艺术工作者的责任担当。

撰稿:毕毅强

【服务保障】 坚持以师生为本,争取多方支持积极改善办学条件,转作风求实效,不断提升服务水平,增强师生的幸福感和获得感。切实减轻基层负担,优化OA系统办事流程,让师生少跑腿、让数据多跑路。加快信息化建设,完成校园网出口带宽升级、图书馆公共区域免费无线上网,开通校园无感知认证服务,升级网站群系统,进一步提升网站安全性和可操作性。开展黑胶唱片回溯建库工作,深度挖掘馆藏黑胶唱片资源,举办18期36场黑胶唱片欣赏服务,接待师生618人次;完成对"天津音乐学院视听资源综合服务平台"相关设备的调试工作,积极搭建起服务教科研的现代化视听资源综合服务平台。完成6栋学生宿舍楼电路隐患排查,对部分宿舍的电路进行改造及内部提升,在宿舍楼内加装10台自动热开水器,配备分类垃圾桶,做好日常维修,确保为学生提供一个温馨舒适的生活环境。

撰稿:毕毅强
审稿:刘 涛

天津市大学软件学院

【概况】 天津市大学软件学院,是市委市政府批准设立的隶属于天津市教委具有独立法人的事业单位。学院立足创新发展、着力内涵建设,以天津软件产业发展的人才需求为导向,着力打造天津特色、国内领先的一流软件人才培养基地。学院通过构建"多高校、多企业、多层次"集群式协同育人模式,建成集教学科研、实习实训、创新创业、就业服务、管理保障于一体的人才培养系统,形成"共商、共建、共享"的工程教育产教责任共同体,走出一条促进"教育链、人才链与产业链、创新链"高效对接和协调发展的产教融合新路。

学院现有9个部门,共有教职员工84人。2021年,"三大育人"项目(市卓越软件工程师实验班、天津示范性软件学院、高职升本)及农学院"2+2"项目在校生7519人,各级各类来校参加实训人员年超过1万名。

学院占地20万平方米,总建筑面积16.5万平方米,其中教学与实训区建筑面积8万平方米,包括一栋实训楼和三栋教学楼;生活配套区建筑面积8万平方米,包括学生餐厅、宿舍、工程师公寓等。学院拥有现代化的多媒体教室、语音教室、智慧教室和专业技术实验室,设有全真企业开发和研发环境。在西青区中北镇设立创业学院,可为百余家"互联网+"企业(团队)的创新创业提供场地支持及双创服务支撑。2021年,与西青区合作建设天软信创大学科技园,建设规划面积8.4万平方米。

学院坚持办学模式与教学理念创新、人才培养模式与管理体制创新。以培养多层次具有创新精神的适用性人才为主要任务,树立"教学与产业相融,学校与企业互动"的办学理念,集合教育、科技、产业优势资源,组建包括79所本科院校的"高校联盟"和包括140余家国内外软件与互联网行业领先企业的"企业联盟",以新成果、新课程和新项目为主要内容开展教学,运用一流技术和设备搭建教学实践实训平台,形成集教学、科研、实践、创新创业、就业服务、管理保障于一体的软件类专业的全新人才培养生态系统。

科学谋划"十四五"发展蓝图,结合落实新时期教育改革发展任务,进一步明确发展方向,形成"持续拓展办学空间,内联外合开放办学,升级提升'资源共享,实习实训,创新创业,就业服务'平台能级,形成以大学城校区为主体,中北天软创业学院与天软信创大学科技园为两翼的'一主两翼'空间发展格局"的发展定位共识。2021年,学院持续深入教育教学改革,完成新的三大育人项目培养方案修订,形成产学合作培养方案85个;与天津农学院合作共建现代产业学院,签署人才培养框架协议。与天津市公安局合作,创建天津市公安局大数据应用联合创新中心,在以大数据、人工智能、信息安全为核心的高新技术研究、专业人才培训培养、完善新技术教学实

践实训平台建设等方面开展了卓有成效的合作。顺利引入14家协同创新企业,众创空间运行管理进一步提质增效。加强大学科技园建设,天软信创大学科技园成功列入《天津市大学科技园建设三年行动计划》和西青区重点科技园建设。

撰稿:王桂秋

【教育经费收入与支出】 2021年,学校教育经费总收入8282.56万元,比上年增加1685.48万元,增长25.55%。其中财政拨款收入2465.62万元,行政事业性收费收入5709.03万元,自筹和其他收入107.91万元。全年教育经费总支出7774.33万元,比上年减少1177.55万元,下降13.15%。其中公用经费支出6951.24万元(商品和服务支出6837.62万元、资本性支出113.62万元),人员经费支出823.09万元(工资福利650.10万元、对个人及家庭的补助支出172.99万元)。

撰稿:王桂秋

【教育教学】 2021年,学院产教融合向纵深发展,教学改革不断深入。完成新的三大育人项目培养方案修订,共设置4大领域、9个专业方向、29个实训类别,形成产学合作培养方案85个。围绕着"大类招生、分类教学、个性培养、人人成材"目标,深入研究教与学双方特点,实施分类教学,促成协同育人企业与学生的精准适配,从而进一步提升人才培养质量。学院多个调研课题、教育改革评价项目获批国家级、市级重点项目,学生在16类国家及市级竞赛中屡获佳绩,7个大学生创新创业项目首次被评为国家级项目。2021年9月,学院与天津农学院共建天津农学院产业学院并揭牌,就推动人才培养机制改革创新,加强培养适应和引领现代都市农业产业发展高素质应用型人才、探索和实施软件工程专业"2+2"人才培养等签署人才培养框架协议,制订《天津市大学软件学院与天津农学院共建特色示范性软件学院软件工程专业(本科)联合培养工作方案》。农学院计算机与信息工程学院和工程技术学院首批师生顺利入驻,完成秋季学期相应教学工作。

撰稿:王桂秋

【学生工作】 坚持"以生为本",积极探索"三全育人"综合改革,扎实推进学生教育和管理服务。完善评奖评优制度建设,修订完成奖学金管理实施细则、优秀毕业生评选办法等文件40余个。完善"班级公司化"学生管理模式,以提升学生学习能力为主

线、实践能力为关键,搭建真实企业管理架构,体验企业工作环境,熟悉企业运作流程,实施"工资式"考核方式,突出培养学生的专业能力、管理能力、团队协作能力和职业人精神。加强学生思想政治教育,凝聚青年"主力军",组织开展党史学习教育等主题活动18个,开展思政教授团巡讲等主题报告会10场,组织在校生观看《赵一曼》《长津湖》等红色教育影片和主旋律电影70余场,学生在"庆祝中国共产党成立100周年天津市大学生新媒体创作大赛"等80余项比赛中获佳绩。充分发挥党建带团建作用,完成86个团支部换届和团支部选举工作,并成功召开学院第一次学生代表大会。高质量开展就业服务工作,积极打好稳就业、保就业、促就业的组合拳,学院2021届毕业生毕业去向落实率88.55%,留津率49.26%。

撰稿:王桂秋

【党建工作】 2021年,学院加强党对教育工作的全面领导,高质量开展党史学习教育,持续强化思想理论武装,认真学习习近平总书记在党史学习教育动员大会、庆祝中国共产党成立100周年大会、党的十九届六中全会上的讲话以及在各地考察时的重要讲话精神,确保领导干部学习做到"全覆盖",党员教育"一竿子插到底"。认真组织"学党史忆先辈 牢记初心使命"专题教育培训,切实做到学史明理、学史增信、学史崇德、学史力行。扎实开展"我为群众办实事"实践活动,各级党组织为群众办实事68项,取得提高企业编制员工补充公积金缴纳比例、提前为两区提供空调供冷供暖服务、加快生活区教学区自助售卖机安装工作进程等实际成效,解决师生群众关心的"急难愁盼"问题,形成敢担当、勇担当、甘担当、善担当的强大势能。加强干部队伍建设,提升选人用人水平,完善政治素质及干部考察方式方法,完善选贤任能制度体系。突出党建示范引领,推动各党支部凝练特色、争创标杆,开展"两优一先"评选表彰和创最佳党日活动,其中1名党员、1名党务工作者和1个党支部获评教育系统"两优一先"称号。

撰稿:王桂秋

【校园管理】 高水平建设"平安校园""智慧校园""和谐校园"。持续开展危害国家安全、暴力恐怖袭击、宗教渗透等各类不稳定因素摸排管控,开展校园欺凌综合整治等自查自纠和反电信诈骗等宣传,做好消防、食品、危险品、电气火灾等安全防控工作,

完成对应扩大招生规模进行的宿舍改造等工作,实现全年食品卫生安全、消防安全等零责任事故,各类设施设备稳定运行。积极推进信息系统和智能设备在校园应用场景的有效应用,完善宿舍管理、消防门禁、电子巡更等定制化业务场景的构建,实现对教学区、办公区域、食堂、宿舍、双创企业等校园重点部位和重要业务流程的智能化管理。建立健全财务管理、资产管理等规章制度,开展经济责任审计、整改和新一轮资产清查工作,增强房屋、资产等使用效率,进一步提高了学院的综合管理效能。

撰稿:王桂秋

【疫情防控】 2021年,学院坚决筑牢疫情防控防线,科学精准做好新冠肺炎和校园常见传染病的预防工作,完成涉及15000余人次的疫苗接种和核酸检测任务,无禁忌人员疫苗接种率达到95%以上,60岁以上人群新冠病毒疫苗接种达到87%,名列全市前列。充分利用信息化手段开展疫情防控工作,将出行、返津要求都纳入流程化管理,实现一人一档、一人一案;研发疫情填报系统、疫苗接种统计小程序等,充分提高工作效率和信息报送统计的准确率。一并开展多病同防,认真细致做好疫情排查,建立师生员工健康监测、离返津健康跟踪等台账,全员通力协作,切实构筑起免疫长城,取得学院疫情防控和事业发展的"双战双赢"。

撰稿:王桂秋

【天软信创大学科技园】 学院于2020年开始筹划建设天软信创大学科技园;2021年,天软信创大学科技园被成功列入《天津市大学科技园建设三年行动计划》和西青区重点科技园建设。天软信创大学科技园是以天津市大学软件学院为主要依托,着力整合天津市各高校信创相关学科优势资源,引京津冀地区产业资源,带动西青区及周边区域信创产业发展。

撰稿:王桂秋
审稿:徐俊清

天津中德应用技术大学

【概况】 天津中德应用技术大学是经教育部批准建立的全日制综合性普通本科院校,是全国职业教育先进单位,是国家级引进国外智力成果示范推广基地和中德(天津)职教合作示范基地,是黄炎培全国优秀学校奖、杰出校长奖、杰出教师奖、优秀理

论研究奖、杰出贡献奖获得单位，教育部、财政部重点支持职业教育区域综合性实训基地牵头单位，国家级职业教育教师教学创新团队培训基地，教育部批准的全国高职高专师资培训基地和全国重点建设职教师资培训基地，国家高职高专学生实训基地和国家级数控技术职业教育实训基地，教育部"全国高校实践育人创新创业基地"和科技部第三批"国家级众创空间"，天津市政府确定的"世界一流应用技术大学建设单位"，是天津市专利示范校建设单位、天津市外国专家局天津市引智示范基地、天津市外国留学生实习实践基地。学校获国家级教学成果奖10项，国家级精品课程15门、国家级精品资源共享课程9门、省市级精品课33门，策划、设计、承办、实施全国性技能赛项31项。

学校占地66.67万平方米，总规划建筑面积36万平方米，建成29.73万平方米。学校共有"教学做一体化"实验实训室、实训车间、体验中心等校内实训场所365个。学校下设15个学院（部、中心）和中西中心，学历教育分为本科、高职、中职三个层次，本科专业21个，高职专业19个，中职专业1个，涵盖先进制造技术、自动化技术、航空航天技术与服务、交通技术与服务、软件与通信技术、新能源、经贸管理、文化创意与技术、应用语言等9大应用型学科专业组群。

学校现有全日制在校生13594人，包含本科生8215人，高职生5255人，中职生33人，留学生91人；在职教职工724人，企业兼职教师39人，长期聘请的外籍专家和外籍教师6人。学校专任教师571人，其中高级专业技术职务教师233人，硕士及以上学位教师482人，"双师"素质教师占85%。2021年，学校面向全国22个省、自治区、直辖市招生3970人。深入推进"党建+就业"，19名应届毕业生通过西藏专招、西部计划、主动应聘西部地区岗位等方式到新疆、西藏等西部地区就业；年度毕业生就业去向落实率91.91%。

2021年，学校积极探索高层次应用型人才培养规律与实践，成功获批硕士学位授予单位；不断深化产教科城深度融合，推动政校企合作共建一批示范性产业学院；深入谋划制定"十四五"发展规划，凝心聚力推进学校事业发展进入"夯基础、育高峰、创一流"新阶段。连续三年蝉联全国新建本科院校教师教学发展指数排名第一，获第七届黄炎培职业教育"突出贡献奖"改革创新单位，为"天津市拟推荐2021—2023年创建全国文明校园先进学校"的6所高校之一。

撰稿：费　诚

【教育经费收入与支出】　2021年，学校教育经费总收入36595.38万元，比上年增加1397.72万元，增长3.97%。其中财政拨款24754.55万元，事业收入10952.15万元，其他收入888.68万元。全年教育经费总支出35068.65万元，比上年增加4526.83万元，增长14.82%。其中工资福利支出18479.59万元，商品和服务支出9734.62万元，对个人和家庭的补助支出3068.34万元，其他资本性支出3517.23万元，对附属单位补助支出268.87万元。

撰稿：郭洪波

【党建工作】　对标市委关于落实中央第十一巡视组情况反馈整改落实方案共性问题，查摆认领整改任务14项，制定整改举措42项并全面完成整改；积极推进巡视巡察上下联动，分两轮对5个基层党组织开展校内常规巡察，开展市委巡视反馈问题整改落实情况专项巡察及整改检查评价，推进"未巡先改"。夯实基层党建工作，强化典型示范引领，完成天津市教育系统4个"领航工程"建设的项目验收，获评教育部新时代高校党建样板党支部1个，获评天津市党建"领航工程"示范学校，3个基层党组织分别获评"领航工程"党建工作标杆院系、领航支部和"双带头人"工作室。召开关工委新一届会议，增强关工委工作计划性、协同性，组织退休老领导、老同志面向师生开展专题讲座3场。扎实推进党史学习教育，深入开展庆祝中国共产党成立100周年系列活动，通过理论文章征集、党史研究、红色音乐党课、红色影视教育等活动引领广大师生深悟党的百年伟业，树立正确党史观，为35位"光荣在党50年"老党员颁发纪念章。召开学习贯彻习近平总书记"七一"重要讲话精神座谈会40余场、校内宣讲20余场，从服务师生、企业、社区三个方面积极落实"四个走遍"，深入推进"我为群众办实事"实践活动；组建教工各类协会9个，深化师生团建工作，明确每位党委常委牵头一项年度重点难点工作，梳理并完成党委层面13项《服务项目清单》和10项《诉求清单》，推进二级单位面向师生形成并解决相关问题诉求110项。召开第一次学代会，解决学生提案87份。

撰稿：孙　锋　杨晓静　费　诚

【思政工作】　实施思政课程全国统编教材全覆盖，加大思政课实践教育基地建设，与津南区11家学校和单位签署大中小幼思政一体化校地共建协议，创建大中小幼一体化实践育人基地。引入"学分制"

和"课程模块",将第二课堂成绩单制度融入思政教育,深入开展特色音乐党课,以"观影+交流研讨"形式开展《我的父亲焦裕禄》红色影视思政教育,实现学生全覆盖。强化院系课程思政主阵地建设,开展思政专任教师与各专业课程思政结对共建,完成109门课程思政教学改革,探索形成"31454"课程思政建设模式。4门本科课程、4个教学名师和团队、4种本科生教材分获天津市高校课程思政示范课程、课程思政教学名师和团队、课程思政优秀教材称号,2门课程获评天津市大中小学党史专题课程思政精品课。深入开展劳动教育,劳动教育工作被市教委评为2021年度天津市学校"三全育人"优秀工作案例,学校获批"天津市中小学劳动教育基地"。

撰稿:邢　媛　张春明

【教育教学】 深化教学改革研究,启动新一轮教学成果奖申报,立项天津市教委教改项目9项、教育部高教司产学合作项目21项、校级教改项目30项、其他教改项目3项。实施分类型分层次分阶段教学活动,实施线上线下教学转换。深化课程建设,获批天津市一流本科课程3门,建设校级精品示范课程5门。开发中德特色校本教材12本。开展典型实验建设与评选、双创平台应用成效调研检查,面向本科专业,探索以项目为载体的模块化课程设计改革与实践。建设1+X证书考点16个。开展学校首届优秀主讲教师评选。加强教学质量保障机制建设,开展以学习成效评价、课程分类评价、育人成效为重点的教学质量评价改革。获天津市高校教师教学创新大赛一等奖1项、二等奖1项、三等奖2项、教学活动创新奖1项,优秀基层教学组织奖4项,学校获优秀组织奖。

撰稿:张春明

【一流应用技术大学建设】 2021年经国务院学位委员会审议,学校获批为审核增列且需要加强建设的硕士学位授予单位,机械硕士为新增学位授权点。制订《关于加快建设并按期达到硕士学位授予单位基本条件的建设方案》,新增联合培养硕士研究生30人。"高端装备智能制造技术"学科群入选第二批天津市高校服务产业特色学科群建设名单。加强一流本科专业建设,获批天津市一流专业2个。优化专业结构,申报本科新专业1个。建设天津市职业教育国际化专业教学标准2个。5个本科新专业顺利通过评估审核。探索制定学校本科专业评估指标体系。承办"海河工匠杯"职业技能大赛暨全国工业和

信息化技能技术大赛天津选拔赛、世赛选拔赛、全国新职业技术技能大赛天津选拔赛等赛项7个。完成2021年天津市职业院校技能大赛申报工作。

撰稿:张春明　黄利非

【师资队伍建设】 完善师德风档案和承诺书管理,加强评价结果运用。全年引进教职工14人,其中博士教师7人、台湾专家1人;完成公示待入职教师4人,通过"三面"17人。柔性引进兼职专业(学科)带头人1人、兼职教授2人、首席专家1名、客座教授1名、思政特聘教师1人。完善人才培育举措,出台《关于支持专任教师在职攻读博士研究生学历(或学位)的实施办法(试行)》,年内4名教职工取得博士学历(或学位)。完善职称分类评价,实行思政课专任教师职称评审单列计划、单设标准、单独评审。开展专业技术岗位分级聘用。

撰稿:曹宝文

【干部队伍建设】 加强领导班子自身建设,调整完善党政领导班子成员分工,落实领导班子成员深入基层、密切联系师生长效机制。坚持和完善高校党委领导下的校长负责制,全年召开党委全委会、党委常委会审议学校"三重一大"议题120项。严格执行《党政领导干部选拔任用工作条例》,突出政治首关,统筹抓好干部队伍规划和梯队建设。持续配齐配强学院领导班子,完成两个学院2名干部民主推荐、提拔使用工作,完成35名新提拔干部的试用期考察及任职谈话和廉政谈话工作。有计划地选派年轻干部到吃劲岗位、基层一线和困难艰苦地方磨炼,选派8名干部分别到市教委、环保督察巡视组、党史学习教育指导组等岗位挂职锻炼。强化党校建设,系统精准制定分级分类培训计划,举办新任处级培训班,组织中层干部承德培训,学习弘扬塞罕坝精神。

撰稿:杨晓静

【三大办学支柱】 多元化国际合作不断深入。拓展与德国高校合作,会同德国柏林工程与经济应用技术大学针对课程体系、培养方案、近30门课程大纲进行对接沟通,形成两校合作框架协议、合作办学协议和商务协议;与德国FOM经济与管理应用技术大学合作,形成联合培养项目合作协议;完成德语本科专业与德国比勒菲尔德中等企业应用技术大学的3+1+1本硕联合培养项目学分互认;启动与德国慕尼

黑应用语言大学双本科联合培养项目。持续推进本校学生赴日本冈山商科大学交流学习。申报天津市科技局外专引智项目2项，引进外籍教师2名。拓展留学生招生渠道，招收新生16人。产教融合校企合作不断深化。承办第五届世界智能大会人工智能应用技术人才培养高峰论坛和产教融合国际高峰论坛。加入天津市军民融合产业技术创新战略联盟和4个产业人才创新创业联盟。推动与津南区政府、荣程祥泰等龙头企业共建"碳中和"应用技术与职业创新研究院、天津金属材料与质量管理工程产业学院、天津国产化信息平台信创产业学院、中德奥林产品设计(会展)现代产业学院等特色示范性现代产业学院。深化政校企合作，共建天津市特色化示范性软件学院，深入推进大学科技园建设，获批市发改委新能源汽车与轨道交通产教融合项目。"中德产教融合智能制造创新培训中心项目"入围工信部2021年新一代信息技术与制造业融合发展(中德智能制造人才培养合作方向)试点示范名单。发起成立天津市工程师学会，学会秘书处落户学校。推动天津市工艺美术学会秘书处落户学校。深化创新创业教育改革，完善高职、本科层次创新创业课程体系。深入推进大学生科技立项工作，立项校级大学生科技创新项目227项。组织大学生创新创业奖学金评选活动，3名学生获得2021年天津市大学生创新创业优秀奖学金。获第七届中国国际"互联网+"大学生创新创业大赛银奖1项、第十届全国大学生金相技能大赛奖项4项、第十六届"挑战杯"天津市大学生课外学术科技作品竞赛奖项3项、天津海教园第二届产教融合创新创业大赛金奖1项，在天津市高校"大学生年度人物"暨王克昌奖学金特等奖和"大学生自强自立年度人物"暨海河自强奖学金特等奖评选中获得新突破。发挥成果转化中心功能，新增优质注册企业15家，其中在校学生创业登记7家，孵化企业的全年总产值1.9亿多元元，税收100多万元。获各类师生学科和技能竞赛国家级奖项60项、省部级奖项143项。

撰稿：庞子瑞 吴亚军 张志强

【科研与社会服务】 全年立项各级各类科研项目211项，立项纵向项目75项，包括省部级项目28项；横向项目89项。立项经费合计3109.84万元，到账经费合计1580.88万元。获天津市科技进步二等奖3项。获专利授权145项，获批天津市智能网联汽车安全技术产教协同工程研究中心。获批企业科技特派员47人次，服务企业40家。投入264万元，与天津市科技

局联合发布多元投入基金项目。持续开展职教师资、技术技能、管理与党务、技能评价、社会公益类等多类型多层次培训项目，全年实施培训项目80个、培训人次2.07万，实现培训收入1518.93万元。强化内部管理，利用信息化手段建立"中西设备看板"。与西班牙机床协会举办中西合作第四期云签约仪式，顺利开启中西第四期合作。发挥西班牙方面资源优势，推动与西班牙巴斯克大学、IMH学院等开展本科教育国际合作。选拔5名学生赴西班牙留学深造。与天津海尔洗涤电气有限公司合作，探索实施"中德—海尔Work-Day"特色品牌项目。技能鉴定工作取得新突破，完成机械行业职业技能鉴定指导中心第219考试站人才评价机构注册、考评员培训组织申报；新增金属热处理工、光伏电池制造工、汽车商务师、智能制造系统规划设计师、调试维修师5个工种的鉴定取证资质。

撰稿：薛 静 黄利非 张 艳

【帮扶援建】 服务"一带一路"倡议，深化澜湄职业教育培训中心暨柬埔寨鲁班工坊建设，获批澜湄基金335万元、澜湄合作资金8.9万美元，阶段性成果在外交部举办的澜湄合作专项基金成果展上展出，受邀参加外交部举办的澜湄合作启动五周年招待会。完成尼日利亚鲁班工坊4个实验实训室84台套价值430余万设备常规验收。深入推进东西部协作项目，2名管理干部受聘酒泉职院外聘教授、4名管理干部与对方结为师徒关系，双方艺术学院、马克思主义学院分别签署合作协议，促成罗克韦尔智能制造中心落地酒泉职院。服务军民融合国家战略，承办中华职业教育社职业教育服务军民融合发展委员会第一次全体会议，天津中华职教社"军民融合发展研究中心"落户学校。扎实落实天津市结对帮扶要求，选派3名干部赴冀州区支持经济薄弱村扶持发展工作，1人获"天津市结对帮扶困难村优秀驻村干部"称号，积极落实市政府承德应用技术职业学院援建项目，获"天津市脱贫攻坚先进集体"称号。1人获评全国脱贫攻坚先进个人。

撰稿：费 诚

【疫情防控】 持续做好疫情防控工作，坚持错时、错区域、错年级组织学生返校。坚持运用信息化、智能化手段，助力提高疫情防控常态化工作水平，启用"中德防疫"微信小程序进行出入校管理，启动校门行人智能安全闸机系统。坚持做好应急演练，针对校门口、学生宿舍等区域进行重点演练；建

立健全放假期间离津教职工及外聘教师台账,重点跟踪、清单式管理。坚持做好校园环境消杀;禁止采购进口冷链食品,要求原料供应商七天一次核酸检测。坚持正面营造校园科学防控氛围,强化信息发布制度,在学校官网、官微开设"中德党员在战斗""宅出健康,一起战'疫'""众志成城,以艺战'疫'"等抗疫专题栏目10个。坚持"日报告、零报告、周报告",学校官网领导信箱模块开设"疫情防控工作邮箱",畅通师生反馈意见渠道。

撰稿:费 诚

审稿:张兴会 张 桦

河北工业大学

【概况】 河北工业大学占地219.34万平方米,校舍建筑面积115.70万平方米。学校共有教职工2794人,1733名专任教师中有正高级职称426人、副高级职称630人、中级职称595人,1208人具有博士学位;博士生导师410人,硕士生导师1380人。全日制在校生31477人,其中普通本科生23495人、硕士研究生7211人、博士研究生771人。学校设有21个教学机构,现有62个本科招生专业,1个国家"世界一流学科"、2个国家重点学科,3个河北省世界一流学科建设项目,4个河北省国家一流学科建设项目,7个天津市重点学科。拥有10个博士后科研流动站、11个一级博士学位授权点、26个一级硕士学位授权点、17个专业学位类别、28个专业学位硕士授权领域。建有省部共建国家重点实验室、国家级工程技术研究中心、国家地方联合工程实验室在内的国家和省部级科研平台54个。学校固定资产总值29.64亿元,其中教学科研仪器设备11.48亿元,藏书251.54万册。

顺利完成国家"双一流"首期建设任务验收工作,加快生命科学与健康工程学院建设,完成首届招生。新增15个国家级一流本科专业建设点,6个专业通过工程教育专业认证和住建部专业评估;500余名学生和近百名教师参与赴新疆支教和张家口冬奥会志愿服务工作。新增一级博士学位授权学科、一级硕士学位授权学科各1个,新增专业硕士学位点2个。获批国家级项目123项,其中科技部重大项目1项、重点研发课题4项、国家基金101项。智能汽车产业学院获批国家级首批现代产业学院,校企协同就业创业创新示范实践基地获得国家工信部批准并被纳入全国首批重点"示范实践基地"建设单位。芬

兰校区首批招收学生抵达芬兰开展学习,亚利桑那工业学院完成首批招生。

撰稿:王 轩 李亚函

【教育经费收入与支出】 2021年,学校教育经费总收入194500万元,比上年增加27400万元,增长16%。其中河北省一般公共预算拨款118500万元,教育事业收入31700万元,科研收入28100万元(不含财政补助科研收入,其中纵向科研收入16200万元,横向科研收入11900万元),其他收入16200万元。全年教育经费总支出184300万元,比上年增加26800万元,增长17%。其中教育事业支出137200万元,行政管理支出9700万元,后勤保障支出11400万元,离退休支出2900万元,科研事业支出23100万元。

撰稿:王 轩 张艳楠

【党建工作】 深入贯彻落实新时代党的组织路线,持续推进"两学一做"常态化制度化;积极开展干部专题培训,进一步增强党员干部党性修养,提升德才素质和履职能力;扎实开展"基层党建质量提升年"活动,认真组织党支部评星定级工作,着力提升基层党组织标准化规范化建设水平。1名研究生党员荣获"全国百名研究生党员标兵"称号,8名教工党员分获天津市优秀党务工作者、天津市教育系统先进个人,4个党支部获评天津市教育系统先进基层党支部。启动学校的巡察工作,成立学校巡察工作领导小组,完成学校首轮对三个单位的巡察工作。成立学校党委网络安全和信息化委员会、教材建设与选用工作领导小组和马克思主义学院建设领导小组,进一步强化党对学校意识形态工作的领导。坚持严的主基调,持续推进纪律作风建设,全年共处置问题线索13件,查办案件8件,处理处分18人;开展廉政警示教育活动,引导党员干部做到心有所畏、言有所戒、行有所止。加强意识形态工作分析研判,完善意识形态工作制度;落实意识形态工作常态监督机制,夯实意识形态工作主体责任;加强网络舆情监控,强化意识形态阵地管理。加强区校合作,探索统一战线工作新模式。严格落实保密法有关规定,全年未发生失、泄密事件。

撰稿:王 轩 王 雪

【学科建设】 全面完成国家"双一流"首期建设任务验收工作;完成河北省"双一流"建设考核评估,制定河北省"双一流"建设学科2021—2025年建设规

划;开展河北省学科建设专项经费绩效自评,促进学科建设资金使用效益提高。构建开放式一流学科交叉体系,加快推动学科交叉融合;组建生命科学与健康工程学院,与河北医科大学开展人才联合培养,推进医工融合发展。材料科学、化学、工程学在ESI全球前1%排名中稳步提升,发展势头良好。

撰稿:李亚函　张艳楠

【教育教学】 在全国31个省(自治区、直辖市)招收本科生5907人,在河北省历史组、物理组录取最低分数均位列河北省属高校第一;天津市普通专业(除艺术类、中外合作和芬兰校区专业)开档分数高出控制线157分且第一志愿全满。招收博士研究生180人,其中直博生2人、硕博连读生125人、普通招考53人;招收硕士研究生3078人(含推免生118人、"退役大学生士兵"计划专项30人),其中全日制硕士研究生2810人(学术学位1343人,专业学位1467人),非全日制硕士研究生268人(专业学位268人:工商管理硕士214人,公共管理硕士54人)。授予博士学位61人,硕士学位1831人。2021届本科毕业生5387人,就业率88.25%。制定学校加强课程思政示范项目建设的实施方案,搭建"一库两平台",着力打造课程思政示范项目,全面推动课程思政建设;推动思政课程改革创新,在河北省思政课程评估中获得优秀。将美育、劳动教育纳入人才培养方案,落实"五育并举"。设立学科交叉融合研究生培养专项,首批遴选的21名硕博研究生参与重大重点项目15项;修订2021级硕士生、博士生培养方案,初步构建起本硕博贯通、学硕与专硕分类培养、多学科交叉融合培养的研究生教育体系。全校科技竞赛参赛人次较去年增长8%,获得省级及以上奖励人次较去年增长25%。夯实体育教学模式,学校代表队在各类体育赛事中屡创佳绩。

撰稿:王　轩　刘　帅

【科学研究】 全年到校科研经费3.1亿元。获批国家基金101项,其中自然科学基金96项,社会科学基金5项;获批重点项目1项、优青项目1项、面上项目36项、青年科学基金项目54项、联合基金项目3项、专项项目1项。知识产权管理体系首次通过国家认证,首次获批军委装备发展部"快速扶持"项目1项。授权发明专利272项,转化专利65件,转化金额1700余万元,转化数量和金额均实现大幅提升;新增河北省国际科技合作基地1个;组织开展第二期"走

访百县"活动,与河北省部分区县、企业签署全面合作框架协议;大力推进"河工大(天津)智能医护装备研究院""河工大(石家庄)数字经济产业研究院"等地方研究院建设。

撰稿:王　轩　张艳楠

【师资队伍建设】 持续开展人才引育工作,新增国家级人才6人,3人入选省级人才工程项目;全年共引进人才158人,其中高层次人才108人,博士后入站50人;64名人才入选第五届"元光学者计划";持续加强辅导员和思政课教师队伍建设,思政理论课教师、辅导员、心理健康教育教师均达到配比要求;成立巡察工作领导小组办公室,调整优化校内三级机构24个;全面推行岗位聘任制度,实行全员聘任上岗;举行新入职教师宣誓仪式,教育引导青年教师争做"四有"好老师;制定进一步加强和改进新时代师德师风建设实施意见,强化师德师风建设工作整体部署和全面推进。

撰稿:李亚函　张艳楠

【学生工作】 评选166名本科生为省级优秀毕业生,32名省级三好学生,5个省级先进班集体。132名研究生获国家奖学金,64名研究生被评为省级优秀毕业生。切实提高学生资助工作精准度,向29265人次发放包括国家奖助学金、校级奖学金,以及各类社会奖学金在内的所有奖助学金共计3124.61万元;为1479名学生提供勤工俭学岗位,发放勤工俭学补助204.72万元;为家庭经济困难学生办理助学贷款累计1969.67万元,减免学费、住宿费等各类费用201.1万元。3位辅导员组队参加河北省第六届高校辅导员职业技能大赛,以优异成绩获得团体一等奖。1名辅导员工作精品项目获河北省二等奖,1名辅导员被评为"河北省辅导员年度人物"。

撰稿:王　轩　李亚函

【对外交流合作】 积极申建芬兰中文教育项目,构建中国文化芬兰传播基地;亚利桑那工业学院首批招生194人;积极做好常态化疫情防控下的外教来华工作和各项教育教学工作;获批2021年河北省引进国外智力项目3项;获批2021年河北省"外专百人计划"1人;加快建设廊坊梅西大学学习中心,推进廊坊分校国际化转型;加强中外合作办学项目管理,建立"大国际"工作机制。

撰稿:王　轩　刘　帅

【管理服务】 完成学校"十四五"两级三类规划体系编制,为学校"十四五"和国家"双一流"建设的高质量发展谋篇布局。坚持问题导向,切实加强国有资产管理;继续加强贵重仪器设备全生命周期管理,推进共享平台建设;优化学校房屋资源配置,提升房屋资源使用效率。电气学院教学实验楼、北辰校区博士教师公寓等近8万平方米工程竣工并交付使用,省部共建国家重点实验室大楼顺利开工建设。完成食堂修缮、浴室改造、电动汽车充电桩安装等项目。完成收费系统与宿舍系统、学籍系统对接工作,实现学生数据信息互通,系统数据实时共享;智慧校园建设加快推进,完成数据治理一期工程和启动"服务师生质量提升计划",以健全管理机制、规范管理过程、加强管理培训为抓手,完善跨部门联动工作推进机制;积极与红桥区推进落实教工子女入学政策;完善财务体制机制建设,建立节约型预算管理机制,探索主管领导负责、同类机构"打包"的预算管理机制。工程审计金额达30739.03万元,节约资金2415.05万元。应用系统的建设,实现网络带宽增容,推进5G场景应用落地。建立健全学校应急处置工作机制,深入推进学校安全生产风险分级管控和隐患排查治理双重预防机制建设。

撰稿:王 轩 李亚函
审稿:赵 钊

天津天狮学院

【概况】 天津天狮学院成立于1999年,由天狮集团投资,经教育部批准设立的市属全日制普通高等学校。学校坐落在"京津走廊"的天津市武清区龙凤河畔,占地320万平方米,规划建筑面积210万平方米,现有建筑面积35.77万平方米。

学校有信息科学与工程学院、食品工程学院、经济管理学院、外国语学院、医学院、艺术与设计学院6个二级学院,另有思想政治教育教学部、数理教学部、体育教学部3个教学部、1个大学生心理健康教育中心和1个中国文化研究中心。学校开设有计算机科学与技术、食品科学与工程、市场营销、金融学、英语、汉语国际教育、护理学等31个在招本科专业,涵盖工、管、文、经、医、艺六大学科门类。学校设有1个市场营销高职升本科专业以及工商企业管理、市场营销、通信技术、计算机应用技术、数字媒体艺术设计5个高职专业。目前学校有校级重点建设专业4个,市级一流专业建设点3个。

学校现有普通全日制在校生10647人,其中本科生9677人(含专升本),高职生970人,本科生占全日制在校生总数90.89%。学校现有实验实训教学中心7个,各类实验室158间。目前,已签订相对稳定的校外实习实训基地95处,能够较好地满足应用型人才培养对实习基地的建设要求。教学科研仪器设备总值6178.89万元。现有中外文纸质图书80.2万册,电子图书120万种。

学校有专任教师449人、外聘教师90人。专任教师中,"双师双能型"教师43人,具有高级职称的专任教师132人,具有硕士以上学位的专任教师385人。

2021年,为进一步发挥高校大学生志愿服务和社会实践的人力及专业优势,学校在武清区教育局的大力支持下与武清区杨村第十一小学、杨村第十六小学、杨村第十中学达成合作意向,签订"大中小思政一体化建设"共建协议。

撰稿:赵 静

【教育经费收入与支出】 2021年,学校教育经费总收入24019万元,比上年增加5679万元,增长30.97%。其中财政补助收入683万元,事业收入22047万元,科研收入28万,其他收入1261万元。全年教育经费总支出19581万元,比上年增加3262万元,增长19.99%。其中工资福利支出6998万元,对个人及家庭补助支出939万元,日常经费支出4981万元,其他资本性支出3564万元,其他支出3099万元。

撰稿:张淑琴

【教学工作】 学校重视专业与课程建设,强化过程管理,着力推进专业与课程建设工作上质量、上水平。通信工程与护理学2个专业获批为学校重点建设专业,同时,推荐英语、通信工程与食品质量与安全3个专业参与市级一流专业评选。审计学、产品设计2个专业接受并通过天津市教委专业建设评估暨学位授予审核工作。英语泛读、C语言程序设计、内科护理学3门课程获批天津市一流课程建设项目。孙永健及其课程团队主讲的《生物化学》获2021年天津市高校"课程思政示范课""课程思政教学名师"和"课程思政示范教学团队"称号。徐娟娟主编《财政与税收》教材获批为首批天津市高校"课程思政"优秀教材。结合各专业建设的特点,充分发挥"一院一策"产学研合作育人功能,深入推进信息科学与工程学院自动化专业义齿智能制造特色班(本科)、食品工程学院与河北区教育局共同搭建"高校—区域监管实践平台"和"高校—区域食育教育平台"、艺术与设计学院"1+X"课证融合、医学院"3+1"就业直通车等人才培养特色班、特色人才培养模式,以校企共建课程体系、在实习实践中落实就业岗位等为切入点,以点带面,深入推进"全过程、一体化"产教融合、校企合作、协同育人工作。鼓励支持学生开展科研课题申报,获批国家级大学生创新创业训练计划项目13项,天津市大学生创新创业训练计划项目25项,校级大学生创新创业训练计划项目2项;组织学生参加各类学科竞赛,获省部级一等奖13项、二等奖20项、三等奖54项、优秀奖6项。

撰稿:张秋慧

【教学质量监控】 制定《天津天狮学院本科教学质量评价标准(试行)》,按照课堂讲授教学、课堂训练及实验教学、校内集中实践、校外集中实践四种教学类型制定质量评价标准,为进一步规范教学管理,提升教学质量提供标准参照。继续推进和完善校院两级教学督导工作体制,逐步推进基于专业特色的教学督导制度、教学评价指标及工作机制的建立。进一步完善学生教学信息中心、学生教学信息员组织架构和工作职责,形成校院两级学生信息员管理工作体制。不断完善常态教学质量监控与专项教学检查相配合,同行、教学督导、学生、教学单位"四位一体"闭环式的教学质量监控运行机制。着力构建教学质量监控与教师培养和发展协同推进的工作机制,构建新入职试讲——开新课和新开课试讲——主讲教师资格认定——优秀主讲教师评选——教学名师评选逐步深化的教学质量评价与教师发展体系。创设教学节、教师教学创新大赛、青年教师教学基本功竞赛、优秀主讲教师开放课堂、教学专题培训讲座等平台,促进教师教学能力持续提升。佟琳琳教授获天津市首届教师教学创新大赛正高组三等奖,英语教研室获市级优秀基层教学组织称号。

撰稿:张红梅

【师资队伍建设】 学校大力加强人才引进工作,全年共引进各级各类人才120人,其中教师(含辅导员)99人,管理人员14人,教辅人员6人,工勤1人。教师招聘中,涉及专业29个,非天津院校毕业生41人,来自海外高校7人,人才队伍学缘结构进一步多元化。截至年末共组织初试、面试84场、面试378

人,确定录用120人。坚持引育并举,加强校内教师的培育工作,大力支持教师在职攻读博士、国内外学者进修,鼓励教职员工参加多种形式的专业培训、学术会议。全年共组织33名新进教师的岗前培训,为28名新教师办理认定高等学校教师资格证。现有在职攻读硕士人员1名,攻读博士人员2名;本学年1人完成博士研究生学业,3人完成硕士研究生学业;2人完成境内外访学;1人完成境外研修。年内组织新入职教职员工开展"赓续百年初心 担当育人使命"主题培训1场。完成84名教职员工的初级职称聘任工作,完成申报高级职称人员的代表作送审、意见鉴定工作,并组织各单位对拟申报人员的业绩成果进行展示。健全的管理制度是保障工作顺利开展和提升工作效率的根本,制定发布《天津天狮学院外聘教师管理办法(试行)》《关于进一步加强青年教师队伍建设的实施意见(试行)》《天津天狮学院党政管理部门和教学辅助单位岗位基本职责和任职条件指导意见(试行)》,制定完成《天津天狮学院人事处SOP手册》。年内对薪酬结构进行调整,修订发布《天津天狮学院薪酬管理制度(试行)》,建立有效的激励机制。

撰稿:李如意

【科研工作】 2021年,学校获批校外各级各类科研项目25项,科研经费总额31.3万元;学校批准设立年度校内教科研项目29项,校内就业创业研究项目7项,共拨付10.8万元予以资助。校外获批项目主要包括:教育部产学合作协同育人项目4项,天津市教委科研计划项目8项,2021年度天津市教委科研计划专项任务(心理健康教育)2项,天津市教委科研计划专项任务(心理健康教育)1项,天津市教育工作重点调研课题2项,天津市教育科学规划课题4项,天津市科技特派员项目2项,北京市文联基础理论课题研究项目1项,2021第色宁(上海)商贸有限公司横向项目1项,2021年度学校教师共发表学术论文139篇,其中核心期刊论文22篇。

撰稿:张志超

【学生工作】 制定、发布和执行重要通知、方案、资讯,利用"今日校园"顺利完成10600余名学生全年健康日报收集工作。制定新制度10部,修订制度4部,撤销制度2部,发布重要工作方案、工作通知等393个,确保整体学生工作的有效运行。学生处、校团委在广大学生中开展形式多样、内涵丰富的活动20余项，利用学生处、团委两大平台开展网络思政教育，共发布推文1637条，累计阅读量为58万余次，其中有关党史学习教育的推文共计459条。学生处紧紧围绕学风建设，组织开展"学风建设月"系列活动，组织开展主题班会，班长论坛研讨，辅导员、班主任"三进"，读书月，一院一品牌，学风督察，朋辈、学业指导等多项工作。出台《天津天狮学院朋辈导师实施办法》，发挥榜样示范与辐射引领作用。制定《天津天狮学院违纪学生跟踪教育管理办法》，完成学年学生奖学金评定和综合素质测评工作，共有4207人次获校内外各级各类奖学金和奖励，有79个集体获先进集体，共发放奖励金额共计322万元。2021年认定家庭经济困难生1909人。发放国家励志奖学金169.5万元；申请国家助学金2054人，发放国家助学金677.79万元；申请校内助学金654人，发放校内助学金60万元；审核国家助学贷款4530人，发放助学贷款3636.4万元。学生资助工作步入发展型资助育人阶段，资助中心指导学校自强社成功申报2021年美国银行青年发展项目和2021花旗中国青年金融素质项目，共获14万元的实践经费，已为家庭经济困难生群体提供10个青年发展项目和28个实践项目。2021年，超额完成市教委下达的征兵任务。完成全校2020级、2021级新生心理健康教育课的教学任务，组织开展全校谈心谈话18258人；完成2020、2021级新生心理筛查工作，完成新生一级心理问题学生和部分老生一级心理问题学生的心理回访和建档工作，截至年末，掌握重点心理问题学生共计175人；共完成心理咨询439人次；举办2020级、2021级新生心理适应性讲座50余场；组织学工培训专题讲座6场；组织全校296名心理委员完成线上心理技能培训；组织开展13项心理健康教育活动；配合二级学院做好13名因心理问题休学学生的复学工作；利用"天狮心理"公众号发布心理相关推文616篇。召开共青团天津天狮学院第四次代表大会，全面总结共青团工作。组织开展线上线下辅导员招聘10余场，并加大对辅导员的培训力度。组织完成校内外线上的学工队伍培训21场，并积极邀请天津市优秀辅导员、思政方面的专家和学者来校对辅导员进行培训，不断提高辅导员的职业化、专业化水平。

撰稿：李占超

【党建工作】 学校党委始终以习近平新时代中国特色社会主义思想为指导，深入贯彻党的十九大

和十九届历次全会精神，深入推进党的建设，不断增强党组织的政治功能和组织力，发挥党的政治统领作用。制定并出台《天津天狮学院党委与董事会沟通协调制度》，参与制定学校"十四五"发展规划，修订并完善二级学院、各党总支的《党政联席会会议议事规则》和《党总支委员会会议议事规则》，完善依法治校体系，与天津张盈（武清）律师事务所签署法律服务合作协议，进一步推进依法治校。制定《2021年全员政治理论学习计划及安排》，校院两级理论学习中心组分别开展集体学习20次和96次，中心组成员深入基层调研，撰写调研报告和理论文章。在青年学生中深入开展以党史为重点的"四史"教育、红色主题实践、国防教育等。在师生中集中开展"党的十九届六中全会"主题宣讲，邀请天津市住建委领导主题宣讲1次；以校党委书记为代表的宣讲团为广大师生宣讲10次；举办为期2天的党员干部主题研讨班；举办学生骨干专题培训1次；各党总支、党支部专题学习37次，各班团支部主题学习200余次，思政部开展"六中全会精神第一时间进课堂"集体备课1次。2021年，共发展党员60名，其中教师3名，学生57名。深入实施党建"领航工程"创建工作，2个党支部获批天津市教育系统"领航工程"样板支部创建单位，均已顺利通过验收。2名教师和1个基层党支部分别获天津教育系统优秀共产党员和党务工作者、先进基层党组织称号。制定《思想政治教育教学部教师培训计划》和《思想政治教育教学部青年教师培养导师助教制实施办法》。1名思政课教师申报的思政课被确定为百节党史教育示范课。学校生物化学课程负责人及教学团队获2021年天津市高校"课程思政"教学名师和教学团队认定。学校教师主编的《财政与税收》教材获批为首批天津市高校"课程思政"优秀教材。推进"我为群众办实事"主题实践活动。分别建立为群众办实事"1+4清单"，党委统筹专门召开党政联席会研究部署，责成相关职能部门积极落实推进，解决师生群众关心的实事77项。

撰稿：李燕田

【国际交流合作】 学校加强与世界知名高校、海外高校强势学科的校际交流与合作，已经或正在与美国佛罗里达大学、亚利桑那大学、特拉华大学、罗格斯大学，加拿大菲沙河谷大学，英国等多所知名大学开展"3+1+1"联合培养项目，并为学生提供众多出国访学、读研、实习的机会。同时，与韩国世翰大

学、英国威尔士班戈大学建立联系,并计划在提升本校生学历教育等方面展开合作。学校计划选拔优秀学生参加上述国际交流项目,并提供奖助学金。另外,学校积极吸引留学生来校学习,已培养400余名来自哈萨克斯坦、俄罗斯、韩国、加拿大等国家的留学生。学校积极主动与国内教育机构、优秀企业进行深入交流探索,实现校企合作、产教融合的全方位合作,提升学生就业专项技能保证高质量就业的同时,为学科发展、创建"一流"专业打下良好的实践基础。已实现与北京百知教育公司、中公教育集团、北京托普赛斯国际教育科技有限公司、瑞博口腔完成校企合作。完成线上线下相结合的课程体系。本学年计划外培训学生为5个班、145人,提高,学校国内外声誉。完成国际、国内职业生涯规划主题公益讲座80余场。

撰稿:何柳嫣
审稿:韦福祥

天津传媒学院

【概况】 天津传媒学院,前身为天津体育学院运动与文化艺术学院,始建于2004年,是以培养传媒与艺术专业人才为主要办学定位的全日制民办普通本科学校。2021年2月,经天津市人民政府同意,教育部批准,转设为天津传媒学院。

学校位于蓟州区盘山大道68号,占地33.3万平方米,建成校舍建筑面积15万平方米,"十四五"规划建筑面积24万平方米。图书馆馆藏图书41万册。学校全日制在校生8139人,专任教师380余人。学校实施"盘山学者"学科带头人引进计划,已有25位专家学者签约受聘,分布在学校的大部分专业。

学校坚持"全员育人、特色发展、内涵建设、追求卓越"的办学理念,形成以艺术学科为重点,文学、管理学、教育学等多学科协调发展的综合学科布局。学校下设八院二部:影视学院、播音主持艺术学院、戏剧学院、音乐学院、舞蹈学院、动画与数字媒体学院、新闻与文化传播学院、思想政治理论课教学部、基础课教学部。现有广播电视编导、影视摄影与制作、录音艺术、播音与主持艺术、表演、戏剧影视文学、戏剧影视导演、戏剧影视美术设计、动画、视觉传达设计、公共艺术、音乐表演、音乐学、舞蹈表演、舞蹈学、新闻学、汉语言文学、文化产业管理、学前教育20个本科专业。

学校构建了"一条主线、两个课堂、(3+1)层次"的教学体系,"产、学、研、创"一体化的人才培养体系,面向市场、面向职场,培养具有较强创新创业实践能力的专门人才。2021年学生在全国和天津市各类大赛和展演中获奖100余项。学校师生献礼中国共产党成立100周年的大型话剧《大江歌罢》在天津大剧院、深圳南山文体中心大剧场上演,并获第七届中国校园戏剧节优秀剧目奖。学校受邀参加天安门前国庆70周年庆典表演、央视《奋斗正青春——2021年五四青年节特别节目》《第八届全国道德模范颁奖仪式》、共青团中央《第五届网络青晚》等录制,教师创作的《冬奥,我们拥抱你》《十四亿掌声》成功入选"北京2022年冬奥会和冬残奥会第二届冬奥优秀音乐作品"专辑。

撰稿:王 燕

【教育经费收入与支出】 2021年,学校教育经费总收入12438.92万元,比上年减少2148.87万元,下降14.73%。其中自筹经费收入12438.92万元。自筹经费收入中,教育事业收入12409.21万元,其他收入29.71万元。全年教育经费总支出12757.97万元,比上年减少1401.55万元,下降9.9%。其中教育事业支出7293.16万元,科研事业支出0万元,行政管理支出4567.63万元,后勤保障支出897.18万元。总支出中人员经费支出6166.36万元,其中工资福利支出4950.12万元,对个人和家庭的补助658.79万元。公用经费支出6591.61万元,其中日常支出6591.61万元,专项经费支出0万元。

撰稿:王 燕

【人才队伍建设】 学校大力实施"人才强校"战略,针对高层次人才缺乏、人才发展机制不健全等问题,建立"高级人才引进绿色通道"体制机制,采用"以才引才""团队式引才"等引进方式,采取"因人施策""一人一策"等人才引进的有效手段,将国内外高水平大学传媒类、艺术类专业博士研究生、传媒与艺术行业高级职称人才吸引到学校任教,使师资队伍水平不断提高,结构不断优化,为学校快速发展提供人才支撑。学校师资队伍规模稳步壮大、结构更趋合理、层次和素质明显提升。专任教师中,"双师型"教师48人,具有高级职称的专任教师138人,具有研究生学历学位(硕士和博士)的专任教师292人。

撰稿:王 燕

【实验室建设】 学校围绕人才培养、科学研究、服务社会、文化传承功能,高度重视实验室建设与管理工作。建成"广播影视艺术综合实验区""舞台艺术综合实验区""视觉艺术综合实验区"三大实践教学平台,包括广播直播室、影视配音室、电视虚拟演播厅、电视导播室和导播车系统、电影电视审看厅等多个数字化广播影视传媒实验室,以及艺术语言实验室、综艺排练厅、新闻演播室、纪录片工作室、Apple工作站、室内剧摄影棚、音乐录音棚、影视节目后期编辑室、大型舞台合成剧场、中小型音乐剧场、黑匣子实验剧场、280间标准琴房、MIDI工作室、电钢琴工作室、全绿幕虚拟实验室、平面摄影艺术实验室、融媒体沉浸式智能实验室、实景电影摄影实验室、三维动画工作室、二维手绘实验室、定格动画实验室、数字媒体工作室、VR虚拟实验室、游戏制作实验室、电子竞技实验室、漫画制作实验室、插画工作室等实践教学设施,为学生提供一流的专业实践场所与设备,充分发挥实践教学平台服务教学、研究和社会的功能,在理论与实践教学中培养学生的创新能力和实践能力。

撰稿:王 燕

【思政教育】 学校具有完整的"三全育人"工作体系和工作机制。学校坚持把立德树人的成效作为检验一切工作的根本标准,用习近平新时代中国特色社会主义思想铸魂育人,推动形成"三全育人"工作格局。把思想政治理论课作为落实立德树人根本任务的关键课程,创新思政课,打造思政"金课"。把课程思政建设作为落实立德树人根本任务的关键环节,全面提高人才培养质量,充分发掘各类课程中蕴含的思想政治教育资源,持续推出课程思政优质课。做到课程思政全覆盖,完善课程思政建设评价激励机制,培育思政课程和课程思政教学名师与示范课程,不断提升教师的课程建设水平和教学能力。

撰稿:王 燕

【教育教学】 学校持续推进旨在促进内涵发展的教育教学改革,2021年,共获批5门线下一流本科课程、4项本科教学改革研究项目、2门党史教育示范课程、1门课程思政师范课程;建设校级优质课程31门,立项校级教改项目41个。为做强一流本科,制定《"十四五"专业建设发展规划》《"一流本科专业"建设方案(试行)》,启动"一流本科专业"建设,组织教育部、天津市、学校三级"一流本科专业"建设点申报

工作。学校适应经济社会、传媒技术、媒体行业和文化产业发展需求,实施"本科专业建设质量提升计划"。同时,稳定影视传媒和文化艺术"一体两翼"、互为支撑的人才培养格局,完善"以影视传媒专业为主体、艺术学为特色"的学科专业基本框架。优化、完善学科专业布局,增设数字媒体艺术、数字媒体技术、广告学、网络与新媒体、电影学、舞蹈编导、戏剧教育、艺术管理、艺术与科技、英语、汉语国际教育等新专业。加大对戏剧影视文学、广播电视编导、播音与主持艺术、表演、动画、录音艺术、戏剧影视美术设计等专业的投入,建设专业优势明显、具有较强竞争力的特色专业。拓宽办学层次,构建高起专、专升本、就业培训等组成的继续教育体系。学校按照国家的一流课程建设"双万计划"的标准,打造一批具有创新性和特色突出的艺术专业"金课"。进一步完善实践教学课程,充分发挥第二课堂的作用,深化校企合作、产教融合,鼓励和引导师生通过专业竞赛,达到以赛促教、以赛促学的效果。

撰稿:王 燕

【科研与社会服务】 2021年,学校不断健全和完善科研管理体系,组织完成申报2021年国家社会科学基金艺术学项目、教育部人文社会科学研究项目、天津市教育工作重点调研课题、高校思想政治工作精品项目、天津市教委社会科学重大项目、天津市哲学社会科学项目、天津市艺术科学规划项目。教师承担各级、各类科研项目共计84项,其中2项获批为天津市教育工作重点调研课题,教师参与武汉城市音乐文化研究院规划课题一项。教师在专业学术刊物上发表学术论文200余篇,出版著作4部、教材1部。

撰稿:王 燕

【学生工作】 学校坚持以习近平新时代中国特色社会主义思想为指导,聚焦立德树人,坚持"以生为本·教育为主·增进服务·提高质量"的工作理念,结合"四史"学习教育,组织了多场围绕庆祝建党100周年主题的"两赛两会"(辩论赛、演讲赛、读书会、故事会)活动,开展2021年"献礼百年荣光+益展时代担当"公益广告设计大赛、微视频等大赛,选拔出优秀作品参加市级比赛。学校注重大学生心理健康教育工作,坚持育心与育德相结合,制定《推进心理健康教育与思想政治教育深度融合提升育人质量的若干举措》,建立辅导员网上家访制度;设立团体辅导

室,配备情绪宣泄设备、音乐减压放松椅等;积极参加天津市心理健康教育主题活动。根据学生教育管理中出现的新问题,不断完善管理规定。积极探索少数民族学生的管理和服务,组织少数民族学生拍摄了献礼建党一百周年作品,获得天津市美育实践课堂校园短视频制作二等奖、"2021第十届国际大学生微电影盛典"评选活动优秀奖。学校获得各项资助共计296.44万元,为100名贫困学生申报校长助学金,为10名特困学生办理校长减免学费,为843名贫困学生、25名退役士兵申报国家助学金,为1602名学生办理国家生源地助学贷款1281.6万元。学校建立兵员预征预储班,开展多种技战术和军事技能训练以及内务大赛,获天津市蓟州区征兵工作先进集体称号。2021年,学校共开展9场大型线上就业双选招聘会,取得就业去向率位于天津市本科院校第7名、独立院校第3名的优异成绩。

撰稿:王 燕

【团委工作】 学校全面开展青年大学习,组织开展集中学习十九届六中全会精神等丰富多彩的学习活动。组织219个团支部开展"学党史、强信念、跟党走"学习教育、开展"强国有我,请党放心"主题团课、第四期"青年马克思主义者培养工程"党史学习教育。开展"百年征程波澜壮阔 共筑未来逐梦天传"五四评优表彰。致力于丰富校园文化,打造精品活动,开展以"礼赞百年建党史,光辉历程铸天传"第十一届校园文化节活动。组织学生参与第七"天津环境文化节"系列活动,上报环保视频8个、短视频脚本6个;组织开展"喜迎冬奥会'青春爱运动 健康强中国'天传马拉松"活动。组织"文明交通进校园"活动,获市级"优秀组织单位"和"先进个人"。疫情防控期间,团委学生干部志愿服务于全体师生新冠肺炎核酸检测,协助检测志愿者达105余人。在献血车进校园志愿服务中,参与学生达240余人。为贯彻落实习近平总书记关于"双减"工作重要指示批示精神,学生社团针对中小学生开展了一系列课后服务课程,团委志愿者配合体育教研室完成2021年学生体质测评工作。

撰稿:王 燕

【天津传媒学院揭牌仪式】 2021年2月2日教育部下发《关于同意天津体育学院运动与文化艺术学院转设为天津传媒学院的函》(教发函[2021]38号),批准学校转设。3月18日上午10:30,天津传媒学院揭牌仪式在学校正门隆重举行。天津市、蓟州区有关部门领导、社会各界嘉宾、兄弟院校领导、本校领导、教职工和学生代表参加了揭牌仪式,揭牌仪式由学校常务副校长李晓华主持。学院转设更名为天津传媒学院。

撰稿:王 燕
审稿:李晓华

天津仁爱学院

【概况】 天津仁爱学院前身天津大学仁爱学院是2006年经教育部批准,由天津大学和天津市仁爱集团合作举办的本科层次全日制普通高等学校,坐落于天津市静海区团泊新城博学苑。学校建有现代化的图书馆、教学楼、实验楼与创新创业中心、学生宿舍、食堂、浴室、大学生活动中心、体育馆等教育教学设施。2013年7月,学校办学条件符合《普通本科学校设置暂行规定》要求,顺利通过教育部的规范验收。2021年2月,学校依法转设为天津仁爱学院。2021年5月,学校党委更名为中国共产党天津仁爱学院委员会,党组织隶属关系调整至隶属于中共天津市教育工作委员会。转设后,学校教育事业发展稳步提升,科学统筹谋划学校"十四五"发展规划,不断推进学校治理体系和治理能力现代化,优化办学条件,提升办学水平,进一步提高社会声誉。全日制在校生15351人。学校占地68万平方米,校舍建筑面积34万平方米,教学科研行政用房面积16万平方米,教学科研仪器设备总值10691.1万元,图书资馆藏中外文图书资料140余万册,现有各类实验室187间,实验室功能齐全,布局合理,实验开出率100%,天津市级实验教学示范中心单位3个,稳定的校外实习实践基地135处。

天津仁爱学院以天津大学的优势学科为基础,依据现代高新科技发展和市场需求开设机电类、电子信息类、计算机类、土木建筑类、经济管理类、化工类、艺术类等28个本科专业,形成以工为主,经管、文法、艺术相互支撑,相互渗透,协调发展的学科专业布局。学生完成规定学业经审查达到毕业标准,颁发全日制普通高等学校本科毕业证书;符合国家及学校有关规定的毕业生,授予学士学位。

学校建立一批高起点、高标准、设备精良、技术先进、管理规范、贴近工程、贴近企业、贴近社会实际需求的实验室和实训实习基地,建有一批创新实验室和探究实验室,在培养"高素质、强能力、勇于实践、敢于创新"的复合型、应用型人才方面发挥了重要作用。学校积极与企业开展产学研合作办学,与中软国际集团、天津友发钢管集团、天津捷强动力装备公司等128余家知名企业建立合作关系,共建实践教学基地,深度合作,协同育人。学校与中软国际教育科技集团、华为技术有限公司合作共建华为云学院鲲鹏中心,培养国家信息技术应用创新产业急需的高素质专门人才。学校探索和实践"教、学、做"一体化的教学模式,使教学更加符合学生认知规律,有助于学生构建科学合理的智能结构。加强创新创业教育,鼓励在校大学生参加"大学生创新创业训练计划项目",为学生就业和创业奠定扎实的基础。学校为鼓励优秀学生脱颖而出,支持学生参加学科、专业、文体等各类竞赛,提升学生综合素质和创新能力,先后获得国际、国家和省部级各类竞赛优胜奖500余项。学校深化资助育人,发放各类国家奖助学金约1052万元;各类校级奖学金、社会捐赠奖学金共计188万元;各类校级助学金、校友捐赠助学金、社会捐赠助学金共计61万元。

毕业生考研率连续多年为8%以上,毕业去向落实率连续多年在95%以上。

学校坚持走国际合作、开放办学道路,积极开拓国际合作渠道。已与英国斯旺西大学、美国北阿拉巴马州立大学等20多所大学进行了广泛的交流与合作。

撰稿:刘 瑶

【教育经费收入与支出】 2021年,学校教育经费总收入33001.9万元,比上年增加5061.12万元,增长18.11%。其中财政拨款收入844.9万元,行政事业性收费收入29040.5万元,科研事业性收入1887.13万元,其他各项收入1229.38万元。全年教育经费总支出35240.3万元,比上年增加5797.44万元,增长19.69%。其中人员经费支出11392.58万元,公用经费支出23847.76万元。人员经费支出中工资福利支出10242.29万元,对个人和家庭的补助支出1149.71万元;公用经费支出中日常经费支出23830.76万元,专项业务费支出17.0万元。

撰稿:刘 瑶

【教育教学】 学校坚持把立德树人根本任务落实在教育教学过程中,召开第一届教学工作会议,提出"一五二"建设工程,贯彻新发展理念,构建新发展格局,推动教育工作高质量发展,持续加强教风学风建设,练好教学基本功,加强一流专业建设,突出专业特色,加强一流课程建设,不断提升人才培养质量。以学生发展为中心,以本科专业质量标准和专业认证为引导,以学生学习成果为导向,明确应用型人才培养核心能力,精心设计各类课程、修订人才培养方案,严格按照核定的办学层次、办学范围开展教育教学活动,积极探索应用型本科人才培养模式创新和教育教学改革,教育教学活动均达到民办高校有关标准要求,人才培养质量得到充分保障。学校瞄准新经济、新技术发展急迫需求,组织智能制造工程、智能交互设计、数据科学与大数据技术、人工智能和制药工程等5个专业申报新专业。化学工程与工艺专业被天津市教委推荐国家级一流专业建设点。物联网工程专业顺利通过市教委新专业评估暨学位授权审核。电力电子技术(线下)、计算机系统平台(线下)、化工原理(线上线下混合)、线性代数(线上线下混合)4门课程入选第二批天津市一流本科建设课程。获批教育部产学研合作项目6项。积极组织开展首届教师教学创新大赛,全体教师积极报名参赛,有35个教学团队110余名教师参赛,共选出一等奖1个,二等奖4个,三等奖7个,优秀奖10个,鼓励奖9个,极大地调动了教师教学创新的积极性。在大学生创新创业训练计划项目中,学校获批76项,其中国家级项目18项,市级项目37项,校级项目21项,是同类院校批准项目最多的高校。在"挑战杯"学生课外学术科技作品竞赛获全国奖项1项,天津市特等奖和一等奖各1项、二、三等奖7项。校现有各类实验室187间,天津市级实验教学示范中心单位3个,稳定的校外实习实践基地135处,涉及全国10个省市自治区,有力推动学生理论学习与实际生产运用相结合。2021年学校共投入1516余万元用于实验室、语音室、机房建设,改善教学环境,为学科建设奠定了基础。全面修订《天津仁爱学院教材管理办法》,由学校党委全面负责全校教材工作,成立天津仁爱学院教材工作领导小组和天津仁爱学院教材选用委员会、天津仁爱学院教材审核专家委员会和天津仁爱学院教材研究委员会等机构,加强和规范学校教材的建设、编写、审核、选用、研究与评价。2021年对哲学社会科学类专业、法学专业和马工程重点教材的使用进行严格审查,对政治立场、价值导向等方面严格把关。系统推进《习近平新时代中国特色社会主义思想进课程教材指南》工作,切实发挥教材作为立德树人重要载体的作用。

撰稿:刘 瑶

【科技研究和社会服务】 学校成功入选国家区块链创新应用试点。各类研究项目共立项132项，其中纵向课题19项，横向课题113项。科研项目立项合同额达2239万元，其中横向项目合同额2141万元。项目总合同额较去年增长153%，完成年初2000万元科研经费合同额的目标。以第三完成单位获得中国内燃机学会2021年度科技进步三等奖1项；以第四完成单位获得天津市科技进步一等奖1项。以第一专利权人获得专利29项、软件著作权1项；正在申请中专利23项、软件著作权3项。共发表论文88篇，其中SCIE（含期刊、会议）26篇、EI期刊（含期刊、会议）45篇、中文核心17篇。1篇政策建议获天津市委办公厅内刊转载刊发。与中国民航大学合作组建"天津市航空装备安全性与适航技术创新中心"成功获批；先后与北京华航唯实机器人科技股份有限公司、珍岛信息技术（上海）股份有限公司、江苏亮点光电科技有限公司等洽谈对接，签署合作协议，联合申报教育部供需对接就业育人项目6项，累计获得资助金额近20万元。第一届科技工作会议掀开了学校科技工作新篇章，大会回顾总结"十三五"科研工作成果经验，研究部署"十四五"期间科研工作高质量发展的重点任务，使全体教师充分认识到科研对提升学校核心竞争力的重要意义，找准方向，精准发力，开创科研工作新局面。

撰稿：刘　瑶

【首次党员代表大会】 2021年，学校顺利完成党委转隶，并召开中国共产党天津仁爱学院第一次党员代表大会。大会通过了《中国共产党天津仁爱学院第一次党员代表大会关于中共天津仁爱学院委员会报告的决议》，选举产生中共天津仁爱学院第一届委员会和纪律检查委员会。

撰稿：刘　瑶

【思政工作】 积极申报教育部"高校思想政治工作创新发展中心"，打造成民办高校思想政治工作新型智库。以学生社会实践和志愿服务活动为平台与静海区、团泊镇以及周边中小学共建大中小学一体化实践育人基地和载体建设，开展大中小学思政一体化建设研讨会。在民办高校中率先成立马克思主义学院。成功申报天津市民办高校、独立学院思想政治理论课协同创新中心。积极承办天津市民办高校、独立学院"十九届六中全会精神融入思政课"集体备课会，增强学校在民办高校、独立学院中的影响力和引领力。获批天津市思政专项课题2项；获得天津市第三届思想道德与法治课教学比武活动获"优秀教案"奖2项。制订《天津仁爱学院课程思政工作方案》，将课程思政与专业教育有机、深度融合，共同发挥育人功效。高等数学和化工原理获批天津市课程思政示范课程。以党史学习教育为重点，抓好"四史"学习教育，对照教育两委思政考核指标，做好分段、分节点学生主题教育，在重要时间节点、重要纪念日通过线上线下相结合的"沉浸式"教育引领学生将传承民族精神与弘扬时代精神相结合。学校国旗护卫队在天津市学校国旗护卫队展演活动中第三次获一等奖。

撰稿：刘　瑶

【体美劳成果】 不断创新体育、美育、劳育形式和载体，促进学生全面发展。学校运动队在第二十五届中国大学生网球锦标赛华北赛区获得男子团体第三名；2021年天津市大学生足球比赛获得第四名；天津市大学生田径运动会本科院校甲组团体总分第七名。为学生搭建提升和展示的平台，天津市美育实践课堂展示中获二、三等奖共10项；市教育两委举办的公益广告设计大赛中二等奖1项、三等奖1项、优秀奖2项，学校获评优秀组织单位称号。学校成立劳动教育工作领导小组，制订《天津仁爱学院大学生劳动教育实施方案》，打造以第一课堂劳动教育课程为主，第二课堂为延伸的"劳动+专业""劳动+创新创业"教育教学模式。

撰稿：刘　瑶
审稿：王　悦

天津职业大学

【概况】 天津职业大学为"一校两区"办学格局，主校区位于北辰科技园区，海河园校区位于天津市海河教育园区，总占地82.79万平方米，总建筑面积44.46万平方米。学校现有在校生16778人，教职工1009人，专任教师770人，其中有高级职称的275人（正高78人、副高197人），研究生学位614人（硕士561人、博士53人）。学校现有11个学院、3个教学部。图书馆藏书85万册，电子图书约77万册。

2021年学校遵循新发展理念，立足新形势，推进"十四五"专业建设发展规划工作。制定"十四五"专业建设规划。撰写《天津职业大学专业（群）建设发展规划（2021—2025）》。推进职教本科专业建设准备工作,学校锚定职业教育类型特征,校准高层次技术技能人才培养定位,围绕天津"一基地三区"城市功能定位、"津城""滨城"双城发展格局和"1+3+4"产业布局,科学拟定本科专业,完成市教育两委关于职业教育本科层次办学相关调研工作,形成文字材料10万字,对9个本科层次职业教育拟申报专业开展摸底调查,指导各专业群对接高端企业撰写调研报告,开展可行性论证4次。组织人才培养方案修订,对标国家专业教学标准、行业专业建设指导标准等,组织天津职业大学2021级专业人才培养方案修订工作,完成2021级63个专业累计212万字的人才培养方案修订及备案工作。完成天津职业大学专业建设委员会届中调整工作,组织天津职业大学人才培养方案论证会2次。完成新专业申报备案。在开展人才需求调研,职业岗位分析以及师资、设备配套等基础保障可行性分析的基础上,学校组织完成早期教育、信息安全技术应用、商务数据分析与应用3个增设专业19.4万字申报材料撰写、校内论证和教委答辩。

2021年,天津职业大学围绕立德树人根本任务,持续深化思想引领,将党史学习教育融入日常。学校在第五届"全国大学生网络文化节"活动中获奖5项,在中华职业教育社"最美职校生"评选活动中获奖4项,在第七届中国国际"互联网+"大学生创新创业大赛中获奖4项,1名学生获2020年度"中国大学生自强之星"奖学金,在第四届"我心中的思政课"全国高校大学生微电影展示活动中获奖1项,在全国职业院校学生劳动素养风采展示活动中获奖1项。在天津市举办的"青春心向党"新时代·实践行等24项市级活动中获奖170余项,1名学生获"天津市优秀大学生年度人物"称号。

撰稿:杜汶波　赵海豹　魏海平
孙宝丰　程凯明　赵晓慧

【教育经费收入与支出】　2021年,学校教育经费总收入54209.47万元,比上年减少2518.17万元,下降4.44%。其中教育经费拨款38564.83万元(日常经费拨款23360.24万元,专项经费拨款15204.59万元),行政事业性收费11176.96万元,科研收入883.12万元,联合办学收入603.16万元,培训费收入359.28万元,其他收入2622.12万元。全年教育经费总支出51948.14万元,比上年减少3957.64万元,下降7.08%。其中人员经费支出26653.56万元(工资福利支出25634.95万元,对个人家庭补助支出1018.61万元),公用经费支出8984.10万元(商品和服务支出7924.37万元,其他资本性支出534.73万元,债务利息支出525.00万元),项目支出16310.48万元。

撰稿:任春龙

【教育教学】　学校坚持"一专业一目标、一课程一主线、一课堂一主题"三级课程思政融入路径,2021年建成1个国家级课程思政教学研究示范中心。受市教育两委委托,建成天津市职业教育课程思政教学研究中心。2门课程获国家级课程思政示范课程,教学团队同步被认定为教学名师;获天津市课程思政示范课程4门,行指委课程思政示范课程5门,天津市党史专题课程思政精品课2门,天津市课程思政优秀教材2本。学校全面加强党对教材工作的领导,出台《教材建设管理办法(试行)》《关于成立天津职业大学第一届教材工作委员会的通知》等教材建设与管理制度文件,系统化升级教材工作管理体系,形成由党组织统一领导、党政齐抓共管的工作机制。积极推进"岗课赛证"融通编制教材内容,把产业新业态、新技术、新工艺、新规范纳入专业课程的教材建设,入选国家"十三五"规划教材12部,获天津市课程思政优秀教材2部,获全国首届教材建设奖2项。2021年,完成年度教材评估平台的填报工作,组织落实市教育两委4次教材专项排查工作,并按照"一查四审"工作流程,组织学校教材排查工作2次。2021年学校获批天津市职业学校"十四五"教育教学改革研究项目5项。

撰稿:刘春怡

【基础设施建设】　2021年,学校完成北辰校区校园整体规划调整,信息资源中心(图书馆)项目完成房产登记,是学校第一个完成该手续的建筑,该项目荣获"中国安装之星""天津市金奖海河杯"等奖项;完成智能制造产教融合实训中心项目教委、发改委、建委、规划、消防、人防等职能部门的工程前期手续审批工作,完成该项目土方整理和桩基施工。沟通办理了北辰校区天津市规划和自然资源局北辰分局规划意见函,完成北辰校区房屋安全鉴定工作,为北辰校区产权登记做好前期准备。完成学生公寓空调室外电力改造及北辰校区、海河园校区学生公寓空调安装工作;完成学校3号、5号教学楼内檐提升改造和综合楼1—3层公共区域内檐提升两个项目;完成北辰校区部分多媒体教室改造工程及海河园校区学生宿舍室外空调格栅改造项目。学校完成实验实训室建制调整工作,调整后共设一级实训室84个、二级实训室332个。进一步提升实验实训条件和管理水平,主要完成眼视光技术专业群共享性实训基地建设项目、视光检查设备及筛查设备等148个采购项目。累计投入建设资金8600余万元,其中4800余万元用于实验实训设备购置、实验实训室改造、信息系统建设等,极大提升实验实训条件,其余约3800万元用于课程建设、资源库建设、培训服务等。继续推行安全测试准入制度,通过安全测试平台面向全校师生开展安全教育。全面开展学校安全隐患排查、危化品、特种设备的整治工作,组织对全校实验实训室管理人员进行安全培训。截至2021年底,全校教学科研仪器设备总值为43434.21万元,生均教学科研仪器设备值为2.68万元,生均校内实践工位数1.39个,2021年度企业提供的校内实践教学设备值为194.89万元。

撰稿:杜汶波　赵海豹　魏海平
孙宝丰　程凯明　赵晓慧

【技能大赛】 2021年,学校搭建大赛平台,经过三轮选拔、反复打磨,形成“校赛为基础,市赛为延伸,国赛为重点”的赛式,在2021年天津市教师教学能力大赛中取得较好成绩,李晶华团队获天津市专业(技能)课程一组一等奖,诸杰团队获天津市专业(技能)课程一组二等奖,2门课程进入国赛,获国赛三等奖。学校学生在2021年全国职业院校技能大赛中获得国家级二等奖3项,三等奖1项;天津市第二届“海河工匠杯”技能大赛中共获得奖项14项;在全国行业职业技能竞赛获一等奖2项、二等奖1项、三等奖1项;全国大学生电子设计竞赛中获全国二等奖1队,市级二等奖2队,市级三等奖1队,世赛选拔赛飞机维修项目中获得冠军;2021高教社杯全国大学生数学建模竞赛专科组一等奖1队、二等奖1队。学校承办2021年天津市职业院校技能大赛6个赛项、第二届“海河工匠杯”技能大赛16个赛项。

撰稿:杜汶波　赵海豹　魏海平
孙宝丰　程凯明　赵晓慧

【科技研究和社会服务】 2021年,学校申报各类纵向课题250余项,立项82项(校级30项,局级9项,省部级43项),其中天津市教育科学“十四五”规划课题申报人数113人,立项数35项;年度立项教育部人文社科青年基金项目1项、中国特色社会主义理论体系专项项目1项;认定企业科技特派员35名,推荐天津市优秀特派员15名,获天津市科技特派员项目立项5项。横向课题合同签订80余项,合同金额

1142万元,到账金额800余万元。其中19项课题获天津市促进科技成果转化交易项目补助。全校教师发表各类论文200余篇,其中核心期刊论文50余篇,3篇论文在天津市社科联主办的“社会科学界学术年会”“青年学者论坛”征文活动中获奖。全校师生共申请专利113项,其中发明专利35项、实用新型专利69项、外观设计专利9项;授权专利110项,其中发明专利14项、实用新型专利80项、外观设计专利16项;软件著作权登记10项;实现成果转化7项。学校成立科学技术协会组织并组织召开第一次代表大会,通过《天津职业大学科学技术协会章程(草案)》。获批2个市级科普教育基地,即“天津职业大学工匠精神体验科普基地”“天津职业大学近视防控与眼健康科普基地”。2021年,学校完成各级各类社会培训217614人次、342292人日,非学历培训服务到款额615.64万元。在职业技能培训方面,组织学院开展维修电工、化学分析工等16个职业(工种)的补贴类职业技能培训,共计46个班期1076人;组织生环学院、经管学院、汽车学院开展SYB创业培训525人;与滨海新区阿尔发食品有限公司签署协议开展企业新型学徒制培训40人。在师资培训方面,实施河南中职卓越校长、河南“双师型”教师、天津高职(中职)跟岗访学、天津高职课程实施能力4项“国培”项目,共计105人次、2308人日;面向内蒙古化工职业学院、通辽职业学院等开发教师专业能力提升培训项目。在社区培训方面,2021年全民终身学习活动周期间,依托“区校终身学习联合体”建设,与河北区联合开展垃圾分类和近视防控专题讲座,与红桥区联合开展“我的眼睛我做主”主题活动,与武清区联合开展社区实验项目专题培训,与东丽区联合开展爱眼护眼知识讲座,创新采用线上线下相结合的方式同步授课,惠及近10万人,受到市教委的好评,并被《天津日报》报道。组织进行天津市5所学校49个班级1890名中小学生的劳动教育实践;11次国家级考试,共计2725场次、54122人次。

撰稿:刘冰冰　杨艺萌

【重大项目申报与建设】 2021年,学校组织完成天津市创优赋能建设项目申报,撰写学校《天津市职业教育创优赋能建设项目总体建设规划方案》(2021—2025年),组织完成2021年度建设方案和建设任务书的撰写工作。经申报、答辩,学校获批天津市创优赋能高水平高职院校,眼视光技术、包装工程技术、汽车智能技术、人工智能技术专业群入选高水

平专业群立项建设。组织完成提质培优2021年度绩效平台填报工作,完成绩效报告撰写和案例撰写、整理提交工作。年度项目建设总投资937.2万元。

撰稿:刘春怡

【党的建设】 校党委坚持以习近平新时代中国特色社会主义思想为指导,深入学习贯彻党的十九大会议精神;扎实开展党史学习教育,持续落实"四个走遍",深化"我为群众办实事"实践活动;全面贯彻落实《中国共产党普通高等学校基层组织工作条例》,系统梳理校党委、基层党委(党总支)和党支部三个层面的任务清单共计94项,将10个学院党总支改建为党委;加强干部队伍体系建设,制定《天津职业大学处级领导干部选拔任用工作实施细则》;加强干部提任交流力度,2021年共提拔处级领导干部12名,校内轮岗交流干部22人,向市教育两委交流干部1人;建立校内岗位锻炼机制,先后提供35个锻炼岗位,安排14名年轻干部参加岗位锻炼;充分发挥基层党组织战斗堡垒作用,推动学校"双高计划"建设等各项重点工作落实到位。组织开展"两优一先"评选推荐工作,1个学院党总支和1名优秀共产党员获评市级先进,2个党组织和2名个人获评教育系统"两优一先";召开纪念中国共产党成立100周年暨"七一"表彰大会,对学校19名在党50年的老党员颁发纪念章。

撰稿:罗思路

【"双高计划"建设】 2021年学校高质量完成"双高"建设绩效年度自评工作,各项绩效指标的阶段性完成率均超过100%。"双高"建设前3年的建设任务全部完成,累计执行资金2.2905亿元,资金执行率100%。学校将"双高"建设融入事业发展,取得显著成效和标志性成果。学校获批教育部课程思政教学研究示范中心,获批教育部职业教育示范性虚拟仿真实训基地培育项目;初步建成"66311"技术技能创新服务平台,科技成果"双转化"机制产生成效;2支团队获国家级职业教育教师教学创新团队和全国高校黄大年式教师团队;创新教师"四维度"评价体系并在职称评聘、全员聘任等方面积极应用;与360集团、爱尔眼科、万新集团、华住集团等行业龙头企业共建7个产业学院;建立6个"区校终身学习联合体",牵头成立"津雄"职教联盟和京津冀"双高"建设联盟;聚焦职业教育服务脱贫攻坚、国家战略和技能社会建设、职业教育与产业协调性、"1+X"证书制度、模块化课程等方面形成一批

高水平研究成果。

撰稿:张立军

【疫情防控】 做好疫情常态化防控。坚持力度严温度暖,抓实抓细疫情防控各项工作,发布工作通知、提示、明白纸等20余份;新建健康监测小程序,提升疫情防控工作信息化水平,做到动态调整管理要求,动态优化进出校管理方式。全年召集指挥部工作会议18次,推动完成新冠肺炎疫苗"应接尽接"、外地师生员工开学返校核酸筛查、疫情处置培训及应急演练等工作,切实维护师生生命安全、身体健康和校园安全稳定。

撰稿:白 宇

【鲁班工坊建设】 面向德班市及周边地区近800名初等教育女生开展两期"编程教育项目",搭建起非洲女学生接触现代化信息教育的平台。同南非德班理工大学在线共同举办首届"职业教育创新创业研讨会",互聘创新创业专家和专业骨干教师为创新创业导师,将南非鲁班工坊打造成为技术交流、课程开发、项目实践的聚集地,以创新创业教育合作引领人才培养。在线举办南非鲁班工坊物联网专业二期师资培训班,通过空中课堂为德班理工大学6名教师开展为期一个月的师资培训,为其新本科专业教学打好基础。疫情期间,南非当地教师团队"抗疫"表现得到德班市市长点赞,称"鲁班工坊支持德班科学抗疫"。中非合作论坛部长级会议期间,南非鲁班工坊先后被新华社、人民网、《中国教育报》等多家主流媒体广泛报道。

撰稿:任 静

【产业学院建设】 2021年,学校先后拟定《产业学院管理手册》《产业学院学生教育管理办法》《产业学院教学工作管理办法》等制度性文件,完成"产教融合质量管理平台"一期的开发,确保产业学院规范化、可持续健康运行。年内学校先后成立天津职业大学爱尔视光产业学院、天津职业大学360网络安全产业学院、华住产业学院和瑞普生物产业学院。4个产业学院组建了6个产业班,接收学生205名。学校产业学院累计达到11个,其中混合所有制二级学院3个。11个产业学院在协同人才培养,共建校内实训条件,共建教师队伍,协同技术研发,共同开发教材、课程资源、课程标准、培训资源等方面成果显著。2021年,爱尔视光产业学院师资团队获评天津市职

业教育教师教学创新团队,联合企业横向课题到账150万元。津菜学院2021年开展河南省中职烹饪教师国培项目,到账资金45.44万元。

撰稿:郝志刚
审稿:刘　斌

天津医学高等专科学校

【概况】　天津医学高等专科学校坐落于河西区柳林路14号,产权占地17.65万平方米,产权建筑面积10.23万平方米,产权运动场地1.8万平方米,产权绿化用地5.4万平方米。学校现有教职工595人,专任教师405人,其中高级职称教师167人、中级职称教师200人、初级职称教师31人。学校共有全日制在校生8124人,2021年毕业生2491人,就业率82%,专业对口率82%。学校现有继续教育学院、国际教育学院、医学护理学院、医学技术学院、基础医学部和实训教学中心等10个教学机构,卫生职业教育发展研究中心、天津卫生健康技术研究院2个科研机构,图书馆、校医院2个教辅机构。共有护理、药学等25个专业及方向。

发挥党建引领作用,取得突出成绩。校党委被天津市委授予“天津市先进基层党组织”称号。入选2021年度天津市学校“三全育人”优秀工作案例。医疗技术党支部通过市级党建工作样板党支部验收。思政教师团队在2021年天津市职业院校技能大赛教学能力比赛中获一等奖。获评国家级课程思政示范课1门,并获国家级课程思政教学名师和团队;获评市级课程思政示范课程4门、市级课程思政教学名师和团队4个;获评市级课程思政优秀教材2部、市级党史专题课程思政精品课1门。获评市级课程思政教学研究示范中心培育项目。在职业院校技能大赛教师教学能力比赛中,获国家级三等奖3个,市级一等奖2个,二等奖3个;在全国学生技能大赛获中获二等奖2个。2021年度立项教育部“科教融创”专项课题3项,省部级课题9项,立项天津市级教学改革课题4项。学生获全国职业院校学生技能比赛二等奖2个、市级一二等奖28个,国家级“互联网+”大学生创新创业大赛铜奖1个。立项第二批国家级教学创新团队1个、市级职业教育教师教学创新团队2个,获国家高层次人才特支计划教学名师1人、入选海河名师(名匠)团队培育项目1个。入围教育部职业教育示范性虚拟仿真实训基地培育项目。

培养卫生健康人才,支撑京津冀经济发展。66.5%的2021届毕业生选择在京津冀各级各类医疗卫生机构就业。学校承担天津市民心工程公众心肺复苏技能培训项目建设与管理工作,面向天津市16个区推动公众心肺复苏技能培训,2021年度培训2.1万人;学校作为公众心肺复苏技能培训基地,开展培训千余人。承担天津市基层综合医疗质控中心工作,牵头制定疫情和院感防控工作质控标准,开展基层医疗机构新冠疫苗接种质控,牵头完成《新冠病毒疫苗接种禁忌症判定天津专家共识》,填补新冠病毒疫苗接种领域学术空白。发挥“依托临床、多方合作”培训模式建设优势,开展市基层卫生人员康复、感控人员、大规模核酸采样队伍咽拭子采样等专项培训。

撰稿:李世荣　王　芃

【教育经费收入与支出】　2021年,学校教育经费总收入21950.64万元,比上年减少171.03万元,下降0.77%。其中财政基本补助收入9170.30万元,专项补助收入7502.75万元,学费收入4700万元,非财政补助收入509.16万元,其他收入68.43万元。全年教育经费总支出23412.21万元,比上年增加1810.9万元,增长8.38%。其中人员支出11805.41万元,日常公用支出11606.80万元。

撰稿:常　欣

【党建工作】　2021年,全校党支部和广大党员开展政治理论学习20余次,组织支部书记讲党课46人次,护理党支部活动获评教育系统“创最佳党日”优秀活动,护理、药学等3个支部入围全国标杆院系、样板党支部建设。组织支部开展多种形式的党史学习教育,切实在学史明理、学史增信、学史崇德、学史力行上下功夫。办好专题党日,做好专题培训,开好专题组织生活会。做好习近平新时代中国特色社会主义思想学习宣传工作,融合校园网站、两微一端等媒体,提升宣传辐射面。紧紧围绕加强学校双高建设、防疫工作,围绕建党100周年开展宣传工作。分别在《中国教育报》《天津日报》《天津教育报》发表双高建设5期,与各主流媒体合作,宣传学校经验亮点,报道70余篇。高质量通过市委对意识形态工作的专项巡视工作。始终坚持党建工作与业务工作同部署、同检查、同考核。成立换届工作领导小组和4个工作组,召开全体党员大会,完成两委换届。积极落实《关于进一步提高发展大学生党员质量的意见》,开展专项调研,落实大学生党员发展计划,全年共发展党员75人。以树立基层党建工作品牌意识为切入点,全力投入党建品牌创建工程。

撰稿:王 芃

【教育教学】 遵循"八个相统一",深化思政课教学改革。引入红色故事、新时代英雄故事、楷模故事、优秀毕业生等系列故事,以故事化改革为重点,建设思政政治示范课程,打造思想政治课示范课堂10个。系统化推进课程思政建设,建设天津市课程思政教学研究示范中心,建设课程思政建设标准,组织开展两期全国课程思政集体备课会。积极推动10个建设任务、2个高水平专业群建设。成功申报美容美体艺术新专业。开展幼儿照护、老年照护、家庭保健按摩、体重管理等13个"1+X"职业技能等级证书制度试点建设。以护理专业群为试点,探索学分制教学与管理模式改革。在天津市"海河工匠杯"技能大赛中获一等奖4个、二等奖7个,取得省部级及以上技能比赛获奖共25个。申报医护英语水平考试直属考点,首次开展医护英语水平考试。建成系列优质资源,惠及百所院校万余学生。持续推进在线开放课程建设,建立11个专业及思政课、公共课、医学基础课教学资源库,建设在线开放课程52门,建成教学资源万余个,在智慧职教慕课学院、中国大学慕课高水平课程平台上线课程17门,用户覆盖全国200余所院校,注册学习6万余人。建成具有卫生职业教育特色的"课堂革命"典型案例10个;紧贴卫生健康岗位工作任务,实施项目化教学、案例教学、情景教学、工作过程导向教学、远程"床旁"教学,深化教学模式改革。牵头组建卫生健康行业工作组和46个专业研制组。根据教育部要求,组织召开启动会、调研方案论证会、调研报告论证会,两次专业《简介》《教学标准》内审会。推动卫生职业教育教学质量提升。牵头国家卫生健康委"促进职业院校卫生类有关专业质量提升"项目,组织有关专家到山东、湖北、陕西等地开展调研,指导调研职业院校科学设置卫生类有关专业,进一步提高人才培育质量,促进卫生职业教育更高质量发展。提高校内外实训基地建设水平。全面开展虚拟仿真实训基地建设,开发30个虚拟仿真实训项目。加强实训基地信息化管理,建立一体化示教教学环境。新签约校外实习基地14家。在与天津市泰达医院合作的基础上,与天津市胸科医院、第四中心医院共建"院中校"项目。2021年,新生录取率106.57%,报到率87.38%,共录取791个超过当地本科线考生,口腔医学技术及药品经营与管理2个专业开展高职扩招,100%完成扩招任务。11月17日,全国卫生职业教育教学指导委员会与天津医学高等专科学校共同组织"推进卫生职业教育高质量发展研讨会"。

撰稿:王 芃

【科学研究】 建设职业教育集团产教融合发展研究中心,开展育人方式、办学模式、管理体制、保障机制改革等职业教育发展难点、热点问题专项研究,为教育教学实践提供支撑。2021年度立项教育部"科教融创"专项课题3项,省部级课题9项,局级课题21项,其中1项政策研究被政府采纳,提供政策依据,4项为天津市教育评价改革试点建设项目。建立健全创新创业导师工作室制度,选拔优质项目,带动提高创新创业工作水平。获得市级"互联网"大学生创新创业大赛、大学生文化创业创新创业大赛银奖、铜奖33个。在天津市首届"大学—中学"科普创新大赛中,教师团队获一等奖1个、三等奖2个。完善学校《学术委员会章程》《伦理委员会章程》《科研诚信体系建设实施方案》等管理制度,改选学术委员会委员,规范学术委员会责任、权利与义务,提升学术治理水平。开展医学科研人员诚信与学风专项教育整治活动,核查工作100%全覆盖。

撰稿:王 芃

【社会服务与培训】 开展市基层卫生人员康复、感控人员、大规模核酸采样队伍咽拭子采样等专项培训。承担老年医学人才培训,自主开办7个家医签约服务适宜技术培训项目。建成全科医学临床技能实训基地,组织开展全科医学教育临床技能实训基地师资培训。2021年度,共开办培训与继续教育项目48项,共5189学时,惠及22450人。天津市首批高技能人才培训基地建设项目,于2021年度顺利通过验收,重点开展药学、医学检验技术和医学营养3个专业培训建设。作为市级退役军人就业创业承训机构,通过市退役军人事务局2021年绩效评估。组织完成社区教育展示周暨全民终身学习活动周主题活动,社会培训取得一定突破。实地考察甘肃省乡镇卫生院及其所属的村卫生室,确定重点帮扶内容,指导基层机构做好常态化背景下疾病的疾病临床药物治疗和感染防控工作。承担全科住培基地和质控专家全科组工作。学校被聘为天津市毕业后医学教育质量控制专家组全科组组长单位,对天津市10家住院医师规范化培训全科专业基地开展规范化管理,组织开展督导评价4轮次,督导基地49次。首次承担天津市住院医师规范化培训结业加试考核和专科医师规范化培训考核任务，其中专科医师规范化培训考核为全国首次进行，学校为天津市唯一考点。完成天津市卫生总费用核算工作。连续第十年开展天津市卫生总费用核算工作，核算结果作为衡量天津市卫生事业发展的重要指标登录天津市统计年鉴。核算个人卫生支出占卫生总费用比重，作为健康中国考核指标和天津市高质量发展综合绩效评价指标，为相关政府部门和卫生行政部门绩效评价提供数据依据。12月9日，药学与生物技术学院、医学技术学院、健康管理学院、继续教育学院师生联合组成20余人的健康服务团队前往天津市津南区林城佳苑社区开展"我为群众办实事，健康服务进社区"新时代实践行活动。

撰稿：王　芃

【师资队伍建设】　加强教学创新团队建设，康复专业团队成功立项第二批国家级教学创新团队，立项教育部专项课题；中药、助产团队立项天津市级职业教育教师教学创新团队。1名教师获评国家高层次人才特支计划教学名师。坚持教师优先配置，补充9名专任教师。设立青年人才培养专项，遴选9名优秀青年教师完善梯队建设。完善考核评价机制。加强师德师风建设，制定《学校师德失范行为负面清单》，完善师德考核体系。完成新一轮教学、科研及综合管理机构设置，推进师资治理体系建设。修订职称自主评审方案，形成校级教师、教育管理研究、实验职称评审条件。

撰稿：王　芃

【学生工作】　开展大学生网络思政教育，学工在线微信平台开设《党史学习》《历史上的今天》《美育专栏》等专题；聚焦"道德风尚""勤学苦练"等主题，评选"榜样典型"，获评天津市优秀学生9人，天津市优秀学生干部3人，2个班级获评天津市先进学生集体，获评天津市大学生自强自立年度人物提名奖1人，天津市大学生年度人物提名奖1人。立项天津市高校思政工作精品项目3个。组织召开就业推动工作会2次、专题培训和工作例会17场次，依托学校就业网站系统举办线上招聘会10场次，与天津市其他高职院校联合举办两场"津英就业"医药类毕业生空中双选会。组织开展毕业生就业观主题教育，召开线上线下宣讲会5场，共计2186人次参与。组织34名专职辅导员参加中科院举办的心理咨询师能力培训，组织开展心理健康文化节活动，举办心理委员知识竞赛，2人在天津市心理委员大赛获优秀奖。组织开展"新时代　一带一路实践行"，前往甘肃省武威市、新疆维吾尔自治区和田县、墨玉县等地开展大学生暑期"三下乡"社会实践活动。获评卫生健康委优秀团员5人、优秀团干部2人，五四红旗团支部2个，团委获"卫健委五四红旗团委"称号。在天津市学校美育实践课堂比赛中获二三等奖8个。2人获评"天津市普通高校优秀辅导员"。

撰稿：王　芃

【校园建设】　完成校史馆进行升级改造，系统设计具有卫生职业特色的校园文化，营造具有医学人文特色的校园文化育人氛围。加强网格化管理，建立安全管理体系，划分二级网格73个、三级网格160个，将校园安全工作落实到部门，落实到人；全校教职工签订平安单位三级责任书，层层压实工作责任；加强警校联动，建立驻校民警值班制度；严格宿舍管理，保障学生安全。加强食品安全检查力度和问责力度，设专人对食品安全各流程进行现场检查，开展远程检查；对学生反馈和检查发现的问题严格处理。落实岗位培训，每学期培训食堂从业人员不少于40学时。召开食品安全例会，传达部署近期食品安全要求。规范教工食堂外带问题。全年共完成门窗、灯具等日常维修1.42万项，完成宿舍楼公共卫生间改造、楼顶防水灯等零星基建工程项目30余项。有序开展二次供水、给排水、电力运营、电梯运行、冬季供暖、开水供应、硫化氢治理等工作，为教育教学提供有力保障。夯实数字资源建设基础，做好数字文献保障服务。提升校园网络建设，实现光纤入户，累计铺设光纤31300米，新建户外管路2193米，覆盖25栋楼宇。现已建成在用信息系统、平台共43个，其中教学类系统18个，业务类系统25个，学校信息系统数据总量达4275GB。制定数据标准，实现业务数据的自动采集。形成学校数据资产，为未来数据交换、共享、分析提供原始数据依据，避免形成数据孤岛。数据仓库有数据表48张、数据条目1195766条。

撰稿：王　芃

【国际化建设】　秉持"大外事"格局理念，推进"国际教育学院统筹协调、专业群具体实施"的国际化工作模式，编制国际交流工作制度10项，不断提升学校外事工作水平。推进与英国CCCG共建医学营养课程；推进与爱尔兰斯莱戈理工学院开展药学专业合作办学项目；推进与泰国宣素那他皇家大学共建护理专业实训基地项目；推进与FUU德国萨克森集团合作，联合开展培训项目。持续推进鲁班工坊建设。应对疫情影响，制作双语微课资源300余部，开发双语课件、讲义等教学资源300余项，建成中医技术、中药和保健技术鲁班工坊课程资源平台与远程智慧教室，推进线上培训；编制鲁班工坊中医药大类专业建设标准、案例分析报告，共计约6.8万字，为建设中医药类鲁班工坊院校提供可参考范本。学校5名教师成功考取TESOL，成功申报中国职业技术学会、中华医学会等局级以上课题5项，编写双语教材7部，校院企合作开发软著12项。提质增效推进教育国际化，凝聚合力共促学校新发展。

撰稿：王　芃

【院校共建　产学共育】 2021年4月21日，天津医学高等专科学校与天津市泰达医院举行"院中校"泰达医院护理学院签约揭牌仪式。泰达医院党委副书记、院长张立群、学校党委陈振锋书记、张彦文校长参加签约揭牌仪式。天津医专泰达医院护理学院"院中校"建设是"总—分校"建设模式的升级。校院双方将深入开展"互培共育、互通共用、互利共管"，使卫生职业教育"天津模式"继续在全国同类院校中发挥引领示范作用。学校联合全国高校教师网络培训中心于4月25日合作举办"职业院校教学能力比赛专项培训"。共有来自全国共61所职业院校的300余名职业院校教师和教学管理人员参加培训。

撰稿：王　芃
审稿：杜美婷

天津电子信息职业技术学院

【概况】 天津电子信息职业技术学院坐落在海河教育园，占地49.8万平方米，建筑面积18.17万平方米，固定资产总值108388.83万元，藏书70.97万册。全院有教职员工514人，其中专任教师401人。教授25人、副教授142人，博士16人，硕士287人，"双师型"教师占比85%，在校生11699人。

学院设电子与通信技术系、机电技术系、经济与管理系、计算机与软件技术系、数字艺术系。

学院通过实施"双高计划""创优赋能"等项目，主动融入"一基地三区"建设，紧密对接天津市"1+3+4"产业体系。秉持"融合发展"理念，逐步构建产业学院制度机制，着力打造协同创新共同体。促进校企双元育人，成立天津职业教育信创产教联盟，成立"四中心、两基地"架构的京东商贸流通产业学院，深入推进"津电——鲲鹏产业学院建设"，探索校企深度融合新范式，为信息技术产业提供高素质技术技能人才保障。深入推进"1+X"证书制度试点，完善"1+X"证书试点等3个基地，新建完成"1+X"证书试点等2个基地，完成教师培训30人次。

学院围绕教师教学创新团队建设任务，打造结构化"双师型"教学团队，年内共组织400余人次参加"双高计划"建设、1+X、华为新技术等各类培训，软件技术专业入选第二批国家级职业教育教师教学创新团队立项建设单位名单并开展首轮培训，在中国高等教育协会发布的"2021年全国高职院校教师教学发展指数"中位列天津市第三名。

加强学生思想政治教育，开展"献礼建党百年学生系列活动"启动仪式，组织中华传统文化优秀作品经典诵读等比赛10余项，30支师生团队开展"新时代　实践行"活动，通过励志讲堂、文艺汇演等形式，创新育人载体，拓宽育人渠道。组织学生编排党史学习教育舞台情景剧《江姐》等，创作曲艺节目快板书《奇袭白虎团》、诵读《百年赞歌》，弹唱《映山红》和《少年》等。

聚焦创新创业，学院共获局级以上创新创业类大赛奖项75个，其中国家级5个，市级64个，在第七届中国国际"互联网+"大学生创新创业大赛中，获全国铜奖2个，天津市金奖3个。

推动体美劳教育落实落地，塑造"津电体育"文化，建设并改造学生活动中心和体育设施，学院男女足球队同获天津市大学生足球比赛冠军，强势挺进全国总决赛。将美育和劳育的参与学习和实践情况纳入学生综合素质评价体系，实行学分制管理，持续开展教育大讲堂，打造"锄禾园"等劳动教育基地，"青少年创客实践基地"和"机电百艺劳动工坊"被津南区教育局批准成为天津市津南区劳动教育实践基地。

全力拓展就业创业领域，共组织大型双选会15场，提供岗位23158个，开展专题宣讲会32场，累计参与宣讲会3700余人次，探索搭建高质量就业实习基地，组织走访用人单位150余家。

撰稿：吴　娟

【教育经费收入与支出】 2021年，学院教育经费总收入29152.49万元，比上年增加2398.73万元，增长8.97%。其中财政补助收入20680.64万元，事业收入8122.30万元，其他收入349.55万元。全年教育经费总支出29484.11万元,比上年增加4596.18万元,增长18.47%。其中人员经费支出18529.70万元(包含工资福利支出15016.84万元,对个人和家庭的补助3512.86万元);公用经费支出10954.41万元(包含商品和服务支出5039.47万元,资本性支出5914.94万元)。

撰稿:吴 娟

【教育教学】 2021年,学院严格落实市教育两委及疫情防控的相关要求,周密安排,统筹推进,全面做好教学安排、教学管理、教学监控以及相关教学指导工作。合理制订可操作性强的教学方案,确保线上线下有效衔接,整体教学运行平稳有序。学院高度重视教材建设与管理工作。按照天津市教育两委的统一要求,完成专项重点工作五项,建立健全教材工作机制,全面规范工作流程,成立教材管理委员会和教材选用委员会,进一步明确教材工作的管理机构与职责权限。教材选用坚持"凡选必审",教材建设坚持"凡编必审"。持续推进专业建设,进一步明确不同专业的人才培养目标,按要求开足开齐劳动教育、美育教育等公共基础课,并进一步将"1+X"证书培训内容及要求有机融入专业人才培养方案,合理搭建课程结构框架,培养学生德智体美劳全面发展,提升人才培养方案的可操作性。按照学院专业发展规划,组织新增专业申报备案工作,加强对各申报专业的可行性分析,既考虑岗位需求、专业前景、师资队伍、实训环境,还要考虑招生就业状况以及区域竞争潜力。

撰稿:吴 娟

【科研和社会服务】 2021年度,学院共立项技术开发和技术服务类横向课题11项,立项局级及以上课题16项,其中包括:天津市教委调研课题、教委天津市职业学校"十四五"教育教学改革研究项目、天津市鲁班工坊研推中心课题、天津市教育科学规划课题、天津市教委及教工委组织的思政工作专项课题、天津市高等职业技术教育研究会课题、天津市大中小学"课程思政"研究专项课题等。立项双高专业群建设院级调研课题15项。全方位落实国家战略,扎实推进俄罗斯鲁班工坊建设项目,与莫斯科国立通讯与信息技术大学签署设备捐赠协议并开展在线师资培训。大力服务雄安新区建设,初步建成学院雄安新区培训基地。拓展社会服务范围和功能,积极开展大中小幼思政一体化共建活动,签署"双减"课后服务共建协议,组织师生开展服务活动;完成"百万扩招"管理服务工作;积极承接"海河工匠"培训、全国计算机等级考试等多个项目,提升国际化办学水平,全球首家授权国际培训中心落户学院,对打造国际化技术技能人才培养高地和技术技能创新服务平台具有重大意义。

撰稿:吴 娟

【举办论坛和讲堂】 5月24日,学院举行"大数据及人工智能技术赋能下的电子商务行业发展趋势"论坛暨"京东商贸流通产业学院""战略管理大师工作室"启动仪式。京东集团副总裁、零售公共事务部负责人冯全普,北大纵横管理咨询集团高级副总裁宝山,天津卓众达科技有限公司总经理周靖涪,京东教育研究院执行院长、京东教育部总经理庞青,北大纵横行业中心总经理陈鹏,中组部"一带一路"专家咨询团成员、教育部电商教指委数字资源专家组组长汤兵勇等嘉宾出席活动。学院与京东朝禾教育科技有限公司、天津卓众达科技有限公司三方共同签署了"战略合作协议"。京东集团副总裁冯全普、电子信息学院院长张丹阳为"京东商贸流通产业学院"揭牌。学院聘请北大纵横管理咨询集团高级副总裁、中国社会科学院研究生院特聘教授宝山作为学院"战略管理大师工作室"负责人及特聘教授,指导学院相关专业群建设,培育高水平专业师资,合作开展对外技术服务,提升相关专业教育教学质量。

5月26日,天津职业教育信创产教联盟成立大会暨五业联动大讲堂在学院举行。天津市津南区、天津市教委领导出席大会,中国工程院资深院士沈昌祥为大会致视频贺词。出席大会的有华为、长城、麒麟、飞腾等信创行业领军企业、行业协会、职业院校近百家单位代表200余人。大会举行天津职业教育信创产教联盟成立仪式。作为联盟成员代表,学院与长城公司、麒麟公司三方代表共同签署战略合作协议。

撰稿:吴 娟

【国赛成绩】 5月至6月,由教育部、工业和信息化部、人力资源和社会保障部等多部委共同主办的2021年全国职业院校技能大赛在山东等地陆续举行。学院代表天津市共派出11名选手参加6个赛项比赛,共获二等奖1项、三等奖3项。

撰稿:吴 娟
审稿:张丹阳

天津交通职业学院

【概况】 天津交通职业学院坐落于天津市西青区西青道269号,占地53.51万平方米,建筑面积21.49万平方米,在校生10338人。教职工520人,专任教师325人其中高级职称112人。学院设有六个教学分院,三个教学部。

2021年,学院坚持以习近平新时代中国特色社会主义思想为指导,深入贯彻党的十九大和十九届历次全会精神,加强党对学校工作的全面领导,完成高职招生3512人,联合培养本科专业招生100人,毕业生就业率92.5%,各级各类社会培训、职业技能鉴定、"1+X"证书培训25000余人次。纵深推进党史学习教育,组建校内宣讲团,打造"移动党史课堂",建设数字党史馆,举办"庆祝建党100周年文艺展演"活动,扎实开展"我为群众办实事"实践活动。如期完成"双高计划"2019—2020年度项目自查及绩效评价工作。积极落实《关于深化新时代教育督导体制机制改革的意见》《深化新时代教育评价改革总体方案》,完成96项制度文件梳理、修订、完善及试点项目申报,获批重点项目1项,一般项目3项,其他项目2项;培育、推荐新能源汽车技术等5支教学团队参与省级教学创新团队评审,新能源汽车技术专业与电子商务专业教学团队获评天津市级教学团队;获评第五届全国交通运输类专业教师信息化教学能力大赛信息化教学创新典范奖和最佳组织奖,获得2021国际大学生建筑设计与数字建模竞赛团队优秀奖和优秀组织单位等多项荣誉;"十三五"职业教育国家规划教材《仓储作业管理》获得全国首届教材奖二等奖,《新编道路交通运输法规(第2版)》获评天津市高校课程思政优秀教材,6名教师成为天津市教材委员会专家库专家委员;按期完成数字校园实验校建设任务,顺利通过专家组验收,获批全国职业院校数字校园建设样板校。承办第二届"海河工匠杯"职业技能大赛车身维修、汽车维修2个赛项,"2021'一带一路'暨金砖国家技能发展与技术创新大赛城市轨道交通服务员技能赛项"天津赛区选拔赛。创新创业大赛成绩实现新的突破,"金凤凰"—支撑中国轨道交通发展的脊梁项目获2021第七届中国国际"互联网+"大学生创新创业大赛天津市一等奖,全国铜奖。Hei car V2X智能车机系统项目获2021天津市第五届黄炎培职业教育创新创业大赛高职组二等奖。

2021年,共评出国家奖学金、天津市人民政府奖学金25人;天津市优秀学生、优秀学生干部17人,天津市优秀集体2个;国家励志奖学金获得者夏涛等349名同学;5个"新时代·实践行"主题实践活动项目获得市级先进集体称号,5名学生获活动市级优秀个人称号;2020届毕业生郭春绪同学获2021年"全国优秀共青团员"称号;2018级经济管理学院霍少康同学获得"两红两优"天津市优秀共青团员称号;汽车工程学院2019级新能源汽车技术4班团支部获全国活力团支部称号;学院团委等10个团组织获2021年度先进共青团组织称号;18人获集团优秀共青团干部称号;43人获集团优秀共青团员称号;7人获青年岗位能手称号;4人获集团优秀青工称号。

撰稿:胡月梅

【教育经费收入与支出】 2021年,学院教育经费总收入23906.32万元,比上年减少1219.38万元,下降4.85%。其中财政补助收入16711.22万元;事业收入6184.29万元,其他收入1010.81万元。全年教育经费总支出24206.63万元,比上年减少635.21万元,下降2.56%。其中工资福利支出14670.38万元;商品服务支出4721.15万元;对个人和家庭补助支出2029.75万元;其他资本性支出2785.35万元。

撰稿:胡月梅

【党史学习教育】 学院党委深入学习贯彻习近平总书记重要讲话精神,多措并举扎实开展党史学习教育。强化组织领导,成立党史学习教育领导小组,印发实施方案,制定工作细则,丰富学习形式,拓展活动载体。党员干部重点围绕4本必读书目,组织开展网络培训、集中学习、交流研讨、阅读分享活动,累计参与师生达13000余人次;组建校内宣讲团,开发《不忘初心,牢记使命——中国共产党百年历程》等15个主题宣讲课程,以线下"思政大讲堂"形式在校内广泛宣讲;特邀市委宣讲团专家到校专题宣讲2场;打造"移动党史课堂",面向集团企业、中北镇驻区企业开展党史学习教育累计达53场,受众群体达2万余人;建设《荣耀百年 初心传承》数字党史馆,组织全院师生在线参观学习;举办"庆祝建党100周年文艺展演",增强广大师生听党话、感党恩、跟党走的信心和决心;累计开展"我为群众办实事"活动25件,并把毕业生就业安置和教师思想政治教育作为"我为群众办实事"活动的生动实践,实现毕业生就业率92.5%;面向全院教师开展思想政治教育活动,建设市级"党史专题课程精品课"1门、

"天津市级课程思政示范课"4门,获全国"教学之星"一等奖1项。

撰稿:胡月梅

【防疫常态管理】 落实入校双码查验、体温检测、佩戴口罩及通讯大数据行程卡;严格执行体温监测"日报告"制度,组建党员突击队,对相对密集场所,开展全天候疏导;严格楼宇管理,实行扫码进入,校门口临时观察点和校内隔离点始终保持热备状态。全年累计完成防疫方案完善及制度修订50余项,上报各类摸排、信息统计200余条;迎接上级疫情防控明察暗访60余次;组织召开防疫工作会议30余次;完成疫情防控知识培训12次;启动24小时发热学生应急处置,共完成102名学生发热处置,排查解除10名次密接接触者;完成41种防疫物资的采购;组织4500余人核酸筛查及11000余人疫苗接种工作。积极推进师生下沉社区开展志愿服务,累计300余人,57名党员志愿者到津南服务,得到市委、国资党委、交通集团党委的高度评价。

撰稿:胡月梅

【国家级重点项目建设】 学院如期完成"双高计划"2019—2020年度项目自查及绩效评价工作,年度绩效指标完成率133.33%,资金使用率100.27%,获国家级以上标志性成果21项。成功申报职业教育示范性虚拟仿真实训基地。根据教育部职成司《关于开展职业教育示范性虚拟仿真实训基地建设工作的通知》,学院在全面做好城轨、路桥、新能源汽车、物流、工程机械、智能交控等专业对接虚拟仿真实训教学基础与建设项目的必要性分析的基础上,遴选9个子项目,同步完成城市智能交通虚拟仿真实训基地建设方案的撰写与可行性分析,获评国家职业教育虚拟仿真实训基地培育项目。学院以服务天津市"一基地三区"城市功能定位,紧密衔接服务"1+3+4"产业布局,牢固树立新发展理念,以立德树人为根本,以产教融合为主线,以服务智能科技、新能源、装备制造、汽车工业等产业发展为宗旨,集合4个国家级优质骨干专业、7个天津市骨干专业优质资源,完成教育部"提质培优计划"承接任务备案工作。共承接36项建设任务,164个任务点。完成该项目2021年绩效采集暨绩效平台填报、绩效报告和典型案例的上报工作,已投入资金1075.94万元。组织开展为期5个月10轮的项目设计、规划与方案撰写工作,经3轮专家论证,完成《创优赋能建设项目(2021—2025年)总体建设规划方案》《2021年创优赋能建设项目申报书》《2021年度创优赋能建设项目建设方案》《2021年创优赋能建设项目任务书》等材料,经答辩,学院获批天津市级高水平学校及2个省级高水平专业群。

撰稿:胡月梅

【校企合作 产教融合】 学院先后与中国汽车研究中心、特变电工、天津欢乐谷、一汽大众天津分公司、中交建、天孚物业等企业签署校企合作战略协议,与广西柳工机械、江苏康众汽配(天猫养车)、理想汽车、福田欧辉客车(北奔子公司)、福田欧曼戴姆勒重卡等企业达成战略合作共识,为学生顶岗实习选择的"广"和"质"提供保障,全部完成2019级学生的实习安置工作。学院积极响应《国务院办公厅关于深化产教融合的若干意见》《现代产业学院建设指南(试行)》等文件要求,与企业共同探索创新合作模式。在保持和深入与京东、法拉达、保时捷、一汽大众、中交一航局、广汇集团等企业合作的基础上,与神州高铁集团、中车集团、百世物流集团分别合作创建产业学院。与特变电工、北京环球影城、顺丰分别在订单培养和现代学徒制上取得新突破。学院第九批援疆干部赵宏获"全国脱贫攻坚先进个人""天津市优秀共产党员"称号,受到习近平总书记接见,学院获天津市民族团结称号。教师刘咏涛结束第十批第一轮援建新疆和田职业技术学院工作,学院派出汽车专业教师孔旭红持续落实援建新疆和田职业技术学院的任务。学院作为天津交通职业教育集团牵头单位,组织京津冀沪宁晋川交通职业教育集团召开联盟秘书处工作会议;组织开展京津冀沪宁晋川交通职业教育集团主席团会议和物流国际化论坛;相继开展联盟首届思想政治理论课青年教师课程展示活动、联盟院校"传承红色基因 不忘建党初心"云端·接力活动、"传承红色基因 励志青春报国"主题联盟优秀学生校际交流活动,天津交通职业教育集团获批教育部第二批示范性职业教育集团(联盟)称号。2021年度内,学院加入"津雄职业教育发展联盟",成为理事会单位,积极拓展与其他联盟院校、企业在信息、人才、技术、资本、等优质资源的共建共享,积极为雄安新区职教发展贡献力量。

撰稿:胡月梅

【社会服务】 学院持续扩大社会培训规模,有序推进1+X证书制度试点建设,积极与行业以及区域经济内龙头企业筹建校企联合示范性职工培训基地。不断加强培训资源要素建设,在筹建示范性继续教育基地的基础上,依托职继衔接网络平台,尝试开发优质继续教育网络课程,不断丰富职业教育服务模式。年职业培训达到25000人次,"1+X证书"制度试点工作有序推进,共有17个职业工种的800余名学生参加培训测试,取证率70%。学院累计承接社会考试共计25089人次,创历史新高。相继承接交通运输部公路水运工程试验检测专业技术人员职业资格考试,共计3277人参试,累积6099科次;承办第二届"海河工匠杯"职业技能大赛车身维修、汽车维修2个赛项;承办"2021'一带一路'暨'金砖国家'技能发展与技术创新大赛城市轨道交通服务员技能赛项"天津赛区选拔赛,学院代表队获优异成绩。学院获批全国技能大赛智慧物流作业方案设计与实施赛项,赛事于2021年6月16—19日举行,学院获大赛一等奖。学院组织召开大赛筹备协调会10余次,获得企业定向捐赠资金60万元,捐赠设备、软件等价值40万元。

撰稿:胡月梅

【资助育人】 学院通过"奖助勤贷减免+思源"的立体式服务型学生资助体系,2021年,完成学生家庭经济困难认定工作学生共计2187人,占全院21.3%;为849名学生办理生源地助学贷款,获学费583.73万元;为82名学生办理低保减免,减免金额21.625万元;完成468名学生生源地退费,共计112.33万元;完成学生社保缴纳及缴费工作;完成12名学生国家奖学金、13名学生天津市人民政府奖学金、349名学生国家励志奖学金、1986名学生国家助学金、200名学院奖学金的评选、表彰等工作,共计获奖助学金学生2560名,共计859.88万元;暑假洪灾期间,专项资助学生4人,资助金额8000元。

撰稿:胡月梅

【平安校园建设】 落实安全主体责任。学院逐级签订安全生产责任书和消防安全责任书,各条线主管领导与安委会主任签订安全生产责任书16份,签订消防安全责任书16份,签订社会治安综合治理责任书2份;各主管领导与分管部门签订安全生产责任书66份,签订消防安全责任书102份;各部门领导与教职工签订安全生产责任书1488份,签订消防安全责任书1488份,确保安全责任层层落实。完善安全管理体系。学院组织专家及安保干部赴有关院校

开展工作调研,编制审核修改学院安全管理制度,形成学院安全管理体系制度汇编,共计43项制度,通过了专家组评审。按照新《安全生产法》建立全员岗位安全生产责任制要求,各部门依照学院安全生产责任制和部门职能职责,对本部门安全生产责任的内容细化到岗位和个人。强化隐患排查治理。全力防范化解重大安全风险,共开展安全检查213次,出动392人次,检查整改隐患239项。开展安全培训教育。2021年度,学院组织开展重点人群安全培训、新《安全生产法》宣贯活动、防范电信网络诈骗宣教活动、国家安全教育日宣教活动、防灾减灾日宣教活动、安全生产月宣教活动、非法集资宣传月宣教活动、消防宣传月宣教活动、交通安全宣传教育活动、反恐宣传教育活动,进一步增强广大师生的安全防范意识,提升防范能力。

撰稿:胡月梅
审稿:苏 敬

天津轻工职业技术学院

【概况】 天津轻工职业技术学院隶属天津渤海轻工投资集团有限公司,是独立设置的全日制高职院校。坐落在天津市海河教育园区,学院占地57.73万平方米,建筑面积19.04万平方米,建有机械工程、电子信息与自动化、经济管理、艺术工程4个二级学院,拥有模具设计与制造、光伏工程技术、大数据技术、大数据与会计、艺术创意设计、数字传播、智能控制7大专业群,开设32个高职专业,2个联合培养技能本科专业。在岗教职工总数475人,专任教师332人,高职在校生10000余人。学院有模具设计与制造、光伏工程技术2个中国特色高水平专业群、大数据技术天津市市级高水平专业群。打造了电子商务国内品牌专业,计算机网络技术、服装设计与工艺、智能制造装备技术、环境艺术设计、市场营销5个国内领先的优质骨干专业;有工业机器人技术、文物修复与保护等特色专业,模具设计与制造专业为全国职业院校装备制造类示范专业。学院有国家级光伏发电技术与应用专业教师教学创新团队1个、全国高校黄大年式教师团队1个,天津市职业院校教师教学创新团队3个,建有国家级技能大师工作室2个。

学院秉承"修德育能,日见其功"的校训,把立德树人作为根本任务,发挥"三级贯通"校企合作办学体制机制优势,产教协同培养"德技并修+工匠精神"的

时代新人。通过校企共建技能人才储备中心、技术与产品推广中心、协同创新中心、员工培训中心,在专业规划中融入行业龙头企业发展战略需求的"四中心一融入"模式,赢得行业龙头企业的支持,形成校企协同育人的良好格局。学院积极服务京津冀发展战略,牵头组建了京津冀模具现代职教集团、京津冀新能源现代职教集团和全国新能源类专业共建共享联盟,是国家第二批示范性职业教育集团(联盟)培育单位。学院与瑞士GF集团、德国卡尔蔡司、西班牙歌美飒、三菱电梯、中国英利等11家世界知名或行业龙头企业共建校内实训中心11个,拥有校外实习基地184个,校企共建国内高职院校首个精密模具智能制造生产线并成立协同创新中心,是教育部批准工业机器人领域职业教育合作项目建设单位和现代学徒制试点项目建设单位。学院牵头瑞士GF集团等5家企业共同申报的"中国轻工业精密模具工程技术研究中心"获批认定,成为首家落户中国高职院校的"国字号"工程技术研究中心。学院积极开展国际交流合作,响应"一带一路"倡议和国际产能合作要求,助力天津全国先进制造研发基地建设,对标国际先进职业教育理念和先进技术技能水平,高质量培养复合型技术技能人才。学院联合兄弟院校支持中国企业和产品"走出去",积极推进印度鲁班工坊和埃及鲁班工坊建设,入选全国鲁班工坊建设联盟副理事长单位。

学院为国家"中国特色高水平高职学校和专业建设计划"首批建设单位、国家级优秀示范性骨干高职院校、优质专科高等职业院校、天津市"世界先进水平高职院校"建设项目单位、天津市职业教育先进单位、全国"第六届黄炎培职业教育奖"优秀学院奖获奖单位、全国职业院校就业竞争力示范校、全国优秀成人继续教育院校、全国职业院校精准扶贫协作联盟脱贫攻坚先进集体。学院重点专业建设优势明显,是中国模具工业协会职业教育委员会主任委员单位、全国轻工职业教育教学指导委员会副主任委员单位、天津市模具工业协会副理事长单位,天津市新能源协会常务理事单位。学院跻身全国高职院校服务贡献50强和全国高职院校教师发展指数优秀院校单位。

学院与天津交通职业学院、艾因夏姆斯大学、埃及泰达特区开发公司携手共建全市首个鲁班工坊培训就业基地——埃及鲁班工坊培训就业基地,并举行了揭牌仪式,共同培养服务埃及当地经济发展的应用型技术技能人才。学院受市教育两委委托成立全国首个"非洲职业教育研究中心"。

撰稿:丁 舟

【教育经费收入与支出】 2021年,学院教育经费总收入24450.45万元,比上年增加3841.48万元,增长18.64%。其中财政拨款17243.61万元,其他上级部门拨入专款304.28万元,学院自筹经费6336万元,其他收入566.56万元。全年教育经费总支出27725.32万元,比上年增加3811.41万元,增长15.94%。其中工资福利支出13553.96万元,对个人和家庭的补助支出1482.66万元,商品和服务支出6696.15万元,其他资本性支出5992.55万元。

撰稿:任文颖

【教育教学】 学院服务国家战略和天津市产业发展需求,按照"国家特色——市级重点——校级提升"的路径规划七大专业群,成功申报"人工智能技术应用""商务数据分析与应用"2个新专业,继续开展三二分段、联合培养本科和"百万扩招"人才培养,完成9个本科层次职业教育专业建设规划。立项国家级职业教育示范性虚拟仿真实训基地培育项目。光伏工程技术专业获批"全国高校黄大年式教师团队",3个团队获批天津市职业院校教师教学创新团队,在天津市教师教学能力大赛中获二等奖3项、三等奖1项。3本教材入选"十三五"职业教育国家规划教材。开发4个天津市国际化专业标准。开展15个1+X职业技能等级证书试点,在14个专业开展现代学徒制,在模具、光伏专业开展工程创新人才培养。5个课题入选天津市职业学校"十四五"教育教学改革研究项目。完成60门院级课程思政示范课程建设,发布《天津轻工职业技术学院优秀课程思政案例选集》,4门课程获批2021年天津市高校课程思政示范课程、教学名师和团队称号。获批天津市高职院校课程思政教学研究示范中心培育项目;2门课程获批全国轻工职业教育教学指导委员会2021年课程思政示范课程。作为海教园劳动教育联盟成员单位,获批津南区中小学劳动教育实践基地;分别与南开学校、咸水沽第四中学建立劳动和美育教育实践基地。承办"海河工匠杯"技能大赛和天津市职业院校技能大赛,学生在各级各类比赛中获奖184人次。

撰稿:王宝龙

【科研与社会服务】 学院获专利授权27项,受理通知书57项(含发明专利公开6项)。学院28名教师获批2021年度天津市企业科技特派员,教师下企业实践行40余人次。中国轻工业精密模具工程技术研究中心为天津海鸥表业集团有限公司开发的手表机芯零件高速级进模具,为企业创造产值1200万元,开发的35套高精度级进模具,实现40%自动化冲压率。立项20余类上级部门下发的纵向课题80余项,立项横向技术服务项目15项,实现技术服务到款额462.4万元,为企业产生经济效益1894万元。联合主办2021中国—新西兰高等职业教育峰会,承办2021中国—印度职业教育合作研讨会。2021年学院坚持学历教育和培训并举,根据社会、企业的需要,积极开展多层次、多形式的培训,例如上海三菱电梯有限公司员工技能提升培训,总培训人数共计1660人日;举办"上海三菱—天津轻工"电梯技能大赛,6项赛项59人参赛;精准化推出"农村电商直播""互联网+乡村民宿"等一系列与区域农业产业转型升级相匹配的培训课程,培训农民2000人次;职业院校教师素质提高计划培训项目(高职)培训为期21天,培训人数共计420人日;海河工匠培训人数总计5180人日;2021年学院公益性培训服务120298人日,公益性培训课时共计30000余学时,学院的社会影响力显著提升。

撰稿:王春媚　马俊红

【办学成果】 学院成功申报"2021年天津市高技能人才培训基地"项目,获批"先进制造与新能源技术专业群职业教育示范性虚拟仿真实训基地"培育项目。积极探索校企合作新模式,学院与三峡电能(天津)有限公司签署合作协议,成为首批"零碳校园"建设单位。学院被教育部国际交流司认定为首批瑞士GF智能制造创新实践基地培育建设单位、教学资源开发中心和认证培训中心,是一次性获得3项认定的全国唯一高职院校。创新探索综合实践教学,学院在"'一带一路'暨'金砖国家'技能发展与技术创新大赛—新型碳中和能源管控技术及应用大赛"分别获得一等奖和三等奖。

撰稿:丁　冉
审稿:褚建伟

天津现代职业技术学院

【概况】 学院坐落于天津海河教育园区雅观路3号,占地53.33万平方米,绿化率51%,固定资产11.67亿元,图书67.32万册,校舍建筑面积17.48万平方米,14栋学生公寓,建有大型体育场和文体中心,可充分满足学生的学习和生活。学校设有8个二级学院,1个教学部,22个行政处室,在校生规模12062人,留学生39名。学院教职工共491人,正高级13人、副高106人,省市级教学名师3人,双师型教师253人,外籍教师1名。招生第一志愿录取率100%,毕业生平均就业率98%以上。

学校共设置有37个专业,其中国内领先特色专业7个,中央财政支持建设的中国特色高水平专业群1个,中央财政支持重点建设专业8个,天津市特色高水平专业群2个,天津市级教学改革试点专业3个,天津市重点建设专业10个,院级特色建设专业4个。拥有校内实训基地46个,校外实训基地208个。

2021年,学院完成天津市创优赋能项目(2021—2025年)申报工作,入选天津市"十四五"高水平高职院校建设单位,无人机应用技术和药品生产技术2个专业入选天津市高水平专业群建设项目。学院累计申报并承担教育部提质培优计划任务28项,全部启动并完成年度建设。

持续推进师资队伍建设,1支教学团队入选国家级职业教育教师教学创新团队,2支教学团队入选天津市级职业教育教师教学创新团队;学院"春雨教学组"获"全国巾帼文明岗"称号,1名教师获国务院政府特殊津贴专家称号。21人参加并通过国家职业教育师资培训计划。

持续提升教育教学综合条件,新增教学和科研仪器设备累计1119.65万元,新建教育部"1+X"证书试点考核站点9个,获批天津市退役士兵事务局天津市退役军人就业创业承训机构。承办第五届世界智能大会第三届国际智能体育大会电竞项目,承办2021年第二届"海河工匠杯"技能大赛"商务软件解决方案"和"无人机装配、维修与应用技术"2个赛项;承办2021年全国职业院校技能大赛选拔赛机器视觉系统应用赛项。

持续推进校企深度合作,学院获批天津市动力与电气人才创新创业联盟和无人机与新材料人才创新创业联盟单位,联合企业建设产业学院4个。不断优化内部治理,完成中共天津市一轻集团有限公司党校和天津田怡商贸有限公司的注销工作。学院图书馆"书香现代读书月"系列活动获评天津市"优秀阅读品牌"。

学院人才培养质量不断提升,学院组织130余名师生参加2021年全国职业院校技能大赛、第二届"海河工匠杯"职业技能大赛等5类比赛,累计获得行业大赛金奖1项,国家级二等奖1项、三等奖2项;市级一等奖12项,二等奖27项和三等奖14项。

撰稿:元绍菊

【教育经费收入与支出】 2021年,学院教育经费总收入23869.79万元,比上年增加637.13万元,增长2.74%。其中财政拨款收入16832万元,事业收入6500万元,其他收入537.79万元。全年教育经费总支出25952.12万元,比上年增加2339.99万元,增长9.91%。其中基本支出为20973.95万元,项目支出4978.17万元。

撰稿:于桂平

【教育教学】 贯彻落实立德树人根本任务,全面深化学院"三教"改革。制定《天津现代职业技术学院课堂革命实施办法》《天津现代职业技术学院课程思政教学改革实施办法》等一系列制度,全面推进以学习成果为导向的"课堂革命",选树37个体现人才培养过程的"教、学、做"合一和"产、学、研"全面融合的"课堂革命"典型案例,重点培育4门"课堂革命"示范课程;重点培育10门课程思政示范课程,其中4门课程被市教委认定为天津市高职院校课程思政示范课程,2门课程被市教委认定为天津市大中小学"党史专题课程思政精品课",学院课程思政教学研究中心被市教委认定为天津市高职院校课程思政教学研究示范中心培育项目;打造"三级"高水平结构化的教师教学创新团队,重点建设国家级教师教学创新团队2个,天津市级教师教学创新团队2个,校级教师教学创新团队8个。对接天津市"1+3+4"产业体系,坚持"优势专业群树品牌,骨干专业群创特色"的原则,着力打造校级、市级、国家级"三级"特色高水平专业群,促进专业群建设同产业行业的协同对接,形成重点突出、特色鲜明、结构合理的专业群格局。重点建设1个国家级特色高水平专业群,2个市级特色高水平专业群和5个校级特色高水平专业群。积极探索集课程建设、教材编写、配套资源开发、信息技术应用统筹推进的活页式、工作手册式新型立体化教材的开发,使教材、课堂教学、课程数字化资源以及网络教学空间融为一体。立项建设5种与校级精品在线课程配套的且与行业企业生产紧密结合的校企双元开发的活页式、工作手册式新型立体化教材。学院有4本教材被市教委推荐参加国家"十四五"规划教材评审。

撰稿:金洪勇

【科研和社会服务】 学院获2021年天津市科学技术进步奖一等奖1项、天津市食品学会天津市食品科技创新成果奖(科技进步类)二等奖2项,学院1名教师获国务院政府特殊津贴专家称号。2021年学院授权发明专利2件,授权实用新型专利35件,授权外观专利16件,审中发明专利10件。参与国家自然基金项目《融合His—tag的有机磷降解酶的高效表达及一步分离固定化研究》(2019—2022),主持2021年天津市科技计划项目《基于核酸印迹技术快速检测致病微生物的关键技术研究》、2021年天津市科技计划项目《混合菌种发酵虾饲料的工艺优化》、2021年天津市科技计划项目《普鲁兰多糖生产关键技术开发及在食品保鲜中的应用》。完成天津市科技计划项目《植物甾醇酯制备工艺研究及在降胆固醇食品中的应用》。学院联合天津理工大学成立天津市绿色转化与废弃物资源化省部级工程研究中心;联合高校及科研院所建立了由顶尖专家带队、科研骨干教师为主、专业学生辅助的高水平、结构化教师科研团队。相继成立新药创制团队、食品技术开发团队、环境工程技术团队以及理化分析技术团队。在此基础上,团队联合相关行业领军企业建立了现代—天士力新药创制中心、京津冀食品行业产教联盟技术开发中心、现代—建昌污水处理技术工程中心、现代—天大绿色转化与清洁生产技术工程中心以及与现代—SGS理化分析中心5个校企联合实验室及工程中心。2021年度成功申报天津市优秀企业科技特派员2名。逐月向天津市教委汇报京津冀工作进展,推进京津冀食品行业产教联盟工作。

撰稿:刘 鹏

【国家级职业教育无人机应用专业教师教学创新团队】 2021年,学院无人机应用技术专业教学团队先后被天津市教委和教育部评为天津市级和国家级职业教育教学创新团队,团队按照教育部要求完善了团队建设方案并精心落实。立项教育部国家级创新团队课题——无人机应用技术专业(群)基于现代学徒制的人才培养方案设计与实践研究,并获专项资金支持。团队积极推进三全育人工作落地,1门课程入选天津市大中小学党史专题课程思政精品课,指导学生在天津市教委组织的"青年红色筑梦之旅"活动中获先进集体标兵和先进集体各1项,获评优秀指导教师2人;团队入选天津市教委党史学习教育实践重点支持团队名单。团队成员积极提升自身综合素质,14人获技师或高级技师职业资格。团队开发的课程作品在天津市2021年教师教学能力比赛中获二等奖1项。团队教师指导学生在全国职业院校技能大赛中获二等奖1项,在天津市职业院校技能大赛中获一等奖4项,二等奖11项,三等奖4项。指导学生在"互联网+"大学生创新创业比赛中获得天津市金奖2项、铜奖1项,获中华职教社创新创业大赛天津市二等奖1项。在2021年天津市海河工匠杯技能大赛三个赛项获6个一等奖。"无人机全产业链虚拟仿真实训基地项目"申报并成功立项成为国家级和天津市级示范性虚拟仿真实训基地培育项目;团队牵头申报并批复成为天津市人社局全国新职业技能大赛无人机装调检修工培训基地。团队申报并入选教育部中外人文交流中心德国项目试点。团队先后承接天津市退役士兵事务局退役士兵培训专项工作,和平区军地两用人才培训专项工作,惠及退役及现役士兵200余人。

撰稿:岳　鹍
审稿:王　立

天津渤海职业技术学院

【概况】 天津渤海职业技术学院坐落于天津市北辰区西堤头,占地44.73万平方米,校舍建筑总面积31万平方米。学院享有"化工企业人才'黄埔军校'"的美誉。

学院被教育部确立为中国特色高水平高职学校和专业建设计划建设单位。天津市世界先进水平高职院校项目建设单位,中国石油和化学工业院校文化建设示范单位,国家级优质专科高等职业院校,拥有国家教育教学成果一等奖1个。是首批天津市高职示范校。

学院通过深度对接产业链,发挥产学研优势,构建了现代职业教育集团化办学体系。设有7个二级学院和3个教学部,在校生11000余人,有校企联合本科专业1个,高职专业45个,年平均就业率达到95%。其中中央财政支持特色专业2个、国际化专业4个、国家级和市级教改示范专业各1个。学院有5个骨干专业,其中1个协同创新中心入选《高等职业教育创新发展行动计划(2015—2018)》项目,通过国家级认证。

学院拥有国务院政府特殊津贴专家1人,教授22人,正高级工程师3人,聘请美国、法国等国外高校知名专家为客座教授;有博士6人,硕士231人,高级以上职称211人;省部级教学名师6人,省部级优秀教学团队5个。

学院建有全国同类院校一流、天津市高职院校规模最大的石化和化工仪表实训基地。与行业企业共建校外实训基地156个。其中3个实训基地为中央财政支持的职业教育实训基地建设项目。学院系首批全国石油与化工行业职业教育与培训示范性实训基地,年均培训达2万人次。

撰稿:高玉昱

【教育经费收入与支出】 2021年,学院教育经费总收入22480.9万元,比上年增加1372.32万元,增长6.5%。其中财政拨款收入15836.3万元(基本经费12740.8万元,项目经费3095.5万元),行政事业性收入5873.1万元,经营收入136.8万元,自筹收入和其他等各项收费634.7万元。全年教育经费总支出23772.18万元,比上年增加4110.04万元,增长20.90%。其中公用经费支出8957.25万元(商品服务支出5952.59万元,其他资本性支出3004.66万元),人员经费14814.93万元。

撰稿:高玉昱

【教育教学】 学院获评天津市职业教育创优赋能建设项目高水平高职院校建设单位,"食品质量与安全专业群"获评高水平专业群。1名学生获中华人民共和国第一届职业技能大赛"水处理技术"赛项个人第五名、获全国技术能手称号。《传承百年化工文化,逐梦职教强国之路》入选"百年辉煌"思政品牌课程视频和课程案例。学院工程制图与CDA等4门课程获评天津市高校课程思政示范课;郑勇峰等4名老师获评天津市高校课程思政教学名师;4个团队获评课程思政教学团队。学院《模拟电子技术》课程获评天津市大中小学"党史专题课程思政精品课"。学院课程思政研究中心入选天津市高职院校课程思政教学研究示范中心培育项目。实体化运行的示范职教集团已经入选第一批国家级培育项目;学校项目入选全国示范性虚拟仿真实训基地培育项目。完成"十三五"天津市高等职业教育教学改革研究项目结题1项,国际化专业教学标准开发6项。立项并结题天津市职业教育国际化专业教学标准开发项目6项。完成天津市职业学校"十四五"教育教学改革研究项目4个项目立项。双高专业"环境工程技术""安全技术与管理"获评天津市第二批职业教育教师教学创新团队。1人获评2021年全国石油和化工教育青年教学名师、1人获评优秀教学管理人员、"环境工程技术"团队获评优秀教学团队。教师参加2020年第十二届全国石油和化工行业职业技能竞赛化学检验员赛项,获团体二等奖,1名教师获"全国石油和化工行业技术能手"称号。

撰稿:高玉昱

【科研与社会服务】 2021年,学院先后委派11名教师以市级科技特派员身份服务企业,与企业签订校企合作横向课题3项。立足教育科学研究,以高质量的科研支撑高质量的教学。2021年,获天津市教委"科研育人"优秀案例;获批天津市教育科学"十四五"规划重点课题1项,获经费资助1.5万元;获批中国职业技术教育学会课题1项,获经费资助1万元;获天津市教育两委重点调研课题立项2项;获批第一届黄炎培职业教育思想研究规划课题3项;获批2021年天津市思想政治工作专项重点课题立项1项,资助0.6万元;组织申报天津市高等职业技术教育研究会第三届教育科学研究和教学优秀成果评奖;学院科研处获评科研管理先进单位、2项课题获教科研成果一等奖、4项获教科研成果二等奖、1项获教科研成果二等奖、1人获科研管理先进个人称号;组织申报天津市化工学会科技软课题研究成果奖,5篇文章分获一、二、三等奖;获天津市高等职业技术教育研究会课题立项17项;获天津渤化集团技术创新项目立项2项;获批学院课题立项47项;申请各项专利21项,计算机软件著作权23项;完成天津市科委优秀科技特派员项目结题2项;完成天津市教委战略办重点调研课题结题2项;完成天津市职成教学会、天津职业院校联合学报科研课题结题8项;完成天津市高等职业技术教育研究会课题结题24项;完成院级课题结题18项。学院教师共发表论文98篇,其中北大中文核心期刊论文6篇。承担2021年天津市职工职业技能大赛选手赛前培训工作。8名职工先后在学院进行1个月封闭培训,提升了竞赛水平。承担汉沽盐城职工化工总控工(四级)培训工。112名职工参加渤海化工集团职业技能等级认定考核,全部通过取得渤海集团颁发的化工总控工技能等级证书。发挥学院天津市高技能人才培训基地作用。7月12—21日,2021年石油和化工职业院校教师技师、高级技师培训班在学院举办,共有来自全国21所开设石油和化工类专业职业院校的专业基础课教师、教学管理人员和实验实训指导教师80余人参加培训。学院与天津开放大学共建的应用化工(专科)专业,2021年全国招生1.2万人,为石化行业技术人员学历提升提供课程服务。

撰稿:高玉昱

【集团化办学成果】 学院与天津长芦汉沽盐场有限责任公司共同开展的产教融合项目,被天津市教委批准为天津市首批产教融合试点项目,获亚太地区产教融合50强荣誉。聚焦区域产业,深化校企合作。围绕"京津冀协同发展""东西部对口支援""一带一路"等国家战略,重点围绕世界500强企业、中国500强企业、高新技术企业开拓就业市场,实现新增合作企业50家,其中500强企业5家。拓展订单培训新模式,新增订单班7个。走出去,引进来,打造高水平合作项目。举行天津长芦汉沽盐场有限责任公司汉盐科瑞"盐田牧场"校园合伙人启动仪式。学院与天津市塘沽永利工程有限公司建立产学研长期合作关系,以职工培训、学生就业、师资培养为切入点,实现"校企合作、产学共赢"。学院与浙江省绍兴市人力资源和社会保障局签署合作意向协议,积极开拓中心城市的实习就业市场,进一步提升学生就业满意度和幸福指数。召开天津渤海化工职教集团理事会,依托渤化集团行业优势,在产业链、产品链、创新链与教育链、专业链、人才链上深度对接,共建共享。开展"逐梦青春——百名劳模、百名企业家进校园"就业观教育主题活动启动式。

撰稿:高玉昱

【学生工作】 获得2021年"挑战杯"天津市大学生课外学术科技作品竞赛特等奖;第七届中国国际"互联网+"大学生创新创业大赛职教赛道市赛一等奖2个、二等奖1个、三等奖13个;第七届中国国际"互联网+"大学生创新创业大赛红旅赛道市赛三等奖10个;第七届中国国际"互联网+"大学生创新创业大赛产业赛道市赛三等奖1个;第七届中国国际"互联网+"大学生创新创业大赛国赛三等奖1个。全面落实"六稳""六保"要求,学院召开了2021年就业工作推动会,进一步压实责任、扎实作风、务实举措、落实任务,通过全力拓展就业岗位、全面发布岗位信息、精准提供指导服务,针对"慢就业""不就业"等群体,加强教育引导和心理疏导,合理调整就业预期,确保毕业生就业工作目标的实现,2021年累计参加学院招聘对接活动的企业有800余家,提供岗位9000余个。举办2021年"百日千万"就业双选会,举办十余场专场招聘会。毕业生就业率达到95%,位居天津高校就业率前列。通过市教委2021届毕业生的就业数据核查。

撰稿:高玉昱

【国际合作交流】 泰国"鲁班工坊"以优异成绩通过评估验收。天津市"鲁班工坊"研究与推广中心聘请7名来自全国的职业教育和国际交流领域知名专家组成评估组对泰国"鲁班工坊"进行验收评估。专家对泰国"鲁班工坊"建设给予高度评价，泰国"鲁班工坊"开创了中国职教标准、中国职教装备、中国职教教案"走出去"的新模式。学院举办泰国"鲁班工坊"建设五周年系列活动，召开EPIP国际教育联盟年会。制定并完成泰国"鲁班工坊"功能扩展项目的建设，开展工程创新实训室、物联网留学生实训室、新能源汽车实训室和EPIP教学研究中心建设。承办第五届"启诚杯"智能鼠走迷宫国际邀请赛，该赛事被列入天津市面向公众推出的10项精彩特色活动之一，学院获高职组一等奖。承办世界智能大会迷宫机器人体验项目，此次活动参与院校20余所，学生60余人，参观观众上万人。与泰国院校探索学生在泰国学习2年、在中国学习1年的"2+1"模式合作办学。与马来西亚征阳集团、中国利和集团、泰国豪迈集团建立初步合作意向。加大"一带一路"沿线国家和地区招生力度，2021年新招收"一带一路"国家留学生53人。推进外国留学生专升本工作和就业推荐工作，留学生就业率达100%。

撰稿：高玉昱

【师资队伍建设】 学院申报全国石油和化工教育青年教学名师、优秀教学团队、优秀教学管理人员获得认定。开展年度教师教学能力大赛，遴选出4个团队参加天津市教学能力大赛，2个团队获天津市教学能力大赛二等奖，其中1个团队被推荐参加国赛。10名教师受邀参加全国及天津市各类技能大赛裁判。完成"2021年国家高层次人才特殊支持计划教学名师"等各级各类人才推选及评优推荐工作。完成双高校建设师资培训项目等培训工作，培训达到783人次。2名教师参加高校辅导员和学校思政课教师示范实践锻炼。完成2020年14名人才引进工作，制定2021年人才引进计划。举行2020年度新入职教师培训结业仪式暨新教师座谈会。

撰稿：高玉昱

【信息化建设】 加快智慧校园建设。学院与农业银行合作的"智慧校园"项目以应用服务系统为载体，将教学、科研、管理和校园生活进行了充分融合。缴费通平台、安消一体化平台、四方会议系统及档案数据查询平台已投入使用，将信息技术融入教育教学、管理服务全过程，实现优质教育教学资源共享共建。2021年累计开通74项钉钉网上办公流程，共计实现线上业务流程流转25800余次。实现学院办公

系统正版化率100%。持续完善公共区域无线网络建设，全年新增120个无线点位，校园Wi-Fi无线覆盖接入点位1279个，全员实行实名认证上网。2021年学院总出口带宽实现3.2GB，数据中心规模达到计算能力300核心、计算内存3.2TB，存储能力160TB，备份空间96TB。实现主教学楼无线网络覆盖，达到公共区域所有建筑覆盖校园无线网络。启动数据中心机房升级改造项目、数据标准更新及中心库升级项目、数据可视化及展示平台项目。完成数据中心机房升级网络机房改造工作。

撰稿：高玉昱

【提升治理水平】 学院签署法律顾问合作协议，建立学校法律顾问制度，依法维护学校和师生合法权益。学院开展天津市第五届学生"学宪法讲宪法"比赛暨教育部第六届全国学生"学宪法讲宪法"活动天津赛区选拔赛校级比赛，通过演讲比赛，引导青少年学生自觉成为宪法的忠实崇尚者、自觉遵守者、坚定捍卫者。充分发挥学术委员会在学术事务管理上的主导作用，赋予教师群体参与学院管理与决策的权力，完善以教代会为基础的民主管理与监督机制，创新行业企业参与学院治理的有效形式和途径，实现政治权力、学术权力、行政权力、民主权力的规范有序运行。完成编制2021年度学院控制制度汇编和内部控制手册，完成学院内控和财务管理平台的建设，形成"一本内控手册、一套流程表单、一套规章制度"的"三个一"工作成果。学院对历史未达账、往来账档案进行整理，完善财务处单据的审批手续，新建制度6个，完善工作流程2个。加强对学院重大事项特别是资金使用、银行账户的检查监督，对16项财政专项拨款项目、5项工程项目开展了专项审计。开展"小金库"及账外设账问题的自查工作，收回清查材料108份，自查率达到100%。

撰稿：高玉昱

【校园文化建设】 学院举行"人与自然和谐共生，我与渤海生态共建"2021年纪念6.5世界环境日暨绿色地球梦志愿者联盟启动仪式，开展专题讲座，举办环保作品设计大赛等环保系列活动，向全院师生发放创建绿色校园倡议书，为学院进一步服务社会、完成双高专业群建设提供条件保障。开展育人环境提升工程。渤海书屋正式建成并启用，开展文明办公室、文明宿舍的评选活动。推出每月精品图

书推荐、"世界读书日"系列活动和"悦读之星"读书分享活动。1名学生获天津市"悦读之星"读书分享活动三等奖。开展"奋斗百年路,启航新征程"党史知识竞赛,"重温革命历史,传承红色基因"红色故事会宣讲,"红心唱响新时代,昂首阔步新征程"庆祝中国共产党成立100周年文艺展演,制订2021年校园文化艺术节暨庆祝建校63周年活动月实施方案,围绕"赓续红色血脉 凝聚奋进力量"主题开展十项校园文化系列活动。在学生中组织"绿色地球梦"环保知识竞赛、"我是今日之星"校园宿舍文化艺术展演、"献礼建党百年""致敬抗'疫'精神"主题情景剧展演、"奉献、友爱、互助、进步"志愿者风采摄影展、"青春飞扬·强国有我"短视频风采展示、"普通话诵百年伟业,规范字写时代新篇"语言文字艺术设计创作比赛、"学宪法 讲宪法"演讲比赛。全年推送各类宣传文章1000多条。编辑出版《渤海职院》校报14期,建设廉政文化教育展厅1个,在《中国日报》《中国化工报》和《天津日报》等媒体刊登学院改革发展成果57篇,学院被评为2021年度全国石油和化工行业新闻宣传奖。

撰稿:高玉昱
审稿:于兰平

天津商务职业学院

【概况】 天津商务职业学院是经天津市人民政府批准、教育部备案的全日制普通高等职业院校。学校贯彻党的教育方针,始终坚持以习近平新时代中国特色社会主义思想为指导,坚持社会主义办学方向,落实立德树人根本任务,系统培养现代服务业高技能人才,是天津市首批高职示范校。

学校现有海河教育园校区、河东校区及河西校区三个校区,总占地50万平方米,建筑面积19万平方米,校园环境优美,被评为天津市文明校园、天津市最美校园(高职组)第一名。教室全部实现智能化,空调系统、校园无线网全覆盖。学校共有馆藏图书56.6万册,订阅237种期刊,中国知网、百度文库高校版、超星读秀、超星百链等电子数据库和电子图书阅读机与"移动图书馆"App等数字化服务平台惠及全体师生。

学校现有教职工477人,专任教师377人。其中副高级以上职称142人、硕士以上学位313人、双师型教师131人。学校现有在校生11091人,其中三年制学生9887人、三二分段学生398人、五年一贯制学生463人、百万扩招学生343人。

学校有国际贸易学院、应用外语学院、营销学院、会计学院、信息技术学院、旅游学院、广告学院、金融学院、马列教学部、体育教学部、公共外语教学部、德育教学部。学校不断改革创新人才培养模式,现有7个专业大类36个专业,积极推进产教融合、校企合作,建设了一批国内领先的实训实践基地,建成承载多专业、多岗位、全业务流程的综合实训平台。学校建有国家级精品课程、国家级精品资源共享课、国家级精品在线开放课程、国家级职业教育专业教学资源库。拥有全国优秀教师、市级教学名师、天津市级教学团队、天津市职业教育教师教学创新团队。

学校主办的《天津商务职业学院学报》2020年被武汉大学RCCSE评价中心评选为全国高职高专成高类核心期刊。学校先后与英国、美国、丹麦、韩国、泰国等20余个国家的院校建立友好合作关系,与摩洛哥阿伊阿萨尼I应用技术学院建成摩洛哥鲁班工坊。与国外院校定期互派师生开展研修交流、教育合作、境外实习实训等活动。国际学生教育工作特色明显,国际学生人数连年保持天津市高职院校领先水平。天津商务职业学院是目前天津市唯一具有港澳台招生资质的高职院校。

应届2921名毕业生毕业去向落实率93.6%,签约率32.66%,留津率62.58%,列全市55所高校第二名,在市教育两委开展的高校就业考核年度评价中获评"优秀"。2021年9月29日《天津日报》以"建功之基 立业为本"为题,报道了学校就业育人的良好效果。

学校是天津市"十一五""十二五"高水平示范校、"十三五"世界先进水平高职院校和"十四五"天津市高水平职业院校,获全国"黄炎培优秀学校奖"。学校是教育部认定的国家级"现代学徒制"试点单位、首批国家级示范性职业教育集团(联盟)培育单位、滨海新区技能型紧缺人才培养基地、全国商业职业教育教学指导委员会副主任委员校,教育部职业院校外语类教学指导委员会副主任委员校,牵头组建天津市商务行业职业教育教学指导委员会,为天津市职业教育事业和经济社会发展作出积极贡献。

撰稿:张 瑞

【教育经费收入与支出】 2021年,学校教育经费总收入20600万元,比上年增加2319万元,增长12.69%。其中财政拨款收入13247万元,事业收入6585万元,其他收入432万元,经营收入336万元。

教育经费总支出 22913 万元,比上年增加 857 万元,增长 3.89%。其中人员经费 15098 万元,公用经费 7815 万元。

撰稿:杨建平

【教育教学】 学校根据产业发展,依据新版专业目录,着眼专业数字化升级,加强专业建设,开展专业评级评价,建设国际贸易和会展旅游两个天津市高水平专业群。深化"1.5+0.5+1"人才培养模式改革,深入开展"三教"改革,完成 2021 版人才培养方案修订,创新专业群共享课程开发,建立"底层共享、中层分立、高层互选"的课程体系。持续加大在线开放课程建设力度,强化"课程思政"建设。依据分类分级建设原则,确定"课程思政"建设课程共计 286 门次,培育课程共计 197 门次,达标课程共计 54 门次。网店运营、体育与健康——跆拳道两门课程被认定为 2021 年天津市课程思政示范课程。推进教材建设高质量发展,出台学校教材管理办法,鼓励活页式及新型教材开发。《国际货运及代理实务》被认定为首批天津市高校课程思政优秀教材。《电子商务英语》被外语教指委推荐申报"十四五"首批职业教育国家规划教材。加强"岗课赛证"融通,持续推动"1+X"证书试点,积极承办组织参加各类大赛。全年完成 26 个证书试点工作,取证学生 1091 名。承办天津市职业院校技能大赛 4 个赛项,报名参加 22 个项目的比赛;旅游服务赛项获 2021 年全国职业院校技能大赛三等奖。2 个项目获第七届中国国际"互联网"大学生创新创业大赛创意组二等奖,11 个项目获得三等奖。参加"海河工匠杯"比赛 8 项,获得奖项 5 项。教师获 2021 年天津市职业院校技能大赛教学能力比赛公共基础课程组及专业课程一组(高职组)三等奖各 1 项。

撰稿:荣宁宁

【科技研究】 2021 年,学校共有 65 项课题立项,其中省部级以上课题 8 项,委局级课题 38 项,横向课题 7 项。马列部教师主持的 2017 年度教育部人文社会科学青年基金项目"马克思主义社会共同体理论的政治向度研究"经教育部社科司审核,准予结项,且免于鉴定,该课题是 2017 年天津市申报成功的教育部项目中唯——项高职院校的项目,是学校结项的第一项教育部项目。全年在学术期刊上共发表论文 186 篇,其中北大核心期刊论文 6 篇。据中国知网最新发布的数据显示,2021 年学校学报复合影响因子为 0.322,在"经济与管理综合类"全国高职院校办刊排名中名列第五。

撰稿:王 远

【社会服务】 学校持续推进东西部协作和定点帮扶工作,完成与甘肃林业职业技术学院、庄浪县职业教育中心的共帮共建任务,选派优秀骨干教师和教师团队赴新疆和田职业技术学院援助,带动商贸物流专业群建设。承担蓟州区别山镇陈家寨村和东定福庄村扶持任务,选派干部组成扶持经济薄弱村驻村工作队开展扶持工作。学校打造区校联合体,与河东区教育局签署《区校终身学习联合体合作框架协议》,与市语委签约设立普通话水平测试站,承担组织天津市普通话水平测试工作。承办天津市 2021 年在非洲企业机构境外安保培训班。举办全民终身学习活动周,承办国家级重点考试项目。

撰稿:王 倩

【摩洛哥鲁班工坊"云揭牌"】 天津商务职业学院与摩洛哥阿伊阿萨尼 I 应用技术学院合作建设摩洛哥鲁班工坊,顺利完成"场地建设、设备组装、师资培训、教材建设、教学标准"五到位的建设任务。2021 年 12 月 3 日摩洛哥鲁班工坊完成"云揭牌"暨启运仪式。摩洛哥鲁班工坊是我国在非洲建成运行的第 12 个鲁班工坊,也是全球建成运行的第 20 个鲁班工坊。这一优秀成果将助力我国优秀职业技术和职业文化走出国门,推动文化成果与世界共享,对于天津进一步融入"一带一路"建设具有重要意义。

撰稿:张 瑞
审稿:尹秀琴

天津工程职业技术学院

【概况】 天津工程职业技术学院坐落于天津市滨海新区海滨街幸福路 51 号,占地 51.95 万平方米,建筑面积 16.3 万平方米,其中教学用房 8.35 万平方米,学生宿舍 5.19 万平方米。运动场面积 6 万平方米。固定资产总值 1.72 亿元,其中教学仪器设备总值 8 千万元,建有仿真实训室 33 个,数字终端 1698 台,网络多媒体教室 55 个,校外实习实训场所 64 个。图书馆藏书 65 万册,其中电子图书 0.66 万册。学院有全日制高职在校生 3494 人,其中本院在籍学生 729 人,与天津石油职业技术学院合作办学学生 2765 人。成人教育在册学生 363 人。

学院设有教学机构设石油与化学工程系、机电工程系、建筑工程系、信息工程系、管理工程系和艺术系等二级机构19个,有教职工220人,其中专业技术岗位人员114人,副高级以上职称101人。

学院开设石油化工生产技术、油气开采技术、工程造价、会计电算化、机械制造与自动化、软件技术、安全技术管理、物联网、环境艺术设计、音乐表演等32个专业。

2021年,学院持续推进改革工作,按照大部室管理思路,精简组织机构,减少岗位36个,对23名干部和56名员工进行岗位调整。加强办学成本管理,严格管控楼宇、公寓能耗管理和物业用工管理,节约用能和人工成本110余万元。进一步拓宽职业培训业务领域,新增安全培训项目,开展承包商作业人员HSE能力培训,开拓中油海钻井事业部等大港油区培训业务,与滨海新区海滨街道建立合作关系,逐步打开周边和地方培训市场,取得天津工业游线路资质,与天津国旅达成合作协议,开辟了新的创收创效渠道。

加强校园安全管理,狠抓安全隐患治理,开展"反违章"专项整治、无烟公寓治理、应急演练、消防设施排查、餐厅天然气规范使用、承包商施工作业等专项治理活动,更新室内消火栓等设施128具,有效控制安全风险。制定出台《监督检查安全积分管理办法》,对基层现场进行160余次监督检查,组织开展安全生产法培训和事故案例收集、分享,建立事故案例库,完善了7个基层单位、4个机关及附属单位的危害因素识别清单。搭建校园安全防范系统,新增摄像头140个、一键报警柱10个、周界报警系统2套,校园技防设施进一步完善。严格落实疫情防控措施,稳步推进疫苗接种,组织全员核酸检测和外地学生二次核酸检测,做好人员外出管控和师生每日健康跟踪,构筑校园疫情防控屏障。

撰稿:李敬春

【教育经费收入与支出】 2021年,学院教育经费总收入9434万元,比上年增加4003万元,增长73.7%。其中事业收入3604万元,经营收入4681万元,其他收入1149万元。全年教育经费总支出9432万元,比上年增加809万元,增长9.38%。其中人员经费支出4866万元,专项公用支出2238万元,其他支出2328万元。

撰稿:梁春海

【教育教学】 从明确培养目标、规范课程设置、合理安排学时、强化实践环节、严格毕业要求、推动

书证融通、加强分类指导7个方面修订8个专业人才培养方案,采取灵活考核方法,细化评分细则,对10门专业课进行考试改革。针对退伍复学学生学段类型多样、教学组织难度大的情况,调整教学方案,整合专业课程,探索"复合班"教学模式。加强师资队伍建设,创造条件选派教师参加业务培训,全年参加高职院校思政课教师业务能力提升和信息化能力提升等培训21人次,企业实践15人次,提高教师教学能力。组织参加津门师德巡讲两次,强化教师为党育人、为国育才使命感。完善基础办学条件,对北校区教学楼、宿舍楼进行提升改造,继续加大与天津石油职业技术学院人才培养合作,该学院滨海校区学生规模达到2700余人。拓展教学服务范围,对外承接了PMI项目管理认证系列考试,完成近3000人考试的组织工作。推动学生"四史"学习教育,将石油创业史、发展史纳入形势政策宣讲课程。采取专兼职结合管理模式加强辅导员队伍建设,组织开展辅导员培训3次,学生干部培训6次,提升学生管理队伍的能力素质。完成2个团总支、56个团支部换届工作,整理规范3500余名学生学籍信息和团籍档案,智慧团建线上完成率93%。突出学生精准帮扶,开展国家奖助学金评定发放755人次。加强学生心理健康教育,开设心理援助平台,完成心理危机干预7例,心理咨询48人,团体辅导8次。推进"千校万岗"助力大学毕业生就业活动,联系对接企业32家,提供就业岗位343个。组织学生参与疫情防控志愿服务,226名学生协助属地开展疫情防控工作,彰显青年学子责任担当。

撰稿:李敬春

【科研和社会服务】 围绕高职教育教学理念、教学方法改革加强教学科研课题研究,申报、立项、结题科研课题13项,获市(学会)级科研成果奖励2项,取得实用新型专利2项;在省部级以上核心刊物发表论文8篇,编纂、修订校内外教材8部。发挥职业院校优势,坚持服务行业与服务区域并重、扩大规模与提升效益并重,强化培训服务能力,全年共举办各类培训540个班次、3.3万人次。巩固举办企业内部市场,按照全部门保障、全员参与、全流程跟踪"三全"服务要求,实施计划内培训任务承包责任制,主动对接培训需求,完成计划内培训193个班次。拓展外部培训市场,为中国石油天然气勘探开发公司、滨海新区等14个外部单位培训67个班次。丰富培训项目,开办办公自动化、服务商和供应商

等22个自办培训项目,按照客户点单方式满足送培单位需求;开发主题党日教育路线11条,中小学生研学活动项目11个,增适党史教育体验式教学路线10条,参培人数3100人次。创新培训形式,开展线上培训,开设线上培训班16班次,建设完成417个技能、安全培训课件。与滨海新区区委党校签订合作共建协议,在党员干部教育培训、教学科研等方面开展合作交流。

撰稿:李敬春

【党建工作】 强化政治理论学习,聚焦党史学习教育,制定十二类42项工作举措,搭建红色观影、展览参观、在线答题、诵读党史等学习载体,推进活动成果转化,深入开展"我为基层和职工群众办实事"主题实践活动,形成专题调研报告7份,为职工解决"急难愁盼"问题71件。9月完成党委换届,确定了今后五年学院党委建设"七项工程"。优化党支部设置,配齐配强支部书记6人,组织书记支委集中培训30人,实现支委、党员年度集中学习培训学时达标,3个党支部分别与海滨街道、天津移动大港公司开展联建共建。推进党支部标准化规范化建设,创建党建品牌,建成学院党建共享阵地、共享学习中心、基层党群之家,提升了学习活动条件,完成党建课题4个、案例1个,推动形成机关管理、教育教学、服务保障等5项支部实践做法,创建示范岗12人、示范项目5个。结合行业特点深化石油精神再学习再教育再实践,组织师生到大港油田厂史馆、技能专家工作室等石油精神教育基地感受石油文化。

撰稿:李敬春
审稿:刘桂和

天津滨海职业学院

【概况】 天津滨海职业学院是由天津滨海新区政府主办,面向全国招生的全日制高等职业院校,服务环渤海经济圈及京津冀一体化发展,培养生产、建设、管理、服务一线的高素质技术技能人才。学院坐落在天津滨海新区和天津自由贸易区的核心区,设有南、北两个院区,共占地66.67万平方米,建筑面积20万平方米。学院现有固定资产总值34883.03万元,其中教学仪器设备总值11043万元。图书馆纸质藏书60.18万册。

学院设有经济管理系、国际商务系、物流管理系、建筑工程系、机电工程系、信息工程系、应用艺术系、国际语言学、马克思主义学院和基础教学部、体育教学部以及继续教育学院等办学实体。形成"智能制造技术""电子商务与现代物流""信息工程技术""现代管理与服务""生态城市工程建设""艺术与创意设计"六大专业组群。开设机电一体化技术、电气自动化技术、电子信息工程技术、焊接技术与自动化、物联网应用技术、商务英语、幼儿发展与健康管理、园林技术、广告设计与制作、环境艺术设计、数字媒体艺术设计、连锁经营管理等29个专业和20多个成人教育专业。现有全日制在校生7491人,在籍成人教育学生近千人。

学院拥有一支"双师型"教学团队。现有教职工330人,专任教师293人,聘请140多名行业、企业的技术专家和管理骨干担任学院的客座教授和兼职教师。

2021年学院共录取新生2522人,录取率100%,报到2311人,报到率91.6%,录取率和报到率在全市高职学院中名列前茅。

2021年度学院全面贯彻落实党中央、国务院《深化新时代教育评价改革总体方案》,推进市教育两委深化教育评价改革工作三个清单任务落实。制订学院《党史学习教育实施方案》,围绕"学党史、悟思想、办实事、开新局"主题,扎实开展党史学习教育,学院为师生办实事解难题事例被《天津教育报》专题报道。开展庆祝建党100周年主题教育实践活动,邀请"培根铸魂学四史 百年筑梦立初心"教授团专家入校宣讲5场,举办"红心唱响新时代 昂首阔步新征程"文艺汇演等系列活动庆祝建党100周年。完善院系《党支部议事规则》和《党政联席会议事规则》,强化院系党支部政治功能。加强基层党支部标准化规范化建设,深化"党建+"系列活动,推进党建工作与中心工作深度融合,1个支部的党日活动获市教育工委"创最佳党日"优秀活动。学院持续加强意识形态和统战工作,落实学院《意识形态工作责任制实施细则》,把思政工作和意识形态工作纳入教职工工作职责。制定学院《网络舆情应急处置预案》,健全舆情预防预警体系和应急处置机制。在天津市高校反邪教宣传画大赛中学院推荐的3件作品分获二等奖、三等奖和优秀奖。成立教材建设管理委员会,强化教材编写、审查、发行全链条管理。加强少数民族学生管理服务工作,做到教育、管理、服务全覆盖。制定落实学院全面从严治党"两个清单",逐级签订党风廉政建设责任书,压紧压实全面从严治党主体责任。制订《讲担当促作为抓落实、持续深入治理形式主义官僚主义不担当不作为问题专项行动实施方案》。

学院严格常态化疫情防控措施,分场景实施网格化管理,认真做好入校管控、健康监测、通风消杀、重点部位值守、环境卫生清整等日常防控工作。高质量完成新冠疫苗三剂次接种工作,整体完成率超过天津教育系统平均水平,学院未发生新冠疫情感染病例,教育教学秩序井然,校园安全稳定。积极配合上级部门做好新校区建设规划工作,开展垃圾分类示范校园创建活动,全面提升文明校园建设水平。大力落实安全专项整治三年行动、食品安全守护三年行动任务要求,组织开展专项排查整治28次。不断加强网络安全和信息化建设,成立学院网络安全和信息化工作领导小组,完善网络信息发布审核制度,落实三级审核制度。制定学院《网络舆情应对预案》,强化网络安全应急演练,提升网络安全防范和应急处置能力,启动学院数字化校园建设规划编制工作,提升信息共享水平。

撰稿:王晓辉

【教学经费收入与支出】 2021年,学院教育经费总收入16242.66万元,比上年增加1061万元,增长6.53%。其中财政拨款11623万元,事业性收入4369.43万元,非同级财政补助收入235.23万元,经营收入0万元,其他收入15万元。全年教育经费总支出14714.75万元,比上年减少67.58万元,下降0.46%。其中人员经费支出9703.29万元,个人及家庭支出1392.03万元,公用经费支出3619.43万元。

撰稿:王晓辉

【教学工作】 2021年度学院积极申报天津市职业教育创优赋能建设项目,智慧商贸物流专业群获批天津市高水平专业群建设立项,27项建设任务入选天津市创优赋能建设项目高职院校项目库。制定学院《"十四五"专业建设规划》,启动6大专业群组建工作。申报党务工作新专业,成为全国首批35个布点院校之一。完成智能物流技术新专业申报备案工作。继续深化人才培养模式改革创新,完善1+X证书试点工作院系两级联动管理机制,共有16个专业的23个等级证书项目申报获批。全面推广现代学徒制人才培养模式改革,成立2022届华威订单班,分别与天津重钢机械装备股份有限公司、鱼坞众创空间有限公司共建智能制造、数字创意2个产业学院。组织开展了学院教师教学能力大赛,遴选3支教学团队

参加2021年度天津市高等职业院校教师教学能力竞赛,获三等奖1项。深入推进"三教"改革,加强课程改革研究与实践,总结凝练"课堂革命"典型案例。制定实施学院《教师教学团队建设管理办法》,现代物流管理团队被认定为天津市职业教育教师教学创新团队。积极推进线上线下混合教学模式,建设精品在线开放课程16门。校企双元合作开发教材8本,其中1本教材被认定为首批天津市高职院校课程思政优秀教材。制定学院《高水平专业化产教融合实训基地建设规划》,积极申报市级职业技能竞赛赛项承办资格,2021年度共获批9项,学院获批天津市高技能人才培训基地和全国新职业技能竞赛天津市全媒体运营师赛项集训基地。在全国职业院校技能大赛中,学生代表队获二等奖、三等奖各1项,教师代表队获三等奖2项;在第二届"海河工匠杯"技能大赛中,学院师生代表队共获一等奖2项、二等奖3项、三等奖2项。举办第九届天津滨海职业教育科技文化节暨2021科技文化作品展活动,京津冀地区多家职业院校与合作企业共同参加,学院品牌影响力得到进一步提升。

撰稿:王晓辉

【学生工作】 2021年,学院坚持立德树人,促进学生德智体美劳全面发展。深化一体化思想政治工作体系建设,牵头成立滨海新区大中小学思政课一体化建设联盟,牵头组织滨海新区大中小学"习近平'七一'重要讲话精神融入思政课线上集体备课会"被人民日报客户端天津频道报道。制订《思政课程教学创新团队建设方案》,推进思政课程"三教"改革。在天津市第二届高职高专院校思想政治理论课教师教学"比武"活动中,获三等奖、优秀奖各1项,其中1名教师入围《概论》课全市前5名;在天津市高校学生思想政治教育疑难问题解答征集活动中,获一等奖、三等奖各1项,优秀奖2项,学院获优秀组织单位称号;在天津市高校思想政治工作优秀论文评选活动中,获三等奖1项。制订《思想政治理论课教师实践锻炼实施方案》,思政课教师走进社区、学校、企业开展党史学习教育等内容宣讲13场。制订《课程思政建设实施方案》,成立课程思政教学研究中心,2门课程被认定为天津市高职院校课程思政示范课程,2门课程被评为天津市大中小学"党史专题课程思政精品课",9门课程立项为院级课程思政示范课,凝练课程思政典型案例20个。制订《新时代体育工作实施方案》,完善体育教学考核机制。全面

贯彻落实《提升大学生体质健康水平十条措施》，大力开展学生"阳光体育"校园吉尼斯体育竞赛活动，保证学生每天体育锻炼1小时。学生代表队获全国啦啦操联赛冠军2项，获天津市大学生田径运动会金牌5枚、银牌7枚、铜牌6枚，学院获高职组团体总分第3名。举办第十九届"5·25"大学生心理健康教育月系列活动，助力学生健康成长。落实《新时代美育工作实施方案》和《新时代劳动教育实施方案》，将公共艺术课程与艺术实践、劳动教育与实践课程纳入人才培养方案，实行学分制管理。在天津市第三届"诵读中国"经典诵读大赛中，获二等奖、三等奖和优秀奖各1项；在书香天津·大学生"悦读之星"评选活动，获二等奖1项；在全国高职高专信息素养大赛天津市赛中，获一等奖2项，二等奖1项，三等奖2项，学院获最佳组织奖称号。推荐7个团队、6名个人分别参加天津市新时代实践行和暑期三下乡社会实践成果评选，在第七届"全国互联网+青年筑梦之旅"天津市赛活动中获三等奖2项。2021年学院制订《关于做好新时代及2021届毕业生就业创业工作方案》，全力促进毕业生更加充分和更高质量就业，成立院系两级就业工作领导小组，逐级压实就业工作责任。制定学院《就业创业考核评价办法》，构建党建引领下的"三全育人"就业工作体系。全年共组织线上线下双选会36场，提供岗位23257个。1个项目获天津市第五届"黄炎培职业教育创新创业大赛"三等奖。组织开展了第七届"互联网+"大赛，遴选的15支项目团队分获市赛一等奖1项，二等奖1项，三等奖13项，其中1个项目获国赛铜奖，取得历史性突破。

撰稿：王晓辉

【科研和社会服务】 2021年，学院持续加强科研工作，提高社会服务能力。学院制定《科研项目级别认定办法》，修订《科研项目管理办法》，推进科研管理工作规范化。2021年度共申报院级以上课题78项，立项39项，其中重点课题6项，省部级课题9项。在天津市高等职业技术教育研究会第三届科研成果评奖中，获一、二、三等奖各2项，科研工作先进集体1项，科研工作先进个人2人。在"迎接建党100周年"为主题的黄炎培职业教育论文评奖活动中，获二等奖1项、三等奖4项。2021年学院被确定为天津（滨海）科普产业（人才）联盟副理事单位2021年学院为加大社区教育示范基地培育工作，建设北塘社区学院，启动示范性继续教育基地建设工作。积极推

进"互联网+继续教育"现代教学模式改革，启动建设机械设计及基础、物流管理学2门优质继续教育网络课程。组织开展职业教育活动周、全民终身学习活动周系列活动。通过市开放大学专家组入校评估。

撰稿：王晓辉

【师资队伍建设】 2021年，学院继续加强师资队伍建设，提升教师教书育人能力素质。深入贯彻落实《关于加强和改进新时代师德师风建设的意见》，严格执行新时代教师职业行为十项准则，深化师德师风建设工程。落实师德承诺书和师德档案制度，制定了学院《师德师风负面清单》，开展师德师风隐患问题排查工作，完善师德失范行为监测、通报警示及责任追究机制。学院优化人事管理体制机制，修订《专业技术职称自主评审办法》，制定学院《教师职称评审标准（试行）》等5个系列职称评价标准，按照专业技术职务实行分类考核评价。完成2021年科学设岗工作，启动部门"三定"工作。制定《关于进一步落实教授、副教授上课制度的管理办法》，落实教授上课制度。全年公开招聘专业课教师3名、思政课教师1名，共安排校内外专项培训154人次，国培12人次。研究建立思政课教师退出考评机制，将思政课教学质量考核结果与评奖评优、职称评审相结合开。组织开展首届辅导员职业能力大赛，不断提升辅导员队伍的专业化发展水平，1个辅导员工作精品项目获天津市思想政治教育工作精品项目立项。

撰稿：王晓辉
审稿：何晓铭

天津机电职业技术学院

【概况】 天津机电职业技术学院坐落于天津海河教育园区，学校秉承"实事求是，崇尚科学"的精神，服务天津市"一基地三区"的发展定位，充分发挥行业办学优势，坚持走内涵发展、特色发展道路。

学校占地39.56万平方米，建筑总面积19.1万平方米，具有国内先进水平的校内实训室（基地）1.67万平方米，建有校内实训基地70个，校外实习实训基地192个。截至2021年末，学校固定资产原值累计40823.7万元，2021年新增固定资产2369.8万元；教学、科研仪器设备资产总值23255.39万元，2021年增加1253.72万元，生均20449.69元。

学校现有机械学院、电气学院、管理与信息学院3个二级学院，2021年新增2个招生专业，分别是飞行器

数字化制造技术、飞机机载设备装配调试技术,共开设34个专业。学校现有教职工386人,专任教师205人。其中副高级以上职称97人,取得硕士及以上学位169人。学校全日制在校生11372人,系统化培养学生927人。2021年,招录新生4223人(含专科3008人,四辅442人,三二分段238人,系统化培养476人,本科59人),招生计划完成率98.01%。通过"一生一策",点对点帮扶,实现2021届就业、升学人数2778人,受新冠肺炎疫情不稳定因素的影响,毕业去向落实率82.35%。2021届毕业生雇主满意度达98.65%。

2021年,学校深入贯彻落实习近平新时代中国特色社会主义思想,学习贯彻落实习近平总书记"七一"重要讲话精神,开展庆祝建党100周年系列主题学习教育活动:聘请校外教授担任思想政治课特聘教授进行主题宣讲、举办"学党史 强信念 跟党走"师生座谈会、组织学生开展"传承红色精神 砥砺无悔青春"主题青春诗会等。通过集中学习、专家辅导、观看影视资料、交流研讨、主题活动等方式,营造共庆建党百年浓厚氛围。

2021年,学校坚决贯彻习近平总书记对疫情防控工作的重要讲话精神,落实集团党委和天津市教育两委各项部署要求,扎实做好疫情防控工作。在春季、秋季开学之际,开展疫情防控演练及督查工作,严密组织学期初核酸检测筛查工作。师生分批次集中完成第一针、第二针及加强针新冠疫苗的接种,师生疫苗接种率均在99%以上。

撰稿:毛妮娜

【教育经费收入与支出】 2021年,学校教育经费总收入23783.4万元,比上年增加2339.1万元,增长10.91%。其中2021年财政拨款收入15087.4万元(含专项2694.2万元),事业收入7300万元,经营及其他收入(含非财政专项)981.4万元。上年未结束项目结转至2021年414.6万元。全年教育经费总支出23142.3万元,比上年增加2543.4万元,增长12.35%。其中一般人员支出11841.7万元,一般公用支出8226.8万元,专项拨款支出3073.8万元。项目资金结转、提取专用基金共计641.1万元。其中结转天津市大师工作室专项拨款65万元(含配套资金35万元);131人才培养工程拨款8.5万元;海河教育园区劳动联盟、机电一体化联盟等拨款44.7万元;结转未结题科研项目资金28.4万元;提取学生食堂价格平抑基金56.5万元;提取学生奖助基金438万元。

撰稿:毛妮娜

【教育教学】 2021年,学校全面贯彻党的教育方针,把立德树人成效作为检验一切工作的根本标准。学校获批天津市课程思政示范中心,2门课程确定为天津市课程思政示范课(含教学名师和教学团队);成立文化艺术中心,开设美育大讲堂,带领学生走进田间地头体验劳动教育;以联赛模式丰富体育活动,学生体测成绩提升12%,素质类比赛收获国家级奖项13项,省市级102项;90名学生入伍参军,学校连续5年获评征兵工作先进高校;将创新创业教育融入专业课程体系,学校"双创"国赛铜奖刷新历史最好成绩;全覆盖落实贫困生资助政策,完成2458名学生的防疫补助核酸检测退费补助。2021年,学校严格落实国家职业教育改革实施方案,对接制造强国战略和天津制造业立市,学校构建了"1+5+1"专业群布局,成功进入天津市双高建设单位名单,"工业机器人技术"和"飞行器数字化制造技术"入选市级高水平专业群建设名单,新备案了智能制造装备技术、航空发动机制造技术2个A档专业,《电梯安装与维修技术》被评为全国首批优秀教材。2021年,在教师教学能力比赛中,学校教师获1个天津市一等奖和1个天津市二等奖、2个天津市三等奖;在师生技能竞赛方面,"飞机发动机拆装调试与维修"等4个项目代表天津参加全国职业院校技能大赛,在各类竞赛中教师获奖20人次,学生获奖132人次。

撰稿:毛妮娜

【科研和社会服务】 2021年,学校立项获批省部级课题8项,厅局级课题34项、校级课题16项。申报专利16项,四项使用新型专利已与企业签署科研成果转化协议,科研成果转化实现新突破。教职工发表期刊论文共计43篇,其中中文核心期刊1篇。公开发表专著两部。2021年,学校持续扩大鲁班工坊成果助力"一带一路"建设,成功举办中葡职业教育研讨会专题交流EPIP教学模式,承办中印职业教育研讨会助力金砖国家职教合作,顺利完成马达加斯加鲁班工坊设备验收任务。学校聚焦高职百万扩招,2021年招收四辅生449人,与在校百万扩招生合计1063人。按照育训结合、长短结合、内外结合的要求,积极发挥津南区职业技能联盟秘书处职能,实施"海河工匠"职业技能提升行动;面向社会开展职业技能培训,完成技能鉴定5309人,培训22341人次,实现收入951.2万元。发挥学校体育资源优势,承接中国轮滑回转项目试点推广单位和天津市津南区射

235

箭协会,引领和带动区域同类项目发展。

撰稿:毛妮娜

【校企合作与产教融合】 2021年,学校与亮捷航空合作,引入企业资金1198万元,校企共同打造实体化运行、产学研训一体化的产教综合体,"VR+航空工程职业教育示范性虚拟仿真实训基地"入围教育部重点培育项目;与北京奔驰合作,一期投入685万元,共建共享实训基地。大力推进1+X证书制度试点工作,27个1+X证书制度试点在教育部备案,建成新考点3个,582名学生参加1+X取证,349人顺利通过。建立EPIP教学班和双元制试点班,实施三级教学督导评价办法。建成天津市技能大师工作室1个,企业科技特派员增加到16人。学校与天津百利二通机械有限公司进行"产教融合试点建设项目",共同建立了以智能检测为特色的产教融合实训基地。联姻500强大型企业携手中小微企业搭建就业直通车,学校先后与天津航天长征火箭制造有限公司、中国铁路北京局集团有限公司、中储物流有限公司、中国电子科技集团有限公司航天53所、703所、518所、天津光电通信有限公司、航天四部四中心装配中心、北油电控燃油喷射系统(天津)有限公司、天地伟业有限公司等近百家国内大中型企业建立合作。

撰稿:毛妮娜
审稿:张维津

天津国土资源和房屋职业学院

【概况】 天津国土资源和房屋职业学院是一所由天津市住房和城乡建设委员会举办的公办全日制普通高等职业院校。学院兼有住建部全国房地产行业培训中心、自然资源部干部教育培训中心天津基地、国家海洋局全国海洋意识教育基地、天津滨海新区干部培训基地等职能,每年开展各级各类培训数万人次,为全国建设类一级资质培训机构、天津市奥林匹克教育示范校、天津市首批大学生就业服务工作站和天津市高等职业教育示范性院校。

学院坐落于滨海新区大港,占地40余万平方米,现有教学楼、图书馆、学生公寓、文体馆等,以及建筑技术、楼宇智能化等实训基地,建筑面积16.82万平方米。学院拥有一支以"双师型"教师为主体、行业管理者及知名专家为骨干,专兼职相结合的师资队伍,现有教职员工369人,其中专职教师264人;

专业技术系列职称高级1人、副高级90人、中级92人。学院下设建筑工程学院、建筑设备与信息工程学院、建筑艺术学院、不动产管理学院、经济管理学院及体卫艺教学部、基础课教学部和思想政治教学部8个教学部门,共开办国土资源、城市建筑、房地产、艺术设计、经济和管理类等31个专业。2021年实际报到注册2353人;2021年毕业生初次就业率82.75%。

撰稿:刘珈伊

【教育经费收入与支出】 2021年,学院教育经费总收入10683.58万元,比上年增加1004.58万元,增长10.38%。其中教育事业预算收入4865.90万元,上级补助预算收入4000万元,其他收入75.28万元,财政拨入专项1742.40万元。全年教育经费总支出10204.89万元,比上年增加402.74万元,增长4.11%。其中基本支出8462.49万元(工资福利支出6627.25万元,商品和服务支出1641.30万元,对个人和家庭的补助支出170.15万元,资本性支出23.79万元),专项支出1742.40万元。

撰稿:黄颖颖

【教育教学】 2021年,学院全力以赴做好疫情防控工作,严格按照市住建委、市教委的部署要求,科学研判、周密制定并实施《学生延期返校开学工作方案》,实现学生有序开学、顺利放假离校,取得疫情防控和教育教学工作的"双战双赢"。学院积极申报《"十四五"天津市职业教育创优赋能建设项目》,并获批天津市高水平专业群建设单位,智能建造专业群入选天津市高水平专业群;积极开展"1+X"职业技能等级证书制度试点工作,共获教育部批准的19种"1+X"证书制度试点,其中学院10种证书获批成为"1+X"职业技能等级证书考核站点;学院于9、10月份分别组织承办天津市第二届"海河工匠杯"技能大赛,其中建筑信息建模(世赛选拔)赛项,学院学生包揽前六名。学院成为全国新职业建筑信息模型技术员赛项、建筑信息建模2个赛项天津集训基地。学院2021年在各级各类技能大赛中累计获奖46项,教师获奖12项。其中全国行指委或行业协会竞赛一等奖1项、二等奖2项、三等奖2项;市级一等奖1项、二等奖2项、三等奖4项。学生获奖34项。其中全国行指委或行业协会竞赛二等奖7项,三等奖10项;市级一等奖4项,二等奖3项,三等10项。

撰稿:刘珈伊

【科研和社会服务】 完成高等职业技术教育研究会、天津职成教学会、天津职业院校联合学报、中共天津市教育工作委员会、天津市教育委员会、天津市教育科学研究院、中国建设教育协会等相关课题来源单位27项课题的申报、开题、中期、结题等工作；开展2021年度教师科研论文、教材、专利、课题登记工作，完成论文登记74篇、教材登记22本、专利登记1项，立项课题登记15项。加大校企深度合作力度，探索建立混合所有制二级学院，破解制约发展的瓶颈。学院先后与贝壳技术有限公司、启迪未来教育投资(北京)有限公司、天津鑫裕房屋智能制造股份有限公司、迅达电梯公司、万科物业集团等10余家大型企业进行交流洽谈，探索合作模式。学院与启迪未来教育投资(北京)有限公司、天津鑫裕房屋智能制造股份有限公司、万科物业集团签订共建产业学院战略协议。突出学院学历教育与培训并举并重的办学格局，紧贴区域、行业企业和个人发展的实际需求，增强培训针对性和实用性，重点承担全国物业管理从业人员岗位培训、拟任物业项目经理培训、全国房地产经纪专业人员职业资格考试等项目，共计培训1.6万人次。

撰稿：刘珈伊

【国家首届职业技能大赛】 作为全国职业技能大赛天津集训基地，学院选派裁判、教练及选手共9人参加中华人民共和国第一届职业技能大赛，其中砌筑、室内装饰设计2个项目获优胜奖。3月23日，市政府办公厅发布《天津市人民政府办公厅关于对中华人民共和国第一届职业技能大赛天津市获奖选手、技术专家和教练团队、有功人员团队予以表扬的通报》，学院获得"技术专家和教练团队""有功人员团队"2项优胜奖项目通报表扬。

撰稿：刘珈伊

【学生工作】 全面加强学生思想政治教育，培养学生爱国主义情操，开设劳动、美育课程，实现德智体美劳全面发展，与滨海新区中小学共建，推动体育、思政课程大中小一体化建设。发挥群团组织作用，丰富学生社团生活，围绕党史学习主题教育活动，学院滨海文化艺术团代表市住建委参演市级机关工委举办的"奋斗百年初心，砥砺前行当先锋"建党100周年晚会，参加天津市组织的"天津市庆祝中国共产党成立100周年群众歌咏大会"；青年志愿者走入敬老院、特殊学校开展志愿服务活动。响应国家号召，学生踊跃

报名参军，2021年共有43名学生通过体检考核应征入伍，学院获征兵工作先进单位称号；2021年度1937名学生获国家及天津市奖助学金。

撰稿：刘珈伊
审稿：吴佳丽　高义镇

天津艺术职业学院

【概况】 天津艺术职业学院是经天津市政府批准、教育部备案成立的天津市唯一一所国办综合性艺术类高职学院，面向全国招生，为文化艺术单位及社会各界培养具有较高文化艺术素养和专业技能的高技能型文化艺术人才。学院主校区坐落于天津市河东区娄山道27号，占地5.07万平方米，建筑面积3.52万平方米；南开校区坐落于天津市南开区苍穹道9号，占地2万平方米，建筑面积1.8万平方米。学院现有教职工204人，其中管理人员37人、专任教师人员159人、工勤人员8人。专任教师中高级职称55人、中级职称77人、初级职称27人。

2021年学院共计招生747人，其中大专招生679人、中专招生68人；毕业649人，大专毕业592人、中专毕业57人，高职就业率89.7%。2人获国家奖学金，65人获国家励志奖学金，2人获人民政府奖学金，2人获评市级优秀三好学生，1人获海河自强之星奖学金。

学院有戏曲系、曲艺系、音乐系、舞蹈系、文化艺术管理系、学前艺术教育系等7个专业系，有戏曲表演、曲艺表演、钢琴调律、音乐表演、音乐、舞蹈表演等16个专业。

学院强化制度建设，抓好学生的教育管理工作。组织做好《天津艺术职业学院档案管理实施办法》《天津艺术职业学院学生违纪处分管理办法》、天津艺术职业学院落实《天津市社会救助实施办法》相关管理制度的修订工作；进一步强化新生入学教育和军训工作、实施学生工作例会制度、完善学生档案管理工作；通过学院网站和团委微信公众平台开展学生思想政治教育，全年共发布和推送各类信息100余篇，点击量达到2000多人次，学生工作影响力进一步提升。

以政策为导向，扎实推进征兵工作。大力支持国防建设，扎实推进我校大学生征兵工作，广泛深入开展征兵宣传活动，加强部门网站和微信公众平台的网络宣传，把国家政策讲好、讲透，把"四笔账"算清，把征兵宣传动员工作做细、做实；共有5名学生应征入伍。

努力完善学院专业系部架构建设。学院积极推

动旅游系的筹建,由分管领导牵头,选配业务能力强,管理经验丰富的学院骨干,成立旅游系筹备小组,开展筹建工作。

思想政治教育深度融入教育教学工作中。八年级、中职一年级和高职二年级增设《习近平新时代中国特色社会主义思想概论》课程;思政部教师参与天津市中职和高职院校思政课协同创新中心组织的《习近平新时代中国特色社会主义思想"三进"教学指导方案》编写,参加高校学生思想政治教育疑难问题解答征集并成功入选;快板《强国必须强军》获天津市高职学校"忆红色岁月 传百年精神"思政课本剧一等奖,《百年辉煌看少年》演讲作品成功进入市级决赛,思政部教师指导全体中职学生参加百生百讲案例征集活动;开展多次红色主题阅读活动,引导学生学党史、听党话、跟党走,为实现中华民族伟大复兴的中国梦贡献青春和力量。

撰稿:薛顺生

【教育经费收入与支出】 2021年,学院教育经费总收入7788.42万元,比上年增加791.21万元,增长11.31%。其中财政补助收入5567.59万元,事业收入1966万元,其他收入254.83万元。全年教育经费总支出7945.75万元,比上年增加405.14万元,增长5.37%。其中日常支出1276.22万元,专项支出621.45万元,工资支出5752.36万元,对个人及家庭支出295.72万元。

撰稿:孙 茜

【教育教学】 按照教育部新版专业目录修订学院2021级专业人才培养方案,根据《国家职业教育改革实施方案》相关要求,结合学院实际情况和办学条件,积极申报"天津市职业教育创优赋能建设项目",获批传统文化专业群建设项目。新专业申报和工作开展。根据《国家职业教育改革实施方案》相关要求,成功申报数字媒体艺术设计专业。国控专业艺术教育首次招生,进一步补充学院专业群建设,以现有表演艺术(幼儿艺术)专业为基础,发展以学前与艺术教育为补充的规模专业,形成文化艺术大类和教育与体育大类专业结构互补的专业体系。做好戏曲、曲艺两个重点专业建设发展,加强对教学管理、师资队伍、项目建设及交流实训等工作的支持。戏曲系京剧《洗浮山》、河北梆子《喜荣归》、评剧《赵锦堂》参加2021年全国职业院校技能大赛中职组艺术专业技能比赛(戏曲表演赛项的比赛),获集体三等

奖;三个参赛剧目入围第十二届国戏杯学生戏曲大赛乙组(戏曲表演类专业组)决赛,获一金两银五铜的佳绩;为加强校企双方深度合作,与天津市民族文化宫签署协议,作为学院教学实践基地;与南开大学京剧传承基地举办"南开大学中华美誉课程思政协同创新中心共建单位"授牌仪式。曲艺系完成"曲艺文化传承与创新教学资源库"(一期)建设项目,完成二期建设项目的招投标工作和前期准备工作;完成评书《难忘的婚礼》和京韵大鼓《七律长征》两门课程的录制与上报工作;与海河剧院、智慧山艺术中心建立校外实训基地,尝试建立"产、学、研"相结合的长效机制;按照"全国文化艺术职业教育教学指导委员会职业教育文化艺术大类专业简介和教学标准修(制)订工作"文件精神,作为牵头院校负责高等职业学校曲艺表演专业简介研制工作。

撰稿:薛顺生

【科研和社会服务】 2021年,学院获批天津市教委重点调研课题1项,天津市高等职业技术教育研究会课题1项。完成天津市艺术科学规划项目1项。获批天津市教育评价改革试点1个。在天津高等职业教育研究会第三届高职教科研优秀成果奖评选中,学院1名教师获科学研究和教学优秀成果三等奖。学院2021年继续开展非遗研培工作,受疫情影响,延期开班,完成招生、课程安排及后勤保障等前期准备工作。研培班通过思想政治理论、专业理论、专业技法指导、艺术观摩、交流、演出以及采风、调研等课程的学习与实践,扩大学员文化艺术视野,丰富作品题材,激发学员创作潜能,提高学员表演理论基础,增强非遗法律法规意识,提升学员新时代发展所需要的政治素养、文化素养、专业艺术修养,从而更加坚定文化自信,坚定非遗传承与创新,讲好中国故事。

撰稿:薛顺生

【校园疫情防控】 学院成立以党委书记、院长为组长,确保学院疫情防控工作扎实有效推进。学院多次召开专题会议,传达市教委、市文旅局等部门关于疫情防控工作部署要求,对学院疫情防控工作提出明确的要求和部署。严格疫情信息报告,坚持实行"日报告、零报告"制度,全面及时了解全体教职员工及学生健康情况和行程动态情况;严格执行校园出入管理制度,重点加强学生离返校审批销假程序;成立院系两级应急工作组,加强防控知识培训和

演练,熟悉工作流程和信息上报工作要求;严格离津审批报备制度。做好物资储备及隔离场所准备工作。根据工作要求,学院已改造医用临时隔离点20间,备用临时隔离点50间;配备测温门2套,按需配备体温计、电子测温仪等防疫物资。学院结合自身实际,按照"一校一案"的工作要求,认真研究制定并及时修订疫情防控工作方案、教育教学组织实施方案、人员进出管理制度、因病缺勤登记和追踪制度、复课证明查验制度、环境卫生检查制度、通风制度、预防性消毒制度、学院新冠肺炎疫情应急处置预案、垃圾收集清运管理制度、食堂就餐管理制度等。

撰稿:薛顺生
审稿:李 力

天津工艺美术职业学院

【概况】 天津工艺美术职业学院是经天津市政府批准、教育部备案的天津市唯一一所以工艺美术为特色的全日制艺术设计类普通高等职业院校。学院主校区位于天津市河北区革新道10号,分校区位于河北区建昌道41号,校区总占地9.42万平方米,总建筑面积3.94万平方米。截至2021年,学院固定资产总值5985.88万元,其中教学仪器设备总值2964.66万元。图书馆馆藏图书9.36万册,中外文专业期刊百余种,珍藏有多种善本图书绘画资料和文物工艺品。学院现有教职工139人,专任教师73人;具有正高级职称7人、副高级职称31人。全日制在校学生1524人,2021年学院普通高职招生531人。

学院现设有商业美术系、环境艺术系、工业设计系、服装装饰系、数字媒体艺术系等6个系,开办包装艺术设计、影视动画等16个专业。

学院确立了"以内涵建设为核心,全面提高人才培养质量"的基本发展思路,形成基础宽厚、应用创新相结合的办学格局。学院不断创新人才培养模式,重新修订人才培养方案,大力推行"双证书"制度;坚持深化教学模式改革,完善育人环节,构建实践型课程体系;打造精品课程,自主建设课程在线开放系统,并引入创新创业类、营销类、市场开发类、艺术修养类等优质通识课程,与专业课程相互结合,补充发展,真正形成职业院校艺术类教学的核心竞争力。秉持以专业建设为龙头,以校企合作为平台,以个性化发展为驱动的实践理念,不断强化学生全面素质和创新能力的培养,打造创业服务和项目孵化的实体平台与支持体系。工美众创空间,吸引了众多大学生创客及19家创业团队入驻。

学院结合国家以及京津冀区域一体化经济社会发展需求和天津市《"十四五"教育规划编制工作方案》要求,制订学院"十四五"教育规划,进一步强调学院的社会主义办学方向,坚持办学为人民服务,为中国共产党治国理政服务,为巩固和发展中国特色社会主义制度服务,为改革开放和社会主义现代化建设服务。

撰稿:崔 婷

【教育经费收入与支出】 2021年,学院教育经费总收入5226.69万元,比上年增加721.95万元,增长16.03%。其中财政拨款收入3742.45万元、事业收入1473.00万元、其他收入11.24万元。全年教育经费总支出5222.18万元,比上年增加716.38万元,增长15.90%。其中工资福利支出3465.33万元,商品和服务支出982.04万元,对个人和家庭的补助734.71万元,其他资本性支出40.10万元。

撰稿:戴亚素

【教育教学】 2021年,学院认真落实立德树人根本任务,严格规范人才培养全过程,加快培养复合型技术技能人才,持续推动学院教育教学改革和专业建设。完成《2021年天津市职业教育创优赋能建设项目》的申报、评审工作,并启动具体子项目的推动工作;开展学院创优赋能(提质培优)专业群建设项目,高标准完成《职业教育提质培优行动计划(2020—2023年)》中所承担的各项任务,使人才培养质量和社会服务实力显著增强,与天津市"一基地三区"城市功能定位更加匹配。编制、发布《学院高等职业教育质量年度报告(2021)》,进一步完善学院年度质量报告制度。加强实习实训管理,针对艺术类学生特点,有效展开实习实训工作。修订《天津工艺美术职业学院实习管理制度》《学院教学活动安全工作预案》,拟定实习三方协议和学生自主实习安全协议书,把精细化管理思维覆盖实习实训全过程的每个环节。完成天津市职业技能1+X证书项目的平台搭建、报名、选拔。积极开展校企合作和校校合作,主要包括与年画张展馆、盛德大业公司、长城书画院、银博印刷有限公司、天津美术学院等建立校外实训基地和毕业生实习项目等。高度重视艺术设计专业人才的培养,把艺术教育目标定位于培养学生创造和创新能力、促进学生整体素质的发展上,制订《天津工艺美术职业学院为建党100周年献礼优秀毕业设计作品展评暨2021届毕业生作品展方案》,高质量地完成了2021届毕业生线上、线下作品展,论文答辩和优秀毕业设计作品展评。

撰稿:崔　婷

【科研与社会服务】　学院于2021年9月10—21日在天津美术馆举行庆祝建党100周年教学成果展。营造教学与科研相互促进、协调发展的良好态势,进一步提升学院美育教育创新成果影响力。2021年11月,学院综合绘画系举办教师作品展,集结近年综合绘画系教师成果,共计展出绘画作品60余幅。教师秉承"重传统三代尊承,谱新篇'美'育当先",坚守"传道、授业、立德、树人",不断开拓学生的艺术视野,提升学生的艺术素养,培养了大批具有扎实理论基础和丰富实践经验的美术人才。2021年6月,学院学工部党支部带领志愿者开展创新服务活动,组织党员和学生团员代表乘龙津1号游船模拟的红船,泛舟于水上龙潭浮翠,举行"追忆峥嵘岁月,传承红色精神"主题活动,重温党的光辉岁月,传承革命精神。与水上公园开展志愿服务共创共建工作,双方建立常态化志愿服务基地,并于12月16日参加水上公园举办的志愿者活动年终总结和先进典型表彰大会,被授予"文明志愿服务团队"称号。

撰稿:崔　婷

【党建工作】　组织开展收看收听中国共产党成立100周年大会实况、讲好"七一"党史专题党课、开展学院"两优一先"评选表彰工作和组织颁发"光荣在党50周年"纪念章等系列庆祝建党100周年系列活动。党委理论中心组坚持每月进行集中学习并开展专题研讨,各个党支部坚持集体学习、自学等方式相结合;扎实推进党史学习教育走深走实,结合学院实际,制订《天津工艺美术职业学院开展党史学习教育具体工作方案》;组织召开学院党史学习教育动员部署会,积极开展"百年红色光影、奋进崭新征程"活动,组织全体在职党员观看电影《古田军号》《1921》《长津湖》等,组织赴天津美术馆参观"百年恰是风华正茂"主题档案文献展;扎实开展"我为群众办实事"实践活动,深入开展"强党性、办实事、促发展"主题活动,开展党性修养经典名篇理论学习、党员干部制定个人修养要则、领导班子成员建立联系点,党员参加社区志愿服务活动。

撰稿:崔　婷

【交流与创新】　积极参加市文明办开展的"红心唱响新时代　昂首阔步新征程"——庆祝中国共产党成立100周年群众性歌咏系列展演活动,学生处组建艺美合唱团,于4月28日赴天津广播电视台顺利完成歌曲合唱《我和我的祖国》节目录制。6月7日,由天津大学承办的"职业院校教师素质提高计划国家级培训2020年视觉传播设计与制作高职专业带头人领军能力研修班"学员30余人来学院与数字媒体艺术系进行参观交流。6月26日,学院54件作品入选由天津市文化和旅游局主办,天津自然博物馆承办,天津市青年美术书法协会、天津工艺美术职业学院、南开大学书画协会协办的《红心向党　绿动津门》大型主题作品展,同学们用自己的青春热情创作出一幅幅紧绕展览主题的艺术作品。10月,参加由南开区文化馆主办的"美术写生与创作之间的联系"主题写生活动。2021年第十个"全国交通安全日",学院保卫处联合综合绘画系参加由市文明办、市公安交管局联合在水上公园举办的"守法规知礼让安全文明出行"主题宣传活动,引导全民加入文明安全交通行动,2021年"文明交通进高校"系列活动中,学院获"文明交通进高校"活动优秀单位称号。

撰稿:崔　婷
审稿:马忠庚

天津城市职业学院

【概况】　天津城市职业学院始建于1958年,是经天津市政府批准、教育部备案、河北区人民政府主办的社区型全日制普通高等职业学院。学院坐落于河东区红星路与真理道交口,占地32.2万平方米,建筑面积7.21万平方米。现有教职工188人,正高职称4人,副高级职称66人。高职学历在校生8102人,其中五年一贯制学生932人,高职扩招学生1580人。2021届毕业生总计2195人,落实毕业去向的毕业生2091人,毕业去向落实率95.26%。

学院设置电气自动化技术、大数据技术、现代物流管理、大数据与会计、会展策划与管理、动漫制作技术、智慧健康养老服务与管理、婴幼儿托育服务与管理等8个专业群共38个高职专业(含方向)。校内实训基地建筑面积37604平方米,建有现代物流管理、酒店管理、老年服务与管理、社区管理与服务、早期教育和自动化技术等实训基地及虚拟企业财务运营中心、数码钢琴房、联想LSE应用技术协同创新中心等142个实训室。

学院积极贯彻习近平总书记关于教育的重要论述，积极落实全国职业教育大会精神及"职教二十条"和高校思想政治工作的相关要求，着力实施"六抓六促"，不断促进教师专业成长，学生素质发展。2021年学院获评天津市文明校园。学院社区管理与服务专业群、大数据技术专业群被天津市教委认定为天津市职业教育创业赋能高水平专业群建设项目；31个重点建设任务（项目）入选天津市职业教育十四五创优赋能建设项目。2021年，学院虚拟仿真实训基地被评为市级和国家级虚拟仿真实训基地建设培育单位，2021年度教师46人次获教育教学全国、省市级称号。

五育并举，塑新时代光彩"城职学子"。依托思政课开展"读书分享会"与"知识竞答"主题活动，发挥学院思政社团联盟育人实践平台作用，将思政课开到天津博物馆及觉悟社等红色实践基地。1名教师获天津市第二届高职高专院校思想政治理论课教师教学"比武"一等奖，3名教师获天津市高校学生思想政治教育疑难问题解答二等奖、优秀奖；学生团队获天津市大学生思政辩论赛优秀奖、天津市高职高专院校思政课本剧大赛三等奖、天津市大中小幼思政课一体化党史主题绘画竞赛二三等奖。学院先后组织学生参加"黄炎培创新创业大赛""海河英才"创业大赛等系列比赛，举办"天津城市职业学院职教集团创新创业大赛"等。在第七届中国国际互联网+大学生创新创业大赛中，学院1个项目获天津赛区二等奖，9个项目获天津赛区三等奖。

撰稿：张　妍

【教育经费收入与支出】 2021年，学院教育经费总收入9848.42万元，比上年减少139.47万元，下降1.40%。其中财政拨款4053.21万元，专项经费拨款2542.26万元，行政事业性收费3158.84万元，非同级财政拨款收入89万元，其他收入5.11万元。全年教育经费总支出10403.70万元，比上年增加722.69万元，增长7.41%。其中公用经费支出2247.78万元，专项经费支出2694.34万元，人员经费支出5461.58万元。

撰稿：鲁晓娟

【教育教学】 2021年，学院深入推进思政课程与课程思政建设走深走实，提高课程思政与思政课程同向同行育人水平。修订思政课程方案，增设《习近平新时代中国特色社会主义思想概论》，创新

思政课实践教学形式。组织开展学院第二批34门"课程思政"示范课评审与专项课题研究工作，认定第二批院级"课程思政"示范课18门，获3门市级课程思政示范课，2门市级"党史专题"课程思政精品课，1本教材被认定为市级高校课程思政优秀教材；开发课程思政教育案例20个，建成一批课程思政优质资源。立足"1+X"证书制度试点，推进"岗课赛证融通"，深化"三教改革"，开展混合式教学模式改革项目，校企合作开发活页教材4本，为培养高质量复合型技术技能人才培养提供可靠保障。多向发力打好高职扩招人才培养组合拳，立足扩招学生多元需求，重视开发多元化课程体系，构建多元化考核评价机制，引进多元化评价主体，推进扩招学生学习成果的认定、积累和转换。专业教学改革方面，推动社区管理与服务和大数据技术2个高水平专业群建设；会展策划与管理专业深化校企合作，探索"三融三聚"会展人才培养模式；大数据与会计专业与新道科技股份有限公司深度合作，在教学中引入DBE大数据实践平台；电子商务专业与阿里巴巴教育科技集团开展合作，积极引入淘宝教育课程资源；婴幼儿托育服务与管理专业将芬兰幼儿教育ECEC体系进行本土化设计，有效应用到专业人才培养方案中。探索本科层次职业教育试点，构建幼儿专业一体化人才培养体系。

撰稿：吴彦云

【科研工作】 2021年，学院新增课题立项共计51项，局级以上课题14项（其中省部级课题1项），院级课题37项。课题结题共计15项，均为局级以上课题（其中省部级课题2项）。公开发表论文28篇（其中省级期刊22篇），其中11篇为局级及以上课题成果，1项为院级课题成果。编写出版教材5本，新增实用新型专利1项，新增横向课题1项。学院筹办学术会议3场，其中国内学术交流2场，参与人数200余人；与港澳台地区学术交流1场，参与人数100余人。派出3人次参与国内课题的合作研究，共计3项。组织完成学院学术委员会换届工作，修订完善《天津城市职业学院学术委员会工作条例》，成功召开新一届学术委员会第一次全体会议。完成2020年度全国普通高等学校科技（人文、社会科学）统计工作，完成8大类别共计200余条信息的数据填报任务。组织第三轮全国高等教育满意度调查工作，完成四系毕业年级学生140人和教师20人的问卷调查任务。组织申报天津市高校科协能力提升项目1项，获天津市科

协资助基金1万元,期间完成"倡导低碳生活,呵护生态家园"为主题的校园专题讲座2场。

撰稿:李　娜

【社会服务】 出台《河北区教育局等六部门关于进一步推进河北区老年教育发展的实施方案》,深化"职继协同",推动老年教育高质量发展,为河北区10个街道老年(社区)学校、117个社区老年(社区)教育学习中心、7个养老机构老年学校颁发统一标牌,实现区域内老年教育全覆盖。召开"职继协同　推动老年教育高质量发展工作会",引领城市、环城、城郊和滨海职教集团,开拓职业教育与继续教育、老年教育有机融合、协同促进的有效路径。组织河北区2021年全民终身学习活动周,开展活动31项,市民参与5万余人。2人获天津市百姓学习之星,2个项目获终身学习品牌,其中全国百姓学习之星1人,全国"特别受百姓喜爱的终身学习品牌项目"1个。河北区老年大学发挥教学资源优势,继续推进教学基地建设,2021年发展江都路街如皋里社区等12个校外教学基地,使河北区老年大学的优质教育资源向社区深度开放。推进精品和特色课程建设,全国老年远程教育课程评选中7门系列视频课程获奖。完成e家园终身学习网系统升级服务项目,积极推动远程老年教育发展。广泛挖掘、宣扬百姓身边的学习典型,编写《星光汇聚——河北区社区教育典型案例》。国家卫生健康委、全国老龄办授予学院"全国敬老文明号"称号。

撰稿:王　军

【创优赋能高水平高职院校】 2021年,学院围绕"天津市职业教育创优赋能"十大工作任务、31小项重点任务进行设计与申报,成功入选天津市职业教育创优赋能高水平高职学校建设单位,社区管理与服务(现代生活服务)专业群和大数据技术专业群入选高水平专业群立项建设。2021年度投入资金766万元,其中财政资金671万元,自筹资金95万元,全部用于两个高水平专业群,"1+X"证书试点专业质量提升、混合教学改革、"课程思政"教学研究示范中心及新时代光彩"城职学子"品牌建设等6个项目,开启学院高质量发展新篇章。

撰稿:吴彦云

【幼儿教育产教融合实训与服务基地建设】 为落实国家幼儿教育发展政策,积极推进校企合作、产教融合职业教育发展,发挥学院幼儿教育类专业优势,解决亟需的产教融合实训与服务场所,2021年9月,学院幼儿教育产教融合实训与服务基地项目正式开工建设。项目得到市、区主管部门的大力支持,成功申请政府专项债5800万元作为项目建设资金。项目新建总建筑面积8347平方米,建设内容包括学员培训教室、实习实训室、学术交流中心等,计划于2023年3月完工并投入使用。

撰稿:姚　凯
审稿:张　麟

天津石油职业技术学院

【概况】 天津石油职业技术学院是经天津市人民政府批准、教育部备案的全日制公办普通高等职业技术学院,隶属于中国石油华北油田公司。学院毗邻团泊新城,占地96.47万平方米,建筑面积25万平方米,固定资产原值2.33亿元,图书馆纸质藏书53.3万册。

学院现有教职工333人,专任教师231人,副高级以上职称75人,省部级专业带头人3人,省部级优秀专业教学团队2个,天津市五一劳动奖章1人,天津市优秀教师10人,黄炎培职业教育杰出教师奖2人,2021年获全国石油和化工行业教育青年教学名师和优秀教学管理人员2人。

学院被教育部与天津市政府命名为"滨海新区技能型紧缺人才培养基地",被天津市人力资源和社会保障局命名为"天津市高技能人才培养基地",被中石油命名为"中石油企业直属培训基地"。学院现有石油工程技术、油气储运技术、城市燃气工程技术、油气地质勘探技术工程造价、机电一体化等23个高职专业。

学院建成集教学、培训、生产、科研等多项功能为一体的9大类100余个校内实训室(场)。学院依托行业办学优势,与华北油田公司所属主营业务公司、中石油渤海钻探公司、中石油渤海装备制造公司及部分地方企业建立长期稳定的校外实习基地,能为合作企业提供跟岗实习、顶岗实习场所及技术支持。

撰稿:倪　攀

【教育经费收入与支出】 2021年,学院教育经费总收入19201.69万元,比去年增加5927.62万元,增长44.66%。其中财政拨款10142万元,行政事业性收费 7283.83 万元,自筹收入 1400.74 万元,其他收入 375.12 万元。全年教育经费总支出 16967.22 万元,比上年增加 4470.67 万元,增长 35.78%。其中公用经费支出 8933.27 万元,人员经费(工资、对个人及家庭的补助支出、其他)支出 6083.33 万元,其他支出 1950.62 万元。

撰稿:倪 攀

【教育教学】 完成教学任务 118753 课时,组织完成大学英语、计算机等社会化考试 3000 余人次。修订专业人才培养方案 22 个,成功申报机电一体化技术专业。实施教学改革创新,思政课程与课程思政协同建设 26 项。主办、承办和参加各级各类师生技能大赛 20 余项,获省部级以上奖项 13 人次。学院作为全国石油天然气工程类专业指导委员会主任校,组织完成 5 个专业的中职、高职、职教本科专业目录及国家专业标准修(制)订工作。学院成功入选天津市职业教育"双高"(高水平学校和高水平专业群)建设院校,石油工程专业群入选高水平专业群。申报承接的 25 个重点建设任务全部入选天津市职业教育创优赋能项目库。

撰稿:倪 攀

【学生工作】 学院始终坚持以学生为中心,拓展教育管理服务渠道,创新线上线下相融合的教育新模式,开通超星学习通智慧校园微服务平台,开发应用项目 18 个,全年平台使用 100 余万人次。充分发挥四级防控体系作用,常态化开展安全教育、分类指导及心理健康教育工作,有效防范意外事件。深入开展理想信念教育,组织师生赴革命老区开展红色教育,赴油田生产一线开展社会实践,组织开展主题教育活动 20 余次,成功承办天津市"大学生讲心声送情怀"大赛并获一等奖。全年学生获评市、局级先进集体 2 个,先进个人 17 人,获各类奖助学金 3720 人次,发放金额 1400 余万元。

撰稿:倪 攀

【科技研究和社会服务】 完成局级以上科研课题 21 项,教师公开发表论文 29 篇,获软件著作权 5 项。瞄准石油石化行业转型发展对人力资源开发和技能培训需求,积极拓展培训业务,增强学院服务社会能力。全年举办各级各类培训班 61 个,培训学员 2315 人次,培训满意度达 95% 以上。

撰稿:倪 攀

【党建与思政工作】 学院党委坚决把高站位、谋长远、引领学院高质量发展作为自己的职责使命,聚全院之力建成了万人大学。学院党史学习教育及思想政治经验做法被新华社收录并呈报中央领导及天津市委市政府主要领导参阅,学院被授予河北省文明单位称号,领导班子获油田公司标杆"四好"领导班子称号,10 人获评油田公司及以上先进个人。

撰稿:倪 攀
审稿:倪 攀

天津工业职业学院

【概况】 天津工业职业学院成立于 2004 年,原为天津冶金职业技术学院,2018 年正式更名为"天津工业职业学院"。学院主校区坐落于北辰区京津公路引河桥北侧,分校区(天铁校区)坐落于河北省邯郸市涉县更乐镇,共占地 33.37 万平方米,建筑面积 12.97 万平方米(不含天铁校区 1.91 万平方米)。

学院在职教工 394 人,其中在职在编 373 人、劳务派遣 8 人、合同制 16 人。在编 373 名教职工中,专任教师 296 人,其中具有硕士、博士学位教师 161 人。正高级职称 9 人,副高级职称 112 人,"双师型""双素型"教师 174 人。截至 2021 年 12 月,学院全日制高等专科学生 8129 名,其中高职扩招学生 318 名,中职学生 122 名。

学院坚持以习近平新时代中国特色社会主义思想为指导,以《学院章程》为总纲,面向社会,依法自主办学,推进产教融合、校企合作,实行科学管理。落实"党政同责、一岗双责"安全责任制,建立安全工作长效机制,完善校园突发事件应急处置机制,完善校园疾病预防控制体系,着力加强校园安防体系标准化、规范化建设水平,筑牢校园安全防线。严格执行 24 小时值班和事故信息报告制度,加大校园的安全检查巡视,严格执行疫情防控要求,确保校园安全稳定。大力开展安全教育、培训和检查工作,定期对全院师生、物业、安保人员开展安全培训,增强控制、处理各类突发事件的能力。

学院教学工作部所属 8 个教学机构,分别是工业技术系、机械工程系、工业与信息化系、智能技术系、经济管理工程系、基础部、体育部和思想政治课部。2021 年学院共开设 22 个专业,其中新增专业 1 个,涵盖 6 大类,初步形成多专业相互支撑、协调发展的专业群。黑色冶金技术专业为国家重点专业;机电一体化技术、信息安全与管机电一体化技术、信息安全

243

与管理、云计算技术与应用为现代学徒制试点专业理、云计算技术与应用为现代学徒制试点专业;电气自动化技术、环境工程、环境工程机电一体化技术、会计等为省级重点专业。学院专业教学校内实训基地共设106个实训室(含实验室和实训车间),总面积12657.90平方米,实训基地设备总数2517台(套),实际工位数3267个,可开设各类实训项目901项;校外实训基地10个,面积为15000平方米。

学院深入贯彻落实全国和天津市高校思想政治工作会议精神,打造"思想政治教育四个工作平台"。坚持立德树人,进一步完善学院思政教育体系,完善高校思想政治工作制度,着力加强思政课教师和辅导员队伍建设。结合庆祝建党百年,以党史教育为重点,将思政课堂与党史教育相融合,开展"六个一"主题特色教学活动,做到授课班级全覆盖。打造"百年辉煌,天工匠心"为主题的特色思政课活动,活动视频被国资委推荐收录在"学习强国"资源库中。积极开展大中小思政教育一体化建设工作,与联盟中5所中小学开展党史教育主题交流研讨、集体备课活动,探索各学段思政课教学的有机衔接。

坚持以赛促教,深化教育教学改革。2021年,学院承办全国职业院校技能大赛、全国有色金属行业企业人力资源管理技能竞赛、天津市职业院校技能大赛和第二届海河工匠杯技能大赛,并在全国职业院校技能大赛金属冶炼与设备检修赛项获得一等奖。

撰稿:郭晓娟

【教育经费收入与支出】 2021年,学院教育经费总收入16009.53万元,比上年增加2132.84万元,增长15%。其中财政拨款11366.68万元,事业收入4551.49万元,非同级财政拨款收入32.80万元,经营收入22.18万元,其他收入36.38万元。全年教育经费总支出17049.70万元,比上年增加4202.23万元,增长33%。支出包括公用经费5506.21万元,其中日常经费4563.58万元,专项业务费942.63万元;人员经费11526.10万元,其中工资福利支出10180.03万元,对个人和家庭补助支出1346.07万元;经营支出17.39万元。

撰稿:刘 阳

【教育教学】 学院以提升办学能力建设项目为契机,主动对接国家和区域产业转型升级需求,建成"一体两翼"的专业(群)体系,凸显智能钢铁冶金技术应用的特色和智能制造服务区域经济发展的优势;根据新时代数字经济人才培养需要,对专业(群)进行整体梳理和改造。钢铁智能冶金技术和机电一体化技术专业获评天津市优质骨干专业,现代冶金虚拟加工实训基地为天津市示范实训基地,信息安全技术应用专业为教育部第二批现代学徒制试点通过验收;形成钢铁智能冶金技术、机电一体化、工业互联网和工业品电子商务四大专业群;建成"政校校企"四方合作的乌干达鲁班工坊;《三层、三阶、三对应黑色冶金技术人才培养体系研究》被列为天津市教学成果奖重点培育项目。学院建成43门优质在线开放课程、12门校级课程思政课程,其中2门课程入选天津市课程思政示范课程,2门课程入选党史国史专题示范课;校企合作开发53本优质特色教材,其中国家十三五规划教材3本,1部教材获国家首届教材奖二等奖;建设1个优质教学资源库和3个具有专业特色的职业能力培养虚拟仿真实训中心,新增11个校内外示范性实训基地,申报4个天津市产教融合型实训基地和1个"双师型"教师培养培训基地,建成1个劳模工作室、2个技能大师工作室。学校各专业(群)毕业生企业满意率95%以上,毕业生就业第一年薪酬平均递增10.50%;学院承办各类国家级大赛2项,京津冀大赛1项,天津市"海河工匠杯"大赛1项;主持开发行业认定的黑色冶金技术专业国际化教学标准。

撰稿:谭起兵

【科研与社会服务】 学院高度重视教科研工作,不断加大科研经费的投入和教科研成果奖励的力度,进一步激发教师参与教科研工作的积极性和主动性。2021年度学院教师获各类科研立项40项,其中2021年度天津市教育科学规划课题1项,天津市教育工作重点调研课题2项,天津市高等职业技术教育研究会年度课题20项,学院科研计划项目17项;完成各类项目27项,其中天津市教育工作重点调研课题2项,天津市高等职业技术教育研究会年度课题9项,天津市职业教育与成人教育学会、天津职业院校联合学报科研课题8项,学院科研计划项目8项;获各类科研成果奖11项,其中天津市高等职业技术教育研究会第三届教育科研优秀成果一等奖2项、二等奖4项,院级科研成果奖励5项。2021年度举办学院科研计划项目立项评审总结会、天津市高等职业技术教育研究会年度课题申报推动科研培训会、2021年度天津市教育工作重点调研课题申报推荐会和组织参加第六届全国教育科学研究优秀成果评选奖励活动、第十七届天津市社会科学优秀成果评奖活动以及天津市高等职业技术教育研究会第三届高等职业教育科学研究和教学优秀成果评选活动、"贯彻全国职业教育大会精神,提升高职院校思政教育水平"培训会和职业教育治理现代化高端学术论坛等学术活动。2021年度学院教师公开发表学术论文117篇,其中核心期刊6篇。积极开展京津冀地区社会培训工作,围绕分院在涉县地区的历史优势,在涉县地区高中(职专部)开展《职业启蒙教育》的远程培训试点项目;积极探索中西部地区继续教育服务项目,通过与四川省甘孜州石渠县团委的沟通,暑假期间完成甘孜地区百余名"待业青年"的远程培训。积极围绕以北辰区与甘肃省庆阳市"十四五"东西部协作框架协议的职业教育切入点,并以此作为学院2022年社会服务的重点攻坚项目。社会培训工作覆盖社会重点人群。开展退役士兵培训,经北辰区退役军人事务局申请,市退役军人事务局批复,学院挂牌成为"天津市北辰区退役军人教育培训基地",承接2021年度秋季退役士兵适应性培训;参加北辰区"2021年中国农民丰收节活动",面向农业从业人员推广学院培训项目,面向涉农人群发放自制的网络学习卡;以"双周"为职业院校对外服务的重要抓手,积极开展社区教育工作。

撰稿:王金岗　裴颖脱

【学院转隶工作】　根据市委、市政府决策部署,学院将整建制转入市教委管理。按照市国资委的统一安排要求,学院积极配合市教育两委认真落实对学院隶属关系、编制核定及使用情况、组织关系、领导班子档案、资产财务等情况的梳理、审核及清查。经风险评估、资产清查等工作流程,学院已确定《天津工业职业学院转隶工作实施方案》,转隶工作平稳、有序、高效开展。

撰稿:邓　昊
审稿:孔维军

天津铁道职业技术学院

【概况】　天津铁道职业技术学院现有两个校区,总占地14.61万平方米,建筑面积8.92万平方米。主校区坐落在河北区建昌道21号;南校区位于河北区金钟河大街232号。

学院是天津市唯一一所以轨道交通专业为特色的高职院校,现有6个二级学院、3个教学部门和15个行政科室,开办专业31个。形成以铁道运输类和城轨交通类专业为特色专业,以土建类专业为传统专业,以计算机网络技术、物流管理、电气自动化技术等通用专业为拓展的专业体系。其中高速铁道工程技术专业被教育部授予全国示范专业。

学院现有在校生10262人,在籍继续教育学生1522人,教职工451人,其中专任教师280名,教授9人,副教授99人。建有实训室(场)91个,实践教学工位6671个,实践教学仪器设备1810套,资产总值近2亿元,能满足31个专业人才培养和35个工种培训需求。学院是国家级高技能人才培训基地、天津市"双高计划"建设单位和天津市职业教育创优赋能高水平高职院校建设单位,是中国铁路总公司铁路机车司机培训考试基地、天津大学职业技术教育学博士(硕士)培养基地。

学院坚持以习近平新时代中国特色社会主义思想为引领,落实党委领导下的校长负责制,秉承"建国际品牌,树国内名牌"发展思路,秉持"精神抖擞、专心致志、一丝不苟、精益求精"的新时代铁院精神,确立"依托行业、工学结合、以岗导学"的人才培养模式,努力培养德智体美劳全面发展的社会主义建设者和接班人。

学院致力于服务天津地区经济发展和京津冀区域协同发展,大力开展铁路行业特有工种和社会通用工种的培训鉴定工作,年均完成职业培训与鉴定1万人次以上。

学院坚持"建国际品牌,树国内名牌"的发展思路,主动服务国家"一带一路"倡议,积极拓展与沿线国家的职业教育合作,助力中国铁路"走出去"。近年来,为越南等东盟国家培养留学生86名,为坦桑尼亚、吉布提等8个国家培训铁路员工1000余名。学院已建成泰国、吉布提、尼日利亚3家鲁班工坊,培育铁路国际化、本土化技术技能人才。2021年招收留学生14人,学院留学生总数53人,鲁班工坊学生120人。

撰稿:栾兆涵

【教育经费收入与支出】　2021年,学院教育经费总收入21900.3万元,比上年增长3249.3万元,增长17.42%。其中天津市财政拨款15311.8万元,行政事业收费收入6157.3万元,其他收入431.2万元。全年教育经费总支出20546.5万元,比上年增加1637.5万元,增长8.66%。其中公用经费支出2083万元,人员经费支出13517.2万元,项目支出4941.7万元,经营支出4.5万元。

撰稿:栾兆涵

【教育教学】 强化教育教学能力。以提高办学质量为主线,以创优赋能项目建设为着力点,不断加强内涵建设。学院入选市"双高"院校建设单位,2个专业入选高水平专业群建设单位,申报承接的30项创优赋能重点建设任务均入选项目库。天津市职业院校提升办学能力项目顺利通过验收。启动提质培优建设,开展重点任务22项,取得标志性成果20项。新建国家级高技能人才培养基地、人工智能等8个实训室,成功申报国家级智能轨道交通运维虚拟仿真实训基地,获全国职业高等院校技术研发与应用成果展优秀案例1项,建设精品在线开放课程10门。围绕国家和区域发展需要,紧盯轨道交通发展趋势,构建以德智体美劳全面发展的教育体系为主线的教学发展目标。新增"1+X"证书制度试点4个,累计拥有试点达20个。对接企业发展需求,申报智能建造技术等3个新专业,服务产业转型升级。开发新型活页式教材20余册,铁路主工种"岗前适应性培训"工作手册10余册,教材入选"十三五"职业教育国家规划教材5部,获首届全国教材建设二等奖1项。持续深化校企合作。依托2个产业学院,创新校企合作体制机制,承接工程项目3项。与国铁集团实施"2+1"特色现代学徒制人才培养模式,实现"入职即可上岗"。实体化运行京津冀轨道交通职教集团4个,集团内企业提供实习岗位近800个。

撰稿:栾兆涵

【科研与社会服务】 完成天津市"十三五"教育科学规划课题的结题4项、2020年度高职研究会课题结题13项、联合学报课题结题8项、2021年度市教委调研课题结题3项、高职研究会专题研究课题2项。立项天津市"十四五"教育科学规划课题3项、其中重点课题2项,天津市"十四五"教学改革研究项目4项,第一届黄炎培职业教育思想研究规划课题1项。加入天津市智能轨道交通人才创新创业联盟,选派一名干部前往联盟跟岗锻炼,推进联盟建设。牵头成立"鲁班工坊产教融合发展联盟",探索鲁班工坊可持续发展新路径。编写涉外教材18本,录制全英文课程552课时,编制题库试题5000余个。组织学生参加各类创新创业大赛,在"挑战杯"大赛中获国家级银奖1项;在"互联网+创新创业"大赛中获国家级铜奖3项,市级金奖4项、银奖5项、铜奖23项;黄炎培创新创业大赛中获一等奖、三等奖各1项。完成企业职工培训10244人次、37545人天,完成技能鉴定387人次。继续教育招收专升本新生493名,

在校生人数达1522人。

撰稿:栾兆涵

【招生与就业】 2021年,录取全日制新生3092人,一志愿率99.13%。积极响应国家号召,录取高职扩招新生255人,圆满完成高职扩招任务。学院深入贯彻党中央、国务院关于"稳就业、保就业"重要决策部署,成立校院两级就业工作领导小组,构建学院、招生就业处、二级学院"三级联动"机制,将就业工作纳入校院两级领导班子述职和考核体系,与绩效考核、评优评先挂钩。每周发布就业工作推进情况排名,形成"赶、帮、超"的良好就业工作氛围。学院充分发挥就业育人功能,组织实施就业观主题教育系列活动15场次,开展就业创业服务月活动,组织各类就业创业活动66场次,参加学生达2.5万余人次。积极联系走访校企合作企业、轨道交通联盟企业,拓展中建、中交、天钢以及海外就业等新渠道,组织线上线下专场招聘会156场,联合开展线上综合招聘会3场,积极组织毕业生参与"24365""津英就业""千校万岗""海河英才"等大型线上招聘活动。2021届毕业生毕业去向落实率97.2%,其中共有1940余名毕业生签约铁路局、地铁及工程施工企业,占毕业生总数的70%以上。2020届毕业生月薪和500强企业就业人数均居天津市首位。毕业生就业满意度达到88%,较前三年分别提高4—10个百分点。学院就业评价考核以天津市高职院校第一名的成绩获优秀等次,就业工作入选全国高校毕业生就业创业工作典型案例。

撰稿:栾兆涵
审稿:于忠武

天津海运职业学院

【概况】 天津海运职业学院是一所以培养海运人才为主的综合性公办全日制高等职业院校。学院位于国家职业教育改革创新示范园区——天津海河教育园区,总占地53.92万平方米,建筑面积22.59万平方米,固定资产总值(净值)55830.73万元,馆藏书刊82.94万册。学院全日制在校生9984人,其中百万扩招学生540人,留学生103人;现有教职工454人,专任教师243人,其中高级职称107人、中级职称106人。

学院下设航海技术系、轮机工程系、航运经济系、国际邮轮乘务和旅游管理系等8个教学部门,现

有航海技术、轮机工程技术、港口与航运管理、国际邮轮乘务管理、船舶通信装备技术、游艇设计与制造等30个专业,其中国际邮轮乘务管理专业被教育部等五部委确定为全国职业院校交通运输大类示范专业点,航海技术、轮机工程技术、国际邮轮乘务管理3个专业被教育部认定为《高等职业教育创新发展行动计划(2015—2018年)》项目骨干专业,焊接技术与自动化、理化测试与质检技术(无损检测技术)2个专业入选教育部第三批现代学徒制试点专业,航海技术、国际邮轮乘务管理、轮机工程技术、理化测试与质检技术(无损检测技术)和港口与航运管理5个专业被市教委、市财政局确定为天津市高职院校提升办学能力建设项目骨干专业,航海技术专业群和邮轮旅游专业群入选天津市职业教育创优赋能建设项目高水平建设专业群。

作为教育部与天津市政府共建的滨海新区航海运输技能型紧缺人才培养基地和天津市首批高技能人才培训基地,学院高度注重实训基地建设和实验实训条件改善,建有涵盖各专业的校内实验实训室107个,与社会共建校外实训基地172个,为华北地区规模最大、培训资质最全、功能最具领先性的海船船员学历教育和培训基地。

2021年,京津冀沪宁晋川交通职业教育集团联盟主席团扩大会议在学院召开。学院国旗护卫队获天津市学校国旗护卫队展演活动一等奖。学院通过国家海事局船员教育和培训质量管理体系换证审核与新增及扩大船员培训项目现场审核。

学院以习近平新时代中国特色社会主义思想为指导,认真落实全国、全市职业教育大会精神,切实加强党对学院工作的全面领导,统筹做好疫情防控和改革发展稳定工作,努力践行"特色鲜明、人民满意、师生幸福"工作理念,以创建省域高水平高职学校为抓手,全面落实立德树人根本任务,着力深化改革创新,加强内涵建设,完善治理体系,师生员工获得感和幸福感进一步增强,治理能力和办学水平进一步提升,入选天津市职业教育创优赋能高水平高职院校和专业群立项建设单位。7月16日,学院召开党员大会,选举产生新一届党委委员和纪委委员。6月8—11日,学院代表天津市高校参加2021年度全国军事课教学展示。

撰稿:王慧锋

【教育经费收入与支出】 2021年,学院教育经费总收入20737.38万元,比上年增加3362.03万元,增长19.35%。其中财政补助收入13399.41万元,事业收入6848.41万元,其他收入489.56万元。全年教育经费总支出22639.39万元,比上年增加5921.13万元,增长35.42%。其中人员经费支出11593.2万元,公用经费支出6290.68万元,其他支出4755.51万元。年末,学院资产总额90045.28万元,比上年减少1080.79万元,下降1.19%;净资产89256.01万元,比上年减少967.09万元,下降1.07%。

撰稿:王慧锋

【教育教学】 2021年,学院牢牢把握立德树人根本任务,着力构建一体化思想政治工作体系,与天津市东丽区职教中心学校签订思想政治教育一体化共建协议,与津南区10所中小学、幼儿园签约大中小幼思政一体化协同共建,2个项目获评天津市学校"三全育人"优秀工作案例,2门课程及其授课教师、团队获评天津市高校课程思政示范课程、教学名师和团队,5项课题获批天津海河教育园区思政专项课题,获海河教育园区思政教育教学联盟思政实践先锋号称号、天津市大学生思政辩论赛亚军等多项荣誉;积极落实实施1+X证书制度主体责任,推进财经商贸类1+X证书应用协同创新中心建设,举办首期1+X邮轮运营服务职业技能等级证书师资培训;以特色优质骨干专业为龙头全面推进6大专业群建设,航海技术专业群、邮轮旅游专业群入选天津市职业教育创优赋能高水平专业群立项建设项目,电梯工程技术、安全技术与管理2个专业成功获批;深化产教融合,校企共建特种设备产业学院、中船国际邮轮产业学院、数智港航经济产业学院;创新实践卓越海员培养新模式,与中远海运船员天津分公司等龙头航运企业在2021级航海类专业中全面实施"船校交替、课证融通"订单培养;多措并举提升师生技能竞赛水平,教师在全国船机类教师教学能力大赛等教学赛事中获省市级以上奖项30人次,学生在全国职业院校技能大赛等专业技能竞赛中获省市级以上奖项407人次;着力提高就业率和就业质量,2021届毕业生就业率92.98%,149名学生走进军营。

撰稿:王慧锋

【科研与社会服务】 2021年,学院完善评价体系和激励机制,激发教师科研潜力,研究制定国内首个非自航船舶安全管理体系标准,获准立项局级以上课题48项,承担横向课题10项,获授权专利等知识产权71项;发挥办学特色和资源优势,丰富自身角色和服务内容,贯彻实施学历教育与培训并举的法定职责,完成各类职业技能培训23181人次;积极开展职业教育活动周、校园文化体育节、校园文化艺术节、"超星杯"数学文化节等活动,完成科普推动、普通话推广、支援和田地区职业技术学院建设与蓟州区桑梓镇脱贫攻坚结对帮扶工作任务和京津冀沪宁晋川交通职业教育集团联盟主席团扩大会议、"世界海员日"海事文化宣传活动暨主题团日活动、天津市职业院校技能大赛、"海河工匠杯"技能大赛相关赛项的承办工作;主动服务"一带一路"建设,乌兹别克斯坦鲁班工坊项目积极推进。11月24日,项目线上交流会在学院举行;"航海一日行"科普基地参观活动被评为2021年全国科普日优秀活动。4月18日,学院举行水上教学训练中心项目奠基仪式。5月10日,学院与新道科技股份有限公司举行校企共建数智港航经济产业学院战略签约仪式。5月28日,学院与天津市津南区教育局及所属10所中学、小学、幼儿园举行大中小幼思政一体化协同共建签约仪式。6月24日,学院与天津海事局、华洋海事中心、北海之声电台联合举办"世界海员日"海事文化宣传活动暨主题团日活动。6月4日,学院与天津市特种设备监督检验技术研究院签订行校共建特种设备产业学院战略合作框架协议。9月26日,天津市财经商贸类1+X证书考核成本洽谈会在学院召开。

撰稿:王慧锋
审稿:吴宗保

天津生物工程职业技术学院

【概况】 天津生物工程职业技术学院是服务生物医药产业,国有公办的高等职业技术学院。学院坐落于天津滨海新区核心区,辐射京津冀和环渤海经济技术产业带。学校占地20.23万平方米,建筑面积8.71万平方米,馆藏图书资料28.3万册,电子图书25万册,电子期刊120870册,大阅览室2个,多媒体教室44个,机房8个。学院系统培养运用现代生物医药应用技术,从事药品基础研发服务、生产、检验、销售和用药指导服务及制药工程设备维修,医疗器械制造等领域工作的高素质技术技能人才,坚持"以人为本,追求卓越"的办学理念,是天津市生物医药高技能人才培养基地和生物医药职业技能培训基地。

学院根据生物医药产业需要,按照生物医药产业服务方向和主要工作岗位,形成生物技术、药学、中医药、医疗器械4个专业群。覆盖生物医药行业药品基础研发、生产、检验、销售、用药指导、康复医疗、制药设备维修及医疗器械等领域。2021年招生专业20个。

学院积极组织教师和学生参加各类比赛,取得多项优秀成绩。天津市大学—中学科普创新大赛中学院获优秀组织单位奖,学院教师在天津市高等职业技术教育研究会第三届高等职业教育科学研究和教学优秀成果中获一等奖2项、二等奖1项、三等奖2项。天津市职业院校教师教学能力比赛中教师团队获三等奖。全国中药技能大赛学院学生获三等奖,指导教师获优秀指导教师奖。

学院有教职员工306人,专任教师213人(其中正高级4人,副高级78人,中级职称85人;硕士以上学历95人,本科116人;双师型教师79人)。学院聘任中国工程院院士、研究员、教授、博士生导师刘昌孝为名誉院长。

2021年招生1829人,在校生5269人,其中成人大专39人;高职151个班,共5230人。

撰稿:张凯瑾

【教育经费收入与支出】 2021年,学院教育经费总收入4433.40万元,比上年增加1063.98万元,增长31.58%。其中教育事业收入3002.10万元,其他收入770.80万元,财政专项收入660.50万元。全年教育经费总支出3719.93万元,比上年减少63.62万元,下降1.68%。其中教育事业支出2932.35万元,财政专项支出787.58万元。

撰稿:王 萍

【教育教学】 完成2020—2021学年人才培养工作状态数据采集与管理平台数据采集上报和年度质量报告发布工作,完成全国职业院校专业设置管理平台的填写及上报,以及企业参与学院人才培养的企业年度报告和督导评估平台的填写。完成学院"十四五"职业教育创优赋能建设项目申报,2021年创优赋能建设项目获批市财政资金支持154万。承接创新赋能建设项目中8大建设项目,9项重点任务和3个一般任务,学院中医药专业群获批"十四五"天津市高水平专业群建设项目。组织完成产后恢复职业技能等级证书(中级)、粮农食品安全评价职业技能等级证书(中级)、食品检验管理职业技能等级证书(中级)、药品购销职业技能等级证书(中级)、药物制剂生产职业技能等级证书(中级)试点申报。完成药品购销职业技能等级证书(中级)、药物制剂生产职业技能等级证书(中级)、食品检验管理职业技能等级证书(中级)3

个考点的申报考试工作。组织完成学院20个专业2021级专业人才培养方案修订工作,共计修订40份。完成学院"十四五"专业建设规划。学院深化产教融合,与天津市汉康医药生物技术有限公司、金耀集团天药药业股份有限公司、天津太平医药有限公司、老百姓大药房、天津威高集团、天津力生制药有限公司、华熙生物(天津)科技有限公司、康希诺生物股份公司等龙头企业积极开展合作建立校外实训基地、开设订单班。完成《天津生物工程职业技术学院教材建设管理办法》的修订,建立《天津生物工程职业技术学院教材建设委员会章程》,2021年秋季共选用49本职业教育国家规划教材,使课程思政真正进入教材。2021年春季学院有28位教师参与编写中国医药科技出版社教材。2021年学院教师参编的《药用植物学(第4版)》和《自助与成长——大学生心理健康教育(高职高专版)》2本教材获评全国优秀教材(职业教育与继续教育类)二等奖。

撰稿:康　伟

【课程建设】 学院积极推动思政课建设,拍摄《不忘初心,坚定信仰,逐梦医药强校路》"百年辉煌"精品思政课视频。有效引领学院各专业、课程和课堂的课程思政教育实践,促进学院课程思政育人体系全面建设和全课程育人格局的形成。把劳动教育全面系统地融入人才培养中,开设16课时劳动必修课。引入超星尔雅、智慧树、智慧职教等7个平台校外优质课程资源,丰富课程体系。在线开设大学生礼仪、艺术欣赏等13门网络课程,优化完善在线课程日常维护管理。

撰稿:康　伟

【师资管理】 完成2020—2021学年度专业带头人和骨干教师考核、2021—2022学年专业带头人骨干教师聘任、完成教师教学工作质量考核、完成2020—2021学年度93位专任教师专业技术职务聘任考核。全面推进课程思政示范课程建设,获评市级课程思政示范课3项,市级课程思政示范课建设教师团队2支,市级课程思政示范课建设优秀教师2名。

撰稿:康　伟

【科研与社会服务】 学院积极推动课题申报,申报教委工委重点调研课题1项,申报天津市"十四五"教育教学改革重点课题1项,高职教育研究会课题结题6项。截至2021年底,学院在社会培训及职业技能鉴定方面,共完成本校学生1177人,含医药商品购销员等5个工种,中、高级两个等级的技能培训和鉴定。主动承担国际劳工组织企业新型学徒制天津市试点单位的任务。完成天津天药药业股份有限公司、天津市中药饮片有限公司等10家企业238人,酶制剂制造工等5个工种,中、高级两个等级企业新型学徒制技能培训和鉴定。利用天津市专业技术人员继续教育基地完成了153人专业技术人员继续教育。利用网络,面向社会大众开展常见病防治、日常用药等知识的公益培训。

撰稿:张　杰

【创新推动就业】 学院领导班子历来重视学生就业工作,施行"一把手工程",坚持党政领导齐抓共管,建立由党委书记和院长任组长的就业工作领导小组,构建院系两级的就业工作体系。实行学院全体领导包干负责,构筑从学院领导直至各系辅导员和班主任的四级就业工作落实体系,严格就业统计责任制,坚持施行就业周例会制度。就业工作体系完备,职责明晰,组织协调及时,沟通反馈顺畅。学院党委书记和院长深入走访百家企业,各系及招就处领导和全体教职工深挖就业资源,全院上下齐心创新工作开展,完善工作机制,提高服务能力,不断为毕业生开拓就业市场,推动就业工作取得良好成效。2021届毕业生共1654人,去向落实率93.29%,天津市55所高校排名第四,留津率70.37%,高校排名第一,天津市平均留津率34.05%。

撰稿:孔董俊
审稿:李榆梅

天津城市建设管理职业技术学院

【概况】 天津城市建设管理职业技术学院是经天津市人民政府批准、教育部备案、面向全国招生的公办全日制高等职业院校。学院坐落于天津市北辰区光荣道2688号,占地37.27万平方米,建筑面积15.40万平方米。在校生8307人,教职工256人,教师中副高级及以上职称77人、中级职称98人;硕士及以上学历104人。

学院党委坚持以习近平新时代中国特色社会主义思想为指导,全面贯彻党的十九大精神,全面贯彻党的教育方针,坚持党各项工作的全面领导,落实立德树人根本任务。学院对标对表"天津市职业教育创优赋能建设项目"重点任务,高质量承接25个建设任务,是高水平高职学校和智慧能源、城市智能管理两个高水平专业群市级"双高计划"建设单位。学院是国家现代学徒制试点院校、国家建设行业技能型紧缺人才培养培训基地、教育部国防教育特色校、天津市高校"三全育人"综合改革试点实效奖单位、天津市"文明校园"先进学校、天津市大学生思想政治教育新媒体示范校。

学院隶属天津能源投资集团有限公司,依托能源集团产业优势,建设智慧能源、绿色建筑、城市智能管理、应用艺术四大专业群,开设31个专业。其中焊接技术及自动化专业是教育部现代学徒制试点专业;城市热能应用技术、建筑工程技术专业是天津市优质骨干专业,工程造价、建筑装饰工程技术专业是天津市骨干专业。

学院组织举办天津市思政课骨干教师培训班暨京津冀思政课骨干教师培训班、天津市大中小学思政课一体化集体备课交流论坛;学院党委主要领导《以"航天精神"为灵魂灯塔　点亮职业人生奋斗航程》为主题,带头讲授"开学第一课";学院教师《形势与政策》课程展示获第二届全国高校思想政治理论课教学展示一等奖,在由市教委、团市委、海教园管委会共同主办的天津市首届"故事思政"微课大赛中获特等奖2项,2个教师团队入选天津市课程思政教学名师和教学团队。

学院与西门子能源有限公司共建"西门子能源现代产业学院",积极打造国内新能源产业技术技能人才培养高地,成为能源产业领域校企合作深度融合的职业教育先行者。承办天津市新冠肺炎疫情高校封控管控应急演练,全市56所高校到学院实地观摩学习,《天津日报》等媒体进行报道。

撰稿:张冰洁

【教育经费收入与支出】 2021年,学院教育经费总收入17321.23万元,比上年增加5722.39万元,增长49.34%。其中财政拨款收入9108.50万元,事业收入8090.51万元,其他收入122.22万元。全年教育经费总支出13523.25万元,比上年增加2320.88万元,增长20.72%。其中工资福利支出7572.72万元,商品服务支出3444.87万元,对个人和家庭的补助支出1697.62万元,其他资本性支出808.04万元。

撰稿:刘　蕊

【教育教学】 学院深入贯彻落实习近平总书记关于统筹疫情防控与经济建设发展重要论述精神,

构建线上教学质量保障体系,完善以学习者为中心的专业和课程教学评价体系。不断加强师资队伍建设,完成13名教师的高职院校教师素质提高培训计划。建立以思政课为核心、基础课为支撑、覆盖专业课、延伸实习实训课的四位一体课程思政建设模式,构建思政课程与课程思政育人机制,建设成果显著:居住建筑室内艺术设计、美育欣赏与实践课程获批天津市高校课程思政示范课程,授课教师入选天津市课程思政教学名师和教学团队;在天津市大中小学100门"党史专题课程思政精品课"评选中,地理信息系统概论、建筑施工测量被评为课程思政精品课程;2名教师分获天津市职业院校首届"故事思政"微课大赛高职组思政课程赛道和课程思政赛道特等奖;三个教学团队获2021年天津市教学能力比赛三等奖。学院积极承办组织各级各类职业技能大赛,完成2021年建筑装饰技术应用和建筑工程识图2个赛项的国赛改革试点赛和天津市职业院校职业技能大赛承办工作,学生获省市级技能大赛奖项18项。成功申报计算机应用技术、汽车检测与维修技术2个专业,修订31个专业人才培养方案,实施融入"1+X"证书教学及考核任务。积极推进"1+X"证书试点项目建设,完成12个职业技能等级证书试点的申报工作,申报获批8个证书考核站点;完成教师28人次培训,组织完成354名学生的考核工作,合格率80%。严格教材编写、教材选用制度,《制冷与热泵技术》通过天津市教委审批并向教育部申报"十四五"首批职业教育国家规划教材。加强学籍管理工作,制定学院《建立健全防范冒名顶替上大学问题长效机制的实施细则(试行)》,保证学籍管理工作稳定有序开展。

撰稿:张智明

【科研和社会服务】 在党中央"双碳"战略目标背景下,学院依托背靠能源集团产业优势,以能源类专业为基础,以"天津能源职业教育联盟"为平台,以"多能源综合应用协同创新中心"为载体,积极开展以"绿色能源"为代表的科技研究,建设绿色低碳校园。学院与天津地热有限公司合作,共同研发清洁能源供暖技术,探索中深层无干扰地热与市政热网耦合供热模式,在校园内实施"多热源协同互补联网调峰供热工程",真正实现绿色可再生能源与热电联产结合利用,每年减少燃气消耗量100万标准立方米,校园内彻底消除燃气锅炉氮氧化物(NOX)排放。学院作为中西部师资培训分中心,学院为甘肃职业院校挂职、培训教师5人。依托生产性实训基地，学院教师为中小微企业技改项目提供合理化建议，与企业共同获得6项专利授权。利用学院丰富的教学资源，面向社会提供培训服务，非学历培训时间比上一年度增长20%。为社会提供公益性培训时间超过5000学时。学院获批各类局级及以上科研课题23项，其中2021年度天津市教育科学规划课题2项、天津市职业学校"十四五"教育教学改革研究项目3项。中国知网等国内外权威数据库收录学院教职工发表的论文60篇。

撰稿：辜　林

【打造绿色能源特色的中亚首家鲁班工坊】　学院与塔吉克斯坦技术大学开展合作，高质量高标准承接"塔工坊"建设任务。致力于打造具有绿色能源特色的中亚首家鲁班工坊。

撰稿：张冰洁
审稿：刘春光

天津公安警官职业学院

【概况】　天津公安警官职业学院坐落于西青区精武镇，占地28.42万平方米，建筑面积10.47万平方米。2021年，公安局党委印发《关于加快推进天津公安警官职业学院高质量发展的意见》，确定警院"党建培训主阵地，民警培训主基地，警务人才培养主渠道和公安智库主高地"的目标定位，并将位于蓟州的机动勤务保障中心整体划归警院。现有专业技术职称人员215人，其中正高级职称15人、副高职称69人、中级职称113人、初级职称18人。2021年学院设有刑事侦查、治安管理、刑事科学技术、法律事务、法律文秘、社区管理与服务、信息网络安全监察、国内安全保卫及公共安全管理、网络安全与执法共10个专业，毕业生1061名。2021年学院招生计划总数1575人，其中公安专业148人，实际录取新生1565人。

撰稿：马晓莹

【教育经费收入与支出】　2021年，学院教育经费总收入17711.24万元，比上年增加3007.59万元，增长20.455。其中财政拨款10477.00万元（高等职业教育收入9242.80万元、卫生健康收入283.20万元、社会保障和就业收入951.00万元），事业收入4525.42万元，其他收入2708.82万元。全年教育经费总支出17687.52万元，比上年增加2411.3万元，增长15.78%。其中高等职业教育支出16453.32万元，社会保障和就业支出951.00万元，卫生健康支出283.20万元。

撰稿：田国强

【党建工作】　2021年，学院深入学习贯彻习近平总书记关于加强高校党建工作的重要论述，贯彻落实《中国共产党普通高等学校基层组织工作条例》和第二十七次全国高校党建工作会议精神，认真落实"第一议题"制度，特别把习近平总书记对公安工作、教育工作的重要指示批示精神作为重点学习内容，年内组织召开党委理论学习中心组会议23次、党委扩大学习会议30次。完成学院第二次党员代表大会选举工作，推动完成基层党组织换届选举工作，突出政治标准，选优配强党支部班子，实现专任教师党支部书记"双带头人"全覆盖。先后举办新任党组织书记培训班和党务干部培训班，培训党务干部60余人次。发挥学院师资优势，组建党史学习教育和习近平法治思想2支宣讲团队，开展巡回宣讲35场，受众达3000余人次。深入开展"我为师生群众办实事"实践活动，办理整治校园环境、改善师生学习生活条件、维修维护教育教学设施等民生实事17件。发掘运用李大钊烈士母校延续的革命传统文化价值，科学设计"李大钊烈士纪念室展陈大纲"，积极推动完成纪念室复建工作。充分发挥李大钊烈士纪念室育人作用，专门选拔在校学生担任纪念室讲解员，年内，组织全体在校师生开展50余次主题教育活动；接待60余家单位、4000余名干警，开展各类参观学习活动82场。《工人日报》、天津电视台、人民网等多家主流媒体集中宣传报道。

撰稿：段妍磊

【教育教学】　学院深入推进思政课教学改革，结合开展党史学习教育，把党史、新中国史、改革开放史、社会主义发展史和公安史教育融入课堂教学，2门课程及其教学团队入选天津市高校课程思政示范课程及教学示范团队。学院被市教委确认为高水平专业群建设单位，学院承接的建设天津市职业教育"课程思政"教学研究示范中心、推进1+X证书制度试点等重点任务入选市教委创优赋能高职院校项目库，其中2021年度创优赋能建设项目——思政智慧教室建设和国培计划完成建设任务。成功申报"安全保卫管理""公共事务管理"和"信息安全技术应用"3个专业。制定《天津公安警官职业学院兼职教官选聘管理办法(试行)》，聘请40名公安业务骨干担任兼职教官，开展"模拟法庭"实训课堂教学活动及综合实训活动，与市公安局法制总队等14个教学实践基地深化合作共建。坚持把德智体美劳全面发展纳入人才培养全过程，开齐开足上好体育课，2021年4月下旬举办春季田径运动会，将书法课程列为学生必修课程，每周开设美育课专题讲座，把劳动教育与德育、智育、体育、美育相融合，积极探索具有公安院校人才培养特色的劳动教育模式。学院报送的《传承大钊精神 打造协同育警阵地》获评天津市学校"三全育人"优秀工作案例。天津警院代表队获第三届"智警杯"公安院校大学生大数据技能竞赛暨"智慧公安·数据警务论坛"总决赛"优胜奖"。论文《将技能竞赛融入公安院校网络专业课程教学模式的探索与实践》，经专家委员会评定，获竞赛教学改革研究优秀成果一等奖。微课程《接待信访挠头怎么办？3个妙招来帮您!》获市公安局微课程建设和微课程大赛活动一等奖。

撰稿：许海华

【科研工作】 2021年度，获批各级各类科研立项24项，其中天津市社科界千名学者服务基层活动大调研项目2项，天津市教育工作重点调研课题1项，院级科研课题22项(含思政专项科研课题11项)。组织完成各级各类共25项科研项目的结项工作，其中公安部科研计划项目1项，天津市哲学社会科学规划项目1项，天津市社科界千名学者服务基层活动大调研重点项目1项，天津市社科界千名学者服务基层活动大调研自选项目1项，天津市公安局科研项目1项，天津市教育工作重点调研课题1项，院级科研课题19项(含思政专项科研课题7项)。学院调研课题组获市公安局2021年度公安党建重点调研课题一等奖。教师公开发表论文共计29篇，其中核心期刊1篇；出版著作3部；推选23篇论文参与7项征文活动，获奖论文11篇。12月16日，京津冀公安院校合作第四届学术研讨会暨北京2022年冬奥会安保论坛，以线上线下相结合的方式隆重举行，研讨会在北京警察学院设主会场，天津公安警官职业学院、河北公安警察职业学院设分会场，环京七省区市获奖作者以视频会议形式参加，会议共征集论文196篇，评选出获奖论文69篇并将其编入《京津冀公安院校合作第四届学术研讨会优秀论文集》。2021年度，《天津法学》获评"RCCSE中国高职高专成高院校学报类核心期刊(A)"，全年出版四期(季刊)，共计刊发文章52篇，全年收到投稿455篇，全年基金论文刊载率31%。

撰稿：徐瑞娴

【学生工作】 健全完善警务化管理制度，制定4类7项54个考核点的学生警务化管理量化考核实施细则。在庆祝中国共产党成立100周年之际，重点开展讲党史故事，"学党史、悟思想、办实事、开新局"主题读书研讨班，党史教育观影活动、公安英烈祭扫和缅怀李大钊烈士主题活动，党史学习教育主题征文等13项活动。在市教育两委举办的2021年"读革命经典，讲红色故事"党史故事会中，学院选送作品《不忘初心话英雄》获高校组三等奖。在市教育两委国旗护卫队展演比赛中，学院学生仪仗队获二等奖。选送18个参赛作品参加2021年天津市大学生新媒体创作大赛，其中5个作品喜获大赛短视频组优秀奖。参加2021年天津市高校禁毒知识竞赛活动，获评"2021年天津市高校禁毒知识竞赛优秀组织单位"称号。组织学生参加天津市"宪法卫士"2021年行动计划(答题)。排演作品《以"青春之我"践行"强国有我"》，参与天津市职业院校党史学习教育成果展示活动。参加市教育两委举办的"青春心向党"新时代实践行暨"青年红色筑梦之旅"活动。全年组织7场思政系列巡讲活动，先后邀请先进人物、英雄模范、优秀师生、知名教授和非遗传人等多学科、多门类专家学者和社会名人到校宣讲。"天津公安警官职业学院隆重举行向李大钊烈士敬献花篮仪式"活动选送参加第六届全国高校"礼敬中华传统文化"系列活动成果征集活动。学生新媒体工作室先后组织学生开展国家安全、宪法专题宣传、"书香十月"读书竞赛、反邪教宣传和国庆话文明视频拍摄。

撰稿：马世君

【在职培训】 举办司晋督警衔晋升培训班，培训民警100余人次。民警心理健康培训中心累计培训、服务民警11207人次。举办四期市局直属单位辅警政治轮训班培训辅警860余名，承办交警总队2021年度新招录361名辅警的岗前培训。完成全市保安员职业资格考试累计3万余人次。

撰稿：王震刚

【基础设施】 2021年下半年向市发改委申请建设2万平方米的"安保实训基地"项目，并于11月3日收到市发改委的立项批复。积极筹措资金，维修办公楼、培训楼、教学楼,新建理发室,增设南门交通隔离设施,提升改造学生3号宿舍楼、浴室、教职工餐厅、体育场看台及围栏,平整路面、增种绿植、美化校园。

撰稿:徐 宁

【社会服务】 深入武清区大良镇开展扶持经济薄弱村专题调研和送教上门活动。与河西区友谊路街谊城公寓、西青区精武镇国兴佳园等社区建立长期共建关系,定期组织师生开展志愿服务。邵刚普法工作室获评"七五"普法全国先进单位。

撰稿:王震刚
审稿:闫长江

天津体育职业学院

【概况】 天津体育职业学院学院位于静海区天津健康产业园体育基地,总占地22.77万平方米,建筑面积6.86万平方米。共有教职工92人,其中教授3人、副教授16人;硕士47人、博士2人;双师型15人。

学院秉承"明德精学,追求卓越"的校训,以培养具备优秀运动能力的竞技体育人才和具有体育专业基本理论知识和技能的应用型人才为办学目标,依托训练、教学、科研"三位一体"的教育模式,着力推动理论学习和实训体验的有机结合,促进学生的操作技能和文化素养的协调发展,服务于社会大健康领域,满足运动队、业余体校、健身俱乐部及相关体育产业发展的多元化需求。

学院紧紧围绕市场多元化的人才需求,以岗位需求和职业技能为基础,以就业和创业为导向,实施"工学结合、学训同步、平台培养、模块教学"的人才培养模式,突出"多大纲导教、多课堂施教、多能力执教、多维度评价、多证书就业"的办学特色,全面提高学生的职业技能和综合素质,拓宽就业渠道,为学生终身学习夯实基础。

学院拥有13个校内实训室和多媒体教室、心理咨询室、数字化教学中心、语音室、计算机房、电子阅览室、图书馆、报告厅以及学生活动中心等设备完善的教学设施。学院各运动项目均具备独立使用的场馆,拥有近20个室内项目场地和足球场、棒垒球场、自行车馆、射击馆、康复中心等国内国际一流的场地设施。学院经教育部备案设置3个专业三个方向:体育运营与管理、体育保健与康复、运动训练专业以及运动训练专业(足球方向)、运动训练专业(滑冰滑雪轮滑方向)和体育保健与康复专业(体能方向)。

撰稿:许秋萍

【教育经费收入与支出】 2021年,学院教育经费总收入4866.01万元,比上年增加1594.59万元,增长32.77%。其中财政拨款收入3356.98万元;事业收入1269.68万元;其他收入239.35万元。全年教育经费总支出4620.41万元,比上年增加1445.23万元,增长31.28%。其中人员经费支出2625.26万元,日常公用经费支出1995.15万元。工资福利支出2245.59万元,商品和服务支出1487.38万元,对个人和家庭的补助支出379.67万元,其他资本性支出507.77万元。

撰稿:许秋萍

【教育教学】 学院深入学习贯彻全国职业教育大会精神,优化体育职业教育类型定位,深化体教融合、产教融合的发展理念,与天津市网球中心共建思政教育协同中心,定期安排思政教师到中心讲授特色思政课程,弘扬体育精神,帮助运动员树立远大理想,坚定必胜信念,做到训练育人并重。深入贯彻习近平总书记有关教育工作的重要论述,贯彻落实中央两办《关于深化新时代学校思想政治理论课改革创新的若干意见》及天津市相关部署,学院在与天津体育学院、天津市体育运动学校共建联盟的基础上,与杨成庄中学、瀛海学校、管铺头小学、王口镇第四小学签署协议,共建大中小学思政课一体化联盟。与蓟州国际旅游度假村深化产教融合,按照"岗课赛证"融通综合育人模式,构建校企"模块化"人才培养新模式,举办首期社会体育指导员(滑雪)项目职业资格培训班。成立第一届学术委员会,梳理课程体系,进一步修订完善人才培养方案。召开"学党史 悟思想 办实事 开新局"——深化产教融合、服务区域经济、构建校企命运共同体座谈会,把学习党史同总结经验、推动工作结合起来,同解决实际问题结合起来,不断提升教学成果,继续深化校企融合,服务区域经济,为体育行业输送更多优秀人才。

撰稿:许秋萍

【科研与社会服务】 学院利用自身专业优势,积极投入科学普及和健身指导工作,专业教师参加《科学健身一点通》节目录制,利用专业知识,以中考体育考试为抓手,为学生提供科学有效、简单易行的健身训练方法。与天津市中小学生视力健康管理中心共同座谈，商讨编制新版爱眼护眼操，以"体医融合""体教融合"的思路积极助力青少年近视防控工作。成功申报电子竞技运动与管理专业和运动训练（排球）。学院多名教师长期支持竞技体育科技保障工作，在实践工作中积累总结经验，实现教学与实践相结合，受到体育局各运动中心的一致认可。学院积极鼓励学生参与创新创业，实现学院人才培养的弯道超车。学院参加了津南区人民政府、市教委、团市委举办的"聚文创力量庆建党百年"2021年大学生文化创意创新创业大赛，"智慧云创数控机械指"项目进入国家会展中心展演获三等奖。为进一步响应"带动三亿人参与冰雪运动"号召，落实体教深度融合，更好推动冰雪运动在高校的普及和发展，学院组队参加由国家体育总局冬季运动管理中心、中国冰壶协会、天津体育局主办的2021年"中国银行杯"全国高校冰壶联赛，获女子团体第三名、男子团体第七名、混合双人第五名的优异成绩。

撰稿：许秋萍

【征兵与军训】 学院成立天津体育职业学院武装部，扎实做好大学生征兵工作，完善征兵工作方案，2021年两次征兵工作中，共28名同学光荣应征入伍，高质量超额完成征兵任务。学院获天津市"2021年度征兵工作先进单位"称号。在由市教育两委、天津警备区战备建设局举办的"'爱党报国铸军魂 立德树人展风采'庆祝中国共产党成立100周年天津市学校国旗护卫队展演活动"中，学院代表全市高校担任《青春在党旗下集结》大学生军事训练节目的演出，为中国共产党成立100周年献礼，获"突出贡献单位"称号。

撰稿：许秋萍
审稿：张丽云

天津滨海汽车工程职业学院

【概况】 天津滨海汽车工程职业学院是2017年经天津市人民政府批准，教育部备案的天津市第一所全日制民办高等职业院校，是教育部第三批现代学徒制试点单位，2021年国家级创优赋能项目建设单位。

学院坐落于天津市津南区葛沽镇创新二路36号，占地27万平方米，建筑面积18万平方米，教学行政用房8.3万平方米。学院实施理实一体化专业训练与岗位实战的教学模式，现有实训中心2座，约2万平方米，康复治疗中心8000平方米，理实一体化教室65间，校内生产性实训基地9个，2021年扩建并完善各类实训室30个，新增实训设备119套，包括汽车机电维修、车身修复、故障诊断、营销与服务接待、新能源汽车、智能汽车等实践教学基地和钳工实训室、电工电子实训室、语言以及多媒体制作演播中心等实习实训场所。2021年学院新增教学仪器设备价值1025.66万元，现有设备仪器总价值达到2512万元。学院图书馆藏书8.86万册，中外文期刊资料108种，现为天津市高校文献信息中心成员单位。

学院现有教职工210人，专任教师154人。其中高级职称12人、中级职称20人、具有硕士研究生及以上学位教师63人、双师素质教师23人。学院设有汽车工程系、信息工程系、康复工程系、公共基础部、思想政治理论课教学部5个系部，成功申报人工智能技术应用、计算机网络技术、电子商务3个新专业，共有19个专业。2021年学院在校学生共5901人。

学院实行理事会领导下的院长负责制，建立完善《天津滨海汽车工程职业学院章程》及各项管理体制和运行机制，制定实施细则和配套制度。

撰稿：张亦楠

【教育经费收入与支出】 2021年，学院教育经费总收入9125.7万元，比上年减少13982.36万元，下降60.51%。其中财政专项收入739.4万元，教育事业收入7873.64万元，举办方投入500万元，其他收入12.66万元。全年教育经费总支出6563.36万元，比上年减少18617.32万元，下降73.93%。其中财政专项支出894.71万元，人员支出2236.78万元，商品和服务支出3144.83万元，资本性支出287.04万元。

撰稿：肖春丽

【教育教学】 2021年，现代学徒制试点顺利通过教育部验收，完成新能源汽车和口腔康复技术2个专业创优赋能项目建设。进一步完善校企互聘共用的"双导师"师资团队建设，实现师资队伍双栖双聘，实行制度化、规范化管理。教师团队、教学设备、培养方案、教学运行和教学环境5个方面实现全面贯通，形成五位一体的现代学徒制育人机制，实现对人才培养目标的全流程质量保障。2021年度，共完成2019级汽车维修等8个专业约600学生的定制化培养。完善毕业生《毕业证发放规定》。完善《教材管理规定》。制定教学常规管理、教师工作规范等文件。

撰稿：王建明

【科技研究】 2021年，学院获批科研项目共9项，包括国家级1项、省部级3项、局厅级1项、院级4项。全年学院共完成科研项目4项，其中包括省部级项目2项、局厅级项目2项；获批天津市高职院校课程思政示范课程1项；获1项2021黄炎培职业教育论文评选二等奖，1项天津市第五届黄炎培职业教育创新创业大赛中高职三等奖。学院教师公开发表论文6篇，出版专业教材2本。

撰稿：朱津仪

【社会服务】 2021年，学院发挥自身优势，主动申报成人教育，积极申报国家汽车类技能等级认定机构，提供各种岗位技能培训和鉴定。获批成人教育招生资质，与天津理工大学、长沙理工大学合作，开通汽车服务工程专业和网络营销与管理等专升本课程，拓展学历教育和相关培训。2021年度迎来本科毕业生24人，成人教育专科录取10人。全年共计完成各类培训12900余人次，包括在校生专接本、职业资格等级证书、1+X证书培训和普通话考试培训等。开展超10余项社会志愿服务活动，通过社区慰问、衣物回收、爱心义卖等多种形式，为社区特殊困难家庭、康复中心的患病儿童奉献爱心。3月，学院成为津南区首个接种疫苗的院校，并组织师生24小时轮流值守，志愿服务疫苗接种工作。5月9日，学院再次组织多名志愿者组成志愿服务队，前往当地疫苗接种点，为学校师生及当地市民做好疫苗接种服务工作。

撰稿：张亦楠

【招生工作】 2021年，学院招生工作稳步开展，刊发了5个省市考试院主办出版的志愿填报刊物，全年面向21个省、市、自治区进行招生宣传，发放、邮寄各院系招生简章3万余份，学院综合简章5万余份；鉴于疫情防控形势严峻，学院减少了线下进校园宣讲活动，充分利用学院官方和微信公众号开展多渠道咨询服务。积极拓展线上媒体招生宣传形式，通过天津广播电视台科教频道、龙江上空好声音广播、吉林教育电视台网站（学生查询录取结果入口）等媒体平台发布视频、广播、推文等方式宣传，提高学院影响力，扩大学院招生规模。2021年学院共录取新生2285人，实际报到1929人，报到率84%，其中内蒙古自治区、新疆维吾尔自治区、宁夏回族自治区、青海省、山西省、吉林省等6个省市自治区报到率达到100%。高职扩招报名166人。

撰稿：孙宇辰

【党建工作】 2021年，学院党建与学院事业同步发展，党总支升格为学院党委，学院获评2021年天津市文明单位。学院根据市教育两委要求，把党的建设写入学院章程，明确提出发挥民办院校党委的政治核心作用，坚持党的领导和依法治校有机统一。在中国共产党成立100周年之际，学院党委全年围绕"学史明理、学史增信、学史崇德、学史力行"的要求，聚焦党史学习教育目标任务和重点措施，完成党史学习教育各项任务，把学习习近平新时代中国特色社会主义思想作为干部、党员教育培训主课首课。在学院党委领导下，组织党员深入学习习近平新时代中国特色社会主义思想，学习党史，按要求制定办实事和群众诉求"两个清单"，提出"健全师生诉求机制""聚力学院发展，让师生分享发展成果""我为师生送温暖""我是党员做先锋""党员服务社区"五大办实事重点项目，共完成25件实事。学院建立庆祝纪念建党百年精神堡垒 "家和万事兴——家风家教主题展馆"，组织全院师生举办"不忘初心续写辉煌——庆祝中国共产党成立100周年"文艺演出，教师第一党支部《功夫课堂，为延续学习赋能》党日活动被命名为2020—2021年度教育系统"最佳党日"优秀活动。

撰稿：张亦楠
审稿：云景乾

成人高校

天津开放大学

【概况】 天津开放大学(国家开放大学天津分部)成立于1958年,是我国第一所以广播函授为主要教学手段的远程教育高等学校。学校经历了天津红专广播函授大学、天津市广播函授大学和天津广播电视大学阶段,2020年12月26日经天津市人民政府批准,更名为天津开放大学。经过60多年的努力,学校形成开放教育、成人教育、社区教育、职业教育、老年教育、社会培训、终身教育服务等协同发展的多元办学格局,共培养本专科毕业生47.4万人,开展社会培训和终身学习服务超过6000万人次。

2021年,学校办学系统在校生4.2万人,其中本科生1.27万人,专科生2.93万人,设有30个分校、工作站和学习中心,一大批社区及乡镇学习点,形成了覆盖全市各区、街镇、主要行业的办学体系。学校承担天津市社区教育指导中心、天津市学校家庭教育指导中心和天津市继续教育研究中心职能,负责天津市教育科研网的运营管理,拥有比较完备的远程教育网络、终身学习公共服务平台和终身教育资源库,建有天津市数字经济人才培养基地、天津市跨境电商产业园、天津市安全技能培训师资研修基地和线上线下相结合的开放式老年大学。

学校以习近平新时代中国特色社会主义思想为指导,全面贯彻党的教育方针,以立德树人为根本,以服务全民终身学习为宗旨,深入贯彻新发展理念,持续推动综合改革和高质量发展,全面建设"三基地一平台",即全市高质量应用型人才培养基地、高品质社区教育和老年教育示范基地、高水平社会培训项目孵化推广基地、线上线下相结合的全民终身学习服务平台,努力成为天津终身学习服务体系和学习型城市建设的重要载体和支撑。

撰稿:王 岩

【党史学习教育】 3月15日,学校召开党史学习教育动员部署会议。全年不断深化党史学习教育。组建领导小组,制订和实施工作方案,高质量完成"规定动作",创新开展"自选动作"。组织党委中心组学习、中层干部集体学习、专题读书班、宣讲、培训和书记讲党课等。认真组织学习习近平总书记在党史学习教育动员大会、"七一"庆祝大会、十九届六中全会上重要讲话精神,开展"奋斗百年路、启航新征程"党史学习教育知识竞赛、"走先辈足迹、学革命精神"系列体验式教育实践活动和庆祝建党百年表彰汇演展览系列活动。在学生中组织"传承'爱国三问'精神、昂首阔步新征程"庆祝建党100周年主题教育系列活动。确保党史学习教育全覆盖,学习教育取得扎实成效。

撰稿:王 岩

【天津广播电视大学更名仪式】 4月17日,学校举行天津广播电视大学更名仪式。天津市人民政府副市长、市政协副主席曹小红,国家开放大学党委书记、校长荆德刚,市政府副秘书长王璟,津南区委书记刘慧、市教委副主任白海力等出席,曹小红和荆德刚共同为天津开放大学揭牌并讲话。曹小红指出,天津市"十四五"规划中明确提出要"推进天津广播电视大学更名和综合改革"。希望学校以这次转型更名为契机,坚持以习近平新时代中国特色社会主义思想为指导,全面贯彻党的教育方针,落实立德树人根本任务,坚持以服务全民终身学习为使命,加快推进综合改革,不断提升办学质量和人才培养质量,全面提升服务天津市学习型社会建设和经济社会发展能力,为天津市全方位推动高质量发展助力。

撰稿:王 岩

【印发实施"十四五"事业发展规划】 11月9日,《天津开放大学"十四五"事业发展规划》正式印发实施。《规划》编制坚持发扬民主、开门问策、集思广益,先后面向校领导、系统及校内教职员工、民主党派和无党派人士、行业专家、教代会执委等近千余人征求意见,对收集的400余条反馈意见建议,深入讨论,研究吸纳,历时15个月,18易其稿。《规划》以习近平新时代中国特色社会主义思想为指导,按照国家、天津市和教育系统"十四五"规划要求和学校党员大会确定的发展目标和任务,全面总结学校"十三五"时期的成绩与经验,提出了"十四五"期间学校在党的建设、思政教育、办学质量提升、专业建设、非学历教育拓展、平台与资源建设、产教融合服务、办学体系建设等方面的20项重点工程。

撰稿:王 岩

【京津冀协同发展】 4月17日,学校举办京津冀终身教育论坛。邀请国家开放大学、北京开放大学、河北开放大学党委书记,以"构建京津冀终身教育协同发展新格局"为主题,深入开展研讨交流,就下一步推动京津冀终身教育协同发展达成初步共识。4月26—28日,承办"京津冀终身学习发展共同体工作研讨培训会",参加"京津冀'康养学游'主题论坛暨老年教育、社区教育管理人员高级研修班",促进三地老年教育、社区教育工作水平不断提升。创立"京津冀川浙鲁"社区教育联盟,创新优质资源共享、共管、共建模式。7月16—17日,校领导带队赴河北省平山县西柏坡参加国家开放大学、北京开放大学、河北开放大学和本校共同组织的京津冀地区开放大学党史学习教育主题联学,丰富党史学习教育内容和形式,促进"三地四校"合作不断深化。

撰稿:王 岩

【产教融合】 6月25日,天津市跨境电子商务示范园区暨天津开放大学产业园揭牌仪式举行。由学校参与运营产业园,在全市教育系统乃至全国开放大学体系尚属首例。学校以产业园为支撑,将教育链、人才链、创新链和产业链贯通融合,创新"校行企政研"合作模式,推动产业创新发展。跨境电商学院全年通过线上和线下方式开展跨境电商岗位技能培训,累计覆盖企业人员和院校学生约7000人次,为行业发展选拔和供给优秀的跨境电商实操人才。传媒经济学院承办第二届"海河工匠杯"技能大赛暨全国连锁经营行业职业技能竞赛天津选拔赛(互联网营销师赛项),组织参加第七届中国国际"互联网+"大学生创新创业大赛,获市级一等奖、国家级铜奖。落实人社部《关于实施职业技能提升行动创业培训"马兰花计划"的通知》,共举办创业培训53期,6530名大学生取得创业合格证书。

撰稿:王 岩

【课程思政建设】 12月,学校多名教师(教学团队)在国家开放大学主办的各学科类专业课程思政大赛中获一等奖2项、二等奖4项、三等奖3项、优秀奖1项、组织奖1项。学校4门课程入选天津市课程思政示范课程,4位教师及其团队获天津市高校课程思政教学名师和教学团队称号。学校高度重视课程思政建设,建立实施党委统一领导、党政齐抓共管、相关职能部门和办学单位全力推进落实。

撰稿:王 岩
审稿:杨 齐

天津市建筑工程职工大学

【概况】 天津市建筑工程职工大学是天津市经教育部批准的首批成人高校。学校有河西区气象台路93号和西楼后街21号两个校区,占地7477.25平方米,建筑面积7179.69平方米。现有教学用互联网计算机120余台,多媒体网络教室25间,可同时容纳960人的上课培训,录课室一间,能完成各类课程的录制工作。

学校现有职工66人,专职教师59人,全部具有本科以上学历,专职教师中,副高级职称20人,中级职称27人。35岁以下的青年20人。学校有稳定的兼职教师队伍,分别来自普通高校、科研设计单位及大型施工单位一线的专家、教授和专业技术人员。

学校充分发挥其依托行业、服务行业的优势,本、专科专业的设置紧密围绕建设类企业的发展需要,开设以建筑工程技术、土木工程为龙头的建设工程管理、工程造价管理、建筑工程技术、供热通风与空调技术、工业设备安装工程技术、工程管理等成人专科、本科专业。承担天津市住建委等主管部门下达的各类专业培训、继续教育,承办天津市涉农区建设系统职称继续教育培训,并通过企业委托或中标等形式对相关建筑企业进行专业技术人员提供继续教育培训服务。

2021年,学校完成学历招生成人专科6628人,成人本科21人,开放教育专科18人,开放教育本科48人。在校生为开放教育655人,职大12438人,共计13093人。

撰稿:杨 龙

【教育教学】 学校加强政治思想教育,抓好意识形态工作,开展专业课程"课程思政"建设,以立德树人为核心,以课程思政教学改革为抓手,挖掘梳理各专业各门课程的思政元素,充分发挥每门课程的育人功能,构建全员、全程、全方位的育人大格局,全面提高师生思想道德水平。学校领导和教师研读精学、学以致用,不断探索更贴近社会实践、符合企业需求的成人和职业教育发展之路。学校积极探索成人和职业教育在新的历史阶段的特点和规律,认真研究成人教育教学工作的科学性、实效性,努力提高办学水平,提高师资队伍的素质,在人才培养模式、专业设置和课程建设上都有长足进步,形成符合行业办学特点需求的办学特色。学校定期开展专家论坛,聘请校外及校内专家就教学、科研、管理等多方面对教师进行培训,使教师能深入了解建筑行业的发展状况及新技术、新工艺、新材料的应用使用情况,提升教师专业知识、授课技巧和科研水平。学校始终把工作重点放在培养青年教师骨干上,以形成合理的教育人才梯队。通过轮岗,压担子,给任务,引入合理的人才培养机制,晋升机制,奖励机制,培养复合型人才,让更多年轻教师适应多层次、多科目的教学和管理工作,为学校的长远发展奠定良好的基础。开展青年教师基本功竞赛。2021年继续完善网络教学平台,实现在线学习、资料下载、网上答疑、在线考试、信息发布、智能统计、学员管理等功能,应用到学员的教学及管理当中。

撰稿:杨 龙

【科研和社会服务】 2021年学校申报并获批多项教委重点调研课题和中国成人教育协会课题,学校结题12项,并于年底召开科研评介会,完善科研奖励机制,激发青年教师的热情和潜力。学校开展面向社会的各种培训。根据不同的培训人员和培训目标,根据建筑行业的行业特点,在学时上分为短期班和长期班,脱产班和半脱产班;根据建筑行业要求,抓住企业内部需求,开设建造师、造价师培训班,为企业培养后续人才;根据建筑行业发展,抓住企业发展方向,开办建筑信息模型(BIM)培训班,为企业插上科技的翅膀。2021年克服新冠疫情影响,录制培训课程视频,完成相应培训平台建设,实现培训教学网络化,全年共完成各类培训5605人次。

撰稿:杨 龙
审稿:李雅丽

天津市河西区职工大学

【概况】 天津市河西区职工大学是经天津市政府批准、教育部备案的独立设置的成人高校,占地4.67万平方米,总建筑面积约5万平方米。设有计算机、财经、商贸、经管、语言、艺术、机电等十类30余个专业,进行中专、大学专科、大学本科学历教育及职业资格培训和各种社会培训。学校配有电工电子技术实训中心、会计电算化实训中心以及电子商务、国际贸易等10个实验室和600余台计算机的机房,多媒体教室32个,报告厅2个。学校设有专用实训室,现代化的电子阅览室、功能齐全的图书馆及运动场馆,且定期向社会开放。新冠疫情以来,增添了测温设备防疫物资。完成校园文化墙的布置;安装覆盖全校园的数字监控系统;电力增容全面完成;校园文化及校园安全上了一个新台阶。

截至2021年末,学校共有在职教职工54人,其中高级职称17人,硕士以上学位37人。学校拥有专、本两个教学层次,其中专科学历教育在校生1516人,本科学历教育在校生1088人。

学校坚持以习近平新时代中国特色社会主义思想为指导,学校全面贯彻党的十九大、十九届历次全会精神,全面贯彻落实习近平在全国教育大会和全国思政工作座谈会的讲话精神,全面贯彻落实习近平总书记对职业教育的指示批示精神,全面加强党对教育工作的全面领导,全面贯彻党的教育方针,坚持社会主义办学方向,落实立德树人的根本任务,全面落实区委巡视组的反馈意见的相关要求,依据《国家职业教育改革实施方案》,积极推进学校教育治理体系和治理能力现代化;强化党对学校的全面领导,深化党组织领导下的校长负责制,完善领导体制和工作机制。认真落实民主集中制,凡是涉及招生、收费、支出、重大基建决策等重大问题,以及制度的修订、评先评优、教师考核等内容一律集体决定,做到公开、规范、透明、合规。

2021年,学校建立了人本、发展、卓越的办学理念;现代化、国际化、综合性的开放学校办学目标;为学生终生发展服务、培养面向现代化的技术技能型人才培养目标;正身、敬业、求真、奉献的教风;善思、明理、勤学、践行的学风;诚、勤、朴、毅的校训和厚德、博学、笃志、崇实校风;积极建构工匠精神、人文素养、技能见长的办学特色。

撰稿:王海兰

【教育教学改革】 加强政治引领。围绕庆祝中国共产党成立100周年,制订《天津市河西区职工大学党史学习教育的实施方案》,扎实开展中共党史学习教育,通过"了解一名党史人物,讲好一个党史故事,写出一篇高质量的学习体会,做一个美篇(或PPT)""我为培养大国工匠筑基"竞赛等多种活动推动党员干部师生深刻把握党的百年奋斗史中蕴含的历史逻辑、理论逻辑和实践逻辑。将党史知识融入思政课堂以及所有学科课堂,作为思政和学科思政重要内容,召开思政工作研讨会,开展思政一体化说课大赛,开展"百年辉煌"精品思政课和学科思政课评比,充分发挥课堂主渠道作用。落实思政课课时标准和高职思政课教师和辅导员奖励绩效,提高思政课教师的积极性。

撰稿:王海兰

【师资队伍建设】 2021年学校进一步优化教师队伍的年龄结构、学历结构和学缘结构;稳定骨干教师队伍,以"老带新"的方式,不断培养中青年教师担当学科负责人,培养中青年教师;聘请校外专家建成一支整体水平较高、充满活力的适应学校事业发展需要的师资队伍。应对疫情学校充分利用信息网网络资源,积极推进教师的专业学习和培训。着力提高教师专业能力。推进职业教育的内涵式发展,搭建教师发展平台;举办科研课题专项培训讲座,引导教师确定专业发展方向,帮助教师提升科研能力;鼓励教师相互学习,共同提升教师队伍的专业素质;加强成人班主任的队伍建设和管理,增进班主任的服务意识;完善教师评价激励机制,建立健全教学工作量评价标准,加强教学质量和课堂教学纪律考核。

撰稿:王海兰

【完善"五育"并举体系】 坚持"五育"并举,落实习近平总书记在全国教育大会和全国思政课教师座谈会上的讲话精神,树立大思政观,积极构建学科思政体系,完成学校所有学科思政课目标制定;加强思政课教师队伍建设,坚持每学期召开学校思政工作研讨会,坚持学校领导班子走进思政教研、走进思政课堂,带头讲好思政课,加强学校思政工作领导小组对学校思政工作的指导作用,举办思政课教师做课比赛。2人获河西区首届中小学思政教师论坛三等奖;2021年天津城市职业学院职教集团思政教师"精彩一课"说课比赛,2人分获二、三等奖;参加2021年城市职业学院职教集团技能竞赛教师"课程思政"说课比赛,5位教师获优秀奖。推动思政课与学科思政协同发展。

撰稿:王海兰

【全面提高教学质量】 深化为党育人、为国育才的意识。以党史、新中国史、改革开放史、社会主义发展史为教育载体,抓实理想信念教育、中华优秀传统文化教育、行为规范养成教育、劳动教育,心理健康教育、生态文明教育、法治教育、诚信教育、民族团结教育、国家安全教育和国防教育。课堂教学规范进一步提升。电大、职大"线上+线下"的教学模式下学期实现,一次上线100%;积极探究微课代替面授课程取得很好的效果,创造条件为专升本学生提供课程载体;专业建设不断提升,新开设五年一贯制学前教育和智慧养老专业。继续深化落实国家1+X证书制度。完善学校课程体系建设,把1+X证书制度作为学生评优和教师评价的主要依据;落实X(技能证书)的取证渠道,把取证考试内容与课堂教学紧密结合,不断提高取证率,办出职业教育特色;生源数量和质量不断提升,招生人数名列全市前列;同步抓好文化课和专业课的课堂教学质量,强化过程管理,落实达标标准,提高实习实训课程的质量。

撰稿:王海兰

【智慧校园、和谐校园建设】 整体规划校园文化建设方案,校园文化建设形成特色。校园文化墙、办公室文化、教室文化、楼道文化逐步形成特色;档案室建设、党员活动室、职工之家已经建成;公众微信号、宣传栏也成为校园文化阵地,营造积极向上、自信进取的良好氛围,弘扬正能量。智慧化校园建设不断推进。无线网全覆盖,数字化办公条件不断改善。平安校园建设软硬件同步进行,电力增容改造完成,视频监控系统基本完工。定期开展综合治理和校园安全的应急演练,不断提高师生的安全意识和安全防护能力。

撰稿:王海兰
审稿:徐长群

天津市南开区职工大学

【概况】 南开区职工大学是以实施成人高等学历教育、普通高等职业教育、培训教育、老年教育和社区教育于一体的具有综合性、社区性、开放性的新型高等教育机构。学校设有天津广播电视大学南开分校、天津城市职业学院南开分院、南开区老年大学、培训中心等多个办学实体。

学校坐落于南开区旧津保路2号。占地1.67万平方米,建筑面积1.09万平方米,馆藏图书6万册,数字终端582台,其中教师终端数190台、学生终端392台,网络多媒体教室32间。有会计综合实训室、计算机实训室、多功能学术报告厅等教学设施。有教职工73人,其中正高级职称1人、副高职称17人、中级职称21人。

学校坚持以习近平新时代中国特色社会主义思想为指导,强化思想政治引领,全面落实立德树人根本任务,秉承"崇德、崇能、科学、进取"校训,坚持"为区域经济建设发展服务,为完善终身教育体系服务"的办学宗旨和"终身学习、开放办学、改革创新、质量立校"的办学理念,根据各专业的培养目标和职业岗位群的要求,加强实践教学和现代教育技术的应用,实现多种教育协调发展的办学思路,服务区域经济社会发展。

学校坚持贯彻新的发展理念,不断提升创办优质教育的能力和水平,推动教育评价改革落地落实。探索现代职教体系建设、产教结合、社老融合等区属成人教育发展方向。积极引导教师更新教育理念,推进课堂教学改革,聚焦课堂,以优质专业项目建设带动专业培训,推进微课程教学应用;加强专业建设,广泛进行适应经济社会发展需求的社会调研,研究构建新的发展格局,积极推进新时代成人高校继续教育实现新发展、新跨越。学校开设国际经济与贸易、法律事务、法学、工商企业管理、社会工作、会展策划与管理、学前教育等本、专科专业,学历教育在校生2467人。

撰稿:张　跃

【办学成果】　完成天津市终身教育研究计划项目《推进各级各类学校开放协同促进社区教育发展的研究与实践》课题;南开区老年大学举办庆祝中国共产党建立100周年作品展,共展出刻瓷、葫芦、剪纸、书法、绘画等作品100余件;刻瓷作品入选庆祝中国共产党成立100周年第三届京东民间艺术展(天津市民间文艺家协会);刻瓷作品《毛主席诗词　长征》入选"天津文艺界庆祝建党百年精品创作展"(天津市文学艺术界联合会、天津市民间文艺家协会);南开区老年大学《老年心理学》获第八批全国老年远程教育特色微视频课程(中国老年大学协会远程教育工作委员会)。南开职大高职部组织参加职教集团技能大赛,

获2021年度天津城市职业学院职教集团职业技能竞赛优秀组织奖;天津城市职业学院南开分院(南开职大高职部)团委被评为"南开区五四红旗团委";南开职大高职部组织参加天津城市职业学院职教集团"培优赋能"2021年辅导员素质能力大赛,分获二三等奖。天津城市职业学院南开分院(南开职大高职部)辅导员育人工作案例《以心心之火照亮希望之路》入选天津城市职业学院辅导员优秀育人案例集。

撰稿:张　跃

【老年教育】　南开区老年大学积极应对疫情复课开学。在保障学员健康安全的前提下,线下复课包括书画、绘画、刻瓷、泥塑、舞蹈、器乐、歌唱等在内的多种类专业课程,全年复课班级达167个教学班,共计2906人次。开设水墨水乡线上课程及旅游英语口语、刻瓷技法、智能手机应用空中课堂,完善线上授课及数字化资源建设。老年心理学视频课程被评为第八批全国老年教育特色微视频课程;刻瓷作品分别入选"庆祝中国共产党成立100周年第三届京东民间艺术展"及"天津文艺界庆祝建党百年精品创作展";撰写并参与演出的配乐诗朗诵《风雨航程　百年荣光》获九三学社庆祝建党100周年线上文艺展演优秀作品二等奖。

撰稿:康　恺

【社区教育】　社区教育工作认真落实"完善终身教育体系,建设学习型社会"的要求,不断带动南开区社区教育工作。推进南开区学习型城区建设,开展"我为群众办实事"、组织寒暑假青少年社区主题活动;完成了南开区老年(社区)学校、老年(社区)教育学习中心挂牌工作;在天津市全民终身学习活动周中,南开区体育中心街王叩获评2021年天津市"百姓学习之星";《社老融合》被评为2021年天津市"终身学习品牌项目";《社区工作者队伍建设实验项目——以天津市南开区学府街为例》《核心素养下培养小学生科学精神教育探究与实践》分获天津市级社区教育项目评选二三等奖。

撰稿:李　莉
审稿:梁建军

天津市红桥区职工大学

【概况】　天津市红桥区职工大学坐落于红桥区,有丁字沽三号路45号和红桥区光荣道18号两个

校区。学校总占地面积3.5万平方米,建筑面积1.56万平方米。共有教职工80人,专任教师63人,有硕士学位的38人。固定资产总价值2109.65万元,拥有计算机383台,其中教学用计算机283台,多媒体教室16间。学校职、电大开设本、专科学历教育专业10个。红桥职大在校学生1884人。

2021年,红桥区职工大学坚持以习近平新时代中国特色社会主义思想为指导,全面贯彻党的十九大精神,在严格落实常态化疫情防控工作的同时,全力做好继续教育工作。全面加强党的建设,提升干部、教师队伍政治素质。高质量开展党史学习教育,严格落实意识形态工作责任制。全面从严治党工作得到加强。完成中层干部述职及民主测评,不断加强师德教育及警示教育,开展师德师风演讲活动,强化基本准则和师德师风负面清单制度落实。

提升教育教学质量,为学生提供优质教学支持服务。高职办学版块不断完善各项制度规定。增强毕业生实习实践管理。与7家企业签订《校企合作框架协议》。培养学生德智体美劳全面发展。开设《职业生涯规划》等必修课及选修课程。进一步增强学生使命担当,培养学生大国工匠精神,引导学生矢志不渝听党话跟党走,争做社会主义合格建设者和可靠接班人。坚持立德树人,课程思政建设取得新进步。青年党校和团校学员人数达到历史新高。骨干专业建设得到加强。五年一贯制幼儿发展与健康管理专业通过天津城市职业学院职教集团评估审查。学生在2021年第七届中国国际"互联网+"大学生创新创业大赛中获天津赛区职教赛道第三名,2021年天津城市职业学院职教集团技能竞赛中获得8个奖项。职电大教学版块在预约制教学模式的基础上进一步深化教学改革,探索互联网+教育的新模式。强调教学管理规范化,努力提升教学支持服务水平。特别是在应对新冠疫情期间的课程安排,教学组织等问题上,合理制定管理举措,确保各类办学模式良性运转。用科研促教学,多角度鼓励教师科研积极性;聘请专家入校,对教师进行系列培训;多方筹措,为教师创设教材出版、参编、课题申报机会。1名教师申报的科研课题顺利结题。努力服务区域经济。老年大学完成30余个专业,100余班次,1400余人次

的教学和管理工作。参加市老年教育协会"建党百年"专题文艺汇演出;完成"百姓学习之星"评选工作,1名学员获奖。开展全民悦学,学好"四史"永葆初心;全民悦读终身学习;全民参与共创学习氛围;全民助老,"智慧助老"宣传展示;全民享学,学习成果征集展示五个板块的主题活动。通过精心组织,周到保障,热忱宣传,将红桥区终身学习氛围推向高潮。

撰稿:宋傲雪

【志愿服务】 2021年5月20日,天津市红桥区西沽街道退役军人服务站负责同志来到学校北洋校区,给学校"不怒放不青春"志愿小队赠送"志愿服务,大爱无疆"的锦旗和感谢信,感谢"不怒放不青春"志愿小队的同学们在近期西沽街疫苗接种工作中提供的帮助。"不怒放不青春"志愿小队成员由学校2018级五年一贯制计算机网络技术班和会计2班的学生组成,在班主任的组织和教育下,志愿小队成员秉承着"奉献、友爱、互助、进步"的志愿服务精神,多次参加区级志愿服务活动。此次疫苗接种服务活动中,社区居民服务,服务对象累计2000余人,受到街道和社区居民的一致好评。以学校和社区的育人优势为出发点,学校与退役军人服务站共同探讨校地合作创新学生思政教育途径、社区与学校共建推进学生志愿服务健康发展等热点问题。双方加强合作,共建育人。

撰稿:宋傲雪

【参赛承赛】 2021年天津城市职业学院职教集团技能竞赛院校技能大赛落下帷幕。学校共派出9支师生团队,参加会计技能赛、幼儿发展指导技能赛、劳动技能赛及课程思政说课赛四大类赛项的角逐。获二等奖3项、三等奖4项、优秀奖2项,在集团中名列前茅,为学院赢得荣誉,也展示师生优良职业素养和精神风貌。学校连续两年成为集团大赛重点赛项的承办校。2021年学校承办"幼儿发展指导技能赛",被集团授予"优秀组织奖"。

撰稿:宋傲雪
审稿:焦茹彬

中　学

天津市南开中学

【概况】　天津市南开中学由著名爱国教育家严修和张伯苓于1904年创办。1978年被教育部确定为全国重点中学。1996年被国务院公布为全国重点文物保护单位。现为天津市教委直属中学。2017年获得中央文明委授予的"第一届全国文明校园"称号。2020年经复查合格，继续保留"全国文明校园"称号。学校坐落于天津市南开区南开四马路，占地7.67万平方米，建筑面积6.03平方米，绿化面积1.8万平方米。截至2021年12月，在校学生2433人。其中高中部36个教学班，1645人；初中部16个教学班，708人；国际部7个教学班，外籍学生80人。全校教职工295人。孙海麟任南开中学理事会理事长，李轶任党委书记，刘浩任党委副书记、校长。南开中学校色为青莲紫，校徽呈八角形，校歌首句歌词为："渤海之滨，白河之津，巍巍我南开精神。"110多年来，由严修先生亲自制定并书写的"容止格言"以及由张伯苓校长提出的"允公允能，日新月异"的校训在南开学子心中打上了深深的烙印。

2021年9月8日，市委书记李鸿忠深入南开中学调研，对学校深入学习贯彻落实习近平总书记视察南开大学时的重要讲话精神，大力弘扬以爱国主义为核心的"南开精神"，在"五育"并举、教育创新等方面积极探索，全面推进教育教学改革等方面工作予以肯定。

南开中学在做好疫情防控的基础上，推动学校各项工作不断发展，取得一系列成绩。积极探索党委领导的校长负责制，组织开展好党史学习教育。学校以庆祝中国共产党成立一百周年为契机，挖掘南开红色教育基因，举行《青春之骏》首映式活动，与天津电视台联合拍摄制作爱国主义教育影片"都市记忆之热血南开"；加强党对学校各项工作的全面领导，切实发挥党员教师在疫情防控、教育改革、援派支教、扶贫助困、思政课建设、课程思政工作、课后服务、"双减"等学校中心工作中的先锋模范作用；持续打造南开公能讲坛教育品牌，为学校长远发展积蓄力量。积极拓展南开中学优质教育资源辐射作用，2021年，与浙江景宁畲族自治县民族中学确定交流帮扶关系。充分用好南开中学的红色资源，办好全市中小学党政主要负责同志专题培训班活动；继续推进课程改革，进一步完善"南开公能课程体系"，为教师专业化发展搭建平台。学校申报的《"公""能"同行：南开中学"大德育"的百年传承与时代创新》获天津市第七届基础教育教学成果特等奖。在"十四五"课题申报工作中，学校2项课题获国家级立项，18项课题获市级立项。学校在教育部精品微课评比活动中有10节课程进入国家级评选，在"双优课"评比活动中有11节课程进入市级评选；依托体验创意中心、艺术中心、奥林匹克体育运动中心，促进学生德智体美劳全面发展，加强"拔尖创新型人才培养"，为学生终身发展奠基。在2021年度全国中学生数学、物理、化学、生物、信息学奥林匹克竞赛中，南开学子共获2金、9银、12铜。学校体育运动队在市区级比赛中再创佳绩，多个艺术社团被评为"天津市优秀艺术团"，在市级文艺展演活动中接续辉煌；认真贯彻落实《中小学德育工作指南》，坚持"以周恩来为人生楷模"教育主线，继续做好学生思想政治教育与心理健康教育工作，进一步完善"义工制"课程，将劳动教育纳入学生培养全过程。大力推进班主任队伍建设，不断提升德育工作水平，学校先后有2个教师团队获批天津市名班主任工作室。2021年4月，南开中学获批天津市中小学德育工作研究基地。2021年11月，学校政治学科教师团队获批首批天津市中小学中职学校思想政治理论课名师工作室。

撰稿：宋海涛

【领导调研】　第37个教师节来临之际，市委书记李鸿忠深入南开中学调研，亲切看望一线教职工，向学校教师和教育工作者致以节日祝贺和诚挚慰问，并与师生座谈交流，调研"双减"和思政教育工作开展情况。李鸿忠走进校史馆暨周恩来中学时代纪念馆和思政课实践教学基地,回顾南开学校百年历史,详细了解学校坚持"以周恩来为人生楷模"、德智体美劳"五育"并举,深入开展思政教学和教育教学改革等情况。随后,李鸿忠主持召开座谈会。市领导金湘军、王庭凯参加。南开中学党委书记李轶、校长刘浩及教师学生代表分别发言,围绕加强学校基层党建、推进大思政课教学、落实"双减"工作措施、深化课程改革等,畅谈感受体会、提出意见建议。

2021年9月27—28日,天津市召开"双减"工作现场会。27日下午,全体与会人员来到南开中学进行现场调研,市委常委、市委教育工委书记王庭凯,市委教育工委常务副书记、市教委主任荆洪阳,市委教育工作领导小组办公室秘书处处长、二级巡视员王秋岩出席。与会人员参观了校史馆暨周恩来中学时代纪念馆、思政课实践教学基地、英烈纪念碑、大型纪念油画《使命》等。南开中学"公能"教育思想与实践,特别是坚持传承和弘扬以爱国主义为核心的南开精神,给与会者留下深刻印象。28日下午召开的现场会上,南开中学校长刘浩进行专题交流发言。

撰稿:宋海涛　张　楠

【承办"弘扬南开爱国精神　担当铸魂育人使命"专题培训班】　市委教育工委、市教委举办全市中小学党组织书记、校长专题培训班,分批组织相关同志赴南开中学校史馆参观学习。2021年9月27日,培训班以现场调研的方式,结合"双减"工作现场会在南开中学开班,市委常委、市委教育工委书记王庭凯出席并讲话。9月29—30日,市教育两委举办2期中小学党政主要负责同志专题培训示范班。之后,全市16个区教育系统按市教育两委部署,分批次举办中小学党政主要负责同志专题培训班。此次活动持续开展时间近3个月,南开中学共接待全市中小学党政主要负责人40余批次、约1500人。学校主要领导亲自谋划、组织实施,专门成立了青年教师讲解队,为来访参观学习的书记、校长们提供全面深入的讲解服务,高质量完成了这一重要任务。

撰稿:李德志

【召开纪念周恩来总理诞辰暨三·五表彰大会】　2021年3月5日,南开中学隆重召开纪念周恩来总理诞辰表彰大会。南开中学理事会理事长孙海麟、校党委书记李轶、校长刘浩、学校干部教师代表、受表彰学生代表及高二年级全体师生齐聚瑞廷礼堂,参加这场活动。大会由校团委书记张小虎主持。一曲钢琴演奏《绣金匾》拉开本次大会帷幕,深情怀念毛泽东主席、朱德总司令、周恩来总理等老一辈革命家。副校长潘印溪宣读表彰决定。共有28名同学获南开中学的最高荣誉"公"字奖章、"能"字奖章,其中16名同学在全国奥林匹克竞赛中获得佳绩。30个班集体和学生社团获"先进集体"称号。51名同学因参加学科奥林匹克竞赛获天津市一等奖也受到表彰。会上,受邀参加大会的平津战役纪念馆宣教部主任祁雅楠向参加由该单位组织的全市学生纪念征文中获奖的同学颁发获奖证书,并向学校图书馆赠送了收录获奖征文的图书《我的红色研学记忆》。

撰稿:林爱娟

【开展党史学习教育】　南开中学充分挖掘利用校本资源"教育富矿",努力用好红色遗址、讲好红色故事、办好红色活动,将党史学习教育全面融入师生思想教育全过程,引导广大师生弘扬南开精神、赓续红色血脉、砥砺报国之志。通过梳理校友中革命先辈和英烈如周恩来、马骏、彭雪枫等事迹,撰写文章《群星璀璨——中国共产党百年历史中从爱国走向革命的南开人》。学校利用校史馆和杰出校友纪念室,将其作为党史学习教育的重要基地,2021年4月,学校以"开展党史学习教育,弘扬南开精神,展示南开品牌"为主题,面向青少年学生开放纪念场馆,生动展示南开中学党史学习教育成果。学校党委书记、校长带头推动工作,把思政课作为党史学习教育的主课堂,注重开发独有的思政课教育资源。2021年,学校参与录制并推送一批优秀的党史教育公开课,如师生走进觉悟社录制"初心映照新时代"全媒体思政课,走进天津电视台直播间为广大少年儿童带来《永远的楷模》生动党课,走进天津文艺广播《文博不打盹儿》为听众讲述"南开精神"的核心——"爱国主义"等,学习强国"知史爱党　知史爱国"栏目也播出学校的党史微课。学校通过举办"公能讲坛",邀请中共中央文献研究室原副主任陈晋讲述"毛泽东是怎样读书的"、国务院新闻办公室原主任赵启正讲述"改革开放"等高水平思政课,让师生在党史中启迪智慧、汲取力量。学校深化"参与式"育人途径,组织学生走进小学"思政大讲堂"宣讲"百年党史·百年南开",走进社区开展"小手递大手,党史路上一起走"主题活动,与平津战役纪念馆共建思政教育基地。2021年,学校组织师生参演天津电视台纪录片《热血南开》,精心组织"讴歌光辉历程,致敬伟大时代"庆祝中国共产党成立100周年师生文艺展演等丰富多彩的主题活动,引导师生通过形式多样的活动,在巩固深化中让党史学习教育成果"最大化"。

撰稿:李　轶
审稿:刘　浩

天津市第一中学

【概况】　天津市第一中学始建于1947年9月,原名"天津市立中学"。1949年,更名为"天津市第一中学"。曾经培养了以北斗奠基人许其凤,中国航天事业第一代开拓者、导弹总体设计专家刘宝镛等多名院士为代表的大批优秀人才。现为天津市教委直属重点中学、天津市首批示范性优质高中、首批高中特色学校。学校坐落于天津市和平区西安道117号,占地5.33万平方米,其中教学主楼建筑面积3.26万平方米,图书馆藏书13万册,学生活动中心建筑面积1.1万平方米,包括大型室内体育馆、游泳馆、艺术活动中心和学生食堂。学校拥有智慧教室、STEAM创新实验室、数字化物理实验室、信息、通用技术、史地音美理化生等各类专用教室40余间。学生公寓面积8996平方米,楼高14层,可供600人住宿。截至2021年12月,在校学生2440人。其中高中部37个教学班,1676人;初中部18个教学班,764人。全校教职工309人,其中包括天津市政协委员1人、特级教师3人、正高级教师5人、高级教师139人、市未来教育家奠基工程学员4人、市首批学科领航教师3人、市区级学科带头人86人、市级学科骨干教师7人、和平区首席教师、名教师13人、和平区骨干教师66人、和平区骨干班主任、名优班主任、领衔班主任11人,在职党员175人。

天津一中在传承"政治坚定、艰苦奋斗、自理自学"校训的基础上,以"按照国家和社会发展的需要,为每一名学生的需求和发展创设优质环境,使之逐步形成可持续成功与恒久幸福人生的重要品质"为办学理念,围绕"礼貌、诚实、感恩、爱心、责任、自尊、自强、乐群、善学、尚新"十项育人内容,形成"学校、家庭、社会、学生自我"四位一体的育人模式。学校不断强化各类社团管理,发布第六张学生原创专辑《礼物》,开展第八届"心系凉山,爱心荔夏"爱心义卖活动,用实际行动践行"爱心、责任"的育人方略。学

校理科创新人才培养项目继续播种培土、植根树苗,优质教育硕果累累。2021年五大学科竞赛中,学校49人获省级一等奖,72人获省二等奖,72人获省三等奖,18人进入市队,位居全市榜首,在全国竞赛中获1金8银7铜的好成绩,8名同学入选天津市中学生英才计划。在2021年天津市青少年田径冠军赛上,获1金3银。高中男子足球队获全市第三名,初中男子足球队获和平区第一名,初中女子足球队获全市第八名的优异成绩。校园社团文化活动丰富多彩,为学生提供展现和锻炼多方面才华的舞台。在2021年天津市校园文艺展演活动中,获一等奖9个,二等奖6个,三等奖16个。学校劳动教育取得新进展,扩展劳动教育实践基地建设,开发劳动课程,积极参加市区劳动技能大赛,成为天津市劳动教育评价改革试点校。

撰稿:王　宁

【持续推进教育协同发展】　天津一中立足雄安新区教育的高点定位,继续选派骨干教师孙凤山、李斌进驻雄县第一高级中学交流共进,大力推进雄县第一高级中学文化建设和内涵发展。选派李汉钺、吴超、王瑞、程刚4名优秀教师援疆支教,肩负新时代教育工作者的使命担当。承接蓟州区14位骨干教师为期一学期的在校跟岗培训学习工作,与宝坻区中关村初级中学、西青区王稳庄初级中学建立共建关系,助力乡村振兴发展战略。与天津一中空港分校、天津一中滨海学校实施同步协作育人,服务"津滨"双城教育发展格局。

撰稿:田　蕾

【扎实做好"双减"工作】　天津一中坚决落实"双减"主体责任,把"双减"提升到全校性、整体性高度来推动,形成以全局思维谋"双减"的共识,推动"双减"政策及课后服务落地生根、取得实效。坚持将"双减"摆在突出位置严格贯彻执行的"第一原则",抓好减轻课业负担的"平行线"和高效教学的"生命线",实现设计好、引导好、执行好的三好目标。做好轻负高质的"加减法"。探索实践课堂实效性教学模式,积极实践适合不同年级、不同科目、不同课型的有效教学模式。做好作业管理与创新,建立健全学科作业班级统筹公开和总量控制制度,建立加强作业管理监管机制,加强手机、作业、睡眠、体质、读物等"五项管理"督导,严格落实"减作业、增睡眠,减补习、增运动,减刷题、增实践"的减负行动;创新

作业形式,采用分层作业、思维导图、手抄报、课后小实验、录制讲题、背诵视频、模型制作等实践型作业形式,激发学生完成作业的兴趣。统筹做好课后服务。遵循统一性、全覆盖、多样性、依法依规、面向全体的原则,采用"分段管理"结合"X+1"的模式,依据学段和学生年龄特点,分年级分层次设置"项目菜单",首创"2+1""1+1"的上课模式,引导学生全面发展。《光明日报》、新华网、《天津日报》"津云"对学校课后服务进行报道,浏览量超200余万次;11月2日,新华社对学校的课后服务进行全程直播,对全市乃至全国"双减"工作起到示范作用。

撰稿:徐玉洁

【坚决贯彻落实党的教育方针】 学校坚持党建引领,2021年完成党委增补选举工作和8个党支部的换届选举工作,强化监督执纪,选举产生校纪委。党委带领全校师生开展党史学习教育,认真贯彻党中央部署和习近平总书记重要指示精神,按照学史明理、学史增信、学史崇德、学史力行的要求,精心组织实施、有力有序推进,面向师生开展音乐党课、电影党课、精读系列微党课、迎建党百年庆祝活动、主题参观等大型活动,扎实开展"我为群众办实事"实践活动,各支部争创品牌活动,以求实、务实、扎实的态度让广大党员、干部、师生受到一次全面深刻的政治教育、思想淬炼、精神洗礼,在市教育两委"我为群众办实事"实践活动质量评估中,结果为"好"。七一期间,共有10名老党员获"光荣在党50年"纪念章,1名党员获区教育系统优秀党员,1名党员获区教育系统优秀党务工作者,第一教职工党支部通过验收获天津市学校党建"领航工程"党建工作样板支部称号,天津一中党委获评区教育系统先进基层党组织。

撰稿:安悦然

【充分发挥教科研先导作用】 学校积极做好"十三五""十四五"科研周期的衔接工作。在完成"十三五"3项市级课题、13项区级课题的基础上,聚焦课程改革和学校工作的重点难点,提炼实践经验,积极申报"十四五"市区级各项课题。先后有12项市级课题(市教育学会一般课题共9项、重点课题共2项;市规划办一般课题共1项)成功立项,另有3项区级课题立项。涵盖学科特色课程建设、思想政治课改革创新、教学策略与教学方法研究、班级管理等多个方向,覆盖初高中各学段和德育、智育、体育等多个领域,基本上形成了"十四五"期间的科研布局。

课改深推进,体系立新标。学校依据党和国家对基础教育的新要求,积极推进课改实践。高中学段,思想政治、语文、物理、化学等学科相继完成学科特色课程、指向核心素养的等级考试复习策略、课程思政等方面的市区级展示活动或精品教研活动,效果良好,颇受好评。初中学段,以卓越成长计划为主线的课程建设与研究工作持续推进,依托"双减",有效提升均衡化教育质量。学校凝练出"铸魂定向"特色课程体系,获天津市第七届基础教育教学成果奖评选一等奖,并作为培育重点,筹备申报国家级教学成果奖。学校以教科研为基础,形成了由六项指标体系构成的"未来教育家学校"培训方案升级版,学校品牌高中建设实施方案。完成2021年有关教师专业发展的一系列培训和讲座。

撰稿:薛洪国
审稿:李翠松

天津市耀华中学

【概况】 天津市耀华中学是天津市首批示范性高级中学、市教委直属重点中学。学校占地5.33万平方米,建筑面积6.6万平方米,图书馆藏书16万册。耀华中学在岗教职工313人,其中专任教师280人。现有特级教师、正高级教师、国家级市级骨干教师、天津市未来教育家奠基工程学员26人;和平区领军人才、区级骨干教师、名教师、首席教师、学科带头人126人。义务教育阶段有教学班23个、学生1001人;高中阶段有教学班36个、学生1674人。

12月7日,市委常委、市委教育工委书记王庭凯莅临学校进行专题调研并指导工作。6月29日,市委常委、宣传部部长,市十七届人大常委会副主任陈浙闽莅临学校出席白方礼老人铜像落成仪式。校党委坚决扛起全面从严治党主体责任,认真落实意识形态工作责任制,做好"党委领导下的校长负责制"试点工作。

学校多措并举加强师德师风建设和干部队伍建设,先后获多项国家级、市级、区级荣誉——国家级信息化教学实验校、天津市品牌高中建设项目培育学校、天津市基础教育智慧教育示范校、天津市卫生健康促进学校、和平区初高中教育质量评估优胜奖、和平区首届"家校共育"示范校、和平区"平安校园"建设先进单位等。校长侯立瑛入选天津市"特级教师训练营计划"学员,纪委书记李媛入选天津市中小学"未来教育家行动计划"学员。张喆获"全国教育系统关心下一代工作先进工作者"称号,冯耀忠先后获"天津市脱贫攻坚先进个人"称号、"天津好人"称号,张丽珊获"民盟中央脱贫攻坚先进个人"称号,张建欣获评首批天津市中小学思想政治理论课名师工作室,张颖朝获评天津市中小学名班主任工作室,邹媛当选天津市学校思想政治理论课教师年度影响力人物,于潇潇获"天津市优秀少先队辅导员"称号。曹子轩同学获评天津市向上向善好青年之勤学上进好青年,肖正彦同学获加拿大国际发明博览会银奖,赵迎迎、肖正彦同学获2021年度天津市青少年小发明大赛一等奖,周安琪、张曦爻同学获2021年度Makex机器人挑战赛天津赛冠军;孔繁晔同学获全国数学奥赛竞赛银牌,高玉翔同学获全国数学奥赛天津赛区一等奖,崔释天同学获全国化学奥赛天津赛区一等奖。在2021年体育、艺术和劳动教育等市区级比赛和展示活动中,耀华中学获多个集体项目奖项:天津市中小学男子足球联赛十六强、天津市中小学女子篮球联赛八强、"和平杯"田径比赛高中组冠军、"和平杯"田径比赛初中组季军;天津市美育实践课堂文艺展演集体项目器乐天津市一等奖、合唱天津市二等奖;舞蹈艺术团获评2021年度天津市首批学生优秀艺术团;果蔬拼盘代表队获2021年度天津市中小学劳动技能大赛一等奖。

2021年,学校获天津市第七届基础教育成果奖二等奖2项;在天津市教育教学科研成果认定中获突出成果2项、市级成果8项;获天津市教育创新论文大赛一等奖1篇、二等奖1篇、三等奖9篇;成功立项中国教育学会"十四五"教育科研规划课题1项、市教委社会科学重大项目1项、天津市"十四五"规划课题2项、市教育系统重点调研课题2项、市教育学会"十四五"教育科研重点课题4项、一般课题11项,天津市教研一般课题2项(正在结题)、天津市大中小学"课程思政"研究专项课题1项、和平区"十四五"规划课题1项,以上共计25项。

撰稿:刘学宇

【学校领导班子调整】 2021年2月8日,耀华中学召开全体中层以上干部会议,会上市委教育工委常务副书记、市教委主任荆洪阳同志代表市教育两委宣读任免决定,任命侯立瑛同志为耀华中学党委副书记、校长。侯立瑛校长当日到耀华中学工作,接替第十五任校长任奕奕同志(退休)成为耀华中学第十六任校长。2021年7月,冯耀忠副校长完成援疆任务回到学校;10月,辛岩副校长被市教委选派到西

青区大寺镇青凝侯村任驻村第一书记,助力乡村振兴。2021年3月,耀华中学纪委成立,选举李媛同志担任纪委书记。

撰稿:刘学宇

【致敬建党百年 传承耀华力量】 耀华中学紧扣建党百年主线,引领耀华学子听党话、感恩党、跟党走,围绕"致敬建党百年 传承耀华力量"开展系列主题活动——耀华学子规范汉字书写大赛;七、八年级"回望百年时空 解码红色图谱"讲故事;九年级"怀梦想 致远方"中考誓师大会;高一年级"百年正青春 奋斗正当时"演讲诵读;高二年级"迎庆建党百年 青春向党报告"歌咏大会;高三年级"青春向党 光耀中华——感恩·责任·成才"成人仪式。耀华三校合力举办的"没有共产党就没有新中国"钢琴合奏大型活动得到多位校友的赞助支持。

撰稿:刘学宇

【推进思政改革创新 赋能党史学习教育】2021年3月,耀华中学与中共天津市委党校举行党建共建签约揭牌仪式。4月,耀华中学与南开大学马克思主义学院、和平区耀华小学、劝业场小学举办联合体学校大中小学思政课一体化主题教研活动,落实《思政一体化教育教学联合体共建协议》。各学科组陆续召开"推进课程思政常态化、精品化、体系化"主题教研活动,充分挖掘各学科课程、课堂所蕴含的思政元素,强化对学生品德塑造和价值引领。邀请全国劳动模范、教育专家王培德校长来校做党史学习专题报告,67届校友、党史专家黄小同研究员回母校赠送党史书籍,开展全校教职工党史知识竞赛,举办党史专题图书展和学生书画展,参观中共天津市委旧址纪念馆,观看脱贫攻坚电影、重大革命历史题材电影,班子成员讲党课,党员重温入党誓词,通过入户家访、义务辅导、答疑补差、服务师生等形式践行"我为群众办实事"。

撰稿:刘学宇

【实施"双新"示范 开启"品牌高中"建设】 耀华中学在"双新"示范校建设的五项目标、四个思路和九大建设任务引领下,以"立德为先、多元发展、面向时代、光耀中华"为办学理念,立足学生综合素养提升,努力构建"光耀教育"课程体系。该体系聚焦"生光基础类课程""增光探究类课程""勤光创新类课程"三类目标,构建"国家课程规范化、校本课程特

色化、社团活动自主化、德育课程主题化、实践课程多元化"五维路径,辅之读书节、艺术节、体育节、科技节等育人活动,使学生在自主研学、自我展示的大课堂中得到锻炼和提升。学校坚持"以真立学、以勤务学、以思促学、以行践学"的学风建设,在课堂变革中努力促进学生的成长成才,达成新课程新教材的落地落实。共推出市区级新课程新教材示范展示课、研究课54节。2021年,耀华中学入选市教委组织实施的品牌高中建设项目培育学校,在探索高考综合改革、课程教学改革、转变普通高中育人方式方面努力形成耀华特色和耀华经验,进一步发挥耀华优质教育资源的示范引领作用。学校以国家级信息化教学示范校和品牌高中建设为契机,在信息化软硬件建设上继续攀升。一是积极发挥智慧教室的互动教学模式的优势,让以学生发展为中心的教学理念越来越多地进入课堂,实现传统教学向智慧教学转变。二是加强教学环境建设。学校为全部高中教室安装42块智慧黑板,并将学生机房升级改造为云桌面机房,同时加快推进人工智能(AI)教室的建设。三是启动信息技术应用能力提升工程2.0整校推进项目,引领广大教师在教育教学过程中实现信息技术的深度应用方面发挥示范作用。

撰稿:刘学宇

【深化"五育融合" "双减"提质增效】 耀华中学认真贯彻落实中央决策部署,以"双减"工作为抓手,坚持减负增效两手抓、课上课后齐发力,贯通"五育融合",通过多样化的课后服务,充分发挥学校育人主阵地作用,将"双减"工作落实质量作为检验耀华品牌的一面镜子。一是优化作业设计、创新监测体系、提高作业质量,在"控量""规范""提质"上下功夫。学校督导各备课组制定作业规划和方案,建立学校、年级、班级三级监管机制,并培训全体教师熟记《关于"作业管理"相关规定的明白纸》,做到责任明、任务清。严格执行每日作业公示制度,加强作业量的管控反馈。在作业设计的质量保障上,按照"三三"法则(即作业设计思维三个阶段、设计过程的三个思考步骤、作业设计的三个层面),实现作业布置有层次、有梯度、有效果。在作业难度上做好"三关"管控,在作业反馈上实施多元评价,注重学生过程性成长进步,淡化甄别功能,放大激励功能。二是结合学生年龄特点、学段要求,开发丰富多彩的课后服务项目,分年级设置课后服务"项目菜单",最大限度满足学生的多样化需求。坚持五育并举,开展自主阅

读、体育、艺术等实践活动,实现"课上+课后"相互衔接、互为补充。以公益岗位为依托,探索全方位劳动体验活动,"劳动大赛"参赛学生达到近30%;开展全员参与的"我运动我健康"体育达人大赛;以班级为单位全员参与的班班唱,结合书香校园建设,开展图书馆探索活动和获奖图书的导读活动。每周五课后服务时间,学校开设46个特色学生社团,满足学生多样化发展的需求。学校与南开大学、天津大学、天津师范大学、天津工业大学签订社会实践和志愿服务基地共建协议并举行启动仪式;与天津体育职业技术学院,签订体育协同育人创新中心建设协议。

撰稿:刘学宇

【助力乡村振兴 扩大优质资源辐射】 2021年上半年,耀华中学认真落实与武清教育局签订合作协议,承接英语、政治、语文、历史4个学科的武清区骨干教师分批来校进行跟岗实践,并安排学校骨干教师与跟岗教师进行结对,指导跟岗教师深度参与学科教学活动,沉浸式体验耀华校园文化,活动受到武清老师们的积极评价。6月,学校派出纪委李媛书记、胡洋老师、罗龙江老师、路娟老师到北辰区河头学校进行经验分享和交流。10月,西青大寺中学、北辰河头学校组成学访团队到校参观学访。通过校史介绍、校园文化体验、教学展示课观摩、座谈交流与经验分享等方式实现帮扶"零距离"、合作"心贴心"。11月,学校班子全体成员与思政老师赴西青区大寺中学开展校际交流,并与大寺中学签订教育帮扶合作协议,形成对口支援机制。学访团队来到辛岩副校长挂职的青凝侯村,向青凝侯中心小学赠送防疫物资及办公用品,并围绕中学、小学思政一体化教学进行深入研讨。2021年,学校持续落实津渝教育帮扶和援疆支教工作,发挥智慧教育在优质资源共享上的优势,将许多精彩的教育教学活动、教研成果通过网络直播与重庆万州二中、和田天津高中等对口帮扶学校进行同步交流分享,提升教育帮扶效果。7月,冯耀忠副校长、陶勇老师完成援疆工作返回学校,8月赵巍老师、乔量老师承担起后一阶段的援疆工作,为和田地区教育教学水平的提升继续展现耀华教师风采。4月,学校与民盟市委会、民盟区委会达成心理健康帮扶战略合作。心理教师、民盟盟员张丽珊老师随民盟市委会赴甘肃庆阳开展"巩固脱贫攻坚成果、精准帮扶暨助力乡村振兴"实地调研。为落实市政府2021年民生工程,学校与经开区管委会历经多次实地调研和汇报协商,加快推进滨海新

区耀华学校建设,构建"津城""滨城"双城教育竞相发展新格局。

撰稿:刘学宇

审稿:王 杰 侯立瑛

天津市新华中学

【概况】 天津市新华中学,始建于1914年,现址河西区马场道99号。学校占地3.97万平方米,56个教学班,学生2590人;教职员工325人,专任教师298人,正高级教师4人,特级教师6人,教育部基础教育教学指导地理专业委员会专家1人,国培专家3人,"未来教育家奠基工程"学员5人,"天津市学科领航教师"5人。图书馆藏书117977册,另订有杂志107种,报刊15种。

2021年是学校"十四五"发展规划开局之年,也是学校品牌高中三年建设起始之年。在"双减"背景下,创新课后服务,落实五项管理,办人民满意的教育;发扬创新发展拓荒牛精神,创新管理模式,探索育人模式,提升教育质量;发扬艰苦奋斗老黄牛精神,五育并举,全员育人,丰富课程体系,促进学生全面发展健康成长。落实立德树人根本任务;夯实党建之"本",构建执行有力的组织体系,支部战斗堡垒作用持续加强;坚守纪律之"严",弘扬师德师风,做四有好老师当好学生引路人;守好网络之"关",营造和谐校园,正本清源传递新华好声音弘扬正能量;筑牢发展之"基",建设"五者"型师资队伍,推动教育教学改革不断深入。

2021年,学校入选天津市品牌高中建设项目、获评天津市智慧教育示范校;国家级"小平科技创新实验室"落户新华;综合实践活动指导中心指导的项目式学习获全国一等奖;学生发展指导中心获评天津市"巾帼文明号";获评天津市优秀少先队大队;思政课"传承养正文化 筑牢红色印记",在天津市"百年辉煌"思政品牌课程评比中,获评优秀课。

河西区"双优课"评比,学校获奖人数最多,学科覆盖最全,遥居区域榜首;陶扬校长获评2021年天津市有突出贡献专家,入选"未来教育家行动计划";胡泊老师获"津门杰出教师"称号,赵雅思获"津门杰出班主任"称号;张晓锋获天津市"首批十大思政理论课教师年度影响力人物"称号;齐艳梅获"全国新高中地理优质课"特等奖,李德平在"全国数学教师优秀课例"获最佳课奖;岑雅涵所带班获"市级优秀班集体"称号。

百余名学生获"大中小思政教育一体化"市级奖项;高中学科竞赛获国家级奖牌7枚(1金4银2铜),21名同学获省级一等奖;3名同学入选2022年天津市"英才计划";天津市中小学田径比赛中获市级名次17项;舞蹈团体项目获天津市文艺展演比赛一等奖;天津市小发明设计大赛中,十四名同学获市级奖项;天津市青少年人工智能教育(无人机)成果展示活动中,学生7人次获奖,4位教师获评优秀教练员。

撰稿:杨 扬

【加强课程建设创新劳动教育】 新华中学于2021年成立综合实践活动指导中心,深化教育改革。响应"双减"政策,综合实践活动指导中心组织开发设计制作、项目式学习等20多门课程;举办新华中学第三届科创节和首届劳动技能大赛;与天津职业技术师范大学和天津工业职业学院建立劳动教育实践基地;"低碳生活 我宣传 我践行"系列活动课程将学校、家庭、社会三位一体课程模式推向新高度。2021年5月,新华中学组织河西区第一学片四所中学开展主题为"将科技融入理想 用创新点缀人生"的学生实践作品展示活动和教师"微论坛"交流,进一步促进区域内综合实践活动的发展。学生优长发展成效显著,一年内,在亚洲环保论坛、科技创新、劳动技能大赛等比赛中获国际奖项和展示交流活动4人次,市级奖项11人,区级奖项4人。岑雅涵获国际奖项指导教师称号,李鹏、刘阳等获市级奖项指导教师称号,王卫国开发的项目式学习教学案例获全国一等奖,河西区双优课一等奖,代表天津市在"第二届京津冀教育课程改革联盟专业支持项目"研讨会中做主题发言。

撰稿:杨 扬

【构建"1+X"课后服务课程体系】 2021年在"双减"工作大背景下,高二级部通过备课组建设、课程建设,积极探索有效开展"双减"工作的路径,构建符合高二学生学习需求的"深度:1+X"课后服务课程体系。高二级部通过开展"分层作业促学以致用,提质增效展学科特色"的教学研究课活动,引导级部各备课组认真研读课标、深挖教材,科学合理地设计课后作业,实现教学内容与作业设计的高效融合,让作业回归本质,真正做到少量、优质、高效,有效减轻学生作业负担。已经运行的"级部校本课程"和与南开大学联合开发的"新遇南开"系列课程,以及"班级建设主题课程""级部校本课程"主要围绕"深度学习"

主题开展,共计13门课程可供选择。既有具有学科主题特色,又有学生自我兴趣拓展的法语、竞赛、编程、科创训练营等课程。高二级部在竞赛课程指定下取得全国生物竞赛铜牌1枚,全国数学竞赛银牌1枚,各学科省级竞赛一等奖5个。通过"科创训练营课程"高二级部共有12名学生在2021年天津市青少年小发明设计大赛中获一二三等奖。"新遇南开"系列课程主要涉及南开大学学院优势专业介绍又涵盖理想信念教育、优秀传统文化、文学艺术赏析、自然科学普及等各个方面,共计12门课程可供选择。"班级建设主题课程"主要围绕班级班风、学风,班级凝聚力开展的班级建设主题活动,邀请"隔壁班的学霸"分享学习经验,班级小组就学期职业体验开展交流探讨,"红色课本剧"班级排演等增加了学生课后服务过程中的参与性和体验性。

撰稿:杨 扬

【唱响红色主旋律】 2021年,校团委、少工委与学生会以庆祝中国共产党成立一百周年为契机,以提升"三力一度"为主线,以主题团(队)课程为抓手,以主题活动为延伸,开展一系列有实效有影响的育人实践。《追寻信仰,追随党——我们为什么要加入中国共产主义青年团》主题系列课程辐射包括新疆十余省市,服务35所中学(中职)学生;《学习近平总书记为民情怀,做新时代红色信仰青少年》主题系列课程服务辐射7个省市,服务14所中学学生;《学党史,悟原理,做红色基因传承人》主题系列课程服务天津市13所中学(中职)学生;《请党放心,强国有我——学习近平总书记"七一"重要讲话精神》主题系列课程实现了新华学子暑期全覆盖学习"七一"讲话精神。以上课程共41节内容,参与学习的人次超十万。"传承雷锋精神,献礼建党百年"主题活动邀请雷锋班第26任班长张阳到校宣讲雷锋精神;"冰雕连赤诚信仰,新华园弘扬精神"主题活动邀请开国上将宋时轮将军的女儿宋百一老师宣讲抗美援朝精神;"缅怀革命先烈,誓言跟党恒心,传承红色基因"主题清明祭祀活动,所有学生干部齐聚烈士陵园向先烈誓言奋斗青春;"回望百年时空,解码红色图谱""追寻红色足迹,迎接建党百年""信仰学子,重走'信仰'路""追寻信仰,追随党,百公里'信仰跑'"等主题党史学习实践活动,让学生在实践中切身感受中国共产党的伟大;"赞建党百年,承红色基因,做爱党公民"主题十八岁成人仪式,引导新华毕业生坚定一颗红心跟党走。新华的主题团(队)课以及活动,被学

习强国、《中国共青团》杂志、《天津日报》《天津教育报》、天津《党建之窗》、天津《网事津评》、津云、北方网等媒体做了广泛报道。

撰稿:杨 扬

【深化心理健康研究】 2021年5月31日,天津师范大学副校长白学军、研究生院常务副院长郭龙健等一行人到访新华中学,党委书记曹学良、校长陶扬等人共同参与了天津师范大学心理学部与天津市新华中学共建"全国应用心理硕士专业学位研究生联合培养示范基地"的挂牌仪式。11月,张翠翠老师主持的课题《普通高中生涯规划课程学科教学知识的探索与应用研究》成功立项"十四五"天津市教育科学规划课题,并完成开题工作;10月,王婧妍老师主持的课题《高中生创造性思维训练课程的开发与实践研究》成功立项2021年度天津市教委科研计划专项任务项目。疫情期间学生发展指导中心积极发挥作用,开展多样的心理健康教育活动,全面维护师生身心健康。以课程为主体,在全校各年级开展心理健康和学生发展指导课程;开展心理健康教育专项活动,共计开展28个主题活动;根据各年级不同需求组织团体辅导活动,2021年分别为高三年级和初三年级组织考前辅导活动,共计18个场次;面向全体学生开展多样的校园活动,"逐梦百年,你我同行""525"心理健康月活动,以社团为依托的阳光成长体验活动,"幸福中国,华彩青春"主题心理画大赛;开展3次家长学校讲座,11次家长课堂公众号宣传,为家长们提供校园热线和面对面辅导服务,全方位指导家长开展好家庭心理健康教育。

撰稿:杨 扬
审稿:冯振利

天津市实验中学

【概况】 天津市实验中学坐落于河西区平山道1号,是天津市教委直属完中校。占地4.28万平方米、总建筑面积约4.61万平方米。现有教职工317人,包括专任教师253人,正高级职称7人、高级职称129人、中级职称117人。拥有博士5人、硕士及教育硕士163人。在校学生2502人,高中38个班,1680人;初中18个班,822人。

2021年,入选天津市品牌高中建设项目培育学校和天津市首批百所智慧校园。学校获2020年度党委全面从严治党主体责任考核"优秀"等次,2020—

269

2021年度市教委绩效考核工作"优秀"等次。在2020年度直属单位领导班子考核中获"好"等次。学校高质量完成了"十三五"期间立项的50项各级各类课题结题工作,"十四五"开局之年立项了各级各类课题33项,其中重点课题8项。93项科研成果获奖。

着力基层党组织建设,以"党史学习"为核心融入学校日常教育活动中,杨静武校长在开学第一课代表学校党委做学生党史学习动员;市委领导到校实际考察并参加学校相关主题教育活动,给予高度评价;退休支部以"党史学习"为核心召开主题座谈会。

隆重表彰"十佳教师""教书育人突出贡献个人""师德模范"及"从教三十年教师"。刘晓婷副校长入选天津市"特级教师训练营计划",居智勇老师入选天津市"未来教育家行动计划"。2人晋升正高级教师,5人分获河西区"希望之星"和"教坛新秀"称号。

学校获批"天津市教委德育工作研究基地"和"天津市班主任工作精品项目"。组织初高中团队共建,开展系列主题团课、主题班会、读书节、校园心育节、校园文化节、音乐党课、全民国防教育等活动,持续推进与南开大学讲师团开展的党团共建活动。

2021年中考总成绩居公立校榜首,优秀率和合格率均达到河西区高端目标。283人高考成绩在985高校的录取分数线之上,6位同学考入清华、北大。在学科竞赛中,李享获第52届国际物理奥林匹克金牌,其他学科获4项省级一等奖,2人分获银牌和铜牌。5位学生入选天津市物理、化学、生物学科"英才计划"。召开第37届才能奖表彰大会,表彰25名优秀实验学子,授予"才能奖"和"表扬奖"。开展丰富多彩的体育、艺术课程和课余活动。全方位开展劳动教育,相关活动被中央电视台和《中国教育报》报道。

落实"东西部协作"要求,先后5位教师参与援疆任务,田克君同志参与支援甘肃的语言文字辅导任务。24位教师参与天津市区域内帮扶薄弱校任务,9月1日,天津市实验中学滨海育华学校正式开学。在天津市高专委换届改选中,杨静武校长当选第三届理事长,刘晓婷副校长当选秘书长。

撰稿:李 勇

【市领导到校视察】 贯彻落实党和国家对于教育工作的政策要求,扎实推进学校全体师生学习党史的整体工作安排,积极深化学校关于五育并举、"双减"政策、校园安全等方面的改革。4月8日,市委常委、市委宣传部部长陈浙闽、市委宣传部副部长袁滨渤在市委教育工委同志陪同下,参加学校高一7班"凝聚青春力量,传承百年信仰"党史学习教育主题班会。陈浙闽部长在班会结束后,与师生分享自己的感受,高度赞扬和肯定同学们对长征崇高精神的认识和感悟,勉励同学们要坚持"用大道理管小道理""用大我引导小我",居安思危,发扬共产党人自我批评的优良作风,传承红色基因,做党的红色事业的接班人。6月3日,朱培红书记作为中学代表参加天津市党史学习教育座谈会暨市委党史教育领导小组会议,并做《传承红色基因培育时代新人》的典型发言。12月7日,市委常委、市委教育工委书记王庭凯、天津市教育委员会一级巡视员任孙惠玲赴学校专题调研检查学校体育美育劳动教育和校园安全等工作,深入调研学校五育并举、课后服务、校园疫情防控等相关工作的开展落实情况,对于学校长期坚持开展高质量的艺术体育教育和开展专业的心理健康教育给予充分肯定。同时要求学校办好人民满意教育、培养德智体美劳全面发展的社会主义建设者和接班人,鼓励全体实验教职工做好为党育人、为国育才的本职工作,尽好应尽之责。

撰稿:李 勇

【创建"实验教育"品牌】 12月,天津市实验中学入选天津市品牌高中建设项目培育学校,基于学校建校98年的文化积淀,将"实验教育"凝练为"与时俱进的高质量教育",努力向"高质量、有特色、开放性、现代化"的高品质学校迈进,进而成为国内一流、国际知名的品牌高中。12月7日,杨静武校长代表学校在"天津市品牌高中建设项目"推动会上就"实验教育"品牌的创建思路及策略做经验介绍。

撰稿:李 勇

【落实"双减"政策】 学校成立以朱培红书记、杨静武校长为组长的领导小组,各个职能部门整体协调,多次召开会议,统筹部署、多方联动,健全保障机制,落实各部门职责,发挥学校主体作用,旨在构建学生喜欢、家长满意、教师认可的满足学生全面而有个性发展的课后服务育人体系,以满足学生个性化、差别化、多样化的学习需求,致力于保障学生的全面发展和共同基础,致力于学生的个性发展和综合素养的培育。学校进一步完善作业管理办法,明确管理要求,严控书面作业总量;建立作业校内公示制度,加强作业设计、布置、批改、分析、反馈、辅导等全过程质量监督；建立年级组、学科组统筹协调机制，合理调控各学科作业比例结构；以备课组为单位围绕作业选用与设计主题开展校本研修，发挥作业诊断、巩固、学情分析等功能，将作业设计与实施纳入学科组教研范围，指导教师明确相关内容评价要求，不断提升作业设计能力。

撰稿：李　勇
审稿：杨静武

天津外国语大学附属外国语学校

【概况】　天津外国语大学附属外国语学校（天津外国语学校），外语特色完中校。学校历史悠久，外语特色鲜明。学校现为天津市直属重点中学，首批示范校、首批特色高中校，全国外国语学校副理事长校。学校占地5.33万平方米，建筑面积5万余平方米，设有初中部、高中部、国际部，在校学生2000余人，教职工235人。学校坚持党的教育方针，秉承"融中西文化　育国际英才"的办学理念，坚持"开放式教育"的办学特色，以培养复合型、国际型预备人才为目标。学校落实国家课程标准，强化外语教学，开设英、日、德、法、西五种外语，实行"一主一辅"的多语种人才培养模式，即每位学生主修第一外语，辅修第二外语，自主选择语种。外语教学实行小班化、对话式、全外语教学。重点大学上线率均在90%以上。学校开设丰富多彩、形式多样的校本课程和各类社团活动，开发学生潜能，培养学生特长。学生参加各类学科竞赛及艺术、体育、科技等赛事纷纷获奖。学校与国际教育接轨，现与12个国家和地区46所学校建立友好校。2021年学校推动品牌高中建设，入选首批天津市品牌高中建设项目培育学校。

学校完成小升初、初升高招生及高考保送工作。中考优秀率达到98%，高考综合一本率超过91%；78名学生被保送至北大、复旦等国内各重点高校，24名学生被多所世界名校录取。孟庆睿、赵辰卓、付晓润、霍子晗4名同学入选全国"英才计划"；白思婉、李卓然同学获"外研社杯"全国中学生英语素养大赛一等奖；鲁一鸣同学获第十八届"叶圣陶杯"全国中学生新作文大赛一等奖；张昀琦、赵明泽同学获天津市青少年机器人比赛银牌，MakeX机器人挑战赛冠军。

学校持续推进守正创新多元发展，高一学生合唱队受邀参加天津中小学合唱团现场歌会；乒乓球队在河北区中小学乒乓球比赛中获初中男子团体冠军，高中男子团体季军；篮球队在河北区中小学篮球比赛中获初中男子组第一名，高中男子组第三名，5名同学被评定为篮球二级运动员；男子足球队获天津市中学生"王者杯"足球联赛甲级组冠军；合唱团和管乐团获市级文艺展演一等奖。

加强特色课程示范引领作用，召开天津市高中音乐、英语特色课程基地校市级成果交流会；承办全国外国语学校论文评审工作，与天津人民出版社合作出版优秀论文集。2021年举办第八届教科研年会暨第四届青年教师学术论坛活动，4位教师获一等奖，15位教师获二、三等奖。邢志辉、周雪老师获天津市五一劳动奖章；赵堃老师获天津市教育系统优秀共产党员称号；李静老师获第十四届全国中学物理青年教师教学大赛一等奖。

撰稿：靳宇喆

【校际交流】　学校与重庆市万州外国语学校建立友好学校关系。两校结合自身的外语特色，在课堂教学、德育管理、科研管理等方面进行多次互动交流。3月30日，重庆市万州外国语学校张攀国校长、吴春清副校长再次带领教师代表来校就进一步深化两校合作进行交流。

撰稿：靳宇喆

【与天津师范大学马克思主义学院签署合作共建协议】　落实中共天津市委办公厅、天津市人民政府办公厅《关于深化新时代学校思想政治理论课改革创新的若干措施》的要求，探索建立大学与中学思政课教师一体化备课机制的有效途径，推动思政课建设合作共建，建设思政课建设共同体，3月22日上午，学校与天津师范大学马克思主义学院举行大中小思政一体化建设联盟签约仪式。天津师范大学马克思主义学院党委书记李靖、副院长贾丽民、李朝阳教授，学校党委书记李晓辉、德育处副主任兼团委书记邢志辉、政治学科组长孙楠等参会。

撰稿：靳宇喆

【高中音乐特色课程基地校成果汇报】　2021年6月18日上午，天津市高中音乐特色课程基地校市级成果经验交流会在学校同声传译报告厅召开，全市近150名音乐骨干教师齐聚一堂。天津市教科院、河北区教育局、河北区教师发展中心、等单位领导出席此次活动。学校音乐鉴赏、合唱、电子琴演奏、舞蹈表演、民谣吉他、舞台剧表演、中国画、西画8门艺术课程进行展示，课堂上教师的教学模式新颖、思路清晰、方法灵活多样,得到听课教师的高度评价。下午,在校艺体馆一楼进行主题为"献礼中国共产党百年华诞——抒发时代精神,跳动多彩音符"的艺术课程成果汇报。

撰稿:靳宇喆
审稿:李晓辉

天津中学

【概况】 天津中学坐落于天津市南开区华苑社区中孚路41号,是天津市教委直属完中校,天津市首批示范性高中之一。学校现有教职员工188人,其中具备副高级以上职称人数占全体教师的39.89%,正高级教师5人,特级教师8人。现有15个初中教学班,22个高中教学班。

2021年,天津中学领导班子齐抓共管,牢牢把握意识形态工作领导权和话语权。落实意识形态工作责任制。组织校内意识形态和网络意识形态培训2次。开展防止宗教向校园渗透宣讲1次。大力加强网安和网络意识形态制度建设。天津中学官方网站1个,微信公众号3个,抖音账号1个,目前已发布各类信息2300多条。先后在新华社、人民网、《天津日报》、津云等媒体上发布信息160多篇,营造积极向上的舆论环境。不断加强廉政风险点防控,推动纪律教育和廉洁文化建设。把警示教育与开展党史学习教育、落实中央和市委巡视整改意见有机结合起来。采用集中学习、警示会议、参观见学等多种方式分层次开展警示教育13次。学生党史学习教育利用团委学生会公众号进行廉洁小故事分享,主题团课队课评选等形式,覆盖全校1600余名学生。今日头条、《天津教育报》官方账号、教育两委《党建之窗》予以宣传报道。

天津中学以习近平新时代中国特色社会主义思想统领学校工作,推进党风、校风、教风、学风建设。利用理论学习中心组开展集中学习15次。班子成员做全面从严治党警示教育宣讲8次,为全校学生做形势报告宣讲6次。邀请全国英模孙长亭、著名军旅作家曾有情与学生面对面活动。

天津中学充分发挥教代会代表、团学代表、家长委员会力量,汇聚学校发展的推动力。家委会"家校协同育人征文活动"持续开展,借助学校公众号,推广教子典型经验;校三思廊、校训园、篮球场、交流公寓等体现天津中学办学特质的外显景观相继建成;教育教学科研质量不断提高,天津中学"追求理解的

教学设计"等教师科研论文在《天津教育报》专版刊发。5月,天津中学与澳门圣保禄学校结成姊妹学校。10月,天津中学入选天津30所首批品牌高中。11月,天津中学入选"中美千校"项目学校。

撰稿:常 亮

【"思政一体化"+实践育人】 2021年11月23日下午,"思政一体化"实践育人共同体合作共建暨天津师范大学文学院第一届未来教师"金课"大赛颁奖仪式在天津中学报告厅举行。"金课"大赛决赛阶段采取进班实地上课方式,学校领导、部分市区级骨干教师与师大多位教授一起担任评委。决赛开始前,部分骨干教师还对参赛选手进行岗上培训,这是天津中学与天津师范大学文学院共建"双高"(高中+高校)课程基础之上的又一尝试。天津师范大学文学院几十名获奖大学生受到表彰;天津师范大学文学院、天津中学、大寺中学"思政一体化"实践育人共同体教育基地揭牌。仪式结束后,天津师范大学文学院温锁林教授主讲"双高"课程《语言,语文的核心素养》,天津师范大学文学院国韵京剧社指导教师尹德军主讲《感悟国粹魅力 坚定文化自信》,天津师范大学文学院教师石彧主讲《笔为人民立传 墨当家国写真》,同时面向不同年级学生开讲。

撰稿:常 亮

【天津中学南开大学京剧传承基地共建签约】 2021年3月17日下午,南开大学京剧传承基地天津中学合作共建"中华美育课程思政协同创新中心"揭牌签约仪式暨首场美育公益课程在天津中学报告厅举行。此次活动是南开区义务教育学校发展共同体学校的首次活动。天津中学为领衔学校的南开区南片学校共同体学校——日新国际学校,师大南开附中,天津中学大中小思政一体化共建小学——华苑小学、水上小学部分师生、家长一同参加活动。仪式上,南开大学国际教育学院、汉语言文化学院副院长刘佳教授与天津中学领导共同为"中华美育课程思政协同创新中心"揭牌。南开大学国际教育学院副院长、汉语言文化学院副院长刘松岩在致辞时强调,美育与思政尤其是与中华民族传统文化中的瑰宝——京剧艺术整合,既是对民族优秀文化的挖掘与重视,也是对民族精神的传承与发展。仪式结束后,京剧名家、戏曲教育家、天津市工艺美术职业学院副院长、南开大学京剧传承基地艺术指导王钦

老师为同学们上京剧艺术体验课。

撰稿:常 亮

【教研活动】 2021年11月19日,由天津市教科院课程教学研究中心指导,天津中学主办,南开区教师发展中心协办的以"一体两翼三级"高中语文课程体系的实践探究为主题的高中语文学科精品教研活动在天津中学举办。活动中,"腾讯会议"连接起10余个省市千余名语文学科教师和教研员一起分享交流。参加本次线上教研活动有天津市的各区和直属校的语文教师和教研员,还有天津师范大学文学院和教育学部的师生;外省市的有新疆维吾尔自治区和田地区天津高级中学,甘肃庆阳环县,青海玉树、海东和黄南,山西岚县,河北雄安新区以及山东、内蒙古、海南、福建等地的教育专家和一线教师。王津晶老师执教的《四方食事,人间烟火》等课程,分别进行公开展示。新疆维吾尔自治区和田地区天津高级中学和甘肃省庆阳市环县的语文学科的正高级教师等,分别针对以上课程从多角度进行细致、中肯的点评。

撰稿:常 亮

【领导考察调研】 2021年10月20日,市政协副主席李绍洪率市政协港澳台侨和外事委员会主任杨树源以及部分市政协委员围绕"打造津港澳交流品牌,促进津港澳教育领域深入合作交流"主题,到校开展专题调研。对学校注重传承办学发展文脉给予肯定。

撰稿:常 亮
审稿:王振英

天津市复兴中学

【概况】 天津市复兴中学是天津市教委直属市级重点高中、天津市首批31所示范校之一、特色鲜明学校。2021年,学校有18个教学班,在校生794人,教职工150人,其中专任教师133人,特级1人、高级教师62人、一级教师50人。

推动师德师风建设常态化、长效化,在评优、晋级、评职等工作中落实"师德失范一票否决制"。制定"复兴中学品牌高中三年发展规划",形成由班子成员牵头、部门负责的32项重点任务。2021年秋季学期,将行政办公格局由学科组变更为年级组,成立以年级组长为核心,由年级组长、组长助理、一名副

校长、负责教学和德育工作的主任组成的5人年级管理核心组。推进"双减"工作,提升"课后托管"服务水平。

高一、高二两个年级开设校本课程和社团活动增加到40门。组织开展基础教育精品课、双优课、教学基本功竞赛等活动。推出6节基础教育精品课,2节入选国家级精品课;红桥区第四届双优课13人获奖;红桥区第八届教学基本功竞赛26人获奖;1节历史课入选"100门天津市大中小学党史专题课程思政精品课"。完成外地转入学生安置工作,高二、高三年级共接收29名外地转入生。

推进天津市基础教育教学成果奖重点培育项目《"普职结合"育人模式的实践研究》工作。5项"十四五"市级课题及2项"十四五"区级课题获准立项,3项市级课题完成中期评估。在天津市基础教育"教育创新"论文评选中,18位老师获市级奖项,6位老师获区级奖项。在红桥区教育技术大赛中3人获优秀指导教师奖,13人次获专项奖。在2021年天津市中小学基于场馆资源的项目式学习优秀案例中1人获奖。开展2021年度天津市复兴中学教师信息技术应用能力提升工程2.0校本研修活动。

开设《习近平新时代中国特色社会主义思想学生读本》课程,开展学生普法教育,加强传统文化教育。以"教师节""重阳节""国庆节"等重大节日为契机,开展丰富多彩的特色教育活动。聚焦学生政治思想工作,以党建促团建。刘宏坤书记为青年团员上团课。开展开学第一课、雷锋纪念日、五四青年节、纪念建党100周年、庆祝中华人民共和国72周年等主题团日活动。带领学生走进平津战役纪念馆、五大道历史博物馆等红色场馆进行参观学习。开展"海河青听"活动。

制订《天津市复兴中学网络新媒体宣传工作实施方案》,规范和强化网络新媒体的建设管理。优化学校网站建设,通过文字介绍、照片等方式展示处室、学科团队及教师个人风采,通过校园外网、校园微信公众号宣传复兴中学教师队伍和育人成果。

完善人防、物防、技防,强化建筑物安全、实施设备安全、消防安全、食品安全、危化品安全、停车安全、宿舍安全,建立安全网格化,形成人人都是安全员的格局,稳步推进"平安校园"建设。2021年学校完成第一期外檐维修、18间教室投影机的改造提升、报告厅投影强的电子屏安装、精准教学和选课走班排课系统的更新。采用"实战性应急安全疏散演练",提高学生应急避险能力。对学校二楼以上窗户

273

加装限位器。对所有空闲的楼层加贴警示标志,对所有天井上锁加固。

撰稿:蔡 玲 柳 艳

【党建工作】 围绕"学史明理、学史增信、学史崇德、学史力行"和"学党史、悟思想、办实事、开新局"的目标要求,结合学校实际制订《天津市复兴中学党史学习教育实施方案》。加强学校思政课程创新建设,班子成员与思政教师结对子,定期召开座谈会,参加大中小思政一体化建设教研活动。制定《复兴中学领导班子办实事事项清单》和《复兴中学解决群众诉求清单》。坚持"请进来、走出去",与天津市夕阳红党史学习教育宣讲团联合,聘请天津医大章军凤教授为广大师生讲党课。与天津总医院眼科开展医校共建,加强协作,共建共成,提升党史学习教育实效性。充分利用学校橱窗、电子屏幕、道旗、展牌进行党史宣传,在学校微信公众号、校园网和《复兴学报》上开设党史学习专栏"百年党史""党史教育"园地,营造浓郁党史学习教育氛围。为全体党员购买政治生日贺卡,开展"光荣在党20年"征集活动,召开"七一"庆祝表彰大会。

撰稿:刘学艳

【五育并举】 2021年,学校制订《天津市复兴中学关于深化新时代学校思想政治理论课和思政教育工作实施方案》和《复兴中学劳动教育课程实施方案》。紧紧围绕"培养什么人、怎样培养人、为谁培养人"这个根本问题,牢牢把握立德树人这一根本任务,深入挖掘思政课程、课程思政、思政活动等育人功能,积极探索大中小学思政一体化育人等研究,明确八个方面的目标、任务内容、实施途径、牵头校长和落实部门,形成各类各门课程协同育人和"三全思政"格局。把劳动教育纳入课程体系建设,将家庭、学校、社会各方面相统一,与德育、智育、体育、美育相融合,紧密结合学校和学生生活实际,积极探索具有本校特色的劳动教育模式,创新体制机制,注重教育实效,实现知行合一,促进学生形成正确的世界观、人生观、价值观。

撰稿:蔡 玲

【推动"高效课堂"研究实践】 学校制定"复兴中学高效课堂12345策略",靳江洪校长在全体教师会上进行解读辅导,并在"复兴教学大讲堂"开展专题讲座。各学科以"导学案"为突破点,逐步优化教学设计;以听评课为抓手,强化交流提升;以集备研究为基本方式,不断推动实践探索。与天津市教科院课程教学研究中心联系,积极推进"课程与课堂教学研究协作中心"的建设,推进建立合作共建、研究联合体。2021年4月,天津市教委中小学教育处到校进行调研,为教育教学质量的提升献计献策。2021年6月,开展"聚焦高校课堂,助推内涵发展"听评课交流活动,共推出七个学科的12节研究课,市区教研员共16人参加此次活动。2021年11月,"市教科院课程中心课堂教学研究实践基地"在复兴中学成立,打通市级、区级、校级三层教研体系,实现理论、实践与研究的融合。学校围绕"高效课堂"这一主题,开展多种形式的听评课活动。共推出语文、数学、英语、物理、化学、生物、政治、历史、地理等9个学科的29节常态课、27节研究课,听评课350余人次。其中常态课以高三教师为主,包括复习课和试卷讲评课两种课型;研究课以高一、高二教师为主,通过学案导学的方式探索新教材的使用和学生核心素养的落实。

撰稿:张桂清
审稿:靳江洪

天津市瑞景中学

【概况】 天津市瑞景中学是市教委直属的完全中学,学校占地4.75万平方米,建筑面积4.54万平方米。学校教职工167人,专业技术人员158人,其中专任教师142人,正高级教师6名,高级教师67名,中级教师50名,初级教师17名,见习教师2名。学校现有市级特级教师1人,区特级教师1人,天津市"未来教育家奠基工程学员"2人,市青年画家、市职工艺术家各1人。学校高中教学班18个,学生737人;初中教学班12个,学生494人,学生总数1231人。2021年,学校以喜迎建党百年为契机,深入开展党史学习教育。学校坚持五育并举,持续强化学科建设,丰富学校课程体系。2021年度,初高中各类选修课、特色课程有序开展,在课程目标的指导下突出育人实效,保证学校"合格+特色"人才的培养。制定多项制度方案,在教学管理各环节强化责任意识,强化教学常规管理,保证稳定、有序推进"双减"工作落实。学校把育德与育心、课内与课外、线上与线下、解决思想问题与解决实际问题相结合,引导学生养成良好思想道德、心理素质和行为习惯,引导学生树立正确的理想信念、厚植爱国情怀、传承红色基因,增强"四个自信",立志听党话、跟党走,立志扎根人民、奉献国家。学校稳步推进思政教育体系建设,强化思政课堂主阵地作用,多方面探索"瑞景"思政课模式。

撰稿:李鑫刚

【关爱学生心理,促进健康成长】 学校心理健康中心的老师常年坚持面向全校师生开展心理咨询和健康疏导工作。面向起始年级学生做《新起点,心开始》主题心理健康培训,提升学生环境适应能力。开设高一年级生涯规划教育课、七年级心理健康课,落实面向全体的心理健康宣传及发展性的团体心理辅导。针对家长开展心理讲座,利用广播、腾讯会议等形式,先后开展《好的亲子关系从好的亲子沟通开始》《如何帮助孩子尽快适应新学期》《如何看待成绩和青春期》《关注心理健康》《家校共育,从心开始》等心理讲座,增强家长关注学生心理健康的意识,促进家校配合,促进亲子关系的和谐。组织开展学生心理健康拓展活动,通过游戏、分享等多种方式,让学生舒缓平日里紧张的学习压力,愉悦身心,增强主观幸福感,加强班集体凝聚力,培养学生的归属感与团队意识。学期末,组织开展《拥抱压力,从容应考》《再见2021,你好2022》为主题的团体心理辅导活动,帮助学生了解备考应考的策略和技巧,引导学生以积极的心态看待考试,发挥优势和资源,展示出自己应有的水平。完成全校学生心理健康档案建设更新工作,尤其是对重点关注学生进行谈心谈话、建档追踪,利用大课间、午休等时间进行学生心理辅导,累计咨询数百人次。

撰稿:李鑫刚

【提质增效落实"双减"】 学校坚持五育并举,严格落实"双减"政策。在教学管理各环节强化责任意识,强化常规管理,保证稳定、有序推进"双减"工作落实。学校适度合理设置试卷难度,重点检测基础知识,让学生在检测中提升学习获得感。各学科强化试卷分析,及时反思教学,精准定位问题,提高教学设计精准度,有效提高课堂教学质量,增强课堂教学效果。重视教师培养发展,积极组织教师参加各级各类培训,开展校内听评课及融合课比赛,抓牢课堂主阵地,全力提升课堂教学质量。发挥市区级骨干教师引领带动作用,开展主题为"落实'双减',提质增效"为主题的骨干教师展示课活动。组织参加天津市2021年精品微课程遴选工作,学校有6位教师的微课参与市级评选,其中4节精品微课程被推荐参加国家级评选。学校组织教师参加红桥区教育技术大赛、基本功竞赛、双优课比赛、北辰区微课程大赛,均取得优秀成绩。学校组织各学科开展"双减"背景下作业设计研究,通过提升作业的实效性,有效减轻学生作业负担。如:七年级以演促学,课下编写剧本,角色分配,搜集资料,课上展演课本剧;八年级生物学科主题的特色作业展示评比活动,一大批优秀的作业设计脱颖而出。学校有序开展课后服务工作,有效提升教学服务能力,落实国家"双减"工作要求。全体教师积极参与课后服务工作,开设丰富多彩的艺术、体育、技术课程,落实五育并举,满足学生兴趣爱好发展需求。

撰稿:李鑫刚
审稿:陈瑞彬

天津市工读学校

【概况】 天津市工读学校坐落于津南区渌水道10号,占地2.67万平方米,土地证载面积2.71万平方米,建筑面积约1.5万平方米。其中教学行政综合楼5400平方米,宿舍及食堂综合楼7800平方米,实训楼1400平方米,其他教辅用房700平方米。

学校现有教职员工共计25人。其中教师16人,副高级职称6人、中级职称8人、初级职称2人。

学校是天津市教育委员会直属的公益一类事业单位。主要职能一是专门教育,负责对严重不良行为青少年进行教育转化;二是劳动教育,满足不同学段学生的劳动实践体验需求;三是法治教育,提升青少年学生法治意识、法治知识、法治能力。学校教师目前在承担教育转化严重不良行为青少年工作的同时,承接市教委12345政务服务便民热线工作。

撰稿:赵立英

【专门学校教育】 2021年,学校牢记专门教育职责职能,积极申请加入中国教育学会专门教育分会,派出骨干教师参加专门教育专题培训及研讨,广泛了解学习各地专门教育学校的发展现状及经验,与公安部门提供的特殊需求青少年建立沟通、疏导、教育途径和机制,积极探索送教上门。与区司法局达成合作意向,携手矫治人员对服刑青少年进行教育转化。

撰稿:赵立英

【中小学劳动教育基地、青少年法治教育实践基地建设】 2021年,学校按照市教育两委指导和要求,进一步落实《中共中央国务院关于全面加强新时代大中小学劳动教育的意见》,推动天津加快构建德智体美劳全面培养的教育体系,全面加强天津市大中小学劳动教育,建设中小学劳动教育基地;进一步落实国家教育立德树人的根本任务,大力推进青少年学生法治教育的体制机制,推动法治教育纳入国民教育体系,建设青少年法治教育实践基地。目前,中小学劳动教育基地建设进度过半。青少年法治教育基地建设已近尾声。两个基地建设成效显著,设施设备基本到位。下一步,学校将积极争取上级支持,科学规划、勇于担当,加快后期建设,确保两个基地尽早尽快投入使用,真正发挥基地教育实践功效。

撰稿:赵立英

【市教委12345政务服务便民热线】 2021年,学校党支部按照市委市政府"用心打造为民服务贴心暖心热线"的要求,教育引导学校承担市教委便民热线工作任务的全体教师,切实提高政治敏锐度,聚焦热点、难点、堵点,真心实意为群众排忧解难。作为市教育系统与百姓之间的连心桥,便民热线教师坚持无假期工作,坚守服务社情民意的前沿窗口,奋战在为群众排忧解难的接听一线。热情回应群众关心关切,每件必办,办就办好。高质量完成涉及学生入园、入学、升学、转学、中高考期间咨询工作;特别做好"高考报名改革""双减"等重点民生领域问题答复和汇总汇报工作。展示市教育系统良好形象,得到群众一致认可。疫情期间,教师团队落实"召必来、战必胜",除夕之夜仍然坚守在国务院联防联控"春节返乡路"工作岗上,用最朴实的语言回应党的召唤,做到"民有所呼,我必有应"。以同心抗"疫"为目标,第一时间排查疫情线索、回复群众咨询,稳定群众情绪,传递教育系统温暖,默默以"小我"贡献自己的"大爱"。做到正面发声,攥指成拳,为助力天津教育系统打赢抗击奥密克戎硬仗做出突出贡献。2021年度,共受理市民求助事项37841件,按时办结33360件。市级综合考评成绩承办单位中稳居前列。

撰稿:赵立英
审稿:邢成凯

北京师范大学天津生态城附属学校

【概况】 北京师范大学天津生态城附属学校始建于2017年9月,位于天津市滨海新区中新天津生态城,是北京师范大学和中新天津生态城管理委员会合作举办的十二年制普通公立学校。学校占地6万平方米,建筑面积5.8万平方米。现有教学班77个,教职工271人,学生3056人。学校秉持"每一个生命都精彩"的办学理念和"博学博雅、惟新惟实"的校训精神,形成了"并蒂同心、花开万象"的校风、"乐学笃学、深学活学"的学风、"尽情尽理、尽善尽美"的教风。学校在"创设一流教育生态"办学愿景引领下,向着"高品质、现代化、有特色、示范性"的优质学校迈进。

撰稿:程凤春 王红革 古燕琴

【党建工作】 学校党组织以"抓党建、促中心、做先锋、促发展"为党建工作原则,以"制度化、规范化、标准化、创新性"为党建工作风格,严格落实基层党组织建设各项工作和各项要求。面向全体教师开展多形式、全覆盖的学习培训,不断增强理论水平,提升政治思想素质;加强师德师风建设,开展师德师风警示教育、召开师德讲评报告会、发布"师德师风倡议书"、组织教职工开展师德师风知识竞赛、组织学生开展生评教活动等;深入开展"四史"学习教育活动,围绕建党百年主题学习党史,开展"我为群众办实事""学党史、明师德"主题演讲、党课开讲啦录像课、党史宣讲团、庆祝建党百年等系列活动;在党员中开展"四先锋"活动,即本职工作做先锋、急难险重做先锋、转变学困做先锋、社区志愿做先锋;全面深入开展十九届六中全会精神学习和宣讲活动,使全体党员干部进一步增强"四个意识"、坚定"四个自信"、坚决做到"两个维护"。2021年学校小学党支部获评中新天津生态城先进基层党组织,4位同志被评为生态城教体系统优秀共产党员,1人被评为生态城教体系统优秀党务工作者,2名同志入选生态城党史宣讲团,151名党员在第一时间完成双报到工作,完成滨海新区"共同缔造"任务,为文明城区创建工作贡献力量。2021年底,学校党总支升格为党委,下设13个党支部。

撰稿:程凤春 王红革 古燕琴

【育人工作】 学校坚持"五育并举、德育为先"的育人方针,落实立德树人根本任务,以"为学修己、心怀天下"为培养目标,发展学生核心素养,贯彻"没有爱就没有教育、没有醒悟就没有学习、教书育人在细微处、学生成长的在活动中"的育人理念,促进学生"全面发展、学有特长、追求卓越"。一是实施正面管教,在全学段开展日常行为规范教育和关键成长时间节点教育的基础上,明确各学段育人主题:小学低段(1、2年级)重点开展习惯养成教育、小学中段(3、4年级)重点开展自主教育、小学高段(5、6年级)重点开展自立教育,初中重点开展理想信念教育,高中重点开展生涯规划教育。二是深入推进"注重学生实际获得"的"三精一高"教学活动,打造"四步八环"高效课堂,进行大数据精准教情学情分析,实行导师制,推进分层辅导、分层作业等。三是注重发展学生特长,开足开齐开好科体艺类课程,大力开展社团课程和社团活动,举办体育、艺术、科技类训练队,举办运动会、足球联赛、艺术节、科技节、戏剧节等大型节日活动。学生获区级以上各类奖励566项,市级以上奖励116项。其中1个天津市优秀班集体,12名学生获评天津市优秀学生,3名学生获评天津市四星少先队员,小学小合唱团获天津市美育实践课堂展演一等奖,15名学生获天津市学校文艺展演一等奖,4名学生获得天津市青少年创意编程与智能设计大赛一等奖,8名学生获天津市阅读之星"金奖",在"我爱祖国海疆"全国青少年航海模型教育竞赛天津分站赛中,5人获一等奖,8人获二等奖,8人获三等奖,跳绳全国比赛分站赛金杯1座、银杯1座、银牌15块、铜牌7块,啦啦操全国比赛1个第一名,2个第二名,34名学生获得天津市科学与信息技术类专项竞赛一等奖,11项作品获天津市小发明比赛二三等奖,占全市奖项总数18%。

撰稿:程凤春 王红革 古燕琴

【队伍建设】 学校队伍建设以"优化配置、激发活力、提升专业化能力"为指向,构建分层分类的教师专业化发展体系,实施教师的队伍建设校本分级制度,以"正面管教"班级管理研究、"三精一高"教学活动研究和"四步八环"高效课堂研究为主线,精准化、精细化推进校本教研和校本科研,深入开展教师专业化发展"六个一"活动,队伍建设取得长足进步。1人通过天津市正高级教师评审,1人入选为天津市中小学"未来教育家行动计划",2人入选天津市"特级教师训练营计划",1名教师受市教委委派参加云南省怒江州支教任务,1名教师被认定为全国青少年中级科技辅导员,23名教师被认定为滨海新区骨干教师,1名教师获滨海新区"敬业奉献好人"荣誉称号,2名教师获得北京师范大学教育集团领航计划骨干教师培养工程称号,2人被评为生态城优秀教育工作者,4人被评为生态城教育系统优秀教师。

撰稿:程凤春 王红革 古燕琴

【现代化建设】 学校以"创建一流的教育生态"为愿景,着力打造"高品质、现代化、有特色、示范性"学校。2021年重点推进智慧学校建设,学校实现高速无线网络全覆盖,高端交互触摸教学一体机覆盖所有教室,提升教育教学的智慧化水平,教育教学、师生互动更加快速高效、更加生动活泼;基本建成钉钉线上办公和线上教学系统,师生家长可以不受时空限制开展教育教学活动、家校协同、协作办公等;引入"懂你"大数据教学分析系统,装备相应设备,实现智能排课、网络智能阅卷和大数据教情学情精准分析;教学资源联通中央电教馆、天津电教馆、学科网,丰富和方便教师获取教育教学资源,提高备课效率;学校门口、食堂、宿舍安装人脸识别系统,实现售饭、宿舍管理、人员识别、体温监测智慧管控。学校被评为天津教师信息技术应用能力提升工程2.0试点校、希沃智慧教育试点校、北师大教育集团智慧校园试点校,被生态城管委会确定为生态城智慧教育实验学校和2022年世界智能大会教育场景展示学校。

撰稿:程凤春 王红革 古燕琴
审稿:程凤春

天津市第二南开学校

【概况】 天津市第二南开学校位于天津市和平区荣安大街167号,占地4.48万平方米。学校始建于1923年,前身为南开女子中学校,由爱国教育家严范孙、张伯苓创建,与南开中学、南开大学等共同组成南开系列学校。2015年,学校成立小学部,更名为天津市第二南开学校。学校共81个教学班,小学20个班,初中32个班,高中29个班,共有学生3021人,教师336人。现岗正高级教师2人,高级教师100人,天津市特级教师3人。多人获评天津市劳动模范、天津市优秀党务工作者、和平区首席教师、名教师、市区级学科带头人等。

学校秉承"允公允能,日新月异"的校训,积淀形成了"培养爱国精神,培育关键能力,成就未来公民"的办学理念和以"情智教育、开放学习、国际融合"为三大支点的办学特色。2019年5月被市委组织部、市委教育工委遴选确定为"天津市中小学校党组织领导下的校长负责制试点学校";2020年7月被教育部确定为"普通高中新课程新教材实施国家级示范校",2021年10月被市教委遴选为"天津市品牌高中建设项目培育学校"。

撰稿:尤瑞冬 关妍妍

【"双新"示范校与品牌高中共进】 学校在《第二南开学校普通高中新课程新教材实施国家级示范校建设三年规划》基础上,制定"品牌高中866"规划即8个建设项目、6项工作目标、6种实施策略,四位校级干部分任八个"品牌高中"建设项目的项目长,各项目组建建设团队,通过规划—计划—实施—总结—自评,形成有效的工作机制。《第二南开学校劳动教育实施纲要》《第二南开学校导师制实施方案》(2.0)、《第二南开学校对口帮扶课程体系》等方案规划进行全面解读,所有活动面向宝坻四中、蓟州四中、石家庄十一中、甘肃三县的四所手拉手学校进行同步直播,发挥辐射带动作用。贯彻党的教育方针,以"育人"为核心,以"四个变革"为抓手,在智慧校园建设的支撑下,切实做好品牌高中建设的落地实施,建设八个项目:升级课程体系,规范课程建设;行政班与教学班并存,组织管理科学系统;修订《课堂评价表》,深入推进课堂教学改革;构建校本研修共同体,以研促教、合作共进;全面推进教育评价改革,发展学生核心素养;全面聚焦教师专业成长,打造高素质教师队伍;持续推进智慧校园建设,与教育教学深度融合;持续推进示范支持,互鉴互学携手发展。2021年学习强国、央广网、《现代教育》《天津日报》等国家级、市级媒体先后21次报道学校各项工作。2021年6月天津电视台"津云"融媒体进行2个小时的网络直播"探校",介绍学校教育、教学、管理的整体情况。

撰稿:尤瑞冬 关妍妍

【线上线下融合 落实精准帮扶】 学校牵头组建"心连心手挽手"津冀甘成长联盟,即合作型校际共同体,形成1+2+4+5的帮扶模式,即搭建一个《第二南开学校对口帮扶课程体系》,融合线上线下两种帮扶双渠道,形成会议培训、学访交流、跟岗实践、委托培养四种帮扶方式,打破疫情阻隔以线上"五云"(校级干部微信云合作、管理干部视频云沙龙、骨干教师腾讯云学习、共同体直播云互动、全体教师网盘云评课)持续推进各项工作开展,以按需帮扶为实施路径,通过孵化制度完成精准帮扶,最终实现彼此双赢、合作共进。第二南开学校完成线下近30批、400余人次学访交流、跟岗研修、委托培养、挂职锻炼等任务;积极克服新冠疫情带来的困难,持续不断开展"五云"帮扶。

撰稿:尤瑞冬 关妍妍

【五育并举促教育评价改革】 结合中共中央、国务院印发的《深化新时代教育评价改革总体方案》,学校对顶层设计进行动态调整,结合学生发展实际,以提升核心素养、多元推进教育评价改革为目标,围绕德智体美劳"五育"创设七个中心,涵盖思政、体育、艺术、劳动、学业考评、科技、心理健康教育,发展学生核心素养,促进学生全面而有个性的发展。思政教育中心开设"德耀公能"思政讲堂,邀请校外专家、辅导员、优秀大学生对学生开展思政专题讲座和主题教育培训,实现校内校外教育资源整合。体育与健康教育中心立足学生视角,以"健康第一"为理念,将阳光体育时间分为"律动时刻""畅玩时刻""比赛时刻",突出选择性和趣味性,重视学生对运动规则的认知,突出责任意识,在活动中提升体育能力。艺术教育评价中心坚持课堂教学、社团拓展、展演比赛、考核认定四条主线全面推进,保证每个学生都能掌握一项艺术技能,每学期参与一次文艺类展示活动。劳动教育中心与天津大学课题组展开合作,制定《天津市第二南开学校家务劳动指南》,通过开展"职普融通"合作,多维度、系统化实施劳动教育。学业考评中心制订《第二南开学校高中学习考核成绩、学分获得方案》,依照各学科关键能力进行内容分项,全面开展等级评价。科技教育中心以"有用"和"实用"为出发点设计课程,按照"学段+梯度"的模式设计面向社团班级的《掌控板创客设计》、面向兴趣小组的《智能机器人》、面向特长人才的《PYTHON计算思维进阶》课程。心理健康教育中心将评价的重点与学生发展相结合,营造全员心育氛围,心理教师每周一课时心理课程,开展面向班主任的菜单式分层讲座,对心理委员开展心理科普、沙盘体验等系列培训,对全体同学按需开展团辅和个别咨询辅导。学校始终致力于构建特色化课程体系,发挥七大中心评价的导向作用,引导、促进学生的发展,为学生成长保驾护航。

撰稿:关妍妍 尤瑞冬
审稿:孙 苗

天津市第五十七中学

【概况】 天津市第五十七中学始建于1939年,建校初名为"天津市立女中",1949年改称为"市立第二女子中学",后改名"要武中学",1979年更名为"天津市第五十七中学"。1995年被命名为市级重点中学,2005年被列入天津市示范完中校。2018年,学校以"融情教育"为特色通过市教委评估验收。2020—2021学年度学校高中教学、学生思想教育工作被评为素质教育质量评估成绩显著的中学。2021年被评为河北区教育系统度"师德建设先进单位"。

学校位于天津市河北区昆纬路38号,占地3.83万平方米,建筑面积2.47万平方米。有教职员工228人,其中专业技术人员217人,副高级职称人员102人,占全部专业技术人员的47%;中级职称人员47人,占全部专业技术人员的39%。在校就读学生共2102人,其中高中学生1164人,初中学生938人。学校有理化生实验室、语音室、录播室、信息技术室;并建有信息网络系统和现代化校园绿色网吧,实现多媒体电化教学;配备室内外体育设施,音、美、史、地、心理等学科或校本课程专用教室,为实施素质教育,促进学生发展提供充分保障。

学校以"打造优质教师队伍 引领学生走向成功"为办学理念;办学特色:融情教育;校风:厚德树人、真情育人;教风:敬业爱生、以情育情;学风:修身励志、乐学日新;校训:厚德、博学、和谐、卓越。

在中国共产党成立100周年之际。校党委组织全校师生收听收看庆祝中国共产党成立100周年大会实况。为深入开展党史学习教育,重温红军长征艰苦卓绝的光荣历史,缅怀革命先辈的光辉足迹,大力弘扬长征精神,校党委组织党员们前往西青区第六埠村开展"重走长征路 启航新征程"庆祝建党100周年活动。

撰稿:方 羽

【教育教学】 学校紧紧围绕教学质量这一核心,坚持依法治教,坚持问题导向,坚持将常规工作做细做实、亮点工作不断有新突破的原则,不断推进教学工作创新和发展。认真总结2020届新高考积累的学科教学经验及任务目标管理办法,通过"精细管理",将行之有效的毕业班管理经验发扬光大;通过"稳妥落实",将每月一调整的教学策略落实落细;通过"科学分析",细化各学科针对每个考点落实情况的分析;通过"精准定位",动态管理管理好目标生。认真总结2020届、2021届课改工作特别是选课走班取得的经验及存在的不足,修订实施方案。针对2021级高一年级,提前开展师生和家长培训,线上线下开展了两个轮次的选课,利用暑假安排好分班排课,高二伊始正式开始走班教学。针对2022届高二年级上学期进行物理及思政学科的学业水平考试的新变化,统筹安排高中三年各学科课时,确保不同选科的学生都能按照要求完成高中阶段全部学科的修习学时任务,达到毕业要求。学

校坚持多元化、重引导、见实效的理念,学校聘请心理专家张丽姗做《后疫情时代,给学生最有力的心理支持》的讲座,倡导广大教师要拥有健康阳光的心态。聘请教师信息化应用能力提升2.0工程市级专家红桥区教师发展中心刘蓓主任做《混合学习环境实施》专题讲座,鼓励教师要坚持与时俱进,提高课堂实施能力。开展三次实用性强的网络教学、智慧黑板使用等信息技术培训。邀请天津市第四批未来教育家学员正高级教师教科室主任何洁为教师做《悉尼学习见闻与思考》报告,倡导教师学习身边的榜样。

撰稿:王瑞芳

【思政教育】 2021年12月31日上午,区委副书记王志楠深入天津市第五十七中学,以"做爱党、爱国和爱社会主义的知行合一者"为题,为学校高二年级学生讲授思想政治课。王志楠副书记以自身求学的经历为导入,拉近与青年学生的距离;以自身的成长经历激励青年学生要立志,要坚持不懈地努力;他带领青年学生一起学习《中共中央关于党的百年奋斗重大成就和历史经验的决议》,推荐《习近平的七年知青岁月》和《平凡的世界》两部书。

撰稿:杨 玲
审稿:姜志惠

天津市河东区太阳城学校

【概况】 天津市河东区太阳城学校是一所"九年一贯制"公办校,成立于2020年,新校舍于2021年投入使用。学校坐落于河东区凤山道8号,占地3.12万平方米,建筑面积1.85万平方米。现有学生1022人(中学528人,小学494人),4个年级23个教学班(中学11个,小学12个)。教师65人(中学39人,小学26人),61名专任教师100%持证上岗。有研究生学历的教职工24人,本科学历38人。小学骨干教师10人(区级5人,校级5人),中学骨干教师15人(市级1人,区级10人,校级4人)。作为天津市第七中学集团校成员之一,学校现有七中交流教师7人。

校园环境优美,集绿化、美化、育人化为一体。学校专用教室齐全,设备设施符合天津市义务教育学校现代化建设标准,能满足教育教学及学生活动需要,有现代化的理化生、地理、科学、音乐、美术、舞蹈、多媒体教室、特色实验室(劳技教室)、团体辅导室、个体辅导室等专用教室各1间。学校建有多功能

的风雨操场，满足学生素质拓展、体育锻炼、年级集会等多种需求。

学校围绕"活力教育 品质人生"的区域发展理念，秉承集团龙头校天津市第七中学"追求卓越 慧育英才"的办学理念。形成"三风一训"，即校风——气正风和、博雅精进，教风——仁爱至上、因材施教，学风——明礼乐学、善思美趣，校训——品求正、技求精、行求实、风求和。开展"每月一节"活动(3月读书节、4月诗词节、5月心育节、6月生态节、9月合唱节、10月科艺节、11月体育节、12月津沽文化节)。以"七彩劳动教育"课程群为载体，将劳动教育与学生的个人生活、校园生活和社会生活有机结合，帮助学生树立正确的劳动观念，提升劳动实践能力，形成良好劳动习惯。4月参加河东区首届劳动技能大赛获5项奖励。12月，学校代表队参加七中教育集团首届劳动技能大赛获团体总分第一名。"七彩劳动教育"课程群被评为河东区特色课程群。学校"九年一贯制"办学特色先后四次在天津电视台、河东新闻、直沽印象等媒体报道。

撰稿：崔立红 杨华雯

【党建工作】 党建工作扎实推进。学校党支部紧扣党史学习教育强化政治自觉，打造"党建引领阳光成长"党建品牌。开展"学党史、铸信念、守初心"青年教师恳谈会，组织教职工唱响"红歌"，为全体党员过"政治生日"，组织全体党员、申请人、思政教师参观宝坻红色教育基地，开展全体教职工"学党史"专题知识竞赛，积极组织党员"志愿服务团队"参与服务青少年疫苗接种保障工作。校党支部不断完善组织结构，按照工作职能划分为6个党小组，将思政教师单独设立党小组，方便党员开展学习活动。重点抓好入党申请人的日常管理。2021年7月7日，河东区教育局党委书记、局长李旭来到太阳城学校开展思政工作。2021年9月9日，河东区委书记范少军深入太阳城学校调研，看望一线教职工，向大家致以节日祝贺和诚挚慰问，并与教师代表座谈交流，调研"双减"工作开展情况，对学校教育教学工作呈现出的良好竞技态势给予充分肯定。

撰稿：于 乐

【立德树人】 2021年，学校开展爱党爱国主题教育，鼓励学生在历史中汲取力量，在时代征程中砥砺前行，爱国主义唱响太阳城学校校园；特色思政课，厚植学生家国主义情怀，激发学生立志报国的理

想信念，党的建设、改革开放、疫情防控、家乡繁荣发展等主题生动融入学生课堂；丰富多彩的社团活动，落实落细"双减"政策，逐步形成"全面培养、特色发展"的培养模式，开设古筝、葫芦丝、影视欣赏、美绘画社、体育舞蹈、足球、篮球、羽毛球等30多个社团，充分挖掘学生潜能，激发学生自信，提升学生素质，为学生开启快乐、向上、收获的人生之旅。2021年全年共组织22场校级主题教育活动，276名学生在活动中获奖。在市区级和集团校各类比赛中，师生屡获佳绩，其中获区级奖项的教师共6人次，学生共71人次，获市级奖项的学生共6人次。

撰稿：李松云

【教学研究】 学校把对青年教师的培养放在提升教学质量的首位。举办"新教师培训班"，帮助新入职教师尽快达标入格；开展"青蓝工程"师徒结对活动，发挥优秀骨干教师的示范引领作用，助力青年教师站稳讲台；组织"教师基本功大赛"，以赛代训，以赛促改，快速提升教师专业水平。教师全年获区级以上奖励62项。注重作业研究与管理。通过"设计—落实""监督—反馈"两维推进，培育作业设计和批改的典型，加强备课组、年级组、教务处等多部门联动，形成"齐抓共管、良性循环"。探索总结"两维六环一特色"作业管理模式，在天津市第一届义务教育学校作业管理与设计案例评选中获得作业管理优秀奖。学校不断探索适应新时代教育需求的评价方式。小学部开展全方位、多元化的"星级学生"评价活动。活动设"善德明礼小达人""善思乐学小能手""善美乐活小明星"三大模块，从诵读能力、口语表达、数学思维和动手实践四大方面对学生进行综合评价。

撰稿：崔立红 杨华雯

【科技教育】 学校坚持学科基础教育与科技创新教育并重，将科学、技术、工程、艺术多学科融合课程作为新的素质教育发力点，充分利用信息技术课、"图形化编程与机器人"社团等平台，普及人工智能特色教育课程，培养青少年创新思维和实践能力，培育青少年科技创新人才。学生们学习人工智能技术的热情空前高涨，积极参与教育部公布面向中小学生的全国性科技创新类比赛活动，均取得优异成绩。2021年9月在2021世界机器人大赛DOBOT智造大挑战——天津城市选拔赛中，由4名同学组成的代表队获初中组冠军并晋级全国总决赛。11月在2021

年全国中小学信息技术创新与实践大赛决赛"TAI智能车挑战"赛项中,2支参赛队双双获得初中组一等奖。12月根据市级相关文件要求,经学校申报、各级遴选,认定天津市河东区太阳城学校为"天津市基础教育智慧教育示范校"。

撰稿:崔立红 张 童
审稿:张 红

天津市河东区天铁第二中学

【概况】 天津市河东区天铁第二中学始建于1986年,地处太行山革命老区河北省涉县天津铁厂。2017年4月1日,由企业办学转制社会办学划归天津市河东区教育局,是一所全日制市级重点高中。占地1.3万平方米,建筑面积8094.6平方米。拥有功能先进的学术报告厅、信息技术教室、物、化、生实验室、录播教室、阅览室、电子备课室、图书馆、美术、音乐、地理、通用技术专用教室,机器人和航模两个专用实验室,教室多媒体、电子白板等现代化设施设备齐全。2021年,学校有13个教学班,学生550人;教职工66人,其中高级教师26人,一级教师23人,专任教师48人;市级劳模1人,市级劳模集体2个,市级优秀教师3人,天津市未来教育家奠基工程首期学员1人,市级学科领航教师1人;专任教师全部具有大学本科及以上学历。

学校坚持"修身育智,求实创新",落实立德树人;秉承"让学生健康成长,让教师持续发展,让学校彰显特色"的发展理念,实施特色办学(全面发展,工程见长)、优质办学。坚持党建引领教育教学,扎实开展党史教育,强化党员意识,牢记党员身份、党员义务、党员作用和党员形象。落实"双减"政策,发挥学校教育主阵地作用,全面推进中小学课后优质服务。适应新高考改革,优化考评机制,大力推进素质教育。强化思政课教育,突出社会主义核心价值观;培养学科核心素养,促进学生德智体美劳全面发展。搭建师生展示平台,举办校园艺术节、趣味运动会、书画展、国学诵读等丰富多彩活动,共有46名同学在市、区组织的书法、演讲、朗诵、微视频等活动中获奖,其中李梦天同学作品在中共中央宣传部印刷发行局组织的2020年"我的书屋,我的梦"农村少年儿童阅读实践活动中获评优秀作品。2021年,教育教学质量继续保持高水平:高考实现最高分708分、英语最高147分两个新突破。教研成绩突出,有3个市级、1个区级课题获得立

项,5篇论文在市级刊物发表,市级获奖论文6篇;14人次获区级及以上荣誉,1人在河东区青年校长论坛展示活动中获一等奖。

撰稿:陈长江

【线上教学】 疫情反复不断,学校线上线下教学切换频繁。针对线上教学学生学习状态不佳、互动少且注意力不集中、作业不能按时完成、设备不齐全(不是没有麦就是没有摄像头)等诸多新情况新问题,学校发动广大教职工,集思广益;借鉴名校先进经验,求实创新,采取切实有效方法,提高学生学习效率。一是构建家庭、学校和科任教师三位一体监管服务体制,通过召开线上家长会、抓课前准备监督、抓课堂运行监督、抓课后总结反馈等四个方面,实现监管服务无死角。二是基于"腾讯会议",最大限度挖掘教学技能。除了利用课上点名语音视频回答问题等常规方式外,还让学生参与共享文本的处理,学生通过共享批注功能在文本上标出自己的答案,或画出需要老师讲解的地方,其他同学也能在同一文本上互动,这样,会更愿意参与课堂互动教学。三是基于微信小程序,抓好课后管理。课后答疑利用微信及微信小程序解决,课余时间学生可以利用班级微信群或者私信向老师提问问题,老师都会在第一时间回复学生的问题并及时答疑解惑。收缴作业利用"接龙小程序"或"班级小管家"。方便老师批阅、统计和对比。同时,学生也可以多次进入"作业接龙"查看老师批改情况,修改后再提交。经过师生共同努力,线上教育教学效果良好,满意度调查家长基本满意达97%以上。

撰稿:陈长江

【思政教研】 进一步深入学习领会习近平总书记关于中共党史的重要论述,探索党史教育与思政教学的有效融合路径,大力发扬红色传统、传承红色基因、赓续红色血脉。6月3日,天津市高校思想道德修养与法律基础协同创新中心、天津城建大学马克思主义学院、天津市河东区教育局围绕"长征精神"组织开展大中小学思政课一体化集体备课活动。校领导班子成员和学校思政教师共计7人,通过"腾讯会议"的方式参加此次思政课一体化集体备课活动。学校德育处王建宇主任作为本次备课活动发言人之一,以"长征精神"为主题作重点发言。他通过讲解、图片、视频等方式,将长征精神精彩地融入课堂;使学生翔实了解红军长征的战斗历程,感受到红

军长征的艰难险阻,领悟出红军长征的伟大精神的激励价值,汲取伟大的长征精神力量,更好地"弘扬长征精神,走好'新的长征'"。

撰稿:陈长江

【党史学习教育】 学校认真落实《天铁第二中学党史学习教育方案》,坚持做好每周一次的党史信息上报;理论中心组集中学习研讨19次,安排6天专题读书班。组织线上党史知识竞赛,任德来副校长得2640分,位列河东第一。组织开展唱红歌、观影等活动开展党史教育。强化党员意识,牢记党员身份、党员义务、党员作用和党员形象;积极开展教师交流、援边活动,马立军、李东平、于婷婷三位老师积极报名参加。开展"改革开放专题""新民主主义革命专题""学四史、唱红歌"、青年大学习活动。学校把党史学习教育与"我为群众办实事"结合起来;向群众汇报,帮助解决孩子教育指导等实际问题,党员干部入户走访慰问30人次。落实"双减"政策,发挥学校教育主阵地作用,全面推进中小学课后服务;坚持需求导向和自愿原则,制定课后服务实施方案和课后服务奖励性绩效发放办法。秋季开学后,学校积极引导有需要的学生自愿选择,实现有需要的学生全覆盖,确保学生在校内学足学好、全面发展;师生参与率均达100%。学校践行党史学习教育,做好新时代意识形态工作,牢牢把握意识形态主动权;规范微信群管理,建立微信群报备审核制度,制定《天津市河东区天铁第二中学舆情处置预案》,积极引导广大师生文明上网、绿色上网、健康上网,共同维护清朗网络空间;传递正能量,做新时代文明网民。

撰稿:陈长江
审稿:牛怀德

天津市卓群中学

【概况】 天津市卓群中学是河西区教育局于2012年创办的一所公办初中校,坐落于河西区白云路37号。学校占地1.24万平方米,建筑面积6613平方米,设有办公教学、图书阅览、学生运动三大功能区。全部设施设备符合《天津市实施义务教育学校现代化建设标准》,拥有实验室和功能教室10间,书法、国学、舞蹈、创客等特色教室6间,多媒体教室23间,录播、直播教室各1间。学校有22个教学班,在校生1044人;教职工70人,专任教师62人,100%达到本科学历,硕士学位42人,硕士研究生比例达到67.8%。现有正高级教师1人、津门杰出教师1人、市级学科领航教师1人、市级学科骨干教师2人、区级骨干教师11人、校级骨干教师18人,骨干教师占一线教师人数的51.6%。

学校秉承"和谐治校、真爱施教、博雅育人"的办学理念,以"立凌云壮志""养中华美德""尽报国卓识""格万物本真"的育人目标为基石,以"立志、尚德、博识、求真"的校训、"敬业、爱生"的教风和"勤奋、笃学"的学风为根本,形成了"和谐、求是"的学校校风,凝练了"砺志笃行、卓越超群"的学校精神。学校先后获全国五四红旗团支部、天津市教育系统五好关工委、河西区依法治校示范校、河西区文明校园、河西区平安校园、河西区教育系统先进集体、河西区师德建设先进单位、河西区教育系统思想政治工作先进集体、科研先进单位、德育工作先进学校等称号。

撰稿:王小红

【办学特色】 学校坚持以"做博雅教师、育博雅学生、建博雅校园"为目标,确立了"博雅教育"办学特色,通过全面实施校园文化建设、数字化校园建设、德育实践活动研究、高效教学模式探索、校本课程建设和队伍梯队建设六个方面引领学校发展,完成《校园文化发展战略》,完善《管理制度汇编》,丰实校本课程体系,使人文精神、制度管理、课程建设与博雅特色相互融合,形成卓群特有的管理模式。逐步彰显出"博雅先锋"党建品牌、"体验式+"德育模式、"三层四步"高效课堂教学模式、"青蓝·英才"青年教师培养工程等学校品牌。

撰稿:王小红

【五育融合】 学校把立德树人融入思想道德教育、文化知识教育、体育健康教育、艺术美育教育、劳动实践教育各环节,体现到学科体系、教学体系、教材体系、管理体系建设各方面,形成全方位、高质量、有特色的育人格局。学校以课程、文化、活动、实践、管理、共育体验为路径,以涵盖人文素养、科学素养、生活技能、身心素养、艺术修养、信息技术等六大领域的校本课程建设为抓手,以强化行为规范、安全法制、传统文化、心理健康、生态文明、劳动服务、研学旅行、社团特长等八大实践教育为基础,相互融合、相互促进,培根铸魂、启质润心,努力把学生培养成为德智体美劳全面发展的优秀卓群学子。

撰稿：王小红
审稿：何　琛

天津市第二十五中学

【概况】　天津市第二十五中学是天津市首批历史名校，市级重点中学。学校有两个校区，南校区坐落于天津市南开区灵隐道14号，北校区坐落于天津市南开区青年路395号，总占地3.2万平方米。学校现有学生2624人，教职工282人，其中专任教师236人，高级教师110人（含正高级教师1人），硕士学位教师63人，35岁及以下青年教师31人。

学校现有天津市特级教师1人；天津市杰出津门教师1人；市级学科骨干教师5人；市级优秀教师、优秀班主任7人；市级师德先进个人4人；市级教育系统优秀思想政治工作者1人；市级五一劳动奖章获得者3人；区级"德业双馨"十佳教师、优秀教师共6人；区级学科骨干教师50人；区级学科领航教师9人、区级教坛新锐5人、区级优秀班主任2人。

扎实开展党史学习教育，发挥党建引领作用。围绕学习贯彻习近平总书记在党史学习教育动员大会上的重要讲话精神，将总书记"七一"重要讲话、党百年奋斗光辉历程和十九届六中全会精神作为党史学习教育的重要内容，以理论中心组、专题学习班等形式学习交流近20次。开展"五个一"主题活动、系列学习参观、专题讲座、主题党日和"我为群众办实事"实践活动等形式多样的学习教育活动，强化思想武装。

加强师德师风建设，开展师德师风教育和师德规范的学习，建立师德档案，签署师德承诺，开展教师节表彰、心理团辅等主题活动，把师德教育作为加强教师管理，促进专业化发展的重中之重，以高尚师德教育感染学生。加强各层面教师专业化水平的提升，注重加强班主任队伍心理素养的提升，提高解决学生、家长心理问题的能力；注重教师教学专业强化，借力"人才培养提升工程"、校本培训、集备教研、听评课、教学检查等措施、形式，持续提升教师专业化水平。

以"学科德育"为办学特色，以品牌高中建设为契机，开展"学科德育"引领下育人体系实践研究，包括学科课程育人策略和活动（实践探究）课程育人策略。落实"五育并举"育人目标，开展"以周恩来为人生楷模"主题教育、喜迎建党百年、"厚植红色基因，深耕家国情怀，筑梦祖国强盛学生综合实践周"等系列活动，培养德智体美劳全面发展的社会主义建设者和接班人。

2021年，学校完成各项教育教学和疫情防控工作任务，获"'领航工程'党建工作示范学校"称号；获评南开区教育系统先进党组织。入选天津市首届"品牌高中"。初中女足首次征战市级赛事，获全市第七名。

撰稿：李忠益

【灵隐道校区投入使用】　天津市第二十五中学灵隐道校区改扩建工程于2018年7月启动，历时三年，于2021年4月建成。改扩建后的新校区绿化面积大幅度增加，教学环境得到美化改善。建筑面积由原来的1.8万平方米增加到近2.7万平方米。主教学楼地上五层，地下一层；综合实验楼新建一座四层，改建一座六层。教室从原来24间增加到48间，各科实验室、音体美专用教室和其他功能场馆从18间增加到29间。教学空间得到显著提升。教学硬件设备全部更新为高中综合改革所需的现代化新型装备，同时兼顾传统工艺与文化的传承教育，机加工车床、数控车床、人工智能实验室都配备齐全。8月改扩建项目顺利通过各相关部门联合验收和学校家委会的验收，9月1日正式投入使用。

撰稿：李忠益

【品牌高中建设】　学校坚持社会主义办学方向，落实立德树人根本任务，聚焦学生核心素养，创新育人方式；坚持能力导向的教学变革，建设优质课程体系和德高业精的办学队伍，完善教师专业发展机制。2021年9月，参与市教委组织实施的品牌高中建设项目培育学校市级遴选工作。经过网络评审、校长现场答辩和入校评估等环节，10月被认定为天津市首批品牌高中建设项目培育学校。立足学校发展，制定未来三年计划：以"优质性、主体性、可持续性、示范性"为建设原则，秉持"将政治、思想、道德和心理品质教育融入学科课堂教学"的核心要义，深化现代课程改革，创新实践"五育并举"下新时代"学科德育"特色育人新样态，凸显学校核心竞争力；创新学校管理制度，推进信息化建设，构建互联互通"智慧教育"范式，探索"2+2双主驱动空间互联"策略引导下的新时代"学科德育"育人体系，加强国内国际交流合作，提升办学影响力；强化示范辐射，重视品牌高中的引领作用，带动学校教育质量和办学品质的整体提升。

撰稿:李忠益
审稿:李忠益

天津市西青道中学

【概况】 天津市西青道中学始建于1964年,坐落在红桥区西青道171号,占地9197.97平方米。现有教学班15个,在校生551人,教职工87人(专业技术人员87人,其中教师系列85人),高级专业技术职称38人,中级专业技术职称35人,初级专业技术职称14人。教师中,99%达到大学本科以上学历,其中研究生学历4人,教育硕士28人。学校秉承"崇尚进取、日新月异"的校训,重视师生的可持续发展,重视教师队伍建设,特别是师德师风建设,完善西青道中学教师"师德考核制度",为每位教职工制定师德档案,每学年与教职工签订师德承诺书。开展主题师德演讲活动,弘扬正气。学校将校本教研与课题研究相结合、与继续教育相结合,与学科活动相结合、与各类大赛相结合,竭力促进教师队伍的专业发展。学校现有市、区级学科带头人9人;区级骨干教师13人,校级骨干教师24人。4位教师被评为区级名班主任、名教师。

学校先后获评市级德育先进学校;市级依法治校示范校;市级交通安全示范校;市级阳光体育先进学校;天津市教育系统"五好关工委",区"五四"红旗团委,局级师德建设先进单位等,在红桥区班主任技能竞赛、教育技术大赛中多次获优秀组织奖,连续获红桥区教育教学综合评估一等奖。

撰稿:赵 虹

【立德树人 培根铸魂】 学校德育工作以培育和践行社会主义核心价值观为核心,以"铸魂六大工程"为抓手,始终围绕"仁、礼、信、砺"为核心的美德教育主线,持续关注学生心理健康发展,引导学生自信明理,勤学善思。"赓续雷锋精神 献礼建党百年""红色假日 传承红色基因"等活动,涵养仁爱之心,培养家国情怀;"孝亲敬老 共度重阳""幸福花开感恩母亲"等活动,于活动领会孝亲敬老深意;"同心战'疫'一诺千金""创建文明校园 争做文明学子"等活动,见证学生的赤诚之心,彰显诚信律己的学风;"致敬革命先烈 做红色基因传承人""喜迎建党百年华诞 树立时代少年榜样"等活动,激发爱国爱乡情怀,引导学生在传承弘扬传统文化的同时,自强

砺志,不负青春。学校注重心理健康教育工作,加强心理健康教育校本课程的开发与课题研究。根据学生成长需求,定期开展团体辅导、主题班会、拓展活动,借助团体动力,帮助学生构建朋辈力量,提升心理品质。依托家长学校,围绕亲子关系、心理健康等主题,通过线上和线下家长会、家访、微官网推送等形式定期对家长进行专题指导,形成教育合力。

撰稿:陈 曦

【优化课程 轻负提质】 学校建立完善的质量管理体系,实施教学质量目标责任制。根据基本工作量、学科活动、教学质量、常规等方面记载、评估。在课堂教学管理、目标生管理、教师队伍管理、学科阶段考核、集备管理等方面严格进行监控,保障教育教学水平。学校贯彻落实"双减"工作,制订《西青道中学减负实施方案》,构建学校、教师、家长三位一体协调机制,共同推进"双减"工作。老师在"减"字上下功夫,精心设计课内外练习,避免机械性作业,严格控制作业量和作业时间;根据学生的学情,设计分层作业、设计可供学生自主选择的作业,以满足学生个性化发展的需求。学校在教学计划、教研集备、教案检查、学生日志、作业检查、作业公示几方面强化落实,强化课堂教学主阵地作用,通过"人人做课"校本研修活动,将作业设计内容作为学科课堂评价的一个重要环节;通过读书节学生作品展示,语文、地理、英语跨学科手抄报,物理、生物、地理等学科家庭探究小制作等活动,注重作业的过程性、探究性和实践性,加强对学生创新能力及其综合素质的培养,创新作业形式,丰富作业内容,有效地减轻学生课业负担。

撰稿:范平志

【素质拓展 全面育人】 学校长期以来扎实推进素质教育,坚持五育并举,以学校教育为主阵地,面向全体学生,广泛开展阳光体育活动和艺术活动,提高学生体育技能和艺术素养,落实劳动教育。学校坚持阳光体育大课间活动,每天"60分钟"体育活动。体育教师自编校操——韵律,多次在全区中小学生大课间评比中获奖。作为传统项目,学校每个学期举办校级三跳比赛。从2020年开始,学校提出"一月艺活动"体育计划,每个月开展不同的体育赛事:集体长绳、校操展示、足球技巧、篮球投篮、两人三足等等,让体育运动蔚然成风。学校提出"丰富学生课后服务,体验中华传统文化"社团活

动主题,设置体育类、艺术类、生活类和益智类共计四大类、包括岩彩、泥塑、视频编辑等13个社团。西青道中学音乐艺术社团被评为2020年天津市优秀学生艺术团体,在区、市级各类合唱比赛中获一二等奖。学校与北方演艺集团签订协议,将传统曲艺"京东大鼓"引进校园,让同学们感受到传统文化的魅力。

撰稿:王 曦

审稿:戴伟荣

天津市华明中学

【概况】 天津市华明中学前身为2005年创建的九年一贯制华明学校,2011年初中部成为独立建制的国办初中学校,校址位于华明示范镇中心地带。学校占地5.77万平方米,建筑面积2.13万平方米,绿化面积1011平方米,运动场地总面积22387平方米,教学及辅助用房面积6459平方米,藏书75822册。学校现有23个教学班、在校学生924名,现有教职工91人,其中高级教师36名,中级教师45名,市级骨干教师1名,区级骨干教师15名,区级学科带头人8名,校级骨干教师23名。

学校秉承"一切为了师生的进步和健康"的办学宗旨,在"尊重人本、享受教育、内化素养、主动发展"办学理念指引下,朝着"打造学生快乐、教师幸福、家长满意、社会认可的品牌学校"目标不断前行。学校先后获"天津市中小学德育工作先进集体""天津市文明校园""天津市最美校园""天津市传统文化特色学校""天津市中小学阳光体育运动先进学校""天津市教育系统五好关工委""2021年全国生态文明教育特色学校""2021年天津市知识产权教育示范学校""天津市科普教育示范学校""东丽区平安校园"等称号。

撰稿:张开山

【立德树人 增强成效】 学校把学生思想道德培养放在重要位置,统筹做好德育工作的安排和具体实施。以建党100周年为契机,开展"学四史"系列教育活动。引领全体学生认真学习《中学生守则》和《中学生日常行为规范》,促进学生养成良好行为习惯养成,注重"五项管理"落实,增强育人效果。重视班主任、心理健康教师技能提升,加强常规工作指导,通过班主任工作例会,经验交流会,提升育人水平。建立校长与学生谈心谈话制度,保障

学生身心健康。组织学校40名青年教师参加"卓越教师成长计划"网络培训和2021年全国中小学德育名家专题云论坛讲座及考核,不断提升教师育人本领。

撰稿:张开山

【教研立校 卓越发展】 学校注重教学常规管理,以提高教学质量为中心,以"课改促进教学,教学提升质量"为思路,以"创新举措,细化管理"为目标,充分发挥教务处"指导、服务、督查"的功能,全面落实"双减""五项管理"等有关规定,优化课后服务内容,做好课后服务工作。组织"华明中学模式"教学竞赛活动,围绕"有效教学"与"中考备考"两个主题,努力提升教学质量,中考成绩逐年提升。深化教学科研引领,努力提升教师素养。突出"师资建设"与"校本培训"两个重点,提高教学技能。发挥"名师工作室"指导教学的作用,全年累计60余次,助力学校教学提升。高效推进人人做课活动,组织好市、区级教研及"信息技术2.0整校推进"等培训,不断提升教师业务水平。2021年东丽区首届骨干教师评选中,学校15名老师被评为区级骨干教师,23名老师被评为校级骨干教师。在东丽区第三届德育精品课评选中,3名教师获奖。在2021年度教育创新论文评比中,16名教师获市区级奖项。教育学会课题申报中,市级立项6个,区级立项4个。3名教师被评为区级学科兼职教研员,2名教师为区级命题教师,3名教师入选东丽区学科骨干教师领雁计划。

撰稿:张开山

【五育和谐 全面育人】 学校确保德育的首要地位,形成德育特色;坚持体育特色学校发展,顺利完成2021年度国家体质健康及天津市体质健康检测工作,积极组织开展广播操比赛、三跳比赛、校级田径运动会、拔河比赛等多项校内体育活动,并组织参加区大课间评比活动及东丽区三跳比赛,学校田径队在"2021年东丽区中小学田径运动会"上夺得团体总分第一名,取得五连冠,篮球队在2021年天津市东丽区中小学篮球比赛中,女队获第二名、男队获第六名;强化美育的和谐功能,将"学习优秀文化,传承传统美德"纳入常规教育活动。组织开展天津市第十届津沽文化日活动,学校被评为"第三批全国中华优秀传统文化艺术传承校",扎实做好面塑、美术等传统文化传承,促进学校文化特色的形成;突出劳动实

践的主线作用,学校设立"学校服务岗""奉献岗""家庭劳动岗",每一名学生每星期至少参加1次学校劳动与家庭劳动,将劳动与主题教育相结合,促进学生劳动观念和技能发展。

撰稿:张开山

【奉献爱心　结对支援】 学校与河北省承德县三沟初级中学结为互助合作对子。两校经常就课堂教学、德育行为习惯培养开展交流。通过学校网络平台集体备课、同课异构,共享教育教学计划、常态课视频等资源。为缓解三沟中学缺少图书和素拓课装备的急需,学校发动全体教师、学生为三沟中学捐图书近千册,并购置羽毛球拍等运动装备,以表达兄弟校情谊。1名副校长到承德三沟中学支教两个月,2021年5月10日,1名副校长带领德育主任、1名数学老师和1名英语老师回访三沟中学,交流学校德育管理,上展示课,与三沟中学2位青年老师结为师徒帮教对子,成为长期的合作伙伴。

撰稿:张开山
审稿:刘文华

天津市第九十五中学益中学校

【概况】 天津市第九十五中学益中学校位于西青区泽清北路1号,学校占地7.35万平方米,建筑面积8.6万平方米。教学楼配有78间教室,61间功能室。学校为国办完全中学,以政府委托管理服务方式与天津益中教育管理有限公司开展合作办学,并更名为天津市第九十五中学益中学校。学校教育场地、教学与信息化管理设备设施齐全,配有理化生实验室、创客教室、书法教室等功能室,设有校史馆、图书馆、心理咨询中心、学生会、新疆学生之家、学生社团活动室、教职工活动室等活动阵地。建有可容纳约1380人住宿的学生宿舍和容纳2000余名学生就餐的学生食堂。学校体育中心设有标准室内游泳池,综合训练空间,篮球场,舞蹈体操类、器械类、小球类、健身房等运动训练库、器材库、体质检测室。学校现有教职工150人,其中特级教师1人,高级教师63人,中级教师69人;天津市未来教育家学员1人,区级拔尖人才2人;西青区名教师、名班主任、学科带头人28人。

学校以"按照党和国家要求,创设优质育人环境,为每一个学生的终身发展与成功奠定基础"为办学理念,以"高尚的品德、健康的身心、出色的能力、服务的精神"为培养目标,积极开展教学方法改革创新,实现"教学内容标准化控制"。实施高中特色管理,营造适合每位学生健康成长的教育教学环境。

学校先后获评天津市行为规范示范学校、天津市规范汉字书写教育特色学校、天津市卫生红旗单位、天津市师德建设先进集体、天津市教育系统思想政治工作先进集体、天津市基础教育先进科研单位等,连续21年在西青区高中教学质量综合评估中获优秀学校称号。学校特色文化"主体教育,持续发展"被市教委批准为第三批特色高中实验项目学校。

撰稿:武桂娟

【教学内容标准控制中心】 2021年9月,学校成立教学内容标准控制中心,教学内容标准控制,是以单元或章为单位开展的教学内容标准研究。学校依据国家高中课程标准、新编教材、高考要求,考虑学生学习情况制定本校教学内容标准,要求教师作为教学责任主体明确课程实施环节和要求,采取有针对性的教学方式,优化教学策略,提高教学质量。教学内容标准包含以下项目:1.本单元或章在高中教学中的地位和作用。2.核心素养在本单元或章的体现。3.高考要求在本单元或章中的体现。4.教学过程。在教学过程中,要制定本单元或章教学目标重点难点、确定教学策略、进行课时分配。5.习题设计。要具有针对性和时效性,把握数量,把控好作业的难度和数量,以减轻学生负担,提高学习效果,发展学习能力。

撰稿:武桂娟

【主体教育】 学校自1998年开始"主体教育"实验研究,逐渐形成"主体教育,持续发展"学校特色文化,被市教委批准为第三批特色高中实验项目学校。"主体教育,持续发展"以"主体教育"为核心,通过凝练学校精神、完善学校制度、改善校园环境、改革课堂模式、构建课程体系、创建特色班级、丰富教育活动、健全评价机制等各项教育活动,充分尊重学生主体地位,唤醒学生主动意识,进而实现学生自我管理、自我设计、自我约束、自我组织、自我发展。"主体教育,持续发展"强调学生自主、主动、创造和全面发展,使学生在原有基础上持续发展,成为拥有健康体魄、阳光心态、良好道德品质和行为习惯、科学思维方式、基本的知识和技能的社会主义新时代建设者和接班人。

撰稿：武桂娟
审稿：程　洁

天津海河教育园区南开学校

【概况】　天津海河教育园区南开学校于2015年8月启动建设，2017年7月15日正式交付使用，是一所由海河教育园区管理委员会与天津市南开中学合作共建的九年一贯制公办校。分设两个校区，即昭慧路校区和智文路校区，总校区位于园区昭慧路，占地7.87万平方米，总建筑面积4.89万平方米，智文路校区占地1.67万平方米，总建筑面积1.61万平方米。2017年3月7日启动首批招生工作，学校有在校生4664人，教学班103个，其中初中部有20个班954名学生，小学部有83个班3710名学生。教职工257人，其中58.4%为硕士研究生学历，党员103人（其中预备党员8人），团员124人。

学校秉承南开中学"允公允能　日新月异"校训，把"立德树人，严谨治学，学生为本，注重创新"作为治学方略，全面体现"公能教育"办学思想。学校在建校之初便传承南开精神，在学校建筑风格上多处体现连廊、罗马柱等"南开特色"，文化上传承南开校歌、校训、容止格言，教学上传承南开中学优秀先进的办学理念。

撰稿：庞玉衡

【"五彩育人"学生发展模式】　学校以周恩来总理为人生楷模的教育主线，制定"五彩育人"的学生发展模式。青莲紫，传承南开公能精神。从校徽校训到容止格言，从入轨教育，到公能讲坛，从周邓班评选，到校庆日活动。南开文化，公能精神融入了习惯养成，融进了特色教育活动。基因红，夯实爱国主义底色。红歌班班唱，红色故事人人讲，红色班会周周开，红色影视月月看，把红色融入南开学生的基因。自信金，打造多样展示舞台。海棠艺术节，阳光心育节，趣味运动会，素养课程展示，多样舞台赋予学生放飞自我的时空，健康、乐观、自信成为南开学子的修身气质。科学蓝，面向未来发展人才。首批"零碳校园"建设行动，"未来工匠"智能科技体验，双碳课程开发，无人机、航模、机器人等科技成果展示，让科学思维、创新意识成为未来发展的底气。劳动绿，培养劳动光荣意识。创建11个校园志愿服务岗，打造项目式劳动新课程，推广分年级家庭劳动单，共

建协同式实践基地群。在"绿园"劳动教育实践基地，每年春天耕种，秋天采摘。

撰稿：商文杰

【协同育人】　学校地处天津海河教育园区，园区内高校众多，优势明显。学校与南开大学、天津大学、天津中德应用技术大学、天津职业大学、天津轻工职业技术学院、天津机电职业技术学院、天津现代职业技术学院等多所院校签订协同育人协议，共育时代新人。学校与园区院校共同设计文化思维课、艺术审美课、体育活动课、实践技能课、科技融合课、阳光心理课等6类课程，合作开设无人机、3D打印、中华射艺、卡通动漫手办制作、中国画等46门课程，每周2课时，覆盖1800余名学生。在综合实践方面，学校把课堂延伸到海教园。在天大化工实验室开拓发展视野，在洪泥河畔与南大龙舟队泛舟河上，在中德、现代、轻工、机电实训室探索普职融通。

撰稿：商文杰

【多元增值评价】　2021年7月，学校结合建党百年的主题，开展以"童心向党"为主题的游园会。活动紧扣时代发展特征和中国传统文化，教师与学生们用心设计，共同布置主题鲜明的游园会。各个学科以教材知识点和核心素养为出发点，融合趣味性和实用性设计多个主题项目，把"游学"（即活动和游戏的形式）作为考核新模式，在看似简单的游戏中，将考核要点嵌入其中，为学生身心减负，助力学生成长。学校的教师团队以多维度、多学科、多样式的角度开展教育教学评价，通过情境化的游园、考查、评价，为改进"教"与"学"提供实践依据。通过多元增值评价促进学生在习惯培养、能力提升、思维发展等方面的实质性强化，学生在校内能学得够、学得好、学得活。

撰稿：商文杰　李　达
审稿：吕　梅

天津市北辰区实验中学

【概况】　北辰实验中学始建于2009年8月，2021年8月由北辰区果园北道21号搬入北辰区科峰路205号新校区，占地1.86万平方米，建筑面积1.49万平方米，操场、图书馆、篮球馆、乒乓球馆、音美教室、舞蹈房、理化生实验室等功能区域配制齐备。

2021年,学校共有3个年级,教学班24个,在校学生930人,专任教师87人,其中区级骨干教师13人,市级骨干教师2人,国家二三级心理咨询师60人,天津市家庭教育指导师23人。学校曾获国家级中小学心理健康教育特色学校、全国依法治理创建活动先进单位、天津市思想政治工作先进集体、天津市"优秀少先队大队"等称号。

学校秉承"引领师生主动健康发展"的办学理念,制定出"一训三风"(即校训、教风、学风、校风)的行为准则。校训:含弘光大,品物咸亨;教风:唯真唯美,激扬禀赋;学风:乐学善思,超越自我;校风:快乐、健康、进取、责任。

撰稿:赵 鑫

【办学特色】 为实现"健康教育"的办学特色,学校采用培训交流、科研引领、智库助推、陶冶素养等方式提升队伍建设,构建了注重教师团队建设与个人素养提升的激励机制和民主性反馈调控机制等举措创新管理制度和机制。学校"健康教育"办学特色的目标体系即:引领学生达到学习健康、心理健康、人际健康和身体健康的发展目标。学习健康是指要求学生具有端正的学习态度,掌握适合个人特点的学习技能,养成良好的学习习惯,形成自主学习能力。具体指标有三项:端正的态度,扎实的技能,良好的习惯。心理健康:是指学生具有健康的自尊心、悦纳自我,心理韧性水平佳,对于遇到的任何情况都能够拿得起放得下,形成良好自我心理调控能力。具体指标有三项:自尊的心态,自强的精神,归零的能力。人际健康:是希望学生在人际交往中具备包容的胸怀,共赢的意识,形成"和而不同、群而不党"的人际交往能力。具体指标有三项:宽以待人,严于律己;亲疏有度,合作共赢;和而不同,群而不党。身体健康是指要求学生养成规律作息和理性饮食的良好习惯,掌握适合自己的科学锻炼方法,形成自觉保健身体的能力。具体指标有三项:起居有规律,饮食有节制,锻炼有方法。

撰稿:吕洪雨

【结对帮扶】 2021年,学校与甘肃省华池县柔远初中、甘肃省正宁县山河中学、河北省兴隆县第二中学、河北省邢台地区南宫实验中学、河北省邢台地区隆尧实验中学结成对口学校。开展交流展示课、讲座。以现场听课、干部培训、师生全员健康体质提升工作汇报等方式直观地为来访单位传授

经验。学校主动依托网络与对口学校开展"空中课堂"教学交流。深入对口扶贫地区开展活动。用"爱心义卖款"资助三所学校困难学生。帮扶内容涵盖学校管理、心理健康教育、现场个体咨询、班级"手拉手"等。

撰稿:高文昆

【党史学习】 根据上级整体部署,学校开展面对师生的党史学习教育。学校党支部开展公众号校园网站宣传、橱窗展示、社区联动实践、学党史经典诵读会、讲红色故事比赛、重大节日主题宣传、征文、绘画手抄报征集、广播站红色故事、课堂教学、党课宣讲、团课培训、观看红色影视作品等一系列方式。通过课上课下、线上线下多层次以及多种形式的学习调动学生的学习热情,提升学生的学习主动性。

撰稿:赵 鑫
审稿:王金成

天津市宝坻区第一中学

【概况】 天津市宝坻区第一中学(简称宝坻一中),始建于1920年,是天津市首批重点中学之一。学校占地22万平方米,建筑面积近8万平方米,绿化面积9.2万平方米。学校拥有教学楼3栋,宿舍楼8栋,实验楼2栋,艺术活动楼1栋,综合行政与信息中心楼1栋,食堂2栋;有多媒体教室78个,理化生实验室24个,信息技术教室6个,教师电子备课室9个,地理和历史专用教室各1个,建有标准400米塑胶跑道和人造草皮足球场的运动场1个(包括体育场看台1栋),硬化篮球、乒乓球、羽毛球操场2个,艺术体育教室1个,1200人报告厅1座。学校现有58个班,学生2859人;有教职工301人,其中专任教师262人。

2021年,学校被评为天津市党建"领航工程"示范学校,宝坻区教育系统"两优一先"先进基层党组织,宝坻区中小学德育工作研究基地。宝坻一中入围天津市品牌高中建设项目培育学校拟入选名单。

撰稿:刘广杰

【党的建设】 坚持党建领航,完成天津市中小学党建"领航工程"示范校验收,历时3年的天津市"领航工程"示范学校创建工作收官。积极配合区委第四巡察组对学校进行的为期一个多月的集中巡

察,确保巡察出的各项问题有目标、有举措、有回应、严格过程,整改到位。深入学习贯彻党的十九届五中、六中全会精神,精心做好建党100周年学习宣讲工作,进一步推进党史学习教育、"我为群众办实事"主题实践活动。学校召开3次意识形态工作专题会议,对学校意识形态工作进行不间断分析研判,向教育局党委汇报2次党委意识形态工作,完成全校379名教职工"学习强国"注册、统计工作,进一步完善《宝坻一中关于加强意识形态阵地管理的制度》,落实好意识形态工作责任制。对校园网络信息安全、意识形态安全的全方位无缝监控,保证学校意识形态工作在正确轨道上不断推进,主流思想、主流文化在校园文化建设中得以弘扬。

撰稿:刘广杰

【队伍建设】 完成2021年10名教师职称申报评审认定工作。完成区人社局、区委组织部、教育局2021年度干部任免审批表、考核登记表等统计工作。聘任8位中层领导。完成10名新教师入职入编、3名教职工荣休、十几名教师到农村校交流、3名领导教师扶贫援派、21名领导教师调入调出等相关人事工作。3月5日,宝坻一中高三年级B部实验班教师团队获宝坻区教育系统2020年度巾帼文明岗称号;1人获区教育系统2020年度三八红旗手称号;1人获区教育系统2020年度最美家庭称号;2018级高三年级实验班团队获天津市巾帼文明岗称号;高三年级B部实验班教师团队获巾帼榜样称号;被区教育局授予宝坻区中小学德育工作研究基地称号;赵艳伶班主任工作室被区教育局授予宝坻区中小学名班主任工作室称号。

撰稿:刘广杰

【教学与科研】 2021年,宝坻一中继续完善以年级备课组教研为"点",学校大学科组教研为"线",校际教研为"面",传统教研和网络教研相结合为"体"的"四位一体"教研模式。4月28日,《天津教育报》第三版刊载《"学校+"开启新时代劳动育人模式》文章,对宝坻一中劳动教育情况进行了报道。5月7日,《天津教育报》第二版报道了宝坻一中组织开展"百年辉煌"思政课活动。11月29日,《天津教育报》刊载了宝坻一中教师的文章《中学语文大单元教学视域下学历案设计策略探究》。11月24日,天津市宝坻区第一中学举行新教材中逆向思维设计学生活动备教策略探究暨高中英语A+B+C教学模型构建与实

践成果推广之教学思路专场活动。本次活动设置专家讲座、专题发言、课例展示及评课沙龙4个环节。天津市近1000名高中英语教师参加了此次活动。

撰稿:刘广杰

【艺体教育】 宝坻一中本着对学生终身发展和全面发展的宗旨,全体师生积极参加艺术、体育活动,开展各年级联赛、教师运动会等高质量艺体活动。宝坻一中获2021年宝坻区中小学天津运动会高中(中专)组团体总分第二名,同时获体育道德风尚奖。7月获"第十四届全国中学生创新作文大赛"的优秀组织单位证书。8月天津市教育系统关工委举办的纪念中国共产党建党100周年"新时代好少年·红心向党"读书微视频活动被授予关工委先进集体称号。10月举办教师专场的趣味运动会。11月,在天津市教育委员会举办的"2021年度天津市学校文艺展演美育实践课堂"活动中,合唱《我对党旗说》《我爱着蓝色的海洋》获三等奖。11月7日,获2021年天津市高中足球比赛男子组第八名。12月获评天津市优秀学生艺术团。

撰稿:刘广杰
审稿:刘葆中

天津市宝坻区第十一中学

【概况】 天津市宝坻区第十一中学是一所新建校,位于天津市宝坻区海滨街道北城东路2号增1号,毗邻宝坻一中,为宝坻一中初中校区,学校于2021年8月开始招生,就近划片入学。学校占地2.7万平方米,建筑面积1.4万平方米,拥有两栋教学楼和一栋办公楼,教学及辅助用房面积为2798平方米,可容纳1350个学位。学校拥有2个计算机教室,2个美术教室,1个音乐教室,1个舞蹈专用教室,2个化学实验室,1个物理实验室,1个生物实验室,2个心理咨询室等专用教室和实验室。校园内无线网络实现全覆盖,所有教室配备多媒体教学设备。学校少先队、共青团、学生会、学生社团组织健全,制度完善,建有标准化少先队队室、红领巾广播站等,积极开展各项活动;有足球、篮球、乒乓球、舞蹈、合唱、朗诵、棋类以及剪纸、布贴画、信息技术应用等社团组织,学生参与率达100%。

学校共设有三个年级,22个教学班,有在校生1132名。专任教师81人,骨干教师27人,其中市级骨干教师4人、区级骨干教师13人、校级骨干教师10

人、学科领航教师4人。

学校秉承宝坻一中"以人为本,为学生终身发展奠基;科研兴校,为教师专业成长服务"的办学理念,传承"厚积薄发,追求卓越"的办学精神,紧紧围绕"133"工作思路勤勉精进,达才成德,即:不忘初心,肩负使命,铸师魂,强师能,提质量,为家乡子弟终身发展奠定坚实基础;重点抓好三方面工作——加强师德师风建设,促进师生共同发展,提高服务保障水平;努力实现三个目标——安全稳定高标准,立德树人高质量(一中上线率、普通高中上线率处于全区前列),追求自强创特色。学校制定完备的管理制度,如教师课堂教学基本行为规范,教师监考职责,教案、听评课、作业批改等书写模板,班务工作记录,学生学习习惯举要,学生课堂常规,学生考生守则等。学校高度重视校本研修,有组织,有计划,有目标,并把常态化集体备课、听课、说课、评课、赛课等校本教研活动落到实处,取得良好实效。

撰稿:唐　杰

【办学特色】　学校以自强教育为特色,办学口号是"少年智则国智,少年强则国强"。学校对校园景观文化进行了整体思考和精心营造,极力体现"自强"元素,让外在的物质景观成为学校"自强教育"特色建设的载体,来丰富学生的"里子"。学校要求全体教师明责任、勇担当,不断激励自己,提升自己,描绘自强愿景,以此来言传身教,引领学生自立自强,蝶变跃升。学校更是通过举办各种活动来为学生的成长"搭台",新生军训、升旗仪式、运动会、艺术节、各种社团,成为学生不断激发自我、挑战自我、战胜自我的舞台。

撰稿:唐　杰

【校园文化建设】　基于全力打造自强教育,学校努力构建"三声校园":书声、口号声、笑声。大声朗读不仅有利于记忆材料、提高语感能力、提升语言直觉思维能力,还能很好地改变自卑心理并进而培养孩子开朗的性格;升旗、课间操时学生们大声地齐呼学校和班级的口号,配合着雄壮的进行曲,激情满满,壮志盈怀,潜移默化中灌注了自信自强、敢于挑战、突破自我的品质;快乐的笑声、胜利的笑声、团结的笑声……校园里最不该缺的就是这爽朗的笑声,它充满着生机与活力,充满着阳光与自信——读书声、口号声、欢笑声,声声悦耳。学校把学生精神面貌的培养渗透于日常有形与无形的点点滴滴——学校教学楼外墙、楼道、操场、车棚、电子屏,都有适于引领中学生成长的标语;学校的特色课程是习字,除了设有习字课,有兼职教师教,平时作业要求严格外,还利用课后服务的固定时间来练习,如此日日坚持,始终如一,学生书写由随意到工整进而赏心悦目,自信心倍增。构建"三声"校园,行之所见正能量标语,开设特色习字课程,营造积极向上的校园文化氛围。

撰稿:唐　杰

【"2646"教学策略和"双线六环节"教学模式】"2646"的"2"指两个中心:在师生关系上,要以学生为中心;在教与学的关系上,要以学为中心。第一个"6"指六项教学策略:一是"先学后讲";二是"三讲三不讲",即教师重点讲易错点、易混点、易漏点,学生已经学会了的不讲,学生通过自己学习能够学会的不讲,老师讲了学生怎么也学不会的不讲;三是"及时矫正反馈";四是"三布置三不布置",即布置发展学生思维的作业、引导学生探究的作业、迁移拓展提高能力的作业,不布置重复性的、惩罚性的、超过学生合理学习限度的作业;五是"创设有效问题情境";六是"删除无效教学环节"。"4"是指"四转",即转变注入式教学为启发式教学、转变学生被动听课为主动参与、转变单纯传授知识为知能并重、转变平铺直叙为情境创设。第二个"6"是指"六让",即能让学生观察的要让学生自己观察、能让学生思考的要让学生自己思考、能让学生表达的要让学生自己表达、能让学生动手的要让学生自己动手、能让学生推导的要让学生自己推导、能让学生总结的要让学生自己总结。"双线六环节"的"双线"是指以方法选择、知识探究为一条明线,以能力生成、情感渗透为隐线。"六环节"包括:情景导入、问题导学、自主探究、合作交流、归纳总结、达成反馈。"2646"教学策略和"双线六环节"教学模式体现了面向全体、自主学习、多元互动、讲练结合、技术运用、目标达成的新课改理念。

撰稿:唐　杰
审稿:张　良

天津市蓟州区康各庄中学

【概况】　蓟州区康各庄中学建于1956年,是一所农村普通高中校。学校占地2.83万平方米,建筑面积1.21万平方米,有兼办公、教学、实验为一体的综合楼、宿舍楼和餐厅楼,有300米塑胶跑道的运动场。学校还拥有5个实验室、2个计算机房、1个多功能教室、3个音美教室。学校现有14个教学班,在校生近600人,教职工79人。教师中研究生结业班6人,多科型教师15人,区(县)校级骨干教师27人,国培计划1人。

学校按照"内强管理抓精细,外树形象抓质量,办好人民满意教育"的总体办学思路,确定"培养心灵高尚、遵规守纪、勤奋刻苦、身心健康的合格中学生"的育人目标和"敬业、爱生、勤奋、成才"的校训。提出了"三风"作为引领师生行动的方向和准则,即"自信、求实、创新、奉献"的校风,"敬业、乐教、精业、善诱"的教风,"尊师、守纪、自主、刻苦"的学风。立足生源基础薄弱的现状,紧紧围绕"一种理念"和"一种特色",即"让每一个学生都得到发展"的办学理念和"亲子教育"的办学特色,探索适合学生成长的办学模式,完善学校的管理机制,确保管理措施的可行性,努力使学生的思想素质和学习能力在原有基础上都有所发展。学校的办学理念和"一训""三风"形成了学校的核心文化。

2021年,学校深入开展党史学习教育,落实好党支部"三会一课"制度,严格执行民主集中制,完善"向群众汇报"制度,每季开展一次党性锻炼活动。全体教职员工牢固树立"四个意识",即安全意识、质量意识、服务意识和团队意识,落实"勤奋敬业,追求细节,目标引领,改革创新"的教育教学管理理念,采用"两先两后"管理理念和"三全"管理模式,实践"两案六段"课堂教学模式。学校坚持一切以学生、教师和学校的发展为本,最终让学生成才,让家长放心,让社会满意。学校先后获"县级教学工作显著进步单位"等18个县级称号,"市级落实《中小学日常行为规范》示范校"等4个市级称号,被中国教育报社、中国教育学会评为"体育先进学校",在全国中小学美术书法作品评选中获得"先进艺校集体"称号,被国家基础教育实验中心命名为"外语实验学校"。

撰稿:刘文民

【办学特色】 蓟州区康各庄中学在"让每一名学生都得到发展"这一办学理念引领下,针对学生自信心不足,自卑心理严重,逆反心理强烈的现状,开展"亲子教育",即康中的每名教师都像对待自己的孩子那样对待自己的学生,甚至比教育自己的孩子还要讲求方式和方法,由此唤起学生的自信心,从而促进学生的全面发展和个性发展,努力做到教育学生一阶段,发展学生一辈子。学校每学期都适时开展"师生包保帮扶组座谈活动"。活动以年级为单位,根据学情确定师生包保名单。教师利用课间等休息时间,对自己包保的学生进行"一对一"或"一对多"的座谈,从假期情况、与家人的关系、开学后紧张情绪、心理压力、学习困惑、人际交往等多方面进行谈心,发现问题及时向年级组、学校上报并解决。座谈后,包保教师就座谈的每个学生形成一个简单的统一纸质分析报告,交到年级组,以此为年级形成需要重点关注学生的分析报告的基础依据。此项活动固化为期初、学期中、学期末开展三次。

撰稿:张印友

【教学特色】 蓟州区康各庄中学谨遵"让每一个学生都得到发展"的办学理念,积极探索适合学校实际及学科特点、符合师生发展需要的课堂教学模式,采取"起点低一点、坡度小一点、节奏慢一点、反馈勤一点、补救快一点"的教学策略,形成"两案六段"教学特色。"两案六段",即"教案、学案两手抓"和"课前预习、课上小测、学案导学、合作探究、检测评价、下发任务"。在日常的教学工作中,学校逐级推进各个活动,落实"双减"工作和核心素养教育,以学生为中心,贯彻个性化、终身化发展的理念,整体转变教师观念,利用信息技术优化和促进"两案六段"常态课的深入实施,给学生高效高质的学习体验。以教研组为单位,对其所属教师进行案例研发,定期展示交流,学校调研指导。教师以课堂教学为载体,扎实开展"同课异构""一课三磨"等研讨活动,在活动中总结经验、发现问题,及时改进,努力实现信息技术支持下的课堂教学环节的不断优化,提升教与学的质量。2021年,教师撰写的10余篇论文分获市级区级一二等奖,学科教研团队立项在研区级课题2项,教师结对子获区级表彰8人,区级优秀教师2人,区级建制教研员3人,信息技术应用能力提升2.0工程学校在全区近200所教学单位中排名第11位。

撰稿:董满仓

【德育特色】 2021年,蓟州区康各庄中学以科学发展观为指导,围绕学校办学理念和培养目标,采用"先关心、后矫正,先疏导、后管理"的"两先两后"管理策略和"全员、全方位、全时段"的"三全"管理模式。以政教处为首,下设校团委、年级组、学生会、班委会等机构,对学生进行全方位、立体的德育管理,编定《学生管理手册》。加强法制教育,把预防学生犯罪放在学校德育工作的重要位置。9月15日,邀请区人民法院警官进行法制教育讲座。高度重视学生的心理健康教育,11月3日,举办"高中生如何正确处理青春期男女生关系"专题讲座,为学生的健康成长护航。以丰富多彩的活动为载体,扎实开展德育工作:开展感恩教育、爱国教育、党史教育、尊师教育、理想教育,为学生成人奠定基础;开展艺术节、校运会、歌咏比赛、演讲比赛、社会实践等活动,陶冶学生情操;利用升国旗、军训、班级量化评比等活动,培养学生良好的习惯。4月8日,10名学生代表学校参加蓟州区第一届劳动技能大赛且取得优异成绩。4月19日,举行以"十八而志,青春无悔"为主题的2021届高三学生成人礼活动。9月10日,组织开展"学宪法、讲宪法"主题演讲比赛。9月14日,邀请区教育系统"四史"教育宣讲团的李宝启老师作题为《奋斗百年路,启航新征程》的党史宣讲。

撰稿:陈 旺

【"双创"主题教育活动】 学校于2021年11月,积极组织开展"双创"主题系列活动。印发《"小手拉大手 共创文明卫生城"——致家长的一封信》,号召家长与孩子一起携手努力,为创建干净整洁、美丽文明的卫生城市贡献自己的一份力量;组织召开主题班会,由班主任向学生宣讲"双创"工作的意义,教育引导学生树立文明卫生意识,提升自身文明素养,说文明话,办文明事,做文明人;以班为单位,制作"小手拉大手 共创文明卫生城"主题手抄报,努力营造良好的宣传氛围;引导学生立足校园,走向社会,把文明带进家庭、带进社会,鼓励学生周末走进社区,去参与社区街道卫生的清扫,让学生用自己的"小手"拉起家长的"大手",共同营造良好的社会环境。2021年11月5日,蓟州区康各庄中学组织学生开展了"双创"主题系列活动之演讲比赛。

撰稿:刘国会
审稿:刘文民

天津市蓟州区尤古庄镇初级中学

【概况】 尤古庄镇初级中学始建于1968年,校园占地3.24万平方米,校舍建筑面积5345平方米。

学校共有教师42人,配有专任的音体美学科教师。现有12个教学班,学生总数424人。音乐室、美术室、理化生实验室、微机室、图书室、广播室、体育器材室等功能室一应俱全,教学仪器设施标准齐备,信息网络实现"班班通",满足日常教育教学工作需要。

学校不断改善办学条件,全面提高乡村教育质量,深入实施新课程改革,践行"以德促智,健康成长"的办学理念,紧扣"求真、求进、求质、求新"的校训,形成"和谐、明礼、诚信、进取"的校风,"敬业、爱生、严谨、博学"的教风和"尊师、勤奋、乐学、笃行"的学风,确立"以文明礼仪教育"为引领的办学特色。学校先后获蓟州区青少年科技教育先进学校、全国青少年信息学奥林匹克联赛市级优秀学校、蓟州区教育系统思想政治工作先进集体、蓟州区阳光体育运动先进学校、教学工作显著进步学校等称号。

撰稿:张金菊

【党建引领】 2021年,校党支部不断加强组织建设、制度建设、作风建设、业务建设,全面贯彻习近平新时代中国特色社会主义思想和十九大精神,以庆祝建党100周年为契机,组织推进党史学习教育,学习传达党的十九届六中全会精神,大力开展研学、观影、文艺汇演等系列学习活动。扎实开展先进性教育活动,充分发挥学校基层党支部的战斗堡垒作用和党员的先锋模范作用,不断夯实党建工作的基础,创新党建工作的形式,丰富党建工作的内涵,拓展党建工作的外延,努力推动党建工作向更高目标迈进,从而深化教育教学改革、提高办学质量。

撰稿:张金菊

【德育工作】 持续加强社会主义核心价值观教育,每月开展主题德育活动;以行为习惯养成教育为抓手,把"五项管理"纳入班级常规"五项"评比;不断完善初中学生综合素质评价;创建第一届学生会,实现学生自我管理;开展第十届津沽文化日主题文化传承活动,让传统文化在青少年学生中得到活态传承。结合学校实际,落实全员育人,把德育工作根植于学生的实际生活中,立足于学生的生活世界,从学生身边的小事、细节、环境、人物切入,充分利用各类德育载体,实现常规育德、生活育德、心理育德、文化育德。

撰稿:张金菊

【教学改革】 2021年,学校贯彻落实"五项管理",高效做好"减负提质",开展"双减"工作大讨论和青年教师"双减"工作论坛活动,推进"双减"政策落地,积极出台相应规章制度,加强课后服务管理,"五育"并举,切实关注学生全面健康成长。大力推进思政教育,深入课堂开展党史故事宣讲;加强体育传统项目建设,带动新项目快速成长;除开足开齐艺术课程外,坚持组织好"班班有歌声""班班有美展",为学生提供展示舞台;大力开展劳动教育,组织学生卫生清洁、做好垃圾分类、践行绿色生活等。

撰稿:张金菊

【后勤保障】 夯实各项校园平安建设措施,重点加强疫情防控常态化管理,保障师生平安。全面落实师生核酸检测和疫苗接种工作,除因禁忌原因无法接种外,师生疫苗接种率达到100%。结合"双创"工作,针对教学楼楼顶、楼道、废弃库房以及校园内外环境进行大整改。清理垃圾池设置垃圾箱;粉刷操场墙壁,种植树木并建造劳动基地,等待来年春暖花开。建立"双减"办公室,推动"双减"工作深入落实。学校力求把各项工作做到实处,提高后勤工作的服务水平和服务质量,促进学校健康良好发展。

撰稿:张金菊
审稿:崔 亮

天津市静海区第六中学

【概况】 天津市静海区第六中学是区级重点中学。学校占地13.6万平方米,建筑面积7.02万平方米,总投资3.47亿元。学校现有56个教学班,在校生2918人,教职工243人,其中高级教师80人、一级教师82人,未来教育家奠基工程1人,天津市学科领航教师4人,区级以上学科带头人5人。

学校遵循"办一流学校,建一流队伍,创一流管理、育一流人才"的办学宗旨,遵循"明德明理、成人成才"校训,全面贯彻党的教育方针,落实立德树人根本任务,形成了"规范教育、激励教育、活力教育"三位一体的办学特色,连续五年被区教育局授予教学工作先进单位称号。2018年至今有80余名教师在全国及市区级大赛中获奖,先后完成6项国家级、12项市级课题研究工作。学校是苏霍姆林斯基教育研究基地校、天津市教育学会班主任专业委员会会员单位、天津市《家庭教育读本》试用实验研究学校、国家卫生城区试点校,先后被评为天津市教育系统中小学德育工作先进集体、天津市学校阳光体育评选活动先进学校、天津市优秀家长学校、天津市中小学思想政治教育先进学校、天津市实施《中小学生日常行为规范》示范学校、天津市基础教育智慧教育示范校、天津市健康促进学校。《天津教育报》、天津电视台等媒体累计6次宣传报道学校办学特色和工作经验。

撰稿:闫尔娟

【"三结合"教育机制】 学校坚持创新管理,建立了文化管理与科学管理、民主管理、规范管理相结合的管理体制,培养了一支师德高尚、团结向上、奋发有为、争先创优的师资队伍,形成"激励教育,规范教育,活力教育"三位一体的教育特色。激励教育是通过激励、唤醒和鼓舞等方法对学生进行教育,使学生有"我要学"的欲望,打造高效课堂。规范教育,是按照规章制度和科学发展的标准对学生实施教育培养,具体包括制度规范、行为规范、道德规范、书写规范、语言文字规范、教学规范。学校组织开展"早宣誓、精典诵读,讲普通话,写规范字"等特色活动,培养学生的规范意识、人文情怀。实行"学生一日常规、教师一日常规"管理。活力教育旨在强调发展师生的潜在创造力,开发师生的生命活力,实现师生自主发展、共同发展和卓越发展,课堂上是积极创新教学思维,打造"主动、互动、生动、灵动"的活力课堂。学校成立社团82个,满足学生个性发展需要,让每个人在自己的"最佳发展区"里快乐学习生活。

撰稿:闫尔娟

【"五育"并举】 落实国家课程计划,上好音乐、体育、美术、劳动教育和实验等课程,每年组织开展读书节、合唱节、艺术节、体育节等校园活动。积极推进大中小学一体化育人改革,与南开大学签订共建协议,强化落实"思政课程、课程思政"要求。落实《新时代中小学德育改革创新工程实施方案》,实施德育活动品牌建设创建计划,广泛开展征文、演讲、争做"爱国、诚信、孝德、友善"的六中人活动。开展丰富的经典文化诵读践行活动和"党旗在我心中、国旗在我心中"主题教育活动。开展"我们的节日"主题教育活动,充分挖掘传统节日的文化内涵;开展"尊师爱校活动月""普法教育宣传月""爱校卫生月"

"日常行为规范活动月""文明礼貌活动月""学雷锋活动月"等专题教育活动。积极推进教育教学改革,开展"大备课,大教研,大提高""我说高考卷""同课异构赛课"等教研活动。建立学生发展指导制度,落实"一生一导师"制,加强对学生的思想、心理、选科、职业生涯规划等方面的指导。"小讲小练,少讲多练,讲练结合,学考讲练一体化"和"导学讲练评"五环节特色教学模式在全校各个学科推广实行,并被《天津教育报》宣传报道。

撰稿:闫尔娟

【科研兴校】 学校确定"科研兴校、科研促教、科研育才、科研名师"的教育科研工作目标,提出"让课题走进课堂"的研究思路,全力推动教育教学教研质量的发展。在教学经验中提炼问题,形成课题,通过课题研究再促进教育教学的提高,实现了教育教学教研的创新升华与双促良性循环。学校根据实施导师制和选课走班经验申报的天津市教育科学学会立项课题《生涯规划教育促进高中生的全面持续发展的研究》获天津市"十四五"教育科学学会规划重点课题。2021年,学校先后申请立项6项国家级课题、4项市级课题,《培养核心素养构建活力课堂的实践研究》《爱国主义教育在高中教育教学中的渗透——以爱国主义教育为主题的课程研究》《核心素养背景下高中物理电磁实验教学资源开发案例研究》共三项课题获批天津市教育学会"十四五"规划课题。

撰稿:闫尔娟

【文化润校】 加强校园生态环境建设,打造干净、整洁、美丽校园。学校从设施和文化建设入手营造育人环境。加强校园人文环境建设,让学校"文明勤奋,求实创新"的校风、"严谨善诱,博学爱生"的教风、"专心刻苦,善思有序"的学风根植于师生内心。加强对班级"黑板报宣传、墙报专栏布置、课桌文化导向"的要求指导。在体现班级特色的基础上,营造"温馨教室",营造特色的班级"舆论氛围",营造健康向上的班级氛围。加强班级"特色环境"的建设,注重德育的隐性与显性功能相结合,立德、立功、立言三栋教学楼阐释古圣箴言,与"明德明理,成人成才"的校训相得益彰。知行楼、敏行楼、笃行楼、乾辉楼、静雅楼、思源餐厅各栋楼宇的命名体现出对学生身心健康发展的期望与要求,教学楼内外文明礼仪、社会主义核心价值观、中国传统经典文化、中国精神、中国力量等随处可见,达到

"润物无声"的效果。

撰稿:闫尔娟
审稿:梁续广

天津市静海区运河学校

【概况】 天津市静海区运河学校位于天津市静海区涞文线与口张路交叉路口西北侧,京杭大运河畔以西。学校成立于2018年8月,是静海区教育局直属九年一贯制学校。占地2.43万平方米,建筑面积2.4万平方米,绿化面积2000平方米,学校建设达到义务教育现代化标准。现有教学班28个,学生1079人。其中初中部18个教学班687人,小学部10个教学班392人。教职工90人,党员21人。硕士研究生学历7人,大专以上学历83人,高级教师24人,中级教师16人。天津市首批学科领航教师4人,市级骨干教师4人,区级骨干教师9人,学科带头人4人。

学校以大运河文化"融"为切入点,传承与创新融合,培树新时代育人理念。强化"全员管理",坚持"立德树人"根本任务,以"全面贯彻党的教育方针,培养适合全面发展需要的人才"为办学宗旨,秉持"温暖他人,幸福自己"的办学理念,以"融通今古,达济天下"为校训,不断追求"融达教育"愿景。融,有"海纳百川"的包容之感和一以贯之的历时性。有一种既"和"且"美"的积极感觉。强调全面发展,融会贯通,知行合一,不放弃任何一个孩子。达,是要有一种"济天下"的胸怀和觉悟,生命质量的提升、个人价值的实现是依靠社会价值的实现来评价的。经过四年的探索与实践,逐步形成以"动手、动脑、探究、自信"的学风,"立德树人、启智育人、躬礼立人"的教风,"团结、勤奋、文明、求实"的校风,"融达"教育思想,贯穿于学校各项工作。

学校先后获评全国苏霍姆林斯基教育思想实验学校、中国青少年校园足球特色学校、静海区教育系统先进基层党支部、天津市优秀少先大队、静海区第十届教职工法律法规和知识竞赛优秀组织单位、"昇华杯"首届青少年书画大赛优秀组织奖、静海区中小学田径运动会获得成绩进步奖等荣誉。2018级学生刘朝阳的作品《学习党史,红心向党——辛亥革命的历史》在庆祝建党百年读书评选活动入围市级优秀作品。推介的舞蹈作品《红色摇篮》市级优秀学生作品展演三等奖;2018级学生秦丽萤分获中国中学生柔道锦标赛暨世界中学生柔道选拔赛冠军和天津市青少年中国式摔跤锦标赛冠军,2019级

学生刘学易获天津市中小学田径冠军赛100、200米两个冠军。

撰稿:尚萍萍　郝亚河

【党建引领融合推进】 2021年,学校以习近平新时代中国特色社会主义思想为指导,以"立德树人"为根本要求,构建"融合型"党建。以"党建带团建带队建"为主线,对标国家教育方针,构建"三全育人""五育并举"教育体系。扎实开展党史学习教育,举行"铭记百年党史,肩负光荣使命"暨"五四"青年节学生入队、入团仪式等主题团日、队日。开展"学史增信·红心向党"主题征文、演讲、朗诵比赛;组织学生志愿者到义渡口村党群服务中心开展志愿服务活动、清扫街道、深入五保户家庭打扫卫生。通过团队课、班队会、团队日活动,分享学习"党史",厚植了全校师生爱党、爱国、爱社会主义的情感和信念。《"三全育人"背景下,实现党建带团建带队建一体化育人过程》获评市级优秀案例。接待甘肃镇原、西藏卡诺26位教师到校跟岗学习,组织甘肃党员教师参加支部开展的学习教育活动。完成小学、初中学区片划定整合招生工作,推进"主体—和谐—高效"课堂教学改革,举办第二届"融悦杯"校园教师技能大赛。《彩色的中国》《公民基本义务》列为区级党史专题课程思政精品课。中考测评中语文、物理等7个学科获区教育局表彰。统筹完成新冠疫苗三次集体接种、六次核酸检测大筛等工作。

撰稿:尚萍萍　郝亚河

【减负增效】 2021年,为推进"双减"政策全面落地,切实减轻学生过重作业负担,全面提升学生的核心素养,运河学校积极开展课业辅导和综合素养拓展。依据不同学生的实际能力和水平实行分组制,学科组、年级组进行作业统筹,科任教师、班主任合理调控作业结构,确保作业不超量、不超时,每周各班作业进行公示评比。注重培养学生自主学习和时间管理能力,指导学生在校内小学完成、初中大部分完成书面作业,坚持做到共性问题统一辅导,个性问题单独辅导,提高作业完成的效率和质量。以课后活动为抓手,结合"五项常规管理",积极探索开展丰富多彩的社团活动,除了常规的舞蹈、书法、田径、篮球等社团活动,还增设了学生感兴趣的柔道、街舞、烹饪、模拟安全实战、无人机、剪纸等特色社团活动,根据学生不同的特点与个性,开设涵盖文学、艺术、影音、实践、科技等42个社团课程供学生自主选择,并以校为本,多方联动,实现校内外的师资联合,力求为学生打造"有魅力、有温度、有特点、有快乐"的社团课程。

撰稿:尚萍萍　郝亚河

【"善良教育"实践活动】 2021年,利用初中小学"九年一贯制"的互补优势,以"温暖他人,幸福自己"为主题,开展"善良教育"实践活动。学校有单亲家庭学生98人,针对单亲家庭学生思想不稳定情况,组织开展党员干部教师和单亲家庭学生结对子活动。每名教师党员与选定的帮扶对象定期谈心,帮助他们解决思想上、生活上的难题。对低保家庭、经济困难家庭的学生,学校积极联系社会各界爱心人士,筹集资金20000元资助6名家庭经济困难学生。"三八"妇女节之际,开展"给妈妈一个拥抱"为主题的感恩教育活动;举办"风筝节"等系列学生活动,通过混龄团体活动,让学生充分体验习善、行善、扬善的快乐,引导学生从小树立善念,拥有善心,实践善行,从而实现人格的优化与完善。通过"小手拉大手"活动,带动家庭其他成员共同参与,起到"一个学校教育一批学生,一个孩子带动一个家庭"的社会效应,构建学校、家庭、社区三位一体的德育教育网络,形成人人向善、人人崇善、人人行善的社会道德新风尚,让"善"在学生心中生根发芽。2018级学生唐兴权获天津市"新时代好少年"称号。

撰稿:尚萍萍　郝亚河
审稿:梁续广

天津市宁河区潘庄中学

【概况】 宁河区潘庄中学,位于潮白新河右岸,南临国家级古海岸、古湿地七里海。现为天津市教委批准的区级重点高中。2016年10月,学校搬入新建教学楼,校园硬件环境得到进一步提升。学校占地12.67万平方米,建筑面积近3万平方米。主要建筑有集教学、办公、信息、实验楼、科学艺术、图书阅览为一体的主楼1幢,学生公寓楼3幢,3个餐厅,3个多功能厅和2个洗浴中心。学校现有35个教学班,学生1577人,教职工14人,其中高级教师54人,校级以上骨干教师60人,硕士研究生17人。

撰稿:李志林

【教育教学】 学校以"仁、信、俭、健"为校训,以

"为现代社会培养合格公民"为育人目标,始终坚持"质量立校、科研兴校、特色强校"的办学思路,形成了"培育人、成就人、发展人"的核心教育价值观。围绕"建设质量一流,特色鲜明的现代高中"的办学目标,构建"一中心(质量)、一特色(生态文明教育)、两主线(现代学校制度,现代化达标创建)、四重点(队伍建设、高效课堂建设、信息化校园建设、精细化管理)"的学校发展规划,发挥品牌优势,实现学校内涵、特色、持续发展。学校重视学生的心理健康教育,通过不同形式引导学生树立积极向上的人生观,促进学生健康成长,学校展开本学年度心理健康月的系列活动,并于2021年5月25日参加了"心运会",喜获佳绩。为缓解高三学生情绪压力,提升学习的获得感和幸福感,10月18日,学校特聘请北京三十五中学的心理健康教育专家董艳菊老师为家长和同学们带来"高考,我们一起面对"的主题讲座活动。学校将劳动教育纳入学校发展规划和学生全面发展体系中,不断探索适合校内开展的劳动课程模式,因地制宜开辟了"班级责任田",4月7日,参加市劳动技能大赛,成绩喜人。

撰稿:宁克东

【师资培训】 2021年,学校高度重视对青年教师开展业务培训,全面提升青年教师的综合素质,努力培养一支富有活力和创新精神的青年教师队伍。充分发挥名师、骨干教师的引领示范作用,采用师徒结对的形式助推青年教师专业成长;3月5日,举行潘庄中学2021年教学大练兵活动——"萤岚工程"启动仪式。11月2日,由天津市教科院课程研究中心副书记、副主任沈婕带队,一行10人来学校开展"手拉手"科研帮扶活动。宁河区教师发展中心书记运文江、教师发展中心高中部负责人和5位区教研员抵校参加活动。开展听评课、拜师、座谈等活动,全校教师受益良多。

撰稿:宁克东
审稿:宁克东

小　学

天津市实验小学

【概况】 天津市实验小学是天津市教委直属小学。位于市中心,毗邻人文气息浓厚的"五大道"。学校始建于1948年,始定名天津十区十一保国民学校,旋即更名为天津市十区示范国民学校。中华人民共和国成立后,天津市首任市长黄敬于1950年签署文件正式命名天津市实验小学。天津市小学第一个独立党支部在这里建立,第一个少先队大队在这里诞生。

学校占地2.6万平方米,建筑面积2.5万平方米。校内设有图书馆、国学馆、健身馆、博园,报告厅、演播厅、排练厅、录播教室、声乐教室、形体教室、钢琴教室,科技教学中心、美术教学中心、陶艺文化中心、童趣街、信息技术教学中心、心理健康服务中心,为学生学习与特长发展提供一流设施。

截至2021年12月,学校在职教职工265人。在职教师中正高级教师2人,高级教师34人。硕士研究生学历8人,本科学历242人,区级以上各级各类学科带头人96人。

学校现有55个教学班,1977名在籍学生。2020年财政拨款6910.01万元,2021年财政拨款7382.89万元,比上年增长6.8%。

2021年,学校被评为全国现代创新校园图书馆、第三批全国中小学中华传统文化传承学校;天津市学校党建"领航工程"党建工作示范学校、天津市文明校园、天津市优秀学生艺术团、天津市音乐课程实验校、天津市第三届"四海声评"网评大赛先进集体;和平区先进党组织、和平区平安校园建设先进单位、和平区教育系统师德师风建设基地学校、和平区教育领军人才培养基地、和平区首届家校共育示范校。

2021年,1人获评全国优秀少先队辅导员,5位教师被评为和平区师德先进个人,1人获评和平区区级优秀党员,1人获评和平区教育局局级优秀党员。3位退休老党员获颁光荣在党50年纪念章。

撰稿:杨　君　李永峰

【五育并举】 注重立德树人,五育并举。大力强化学校思想政治工作,旗帜鲜明抓思政教育,着力构建"大思政"育人格局。《新时代小学思政课程"多维互动"模式的实践探索》被评为2021年天津市学校"三全育人"优秀工作案例。德育方面三个"十四五"市级课题均立项成功。本学期学生近视率36.44%,(环比)比上一学期下降8.95个百分点,学生防近工作效果显著。学生体质健康标准测试合格率为99.37%,比上一年度提高0.6个百分点。优良率52.42%。比上一年度提高10.04个百分点。推进实施高质量艺术教学发展项目和美育提升行动,天津市学校文艺展演"(个人项目)比赛5人获市级一等奖,10人获市级二等奖,3人获市级三等奖。管弦乐合奏、合唱获市级二等奖,管弦乐小合奏、小合唱获市级三等奖。在"一颗红心向党,我用画笔讲党史"天津市大中小幼思政课一体化党史主题绘画竞赛中,获一等奖1人、三等奖1人。学校将劳动教育融入学校生活的每个角落,从"劳动价值观课程、劳动体验课程、劳动实践课程、劳动社团课程"四大领域对劳动课程进行细化,构建特色劳动教育的课程体系。在和平区第二届中小学劳动实践教育成果展——学生劳动实践技能大赛中,包饺子、木模、包书皮项目获二等奖。学生在波兰国际发明展、加拿大国际发明展、澳门国际发明展、上海国际发明展等国际赛场上屡获金奖。

撰稿:杨 君 李永峰

【"双减"工作】 2021年根据《市"双减"工作专班关于印发〈天津市进一步减轻义务教育阶段学生作业负担和校外培训负担的实施方案〉〈天津市进一步减轻义务教育阶段学生作业负担和校外培训负担重点任务清单〉的通知》文件的要求,学校积极落实"双减"工作。学校聚焦立德树人根本任务,落实"五育并举",根据学生年级特点设置多元化课后服务项目,开展"项目菜单"式课后服务,为家长和学生提供多元化服务平台,努力实现有需要的学生全覆盖,获得家长的肯定。学校基于"双减"政策,带领老师们开展研究。老师们努力"向四十分钟要效率",从"教"的视角优化教学内容、改进教学方法、精心设计教学。围绕着"学情视角"重构,依据学情开展有效教学、高效教学,不断提高教学质量。在和平区"双减"论坛大会上,刘军副校长在全区进行该专题的大会交流。学校不断完善作业管理,优化作业设计。在第一届义务教育学校作业管理与

设计案例征集活动中《聚焦"双减",提升学校作业管理的效能》和《探索思悦课堂中模块式作业设计》案例获示范奖,语文学科的《聚焦"双减"构建多元融合的单元作业模式》案例获优秀奖。

撰稿:杨 君 李永峰

【优质资源辐射】 实验小学主动地与滨海新区、宝坻区、西青区5所小学形成对口帮扶关系,并辐射至周边的乡镇学校。从"云端交流""网络教研""驻校实践""送教送培""骨干交流"几个层面制定帮扶对策,实现精准帮扶。携手西青区王稳庄镇中心小学、滨海新区天津港保税区空港实验小学、滨海新区天津市实验小学滨海学校、宝坻区实验小学、宝坻区大唐庄镇南里自沽小学利用网络平台联合开展每周六校联合网络教研活动。12月9日下午,学校三四年级英语组带领5所学校共同进行六校网络教研,开展关于"双减"背景下的作业设计与评价经验交流活动。市委常委、市委教育工委书记王庭凯及市教育两委领导赴王稳庄镇中心小学调研,观摩此次教研活动,对这种省时高效的线上教研方式表示肯定。教育扶贫协作精准高效,"会商式"统筹谋划、"组团式"送教送培、"共建式"人才培养、"项目式"结对联盟、"菜单式"网络扶贫协同发力,充分发挥出优质教育资源的辐射、示范和带动作用。

撰稿:杨 君 李永峰

【疫情防控】 高标准做好疫情防控各项工作,保证教育教学工作稳步开展。班子成员坚决贯彻上级部署要求,全面动员、积极应对,彰显政治担当和为民情怀。组织召开疫情防控工作专题会议,成立防疫工作领导小组,制定防控各项工作方案,扛起责任勇于担当。坚持到校值班值守,第一时间研究部署落实疫情防控措施,备足防疫物资,排查师生健康情况,尤其是做好学生、教师、家长、60岁以上退休教职工及师生家属的疫苗接种工作。各项工作安排有条不紊,在保障学生身体健康和生命安全的前提下,维护正常教育教学秩序。

撰稿:杨 君 李永峰
审稿:商长胜 杨立军

天津市滨海新区大港东城小学

【概况】 滨海新区大港东城小学,于2019年8月建成使用,现有教学班41个,在校学生1812人,教

职工 103 人。学校秉承"要让孩子成为最好的自己"的宗旨,坚持"博采众长,和谐发展"的办学理念,学校坚持培育博采众长、全面发展、和谐发展的人,师生共同践行"天天向上"的校训,引导和培养学生成为文明而富有责任心的优秀公民,带着和煦的阳光,走向家庭、社会和世界。做到全员育人、全时育人、全境育人、全面育人,逐步形成"学术、雅致、开放、包容、和善"的校园风尚。

撰稿:刘金兴

【探索高效课堂教学】 学校不断强化学校教育主阵地作用,凸显课堂学生学习主战场作用,聚焦"学为中心"的课堂实践研究,积极探索共学课堂。一是学校形成以"学生的问题"为主线的共学课堂脉络。建构互帮互学下的共学课堂四驱教学环节:发现问题下的共思→聚焦问题的共辨→走进问题的共练→跳出问题的共享,确保学生在课堂上的每一个环节中都能主动参与、共同探究。二是学校打造以"学生的思辨"为核心的共学课堂模式群。共学课堂以学生的真问题为主线,核心是学生基于问题的思辨,思辨的核心是学生基于学习过程的自主学习、思维过程与有效对话,而这三个核心的保障是教师对于教学内容的精准挖掘,对于教材的拓展性使用。三是学校打造"树状"整体推进教学研究体系。以"双减"为根,依托课题研究,发挥教研、科研的驱动作用,植养以共学课堂为"树干"的研究体系。进而形成"枝繁叶茂"的研究体系,精研细磨"双减"背景下的绿色课堂。

撰稿:刘金兴

【建立完备作业管理体系】 滨海新区大港东城小学不断强化学校教育主阵地作用。规范教育教学行为、深化作业管理改革、提高作业设计质量,有效解决学生健康成长和学业水平的关系。聚焦节点,制度化管理。将整个作业管理分解成作业教研、作业设计、作业布置、作业公示、总量统筹、作业完成、批阅评价、反馈展示八个节点,对应八个节点建章立制,建立全体教师作业管理规范意识,在作业管理全流程中树立底线思维,红线意识。在学校作业管理小组指导下,建立、实施学校作业管理"六三〇一"统筹管理制度,"六"是以年级为单位成立六个统筹协调小组;"三"是进行三个层级统筹管理:年级组长统筹总量,教研组长统筹设计,班主任统筹布置;"〇"是在课后服务的个性化辅导课程中,辅导教师实现学生书面作业清"〇";"一"是指一个评价,语、数、外教师对于课服课学生完成的作业进行一个整体评价,做到用学生的学来评价课后辅导教师的服务,反思自己的教学。

撰稿:刘金兴

【提高课后服务水平】 着力解决家长"急难愁盼"问题,努力办好人民满意的教育,国家出台"双减"政策和课后服务相关要求。三至六年级在课后服务第一时段为 60 分钟个性化学业辅导,采取"411三导"模式,即:40 分钟个性辅导,前 40 分钟学生独立完成作业;随后 10 分钟为共性指导,利用这 10 分钟,教师对共性问题进行指导,共性指导实施年级内学科教师走班指导,最后 10 分钟为学生自我疏导,学生对作业进行整体或局部的整理或厘清。提高作业完成效率与完成质量,保障课程时效。基于学校博采众长的办学理念,学校在一二年级课后服务的全时段和三至六年级的第二时段,全力打造众长课程体系,共开设学生的个性化兴趣课程五十余门,实现学生的"五育并进,特长精进",培养目标指向学生多元智能和核心素养,根据培养目标,制订《东城小学学生综合素质评价绿色指标与评价方案》。有什么样的目标就应该有什么样的教育、就应该有什么样的作业,创新实践类作业、学科跨界作业、艺美健体作业等等作业已经成为东城学生作业的主流。

撰稿:刘金兴
审稿:顾孟武

天津市和平区岳阳道小学

【概况】 天津市和平区岳阳道小学始建于1911 年,初为私立竞存小学校,时任名誉董事长为近代教育先哲张伯苓先生。1952 年竞存小学校由人民政府接管,后更名为岳阳道小学,沿用至今。学校现有 71 个教学班,2800 余名在校生,设有三个校区(大理道 109 号,常德道 70 号,汉阳道 21 号待建)。学校自 1979 年践行"学校、家庭、社会"三结合教育,面向社会开放办学。2016 年,把学校、家庭、社会作为主要实施渠道,创造性提出"融慧"办学思想,以"博学创新、融慧成才"为校训,以"培养具有尚品、硕学、卓能、强体、崇劳的地球村未来栋才"为学生培养目标,创建"让教师享受教育的幸福、让学生享受成长的快乐"的家园式学校。学校现有教职工 216 人,培养出特级教师 5 名、正高级教师 5 名、高级教师 17名、天津市未来教育家奠基工程培养人 4 名,50 位教师成为市区级骨干教师。多名教师被相继授予全国优秀共产党员、全国五一劳动奖章、全国三八红旗手、全国巾帼建功标兵、全国优秀教师、全国师德标兵等称号。学校曾获全国教育系统先进集体、首届全国文明校园、全国未成年人思想道德建设工作先进单位、全国巾帼文明岗、全国优秀少先队集体等称号，是天津市老百姓信赖的高品质学校。

撰稿：褚新红

【德育工作】 学校以"牢记—理解—践行三部曲"为主线，面向未成年人积极开展社会主义核心价值观教育，创编《24字拍手歌》；拓宽教育渠道引导学生理解价值观；依托实践基地带领学生践行价值观。思政课上通过绘画、小品、歌曲联唱等形式让价值观深植于学生的内心，班队会课带领学生走进社区宣传价值观。习近平总书记来天津考察调研时，本校纪施雨同学作为年龄最小的志愿者代表受到总书记的亲切接见，全校师生备受鼓舞，积极响应习近平总书记倡导的志愿服务活动，成立71支"融娃慧娃"志愿服务小分队，日常参与到各类志愿服务当中，将奉献、友爱、互助、进步的志愿服务精神传承下去，将德育课堂延伸到社会中，培养了一批有社会责任感、心系他人的优秀小志愿者。学校与天津外国语大学马克思主义学院、天津一中共同开展"大手牵小手，思政课一体化"的实践探索。思政课教师间开展研讨交流，循序渐进、螺旋上升地制定思政课内容体系，实现不同学段思政课教学的有机衔接，发挥纵向和横向大思政的整体合力，构建不同学段协同作战的思政课教育体系。学校全面贯彻全员思政的大育人观，学科教学与课程思政深度融合，每一位走进校园的教职工都是学生的思政教师——领导讲思政课、家长带来红色课程、大学生讲党史，实现学校、家庭、社会教育资源的不断融合，使学生实现知、信、行相统一。

撰稿：吴　静

【"双减"工作】 学校充分发挥教育主阵地作用，强化"以双增促双减"，树立全人理念下"大质量观"，构建学生、教师、家长三位一体教育新生态，形成"乐学习，快成长；全发展，行致远"的教育共识。一是强化学为中心。采用"三步导学"教学模式，在用好预学、组织好探学、设计好拓学上下功夫，开展序列化、专题化、全员化课堂研究，聚焦高质量教学，以切实行为转变促进学生发展。强化信息赋能。应用技术手段开展数据支持下教学研究，有效提升教与学质量。

拓展研修模式，建立全学科线上工作坊，以多样化形式构建教师研训新样态。强化作业管理。建立预报、申报、协调、审批、公示、回访作业六级监管机制。从管理部门研制度、学科备课研分层、师生互促研效果三个层面形成共研模式。合理安排课后服务自主作业时间，教师走班面批面改，对有困难学生精准指导，确保每个学生当日作业当日清，以微课胶囊、弹性作业、项目实践等形式，满足不同学生学习需求。二是注重综合评价。以生为本，拓展评价渠道，以"闯关嘉年华""习惯养成T台秀"等趣味性、实践性、创造性活动，全面展示学生成长印迹。引入学生喜欢的评价方式，举办"一站到底，为你喝彩"吉尼斯学科技能小项目挑战赛，激发学习兴趣，培养学科素养，小游戏彰显大智慧，让减负后的时光充实有趣。以"周成长记录"，变静态结果评价为动态过程性评价，采用星级评价兑换积分，换取岳小专属文化奖品形式，激发学生自我总结、反思和提高，在兴趣盎然的学习过程中进行评价。在2022年教育部首场新春新闻发布会上，岳阳道小学的"双减"工作典型经验作现场汇报。

撰稿：张静秋

【课程赋能】 在严格落实国家课程方案基础上，学校构建五育并举"融慧"课程体系，全面建设适合每个学生发展的"尚品、硕学、卓能、强体、崇劳"优质课程。持续探索"小场地、大体育"，以"项目引领、竞赛承载"为运行机制，唱响"每人每年一专长"，帮助学生在体育锻炼中享受乐趣、增强体质、健全人格、锤炼意志。2021年度全体学生体质健康检测达标率达到99.56%。丰富多彩的美育学科课程培育学生审美兴趣，学生用音符和画笔勾勒出向往的生活；"爱的陪伴"项目式课程，更是与美育融合的成功典范。全校学生每周10个班级一人一岗参加"共创整洁校园"劳动实践活动，年度聘用的物业保洁人员减少45%。学校将课后服务与"融慧课程"进行科学整合，遵循"安全第一、作业优先、兴趣为本、活动育人"原则，学科延展、素质拓展、综合实践、德育主题及"爱的陪伴"家长课程相融合的形式，打通课上与课下、校内与校外的壁垒，使课程有效整合、合理延伸，使学习与实践、体验与探索紧密结合。利用校外专业技术人员承担20多门课后服务优质课程建设并授课。依托学校优质课程对学生和家长的吸引力，全校课后服务学生参与率达100%，学生和家长对课后服务满意率达到99.2%。

撰稿：刘　嫄

【队伍建设】 学校在"融慧"办学思想引领下，聚焦立德树人根本任务，站在办好人民满意的教育和促进学生全面、终身发展的高度，引导教师立德铸魂，借助由"六层四格"构成的"融慧教师研训体系"，建设师德高尚、学养深厚、自主发展的师资队伍。学校充分利用各层级骨干教师资源发挥引领辐射作用，建立起"六层塔式培养结构"，各级骨干教师都有明确的培养目标，针对不同的教师群体，规划目标、强化责任，做到教师培训无"死角"，为教师专业发展奠定了坚实基础。对教师培训进行细化分层，实施"四格"培养，对新教师实施"入格"培养，使之迅速融入融慧教师团队；对骨干教师实施"风格"培养，使每人的教学风格独树一帜；对智慧教师实施"升格"培养，筑牢理论功底；对名优教师实施"格调"培养，提供培育教育家型教师土壤。"四格"培养模式充分激发教师专业发展内驱力，使教师在教育过程中实现生命的提升和自我完善，和"六层塔式结构"协同发挥作用，为教师专业发展搭建起坚实的支撑平台。学校建立评价机制激发教职工的工作热情，全面、客观、公正地评价工作。树立全员育人的思想，通过优秀学科组、优秀党员、十佳星教师、优秀校工等评选活动，做到全员、全域、全覆盖地弘扬正能量，营造干事创业氛围。

撰稿：褚新红
审稿：褚新红

天津市和平区哈密道小学

【概况】 天津市和平区哈密道小学始建于1946年，是一所全日制普通公办小学，是学雷锋活动特色学校，连续多年获和平区志愿服务优秀团队称号，获评"天津市学雷锋大队"称号。学校共有3个校区，分别坐落在和平区哈密道80号、热河路14号、新华路14号。2021年共有25个班，1069名学生，92名教职员工，其中天津市领航教师1人，区级骨干教师18人，区级学科带头人10人，区级新锐教师5人，校级骨干教师22人，校级学科带头人5人，校级新锐教师5人。

学校全面贯彻党的教育方针、落实立德树人根本任务，以德立校、依法治校、科研兴校、特色强校。在"唤醒潜能 奠基未来"的理念指引下，以"启潜教育"为办学特色，将"为师生赋能"作为教育教学工作的出发点和落脚点。学校注重在学科教学中落实立德树人的主要任务，充分发挥学科知识特有的道德教育资源，用学科特有的精神和文化去打造学生的学科素养，用学科特有的魅力和美感去激发学生的学习动力、学习能力和学习毅力。结合不同的教育主题，将教育内容通过情景剧、舞蹈、朗诵等多不同形式呈现，引导学生弘扬传统美德，增强文化自信，根植民族自豪感。

撰稿：罗 勤

【加强五项管理 落实"双减"政策】 2021年，学校加强学生作业、睡眠、手机、读物、体质五项管理，召开"五项管理"和"双减"专项会议14次，开展"五项管理""双减"专项教师培训5次，专题教学、教研活动32次，学生活动36次，集团展示活动6项，主持集团培训活动4次，发布各项报道119篇，其中市级媒体54篇，教师获奖24人次。立足学校育人主阵地，努力提升学校教育教学质量，提升育人质量，做足课后服务内涵"加法"，做实学生课业负担"减法"，增加课后服务产品和服务供给，采取"主管负责制"，分层管理方式，充分开发社会资源，以"教育为首、文化为魂、商铺为源、整合为网的"原则，形成以党建引领的"红色网格"，为学生提供"功能性+情感化+精神化+实践性"为一体的多方位需求的体验活动，创新课服内容，丰富校园生活，开阔学生视野，学生通过参与课后服务项目，获天津市文艺展演一等奖第一名等奖项64人次。

撰稿：侯 珺

【阳光体育】 2021年学校举办6期全体体育教师的教研及专项培训，提高教师教学能力和一专多能的水平。4月和10月开展"我运动 我健康 我快乐"的体育月活动，克服场地限制，设置丰富多彩活动项目，既增强了学生身体素质，又提高了学生团结协作的意识，让更多学生愿意走出教室走进操场。体育教师根据学生体质健康数据，制定整改措施，制定合理运动处方，做到精准干预。通过不定时听课抽查体育课教学情况，切实提高体育课的教学质量。2021年度学校体质健康监测成绩及格率相比2020年提高4.59%，及格率达到95%以上，优良率提高28.02%。在2021年天津市百万中小学生"我运动我健康"活动中，学校有21人次获市级荣誉，其中二等奖1项、三等奖5项。2021年和平区春、秋季田径运动会上，有4人获区级荣誉，第一名1人、第二名1人、第六名2人。

撰稿：刘洪涛

【美育工作】 学校以艺术教育为纽带,寓美育于学校环境,寓美育于特色课程,寓美育于主题活动,在人文、艺术知识的积淀中,帮助学生以美育德,塑造学生的健全人格与优秀品格。在夯实国家课程的基础上,研发美术+课程,通过学科整合、年级主题跨学科艺术课程的方式,将美术与泥塑、书法、剪纸、国画、茶艺素质拓展课程有机结合,创造彩塑场景工作坊。师生共同制作完成《天津古文化街》《天津食品街》等大型泥塑作品,2021年被推荐参加全国美术工坊评选活动。学校积极创造条件,建立舞蹈、合唱、军乐队、国画、手工、彩泥制作等多个学生艺术社团,引导学生观察美、体验美、发现美、创造美,培养审美情趣和审美能力。2021年学校舞蹈队连续第五年获天津市文艺展演校园集体舞项目一等奖;学生朗诵获天津市文艺展演三等奖;学校获评天津市国际跳棋普及推广实验校;学校集体和学生个人剪纸作品在和平区美术文艺展演比赛中连年获奖。

撰稿:王雅莉

【东西部教育扶贫工作】 学校选派校长、副校长、教学主任和骨干教师4名干部教师到甘肃省靖远县支教送培,接待甘肃靖远、会宁、文昌来津培训教师8人次。与甘肃省会宁县文昌中心小学和舟曲县曲告纳镇中心小学结为东西部教育协作校,签订“十四五”东西部协作框架协议,聚焦重点,实行任务清单化管理,定期通报工作情况,协商解决项目推进中的困难和问题,优势互补,协同发展。将覆盖全学科的50多节微课,学校公众微课程200余节分享给甘肃联盟校,开展学生手拉手结对活动8次,在学习、生活等方面开展多种形式的交流交往交融,促进两地小学生互助成长,共同进步。通过线上工作会议、线上同步教研、线上课题研究等24次系列活动,与三地教师结成20对师徒,互相取长补短,深入贯彻课程改革、教育信息化、核心素养培养等新的教育教学理念,激发内生动力。

撰稿:侯　珺
审稿:罗　勤

天津市河北区开江道小学

【概况】 河北区开江道小学始建于1989年,位于河北区民权门,学校现有24个教学班,近900余名学生,有高、中、初级专任教师60余人。学校占地1.11万平方米,建筑面积3858.08平方米。学校先后获天津市现代化建设标准示范学校、天津市义务教育示范校、素质教育示范校、行为规范达标校、艺术教育特色校、天津市绿色学校、天津市红领巾示范校、天津市珠心算实验基地、河北区首批德育工作特色学校、天津市足球特色学校等称号。学校拥有全国和市级优秀少先队中队称号2个,河北区十佳少先队员8人,区级优秀少先队员20余人,有近二百名学生在全国、市、区学科及艺术类竞赛中获奖。学校有设备先进、功能齐全的科学实验室、计算机教室、音乐教室、美术和书法专用教室等,教室均配备现代化多媒体教学设备。学校师资雄厚,十余名教师在全国、市区级双优课、教学课评比中获一二等奖。学校坚持科研引领,提升学校的办学声誉和教育教学质量,先后承担全国、市、区级科研重点、规划立项课题二十余项。坚持“五育并举”促进学生全面和谐发展,“语商教育”孕育温馨、包容的校风,精细化管理助推学校整体发展,让每个学生都体验到成长的快乐。

撰稿:宋　洁

【特色教育】 作为天津市绿色学校,学校积极倡导绿色环保理念,围绕环境与保护开展“我是小小生态环境局长”演讲比赛、“我的环保故事”“垃圾分类一小步,低碳生活一大步”等系列主题教育活动,活动信息多次被区生活垃圾分类办公室转发。通过系列主题教育活动,传播了低碳绿色理念,提升了低碳减排绿色生活意识。全校师生积极参与低碳减排社会宣传活动,主动加入环境保护队伍,将爱护环境成为自觉行为,在全校范围内营造出良好氛围。学校多名学生在“我的环保故事”比赛中获市、区级最佳作品奖。学校积极创建“以书香打造特色,让心灵徜徉书海,让校园溢满书香”德育重点工作。深化落实“立德树人”的德育工作,丰富学校的德育内涵。将读书活动与理想信念教育、中华优秀传统文化教育、生态文明教育、文明礼仪教育相结合,积极倡导“读书明理、读书求知、读书成才”新风尚。结合学校“语商教育”特色,通过丰富多彩的主题教育活动,培养学生阅读的习惯。文明言行,使每个学生“乐读好书,净化心灵,启迪智慧”,经典浸润人生,书香伴我成长。让孩子们在读经典中养德行、学做人,促进学生的全面发展。

撰稿:邱　燕

【“五育并举”提高课后服务质量】 2021年,学校认真落实“双减”工作要求,积极开展有温度、有准度、有广度的课后服务，满足学生多样化需求，让家长放心满意。精心谋划有温度。学校领导、年级组长、学科骨干教师精心设计并编制了《开江道小学课后服务工作指南》，将工作方案、项目菜单、安全卫生管理、应急预案、工作承诺书等内容融入其中，充分体现课后服务解决百姓后顾之忧和保障学生健康安全的初心。学业辅导有准度。学校组织教师开展课后作业辅导研究，学科组长、年级组长带领教师结合学科特点和学生实际，开展基础性练习和拓展。做到学生作业完成不离校，减轻学生课业负担，保证学生睡眠时长。兴趣培养有广度。学校将课后服务工作与体、艺、劳素质发展相结合，满足学生综合素质需求。学校开设经典诵读、趣味数学、多彩英语、劳动技能、科普活动、红色教育、体能训练、校园足球、音乐欣赏、美术技巧等内容。学校秉承服务育人理念，着眼于学生长远发展，让课后服务这一暖心工程为学生和家长提供更优质更贴心的服务，为孩子们打造一个幸福多彩的童年！

撰稿：郭爱丽

审稿：宋　洁

天津市河东区凤凰小学

【概况】　凤凰小学始建于 2019 年 3 月 25 日，学校占地 1.30 万平方米，建筑面积 7982.47 平方米，现有 3 个年级，607 名学生，30 名教师，其中 30 岁以下青年教师 23 名，占全体教师的 77%，研究生 7 名，占全体教师的 23%。

凤凰小学是河东实验教育集团成员校，在河东实验小学"六年奠基一生，习惯成就未来"办学理念基础上，学校以校名"凤凰"为主题，确定了学校的凤美文化，确立了"五育润泽，凤美育人"的办学理念。凤凰素有五色之说。五色凤凰预示着"五育并举"。学校校园文化的主色调选择紫丁香花的颜色，紫丁香的花语代表着美丽、高雅，预示着学校将来培养品行高雅，志存高远，奋发向上的未来人。

学校将"凤美教育"界定为品德美、自律美、气质美、品格美、和谐美。以"各美其美　美美与共"为办学宗旨，致力于培养最美的教师、最美的学生、最美的学校。

学校开展了"凤美品质课程"建设，树立"目标意识、个性意识、主体意识、过程意识、风格意识、自醒意识"，坚持"学生为本、差异为本、以学为本、实践为本、特色为本、唤醒为本"原则，视"课改"为"改课"，

改变课程"教"与"学"的新样态。

撰稿：黄继萍

【体育特色】　学校倡导健康第一，探索创建"以体养德、以体增智、以体健体、以体尚美、以体培劳"的体育特色品牌。以"磨炼意志，超越自我"的体育精神，积极开展阳光体育 1 小时活动，坚持每天、每节体育课跑操运动，并以传统体育游戏为载体，每学年开展小型多样体育节活动，以"跑、跳、踢、唱"等形式，强体质，健身心，提高学生身体素质，磨炼学生坚强性格，培养集体观念和团队精神，促进学生身心健康全面发展。

撰稿：黄继萍

【劳动课程】　学校坚持培养学生的劳动观念，让动手成为习惯。针对不同年级学生特点，以日常生活劳动、生产劳动和服务行劳动为主要内容开展劳动教育，每月 1 日为劳动日，每学期召开"劳动创造美好生活"技能大赛。学校以"成长教育"为载体，建立劳动教育机制，每个学生在学校都有一个劳动岗位，坚持每天进行劳动训练，开展常态化劳动教育活动，旨在培养学生的动手能力、自理能力和服务意识。引导学生树立正确的劳动价值观，提升劳动技能，形成良好的劳动品质。二年级学生参加 2021 年天津市中小学劳动技能大赛获"包书皮"项目市级二等奖。

撰稿：黄继萍

【非遗文化】　学校把非遗合真传统手工制香技艺引进校园，让学生了解从佩香法、燃香法、抹香法、熏香法、香画中选择适合的用香方式，调配符合校风的气味，培训学生自己动手搓香，动手制作由各种中药组成的校徽药香牌，药香散发出独特的芳香气味，用于人的生理和心理方面的调节，同时也蕴含着传统文化的智慧。学校装饰了一面药香墙，引进中医文化进校园，引领学生了解我国传统中医的博大精深，掌握"天人合一"的中医理念，提升学生逻辑认知能力。

撰稿：黄继萍

审稿：赵育梅

天津市河西区复兴小学

【概况】　复兴小学位于河西区陈塘庄新八大里片区，是河西区台湾路小学办学集团成员校。复兴

学校积极探索集团化办学模式,将教育公平不断向广度和深度拓展。着力于对学生品德和行为习惯的培养,以培养抱诚守真、勤慎治学的教师队伍和明礼、博识、和雅、创新的复兴学子为目标,以课程建设和学校文化建设为途径,严格教育教学管理,积极拓展课程资源,为学生全面发展提供有力保证。学校共有在校学生四个年级,合计430名。教职员工21人,其中硕士研究生7人,副高级教师4名,一级教师3名。学校占地1.5万平方米、建筑面积1.3万平方米。学校可以容纳24个教学班,提供960个学位,为陈塘地区实现教育资源西密东疏的整体战略调整发挥作用,凸显出集团办学的规模化、一体化、标准化的发展态势,为河西首善教育做出贡献。

撰稿:丁文莉

【党建工作】 学校坚持党对教育事业的全面领导,夯实党建基础,突出党建引领,将思想政治工作全面贯穿各项工作,不断探索基层党建工作与学校中心工作相融合,覆盖学校教育教学全过程、覆盖学校社区全方位、覆盖师生家长全人员的工作模式。在"至诚化育"的党建品牌引领下,广大教师政治担当、思想自觉和职业认同不断提升,积极践行立德树人的根本任务。学校支部4名党员,在各项急难险重的工作之中,发挥出了党员的先锋模范作用。共青团也在各项工作中发挥积极作用。学校推进党组织领导下的校长负责制,打造出一支高素质的教师骨干队伍为学校发展打下基础。

撰稿:丁文莉

【队伍建设】 "善教者使人继其志",复兴小学以习近平总书记"做四有教师"的指示精神为指导,秉承教师队伍建设为学校发展第一要诣,不断强化管理,加强师资队伍师德、师风、师能建设。"请进来、走出去",带领青年教师倾听优秀教师的事迹报告、职业经历,引导青年教师以德为先,身正为范;通过制定个人发展规划、集团内师傅帮带、聘请区内退休专家长期到校听课评课、校内"精实杯"教师做课、说课、评课等基本功展示活动等,引领教师涵养底蕴、提升素养;通过工会组织的团建、运动会,学校组织的定期教师心理群辅,培树教师团结和谐,积极自信。学校积极创造条件,支持教师参训、比赛、承担课题研究,助力教师的专业成长。2021年,学校承担天津市"'十四五'重点科研课题"1项、区级课题3项。以科研为先导,以教研为引领,落实"双减"精神,提升课堂教学效益。

撰稿:丁文莉

【全面育人】 学校致力于学生全面发展,探索通过习惯培养,助推学生思想道德品质、学习生活能力,为学生全面发展奠定基础。落实党的教育方针和国家"双减"及"五项管理"的精神,学校与家委会协同育人,积极开发课程资源,在校内开设体育、艺术、劳动、科技、思政等5大门类,包括棒球、足球、柔道、武术、乒乓球、轮滑、古筝、非洲鼓、尤克里里、合唱、书法、国学、飞机模型制作、英语表演、主持和非遗项目王氏盘花等20余项素质拓展活动,丰富学生生活,开发学生潜能,为实现素质教育、学生全面发展打下坚实基础。学校以多途径、多形式、全方位、全过程的育人策略为指导,开展学生喜闻乐见的教育教学活动。学校与理工大学语言文化学院进行大中小思政一体化的研究,由大学生中的学生党员带领学生学习少先队知识,参加入队仪式,共温红色经典,共树报国理想。学校组织学生参加红色经典戏剧展演、英语拼词大赛、劳动技能比赛等活动,均取得佳绩。

撰稿:丁文莉
审稿:何　琛

天津市南开区科技实验小学

【概况】 天津市南开区科技实验小学始建于1970年,原名黄河道小学,于2010年10月更名。坐落于南开区汾水道41号,占地1.17万平方米,绿化面积3534.82平方米,运动场地面积6200平方米。现有教学班38个,学生1628名,教职员工92名,研究生学历7人,本科学历58人,高级教师4人,一级教师62人。

学校始终秉承"阳光普惠师生,科学成就未来"的办学理念,走"人文增内涵,科学创特色"的发展之路,建设"绿色生态校园、创新探索乐园、和谐阳光家园"。

以"爱生敬业"为核心,打造德业双馨的教师队伍。学校坚持每学期初讲好师德第一课,宣传优秀师德楷模,弘扬为人师表的优良师德师风,增强教师依法执教、科学施教的意识。组织教师签订师德承诺书,建立师德档案,定期开展师德考核,推动师德建设常态化、长效化。开展青年教师读书沙龙、手工制作等活动,鼓励教师以实际行动向建党100周年献礼。

积极组织教师参加各种教育教学活动,围绕"课程与学生"主题,开展品质课堂评选和骨干教师做观摩课活动。帮助青年教师备课,积极为青年教师成长搭建展示平台。

丰富校园文化生活。组织学生参加南开区文艺展演,精心准备书法、绘画、手工、歌舞等项目的展示,为学生提供施展才华的机会。开展兴趣小组和素质拓展活动,丰富学生的课余生活,提高学生的艺术修养,提升学生的综合技能。用好红色资源,开展爱国主义教育。先后组织学生观看爱国主义影片,宣讲党史故事,开展校长讲思政课活动,丰富师生党史知识,增强爱国情怀。聘请教育专家开展心理讲座,组织心理辅导教师面向全校进行心理团体辅导,组织教师深入学生家中开展家访。

体育活动形式多样,提升学生健康水平。落实阳光体育运动,确保学生每天一小时体育活动。开展趣味运动会、长跑和三跳等活动,丰富学生课余生活。认真上好每一节体育课,加大学生体质健康基础达标训练。充分利用兴趣组、素拓班、课后服务提高学生的竞技水平,为学生健康成长助力,学生身体素质得到有效提升。

开齐开足劳动教育课程,将劳动教育有机融入学科教学和学校活动。从做好班级卫生入手,养成良好的劳动习惯;组织学生深入社区、养老院开展服务活动。坚持统筹家校共育,结合学生年龄特点和个性差异布置劳动作业,请家长共同指导孩子学习家务劳动技能,在各年级开展不同项目的劳动竞赛,深受学生欢迎,参加天津市劳动技能大赛获二等奖。

逐步完善科学教育办学特色,积极开展丰富多彩的科创活动,让科学走进家庭,人人争当科技传播之星。积极参与公益科普宣传,充分利用社会资源,开展馆校共建科普活动,学校被命名为南开区科普教育基地。

撰稿:赵　纯

【海洋特色教育】 学校将海洋教育作为特色教育,渗透在日常教学活动中,设置海洋主题特色班级,在教室展示栏内张贴海洋相关宣传知识。科技辅导员老师认真学习海水养殖基础知识、海洋动物基础知识、室内海水养殖环境设计等专业知识,经过一年的精心准备,建成天津市首个校园智能"海洋世界"主题展馆,由教师及学生担任海洋科普小讲解员,学生近距离观察海洋生物,增进对海洋的认识,激发对海洋的兴趣与热爱。6月8日,学校在智能海洋展馆内举办智能海洋世界见面会暨2021年世界海洋日科普讲座,讲座以"神奇的海洋"为主题,让学生了解到更多海洋知识,明白海洋污染的危害,积累保护海洋环境的方法,提高海洋环境保护意识。

撰稿:熊春奎

【五育并举】 "德智体美劳"五育并举,以创建文明校园为抓手,以"扣好人生第一粒扣子"为主题,开展丰富多彩的教育活动。通过课间评比、路队评比、礼仪教育对学生进行行为规范培养。通过传统美德经典诵读、世界读书日、爱国主义教育日、"日行一善""植树节""雷锋日""海洋日"等主题教育活动,让学生们的精神世界得到充实,综合素养得到提高。变被动学习为主动学习,提高课堂教学实效,使学生的问题意识、质疑解疑能力显著提升。组织各年级的劳动技能大赛,开展"感恩父母""家庭劳动日"等活动,在活动中体会劳动最光荣、劳动最快乐。开展校园艺术节,组织各级各类绘画、手抄报比赛,开设艺术社团,召开庆六一、十一文艺演出,发展学生艺术特长。利用课后时间进行运动队专业训练,每天坚持阳光体育一小时运动,开展冬季长跑、素质锻炼,召开运动会,指导学生开展家庭体育锻炼,努力提升学生身体素质。2021年,学校的小合唱、大合唱、舞蹈队、朗诵获得南开区文艺展演一二等奖;大合唱获天津市文艺展演三等奖。

撰稿:刘　嬿
审稿:赵　纯

天津市红桥小学

【概况】 天津市红桥小学始建于20世纪20年代初期,校名为"育真小学"。中华人民共和国成立后,由国家接管命名为"国立三十一小学",2020年5月更名为"天津市红桥小学"。学校位于红桥区红桥北大街105号,占地1.4万平方米。学校现有12个教学班,学生293人,教职员工58人。学校有高级政工师2人,具有高级教师职称4人,具有一级教师职称38人,区骨干教师9人。

学校在"求真知,育真人"办学理念引领下,坚持"创一流教育,办一流学校"的办学宗旨,把"抓养成教育,奠人生基石"作为办学特色,引导学生树立"规规矩矩、彬彬有礼、干干净净、整整齐齐"的良好红桥学子形象,以此达到"和谐发展、学有特长"的培养目标。

学校原有占地仅为4500平方米,区委区政府借助棚户区改造"三年清零"成果,将临近的零散地块和原西沽南棚户区拆迁指挥部划归学校范围,现有占地为原来的3倍。2020年暑假,区委区政府投资400万元,对学校7250平方米操场进行提升改造,新建一处升旗台和4条200米环形跑道、4条100米直线跑道,足球场、篮球场、羽毛球场、乒乓球场、沙坑等运动场地,改造后的操场,完全满足小学阶段学生体育教学和体育活动的各种需要。红桥小学现有学生36%是随迁子女。学校的提升改造和不断发展,让每个孩子享受到更优质、更均衡的教育。

撰稿:于德胜 李宝君

【思政一体建设】 学校与天津大学马克思主义学院、天津五中和红桥区第十二幼儿园签约,开展"立德树人、思政铸魂"大中小幼思政一体化活动。邀请天大马院研究生到校进行党史和红色教育;与集团校开展《习近平新时代中国特色社会主义思想学生读本》思政专题教研活动。与红桥区人民检察院开展"检校共建、法治教育"活动,让宪法走进校园,让法治精神走进学生心中。学校活动成果发布于"天津红桥教育"微信号,发表于《天津日报》。

撰稿:靳晓洁

【落实"双减"】 学校落实"双减"工作的基本思路是:不带书包回家,切实减轻学业负担,让每个孩子享受美好的童年时光! 主要方法为:加强作业设计,实施分层辅导;加强兴趣培养,丰富课程供给;加强体育锻炼,提升身体素质;加强劳动教育,启迪创造思维。学校"双减"工作典型经验,先后发布于"天津红桥教育""美丽红桥""今日头条"微信号;发表于《今晚报》《天津日报》和《天津教育报》的头版头条,以及"学习强国"平台。

撰稿:郭倩羽
审稿:李宝君

天津市东丽区流芳小学

【概况】 天津市东丽区流芳小学1949年建校,2009年更名为流芳小学。2010年10月由天津市东丽区金桥街迁入华明街新校区,同期通过天津市现代化达标学校验收。2018年正式转由天津市东丽区华明街管辖。学校占地1.29万平方米、建筑面积

5915平方米,有教学楼、食堂、风雨操场及传达室各1座。建有音乐教室2间、美术教室2间、书法教室1间、科学教室1间、信息技术教室1间、机器人教室1间、创客教室1间、心理教室1间、心理咨询室1间、琵琶教室1间、古筝教室1间、图书馆1间。现有24个教学班,在校学生864人,在册教职工56人。其中高级教师7人,中级教师34人;区级学科带头人7人,校级学科带头人9人,区级骨干教师13人,校级骨干教师10人。

学校始终秉持"唤起生命希望 留住童年记忆"办学理念,以"精致化 童趣化 优质化 现代化"为办学目标,努力创建人民满意学校。学校先后获天津市师德建设先进单位;天津市依法治校示范校;东丽区先进集体;东丽区平安校园;东丽区课程改革实验先进集体;东丽区文明学校;东丽区先进基层党组织等称号。

撰稿:郑恩国

【"双减"工作】 2021年学校贯彻"双减"工作要求,将课后服务工作落地落实落细,学校根据学生年龄特点、时段要求,设置课后服务"项目菜单",供学生和家长自主选择,满足学生个性化需求,通过学科综合课程、主题活动课程、文化浸润课程实施,探索具有流芳特色的"四基地三区域双技能一特色"的课后服务品牌。"四基地"指的是"红色教育基地""科普宣传基地""安全教育基地"和"心理健康基地"四个学生活动基地,组织学生以年级为单位,按照课表到四个基地参加观看红色影片、科普教育宣传、安全培训演练、心理健康培训等活动。"三区域"是指阅览室、读书吧、小舞台读书园三个公共阅览区。学生可以在那里进行自主阅读,同时结合阅读拓展课程,开展了制作阅读小报、读书交流会、故事会等活动,营造良好的读书氛围。"双技能"是指劳动、科技双技能培养。将劳动技能培养、习惯养成、体验获得相结合,邀请家长志愿者参与课后服务,开设农作物种植、养护等课程,校园学践互补;联动家庭,由家长督促落实,教育和引导孩子学习、参与力所能及的家务劳动和自我服务性劳动;拓展社会实践,到周边商超工厂等不同领域参观和学习,走进身边劳动者的工作和生活,进行劳动实践和体验。发挥学校主导、家校联动、社会支持的学校、家庭、社会"三位一体"功能,促进劳动教育落地生根。科学技能培养,开设乐高机器人、3D打印等科技类活动,丰富学生课后活动,增加实践与体验,切实提高科技创新能力和劳动

意识。"一特色"是指自选特色活动。首选校园足球特色活动,以普及性、基础性足球动作为主的足球训练。其次是深受低年级学生喜爱的电子绘本馆;弥补学校短板的中年级学生的"校外工坊",开设木工、厨艺、传统编织等特色活动;为丰富思政课程与机床博物馆和中国民航大学合作的高年级学生的"游学课堂"和"影趣多"美育实践课程。

撰稿:王 力

【心理健康教育】 学校心理环境建设以"诗韵流芳"为主线,以"育心"为目标,集合教学楼四层的心理小屋、心理健康教室、结合琵琶、古筝音乐疏解教室,教师"静心舒吧",辅以书法教室、科技教室等各功能室及走廊空间,打造一幅诗韵流动的"育心长卷",营造心理健康教育环境,建设"悦心"心理健康教育基地,诗意润心,艺术舒心,以慧心启童心特色引领,进行心理健康教育。学校制定并完善"心育"工作机制及制度,使学校"心育"工作有章可循。教师、家长、学生三级联动,通过研讨、讲座、专家指导等方式对全体教师进行培训;家长学校帮助家长掌握孩子成长的心理特点、规律及教育方法;有针对性的心理活动,让学生感受体验快乐、学习创造快乐、主动传递快乐。学校"悦心"心理健康教育基地的建设,是学生身心健康成长的需要,是践行五育并举的重要手段。"育心长卷"由三个部分组成。第一个部分"以诗润心"。结合学校"诗韵文化"校本资源进行心理健康教育,初级层次是在诗词诵读与积累的过程中受到中国传统文化的熏陶,在争当诵读"小状元"的过程中获得愉悦心情;升级层次是诗与心境的赏析,诗词是中国文学史上的宝贵财富,也是诗人寄托情感,表达志向的方式。赏析诗词就像是和诗人进行跨时空的交流。学校组织经典诗词微电影推介、微视频制作活动,让学生在诗词中领悟诗词的意境,感悟诗人的心境。学会在困境和逆境中面对挫折,勇敢前行,达到心灵的正向成长。"育心长卷"第二个部分,"以慧心,启童心"。在琵琶教室与古筝教室里,"诗性中的琵琶""诗韵中的古筝"等元素,彰显诗韵特色与学科美育的结合。学校以艺术、科技功能教室为"基",将日常开放与专业社团活动互补,使学生课余生活可以赏心悦目;以开展多项艺术与科技特色活动为"翼",让学生们在活动中勇于秀出自己的作品,表达真实的自我,在展示与竞争中使学生得到成功的体验,铸就心中的梦想。"育心长卷"第三个部分,"以爱育心"。爱的温暖和师生的情感交流

在学生教育转化过程中,起着无可替代的作用。在"悦心"心理健康教育基地,学生可以在心理小屋感受环境的自然温馨,与老师谈心、倾诉,借此敞开心扉,悦纳自我;可以到心理健康教室利用沙盘、音乐放松椅、合理宣泄人、爱心抱抱熊、心理健康绘本等进行心理缓解。教师也可以到"静心舒吧"借音乐与书籍进行心灵沟通与舒缓。师生都能在"悦心"基地感受爱的交流,走进彼此内心的世界。

撰稿:翰 林
审稿:刘玲玲

天津市西青区大柳滩中心小学

【概况】 天津市西青区大柳滩中心小学位于西青区杨柳青镇大柳滩村,学校占地1.54万平方米,建筑面积1.12万平方米,于2021年9月正式投入使用,是一所硬件设施齐全的现代化标准学校。学校配置先进教学设备设施,主教学楼崇德楼和睿智楼内建有音乐、舞蹈、美术、书法、科学、计算机、录播等功能教室,附属楼力行楼内设有师生食堂和多功能报告厅。学校现有11个教学班,在校学生345人,教职员工49人。

学校围绕"让孩子健康快乐地成长"的办学理念,开展系列教育教学活动,坚持"以德育队伍建设为基础,以德育方法、手段改革为突破口,以校外教育资源为依托,以教育实践活动为载体"的工作思路,紧贴时政形势和学生生活,以丰富的实践活动延伸拓展课堂教学。学校开展"学习金融小知识,争做小小金融家""保护水资源,修复水生态""法制宣传进校园,普法教育促成长"等主题宣讲活动,"庆丰收,感党恩"中国农民丰收节主题劳动教育活动,"做阳光少年,扬起自信风帆"团体心理辅导等活动,组织学生参观杨柳青民俗博物馆、区档案馆等社会实践基地,帮助学生增长知识、开阔视野,增强学生爱校园、爱集体的责任感和使命感。学校借助先进多媒体教学设备,在开展信息技术培训基础上,深入推动"小而实"校本研修工作,推动教育教学资源共享,激发教师教学热情,提升教学效率,调动学生学习积极性。组织全体教师开展"阳光课堂提质增效"校级作课、听课、评课等系列教学活动,提升教师专业素养,提高课堂教学质量,助力"双减"工作落地生根。

2021年,学校在西青区田径运动会中获团体第四名。其中男子100米跨栏、男子跳高均获第一名。

在天津市中小学篮球比赛中学校女子篮球队获全市第六名。

撰稿：胡宗福　陈宝艳

【校本研修特色】　学校坚持"阳光教育"办学特色，扎实推进校本研修工作。头雁领航，以身示范引领研修。组建以校长为组长的校本研修领导小组，开展督促检查，深入教学一线听评课，包抓年级组、教研组，指导青年教师，参加教研组会议。结合学校规模小特点，形成以讲求实效为目标、符合校情的四级校本教研组织形式。积极进行"N+教师培训"，组织"专家引领+教师培训""教研员指导+教师培训""学区化交流+教师培训"活动。学校教师队伍建设体系渐趋成熟，已培养区级专业技术学科带头人4人，区级青年技术骨干3人，区级兼职教研员5位。

撰稿：陈宝艳

【篮球特色文化】　学校借助篮球特色运动推动阳光校园文化活动，培育身心健康全面发展的新时代好少年，促进学校教育教学工作有序开展。围绕"让学生健康快乐地成长"的办学理念，大力发展学校篮球运动。注重知识与技能、普及与提高、学练与竞赛相结合，提高学生身体素质，培养学生顽强意志品质与团队合作能力，积极探索小学篮球特色运动发展模式。2021年，学校在部分班级开设每周一节特色篮球课程，帮助学生系统学习篮球知识；利用大课间组织篮球特色活动，激发学生篮球运动兴趣。开设篮球素质拓展特色社团，发展学生篮球运动特长；组建学校篮球队，坚持每天早晚篮球专项训练，发展队员专项运动技能；与天津多所篮球特色名校联谊，不定期进行篮球交流活动，提高队员篮球竞技能力；开展学校班级篮球联赛，并积极参加市级、区级篮球联赛，曾多次获西青区中小学篮球比赛冠军。2021年参加天津市中小学篮球比赛，获小学女子第六名。

撰稿：姜玉文
审稿：程　洁

天津市津南区小站第一小学

【概况】　小站第一小学坐落于津南区小站镇德胜道，始建于1908年，占地3.47万平方米，建筑面积1万平方米。学校有教师52人，其中高级教师10人，一级教师32人，二级教师10人，研究生学历1人，本科学历45人，专科学历6人。有教学班23个，在校生800余人。2021年，学校坚持把育人放在首位，以质量求生存，以特色求发展，开展"古诗文诵读""赏识教育""好书伴我成长"等系列活动。坚持"以人为本，为学生幸福成长奠基"的办学理念，坚持"练内功，强素质，挖潜力，谋发展"的工作思路，树立"和谐，向上，求实，创新"的校风、"爱生，善教，严谨，博学"的教风和"勤奋，乐学，善思，好问"的学风。走科研兴校之路，走文化强校之路，走内涵发展之路。努力打造干部教师两支队伍建设，构建和谐校园，书香校园，努力使学生在德、智、体、美、劳等方面得到全面协调发展。学校曾承担市区级课题20余项。学校教师曾多次在市区级优质课评选中获一二三等奖，并有多人次教师获市、区级先进工作者、优秀教师等称号。曾获天津市优秀家长学校、天津市升旗示范校、天津市优秀雏鹰实验基地、天津市依法治校示范校、天津市文明学校、津南区师德先进学校、津南区教学管理先进学校、津南区信息技术先进学校、津南区学生行为规范示范校、津南区爱国卫生先进单位、津南区尊老爱幼先进集体、津南区教学质量先进单位等荣誉称号。

学校始终坚持"发展教育抓党建，抓好党建促教育"的工作思路，充分发挥学校党支部的战斗堡垒作用和共产党员的先锋模范作用，将党建工作有机融入学校管理、教育教学和师生发展的工作中，2021年学校党支部被评为津南区教育系统先进基层党组织。

撰稿：赵志新

【三级教研】　学校立足教学管理机制创新三级教研新模式，即组内教研、中心教研组教研和学校教研。组内教研以"一二一"课堂教学教研为载体，第一个"一"是指一个集体、一个团队一起钻研教材、备课；"二"指的是两个人，一个是主讲人，一个是执教人；第二个"一"是指讲课之后回归集体，由组内成员分别评课。中心教研组是以青年教师为主要成员开展教研活动，每一位青年教师都有自己结对的师傅，并在师傅的指导下钻研教材、设计教案、制作课件。学校教研是通过"走出去，请进来"的方式加强对教师业务能力的培训，搞好校内的校本教研，在校内开展名师视频学习和校内公开课交流活动。同时还有针对性地组织教师参加各级各类的听课观摩活动，以经典课例、专家讲座、教师论坛等形式，提高教师素质，促进教学质量的提高。

撰稿：赵志新

【劳动教育】 学校建立劳动课程体系建设保障机制,成立课程体系建设领导小组,由校长担任组撰长,教学干部负责组织实施和教研指导。以课程标准为依据,以培养学生创新与实践能力为主线,以小站镇悠久的历史为索引,开发了"小站稻种植"劳动课程资源。根据"以基地为载体,体验劳动育人,创建特色学校"的思想,为了常态化开展劳动实践活动,培养和提高学生综合素质,学校投入资金开辟种植实践基地,在校园中开展种植活动。通过种植活动,引导学生树立正确的劳动观念,端正劳动态度,养成良好的劳动习惯。3月25日,学校举办劳动技能大赛,通过比赛选派出4队选手参加区级技能比赛并全部获奖,学校也在此次比赛中获评区优秀组织奖。学校的两位选手代表津南区参加市级技能比赛,并获包书皮比赛市级一等奖。

撰稿:赵志新

【课后服务】 2021年,学校开展"家校联动'双减'五个一"行动,即通过致家长的一封信、组织一次"双减"家长会、一次课后服务的调查问卷、一次"双减"背景下的家访、一批"双减"背景下的家校共育活动,完善家校协同机制,形成家校共育的良好局面。以"家校合力"为支撑点,以家、校、社三位一体的协同育人共同体,为学生的全面发展添薪蓄力,助力"双减"落地增效。学校课后服务学生参与率达到100%。学校持续不断丰富课后服务内容,提升课后服务质量,保证每天体育活动时间,丰富完善社团活动,逐步形成了具有本校特色的课后服务菜单,如"特色课程百人大讲堂"。学校将五育并举主动融入课后服务工作中来,使学生们在成长和生活中体验求知的快乐、学习的快乐、成长的快乐。

撰稿:赵志新
审稿:冯 润

天津市北辰区翊辰小学

【概况】 天津市北辰区翊辰小学坐落在北辰区奇峰路1号,占地1.93万平方米,建筑面积1.49万平方米,绿化面积0.68万平方米,共有教室52间,其中普通教室36间、功能教室16间,可容纳学生1440人,学校班级设计为6轨制。翊辰小学2020年6月建校,7月招收第一届一年级新生,9月暂于北辰区辰庆小学进行正规教学,2021年4月搬入翊辰校舍,开设2个教学班,在校学生52人,在编教师13名,其中区级

骨干教师1名,校级骨干教师2名。

翊辰小学是华辰教育集团下属的第一所共同体学校,学校秉承"建和谐校园 为幸福发展奠基"的办学理念,顺乎教育规律、顺应生命成长规律,以师生为本,营造师生融洽、生生融洽的氛围,立足师生身心健康,成就师生幸福,成就学校健康和谐发展,让每一位教师长有所尽,想有所现,敬业笃诚,襟怀坦诚,博雅正气,放眼世界;让每一位学生身心健康,交往健康,修养进德,胸怀他人,感恩砺志,儒雅大气。建校以来,学校形成了"臻美臻善 日进日新"的校风、"博闻博学 乐导善教"的教风、"乐学善思 自信自强"的学风、"懿德拓智 笃行远志"的校训。

撰稿:刘春波

【教育教学】 2021年度学校进一步丰富并提升"建和谐校园为 幸福发展奠基"的办学理念,逐步推开学校"善智"课程建设。在教师队伍建设方面,通过组织信息技术能力提升的校本培训活动、"晒课"活动、青年教师展示课活动、与华辰教育集团总校同课异构活动、参与学区片展示课和作业设计评比活动、校长赠书活动等,聚焦教师专业素养和高效课堂,促进教育"双减"政策落地落实。在学生素养提升方面,探索实践以"能力发展"为核心的多元评价模式,组织开展评价展示活动,展示学生学习成果,锻炼学生实践能力,增强学生自主学习的信心和动力,促进学生全面、和谐、持续发展。在开展课后服务方面,学校经过前期调研,秉持"按需+多元"的原则,设置项目菜单,供学生自主选择。学校整合校内外资源,动静结合,开设武术、沙画、绘画、科技、舞蹈、戏剧表演、非洲鼓、合唱、手工制作、艺术欣赏、花样体育、兴趣英语、美文诵读、棋牌博弈、乐高机器人、小主持人等丰富多彩的课程,助推学生个性发展,让每天的课后服务成为孩子们的期待。一学期下来,孩子们收获满满,家长们一致好评。以"大思政"为理念,通过开展各种创新实践活动,让学生们在活动中体验,在活动中感悟,在活动中成长,促进五育融合。组织开展"讲党史故事 学英烈精神 做红色传人"清明节主题教育活动、首届亲子运动会、"童心向党 薪火相传"党史学习实践活动、"萱草敬亲恩 行动报春晖"母亲节主题教育活动、六一儿童节快乐研学活动、"共度端午 传承红色精神"主题活动、"童心向党 献礼百年"红歌会活动等。为展学生才华,打造校园文化,建设书香校园,2021年12月翊辰小学电视台隆重开播。北辰区教育局副

局长苗芊为校园电视台落成剪彩,并为首批校园小记者颁发"记者证"。

撰稿:刘春波

【教学成果】 健康课获北辰区学校优秀健康课评选一等奖;1人被评为2021学年度北辰区首届劳动技能大赛优秀指导教师;阎鑫培老师在"津冀大中小思政教师同上党史课"活动中录制的党史课程被评为视频精品课;集体诵读作品获评第三届"课本里的艺术"天津市中小学语文电视诵读大赛区级一等奖;1人获2021年度天津市中小学劳动技能大赛小学低年级组包书皮项目三等奖;1人获北辰区首届劳动技能大赛"劳动小标兵"称号;1人获北辰区首届劳动技能大赛"劳动小能手"称号;10余名同学在区级美育、德育类活动中获奖。

撰稿:刘春波
审稿:马增霞

天津市宝坻区务本道小学

【概况】 务本道小学是宝坻区教育局九所直属小学之一,为公立全日制完全小学,前身为龚庄小学,2021年9月新校区投入使用,更名为务本道小学。学校占地1.46万平方米,建筑面积9265平方米。有现代化LED多功能厅,触控一体机教室、专用信息技术教室,图书馆、阅览室及各种功能室等。现有18个教学班,学生715人,教职工50人,其中高级教师7人,一级教师32人。区级骨干教师20人,校级骨干教师9人,是一所设施完善、办学规范、师资力量较强的小学。

学校以"为教师的发展铺路、为学生的成功奠基"为办学目标,依托文化立校,推动内涵发展。本着"本真教育、书香务小"的核心思想,通过实施本真教育,让每一个孩子都能快乐成长,健康发展;让每一个教师都能享受职业幸福,做有尊严、有成就感的教育工作者。

学校先后被评为宝坻区贯彻中小学日常行为规范示范校、宝坻区中小学德育先进集体、义务教育学校现代化创建工作先进单位、天津市交通安全教育达标学校、宝坻区"五好"关工委创建先进集体、国家"让我玩"体育公益项目学校。

撰稿:崔雯翠

【书画特色文化】 学校围绕学生全面发展的培养目标,将书法和绘画作为特色文化,将书画教育融入课堂和各种活动中。重视常规习字与书法、美术的课程建设和落实;开设书法、绘画主题社团,坚持午间习字20分钟;开展各种师生书法、绘画比赛。为保障特色文化建设持续推动,学校在现有美术硕士研究生专业教师的基础上,聘任书法专业特长社会人才,践行"以美养德、以美启智、以美育人"的特色办学理念。

撰稿:崔雯翠

【课后服务建设】 学校将课后服务作为重点课程建设,开设知识类、体育类、艺术类、科技类、实践类等18种项目,为学生提供满足个性化需求丰富多彩的资源平台。学校全方位挖掘、吸纳各种师资资源,在充分发挥学校在职教师特长的基础上,引进朗诵、跆拳道、篮球、乒乓球、军体训练、韵律舞、书法等社会专业资源,建立师资力量专业性强的服务团队。课后服务项目学生自主进行选择,在学校能够统筹安排的基础上,尽量最大限度尊重学生个性化需求。同时,通过问卷调查、致家长的一封信、家长会等多种形式广泛征求家长意见,本着"学生需求,家长自愿,教师发挥特长"的原则,形成学生高兴,家长满意,教师积极参与的和谐健康育人氛围。

撰稿:崔雯翠
审稿:田宝庆

天津市武清区杨村光明道小学

【概况】 天津市武清区杨村光明道小学建校于2019年,学校位于翠泉路与雍华道交口东侧,总占地1.76万平方米,建筑面积1.23万平方米,建有体育馆、田径场和篮球场。教学楼内共有普通教室36间,音乐教室、舞蹈教室、计算机教室等功能教室16间,所有教室都安装鸿合一体机、计算机、实物展示台,能进行多媒体教学,各种教学资源得到充分共享。学校现有6个年级,36个教学班,在校学生1882人,教职工74人,其中高级教师10人,一级教师30人,市级骨干教师3人,区、校级骨干教师36人。

学校紧紧围绕"为每一个学生实现人生梦想奠基"的办学理念,立足于服务学生、服务教师、服务社会,坚持"书香特色,幸福文化"的办学方向,确立"走内涵发展之路,创建教师德艺双馨、学生身心健康、学校特色鲜明的快乐校园"的办学目标,形成"公正、文明、平等、开放"的学校氛围。学校以《梦想飞扬》为校歌,以"勤朴、立美"为校训,用心建设"和谐、博识"的校风,"敬业、善导"的教风,"明志、合作"的学风,以"善学习、能合作、会运动、懂礼仪、惹人爱"为培养目标,全力打造"德智体美劳"全面发展的品牌学校。

2021年3月学校当选为武清区国家级信息化教学实验区"基于教学改革、融合信息技术的新型教与学模式"实验校,学校以此为契机,认真探索适合学校实际的教与学模式。经过一年的努力,学校初步形成"以学生为中心,三学一体化"教学模式("三学"即:课前预学、课中共学、课后拓学),同学科同年级三统一(即:教学重难点统一,学情分析和课后反思模式统一,课前、课中、课后作业统一),加强教研,努力提高课堂教学实效,实现"双减"下减负增质促教学,学生主导新课堂,让学生成为学习的主人,让学习在课堂上真正发生。目前,学校有38位教师在市、区组织的各类赛课、基本功大赛中获奖,66位教师的论文、教学案例在市、区获奖,200多名学生在各级各类作文、演讲、科技、艺术活动中获得奖励。

撰稿:杨秋云

【劳动教育特色直播课】 学校积极贯彻落实《武清区全面落实加强新时代中小学生劳动教育实施方案》内容,开足开齐劳动教育课程。学校在"双减"政策实施后,每周通过观看直播的形式,带领孩子们走进寿光蔬菜种植基地,认识蔬菜,了解蔬菜的品种、蔬菜的成长过程和高科技种植技术。在推进劳动教育直播课程的同时,学校举办品鉴会,把学生们在直播中认识的蔬菜、水果带到他们面前,让孩子们摸一摸、尝一尝,让他们分享品鉴的快乐。

撰稿:杨秋云

【学生素质拓展】 学校注重培养和提高学生的综合素质,开展丰富多彩的素质拓展活动,营造浓郁的校园文化氛围。在学生素质拓展的建设上最大限度地优化学校教学资源,增加学生学习的选择性,学生可以在艺术、科技、创新、运动等多方面进行选择。根据孩子的兴趣爱好、特长等为学生精心打造剪纸、合唱、舞蹈、国际象棋、轮滑、足球、篮球、播音主持、跆拳道、素描、书法、茶艺、快板等40余种素质拓展课,邀请校外专业老师担任部分素质拓展课指导老师,学生特长得到充分发展。同学们经过学习成果喜人,在武清区校园艺术节、天津市学校文艺展演中学校40余名同学分获一二三等奖,学校获多个集体

奖项,同时获评武清区中小学校园艺术节优秀组织单位。

撰稿:杨秋云
审稿:杜宏宇

天津市蓟州区第一小学

【概况】 天津市蓟州区第一小学,地处蓟州城内。学校始建于1905年,是一所在蓟州区创建最早,具有优秀教育传统和深厚文化底蕴的百年老校。

学校占地1.5万平方米,建筑面积1.2万平方米。校园环境优美,教学设施先进,师资力量雄厚。2021年在校学生1665人,教学班36个,在岗教师137人。2021年,以落实区教育局"双五"建设为抓手,在传承中坚守"为学校的可持续发展创造条件,为学生的终身发展奠定基础"的办学理念,深化党组织领导的校长负责制,扎实开展党史学习教育;构建大思政教育格局,开展全方位育人活动;优化育人大课堂活动,举办第三届校园文化艺术节、5.25心育节、第九届心理剧大赛、第三十六届菊花节、第一届体育节;创新落实"双减"政策,在全校上下形成了一"保"二"制"三"结合"全"满意"的课后服务模式,赢得了市教育工委、区委两级领导的高度赞誉,得到了蓟州百姓的充分认可。2021年6月学校党总支被评为蓟州区教育系统先进基层党组织;学校少先队推出少先队员讲"榜样人物故事"30集,评选出38位"红小宣"宣讲红色故事,十余部作品在团区委"青春蓟州""百名青少年讲党史故事"展播中被采用。一名学生在蓟州区第二届"移动杯"交通安全知识竞赛和征文活动获得特等奖,两名学生获一等奖。学生表演的民乐《迎春》、戏曲《小酸枣》在"弘扬华夏文明 传承津沽文化"第十届津沽文化日主题文化传承活动中分获市级二三等奖。大队辅导员张婷婷被天津市少工委聘请为天津市红领巾巡讲团成员;金学东副校长撰写的《厚植家国情怀 培养四自学生》在天津市一校一案典型案例评选中获市级二等奖。学校在天津市中小学语文"课本里的艺术"庆祝中国共产党成立100周年大型青少年诵读评比中获区级"优秀组织"奖;多名教师的论文、教学设计、优秀课在国家、市、区各类评选中获奖。体艺工作蓬勃开展,学校合唱团参加区艺术展演获得二等奖;学校男子篮球队在蓟州区中小学生篮球赛中获小学男子组冠军;啦啦操比赛获得区级一等奖。

撰稿:李艳鹏

【党建活动】 学校党总支部充分发挥党组织战斗堡垒和党员先锋模范作用,强化"三会一课"管理,不断提升"党员学习日"和"党性锻炼周"活动质量和水平。开展"老干部进课堂讲述党史故事"12次,成功举办"感党恩 铸师魂 新征程奋斗有我"教师演讲比赛;"争做家长的贴心人 学生的引路人"系列主题教育活动,16位领导教师在活动中做典型经验发言。1人参加蓟州区"书香颂百年 永远跟党走"美文美声经典诗文诵读比赛,获区级二等奖;深入开展"初心印蓟""我为群众办实事"主题活动。为本校贫困学生发放助学金3500元;三名党员资助天祝二小贫困学生;元旦前少先队组织捐款107345元助力天祝二小贫困学生欢度新年。深入老年公寓和蓟州干休所开展助老慰问活动2次;为甘肃省白银市青少年捐赠图书1907册,为东二营学校捐赠图书552册;40名党员教师参与创文创卫门前三包卫生清扫,4人参与交通路口志愿服务岗服务活动;学校党总支委员集中走进年级组召开民主座谈会6场,集中力量解决教师关注的突出问题5个。58名在岗党员在"双减"、4次大规模核酸筛查、为津南隔离小朋友送温暖等活动中充分发挥先锋模范作用。

撰稿:李艳鹏

【菊花节活动】 2021年10—11月,学校举办第36届菊花节,以达到"传承菊花精神,践行守则规范,做德智体美劳全面发展的新时代好少年"的教育目的,践行"请党放心 强国有我"的誓言。1—6年级依据活动方案,在做好疫情防控的前提下,各项以"我伴菊花一同开"为内涵的特色教育活动在校园中遍地开花。学校创设全员参与的活动氛围,根据学生发展实际,通过赏菊、画菊、颂菊、写菊、唱菊等不同形式,组织开展了菊花节画展、菊花节班级合唱比赛、"写菊"作文竞赛、菊花杯演讲比赛、小歌手比赛、班队会设计比赛等各种丰富多彩的校园活动。从而提升审美情趣,提高艺术修养和品位,促进同学全面发展。

撰稿:李艳鹏

【津沽文化传承活动】 围绕"弘扬华夏文明,传承津沽文化"这一主题,以天津设卫筑城617周年为契机,学校组织开展了形式多样的主题文化活动,不断创新活动载体,丰富活动平台。以班为单位开展诗歌诵读活动。充分展现了新时代少年奋发向上的精神,爱祖国、爱家乡的情感得到升华。2021年2月

参加教育部第一届"中外人文交流小使者"展示活动;围绕建党一百周年,以社团活动为依托传承传统文化,学校的戏曲社团、民乐社团经过3年学习培养,不断发展壮大,10月份戏曲社团演唱的评剧《小酸枣》在天津市中小学生艺术类节目展演比赛中获市级三等奖;民乐社团演奏的《迎春》获市级二等奖。

撰稿:李艳鹏

【体育节活动】 2021年9月,举办以"强健体魄 强国有我"为主题的体育节系列活动。本届体育节内容丰富多彩,既有适合一、二年级的亲子游戏运动,又有三至六年级学生喜爱的田径比赛,设短跑、中长跑、接力、跳高、跳远、实心球、沙包掷远等18个项目;还有缓解教师工作压力的趣味活动,师生全员参与活动。体育节活动,对学校体育运动的发展和学生身体素质的提高起到很好的促进作用。

撰稿:李艳鹏

【心理辅导】 学校心理健康中心及时关注师生及家长心理健康,面向全体学生开展心理健康主题班会和团体心理辅导活动,对排查出的重点学生进行特殊关爱,利用每周三下午社团活动,提升学生的抗压能力和专注力。面对全体老师在开学初组织心理健康讲座;实行每周四心理中心开放日,根据老师们的需求进行情绪缓压或放松活动。每月组织班主任心理健康培训活动。学校组织开展4次大型线上的家庭教育活动。开学初举行家长视频讲座。每周组织线上家长学习和交流,每周五对家长的热线电话进行耐心指导,对三到六年级的家委会成员进行讲座和问卷调查。学期末为推动《中华人民共和国家庭教育促进法》组织两次家长访谈活动。2021年10月至12月,以"爱家、爱校、爱国"为主题组织了第九届心理剧大赛活动。参赛剧本共32个,参加演员234人。评选出一等奖13个、二等奖10个、三等奖8个,另有多名同学获得最佳导演奖和最佳演员奖。2022年1月6日和1月23日两次代表天津地区做典型发言。

撰稿:李艳鹏

【课后服务】 学校深入贯彻落实《教育部办公厅关于做好中小学生课后服务工作的指导意见》系列文件精神,2021年9月1日开始,全面落实"双减"政策精神,开展丰富多彩的社团活动。以全心全意为家长服务为宗旨,针对不同学生设计分层作业,科

学把控作业量和时,提出:"学生把作业留在校园,把快乐兴趣带回家"的口号。结合学校特点,做到时间、学生作业辅导、体艺活动项目、辅导教师四保障。利用学校的品牌教研活动——"育人大课堂",让老师们走上公开舞台人人亮相,不断提升课堂效率。多次召开"关于课后作业"的专题研讨会,基础作业、特色作业按学科学情分层,"好词好句的经典摘抄""作文小练笔""数学图形绘画""课前预习解决重难点的思维导图""自录英语故事"以及"错题本的总结记录"等,让大多数学生在校完成基础作业,自觉做特色作业(弹性作业)。学校举行基础作业和特色作业展览,学生学有榜样,真正做到:学生把作业留在校园,把兴趣快乐带回家。同时学校因地制宜地采取了"5+1+0.5"分阶段、分年级、分层次课后服务模式,制定课后服务内容总目录、班级课表菜单式课后服务项目,国画、版画、戏曲、民乐等项目深受学生们喜爱。

撰稿:李艳鹏

【冬令营活动】 2022年1月,蓟州区隔离点分批接收了300余名来自津南区的孩子,他们将在这里度过一个时长21天、跨越春节的"特殊假期"。第一小学精心组织,为隔离点的孩子们送去琳琅满目的爱心"大礼包":有"线上微课",有同学们绘制的"贺卡",有学校教师自己出资购置的美术用品,还有蓟州的红色革命故事……教师们结合隔离环境的限制,为孩子们打造了科学的课程计划,利用学校公众号先后推出"风雨洗礼,冬日暖阳"冬令营系列活动十次,先后为小朋友推送"线上微课"48节,包含了音乐、手工制作、科技、室内体育、心理辅导、特色趣味互动教学视频等。美术教师周宗怡自己出资16000元为隔离点的孩子们购置美术用品;四年级学生家长捐赠价值6000元的食品大礼包;学校还在农历腊月二十三小年那天集中组织津南蓟州"风雨洗礼冬日暖阳"冬令营云联欢活动。教育部新闻办"微言教育"、新华社微信、蓟州电视台、掌上蓟州、央视新闻客户端等媒体先后进行了报道。

撰稿:李艳鹏
审稿:霍玉梅

天津市静海区梁头镇梁头小学

【概况】 梁头小学位于天津市静海区梁头镇梁台路42号,是天津市教委命名的素质教育示范校。学校始建于1950年,占地5.3万平方米,建筑面积0.32万平方米,建有科学实验室、美术教室、音乐教室、舞蹈教室、图书室、阅览室、国画室、古筝室、纸浆作坊等功能教室。学校现有15个教学班,543名学生,教职工43人。教职工中本科及以上学历34人,高级教师7人、中级教师22人,区级学科骨干教师7人。

学校以"办好家门口人民满意的学校"为办学目标,坚持文化立校,以"润育潜质、培养习惯、发展个性、奠基未来"为办学理念,依托中华民族优秀传统文化精髓,坚持知识传授与道德品质教育相结合,开设古筝、琵琶、太极扇、国画、剪纸等传统文化特色课程。在学校教学楼各楼层设置公共图书区,开展"好书伴我成长""校园读书节"等主题读书活动。学生参加全国美术作品大赛获团体一等奖,学校被认定为国家级乡村少年宫,先后被评为全国素质教育示范基地、天津市素质教育示范校、天津市优秀家长学校、天津市师德先进工作单位、天津市健康学校、静海区教学先进单位。2021年10月,静海区中小学"课后服务"工作现场推动会在梁头小学召开,与会人员对学校"课后服务"成果进行了现场观摩。学校自编自导的"双减"专题片《听校长妈妈给"小蜗牛"讲故事》被"津门教育"微信公众号转发。

撰稿:王翠华

【社团活动】 学校将立德树人根本任务落实到课程建设和社团活动中,组织开展读书节、艺术节、儿童节、丰收节、科技节、运动会、合唱节等形式多样的校园文化活动,为学生搭建自我展示的舞台,促进学生全面发展。校园读书节已经连续开展五年,成为学校特色传统活动。"快乐星期五"社团开设22个课程,其中精品课程11个,如古筝、太极、合唱、舞蹈、纸浆画、剪纸、无忧空间、烘焙、劳动实践等;11个班级课程:如轻轻泥、阅读、手工废弃物、速算、朗诵等。2021年,开展以"建党百年中华美,读书传承好家风"为主题的读书节活动,录制校歌MV《礼赞》。在静海区第三十三届学生艺术节中,器乐类古筝、合唱、舞蹈、话剧等8个节目获区级一等奖。一名教师在区心理技能大赛中获二等奖。学校女子篮球社团在区第二届篮球联赛中获冠军,并代表静海区参加市级篮球联赛,获全市第七名。学校田径社团在区田径运动会上获小学男子甲组4×100米接力冠军。2名学生获天津市第十八届中小学信息技术创新与实践大赛二等奖。1名学生在世界校园No.1网络竞技大赛《打字赛跑》创造天津赛区纪录。学生集体朗诵节目《永远跟党走,奋进新时代》获天津市第六届语言风采展示类节目铜奖。1名学生获天津市植物景观大赛三等奖。

撰稿:王翠华

【深化家校沟通】 2021年,学校全年召开四次家委会、四次家长会。30名家长加入学校"护学岗",为学生每天上放学安全护航,32名家长志愿者在参与指导学校社会实践活动。4月,学校举办为期一周的"心育开放周——亲子同上一节课"活动,家长切身体验孩子是如何在梁头小学"向上向真向善的"育人环境下自然扎根的。5月20日,在学校读书节系列活动"心灵告白我的祖国,我的家"亲子共读活动中,12个家庭参赛,评选一等奖3名、二等奖4名、三等奖5名。

撰稿:王翠华

【爱心帮扶】 深化与甘肃省庆阳市南川乡三所小学的帮扶工作。2021年,学校为3所帮扶校捐赠图书330册,其中南川小学190册、新合小学60册、桃园小学80册。2021年,学校9位骨干教师分别与南川小学、桃园小学、新合小学9位教师签订帮扶结对协议,定期将学校较成熟的教育教学经验分享给帮扶校教师。坚持资源共享,向对口帮扶校组织开展"名师送教"活动,通过视频会议或者邮件方式,向3所帮扶校发送优质课件206份、优质课视频12份、学校教师公开课视频12份,学校校长与桃园小学校长就如何完善校内各项管理制度,规范日常工作、提高管理水平、加强校风学风、校园文化建设,开展心理健康教育、安全教育和安全事故防范等通过腾讯会议、微信、电话方式交流8次。

撰稿:王翠华

【校内劳动教育实践基地】 学校在校内为师生开辟10亩劳动教育实践基地。基地分果树区、蔬菜区、观赏区共三大种植区。果树区种植桃树、梨树、杏树、红果树等常见树种,蔬菜区根据季节分别种植土豆、茄子、辣椒、葱、蒜等日常蔬菜。实践基地面向全体师生开放,每个班级都有自己专属的责任田。学校利用课间活动、综合实践课和社团活动等,由综合实践教师或者班主任带领孩子们参与蔬菜种植管理,观察记录植物生长情况,共同采摘收获,让学生在与大自然的亲密接触中增加劳动体验,体验劳动乐趣,领悟中国深厚的农耕文化。学校以"四季的快乐劳动"为主题,开展具有季节韵律的劳动实践。春季开展"一次种子的旅行"科普教育活动,夏季开展

"我与小苗共成长"观察记录活动,秋季开展"走访最美劳动者"劳动成果分享展示活动,冬季开展"我为田地穿冬衣"劳动实践活动。

撰稿:王翠华
审稿:梁续广

天津市宁河区造甲城小学

【概况】 宁河区造甲城小学始建于1927年,学校教学楼于2005年建成并投入使用,学校坐落在造甲城村南,占地1.72万平方米,建筑面积4230平方米,有音乐教室4间、美术教室2间、书法教室2间、机器人教室1间、创客教室1间、阅览室2间、科学教室2间、乒乓球室2间;学校有20个教学班,在编教师50人,在校学生726人。造甲城小学以"遇见是一种缘分,预见是一种幸福"作为办学口号,以"善待每一位学生,让生命由此绽放"为办学宗旨,构建以幸福课程、幸福争创、幸福奖台、幸福表彰四位一体的幸福教育体系,让每一位学生在学校都能受到同等的尊重,享受充满阳光的童年。幸福课程是幸福争创的载体,幸福奖台是幸福争创的动力,幸福表彰是幸福教育的结果呈现,四者有效结合,达到师生主动参与,自我教育的目的。

撰稿:王立英

【课程建设】 学校的《幸福课程构建》案例获评教育部一校一案典型案例,案例以国家课程校本化,校本课程特色化,特色课程社团化,社团课程生活化为基础,把生活融入课程,让每一位学生都能在体验中收获属于自己的感悟,幸福课程建设以国家课程为基础,以阅智、运动、审美、科创等特色课程为延伸,创设了38个社团。通过设立自主选课、中间调课、研发新课等机制,让学生更能找到属于自己的舞台,不断丰盈师生生命,为落实五育并举,起到培根铸魂、启智增慧的作用。

撰稿:王立英

【教育评价创新】 造甲城小学《幸福币促师生积极主动生长》案例,获评天津市三全育人典型案例。近年来,学校不断完善师生的评价内容,统一采用幸福币作为评价量化形式,以"幸福奖台"作为主要载体,是被评价主体获得主动争创的最重要的激励手段,是被评价主体主动参与教育教学活动的动力来源。学生通过幸福少年评价,让每一位学生都能找到

属于自己的闪光点,通过努力获得幸福积分暨"幸福币"的方式,自主选择奖品,自主选择适合发展的方向,同时在班级评比栏中进行展示,物质和精神双丰收。幸福教师评价让教师的日常教学工作与绩效挂钩,通过幸福币积分手段,让教师日常工作以积分形式时时显示,做到取长补短,不断激发教师自我发展潜能。幸福币让家长与学生实现捆绑,形成家庭荣誉共同体,发挥互相监督促进的作用,激励家长参与学校管理的主动性。通过评估、检查、挂钩、表彰等手段,让师生对评价结果形成互看、可比、互帮、共促的良好氛围,达到师生共同积极主动成长的目的。

撰稿:王立英

【办学成果】 学校社团活动异彩纷呈,获全国足球特色校称号,天津市优秀足球特色学校称号,戏曲获天津市优秀传统文化传承学校、第三批全国优秀传统文化传承学校的称号。2021年合唱团《萱草花》获天津市合唱一等奖第一名,并获天津市优秀艺术团称号。5月13日,在宁河区造甲城小学成功召开宁河区新教育试验推进会,邀请学校杰出校友,中国著名数学家冯克勤教授为全区小学校长上了一堂生动思政课,冯克勤教授为造甲城小学捐款10万元,作为师生奖励基金。

撰稿:王立英
审稿:宁克东

幼儿园

天津市滨海新区塘沽燕飞幼儿园

【概况】 塘沽燕飞幼儿园是一所公办二级幼儿园,位于塘沽胡家园街和智道1681号,2019年建成并投入使用。幼儿园占地7944.7平方米,建筑面积5600平方米。办学规模为18个教学班,可容纳540名幼儿。开设13个教学班,在园幼儿370名,专任教师28人,专科以上学历100%,其中硕士研究生2人。幼儿园以"做有幸福记忆的幼儿园"为办园宗旨,一切为了孩子,为孩子做好一切。

撰稿:杨颖娟

【党建引领】 将党建工作与业务工作同谋划、同部署、同推进,由懂党务、懂业务、懂管理的骨干教师兼任党务干部,提高深度融合成效。以教职工喜闻乐见的活动为载体,主动开展"我为群众办实事"活动。从教师、家长、幼儿三个层面,创新开展家委会、伙委会、开放日、幼儿代表大会、扎辫子大赛、教师辩论会、职工运动会、燕飞马拉松、半小时工间操、与塘沽六幼跨园拜师学艺、与远洋城小学联盟拜师开展足球特色活动,努力打造一支政治过硬、作风过硬、廉洁过硬的工作团队。

撰稿:杨颖娟

【队伍建设】 严格执行新时代幼儿教师职业行为十项准则,认真组织开展师德建设月活动,继续推行师德承诺书和师德档案制度。书记、园长讲好"师德必修课",做好师德讲评工作。举办"寻找最美燕飞人"身边的榜样故事活动,发挥立德树人先进典型示范带动作用。推进警示教育常态化制度化,紧盯重要时间节点开展廉洁教育。设立意见箱、公布师德师风监督电话,开展问卷调查,广泛听取社会、家长对园所师德师风建设的意见,主动接受社会监督。以研兴教,以评促教,加速青年教师成长。通过"智慧杯"做课,搭建交流研讨平台;理论培训考核,规范一日工作流程;教学成果考核,提升保教质量;主题成果交流,开发园本课程资源,技能技巧考核,加速教师专业成长。1人被评为市级骨干教师,3人被评为校级骨干教师,1人被选拔参加天津市卓越工程培养项目;幼儿园2.0信息化建设工作经验在全区优秀示范案例推广会上做典型案例分享;"爱心妈咪之家"成功申报市级示范点。

撰稿:杨颖娟

【安全校园】 牢固树立"隐患就是事故,事故就要处理"的理念,每月召开安全领导小组会议、进行安全巡查,不断强化人防、物防、技防手段,实行隐患排查、登记、报告、整改的"闭环管理"。完善校园突发事件应急处置机制,组织开展防震、防火、反恐应急预案演练,提升校园风险防控能力。统筹抓好疫情防控和教育教学工作,落实疫情防控常态化机制,修订完善应急预案与卫生保健制度,坚持多病同防,严格落实每日健康监测、双码查验、场所码录入、晨午晚检、因病缺勤追踪、通风消毒、紫外线消毒和防疫物资储备工作。严格校门封闭、环境卫生、食品卫生的管理,按时完成接触排查。领导班子时刻紧绷一根弦,严防死守、严阵以待,全园教职工众志成城、牢牢守住阵地不失守,人人有责、义不容辞。截至2021年底,教职工疫苗接种率100%;幼儿第一针接种率95%,第二针接种率97%。

撰稿:杨颖娟
审稿:封继红

天津市和平区第五幼儿园

【概况】 天津市和平区第五幼儿园创办于1959年,前身系天津市总工会机关保育院。1969年,由和平区教育局接办,更名为和平区第五幼儿园。2007年4月,和平第五幼儿园与第三幼儿园合并,2008年晋升为天津市示范幼儿园。2014年幼儿园搬迁至新址,办园规模、条件与质量得到进一步提高。2017年获评天津市示范幼儿园。幼儿园设有图书馆、美术馆、科技馆,并搭建数字化演播室,利用"智慧校园"打造数字化园所管理模式,形成幼儿园、家庭、社区全覆盖,开放、动态式的管理手段。

幼儿园全面贯彻党的教育方针,落实立德树人的根本任务,以"智慧教育,奠基未来"区域教育核心理念为引领,经过多年的实践与探索,努力使幼儿园、家庭及社会三方教育达成共识,形成了"共润教育"的办学理念。通过架构 "共润教育"活动体系,倡导教育的"沁润共生",形成了"共润教育"文化体系,促进"共润教育"的有效实施。陈蔷园长出版专著《"共润"教育的实践与探索》,其研究成果向石家庄、甘肃、天津等多地进行实践应用推广。幼儿园先后成为全国心系好儿童教育基地、全国足球特色幼儿园、天津市家校合作实验项目试点幼儿园;先后获天津市文明单位、天津市劳动竞赛示范集体、天津市"家校(园)合作"工作先进单位、天津市普教系统师德建设先进单位等称号。

撰稿:陈 蔷 孙爱丽 孙雨辰

【帮扶引领 成果共享】 幼儿园积极响应党中央关于教育扶贫的号召,与甘肃省舟曲县、靖远县、会宁县结成帮扶对子,签订教育合作项目框架协议。2021年,幼儿园多次接待对口帮扶支援地区以及西藏昌都地区教育管理干部、园长、教师的参观学访和跟岗实践。疫情防控常态化背景下,利用网络开展线上教育教学研究活动,互相协作、共同提高,推动地域间、园所间教育均衡发展。积极投身京津冀一体化建设,与河北省石家庄市实验幼儿园共建教育合作示范幼儿园,围绕园本教研、队伍建设、教研课题研究和家园共育等方面开展深入交流,实现津冀幼儿园教育"共享成果、共同发展"的良好局面。4月,与辖区内普惠性幼儿园——卡蒂幼儿园、迪蒽捷贝奇幼儿园、悦宝贝儿童之家举行"结对帮带"签约仪式。5月,与宝坻区、蓟州区两家园所签订"结对帮带"协议。将和平五幼"共润教育"优质的教育成果带到更多的地区,推动园所实施科学保教、克服"小学化"倾向,提高管理水平和办园质量,推动教育均衡发展。

撰稿:陈 蔷 刘 颖

【五维一体 筑梦远航】 加强教师队伍建设,通过构建"五维一体"园所新时代教师队伍成长规划,利用明确的目标导向、夯实的素养基础、完善的培训体系、独特的教育风格、幸福的职业归属五个维度,形成适应未来教育的教师发展规划体系。2021年,制定培训方案,实施菜单选修与累积学分制,满足教师的个性化发展。鼓励教师根据自身优长,自主选择研修专业技能、专业理论以及幼儿游戏、幼儿体育活动等研究小组,根据教师参与研修的内容、研修的项目、研修的过程等进行累积学分,激励教师参与研修的自觉性与自主性,带动教师队伍的全面提升。逐步形成一支师德高尚、敬业爱生、博取精修、专业引领、风格独特的教师队伍。5月,幼儿园被授予"和平区共育领军人才培养基地"称号。幼儿园现有市级骨干教师3人,区级学科骨干教师10人,区级领军人才1人,区级名教师培养人1人,区级首席教师1人,区级学科带头人5人,区级新锐教师4人。在"共润教育"探索研究的带动下,教师团队连续获"天津市优秀教育活动"和"天津市新秀杯"评比一、二等奖,获"和平区青年文明号"称号。

撰稿:陈 蔷 白 华

【科研助力 高位发展】 幼儿园坚持以科研为先导,结合课程建设及保教工作计划的整体思路,通过推动科研工作,不断更新教育理念,深化"共润教育"的实施,全面提升幼儿园的保教工作质量。在课题研究中,幼儿园将科研、教研紧密结合、相互融合,努力使教师成为一名研究者、反思者。在"十三五""十四五"期间,成功申报10余项国家级以及市、区级课题。其中国家级课题1项;课题《幼儿园家庭社会协同育人机制的研究》获批天津市教育科学规划重大课题,该课题是入选的7项重大课题中唯一的基础教育阶段课题项目;天津市教育学会重点课题2项以及其他多项市区级课题。作为天津市和平区教育领军人才培养基地,幼儿园成立了以领军人才教师、名教师、首席教师领衔的人才工作室,带领课题组成员深入开展课题研究工作,不断创新教育科研新思路,在研究中助力教师教育科研能力的提升。多篇论文在市级刊物发表,多项教学成果在全国以及市级论文评选中获奖。

撰稿:陈 蔷 于唯唯
审稿:陈 蔷

天津市河北区第八幼儿园

【概况】 天津市河北区第八幼儿园(原天津铁路实验幼儿园,2005年9月更名)始建于1952年,2020年由河北区幸福道商业街迁至王串场一号路,占地4552.98平方米,建筑面积2455.01平方米。2021年,在岗教师43人,其中高级教师3人,一级教师18人,有7个教学班,186名幼儿。幼儿园设施完备,有生态化建构功能室、沙盘活动室和多功能户外活动场地。2021年,举办以"花儿向阳、童心向党"为主题的亲子运动会、六一活动、充满感恩的毕业典礼等,丰富幼儿在园生活,为幼儿搭建展示自我的平台。园所是天津市一级幼儿园、天津市文明单位、天津市绿色幼儿园、天津市安全保卫先进集体、河北区教育系统师德先进集体。

园所以"为每一位幼儿创造健康人生"为办园理念,以幼儿园生态环境教育为办园特色,培养充满活力、充满爱心、充满好奇心和创造性的鲜活生命的个体,打造一支仁爱、和谐、勤奋、勇敢的具有生态环境教育专业素养的教师队伍。

撰稿:张 妍

【教育教学】 在日常教育教学活动中,关注幼儿学习的兴趣点,因材施教的组织教学活动。在自然角活动中,各年级组分别开展晒秋、可爱的蔬果造型、捡树叶、种子集中营等活动,丰富幼儿对动植物

的认识,引导幼儿积极运用多种方式表达自己的认识。园所以《探索3—6岁幼儿心理健康问题及解决策略》和《幼儿园自然角环境创设与活动设计的研究》两个"十三五"课题成果为推动力,深挖自然角课程的实际操作性,实现将大自然教育融入一日生活中。园所注重家庭教育宣传,关注幼儿心理健康及良好师生关系的创设,引导幼儿如何调节自己情绪,与他人友好相处。

撰稿:张 妍

【师资培训】 幼儿园始终把教师队伍建设放在首位,注重教师教育教学能力的提升及师德师风建设。2021年9月通过召开"恪守底线、不触红线,为人师表、履职尽责"师德师风案例警示会;开展"我眼中的师德红线"大讨论等活动,警示园所教师筑牢师德防线、守住安全底线、不碰法规红线。同时,积极鼓励教师参加天津市保教质量专项培训、河北区继续教育培训及园所关于"走"的创新体育教育活动设计专题研究。园所开展多种师资培训活动,提升教师综合素质,努力培养一支能力强、素质高、师德硬的幼教队伍。

撰稿:张 妍
审稿:马作玲

天津市河东区第一幼儿园

【概况】 河东区第一幼儿园始建于1956年,是一所集团化连锁幼儿园,是天津市首批示范性幼儿园。现为一园六址,分别坐落于区华龙道新环路、华捷道远洋新天地小区、大王庄七纬路54号、成林路金湾花园、鲁山道蓝山园、新开路新博园,园所环境优美,教学设备先进,总占地1.64万平方米,总建筑面积1.50万平方米。园所现有38个教学班共1229名幼儿,教职工151名,研究生15人,本科120人,正高级教师1人,高级教师10人,专任教师大专以上学历达100%,是集"绿化、美化、教育化、儿童化、现代化"为一体的示范性公办幼儿园。

河东区第一幼儿园以"一切为了孩子健康发展"为办园宗旨,坚持"爱心滋润孩子,童心陪伴孩子,诚心关注孩子,恒心培育孩子"的办园理念。多年来积极探索、实践、创新集团连锁化办园模式,六所园发挥优势走合和之路、精益求精走突破之路,着力创设生活教育、中华优秀传统文化园本课程,精心打造现代化教师队伍,求真求实提升保教质量,本着为师者

的初心之源,以寓意深刻的"大拇指"形象为园所标志,唱响"永不满足,在发展中做最棒的自己"的一幼精神。

河东一幼的办园质量不断完善,得到上级领导、家长和社会的高度认可。一幼获天津市精神文明单位、天津市五一劳动奖状、天津市河东区先进基层党组织、天津市工人先锋号、天津市师德建设先进集体称号,顺利地通过天津市公办园等级评定为天津市公办示范园。多位教师在天津市幼儿园优秀教育活动评比中获一等奖,教师撰写的近百篇论文、案例以及参加的多项评比活动均在国家、市区级刊物上发表或获奖。

撰稿:孙秋宁

【特色科研引领园所发展】 园所秉承陈鹤琴"活教育"思想,立足儿童"真生活、真情境、真实践、真体验"的教育理念,以培养具有"中国心、中国情的小公民"为目标,不断吸纳中外教育文化与科学理念的最新成果,着力创设特色化的中华优秀传统文化园本课程体系,促进每个幼儿富有个性的发展。重视教育科研,在园本特色课程基础之上,以自主建构的主题课程模式,开展"一日两节",即中国典型意义的纪念日,传统节日、节气,对幼儿进行基于家国情怀的爱国主义教育。积极发挥示范园的辐射带动作用,利用课程共建、师资共育、资源共享等管理机制与凤凰幼儿园、华馨幼儿园以及民办幼儿园进行"一日两节"课程资源分享,实现示范园教育的辐射与引领的作用。已完成"十三五"课题《深化中华优秀传统文化的实践研究》。出版发行了三套《河东一幼中华文化启蒙教育系列课程》丛书,获得天津市第七届基础教育教学成果一等奖。"十四五"课题已申报一项国家级课题,1项市级重点课题,7项区级课题。

撰稿:孙秋宁

【以队伍建设提升教育质量】 园所注重教师队伍建设,基于全面深化新时代教师队伍建设改革发展大方向,以"四有教师"作为新时代队伍建设目标,积极培养适合新时代的教师队伍。切实加强师德师风建设,营造学习型、创新型、个性化发展的教师成长氛围,关注不同阶段与层次教师的个性化发展的需要,形成错位发展的教师梯队。对不同发展层次的教师给予展示和发展的机会,积极引领教师参加各种市区级活动:在河东区教育学会"第十八届学术年会"和天津市学前教育优秀论文评选中分获一二

三等奖。开展第五届"希望杯"青年教师技能技巧大赛、第八届"秋实杯"区域游戏活动评比、青年骨干教师说课比赛等活动,以前沿化教育理念的学习为基础,提升教师专业素养与认识,探讨考评评价对教师专业发展的促进与价值,健全教师个人特性成长相匹配的自主发展平台,促进教师的群体成长。

撰稿:孙秋宁
审稿:李 蕊

天津市河西区美棠幼儿园

【概况】 河西区美棠幼儿园是隶属于河西一幼办园集团下的一所新建公办幼儿园,占地4000余平方米,拥有12个教学班,360名幼儿。2018年建园以来,在集团化办园思想引领下,不断守正创新,传承发展,构建"美之育,棠之才"的办园特色,引领每一个孩子、每一名教师、每一位家长都"做最好的自己",打造园所精神文化之魂,努力创办人民满意的学前教育。幼儿园先后被评为第一批全国优秀足球特色幼儿园、全国安吉游戏推广试点园,获"河西区青年文明号""河西区优秀志愿服务团队"等称号,多名教师分获区敬业标兵、希望之星、建树杯微课大赛一等奖,论文评选获市区一二等奖。

撰稿:王东娟

【党建引领 红色传承】 2021年,幼儿园将思想政治工作贯穿全园工作之中,不断提升政治认同、思想自觉和价值共识,牢牢把握"立德树人"教育根本任务,以德入手,从环境浸润、教育育人以及特色融入三方面深挖"三爱"教育的价值。幼儿园结合实际,构建"五育融合"的品德教育框架,践行社会主义核心价值观,充分利用楼道环境营造育人氛围,创建社会主义核心价值观主题馆,环境保护、垃圾分类主题馆,科技振兴主题馆,爱我中华文化主题馆等不同主题的楼道环境,让幼儿在操作探究、欣赏游戏、互动交流过程中接受"三爱"教育熏陶,让文化自信入耳、入脑、入心;充分利用"我们的节日"及大型活动开展多元化、情境化、生活化的"三爱"主题教育活动,将"三爱"教育融入幼儿的生活、游戏中,帮助每一个孩子扣好人生中的第一颗扣子,让红色基因薪火相传。

撰稿:王东娟

【专业培优 同育同行】 幼儿园以教师专业发展为引领,以唤醒个体"内生长"为目标,构建智慧教

育新局面,建立"青萌""新苗""骨干"教师分层培养机制,借助集团孵化,双师帮带,1+N联盟,为不同层次、不同需求的教师搭建成长平台,以研促教、以赛促学,赋能青年教师专业成长,让身在其中的每一名教师担当园所重任,实现个人价值与园所发展的共同绽放。"十三五"期间,园所2项市区课题结题,并获市级优秀成果二等奖,在2021年"十四五"开局之年,园所全国规划课题1项、市区级规划课题8项均已立项,园级课题13项,实现科研引领创新实践。

撰稿:王东娟

【特色创建 个性成长】 作为教育部安吉游戏推广试点园,幼儿园以"放手游戏、发现儿童"为目标,深挖游戏课程内涵,突出育人特色,教师在学中思、践中行、研中训的教研文化引领下,不断破解专业发展瓶颈,实现个性化成长。让每一个独一无二的孩子在游戏中尽情绽放、尽情探索、尽情感受、尽情体验,沿着自己的发展轨迹不断地成为最好的自己。以全国足球特色幼儿园基地建设带动园所健康发展,小球带动大运动,从兴趣激发,健康身心,锤炼品质,科学启智为出发点,创建的足球游戏课程,有效促进幼儿体能的全面提升。

撰稿:王东娟

【团队聚力 志愿文明】 2021年,幼儿园领导班子率先垂范,以"党建带园建,文化促发展"为精神文明建设理念,持续深化"我为群众办实事"实践活动,以开展新时代志愿服务活动为抓手,将更多丰富多彩的志愿服务活动汇聚成文明实践活动常态化发展新力量,着力打造践行文明风尚新阵地。美棠幼儿园志愿团队自成立至今已开展了50余次形式多样的志愿服务活动,全园52名教职工均参与其中。幼儿园作为河西区志愿服务团队,为进一步拓展志愿服务形式,提升服务质量,通过捡脏护绿、慰问孤寡老人,走进困难家庭,关爱困难儿童,疫情防控先锋等点滴行动让志愿精神深入人心,不断发挥品牌影响力和文化辐射力。

撰稿:王东娟
审稿:何 琛

天津市南开区第五幼儿园

【概况】 南开区第五幼儿园始建于1974年,是天津市示范幼儿园。现有两个园区,共有教职员工62人,现岗教师全部大专以上学历,其中本科及以上学历达70%;高级教师7人,一级教师43人。共有19个教学班,总计550余人。坐落在广开四马路中大班园区占地3400平方米,活动场地1246平方米;卫安中里小班园区占地1824平方米,活动场地795平方米。各种设施设备能够满足幼儿活动、生活和发展的需要。

注重教师队伍建设。以"关注职初教师成长、培养青年教师能力、激发经验教师热情、发挥骨干教师作用、助推每位教师成功"为总体思路;以"扶""悟""放"("扶"助新职教师"入格";"悟"助经验教师"跳格";"放"助骨干教师"破格")为培养模式。启动骨干团队提升工程,建立"导师制",为骨干教师成才"搭桥";核心团队示范工程,建立"定期分享制",为中青年教师成长"搭梯";新生团队筑基工程,建立"培养制",为新毕业、教学经验不够丰富的青年教师配备师傅即"搭班"。努力构建一支师德高尚、业务精湛、勤于学习、精于钻研、善于合作、勇于创新、乐于奉献、反思型、研究型的教师队伍。

优化教学管理。坚持"研训结合,以研促培"的教研思路,建立"园级—年级组—班级"三级教研网络模式。围绕"基于核心素养下幼儿艺术游戏活动的实践研究"教研专题开展骨干讲坛,分享、总结、提升教育经验。鼓励青年教师深入教学实践,积极参与,精心准备,在观摩与研讨中历炼提高。参加南开区优质课大赛2人获一等奖,3人获二等奖。

加强课题研究。鼓励教师积极申报国家、市区级"十四五"课题立项,形成一题多带,多题一带的科研氛围。"十四五"期间园所共有1项国家级课题、1项市级重点课题、4项市级一般课题立项;20位教师申报区级规划课题。20余篇论文分获市区级奖项。

教育教学多元化发展。注重幼儿的参与性,结合读书节、艺术节、感恩节,以及建党100周年、角色游戏、传统文化等主题,开展内容丰富、形式多样的游戏。树立"互联网+"理念,积极推进教育现代化建设。完善幼儿园网站,建立教学资源库,充分发挥信息资源优势,促进教学活动高效化。

家园合力,促进幼儿全面发展。围绕"一车两轮同向同步、家园共育共同进步"共建思路,制定"五定""五建"。"五定"即定期召开家长会,定期举办"家长开放日"活动,定期家访,定期举办家长学校讲座,定期召开家委会。"五建"即建立"家园接送制度",建立"家长园地",建立"幼儿个人成长档案册",建立"园长接待日",建立"家长意见箱"。

加强平安校园建设。定期开展食品安全、交通安全、自我保护等安全教育活动,定期开展应急疏散演练。落实陪餐制度,不断提升幼儿伙食的质量,与家长密切配合,利用宣传栏、"云腾"平台介绍食谱,利用家长伙委会征求意见。

撰稿:刘文凤

【弘扬高尚师德 打造优质园所】 幼儿园始终将师德工作放在首位,开展"六师"教育活动,即铸师魂、正师风、树师表、育师德、练师能、创师绩,强化教师的职业道德意识,幼儿园掀起人人争当师德先进,个个勇创教育佳绩的热潮。树立园所教师的师德典型,发现身边的感动,创办发行"云祥五幼,善美同行"幼儿园师德报刊。"师德记者团"每周走近不同的教师将事迹进行"师德快播",周周发声,榜上有名,使师德正能量在教师间频频传递,在全体教师中形成比、学、赶、帮、超的良好风气,进一步深化师德师风建设,践行"弘扬高尚师德,打造优质园所"的目标。

撰稿:韩 莉

【"辐射"引领 携手共进】 坚持"公办—民办友好协作"机制,使其走向注重内涵、提升品质、突出特色的发展之路。南开五幼与南开星艺幼儿园、贝尔古典幼儿园、温特幼儿园建立友好协作关系,以问题为导向,以合作目标为依托,以园本教研为引领进行帮扶工作。实行跟进式指导:辐射友好园所走进五幼每月1次参与园本教研活动,资源共享,共促发展。市区级骨干教师与辐射友好园所教师,一对一进班实地调研,聚焦问题,解决困惑。党务管理、人事管理、教学管理、卫生保健医、食堂管理、事务管理等部门负责人走入辐射友好园所,与相关部门对接,精准帮扶,规范管理。通过环境展示、活动开放、信息共享、专项指导,帮助民办园所教师转变教育理念、改善教育行为,实现公办民办双赢。其中南开星艺幼儿园被评为普惠性民办示范幼儿园,并在全区做经验交流。3所民办园都顺利通过幼儿园办园行为督导评估。

撰稿:张 敏
审稿:刘文凤

天津市红桥区第十二幼儿园

【概况】 天津市红桥区第十二幼儿园,于2020年7月正式成立,2020年10月19日开园纳生,成功申报天津市公办二级幼儿园。

幼儿园以城堡元素为设计核心的三层建筑,园内环境优美。幼儿生活单元用房、保健用房、多功能活动室、厨房户外活动场地均符合国家标准、网络监控系统全覆盖、消防自动灭火系统全覆盖。室内配有大型绘本馆、美工创意坊、科学发现屋以及多功能报告厅、教师阅览室;室外有绿树成荫的园林、幼儿种植园、塑胶地、沙池以及大型组合器械。为孩子们提供了学习生活的乐园,为园所文化的构建奠定基础,也为幼儿的身心健康发展提供了物质保障。

撰稿:姜红艳

【园所文化】 园所文化以"童心教育"为核心,创建童心流淌的幼儿园,培植童心不泯的教师,培养童心飞扬的幼儿,培育童心追随的家长,逐步形成一种春风化雨、润物无声,潜移默化的园所精神和文化氛围,促进幼儿、教师、家长、幼儿园四位一体共同发展。红桥十二幼秉承"启天赋、助成长、乐童年、悦人生"的办园宗旨,实施"玩中学习、玩中养性、玩中立德、玩中成长"的教育理念,确立"玩转小游戏、润泽大人生"为办园特色;将"儿童快乐、教师自信、家长同行"作为办园目标;将"乐学习、勤思考;守规则、会生活;行友善、知感恩;有自信、敢超越"作为培养目标,推行"成为最好的自己"的园训。

撰稿:姜红艳

【教育教学】 遵循"一日生活皆课程"的大课程理念,积极为孩子构建适宜的自主游戏课程,用"润物细无声"的无痕教育润泽孩子们的大人生,利用下雪自然现象,带领幼儿开展愉快的"玩雪大战";利用节日契机,分别开展三八节系列活动、五一劳动节活动、科普类"世界地球日"活动、六一庆祝活动、有趣的游戏节系列活动、温情的"端午爱国教育活动"等,对孩子们进行传统节日的宣传和教育;组织幼儿开展回归自然的"快乐种植活动"等活动,助推孩子们的心智与体魄全面发展、和谐发展、持续发展。

撰稿:姜红艳

【家园共育】 通过多种形式邀请家长参加幼儿园教育和管理,开展丰富多彩的体验式家长会、互动游戏、亲子活动、家长助教活动,家长参观厨房、品尝创新菜品等等,在家长群体中形成以点带面的家园合作模式,努力营造健康、文明、温馨、快乐的、有益于幼儿成长的家园同行、和谐共进的良好氛围。以服务家长、发展孩子为宗旨,充分利用春季运动会、六一活动、大班毕业典礼等活动,向家长展示幼儿园的活动成果,让家长深度感受幼儿园文化气息和孩子们的生活游戏,展示师幼积极向上、家园和谐共处的精神风貌,让孩子们享受到童年的快乐与幸福。开展家庭阅读活动,通过"小书房"周末借阅图书、"绘本时光—小主播"等方式,指导家长有效开展"亲子共读"活动,营造良好家庭阅读氛围,亲子共同成长。结合建党百年活动,开展了"红色故事家长宣讲团"活动,激励家长选择经典故事,进行录制,并通过微官网播放给全园幼儿,不断丰富家园共育模式。

撰稿:姜红艳
审稿:姜红艳

天津市东丽区第一幼儿园

【概况】 天津市东丽区第一幼儿园的前身是东丽区中心幼儿园,2007年晋升为天津市一级幼儿园,2020年晋升为天津市示范幼儿园。幼儿园占地6339平方米,设有18个教学班,在园幼儿458人,教职工103人,其中市级骨干教师2人,区级学科骨干教师8人,校级学科骨干教师17人。2021年园所有2人成为区级中小幼教师核心团队成员,1人被聘为区级兼职教研员。

2021年,幼儿园获评天津市文明单位、天津市"四海生平"网络宣传先进单位、东丽区党建品牌示范校、东丽区教育系统宣传工作先进单位,多名教师参加各类比赛均获奖项。

园所在发展过程中不断积淀、调整、充实,逐步形成了"回归幼儿生活的品德教育"的办园理念及"德滋养、悦成长"党建特色,确立了"让生活走进品德,让品德回归生活"的办园特色;不断强化"以幼儿为本、师德为先"的管理思路;并构建以"悦"为主线的园所文化,将"悦文化"与园所理念相融合,努力打造特色品牌,以爱润德,以德悦行,推动幼儿园内涵发展。

撰稿:杨 琳

【管好用好教育经费】 2021年,幼儿园共完成两项小型基建维修项目,分别是局部防水工程(34742元)及零星用工工程(15573元)共计50315元。工程按照教育局基建科规定的行政动议、支委会研究、项目预算公示、上报工程预算书、采购结果

公示、签订施工合同、现场施工及验收、结算审核等程序完成。在专项资金专用,购置幼儿、教师图书,投放到班级和阅览室;对幼儿自主开餐餐具、饮水架、护眼灯等硬件设备进行改善提升;投入户外活动器械、玩教具等教学用具。园所将收费管理制度化,不断改善、创造幼儿园良好的内外环境,保证幼儿安全、健康的成长。

撰稿:杨 琳

【深化教育教学改革】 幼儿园坚持"突出骨干、深化园本"的方针,以教科研整合为出发点,营造良好的研修氛围,以"研学一体化"培训学习形式为主导,将理论与教学实践有机整合联系,将研讨结论、实践反思与成果展示做闭环式工作推进,努力做到学深学透,让老师们在理论结合信息化实践的研修引领下提高业务能力。以信息技术2.0启动会为契机,立足应用、整园推进,全年累计上传教案1033份、课件2320份。培养希沃杏坛三星导师2人、一星导师41人,48人取得"短视频设计与制作"能力认证证书。

撰稿:杨 琳

【搭建平台培育骨干】 2021年,园所加强"雁阵梯队"建设,加强"双培养"项目的推进,把党员培养成骨干教师,把骨干教师培养成党员,保证教师队伍有计划、有目标、有重点发展。幼儿园狠抓师德师风建设。组织师德培训,签订师德承诺书,开展师德量化考核,进行"三好教师""师德标兵"评选等活动,在继续实施"雁阵梯队"培养模式的基础上,充分发挥教师的工作主动性和自主性,落实教师主体责任,让教师成为园所真正的主人,开展"双全",即全园、全员项目竞标活动,以项目竞标为推手,充分发挥教师的主观能动性,班班有项目,人人都参与,事事有人管。为教师专业成长和展现自我提供更多的机会,为幼儿园发展储备人才。面向全区组织开展的公开课20节,累计参加人数300余人,丰富的活动为教师搭建一个自我展示平台,有效促进全园教师专业能力提升。

撰稿:杨 琳

【因地制宜盘活资源】 2021年,开办东丽一幼枫悦分园,结合分园缺少有经验的师资、物资等实际情况,选派市区级骨干教师前往分园支援带教。主园分园共享教育资源,盘活"人财物",破解新园"难事",真正撬动教师集体的力量和智慧,填补暂时资

源上的空白。分园开园前,主园教师、食堂管理员、保健医、年级组长等人员驻扎新园,确保顺利开园。为保障新园的教育资源,主园提供户外活动器械、书籍、桌面玩具等材料。针对一幼主园分园的师资结构,重新规划调整。对新教师实行"管理+培训+反思+展示"的动态管理模式,对骨干教师通过"压担子、加任务、创机遇"等策略,促进教师成长,依托自身的优势,发挥辐射作用。幼儿园努力挖掘每一位教师的内在潜力,组建"老教师聚贤团"和"青年教师天团",使更多的教师走进精准帮扶的行列。

撰稿:杨　琳

【特色活动力求创新】　东丽一幼以"扣好人生第一粒扣子"主题教育为主线,在"以爱润德,以德悦行"的园所特色发展背景下与品格主题课程相融合,着力搭建特色创建工作平台,不断探索品格教育工作特色,构建幼儿园、家庭、社会三位一体的特色创建工作。幼儿园将思政教育融入二十四节气活动中,开展"了不起的边防军叔叔""走进三星堆""特殊的生日"一系列思政课教育活动,从不同的领域视角与幼儿园思政活动有效结合,展现一幼长期以来德育教育与思政教育的融合成果。"将教育融于游戏,以幼儿引导幼儿"是园所开展大型活动的宗旨。幼儿园以"悦动节""悦绘节""悦读节""悦食节"为特色的节日活动,凸显园所"悦"文化。

撰稿:杨　琳
审稿:董凤霞　卢海燕

天津市西青区张家窝镇华夏阳光幼儿园

【概况】　西青区张家窝镇华夏阳光幼儿园位于张家窝镇高泰路与兰馨道交口,园所占地6400平方米,建筑面积4800平方米,户外活动场地1800平方米,绿化面积900平方米,于2014年2月开园。园内操场宽敞安全,配有大型综合活动器械、跑道、沙池、种植园等设施,设有活动室、睡眠室、资料室、保健室、食堂、多功能厅等场所。每个班级均有独立活动室、盥洗室,班内空调、烟感系统、紫外线消毒灯、臭氧消毒柜、电钢琴等各类设施设备齐全。园所现有15个教学班,在园幼儿500余名,教职员工84名,其中一线教师56名。

园所在教学理念、教师培训、教育科研、特色发展等方面积极探索;将向日葵定为园花,寓意"忠诚与坚守",将"聚焦成量,狠抓内涵"作为园所发展目标,坚持"团结和谐,快乐求实"的园风,凸现"尊重教育,尊重幼儿"的教风,探索可持续性发展之路。

园所于2020年获评天津市公办示范幼儿园,多次承担接待甘肃、新疆学访团任务,加强示范引领。积极参与科研活动,申请课题《幼儿劳动教育的实践研究》已被天津市教育学会批准立项。

撰稿:张婉钰

【优化育幼环境】　2021年,园所完善硬件设施,营造人文环境,通过班级环创,注重环境的艺术性、教育性和创造性,营造温馨舒适的生活与学习环境。园所一楼以礼仪养成教育为主题,二楼以中国文化、中国风为主题,三楼以科学探索为主题,形成层层有教育主题,班班有教育特色,处处有教育契机的氛围,为培养幼儿良好行为习惯、中国文化感知力、科学学习兴趣以及幼小衔接做好准备。园所每一个角落、每一面墙壁、每一条走廊都成为有主题、会说话的育人阵地,从而激发孩子们感受美、欣赏美,保护美、创造美的热情。

撰稿:姚　倩

【本土资源文化】　园所整合多种教育资源,开展形式多样的园本特色主题活动,利用教学活动、区域活动、户外活动、家园共育活动,渗透本土文化资源。开展风筝节、丰收节、游园会等主题活动,丰富本土文化课程内容。合理利用自然资源,创新利用社区资源,创设特色文化环境。借助楼道走廊等空间,创设民俗风情街;将风筝、剪纸、年画等杨柳青传统民俗文化融入教学环境,为幼儿提供教学素材和主动学习的动态环境,丰富体验操作,满足幼儿不同感官的需要,让幼儿在生活中学习、在学习中认知、在认知中成长,激发幼儿爱祖国、爱家乡的情感。

撰稿:赵　敏　张婉钰

【教师队伍建设】　园所实施"扬长教育"教师发展策略,采取"师徒结对子""骨干教师引领"等方式整合师资优势,实现扬长避短、扬长带短、扬长补短、扬长促短。开展教师培训,组织青年教师观摩天津市多所示范幼儿园,安排教师参与"天津市卓越教师""天津市乡村骨干教师"等市、区级培训活动,组织教师积极参加市、区级教师专业技能比赛,增强团队凝聚力,构建专业化、学习型、研究型教师团队,培养区级骨干教师4名。园所优秀半日活动分别获市级二等奖,区级一等奖;疫情期间录制游戏活动"行走的小马"被天津市网络教研平台收录；课题研究《充分利用本土资源构建园本特色活动》获天津市第七届幼儿园教育教学改革专题研究课题二等奖及市级特色教研成果奖。

撰稿：赵　敏　张婉钰
审稿：程　洁

天津市津南区第八幼儿园

【概况】　津南区第八幼儿园始建于2004年12月，2007年晋升为天津市一级幼儿园。2012年7月，幼儿园由八里台镇丰泽道迁入新址八里台镇泰昌路1号，新建园占地11526平方米，建筑面积6560平方米。2019年晋升为天津市示范幼儿园。2021年，幼儿园迎来一园四址发展新格局，分别为津南区八里台镇泰昌路1号（泰昌园）、八里台镇星耀五洲枫情阳光城157号（枫情阳光园）、八里台镇翰文苑配建46号（翰文苑园）、八里台镇大韩庄致美路1号（锦台园），可开设52个教学班，提供1560个学位。

津南八幼"以爱育品，悦乐成长"的办园理念，以"善欣赏、乐创造；善互动、乐合作；善表达、乐悦纳"为教育目标，进一步深入架构园所整体文化——爱悦文化，营造爱悦环境、实施爱悦管理、培养爱悦儿童、构建蕴爱课程、打造爱悦团队。园所坚持以依规办园，不断深挖现有资源，充分为幼儿打造适宜的教育环境，打造出美好、绿化、教育化于一体的花园式园所。在教师队伍的管理中，注重挖掘教师潜能，积极引领不同层次的教师扎实实践，在连续五年的办学评估中，园所均获津南区一等奖。先后被评为天津市德育科研先进单位、天津市教育学会工作先进单位、天津市校务公开民主管理工作先进单位、天津市绿色幼儿园等。

撰稿：杨秋子

【实施爱悦管理　打造爱悦团队】　津南八幼始终以"教师快乐发展为本"实施科学管理，打造"教职工不懈工作的快乐家园"。2021年结合一园多址新形式，津南八幼进一步更新完善幼儿园制度，进行精细化管理让教职工形成良好工作常规保障每日工作质量，幼儿园从上到下形成严谨自律的工作作风。乐教勤业在幼儿园蔚然成风。创设民主、激励、严管厚爱的管理氛围，以平等民主的沟通方式，实现参与管理，建立平等民主对话模式，"园长，我对您说""给园长的留言""园长聊天室"等一系列措施、活动，拉近园长和教师之间的心里距离，形成民主管理。2021年，八幼以党支部为核新，组织开展丰富多彩的活动，让教职工在繁忙的工作中释放压力，凝聚人心，传承园风。"最美女神节""八幼之夜感恩教师节"等活动培养教职工的团队精神与合作意识，使八幼这个集体越来越团结和谐。开展向身边的先进典型学习的活动，热情颂扬教师们日常工作中平凡而感人的点点滴滴，使大家以我是一名幼儿教师而感到自豪，树立身边的楷模、学习的典范。

撰稿：杨秋子

【营造爱悦环境　培养爱悦儿童】　2021年，园所着力打造"户外音乐区"，与周围景致融为一体，为幼儿提供充分的自主游戏空间。操场上的大型器械间设计有幼儿易懂的安全游戏标志，添置了收纳箱，努力在细节中渗透安全教育、自主选择、物归原处的养成教育。整合教学楼内陶泥坊、木工坊、面工坊、创意美工坊、国画活动坊、绘本馆、淘气堡、绿世界、多彩世界等功能场馆，最大限度将每一个空间还给孩子们，同时用师幼艺术作品装点楼道及功能馆的角角落落，让孩子们用自己的眼睛发现美好的事物，用自己的双手表达创造美好事物。深挖班级自然角教育价值，把仁爱、责任等品质落实在行动中。幼儿在其中习得陪护小植物、养护小动物的科学常识，担当起爱护生命、守护生命的小使者。

撰稿：杨秋子

【构建蕴爱课程】　以科研课题为依托，构建以品格教育为核心，与五大领域相融合，与一日生活相衔接的幼儿园特色园本课程，实施全境教育。工坊活动日、户外联动体育游戏、绿色种植生态课程、爱心课程、系列园本课程，为幼儿学习做人、做事、共处的优秀品格发展提供快乐支撑。2021年，园所以"艺术活动的实践研究"为教研点，加强幼儿美育教育的同时深化"蕴爱教育"。通过名画欣赏、创意美术活动为孩子们开启了艺术创想的大门。同时注重活动内容的整合性、探究性和自主性，以主题活动的形式开展美术活动。鼓励幼儿自主学习、自主建构。将美术特色文化内涵融入园所的各个角落。在尊重幼儿的基础上鼓励其用艺术语言讲述自己对世界稚嫩纯真的理解，表达爱与情感。出版教研集《听花开的声音——艺术活动集锦》，举办"稚笔绘祖国，童心永向党"艺术节以及"以爱育品、静待花开"市级教研专题研讨会，得到市教科院专家们的高度认可。构建蕴爱课程,促进幼儿健康和谐发展。

撰稿:李　玉　杨秋子

【一园多址　一址一特色】 2021年,园所在一园多址的新形式下把握机遇,突破挑战。在园所"爱悦"文化引领下,加强顶层设计,确立各园址教学特色。泰昌园以快乐游戏为起点,以"蕴爱教育"为核心,以快乐艺术为发展,以真善美的教育,培养真善美的儿童;枫情阳光园把握科教兴国、科技自强的国家发展战略,确立了以"科技启蒙"为教育特色,培养"好学善思、动手探索"的幼儿。"声波传感""动能转化""气流传感"等多个科技互动墙构建了枫情阳光园独特的科技教育风景线;翰文苑园以"安吉体能游戏"为教育特色,利用较大户外场地空间探索开放的游戏环境。"放手游戏,观察儿童,解读游戏,理解儿童",让幼儿在不断挑战中获得各方面的成长;锦台园以"品格教育"为教育特色,将品格教育渗透到幼儿的一日生活中。各园所秉承优秀教育理念,多元均衡发展。

撰稿:杨秋子
审稿:王爱萍

天津市北辰区集贤里幼儿园

【概况】 集贤里幼儿园是北辰区教育局直属国办示范幼儿园,创建于1981年。2020年11月,园所从集贤街安达里社区整体搬迁至北仓镇延吉南道5号盛耀华府园区。新园区占地4200平方米,12个教学班,可容纳360名幼儿。新园区设备设施齐全、环境优美,新风系统、教学一体机、塑胶地面等满足幼儿学习和生活需要。在"和谐、快乐、发展"的办园理念指导下,党政工团联动共进,先后被评为全国生态文明教育特色学校、天津市文明单位、天津市中小学安全管理工作先进单位、天津市健康食堂、天津市绿色幼儿园、天津市信息化示范园所、北辰区"三八"红旗集体标兵、先进基层党组织、"十佳"学习型党组织、教学模式先进单位、艺术教育先进单位、工人先锋号、青年文明号和特色校建设一等奖、千分考核一、二等奖等;被评定为天津市健康教育基地、天津市中华幼儿武术教育实践基地、飞跃童年全国幼儿体适能课程实践基地,幼儿体育等20余项科研课题先后结题并获全国和市级一、二、三等奖;多名教师获全国生态文明教育先进个人,市区级优秀教师、五一劳动奖章、师德先进个人、三八红旗手、巾帼示范

岗、感动北辰文明人、最美教师、教科研先进个人、骨干教师、名教师、学科带头人、教改积极分子等称号,多次获全国和市区级双优课、信息技术、玩教具制作、技能技巧、论文等评比一、二、三等奖;园所多次承担市区级教科研开放展示和联盟、片区教研,以及国培、扶贫、全区教师培训讲座等任务;为北辰区输送多名园长。

撰稿:王　芳

【园所文化】 集贤里幼儿园以"和""乐"为根基进行园所文化内涵构建,以"乐"酝"贤"、以"和"集"贤",传承"和谐、快乐、发展"的办园理念和"追求快乐、体验成功"为办园宗旨,积极实施快乐管理。园区管理追求和谐、环境管理追求和美、师资管理追求和润、教学管理追求和乐、家园社区追求和合,在"修内美、启贤能、乐发展"的园风引领下,积极塑树"乐教、乐思"的教风和"乐学、乐思"的学风;园所立足游戏精神传承,用心锻造"快乐"特色课程——集贤乐知、集贤乐玩、集贤乐善、集贤乐味、集贤乐艺、集贤乐读;以乐乐星小舞台、贤贤宣传站、美美微餐吧、善善小电台、乐知铺木工坊、乐乐探索营、贤趣小农场、乐善阁绘本馆等活动为载体,引导幼儿在自主选择、直接感知、动手操作、亲身体验中浸润良好学习品质、学习习惯和学习素养,科学奠基幼小衔接,精心培育"健康、自主、快乐、自信"的儿童,办百姓满意的学前教育。

撰稿:王　芳

【教育科研】 集贤里幼儿园始终坚持走教科研兴园之路,以课题研究引领特色发展,提倡课程回归经验、回归生活的理念,实施快乐园本课程研究实践。集贤里幼儿园着力于健康领域研究,从室内外区域体育游戏、体育游戏材料一物多玩、课程背景下的体育游戏课程、幼儿武术,到食育文化、家长助教和心理健康,全方位进行健康教育实践探索,先后开展《幼儿园户外区域体育游戏的实践与研究》《幼儿园体育游戏指导策略的研究》《因地制宜开展户外体育游戏的实践与研究》《幼儿园武术的实践与研究》等科研课题和专题的实践研究,课题成果先后获全国和市区级一、二、三等奖,相关活动多次对外开放展示,被《天津日报》、今日头条等宣传报道。2021年,集贤里幼儿园又成功申报3项市区级科研课题,并积极鼓励教师开展微型课题研究。其中《幼小衔接背景下幼儿入园适应能力的实践策略研究》被列

为天津市教育科学学会"十四五"重点课题;天津市学前教育学会"十四五"课题《课程游戏化背景下幼儿体育教学的实践与研究》等顺利开题,这些都为幼儿园园本课程体系的完善和园所特色文化建设打下基础。2021年,集贤里幼儿园充分发挥公办示范幼儿园引领示范作用,常态化开展丰富多彩的联盟研修活动,两次面向全市开放展示自主体育游戏特色活动、多次面向全区开放展示室内外自主游戏,以强带弱、均衡发展,全面提升联盟园保教质量,受到各级领导、专家和姊妹园的广泛好评。

撰稿:王 芳

【队伍建设】 集贤里幼儿园聚焦教师专业发展,坚持"不拘一格育人才"。积极践行"酝才集贤、美善相乐"的管理理念,聚贤、尊贤、立贤、乐贤,建立草根层研究共同体,实施领军教师引领下的层级带教,青蓝互促、团队共进。教师"乐教、乐研、乐学、乐思、乐爱、乐健",形成"敬业、专业、精业、乐业"的良好氛围,不断磨砺出个性突出、内涵丰实的师资队伍,助推园所教育品质不断提升。3名教师被评为市级骨干教师,1名教师被评为区级名师。集贤里幼儿园关注教师本体需要,将园所发展愿景与教师发展愿景相结合,从文化浸润、发展规划、专业培训、情怀激发等方面助推教师专业成长实现"最大化"。建构"快乐贤人"三格培养模式,实施领军教师引领下的层级带教,用"双刃剑"助力教师个性化品牌成长之路;建构"快乐贤人"积分管理模式,激励教师综合提升自身专业素养,逐步形成梯次成长,奠基名师培养工程;建构"快乐贤人"评选管理模式,激励全体教职工牢固树立主人翁思想,正确认识自我与同伴,感受价值、树立自信,在快乐学习、快乐提升、快乐参与、快乐奉献中,体验成长与成功的快乐,获得教师职业的幸福感。

撰稿:王 芳
审稿:王 芳

天津市宝坻区北环路幼儿园

【概况】 宝坻区北环路幼儿园,天津市一级幼儿园,占地3370平方米,建筑面积2830平方米,安全保障良好。园内设有沙水乐园、大型设备玩具区、小小足球场、安吉游戏游戏套装、阳光种植园等,整体环境优美、采光亮丽、绿化程度高;功能室配套齐全、设施先进。

现有三个年龄段十二个教学班,333名幼儿,61名教职工,其中在编教师31人、劳务派遣人员26人、保安4人。一线教师学历全部达到本科以上,45岁以下教师比例达95%以上,幼儿园教师有高级职称2人、中级职称12人、初级职称11人。幼儿园以启智尚美、和谐发展为办园理念,以培养全面发展的幼儿、造就业务精湛的队伍、创办保教优秀的园所为办园宗旨,以"健康自信、聪慧明理、乐于表达、审美创新"为培养目标,积极改善育人环境,加强师德建设,构建有助于促进师幼有效互动的幼儿园保教实践工作体系和家园共育环境而努力。

撰稿:李晓雨

【信息化建设】 北环路幼儿园实现电子信息化Wi-Fi全覆盖。硬件环境上,每间教室均已打造成幼儿园多媒体教室,配备一体机等终端,园所100%配备办公电脑,配备多台打印机。积极通过信息化手段对幼儿园进行宣传、推广,实施有效的家园沟通,园所每个班都与家长建立了微信群,通过腾讯会议进行家长会,开通天津市宝坻区北环路幼儿园微信公众号、定制电子显示屏、开通"为爱诵读"空中电台等,不断丰富向家长、向社会宣传沟通的渠道。充分发挥幼儿园骨干教师的示范引领作用,通过信息化手段传承和创新园本课程,梳理、优化课程模式;借助幼儿园信息化课程资源系统的平台,不断梳理、总结,在保留以往的课程内容基础上,开发新的具有时代气息的教学新内容。

撰稿:李晓雨

【特色教学】 本着"园有特色、教有价值、管有新意、班有亮点"的原则,根据孩子们的兴趣爱好,幼儿园开展"让艺术生根·让心灵沉静"国画、书法传统艺术、打击乐与舞蹈艺术教育、泥塑等特色活动。2021年,幼儿园充分挖掘教师自身特长和能力,注重孩子的参与、体验和感受,努力践行"以美健体、以美启智、以美养德、以美促美"特色活动目标,使全园师生在幼儿园艺术文化的熏陶下得到共同提升和全面发展。爱国主义教育从娃娃抓起,将爱国主义情怀代代相传。2021年,幼儿园积极组织幼儿开展"爱上幼儿园""宝坻·宝地""你好中国"主题活动,培养幼儿爱家人、爱集体、爱家乡情感,通过"花儿向阳·童心向党"庆祝建党100周年、"疫"散花开、"晚舟归国"、我眼中的冬奥会系列主题活动让幼儿切实感受祖国的繁荣强大,幸福生活来之不易,从而引导幼儿从小学党史、听党话、感党情、领党恩、跟党走，做好爱党、爱国、爱社会主义教育。孩子们的生活经验是幼儿园生活化课程的核心。2021年，幼儿园按照社会需求和孩子们的身心发展水平，有计划、有目的地组织和安排幼儿自理能力比赛、"家门口的夏天""泥巴乐——少年游击队""农家小馆""皮影之旅"等生活化乡土资源特色活动，"生活即教育""教育即生活"的课程不仅带给了孩子们很多愉快的体验与思考，还让他们对幼儿园里的人、事、物产生了极大的信赖感，他们变得更加本真、自然，在成为"我自己"的路上越走越远。

撰稿：李晓雨

【家园社区】 认真做好与家庭、社区的交流合作，面向家长、社区整合各种教育资源，北环路幼儿园高度重视家长委员会的桥梁与纽带作用，每学年初，都物色聘任那些关心幼教事业，有头脑见地，敢于仗义执言的幼儿家长为家委会成员，定期开展工作，在开展"童心向党·少年游击队"春季主题运动会中家委会成员和家长志愿者积极参与，为园所和幼儿活动的开展提供大力支持；通过日常家园沟通、云端家长学校的课程开通、"万人访万家"的家访工作落实、每月"教育宣讲"的开展、每周"家长园地"的线上分享，家长们能吸收更多的适宜育儿方法，形成家园合力的良好局面。园所联合海滨街道瑞博社区开展"党群连心·情暖宝坻"主题实践活动之《喜迎建党百年 红色经典诵读》公益课堂，宝坻电视台主持人为园所幼儿进行诵读指导，组织开展"致敬抗美援朝 争做时代新人"红色主题教育活动。北环路幼儿园不断提高办园质量，外树形象内强素质，逐渐形成园所的品牌，承担好社会职能，为幼儿为家长做好服务。

撰稿：李晓雨
审稿：杨晓彦

天津市武清区第四幼儿园

【概况】 天津市武清区第四幼儿园始建于2006年10月，是一所由武清区教育局与天津师范大学学前教育学院合办的民办幼儿园。2017年7月改制为直属公办幼儿园。占地7800平方米，建筑面积4800平方米。共有16个教学班，500余名幼儿。现有教职工75人，其中在编教师30人。正高级教师1人，高级教师5人；市级骨干教师4人、区级骨干教师7人。

园所拥有宽敞的户外活动场地、现代化教学设备、童趣温馨的育人环境、专业敬业的教师团队。

幼儿园秉承"快乐工作、快乐生活、快乐学习、快乐成长"的办园理念，践行"生活即教育，游戏即成长"的教育宗旨。以《3—6岁儿童学习与发展指南》为引领，以特色为导航，构建"教材园本化、游戏自主化、生活课程化、评价多元化、家园同步化"的课程理念，让孩子在亲身感受和体验中获得成长与发展，让每一个孩子都拥有幸福快乐的童年。

幼儿园着力打造"崇德向善、奋发向上、博学业精"的教师队伍。以师德为先，积极探索"学、研、赛、评"四维联动激励机制，建立"研训"一体的培训模式，创设"自学、导学、互学"的多元化学习条件，通过"自助式、竞赛式"的园本培训模式，促进教师的专业成长，实现园所的可持续发展。2017年获评一级幼儿园。

撰稿：曹雪梅 卢艳红

【建党100周年主题系列活动】 武清区第四幼儿园积极探索，以系列主题活动的形式，让孩子们在实践、体验、游戏中厚植爱国情怀，进行品德教育，以实际行动向党的生日献礼。主题一：小脚丫走武清。活动中，孩子们利用实地探访、查阅资料、观看武清新闻等形式对家乡武清展开研究，并且通过思维导图、建构区搭建等形式来分享自己的发现，大家一同回味悠久的历史，体会武清飞速的发展，享受幸福的生活，萌发爱家乡的情感。主题二：学做小小解放军。组织中大班的孩子开展学军活动。请解放军叔叔来到幼儿园，带领孩子们挺胸抬头，雄赳赳气昂昂，有精神地走正步；练习军姿；玩儿打仗的游戏。培养孩子不怕苦不怕困难，团结合作的精神。主题三："童"唱红歌。园所开展"童"唱红歌主题活动，幼儿园根据孩子的年龄特点精选了适合孩子音域的红色歌曲，比如《学做解放军》《国旗国旗我爱你》《学习雷锋好榜样》。主题四：做合格小公民。教师充分发挥创造性，帮助孩子们在快乐中逐渐加深对"社会主义核心价值观"的理解。通过传播"社会主义核心价值观"、弘扬社会正能量，在孩子们的心中悄悄地种下一颗爱国的种子。

撰稿：曹雪梅 苏莉

【环境育人】 武清区第四幼儿园本着"环境育人，让环境说话"的教育原则，遵循"美、趣、意"的环创宗旨，把幼儿园的每一个角落都变成孩子发挥天性，尽情表现的场所；让幼儿园的每一个空间都成为孩子学习成果的分享场所,心情秘密的宣泄所。一是与自然联结的外部环境。种满花花草草的大花园,既是餐后散步的好去处,又是写生的绝佳场所;铺满细沙的沙池,是神秘的寻宝乐园;杨树上的喜鹊窝,总是孩子们户外活动时讨论的焦点……在幼儿园的优美环境中,幼儿教育随着四季的变化有序地开展,在"追随自然"的环境和教育中,孩子们的生命状态得以真正打开。二是融入思政教育的楼宇文化。幼儿园将思政教育融入幼儿生活点滴,根据思政精髓,提炼并创设了符合幼儿身心特点的楼宇文化。如在一楼走廊创设"习爷爷对我说"以及孩子们对习爷爷嘱托的回应,即"我对习爷爷说"的墙饰,将习爷爷告诉我们的"少年儿童要立志向、有梦想"植根心底,孩子们通过色彩画、线描画、黏土等创作方式描绘着自己对未来的憧憬,和习爷爷隔空对话,表达着自己无限的畅想。三是与主题活动并行的班级环创。教师从幼儿的年龄特点入手,围绕各班主题特色,巧妙地利用各种素材创设班级环境。每一次的主题活动,都被老师们在"学习墙"上用各种形式展现出来,供孩子们不断地回忆、沉淀、思索,最终完成自我建构。每个墙面的创设,是幼儿学习过程和结果的体现,充分体现了环境育人的理念,努力形成"一步一景,一景一故事,景景皆教育"的文化教育氛围。

撰稿:曹雪梅 段学君

【集团办园】 2021 年,以武清区第四幼儿园为龙头,与王庆坨、崔黄口、高村三个乡镇中心幼儿园建立了"集团化发展联盟",形成"资源共享,优势互补,以强带弱,共同发展"的良好格局。逐步实现集团内"办园条件同改善,规章制度同完善,园务管理同规范,保教质量同提升"的工作模式。通过调研,了解乡镇教师发展现状和影响园所发展的因素,制订可行的联盟方案。集团从园所管理、师资培训、跟岗学习等方面进行互动交流。学期末,集团通过直播的形式四地连线,开展以"集团化办园工作总结暨教师基本功大赛"为主题的大型展演活动,达到互相学习共同提高的目的。幼儿园还与甘肃、新疆、河北三地的幼儿园结对帮扶,定期进行线上教研和培训活动。通过集中培训、教育教学交流研讨、示范性教学等灵活多样的帮扶形式真正实现了示范辐射、共同发展的目标。

撰稿:曹雪梅 李印芝
审稿:曹雪梅

天津市蓟州区第七幼儿园

【概况】 天津市蓟州区第七幼儿园建于 2020 年 3 月,9 月 1 日正式开园,10 月通过市级督导评估。园址位于蓟州新城 A2 区东园,是一所现代化、高品质的小区配套幼儿园。园所占地 5667 平方米,绿化面积 580 平方米。园所设计规模为 12 个教学班,集活动室、盥洗室、睡眠室于一体。开设 6 个教学班,在园幼儿 175 名,教职工 27 名,持证上岗率 100%,拥有区级骨干教师 3 名,区级优秀共产党员 2 名,其中 1 人获国家级二等奖,8 名教师获市区级奖项。

幼儿园办园条件一流,设施设备先进,每个活动室均配有电钢琴、电脑和多功能触控一体机。根据幼儿身心发展特点和全面发展需求,第七幼儿园开设美工室、建构室、音乐室、阅读室、舞蹈室和科学馆等多个功能性教室。户外配有充满童趣的大型体育器械活动区、种植园、沙池等。

幼儿园以培养儿童全面发展为办园宗旨,以"规范管理、科学保教、特色发展、优质服务"为办园目标,践行"用心工作、以爱育人、真诚服务"的教育理念,坚持"严谨、善诱、好学、求真、创新"的发展思路,以游戏为基本活动,依托绘本开展健康教育特色课程研究,推进校园文化建设,努力打造幸福教育,建设和谐家园,不断提高和满足新城百姓"上好园"的需求以及对高质量学前教育的获得感、幸福感。

撰稿:马爱平

【家园共育促成长】 园所接收的多为库区搬迁户的孩子,为尽快提升家长的育儿理念,促进幼儿更好地发展,幼儿园组织开展系列家园共育活动。通过召开家长会、家长委员会定期向家长汇报幼儿园的各项工作,对家长关注的一些热点、焦点问题及时公开,对家长的疑问耐心解释。加大宣传引导。利用家长会、文章推送等多种形式,向家长详细介绍幼儿园的教育理念及各年龄班教育教学工作的主要内容和要求,传授家长科学育儿的相关知识,引导家长积极配合幼儿园的各项工作,做一名合格的好家长。在亲子互动中与孩子一同成长。中班组根据班级主题环创以家庭为单位组织宝贝们开展"我是环保小卫士,我是创意小能手"亲子手工制作活动,利用生活中的废旧物品进行改造、制作成精美的手工作品;让家长们带着孩子走进秋天,拾落叶、自制一本独特的绘本故事;利用亲子时光,为孩子们缝制沙包及有趣的自制玩教具,丰富孩子们的体育游戏。

撰稿:马爱平

【专业引领促提升】 园所2021年4月与和平区苑梦雅名师工作室签订帮扶协议,4名年轻教师分别与名师工作室的老师们结成师徒帮教对子,共研学、同成长,通过线上精彩培训、案例剖析、现场教学活动等方式与和平区幼儿园的老师就日常教学中遇到的问题和困惑进行线上交流,达到双方优势互补、协同发展的目的,进一步提高教师的执教能力,促进教学理念的更新、教学模式的改革和保教质量的提升。

撰稿:马爱平

【主题活动促发展】 深入贯彻《指南》精神,依托绘本开展健康特色教育主题主线,通过环境创设和主题教育活动促进幼儿健康快乐发展,组织开展"运动悦童心 与国共成长"趣味体育游戏活动,让孩子们在运动中锻炼身体,强健体魄,在游戏中收获快乐。幼儿园还时刻关注幼儿的心理健康状况,通过每周绘本推送、阅读分享等帮助孩子掌握健康知识,养成快乐心态,度过一个开朗乐观的童年。

撰稿:马爱平
审稿:赵立志

天津市静海区团泊镇第二中心幼儿园

【概况】 团泊镇第二中心幼儿园位于静海区团泊镇人民政府北侧。2014年3月建成并投入使用,占地3524平方米,建筑面积2374平方米,户外游戏场地1160平方米。现有6个教学班,在园幼儿185人。教职工21人,各岗人员资质达标率100%。室内设有多功能室、音体室、创意空间室等6个师幼专业活动室,各班配有电子琴、电脑、电子智能触摸一体机等现代化保教设施。户外设有沙水游戏区、嬉水区、休闲游戏区、玩泥区、草坪游戏区、滑索区、玩色区,配有各类大中型安吉户外游戏器械和各类玩具、运动器械。

幼儿园以"创办一所具有幸福记忆的幼儿园"为发展愿景,坚持"使孩子身心健康,个性开朗,智能、体能、生活能力全面发展"的办园理念,以"创设生态园所,释放幼儿天性"为办园目标,遵循"让孩子像孩子一样长大"的教育理念。幼儿园以《3~6岁儿童学习与发展指南》精神为引领,遵循幼儿的身心发展规律,积极探索安吉游戏农村幼儿园模式,以游戏作为

幼儿的一日基本活动,倡导孩子在生活中成长、在放手中体验。2016年,幼儿园获评天津市快乐营地"儿童之家"。2018年,被评定为市一级幼儿园,同年被评为静海区"三八"红旗集体。2020年12月,被教育部确定为天津市"安吉游戏"试点园,先后接待各级各类同行观摩学访6次。

撰稿:周作敏

【安吉游戏特色课程实践】 幼儿园以贯彻"游戏是儿童的天性,幼儿的游戏等于学习"的游戏精神,以"让游戏点亮孩子的生命"为宗旨,大力开展户外自主游戏,让孩子们玩出乡村里的幸福童年。幼儿园深入实践"安吉游戏"原生态的教育理念,投入30万元进行环境改造,扩建沙池、休闲游戏区、创建滑索区、玩色区。将幼儿园整体环境划分为安吉滚筒区、积木区、室外螺母区、涂鸦区等6板块游戏区域,巧妙利用泥沙、陶罐、草藤等天然玩具和材料,充分利用走廊、教室等环境,把幼儿从有限的室内空间解放出来。丰富游戏材料,为幼儿提供大量的积木、梯子、木箱、波纹管、滚筒、垫子、小车等材料但不设定结构,全部由幼儿从游戏中产生结构,最大限度发挥幼儿的创造性。调整作息时间,将一日生活中零散的时间调整为大板块时间,保证纯游戏时间不少于60分钟。放手游戏设计管理,按照安吉游戏理念精神将游戏权利还给幼儿,活动中教师坚持闭上嘴、管住手、睁大眼、竖起耳,在每天的游戏时间里,让幼儿自主选择游戏材料的投放、环境的创设,让幼儿在游戏中探索实践,以自己的方式去感知、发现,获得自由和快乐,成为游戏的主人和知识的主动构建者,促进幼儿自然发展。安吉游戏教育实践改革开展以来,面向全区做安吉游戏经验推广发言4次。1篇游戏案例获市级三等奖。2021年11月18日,天津市教委学前处刘岚处长、市课程研究中心回蕴枚主任来园视察"安吉游戏"开展工作,对本园开展安吉游戏的情况给予高度评价。

撰稿:周作敏

【园所管理】 加强师德建设,始终坚持以德育人、以情感人、以爱暖人,全方位落实立德树人根本任务。通过开展集中学习、召开专题会议、座谈会、签订师德承诺书等形式多样的师德师风教育活动,进一步规范办园行为,帮助和指导教师明白师德红线,关爱幼儿身心健康,坚决查处侵害幼儿身心健康、体罚和变相体罚等违纪违规、师德失范行为。

助推教师专业成长,为教师专业成长筑牢根基。通过集中学习与分散学习的方式组织教师观看安吉游戏宣传片,学习华爱华教授系列访谈"安吉游戏"专栏内容4篇以及李季湄教授《幼儿园教师专业标准》等专家讲座。针对新教师教学经验不足等问题,业务园长对年轻教师从一日常规、流程管理、家长工作、游戏研讨等方面开展培训,帮助其找到最适宜最适合的教育方法,迅速成长为合格的幼儿教师。提高保教质量。以质量求生存、以特色求发展。领导班子身体力行,率先深入践行"真游戏"精神,通过开展案例交流、班级观摩、活动展示、优秀活动评选等方式,为教师搭建学习交流平台,促进教师专业成长。结合一日活动、主题游戏、品德教育、实践操作、传统节日等多渠道培养幼儿良好习惯养成、社会认知、语言表达等各方面能力。组织全园教师开展庆祝中国共产党成立100周年"颂歌献给党"诗歌朗诵比赛活动。根据幼儿年龄特点开展以"我们在党旗下快乐成长"为主题的系列活动,通过一首歌、一支舞、一幅画、一段话等形式来缅怀革命先烈,讴歌党,赞美党。

撰稿:周作敏

【平安校园】 强化制度落实,成立幼儿园安全工作领导小组,定期召开安全专题园务会议,与各类人员签订安全目标责任书,明确各自职责,贯彻"谁主管,谁负责"的原则,做到职责明确。建立健全各项安全工作规章制度和突发事件应急处置工作预案。定期、定人、定点进行安全巡视检查。加强技防建设,幼儿园门口安装自动升降式防撞柱4根,警务室安装一键报警装置。全园共安装监控探头70个,实现高清全覆盖,存储达到90天。利用市级三级网络平台,加强对教师一日工作流程的监管。强化安全教育,结合"安全教育月、安全教育周"活动,定期开展安全演练。以班级为单位,开展防暑、防雷、防冰雹、防溺水等安全主题教育。年内利用美篇、公众号向家长宣传安全、疫情防控信息14篇。每月卫生保健医对教师进行传染病预防、常见意外伤害培训。邀请法制副校长来园进行防电信诈骗、防交通事故等法制教育和安全教育。加强食品卫生管理,严格执行《中华人民共和国食品卫生法》《中华人民共和国食品安全法》等有关规定,严格把好购物关、验收关、操作关,坚持保质保量地为幼儿提供营养平衡的合理膳食。落实食品分柜、分架、离地摆放原则。规范做好食品48小时留样工作。实行"标准图示管理法",落实园

长教师家长配餐制度,确保孩子们舌尖上的安全。

撰稿:周作敏
审稿:梁续广

天津市宁河区第一幼儿园

【概况】 宁河区第一幼儿园始建于1956年,是宁河区最早的一所国办园。园所占地2554平方米,建筑面积2718平方米。有10个教学班,幼儿300余人。宁河一幼共有在编教师36人,其中专技教师本科学历达到97%以上,高级教师6人。被评为天津教育十大特色幼儿园、天津市示范园所。幼儿园坚持以质量求生存、传承爱心、求实、和谐、敬业的美德,坚持科学保教方法,全面实施五大领域课程,以素质教育为中心,为幼儿全面和谐发展服务。以"尊重童年,温润生命"为办园宗旨;以"游戏伴学习,课程促发展"为教育理念;以"让闪光的童年,给孩子远行的力量"为园训;以"'三融'教育,让群星璀璨"为办园特色;秉承"和谐、敬业、勤勉、创新"的园风;"支持、指导、关爱、提升"的教风;"自主、主动、体验、经验"的学风为一幼的园所文化特色。

撰稿:刘文玉　张得春

【课程建设】 挖掘生活中有价值的教育课程资源,形成适宜的资源模块。园所、教师、社区、家长和幼儿多方合力,秉承"游戏精神"建构孩子们有兴趣的课程。从环境创设、集中讨论、自主探究到经验分享,一步一步解决孩子们与课程互动中遇到的问题,同时再生成新遇到的问题,持续开展深度探究活动,让孩子们从一个生活资源中得到多元发展。开展《趣种水稻快乐多》《孵小鸡》《蚂蚁的世界》《我的"菇"事》等6组课程,均评为2021年天津市第三届网络课程建设区级一等奖并推送市级评选,其中《孵小鸡》作为市级网络课程资源进行网络展示,两篇游戏案例分获一二等奖,另有多节教育活动获区级一等奖。

撰稿:廉立群　张得春

【办学特色】 宁河区第一幼儿园坚持把师德师风建设摆在第一位,持续开展"崇德敬业,铸魂育人,争做四有好教师"活动,树立良好的教师职业形象,不断提升教师自身的人格魅力和职业素养。开展"歌声愉悦心灵,歌声凝聚力量"的"红歌拉歌"活动,凝聚师幼共同成长的力量。开展"讲好党史故事,传承红色基因"的"师幼讲党史"活动,将感人的红色故

事讲给更多人听,师幼都以红色讲解员的身份传播红色文化,传承红色基因。借助云教研,有的放矢实施课程建设理念引领、优秀案例分享、课程审议和课程评价等活动。以"课程游戏化的实施"为主题面向全区幼教同行进行现场教研,发挥示范引领的作用。《民间游戏与课程融合的策略研究》立项为"十四五"

市级规划课题,《幼儿园游戏化课程的实践研究》立项为市级教研课,不断提升我园教育高质量发展。教师参加玩教具制作大赛22人获市级奖,1人获全国一等奖。

撰稿:廉立群　张得春
审稿:李志林

特教学校

天津市聋人学校

【概况】 天津市聋人学校是市教委直属的特殊教育示范校。学校南校区坐落在河北区正义道东头,2006年建成并投入使用,占地2.10万平方米,建筑面积1.37万平方米,包括教学楼、康复楼、宿舍楼和体育馆。北校区(汇森中学)正在置换过程中。

学校共有31个教学班,272名聋生,包括学前教育、九年义务教育、高中阶段教育。在编教职工152人,其中本科学历115人,硕士研究生学历3人,高级教师职称52人(正高级1人),35岁以下青年教师25人。

2021年学校工作紧紧围绕"赓续红色血脉,践行伟大建党精神,厚植红色基因"的主题,努力在各方面工作中取得进展。学校党总支制订《党史学习教育工作方案》,上半年组织聋校"大讲堂"之百年党史专题系列活动十讲。下半年组织各支部学习习近平总书记重要论述,开展"加强党性修养"的学习研讨与体会交流(大讲堂第8、9期),印制《学百年党史谱特教篇——"聋校大讲堂"之"百年党史"学习资料汇编》图册。落实意识形态工作责任制,制定完善30余项相关工作制度,推动宣传员、网评员队伍建设,落实网上信息发布"三级审核"制度,在网络意识形态和网络安全评价考核中取得较好成绩。

落实常态化疫情防控工作。完善学校疫情防控方案、预案,强化日常校园安全管理,严格"三件套"和"场所码"核验,严格离津与集体活动审批,持续开展师生心理健康教育辅导,积极推动师生各年龄段目标人群新冠病毒疫苗接种工作。强化各阶段应急

处置实战演练,采编制作《封控演练》指导培训视频影片。

立足"培养什么人、怎样培养人、为谁培养人"这一根本问题落实德育目标。加强学校思政课教育,落实领导干部联系思政教师制度,配齐配强思政课专职教师,发挥思政课立德树人的关键作用,推进"七一"讲话和《习近平新时代中国特色社会主义思想读本》进课堂。推进"五育并举",落实"双减",加强劳动教育,丰富劳技课内容,开展义务教育学生体质健康管理,严格落实困难学生生活补助,小学一二年级取消纸质考试,小学取消期中考试,课后服务延时至5:30。评选出2名市级优秀学生、6名区级优秀学生和2名区级优秀学生干部、25名校级优秀学生;1个市级优秀班集体、3个区级优秀班集体、6个校级班集体。

探索教学改革、创新突破。增设3D打印活动课,筹备开设激光雕刻、烘焙等活动课程。职三年级4人被天津理工大学聋人工学院录取,1人被郑州工程技术学院录取。15人被天津市城市职业学院录取。评选出优秀教师20名,优秀教育工作者5名,区级优秀班主任2名,校级优秀班主任7名。

组织全市特殊教育学校教师开展第六周期继续教育,学校门户网站进教委站群数据迁移,部分校舍窗户更换和实训楼改造工程。新增固定资产约99万元,数量82件(套),采购办公和学生活动用物品235次,金额58.7万元。

撰稿:陆　军

【党史学习教育】 以党史学习教育为主线,创新载体,利用校园网、公众号等媒体进行正面宣传引

领,组织开展聋校"大讲堂"之"百年党史"专题系列活动,截至12月底共开设10场,一线党员、团员、申请人共计40余人走上讲台,讲党史故事,学英雄楷模,谈思考感悟,受众已达千余人次。组织观看"红色经典"影片,参加各级各类党史知识竞赛。各支部开展微党课活动,党团员积极为学生讲授党史专题党课、团课。强化思政课建设,积极打造思政党史精品课程,结合聋生特点,录制《手语讲党史》10期、《手语思政微课堂》4期视频,开展师生手语红歌。组织师生开展"重走长征路"主题教育活动,举办"新时代好少年、红心向党""为建党百年献礼"诵读大赛,召开庆祝中国共产党成立100周年大会,组织"红色唱响新时代,昂首阔步新征程"歌咏比赛等活动,传承红色基因,赓续红色血脉,厚植广大师生爱党爱国情怀。利用校园网、学校公众号、宣传栏、楼道LED屏、板报、主题班队会、团课等多形式多渠道对党史学习教育相关重要讲话精神进行宣传,在校园网上开设"党史学习教育""学习贯彻宣传习近平新时代中国特色社会主义思想""师德师风建设"等专栏,集中推送报道各党支部开展党史学习教育的进展情况和好的经验做法,形成良好网络学习氛围。其中校园网发布相关报道百余篇,公众号发布40余篇。

撰稿:陆　军

【践行为民服务宗旨】 学校党总支借党史学习教育契机,深入践行"以人民为中心"发展理念,进一步深化"强党性、办实事、促发展"主题活动,使之落地落实,促进党建与中心工作更紧密地加以融合,有力推动学校整体工作高质量发展。各党支部以志愿服务形式开展"办实事"53次,党员全员参与。广泛征求家长意见及学生个体需求,综合梳理,分析研判后由相关部门进行研究、落实和回应。学校积极改善职高学生实习实训条件,购买激光雕刻、3D打印和西点制作设备,不断增加丰富学生职业体验课程。建设专用劳动技能教室,开辟劳动种植基地,使学生体验劳动快乐,提升劳动能力。为缓解中职学段实训场地困难,丰富中职专业课程,加强学校外窗安全性,将汇森中学实训楼装修改造和更换部分校舍窗户这两项工程作为最大的民生工程,下大力量办好这两件实事。充分调研工程项目,研究制定工程施工方案,细化工程招标采购操作流程,严把工程质量标准,把"民心工程"打造成"放心工程"。学校推进五育并举,加强五项管理,制定加强学生体质、睡眠、手机、作业、课外读物和教辅管理等细则,落实"双

减"工作,为有困难的学生提供免费的课后服务,不断丰富课后服务内容,除学业辅导外,还开辟舞蹈、体育训练、劳技、美工、书法、信息技术、机器人、3D打印等兴趣活动课。

撰稿:陆　军

【区域共建】 2021年,学校继续加强京津冀区域特殊教育一体化协作发展战略,深化"津长合作"框架协议合作,通过办学交流互鉴不断修炼"内功",增强实力,提升国内特教领域影响力。河北省保定市特殊教育中心与学校签约对口帮扶项目,充分开发、利用、共享天津优势教育资源,搭建沟通平台,实现即时互联,坚持优势互补、互助共享、扎实推进,不断深化办学合作的深度与广度,共同提升两校特殊教育整体水平,协同探索特殊教育高质量、可持续发展的创新之路。"津长合作"对口合作校长春特殊教育学校来津进行回访,再次表达了强化两校增进优势互补,互促双赢,共同发展,同步提高的意愿。在人员互访、课堂跟岗实践、共同举办学科教材、同课异构、思政德育、职业教育、信息技术以及行政管理等方面加强两校实地学访、网络线上沟通,进一步促进双方深度融合与广泛合作。应唐山市特殊教育学校的邀请,学校派出6名教师前往唐山参加同课异构教研活动,为促进两校教学工作注入新活力。

撰稿:陆　军
审稿:李　佳

天津市视力障碍学校

【概况】 2021年,视障学校全面落实立德树人根本任务和常态化疫情防控工作,坚定不移把"两个确立"真正转化为坚决做到"两个维护"的思想自觉、政治自觉、行动自觉,转化为推动视障教育事业改革发展的强大动力,持续推动学校各项工作取得新进展。

2021年,学校有学生110人,包含少数民族学生5人。其中义务教育学段82人,中职教育学段28人。视力残疾等级一级56人,二级24人,三级10人,四级20人。现有教职员工54人,其中拥有高级职称19人,中级职称27人。

学校以政治建设为统领,扎实开展党史学习教育、建党百年庆祝活动。积极落实教育系统2021年理论学习安排意见,组织理论中心组专题学习12

次。领导班子在教职工范围内进行主题党课宣讲6次,组织教职工收看《庆祝中国共产党成立100周年大会》实况和政治学习等30次,在学生范围内讲专题党课、思政课16次。制订《学习贯彻习近平总书记在庆祝中国共产党成立100周年大会上重要讲话精神工作方案》《习近平总书记"七一"重要讲话融入思政课教学和〈习近平新时代中国特色社会主义思想学生读本〉使用工作方案》《推进"党的领导"相关内容进课程教材工作方案》。党政工团联合组织党史学习宣传、社会实践、志愿服务等活动,分阶段学习交流研讨,收看专题讲座,参观红色基地,观看红色电影等。以"品质提升"行动、"志愿服务"行动、"送温暖"行动为载体,用心用情用力解决群众"急难愁盼"问题,调研汇总群众建议21项,转化为《师生家长诉求清单》《办实事重点项目清单》,形成解决方案46条,建立工作台账,实行动态管理。修订学校《章程》,制定学校现代化发展"十四五"规划;为学生宿舍安装空调,为教学楼更换部分塑钢门窗、安装防风门斗;为多重残疾学生购置轮椅、步行器、改造坐便设施。组织"筑复兴梦想颂百年华章"建党百年大型庆祝活动、"知党史 感党恩 听党话跟党走"党史知识竞赛、"重走长征路"思政课现场教学等活动10余次,组织"请党放心 强国有我"等主题的团队日和班校会活动60余次,举办"讲好红色故事,赓续红色血脉"系列活动,党员讲党史故事、思政教师讲英雄故事、班主任讲红色故事、家长讲家风故事、学生讲红色少年故事共70余次。学校团支部被共青团天津市委授予"天津市五四红旗团支部"称号。

撰稿:董彦斌

【党建引领促发展】 学校领导班子严格落实一岗双责、党政同责,落实党组织领导的校长负责制。制定《领导班子落实全面从严治党主体责任清单和任务清单》,从11个方面确定责任清单23项、任务清单66项。制定《校长办公会议议事规则》《支部委员会会议议事规则》《规范会议组织、会议记录和会议纪要的规定》等制度,整体提升议事决策的科学化、规范化水平。完成市教委等对学校的巡察、绩效考核、"协作巡"整改、干部档案数字化集中管理、选人用人专项检查、疫情防控专项检查、落实党的教育方针专项检查、网络安全和意识形态专项检查、干部人

事档案专项审查、保密专项检查、经济责任审计等重要工作。重点落实巡查组立行立改3项、"协作巡"整改22项、选人用人干部队伍建设专项整改14项、网络安全和意识形态专项整改24项。坚持把意识形态工作与学校中心工作同研究、同部署、同落实、同考核,牢牢把握意识形态工作领导权和话语权,通过微信公众号发布宣传文章49篇。成立意识形态、网络舆情和安全、保密等工作领导小组,制定相关制度30项,网评员人数达25%。完成校舍安全鉴定、南门安全改造、宿舍强弱电改造、女儿墙维修、食堂天然气报警器、护栏逃生门改造、绿色消防通道建设、电子围栏维修等安全工程,解决校园各类安全隐患。制订学校安全专项整治三年行动实施方案,每月开展1次全覆盖、无死角的安全大检查,建立安全隐患整改台账。建成校园警务室。

撰稿:董彦斌

【落实"五育并举"】 学校贯彻落实党的教育方针,制订全面加强学校劳动教育、体育工作、美育工作3项实施方案,5项涉及劳动教育、美育教育、体育教育、职业教育的集体课题立项中国教育学会、市教育两委德育重点课题、市基础教育教学重点课题、市教育重点调研课题。2项心理研究集体课题通过市教育学会"十四五"规划课题和市教委心理调研课题立项并开题。积极落实《党政主要领导"三走进"和联系思政教师工作细则》《课程思政实施指导意见》。推动习近平新时代中国特色社会主义思想和党的领导相关内容进课程。教师思政课入选市教委101节"百年辉煌"思政品牌课程,教案入选99个思政品牌课程教案。语文课《开国大典》获评市大中小学100节"党史课程思政精品课"。组织"劳动创造美好生活""绿色种植园"等劳动体验活动。视障舞蹈《我们看见了黄河》获得第十届全国残疾人艺术汇演(东部片区)舞蹈类一等奖。学生作品《新生》获市首届中小学生心理音乐歌舞创作大赛一等奖。学生参加全国第十一届残运会,获男、女盲人乒乓球赛冠军。领导班子带领教师74人次深入25名学生家庭开展入户家访。在优秀毕业生开办的按摩中心中择优新建1所中职学生"校外实训基地",满足不同居住地学生的实习需求。

撰稿:董彦斌
审稿:刘庆敏

中等职业学校

天津市幼儿师范学校

【概况】 天津市幼儿师范学校始建于1951年,是中华人民共和国成立后最早建立的幼儿师范学校。学校坐落于南开区双峰道38号,占地1万平方米,校舍建筑总面积1.42万平方米。学校传承"教书育人、矢志从教"的校训精神,秉持"严谨、勤奋、求实、开拓、创新"的育人目标,70年来培养了2万余名学前教育及相关专业的高素质专门人才,在国内学前教育领域享有较高办学声誉和社会知名度。设有天津市幼儿师资培训中心。学校现有学前教育、早期教育、美术教育和幼儿保育4个专业。

学校拥有雄厚师资力量,在职教职员工173人(含附属幼儿园34人),专任教师115人,具有硕士及以上学位的教师80人,具有高级职称教师51人,双师型教师45人。根据学前专业特色配备充足的教学场所和设施,包括蒙台梭利、幼儿卫生与保健、自然科学、书法、国画、奥尔夫等多种类实训室,积极适应各个学科领域的教育教学需求。2021年完成天津市职业教育创优赋能建设项目,有效改善了教学环境。

2021年学校获批天津市中职学校德育基地,获全国优秀教材建设二等奖1项,1人获天津市脱贫攻坚先进个人称号。

撰稿:宋建英

【党史学习教育】 全面推进党史学习教育取得实效。党委带领党员深入学习领会习近平总书记在党史学习教育动员大会上的重要讲话精神,牢牢把握庆祝"中国共产党成立100周年"这一主题主线,扎实开展党史学习教育,通过组织读书班、宣讲报告、专题研讨、集中培训,切实提升理论学习质量;通过参观平津战役纪念馆、开展党史知识竞赛、观看电影《长津湖》、组织"百人唱百年"快闪活动,参加"我与党徽有个约定"征文,开展"百年百事微课堂,百生百讲大思政"视频宣讲活动,不断丰富载体形式,把党

史学习教育引向深入。组织学习贯彻十九届五中全会精神网络培训,进一步深化党员对新发展格局、新发展理念、高质量发展的理解和认识;组织暑期蓟州专题培训,准确把握习近平总书记"七一"重要讲话精神的核心要义,深化党员对"以史为鉴、开创未来"的充分认识;开展十九届六中全会精神宣讲和座谈交流,深入领会党的百年奋斗重大成就和历史经验。

撰稿:宋建英

【建校70周年】 2021年是天津市幼儿师范学校70华诞,天津师范大学学前教育学院(高职学院)建院20周年。学校广泛联系校友,梳理办学历程,编纂建校70年纪念册。组织举办教学成果展示演出,用"忆岁月如歌""颂时代华章"主题演出,讲述建校70年的光辉历程,总结70年发展成就和办学特色,谋划未来发展,凝聚新时代奋进之力。

撰稿:宋建英

【推进教育教学改革】 2021年学校积极推进教育教学改革,幼儿保育专业获批"十四五"创优赋能优质示范专业建设项目;完成学校学前教育、早期教育、美术教育3个专业人才培养方案修订;获批天津市课程思政示范课2门;获批天津市思政名师工作室1项;获批中职学校思想政治课示范课堂建设项目1项。组织14名教师参加国培项目培训;1位教师参加中华经典诵写大赛获国赛一等奖;健美操《国风扇韵》获天津市文艺展演大学组一等奖,小合唱《苗岭连北京》获中职组二等奖;12位教师分别获批天津市教育规划课题、天津市教委职教改革课题等课题立项。学校认真贯彻落实"职教20条"的要求,围绕"教师、教材、教法"推进教育教学改革。教材《0—3岁婴幼儿抚育与教育》入选"十三五"职业教育国家规划教材,并获首届全国教材建设评选二等奖。2021年学校成功申报"1+X职业技能等级证书"考评试点院校。聚焦"1+X"证书制度开展教师全员培训,重构专业人才培养方案,构建课证融合课程体系。顺利进

行"1+X"幼儿照护职业技能等级证书考试,助推学校在培养高素质应用型人才等方面再上新台阶。

撰稿:宋建英

【巩固"三全育人"成果】 学校以庆祝建党百年为契机,积极开展系列教育活动,巩固"三全育人"成果。以"少年工匠心向党,青春奋进新时代"为主题,结合"我们一起学党史"教育专题,组织系列讲座报告;开展"写给2035年的我"树立学生职业理想;参加"信仰的力量"——天津市大中小学生庆祝建党百年歌咏展演;组建国旗班护卫队,坚持每周一升国旗仪式和"在国旗下演讲"活动,激发师生爱党爱国爱社会主义情怀。开展心理健康普测、心理辅咨询服务、举办"心灵速递"和"心灵成长讲座"活动。坚持开展5·25心理健康月主题活动,开展线上线下专题心理辅导课、全天候开通线上线下咨询服务;落实学生一生一策一档工作,加强学生心理危机预警与干预机制建设,培养学生积极乐观、坚韧进取的健康人格素养。多措并举推动就业工作,2021届毕业去向落实率89.23%。

撰稿:宋建英

【校园疫情防控】 全力做好疫情防控工作。认真落实教育两委防控指挥部各项工作部署,把牢疫情防控防线,严格落实全口径人员每日关键信息上报制度,及时掌握校内人员健康状况和行程信息,建立离津返津人员信息台账,认真执行隔离观察管控要求。根据疫情防控形势要求,新制定疫情防控制度4个,对6项已有防控措施进行修订,加强日常督查检查,"两案九制"得到全面落实。积极推进师生疫苗接种,全校师生疫苗接种率达到99%。

撰稿:宋建英

【后勤服务安全保障】 班子成员躬身走近师生听取意见,认真制定"我为群众办实事"清单,通过改善操场楼道夜间照明条件、增加卫生间热水龙头、延长食堂服务时间等措施落实,强化后勤服务保障工作,切实提升校区服务保障质量,把服务师生的小事做实做细。全面增强安全保障能力。严格执行校园消防安全检查制度。重点区域加装烟感报警装置。定期巡检,及时发现问题,排除隐患,全年共开展消防安全检查19次。持续加强食品安全管理,全方位做好操作区域、就餐区域的清洁消毒、餐余垃圾清理和垃圾分类工作。

撰稿:宋建英

【社会服务】 积极承接市教委教师工作处职后教育培训任务。完成全市幼儿园教师第六周期全员培训、园长提高班和任职资格培训,开展"天津市幼儿园保育员保教能力提升""天津市乡村幼儿园骨干师资专业发展助力计划"培训。发挥专业师资特长,积极投入东西协作对口帮扶工作,组织教师开展对口帮扶青海省黄南州幼儿骨干教师培训,开展对教育援疆、援藏师生的集中培训和跟岗实践指导。

撰稿:宋建英
审稿:李 倩

天津市第一商业学校

【概况】 天津市第一商业学校始建于1960年,是首批国办商贸类中专学校、国家级重点中等职业学校、首批国家中职改革发展示范校、天津市中等职业学校布局结构调整与基础能力建设校,全国中等职业学校教学诊断与改进试点校。学校坐落于河东区津塘路129号,占地7.4万平方米,建筑面积7.1万平方米,拥有教学楼、实训楼、图书馆、学生礼堂、塑胶运动场等多项教学设施,建有4个实训基地,59个实训室。在校生4614人,校内专任教师162人,其中具有硕士及以上学位71人,校内教师中具有高级专业技术职称52人,校内专业课教师中"双师型"教师比例为40%。建设形成财经商贸、商用技术、机电技术、艺术设计四大专业群,具有中专、三二分段和中高职衔接系统培养技能型人才项目三种办学形式。开设会计、物流服务与管理、计算机网络技术、制冷和空调设备运行与维修等15个专业。学校享有教育系统先进集体、全国职业教育先进单位、第四届黄炎培职业教育优秀学校、全国首届中等职业学校德育工作先进集体、全国五四红旗团委、全国职业院校教学管理50强等称号。学校党委副书记、校长郭葳参加天津市职业教育大会并做代表发言。

2021年,学校与天津市劳动保护学校、天津市经济贸易学校启动思政大中小一体化教学学分互认计划互聘教师活动。与天津商务职业学院签订推进大中小学思政课一体化协作共建协议书。学校思想政治理论课名师工作室获批天津市中职学校思想政治理论课名师工作室建设单位。思政教师艾思思获"2020年天津市学校思想政治理论课教师年度影响力人物"称号。

2021年,学校36名团员和3名团干部获评"天津市商务系统优秀共青团员和共青团干部",学校团委获评2021年天津市五四红旗团委。6名同学获得中等职业学校国家奖学金,7名同学被评为天津市中等职业学校优秀学生、7名同学被评为天津市中等职业学校优秀学生干部,3个班级被评为天津市中等职业学校先进班集体。

2021年,学校物流组、思政组和英语组3个教学团队在天津市职业院校技能大赛教学能力比赛中,获得一等奖2项,二等奖1项,思政和物流两个团队被推荐参加国赛,物流组教学团队获国赛一等奖,思政组教学团队获国赛三等奖。物流服务与管理专业教学团队获批国家级职业教育教师教学创新团队立项建设单位。

撰稿:宋晓爱

【坚持党建引领　筑牢思想根基】 站在"两个一百年"奋斗目标的历史交汇关键节点,学校党委坚持把思想和行动统一到习近平总书记重要讲话精神上来,扎扎实实抓好党史学习教育专题读书班、集中学习、专题研讨等规定动作,因地制宜做好宣讲团建设、百名党员讲党史等形式多样的自选动作,深入推动"我是商校人,我为群众办实事",推进党史学习教育高质高效。坚持将学习宣传贯彻党的十九届六中全会精神作为重大政治任务,全方位、多层次宣传解读全会精神,推动全会精神学习到位、宣传到位、落实到位。学校党员教育活动阵地获批2020年度"市级机关党员教育活动示范阵地"称号,学校1名党务工作者和4名共产党员获评"天津市商务系统优秀党务工作者和优秀共产党员"称号,学校关工委获天津市教育系统关工委庆祝建党100周年先进集体,1人获评全国教育系统关心下一代工作先进工作者。天津市商务局驻宝坻区王卜庄镇后张司马村工作组获"天津市结对帮扶困难村优秀驻村工作组"称号。

撰稿:宋晓爱

【交流与合作】 2021年,学校选派3名教师参与雄县职教中心教师能力大赛评审工作,邀请雄县职教中心教师一行16人观摩学生技能大赛,促进教育教学管理水平提升。学校相关工作负责人参加津雄职业教育协同发展论坛并做典型发言。2021年,学校为吉布提6名商贸专业教师和8名物流专业教师开展了渠道策划、客户关系管理等10门专业课程共计160学时的在线培训。引入企业参与鲁班工坊项目运行管理,协助学校与合作校沟通,为项目建设做支持服务,完成叉车模拟器安装工程。

撰稿:宋晓爱
审稿:孙　超

天津市第一轻工业学校

【概况】　天津市第一轻工业学校始建于1958年,是一所以工科为主兼办经贸和艺术类专业的国家级重点中等职业学校,首批国家级重点中专学校,首批国家中等职业教育改革发展示范校。

学校分5个校区办学,分别坐落在天津市红桥区勤俭道24号、天津市河北区古北道2号、天津市南开区灵隐道77号、南开区长江道60号、南开区冶金路17号。五个校区占地合计6.31万平方米,建筑面积合计6.74万平方米。

学校现有教职工337人,在校生近5000人。办学60多年来,学校秉承"学校一切工作都是为了学生成才"的办学指导思想,以"诚毅达才"为校训,始终以"关爱至上,永争第一"的办学理念为引领,全面贯彻党的教育方针,落实立德树人根本任务,为中国轻工行业和天津地方经济发展输送了数万名优秀人才。

学校开办"中高职衔接系统培养技能型人才"五年项目、三二分段中职接高职、普通中专等三个层次,开设有加工制造类、交通运输类、轻纺食品类、石油化工类、财经商贸类、信息技术类、文化艺术类7个专业门类,设置14个专业。

2021年,学校获得黄炎培职业教育论文评选优秀组织奖、天津市中小学天津冠军赛先进集体、精神文明奖。

学校在全国教师技能大赛教学能力比赛中获三等奖1个;在天津市教师技能大赛教学能力比赛中获二等奖1个、三等奖3个;在第五届黄炎培职业教育创新创业大赛中获得三等奖1个;获第三届高等职业教育科学研究和教学优秀成果二等奖1个;3名教师获第十一届"维益·爱真杯"全国职业技术院校在校生创意西点技术大赛优秀指导教师称号;在全国职业院校外语微课大赛中获二等奖2个;在天津市首届"故事思政"微课大赛中获三等奖2个;在天津市大中小学"读革命经典,讲革命故事"党史故事会比赛中获二等奖1个;在"立德树人,迎接建党100周年"为主题的黄炎培职业教育论文评选中获一等奖1个、二等奖1个、三等奖1个;在第二届"海河工匠杯"技能大赛——全国新职业技能大赛天津选拔赛中获得

"物联网安装调试员赛项"第二名1个、获"服务机器人应用技术员"赛项第四名1个、第七名1个;获首届天津市食品学会食品科技创新奖优秀奖1人。

2名学生在全国职业院校技能大赛获物联网技术应用与维护赛项三等奖;9名学生在天津市"互联网+"创新创业大赛获三等奖;2名学生在第五届"启诚杯"智能鼠走迷宫国际邀请赛获一等奖、2名学生获三等奖;1名学生在天津市中小学生"献礼百年荣光,益展时代担当"公益广告设计大赛获二等奖、3名学生获三等奖、1名学生获优秀奖;在天津市首届中学生心理文化创意作品大赛中3名学生获三等奖。

撰稿:张 艳

【庆祝建党100周年系列活动】 2021年,学校以中国共产党成立100周年为主线,紧扣党史学习教育"学史明理、学史增信、学史崇德、学史力行"的总要求,全面贯彻十九届六中全会精神,结合职业学校特色开展"少年工匠心向党 青春奋进新时代"主题教育活动。活动贴合青少年实际规划线上晨读天天学、专题教育集中学、团学干部带着学"三学"方案。充分发挥"四讲"作用,利用青年讲师团、团干部、优秀青年榜样以及特聘讲师充分开展各维度、各层级的主题教育讲座;同步开展各类实践活动,如"党史百年天天读"晨读早会活动、"读革命经典,讲红色故事"党史故事会活动、"写给青少年的党史"系列主题班团会、"一起学党史"青少年网上答题对战、"畅谈入党初心,颂扬党的伟业"为主题的听"五老"讲党史故事活动、社区共建志愿服务活动、"写给2035年的我"寄语活动、"红色放映室"红色教育活动、"百年行动"开学季活动、"致敬百年路 青春心向党"第34届校园文化艺术节、"红色唱响"校园红歌活动、"初心志不渝 翰墨书百年"庆祝建党百年主题书法实践活动,组织学校团员青年参与"党的光辉照我心"开学第一课、"弘扬抗'疫'精神 厚植爱国情怀"公益广告大赛、"献礼百年荣光 益展时代担当"公益广告设计大赛。

撰稿:张 艳

【全国中职教学诊改试点学校通过专家组复核】 按照《教育部办公厅关于建立职业院校诊断与改进制度的通知》(教职成厅〔2015〕2号)、《关于做好中等职业学校诊断与改进工作的通知》(教职成司函〔2016〕37号)等文件精神,天津市第一轻工业学校作为全国试点学校自2016年开始实施教学诊断与改进(以下简称"诊改")工作,并于2021年7月顺利通过全国诊改专委会专家组的现场复核。

撰稿:张 艳

【探索"互联网+"教育发展新模式】 学校推动信息技术与教育教学深度融合,形成线上线下相结合的教与学新格局,持续提升课堂教学质量。依据教学诊改理念,按照"两链"梳理课程建设制度及标准等文件。此外,根据国家出台政策要求手机"有限带入校园、禁止带入课堂"的要求,修订《学校混合式教学实施方案》,推动学校适应教学工作新常态。为适应疫情防控要求,开展一系列线上线下结合的信息技术培训工作,包括线上培训共计19次,线下培训2次。此外为及时了解教师使用平台的情况、课程建设和后续的培训需求,发布《培训需求调研问卷》,作为开展教师培训的依据。学校开始实施线上线下教学的随时切换,教师的教学理念有了新的变化。混合式教学得到广大教师的认可。学校依托课程平台对主要质控点进行监控,激发各层面的责任担当意识。事前加强对制度和标准的建设完善;事中利用平台数据加强过程监控、预警;事后及时总结经验、问题,制定改进措施。2021年7月全国诊改复核专家组进校复核,混合式教学已成为实现课堂教学供给侧改革的重要途径之一。

撰稿:张 艳

【特色展示活动】 学校职业教育活动周系列活动于2021年5月22—28日举行。活动以"技能:让生活更美好"为主题,以"开放、展示、合作、宣传、担当、分享"为理念,分为七个模块,分别在三个主要校区进行展示,多层次、全方位展示学校办学实力和特色。"体验烘焙制作乐趣 享受美好幸福生活"公益培训活动,为周边社区居民及教职工提供学习烘焙技艺的机会,为展示学校丰硕的教育教学成果搭建平台。走进泰来嘉园社区,开展"学党史践行动,一轻校职教周下社区服务"活动,通过为社区居民免费配钥匙、汽车保养和家庭安全用电咨询等项目,展示职教学生良好的职业素养,增强社会对职业教育的认同感。"物联网智能家居体验活动",让参与者感受现代科技为居家生活带来舒适安全、高效节能的生活空间;"创新飞扬·筑梦起航"体验活动,旨在将兴趣与专业相融合,在看似简单的积木搭建、小鼠走迷宫和智能手弹钢琴中,培养学生的责任心与职业素养;汽车车轮养护操作展示活动,旨在展示学校汽修专业的教学水平和良好的实训条件;美术专业教师绘画作品及掐丝技法展示活动,令参与者真切感受充满艺术性与创造力的传统技艺的独特魅力;玉雕大师的技法讲解及珠宝玉石免费清洗鉴定活动,为职教周特色展示活动圆满收官。

撰稿:张 艳
审稿:王建军

天津市红星职业中等专业学校

【概况】 天津市红星职业中等专业学校坐落于红桥区丁字沽三号路45号,占地6.99万平方米,建筑面积6.53万平方米。学校坚持"金的人格,铁的纪律"校训,形成了"就业导向,整体联动"的办学特色,现有技能型人才系统培养、三二分段、普通职专三个办学层次,设卫生保健与制药系、现代制造与电子系、现代服务系三个系12个专业,其中药剂专业、中药制药专业、现代通信技术专业为市级骨干专业。学校不断深化"三全育人"综合改革,构建起具有职教特色的"12641"育人模式,学生在各级技能大赛中成绩出色,春季高考本科、专科升学率连年在全市名列前茅,毕业生获升学院校和用人单位广泛好评。学校主动服务国家"一带一路"倡议,同天津医专联合,在马里建成境外首个中医技术鲁班工坊。学校曾获全国德育工作先进集体、全国职业院校学生管理50强、天津市职业教育先进单位、天津市师德建设先进单位、天津市文明学校等称号。学校教师队伍师德高尚、专业突出,教育教学成果丰硕。

2021年学校在做好疫情防控常态化工作,守护好师生健康的同时,全方位做好党建工作,隆重庆祝建党100周年,广泛开展系列教育实践活动;积极推进学科课程思政建设,1节党史课被评为天津市百节示范课,1门课程思政被天津市推荐全国"课程思政"优秀课程;顺利通过全国教学诊改试点复核,持续以诊改思维提升质量意识;发力职教特色发展,形成新的影响力,注重项目引领,保证"十四五"建设高起点,完成年度创优赋能项目及创造性劳动教育实践基地、鲁班工坊师资培训中心的建设工作。

注重立德树人,着力提高育人质量。落实5S管理和学生自主管理,打造精品社团建设,军乐团作为唯一一支职业学校表演队伍参加天津市学校美育实践课堂管乐展演活动;持续提升教学质量,参加春考学生679人,一次上线率99.71%;举行校学生技能竞赛活动,网络安全和沙盘模拟企业经营2个赛项代表

天津市参加国赛;在区阳光体育运动会获第一名;区篮球比赛男队女队双双夺得冠军;天津市中小学田径冠军赛中取得中职组第六名,学校正式成立软式曲棍球队。

持续关注师资诊改,打造优质教师团队。2名教师参加全国信息技术与课堂教融合优秀课大赛,4名教师参加天津市技能大赛教师赛,多名教师参加天津市教师教学能力比赛,1个教师团队被天津市评为优秀创新团队;1名教师在红桥区举办的师德演讲活动中获二等奖;立项市级重点课题1项,市级思政课题重点课题1项、一般课题1项,区级课题2项。

发挥示范辐射作用,彰显职业教育服务属性。与河北省容城职教中心的共研课题已完成结题工作;来自甘肃省的2名挂职干部完成为期8个月的挂职交流,1名来自合水职专的实训干事完成跟岗工作;云南班11名学生被高职院校录取;"海河工匠"建设培训任务完成了5个工种26个班期的培训任务,"马兰花"创业培训共完成279人的培训任务。

促进国际化交流与建设,持续推进鲁班工坊建设。完成鲁班工坊中医药大类专业建设标准建设,推进鲁班工坊师资培训中心建设,建成鲁班工坊课程资源平台,进一步完善鲁班工坊课程资源。

撰稿:李 芸

【职普融通系列活动】 学校在职教活动周期间成功举办红桥区职普融通系列活动。活动以"劳动伴随成长 技能点亮人生"为主题,重点突出"技能成就出彩人生""技能服务美好生活"等内容。启动仪式中,红桥区人民政府授予红星职专"红桥区创造性劳动教育实践基地",红桥区教育局授予六家企业为"职普融通合作企业",区域内11所中小学校"职普融通创新试点校"。启动仪式后,来自全区13所中小学的近500名中小学生在红星职专学生志愿者的带领下有序参观中药标本馆和中华优秀传统文化体验基地,并在专业课教师、小工匠师讲师团及企业讲师的指导下每人进行2个项目的普职融通课程体验,以及3D打印、无人机飞行和趣味迷宫鼠的观摩。来自红桥区培智学校的10名同学参与活动。本次活动旨在培养青少年的职业兴趣,更好地弘扬和传承劳模精神、劳动精神和工匠精神。同期,在学校还举行了职普融通视角下的劳动教育研讨会,围绕以劳树德、以劳增智、以劳强体、以劳育美、以劳创新进行广泛交流。

撰稿:李 芸

【教学诊改助力课程思政建设】 学校以康复技术专业《人体解剖生理学基础》课程为例,通过教学诊改助力课程思政建设。在完善思想政治教育资源融入课程内容过程中,形成"一轴五线,多点融入,时空联动,综合评价"的课程与思政一体设计、一体实施、一体评价、一体保障建设模式与路径。以课程教学内容中历史唯物主义、辩证唯物主义原理为轴,通过课前探究、课中互动、课后实践环环相扣,自觉地运用唯物辩证法中"事物的对立统一法则",去分析问题,总结规律,让学生形成正确观点统帅下的知识体系,认识人体的结构与机能的统一性。同时将伟大的抗疫精神,中国被WHO认证为无脊髓灰质炎野病毒地区等中国健康事业发展史,朱宪彝、林巧稚等行业楷模的先进事迹,以及器官捐献者的大爱无疆、关爱老人的职业道德、传承红色基因等有机融入课程教学之中,通过与企业真课堂、实践大课堂、家庭活课堂、网络新课堂协同,实现课程思政在课前、课中、课后的联动。经过持续不断地探索,2021年3月,学校6人团队代表天津市中职组课程思政示范课程申报教育部课程思政示范项目。

撰稿:李 芸
审稿:张建昇

天津市经济贸易学校(天津市烹饪技术学校)

【概况】 天津市经济贸易学校(天津市烹饪技术学校)始建于1960年,是一所全日制国家级中等职业学校,首批国家级重点中专、国家中等职业教育改革发展示范校、全国教育系统先进集体,天津市中等职业学校提升办学能力项目建设单位,隶属于天津食品集团有限公司。学校拥有两个校区,主校区坐落于西青区卫津南路239号,长江道校区坐落于南开区孤山路3号,学校总占地5.55万平方米,总建筑面积3.59万平方米。学校设有普通中专、三二分段中职接高职等办学层次,可对外开展社会培训。在校生4204人,教职工287人。专任教师211人,有正高级职称4人、副高级职称68人。专任教师中"双师型"教师占54.5%。

2021年,学校坚持以习近平新时代中国特色社会主义思想为指导,深入贯彻落实习近平总书记关于职业教育工作的重要指示批示,全面贯彻党的教育方针,以立德树人为根本任务,制定"一一七"重点建设目标,以党的建设为引领,启动"十四五"发展规划编制工作,推进"七位一体"大思政格局构建、鲁班工坊和雄安建设、教学质量持续提升、精益管理、职业培训、产教融合、师生为本7项工程,不断夯实追求学校实现高质量发展的工作基础。

作为全国教育改革发展创新示范校,教育部财政部重点支持的国家级实训基地、全国计算机应用领域技能型紧缺人才培训基地、天津市中西部联合办学协作会长校,与天津大学职业技术教育学院等多个高校合作,成立本科和硕士研究生培养基地。

学校坚持改革创新,建立了适应现代职业教育发展的系部制管理体系。聚焦职业教育"三个转变",以创新人才培养模式为目标,一体推进建立融教育教学和学生管理为一体的系部制改革,重点打造智能技术应用、数字传媒、财经商贸、食品工程、烹饪餐饮五大具有鲜明职业教育特色的优势专业群,为落实职业教育提质培优行动计划创造前提条件。

积极推进产教融合。2021年引进合作企业16家,与11家企业达成入校办公协议,在校开展生产项目多达近百项,企业完成生产绩效超过1000万元。学校承接产教融合项目38项,合作金额约90万元。分配实习1300余人,实习就业安置率达99.86%。开展社会培训1386人次,全年实现培训收入363.28万元。

学校坚持固本强基,教育教学质量显著提升。按照建制度、促执行、重研究、抓实效的工作思路,全体师生共同努力,在2021年毕业生1641人中,直接就业率为15.60%,升入高等教育学校的学生占毕业生总数的84.40%。机电技术应用专业(工业机器人方向)教学团队获评天津市职业教育教师教学创新团队,学校获天津市教委批准的天津市2021年度中职学校思想政治理论课名师工作室建设单位。教师在国家级、市级及校级微视频、教学能力、技能等大赛获奖49个。55名学生获得技能大赛奖项。

撰稿:王亚平

【构筑"七位一体"大思政】 学校深入学习与贯彻落实习近平总书记在学校思想政治理论课教师座谈会上的重要讲话精神,着力构建特色鲜明的思政课程、课程思政、学管思政、活动思政、网络思政、服务思政、全员思政"七位一体"大思政格局,有力推动立德树人根本任务落细落实落地。以顶层设计为统领,成立学校思政工作领导小组。定期召开思政专题会议,与全局工作同安排、同部署。党委书记、校长带头讲思政课,带头联系思政课教师,发挥示范引领作用。以思政课程和课程思政为主渠道。建立多维立体的思政课程和课程思政体系。开足开好4门思政必修课:习近平新时代中国特色社会主义思想与工匠精神、"四史"教育、劳动教育、创新创业、中华优秀传统文化、工匠精神等课程。以习近平新时代中国特色社会主义思想为主线,打造"党史+思政"育人模式。将思政教育纳入人才培养方案,食品微生物课程被市教委认定为天津市中职学校课程思政培育课程。以"学管思政、活动思政、网络思政、服务思政"为主阵地。把思政教育融入学生日常管理,强化心理育人,创新活动思政方式,提升网络思政功效,发挥服务思政功能,完善和健全服务保障体系。以"全员思政"为基石。加强教师思想政治工作和师德师风建设,严格落实《新时代中小学教师职业行为十项准则》。

撰稿:王亚平

【国际化教育深度合作】 2021年,学校鲁班工坊项目积极与沿线国家一同寻求教育发展最佳契合点,为共建"一带一路"提供人才支撑和教育助力。加强英国鲁班工坊项目整体规划和统筹管理,发挥英国鲁班中餐烹饪艺术 Qualifi 核准认证优势,探索项目式模块教学。立足专业优势,深化产教融合,深度开展新型学徒制人才培养。做好项目监督管理,形成长效管理机制。进一步规范项目管理,在以《天津职业教育"鲁班工坊"建设项目和资金管理办法》为建设管理指南的基础上,形成学校鲁班工坊项目内部控制手册。12月15日,英国鲁班工坊以优异成绩通过评估验收。10月15日,学校与天津农学院、保加利亚普罗夫迪夫农业大学共同建设的保加利亚鲁班工坊"云揭牌"暨启运仪式隆重举行。该项目以服务中国—中东欧国家农业合作示范区建设为主旨,通过在普罗夫迪夫农业大学校内建立鲁班工坊实训基地,依托中国—中东欧国家农业合作示范区、"16+1"中东欧电商实训中心,形成"一坊两中心"建设布局,围绕智慧农业类项目展开。打造教育合作交流新高地。学校的加纳鲁班工坊实行"一坊一基地"建设,即在合作院校加纳阿克拉技术大学校内建立鲁班工坊,依托加纳利丰食品有限公司作为校外食品研发实训基地,打造食品研发创新项目,实现中餐烹饪产学研的结合。

撰稿:王亚平
审稿:刘恩丽

天津市宝坻区职业教育与成人教育中心

【概况】 天津市宝坻区职业教育与成人教育中心位于宝坻城区西部进京路28号,是国家级重点中等职业学校和国家中等职业教育改革发展示范学校,学校总占地8万平方米,建筑面积3万平方米,硬件设施完备,基本实现了教学与管理的信息化、现代化。中心有教职工220人,男教师91人,女教师129人,专业技术岗位211人,管理人员岗7人,工人岗2人,专业技术岗位职称比例为正高级教师3人,副高级教师82人,中级教师103人,初级教师23人,其中硕士研究生6人,大学本科210人,大学专科4人,汉族214人,少数民族6人。中心在校生1948人,其中电子电器应用与维修291人,机电技术应用296人,机械加工技术280人,计算机网络技术173人,计算机应用346人,汽车运用与维修141人,数控技术应用176人,通信技术142人,学前教育103人。

2021年,面对新冠肺炎疫情的严峻态势,学校党委围绕全面从严治党要求,不断加强基层党支部和党员队伍、教师队伍思想建设、作风建设,广大教职工人人争做"四有"好教师,全心全意做学生的"四个"引路人。学校始终坚持"以服务为宗旨,以就业为导向"的职业教育办学方针,充分发挥国家级示范校的办学优势,以培养品德好、技能强、能致富的普通劳动者和各类复合型人才为目标,加强实习实训基地建设、突出技能训练,努力探索校企联合、工学结合、半工半读、订单式的人才培养模式,进一步突出学历教育、实训和社会培训等重点工作,全力打造实用专业、特色专业和精品专业。学校坚持政府、学校和社会多元化投资,采取普通中专、劳动技校、3+2大专班、短期培训等多种形式办学,拓宽办学思路,扩大办学规模。

落实京津冀协同发展战略,与北京交通大学电气工程学院继续开展联合办学,完善"密宝唐"京津冀职教联盟体系,进一步促进三地职业教育互联互通、优势互补,形成良好发展态势。

撰稿:韩清涛

【教育教学改革】 学校积极落实党中央精准扶贫战略,积极开展与甘肃省武山县、永登县、宕昌县职业教育学校结对帮扶工作,接收宕昌县职业中专跟岗锻炼2人,永登职业中专跟岗锻炼1人,招收武山县20名初中毕业生。扎实开展十九届六中全会精神和习近平新时代中国特色社会主义思想专题学习。紧紧围绕学年初提出的全面提高质量的"八要"工作要求,狠抓工作落实,进一步提升学校教育教学质量。本着争创国内一流标准,学生市级技能大赛从训练计划制定、参赛选手选定、指导教师遴选、培训教案审定、训练时间保证等方面,均做到翔实周密,任广禄老师获天津市第二届"海河工匠杯"服务机器人应用赛项第三名。学校2021年春季高考再传捷报,332人参加考试,全部达到高职录取分数线,本科上线27人,9名同学达到天津中德应用技术大学本科录取分数。

撰稿:韩清涛

【师资队伍建设】 学校认真制定建设方案和任务书。确定培养专业带头人:校内培养1—2名、外聘企业1名专业带头人,促进专业带头人提升专业水平、及时跟踪产业发展趋势和行业动态,准确把握专业建设与教学改革方向,保持专业建设的领先水平。通过参加国培、市培训练学习、下企业参与项目实践、课程建设和科技服务等措施,培养多名"双师型"骨干教师。通过专家讲座等方式提高公共基础课教师对专业课程教学内容的认知和理解,增强服务专业教育教学的意识和能力培养专业基础课、公共基础课教师。通过项目提升,使专业教师的专业能力尤其是实训课教学能力得到提高,专业教学理念得到更新,鼓励专业教师取得高级别职业资格证书的重点建设任务,各项建设任务于2021年10月开始启动。截至2021年12月,2021年建设任务全部完成,共投资28万元,进行13个班次的培训,受训人数达651人次。

撰稿:韩清涛

【专业建设】 2021年项目建设本着以智能制造为方向标,升级现有机电技术应用专业,根据装备制造业产业链的需求变化适时调整专业结构、专业人才培养方案、职业技能等级能力课程等,让机电与装备制造业产业链更加吻合,专业人才培养与产业关键岗位需求更加匹配,完成升级改造机电一体化实训室,新增机电一体化实训设备10台套,新增机电一体化实训模块10套,丰富实训课内容,并修订《机电一体化》校本教材使之配套的课程资源、实训设备方案,提升部分师资专业技术水平,为2022年申请建设"1+X"考证(可编程控制系统应用编程)试点打好基础,同时提升学校机电技术应用专业实训课教学

水平。

撰稿:韩清涛

【党建工作】 坚持把党的政治建设摆在首位,进一步健全党务公开、校务公开,民主管理工作领导体制和工作体制,严格执行"三重一大"事项集体决策制度,确保决策公开透明、科学民主。严格落实责任制,坚持24小时网络监测常态化,保证校园网络安全。面向学生开展党史学习教育主题团日活动,并将党史、习近平"七一"重要讲话和习近平新时代中国特色社会主义思想融入思想政治课堂。学校党建工作得到上级党委的充分肯定。1人获评为宝坻区教育系统优秀党务工作者,行政二党支部和学校党委分别被评为先进基层党支部和先进基层党组织,学校被授予天津市爱国拥军模范单位称号。疫情防控工作坚决落实各项制度,学校全年未发生聚集性病例。

撰稿:韩清涛

【校园建设】 学校全力配合宝坻区全国文明城市创建工作,文明校园创建各项具体工作扎实开展。先后投资近9万元,装置防坠楼设施、餐厅餐桌隔离板,投资40余万元,为女生宿舍全部更换床铺和部分衣柜,为学生餐厅购买空调设施,投资1690余万元的科教楼、1号宿舍楼加固修缮工程主体工程接近尾声。

撰稿:韩清涛
审稿:李卫东

天津市武清区职业教育中心

【概况】 学校坐落在武清开发区源春道1号,由原天津市武清区职业中等专业学校和天津市武清师范学校合并组建成立。学校占地14.67万平方米,建有图文信息中心、教学楼、实训中心、宿舍楼、餐厅、体育场馆等基础设施,总建筑面积10.20万平方米。2021年有职能科室9个,教职工313人,在籍生3484人。学校设有机电技术、汽车电子、电商艺术、信息技术四个专业部,包含机电技术应用、机械加工技术、汽车运用与维修、电子技术应用、电子商务、学前教育、计算机应用、计算机平面设计、幼儿保育9个专业。硕士以上学位教师47人,双师型教师136人。学校实训场地共57个,实训工位2368个,实训基地符合国家建设标准,设备设施充足、先进,能够满足

学生实训和社会服务需求。学校与天津工程师范大学、天津中德应用技术大学等高校保持密切合作,充分利用高职院校的优质资源,加强对师资队伍的培养和专业建设。利用区位优势,在"通武廊"区域合作中发挥积极作用。积极承担教育部滇西指定帮扶任务,云南红河、怒江两个地区的注册贫困学生65人来校就读。按计划完成对甘肃平凉机电工程学校、甘肃临洮县职业技术教育中心、河北围场职业技术教育中心的帮扶工作。学校不断加大校企合作力度,聘请优秀的企业专家、技师为兼职教师。鼓励教师参与企业研修、进车间顶岗,不断提升专业教师的科研水平和实际操作能力。2021年,结合庆祝建党100周年,组织朗诵会、演唱会、党史讲座、书画剪纸展等系列活动,加强对学生的爱党爱国教育。学校先后获得"国家中等职业教育改革发展示范学校""全国教育科研先进实验学校""全国信息化科研重点实验学校""全国国防教育特色学校""天津市教育系统思想政治工作先进集体""天津市阳光体育活动先进学校"等称号。

撰稿:郭全顺

【思政工作】 职教中心全面推进习近平新时代中国特色社会主义思想"进教材、进课堂、进学生头脑",充分发挥思政课程在立德树人、铸魂育人中的关键作用,推进思政课程和课程思政同向同行,把思想政治工作贯穿教育教学全过程,全面提升教师思想政治业务水平。思政课教师不断更新教育教学理念,改进教学方式方法,在教学中适时融入党史教育和党的十九届六中全会精神宣讲,让学生及时了解党的重大方针决议,把思政教学和时事政治有效结合在一起,增强思政课的时效性和针对性。学科教师教学中注重师生互动,在课程内容讲解中,融入习近平新时代中国特色社会主义思想,大力弘扬社会主义核心价值观。11月26日,天津市教育科学研究院职业教育研究中心组织天津市第一轻工业学校、天津市劳动保护学校、天津市经济贸易学校、天津市电子计算机职专等学校思政和计算机两个学科的专家在武清区职业教育中心开展思政课程和课程思政协同育人教学研讨活动。

撰稿:郭全顺

【队伍建设】 武清区职业教育中心采取请进来、走出去相结合的方法,不断加强队伍建设。定期强化中层以上干部的大局意识和责任意识,提高管理工作的整体水平。通过参加骨干班主任培训、完善班主任考评制度、以老带新等多种方式加强班主任队伍建设,提升班主任队伍的整体素养。把提高青年教师的业务水平作为提高教学质量的关键常抓不懈,充分发挥老教师的"传帮带"作用,让青年教师拜师学艺,选派20名教师参加骨干教师国家级培训项目,提高专业水平,鼓励教师参加各种技能竞赛和教科研活动,取得良好效果。在第三届通武廊职业技能大赛暨武清区选拔赛电工、汽修项目比赛中9人获得二、三等奖,汽修项目2人获二等奖和优秀奖。在黄炎培创新创业大赛中,2名教师分获市级一等奖和国家级优秀奖,1人获市级三等奖。在第七届互联网+大学生创新创业大赛天津赛前大赛3人次获奖。2021年教师参加天津市联合学报、黄炎培职业教育论文评选、天津市科学技术论文评选共计23篇,完成9个区级课题研究,申报立项市级"十四五"课题7个。

撰稿:郭全顺

【技能训练】 武清区职业教育中心利用现代化的实习实训设施设备,在开足开齐实习实训课程的基础上,开设兴趣小组,强化学生的实际操作能力。申报机械行业指导委员会考试站、机电技术应用专业数控车铣"1+X"职业技能等级证书试点以及职业教育提质培优增值赋能典型申报工作。以机电技术部为试点,深入推行现代学徒制,组织近200名学生到生产车间参加实习实训,以实战促技能。组织参加第二届通武廊职业学校教育教学能力大赛,在全部9个赛项中取得6个一等奖、9个二等奖、12个三等奖以及2个优秀奖。积极参加天津市中职校技能大赛,有1组学生获得天津市一等奖并代表天津市参加全国职业院校技能大赛电梯维修保养项目的比赛,取得好成绩,并获中职组团体三等奖。组织参加2021年第五届智能鼠走迷宫国际邀请赛中职组比赛,2名选手获得二等奖。参加"第十六届宋庆龄少年儿童发明奖"评选活动,2名学生获创意作品奖,1名教师获辅导教师奖。

撰稿:郭全顺
审稿:孙学刚

天津市劳动保护学校

【概况】 天津市劳动保护学校坐落于东丽区卫国道2号,占地6.73万平方米,建筑面积7万余平方米,在校生 4000 人,建有现代化教学楼 2 座、专业实训楼 5 座,配备有国际先进水平的实习实训仪器设备 2700 多台套,累计价值达 8600 多万元。学校先后获"国家技能人才培育突出贡献奖""全国职业院校技能大赛优秀培训单位""第一届黄炎培职业教育优秀学校奖""全国职工教育职业培训先进集体""全国教育系统先进集体"等称号,被评为国家级改革发展示范学校。

2021 年度,学校在校生 1706 人,涉及机电技术应用、铁道运输管理、汽车运用与维修等 11 个专业;现有专任教师 190 余人,其中具有硕士以上学位教师 40 余人,高级职称教师 70 余人,"双师型"教师占比 70% 以上,学校着力打造骨干教师、专业带头人、专家型教师师资梯队。

撰稿:谢易霏

【思政工作】 学校以党的政治建设为统领,落实全面从严治党主体责任,压实意识形态工作责任制,扎实开展党史学习教育,推动习近平新时代中国特色社会主义思想学习贯彻全覆盖,促进全体师生增强"四个意识"、坚定"四个自信",做到"两个维护"。学校持续加强师德师风建设,不断加强法治教育,扎实做好疫情防控常态化工作,确保校园安全稳定。学校党史学习教育硕果累累,开展专题读书班 2 期、专题宣讲 31 场次,举办党史知识竞赛等教育活动 5 次,获市人社系统知识竞赛三等奖、1 名教师获"百年风华"活动二等奖、1 名教师在市大中小学"读革命经典讲红色故事"党史故事会比赛中获三等奖,作品《没有共产党就没有新中国》被津彩青春、技能中国等平台选登。学校践行以人民为中心的工作理念,向武清区大良镇经济薄弱村——海自洼村、杨辛房村困难群众捐赠棉被衣物 400 余件,并现场开展"技能兴村"培训,用实际行动为群众办实事。

撰稿:谢易霏

【教育教学】 学校制订《"三全育人"实施方案》,突出时代主题,紧紧围绕立德树人根本任务,坚守为党和国家培育技能人才的初心使命,抓实思想政治理论课主渠道的育人功能,深入挖掘专业课程思想政治教育元素,加强"课程思政"建设,突出工匠精神培养,做到专业课与思政课同向同行。2021 年学校获评天津市思政名师工作室 1 个、天津市名班主任工作室 2 个、市级精品课 1 个,获天津市

首届职业院校"故事思政"微课比赛特等奖 1 名,2 人获市级优秀班主任称号。学校克服疫情影响,多措并举做好教育教学工作,采用线上线下教学,确保教学质量,顺利完成招生计划、教学任务、学生顶岗实习就业工作。学校丰富德育活动载体,通过职教周、终身学习活动周等活动,开展进社区、进企业、家校共建、志愿者活动等各类德育实践活动,引导学生树立正确的世界观、人生观、价值观。2021 年度学校 7 人获评市级优秀学生、7 人获评市级优秀学生干部、3 个班集体获评市级先进班集体、5 人获中等职业教育国家奖学金,努力为国家培养理想信念坚定、具备工匠精神、主动担当民族复兴大任的新时代技能人才。

撰稿:谢易霏

【技能竞赛】 学校深入贯彻落实习近平总书记对技能人才工作的重要指示精神,以技能竞赛为抓手,成立大赛工作专班,实施工匠培育工程,不断提升技能竞赛科学化、规范化、专业化水平。学校承办 7 项第二届"海河工匠"杯技能大赛,并积极组织师生参加各类大赛。2021 年度,在第二届全国电梯行业职业技能竞赛中,学校 1 名教师获得职工组个人二等奖,2 名学生分获学生组二等奖、三等奖;学校学生在第二届"海河工匠杯"技能大赛世赛选拔工业控制项目、家具制作项目、精细木工项目中均获天津市第一名,为第二届全国技能大赛储备人才夯实基础。

撰稿:谢易霏

【社会服务】 学校以产业急需紧缺技能为导向,以"让学生好就业、就好业、稳定就业"为办校宗旨,积极响应"六稳六保"政策,签订人才培养"订单班",推进职业技能等级认定工作,不断深化校企合作。2021 年,先后与 3 家大中型企业开展职业培训,为社会各行各业培养输送大量高素质技术技能人才。加强技能等级认定工作策划,做好职业资格与技能等级认定转型,面向院校学生、企业职工大力开展职业技能等级认定和"1+X 证书制度试点"工作,全年完成认定 2592 人,不断提高技能等级认定质量,形成了人才培养与市场需求紧密对接的发展格局。学校利用技能特色积极服务乡村振兴,持续开展职教帮扶、技能扶贫工作,先后承担滇西、甘南藏族自治州中职学校学生技能培训工作,选派 2 名教师分别到西藏技师学院、新疆策勒县技工学校支教,助力薄

弱地区技能人才培养。

撰稿：谢易霈

审稿：勾东海

天津市园林学校

【概况】 天津市园林学校坐落于河东区津塘路101号，占地3.3万平方米，建筑面积1.41万平方米。园林学校以办人民满意教育为宗旨，坚持"为学生的职业发展打好根基，为师生的共同发展搭建平台"的办学理念，坚持稳定中求发展，细节中求质量，实干中求实效，创新中求特色。

通过明确学习任务，拓展学习方式，丰富教育形式，将党史学习教育走深走实。坚持"我为群众办实事"，为计算机房添置现代云桌面设备；更换多媒体互交式智能一体黑板、纳米黑板；添置学生手机存放柜。增设乒乓球台、羽毛球场地。建成情绪宣泄室、心理测评室；开展园艺疗法植物微景观创作比赛；组织"乐抒心·悦成长"心理音乐歌舞创作大赛。

召开崇德敬业，铸魂育人，争做"四有"好老师动员会。开展师德师风自查自纠。组织教师签订《师德师风承诺书》，营造风清气正的教育环境。

加强教材管理，制订《教材建设管理工作实施方案》，促进教材管理科学化、制度化、规范化。以岗位素质为标准，采用场景教学、案例教学、示范操作等方式，强化实践教学。深化校企合作，与天津滨海创业园林绿化工程有限公司签订校企合作协议书，组织2019级中专生到该公司开展顶岗实习。

组织学生各类社团活动，引导学生走出宿舍，走下网络，放下手机，走向运动场所。举办宪法晨读、"十八岁成人礼"、元旦文艺联欢会。开展志愿服务活动，定期组织学生进养老院开展送温暖活动。

坚持每月进行校园安全大检查，加强新冠疫情疾病预防知识宣传，确保学生平安健康。严格对食堂各类设备、食材进货情况和从业人员健康状况开展检查。落实领导干部陪餐制度。伙委会邀请学生家长对伙食情况进行监督检查。

撰稿：于俊荣

【校园文化墙】 为培养学生健康的审美情趣，强化专业基础课实践教学，营造高雅的校园文化氛围，让每一块墙壁都会说话，让每一处景物都能传情，学校决定，建设一面体现学校特色的文化墙。学生积极响应，广泛参与，在美术教师的带领下，大家利用课余时间，打草图、上颜料，绘制完成庆祝建党100周年、社会主义核心价值观、文明礼仪、双碳减排、垃圾分类、交通安全等多个宣传主题的墙体绘画。主题鲜明、内容积极向上且充满活力的墙画，与园林建筑小品浑然一体，十分美观。学生们在无限创意中感受到艺术之美，成为校园文化的设计者、实践者、传播者。向美而行，以美育人。用创作描绘梦想，给校园穿上彩衣。用"说、画"结合、图文并茂的形式，精心打造围墙文化，让每一面墙壁都成为生动的德育、智育教材。学生们在充满浓郁文化氛围的环境中，践行文明风尚，提升人文素养。

撰稿：于俊荣

【植物微景观制作比赛】 学校组织学生开展植物微景观制作比赛。加强专业技能和实践能力培养，促进学生表达自我、目标确立等积极心理品质的培养。苔藓、多肉等植物，加上各种篱笆、砂石、可爱的卡通人物、动物装进一个器皿里，构成妙趣横生的场景。通过比赛，在促进学生掌握园艺植物微景观制作知识，培养动手能力和想象力，感受绿植景观之美、体验微景观创作带来的喜悦与成就感之余，进一步普及环保知识。利用植物的生命影响人的生命，让学生享有触手可及的幸福，体会植物为我而生的真谛，从而获得人生启迪，培养积极向上的心理品质。

撰稿：于俊荣

【志愿服务站】 3月19日，园林学校团委在党总支书记、校长的带领下，组织学生团员深入军旅养老院开展志愿服务，并举行"中国共产主义青年团园林学校委员会志愿服务站"挂牌仪式。团员学生嘘寒问暖，与老人们亲切交谈，关心老人的生活状态与身体情况，帮助养老院打扫室内外卫生。学校把"学雷锋，送温暖"活动列入立德树人和思想道德建设之中，为进一步弘扬中华民族尊老、敬老的传统美德，增强学生奉献意识和社会责任感，提升团组织的凝聚力，学校将军旅养老院作为开展德育教育的校外基地，每月定期组织在校生到养老院开展助老活动，为老人送去温暖与关怀，增强学校德育工作的实效性和感染力，促进学生践行社会主义核心价值观，弘扬奉献社会的道德风尚。

撰稿：于俊荣

审稿：童彤

天津市机电工艺技师学院
（天津市机电工业学校）

【概况】 天津市机电工艺技师学院（天津市机电工业学校）坐落于天津海河教育园区，是首批国家级示范校、全国职业教育先进单位、全国师德建设先进单位、全国一体化课程教学改革试点单位、全国第六届黄炎培职业教育优秀学校、天津市国际化先进水平建设单位、平安建设示范单位、文明校园，是世界技能大赛工业机械装调项目中国集训基地、国家高技能人才培训基地和全国职业院校技能大赛永久赛场。

学院占地46.67万平方米，总建筑面积18.3万平方米。拥有2栋教学楼、7栋实训楼、4座实训场、55个实训室、5栋宿舍楼，现开设有数控技术应用、模具制造技术、电气运行与控制、汽车运用与维修、老年服务与管理等26个专业。其中数控技术应用、模具制造技术、电气运行与控制为市级骨干专业。

学院践行"责任、良心、品质、服务"的核心价值观，打造出一支政治素质高、技术能力强的教师队伍，拥有享受政府特殊津贴的高技能专家、五一劳动奖章获得者、世界技能大赛中国集训队教练、天津市技能大师、天津市优秀教师等诸多名师。学院高度重视学生安全工作，通过开展"五大行动"，积极构建安全保障体系，织牢织密安全责任网，营造安全绿色阳光校园。

学院以习近平总书记对职业教育重要批示精神为根本遵循，弘扬"追求卓越，勇争第一"的机电精神，努力在校企合作、产教融合、职普融通等方面探索创新，在新发展格局中发挥积极作用。

2021年，学院获评全国机械行业"十三五"校园文化建设示范基地、全国机械行业"十三五"思想政治工作50强。学院学生在天津市2021年"海河工匠杯"技能大赛全国乡村振兴职业技能大赛天津选拔赛养老护理员赛项比赛中，包揽前三名。在天津市第五届黄炎培职业教育创新创业大赛中，学院2支参赛队在中职组中分获一二等奖，学院获优秀组织奖。学院成功获批首个天津市中职学校名班主任工作室。在天津市教育两委举办的首届"同心杯"天津市中小学心理健康教育教师技能大赛中，学院教师获中职组一等奖。在第十五届"西门子杯"中国智能制造挑战赛全国总决赛中，学生获特等奖第一名。在第二届"海河工匠杯"技能大赛——天津市青工职业技能竞赛暨第十七届"振兴杯"全国青年职业技能大赛天津赛区选拔赛中，学院学生在主体赛（职业技能竞赛）车工赛项中包揽前三名，在中职组专项赛（创新创效竞赛）中获金奖1枚、银奖1枚、铜奖2枚，学院团委获优秀组织奖。12月在天津市职业院校首届故事思政微课大赛中，学院教师获中职思政课程组一二等奖。

撰稿：杨依柠

【产教融合发展大会】 2021年7月21日上午9时，第十五届教育部"西门子杯"中国智能制造挑战赛（华北赛区）暨天津市动力与电气人才创新创业联盟产教融合发展大会在学院图文报告厅隆重开幕。天津市津南区委、区委组织部、市人社局职业能力建设处、津南区人社局及园区管委会教育改革部主要负责同志，西门子（中国）有限公司、天津市动力与电气人才创新创业联盟秘书处相关负责同志和企业家代表等出席大会，园区各院校领导及教师代表，中国智能制造挑战赛（华北赛区）68支参赛队、300余名技术及创新人才共同参加此次会议。学院党委书记在欢迎辞中介绍了学校在职业技能竞赛、技能人才培养、产教融合校企合作方面的思路举措、有益经验和丰硕成果。市人社局职业能力建设处处长围绕服务天津制造业立市、建设制造业强市定位介绍了全市职业技能工作。西门子（中国）有限公司有关负责同志、指导教师代表、参赛选手分别结合企业实际、工作职责、参赛感悟发表感言。

撰稿：杨依柠

【承办第二届"海河工匠杯"技能大赛】 自2021年8月27日起，学院共承担第二届"海河工匠杯"技能大赛8个赛项工作，包括天津市职工职业技能大赛暨第七届全国职工职业技能大赛天津选拔赛数控机床装调维修工赛项，全国新职业技能大赛天津选拔赛服务机器人应用技术员赛项，（世赛选拔项目）电气装置赛项、工业机械赛项、CAD机械设计赛项、数控车赛项、数控铣赛项，（新竞赛项目）机械检测技术赛项。参赛人员涉及企业职工、教师、学生，共计158人。本次大赛旨在深入实施人才强国战略，推动《人力资源社会保障部　天津市人民政府共建"技能天津"框架协议》实施，推进"十四五"时期职业领域技术技能人才队伍建设，打造"海河工匠"品牌，培养更多高技能人才和能工巧匠、大国工匠,为制造业立市和高质量发展提供有力的人才支持。

撰稿:杨依柠
审稿:李 亮

天津市仪表无线电工业学校
(天津市电子信息技师学院)

【概况】 天津市仪表无线电工业学校(天津市电子信息技师学院)是一所集学历教育与各类职业培训、技能鉴定于一体的全日制中等职业学校。学校坐落天津海河教育园区雅深路6号,占地18.73万平方米,总建筑面积7.8万平方米。学校秉承"工于蓝色,陶铸特色"的核心办学理念,坚持"质量立校,特色兴校"的办学方针,不断完善办学条件,丰富办学内涵,增强办学实力,学校已成为一所基础设施优良、办学理念先进、师资力量雄厚,在国内具有一定影响力和辐射力并且正向国际先进水平迅速迈进的中等职业学校。

2021年学校在校生4944人,毕业生共计1004人,就业率98%。学校围绕天津市产业人才需求,进行专业布局,形成信息技术类、财经商贸类、自动化技术类、现代制造技术类等四大专业群,开设有自动化类、城市轨道交通类、计算机类、电子信息类、财务会计类、电子商务类七大类19个专业。依托校内下设国家职业技能鉴定所第十四所,可面向社会开展对电工、磨工、电子商务师等30个职业(工种)进行初、中、高级工和技师、高级技师职业技能培训和职业技能等级认定工作。

学校服务天津市作为全国先进制造研发基地的城市定位,对接产业需求,跟踪专业技术、行业企业标准,按照专业对接产业、课程对接岗位的建设原则,开展各专业课程改革建设,深化人才培养模式改革工作,坚持以校企合作为核心,遵循各专业人才培养特点,形成各具专业特色的人才培养模式。学校根据发展需要,引进优秀人才,加大培训力度,全面提升教师队伍素质,推动学校快速发展,进一步优化师资结构,提高师资队伍水平,现有专任教师129人,其中全国优秀教师1名、全国技术能手3名、天津市五一劳动奖章获得者2名,全国职业院校技能大赛专家组成员2名,天津市"131"创新性人才1名,天津市技术能手1名,天津市大师工作室领衔教师1名。

撰稿:田媛媛

【"沉浸式"教学模式】 为深入贯彻落实习近平总书记在党史学习教育动员大会上的重要讲话精神,在中国共产党百年华诞之际,学校深入实施"讲好中国故事 上好思政课程"2021创优行动,将习近平总书记关于党史国史的重要论述融入中职思政课程,推进"三全育人"机制建设课题研究:稳步推进中职思政课程群互学认定、思政课教师互聘、"课堂教学+实践教学"有机融合等新时代学校思想政治理论课改革创新,积极参加天津市中高职思政课一体化建设;将思政小课堂与社会大课堂相结合,坚持思政课的整体性,突出思政课的实践性,塑造"三精"——精品课程、精彩活动、精华路线;创新开展思政课实践教学,强调思政课知行合一,以"思源研习社""思源辩论社"思政类二课堂为载体,把课堂搬到舞台,搬到红色纪念馆,开展思政情景剧和辩论赛教学;开展"红色走读"实践,成为学校常态化思政教育工作,充分利用周邓纪念馆、平津战役纪念馆、中共天津历史纪念馆等丰富的思政课程教育资源,组织学生进行"重走长征路"等"红色走读"活动,实现"课堂教学+实践教学"有机融合,创新沉浸式思政教学模式,以"大视野""大格局"做好"大思政课"建设。2021年,学校"学·思·行"思政课创新团队被列为"天津市中职学校思政课教学创新团队"。

撰稿:田媛媛

【刘磊获中华人民共和国第一届职业技能大赛优胜奖】 学校坚持以培养符合国际化标准的人才为目标,依托实习实训资源优势,组建国际化专业教学团队,打造多个符合国际职业标准的一流实训基地,并以各级各类职业技能大赛为载体,引领专业教学改革,拓宽职教视野,在专业建设过程中融入竞赛标准,全面促进各专业建设水平提升,为技能人才的培养贡献出学校的力量。2018级电子技术应用专业学生刘磊成绩优异,选入学校中职组物联网专业竞赛学生集训队,在学校专业教练团队指导下获2020年"海河工匠杯"技能大赛市级个人一等奖,并代表天津参加中华人民共和国第一届职业技能大赛"物联网赛项"比赛,获国家级优胜奖。

撰稿:田媛媛

【开办工业机器人应用技能大师工作室】 围绕全市战略新兴产业、支柱产业发展需要,重点依托天津市"1+3+4"产业,申办以工业机器人应用为主攻方向的技能大师工作室。该工作室以获得过全国技术能手，多次参与人社部一体化课程改革并取得多个教学成果奖项的张冬柏为领军人，以专业骨干教师为主体组建了工作团队。工作室以服务科研生产为基础、以提升技能人才整体素质和技能为核心，搭建高技能骨干人才培训平台，同时发挥成果创新以及绝技绝活的传承作用。以工业机器人应用与维护专业建设培养高技能人才为着力点，覆盖深化校企合作、师资队伍培养、加速拔尖人才的成长、丰富课程资源等方面。通过"传、帮、带"组织多种形式的校企技能培训，全面提升学生和一线人员的技术应用与科研能力，培养出更多高技能人才。

撰稿：田媛媛
审稿：杨红梅

乡镇成人教育中心学校

天津市静海区杨成庄乡成人文化技术学校

【概况】 天津市静海区杨成庄乡成人文化技术学校始建于1984年，坐落在静海区杨成庄乡毕杨路14号，学校占地2335平方米，建筑面积473平方米，办公室2个、图书室1个、培训教室2个，各类藏书1917册，自编乡土教材10册。配备电脑、打印机、空调、多媒体投放仪等教学办公专业设备14台套。下设村成校13所，现有专职教师3人，全部为大学学历，另有兼职教师16人，村成校联络员13人。学校建有水产养殖基地1个、爱国主义教育基地1个。学校秉承"提高居民整体素质，服务区域经济发展"的办学理念，积极探索"学校+基地（合作社）+农户"实验示范实训基地建设模式，始终紧密结合区域特征和特色产业，紧贴本地区经济社会发展需求开展培训工作。充分利用在校生资源优势，以"小手拉大手"为载体，打造学生家长互动教育模式，全年共开展各类培训活动8项，共计培训村民4233人。经验做法多次在区电视台进行宣传报道。

撰稿：李宝祥　宋玲玲

【特色培训】 积极探索"学校+基地（合作社）+农户"实验示范实训基地建设模式。根据本乡水产养殖业既有规模与特色，与天津农学院、静海区农业服务中心合作，依托乡农委、村委会、农业专业合作社，实施水产养殖科技推广示范工程，开展特色养殖技能培训，重点加强对草鱼、河虾的养殖技术培训，以及新品种技术的引进与传授。乡成校干部教师利用两个多月的时间，深入全乡12个村的8586亩鱼塘虾池，对全乡94家养殖专业户进行摸底调研，了解养殖户所想所需。积极与天津农学院专家进行沟通交流，组织开展"培育特色产业，助推乡村振兴"为主题的水产养殖知识专题培训会，天津农院学、区农业服务中心专家先后5次走进课堂、深入鱼塘虾池进行点对点服务，为提高当地产业收益保驾护航。在杨成庄乡双窑村开展"水产养殖科技知识赶大集"宣传培训活动，发放宣传购物袋150个，养鱼知识宣传手册1500份，对周边150名群众进行水产养殖知识宣讲。

撰稿：李宝祥　宋玲玲

【终身学习】 成立由乡长任组长的终身学习活动领导小组，积极推动全民终身学习工作。协调各村委会、各中小学和乡政府所属相关职能科室，就近向社区居民开放各村各校的学习资源。学校充分利用小手拉大手的形式，宣传社会主义核心价值观，宣传终身学习理念，着力促进群众素质提高，加快建设学习型乡镇。以全民终身学习活动周为依托，开展"四史"集中培训，精心组织活动周启动仪式，通过乡村特色产品展示、国家级"百姓学习之星"讲党史、中医药大学专家进行健康教育及开展义诊等活动拉开全民终身学习活动周序幕。全民学习活动周共悬挂宣传条幅19幅，发放民法典等宣传材料3000份，静海区融媒体中心对此次活动进行了跟踪采访。活动周期间，全乡13个村所有图书阅览室面向各村村民全面开放，2000余位村民参与阅读体验活动。以全民终身学习活动为契机，搞好典型培树。芦苇艺术馆在静海区2021年"全民终身学习活动周"活动中获评"终身学习品牌项目"。年内,全乡共获评区级学习型社区1个、学习型企业1个、学习型家庭3个、百姓学习之星3人。宫家屯村村民徐庆星被评为2021年度国家级"百姓学习之星"。

撰稿:李宝祥　宋玲玲

【社区教育】　成立以乡长任组长,乡党委政府各职能部门、教育服务中心负责人及成校全体教师为成员的杨成庄乡社区教育工作领导小组,组织、协调、指导全乡13个村街社区教育工作。2021年,学校依托"百年大庆,四史教育进社区"契机,贴近杨成庄经济社会发展实际,满足群众多样化的教育培训需求,广泛开展社区教育,努力提升全乡居民素质,积极助推团泊新城西区健康发展。创新社区教育形式,丰富群众文化生活。积极探索社区教育项目培训的内容和方式,围绕社区需求开展"银龄党员讲党史""传承红色精神""感受红色经典"等形式多样、主题鲜明的社区活动,培育社会新风,打造社会新貌,全年累计开展社区教育10场次,1.2万人参与活动。探索社区教育项目研究,打造优质社区教育品牌。结合实际搞好社区教育实验项目研究,形成了"调查摸底—全面推进—示范引领—查摆提升"的社区教育培训模式,乡成校社区教育项目《提升农民素质促进乡村振兴教育培训的探索与实践》获2021年度市级三等奖、区级一等奖。

撰稿:李宝祥　宋玲玲
审稿:梁续广

民办教育机构

天津市雍阳中学

【概况】　天津市雍阳中学创建于1999年9月,2011年9月全面改制为民办初级中学。2014年1月由雍阳东道迁址至振华西道251号。学校占地3.53万平方米,建筑面积1.76万平方米。面向武清区招生,实行寄宿制管理,现有37个教学班、1900余名在校生。

学校在"温雅教育"育人模式引领下,以学生发展为中心,以提升学生综合素养为宗旨,以每一名学生积极学习,健康成长,幸福生活,追求卓越为目标,促进学生德智体美劳全面发展,推动学校各项工作包括课程建设、思政教育、体育特色、美育教育、科技创新等重点领域和关键环节进行实践变革,并逐渐从特色发展向育人的全过程和全方位变革延伸拓展,实现全面优质育人。

学校构建"四圈层课程体系""三空间活力课堂"综合化教学模式,以"夯实学科基础,强化思维训练,打造快乐课堂,提升学习能力"为中心开展教学工作,为未来拔尖创新型人才的培养奠定基础。通过对国家课程、地方课程、校本课程的整合,建设"一绳三球五操"的校本体育特色课程,有效提高学生的健康水平、身体素质和运动竞技水平。坚持"普及与提高相结合、课内与课外相结合、学习与实践相结合"的原则,全方位实施美育教育,培养学生高雅的生活情趣、健康向上的审美观念。在智慧校园建设背景下,将"创客教育"融入素质教育中,努力探索出一条以科技教育为切入点,开展多层面素质教育、培养创造性人才的科普教育之路。

自2019年开始全面实施"智慧校园"建设工程,探索基于大数据模式下的教育管理与教育教学实现形式,无线网络全覆盖,智慧黑板互动教学;智能办公系统,校园入口门禁、宿舍归寝智能识别、食堂就餐智能结算、财务智能收费;3D打印、机器人、虚拟实验室等人工智能特色课程,实现校园教学的全向交互、校园环境的全面感知、校园管理的高效协同、校园生活的个性便捷。

学校全面推进素质教育,在德育、体育、艺术、科普等工作中,硕果累累。2021年学校团总支被共青团中央评为"全国五四红旗团总支",雍阳中学合唱团被天津市教委评为"天津市第一批优秀学生艺术团"。自天津市实施体育中考以来,雍阳中学体育中考满分率和满分人数两项指标连续十三年在全市遥遥领先。在武清区中小学田径、乒乓球等锦标赛中,多次获同类校第一名。在武清区学生体质健康水平普测中获全区第一名。科普教育在国家级、市、区级竞赛活动中取得佳绩,在全国中小学信息技术创新与实践大赛中,多次获得国家级奖励。学校办学成就多次被"学习强国"平台、河北卫视、天津电视台、《天津教育报》等媒体及美丽武清、文明武清、武清教育等微信公众平台宣传报道。

撰稿:徐 晶

【思政教育成果展示】 2021年10月21日,由天津市教科院课程教学研究中心初中道德与法治研究室主办,武清区教师发展中心、天津市雍阳中学承办的"思政润心,铸魂育人"天津市思政教育教学研究展示活动在雍阳中学报告厅举行。雍阳中学在"温雅教育"育人模式指导下,创新思政教育体系,构建"三全育人"格局,把促进学生成长作为一切工作的出发点,以学生为中心,统筹各方面资源,切实提高育人的针对性,共同推进学生健康成长,致力于培养德智体美劳全面发展的社会主义建设者和接班人。学校紧密围绕立德树人根本任务,将思政教育与"三全育人"理念相融合,逐步探索形成"一核心二融合三平台四主体"的全方位思政育人体系。突出文化育人和价值引领作用,推动中华优秀传统文化与思政教育相融合;加强"四史"教育,推动红色文化与思政教育相融合。积极搭建思政育人"三平台",即课堂平台、实践平台和网络平台。思政教育中充分发挥"三平台"各自功能优势,并使之结合,最大限度地延伸教育维度,优化教学效果,提高教育的针对性、实效性和学生认同感。将学校、家庭、社会和个人"四个主体"联动起来,形成"四位一体"的协同育人机制,将思想政治教育扎根校园、落到家庭、繁茂于社会,积极营造良好的校园文化、社会文化和家庭文化,让学生在生活实践中随时随地接受思政教育的浸润。

撰稿:徐 晶

【体育工作特色】 雍阳中学认真贯彻"健康第一"的思想,不断推进体育工作开展。在"温雅教育"育人模式引领下,把落实国家体育课程计划、开展阳光体育运动作为促进学生身心健康发展的根本途径。充分发挥体育特色与优势,通过课程教学、系统训练、特色活动、竞技比赛实现强健体魄、和谐身心、锤炼品格、砥砺坚韧的育人目标,形成以"学生为主体,教师为主导,训练为主线,能力为目标"的雍阳体育模式。早操锻炼侧重长跑训练及素质练习,磨炼毅力,强健体能。在认真组织学生做好眼保健操、广播体操的同时,结合各年级学生特点,开展形式多样的阳光体育活动:健美操、十六步、集体舞、健身气功八段锦等让学生真正感受到"运动之乐、健康之美"。针对体育中考及体质健康测试项目安排专项练习,特别是足球、篮球运球绕杆,排球正面双手垫球,乒乓球正手攻球等运动技能开展专项培训。建立体育锻炼和竞赛、体质监测和专项运动技能测试相结合的考查机制,完善学生视力、睡眠状况监测机制。将学生体质健康水平与教师考核评优相挂钩,建立和完善学生体质健康达标评价体系。

撰稿:徐 晶

【心理健康辅导工程】 雍阳中学开展面向全体师生的心理健康辅导工程,主要包括完善心理健康教育设施设备、心理健康教育正式化规范化、心理健康教育手段信息化、心理健康教育形式多样化,营造学生健康成长氛围。进一步完善硬件建设,心理咨询中心设置个体心理咨询室、团体辅导室、沙盘活动室,购置学生心理测评管理软件系统、心理团辅游戏器材等,为师生的心理健康成长提供更舒适、更优质的物质保障。成立心理健康指导中心,配备心理学专业的专职心理教师,编写学校《心理危机干预手册》,开展课题研究和培训。学校通过团体辅导、专家讲座等形式对学生进行积极心理引导。组织每月一次的群体活动和兴趣小组活动,塑造学生积极乐观的阳光心态。建立学生心理教育档案,科学测量评估,筛查问题学生,并及时干预或转介,保障全体学生心理的健康发展。开展科学有效的心理健康课、心理咨询和辅导。开辟"心理危机绿色通道",探索出"危机及时干预,障碍及时梳理"的工作模式,建立心理危机四级预警机制,建立心理危机学生档案。定期组织心理健康周、心理健康月系列活动,开展多元化多渠道的教育活动。

撰稿:徐 晶
审稿:李文和

天津市河北区津宝贝幼儿园

【概况】 河北区津宝贝幼儿园是天津市民办普惠一级幼儿园,建于2016年,位于河北区调纬路89号,占地3000平方米,是天津市政府和河北区政府确定实施的20项重点民心工程之一。津宝贝幼儿园被首批认定为民办普惠园,并入选教育部2021年全国足球特色幼儿园。幼儿园共设托班、小、中、大12个教学班,310名幼儿,全年解决学位400个。全园教职工50人,专职教师24人。津宝贝秉承"全心全意为幼儿发展服务,尽心尽责让家长放心满意"的办园宗旨,积极提供亲近自然、富于童趣、创意典雅、温馨如家的生活学习空间。幼儿园设有功能多样的户外大型活动空间,监控网络全覆盖,同时设有保健室、舞蹈厅、睡眠室、盥洗室、多功能厅、亲子感统中心等满足孩子个性化成长需要。2021年3月,津宝贝幼儿园采用悬浮拼装运动地面,结合深浅足球草坪设计,使整体户外场地更适宜幼儿多种户外游戏、运动需求,让孩子在自信健康的成长环境中收获快乐和成就感。

撰稿:张 晶

【品牌普惠园建设】 津宝贝幼儿园作为普惠性民办幼儿园,以示范园为标准要求工作,积极探索品牌发展战略,探索文化强园、特色兴园之路,2021年办园水平持续提升,用心的服务获得家长的"点赞"。在河北区工作联盟中,与扶轮幼儿园建立协作园联盟,通过结缔手拉手关系,加强园所交流沟通、教育活动研究,不断提高教育质量,提升教学品质,努力将好的教育资源传递给越来越多的孩子。2021年学校开设小、中、大各年龄段家长沙龙、妈妈讲堂,构建教师团队学习共同体,培养学习型、成长型队伍,给予家长科学育儿指导,与家长达成教育共识,将以爱育爱、用心照顾、精心呵护、倾心成长、细心服务的理念深入人心,获得家长"点赞"。

撰稿:张 晶

【特色活动】 2021年,幼儿园联合社区、诺德广场、河北区文化馆积极开展"经典国粹润童心""礼赞百年,童心向党共绘美好""小手传大爱,津宝贝大班义卖"等系列庆祝建党100周年主题活动。幼儿园每周进行升国旗仪式,厚植爱国情怀。幼儿园开展"颂党恩 跟党走,师者本心 不忘初心"师德师风培训活动,庄严宣誓《幼儿园教师宣誓词》,积极学习实践《3—6岁儿童学习与发展指南》《幼儿园教育指导纲要》,紧跟教育改革脚步,落实立德树人根本任务,不断强化《新时代幼儿教师行为准则》。

撰稿:张 晶
审稿:吕 林

天津市河东区太阳月亮恒大帝景幼儿园

【概况】 天津市河东区太阳月亮恒大帝景幼儿园位于河东区海河东路与昆仑快速路交口西侧,隶属于太阳月亮教育集团旗下的普惠性民办示范幼儿园。于2020年9月开园,占地4800平方米,建筑面积2876平方米,办园规模为12个教学班。可容纳生源360名幼儿,教职员工68人,专任教师大专以上学历达100%。园所秉承"用心爱孩子,专业做教育"的价值观,让孩子在游戏中体验、学习、成长。

园所设计风格既富有童趣又充满科技感,材料讲究安全、环保、优美。户外活动场地近2000平方米,铺设7种不同材质的地面,如草坪、悬浮地板、木板、硅PU、鹅卵石等,根据不同户外活动的需要,既确保安全,同时让孩子们体验不同材质的触感、形状、颜色等,帮助提升认知能力。同时设有钻、爬、跑、跳、跨等大型玩具、中小型器械,为幼儿提供安全、环保、舒适的生活和活动空间。室内设有天文体感互动体验区,可探索八大星系;人工智能机器人"小胖"老师,让孩子们在游戏、舞蹈、对话等互动中了解编程基础、爱上科学,体验科技的力量。

撰稿:陈 艳

【课程与教师】 园所秉持培养具有科学素养和自主学习能力的儿童教育目标,以科学学习力学习培养模型为理论基础,在园本课程内容设计上,既考虑以儿童为中心,也考虑时代和社会发展的需求,为幼儿提供支持《3—6岁儿童学习与发展指南》要求五大领域的培养内容和满足儿童个性发展和社会发展需要的特色活动。在园本课程模式设计上,通过主题活动将集体活动、小组活动和区域游戏有机的融合起来,同时兼顾特色教育,既给予儿童必要的知识经验,也培养儿童探索知识和自主学习的能力。将幼儿园教育活动向家庭教育活动中延展,既帮助家长了解儿童的发展特点,也为家庭教育的实施提供丰富的活动素材。园本课程体系在科学学习力学习模型中有着很好的延展性,促使教师成长目标更加明确,行课流程更加规范和科学。幼儿园为教师提供体系化的培养内容,按照合格教师、专业教师、研究型教师的培养目标不断努力,培养出"四有"教师。

撰稿:陈 艳

【立德树人】 立德树人作为教育的根本任务,

教师在其中起着重要的作用。"师者,人之模范也。"身为教师要为人师表,注重自己的一言一行,在教学过程中要充分尊重和爱护幼儿,引导幼儿养成良好的生活习惯。园本课程渗透对幼儿道德品质方面的培养,使其在活动过程中潜移默化地会自我保护、能够自理、有爱心、知善恶、辨是非、懂文明、讲礼貌,具有良好的品德和健全的人格。

撰稿:陈 艳

【党建引领】 依托太阳月亮教育集团智慧党建平台,恒大园在建党百年之际以娃娃的红色爱国启蒙主义教育为主题,开展礼献建党100周年的赤心主题活动:读红色绘本、传唱红歌、户外体能游戏——重走长征路等一系列活动,让幼儿在故事、游戏等活动中潜移默化地感受爱国主义情怀。

撰稿:陈 艳
审稿:孙 执

老年学校

老年人学校

【概况】 3月,天津市教委在天津市老年人大学召开专题推动会,推进党史学习教育,参观天津市老年人大学学员刻瓷作品展,推进2021年天津市社区教育、老年教育重点工作落实。6月,在天津市老年人大学成功举办天津市老年大学系统庆祝中国共产党建党100周年暨教学成果汇报演出,来自全市16个区、28个演出单位的1200多名演职人员参加了演出。开展"四史教育进社区"活动,指导各基层单位广泛开展庆祝中国共产党成立一百周年系列活动,推动党史学习教育深入基层。印发《市教委关于广泛开展老年人运用智能技术教育培训的通知》,为老年人跨越"数字鸿沟"提供教育支持服务。加强天津终身学习网、天津老年远程学习网等平台的数字化学习资源建设,丰富远程老年教学内容。印发《市教委等六部门关于进一步推进天津市老年教育发展的意见》,结合天津市老年教育发展的实际情况,提出天津市老年教育发展的十项工作任务,进一步努力办好家门口的老年教育。计划到2025年,以各种形式经常性参与教育活动的老年人占老年人口总数的比例达到50%以上。印发《市教委关于老年(社区)学校、老年(社区)教育学习中心、老年学校挂牌工作的通知》,指导各区按照统一标识和规格加挂牌子,引导社区老年人积极参与学习。5月,市教委在全国"老年大学管理干部领导能力提升培训班"作大会经验分享。山东省人大常委会副主任一行来津考察调研天津市老年教育情况,深入考察天津市老年大学和和平区朝阳里社区老年教育工作,充分肯定天津市老年教育成果。

撰稿:陈延德
审稿:缪 楠

天津市老年人大学

【概况】 天津市老年人大学于1985年4月6日成立,位于天津市河西区西园道。学校占地5640平方米,校舍建筑总面积15277平方米,72个现代化多媒体教学场地。2021年开设369门课程,招生782个教学班,27345人次量。聘请383名任课教师。学校开创了"一体两翼"的办学格局,即以校本部为办学主体,建立校外教学实践基地的办学模式和"老年远程教育学习网"为腾飞两翼的创新发展新格局。

撰稿:周冠军

【教育教学】 抓好疫情防控,分期分批有序开学。以严格落实疫情防控措施为基础,2020—2021学年第二学期,线上线下教学相结合,完成了全学年的教学任务。2021—2022学年的第一学期,针对疫情防控常态化的形势,开办22个线上教学班。2021年11月,因疫情有所反弹,677个班级全部转为线上教学,其余130个班级另行安排补课。课程和教材建设。新开课程5门,新编教材5部。编审出版优秀教案102篇。参与中国老年大学协会组织的全国百门精品课课程评选工作,4部教材被评为全国优秀教材。学校和天广电签署战略合作框架协议,联合制作"智慧助老行动"系列6个微课程,在天津有线电视《天津市老年人大学》点播专区"智慧助老乐学讲堂"中播出。截至2021年底,专区播放视频课程32门406集,累计点播次数达50万余次;"天津老年远程学习网"上线发布48门578集课程,浏览学习人数达1188万人次量。新发展13个校外教学实践基地,表彰优秀基地16个,先进个人30名。目前,145个校外教学实践基地,覆盖全市16个区。2021年各基地参加市级、各区和社区党群服务中心组织的演出活动126场;书法、绘画、摄影、刻瓷、手绘等作品在线上线下展览138次,观众达45000多人次。

【文明校园建设】 组织全校学员开展"庆祝建党百年主题征文活动",收到征文300余篇,120余篇优秀征文汇编成《情系百年歌颂党》。各系板报、手机简报的内容突出庆祝建党百年的主题,向学员开展形式多样,内容丰富的宣传教育,编发手机简报460期,板报39期。以庆祝建党百年为主题,开展第四届校园文化节系列活动。由市教委主办,市老年教育协会协办,学校承办了三场"庆祝建党百年 把一切献给党——天津市老年大学系统教学成果汇报演出",演出45个节目,受邀观看演出的中国老年大学协会常务副会长刁海峰、市教委等有关部门领导和各老年大学给予一致好评。学校举办了7次教学

成果展览,展出刻瓷、摄影和书画作品714幅(件),观展人数达20700余人次。承办市委宣传部、市文联组织的宣讲十九届六中全会精神,市歌舞剧院赴老年人大学演出活动。紧密围绕庆祝建党百年、贯彻落实"十四五"规划和市教委等六部门有关文件精神,以及疫情防控、教学管理等各项重点工作进行宣传报道。外媒报道学校的文、图、广播稿、视频近170篇(幅)。其中,电台、电视台、央广网等媒体7次来校采访并报道;人民网等网络新媒体刊登学校各类新闻报道近60次,为历年之最。

【理论研究与校际交流】 完成《老年大学办学体制研究》等3个"十三五"规划课题子课题的定稿;以《天津市老年人大学"十三五"时期教育研究的主要做法及成效》为题,应邀在中国老年大学协会学术委员会三届三次全委会上发言;组织召开学校2021年度理论研讨会,论文投稿53篇;整理编印《天津市老年人大学"十三五"科研成果选集》。6月10日,山东省人大常委会副主任王随莲及山东老年大学领导到本校调研交流工作。深圳市委老干部局、深圳老年大学、内蒙古巴彦淖尔老年大学、天津市退役军人事务局等单位的领导和同人先后到学校考察交流工作。

撰稿:周冠军

审稿:张 勇

人物

新当选两院院士

新当选中国科学院院士

卜显和，无机化学专家，主要从事功能配合物化学研究，1964年8月出生，辽宁朝阳人，1993年9月加入中国致公党，1986和1992年先后获南开大学学士和博士学位（导师陈荣悌院士）。毕业后留校任教，1995年起任教授。曾赴日本广岛大学、日本分子科学研究所、东京大学、京都大学、香港科技大学等地高校与研究机构留学或做访问学者。历任南开大学化学学院化学系主任、材料科学与工程学院副院长、首任院长，中国人民政治协商会议第十三届全国委员会委员。兼任中国化学会及中国晶体学会理事，中国化学会晶体化学专业委员会主任、无机化学学科委员会委员等。担任中国化学快报和高等学校化学学报副主编，《中国科学：化学》《中国化学》《无机化学学报》《结构化学》《科技导报》《应用化学》、*Dalton Trans.*、*Aggregate*等期刊编委或顾问编委。在配位聚合物的功能导向构筑、结构调控及性能研究等方面取得了系统成果。建立配体引导的配位聚合物结构调控方法，构建系列新体系；提出配体骨架柔性及非配位基团控制策略，揭示了配体特性引导的结构调控规律；提出利用配位键及超分子作用实现刺激响应新策略，发现主—客体作用引发的动态行为新机制，构筑了具有客体可控封装、磁/电双稳态外场响应、热/压敏荧光传感等性能的新型智能材料；提出基于结构基元电子特性的配位聚合物功能导向合成新策略，发展了从微观载流子传输通路、能级排布到宏观单晶异质结构的多层次调控方法等。以通讯作者发表学术论文500余篇。主编《配位聚合物化学》专著一部（科学出版社出版），副主编或参编其他专著与教材多部。以第一完成人获2014年度国家自然科学二等奖、2018年度天津市自然科学特等奖、2002及2011年度天津市自然科学一等奖等奖项。2002年获国家自然科学基金委杰出青年基金资助，2004年被评为教育部领军人才项目特聘教授。2010年获卢嘉锡优秀导师奖，2012年获中国侨界贡献奖（创新成果），2016年获中国侨界贡献奖（创新人才），2017年入选首批天津市杰出人才，同年被评为天津市优秀科技工作者，2019年获天津市"最美科技工作者"称号，2022年获全国五一劳动奖章。2021年当选中国科学院院士。

元英进，男，1963年10月生，中国科学院院士。天津大学化工学院教授、博士生导师。国家"973"项目首席科学家、国家杰出青年基金项目获得者、创新群体负责人。教育部"珠峰计划"合成生物学前沿科学中心主任，《合成生物学》主编，IChemE Fellow。元英进一直工

作在生物化工前沿和应用领域,长期致力于合成生物学科研教学。他建立了酵母基因组缺陷定位及精准修复方法,成功化学合成出五号和十号两条酵母长染色体,还开发出基因组重排控制方法,创制高产酵母菌株,实现工业规模应用,打通了基因组合成从基础研究到产业化的链条。其成果荣获"中国科学十大进展"、天津市自然科学特等奖、中国化工学会"基础研究成果"一等奖、侯德榜化工科技成就奖等。

新当选中国工程院院士

王树新,男,1966年9月生,中国工程院院士。天津大学机械工程学院教授、博士生导师。国家杰出青年基金项目获得者、第二届全国创新争先奖获得者。机构理论与装备设计教育部重点实验室主任、高端装备机构理论与技术基础国家基金委创新群体负责人。王树新教授长期从事柔性机构系统及其在海洋装备、医疗装备、制造装备中的工程应用研究,研制成功"妙手"微创手术机器人系统,获得国内第一个腔镜手术机器人产品注册证;研制成功"海燕"系列水下滑翔机,创造下潜深度10619米世界纪录。他先后获国家技术发明二等奖2项、国家科技进步二等奖1项。2021年获美国机械工程师协会达·芬奇奖(ASME DED Leonardo da Vinci Award)。

王成山,男,1962年11月生,中国工程院院士。天津大学电气自动化与信息工程学院教授、博士生导师,国家杰出青年基金项目获得者,国家"973"项目首席科学家,入选"国家特支计划"百千万工程领军人才计划。王成山教授长期从事电力系统配电网技术研究,在城市电网结构优化理论和方法方面取得了系统性创新成果,技术获得广泛应用,在我国大规模城市电网建设改造中发挥了重要作用,为我国城市电网科学发展做出了重要贡献;发明大型城网运行调控新技术,解决了安全域分析与复杂城网运行调控关键技术难题;研发了微电网成套系统与装备,创新了微电网的

技术应用模式,为大规模分布式电源的高效利用提供了有效的解决方案。他以第一完成人获国家技术发明二等奖1项、国家科技进步二等奖2项,以第二完成人获国家科技进步二等奖1项;获何梁何利科学与技术进步奖、全国创新争先奖。以第一发明人授权发明专利39件,以第一作者出版中/英文著作5部,以第一/通讯作者发表论文170篇,他引1.6万余次,近6年连续入选Elsevier中国高被引学者。所领导的团队入选教育部创新团队、科技部重点领域创新团队。

新当选中国科学院外籍院士

米夏埃尔·格雷策尔(Michael Grätzel),瑞士国籍,物理化学家。1944年出生于德国多夫歇姆尼茨。1968年在德国柏林自由大学获化学硕士学位,1971年在柏林工业大学获物理化学博士学位,并在亚洲和欧洲多所大学获得了10多个荣誉博士学位,1972—1974年在美国圣母大学进行博士后研究。1977年至今一直在瑞士洛桑理工学院工作,现任瑞士洛桑理工学院界面与光子学实验室主任、教授。2012年当选为欧洲科学院院士,2014年当选为德国国家科学院院士,2016年当选为美国国家发明家学院院士,2019年当选为瑞士工程科学院院士,2021年当选为中国科学院外籍院士。曾担任康奈尔大学Mary Upton客座教授和新加坡国立大学杰出客座教授,以及加州大学伯克利分校,巴黎高等师范学院和代尔夫特理工大学特邀教授。被中科院长春应用化学研究所和华中科技大学评为杰出名誉教授,并被中国科学院选为阿尔伯特爱因斯坦教授。兼任韩国成均馆大学纳米技术高级研究所杰出访问教授和名誉主任,新加坡南洋理工大学客座教授和德国马克斯普朗克固体研究所访问研究员。2020年至今兼任南开大学双聘院士。格雷策尔教授主要开展染料敏化太阳能电池、钙钛矿太阳能电池和太阳燃料创新研究并取得卓越成就,被誉为"染料敏化太阳能电池之父",开创了介观系统中能量和电荷转移反应研究及其在能量转换系统中的应用,并取得一系列重大科学突破,发明了染料敏化太阳能电池(被称为"Grätzel电池");此外,在染料敏化太阳能电池方面的工作,促成了钙钛矿太阳能电池的迅速发展,10年内就以超过25%的光电转换效率超越了多晶硅太阳能电池的转换效率;引领了介观系统在太阳燃料领域的应用。他参与编撰了多部书籍,迄今已在 *Nature*、*Science* 等期刊发表论文1650多篇,总

引用41万余次,单篇最高引用超过3万次,谷歌学术(Google Scholar)h指数280;2019年,斯坦福大学主导的一项科学家排名将格雷策尔教授被列为各领域10万名顶级科学家中的第1名。格雷策尔教授获授权专利50余项。获国际知名奖励30余项,包括欧洲千禧年创新奖(2000)、英国皇家化学会法拉第奖章(2001)、意大利埃尼—依达尔科学环境奖(2003)、以色列海法理工学院哈维科学技术奖(2008)、爱因斯坦世界科学奖(2012)、以色列萨姆森总理替代燃料创新奖(2014)、沙特阿拉伯费萨尔国王国际科学奖(2015)瑞士化学学会巴拉塞尔士奖和奖章(2016)、英国皇家化学学会百年奖(2016)、俄罗斯全球能源奖(2017)、德国化学学会奥古斯特·冯·霍夫曼纪念章(2018)、德国迪尔斯—普朗克奖章和讲座(2020)等。

新当选中国工程院外籍院士

赵 华,男,1963年3月生,中国工程院外籍院士。英国国籍,英国皇家工程院院士,英国布鲁奈尔大学副校长,教授。在天津大学获得学士学位,英国利兹(Leeds)大学获得博士学位,现任天津大学机械工程学院兼职教授,从事高效发动机技术、通航动力技术以及替代燃料燃烧技术研究,重点针对我国发动机技术领域空白和薄弱点,开展有针对性的科学理论与应用技术攻关。赵华最早将可控自燃燃烧技术带入中国,同时针对内燃机高效燃烧过程的组织开展原理性创新,先后提出分层引燃燃烧技术、微引燃燃烧技术、复合两冲程燃烧技术等燃烧理论,突破了全可变气门定时、二冲程发动机设计、灵活燃料自适应等关键技术,有力地推动了我国内燃机技术的进步,为内燃机燃烧学国家重点实验室培养了多名骨干力量。他作为首席科学家承担了国家"973"研究计划1项,以负责人身份承担"973"课题3项,海外杰出青年基金项目1项,校企合作项目10余项,发表SCI、EI刊物论文100余篇,国际会议论文100余篇,2020年获天津市政府海河友谊奖。

逝世人物

王敬中(1933.09.21—2021.01.14)曾用名王敬忠,男,汉族,中共党员,南开大学化学院教授,大学学历,浙江文成人。1950—1953年在浙江温州高工、杭州工业学校学习,1953年9月至1956年9月在重工业化学工业综合研究部任技术员,1956年9月进入南开大学化学系物化专业学习,1963年毕业后留校从事物理化学科研教学,直至退休。发表了《综合因素对VPI—5分子筛晶化的影响》《β沸石的合成研究及其过程各阶段所产物物理化学性质》《脱铝Ω型分子筛的魔角旋转NMR研究》《合成因素对β沸石晶化的影响》等40余篇论文,其中多篇为国际性学术学会所录用。1994年3月退休。

辜燮高(1923.10.23—2021.01.15)男,汉族,民盟盟员,南开大学历史学院教授,硕士研究生学历,四川青神人。1946年毕业于武汉大学历史系,后赴爱丁堡大学留学,回国后任广西大学副教授,1951年受聘于南开大学,历任历史系副教授、教授。曾任中国英国史研究会副理事长。主要从事世界史,特别是英国史的教学和研究。著有《英国史》(蒋孟引主编)、《中东民族解放史》(约旦部分),合编《美国黑人解放运动大事记》,主译《一六八九——八一五年的英国》(上下册),合译《美利坚合众国的成长》《十七、十八世纪的欧洲大陆诸国》《美国南北战争史资料选辑》《美西战争史资料选辑》《剑桥世界名人百科全书》等著作,发表《11—17世纪初英国的钱币问题》《对英国上古、中古史分期的意见》《现代英国刊物中对废除谷物法意义的研究》《从继承制看马克白斯在苏格兰历史上的地位》等多篇论文,其中《苏格兰、日本、英格兰和中国的兄终弟及制》获天津市社会科学优秀成果论文三等奖。1989年5月退休。

尚稚珍(1930.10.12—2021.01.30)女,汉族,中共党员,南开大学化学学院教授,享受国务院特殊津贴专家,大学学历,天津市人。1954年于南开大学生物系昆虫专业毕业后留校任教,其间1960年于华南农业大学植物化学保护学习班学习一年，1962年调入南开大学元素有机化学研究所工作，1980—1982年在康奈尔大学做访问学者，1993年1—7月在马萨诸塞大学进行合作科研。曾任天津市昆虫学会理事长、农学植保学会常务理事，兼任国家、省、部级重点实验室学术委员等多种职务。长期从事新农药的创制研究，专长为杀虫剂及昆虫毒理，在探索与开发天然资源有效成份的基础研究中应用电生理、生物化学高新技术方面取得诸多成果，在开发杀虫剂新品种螟蛉畏、杀虫环、杀虫磺等小试、中试成果中发挥了导向性作用。参与编辑及主审《植物化学保护》《昆虫毒理学》《杀虫剂药剂的毒理与应用》和《天然产物及其类似物（英文版）》等专著，发表学术论文70余篇。1990年起享受国务院特殊津贴专家待遇。2001年3月退休。

张岩贵（1944.01.15—2021.02.02）男，汉族，中共党员，南开大学经济学院教授，享受国务院特殊津贴专家，硕士研究生学历，浙江省瑞安市人。1968年毕业于北京大学东方语言文化系，1968—1980年在广西防城和桂林工作，1983年在复旦大学世界经济研究所取得经济学硕士学位，1983年夏到南开大学经济研究所工作，1992—1994年赴美国哥伦比亚大学做访问学者。曾任南开大学国际经济研究所国际投资和企业研究室主任、《南开经济研究》副主编。主要研究国际直接投资和其他国际经济、中国涉外经济的理论与实践，是国内跨国公司研究领域著名专家。合作主编并出版了《外向型经济发展指南》《跨国公司概论》等多本著述，翻译了曼德尔关于长波的理论《资本主义发展的长波——马克思主义的解释》，在国内或国际学术会议和学术期刊上发表过数十篇论文。2009年9月退休。

肖英达（1927.01.30—2021.02.20）男，汉族，南开大学商学院教授，大学学历，江西省赣县人。1946年考入北平铁道管理学院（现北京交通大学）财务管理系，1950年毕业后留校，历任助教、讲师，1959—1972年先后到重庆和成都的铁路学校任教，1972—1978年到天津市红桥区教师进修学校任教，1978年到南开大学工作，历任管理学系经济管理教研室讲师、会计学系会计教研室主任，1988年6月被评为教授。曾兼任中国审计学会理事、天津审计学会副会长、天津社会经济会计师协会常务理事、审计署审计教材编审委员会委员等职务。肖英达是中国"比较审计

学"学科的首创者，审计学科的学术带头人，为南开大学审计专业的创办做出了巨大贡献。主编《旅游饭店会计》《谈审计权威》《比较审计学》等著作，译校并出版《管理数学》。1989年5月退休。

张毓琪（1933.08.30—2021.02.20）女，汉族，南开大学环境科学与工程学院教授，大学学历，江苏省镇江市人。1953年9月进入南开大学生物系动物专业学习，1957年9月毕业后留校在生物系任教，1975年10月调入南开大学化学系环保专业任教，1984年调入南开大学环境科学系任教，1992年2月被评为教授。曾兼任中国科协动物学会会员、环境科学学会环境生物专业委员会委员。主要从事生态学、生物学和环境毒理学的教学和研究。发表了多篇学术论文，参与了"六五""七五"国家攻关项目。《关于渤海湾环境质量评价及其自净能力的研究》于1982年获天津市优秀科技成果一等奖，《京津渤区域环境结合研究》于1985年获国家科技进步二等奖，1986年获天津市环保局颁发的环境保护科学技术成果奖，1990年获国家科学技术委员会颁发的"六五"国家科技成果完成者证书。1996年10月退休。

徐民忠（1935.06.29—2021.02.22）男，汉族，南开大学经济学院编审，大学学历，天津市人。1953年9月在天津市土木工程学校工业与民用建筑专业学习，1956年8月毕业后到成都市建筑工程局技术科工作，1960年9月进入成都大学（现西南财大）政治经济学系学习，1965年9月毕业后到北京市外文出版社政治编辑室工作，1974年9月到南开大学经济学系世界经济教研室工作，1984年9月到南开大学经济学院《南开经济研究》编辑部工作，1996年1月被评为编审。曾兼任天津市世界经济学会理事、天津市学报学术研究类期刊专业初评组组长、天津市新闻出版管理局报刊专家审读组成员等社会职务。主要从事图书、期刊的编辑出版，发表了多篇论文。1995年被评为南开大学优秀教育工作者。1996年3月退休。

陈新坤（1932.12.01—2021.03.04）男，汉族，南开大学化学学院教授，大学学历，福建仙游人。1953年8月进入厦门大学化学系学习，1957年9月毕业后进入南开大学化学系任助教，1970年6月至1974年5月下放在天津市西郊杨柳青镇东桑园村办化工厂，1974年6月返回南开大学化学系工作，历任助教、讲

师、副教授,1988年6月被评为教授。曾兼任中国光学会光谱专业委员会等离子体学组副组长、天津理化检验学会理事、《光谱学与光谱分析》编委、《影像技术》编委等社会职务。主要从事原子发射光谱分析的教学与科研工作,主编的著作有《电感耦合等离子体光谱法原理及应用》《原子发射光谱分析原理》,参编的著作有《仪器分析》。1986年被天津市科协评为工作积极分子。1996年10月退休。

王家骅(1934.03.07—2021.03.09)男,汉族,中共党员,南开大学出版社编审,大学学历,天津市人。1958年于南开大学物理系毕业后留校任教,曾任南开大学物理系半导体教研室主任,1983年5月调至南开大学出版社任理科编辑室主任。曾兼任天津市编辑工作委员会委员、全国高等院校计算机基础教育编辑委员会委员等社会职务。参与研制氢离子敏感场效应晶体管并通过了天津市科委的鉴定,参与编著《半导体器件物理》《离子敏感器件及其应用》《自然科学基础辅导》等著作,参与翻译《计算机科学与工程百科全书》,发表《无定形氢化碳薄膜》《半导体化学敏感器件—氢离子敏感场效应晶体管》等多篇学术论文,担任责任编辑出版的图书有《杨振宁演讲集》《光学信息处理》《多元数据分析方法》《有机化学》等。多次获得天津市优秀图书编辑奖,1994年获国务院政府特殊津贴。1994年9月退休。

李美盈(1930.11.29—2021.03.15)女,汉族,中共党员,南开大学外国语学院教授,大学学历,北京市人。1949年8月至1952年7月在北京外国语学院学习,毕业后留校在留苏预备部工作,1962年11月到南开大学外文系俄语专业教研室任教,历任讲师、副教授、教授。曾任中国苏联东欧学会成员。主要从事俄语教学方法的研究工作和教材编写工作,是教材《苏联国情知识选读》的主编之一。曾被评为校级优秀教师,两次被评为校级优秀班导师。1989年5月离休。

吴弘宝(1955.11.25—2021.03.18)男,汉族,中共党员,南开大学APEC研究中心编审,大学学历,浙江绍兴人。1976年1月至1978年1月在天津市东郊农牧场当知青,1978年2月到南开大学历史系世界史专业学习,1982年毕业后留校,在南开大学团委办任干事,1983年10月调入南开大学经济学院任科级干部,其间于1989年8月至1991年2月赴加拿大做访

问学者,1994年3月调入南开大学国际学术交流处任副处长,2001年12月调入南开大学APEC研究中心任副主任,2002年7月起兼任南开大学APEC研究院副院长。主要从事中外经济文献编译,曾参与编写《TPP谈判的最新进展及中国的应对策略研究》,担任译著《津海关史要览》的校审。2016年3月退休。

刘家鸣(1933.09.02—2021.03.24)男,汉族,中共党员,南开大学文学院教授,享受国务院特殊津贴专家,硕士研究生学历,福建长乐人。1956年本科毕业于南开大学中文系汉语言文学专业,后师从李何林教授攻读中国现代文学研究生,1958年硕士毕业后留校任教。曾任南开大学鲁迅研究室主任,兼任中国鲁迅研究学会理事。主要从事中国现当代文学、文艺理论的教学与研究工作,对中国现代小说、戏剧、诗歌均有深入研究。发表有关鲁迅研究与现代文学方面的学术论文20余篇,曾三次获得天津市社会科学优秀成果奖。出版《鲁迅小说的艺术》《中国现代文学先驱者论集》等著作。1996年10月退休。

陈瑞阳(1934.03.08—2021.03.24)男,汉族,中共党员,南开大学荣誉教授,享受国务院特殊津贴专家,大学学历,河北迁西人。1948年参加中国人民解放军,1951年进入中山大学工农速成中学学习,1955年考入南开大学生物学系,1960年毕业留校参加工作,1988年获广岛大学博士学位。著名植物学家、遗传学家,天津市授衔专家,曾任南开大学生物学系主任。主要从事细胞遗传学研究,是中国植物细胞遗传学领域的奠基人和开拓者,在植物染色体研究技术和中国经济植物,特别是起源于中国的栽培植物及其野生种质资源染色体研究方面,作了大量系统的研究。先后发表研究论文100余篇,论著6部,著作《中国主要经济植物染色体图谱》填补了世界植物染色体图谱的空白,标志着中国植物染色体研究达到了国际领先水平。曾获省部级科技奖励10余项,2003年获国家自然科学奖二等奖,2012年获南开大学特殊贡献奖,2019年获南开大学首届科学研究杰出贡献奖。2002年9月离休。

车铭洲(1936.09.20—2021.04.01)男,汉族,中共党员,南开大学周恩来政府管理学院教授,大学学历,山东宁津人。1962年于北京大学哲学系毕业后进入南开大学哲学系任教,历任南开大学政治学系

主任、法政学院院长、南开大学教务长，期间1982—1983年赴明尼苏达大学做研究工作，1992—1993年赴新泽西州立大学做研究工作。曾兼任教育部政治学教学指导委员会副主任、天津社会科学界联合会副主席、天津市外国哲学学会会长、天津市政治学会副会长、天津市国际文化交流研究会会长、南开大学校务委员会委员及学术委员会委员等职务。主要从事西方哲学、政治学等领域的教学研究工作，是中国著名的哲学家、政治学家、教育家。著有《西欧中世纪哲学概论》《现代西方五大哲学思潮》，对中国的中世纪哲学、现代西方哲学研究具有开创意义，合著与主编《现代西方哲学概论》《现代西方的时代精神》《现代哲学思潮与青年思想教育》《现代西方哲学源流》《现代西方语言哲学》《现代西方思潮概论》，译有《批判存在主义对辩证法的理解》等著作。2000年9月退休。

赵文芳（1934.05.13—2021.04.02）男，汉族，中共党员，南开大学继续教育学院研究员，大学学历，河北武强人。1952年2月至1955年8月先后在黑龙江人民政府办公厅、中共中央东北局办公厅秘书处和宣传部办公厅速记组工作，1955年8月进入南开大学历史系学习，1958年10月毕业后留校，任历史系年级主任、党总支秘书，1961年9月至1963年6月在中国人民大学哲学系马列主义基础系进修，1963年7月到南开大学哲学系任教，兼任副系主任、总支副书记，1983年6月至1987年6月在南开大学教务处任副处长兼支部书记，后调入南开大学成人教育学院，历任副院长、院长。曾任天津市普通高等学校成人教育分会副会长。主要从事成人高等教育研究，在《南开教育论丛》等期刊杂志上发表多篇文章。1988年被天津市科学技术委员会评为市继续教育先进个人，1989年被南开大学评为校级优秀教育工作者。1994年9月退休。

宋德瑛（1936.10.15—2021.05.01）男，汉族，中共党员，南开大学化学学院教授，享受国务院特殊津贴专家，大学学历，安徽庐江人。1956年进入南开大学化学系学习，1961年8月毕业后留校任教，历任南开大学化学系讲师、新能源材料化学研究所副所长、化工厂党总支书记、设备处处长。曾兼任中国化学协会会员、中国氢能学会理事、国家863项目课题组组长等职务。主要从事无机材料化学的研究，是中国最早从事储氢材料、储氢电极材料和氰化物—镍电池的研究学者之一，获准专利8项，在国内外刊物上发表学术论文60余篇。1986年获国家教委科技进步二等奖，1993年获国家科委先进个人二等奖，1994年获国家教委科技进步二等奖，享受国务院政府特殊津贴。2003年3月退休。

何柏荣（1932.09.26—2021.05.11）男，汉族，南开大学数学科学学院教授，大学学历，浙江余姚人。1950年9月进入清华大学化工系学习，1951年8月至1956年7月在莫斯科石油学院地球物理专业学习，毕业后到北京石油学院地球物理教研室任教，1963年5月至1978年8月在二机部九院任工程师，1978年9月进入南开大学物理系任教，1981年5月调入南开大学数学系任教。曾兼任计算数学学会、计算物理学会理事以及天津地震学会理事。主要从事计算数学和微分方程数值解的教学和研究，在《计算物理》等学术刊物上发表论文10余篇。1984年获核工业部荣誉证书，1991年获局级优秀教师荣誉证书。1993年4月退休。

李宝森（1930.09.16—2021.06.11）女，汉族，中共党员，南开大学生命科学学院教授，大学学历，河南光山人。1950—1951年在河南大学财经学院会计专科学习，1952—1956年在北京重工业部团委工作，1956年9月进入南开大学生物系学习，1960年9月毕业后留校任教，历任生物系遗传教研室讲师、副教授、教授。主要从事遗传学教学，主编并出版教材《遗传学》，参与编写《前途广阔的细胞工程》，在《遗传》等杂志刊物上发表多篇论文。1991年3月退休。

朱海清（1928.11.13—2021.06.13）女，汉族，中共党员，南开大学生命科学学院教授，硕士研究生学历，湖南汝城人。1949年9月至1953年9月就读于南开大学生物系动物专业，毕业后留校工作，在生物系历任助教、讲师、副教授、教授。1956年赴北京俄语学校学习一年，1957—1961年赴莫斯科大学生物系动物专业攻读研究生学位。曾任中国昆虫学会成员、中国昆虫学会《昆虫知识》编委会编委。主要从事昆虫组织与生态学的研究工作，在国内外刊物上发表了多篇论文。1989年5月退休。

胡　青（1930.04.29—2021.06.22）男，汉族，南开大学经济学院教授，硕士研究生学历，广东开平人。1948年12月参加革命工作，1951年8月本科毕业于南开大学经济系,1953年7月于中国人民大学政治经济学教研室硕士毕业后留校任教,1962年9月至1983年12月分别在暨南大学、中山大学经济系任教,1984年1月到南开大学经济研究所工作,历任讲师、副教授、教授,1989年12月赴美国得克萨斯大学研究所进行了16个月的专题研究。曾任《南开经济研究》副主编。主要从事世界经济专业的综合性理论问题研究,参与编著《战后国家垄断资本主义条件下的经济周期与危机》,担任《三论世界发展中的跨国公司》中译本的总校对,发表多篇学术论文。1985年获南开大学教学质量优秀奖。1993年6月离休。

赵春益(1935.05.26—2021.06.23)男,汉族,中共党员,南开大学金融学院教授,大学学历,河北唐山人。1958年9月进入南开大学经济系经济学专业学习,1963年7月毕业后到天津师范学院政法系任助教、讲师,1982年12月到南开大学金融学系工作,历任讲师、副教授、教授。曾兼任全国高师《资本论》研究会理事、金融学会会员。主要从事国内金融学和货币银行学的教学和研究,主编并出版的著作有《金融学通论》《股份制度与证券金融》《港台金融制度》,参与编写并出版的著作有《社会主义初级阶段金融市场》《货币银行学原理》(修订本)。1977年获评天津师范大学校级先进教育工作者,1985年获评天津市金融学会金融科研积极分子。1997年3月退休。

张素华(1939.12.16—2021.06.29)女,汉族,南开大学化学学院教授,大学学历,河北威县人。1959年考入南开大学生物系,1964年毕业后到中国科学院动物研究所任研究实习员,1974年到南开大学元素有机化学研究所工作,历任讲师、副教授、教授。曾兼任中国植物保护学会会员、中国植物病理学会会员、中国化工学会会员。主要从事农药生物学的研究工作,曾参加三项国家重点攻关项目,发表多篇学术论文,其中核心刊物15篇,建立新的杀菌剂生物活性测定方法5种,申请2项国家专利,研制开发多种新型农药。1995年获天津市津南区政府颁发的科技成果一等奖。2000年3月退休。

王者福(1941.05.17—2021.06.30)男,汉族,南开大学化学学院研究员,大学学历,山东栖霞人。1959年9月进入北京大学无线电电子学系波谱及量子电子学专业学习,1965年7月毕业后到南开大学物理系固体能谱组工作,1966年2月调入南开大学元素

有机化学研究所分析室工作,历任助教、讲师、副研究员、研究员。主要从事电子自旋共振波谱学的研究,在ESE谱仪的使用范围上做出了有特色的研究工作,发表《使用386微型机的ESR数据采集和处理系统》等多篇学术论文,参与完成译著《使用电子自旋共振简明教程——生命科学专业适用》。1995年获天津市科技进步三等奖。2001年9月退休。

魏宏运(1925.01.18—2021.07.21)男,汉族,中共党员,著名历史学家,南开大学荣誉教授,大学学历,陕西长安人。1945年参加革命,1946年进入北平辅仁大学历史系,1948年转入南开大学历史系,1951年毕业于南开大学历史学系,留校工作后历任校文学院总支书记、历史系支部书记和系主任、校学术委员会委员等职。曾任国务院学位委员会历史学评议组成员,国务院哲学社会科学规划小组二、三届成员,中国现代史学会名誉会长,天津市历史学学会理事长及名誉会长,中国史学会理事,香港学术评议局成员,《历史教学》杂志副总编,南京大学民国史研究中心名誉研究员等职务,同时还是海内外多所名校的兼职教授。著有《魏宏运文集》(6卷)《锲斋文录》《锲斋文稿》《抗日战争与中国社会》《中国近代历史的进程》《魏宏运自订年谱》,主编有《中国现代史》(上下)《抗日战争时期晋察冀边区财政经济史料选编》(4卷)《华北抗日根据地史》等大型资料集和著作,在海内外发表百余篇学术论文。魏宏运是南开中国近现代史学科的奠基人,南开史学的代表性人物,也是公认的中国近现代史研究领域的开拓者之一。2000年3月离休。

史慧明(1925.12.06—2021.07.30)女,汉族,民进会员,南开大学化学学院教授,大学学历,河北唐山人。1943—1947年就读于北京大学化学系,毕业后到南开大学化学系任教,历任分析教研室主任、副教授、教授。主要从事分析化学的教学与科研工作,着重于分析化学中的多元结合物,在此领域发表20余篇论文,著有《稀有元素分析化学》上、下册,译著《无机分析用有机试剂手册》,翻译了部分苏联化学教材。1964年获评为南开大学先进教师,1979年获天津市科技三等奖,1980年获评为天津市三八红旗手。1991年3月退休。

吕可诚(1940.01.07—2021.07.30)女,汉族,中共党员,南开大学物理科学学院教授,大学学历,河北

盐山人。1960年考入南开大学物理系,1965年毕业后留校任教,曾任南开大学物理科学学院光电信息科学系主任。主要从事光学领域的教学科研工作,合作编写《激光物理》《应用激光技术概论》《光波学》三部教材和科技书刊《光学与光电子学》,主持参加国家和地方资助的研究项目10多项,均获高水平研究结果,并由国家科委、国家教委、国家基金委或天津市科委主持鉴定。在国内外重要学术刊物上发表论文70余篇,许多论文被国内外权威学术刊物收录、引用,部分论文获市级、校级优秀论文奖。科研成果"空军预警系统大屏幕投影物镜"获国防工业重大改进技术二等奖,"掺铒光纤放大器"和"光波空分复用通信系统"获国家级研究成果并向社会推荐,"功能型光纤器件及其应用研究"获国家教委科技进步三等奖。2005年9月退休。

潘同龙(1930.03.08—2021.09.05)男,汉族,中共党员,南开大学法学院教授,大学学历,安徽阜阳人。1949年7月本科毕业于北京大学法律系,1961年7月调入南开大学外文系,先后担任俄苏文学研究室副主任、主任,1981年由外文系调入南开大学法学系,担任法学系首任系主任,离休后长期担任天津仲裁委员会主任。曾兼任中国法学会理事、中国国际法学会常务理事、中国国际私法学会理事、天津市法学会副会长、天津市人民政府法律顾问、天津经济技术开发区研究顾问、天津市"八五"社科规划委员会法学组组长等职务。知名法学家、翻译家,主要从事国际私法、国际经济法等领域的研究和教学工作。主编、审定或参加编写《经济法》《国际私法学》《国际经济法》《国际海事法》《侵权行为法》等教材,合译出版《苏维埃继承法》《美国中央政权机关》《国家和法的理论》《苏联法律辞典》等译著,在《政法译丛》发表多篇译文,翻译、合译或校对出版多部世界文学作品。1993年4月离休。

宋秋蓉(1963.09.27—2021.09.16)女,汉族,中共党员,南开大学周恩来政府管理学院高等教育研究所研究员,博士研究生学历,辽宁法库人。先后在南开大学历史学系获得学士、硕士学位,2002年6月毕业于华中科技大学教育学专业,获得博士学位。1985年7月在南开大学参加工作。先后在学校教务处、高等教育研究所、周恩来政府管理学院高等教育研究所工作,历任副研究员、研究员。2009年9月至2010年4月,在堪萨斯大学和印第安纳大学做访问学者。主要从事高等教育管理、高等教育史研究。著有《近代中国私立大学发展史》等,发表学术论文30余篇。

吕福云(1945.07.10—2021.09.19)女,汉族,中共党员,南开大学物理科学学院教授,大学学历,河北晋州人。1969年在南开大学物理系毕业后留校任教,曾任南开大学物理系光学党支部书记、光学教研室副主任、物理学院党总支书记。曾兼任《中国物理快报》特约评审,《物理学报》《中国激光》等刊物评审。主要从事光电子学领域的教学和科研工作,编写或合编《信息光电子学》《光电子技术基础》《电磁学》《电子线路》等教材。主持参加国家和地方资助的自然科学基金、科技攻关、"863"高科技项目和攀登计划项目10余项,均获高水平研究结果。在国内外重要学术刊物和国际会议上发表学术论文百余篇,部分论文获市级、校级优秀论文奖。2011年3月退休。

张鸿文(1938.07.19—2021.09.27)男,汉族,中共党员,南开大学马克思主义学院教授,大学学历,河南温县人。1961年9月至1968年9月在南开大学政治经济学系学习,毕业后先后在新疆喀什和阿克苏县从事行政工作,1972年5月到南开大学马列教学部任教,1992年2月被评为教授。曾兼任天津市经济学会会员、政治学社会主义部分研究会会员。主要从事政治经济学、中国社会主义经济建设理论的研究,主编或参编《社会主义政治经济学》《中国社会主义建设概论》《社会主义改革学原理》《中国社会主义建设》《中国社会主义建设教学要点》等,在《求知》《天津社联学刊》等杂志刊物上发表多篇文章。分别于1982年、1985年、1987年三次获校级教学质量优秀奖,1983年、1985年两次获天津市哲学社会科学优秀成果三等奖,1984年获评为校级先进工作者,1989年获校级教学优秀成果奖,1992年起享受国家政府特殊津贴。1999年3月退休。

李正名(1931.01.02—2021.10.04)男,汉族,中共党员,南开大学化学学院教授,中国工程院院士,硕士研究生学历,上海人。1948年高中毕业后考取美国私立大学联合奖学金,1949年赴美求学,就读于位于南卡罗来纳州厄斯金学院化学专业,1953年8月经教育部分配到南开大学工作,担任杨石先教授科研助手,随后跟随杨石先教授攻读研究生,1956

年研究生毕业于南开大学化学系,先后任讲师、副教授、教授,其间1980—1982年在美国联邦政府国家农业研究中心做访问学者。曾先后担任南开大学元素有机化学研究所所长、元素有机化学国家重点实验室主任、农药国家工程研究中心(天津)主任等职务。曾兼任国际纯粹与应用化学联合会(IUPAC)中国代表与资深代表,联合国工业发展组织(UNIDO)南通农药剂型开发中心技术委员会主任,国际刊物 *Pest Management Science* 执行编辑,中国工程院化工冶金与材料学部常委,国家自然科学基金委员会有机化学评审组组长,中国化工学会农药分会副理事长,国务院学位委员会委员,教育部长江学者化学化工组组长,国家基金委杰出青年评委,中国化学会副秘书长,上海有机化学研究所国家重点实验室学术指导委员会委员,中国农药工业协会高级顾问,中国农药发展与应用协会高级顾问,天津市科学技术协会副主席,天津化学化工协同创新中心理事,多所国家与教育部重点实验室学术委员主席、委员等职。作为国内绿色农药的主要倡导者,在2002年9月第188次北京香山科学会议上首次提出"绿色农药创制"的指导思想,先后主持了国家"六五"到"十三五"各类农药重点攻关项目、国家重点基础研究发展计划(973计划)项目、国家自然科学基金重点项目等。李正名团队自主研发创制的单嘧磺隆,是中国第一个具有自主知识产权的绿色超高效除草剂。在国内外重要学术期刊发表论文600余篇,出版著作8本。曾获全国科学大会奖(1978年)、国家自然科学二等奖(1987年)、国家科技进步一等奖(1993年)、国家技术发明二等奖(2007年)、化工部科技进步一等奖(1991年)、教育部科技进步二等奖(1993年,1998年)、天津市技术发明一等奖(2005年)、天津市科技重大成就奖(2014年)、天津市优秀共产党员(2016年)、中国化工学会农药专业委员会终身成就奖(2016年)等70多项奖励和荣誉称号。2018年10月退休。

徐温元(1924.09.09—2021.10.14)男,汉族,中共党员,南开大学电子信息与光学工程学院教授,大学学历,安徽安庆人。1946年毕业于北京师范大学,先后任教于山西大学,1948年受聘于南开大学,1958年创建南开大学半导体专业,并担任专业主任,1986年5月被评为教授。历任天津电学会会长、中国光伏学会秘书长,南开大学分校校长等职。曾兼任全国非晶物理学会委员、天津物理学会理事、天津半导体学

会理事等职务。主要从事半导体物理、表面物理、大规模集成电路测试、非晶态物理等方面研究。1996年12月退休。

刘珺珺(1933.01.15—2021.10.22)女,汉族,中共党员,南开大学周恩来政府管理学院教授,享受国务院特殊津贴专家,大学学历,山东章丘人。1950年9月至1952年8月就读于北京大学西语系俄语专业,毕业后在北大新民主主义论教研组任助教,1953—1960年任南开大学马列教研室助教,其间1955年9月至1957年8月在中国人民大学哲学研究生班学习,1960—1981年任南开大学哲学系助教,1981—1985年任副教授,1985—1987年任南开大学社会学副教授,1988年任教授,1992年起任博士生导师,1990—1995年任南开大学社会学系主任。曾任国务院哲学社会科学学科评议组成员,天津市"八五""九五"规划社会学学科组成员,南开大学学位委员会委员。曾兼任中国社会科学院社会学研究所博士生导师、中国科学史学会理事、天津市自然辩证法研究会理事、全国STS研究会常务理事、《自然辩证法通讯》编委等社会职务。主要从事科学技术史、科学社会学、科技人类学教学和研究。翻译出版科学史奠基人乔治·萨顿的《科学的生命》、R.J.弗伯斯的《科学技术史》、亨利·莱斯特的《化学的历史背景》、厄恩斯特·迈尔的《生物学思想的发展:多样性,进化与遗传》等译著,出版《科学社会学》《知识与社会行动的结构:知识社会的理论与实践研究》等著作,发表《科学社会学的"人类学转向"和科学技术人类学》《科学技术人类学:科学技术与社会研究的新领域》《科学社会学的研究传统和现状》《科学的社会影响》等多篇学术论文。曾作为百名中国杰出女性之一入选《巾帼风采》大型画册。2003年9月退休。

黄成龙(1938.05.24—2021.10.22)男,汉族,中共党员,南开大学教务处研究员,大学学历,湖北武汉人。1956年9月至1961年9月就读于南开大学物理系物理专业,毕业后到天津市光学仪器厂任技术员,1979年到南开大学物理系任教,历任讲师、副总务长、副教务长。曾兼任天津市科技评价中心客座研究员。在南开大学任职期间先后从事学校的后勤基础建设和教学科研技术装备建设的规划与管理工作,摘译美国科学院出版的丛书《实验物理方法》中的10卷,发表《全息光弹》等多篇论文。1998年9月退休。

林华宽（1944.03.06—2021.10.31）男，回族，中共党员，南开大学化学学院教授，享受国务院特殊津贴专家，博士研究生学历，江苏镇江人。1968年9月本科毕业于南京大学化学系，1968年10月至1978年10月在山东省化学研究所（原中国科学院济南化学研究所）从事色谱、催化研究，1978年10月至1981年7月在南开大学化学系攻读硕士研究生，1984年12月在南开大学化学系取得博士研究生学位，毕业后留校任教，先后在南开大学化学系任讲师、副教授、教授，其间1990年7月至1991年7月赴俄克拉荷马大学化学系参与博士后研究。曾任国际抗癌药物期刊成员。自1978年起从事溶液配位物理化学研究，擅长溶液配位反应热力学、动力学、热化学研究，研究内容包括模拟酶、抗癌药物、阴离子识别。在国内外重要核心期刊上发表论文230多篇。1985年7月"络合物化学中的线性热力学函数关系"获原国家教育委员会科技进步奖二等奖；1991年5月"溶液配位化学中热力学和动力学研究"获原国家教育委员会科技进步奖二等奖，同年被国务院学位委员会和原国家教育委员会授予"对社会主义建设做出突出贡献的中国博士学位获得者"称号；1993年获国务院政府特殊津贴。2010年9月退休。

安　旭（1934.03.01—2021.11.15）男，汉族，民盟盟员，南开大学文学院教授，大学学历，河南禹州人。1950年9月至1951年8月在河南开封艺专美术科学习，1951年9月至1952年9月在河南省文联创作部任美术创作员，1952年10月至1954年8月在河南妇女杂志社编辑部任美术编辑，1954年9月至1958年9月在北京外语学院俄语系翻译专业学习，毕业后到天津医科大学外语教研组任助教兼主任（代），1971年到天津艺术学院任助教，1986年到南开大学东方艺术系任教，历任讲师、副研究员，其间1990年赴俄勒冈州立大学讲学，1994年5月被评为教授。曾兼任中国美术家协会会员、中国民族学会会员、天津民俗学会理事、中央民族大学特邀研究员等职务。主要从事中国书画、民族美术史的教学与研究工作，对花鸟画有深入研究，创作大量书画作品，出版《藏族美术史研究》等多部著作。曾获西藏科技进步三等奖（1983年）、天津鲁迅文艺二等奖（1989年）、西藏科技进步三等奖（1993年）、全国名人书画邀请展一等奖（1993年）、迎奥运全国书画荣誉奖（1995年）。1997年3月退休。

唐士雄（1936.06.02—2021.12.07）男，汉族，南开大学化学学院教授，大学学历，广东中山人。1954年9月考入南开大学化学系，1958年9月毕业后留校，在化学系历任助教、讲师、副教授、教授，其间1985年6月至1986年6月赴曼尼托巴大学化学系进修一年。曾兼任高等学校化学教育研究中心学术委员、有机化学教材建设组秘书。主要从事化学有机合成的研究，参与多个国家自然科学基金项目，发表多篇学术论文。1997年10月退休。

李宪庆（1937.01.02—2021.12.27）男，汉族，中共党员，南开大学人事处研究员，大学学历，河北文安人。1954年6月参加中国人民解放军防空二预校学习，1956年12月转业到河北水利学院工作，1961年7月就读于南开大学历史系，1966年7月毕业后留校在历史系工作，1983年任南开大学外文系党总支书记，1990年12月任南开大学人事处处长。在任期间，参与学校的编制核定、人员结构调整、教职工考核聘任等改革。曾在《南开史学》发表《〈清史稿·仁宗本纪〉正误》等文章。1992年获评"天津市劳动模范"称号，1993年获评为校级优秀党员，1997年获评为天津市人事系统十佳标兵。1998年3月退休。

张廷贤（1932.04.19—2021.01.15）男，汉族，大学本科学历，天津大学机械工程学院教授，北京市人。主要从事机械制造、机械动力学相关研究，于1992年6月25日晋升为教授。曾任天津市翻译协会理事、计算机辅助工程教研室主任等。曾主持承担多项北京市级科研项目。发表《动态铣削过程稳定性分析》《铣床极限切割宽度与谱分析》等多篇学术论文。

聂兰生（1930.12.02—2021.01.18）女，汉族，民主党派，大学本科学历，天津大学建筑学院教授，辽宁省新民县人。主要从事建筑学相关研究，于1986年5月15日晋升为教授。曾任建筑学报编辑委员、中国建筑学会现代中国建筑创作研究小组成员。曾获评天津大学先进工作者。主持承担多项国家级、天津市级科研项目。发表《探讨住宅设计中的厅户型平面，总体布局》《多层和底层高密度住宅方案的构想》等多篇学术论文。

周昌震（1917.01.01—2021.02.01）男，汉族，天津大学资产经营公司教授，湖北省汉阳县人。主要从事分析仪器及技术相关研究，于1986年5月15日晋升为教授。曾任分析中心主任、国家仪表总局科技委员会委员、天津市仪器仪表学会副理事长等职务。曾主持承担多项国家级科研项目,发表《关于分析仪器的分类》《自适应控制及其试验方法的研究》等多篇学术论文。

何永江(1931.10.03—2021.02.10)男,满族,民主党派,研究生学历,天津大学精仪学院教授,辽宁省兴城县人。主要从事计数控制及测试技术相关研究,于1986年5月15日晋升为教授。曾任天津计时学会理事、烟台宝石轴承厂顾问等职务。曾获评天津大学先进个人。曾主持承担多项国家级科研项目。发表《电子手表晶体振荡器的分析》《石英谐振器阻抗频率特性的分析》等多篇学术论文。

亢 亮(1933.01.23—2021.02.14)男,汉族,民主党派,大学本科学历,天津大学建筑学院教授,辽宁省鞍山市人。主要从事城市规划、建筑设计相关研究,于1993年12月22日晋升教授。曾任中国建筑学会会员、天津城市科学研究会会员、中国东方堪舆学会理事等。曾多次获市级规划设计奖,是天津市劳动模范集体受奖八名教师之一。曾主持参加多项城市规划设计类项目。编写《城市中心规划设计》《村镇规划与建设》等著作。发表《我国城镇化途径》《风水流派及风水机制探讨》等多篇学术论文。

吴文林(1934.09.22—2021.02.20)女,汉族,研究生学历,天津大学化工学院教授,江苏省江都县人。主要从事化工设备中的结构与强度问题、喷雾干燥相关研究,于1994年12月5日晋升教授。曾获评天津大学先进工作者、天津大学校级教书育人先进个人。曾主持参加多项科研项目。编写《化工容器及设备》《化工机械手册》等著作。发表《似塑性流体雾化研究 I.雾化特性的研究》《似塑性流体雾化研究 II.二流式喷咀的结构与尺寸参数》等多篇学术论文。

李恩贵(1932.01.22—2021.02.23)男,汉族,中共党员,大学本科学历,天津大学化工学院研究员,北京市人。主要从事化工机械相关研究,于1992年6月21日晋升为研究员。曾任化工机械教研室党支部副书记,中国振动工程学会会员。曾多次承担技术开发类项目。曾译 L.斯瓦罗夫斯著作《固液分离》。发表《旋叶压滤临界转速的计算》《复合型金属网在旋叶压滤机中应用》等多篇学术论文。

宋 初(1927.02.12—2021.03.12)男,汉族,天津大学建工学院教授,江苏省崇明县人。主要从事波浪与建筑物的相互作用相关研究,于1987年6月4日晋升为教授。曾任海岸动力实验室主任等职务。曾获评校级实验室先进个人,获国家科学技术进步奖二等奖。主持承担多项国家级科研项目。发表《波浪水流对墩柱的共同作用力》等多篇学术论文。

汪克让(1933.03.06—2021.03.29)男,汉族,大学本科学历,天津大学建工学院教授,河南省莱阳县人。主要从事水道及港口相关研究,于1993年12月22日晋升为教授。曾任力学学会会员、水运工程学会会员等职务。主持承担多项国家级科研项目。发表《随机波浪作用下随机结构系统响应分析》《单桩可靠度的分析计算》等多篇学术论文。

赵光济(1933.03.06—2021.03.29)男,汉族,大学本科学历,天津大学体育部教授,天津市人。主要从事体育相关研究,于1987年6月4日晋升为教授。曾任中国体育科学学会会员、天津市足协理事等职务。曾获评天津市青年积极分子代表。主持承担多项体育类科研项目。发表《足球裁判员的笛声与手势探讨》《如何做好足球裁判工作》等多篇学术论文。

严宗达(1926.03.24—2021.05.31)男,汉族,民主党派,大学本科学历,天津大学机械学院教授,辽宁省沈阳市人。主要从事固体力学研究,于1980年9月19日晋升为教授。曾获天津市劳动模范,天津市普及大寨县工作队先进队员等称号。曾主讲理论力学、材料力学、工程数学、弹性力学、塑件力学等课程。曾笔译《材料力学习题课指导》上下册、《工程力学文集》等著作,发表《以闭锁法分析开口钢架》《用富氏级数解各种边界条件下的直杆和矩形板的弯曲和稳定》《受偏心拉伸件的定常蠕变及蠕变试验中偏心的影响》《关于变形连续体虚功原理的表述方式及其实质的讨论》等多篇学术论文。

李希曾(1930.06.13—2021.06.06)男,汉族,大学本科学历,天津大学理学院教授,天津市人。主要从事理论物理研究,于1986年9月25日晋升为教授。曾任物理系《物理年刊》主编,全国量子光学及全国激光基本问题学术讨论会领导组成员。曾获评天津市青年社会主义建设积极分子。曾主持承担多项科研项目,编写《新型固体润滑材料二硫化钼》,发表

《受激发射特征的探讨》《光的量子理论中的一个简要规则》等多篇学术论文。

张金昌（1931.10.09—2021.06.20）男，汉族，大学专科学历，天津大学材料学院教授，天津市人。主要从事焊接质量无损检测及应用研究，于1991年12月30日晋升为教授。曾任中国焊接学会五委副主任委员，天津市无损检测学会副理事长。曾获国家教委科技进步一等奖、第二届全国发明展览会金牌奖等奖项。曾多次主持承担科研项目，著有《锅炉压力容器的焊接裂纹与质量控制》《压力容器的可靠性》，发表《在超声波探伤中用多维决策方法对焊接缺陷定性分类的实验研究》《焊接x射线探伤中底片黑度对显象质量影响的实验研究》等多篇学术论文。

张东明（1943.05.24—2021.06.20）男，汉族，无党派，大学本科学历，天津大学精馏技术国家工程研究中心研究员，辽宁省丹东市人。主要从事精馏技术方面的开发研究工作，于1997年11月30日晋升为研究员。曾任石油化工技术开发中心、精馏技术国家工程研究中心副主任。曾主持承担多项化工类科研项目，发表《由乙烯裂解副产品轻质原料油中提取精萘》等多篇学术论文。

王象箴（1925.03.13—2021.07.24）男，汉族，大学本科学历，天津大学建工学院教授，安徽省歙县人。主要从事钢结构构件截面选择研究，于1988年6月11日晋升为教授。曾任中国土木工程学会、中国水利工程学会会员。曾获天津大学教学效果优秀奖，石油工业部科学技术进步二等奖等奖项。曾主持承担科研项目，主审全国统编教材《水工钢结构》第一版和第二版，发表《轴心受压钢构件的截面选择》《偏心受压对称工字型实复钢构件的截面选择》等多篇学术论文。

张振衡（1929.06.13—2021.08.15）男，汉族，中共党员，大学本科学历，天津大学建工学院教授，安徽省贵池县人。主要从事力学研究，于1989年12月29日晋升为教授。曾任力学学会、水利学会、海洋学会会员，教研室主任等职务。曾获评市级先进工作者称号，多次获评校级先进工作者、积极分子。曾多次主持承担科研项目，著有《海洋工程结构动力分析》，编写全国统编《结构力学》教科书上下册等教材，主审《结构力学》《结构动力学》等著作。

邱驹（1929.11.19—2021.08.16）男，汉族，研究生学历，天津大学建工学院教授，福建省福州市人。主要从事港口工程及其抗震相关研究，于1989年12月29日晋升为教授。曾任天津水运工程学会总体规划专业委员、中国人民解放军海军勤务学院教授等。曾获水运工程水工建筑物抗震设计规范二等奖、水运工程标准规范工作二等奖、《港口工程》一书获交通部优秀教材一等奖。曾多次主持承担科研项目，编写《港口工程》《港口水工建筑物抗震分析计算》等专著，编写《水运工程抗震设计规范》等规范，发表《板桩码头锚碇单桩水平承载力》《扶壁式码头抗震模型试验及动力分析》等多篇学术论文。

黄洁（1935.02.19—2021.08.23）男，汉族，大学本科学历，天津大学化工学院教授，江苏省镇江市人。主要从事化学工程蒸馏与塔板研究，于1988年8月2日晋升为教授。曾任中国石油学会炼制分会炼制设备组成员、化工系工会主席等职务。主持承担国家级等多项科研项目，发表《大型塔板的流速场分析》《导向筛板气液动量传递的分析》等多篇学术论文。

陈关裔（1928.01.27—2021.08.27）男，汉族，中共党员，天津大学党办校办教授，上海市人。主要从事政治思想和行政管理相关工作，于1984年6月7日晋升为天津大学副校长。曾任天津大学校团委副书记、天津大学总务长等职务。

赵珺（1938.02.18—2021.08.28）男，汉族，中共党员，大学本科学历，天津大学化工学院教授，山西省阳泉人。主要从事化学工程与核化工相关研究，于1994年12月5日晋升为教授。曾任工业化学教研室主任、中国核化工学会理事。曾主持承担多项国家级、天津市级科研项目，发表《喷动床空隙率研究》《多空挡板流化床气泡行为研究》等多篇学术论文。

霍秉海（1946.05.13—2021.09.09）男，汉族，中共党员，大学本科学历，天津大学理学院教授，河北省安国人。主要从事大学物理、光物理等相关研究，于2001年6月30日晋升为教授。曾任天津大学物理系党总支委员等职务。曾获国家级教学成果三等奖、天津市教学成果一等奖等奖项。主持承担多项科研项目，发表《平行板电容的能量讨论》《工科大学物理内容改革》《测量研究各向异性装置》等多篇学术论文。

董庆绵（1935.06.29—2021.10.01）男，汉族，中共党员，大学本科学历，天津大学建筑设计研究院研究员，河北省沧县人。主要从事建筑结构设计及管理相关研究，于1993年12月27日晋升为研究员。曾任天津市勘察设计协会理事、中国科学技术学会会员等职务。曾获天津大学优秀党员等称号。曾主持承担多项国家级科研项目，发表《党总支如何做好保证监督工作》《设计院深化改革设想》《测量研究各向异性装置》等多篇学术论文。

康锡惠（1940.01.26—2021.10.20）男，汉族，中共党员，大学本科学历，天津大学党办校办研究员，河北省乐亭县人。主要从事高等教育研究工作，于1991年12月26日晋升为研究员。曾任天津大学校党委委员等。曾获天津市抗洪模范称号、天津市教卫工委优秀党员等。曾负责多项高校机关调研建设项目，发表《结合高校机关特点加强党的建设》《关于重视素质人才教育培养跨世纪人才的思考》等多篇学术论文。

宋光复（1945.06.25—2021.10.31）男，汉族，中共党员，大学本科学历，天津大学建石化中心研究员，山东省蓬莱县人。主要从事建筑结构设计及管理相关研究，于2001年6月30日晋升为研究员。曾负责多项国家级、天津市级化工项目，发表《甲苯磺化反应工艺与设备的研究》《丙酮一步法合成甲基异丁基酮过程中精馏系统的研究》等多篇学术论文。

王茂瑶（1929.09.02—2021.12.04）男，汉族，中共党员，大学本科学历，天津大学机械工程学院教授，山东省即墨县人。主要从事液压传动与控制相关研究，于1986年5月15日晋升为教授。曾任天津机械工程学会理事、天津市自动化应用技术研究会副会长等。曾获天津机械工程学会积极分子称号、天津市科学技术学会优秀攻关奖等。曾主持承担多项国家级科研项目，发表《流体传动与控制》《海上顶推船队液压自动联接系统》等多篇学术论文。

曲林桀（1937.09.02—2021.12.23）男，汉族，中共党员，大学本科学历，天津大学精仪学院教授，山东省招远县人。主要从事光电子技术相关研究，于1994年12月5日晋升为教授。曾任教研室党支部委员等。曾获天津大学年度教学效果优秀奖等。曾主持承担多项国家级科研项目，发表《暗孤子耗散阻尼的周期补偿》《一种新的通信系统—光纤孤立子通信》等多篇学术论文。

马会英（1945.09.16—2021.03.31）女，汉族，中共党员，天津工业大学教授，河北省人。1965年8月至1970年8月在天津纺织工学院纺织系棉纺专业学习。1970年8月参加工作。1970年8月至1994年8月任天津纺织工学院纺织系棉纺教研室教师，期间1982年2—8月到华东纺织工学院英语进修班学习。1994年8月至1996年2月到特拉华州立大学做高级访问学者，回国后于天津纺织工学院任教。曾获天津市科技成果奖（1998年）、桑麻基金会奖教金（2003年）、天津工业大学师德先进个人（2003年）称号、天津工业大学师德标兵（2005年）称号。主讲纺纱原理、纺纱设备等课程。曾编写专业英语教材、专业相关著作，发表学术论文多篇，主持多项纺织总会、横向等科研项目。

孙明珠（1945.08.27—2021.07.05）男，汉族，中共党员，天津工业大学教授，享受国务院特殊津贴专家，河北省人。1964年9月至1970年3月在清华大学力学系学习，毕业后留校任力学系教师。1977年8月至2000年11月在天津纺织工学院基础部工作，历任教师、副主任、主任。期间1980年9月至1981年7月在清华大学力学系研究生班学习并结业。2000年11月至2005年8月任天津工业大学理学院院长。曾讲授理论力学、微机屏幕设计等课程，主要从事理论力学计算机辅助教学研究工作。自主研制两套电算程序和三套CAI课件，获中国力学协会二等奖。1993年3月获中国力学学会优秀力学教师称号，同年10月获评有突出贡献的科学家，享受国务院政府特殊津贴。

鹿中甫（1923.01.16—2021.08.31）男，汉族，中共党员，初中学历，原天津纺织工学院党委副书记、革委会副主任、副院长（正局级待遇），河北省定县人。1940年1月参加革命工作。1940年1—10月任冀中七分区司令部侦查通讯连战士。1940年10月至1945年5月任冀中七分区机要股、晋察冀军区机要科译电员。1945年5月至1950年3月任冀中七分区机要股副股长、冀中独立第九旅机要科科长、第68军司令部机要科科长。1950年3月至1952年7月任绥远军区第23兵团机要科副科长。1952年7—12月任察哈尔省委办公厅机要处副处长。1952年12月至1954年4月任华北军区司令部机要干部轮训大队副政委。1954年4—12月任华北局机要处科长。1954年12月至1957年1月任河北省委机要处第一副处长。1957年1—7月任河北省定兴县委干部。1957年7月至1958年8月任河北省定兴县监察委员会书记。1958年8—12月任河北省定兴县委书记处书记。1958年12月至1967年7月任河北纺织工学院（天津纺织工学院）党委副书记。1967年7月至1983年10月任天津纺织工学院党委副书记、革委会副主任、副院长。1983年10月离休。2011年6月获天津工业大学优秀共产党员称号。

舒同林（1934.05.28—2021.01.08）男，汉族，中共党员，大学学历，原天津科技大学机械工程学院教授，河北省丰南县人。1958年毕业于北京工业学院，先后任教于北京工业学院和天津科技大学（天津轻工业学院）。主要从事轻工机械和固体力学方面的研究。长期从事教学和科研工作，主讲工程力学、制浆造纸机械、化工容器设计等本科生课程和实验应力分析等研究生课程。在国内外发表论文约40余篇。曾参与"造纸机用铸铁烘缸设计规定""高线压压榨辊设计规定""过盈配合结构的强度研究"等科研项目。轻工部项目"造纸机用铸铁烘缸设计规定"成果为国内首创，达世界先进水平，获轻工部科技进步奖（1991年）。

刘廷志（1972.06.14—2021.01.24）男，汉族，中共党员，研究生学历，工学博士学位，原天津科技大学轻工科学与工程学院研究员，博士生导师，山东济宁人。1998年毕业于天津轻工业学院。中国造纸行业专家，主要从事制浆造纸方面的教学与科研工作。主要研究制浆清洁生产、造纸化学品、生物质转化利用等方向，发表学术论文60余篇，主持承担多项国家和省部级项目。曾获轻工联合会科技进步三等奖1次，天津市科技进步三等奖3次。

左秉坚（1937.07.25—2021.03.24）男，汉族，大学学历，原天津科技大学化工与材料学院教授，江西省永新县人。1962年毕业于江西大学，先后任教于轻工业部塘沽盐业学校和天津科技大学（天津轻工业学院）。中国制盐行业知名专家，曾任轻工业部科技发展基金会盐业评委，中国化工学会、中国盐学会会员，《淮盐科技》《河北盐业》杂志顾问。主要从事制盐工艺、工业结晶方面的教学与科研。发表学术论文20余篇，著有《日晒精制盐原理与技术》《海盐工艺》《制盐学》《工业结晶》等10余部教材与专著。主持承担多项国家和省部级项目。曾获国家科技进步三等奖。

刘敏江（1944.08.24—2021.04.12）男，汉族，中共党员，大学学历，原天津科技大学化工与材料学院教授，河北省满城县人。1969年毕业于天津轻工业学院。中国塑料工程行业知名专家，曾任中国塑料教工工业协会、天津市塑料工程学会理事，长期从事高分子材料与工程方面的教学与科研。主要研究塑料加工、材料工程方向。曾主持承担多项国家和省部级项目，发表学术论文20余篇，著有《塑料成型工艺及设备》《塑料材料》等多部教材与专著。

王开和（1945.08.15—2021.06.13）男，汉族，中共党员，大学学历，原天津科技大学机械工程学院教授，江苏省泗阳县人。1970年毕业于天津轻工业学院。机械工程行业知名专家，长期从事机械工程方面的教学与科研。主要研究机械设计理论和机械振动方向，发表学术论文50余篇，编写多部专业教材。主持承担多项省部级和企业横向项目，其中《ZWJX2100下引纸式复卷机》获河南省科技进步二等奖。

钟维德（1937.09.19—2021.06.18）男，汉族，中共党员，大学学历，原天津科技大学体育教学部教授，广东省海丰县人。1964年毕业于北京体育学院，任教于天津科技大学（天津轻工业学院），国家一级裁判员。曾任全国高等体育学术研究会委员、轻工总会院校体育研究会常务理事、天津市高校体联常委、天津大学生体育协会委员、天津高校游泳协会副主任、全国轻工总会院校《体育课实践教程》副主编。发表《试论太极拳强身、健体、修心的生理机制》《游泳教学法研究》《高校体育教学改革》《对我院试办高水平运动队几个问题的看法》《体育在教书育人中的作用》《大学生运动负荷量的研究》等10多篇论文。曾获评院级先进教师、优秀党员，天津市高等教育局体育工作先进个人、体育教学管理先进个人。

苏光郡（1930.09.14—2021.02.06）男，汉族，中共党员，专科学历，天津医科大学生物医学工程与技术学院教授,福建晋江人。毕业于福建师范学院物理学系。曾任天津医科大学生物医学工程与技术学院教授、教研室主任,《国际生物医学工程杂志》(原名《国外医学生物医学工程分册》)特邀编辑,《物理学》和《物理学提要与习题》副主编。主要从事医学物理学、医用电子学、医学超声学的教学和科研。研制出电疗机、针麻仪、耳穴探测治疗仪和电测痛仪等多种医疗仪器。1985年提出心脏起搏电压阈、电流阈、电荷阈及能量阈值与脉冲宽度函数关系的4个公式,填补起搏阈值无计算公式的空白。研究课题"医用物理教材内容更新的研究"获全国高等教育教材建设委员会优秀成果奖。编写《医用电子技术基础》等5本教材,发表论文30余篇、译文28篇。

翁福海(1935.09.29—2021.04.12)男,汉族,本科学历,天津医科大学药学院教授,硕士研究生导师,福建省福州市人。参编《老年与抗衰老医学》(学苑出版社,1989)《儿科临床药理学》(人民卫生出版社,1998)《药理学与药物治疗学》(人民卫生出版社,2000)《急救医学》(2000)等多部教材。主持7项课题研究,其中《承气合剂抗炎机制与对大鼠腹腔巨噬细胞合成白三烯 B4、白介素—6及肿瘤坏死因子的研究》于1997年获天津医科大学校级科技成果一等奖,通过市级专家鉴定为国内领先;《双奇保肺冲剂治疗哮喘病人效应研究》于1998年获天津市科委科技进步三等奖;《康复胰岛降糖王降糖机理及防治白内障研究》于1998年获中西医结合全国学术会议一等奖。

李冬田(1944.02.19—2021.06.26)男,汉族,中共党员,本科学历,天津医科大学基础医学院教授,博士生导师,天津市人。1970年毕业于天津医学院。曾任天津医科大学微生物学教研室副主任。曾兼任中华医学研究杂志专家编委,天津市微生物学会副理事长、中国医药生物技术协会理事和天津大通生物医学研究所常务副所长。主持研究生物技术在恶性肿瘤治疗中的各类应用价值,部分成果获国际先进称号并获发明专利。先后主持或参加免疫学、病毒学、分子生物学等学科的国家级、天津市科委、市卫生局及校科研课题。在国内外期刊发表数十篇论文。

赵俊岭(1940.08.05—2021.01.27)男,汉族,农工党员,大专学历,天津中医药大学教授,天津市人。1962年毕业于天津中医学院中医专业。1962年9月

至1978年9月就职于天津市红桥区西沽医院。1978年9月至2002年3月在天津中医学院任教,历任讲师、副教授、教授。擅长中医内科、妇科、针灸等。曾任天津中医学院针灸系史籍教研室主任。著有《中医纲目》《当代针灸治疗学》《黄帝内经析义》等。

苗　戎(1961.03.20—2021.09.03)女,汉族,中共党员,大学本科学历,天津中医药大学中西医结合学院教授,北京市人。1984年8月毕业于天津医学院医疗专业,1984年8月至2021年3月在天津中医药大学(天津中医学院)任教,历任讲师、副教授、教授。曾任公共课教学部生理教研室主任,基础医学部生理学教研室主任,实验教学部主任,实验教学部临床实训教学部直属党支部书记,中西医结合学院党总支书记、党委书记等职务。主要研究生理学,擅长医学机能学方向。著有《生理学实验指导》,发表《结直肠癌雌激素受体、孕激素受体、C—erbB—2表达与肿瘤芽的关系》《Ghrelin对急性胰腺炎大鼠肠运动功能的影响》《大黄对体外内毒素诱生的肺泡巨噬细胞分泌功能的影响》等多篇学术论文。曾获天津中医学院教书育人、为人师表先进工作者(1986年)、天津中医学院优秀教师(2001年)、天津市优秀教师(2007年)、天津中医药大学优秀党务工作者(2016年)等称号。

李淑高(1930.10.03—2021.07.17)女,汉族,中共党员,天津农学院教授,北京市人。1948年在北京私立贝满女中参加工作,1949年到北京农业大学工作,1953—1958年在山西太谷山西农学院附属农校工作。1958—1986年在山西农业大学工作。1986年到天津农学院工作,1988年晋升为教授。主要从事土壤微生物学教学和研究,曾参与我国第一部高等农业院校食品工程专业教科书《食品微生物学》编写(任副主编),发表《解磷微生物对土壤和作物的影响》《褐土土壤酶的活性及生物量的研究》《解磷微生物的肥效试验》等论文20余篇。曾获省级先进工作者、三八红旗手、优秀教师等称号。1996年5月在天津农学院农学系离休。

赵广玉(1947.03.10—2021.11.27)男,汉族,中共党员,天津美术学院教授,山东省无棣县人。曾任天津美术学院设计学院党总支书记。2000年11月晋升为教授。著有《从单一性到多样性》(1999年出版于《全国学校素描论文集》),《戴纱巾的少女》《静像》《老

艺人》(1999年出版于《全国高等美院素描作品集》),《结构素描造型的实质》(发表在《海峡两岸工业设计论文集》),《水粉静物画法与步骤》(2000年河北美术出版社出版),《工业设计》(2000年天津人民美术出版社出版),《美术考试考场应变与对策—素描》(2002年河北美术出版社出版)等。2007年3月退休。

王鸿江(1937.02—2021.04.10)男,汉族,中共党员,河南省淇县留店寺村人。曾任天津市委常委、天津市第十三届人大常委会副主任,天津市老年人大学校董会董事长、校长。1952年7月参加工作,1956年6月加入中国共产党。1957年9月考入南开大学历史系,毕业后留校工作,参与明清时期古籍整理研究工作,并发表多篇明清史研究论文。1969年调中共天津市委工作,历任政策研究室副处长、处长、办公厅副主任、研究室主任、中共天津市委副秘书长。同时兼任南开大学教授、天津社会科学院兼职研究员、中共天津市委党校特约教授等职。1993年5月至1998年5月,任天津市委常委、市委教育卫生工作委员会书记。1998年5月至2003年1月,任天津市第十三届人大常委会副主任。2007年3月21日,任天津市老年人大学校董会董事长、校长。著有《王鸿江老年教育文选》。

获奖人物

天津市自然科学特等奖

获奖人	项目名称	获奖单位
罗义、应光国、毛大庆、张颖、王娜、牛志广、张芊芊、周丽君、郭欣妍	流域抗生素胁迫抗性基因的污染特征、驱动机制和风险防控	南开大学、中国科学院广州地球化学研究所、生态环境部南京环境科学研究所、天津大学

天津市自然科学一等奖

获奖人	项目名称	获奖单位
戴建生、康荣杰、王洪光、李树军、杨铖浩	机构演变与变胞机理发现及其几何形态变构理论与分岔调控机制	天津大学、中国科学院沈阳自动化研究所、东北大学
陈景灵、邓东灵、任昌亮、许振朋	量子非定域性的研究	南开大学、清华大学、中国科学院重庆绿色智能技术研究院
仲崇立、黄宏亮、乔志华、王志、阳庆元、刘大欢	面向化工分离的纳米限域结构构筑与性能	天津工业大学、天津大学、北京化工大学
牛志强、陈军、万放、张燕、黄朔、赵庆、铁志伟、戴熹、马华	水系锌电池材料与器件	南开大学

天津市自然科学二等奖

获奖人	项目名称	获奖单位
张楷亮、苗银萍、刘波、王芳、林炜、李毅	二维材料及其复合光纤微纳光电器件研究	天津理工大学、南开大学
徐志伟、闵春英、王维、钱晓明、赵玉芬、张继国、石睫、马计兰	混合基质超滤膜孔壁与表面微环境的靶向调控研究	天津工业大学、江苏大学
漆新华、于宏兵、吕学斌、郭海心、张璐鑫、王攀	木质纤维素高效解聚及高值化利用的绿色过程和机制	南开大学、天津大学
常胜江、范飞、冀允允、程洁嵘、陈赛、许士通、黄毅、王湘晖	太赫兹微纳结构材料与功能器件	南开大学
郭菲、邹权、魏乐义、丁漪杰、唐继军	特定功能蛋白质互作识别方法及应用	天津大学

天津市自然科学三等奖

获奖人	项目名称	获奖单位
宋立民、张淑娟、张淑娜	辅助调控材料光电催化性能的方法及催化过程研究	天津工业大学
王娟、张志鹏、夏承遗	复杂网络结构分析与演化合作动力学研究	天津理工大学
张建军、倪牮、蔡宏琨、李娟	基于有机/无机半导体材料的柔性光电器件结构设计和性能研究	南开大学

天津市技术发明特等奖

获奖人	项目名称	获奖单位
李斌、赵亮、何佳伟、姚程、王翀、李晔、尚学军、吕慧婕、袁中琛、温伟杰、王传启、朱海勇	柔性交直流混合配电网保护与自愈控制关键技术及应用	国网天津市电力公司、天津大学、南京南瑞继保电气有限公司、天津凯发电气股份有限公司、天津三源电力智能科技有限公司

天津市技术发明一等奖

获奖人	项目名称	获奖单位
刘海涛、黄田、肖聚亮、李皓、乐毅、徐曦、常青、曹中臣、周莹皓、钟波、田文杰、张智涛	高性能混联机器人关键技术及工程应用	天津大学、北京卫星制造厂有限公司、中国工程物理研究院激光聚变研究中心、天津扬天科技有限公司、天津汽车模具股份有限公司
舒歌群、卫海桥、张宝欢、孙月海、林漫群、梁兴雨、周磊、潘家营、贾滨	轻型汽油动力高强化、高品质关键技术及应用	天津大学、天津内燃机研究所（天津摩托车技术中心）、广州飞肯摩托车有限公司、浙江春风动力股份有限公司、柳州五菱柳机动力有限公司、浙江星月实业有限公司、浙江耀锋动力科技有限公司
陈悦、高瀛岱、张泉、丁亚辉、卢亚欣、李静、王良、郭建爽、席晓楠、王鹏、邱传将、张雪梅	提升萜内酯成药性及突破血脑屏障的结构优化策略	南开大学、天津尚德药缘科技股份有限公司、中国医学科学院血液病医院（中国医学科学院血液学研究所）
马挺、曹功泽、白雷、马珍福、林军章、李国强、宋永亭、杜勇、代学成、夏文杰、胡婧、孙刚正	油藏微生物定向调控大幅度提高原油采收率技术及应用	南开大学、中国石油化工股份有限公司胜利油田分公司石油工程技术研究院、中国石油天然气股份有限公司新疆油田分公司

天津市技术发明二等奖

获奖人	项目名称	获奖单位
董娜、葛磊蛟、江晓东、郑晓庆、刘宝明、吴闻婧、吴爱国、李冬辉	光伏制冷系统的优化控制技术	天津大学、中国铁路设计集团有限公司、天津市建筑设计研究院有限公司、国铁工建(北京)科技有限公司、伽利略(天津)科技有限公司
胡云霞、李贤辉、李建新、杨建华、吕德强、武彪	有机无机杂化PVDF中空纤维膜及其产业化应用	天津工业大学、山东净泽膜科技有限公司、天津天一爱拓科技有限公司

天津市科学技术进步特等奖

获奖人	项目名称	获奖单位
刘安安、薛超、颜成钢、刘武、刘婧、王健、徐宁、聂为之、李文辉、于宏志、任少卿、黄永祯	复杂环境智能视觉计算关键技术及应用	天津大学、天地伟业技术有限公司、杭州电子科技大学、北京沃东天骏信息技术有限公司、银河水滴科技(北京)有限公司
李克秋、吴健、胡旭、李明、曲雯毓、陈龙、于瑞国、赵来平、周晓波、刘秀龙、李承东、乐识非	软件定义的云计算资源管理平台	天津大学、紫光云技术有限公司
郏继贵、郭寅、尹仕斌、郭磊、孙岩标、庄洵、吕猛、孙博、刘海庆、隆昌宇、孙立臣、祁广明	智能制造高性能视觉检测成套技术及装备	天津大学、易思维(杭州)科技有限公司、易思维(天津)科技有限公司、北京卫星环境工程研究所
郑刚、顾国荣、刘永超、周海祚、余地华、杨石飞、魏建华、刘畅、叶建、程雪松、冯欣华、陈晖	基坑工程自稳型无支撑绿色支护技术及其工程应用	天津大学、上海勘察设计研究院(集团)有限公司、天津建城基业集团有限公司、中建三局集团有限公司、上海长凯岩土工程有限公司、广东力源液压机械有限公司
冯世庆、宁广智、朱如森、刘新宇、孔晓红、魏志坚、周恒星、郑永发、沈文远、张蒂、赵晨曦、王沛	腰骶神经根病诊疗体系的建立与推广应用	天津医科大学总医院、天津市人民医院、山东大学齐鲁医院、南开大学

天津市科学技术进步一等奖

获奖人	项目名称	获奖单位
胡清华、米玉淼、王晓飞、安青松、冯为嘉、汪运、王立波、孙华志、秦志兴、彭思诚、肖敏、郭济语	边云协同的大型建筑低碳运维智慧物联系统的关键技术研究及应用	天津安捷物联科技股份有限公司、天津大学、天津师范大学、国家会展中心(天津)有限责任公司

续表

获奖人	项目名称	获奖单位
李亮玉、牛虎理、刘文吉、王克宽、岳建锋、唐德渝、管松军、刘海华、龙斌、王天琪、段瑞彬、姚海盛	长输管道自动化高效焊接关键技术及其应用	天津工业大学、中国石油集团工程技术研究有限公司、中国石油工程建设有限公司土库曼斯坦分公司
苏伟、廖立坚、王雨权、李艳、李林安、霍学晋、李黎、刘习军、吴大宏、杨智慧、刘龙、傅安民	大规模铁路桥梁数字化设计与综合计算关键技术及应用	中国铁路设计集团有限公司、天津大学、中铁大桥勘测设计院集团有限公司、中铁第六勘察设计院集团有限公司
唐娜、张佩林、刘立平、温玉科、杜威、项军、郑井瑞、王朝乾、何国华、张蕾、程鹏高、王松博	多品种食用盐和高纯药用盐制备关键技术及产业化	天津科技大学、天津长芦海晶集团有限公司、天津长芦汉沽盐场有限责任公司、大连盐化集团有限公司
赵伟、惠润海、张莹、张亚楠、季旻、袁晓洁、陈文亭、温延龙、谢茂强、杜志彬、张圣林	复杂环境下高标准双模式的云数据仓库关键技术研究与应用	天津南大通用数据技术股份有限公司、曙光信息产业股份有限公司、中汽数据（天津）有限公司、南开大学
吴孟涛、徐宁、吕菲、高学平、吴景林、李龙庆、封锡胜、孟凡玉、熊家荣、程晓焜、李磊、华源军	高比能动力电池用高镍氧化物材料关键技术研究和应用	天津巴莫科技有限责任公司、成都巴莫科技有限责任公司、南开大学
李明超、李文伟、沈扬、刘东海、张梦溪、杨宗立、邓良军、任秋兵、张建山、梁晖、杨宁、陆超	高混凝土坝功能分区结构变形协调控制关键技术与应用	天津大学、中国长江三峡集团有限公司、河北工程大学、中国葛洲坝集团股份有限公司、中国电建集团昆明勘测设计研究院有限公司、中国电建集团中南勘测设计研究院有限公司
郝红勋、谢闯、纪志永、陈业钢、吴越峰、周乔、刘杰、喻军、赵颖颖、黄欣、尹秋响、王静康	高盐废水分质结晶及资源化关键技术与产业化应用	天津大学、河北工业大学、上海东硕环保科技股份有限公司、东华工程科技股份有限公司、江苏瑞达环保科技有限公司
刘兴江、左志强、王议锋、吕冬翔、魏福海、郑光恒、刘正新、李钊、裴东、呼文韬、于智航、李钏	极端环境下可重构微电网关键技术及应用	中国电子科技集团公司第十八研究所、天津大学、天津蓝天太阳科技有限公司、中国极地研究中心（中国极地研究所）、中国科学院上海微系统与信息技术研究所
师燕超、李忠献、丁阳、陈力、郭海山、金浏、郝逸飞、崔健、黄鑫、张学杰、张锦华、闫秋实	建筑结构抗爆防护与防连续倒塌设计理论与关键技术	天津大学、东南大学、中建科技集团有限公司、北京工业大学、天津城建大学
吕传涛、高志明、丛国元、张哲平、李效华、张传友、梁海泉、丁磊、吕春莉、顾顺杰、陈鹏飞、李阳	马氏体不锈钢抗腐蚀油套管产品关键技术开发与产业化	天津钢管制造有限公司、天津大学、天津职业技术师范大学

获奖人	项目名称	获奖单位
李振国、吴志新、刘庆岭、王卫超、王建海、王意宝、刘志敏、叶宇、任晓宁、张晓丽、李凯祥、邵元凯	满足国六标准柴油车排放后处理关键技术研发及产业化应用	中国汽车技术研究中心有限公司、中汽研（天津）汽车工程研究院有限公司、天津大学、南开大学、潍柴动力股份有限公司、中自环保科技股份有限公司、广西玉柴机器股份有限公司
张黎明、张雪波、黄国方、李惠宇、许静静、徐科、刘庭、刘兆领、李聪利、李帅、吴波、刘召	配网带电作业机器人关键技术、成套装备及工程应用	国网天津市电力公司、南开大学、国网电力科学研究院有限公司、国网瑞嘉（天津）智能机器人有限公司、中国电力科学研究院有限公司、北京工业大学、清研同创机器人（天津）有限公司
冯志勇、张小旺、赵阳、张宾、王方、王辉、王鑫、王凌、孙喜民、李存冰、陈彦、周落根	语义大数据存储与推理技术	天津大学、北京易华录信息技术股份有限公司、国网电商科技有限公司、浪潮软件科技有限公司、北京经纬信息技术有限公司
杨嘉琛、孙磊、魏建仓、吕辰刚、蔡俊华、王川、温家宝、王彦国、范龙、张红良、张敏、王洪达	智能化海洋环境信息观测、处理与导航关键技术及应用	天津大学、中国人民解放军某部队、中国船舶重工集团公司第七〇七研究所、深之蓝海洋科技股份有限公司
王太勇、王鹏、田颖、董靖川、季宁、张雷、张子宽、康锋、李秀菊、李士鹏、郑明良、袁斌先	智能制造系统可适应规划与数字孪生技术及其应用	天津大学、天津市泰森数控科技有限公司、天津市天森智能设备有限公司、天津仁爱学院、天津职业技术师范大学、建科机械（天津）股份有限公司、晋西车轴股份有限公司
刘昌孝、张铁军、白钢、许浚、鞠爱春、王磊、姜民、王玉丽、张洪兵、李德坤、武卫党、卜睿臻	中药质量标志物理论创建与关键技术创新及其应用	天津药物研究院有限公司、天津天士力之骄药业有限公司、南开大学、天津达仁堂京万红药业有限公司
费学宁、李梅彤、孙贻超、李亮、冯辉、曹凌云、郝亚超、张天永、郑全军、袁文蛟、苏志龙、刘鹏	重污染化工废水高效处理及资源化关键技术与装备	天津城建大学、天津理工大学、天津市环境保护技术开发中心设计所有限责任公司、中海油天津化工研究设计院有限公司、天津大学、北京航化节能环保技术有限公司、天津现代职业技术学院
王长利、岳东升、赵晓亮、庞冲、张真发、王劢、陈晨、王晟广、张强、张连民、张彬、张华	非小细胞肺癌外科精准诊疗体系的建立和应用	天津医科大学肿瘤医院

获奖人	项目名称	获奖单位
刘荣、邢元、赵国栋、胡明根、王树新、李进华、张煊、谭向龙、尹注增	肝胆胰机器人外科手术的关键技术与应用	天津大学、中国人民解放军总医院第一医学中心、天津大学医疗机器人与智能系统研究院
高明、郑向前、葛明华、程若川、林岩松、魏玺、王宇、关海霞、张诗武、阮先辉、李大鹏、胡琳斐	甲状腺癌精准诊疗的分子基础和临床应用研究	天津市人民医院、天津医科大学肿瘤医院、浙江省人民医院、昆明医科大学第一附属医院、中国医学科学院北京协和医院、复旦大学附属肿瘤医院、广东省人民医院
刘伟伟、徐彭梅、赵星、刘波、李明、孙陆、宋丽培、齐鹏飞、林列、陈芳、赵得龙	宽光谱在轨空气污染监测技术	南开大学、北京空间机电研究所
龙武剑、张磊、张津瑞、王海良、董必钦、荣辉、罗启灵、纪慧宇、刘杰、张永坡、冯云、冉隆林	面向滨海重大基础设施的绿色低碳自密实混凝土关键技术及工程应用	天津城建大学、天津大学、深圳大学、天津市建筑科学研究院有限公司、天津三建建筑工程有限公司、天津住宅集团建设工程总承包有限公司、天津二建建筑工程有限公司
郭义、李振吉、刘保延、曹炀、杨毅、赵雪、李慧、桑滨生、杨华元、陈波、陈泽林、何丽云	中医国际标准化策略及实践	天津中医药大学、世界中医药学会联合会、中国中医科学院中医临床基础医学研究所、苏州医疗用品厂有限公司、广东省中医院、上海中医药大学

天津市科学技术进步二等奖

获奖人	项目名称	获奖单位
计鑫、黄艳群、王天琪、刘春平、潘高峰、祁磊、张晓艳、崔金山	THP11—3000B智能化液态、半固态模锻液压机生产线	天津市天锻压力机有限公司、天津大学、天津工业大学、天津中德应用技术大学
孔祥玉、李刚、何海航、刘宣、翟峰、张一萌、刘浩宇、吕伟嘉	安全高效用电信息采集与数据分析关键技术及应用	国网天津市电力公司、天津大学、中国电力科学研究院有限公司、天津三源电力信息技术股份有限公司、朗新科技集团股份有限公司
刘洪丽、李洪彦、彭战军、张博、袁文津、高军、郑善、王晓冉	被动式建筑保温系统关键材料研发与气密节点无热桥设计工程应用	天津城建大学、中亨新型材料科技有限公司、天津朗华科技发展有限公司、深圳中凝科技有限公司、天津住宅建设发展集团有限公司
肖忠、肖仕宝、焉振、王禹迟、王婷婷、王元战、王玉红、范庆来	大直径新型近海建筑物的安全分析理论和设计方法	天津大学、中交第四航务工程勘察设计院有限公司、中交第一航务工程勘察设计院有限公司、交通运输部天津水运工程科学研究所、鲁东大学

续表

获奖人	项目名称	获奖单位
吕杨、王国波、刘中宪、张煜、高营、周亚东、黄信、陈宇	地铁上盖建筑抗震安全评估与振动控制关键技术及工程应用	天津城建大学、温州大学、中铁一局集团天津建设工程有限公司
杨阳、李北辰、李梦龙、郭彦明、李峰辉、郎玥、王致芃、尹宾宾	电力设施智能监测关键技术及应用	天津大学、北京数字绿土科技有限公司、天津云遥宇航科技有限公司、河北工业大学、天津飞眼无人机科技有限公司
张涛、何金、席泽生、岳顺民、杨挺、郭靓、张卓、林永峰	电力物联网全场景智能防护关键技术与系列化装备	国网天津市电力公司、全球能源互联网研究院有限公司、天津大学、南京南瑞信息通信科技有限公司、天津奇安信科技有限公司
李鸿强、曹路、祝巍、左莎莎、张俊辉、张美玲、张振、张天晶	非接触式柔性智能穿戴心电监测关键技术研究与应用	天津工业大学、天津市胸科医院、天津市产品质量监督检测技术研究院纺织纤维检验中心、天津光电通信技术有限公司
黄信、吕杨、胡雪瀛、刘涛、齐麟、乐慈、钟波、陈宇	复杂高层建筑结构抗震设计方法与强震性能提升关键技术及工程应用	天津市建筑设计研究院有限公司、中国民航大学、天津城建大学
马殿光、王禹迟、吕彪、李晓松、孔宪卫、王元战、杨宗默、尹勇	复杂海域环境船舶通航安全仿真模拟关键技术及应用	交通运输部天津水运工程科学研究所、天津大学、大连海事大学
苗艳丽、宋大卫、周皓镠、杨红强、任建国、张洪周	高比能硅系复合负极材料关键技术与产业化应用	天津市贝特瑞新能源科技有限公司、天津理工大学
宋丽梅、朱新军、陈文亮、刘卉、杨燕罡、朱建起、武志超、王红一	高精度智能视觉检测与识别技术及产业化应用	天津工业大学、天津同阳科技发展有限公司、中国包装科研测试中心、沧州景隆环保科技有限公司、清研中电(天津)智能装备有限公司
康卫民、王刚、徐卫红、王晓明、唐世君、崔宪峰、韩笑、厉宗洁	高性能病毒防护纺织材料关键制备技术及其产业化应用	天津工业大学、军事科学院系统工程研究院军需工程技术研究所、张家港市宏裕新材料有限公司、威海迪尚医疗科技有限公司、山东天风新材料有限公司
巴振宁、高盟、董光辉、梁建文、王方博、解亚雄、马佳骏、赵静	轨道交通诱发场地振动高效预测方法及减振控制关键技术	天津大学、山东科技大学、天津市地下铁道集团有限公司、中铁工程设计咨询集团有限公司、中铁建(天津)轨道交通投资发展有限公司
关文强、陈爱强、罗安伟、张娜、阎瑞香、何兴兴、肖倩、董成虎	果蔬电商冷链物流保鲜关键技术	天津商业大学、西北农林科技大学、国家农产品保鲜工程技术研究中心(天津)、天津科技大学、陕西永红猕猴桃专业合作社

获奖人	项目名称	获奖单位
肖萌、刘力卿、魏菊芳、张弛、李庆民、张鑫、杜伯学、唐庆华	环氧浇注干式电力设备老化无损评估与绝缘性能提升关键技术及应用	国网天津市电力公司电力科学研究院、天津大学、天津市特变电工变压器有限公司、四川东材科技集团股份有限公司、华北电力大学
王珍、丁乐乐、王震、潘宇明、刘艳飞、张涛、黄恩兴、郭博峰	基于北斗的智能土地及环境在线监察综合技术研究与服务平台建立	天津市勘察设计院集团有限公司、天津大学、星际空间（天津）科技发展有限公司
孟宪明、方锐、王建海、李洪亮、李杰、张赛、史丽婷、崔东	基于材料—结构—工艺一体化开发的轻量化车身关键技术研究与应用	中国汽车技术研究中心有限公司、天津银宝山新科技有限公司、天津大学
余秋冬、滕光辉、陈红茜、杨耿煌、詹青龙、张丽霞、张建斌、蒲蕾	基于物联网的畜牧智能化精准养殖系统集成与技术示范	天津职业技术师范大学、中国农业大学、天津农学院、天津市宁河原种猪场有限责任公司、天津市玉祥牧业有限公司
张险峰、张远、宫晓利、翟菲菲、郑金文、金猛、马如意、申军军	基于云边端人员定位的综采工作面液压支架控制系统	天津华宁电子有限公司、南开大学
张娜、吴昊、陈存坤、董成虎、纪海鹏、兰璞、阎瑞香、文博	几种大宗蔬菜供应链保鲜关键技术研发与应用	天津市农业科学院、青岛农业大学、国家农产品保鲜工程技术研究中心（天津）、辽宁东盛塑业有限公司、天津科技大学
刘志华、张磊、杨新磊、荣辉、张建新、郭君华、夏凡、江春	绿色农房生土基材料性能优化及其结构体系关键技术	天津城建大学、中国建筑材料科学研究总院有限公司、中建安装集团有限公司、天津住宅科学研究院有限公司
陈艳波、迟福建、徐其春、葛磊蛟、刘书玉、王伟臣、张金禄、佟萌	面向"双碳"目标的电网低碳绿色调控技术及应用	国网天津市电力公司、华北电力大学、天津大学、国网冀北电力有限公司唐山供电公司、天津英利光伏电站技术开发有限公司
季海鹏、刘晶、魏磊、董永峰、赵佳、袁乃博、尹志高、周鹏飞	面向铸造行业的全流程生产数字化及优化控制关键技术与产业化	河北工业大学、中汽研汽车工业工程（天津）有限公司、邢台德龙机械轧辊有限公司、天津开发区精诺瀚海数据科技有限公司、中信戴卡股份有限公司
宫晓利、王旭强、白晖峰、张楠、张倩宜、金尧、张旭、张莹	能源互联网异构数据实时采集与智能计算关键技术及应用	国网天津市电力公司、南开大学、南瑞集团有限公司、北京智芯微电子科技有限公司、天津三源电力信息技术股份有限公司
张有军、喻其林、师荣光、赵林、魏子章、李晓华、刘金鹏、邵超峰	农田重金属镉铅污染原位精准修复与安全利用技术集成及应用	天津华勘环境治理工程有限公司、天津大学、南开大学、天津市生态环境科学研究院

获奖人	项目名称	获奖单位
郝琨、金志刚、罗咏梅、王贝贝、李志圣、王传启、于翔、刘永磊	认知水声传感网络关键技术及应用	天津城建大学、天津大学、天津凯发电气股份有限公司、天津久信科技有限公司
程雪松、高琪、刁钰、仲志武、栗晴瀚、史小锐、张晓斌、邵高波	软土地区地下工程施工中承压水引发的环境影响及渗漏灾害控制技术	天津大学、中铁十二局集团有限公司、中铁十二局集团第四工程有限公司、上海广联环境岩土工程股份有限公司
窦汝振、关志伟、温国强、汪磊、徐显杰、范志先、窦汝鹏、翟羽佳	商用车辆智能辅助驾驶系统关键技术及应用	天津所托瑞安汽车科技有限公司、天津中德应用技术大学、中通客车股份有限公司
杨小玲、李政、仝雅娜、乔长晟、姚淑娟、马洪英、路遥、巩继贤	设施果蔬冬春温光逆境调控技术创新与应用	天津市农业科学院、天津工业大学、天津慧智百川生物工程有限公司、仲元(北京)绿色生物技术开发有限公司、北京工业大学
张小俊、李满宏、高春艳、陈庆同、赵岩、湛庆新、王华伟、张明路	石化场站微细泄漏智能检修机器人系统关键技术及应用	河北工业大学、天津大沽化工股份有限公司
裴晶晶、刘俊杰、刘庆岭、王志强、陈玲、阎冬、张群、徐敬	室内气态分子污染控制技术及应用	天津大学、美埃(中国)环境科技股份有限公司、世源科技工程有限公司、天津商业大学、天津中天环境科技有限公司
耿宏章、王文一、耿文铭、李春刚、曹伟伟、耿文浩、王毅、朱庆霞	碳纳米材料柔性透明导电薄膜产业化关键技术及应用	天津工业大学、碳星科技(天津)有限公司、天津博苑高新材料有限公司
韩双立、牛萍娟、王宝娜、赵地、李晓兵、宁平凡、赵筱磊、孙清	无人机电力智能巡检关键技术研究与应用	天津市万贸科技有限公司、天津工业大学、天津市倍格德智能科技有限公司
田喆、丁研、芦岩、毛宇飞、张琦、李锋、王建栓、牛纪德	源荷协同优化的建筑能源规划设计技术	天津大学、天津大学建筑设计规划研究总院有限公司、天津帝诚建筑科技有限公司、中电建铁路建设投资集团有限公司、天津市政工程设计研究总院有限公司
庄朋伟、石江伟、鞠爱春、郑文科、李德坤、张晗、李遇伯、张艳军	中药注射剂类过敏反应评价技术体系创研及应用	天津中医药大学、天津天士力之骄药业有限公司、天津中医药大学第一附属医院
赵辉、赵卓群、单慧勇、王红君、郭健、卫勇、岳有军、杨延荣	种苗工厂化生产关键环节作业机器人研发及推广应用	天津理工大学、天津农学院、天津中德应用技术大学、滨辉(天津)现代农业发展有限公司、天津市华伟智盛信息技术有限公司

续表

获奖人	项目名称	获奖单位
潘玉军、罗震、杨越、冯运、邓永光、陈俊添、郭璟、陈栋梁	"专精特新"塑料容器绿色设计与全流程智能制造系统研制及应用	岱纳包装(天津)有限公司、岱纳包装(太仓)有限公司、天津大学、考特斯机械科技(佛山)有限公司、碧辟(中国)工业油品有限公司
常素云、李保国、刘哲、孙井梅、姜衍祥、李金中、吴彩霞、张洪贵	城市河道污染溯源与水质改善关键技术与应用	天津市水利科学研究院、天津大学、天津市水务规划勘测设计有限公司、天津市排水管理事务中心、上海市城市建设设计研究总院(集团)有限公司
季民、赵迎新、王卫红、彭森、杨冬冬、樊在义、李洪飞、迟杰	城市缓流水体灰绿耦合综合整治关键技术研究与工程应用	天津大学、天津大学建筑设计规划研究总院有限公司、天津港保税区环境监测站、天津市水利工程有限公司
纪勇、宫晓群、岳伟、武晓丽、石志鸿、刘帅、李攀、王晓丹	痴呆流行病学、发病机制和早期诊治应用研究	天津市环湖医院、天津大学
王灿、季民、唐群才、王永仪、汪泳、邹克华、王亘、刘世德	复杂恶臭气体生物强化除臭关键技术及应用	天津大学、北京北华清创环境科技有限公司、青岛金海晟环保设备有限公司、中国市政工程华北设计研究总院有限公司、天津市生态环境科学研究院
唐景春、宋震宇、杨伟、王世杰、袁珊珊、吕宏虹、郑福居、钟茂生	复杂化学品污染事故地块应急管控及土壤耦合修复技术集成与应用	天津生态城环保有限公司、南开大学、北京市生态环境保护科学研究院、河北工业大学
张春秋、刘军、高丽兰、刘璐、吕林蔚、刘念、王爱国、王鑫	骨科多孔钛合金假体设计、制造关键技术及应用	天津理工大学、嘉思特华剑医疗器材(天津)有限公司、天津市天津医院、天津市中医药研究院附属医院
李贤、刘鹰、季延滨、贾磊、王金霞、李军、孔庆霞、宋协法	海水工厂化养殖尾水高效处理技术的建立与示范	天津农学院、中国科学院海洋研究所、大连海洋大学、天津市水产研究所、中国海洋大学
李越、张晗、胡利民、柴丽娟、高杉、黄宇虹、郭虹、李霖	活血化瘀中药促进神经修复的脑保护作用机制与应用	天津中医药大学
沈煜、郭兴芳、池勇志、申世峰、李彬、战树岩、王强、刘佩春	基于低碳导向的污水资源化关键技术与应用	中国市政工程华北设计研究总院有限公司、天津大学、天津城建大学、天津万峰环保科技有限公司
多立安、徐焕然、袁红、高玉葆、赵树兰、何宾、王羽玥、王静	基于"机场生态岛"的鸟击安全防控关键技术及应用	天津师范大学、天津滨海国际机场有限公司
叶兆祥、尹璐、刘爱迪、马悦、朱跃强、李海洁、路红、高志鹏	基于新型国产化锥光束乳腺CT的乳腺癌检诊体系建设及临床应用	天津医科大学肿瘤医院
贾英杰、王亮、李小江、郭姗琦、张瑶、孙彬栩、牟睿宇、苗琳	基于"中医标准化"指导的前列腺癌中医体系的建立及推广应用	天津中医药大学第一附属医院、天津医科大学总医院
魏玺、王晓庆、朱佳琳、张晟、张杰、孙蓓、赵静、何向辉	甲状腺结节超声精准评估与微创诊疗策略的建立与应用	天津医科大学肿瘤医院、天津医科大学总医院

获奖人	项目名称	获奖单位
李宗金、韩之波、齐新、刘娜、赵强、向荣、孔德领、范艳	间充质干细胞及外泌体在组织再生中的应用与分子影像学评价	南开大学、天津昂赛细胞基因工程有限公司、天津市人民医院
宓余强、徐亮、沈峰、陆伟、范建高、李萍、刘勇钢	慢性乙型肝炎合并非酒精性脂肪肝的临床特征及无创诊断	天津市第二人民医院、上海交通大学医学院附属新华医院、天津医科大学肿瘤医院
蔡启亮、赵妍、陈业刚、翟丽东、李刚、李文智、王准、孙光	泌尿系肿瘤发生进展机制及精准诊疗关键技术与应用	天津医科大学第二医院、天津医科大学、上海交通大学医学院附属第九人民医院
宋殿荣、郭洁、张崴、王雅楠、赵琳、陈然然、韩冰、张继雯	奇经八脉辨治妇科病体系的构建与转化应用研究	天津中医药大学第二附属医院
毋中明、张新歌、伍国琳、张艳龙、孟慧鹏、郑银	生物驱动的活性材料在细菌感染性疾病诊疗中的应用	天津医科大学朱宪彝纪念医院、南开大学
姜楠、王振东、杨绍琼、魏秀东、田海平	诗情画意谈力学——力学的社会公益科普	天津大学、上海卓越睿新数码科技股份有限公司、太原理工大学
曹玉芬、阳凡林、柳义成、张安民、李绍辉、王收军、高术仙、陈允约	水下关键探测装备计量溯源方法及标准装置研究与应用	交通运输部天津水运工程科学研究所、山东科技大学、天津大学、天津理工大学
费春楠、王灿、刘贺、王星、吴伟慎、李莉、刘军、何海艳	新型冠状病毒肺炎等重点传染病传播机制及感控关键技术研究与应用	天津市疾病预防控制中心、天津大学、天津市海河医院
王跃飞、姜苗苗、柴欣、张鹏、崔英、于卉娟、杨静	以"蛛网"模式为核心的中药质量研究关键技术及其应用	天津中医药大学
李明财、徐奎、陈靖、曹经福、杨晓君、李大鸣、解以扬、李培彦	应对气候变化的排水设计和内涝预报预警气象关键技术	天津市气象局、天津大学

天津市科学技术进步三等奖

获奖人	项目名称	获奖单位
董敏忠、戴轩、程保蕊、仲志武、张京京	地铁站两侧结建工程异形深大基坑施工关键技术研究	中铁十八局集团有限公司、中铁十八局集团第四工程有限公司、中国民航大学
张晓斌、吴琳琅、单垄垄、杨知硕、杨乾	高温合金高强连接件高效温成形技术研发及应用	航天精工股份有限公司、天津理工大学
赵东明、田雷、符珊、杨亮、张亚娟	基于智能机器人系统的运营商机房安全巡检技术研究	中国移动通信集团天津有限公司、河北工业大学
崔铁军、宋宜全、刘朋飞、郭黎、梁玉斌	全息地理信息服务关键技术及应用	天津师范大学、中国人民解放军战略支援部队信息工程大学
霍小东、霍彬、曹强、王海涛、柴树德	CT连床式模板定位系统在肺部肿瘤放射性粒子植入中的临床应用	天津医科大学第二医院
于茂河、崔壮、柳忠泉、郭燕、董笑月	基于风险减低的高危男男性行为者HIV防控优化策略的研究与应用	天津市疾病预防控制中心、天津医科大学

续表

获奖人	项目名称	获奖单位
赵晓亮、王长利、魏巍、张华、陈玉龙	基于免疫微环境和临床病理特征分类的小细胞肺癌精准化治疗	天津医科大学肿瘤医院
张向宇、张婷婷、骆树瑜、刘义、张旭	先天缺牙患者遗传学诊断及综合序列治疗研究与应用	天津医科大学口腔医院
陆伟、鲁凤民、蒋贝、苏瑞、王杰	新型血清学标志物HBV RNA的检测及其临床应用	南开大学、北京大学、天津市第二人民医院

中国机械工业科学技术奖一等奖（技术发明类）

获奖人	项目名称	获奖单位
韩旭、马文军、袁改焕、朱丽兵、宋建力、毛建中、丁捷、李洪刚、刘少珍、周惦武、段书用、李健伟、雷从一、陶友瑞、刘杰	核燃料组件格架条带冲制工艺与模具设计制造关键技术及应用	湖南大学、中核北方核燃料元件有限公司、中核包头核燃料元件股份有限公司、上海核工程研究设计院有限公司、国核宝钛锆业股份公司、河北工业大学

中国机械工业科学技术奖三等奖（科技进步类）

获奖人	项目名称	获奖单位
杜丽峰、董晓传、潘高峰、周正、王鑫	300MN 超塑性等温锻造智能成型工艺技术与成套装备	天津市天锻压力机有限公司、天津职业技术师范大学、天津中德应用技术大学
郭海全、郭洪飞、刘强、李来平、张锐	基于CPS的大型露天矿用自卸车关键技术开发及应用	内蒙古北方重型汽车股份有限公司、暨南大学、天津科技大学
秦培均、易涛、车延博、郭晓东、苏才军	脉冲功率装置强电磁场测试技术研究	天津大学、中国工程物理研究院激光聚变研究中心、四川蜀兴优创安全科技有限公司、中国工程物理研究院计量测试中心
丁一夫、朱彤、柳海明、王子龙、张旭	汽车电磁抗扰性能测试与开发关键技术研究及应用	中国汽车技术研究中心有限公司、中国电子技术标准化研究院、北京新能源汽车股份有限公司、天津大学、苏州泰思特电子科技有限公司

中华中医药学会科学技术奖一等奖

获奖人	项目名称	获奖单位
李振国、孙晓波、胡利民、务勇圣、倪开岭、张金兰、韩立峰、郑顺亮、周剑波	基于虫类创新中药研发与上市后再评价的关键技术体系创建与应用	牡丹江友博药业有限责任公司、天津中医药大学、中国医学科学院药用植物研究所、中国医学科学院药物研究所、九芝堂股份有限公司

续表

获奖人	项目名称	获奖单位
张俊华、李幼平、田金徽、黄宇虹、郑文科、王辉、李春晓、王保安、刘春香、杨丰文	中医药临床循证评价与证据转化关键技术创建及应用	天津中医药大学、四川大学华西医院、兰州大学、河南中医药大学第一附属医院、陕西摩美得气血和制药有限公司、广西梧州制药（集团）股份有限公司、天津天士力之骄药业有限公司、正大青春宝药业有限公司、神威药业集团有限公司
毛静远、王贤良、毕颖斐、张磊、朱明军、李应东、郭冬梅、袁天慧、戴小华、万强、邓悦、林谦、薛一涛、牛天福、赵英强	冠心病"阳微阴弦"病机的现代内涵及辨治方案研究	天津中医药大学第一附属医院
李勇枝、郭义、黄伟芬、徐冲、高建义、许家佗、郭立国、石宏志、刘军莲、王佳平、刘宇、杨庆、范全春、赵爽、王绵之	航天中医药学基础构建及应用实践	中国航天员科研训练中心、天津中医药大学、上海中医药大学、中国中医科学院中药研究所

中华中医药学会科学技术奖二等奖

获奖人	项目名称	获奖单位
高慧、刘玉兰、夏天、曹秀梅、马瑞红、徐鸿雁、吴松柏、曲洪彬	基于肾主生殖探究雷公藤致卵巢早衰发病机制和补肾调冲中药干预	承德医学院附属医院、天津中医药大学第一附属医院

中华中医药学会科学技术奖三等奖

获奖人	项目名称	获奖单位
张雪竹、于涛、沈鹏、贾玉洁、石江伟、韩景献	血管性痴呆的中医证候规律及针刺疗法的疗效与细胞免疫学机制	天津中医药大学第一附属医院、天津医学高等专科学校
王金贵、李华南、董桦、丛德毓、王新军、赵强、房纬、黄开云	慢性脊柱软组织损伤疾病中医时相性辨证的理论实质及临床应用研究	天津中医药大学第一附属医院、长春中医药大学附属医院、新疆医科大学附属中医医院、天津市中医药研究院附属医院、云南省昭通市中医医院

中国中西医结合学会科学技术奖一等奖

获奖人	项目名称	获奖单位
刘维、张磊、冯哲、吴沅皞、范永升、吴锐、刘健、王新昌、赵俊、马武开、王北、张迪、薛斌、金玥、王熠、刘滨、刘晓亚、蔡悦、段然、邢丽丽、张博、杨小纯	"从毒论治"痛风及其重要并发症的临床应用及作用机制研究	天津中医药大学第一附属医院，中国人民解放军总医院第一医学中心，浙江中医药大学附属第二医院，南昌大学第一附属医院，安徽中医药大学第一附属医院，贵州中医药大学第二附属医院，首都医科大学附属北京中医医院，山东中医药大学附属医院
高蕊、张俊华、陈可冀、陆芳、夏如玉、翁维良、陈大方、王毅、訾明杰、李睿、李庆娜、赵阳、孙明月、曹唯仪、林徐剑、孙娅楠、王木兰、刘捷	创新中医药临床疗效评价关键技术与转化应用	中国中医科学院西苑医院，天津中医药大学，北京中医药大学，北京大学公共卫生学院，中国中医科学院医学实验中心，正大青春宝药业有限公司

中国纺织工业联合会科学技术奖科技进步二等奖

获奖人	项目名称	获奖单位
伏广伟、杨知方、张珍竹、王文、余娟、刘建勇、刘雍、王军、毕兴忠、林佳鹏	基于人工智能(AI)的纺织纤维成分分析技术研究及应用	中国纺织工程学会、佛山中纺联检验技术服务有限公司、广州冠图视觉科技有限公司、重庆大学、天津工业大学
徐志伟、钱晓明、马昌、石海婷、王维、裴晓园、刘梁森、李楠、罗仕刚、胡艳丽	基于力学与功能增强的碳纤维结构调控关键技术及应用	天津工业大学、卡本复合材料(天津)有限公司
康卫民、王刚、赖军、徐卫红、王韬、孙崇涛、厉宗洁、王晓明、徐晓东、唐世君	复合结构阻隔材料关键制备技术与产业化应用	天津工业大学、军事科学院系统工程研究院军需工程技术研究院、张家港市宏裕新材料有限公司、威海迪尚医疗科技有限公司
吴海亮、吴晓青、王会才、杨忠、陈磊、刘鲜红、别春华、江一杭、钟智丽	轻量化碳纤维超长叶片树脂渗透调控关键技术	天津工业大学、东方电气(天津)风电叶片工程有限公司

中国专利奖优秀奖

发明人	专利名称	专利权人
徐江涛、孙羽、高静、史再峰、姚素英	提高图像传感器满阱容量与量子效率光电二极管及方法	天津大学
刘逸寒、路福平、樊帅、徐艳静、胡博、王春霞、王建玲	一种耐酸性高温α—淀粉酶及其基因、工程菌和制备方法	天津科技大学、山东隆科特酶制剂有限公司
郗继贵、林嘉睿、任永杰、杨凌辉、任瑜	室内空间测量定位系统的精密控制场精度溯源方法	天津大学
刘浩、孙夏青	低分子量透明质酸的制备方法及工程菌	天津科技大学
陈利、张一帆、王心淼、孙颖、焦亚男、陈光伟	一种含斜向纱线的角联锁织物及其织造方法	天津工业大学
张宗华、王张颖、高楠	基于并行四颜色通道的条纹投影三维形貌测量方法及装置	河北工业大学

中国化工学会科学技术奖基础研究成果奖一等奖

获奖人	项目名称	获奖单位
元英进、李炳志、贾斌、吴毅、谢泽雄、曹英秀、丁明珠	人工酵母基因组的精准可控重排	天津大学

中国化工学会科学技术奖基础研究成果奖二等奖

获奖人	项目名称	获奖单位
仰大勇、姚池、李凤	DNA功能材料与生物医用	天津大学

中国石油和化学工业联合会科学技术奖科技进步二等奖

获奖人	项目名称	获奖单位
修建龙、白雷、吕伟峰、高春宁、马挺、石国新、徐飞艳、伊丽娜、刘顺生、张英	微生物驱提高采收率关键技术及应用	中国石油勘探开发研究院、中国石油新疆油田分公司、中国石油长庆油田分公司、南开大学
魏兵、李亮、刘玉国、蒲万芬、张潇、金发扬、温洋兵、薛艳、贺杰、李满亮	深层超深层碳酸盐岩油藏化学控水关键技术研究及规模应用	西南石油大学、中国石油化工股份有限公司西北油田分公司、天津科技大学、重庆科技学院、陕西科技大学

中国石油和化学工业联合会科学技术奖科技进步三等奖

获奖人	项目名称	获奖单位
张秀玲、常泽、张大帅、张永正、李朝阳	新型功能配位聚合物材料的构筑及应用	德州学院、南开大学
季维、李秀梅、王赫、齐浩、闫永海	高端水性油墨用宝红6B颜料开发及产业化	龙口联合化学股份有限公司、天津大学

中国石油和化学工业联合会科学技术奖（创新团队奖）

天津大学仿生与生物启发膜和膜过程创新团队

侯德榜化工科学技术奖（成就奖）

马新宾　　天津大学

侯德榜化工科学技术奖（创新奖）

仲崇立　天津工业大学

侯德榜化工科学技术奖（青年奖）

黄守莹　天津大学

全国优秀教材（基础教育类）特等奖

获奖教材	主要编者	编者单位
《义务教育三科统编教材：义务教育教科书历史七年级至九年级》（共6册）【第1版】人民教育出版社	齐世荣、瞿林东、叶小兵、郭双林、李伟科、侯建新、许斌	首都师范大学、北京师范大学、中国人民大学、人民教育出版社、天津师范大学

全国优秀教材（基础教育类）一等奖

获奖教材	主要编者	编者单位
《义务教育教科书科学二年级 上、下册》【第1版】江苏凤凰教育出版社	郝京华、路培琦、叶枫、卢新祁	南京师范大学、天津市河西区教育中心、江苏凤凰教育出版社、江苏省教育科学研究院

续表

获奖教材	主要编者	编者单位
《普通高中教科书信息技术必修1数据与计算》【第1版】人民教育出版社、中国地图出版社	祝智庭、樊磊、高淑印、郭芳、李锋	华东师范大学、首都师范大学、天津市教育科学研究院、人民教育出版社

全国优秀教材（基础教育类）二等奖

获奖教材	主要编者	编者单位
《义务教育教科书数学六年级 上、下册》【第1版】北京师范大学出版社	刘坚、孔企平、张丹、朱育红、朱德江	北京师范大学、华东师范大学、北京教育科学研究院、天津市河西区教育中心、嘉兴市南湖区教育研究培训中心
《义务教育教科书科学一年级上、下册》【第1版】江苏凤凰教育出版社	郝京华、路培琦、叶枫、卢新祁	南京师范大学、天津市河西区教育中心、江苏凤凰教育出版社、江苏省教育科学研究院
《普通高中教科书信息技术必修2信息系统与社会》【第1版】人民教育出版社、中国地图出版社	祝智庭、樊磊、郭芳、高淑印、李锋、林众	华东师范大学、首都师范大学、人民教育出版社、天津市教育科学研究院

全国优秀教材（职业教育与继续教育类）二等奖

获奖教材	主要编者	编者单位
《自助与成长——大学生心理健康教育》（高职高专版）【第3版】教育科学出版社	方平、张潮、杨晓荣、海梅、高艳琴、徐桂萍、何玉梅、何明、兰瑞侠、原凯歌、师巧 慧、许文艳、裴建新	首都师范大学、山西师范大学、山西工程职业学院、赤峰学院、山西师范大学临汾学院、河南艺术职业学院、芜湖职业技术学院、哈尔滨职业技术学院、北京政法职业学院、天津生物工程职业技术学院、山西林业职业技术学院、伊犁职业技术学院、山西交通职业技术学院
《园林植物病虫害防治》【第2版】中国农业出版社	丁世民、李寿冰、张妍妍、程有普、吴祥春	潍坊职业学院、山西林业职业技术学院、天津农学院、潍坊市园林环卫服务中心
《数控编程及加工技术》【第3版】大连理工大学出版社	李桂云、王晓霞、张勇、姜冬全	天津工业职业学院、安徽工业经济职业技术学院、哈尔滨职业技术学院
《电梯安装与维修技术》【第2版】大连理工大学出版社	刘勇、宋海强、周庆华、毛蕊、马涛、袁淑宁、王喆、许元晓	天津机电职业技术学院、广东非凡教育设备有限公司、广东中山电梯协会
《包装结构与模切版设计》【第2版】中国轻工业出版社	孙诚	天津职业大学
《汽车机械制图》【第2版】高等教育出版社	张振东、逄兰芹、吴联兴、张相坤、宋龙龙、张庆才、郭绪娜、张清鲁、徐建喜	山东科技职业学院、天津工业职业学院
《土力学与路基》【第3版】中国铁道出版社	李文英、朱艳峰、陈凤英、任晓军	天津铁道职业技术学院、广州番禺职业技术学院、哈尔滨铁道职业技术学院
《传感器技术与应用》【第1版】高等教育出版社	贾海瀛	天津职业大学

获奖教材	主要编者	编者单位
《AutoCAD 2014实训教程》【第2版】高等教育出版社	张宏彬、刘涛、陈皓、赵伟	长阳县职业教育中心、罗山县中等职业学校、武汉职业技术学院、天津市劳动保障技师学院
《药用植物学》【第4版】人民卫生出版社	郑小吉、金虹、钱枫、刘宝密、张建海、傅红	广东江门中医药职业学院、四川中医药高等专科学校、安徽中医药高等专科学校、黑龙江中医药大学佳木斯学院、重庆三峡医药高等专科学校、天津生物工程职业技术学院
《接触镜验配技术》【第2版】人民卫生出版社	谢培英、王海英、姜珺、冯桂玲、李延红	北京大学医学部、天津职业大学、温州医科大学眼视光学院、唐山职业技术学院、上海第二工业大学
《眼镜定配技术》【第2版】人民卫生出版社	闫伟、蒋金康、朱嫦娥、杨林、金婉卿	济宁职业技术学院、无锡工艺职业技术学院、天津职业大学、郑州铁路职业技术学院、温州医科大学附属眼视光医院
《预防医学》【第2版】高等教育出版社	朱霖、刘建东、李济平、王万荣、李研、钟要红	安徽医学高等专科学校、肇庆医学高等专科学校、安庆医药高等专科学校、天津医学高等专科学校、杭州医学院
《仓储作业管理》【第三版】高等教育出版社	薛威、尹军琪	天津交通职业技术学院、北京伍强科技有限公司
《0—3岁婴幼儿抚育与教育》【第2版】北京师范大学出版社	康松玲、许晨宇、付秋薇	天津市幼儿师范学校(天津师范大学学前教育学院)、天津市华夏未来教育集团

全国优秀教材(高等教育类)特等奖

获奖教材	主要编者	编者单位
《中医内科学》【新世纪第4版】中国中医药出版社	张伯礼、吴勉华、田金洲、林琳、张军平、蒋健、谢春光、杨柱、石岩	天津中医药大学、南京中医药大学、北京中医药大学、广州中医药大学、上海中医药大学、成都中医药大学、贵州中医药大学、辽宁中医药大学

全国优秀教材(高等教育类)一等奖

获奖教材	主要编者	编者单位
《中国文学史》(第一卷、第二卷、第三卷、第四卷)【第3版】高等教育出版社	袁行霈、聂石樵、李炳海、罗宗强、莫砺锋、黄天骥、黄霖、袁世硕、孙静	北京大学、中国人民大学、南开大学、南京大学、中山大学、复旦大学、山东大学
《实验心理学》【第2版】中国人民大学出版社	白学军	天津师范大学
《工程光学》【第4版】机械工业出版社	郁道银、谈恒英	天津大学、浙江大学
《化工过程设计》【化工设计 第2版】化学工业出版社	王静康	天津大学
《流行病学》【第9版】人民卫生出版社	沈洪兵、齐秀英、叶冬青、许能锋、赵亚双	南京医科大学、天津医科大学、安徽医科大学、福建医科大学、哈尔滨医科大学
《创业管理》【第5版】机械工业出版社	张玉利、薛红志、陈寒松、李华晶	南开大学、山东财经大学、北京林业大学

全国优秀教材(高等教育类)二等奖

获奖教材	主要编者	编者单位
《区域经济学》【第1版】高等教育出版社	安虎森、孙久文、吴殿廷	南开大学、中国人民大学、北京师范大学
《无机化学》【第4版】上册、下册 高等教育出版社	宋天佑、程鹏、徐家宁、张丽荣、程功臻、王莉	吉林大学、南开大学、武汉大学
《电力系统继电保护原理》【第5版】中国电力出版社	贺家李、李永丽、董新洲、李斌、和敬涵	天津大学、清华大学、北京交通大学
《制浆原理与工程》【第4版】中国轻工业出版社	詹怀宇、付时雨、刘秋娟	华南理工大学、天津科技大学
《营养与食品卫生学》【第8版】人民卫生出版社	孙长颢、凌文华、黄国伟、刘烈刚、李颖	哈尔滨医科大学、中山大学、天津医科大学、华中科技大学
《中药学》【第3版】人民卫生出版社	唐德才、吴庆光、周祯祥、于虹、李兴广、邱颂平、秦华珍	南京中医药大学、广州中医药大学、湖北中医药大学、天津中医药大学、北京中医药大学、福建中医药大学、广西中医药大学
《中药鉴定学》【新世纪第4版】中国中医药出版社	康廷国、吴啟南、闫永红、姜大成、张丽娟、陈随清、刘塔斯	辽宁中医药大学、南京中医药大学、北京中医药大学、长春中医药大学、天津中医药大学、河南中医药大学、湖南中医药大学
《工程估价》【第3版】中国建筑工业出版社	王雪青、孙慧、孟俊娜、刘炳胜	天津大学、重庆大学
《税务会计学》【第14版 数字教材版】中国人民大学出版社	盖地	天津财经大学
《分子细胞生物学》【第3版】高等教育出版社	陈晔光、张传茂、陈佺	清华大学、北京大学、南开大学
《建筑类型学》【第3版】中国建筑工业出版社	汪丽君	天津大学
《中医骨伤科学临床研究》【第2版】人民卫生出版社	王拥军、冷向阳、王平、侯德才、曾意荣、童培建、柏立群	上海中医药大学、长春中医药大学、天津中医药大学、辽宁中医药大学、广州中医药大学、浙江中医药大学、北京中医药大学
《高级病理生理学》【第1版】人民卫生出版社	赵岳、杨惠玲、徐月清、王娅兰	天津医科大学、中山大学、河北大学、重庆医科大学

高教社杯全国大学生数学建模竞赛本科组一等奖

学校	队员一	队员二	队员三	指导教师
南开大学	陈嘉文	游雅萱	祝宏博	胡威
南开大学	王志博	郭航	张晨珩	倪元华
天津大学	关钟	张明宇	滕怀文	胡玉梅
天津大学	李雨桁	李雨亭	周雨君	胡玉梅
天津工业大学	孙小童	唐健	张婷婷	汪晓银
天津工业大学	王宏科	胡淞皓	房金秋	汪晓银
天津工业大学	张志龙	聂声豪	江龙德	汪晓银

续表

学校	队员一	队员二	队员三	指导教师
天津科技大学	陈昭名	徐畅	李兴主	张立东
天津商业大学	陈进	吴慧敏	魏聪颖	唐文广
天津商业大学	吕乐方	张菁华	赵江	王全文

高教社杯全国大学生数学建模竞赛本科组二等奖

学校	队员一	队员二	队员三	指导教师
南开大学	陈奕潮	樊知昀	张文睿	
南开大学	郭垚森	赵笑薇	唐一宁	陈孝伟
南开大学	孙宁	陆怿	李家铖	胡威
南开大学	吴馨羽	周珊珊	元天宇	倪元华
南开大学	张育衡	王泉	夏思宇	陈孝伟
南开大学	郑欢	钟俊森	郑季函	陈孝伟
天津财经大学	韦力涵	江桂甜	宁秋梅	张硕
天津大学	黄浩杨	窦迪航	刘铭	赵建勋
天津大学	焦之贤	曾佳怡	赵子熹	吕良福
天津大学	危俊邺	樊圆飞	陈昊天	邓英俊
天津大学	徐意然	王震	耿雪晨	胡玉梅
天津大学	张申文	沈银杰	冯译莘	吕良福
天津工业大学	陈岩	刘致源	郝建勇	赵璐
天津工业大学	李浩	翟大恺	孟其	汪晓银
天津工业大学	肖十一	王义凡	刘彧涵	王海庆
天津工业大学	谢斌	徐文静	段侯丰	王姗姗
天津科技大学	周威	谢雅欣	肖子栋	张大克
天津理工大学	耿劭坤	张翔	胡嘉骏	许照锦
天津理工大学	孙静柯	陈思卓	李学	周庆霞
天津理工大学	张嘉君	于碧波	刘冲冲	单亭亭
天津农学院	王钟正	张鑫	郑艺	房宏
天津农学院	魏景芳	吴彦蓉	谢林伶	穆志民
天津商业大学	俞济海	张淑玥	刘彧言	耿峤峙
天津师范大学	江雪琳	王瑞	樊嘉雯	张永康
天津职业技术师范大学	冯康玮	周鹏凯	牛旭峰	指导教师组
天津职业技术师范大学	马小茸	昝艾伶	张韵娇	指导教师组
天津中德应用技术大学	黄张兵	彭志平	张鑫	杨峻
中国民航大学	贺运鸿	曾福江	吴政嬑	王蕊
中国民航大学	宋婧阳	金佳佳	雷博伟	张春晓

高教社杯全国大学生数学建模竞赛专科组一等奖

学校	队员一	队员二	队员三	指导教师
天津电子信息职业技术学院	钟贤良	刘汉雨	杨文卓	李艳宁
天津职业大学	康景琦	曹瀚	雷天池	周爱丽

高教社杯全国大学生数学建模竞赛专科组二等奖

学校	队员一	队员二	队员三	指导教师
天津铁道职业技术学院	马新贺	赵培植	荣翔宇	朱化平
天津职业大学	王盛柘	史静	张增祥	王钦烈
中国人民解放军海军勤务学院	黄烨煊	吕恩浩	祝吉林	教练组

天津市级教学团队

带头人姓名	学校	团队名称
胡昭玲	南开大学	经济学类一流专业课程思政教学团队
邓少强	南开大学	代数类课程教学团队
马新宾	天津大学	化学工艺学教学团队
高文志	天津大学	内燃机专业课程教学团队
华欣	天津科技大学	国际经济与贸易教学团队
唐娜	天津科技大学	制盐与盐化工课程群教学团队
赵义平	天津工业大学	复合材料与工程专业教学团队
齐庆祝	天津工业大学	工商管理专业教学团队
郝秀辉	中国民航大学饰	航空法特色课程群教学团队
吕联荣	天津理工大学	电子信息工程教学团队
陈长喜	天津农学院	面向智慧农业的软件工程教学团队
徐哲龙	天津医科大学	基础医学专业教学团队
李晓霞	天津医科大学	早期接触临床实践训练教学团队
李正	天津中医药大学	中药制药新工科教学团队
王燕	天津中医药大学	老年护理学教学团队
张宝菊	天津师范大学	智能通信与信号处理教学团队
武志峰	天津职业技术师范大学	网络工程专业"双师型"教学团队
刘建喜	天津外国语大学	英语国家文化课程教学团队
沃耘	天津商业大学	商业法课程思政教学团队
杨贵军	天津财经大学	应用统计学教学团队
曲鲁平	天津体育学院	体育科研方法教学团队
周海涛	天津音乐学院	戏剧影视教学团队
吕铁元	天津美术学院	书法专业教学团队
罗兆辉	天津城建大学	工程结构设计与施工课程教学团队

全国教材建设先进个人

王静康　天津大学国家工业结晶工程技术研究中心名誉主任、中国工程院院士
米　靖　天津市教育科学研究院职业教育研究中心主任、研究员
孙保存　天津医科大学总医院病理科主任、病理教研室主任、教授
逄锦聚　南开大学政治经济学研究中心主任、讲席教授
顾　沛　南开大学数学科学学院原常务副院长、教授

全国优秀共产党员

王静康（女）　国家工业结晶工程技术研究中心名誉主任、天津大学原国家医药管理局医药结晶工程研究中心主任、天津市科协名誉主席，中国工程院院士
褚新红（女）　天津市和平区岳阳道小学党总支副书记、校长

全国先进基层党组织

南开大学化学学院党委
全国五四红旗团委（团工委）
全国五四红旗团支部（团总支）
天津大学化工学院团委
天津市雍阳中学团总支
天津医科大学肿瘤医院团委
全国优秀共青团员
刘昕倬（女）　南开大学化学学院2019级分析化学专业硕士研究生
赵思瑶（女）　天津理工大学语言文化学院2017级英语专业学生
贺行云（女）　天津市第四十五中学2018级学生

全国优秀共青团干部

李红立　天津市北辰区北仓小学少先队大队辅导员

全国五一劳动奖章

高荣华（女）　天津市宝坻区第一中学教师，正高级教师
鲁统部　天津理工大学材料科学与工程学院院长，教授
王成山　天津大学电气自动化与信息工程学院院长，教授
范伟敏（女）　天津市河西区上海道小学校长，高级教师

全国工人先锋号

天津大学精仪学院光电信息技术教育部重点实验室

全国脱贫攻坚先进个人

班立桐　　天津农学院
赵　宏　　天津交通职业学院
陈洪顺　　天津市宁河区宁河镇中学
于一民　　天津中德应用技术大学

全国脱贫攻坚先进集体

天津医科大学眼科医院
天津职业大学合作教育办公室
天津市和平区教育局

全国杰出专业技术人才

仲崇立　天津工业大学
周其林　南开大学

第六届世界中国学贡献奖

叶嘉莹　南开大学中华古典文化研究所所长、加拿大皇家学会院士

全国青年文明号

天津市河东十一幼团结协作组
天津市南开区风湖里小学80后青年教师工作室

第十三届中国青年志愿者优秀个人奖

白翔仁　天津大学
郑乐平　中国民航大学

第十三届中国青年志愿者优秀组织奖

天津外国语大学青年志愿者协会

全国向上向善好青年"勤学上进好青年"

黄　明　天津中医药大学中医药研究院助理研究员

全国中小学劳动教育实验区

和平区、河西区、津南区

国家防震减灾科普示范学校

天津市第八中学
天津市蓟州区公乐小学
天津市鉴开中学
天津市武清区下伍旗职业学校
天津市第十九中学

高校图书馆事业突出贡献者

来新夏　南开大学图书馆原馆长

高校图书馆榜样馆长

张　毅　南开大学图书馆
唐承秀　天津财经大学图书馆

高校图书馆榜样馆员

刘宝明　天津财经大学图书馆
李朝晖　天津医科大学图书馆
汪宗怡　天津大学图书馆
张　素　天津职业大学图书馆
惠清楼　南开大学图书馆

第十三届"高校辅导员年度人物"

李　娜　南开大学

首届全国高校教师教学创新大赛部属高校（含部省合建高校）正高组三等奖

范晓彬　天津大学

首届全国高校教师教学创新大赛地方高校正高组一等奖

姚　飞　天津工业大学

首届全国高校教师教学创新大赛地方高校副高组三等奖

薛　栋　天津职业技术师范大学

首届全国高校教师教学创新大赛地方高校中级及以下组三等奖

崔　妍　天津医科大学

首届全国高校教师教学创新大赛优秀组织奖

天津大学

乡村优秀青年教师培养奖励计划

刘　迪（女）　天津市蓟州区西龙虎峪镇藏山庄中心小学
韩　逍　天津市蓟州区出头岭镇东王官屯中心小学
姜　松（女）　天津市北辰区朱唐庄小学

第七届中国国际"互联网+"大学生创新创业大赛总决赛高教主赛道金奖

南开大学　寰宇星通——中国星载激光放大领航者
南开大学　AccRate——全球首创抗癌靶向药

敏感性检测技术定义者

天津大学　心脉联衢——全球首款体内精准可视化小口径人工血管

天津理工大学　"鲸可语"——多模态连续手语自动标注识别系统

第七届中国国际"互联网+"大学生创新创业大赛总决赛高教主赛道银奖

南开大学　分子"盔甲"——让生物药摆脱冷链的新型安全储运技术

天津大学　深楠高科——世界电流指纹AI防火减灾技术领军者

天津大学　双安卫士——重要区域、设施智能安防及健康监测系统

天津科技大学　安指科技——新一代身份信息安全的领航者

天津商业大学　鲜控科技——国内果蔬干燥与保鲜技术的领跑者

河北工业大学　由"感"而发——机器人智能电子皮肤领军者

河北工业大学　别触新材——磁致伸缩传感器筑梦者

第七届中国国际"互联网+"大学生创新创业大赛总决赛高教主赛道铜奖

南开大学　智疗——全球首创脑功能疾病诊疗智能辅助系统

南开大学　"奇府"——干细胞仿生赋能系统

天津大学　智医"神工"——全球首款人工神经康复机器人系统

天津大学　斗拱NEWER——"斗拱你玩"指尖模玩创想家

天津科技大学　智安科技——用卓越的智能视觉算法赋能安防

天津科技大学　膜时代：绿色提取盐湖卤水活性多糖

天津科技大学　全健民康——基于亲和小体的肝癌检测开创者

天津科技大学　光电通信"芯"脏——国内首款薄膜声光调制器

天津工业大学　智慧磨抛——三维视觉自主导引打磨抛光机器人

天津工业大学　"工业大脑"——通用机器人边缘控制器

天津工业大学　金油绿水——石油采出液油水分离的"膜"法

中国民航大学　焦点——国内领先的光谱共焦测量系统

天津理工大学　智能夹板——中国银发经济下骨折医疗器械的新星

天津理工大学　众科创谱水质测定仪——水质检测行业领导者

天津理工大学　东尚科技——全国文印人集成方案引领者

天津理工大学　睿霄智能——人工智能全自动网球捡取机器人的领航者

天津医科大学　肽凝医创科技有限责任公司

天津师范大学　独角鲸文化，中国新文创内容的"破题者"

天津师范大学　百业新态——助力小店拥抱数字化

天津师范大学　"J博士"——恶劣环境下的海洋复杂结构智能安全实时监测系统

天津体育学院　熠程供应链

北京科技大学天津学院　"御火鷶鸟"火灾检测无人机系统

北京科技大学天津学院　SLM——3D打印高强铝合金

河北工业大学　2ETS——致力于未来新能源汽车变速器技术革新

河北工业大学　浪腾科技——汽车数字化生产解决方案领跑者

河北工业大学　智航卫测——商业航天空间环境模拟平台领航者

首届智能制造创新大赛创意奖

天津工业大学　天工服装智能人体建模系统

首届智能制造创新大赛优秀奖

天津工业大学　天工服装智能人体建模系

天津楷模

王辅成　天津师范大学退休干部

天津市先进基层党组织

南开大学化学学院党委
天津理工大学材料科学与工程学院党委
天津师范大学政治与行政学院党委
天津外国语大学高级翻译学院党委
天津职业大学眼视光工程学院党总支
天津美术学院视觉设计与手工艺术学院研究生党支部
天津市教育招生考试院高招处党支部
天津音乐学院管弦系教师党支部
天津科技大学化工与材料学院化工原理教工党支部
天津职业技术师范大学电子工程学院电科实训教工党支部
天津农学院人文学院外国语系教工党支部
天津医学高等专科学校党委
滨海新区塘沽第一中学党委
和平区教育局党委
武清区杨村第十中学党支部
宝坻区第三中学党支部
宁河区芦台第一中学党委
天津市五四红旗团委
天津市第五十五中学团委
天津市第八中学团委
天津市第四十二中学团委
天津市第四十三中学团委
天津市第七十八中学团委
天津市第一百中学团委
天津市北辰区教育局团委
天津市宝坻区第一中学团委
天津市宝坻区第九中学团委
天津市静海区独流中学团委
天津市蓟州区第一中学团委
天津工业职业学院团委
天津铁道职业技术学院团委
天津市第一商业学校团委
天津医学高等专科学校团委
天津大学材料科学与工程学院团委

天津大学机械工程学院团委
天津大学电气自动化与信息工程学院团委
天津大学环境科学与工程学院团委
南开大学团委
天津医科大学第二医院团委
天津医科大学公共卫生学院团委
天津医科大学生物医学工程与技术学院团委
河北工业大学人工智能与数据科学学院团委
河北工业大学土木与交通学院团委
河北工业大学经济管理学院团委
天津商业大学会计学院团委
天津中德应用技术大学团委
天津理工大学化学化工学院团委
天津理工大学电气电子工程学院团委
天津理工大学聋人工学院团委
天津理工大学环境科学与安全工程学院团委
天津理工大学海运学院团委
天津财经大学理工学院团委
天津财经大学人文学院团委
天津科技大学艺术设计学院团委
天津科技大学电子信息与自动化学院团委
天津中医药大学第二附属医院团委
中国民航大学空中交通管理学院团委
天津农学院动物科学与动物医学学院团委
天津美术学院产品设计学院团委
天津职业技术师范大学艺术学院团委
天津天狮学院经济管理学院团委

天津市五一劳动奖状

天津市蓟州区西龙虎峪镇初级中学
天津市宁河区芦台第三中学

天津市五一劳动奖章

刘　嫄（女）　天津市和平区岳阳道小学德育主任
薛广荣（女）　天津工业职业学院职工
张丽丽（女）　天津商务职业学院管理岗八级
赵昌丽（女）　天津中德应用技术大学系副主任
郭战军　天津医科大学第二医院人力资源部主任

天津市工人先锋号

天津市河东区第一幼儿园教科研中心组
河北工业大学化工学院化工原理教研室
天津师范大学"风雨同心"志愿服务团队

天津青年创新能手

王慧泉　天津工业大学生命科学学院副院长
王　燕　天津医科大学肿瘤医院乳房再造科护
　　　　士长
刘　文　天津农学院基础科学学院教师
刘定斌　南开大学化学学院教授
刘逸寒　天津科技大学生物工程学院教授
齐　麟　中国民航大学机场学院教授,机场工
　　　　程试验中心主任
许　楠　天津美术学院造型艺术学院雕塑系
　　　　教师
张志明　天津理工大学材料科学与工程学院
　　　　教授
赵子龙　天津医科大学总医院神经外科主治医师
黄　显　天津大学精密仪器与光电子工程学院
　　　　教授
常艳旭　天津中医药大学组分中药国家重点实
　　　　验室研究员

天津青年创业能手

王嘉嘉　天津外国语大学国际商学院学生
刘　羽　天津科技大学艺术设计学院产品设计
　　　　系教授
李美盛　天津商业大学信息工程学院学生
张晓敏　中国民航大学工程技术训练中心教师
贾　潍　天津师范大学美术与设计学院实验中
　　　　心副主任

天津青年创优能手

丁　丹　南开大学生命科学学院研究员
王　毅　天津医科大学总医院医务处副处长、
　　　　神经外科副主任医师
李　秋　天津职业技术师范大学机械工程学院
　　　　基础教学部主任

张文涛　天津中医药大学第一附属医院肝胆科
　　　　主治医师
张贵正　北辰区青少年业余体育学校跆拳道教
　　　　练员
胡雨奇　河北工业大学化工学院教师

天津市脱贫攻坚先进集体

天津市教育委员会扶贫协作与语言文字处
天津医科大学总医院消化内科
天津师范大学对口帮扶工作办公室
天津中德应用技术大学教务处(招生办公室)
南开大学教育基金会
天津大学建筑设计规划研究总院有限公司
天津市对口支援新疆工作前方指挥部职业技术
学院教师团队
天津市建筑设计院天津中德应用技术大学承德
分校项目部
天津市实验中学滨海学校
天津市河北区教育系统赴甘支教团队
南开大学附属中学
天津市蓟州区教育局

天津市结对帮扶困难村
优秀驻村工作组

　　天津市委教育工作委员会、天津市教育委员会
驻宝坻区口东镇前齐各庄村、梁家胡同村工作组
　　天津市教育招生考试院驻静海区台头镇一堡
村、北二堡村工作组
　　天津理工大学驻蓟州区下窝头镇西马营村、寇
各庄村,东赵各庄镇牛道口村工作组
　　天津师范大学驻静海区独流镇六堡村、北刘村
工作组
　　天津农学院驻宁河区苗庄镇中于飞村、后刘瘸
村工作组
　　天津大学驻静海区静海镇付家村工作组
　　中国民航大学驻宝坻区新安镇伍麻庄村工作组
　　天津市静海区政协机关、天津市静海区第二中
学驻静海区唐官屯镇小十八户村工作组

天津市高等学校教学名师奖

邱晓航　南开大学
范小云　南开大学

姜　杉　天津大学
李晓红　天津大学
王　霞　天津科技大学
李文钊　天津科技大学
刘建勇　天津工业大学
郝秀辉　中国民航大学
王春东　天津理工大学
马幼捷　天津理工大学
张树林　天津农学院
付　蓉　天津医科大学
薛凤霞　天津医科大学
付　滨　天津中医药大学
范文贵　天津师范大学
张　蕾　天津职业技术师范大学
余　江　天津外国语大学
蒋国平　天津商业大学
杨尊琦　天津财经大学
刘文平　天津音乐学院
路家明　天津美术学院
周晓洁　天津城建大学

天津向上向善好青年
"爱岗敬业好青年"

芦　燕　天津大学建工学院土木系副主任
侯兆君　天津科技大学外国语学院团委书记
秦洪军　天津外国语大学国际商学院金融系系
　　　　主任

天津向上向善好青年
"创新创业好青年"

刘中宪　天津城建大学科技处副处长
陈　瑶　南开大学药物化学生物学国家重点实
　　　　验室、药学院研究员
周　旋　天津医科大学肿瘤医院颌面耳鼻喉肿
　　　　瘤科副主任
贺涛涛　天津职业技术师范大学自动化电气工
　　　　程学院学生

天津向上向善好青年
"勤学上进好青年"

王子健　南开大学化学学院学生
王昕灵　天津财经大学商学院博士研究生

毛娟娟　天津中医药大学针灸推拿学院学生
李海丰　中国民航大学计算机科学与技术学院
　　　　副院长
陈付磊　天津工业大学机械工程学院学生
赵　洋　天津农学院动物科学与动物医学学院
　　　　学生
曹子轩　天津市耀华中学学生

天津向上向善好青年
"扶贫助困好青年"

王　帆　河西区梧桐小学教师
尹从姗　红桥区第二实验小学教工团支部书
　　　　记、大队辅导员
张　伟　天津医科大学肿瘤医院肝胆肿瘤科副
　　　　主任
张银龙　天津理工大学驻蓟州区结对帮扶工作
　　　　组驻村干部

天津向上向善好青年
"崇德守信好青年"

邓宏勋　中国民航大学外国语学院学生
刘承灏　天津商业大学生物技术与食品科学学
　　　　院学生
赵俊凯　津南区小站实验中学学生
高椿林　河北工业大学校团委兼职副书记

天津市"新时代好少年"

田梓恒　滨海新区大港五中九年四班学生
王奥然　逸阳梅江湾国际学校五年一班学生
穆思源　和平区岳阳道小学五年十班学生
陈紫源　河东区实验小学五年九班学生
张羽桐　天津小学六年五班学生
林子涵　河西区湘江道小学五年五班学生
王圣铂　汇森中学七年十班学生
边薪潼　南开区东方小学六年五班学生
刘兆赟　红桥区实验小学六年五班学生
任益萱　东丽区丽泽小学六年二班学生
曹馨田　北辰区瑞景小学五年一班学生
刘子怡　宝坻区建设路小学六年三班学生

附 录

政策文件

教育部　天津市人民政府关于深化产教城融合打造新时代职业教育创新发展标杆的意见

津政发〔2021〕1号

教育部各司局、各有关直属单位;天津市各区人民政府,市政府各委、办、局:

　　职业教育与经济社会发展、与就业和民生有着密切的关系,是与普通教育同等重要,人人可以出彩的教育类型,必须高度重视、大力发展。近年来,天津市深入贯彻习近平总书记对天津工作"三个着力"重要要求和一系列重要指示批示精神,认真贯彻落实党的教育方针,不断深化现代职业教育改革创新,取得了显著成效。当前,天津市已经进入高质量发展阶段,迫切需要发挥职业教育高地优势,以世界一流职业教育支撑经济转型服务产业升级、支撑民生改善服务终身学习、支撑城市品牌服务国内国际。为深入贯彻习近平新时代中国特色社会主义思想,全面贯彻党的十九大和十九届二中、三中、四中、五中全会精神,落实《中国教育现代化2035》《国务院关于印发国家职业教育改革实施方案的通知》(国发〔2019〕4号),以职业教育产教城融合推动城市高质量发展,为全国提供具有天津特点、中国特色、世界

水平的职业教育创新发展的样板和标杆,制定本意见。

　　一、对接经济结构优化,打造行业企业办学先行典范

　　(一)坚持行业企业办学特色不动摇

　　对接经济结构优化和新动能引育需要,推进《天津市职业教育条例》修订工作,确立行业企业办学主体的法定地位。建立与办学规模、培养成本、办学质量等相适应的财政投入制度,健全政府、行业企业及其他社会力量依法筹集经费的多元投入机制。保障教育合理投入的同时,优化教育支出结构,新增教育经费向职业教育倾斜。在国有企业混合所有制改革背景下,混改后仍为国有控股的市级企业,其所属职业学校隶属关系不变;混改后国有资本不再控股的,职业学校优先划转到其行业主管部门管理,确保行业企业办学的高职院校比例保持在70%以上。健全职业学校领导班子选聘、调整、

考核与教育部门会商机制,加大职业学校领导干部横向交流力度。

(二)推进社会力量多元深度参与办学

支持混改后的企业以独资、合资、合作等方式依法参与举办职业教育,允许以资本、技术、管理等要素依法参与办学并享有相应权利。探索社会力量与职业学校通过股份制、混合所有制改革举办实体性的二级学院、产业学院和企业大学。鼓励政府与社会资本合作(PPP)模式建设职业教育基础设施,社会力量可通过承租、托管等方式参与职业学校运营管理。支持符合产教融合发展要求的企业通过政府购买服务等多种方式参与承接职业学校办学。允许职业学校通过PPP模式、融资贷款、土地置换等途径拓宽筹资渠道,构建政府统筹管理、社会多元办学格局。

(三)培育产教融合型企业

推进国家产教融合型城市试点建设,重点打造津南试点核心区。建立天津市产教融合型企业认定评价指标体系,认证100家以上产教融合型企业,对纳入储备库的产教融合型企业给予"金融+财政+土地+信用"组合式激励。全面推广现代学徒制,在产教融合型企业设立学徒岗和实习岗,与职业学校联合培养。完善成本分担机制,对列入产教融合目录的专业,合理调整学费标准。

二、融入产业高端发展,打造职业教育技术创新样板

(四)对接产业高端需求优化专业布局

主动融入"一基地三区"建设,紧密对接智能科技、生物医药、新能源、新材料等战略性新兴产业,航空航天、装备制造、石油化工、汽车工业等传统优势产业以及养老、托育、家政、健康等现代服务业,成立产教融合研究院,动态发布企业需求信息。绘制职业教育专业建设与产业发展谱系图,建立职业教育专业质量评价、专业预警调控机制,优化调整专业布局,重点建设云计算、大数据、人工智能等相关专业,着力升级改造传统产业相关专业。

(五)打造职业教育技术创新发展聚集区

对接国家自主创新源头和自主创新能力策源地建设需要,完善"五业联动"产教融合机制,共享南开大学、天津大学和职业学校的科技研发、产教融合、校企合作等资源,共建应用技术转移中心、产品工艺开发中心、紧缺人才实训基地,打造2至3个兼具产品研发与制造、工艺开发与改进、技术升级与推广和

大国工匠培育四大功能的服务人工智能、先进制造、信息通讯等产业的职业教育技术创新服务平台。建设2至3个信息技术应用创新产业学院。实施高职院校技术创新能力提升计划,在高职院校试点设立工程创新中心和技术转移中心。搭建对接服务平台,将校企合作资源列入新动能引育企业支持要素,为企业落地提供支撑。

(六)创建"通用技能+专业技能"实训基地集群

主动对接产业发展、技术进步和流程再造,建立中国(天津)职业技能公共实训中心市场化运行机制,鼓励社会资源参与公共实训中心项目建设,拓展天津中德应用技术大学飞机制造技术人才培养基地、天津职业大学机械工程实训中心、天津轻工职业技术学院精密模具协同创新中心、天津电子信息职业技术学院北斗卫星导航产教融合实训教学基地功能作用,支持职业学校多种形式建设专业技能实训基地,打造"通用技能+专业技能"的实训基地集群。依托优势专业共建共享一批虚拟仿真实训资源,建立虚实融合的实训基地运行机制。

三、融入学习型城市建设,打造职业教育终身学习样板

(七)做优职业教育学校体系

主动融入京津冀协同发展重大国家战略和"一带一路"建设,调整职业学校规划布局和设置规范,形成分类办学指导意见。实施职业学校提质培优行动计划。支持符合条件的"双高计划"建设单位的骨干专业试办本科层次职业教育。支持天津中德应用技术大学建设一流应用技术本科院校,推动市属普通本科高校向应用型本科转型。依托天津大学、天津职业技术师范大学和天津中德应用技术大学,率先形成完整的高层次职业教育人才培养体系。

(八)做强育训结合、职继协同发展体系

对标开启全面建设社会主义现代化大都市新征程,全面对接产业升级和民生改善需求,突出职业学校终身学习服务功能,落实职业学校学历教育和职业培训并举并重。推广复制"区校联合体"终身学习服务模式,做优做强服务终身学习的区域型职教集团,提升开放大学系统终身学习服务能力。完善"一行一网一中心"(学分银行、终身学习网、社区教育指导中心)建设,实现职业教育、继续教育包括开放教育、社区教育、老年教育等协同发展,建设市、区、街镇、村居、家五级终身学习支持

服务体系。

（九）推进做实学分银行和资历框架

推进学分银行在天津落地运行，推动创立京津冀跨区域资历框架，建立职业教育与普通教育课程互认、学生学习成果等值互换制度。推进1+X证书（学历证书+若干职业技能等级证书）制度试点，率先落实"三同两别"要求和试点任务走在全国前列，落实职业技能等级证书质量监管要求。推进职业教育、高等教育、继续教育机构试点实施完全学分制，建立弹性学制与自主选课制度，实现学习者职业经历、工作能力和培训经历等的等值转化。

四、融入城市文化建设和人文交流，打造职业教育中国名片

（十）厚植城市工匠文化氛围

大力弘扬工匠精神，完善激励机制，制定"大国工匠成长计划"天津方案，培育一批"海河工匠"，打造一批享誉世界的"天津品牌"，营造劳动光荣的社会风尚和精益求精的敬业风气。大力传播工匠文化，组织"中华技能大奖"获得者、"海河工匠"等高技能领军人才进学校，宣传工匠文化，厚植津门职教文化氛围。深入挖掘工匠故事，弘扬中华优秀传统文化，建设以伟人故事、大国工匠故事、新时代故事等为内容的职业学校思政课程和课程思政资源库。

（十一）打造中国职业教育国际化标准模式

融入"一带一路"建设，优化鲁班工坊全球布局，在海外建成20个鲁班工坊。全面完成非洲10个鲁班工坊建设任务，建立非洲职业教育研究中心。建设鲁班工坊研究与推广中心。联合多方力量共同推进成立鲁班工坊建设联盟，建立全国统一的鲁班工坊管理机制，统筹规划鲁班工坊的建设与发展。共鉴共享鲁班工坊建设经验和成果，完善鲁班工坊建设的规范和标准，推广工程实践创新项目（EPIP）教学模式应用。扩大与其他国家和地区的学历证书和技能等级证书的互通互认，大力推进"中文+职业技能"项目"走出去"。

（十二）推进职业教育高水平国际交流与合作

全面提升国际交流合作水平，支持滨海新区探索引进世界知名大学和特色学院开展合作办学，与德国、瑞士、英国等国家的企业、职业教育机构或行业协会深度合作，支持应用型本科高校、职业学校与国外高水平应用技术大学合作办学，在现有学位制度内探索高层次学徒制试点。

五、融入高技能社会发展，打造全国职业教育科研高地

（十三）创建高端职业教育科研体系

成立职业教育研究院，整合天津大学、天津市教育科学研究院和天津职业技术师范大学的科研力量，发挥京津冀职业教育协同发展研究中心作用，联合国内外知名高校与研究机构，打造高度协同的职业教育研究链条，积极主动承担职业教育专业课题研究任务。支持市属高校联合职业学校按有关程序办法自主设置职业技术教育学二级学科学位点，扎根中国大地，推进中国特色职业教育学术体系和话语体系建设。

（十四）打造职业教育"国字号"智库

全面深化国家职业教育质量发展研究中心、全国职业院校技能大赛成果转化中心、国家职业教育教学资源开发与制作中心等"国字号"项目建设，开展天津职业教育教学质量监测，依托全国职业院校技能大赛成果研制高技能人才培训和技能竞赛的教学资源。建立天津市职业教育改革发展专家咨询委员会制度，为深化职业教育改革提供智力支持。

六、建设一流技术技能队伍，打造职业教育强基样板

（十五）构建职业学校思政教育一体化育人体系

坚持用习近平新时代中国特色社会主义思想铸魂育人，完善组织领导、课程改革、队伍建设、课内课外"四个一体化"育人格局，构建思政课程、课程思政、教师思政、专业思政、学校思政"五位一体"育人机制。强化党建引领，以首批天津市党建"领航工程"职业学校创建培育单位为载体，扎实开展基层党支部标准化规范化建设。配齐建强专职辅导员与思政课教师队伍，建设天津市职业教育"课程思政"教学研究示范中心，构建具有天津特色的职业教育思政体系。依托天津海河教育园区思想政治教育实践基地、鲁班工坊建设体验馆、全国职业院校技能大赛博物馆和各高职院校专业实践场馆等优质思政资源，系统化建设一批融入思政教育理念、体现教育改革创新成果、展示产业发展成效的技能实践育人基地，实现全员、全程、全方位育人。

（十六）打造"工匠之师"培养培训体系

制定职业学校分层分类的教师专业标准体系，支持天津大学、天津职业技术师范大学、高职院校、产教融合型企业联合培养职业技术教育领域教育硕士,试点培养职业技术教育方向教育学博士,支持市属理工类院校开展本科层次的职业教育师资培养,形成"工匠之师"一体化培养体系。支持天津职业技术师范大学建设一流职教师资大学。实施教师职业能力提升工程,遴选海河名师和创新教学团队,培育传承绝活、弘扬绝技的技能大师,实施现代产业导师特聘岗位计划,建设标准统一、序列完整、专兼结合的实践导师队伍。实施新入职教师"入岗、适岗、胜岗"三年三阶段培养工程,落实职业学校教师定期到企业实践制度。

(十七)强化职业学校师资队伍建设

建立校企"共聘共育""双栖制"引人用人机制。全面推进高职院校人员总量管理,推动固定岗位和流动岗位相结合的人事管理制度改革,探索以不超过教师编制总数30%的标准设置流动岗位。院校通过校企合作、技术服务、社会培训等项目所得的净收入,可作为绩效工资来源,院校可在现行公务员可比收入1.5倍调控线基础上,再按照不超过公务员可比收入的1倍相应增加绩效工资总量。明确职业学校专业领军人物遴选标准,设立专项人才经费,加大高层次人才引进力度。支持引进具有创新实践经验的企业家、高科技人才、高技能人才在职业学校兼职任教。

(十八)推进职业教育教材建设与教法改革

推动职业教育"三教改革",制定天津市职业学校教材管理实施细则,支持天津市建立职业教育教材研究基地,建设一批职业教育教材教法研究基地。支持有实力的高等职业学校积极参与马工程重点教材建设工作,加强研究,推进教材统一使用。建设一批职业教育优质教材,重点支持校企共编活页式、工作手册式新型教材和满足鲁班工坊需要的"双语"教材。校企双元合作开发职业教育教材,建设并更新一批职业教育专业教学资源库和在线开放精品课程。

七、加强组织领导,打造世界一流职业教育

(十九)加强党对职业教育的全面领导

以习近平总书记关于职业教育的重要论述精神为指导,加强党对职业教育的全面领导,实施基层党组织组织力提升工程,加强和改进职业学校党建工作。全面贯彻党的教育方针,将党建工作与事业发展同部署、同落实、同考评。加强职业学校党的建设,健全组织体系,把全面从严治党落实到办学治校全过程,领导和促进学校工会、共青团等群团组织和学生会建设。完善职业教育治理体系,提高依法治理能力水平。

(二十)建立部市共建协调推进机制

建立由教育部部长和天津市市长共同担任组长,分管副部长和分管副市长担任副组长,教育部相关司局和天津市有关部门负责同志为成员的部市共建国家职业教育创新发展标杆领导小组,负责统筹协调推进职业教育创新发展;组建由教育部职业教育与成人教育司司长和天津市教委主任牵头的工作专班,负责具体推进工作。天津市各区人民政府、各有关部门要把职业教育作为履行教育职责评价的重要内容,落实发展职业教育的责任。

附件:1.教育部支持政策清单
　　　2.天津市工作任务清单
教育部　天津市人民政府

2021年1月5日
（此件主动公开）

附件1

教育部支持政策清单

序号	政策内容
1	指导天津市开展职业学校股份制、混合所有制改革。
2	支持天津市符合条件的"双高计划"建设单位的骨干专业试办本科层次职业教育。
3	支持天津市试点培养职业技术教育方向教育学博士。
4	支持天津市滨海新区引进世界知名大学和特色学院开展合作办学。
5	推进成立鲁班工坊建设联盟。
6	支持天津市建立职业教育教材研究基地。

附件2

天津市工作任务清单

序号	工作任务	责任单位
1	对接经济结构优化和新动能引育需要,推进《天津市职业教育条例》修订工作,确立行业企业办学主体的法定地位。	市司法局、市教委、市财政局、市人社局、有关行业主管部门
2	建立与办学规模、培养成本、办学质量等相适应的财政投入制度,健全政府、行业企业及其他社会力量依法筹集经费的多元投入机制。保障教育合理投入的同时,优化教育支出结构,新增教育经费向职业教育倾斜。	市财政局、市教委、市人社局,各区人民政府
3	在国有企业混合所有制改革背景下,混改后仍为国有控股的市级企业,其所属职业学校隶属关系不变;混改后国有资本不再控股的,职业学校优先划转到其行业主管部门管理,确保行业企业办学的高职院校比例保持在70%以上。健全职业学校领导班子选聘、调整、考核与教育部门会商机制,加大职业学校领导干部横向交流力度。	市发展改革委、市国资委、市财政局、市教委、市人社局
4	支持混改后的企业以独资、合资、合作等方式依法参与举办职业教育,允许以资本、技术、管理等要素依法参与办学并享有相应权利。	市发展改革委、市教委、市人社局、市国资委、市市场监管委、市财政局,各区人民政府
5	探索社会力量与职业学校通过股份制、混合所有制改革举办实体性的二级学院、产业学院和企业大学。	市发展改革委、市教委、市人社局、市市场监管委、市财政局、市政务服务办,各区人民政府
6	鼓励政府与社会资本合作(PPP)模式建设职业教育基础设施,社会力量可通过承租、托管等方式参与职业学校运营管理。支持符合产教融合发展要求的企业通过政府购买服务等多种方式参与承接职业学校办学。允许职业学校通过PPP模式、融资贷款、土地置换等途径拓宽筹资渠道,构建政府统筹管理、社会多元办学格局。	市发展改革委、市教委、市人社局、市财政局,各区人民政府
7	推进国家产教融合型城市试点建设,重点打造津南试点核心区。建立天津市产教融合型企业认定评价指标体系,认证100家以上产教融合型企业,对纳入储备库的产教融合型企业给予"金融+财政+土地+信用"组合式激励。	市发展改革委、市人社局、市财政局、市金融局、市规划资源局、人民银行天津分行、天津银保监局、市教委、市委网信办,各区人民政府
8	全面推广现代学徒制,在产教融合型企业设立学徒岗和实习岗,与职业学校联合培养。	市教委、市人社局、市税务局、市财政局,各区人民政府
9	完善成本分担机制,对列入产教融合目录的专业,合理调整学费标准。	市发展改革委、市财政局、市人社局、市教委
10	主动融入"一基地三区"建设,紧密对接智能科技、生物医药、新能源、新材料等战略性新兴产业,航空航天、装备制造、石油化工、汽车工业等传统优势产业以及养老、托育、家政、健康等现代服务业,成立产教融合研究院。	市教委、市发展改革委、市工业和信息化局、市人社局
11	动态发布企业需求信息。	市人社局、市科技局、市发展改革委
12	绘制职业教育专业建设与产业发展谱系图,建立职业教育专业质量评价、专业预警调控机制,优化调整专业布局,重点建设云计算、大数据、人工智能等相关专业,着力升级改造传统产业相关专业。	市教委、市发展改革委
13	对接国家自主创新源头和自主创新能力策源地建设需要,完善"五业联动"产教融合机制,共享南开大学、天津大学和职业学校的科技研发、产教融合、校企合作等资源,共建应用技术转移中心、产品工艺开发中心、紧缺人才实训基地。	市教委、市发展改革委、市人社局、市社科联

续表

序号	工作任务	责任单位
14	打造2至3个兼具产品研发与制造、工艺开发与改进、技术升级与推广和大国工匠培育四大功能的服务人工智能、先进制造、信息通讯等产业的职业教育技术创新服务平台。建设2至3个信息技术应用创新产业学院。	市教委、市发展改革委、市工业和信息化局
15	实施高职院校技术创新能力提升计划,在高职院校试点设立工程创新中心和技术转移中心。	市教委、市科技局
16	搭建对接服务平台,将校企合作资源列入新动能引育企业支持要素,为企业落地提供支撑。	市教委、市发展改革委、市工业和信息化局,各区人民政府
17	主动对接产业发展、技术进步和流程再造,建立中国(天津)职业技能公共实训中心市场化运行机制,鼓励社会资源参与公共实训中心项目建设,拓展天津中德应用技术大学飞机制造技术人才培养基地、天津职业大学机械工程实训中心、天津轻工职业技术学院精密模具协同创新中心、天津电子信息职业技术学院北斗卫星导航产教融合实训教学基地功能作用,支持职业学校多种形式建设专业技能实训基地,打造"通用技能+专业技能"的实训基地集群。	市教委、市发展改革委、市人社局、市财政局
18	依托优势专业共建共享一批虚拟仿真实训资源,建立虚实融合的实训基地运行机制。	市教委
19	主动融入京津冀协同发展重大国家战略和"一带一路"建设,调整职业学校规划布局和设置规范,形成分类办学指导意见。实施职业学校提质培优行动计划。	市教委、市财政局
20	支持符合条件的"双高计划"建设单位的骨干专业试办本科层次职业教育。	市教委
21	支持天津中德应用技术大学建设一流应用技术本科院校,推动市属普通本科高校向应用型本科转型。依托天津大学、天津职业技术师范大学和天津中德应用技术大学,率先形成完整的高层次职业教育人才培养体系。	市教委
22	对标开启全面建设社会主义现代化大都市新征程,全面对接产业升级和民生改善需求,突出职业学校终身学习服务功能,落实职业学校学历教育和职业培训并举并重。推广复制"区校联合体"终身学习服务模式,做优做强服务终身学习的区域型职教集团,提升开放大学系统终身学习服务能力。	市教委,各区人民政府
23	完善"一行一网一中心"(学分银行、终身学习网、社区教育指导中心)建设,实现职业教育、继续教育包括开放教育、社区教育、老年教育等协同发展,建设市、区、街镇、村居、家五级终身学习支持服务体系。	市教委,各区人民政府
24	推进学分银行在天津落地运行,推动创立京津冀跨区域资历框架,建立职业教育与普通教育课程互认、学生学习成果等值互换制度。推进1+X证书(学历证书+若干职业技能等级证书)制度试点,率先落实"三同两别"要求和试点任务走在全国前列,落实职业技能等级证书质量监管要求。	市教委、市人社局、市发展改革委、市财政局
25	推进职业教育、高等教育、继续教育机构试点实施完全学分制,建立弹性学制与自主选课制度,实现学习者职业经历、工作能力和培训经历等的等值转化。	市教委、市人社局
26	大力弘扬工匠精神,完善激励机制,制定"大国工匠成长计划"天津方案,培育一批"海河工匠",打造一批享誉世界的"天津品牌",营造劳动光荣的社会风尚和精益求精的敬业风气。	市教委、市人社局、市总工会、市委宣传部,各区人民政府

续表

序号	工作任务	责任单位
27	大力传播工匠文化,组织"中华技能大奖"获得者、"海河工匠"等高技能领军人才进学校,宣传工匠文化,厚植津门职教文化氛围。	市人社局、市总工会、市教委、市委宣传部,各区人民政府
28	深入挖掘工匠故事,弘扬中华优秀传统文化,建设以伟人故事、大国工匠故事、新时代故事等为内容的职业学校思政课程和课程思政资源库。	市教委、市委宣传部、市文化和旅游局,各区人民政府
29	融入"一带一路"建设,优化鲁班工坊全球布局,在海外建成20个鲁班工坊。全面完成非洲10个鲁班工坊建设任务,建立非洲职业教育研究中心。	市教委、市外办、市财政局
30	建设鲁班工坊研究与推广中心。联合多方力量共同推进成立鲁班工坊建设联盟,建立全国统一的鲁班工坊管理机制,统筹规划鲁班工坊的建设与发展。共鉴共享鲁班工坊建设经验和成果,完善鲁班工坊建设的规范和标准,推广工程实践创新项目(EPIP)教学模式应用。	市教委、市外办
31	扩大与其他国家和地区的学历证书和技能等级证书的互通互认,大力推进"中文+职业技能"项目"走出去"。	市教委

天津市人民政府关于加快推进天津市大学科技园建设的指导意见

津政发〔2021〕9号

各区人民政府,市政府各委、办、局:

为深入实施创新驱动发展战略,进一步推动大众创业万众创新,激发高校创新主体的积极性和创造性,促进科技、教育和经济融通发展,加快推进本市大学科技园建设,提出如下指导意见。

一、指导思想

以习近平新时代中国特色社会主义思想为指导,全面贯彻党的十九大和十九届二中、三中、四中、五中全会精神,深入贯彻落实习近平总书记对天津工作"三个着力"重要要求和一系列重要指示批示精神,以培育经济发展新动能为目标,以市场化运作为导向,以提升创新创业服务能力为着力点,发挥高校和所在区"双主体"作用,提升大学科技园成果转化、创业孵化、集聚资源、培育人才和协同创新等核心功能,使其成为高校成果转化"首站"、区域创新创业"核心孵化园"和新兴产业"策源地",为天津高质量发展提供动力和支撑。

二、基本原则

——坚持"三区"联动、协同发展。推动"大学校区、科技园区、城市社区"三区联动,促进高校创新资源与社会资源汇聚融合,打造创新创业活力区,实现大学和区域协同融合发展。

——坚持市场运作、分类指导。发挥市场在资源配置中的决定性作用,探索多元化运营管理模式,梯次建设分类指导,实现多方共赢。

——坚持突出特色、资源集成。聚焦高校优势,打造学科特色鲜明、技术优势明显、创新要素集聚、服务功能完善的高水平大学科技园。

——坚持改革创新、激发活力。借鉴国内外成功经验,探索制度创新、管理创新和模式创新,通过提高政府创新服务能力和水平,激发各类主体创新活力,推动大学科技园建设发展。

三、总体布局

按照国家级、市级和培育级三个梯次,依托高校学科优势,结合所在区发展定位和产业布局,以"一校一园""一校多园"和"多校一园"等模式建设大学科技园。在高校资源密集的区建设有区域特色的大学科技园。鼓励有条件的科研院所自建或参建大学科技园。支持京冀高校在本市建设大学科技园分园。实行"一园一策",成熟一个认定一个,高水平推进本市大学科技园建设。

四、主要任务

(一)发挥高校主体依托作用

1.加强大学科技园建设。高校要将大学科技园建设纳入学校整体规划,与"双一流"建设统筹推进。推动大学科技园与校内创新创业管理、国有资产管理、科技成果转化、学科建设、人事管理、人才培养等部门有效衔接,打通组织推动与政策落实的堵点、难点。促进人才、技术、资金、服务等校内外创新资源向大学科技园聚集。(责任单位:相关高校,相关区人民政府,市教委等市相关部门)

2.强化科技成果供需对接。加强科技成果的梳理、跟踪、挖掘和整理,建立高校科技成果项目库和职务科技成果披露制度,定期发布科技成果目录,依托行业组织和技术市场、产权交易、知识产权运营等机构,促进科技成果公开化,实现成果信息互通和有效对接。(责任单位:相关高校,相关区人民政府,市教委、市科技局、市知识产权局等市相关部门)

3.提升技术转移服务能力。完善高校技术转移服务体系,落实专门机构和专业队伍,加强科技成果的统计与评估、专利运营、营销推广,将校内技术转移机构与大学科技园联动成效作为绩效评价的重要指标。畅通科技成果作价投资、科技成果转化税收优惠等政策的操作路径,确保各方充分享受政策。(责任单位:相关高校,相关区人民政府,市科技局、市教委、市知识产权局、市税务局等相关部门)

4.推动创新资源开放共享。高校科研基础设施、大型科研仪器、科技数据、图书文献和公共生活服务设施等面向大学科技园开放。发挥高校重点实验室、协同创新中心、产业创新中心、技术创新中心、制造业创新中心、产业技术研究院和工程研究中心等研发平台作用,构建从研究开发、中试熟化到工业化试生产的全链条服务。(责任单位:相关高校,市教委、市科技局、市发展改革委、市工业和信息化局等市相关部门)

5.培育高水平创新创业群体。建立完善创新创业实施细则,引导和支持高校教师、科研人员、高校大学生在大学科技园创办企业和转化成果。支持高校毕业生在大学科技园创新创业,实现创业带动就业。吸引优秀校友、留学人员和海外高层次人才团队等入驻大学科技园,集聚优秀创新团队。(责任单位:相关高校,相关区人民政府,市教委、市人才办、市人社局等市相关部门)

(二)发挥区域主体支撑作用

1.提高创新创业服务供给水平。相关区要充分认识大学科技园对区域高质量发展的重要作用,制定完善支持政策,建立协调推进机制,形成支撑和服务大学科技园建设的工作合力。推动大学科技园与现有创新创业载体协同联动、错位发展,为大学科技园创造良好发展环境。鼓励集约用地、复合用地,盘活周边空置楼宇、老旧厂房等存量资源,为创新创业和产业转型发展提供空间。(责任单位:相关区人民政府,相关高校,市科技局、市教委、市人社局、市商务局、市规划资源局等市相关部门)

2.建立完善创业投资服务体系。发挥本市天使投资、创业投资等引导基金作用,支持大学科技园设立基金,与高成长初创科技型企业专项投资联动,形成覆盖企业发展全周期的创业投资体系。推动大学科技园与银行、担保等机构建立合作机制,加大对知识产权等无形资产质押融资服务力度,推动金融机构为园内企业创新打造批量化信贷产品和服务。(责任单位:相关高校,相关区人民政府,市科技局、市金融局、市财政局、市知识产权局、人民银行天津分行、天津银保监局等相关部门)

3.优化周边社区配套服务功能。围绕大学科技园推进高品质、低成本社区建设,在居住、交通、教育、医疗、文娱、商务等方面为创新创业者提供创业便捷、生活便利的配套服务,形成宜创、宜业、宜居的创新创业环境。(责任单位:相关区人民政府,相关高校,市相关部门)

(三)加强大学科技园能力建设

1.提升运营管理能力。完善大学科技园运营公司法人治理结构和市场化运营机制。建立健全管理运营团队、人才的市场化聘用机制和奖励激励机制,在绩效评价、职称评审、薪酬分配等方面实施分类管理。鼓励国有企业、民营企业、校友企业等通过投入资金、土地、技术、管理等多种模式,参与大学科技园建设。(责任单位:相关高校,相关区人民政府,市教委、市人社局等市相关部门)

2.提升专业服务能力。整合各类科技服务资源,加强与研发设计、检验检测、科技咨询、资产评估、法律财务、投融资等专业机构合作,为园内企业提供专业化、集成化的高水平服务。建设或整合专业化众创空间、孵化器、成果转化基地等创新创业载体,推动技术创新、企业孵化和产业育成。(责任单位:相关高校,相关区人民政府,市科技局、市教委、市人社局等市相关部门)

3.提升创新创业能力。通过校企联合共建创业学院、创新创业基地、实习实训基地等,为师生搭建创新创业实践平台,培育一批富有企业家精神的后备力量。常态化开展创业实训、项目路演、讲座论坛、创新竞赛等活动,营造浓厚的创新创业氛围。(责任单位:相关高校,市教委、市发展改革委、市人社局等市相关部门)

4.提升开放协同能力。组建大学科技园联盟等,加强经验交流和资源共享。强化与国内外知名高校、科研院所、龙头企业、专业机构的协同合作,促进大学科技园的集聚辐射带动能力。(责任单位:相关高校,相关区人民政府,市教委、市科技局等市相关部门)

(四)强化组织实施和保障

1.建立健全协调机制。建立由市科技局、市教委牵头,市相关部门及相关高校、区人民政府、大学科技园等组成的工作协调推进机制,解决大学科技园建设发展中的重大问题。(责任单位:市科技局、市教委等市相关部门,相关高校,相关区人民政府)

2.编制实施发展规划。将大学科技园建设纳入天津市国民经济和社会发展"十四五"规划。相关区将大学科技园建设纳入本区域"十四五"规划。相关高校制定出台大学科技园发展建设规划和实施方案。(责任单位:市发展改革委,相关区人民政府,相关高校)

3.营造良好发展环境。建立审批、备案绿色通道,减少审批环节和流程,为大学科技园运营公司提供便利。对大学科技园及其依托高校、所在区作出的有关创新创业、财政性资金投入等决策未能实现预期目标,但符合法律法规和本市有关规定,且勤勉尽责、未牟取非法利益的,不作负面评价,依法不追究相关责任。(责任单位:相关高校,市、区相关部门)

4.开展定期评估和监督。市科技局、市教委负责对本市大学科技园进行管理和指导,建立动态管理、定期评估、科学监督和优胜劣汰机制,将评价结果作为政策支持的重要依据。强化大学科技园建设与"双一流"建设、部省市共建高校协同发展,将大学科技园建设成效纳入市属高校绩效考核评价体系。(责任单位:市科技局、市教委)

天津市人民政府

2021年3月28日

(此件主动公开)

市委教育工委　市教委关于印发推进心理健康教育与思想政治教育深度融合提升育人质量的若干举措的通知

津教党〔2021〕11号

各高校、各区教育局、各市教委直属学校、各中职学校:

现将《推进心理健康教育与思想政治教育深度融合　提升育人质量的若干举措》印发给你们,请遵照执行。

中共天津市委教育工作委员会

天津市教育委员会

2021年3月1日

(此件主动公开)

推进心理健康教育与思想政治教育深度融合
提升育人质量的若干举措

为进一步贯彻落实习近平新时代中国特色社会主义思想和党的十九届五中全会精神,落实立德树人根本任务,立足"培养什么人、怎样培养人、为谁培养人"这一根本问题,推动心理健康教育与思想政治教育深度融合,以"心育"促德育,全面提升育人质量,制订如下举措。

一、将积极心理学要素融入思想政治教育,提升学生心理调适能力和心理健康水平

(一)贯彻积极教育理念,培养乐观阳光心态。各区、各学校在思想政治教育工作中要广泛借鉴积极心理学理念,弘扬正能量,在每年的入学教育、新学期开学教育、放假前和毕业前教育中,将励志教育、感恩教育、诚信教育、抗挫折教育、生命意义教育作为必讲内容,每年组织的各种舞台剧、演讲辩论、绘画书法、新媒体创作等校园文化活动,要重点围绕爱党爱国、感恩励志、拼搏奋斗、奉献担当等内容展开,激发和引导学生坚守社会主义核心价值观的自觉性,让学生在感动中受教育,并从中获得积极、快乐的情感体验,形成乐观向上的人格品质与人生态度,成长为阳光、坚韧、担当的新时代青少年。

(二)把握公正公平原则,正向引导学生成长。各学校要本着对学生高度负责的态度,公平公正、积极关注、真心关爱学生。各学校在各类教育教学活动中,要立足教育公心,表扬学生时要避免学生骄傲自满,惩戒学生时要合理把握尺度,不偏袒成绩好的学生或者在外貌、家庭经济条件、家庭成员背景等方面有特殊优势的学生,不在学生中形成潜在的不平等人际氛围。对于出现行为偏差的学生,要投入更多时间,给予更多关心、呵护,始终相信学生对真善美的向往,始终相信学生能够不断成长改进,始终对学生的点滴进步给予激励赞扬,为他们创设更多展示自我和实现价值的机会,在正向激励中帮助学生更好健康成长。

(三)营造轻松课堂氛围,增强课程育人吸引力。广大教师要在课堂教学中充分尊重学生的主体地位,注重运用积极心理学的理念改进教学方法,丰富教学内容,增强课程的感染力、趣味性,结合不同学段学生心理特点引导学生,激发学生学习兴趣,与学生建立朋辈友谊,营造轻松、接纳、支持、信任的课堂环境,使学生获得积极的情感体验,增强对课程学习的情感认可,树立积极的学习观。在思政课教学要结合"四史"教育,大量引用和讲授党的事业发展中涌现的伟大领袖、革命先驱、人民英雄、先进人物的人生成长故事、攻坚克难故事、艰苦奋斗故事、感人助人故事,在潜移默化中帮助学生正确自我认知,端正价值追求,树立自信心,增强自驱力,激发学生成长为德智体美劳全面发展的中国特色社会主义事业接班人和建设者的内生动力。

(四)分类指导因材施教,提升育人亲和力。各学校在开展思想政治教育工作时,要深入学生了解情况,以个体认知能力和心理特点为基础,对不同的学生因材施教、分类指导,增强教育的针对性和实效性。要突出校园文化活动的育人功能,所有学生活动要立足营造积极向上、团结友爱、真诚温暖、乐于奉献的校园氛围,不得组织单纯迎合学生、娱乐化、恶搞庸俗的校园文化活动,加强学生社团活动的积极引导和管控。广大教师要学习运用心理学中的倾听、共情、激励等方法,尊重学生、理解学生、爱护学生,在教育过程中增强对学生的情感支撑,帮助学生提升调控情绪、应对挫折、适应环境的能力。全体教职员工要增强心理敏感度,对个性偏执、自卑内向、经济困难、特殊家庭的学生时刻关注、倍加关心,对于出现较大情绪波动的学生及时与辅导员、班主任及学生家长沟通情况,协同做好帮扶工作。

(五)深入推进家庭教育,形成家校共育合力。切实发挥家庭教育在育人育心中的重要作用,成立天津市教育系统家庭教育中心,每年举办市级家庭教育培训活动,研发适宜不同学段的家庭教育课程。各学校要全面成立家长委员会和家长学校,结合家长心理特点,开展常态化的针对性家庭教育活动,特别是将入户家访作为了解学生家庭环境和心理状况,增进教师与学生情感的重要途径,纳入全体中小学教师评价体系,学校党政领导班子成员要带头入户家访;班主任每学年入户家访达不到班级人数1/2人次规模的、学科教师入户家访达不到学校规定数量的,年度绩效考核不得评优;各学校要制定完善有关奖惩措施。

二、将思想政治教育元素融入心理健康教育,培育学生奋进的政治品格和坚定的政治信仰

(六)在心理健康教育工作中聚焦思想政治教育目标。各学校在开展心理健康教育中,要聚焦培养能够担当民族复兴大任的时代新人,突出政治引领和正面引导,积极回应学生在学习生活中遇到的现实困惑,在帮助学生释放心理压力、进行心理调适的过程中,既让学生认识到社会的多元性和复杂性,不回避现实,锤炼承受力;又帮助学生看清人生发展的方向和路径,摒弃享乐主义等错误思想,在团体辅导、咨询访谈等心理活动中,让学生感受新时代的历史机遇与开创党的伟大事业的时代价值,激发学生的昂扬斗志,培养学生坚定信仰、迎难而上、愈挫愈勇、敢打敢拼的优良品格,促进学生实现德智体美劳全面发展。

(七)在心理健康教育课堂中强化思想政治教育内容。心理健康教育是思想政治教育的重要组成部分,"脆弱心理""盲从心理""逃避心理""享乐心理"等心理问题极易为人利用,演变为错误的政治认知。各学校要站在立德树人的高度,重视和推动心理健康教育,大中小学心理健康教育课程要结合中国本土文化特质,结合弘扬讲仁爱、重民本、守诚信、崇正义、尚和合、求大同的中华优秀传统文化,结合践行社会主义核心价值观,避免学术化、医学化、西方化倾向,在引导学生掌握科学的心理调适方法的同时,强化学生对理想信念、人生价值、生命意义、豁达胸怀、高尚情操的正确认知,引导学生形成稳定的、正确的世界观、人生观、价值观,筑牢学生理想信念,积极传播正能量。市教育两委将探索编写心理健康教育与思想政治教育有机融合的教学参考用书。

(八)在心理健康教育活动中融入思想政治教育元素。丰富多样的学生心理健康教育活动是强化学生心理健康教育的重要载体,各学校在活动组织中要强化人文关怀和社会支持体系建设,有机融入以天下兴亡、匹夫有责为重点的家国情怀教育,以仁爱共济、立己达人为重点的社会关爱教育,以正心笃志、崇德弘毅为重点的人格修养教育,引导学生提高信息鉴别力和政治敏感性,自觉抵制不良信息,在心理素质培养中锤炼学生良好的意志品格和道德情操,提升学生的政治素养、家国情怀,在潜移默化的心理引导中实现政治信仰的有效传播与融入。

(九)将心理健康教育与防范校园欺凌紧密结合。各学校要认真落实市人大常委会通过的地方性法规《天津市预防和治理校园欺凌若干规定》,高度重视、充分警惕导致学生心理危机的带有校园欺凌特征的苗头性、倾向性个案,特别是对学生中的伤害性言行倾向要保持高度敏感性。各学校要加强学生的信心教育和自我保护教育,让学生懂得"求助是勇敢者的行为",教会学生科学的自我防护方法,引导学生主动求助,及时回应学生求助。对受到伤害的学生要切实关心呵护,组织专职心理健康教师进行针对心理创伤修复。对于伤害其他同学的学生,要深刻批评教育,情节严重的结合相关规定严肃予以教育惩戒,绝不让校园欺凌成为影响学生心理健康成长的绊脚石。

三、进一步加强心理健康教育的保障支持力度,推动心理健康教育与思想政治教育同部署、同推进、同考核

(十)将心理健康教育纳入党建思政工作整体规划。心理健康教育工作是党建思政工作不可分割的重要组成部分,各级教育行政部门和学校要在每年的党建工作要点、思政工作要点中必体现,在每年的党建工作会议、思政工作会议中必部署,在每年的党建工作考核、党组织书记抓基层党建评议、思政工作考核中必体现。各区教育局、各学校要将心理健康教育教师纳入党建思政队伍培养范畴,高校专职心理健康教师按照专职辅导员思政岗位奖励绩效标准兑现待遇,中小学专职心理健康教师按照班主任津贴标准兑现待遇。各学校要将心理健康教育教师纳入高校辅导员骨干培训和中小学班主任培训体系,将心理健康教育内容作为大中小学教师培训的必讲内容,贯穿教师培养全过程。

(十一)建立心理健康教育督查倒查机制。每年定期开展心理健康教育工作督查,通过明察暗访形式对各区、各学校落实心理健康教育有关要求情况进行摸查,发现典型问题以市委教育工作领导小组办公室名义通报相关区委或高校,纳入各单位全面从严治党考核体系,有关结果与相关领导干部考核评价相挂钩。建立心理危机事件倒查机制,对于发生学生因心理问题非正常死亡危机事件的中小学校或高校院系,由所属教育局党委或高校党委对学校心理健康课程开设情况、日常心理活动情况、规定次数的入户家访情况、面对面家长会组织情况、落实条件保障情况等进行倒查核实,发现未达到规定要求的情况,依法依规追究学校或院系党组织主要负责同志和分管负责同志责任。各区教育局或高校在事件发生一个月内以党委名义将倒查结果和相关人员处理意见报送市教育两委。

(十二)持续压实区教育局和高校党委主体责任。以年度为单位,对于一年内发生 2 起以上学生自杀死亡事件的区或高校,市教育两委要约谈区教育局或高校党委主要负责同志及分管负责同志。被约谈的区教育局或高校党委主要负责同志和分管负责同志要在年度民主生活会上就有关约谈情况作出说明,纳入个人问题剖析和整改范畴,写入下一年度年领导班子及个人全面从严治党责任清单和任务清单,切实做好整改。

(十三)强化心理健康知识宣传保障。各区教育局、各学校要在人员配备、经费投入、场地保障、课程开设等方面持续加大支持力度,为学生心理健康教育提供坚实保障。加强教师心理健康教育,各区教育局、各学校每年组织的教师培训中要包含一定心理健康内容,特别是每年必须有关于教师心理疏导和减压的培训内容。要将心理健康知识普及纳入全系统思想政治工作范畴,运用多种途径广泛普及心理健康知识,引导学生关注身心健康,提升心理素质。市教育两委每年组织市级心理健康教育示范培训,将心理健康教育作为对各区教育局、各高校思想政治工作考核的重要内容,持续推动落实。

天津市关于进一步加强新时代基础教育教研工作的实施意见

津教政〔2021〕1号

市教科院,市考试院,各区教育局,相关直属学校:

为贯彻落实《教育部关于加强和改进新时代基础教育教研工作的意见》(教基〔2019〕14 号),根据《中共中央　国务院关于学前教育深化改革规范发展的若干意见》(中发〔2018〕39 号)、《中共中央　国务院关于深化教育教学改革全面提高义务教育质量的意见》(中发〔2019〕26 号)、《国务院办公厅关于新时代推进普通高中育人方式改革的指导意见》(国办发〔2019〕29 号)等文件要求,进一步加强和改进我市基础教育教研工作,全面提高基础教育教学质量,特提出如下实施意见。

一、总体工作要求

1.指导思想。

坚持以习近平新时代中国特色社会主义思想为指导,全面贯彻党的教育方针,落实立德树人根本任务,遵循教育规律,树立科学的教育质量观,为构建德智体美劳全面培养的教育体系,深化本市基础教育课程教学改革,发展素质教育,培养担当民族复兴大任的时代新人提供强有力的专业支撑。

2.基本原则。

把握正确方向。坚持党对教研工作的全面领导,树牢"四个意识",坚定"四个自信",做到"两个维护",以办好人民满意的教育为中心,牢牢把握党对教研工作的领导权、主导权、话语权,确保正确政治方向和价值导向。

坚持育人为本。遵循教育教学规律、人才成长规律,把握教研工作规律,适应人才培养模式变革,坚持继承创新,不忘本来、吸收外来、面向未来,注重发展学生核心素养,促进学生全面发展。

服务实践需求。立足我市经济社会发展对人才的需求，面向学校（含幼儿园，下同）和教师的教育教学实践，坚持问题导向，以教育教学改革重点问题的解决为主攻方向，加快推动我市基础教育高质量发展。

激发创新活力。深化教研组织形式和运行机制改革，积极探索建立教研范式，实现教研方式创新，完善教研工作评价奖励制度，充分调动教研工作者的积极性、主动性、创造性。

3.主要目标。

围绕两个"聚焦"、四个"服务"、六个"支撑"，即聚焦于教研工作的深度改进与质量提升，聚焦于建设高水平教研队伍与培养一批具有全国影响力的知名教师；服务学校教育教学，服务教师专业成长，服务学生全面发展，服务教育管理决策；以"健全教研体系、规范教研运行机制、创新教研范式、开展区域协作、加强信息化应用、打造成果展示平台"为支撑，激发教研活力，全面推动教研工作深耕与改进，提升我市基础教育教研工作品质。

二、落实工作职责

4.服务学校教育教学。

着重在引领课程教学改革、提高教育教学质量上下功夫。要注重中小幼一体化推进，全面实施"五育并举"，加强课程、教材、教学、游戏活动、评价、信息化支撑等关键领域、重点环节研究，引导学校从片面应试教育转向发展素质教育，落实课程育人、文化育人、实践育人、管理育人；要加强三级课程建设，优化中小学课程体系，丰富优质课程资源，促进特殊教育融合发展，指导幼儿园科学保教。

5.服务教师专业成长。

着重在改进教学方式、提高教书育人能力上下功夫。要引导教师切实更新教育观念，全面理解学科课程标准，切实把握学生认知规律，运用启发式、互动式、探究式、体验式等多样化的教学方式，融合传统方法与现代技术手段，组织学生开展研究型、项目化、合作式学习；要指导教师切实完善作业调控机制，创新作业方式，研究探究性、实践性、综合性作业设计，重视因材施教和个别化教育，注重家庭、学校、社区协同育人，提高教书育人的效能。

6.服务学生全面发展。

着重在研究学生学习和成长规律、提高学生综合素质上下功夫。要突出全面育人研究，强化学科育人功能，指导学校将德智体美劳全面培养的要求

有机融入教育教学各方面与全过程，特别要强化对学生全面发展的指导；要开展学生综合素质评价的研究，针对思想品德、学业水平、身心健康、艺术素养、社会实践等，创新评价标准和方法，推动建立以发展素质教育为导向的科学评价体系，促进学生全面而有个性成长。

7.服务教育管理决策。

着重在加强基础教育理论政策、实践研究与提高教育决策科学化水平上下功夫。要积极参与区域教育改革发展规划、政策和标准规范的研究、制定、实施、评估等工作；要定期开展教学专题调研与专项视导，及时反映教情、学情的变化；要与相关单位通力协作，做好教育教学质量的监测分析工作，为教育管理决策提供参考，为学校改革发展提供建议。

三、完善工作机制

8.健全教研机构体系。

在相对统一的教育事业单位内独立设置教研部门，围绕教研工作主责、科学合理设置教研组织架构和运行体系，明确岗位职责，保持教研部门的完整性与相对独立性。加强市、区、校三级教研体系建设，建立与中小学、幼儿园、高等院校、科研院所、教师培训、考试评价、电化教育、教育装备等单位与部门的密切协作关系，形成以教育行政部门为主导、教研部门为主体、中小学和幼儿园为基地、相关单位与部门通力协作的教研工作新格局。

9.创新教研工作范式。

加强主题教研、问题教研、联片教研、网络教研等教研范式研究与实施，同时围绕教育教学重点、难点开展常规教研和专题教研；积极利用移动互联网、大数据、云计算、人工智能等现代技术，着力推动线上教研与线下教研联动；建设教育教学大数据平台和教与学诊断系统，加强数据研究和应用，推进教与学深度研究和教学重难点问题的精准解决。

10.规范教研视导制度。

结合实际开展学段或学科视导活动。走进学校、深入课堂、走近教师、关注学生；加强校本教研，通过集体备课、听课议课、研讨交流等方式，了解教学动态、诊断教学问题；探索适应新时代要求的教书育人方式，破解学校发展中的重难点问题；注重破解制约区域教育教学优质均衡发展的矛盾和困难问题，为教育行政决策提供智囊服务。

11.完善联动创新机制。

完善市、区、校三级教研的联动机制。市级教研

部门要统筹指导全市教研工作,加强对区级教研部门的业务指导;区级教研部门要进一步下移工作重心,深入学校、课堂,帮助学校和教师解决教学、教研实际问题;学校要设立教研管理部门,充分发挥校本教研作用,强化教研组织建设,充分发挥教研组、备课组、年级组作用,围绕课程实施、教法改进、作业优化、家校共育等开展经常性教研活动。

12.探索教研帮扶机制。

探索建立教研部门联系乡村学校和教学点教研工作机制。要建立教研员乡村学校、薄弱学校联系点制度,组织教研员深入基础薄弱学校和农村学校持续开展教学指导,帮助推进教学改革与创新,提升教师教学水平和教研能力,提高教育教学质量;要落实学前教育教研指导责任区制度,充分发挥中心园的辐射带动作用,加强对薄弱园和民办园的专业引领和实践指导。

13.开展教研实证研究。

重视转变教研工作方式,注重发挥科研的引领作用。要加强教科研工作的整合,注重应用科研的态度、思路、方法等改进教学研究,提高教研的科学化水平;依托教研基地、实验基地、项目示范学校,以及教研员在学校的挂职等渠道,引导教研员深入学校与课堂,在教研现场进行实证研究;有条件的教研部门可设立实验学校或附属学校,在组织管理、课程、教材、教法上进行改革实验,孵化前沿办学、教学、教研成果,促进优秀成果更好更快得到推广、转化和应用。

14.建设成果展示平台。

增强基础教育教研、教学成果转化意识,培育、遴选和推广优秀教学模式、教学典型案例,打造一批优秀教学成果推广示范基地。要结合各学段新课程新教材的分阶段逐步实施及信息技术背景下的课堂教学范式改革,建设一批新课程新教材实施及信息技术背景下的新型教学模式示范校、示范区;要建立健全优秀教学成果遴选和转化机制,不断完善和建设基础教育教学改革成果展示推广平台。

15.提升教研管理水平。

适应机构改革和教育发展的需求,稳步推进教研组织形态创新,提高教研水平和效益。要加强制度建设,强化主体责任,建立目标明确、权责清晰、管理有序、评价科学的教研管理体系;要规范教研活动管理,注重教研实效,把活动实施的可操作性、可达成性、可评价性要求融入教研活动管理全过程;要树立正确的教研工作价值导向,有效防范教研工作风险,注重良好的学风建设。

16.拓展教研协作通道。

教研部门要与学校建立紧密合作关系;与同级教师培训、考试评价、教育技术、教育装备等部门建立协同创新、联合攻关机制;与相关高校特别是师范类院校、科研院所在理论引领、经验提炼、成果整合上建立密切协作关系;同时就基础教育课程改革交流、教材学术研讨、教学方法研究,开展同课异构、优质课展示、名师工作室交流等方面鼓励开展全国范围内的跨区域合作,特别是"京津冀"三地的教研一体化合作。

四、加强队伍建设

17.严格教研员准入标准。

建立健全教研员准入和退出机制,制定与完善教研员遴选配备办法。要优选政治素质过硬、事业心责任感强、教育价值观正确、职业道德良好、教研能力强的优秀教师加入教研队伍。原则上教研员应有6年以上教学工作经历,具有中级以上教师专业技术职称,在教育教学上取得优异成绩,勇于推进教育教学改革创新。对违背教研学术道德、不适宜继续从事教研工作的教研员建立转岗与退出机制。

18.配齐配强教研队伍。

应按照国家课程方案分学段配齐所有学科专职教研员,尤其要配齐思想政治(道德与法治)、心理健康教育、劳动教育、艺术教育、特殊教育、学前教育、综合研究等特需岗位教研员;还应该加强课程、教材、评价、教育信息化等综合研究,建立学科研究与综合研究协调同步,专兼职结合的教研队伍。可在中小学或其他相关机构聘请符合条件的教师、校长及其他人员担任兼职教研员。制定专职教研员定期到中小学轮训制度,原则上教研员工作满5年,应在中小学进行在职轮训1年。

19.促进教研员专业成长。

以加强师德师风和专业能力建设为核心,建立健全教研员全员培训和5年一周期继续教育制度,不断完善教研员学习共同体研修机制;与高等院校、科研院所合作建设教研员研修基地,以教育教学理论、课程改革、课标教材、考试评价、信息技术与教学深度融合等为专题,开展形式多样的项目研修活动,确保每位教研员每年接受的各类培训累计不少于90学时。

20.完善教研评价激励制度。

建立与完善教研工作评价体系和激励机制,根据各级教研部门的实际情况,制定符合自身实际的教研工作评价奖励办法,把奖励与充分调动教研员的积极性、主动性和创造性结合起来,与教研实践价值与效果结合起来,与鼓励多出优秀成果结合起来,加大对具有操作性、普适性的重大教学教研成果的奖励力度,从而不断激发教研员潜心教研工作的热情和积极性,提升教研工作水平。

五、强化组织保障

21.加强党对教研工作的全面领导。

进一步完善党建工作机制,严把教研工作的政治关,确保落实立德树人根本任务不动摇,确保发展素质教育方向不改变,确保基础教育改革的轨道不偏离。教育行政部门要把教研工作纳入教育事业发展整体部署和总体规划,每年至少召开一次专门会议,及时研究解决教研工作中遇到的困难和问题,保障教研工作有效开展。

22.加大对教研工作经费支持力度。

要将教研经费纳入本级教育事业经费预算,保障教研工作经费随教育事业的发展逐步增加。市、区两级教研部门要鼓励教研员深入学校、立足课堂、指导校本教研活动,并确保下校用车、误餐、聘请专家等日常运转的经费保障;倡导教研工作主题化、项目化、科研化和成果化,在课题研究、项目开发、资源建设、出版印刷、成果推介等方面提供经费支持;学校应从生均公用经费中确定一定比例用于校本教研工作。

23.加强对教研工作的政策保障。

建立良性持久的系统内跨部门交流制度,支持教研员在教育行政、科研院所、学校挂职锻炼,同时可选聘研究人员、优秀校长和管理干部进入教研部门工作。中小学校督学责任区中应有一定比例的教研员担任责任督学。按照《中华人民共和国教师法》的要求,依法保障教研员享有和履行中小学教师的权利、义务;充分考虑教研员岗位专业要求高、指导责任重的特殊性,在人员选聘、岗位评优、职称评审、课题研究,以及专业培训等方面给予政策倾斜。尊重教研员合法的创造性劳动所得。

24.加强对教研工作的督导评估。

教研工作要作为各区人民政府履行教育职责的重要内容,教育督导部门要将其纳入督导评估体系,重点督导评估教研工作方向、机构设置、队伍建设、条件保障和教研工作实效等。强化督导评估结果运用,将评估结果作为评价政府履行教育职责行为和对教研机构及教研员实施绩效奖励、评优评先等方面的重要参考依据。

天津市教育委员会办公室
2021年2月26日印发

市教委关于印发提升新时代义务教育教学质量的若干举措的通知

津教政〔2021〕7号

市教科院,市考试院,各区教育局,各直属学校:

为贯彻落实全国教育大会精神和《中共中央国务院关于深化教育教学改革全面提高义务教育质量的意见》(中发〔2019〕26号)、《中共中央 国务院印发深化新时代教育评价改革总体方案》(中发〔2020〕19号)、《教育部等六部门关于印发〈义务教育质量评价指南〉的通知》(教基〔2021〕3号)要求,市教委制定了《提升新时代义务教育教学质量的若干举措》,现印发给你们,请遵照执行。

2021年4月26日
(此件主动公开)

提升新时代义务教育教学质量的若干举措

为贯彻落实全国教育大会精神和《中共中央国务院关于深化教育教学改革全面提高义务教育质量的意见》（中发〔2019〕26号）、《中共中央　国务院印发深化新时代教育评价改革总体方案》（中发〔2020〕19号）、《教育部等六部门关于印发〈义务教育质量评价指南〉的通知》（教基〔2021〕3号）要求，坚持以习近平新时代中国特色社会主义思想为指导，坚持社会主义办学方向，遵循学生成长规律和教育规律，健全立德树人落实机制，构建德智体美劳全面培养教育体系，注重改革创新，全面提高义务教育教学质量，进一步缩小城乡间、区域间、校际间差距，推进全市义务教育优质均衡发展，办好家门口的新优质学校，满足人民群众"上好学"的需求，结合我市实际，提出如下举措。

一、完善"五育并举"课程体系

1.开足开齐开好国家课程。严格落实国家课程方案，不断优化德智体美劳协同并举、五育融合的课程体系，建设一批义务教育国家课程实施市级示范区、示范校。推进党的工作与教育教学工作紧密融合，把思想政治教育贯穿学校教育教学全过程，深化新时代义务教育思政课改革创新，重点推进习近平新时代中国特色社会主义思想融入课程全覆盖，并结合学科特点，注重实效。定期开展国家课程方案实施情况专项督查，严禁占用体育、美育、劳动教育和综合实践活动等课程课时，严禁挤占实验室和音乐、美术、劳动等专用教室。

2.优化地方和校本课程。制定我市义务教育地方课程建设规划，依据国家课程方案，结合我市经济社会发展和人才培养需求，完善地方课程体系。制定我市义务教育校本课程建设指导意见，进一步规范校本课程建设，遴选一批精品校本课程资源，完善共建共享机制，丰富校本课程资源供给。各区教育行政部门要加强校本课程监管，严禁用地方课程、校本课程取代国家课程。规范使用审定教材，不得引进境外课程、使用境外教材，校本课程原则上不编写教材。

二、深化课堂教学改革

3.基于课程标准实施教学。制定基于课程标准的义务教育各学科课堂教学评价标准，严格按照课程标准科学合理确定学习目标，循序渐进开展教学，提升课堂教学实效，确保学生达到国家规定学业质量标准。严禁超课标教学，不得随意增减课时、改变难度、调整进度。实施幼小科学有效衔接专项行动，杜绝"非零起点"教学。

4.持续优化教学方式。深化课堂教学改革，抓实课堂教学常规，完善"课例研磨"机制，持续开展中青年教师"双优课"展示交流活动，示范引领教师深入理解学科特点、知识结构、思想方法。持续创新教学方式，注重启发式、互动式、探究式、参与式教学，切实上好每一堂课。探索因材施教的有效途径，实施个性化精准教学。遴选建设一批义务教育学科特色课程基地，加强学科教室、创新实验室及新型教学空间建设。强化实践育人，建立全市统一的学生社会实践基地清单，实现"两个课堂"的有效互动。

5.深入实施项目化学习。以培养问题解决能力为导向，以项目化学习的实践和研究为着力点，以活动、学科、跨学科项目为载体，开展基于真实情境的研究型、项目化、合作式学习，建设培育一批项目化学习实验校，积极探索基于学科的课程综合化教学，促进教与学方式变革。

6.加强和改进实验教学。制定加强和改进中小学实验教学实施意见、中小学实验教学基本目录和实验操作指南。按照国家课程方案和课程标准，精心设计实验教学内容，组织开展好基础性和拓展性实验，确保实验课时。建立中小学教学仪器、实验耗材补充更新的长效机制，配齐配足教学实验设施设备，建设一批实验教学改革实验区、实验校和优质实验教学精品课。开展实验教学和自制实验教具展示交流活动，总结推广实验教学典型经验和先进教法。

7.推进教育信息化与教育教学深度融合。建设好"基于教学改革、融合信息技术的新型教与学模式"国家级实验区,开展新形势下信息技术全面融入教育教学过程的路径、方式和方法研究,构建新型教学组织形式。基于人工智能和大数据分析,聚焦学生共性问题,把握课堂密度和难度,有效进行精准教学;开展个性化学习诊断,强化差异化教学和个别化指导。加强"专递课堂""名师课堂""名校网络课堂"的有效应用。完善基础教育精品课程资源建设,形成体系完备、品质卓越、动态完善的数字化课程体系。同时,适时适度用好信息技术,使用电子产品开展教学时长原则上不超过教学总时长的30%。

三、减轻学生过重学业负担

8.优化学生作业设计。制定义务教育作业管理指导意见。开展义务教育作业设计系列精品教研活动,指导区域、学校和各学科教师加强对作业来源、设计、布置、批改、分析、反馈、辅导等全过程管理,加强作业与备课、上课、辅导、评价等教学环节的系统设计,不断提高作业质量,统筹调控作业量和作业时间,确保作业总量控制在合理范围内。探索根据学科特点和学生能力布置弹性作业的有效方法,严禁布置重复性和惩罚性作业,作业难度水平不得超过课程标准的要求。原则上采用纸质作业,不得通过微信或QQ等方式传导学习和作业压力,不得用手机布置作业或要求学生利用手机完成作业,严禁给家长布置作业或让家长代为评改作业。

9.健全减负工作长效机制。严格落实减负各项工作要求,遵循教育规律,切实减轻有损中小学生身心健康的过重学业负担。持续深入推进义务教育学校免试就近入学,严禁以各种名义组织考试选拔学生,严禁以各类竞赛获奖证书、学科竞赛成绩或考级证明等作为招生入学依据。严格控制义务教育阶段考试次数,严禁以任何形式、方式公布学生考试成绩及排名。强化中小学校在课后服务中的主渠道作用,增强学校课后服务供给,指导学校充分利用空间、时间和资源优势,开展丰富多彩的课后服务,努力在校内满足学生的多种学习需求。

四、完善教育评价体系

10.推进义务教育质量评价改革。落实国家对县域义务教育质量、学校办学质量和学生发展质量评价指南,注重促进学生全面发展、保障学生平等权益、引领教师专业发展、提升教育教学水平,完善以结果评价、过程评价、增值评价等为主的多维度评价体系。发挥教育评价的指挥棒作用,引导确立科学的育人目标,用新的评价标准破除"五唯"评价倾向。不得给学校下达升学指标,不得将升学率与学校工程项目、经费分配、评优评先等挂钩,不得通过任何形式以中考成绩为标准奖励教师和学生,严禁公布、宣传、炒作中考"状元"和升学率,不得举办重点学校。

11.完善学生综合素质评价制度。修订义务教育学生综合素质评价办法,优化学生评价维度和内容,完善德育评价,强化体育评价,改进美育评价,加强劳动教育评价,完善过程性考核与结果性考核有机结合的学业考评制度,引导学生坚定理想信念、厚植爱国主义情怀、加强品德修养、增长知识见识、培养奋斗精神、增强综合素质。推进学生综合素质评价的有效使用,坚决改变唯分数论的顽瘴痼疾。

12.健全义务教育质量监测制度。将全市16个区全部纳入国家义务教育质量监测范围,严格监管课程实施和教材使用。强化义务教育质量监测结果运用,及时向各区教育行政部门及学校反馈质量监测结果,督促整改落实。建立约谈、问责制度,对义务教育质量监测结果问题较多的区,依法依规对相关部门和责任人进行约谈、问责。

五、加强教育教学研究

13.提高教科研实效性。开展市、区两级教学视导专项行动,健全教学评价制度,注重教学诊断与改进。建立健全"科研+教研"双轮驱动的教科研品质提升模式,通过精品教研、手拉手乡村学校帮扶、国家学科教研基地和名师工作室等特色教科研项目,提升教科研品质。制定中小学学科组校本教研建设指导意见,完善校本教研工作。

14.加强教学成果培育与推广。开展基础教育市级教学成果重点培育项目攻关行动。建设好基础教育国家级优秀教学成果推广应用示范区,加强优秀教学成果的总结、提炼和推广,加大教学成果转化力度,提升"天津经验"的影响力与知名度。通过基础教育"双成果""教育创新杯"等多样化展示交流平台,培育一批来自基层实践的教育教学研究成果。

六、加强工作保障

15.强化组织领导。建立健全市、区两级提升义务教育教学质量工作长效机制,统筹推动全市及各区义务教育质量提升工作。各区要强化属地责任,将义务教育教学质量提升工作纳入重要议事日程,深入研究提升义务教育教学质量面临的突出问题,明确目标任务、主要举措和时间表、路线图,做好顶层设计,制定落实措施和配套政策,确保各项目标任务落地落实。

16.扩大优质资源辐射。支持市教委直属优质中小学校发挥品牌影响力和文化辐射力,与远城区合作办学,中心城区与环中心城区、远城区建立教育协同发展长效机制,建立教育帮扶机制,整体带动环中心城区和远城区教育品质提升。进一步完善"紧密型"学区化办学机制,搭建学区资源共建共享平台,实施学区成员校"捆绑"考核。支持各区优质公办学校通过区域内、跨区域或跨学段集团化办学,带动相对薄弱学校、乡村学校和新建学校发展,加强品牌引领,共担品牌责任,共建品牌内核,共享品牌

效应。

17.优化督导考核。市、区教育督导部门要将全面提升义务教育教学质量工作落实情况,作为评价各区政府履行教育职责的重要依据。完善督导评估指标,将完善"五育并举"课程体系、深化课堂教学改革、减轻学生过重学业负担、完善教育评价体系等方面列入督导检查指标,建立奖励问责机制,并将督导评估结果作为评价各区政府履职情况的重要依据,对发现的问题进行通报,对整改不到位的将严肃问责。

附件:1.《提升新时代义务教育教学质量的若干措施》重点项目清单

2.《提升新时代义务教育教学质量的若干措施》负面清单

附件1

《提升新时代义务教育教学质量的若干措施》
重点项目清单

序号	项目内容
1	建设义务教育国家课程实施市级示范区、示范校
2	制定义务教育地方课程建设规划
3	制定义务教育校本课程建设指导意见
4	制定基于课程标准的义务教育各学科课堂教学评价标准
5	实施幼小科学有效衔接专项行动
6	开展中青年教师"双优课"展示交流活动
7	遴选建设义务教育学科特色课程基地
8	建立全市统一的学生社会实践基地清单
9	建设培育项目化学习实验校
10	制定加强和改进中小学实验教学实施意见
11	制定中小学实验教学基本目录和操作指南
12	建设实验教学改革实验区、实验校和优质实验教学精品课
13	开展实验教学和自制实验教具展示交流活动
14	建设"基于教学改革、融合信息技术的新型教与学模式"国家级实验区
15	制定义务教育作业管理指导意见
16	开展义务教育作业设计系列精品教研活动
17	修订义务教育学生综合素质评价办法
18	开展市、区两级教学视导专项行动

序号	项目内容
19	制定中小学学科组校本教研建设指导意见
20	开展基础教育市级教学成果重点培育项目攻关行动
21	建设基础教育国家级优秀教学成果推广应用示范区

附件2

《提升新时代义务教育教学质量的若干措施》
负面清单

序号	事项内容
1	严禁占用体育、美育、劳动教育和综合实践活动等课程课时
2	严禁挤占实验室和音乐、美术、劳动等专用教室
3	严禁用地方课程、校本课程取代国家课程
4	不得引进境外课程、使用境外教材
5	严禁超课标教学,不得随意增减课时、改变难度、调整进度
6	杜绝小学一年级"非零起点"教学
7	严禁布置重复性和惩罚性作业,作业难度水平不得超过课程标准的要求
8	不得通过微信或QQ等方式传导学习和作业压力,不得用手机布置作业或要求学生利用手机完成作业
9	严禁给家长布置作业或让家长代为评改作业
10	严禁以各种名义组织考试选拔学生,严禁以各类竞赛获奖证书、学科竞赛成绩或考级证明等作为招生入学依据
11	严格控制义务教育阶段考试次数
12	严禁以任何形式、方式公布学生考试成绩及排名
13	不得给学校下达升学指标
14	不得将升学率与学校工程项目、经费分配、评优评先等挂钩
15	不得通过任何形式以中考成绩为标准奖励教师和学生
16	严禁公布、宣传、炒作中考"状元"和升学率
17	不得举办重点学校

市教委等六部门关于进一步推进天津市
老年教育发展的意见

津教政〔2021〕13号

各区人民政府，各有关高校，各区教育局、组织部、民政局、财政局、文旅局、老龄办：

老年教育是我国教育事业和老龄事业的重要组成部分。发展老年教育，是积极应对人口老龄化、着力改善民生、提升老年人生活品质的重要举措。近年来，我市老年教育事业扎实推进，各类老年教育机构服务能力不断提升，老年教育制度保障不断健全、四级体系不断完善、融合发展不断深化，有力地保障和促进了我市老年教育的发展。但是，我市老年教育尚存在区域发展不够均衡、资源短缺、经费不足的情况，高水平老年大学"一座难求"问题依然突出，老年教育场地设施难以满足广大老年人需求等问题依然存在。为贯彻落实《天津市老年人教育条例》《市教委关于开展学习型城市建设监测项目工作的通知》（津教政〔2020〕12号）和市领导同志批示精神，为将我市老年教育推向更高水平，结合我市实际，特提出如下意见：

一、指导思想

以习近平新时代中国特色社会主义思想为指导，全面贯彻党的十九大和十九届二中、三中、四中、五中全会精神，把老年教育作为我市学习型城市建设的重要内容，纳入我市终身教育体系，以提高老年人的生命和生活质量为目的，扩大老年教育资源供给，丰富老年教育内容和形式，完善老年教育发展管理体制，加强协同，形成合力，办好家门口的老年教育，不断提升老年人终身学习的获得感、幸福感。

二、工作目标

到2025年，基本形成体系完善、结构优化、覆盖广泛、灵活多样的老年教育新格局。老年教育统筹发展、协同协作、职责明确、多元参与的管理体制和运行机制得到完善。老年教育机构办学能力有较大幅度提升，市、区两级老年大学引领示范指导服务作用不断提高，各类老年教育资源供给能力显著增强，内容和形式不断丰富。以各种形式经常性参与教育活动的老年人占老年人口总数的比例达到50%以上。

三、主要任务

（一）健全老年教育四级办学体系。健全"市老年大学—区老年大学—乡镇（街道）老年学校—村（社区、居委会）老年教育学习中心"老年教育四级办学体系。到2025年，各区至少建成一所高水平的老年大学，各乡镇（街道）至少举办一所老年学校，各村（社区、居委会）至少有一个老年教育学习中心。（责任单位：市教委、各区人民政府）

（二）进一步发挥市、区两级老年大学的龙头作用。加强市级老年大学建设，发挥天津市老年人大学"一体两翼"办学优势，进一步建设校外教学实践基地，在办学规模、办学规范、办学水平等方面发挥示范引领作用。提高区属高水平老年大学的办学规模和服务能力，发挥对本区老年教育的引领示范指导服务作用，在师资、课程资源等方面全力支持乡镇（街道）老年学校、村（社区、居委会）老年教育学习中心的教学工作。（责任单位：市教委、各区人民政府）

（三）办好家门口老年教育。在乡镇（街道）党群服务中心、成人文化技术学校、市民（社区）学校等建设乡镇（街道）老年学校，在村（社区）党群服务中心、成人文化技术学校、市民（社区）学校等建设老年教育学习中心,统筹利用社区教育办学体系,各区按照市统一标识和规格,加挂乡镇(街道)老年(社区)学校、村(社区、居委会)老年(社区)教育学习中心牌子,成为老年教育的主阵地。在党群服务中心建设的老年学校、老年教育学习中心,牌子一律挂在楼内。充分发挥党群服务中心的作用,针对不同老年群体的需求,统筹协调教育、组织、民政、文化、老龄部门等各类优质资源,形成合力,办好老年课堂,编制本乡镇(街道)老年教育手册(含课程内容、时间、地点、教师、联系电话等),通过张贴海报、网络等方式积极宣传,引导社区老年人积极参与学习,切实办好家门口的老年教育。(责任单位:市教委、市委组织部、市民政局、各区人民政府)

(四)落实区人民政府发展老年教育的责任。各区人民政府负责本区老年教育工作,老年教育工作应当纳入本行政区社会和教育发展计划。各区人民政府要加强老年教育的规划设计,加大政策保障、环境营造、资金投入等方面的支持力度,全方位提升区属老年大学的办学能力和水平,重点落实乡镇(街道)、村(社区、居委会)老年教育课堂的管理人员、教师、教室等。各区教育局要加强对本区老年教育的指导,牵头制定本区进一步推进老年教育发展的实施方案,于2021年9月底前向市教委备案。每年形成本区年度老年教育发展报告,报市教委。将老年教育纳入对各区人民政府年度履行教育职责的评价方案,对老年教育反馈的评价意见,要明确整改措施和时间,切实推动区老年教育的发展。(责任单位:各区人民政府)

(五)协同相关部门优质资源形成老年教育合力。充分发挥教育、组织、文化、老龄部门等资源优势,开展老年课堂、老年人党员教育、群众文化品牌活动、敬老月等活动,充分利用社区文化活动中心(文化活动室)、美术馆、图书馆、文化馆(站、中心)等,引导开展读书、讲座、参观、展演、游学、志愿服务等多种形式的老年教育活动,提高参与学习的老年人的数量与规模。充分发挥数字电视、有线电视、广播等媒体作用,开设老年教育课堂。充分发挥社会组织的作用,积极服务老年教育。(责任单位:市教委、市委组织部、市民政局、市文旅局、市老龄办)

(六)积极推进"养教结合"新模式。拓展各类居家养老服务场所功能,充分利用老年人日间照料服务中心(站)、居家养老服务中心等,按照规范牌匾标识的要求,加挂老年学校的牌子,开展老年教育,推动养老服务向"助学"延伸。深入推进在养老机构、

养老服务中心等机构设立固定的学习场所,配备教学设施设备,通过开设课程、举办讲座、展示学习成果等形式,积极推进养教一体化,有效提升养老服务体系水平。(责任单位:市民政局、市教委、市财政局)

(七)加强老年教育信息化建设。进一步发挥天津终身学习网和天津市老年人大学天津老年远程学习网的作用,改造、开发适合老年人远程学习的数字化资源,完善老年教育平台和学习成果展示平台,推进线上线下一体化教学。加强老年教育信息化建设,实现老年教育信息化管理,实现老年教育地图一点通。丰富远程老年教学内容,使老年人足不出户享受优质的线上学习资源。(责任单位:市教委、市财政局)

(八)充分利用社区教育服务老年教育。发挥我市社区教育优势,充分利用丰富多彩的社区教育活动,方便老年人就近学习。涉农区要提高成人文化技术学校服务农民教育、社区教育、老年教育等终身教育的能力和水平。市、区、乡镇(街道)要充分利用年度社区教育展示周暨全民终身学习活动周的主题活动和特色活动、百姓学习之星和终身学习品牌项目培育与认定等,展示老年人终身学习的风采。(责任单位:市教委、各区人民政府)

(九)持续打造"区校终身学习联合体"品牌。各区与高等院校建立"区校终身学习联合体",推动各类高等院校利用自身优势,因地制宜开展老年教育服务,提升高等院校社会服务能力。推动高等院校开放科普及民生类优质特色资源,开设老年教育相关专业。各区要至少落实一所成人院校或职业院校,把办好老年教育作为本校的重要职责,积极推进区域老年教育的深入发展。(责任单位:市教委、各区人民政府)

(十)开展老年人智能技术日常应用的教育与培训。积极推动老年(社区)教育办学体系尤其是各老年大学持续开展"手机课堂"活动,为广大老年人提供就近便利、灵活多样的老年教育服务,消除老年人学习数字智能技术的心理障碍。建设智能手机视频课程等,完善天津终身学习网等平台数字化学习资源,发放多媒体教材,提高老年人对智能设备的操作能力,进一步激发老年人的学习热情。(责任单位:市教委、各区人民政府)

四、保障措施

(一)健全老年教育发展管理机制。加强对老年教育工作的统筹,教育、组织、民政、财政、文化、老龄部门密切配合,充分发挥推进天津市学习型城市建

设工作机制其他相关部门的作用,形成促进老年教育发展的合力。由各级人民政府负责,教育行政部门牵头,各相关部门按照职责分工,加强沟通协调,形成合力。(责任单位:市教委、市委组织部、市民政局、市财政局、市文旅局、市老龄办、各区人民政府)

(二)加大资源投入和支持力度。建立与经济社会发展水平相适应的老年教育财政投入和增长机制,保障老年教育经费专款专用,构建政府投入与社会力量支持相结合的多渠道老年教育经费保障体系。相关高校要加大老年教育资源投入,支持开设老年大学、建设"区校终身学习联合体""社区讲习所"等老年教育项目。(责任单位:市财政局、市教委、各区人民政府)

(三)加强队伍建设。鼓励老年教育专职教师业务进修,提升业务能力,开展老年教育理论研究。教育、文化等部门,要鼓励各级各类学校、少年宫、文化馆等有文化、艺术等特长的教师、文艺工作者等,到老年教育机构任教或从事志愿服务,纳入本学校或本单位的工作考核。开展老年教育工作人员的业务培训,加快培养一支结构合理、数量充足、素质优良,以专职人员为骨干、与兼职人员和志愿者相结合的教学和管理队伍。(责任单位:市教委、市文旅局)

(四)营造良好氛围。各单位要广泛宣传老年教育发展中的典型经验、案例、做法和成效,带动更多老年人参与到学习中来。充分利用社区教育展示周暨全民终身学习活动周等活动宣传老年教育理念,努力营造积极参与老年教育的浓厚氛围。(责任单位:市教委、各区人民政府)

市教委　市委组织部　市民政局
市财政局　市文旅局　市老龄办
2021年8月30日
(此件主动公开)

天津市关于加强残疾儿童少年义务教育阶段随班就读工作的指导意见

津教规范〔2021〕2号

各区教育局,市聋人学校,市视力障碍学校:

为深入贯彻落实党的十九大和十九届二中、三中、四中、五中全会精神,落实全国教育大会、全国基础教育工作会议部署,根据《中华人民共和国义务教育法》《中华人民共和国残疾人保障法》《残疾人教育条例》,落实《教育部关于加强残疾儿童少年义务教育阶段随班就读工作的指导意见》(教基〔2020〕4号),切实保障残疾儿童少年享有平等接受义务教育的权利,深入推进融合教育,进一步加强我市残疾儿童少年义务教育阶段随班就读工作,结合本市实际,提出如下意见。

一、充分认识把握随班就读工作的重要意义和原则

1.深刻认识特殊教育融合教育,是促进教育公平、实现教育现代化的重要任务,是提高残疾儿童少年社会适应能力,更好地融入社会和参与公共生活的重要途径。残疾儿童少年随班就读工作是推进义务教育普及和发展,全面提高教育质量,深入推进融合教育的重要举措。

2.随班就读工作,坚持市级统筹、以各区为主体的管理体制。各区教育行政部门是残疾儿童少年随班就读工作的责任主体,实施义务教育的学校应依法保障残疾儿童少年受教育权益,学校不得拒绝接收具有接受普通教育能力的适龄残疾儿童少年随班就读,不得歧视或变相歧视随班就读残疾儿童少年。

3.随班就读工作应坚持义务教育公益性、普惠性的原则,坚持尊重、平等的原则,坚持教育的统一性与特殊性相结合的原则,为残疾儿童少年营造健全学生与残疾学生相互尊重、相互融合、相互学习、共同成长的良好学校文化。

二、做好随班就读对象的确认和教育安置

4.随班就读对象是指具有接受普通教育能力的视力残疾、听力残疾、言语残疾、肢体残疾(包括脑瘫)、智力残疾、精神残疾(包括孤独症)、多重残疾等适龄残疾儿童少年。随班就读学生的残疾类别和残疾程度由残联指定的医疗机构按照《残疾人残疾分类和分级》国家标准,对其进行检测评定。随班就读对象一般为各类轻度残疾儿童少年,《天津市残疾儿童少年随班就读参考标准》见附件1,《孤独症儿童随班就读能力初筛表》见附件2,《孤独症儿童随班就读能力参考标准及测评方案》见附件3。

5.残疾儿童少年接受教育的入学年龄和年限,应与我市普通儿童少年接受各阶段教育的入学年龄和年限相同。因身体原因确需延缓的,其父母或者其他法定监护人可提出书面申请,经户籍所在地教育行政部门审核批准后,对其入学年龄和在校年龄要求可作适当调整。

6.对于具有接受普通教育能力的各类适龄残疾儿童少年,可由其父母或者其他法定监护人持其残疾证或持权威医疗机构诊断证明,在规定时间到户籍所在地教育行政部门划定的义务教育服务范围内的学校申请随班就读,经学校与其父母或者其他法定监护人协商后对其入学安置做出具体安排。残疾儿童少年入学安置方式出现争议时,由区教育行政部门委托区残疾人教育专家委员会进行规范的评估与认定,提出入学安置建议。

7.每年4月底前,由各区教育行政部门会同残联、街道(乡镇)组织适龄残疾儿童少年家长及其他监护人开展入学登记,对适龄残疾儿童少年入学需求进行摸底排查。每年5月底前,各区教育行政部门委托区残疾人教育专家委员会,对残疾儿童少年身体状况、接受教育和适应学校学习生活能力进行全面规范评估,对是否适宜随班就读提出评估意见。随班就读对象的确定、撤销工作在暑期中进行,学生从新学年开始申请取得或撤销随班就读学籍。

8.残疾儿童少年父母或者其他法定监护人,与学校就休学、复学、转学发生争议的,可向区教育行政部门申请处理。接到申请的区教育行政部门应委托区残疾人教育专家委员会进行评估,区教育行政部门综合考虑学校条件和残疾儿童少年及其父母或者其他法定监护人的意愿,对残疾儿童少年休学、复学、转学作出安排。

9.学校应根据随班就读学生的残疾类别和程度,结合其特殊需要给予妥善安置,以每班安排随班就读学生1—2人为宜。

10.各区教育行政部门要将随班就读学生作为控辍保学联保联检机制的重点工作对象,学校应为随班就读学生采集并录入学籍信息,建立学籍档案,纳入全国中小学生学籍管理信息系统并加强监测。随班就读学生转学、休学与复学等按照天津市中小学学生学籍管理规定办理,切实保障具备学习能力的适龄残疾儿童少年不失学辍学。

11.学校应为随班就读学生建立个人成长档案,并收入相关教育评估材料。随班就读学生的评估鉴定结论,仅作为对其提供教育和服务的依据,其姓名和档案材料应严格保密,未经学生父母或者其他法定监护人许可,各级教育行政部门、残疾人教育专家委员会、学校及其工作人员须对残疾儿童少年个人信息及评估结果严格保密。

三、切实提高随班就读教育质量

12.普通学校要根据国家普通中小学课程方案、课程标准和统一教材要求,充分尊重和遵循残疾学生的身心特点和学习规律,结合每名残疾学生残疾类别和程度的实际情况,合理调整课程教学内容,科学转化教学方式,不断提高对随班就读学生教育的适宜性和有效性,促进随班就读学生德、智、体、美、劳全面发展。具备条件的区和学校要根据残疾学生的残疾类别、残疾程度,参照特殊教育学校课程方案增设特殊课程,参照使用审定后的特殊教育学校教材,并为残疾学生提供必要的教具、学具和辅具服务。

13.普通学校要针对残疾学生的特性,制订个别化教育教学方案,落实"一人一案",努力为每名学生提供适合的教育。学校应合理安排学生的学习活动,保证每个随班就读学生每周享有不少于3课时的个别辅导和训练。既要重视残疾学生必要的文化知识学习,更要关注其开发潜能、补偿缺陷,特别是要加强公共安全教育、生活适应教育、劳动技能教育、心理健康教育和体育艺术教育,帮助其提高自主生活质量和劳动能力,培养正确的生活、劳动观念和基本职业素养,为其适应社会生活及就业创业奠定基础。

14.各区要根据残疾儿童少年入学分布情况,合理规划,统筹布局,在区域内选择若干普通学校设立特殊教育资源教室。接收5名以上随班就读学生的学校应按照《市教委关于印发天津市普通学校特殊教育资源教室建设指南的通知》(津教委办〔2016〕44号)要求,逐步规范建立资源教室,加强资源教室的建设和管理,根据学生残疾类别配备必要的教育教学、康复训练设施设备和专兼职资源教师及专业人员。对其他接收残疾学生随班就读的普通学校,也应给予相应的支持。要进一步提升资源教室的使用效率,充分发挥资源教室为残疾学生提供学习辅导、康复训练、心理疏导和生活辅导的重要作用。

15.要健全符合随班就读学生实际的综合素质评价办法,将思想品德、学业水平、身心健康、艺术素养、社会实践、科学知识以及生活技能掌握情况作为基本内容,并突出对社会适应能力培养、心理生理矫正补偿和劳动技能等方面的综合评价,避免单纯以学科知识作为唯一的评价标准,同时将调整过的知识和能力目标作为评价依据,实施个别化评价。对于完成九年义务教育、有继续升学意愿的随班就读学生,各级教育招生考试部门应依据国家有关规定为其参加中考提供相应合理便利条件。

16.接收随班就读学生的普通学校要在做好无障碍环境建设基础上,最大限度创设促进残疾学生与普通学生相互融合的校园文化环境,严禁任何基于残疾的教育歧视,积极倡导尊重生命、包容接纳、平等友爱、互帮互助的良好校风班风,把生命多样化观念、融合发展理念,办成学校鲜明的特色。对随班就读学生,班主任和任课教师要加大关爱帮扶力度,建立学生之间的同伴互助制度,并通过多种形式展示关爱帮扶优秀事迹,大力弘扬扶残济困、互帮互助等中华民族传统美德。在课堂教学中,教师要安排好随班就读学生与普通学生的交流互动,创设有利于残疾学生和普通学生共同学习成长的良好课堂环境。

17.学校应加强和随班就读学生家长的联系与合作,建立良好工作机制。要密切与残疾学生家长的联系与沟通,加强家庭教育工作与指导,引导家长树立科学育儿观念,履行家庭教育主体责任。加强宣传引导,积极争取普通学生家长的理解和支持。

四、加强随班就读师资队伍建设

18.随班就读学生所在班级的班主任要遴选热爱残疾学生、有奉献精神、有管理能力的教师担任。任课教师应当有一定的教学经验,掌握随班就读的基本教学原则和方法,并具备基本的特殊教育基础知识和技能。特殊教育资源教师和巡回指导教师,由特殊教育专业毕业或经市级特殊教育专业培训并考核合格、具有较丰富特殊教育教学和康复训练经验的优秀教师担任。要加大教师的配备力度,并保持教师队伍相对稳定,满足随班就读教育教学工作基本需要。鼓励各区通过政府购买服务,探索引入社工、康复师等机制,承担随班就读学生照护以及康复训练、辅助教学等工作。

19.各区教育行政部门应将随班就读教师培训纳入教师继续教育培训计划,将特殊教育通识内容纳入教师继续教育和相关培训中,定期组织随班就读教师培训,提升所有普通学校教师的特殊教育专业素养。落实师范院校和综合性高校师范专业普遍开设特殊教育课程的要求,优化随班就读工作必备的知识和内容,提升师范毕业生胜任随班就读工作的能力。各级教研部门应安排专、兼职特殊教育教研员,加强对随班就读工作的研究、指导和服务。通过专题教研活动或优质课评选等多种方式,有效支持随班就读教师专业发展。学校应积极开展校本培训和校本教研,促进教师专业成长。

20.各区教育行政部门和普通学校应将随班就读工作纳入教师绩效考核指标。学校在奖励性绩效工资分配时,向承担随班就读工作的班主任和任课教师倾斜。各区、学校应在教师职称评定、评优表彰中向承担随班就读工作的教师倾斜。

五、健全随班就读工作支撑体系

21.各区教育行政部门要加强与发展改革、民政、财政、人力资源社会保障、卫生健康、残联等有关部门的协调,建立健全长效工作机制,形成工作合力,共同推动随班就读工作。要进一步明确教育行政部门、普通学校、特殊教育资源(指导)中心、特殊教育学校各自的工作职责,建立相应的管理制度,加强对随班就读工作的规范管理。

22.各区教育行政部门要将残疾儿童少年随班就读工作纳入本区普及义务教育的整体工作和义务教育优质均衡发展的整体规划,加强对随班就读工作的组织领导、统筹协调。要将普通学校实施融合教育情况、随班就读学生发展情况纳入当地教育行政部门对学校的年度综合考评以及对校长个人的年度考评。在义务教育均衡发展督导评估认定和各区政府履行教育职责督导评价工作中,将随班就读工作作为重要内容,不断加大督导力度。

23.区特殊教育资源(指导)中心要逐步完善工作机制,合理配置巡回指导教师。建立定期委派教师到普通学校巡回指导随班就读工作的制度,加强对区域内承担随班就读工作普通学校的巡回指导、教师培训和质量评价,大力宣传普及特殊教育知识和方法,为普通学校和家长提供科学指导和专业咨询服务。鼓励运用大数据、区块链技术提高服务的精准性。

24.普通学校应根据随班就读学生的需要,完善校内无障碍设施建设,为随班就读学生的学习提供合理便利和帮助。要将残疾儿童少年融合教育工作纳入学校的整体工作计划,成立由校长任组长,分管副校长、教务主任、班主任、随班就读资源教师、任课教师、校医等为成员的随班就读工作小组和教研组,具体负责本校随班就读工作的规划、实施、教研和管理。

25.区特殊教育学校要充分发挥特教学校在教育教学、教研和科研等方面的专业优势,将成功的教育教学经验,尤其是康复技术和特殊教育工作经验,向普通学校辐射,切实提高普通学校随班就读教育教学质量。

26.积极组织开展深入推进残疾儿童少年普通

学校随班就读工作的主题宣传教育活动,广泛宣传先进理念、政策法规、科学知识、先进典型和有效经验等,引导全体师生、广大家长、社会各界正确认识和积极支持特殊教育融合教育工作。注重发挥康复、医学、特殊教育等专业人员和社区、社会相关团体的作用,形成学校、家庭、社会教育的合力,共同为残疾学生成长创造良好的教育环境。

非义务教育阶段的普通教育学校(包括幼儿园、普通高中、中职学校和高等学校)开展随班就读可参照本意见执行。

本意见自2021年2月1日起实施,有效期至2026年1月31日,有效期5年。

附件:1.《天津市残疾儿童少年随班就读参考标准》

2.《孤独症儿童少年随班就读能力初筛表》

3.《孤独症儿童少年随班就读能力参考标准及测评方案》

天津市教育委员会

2021年1月22日

附件1

天津市残疾儿童少年随班就读参考标准

残疾类别	随班就读标准	生活适应性
视力残疾	视力、视野:0.1~〈0.3。或符合国家视力残疾标准(单眼最佳矫正视力在0.3以内的低视力或盲,若双眼视力不同,则以视力较好的一眼为准)。	有基本生活自理能力,有较强的定向行走能力,有基础沟通能力和表达能力,有基本文字(汉字或盲文)读写能力。
听力残疾	听觉系统的结构和功能中度损伤,较好耳平均听力损失在(41~60)dB HL之间。或包括助听效果达到最适或适合水平,听觉康复达到一级或二级水平。语言能力评估:达到四级水平。	在理解和交流等活动上轻度受限,在参与社会生活方面存在轻度障碍。
言语残疾	1.语音清晰度在46%~65%之间;2.言语表达能力等级测试未达到四级测试水平。	脑和/或发音器官的结构、功能轻度损伤,能进行简单会话,但用较长句表达困难。在参与社会生活方面存在轻度障碍。

续表

残疾类别	随班就读标准	生活适应性
肢体残疾	基本上能独立实现日常生活活动,并具备下列状况之一:1.单小腿缺失;2.双下肢不等长,差距大于等于50mm;3.脊柱强(僵)直;4.脊柱畸形,后凸大于70度或侧凸大于45度;5.单手拇指以外其他四指全缺失;6.单手拇指全缺失;7.单足跗跖关节以上缺失;8.双足趾完全缺失或失去功能;9.侏儒症;10.一肢功能中度障碍或两肢功能轻度障碍;11.类似上述情况的其他肢体功能障碍。	肢体残疾四级在运动系统结构与功能方面轻度损伤,有轻度的功能障碍;在自理、身体移动、生活活动和社会参与等方面存在轻度的障碍或局限,如能自理活动,能承担一般的家务劳动或工作,对周围环境有较好的辨别能力,能比较恰当地与人交流和交往,能够比较正常地参与社会活动;需要环境提供间歇的支持,一般情况下生活不需要他人照料。
智力残疾	1.智力发育水平:(1)发育商(DQ)(0～6岁):55～75;(2)智商(IQ)(7岁及以上):50～69。2.社会适应能力:(1)适应行为(AB):轻度;(2)WHO—DASⅡ分值(18岁及以上):52～95分。(注:需要1、2两个条件同时满足才可认定。)	适应行为轻度表现:能生活自理、能承担一般的家务劳动或工作、对周围环境有较好的辨别能力、能与人交流和交往、能比较正常地参与社会活动;需要环境提供间歇的支持,一般情况下生活不需要他人照料。
精神残疾	WHO—DASⅡ值:52～95分之间,适应行为轻度障碍。	生活上基本自理,但自理能力比一般人差,有时忽略个人卫生。能与人交往,能表达自己的情感,体会他人情感的能力较差,能从事一般的工作,学习新事物的能力比一般人稍差。偶尔需要环境提供支持,一般情况下生活不需要他人照料。
多重残疾	按所确定的残疾等级是否达到随班就读标准确定。	

附件2

孤独症儿童少年随班就读能力初筛表

学生姓名: 　　　性别: 　　出生日期: 　　　学校:

	序　号	内　　容			
观察	1	短时间内融入学校环境、能与陌生人接触	是	多数	完全不
	2	在班级能坐住,不乱跑乱动	是	多数	完全不
	3	能与他人共同注意一个活动	是	多数	完全不
	4	有需求时可以提出	是	多数	完全不
	5	可以模仿同学的游戏或者老师的教学内容	是	多数	完全不
	6	无长时间自身旋转	是	多数	完全不
	7	无长时间摇摆身体	是	多数	完全不
	8	无经常做出前冲、旋转等影响他人的异常动作	是	多数	完全不
	9	无咬人、撞人、踢人等伤害他人的行为	是	多数	完全不

	10	无撞头、咬手等自伤行为	是 多数 完全不
	11	能意识到所处的环境,且在意可能的危险环境或情况	是 多数 完全不
	12	不经常毁坏东西(如玩具、家具等)	是 多数 完全不
	13	情绪稳定、不经常大发脾气和长时间哭闹	是 多数 完全不
	14	可以在学校午睡	是 多数 完全不
评估	15	会使用教具、会玩玩具	是 多数 完全不
	16	能进行简单对话(至少两个来回的对话)	是 多数 完全不
	17	点名时能应答	是 多数 完全不
	18	理解并执行简单的指令(如坐下、取东西)	是 多数 完全不
	19	手部、腿部运动协调、有力;平衡能力尚可	是 多数 完全不
	20	手部精细运动尚可(如可以抓握笔、橡皮、尺等)	是 多数 完全不
	21	独自穿脱衣服及鞋子	是 多数 完全不
	22	独自如厕(大小便自理)	是 多数 完全不
	23	独自进食、喝水	是 多数 完全不

测评者: 测评时间:

评定方法:

1. 23个选项均为"是"或者"多数",说明该儿童少年初步具有随班就读的能力,通过初筛。
2. 对通过初筛的儿童少年,进行下一步专业评估。

评估要求:

1. 该表的筛查一般由与儿童少年相关教师或儿童家长对儿童进行自评使用。
2. 每名儿童少年该表需填写完整,应留档保存,方便后期观察跟踪。

附件3

孤独症儿童少年随班就读能力参考标准
及测评方案

一、评估

经《孤独症儿童少年随班就读能力初筛表》初筛后,满足条件的儿童少年才能进行以下专业评估。专业评估由区残疾人教育专家委员会认可的医院或机构专业人员进行。

评估方法及参考定量指标如下:

1.使用图片词汇测试(PPVT),智商>70;

2.儿童孤独症评定量表(CARS),总分≤30分。同时,量表的全部15个项目中没有重度行为表现(<4分),此量表要由医学专业人员来测评。

3.儿童孤独症及相关发育障碍心理教育评定量表(PEP)评定,总体发育年龄达到6岁(72个月)。

至少同时满足以上两项指标的孤独症儿童可以建议进入普通学校进行随班就读。

二、安置

1.满足上述评估标准的儿童,可进入普通学校随班就读。鉴于孤独症的症状严重程度呈谱系变化,最终推荐入学的建议,须结合儿童的具体情况,并由各区残疾人教育专家委员会根据医学评估报告和教育评估报告共同决定,如争议较大可以介入学校观察一周再做最终决定。

2.未满足上述评估标准的儿童少年建议在特殊教育学校或采取送教上门方式接受教育和康复训练。

3.儿童少年每个阶段的发展表现不同,参加随班就读的学生,需定期进行专业评估,尤其刚入学的孩子,如发现未有进步或退步,应及时再进行专业评估,并根据再评估结果,给予是否继续随班就读的安置建议。

市教委关于天津市普通高中课程设置与
实施的指导意见(2020年修订)

津教规范〔2021〕3号

各区教育局、各直属学校:

为贯彻落实中共中央　国务院《关于全面加强新时代大中小学劳动教育的意见》《深化新时代教育评价改革总体方案》和中共中央办公厅　国务院办公厅《关于深化新时代学校思想政治理论课改革创新的若干意见》《关于全面加强和改进新时代学校体育工作的意见》《关于全面加强和改进新时代学校美育工作的意见》以及国务院办公厅《关于新时代推进普通高中育人方式改革的指导意见》精神,依据教育部《普通高中课程方案(2017年版2020年修订)》和普通高中各学科课程标准(2017年版2020年修订),统筹做好全市普通高中新课程新教材实施,进一步深化普通高中课程教学改革,结合我市实际,现就全市普通高中课程设置与实施提出如下指导意见。

一、指导思想

坚持以习近平新时代中国特色社会主义思想为指导,深入贯彻党的十九大和十九届二中、三中、四中、五中全会精神,全面贯彻党的教育方针,落实立德树人根本任务,坚持五育并举,发展素质教育,立足天津城市战略定位,统筹推进高考综合改革和课程教学改革,以社会主义核心价值观为统领,充分发挥课程在学校育人中的核心作用,着力提升课程的思想性、科学性、时代性、系统性与指导性,切实转变育人方式,提高育人质量,培养德智体美劳全面发展的社会主义建设者和接班人。

二、基本原则

(一)育人为本。面向全体学生,围绕立德树人根本任务,遵循教育教学规律和学生成长规律,着力发展学生核心素养,筑牢学生成长的共同基础。满足学生多样化发展需求,保障学生选择课程的权利,促进学生全面而有个性的发展。

(二)规范实施。坚持市级统筹、区级保障、学校实施。在落实国家课程方案基础上,加强课程实施的规划与监管,强化教科研专业指导,优化新课程新教材实施,深化课堂教学改革,健全过程性评价与结果性评价有机结合的评价机制。

(三)实践创新。统筹考虑不同区域、学校办学条件和教育教学实际,尊重学生发展需求,找准深化高考综合改革和课程教学改革的有机衔接路径,构建特色鲜明的学校课程体系、教学组织形式和学生发展指导机制,保障每一所普通高中都顺利推进改革并取得实效。

(四)继承发展。总结提炼已有经验和成功做法,确保课程教学改革的连续性。系统梳理改革中的重难点问题,并进行协调解决,在继承中前行,在改革中完善。

三、培养目标

普通高中课程在义务教育的基础上,进一步提升学生综合素质,着力发展学生核心素养,使学生成为具有理想信念和社会责任感,具有科学文化素养和终身学习能力,具有自主发展能力和沟通合作能力的有理想、有本领、有担当的时代新人。

四、课程设置

(一)学制与课时

普通高中学制为三年。每学年52周,其中教学时间40周,社会实践1周,假期(包括寒暑假和节假日)11周。每周35课时,原则上每课时按45分钟计。18课时为1学分。在保证科目教学时间总量不变的前提下,根据需要,可适当调整课堂教学时长。每学年分两个学期,每学期是否分学段安排课程,由学校根据各学科课程标准结合实际需求自主确定。

(二)课程类别

普通高中课程由必修、选择性必修、选修三类课程构成。其中,必修、选择性必修为国家课程,选修为校本课程。

1. 必修课程,由国家根据学生全面发展需要设置,所有学生必须全部修习。

2. 选择性必修课程,由国家根据学生个性发展和升学考试需要设置。参加普通高等学校招生全国统一考试的学生,必须在本类课程规定范围内选择相关科目修习;其他学生结合兴趣爱好,也必须选择部分科目内容修习,以满足毕业学分的要求。

3. 选修课程,由学校根据学生的多样化需求,天津社会、经济、文化发展的需要,学科课程标准的建议以及学校办学特色等开发设置,学生自主选择修习。

(三)开设科目与学分

普通高中开设语文、数学、外语、思想政治、历史、地理、物理、化学、生物学、技术(含信息技术和通用技术)、音乐、美术、体育与健康科目和综合实践活动、劳动等国家课程,以及校本课程。具体学分安排见附件1。

(四)科目安排

必修课程原则上按学期或学年统一安排,三年内完成必修88学分。

选择性必修课程由学生根据兴趣爱好、高校专业科目指引和毕业学分要求自主选择。参加普通高等学校招生全国统一考试的学生,应修满所选科目

选择性必修38学分,余下的不少于4学分由学生选择其他部分学科内容修习,鼓励学生选择音乐、美术、体育与健康等相关模块修习。

选修课程由学生自主选择,学校结合实际安排,不少于14学分。

外语包括英语、日语、俄语、德语、法语、西班牙语。学校自主选择第一外语语种。鼓励学校创造条件开设第二外语。

技术包括信息技术和通用技术,其必修内容分别按3学分安排,学校可以根据实际在高一、高二年级自主开设。鼓励学校每学年分别在信息技术、通用技术两学科中选择一门开设。

音乐、美术两科的必修内容分别按3学分安排。音乐课程3个必修学分可选择必修模块或必修与选择性必修模块组合进行修习。美术课程3个必修学分由1个必修模块和2个选择性必修模块的学分组成,具体开设模块由学校根据课程标准要求自行确定。

体育与健康的必修内容为12学分,包括必修必学2个学分(体能和健康教育)和必修选学10个学分(6个运动技能系列)。其中体能模块安排在高一年级,健康教育模块分散在三个学年进行;高中三学年必须持续开设必修选学运动技能系列10个模块供学生选择。课程开设必须遵循体能训练原则,合理安排体能练习,在运动技能课堂教学中每节课安排10分钟左右有针对性的体能练习。

综合实践活动共8学分,包括研究性学习、党团活动、军训、社会考察等。研究性学习6学分,在高一、高二年级开设,须完成2个课题研究或项目设计,以开展跨学科研究为主,原则上1个学年完成1个课题,其中4学分安排在课内进行,确保每周1个课时,其余2学分可安排在课外进行。党团活动、军训和社会考察等共2学分。

劳动共6学分,必须在高中三学年持续开设,平均每周不少于1课时。其中志愿服务2学分,安排在课外时间进行,三年不少于40小时,应以集体劳动为主,适当走向社会,选择服务性岗位和职业体验岗位,以及大型赛事、社区建设、环境保护等公益劳动与志愿服务;其余4学分内容与通用技术的选择性必修内容以及校本课程内容统筹,应至少在通用技术选择性必修4个系列的11个模块中选择1个模块,并从工业、农业、现代服务业以及中华优秀传统文化特色项目中自主选择1项生产劳动技能,劳动所选择的模块不能与通用技术科目所选择的选择性必修模块

重复。

（五）学分认定

1.学分认定主体。学生修习的学分由学校认定。学校应依据有关规定完善学分认定的具体办法,科学、规范地加强学分管理,确保学分认定公开、公正、公平和学分认定的权威性、真实性。市、区教育行政部门要加强对学校学分认定的指导和管理。

2.学分认定要求。学生必须全程参加学科类课程必修、选择性必修、选修课程修习。学生完成相应课程规定课时,学习过程表现良好,并考试(考核)合格,即可获得相应学分。学分认定考试(考核)的内容根据学科课程标准或相关文件确定;考试(考核)方式由学校根据实际自主安排。学期末未能获得学分的学生,允许重修和补考。认定的学分要记入普通高中学生综合素质评价档案。

（六）毕业资格认定

我市普通高中学籍学生同时具备以下条件者,准予毕业:

1.三年内学生综合素质评价相关记录符合要求,思想品德须达到合格。

2.学生毕业学分最低要求为144学分,其中必修课程88学分,选择性必修课程42学分,选修课程14学分。

3.学生须参加天津市普通高中各学科学业水平合格性考试,且成绩合格。

五、实施要求

（一）进一步规范课程设置与管理。普通高中是课程实施的主体,要依据国家课程设置要求,结合办学目标、学生特点和实际条件,科学制订满足学生发展需要的课程实施规划,合理安排高中三年各学科课程,统筹规划开设选择性必修课程和选修课程,确保课程之间、年级之间的均衡性和学科学习的可持续性。开足开齐开好国家规定的课程,突出思想政治课关键地位,重点推进习近平新时代中国特色社会主义思想进课堂。充分挖掘其他课程中蕴含的思想政治教育资源,使各类课程与思想政治理论课程同向同行,形成协调效应,实现全员全程全方位育人。加强综合素质培养,强化实验教学和技术课教学,确保美术、音乐、体育与健康以及劳动课程按课标要求开设,加强劳动教育在各学科课程中的融合渗透。科学安排综合实践活动,发挥其在促进学生发展中的独特作用。

（二）强化选修课程建设。学校根据办学特色和

定位,因地制宜、科学谋划,开发开设有特色、高质量、丰富多彩的选修课程。通过校际合作、社区合作、与高校及科研院所联合等方式共同研发课程资源,实现校域间优质课程资源的共建共享。

（三）强化教学常规管理。完善普通高中教学管理制度,科学安排每学年授课科目,不得增减科目教学时间总量,合理控制高一年级必修课程并开科目数量。合理安排教学进度,严格控制周课时总量。严禁超课标教学、抢赶教学进度和提前结束课程,切实减轻学生过重课业负担。

（四）有效推进选课走班教学。优化行政班与教学班并存的教育教学管理制度,加大对班级编排、学生管理、教师调配、教学设施配置等方面的统筹力度。完善选课指导制度,为学生提供课程说明和选课走班指南,优化课程安排信息管理系统,让"网上选课、智能管理、走班上课"成为普通高中教学管理新常态。

（五）深化课堂教学改革。深入理解普通高中课程改革要求,准确把握课程标准和教材,以发展学生核心素养为导向深化教与学方式的改革。整体把握教学内容,积极开展单元或主题教学研究。关注学生学习过程,创设与生活关联的、任务导向的真实情境,促进学生自主、合作、探究学习。注重加强课题研究、项目设计、研究性学习等跨学科综合性教学,认真开展验证性实验和探究性实验教学。提高作业设计质量,精心设计基础性作业,适当增加探究性、实践性、综合性作业。积极推进基于大数据的精准教学,提高课堂教学效率。

（六）加强学生发展指导。健全学生发展指导制度,充实专兼职结合的指导教师队伍。通过学科教学渗透、开设指导课程、举办专题讲座、开展职业体验等多种形式,加强对学生理想、心理、学习、生活、生涯规划等方面指导。注重指导实效,帮助学生树立正确理想信念,正确认识自我,更好适应高中学习生活,处理好个人兴趣爱好与国家和社会需要的关系。全面实施导师制,加强选课、选考指导,帮助学生形成个性化的课程修习方案。

（七）健全考试评价制度。充分发挥评价对立德树人的导向作用,强化过程评价,改进结果评价,探索增值评价,健全综合评价。完善学生综合素质评价指标体系,创新德智体美劳过程性评价办法,完善德育评价,强化体育评价,改进美育评价,加强劳动教育评价,将综合实践活动、选修课程的修习情况作为综合素质评价重要内容。加强考试评价改革,构

建引导学生德智体美劳全面发展的考试内容体系,促进学生核心素养发展。

（八）完善教研机制。围绕新课程新教材实施中的重难点问题,充分发挥教研机构的研究、指导和服务作用,深入学校、深入课堂、深入师生开展实践研究,切实深化教学改革。健全市、区、校三级教研工作机制,完善线上线下教研、综合教研、区域联合教研、校际联合教研等方式,鼓励和支持教师创新教学方法。鼓励高等院校、科研机构等参与教育教学研究与改革工作。

六、保障措施

（一）加强组织领导

充分发挥各区普通高中课程实施领导小组统筹协调职能,全面落实普通高中课程方案、课程标准,及时研究解决新课程新教材实施工作中的重难点问题,强化课程在推动普通高中高质量、多样化、有特色发展中的作用。各学校要完善课程实施方案,报上级教育行政主管部门。

（二）加强教师队伍建设

各区教育行政部门要进一步加大教师编制统筹调配力度,根据课程实施需要,配齐配足教师,特别要满足实行选课走班教学、指导学生发展等方面的师资需要。各学校结合实际完善教师工作量核定办法,改进教师奖惩机制,充分调动教师的积极性和创造性。创新新课程新教材市、区、校三级培训方式,确保培训的实效性,重点提升教师实施新课程、使用新教材、指导学生发展和走班教学管理能力。

（三）加强支撑条件保障

各区教育行政部门要合理安排经费投入,建立稳定的经费保障机制,满足课程开发、教学研究、设施设备配置、资源建设、教师培训与研修以及开展综合实践活动等必要的经费需求。改善教学环境与教学条件,配齐专用教室与场馆,不得挤占实验室和音乐、美术等专用教室,切实保障劳动、技术(含信息技术和通用技术)、音乐、美术、体育与健康、综合实践活动等课程及有关学科实验的开设。创设良好的课程实施环境,提供足够的图书资料、设施设备及耗材。

（四）加强专业研究和示范引领

组建天津市普通高中课程教学改革专家指导委员会,指导课程实施,为行政决策、教学改进、教师专业成长提供专业支撑。设立新课程新教材实施重点研究项目,整合高校、科研机构、教研系统专家力量,研究解决课程实施过程中的重难点问题。加强新课程新教材国家级示范区、示范校和市级实验区、实验校建设,带动全市普通高中推进基于核心素养的课堂教学改革。

（五）加强督导检查

市、区教育督导部门要将普通高中新课程新教材实施情况,作为对各区政府履行教育职责督导评估的重要内容,并将督导评估结果作为评价各区政府履职情况的重要依据,督促各区落实工作要求,对发现的问题及时整改。

本意见自印发之日起实施,有效期为五年。

附件:1.天津市普通高中课程学分结构表
2.天津市普通高中课程安排指导表
天津市教育委员会
2021年1月29日

附件1

天津市普通高中课程学分结构表

科目		学分		
		必修	选择性必修	选修
语文		8	0~6	0~6 由学校根据学生的多样化需求,当地社会、经济、文化发展的需要,以及学校办学特色等开发设置
数学		8	0~6	0~6
外语		6	0~8	0~6
思想政治		6	0~6	0~4
历史		4	0~6	0~4
地理		4	0~6	0~4
物理		6	0~6	0~4
化学		4	0~6	0~4
生物学		4	0~6	0~4
技术	信息技术	6 3	0~18	0~4
	通用技术	3		
音乐 音乐 美术		3	0~9	0~2
美术		3	0~9	0~2
体育与健康		12	0~18	0~4
综合实践活动		8		
劳动		6		
总计		88	≥42	≥14

说明:校本课程不少于14学分。其中,在必修和选择性必修基础上设计的学科拓展、提高类课程之外的课程不少于8学分。

附件2

天津市普通高中课程安排指导表

科目 \ 时间	高一年级				高二年级				高三年级			
	第一学期		第二学期		第一学期		第二学期		第一学期		第二学期	
	学段1	学段2	学段3	学段4	学段1	学段2	学段3	学段4	学段1	学段2	学段3	学段4
语文	必修(8学分)：整本书阅读与研讨,当代文化参与,跨媒介阅读与交流,语言积累、梳理与探究,文学阅读与写作,思辨性阅读与表达,实用性阅读与交流7个任务群/4				选择性必修(0—6学分)：在整本书阅读与研讨,当代文化参与,跨媒介阅读与交流,语言积累、梳理与探究,中华传统文化经典研习,中国革命传统作品研习,中国现当代作家作品研习,外国作家作品研习,科学与文化论著研习中选择0—9个任务群(整本书阅读与研讨、当代文化参与、跨媒介阅读与交流不设学分,穿插在其他任务群中)；选修(0—6学分)：整本书阅读与研讨、当代文化参与、跨媒介阅读与交流、汉字汉语专题研讨、中华传统文化专题研讨、中国革命传统作品专题研讨、中国现当代作家作品专题研讨、跨文化专题研讨、学术论著专题研讨9个选修任务群(整本书阅读与研讨、当代文化参与、跨媒介阅读与交流不设学分,穿插在其他任务群中)和校本课程。							
数学	必修(8学分)：预备知识、函数、几何与代数、概率与统计、数学建模活动与数学探究活动5个主题,并融入数学文化/4				选择性必修(0—6学分)：在函数、几何与代数、概率与统计、数学建模活动与数学探究活动中选择0—4个主题,并融入数学文化；选修(0—6学分)：数理类课程,经济、社会、部分理工类课程,人文类课程,体育、艺术类课程,拓展、生活、地方、大学先修类课程等5类选修课程和校本课程。							
英语	必修(6学分)				选择性必修(0—8学分)：在英语4、英语5、英语6、英语7中选择0—4个模块；选修(0—6学分)：基础类、拓展类、实用类、提高类、第二外国语类等课程和校本课程。							
	英语1/4	英语2/4	英语3/4									
思想政治	必修(6学分)				选择性必修(0—6学分)：在当代国际政治与经济、法律与生活、逻辑与思维中选择0—3个模块；选修(0—4学分)：财经与生活、法官与律师、历史上的哲学家3个选修模块和校本课程。							
	中国特色社会主义/2	经济与社会/2	政治与法治/2	哲学与文化/2								
历史	必修(4学分)：中外历史纲要/2				选择性必修(0—6学分)：在国家制度与社会治理、经济与社会生活、文化交流与传播中选择0—3个模块；选修(0—4学分)：史学入门、史料研读2个选修模块和校本课程。							

续表

科目	高一年级				高二年级				高三年级			
	第一学期		第二学期		第一学期		第二学期		第一学期		第二学期	
时间	学段1	学段2	学段3	学段4	学段1	学段2	学段3	学段4	学段1	学段2	学段3	学段4
地理	必修(4学分)				选择性必修(0—6学分):在自然地理基础,区域发展,资源、环境与国家安全中选择0—3个模块;选修(0—4学分):天文学基础、海洋地理、自然灾害与防治、环境保护、旅游地理、城乡规划、政治地理、地理信息技术应用、地理野外实习9个选修模块和校本课程。							
	地理1/2		地理2/2									
物理	必修(6学分)				选择性必修(0—6学分):在选择性必修1、选择性必修2、选择性必修3中选择0—3个模块;选修(0—4学分):物理学与社会发展、物理学与技术应用、近代物理学初步3个选修模块和校本课程。							
	必修1/2		必修2/2		必修3/2							
化学	必修(4学分):化学科学与实验探究、常见的无机物及其应用、物质结构基础及化学反应规律、简单的有机化合物及其应用、化学与社会发展5个主题/2				选择性必修(0—6学分):在化学反应原理、物质结构与性质、有机化学基础中选择0—3个模块;选修(0—4学分):实验化学、化学与社会、发展中的化学科学3个系列和校本课程。							
生物学	必修(4学分)				选择性必修(0—6学分):在稳态与调节、生物与环境、生物技术与工程中选择0—3个模块;选修(0—4学分):现实生活应用、职业规划前瞻、学业发展基础3个方向的拓展模块和校本课程。							
	分子与细胞/2		遗传与进化/2									
信息技术	必修(3学分):模块1:数据与计算;模块2:信息系统与社会 选择性必修(0—12学分):模块1:数据与数据结构;模块2:网络基础;模块3:数据管理与分析;模块4:人工智能初步;模块5:三维设计与创意;模块6:开源硬件项目设计; 选修(0—4学分):算法初步、移动应用设计和校本课程。											
通用技术	必修(3学分):技术与设计1、技术与设计2 选择性必修(0—18学分):技术与生活系列、技术与工程系列、技术与职业系列、技术与创造系列; 选修(0—4学分):传统工艺及其实践、新技术体验与探究、技术集成应用专题、现代农业技术专题和校本课程。											
音乐	必修(3学分)				选择性必修(0—9学分):除必修学分选择模块外余下的模块;选修(0—2学分):校本课程。							
	在必修选学和选择性必修中选择相应模块作为必修学分内容/1 课程组合为: ·必修(2)+选择性必修(1); ·必修(2)+必修(1); ·必修(1)+必修(1)+必修(1); ·必修(1)+必修(1)+选择性必修(1)											

续表

科目 时间		高一年级				高二年级				高三年级			
		第一学期		第二学期		第一学期		第二学期		第一学期		第二学期	
		学段1	学段2	学段3	学段4	学段1	学段2	学段3	学段4	学段1	学段2	学段3	学段4
美术		必修(3学分)						选修(0—9学分):选择性必修余下的模块和美术史基础、速写基础、素描基础、色彩基础、美术创作与设计基础和校本课程。					
		美术鉴赏/1	在选择性必修模块中国书画、绘画、设计、雕塑、工艺、现代媒体艺术中选择2个模块作为必修学分内容/1										
体育与健康		必修(12学分):包括必修必学(体能和健康教育)和必修选学(6个运动技能系列)/2,高中三年必须持续开设必修内容; 选择性必修(0—18学分):除必修学分选择模块外余下的模块; 选修(0—4学分):校本课程。											
综合实践活动	研究性学习	必修(6学分):完成2个课题研究或项目设计,以开展跨学科研究为主。每个课题研究或项目设计3个学分,高一高二年级各完成1个课题研究或项目设计(3学分)。其中4学分安排在课内进行,确保每周1个课时,其余2学分可安排在课外进行。											
	社会实践	必修(2学分):包括党团活动、军训、社会考察等,在高中三年完成。											
劳动		必修(6学分):其中志愿服务2学分,在课外时间进行,三年不少于40小时;其余4学分内容与通用技术的选择性必修内容以及校本课程内容统筹。											

说明:

1.每学年教学时间40周,社会实践1周。每周35课时,每课时按45分钟计。18课时为1学分。

2.专题教育融入学科教学和综合实践活动,或利用每学年2周的机动时间安排。

3.表中必修课程中斜杠前的文字为各学科课程模块(专题、任务群)名称,详见各学科课程标准;斜杠后的数字为该课程内容的周课时数。

4.信息技术和通用技术,其必修内容分别在高一或高二开设,具体开设年级及课时由学校按照课程标准结合实际自主确定。

市教委　市发展改革委　市财政局　市人社局
关于进一步做好义务教育阶段学校
课后服务工作的实施意见

津教规范〔2021〕8号

各区教育局、发展改革委、财政局、人社局：

为贯彻落实习近平总书记关于"双减"工作重要指示批示精神，进一步强化学校教育主阵地作用，增强教育公共服务能力，解决家长"急难愁盼"问题，努力办好人民满意的教育，根据《关于进一步减轻义务教育阶段学生作业负担和校外培训负担的意见》（中办发〔2021〕40号）、《教育部办公厅关于进一步做好义务教育课后服务工作的通知》（教基厅函〔2021〕28号）等文件要求，结合我市实际，现就进一步做好义务教育阶段学校课后服务工作提出如下实施意见。

一、提高政治站位，高度重视课后服务工作

1.充分认识课后服务重要意义。全面推进课后服务，既是落实中央"双减"工作决策部署的重要举措，也是建设高质量教育体系的应有之义；既是有效减轻学生过重课业负担和家长经济负担、满足学生多样化需求的有效途径，也是教育为民服务、政府为民办实事的民生工程，更是全面贯彻党的教育方针、落实立德树人根本任务，培养社会主义建设者和接班人的必然要求。各区、各学校、各有关部门要站在"以人民为中心"立场上，从讲政治的高度充分认识全面推进课后服务的重要意义，积极回应并满足家长和学生的多样化需求，主动承担起课后服务责任，将课后服务作为培育彰显学校办学特色的重要手段，周密部署、攻坚克难、担当作为，不断增强课后服务吸引力，确保相关工作要求落到实处。

二、坚持需求导向，拓展课后服务范围与时间

2.推动课后服务全覆盖。课后服务要坚持需求导向和自愿原则，以提高学校育人水平为目标，以促进学生健康成长、解决家长后顾之忧为出发点与落脚点，确保全市中小学全覆盖，努力实现有需要的学生全覆盖，确保学生在校内学足学好、全面发展。各学校要广泛深入宣传本校实施方案和服务特色，积极引导有需要的学生自愿选择，严禁以任何方式强制或拒绝学生参加。

3.保证课后服务时间。全面推行"5+2"课后服务模式，即每周5天都要开展课后服务，每天至少开展2小时。课后服务一般在周一至周五放学后进行，结束时间原则上不早于当地正常下班时间，市内六区中小学结束时间原则上不早于18:30，其他各区结合本区作息时间及各方面实际情况研究确定。初中学校根据实际情况可在工作日晚上开设自习班，对有需要的学生开展个别辅导、自学指导、学业答疑等，结束时间原则上不晚于20:30。学校可统筹安排教师实行"弹性上下班制"。

三、坚持育人为本，大力提升课后服务质量

4.坚持立德树人鲜明导向。课后服务要遵循教育发展规律和学生成长规律，围绕加强学生理想信念教育、培养学生兴趣爱好、培育学生核心素养，大力发展素质教育，促进学生全面发展、健康成长。要充分调动教师参与课后服务的积极性和创造性，切实提高课后服务的有效性，指导学生高质量完成课后作业，积极开展各种课后育人实践活动，构建"课上+课后"相互衔接、有效拓展的教育良好生态，让学生学习更多回归校园。

5.提供优质多元服务项目。各学校要结合学生成长需求和学校办学特色，把课后服务和作业管理、因材施教结合起来，积极开发丰富多彩的课后服务项目;同时根据学生年龄特点、学段要求和学校实际,因地制宜,分年级、分层次设置课后服务"项目菜单",供学生和家长自主选择,最大程度满足学生的多样化需求。小学生在课后服务时间内完成作业,初中生完成大部分书面作业。充分用好课后服务时间进行个性化学业辅导,为学习有困难的学生补习辅导与答疑,为学有余力的学生拓展学习空间。开展丰富多彩、形式多样的红色文化教育、科普、文体、艺术、劳动、阅读、兴趣小组及社团活动。注重引导学生养成良好的自我管理、同伴互助的习惯和能力。鼓励各区、各学校结合实际探索创新形式多样的组合服务。严禁课后服务时间讲授新课。

6. 加强作业管理和指导。各学校要确保小学一、二年级不布置书面家庭作业,可在校内适当安排巩固练习;小学三至六年级书面作业平均完成时间不超过60分钟;初中书面作业平均完成时间不超过90分钟。市、区两级教研部门要将作业设计指导纳入全市教研体系,指导学校和教师系统设计符合学生年龄特点和学习规律、体现素质教育导向的基础性作业;探索布置分层作业、弹性作业和个性化作业,科学设计探究性作业、实践性作业及跨学科综合性作业,不断提高作业设计质量,体现学生的个体差异和多样化学习需求。

四、坚持创新驱动,多渠道拓宽课后服务资源供给

7. 积极拓展服务渠道。课后服务一般由本校教师承担,党员骨干教师应主动承担课后服务工作任务。各学校要组建以在职教职工为主的课后服务工作队伍,并积极争取退休教师、高校优秀学生、体育教练、民间艺人、能工巧匠、非物质文化传承人等具备资质的社会专业人员或志愿服务力量,为学生提供丰富多彩、有吸引力的服务。完善家校社协同机制,密切家校沟通,开展家长课后服务志愿活动,引导家长树立科学育儿观、成才观。各区教育行政部门根据实际组织区内优秀教师到本区内优质资源不足或有需要的学校开展课后服务。各区、各学校要整合各方社会资源,充分利用红色资源开展主题教育活动,发挥好图书馆、博物馆、科技馆、街道社区、青少年活动中心、实践教育基(营)地等各类校外活动场所在课后服务中的作用。

8. 探索引进非学科类教育培训机构参与课后服务。各学校可适当引进行为规范、信誉度高的非学科类教育培训机构参与课后服务,更好满足部分学生发展兴趣特长等特殊需求。各区要依法科学设定准入条件,组织遴选非学科类教育培训机构动态形成"白名单"供学校选择使用,并建立评估退出机制。

9. 做强做优免费线上学习服务。组织市、区、校三级教学、教研及教育技术等专业力量,围绕德智体美劳五育内容,开发丰富优质的线上教育教学资源;完善覆盖中小学各年级各学科的精品网络课程资源;开发一批爱国主义教育、生态文明教育、心理健康教育等方面的专题教育资源,免费供学生选择学习。各学校要利用"国家中小学网络云平台""天津市基础教育资源公共服务平台"等国家、地方和学校各类教育教学资源平台,引导学生用好线上免费优质教育教学资源。组织优秀教师探索开展免费在线互动交流、辅导答疑。

五、完善保障机制,确保课后服务落实落地落细

10. 细致严谨组织实施。各区教育行政部门要落实管理责任,依据本实施意见,因地制宜,统筹考虑城乡差异、地域差异、学段差异等因素,研究制定本区课后服务工作方案,报市教委备案。各学校要发挥学校教育主阵地作用,落实主体责任,明确学校是课后服务落实落地的最关键环节,书记、校长是第一责任人,按照"一校一案"制定完善课后服务具体实施方案,报区教育行政部门。各学校要统筹师资、服务项目和活动场地等,发挥好共青团、少先队组织的积极作用,事先充分征求家长意见,研制包括服务内容、师资安排、参加对象、容纳人数、时间安排等信息的课后服务指南,统一组织、统一实施。要做好课后服务教师和工作人员岗前培训,做好参与课后服务学生信息和活动记录,科学开展评价。要建立反馈改进机制,充分发挥学生家长和家长委员会在课后服务中的协助、沟通、监督等作用,认真听取学生家长对课后服务的意见和建议,形成家校合力。鼓励学校采用信息化手段做好课后服务的组织管理。

11. 明确收费标准。市内六区学校课后服务费原则上按照每生每月不高于180元标准收取,初中学校开设晚自习班原则上按照每生每月不高于100元标准收取;其他区可结合实际参照执行。对经济困难家庭学生参加课后服务,应参照学生资助政策予以减免。收取的课后服务费用主要用于参与课后服务教职工和相关人员的补助。

12. 建立健全合理取酬机制。各公办学校把用于教职工参与课后服务经费额度,作为绩效工资增量纳入奖励性绩效工资分配,设立课后服务奖励绩效,不作为次年正常核定绩效工资总量的基数,此部分增加的绩效工资总量，每年年底由教育行政部门报人社和财政部门备案。对聘请校外人员参加课后服务的，课后服务补助可按劳务费管理。

13.建立激励导向机制。进一步完善中小学教师职称评价体系，将"主动承担学校课后服务工作"纳入中小学教师职称评聘"教学业绩要求"。各区将开展课后服务情况作为学校绩效考核的重要指标。各学校将教师参加课后服务的表现作为职称评聘、表彰奖励和绩效工资分配的重要参考。

14.强化安全保障。各区、各学校要把加强安全管理和落实疫情防控常态化要求放在课后服务工作的首位，建立健全安全卫生管理制度。严格落实安全、防疫责任，完善应急预案，建立行之有效的安全职责界定、责任落实、事故处置及纠纷处理机制。学校要加强师生安全卫生教育、技能培训、应急演练；加强门卫、消防、建筑、设备、医务室、饮用水、交通等安全管理，定期排查，及时消除隐患；制定落实考勤、监管、交接班、放学护送等制度；对参与人员的品德、健康严格把关，确保师生人身安全。教育行政部门要会同财政部门、相关保险公司，全面落实中小学校方责任险，各学校要积极引导家长自愿为参加课后服务的学生购买意外伤害险，维护好学校和师生合法权益。

15.强化督导考核。市级教育督导部门将课后服务实施情况纳入对各区履行教育职责督导考核的重要内容，开展专项督查和抽查。各区要加强课后服务工作的督导检查，切实履行课后服务的管理、指导、监督职责，将开展课后服务情况作为教育督导评估、教育工作考核以及学校评优评先的重要内容。责任督学在日常督导工作中，要对责任学校的课后服务时间、方式、内容、安全保障措施等加强指导和检查，确保课后服务有序开展。

16.营造良好氛围。各区、各学校要采取多种方式，向全体教师、学生和家长广泛深入宣传"双减"政策和开展课后服务的重要意义，凝聚各方共识，形成工作合力。要及时总结课后服务工作中的好经验好做法，坚持正确舆论导向，加强典型宣传，积极报道区域、学校优秀典型案例和参与课后服务教师、志愿者和工作人员先进事迹，弘扬正能量，引导全社会关心和支持课后服务工作，营造良好的社会氛围。

按照中央"双减"文件精神，普通高中课后服务工作由各区、各学校结合实际，参照本实施意见有关规定执行。

本意见自印发之日起实施，有效期为五年。

市教委　市发展改革委
市财政局　市人社局
2021年9月2日
（此件主动公开）

天津市教育委员会关于印发天津市中小学教育惩戒规则实施细则（试行）的通知

津教规范〔2021〕10号

各区教育局，各直属学校，各中等职业学校：

为落实立德树人根本任务，保障和规范学校、教师依法履行教育教学和管理职责，保护学生合法权益，促进学生健康成长、全面发展，保证本市中小学教育惩戒的有效实施，根据《中华人民共和国教育法》《中华人民共和国教师法》《中华人民共和国未成年人保护法》《中华人民共和国预防未成年人犯罪法》等有关法律法规以及教育部《中小学教育惩戒规则（试行）》（教育部令第49号）规定，结合本市实际情况，市教委研究制定了《天津市中小学教育惩戒规则实施细则（试行）》，现印发给你们，请遵照执行。

2021年12月9日
（此件主动公开）

天津市中小学教育惩戒规则实施细则（试行）

第一章 总 则

第一条 为落实立德树人根本任务,保障和规范学校、教师依法履行教育教学和管理职责,保护学生合法权益,促进学生健康成长、全面发展,保证本市中小学教育惩戒的有效实施,根据《中华人民共和国教育法》《中华人民共和国教师法》《中华人民共和国未成年人保护法》《中华人民共和国预防未成年人犯罪法》等有关法律法规,以及教育部《中小学教育惩戒规则(试行)》(以下简称《规则》),结合本市实际情况,制定本细则。

第二条 本市行政区域内普通中小学校、中等职业学校(以下统称为学校)及其教师在教育教学和管理过程中对学生实施教育惩戒,适用本细则。

前款所指学校包括公办和民办性质的小学、初中、普通高中、中等职业学校,不含幼儿园和特殊教育学校。

本细则所称教育惩戒,是指学校、教师基于教育目的,对违规违纪学生进行管理、训导或者以规定方式予以矫治,促使学生引以为戒、认识和改正自身错误的教育行为。教育惩戒是学校教育的重要组成部分。

第三条 实施教育惩戒,应当遵循以下原则:

(一)育人为本。应当以关爱学生为宗旨,符合教育规律,本着增强学生的规则意识、责任意识,培养学生良好的道德品质和行为规范的目的实施,注重育人效果。

(二)合法合规。应当以事先公布的规则为依据,做到事实清楚、依据明确、程序正当、客观公正,尊重学生基本权利和人格尊严,不得实施体罚和变相体罚。

(三)措施适当。应当综合考虑学生的个体特征、过错性质、悔过态度等因素,选择与学生过错程度相适应的教育惩戒措施,实现最佳教育效果,防范可能出现的安全风险。

第四条 市教育行政部门负责组织、指导、监督本市学校及其教师依法依规实施教育惩戒,统筹推进《规则》及本细则的实施。

区教育行政部门负责本行政区域内教育惩戒工作的具体实施,履行下列职责:

(一)健全完善教育惩戒实施、监督、救济等工作机制;

(二)指导学校制定完善相关校规校纪,建立相关校规校纪及严重教育惩戒或纪律处分信息备案机制;

(三)指导、协调学校处理因实施教育惩戒引发的纠纷,依法维护学校及教师的正当教育惩戒行为;

(四)建立健全教育惩戒相关投诉、举报、复核的申请受理和处置机制,并依法进行处理;

(五)行业企业所属的中等职业学校的办学主管部门参照前款规定,履行组织、指导、监督由其主管的学校及其教师依法依规实施教育惩戒。

第五条 学校应当遵循教育规律,健全学校教育惩戒工作机制,依法履行下列职责:

(一)依法制定完善相关校规校纪,及时公布并进行宣传讲解;

(二)加强对教师实施教育惩戒的相关培训,提高教师教育管理和育人能力;

(三)支持和监督教师依法依规实施教育惩戒;

(四)健全学生申诉等校内纠纷解决机制,及时依法处理因教育惩戒引发的家校纠纷;

(五)建立家校协作机制,形成家校协同育人合力。

第六条 教师应当依法依规实施教育惩戒,将教育惩戒与鼓励、劝导、积极管教等教育方式相结合,注重育人效果。教师应当重视家校沟通与合作,争取家长理解、支持和配合实施教育惩戒。

第七条 家长应当履行对子女的教育职责,针对不同年龄阶段子女的身心发展特点积极开展家庭教育。家长应当尊重学校、教师的教育权利,配合学校、教师对违规违纪学生进行管教。

家长对学校、教师实施教育惩戒有异议或者认为学校、教师实施教育惩戒侵犯学生合法权益的,应当通过合法渠道表达诉求,依法进行权利救济。

第二章　教育惩戒的实施

第八条　学生有下列情形之一,学校及教师应当予以制止并进行批评教育,确有必要的,可以实施教育惩戒:

(一)故意不完成课上或课后学习任务或者不服从教育、管理的;

(二)扰乱课堂秩序、学校教育教学秩序的;

(三)言行失范违反学生守则的;

(四)实施有害自己或者他人身心健康的危险行为的;

(五)打骂同学、老师,欺凌同学或者侵害他人合法权益的;

(六)其他违反校规校纪的行为。

第九条　教师在课堂教学、日常管理中,对违规违纪情节较为轻微的学生,可以实施以下教育惩戒措施:

(一)点名批评;

(二)责令赔礼道歉、作口头或者书面检讨;

(三)适当增加额外的学习任务;

(四)适当增加额外的班级公益服务任务;

(五)一节课堂教学时间内的教室内站立;

(六)课后教导;

(七)学校校规校纪或者班规、班级公约规定的其他适当措施。

第十条　实施本细则第九条规定的教育惩戒措施,教师应当向学生说明实施惩戒的原因,当场实施。在实施惩戒措施后,教师可以根据情况以适当方式告知学生家长。

第十一条　学生违反校规校纪,情节较重或者经当场教育惩戒拒不改正的,学校可以实施以下教育惩戒措施:

(一)由学校负责德育工作的人员予以训导;

(二)安排校内公益服务任务;

(三)安排接受专门的校规校纪、行为规则教育;

(四)暂停或者限制学生参加游览、校外集体活动以及其他外出集体活动;

(五)学校校规校纪规定的其他适当措施。

第十二条　教师认为学生违反校规校纪的行为应当给予本细则第十一条规定的教育惩戒的,应当及时报告学校。学校决定实施本细则第十一条规定的教育惩戒的,应当以适当方式及时告知学生家长。

第十三条　小学中高年级(三年级到六年级)、初中和高中阶段的学生违规违纪情节严重或者影响恶劣的,学校可以实施以下教育惩戒措施:

(一)给予不超过一周的停课或者停学,要求家长在家进行教育、管教;

(二)由法治副校长或者法治辅导员予以训诫;

(三)安排专门的课程或者教育场所,由社会工作者或者其他专业人员进行心理辅导、行为干预。

第十四条　教师认为学生违反校规校纪的行为应当给予第十三条规定的教育惩戒的,应当及时报告学校。学校及时组织人员对学生违规违纪事实进行调查,并作出结论。学校决定实施第十三条规定的教育惩戒的,应当在实施教育惩戒措施前以书面形式告知学生及其家长拟实施的教育惩戒措施、理由及依据,并告知学生享有陈述、申辩和申请听证的权利。法治副校长或法治辅导员参与训诫的,应当提前向法治副校长或法治辅导员所在单位提出书面邀请。

学校应当听取学生的陈述和申辩。学生或者家长申请听证的,学校应当组织听证。听证参与人一般应当包括教育惩戒当事学生及其家长、学校调查人员、证人等相关人员。学校应当根据学生的陈述和申辩,以及申请听证的结果,最终决定是否实施教育惩戒。

第十五条　学生违规违纪情节严重,或者经多次教育惩戒仍不改正的,学校可以给予警告、严重警告、记过或者留校察看的纪律处分。对高中阶段学生,还可以给予开除学籍的纪律处分。

学生实施属于《预防未成年人犯罪法》规定的不良行为或者严重不良行为的,学校、教师应当予以制止并实施教育惩戒。对有严重不良行为的学生,学校可以按照法定程序,配合家长、有关部门将其转入专门学校接受专门教育。构成违法犯罪的,依法移送公安机关处理。

第十六条　学生扰乱课堂或者教育教学秩序,影响他人或者可能对自己及他人造成伤害的,教师可以采取必要措施,将学生带离教室或者教学现场,并予以教育管理。

教师、学校发现学生携带、使用违规物品或者行为具有危险性的,应当采取必要措施予以制止;发现学生藏匿违法、危险物品的,应当责令学生交出并可以对可能藏匿物品的课桌、储物柜等进行检查。

教师、学校对学生携带的违规物品可以予以暂扣并妥善保管,在适当时候交还学生家长;属于违法、危险物品的,应当及时报告公安机关、应急管理部门等有关部门依法处理。

第十七条　教师在教育教学管理、实施教育惩戒过程中,不得有下列行为:

(一)以击打、刺扎等方式直接造成身体痛苦的体罚;

(二)超过正常限度的罚站、反复抄写,强制做不适的动作或者姿势,以及刻意孤立等间接伤害身体、心理的变相体罚;

(三)辱骂或者以歧视性、侮辱性的言行侵犯学生人格尊严;

(四)因个人或者少数人违规违纪行为而惩罚全体学生;

(五)因学业成绩而教育惩戒学生;

(六)因个人情绪、好恶实施或者选择性实施教育惩戒;

(七)指派班干部等学生对其他学生实施教育惩戒;

(八)其他侵害学生权利的。

第十八条　学校对学生实施本细则第十一条和第十三条规定的教育惩戒措施的,应当将教育惩戒的相关信息予以记录和留存。实施本细则第十三条规定的教育惩戒和纪律处分的相关信息材料,应于每学期末报学校所在地区级教育行政部门或行业主管部门备案。

第十九条　学生受到教育惩戒后,能够诚恳认错、积极改正的,可以提前解除教育惩戒。提前解除本细则第九条规定的教育惩戒的,由实施教育惩戒的教师决定;提前解除本细则第十一条和第十三条规定的教育惩戒的,由学校决定,学校作出提前解除教育惩戒的决定后应及时告知学生及其家长。

第二十条　教师对学生实施教育惩戒后,应当增加对学生的关爱与帮扶,及时与学生进行谈话、沟通,尽可能了解学生的身心状态,对改正错误的学生及时予以表扬、鼓励。

教师可以结合实际情况,指导、鼓励班级学生之间建立同伴互助制度,鼓励同学之间通过多种方式对受到教育惩戒的学生进行帮扶。

学校可以建立学生教育保护辅导工作机制,组建由学校分管负责人、德育工作机构负责人、教师以及法治副校长(辅导员)、法律以及心理、社会工作等方面的专业人员组成的辅导小组,对有需要的学生进行专门的心理辅导、行为矫治,并结合实际情况建立学生心理档案。

第三章　教育惩戒的保障

第二十一条　学校应当结合本校学生特点,依法制定、完善教育惩戒或学生纪律处分相关校规校纪。

校规校纪应当清晰明确、科学合理、易于操作,载明以下内容:

(一)学生基本行为规范要求;

(二)学生违规违纪行为的具体情形;

(三)教育惩戒或纪律处分措施的具体类型;

(四)教育惩戒或纪律处分的实施程序;

(五)学生申诉制度等救济机制;

(六)法律法规或学校章程规定应当载明的其他事项。

校规校纪可以增加规定教育惩戒措施,但其程度应当与本细则第九条、第十一条规定的措施相当。

第二十二条　学校制定校规校纪,应当成立专门起草小组,广泛征求教职工、学生、家长、专家学者等的意见。学校可以组织召开由不同代表组成的调研会、听证会,充分听取意见和建议。起草后的校规校纪应当提交家长委员会、教职工代表大会讨论,经校长办公会议审议通过后施行,并报学校所在地区级教育行政部门或行业主管部门备案。

学校应当面向全校公开校规校纪,利用入学教育、班会、家长会等适当方式,向学生、家长宣传讲解校规校纪。

第二十三条　学校可以根据情况建立由学校主要负责人、教职工代表、学生代表、德育干部、家长代表、校外专家等人员组成的校规校纪执行委员会,负责指导、监督教育惩戒的实施,开展相关宣传教育等。

第二十四条　教师可以在充分征求学生、家长意见的基础上,通过民主讨论的形式共同制定班规班约,报学校备案后施行。

班规班约可以细化规定教育惩戒措施,其程度应当与本细则第九条规定的措施相当,不得规定与本细则第十一条和第十三条程度相当的教育惩戒措施。

第二十五条　学校应当将教育惩戒有关内容纳入教师的入职培训、通识培训、每学期的常规培训中,使教师切实掌握教育惩戒的适用情形和具体措施,明确实施教育惩戒的程序与要求,提高教师依法、规范履行教育职责的意识与能力。

第二十六条　学校应当支持教师依法正当实施教育惩戒,教师因实施教育惩戒与学生及其家长发生纠纷,学校应当及时进行处理。教师正常履职产生的纠纷和法律后果应当由学校承担。对于没有证据证明教师有过错的,学校不得因教师实施教育惩戒而给予其处分或者其他不利处理。学校对教师作出不当处分或处理的,由主管部门约谈学校主要负责人、责令限期整改,并视情况依法追究相关人员责任。

学校、教育行政部门对于教师因依法正当实施教育惩戒受到家长威胁、侮辱、伤害的,应当依法保护教师人身安全、维护教师合法权益;情形严重的,应当及时向公安机关报告并配合公安机关、司法机关追究责任。

第二十七条 学校发现教师有违反本细则第十七条规定的情形的,情节轻微的,学校应当予以批评教育;情节严重的,应当暂停履行职责或者依法依规给予处分;给学生身心造成伤害,违反治安管理规定的,由公安机关依法处理;构成犯罪的,依法追究刑事责任。

第二十八条 学校、教师应当重视家校协作,充分发挥学校主导作用,通过家长委员会、家长学校、家长会、家访等多种途径,密切家校沟通合作,加强家长培训,增强家长监护责任意识,使家长理解、支持学校、教师依法实施教育惩戒。

家长应切实加强家庭教育,培育积极健康的家庭文化,树立和传承优良家风,注重学生思想品德教育和良好行为习惯培养,配合教师、学校对违规违纪学生进行管教。

第二十九条 市、区教育督导机构应当将学校、教师依法履行职责、实施教育惩戒情况纳入对学校的督导评估内容,督促、引导学校依法治校、依法办学。

第三十条 司法机关、公安机关和有关行政部门,以及教育、心理、法律等社会组织应当支持、协助学校建立健全教育惩戒实施工作机制。

新闻媒体对教育惩戒的宣传报道,应当坚持正确的舆论导向,营造良好舆论氛围。采访、报道涉及未成年人的教育惩戒事件应当真实客观,不得侵犯未成年人的名誉、隐私和其他合法权益。

第四章 教育惩戒的救济

第三十一条 学校应当建立学生申诉制度,成立学生申诉委员会,负责受理学生及其家长对学校依据本细则第十三条实施的教育惩戒或给予的纪律处分不服提起的申诉。

学生申诉委员会应当由学校相关负责人、教师代表、学生代表、家长代表、法治副校长或法治辅导员等有关方面代表组成。有条件的学校,可以聘请校外法律、教育等方面专家参加。学校应当明确学生申诉委员会的工作规则,提供必要的条件,保证其能够客观、公正地履行职责。学校应当将学生申诉委员会的人员构成、受理范围及处理程序等向学生及其家长公布。

第三十二条 学生及其家长对学校依据本细则第十三条实施的教育惩戒或者给予的纪律处分不服的,可以在教育惩戒或者纪律处分作出后15个工作日内向学校的学生申诉委员会提起书面申诉。

学生申诉委员会应当综合考虑学生的身心特征、一贯表现、过错性质、悔过态度等因素,对学生及其家长申诉的事实、理由等进行全面审查。经审查,学生申诉委员会认为作出教育惩戒或纪律处分的事实、依据或程序等存在不当,应当作出撤销或变更的决定;认为作出教育惩戒或纪律处分的事实、依据或程序等并无不当,应当作出维持的决定。学生申诉委员会应当将复查结论书面告知申诉学生及其家长。

第三十三条 学生或者家长对学校申诉处理决定不服的,在接到处理决定书之日起15个工作日内,可以向学校所在地区级教育行政部门申请复核。复核部门应当自接到申请后30个工作日内作出处理,并将处理结果书面通知复核双方当事人。学生或家长对复核决定不服的,可以依法提起行政复议或者行政诉讼。

第五章 附则

第三十四条 本细则自2022年1月1日起施行,有效期五年。

提案议案

对市政协第十四届四次会议
第0806号提案的落实情况

殷奇委员：

您提出的"关于加强我市大中小学思政课一体化建设的提案"的提案，经研究答复如下：

一、创新组织机制，打好一体化建设主动仗

市委主要领导以上率下，亲任教育工作领导小组组长，直接指导全市大中小学思政改革，今年以来22次作出批示，7次深入大中小学调研思政工作，带头听思政课、讲思政课、解决思政问题。全市各级领导干部474次到大中小学讲好"大思政课"，开展"书记校长讲思政课大赛"，623名大中小学书记校长参赛，党政主要领导引领作用有效发挥。

组织全市各委办局参与"大思政课"建设，围绕天津改革事业发展，汇集100个"美丽天津"思政课实践案例。市发改委的"天津发展成绩单"、市卫生健康委的"从疫情防控看中国制度优势"、市体育局"弘扬女排精神 助力伟大时代"、滨海新区党委的"一场24小时的海上战'疫'"、和平区委"和平夜话暖民心"等一批改革成果成为思政课堂教学的鲜活素材。组织大中小学打造100节"百年辉煌"思政品牌课程，书记、校长、院士、长江学者共同登台授课，"大思政课"氛围进一步浓厚。

组织编写11本覆盖大中小学的《习近平新时代中国特色社会主义思想"三进"教学指导方案》，出版4本"四史"动漫小人书，创作6本学前"三爱"绘本，为大中小幼师生提供导向积极、内容平实、形式有趣、情理交融的参考读物。

二、改革教学模式，构建一体化发动主引擎

搭建平台，成立天津市大中小学思政课一体化教学研究联盟（以下简称"联盟"）。以高校牵头签约形式，在全市16个区均成立了区校思政课协同培训与研修基地，辐射形成覆盖全市1400所各级各类学校的大中小学思政课一体化教学改革创新联合体，共同开展课程开发、集体备课、教改研究等。

狠抓教研，逐步形成了以定期集体备课和同课异构示范课为核心的"2+X"教研模式，聚焦教学重点、理论热点和学生疑点，遴选"历史和人民为什么选择马克思主义""习近平法治思想""从香港问题看制度自信""中美政治制度比较研究"等热点，邀请国内各大高校、研究机构的知名学者参与教研活动117场，累计辐射全国、全市大中小学思政课教师10万人次。

共享优势，初步建立了校际贯通、区校协同的"横纵网络"模式。横向上，全市各市级思政课协同创新中心、重点马克思主义学院、教材建设重点研究基地、思政工作研究基地等教研平台联合，以"跨界融合、优势互补、优化共享"为原则，实现各学段教研资源的有序配置。纵向上，以大学为龙头，统领中小学学段全员协同参与集体备课，形成了"发布备课主题""遴选优秀教师""组建备课团队""邀请专家辅导""展示备课成果"的"五步走"协同模式。首先面向大中小学发布课题、征集备课教师；然后从各学段报名教师中遴选教学能力突出的教研员或学科带头人，组建跨学段联合备课团队；请天津市大中小学一体化教学指导委员会专家对团队进行教学指导，团队中的大中小学教师充分教研；最后，团队结合学生年龄特点明确各学段不同的教学重点、授课方式，进行示范教学展示。例如，围绕"生态文明"，小学讲述"要像保护眼睛一样保护生态环境"，初中立足"绿水青山就是金山银山"，高中阐释"生态兴则文明兴，生态衰则文明衰",大学围绕"保持加强生态文明建设的战略定力",循序渐进地引导学生加强道德情感、思想基础、政治素养、使命担当。围绕"中国梦",小学突出在国旗下、党旗前,通过形象化、趣味化的故事提高情感认同;初中结合展览馆、纪念馆参观,彰显中国伟大成就、世界地位,增强国家意识和国情观念;高中在党史学习教育中解读"两个一百年"奋斗目标的历史脉络,形成做社会主义建设者和接班人的政治认同;大学运用马克思主义立场观点方法理解"中国梦",引导学生矢志不渝听党话跟党走。

三、强化资源保障,培育一体化育人主力军

在高校思政课教师2000元/月标准发放岗位绩效基础上,推进中小学思政课教师岗位绩效发放,逐步实现大中小学思政岗位津贴全覆盖。高校专职思政课教师全部达到国家规定标准,同时,在配齐建强过程中建立提前补充机制,留足转岗量、退出量、流失量和学生扩招后增量,确保思政课教师的师生比始终动态达标。在此基础上,联合人社部门、编办在全国率先制定中小学思政课教师配备标准,明确中小学生师比,加大中小学思政课教师引进配备力度。

紧抓质量关,成立天津市思政课质量评价中心,开展全员思政课听课评价改革,每年听课超万节,多举措提升思政课教学质量。突出培养关,构建市、区、校三级培训体系,跨学段同学同训成为常态,开展"中美贸易摩擦的应对与思考""新疆棉花事件折射的中美关系""印度疫情大爆发的深层次思考""如何认识马克思主义无神论"等针对性培训,着力增强思政课的时代性、战斗性。实施大中小学思政课教师实践锻炼计划,在大中小学教师职称评定中单列思政课类别,单列指标、单独评审,其中各学段思政课教师的高级职称岗位比例要高于其他系列岗位比例10%以上,着力吸引优质人才从事思政课教学。

2021年9月26日

附:

关于加强我市大中小学思政课一体化建设的提案

殷　奇

2019年3月18日,习近平总书记主持召开学校思想政治理论课教师座谈会并发表重要讲话,强调"要把统筹推进大中小学思政课一体化建设作为一项重要工程"。近年来,全国大中小学思政课一体化建设初显成效。

天津在探索大中小学思政课一体化建设方面走在了全国前列。总结建设成绩,一是课程建设一体化,成立天津市学校思政工作委员会,在全市范围内建立跨学段协同机制,每所学校至少与一所跨学段学校签约共建,联合开展课程开发、教学研究等;二是课内课外一体化,将思政课实践教学与社会实践有机结合,将思政课实践教学与实践育人共同体建设结合起来,实施高校思政实践学分和中小学实践课堂制度;三是队伍建设一体化,实施联合教评,制定23项评价指标,统一全市大中小学思政课评价标准与程序,建立思政课教师全员听课制度。

同时,我市在一体化建设规范化、制度化、常态化上还存在一些问题和不足。一是一体化建设联盟的制度化建设还不够完善,还未能形成切实可行的长效机制,不利于整合全市思政课资源集中开展一体化建设;二是一体化建设的着力点还不够多元,当前主要集中于集体备课,还没有形成"三个一体化"系统格局,即课程德育与学校德育的一体化、学校德育与学校教育的一体化、教育系统内外的一体化;三是缺乏同时熟悉不同学段的思政课教师,教师的整体政治素养、业务能力、创新水平有待加强,还未能将"一体化"实现专业化建设。

一、经验借鉴

北京市形成了"市区联动、知行联动、时空联动、家校联动"工作机制,将新时代首都发展的新举措、新气象融入各学段思政课教学体系当中,坚持"深入浅出"和"浅入深出"相结合,打造出大中小学思政课"同备一堂课"《老师请回答》同上一堂课等品牌项目。

上海市启动了思政课选修课程体系建设,按照大中小学思政课一体化建设理念,打造根植于高校历史文化和优势学科的一校一品"中国系列"课程,并把课程建设模式作为中小学教师培训内容,进而着力建设近百门中小学"中国系列"课程,构建跨学段育人合力。

浙江省逐步推动形成各类课程与思政课建设协同效应,指导高校开设"课说浙江""红船精神"等系列课程,指导中小学组织编写和实施《中小学德育课程教学指导意见》和涉及29门学科的《中小学学科德育指导纲要》,在各学科教育教学中强化德育要求。

陕西省掀起大中小学思政课教师"大练兵"热潮,把三级领导听思政课制度和"大练兵"活动从高校向中小学延伸,从思政课教师向专业课教师延伸,致力于"人人有示范、堂堂有精品、门门有金课、课课有名师"的思政课堂建设新局面。

二、建议

1.以系统思维为原则,大中小学思政课一体化建设是系统工程,要着力突出系统性,深入探索和合理建构分层次、可衔接、相贯通、有配套、能融合的综合育人体系。

2.以顶层设计为统领,要充分发挥大中小学思政课一体化建设指导委员会的领导、指导、咨询、示范、培训、研判功能,审议和研究部署大中小学思政课教材建设、教学方法改革、师资队伍建设等重大事项。

3.以队伍建设为抓手,要加强大中小学思政课教师的一体化师资培训,建立"国家示范培训、省级分批轮训、学校全员培训紧密衔接、相互补充的三级培训体系"。

4.以理论研究为基础,要设立大中小学思政课一体化的专门研究机构,组织专家指导组在总结先进经验基础上,就前瞻研究、评价指导、问题研判等开展理论研究,构建理论模型。

5.以机制建设为保障,将此项工作纳入"十四五"发展规划,建立长期的制度保障、组织保障、人才保障以及资金保障,有效实现大中小学循序渐进、螺旋上升的思政课建设格局。

对市政协第十四届四次会议
第0788号提案的落实情况

马林委员:

您提出的"关于加强我市儿童青少年近视防控的提案"的提案,经会同市财政局、市卫生健康委、市科技局、市体育局研究答复如下:

一、部署光明行动

5月24日,召开我市综合防控儿童青少年工作联席会议机制第三次会议,共同学习《儿童青少年近视防控光明行动工作方案(2021—2025年)》,提出了贯彻落实措施,聚焦近视防控的关键领域、核心要素和重点环节,15个部门联合开展8个专项行动。研制了我市贯彻落实《儿童青少年近视防控光明行动工作方案(2021—2025年)》部门分工和市教委内部分工方案。部署了2021年及下一阶段工作,会同15个部门举办了天津市实施儿童青少年近视防控光明行动启动仪式。转发了《全国儿童青少年近视防控光明行动倡议书》,通过多种渠道大力宣传爱眼护眼知识。

二、开展全员筛查

将对全市所有中小学生开展视力筛查,纳入天津市2021年20项民心工程,举办了启动仪式,教育部副部长钟登华、时任市政府副市长曹小红出席启动仪式并揭幕。市教委会同市卫生健康委制定了《2021年天津市中小学生视力筛查工作方案(试行)》,检测内容包括远视力检查和屈光检测。截至2021年6月底,我市已对115万名中小学生进行了视力筛查,已完成筛查任务。

三、加强宣传教育

印发《关于开展2021年春季学期近视防控宣传教育月活动的通知》,部署在2021年3月开展春季学期近视防控宣传教育月活动。组织我市综合防控儿童青少年近视专家宣讲团线上线下宣传100余场。印发了《关于开展2021年全国"爱眼日"活动的通知》，部署开展教育系统2021年全国"爱眼日"宣传教育工作。在和平区岳阳道小学举办了全国"爱眼日"主题活动，市卫生健康委、市体育局等15部门相关处室负责同志和天津市综合防控儿童青少年近视专家宣讲团全体成员出席活动。

四、推动五项管理

1. 手机管理情况。2月18日，市教委印发《关于转发〈教育部办公厅关于加强中小学生手机管理工作的通知〉的通知》，结合天津实际，提出五项具体工作要求。按照要求，各区教育局指导辖区各中小学校制定和完善手机管理具体办法，并于2021年春季开学开始全面推行。各中小学校将手机管理纳入学校日常管理，结合学校实际制定相关制度，通过家长会、"明白纸"、微信公众号等方式，告知学生和家长相关要求。例如，蓟州区充分发挥家委会和家长学校作用，向每位家长发放"手机管理明白纸"，确保家长知晓率达到100%。各校通过设立校内公共电话、建立班主任沟通热线、制定值周老师制度等方式，满足学生与家长联系需求。采取主题班会、辩论会、主题晨训等灵活多样的方式，教育引导学生科学理性对待，合理使用手机等电子产品，提高学生自我管理能力。

2. 睡眠管理情况。5月18日，市教委印发《关于进一步加强中小学生睡眠管理的通知》，要求各区加强宣传引导，提高科学睡眠认识，合理安排学校作息时间，积极做好家校协同，防止挤占学生睡眠时间。各区按照要求，相继统一调整了全区中小学生早晚作息时间，严禁以组织晨读等形式变相提前上课时间。各学校根据季节变化等因素，合理安排课间休息和下午上课时间，对于个别提前到校的学生，要求学校做到提前开门、妥善安置、规范管理。各区积极做好家校协同，指导家长和学生制订学生作息时间表，广大教师高度关注学生上课精神状态，对睡眠不足的，及时提醒学生并与家长沟通。同时，加强对校外培训机构和网吧、网络文化企业的监督管理。例如，河东区制定加强中小学生睡眠管理的学校任务清单和科室责任清单，区有关部门加强学校周边网吧经营管理，严厉打击接待未成年人行为。

3. 读物管理情况。5月18日，市教委印发《关于贯彻落实〈中小学生课外读物进校园管理办法〉的通知》，通过新媒体形式给各区推介全国先进典型的经验做法，指导各区对本区课外读物进行全面摸底、持续深入推动课外读物进校园管理办法落地落细。截至目前，全市摸底排查工作已全面完成，共保留进校园课外读物2800余万册。各学校根据实际需要，做好课外读物推荐和管理工作，负责组织本校课外读物的遴选、审核工作，严格进校园读物的推荐程序和要求，防止问题读物进校园。推荐目录向学生、家长公开，并向上级主管部门报备。课外读物坚持自愿购买原则，严禁学校组织统一购买，禁止强制或变相强制学生购买课外读物。大力倡导学生爱读书、读好书、善读书，建立促进学生主动阅读机制，通过建立自主借阅书吧、配备班级图书角、定期开展主题丰富的阅读活动等方式，培养学生阅读习惯，激发学生阅读热情，为学生提供健康的精神食粮，充分发挥课外读物启智润心育人功能。例如，北辰区进一步完善图书管理工作，开展好书推荐、优秀读书笔记展览、朗读者等活动，用绿植美化图书馆环境，营造"多读书、读好书、善读书"的书香氛围。

4. 作业管理情况。5月19日，市教委印发《关于进一步加强和改进义务教育学校作业管理的若干措施》，明确要求把握作业育人功能，严控作业布置总量，提高作业设计质量。各区也陆续制定一系列"实招""硬招"，切实扭转学校作业数量过多、质量不高、功能异化等问题，强化了教育行政管理部门、教研科研部门在作业管理中指导、保障、督查等主要责任，实现管理与监督相结合、科研与教研相结合、教学与教研相结合、学校与家庭相结合。例如，和平区印发了《关于进一步加强和改进义务教育学校作业管理的通知》，要求系统把握作业、手机、睡眠管理工作的关联性，建立多方参与、综合施策、标本兼治的作业管理运行机制，健全校长负责、教务处落实、年级组统筹、学科组审核、班主任协调、家长配合的作业管理机制。探索布置分层作业、弹性作业和个性化作业，科学设计探究性作业、实践性作业及跨学科综合性作业，创新作业类型方式，不断提高作业设计质量，避免机械、无效训练，严禁布置重复性、惩罚性作业。教育部《"五项管理"督导快报》第7期，以"天津市作业管理出实招亮硬招"为题，专题刊发天津工作经验。

5. 体质管理情况。5月24日，市教委印发《关于进一步加强中小学生体质健康管理工作的通知》，要求各区、各中小学校严格落实国家体育与健康课程标准，开齐开足上好体育与健康课程，持续推进中小学健康促进行动和阳光体育活动，广泛开展校园普及性体育运动，培育学校特色体育项目，切实保障学生每天校内、校外体育活动时间。例如,河西区建立健全"健康知识+基本运动技能+专项运动技能"学校体育教学模式,切实保障学生每天校内、校外各 1 小时体育活动时间,指导每个学生掌握 1—2 项运动技能。同时,将近视防控工作融入学校日常工作中,严格落实综合防控儿童青少年近视工作方案,按照不同学段要求,贯穿于教育教学各个环节中,促进防控工作日常化、制度化、规范化,有效控制青少年近视发生率。天津市坚持每年开展国家学生体质健康标准测试工作,抽测结果印发给各区区委、区政府、区人大、区政协四套班子,并通过主流媒体向社会公布,效果显著。教育部"五项管理"实地督导组来津督查时,对此给予高度肯定。

下一步,按照《天津市综合防控儿童青少年近视工作评议考核办法》,市教委、市卫生健康委、市体育局联合组成评议考核组,每年对各区人民政府开展近视防控评议考核。既考核近视防控整体推进情况,又重点考核加强组织领导、明确专门机构、细化政策、落实人员配备、强化学校体育和健康教育、改善办学条件、合理安排投入、降低近视率等重点事项,考核结果经市政府同意后向区人民政府通报。市、区教育督导部门将学生近视防控工作纳入督导内容,组织开展督导检查。

2021 年 09 月 24 日

附:

关于加强我市儿童青少年近视防控的提案

马 林

2018 年,党中央和国务院对我国儿童青少年近视的严峻形势给予了高度重视,全国各级相关部门也从国家近视防控战略角度,深入开展了具有地方特色的近视防控工作。我市教委会同市卫健委等八部门制定了《天津市综合防控儿童青少年近视工作方案》,印发并启动实施了防控近视"六大工程",先后成立了"天津市儿童青少年近视防控中心"和"天津市中小学生视力健康管理中心",我市的近视防控工作也取得了阶段性成果:全市 16 区 95 所学校的抽样调查结果显示,总体近视率 2018 年为 58.08%,2019 年为 55.04%,下降了 3.04 个百分点,2020 年为 53.51%,较 2019 年下降了 1.53 个百分点。连续两年达到国家规定的每年下降 1 个百分点的防控目标,但仍然还有 50% 以上的儿童青少年是近视状态。坦白说,我们的防控工作还存在一些问题。为此,我结合走访"两大中心"和临床工作中掌握的情况。

建议:

一、加强视觉健康公共卫生教育,形成全社会关心的氛围

1. 建议幼儿园、学校不仅要抓住每年"66 爱眼日"这一契机做好视觉健康讲座,而且要定期、持续、全覆盖学生和家长,开设爱眼、护眼公开课和健康课堂,面对面地教育孩子、家长学会科学用眼、克服不良读写习惯,正确合理使用电子产品,使孩子和家长共同养成良好的用眼卫生习惯,加强孩子、老师和家长对视觉健康的共同关注。

2. 请眼科及视光专业医生通过多种媒介宣传眼科科普知识,提升全社会对儿童青少年视觉健康的关注。以喜闻乐见、通俗易懂的形式进行宣传,以易实施、有实效的手段去落实。

3. 总结评选和大力弘扬各级各类幼儿园、学校在近视防控方面的好经验、好方法,表彰奖励先进集体和优秀个人。

二、健全统一、协调、有力的防控体系

1. 建议在"两大中心"的协助下,各级各类幼儿园、学校建立学生视觉健康个人档案,并实现专人管理、信息化管理,每学期跟踪视力变化,及时给予家长反馈和预警,督促学生到医疗机构就诊,由医疗机构将学生视觉发育情况和具体治疗意见录入档案,幼儿园和学校监督学生和家长执行,真正实现闭环管理,有责可溯,有责必追。

2. 建议教育部门严格贯彻落实《天津市综合防控儿童青少年近视工作方案》及防控近视"六大工程",充分发挥"两大中心"的专业培训和督导作用,建立健全考核制度,加强对幼儿园、学校的监督考核力度,抓住幼儿园、学校这个近视防控的主要阵地,持续防控。

三、加大近视防控科研及流调投入

1.凝聚各方力量和智慧,加大近视防控相关人员、设备、资金的投入,确保我市16区每年近视筛查流调工作全覆盖,争取早日实现每学期全覆盖。

2.启动学生视觉健康促进的试点校工程,建立行政管理和专业机构协作机制,搭建研究平台,探索科学有效的发展模式。

3.在科研基金审批方面给予一些政策性倾斜,鼓励、支持相关机构开展儿童青少年近视防控的科研项目。

对市十七届人大五次会议
第0602号建议的落实情况

王雪莉代表:

您提出的"关于整顿我市校外培训机构的建议"的建议,经会同市市场监管委、市公安局研究答复如下:

一、加强校外培训机构学费管理

市金融局、人民银行天津分行、天津银保监局出台《校外培训机构预收费管理办法》,按照要求压实校外培训机构的责任,所有校外培训机构纳入预收费管理范围,签署银行托管协议,切实做到应签尽签。

市场监管部门进一步强化校外培训机构价格监管,规范校外培训机构明码标价行为,严肃查处经提醒告诫仍不明码标价、不规范明码标价、标价外加价等违法行为,进一步净化校外培训市场环境,提升校外培训行业质量。

二、提高审批服务质量

依据中办、国办《关于进一步减轻义务教育阶段学生作业负担和校外培训负担的意见》和《教育部办公厅关于进一步明确义务教育阶段校外培训学科类和非学科类范围的通知》,不再审批新的面向义务教育阶段学生的学科类校外培训机构,不再审批面向学龄前儿童(3—6岁)的校外培训机构,不再审批面向普通高中学生的学科类校外培训机构。体育、文化艺术、科技等类别校外培训,明确文化和旅游、体育、科技部门为主管部门,分类制定标准、严格审批,教育部门负责中小学学科类培训机构和各类外语培训机构的管理;文化和旅游部门负责文化艺术培训机构的管理;体育部门负责体育培训机构的管理;科技部门负责科普知识培训机构的管理。

三、加大执法力度

深入开展校外培训机构专项治理,治理行动聚焦合同签订、收费退费、教师队伍、安全管理、疫情防控等内容,进一步加强对校外培训机构违法违规行为的治理。对存在问题的机构,检查组当场下达责令整改通知书,或采取暂停办学的措施。

市场监管部门充分发挥天津市行政机关联合奖惩工作机制和天津市市场主体联合监管系统的作用,进一步加强行政机关协同监管与联合奖惩工作力度,推动社会信用体系建设进程。天津市市场主体联合监管系统提供49类红黑名单信息实时查询,为各行政机关开展联合惩戒提供平台。强化广告导向监管,从旗帜鲜明讲政治的高度出发,结合"双减"行动,持续强化对教育培训机构网站、微信公众号、培训场所的监督检查力度,严肃追究发布违法广告主体责任,规范广告发布秩序。

四、建立联合治理机制

按照市委、市政府统一部署和要求,天津市"双减"工作专班正式成立,专班办公室设在市教育两委,工作专班由17个委办局组成,各部门局级领导任专班成员,各成员单位设专职联络员。工作专班机构完善,制度健全,建立定期报告和通报制度。各部门齐抓共管、压实责任、主动作为,形成反应迅速、配合密切、应对有力的长效工作机制。

五、加强宣传引导

为切实减轻中小学生校外培训负担，同时帮助家长理性选择培训机构，避免合法权益受到损害，市教育两委制定《进一步减轻义务教育阶段学生校外培训负担的温馨提示》，帮助家长理性选择培训机构，避免合法权益受到损害；积极发挥新闻媒体宣传作用，及时向社会发布校外培训机构治理工作情况，曝光存在问题的机构，对违规办学行为形成震慑。

2021年09月22日

附：

关于整顿我市校外培训机构的建议

王雪莉

2020年10月，全国拥有超1100个校区的校外教育培训机构"优胜教育"被曝圈钱跑路，总部（包括天津校区）人去楼空。无独有偶，2019年下半年，创立20多年的"韦博英语"同样出现经营不善、资金链断裂和欠薪严重等问题，全国各地（包括天津校区）陆续出现关店潮。2020年11月，天津本土少儿英语教育品牌"皇家少儿"被曝停课跑路，根据不完全统计，有超过1200余名家长的超过1500万元的预付款无法退费。校外培训机构纷纷暴雷，涉及家庭众多，财产损失巨大，类似情况未能得到有效遏制，甚至有愈演愈烈之势，广大群众反映十分强烈，引发很大的社会不稳定因素。

教育的本质是为了孩子能够良性地向上生长，但一些教育培训机构已成违法犯罪重灾区和家庭教育的慢性毒药。当前的校外培训机构存在如下问题：虚假宣传、刻意隐瞒办学资质和报名条件、合同暗藏不公平格式条款、"教育贷"预消费、卷款逃匿成本低等。

为深入贯彻落实党的十九大精神，全面贯彻党的教育方针，解决人民群众反映强烈的校外培训机构不公平格式条款、随时圈钱跑路等问题，就校外培训机构整顿提出如下建议：

一、坚持源头治理，制定专门文件

校外培训教育消费纠纷解决难的重要原因之一是采取预收费经营模式，一些无良商家打着"充值享优惠"的旗号，通过大额折扣诱惑消费者预交大量费用。因缺乏有效的资金监管体系，消费者的预付费可能被商家挪用，后期商家跑路或经营不善，消费者维权困难。

国务院办公厅2018年印发的《关于规范校外培训机构发展的意见》要求："校外培训机构的收费时段，与教学安排应协调一致，不得一次性收取时间跨度超过3个月的费用。"

因此，建议针对侵权行为日益严重的情况，对应《关于规范校外培训机构发展的意见》的要求，应尽快将预付式消费立法列入天津市立法计划，通过制定专门的规范性文件，加强校外培训机构预收费经营行为整治，做好源头治理，防止后续无休止的消费纠纷。

二、增大审批力度，提升准入门槛

根据2018年修订的《民办教育促进法》，课外培训机构需拿到有培训经营范围的《营业执照》和《办学许可证》。其中，办学许可证的办理对场地的面积、安全、消防均有严格规定。

教育管理部门和市场监督部门应当加强监管，加大入门审查以及资质审批的力度，对教育机构的每一项指标都进行严格审核，避免出现刻意隐瞒办学资质等情况，提高市场准入门槛，对违规违法的培训机构进行整治、查处，乃至列入经营黑名单。

三、加大执法力度，严查刑事犯罪

针对各类中小学校外培训服务机构利用合同不公平格式条款侵害消费者权益的违法行为，教育、市场监管等部门要加大执法检查力度，对于培训机构利用格式条款免除自身责任、加重消费者责任、排除消费者法定权利的行为坚决予以查处。

针对恶意圈钱跑路的机构和人员,如涉嫌诈骗、合同诈骗等刑事犯罪情形,公安机关应及时立案侦查,坚决打击。

四、密切沟通配合,建立联动机制

教育、市场监管部门之间要加强协调配合,建立工作联动机制,依据各自职责落实好责任分工。对于发现行业中存在的问题要加强信息共享,及时沟通联络,综合运用各种监管手段形成执法合力,确保执法的准确性和专业性,努力提升整治效果。

五、加强媒体宣传,重视舆论引导

教育、市场监管部门还应加强宣传和舆论引导,组织专家对相关条款进行点评、分析,通过各类媒体营造有利舆论氛围,引导规范教育培训机构签约履约行为,提升工作效能。

对于不断涌现的教育培训机构跑路事件,我们应从前端加强市场的监管,事后处理上让他们无法利用违约或违法行为获利,让违约方或违法者知晓违约或违法成本的巨大。唯此,方可保护消费者的合法利益不受损害。

对市十七届人大五次会议
第0373号建议的落实情况

康晓明代表:

您提出的"关于发挥政府职能、职业院校优势开展职业培训的建议"的建议,经会同市人力社保局研究答复如下:

职业教育是国家重要的教育类型,并重并举开展学历教育与职业培训是职业教育的基本内容和法定要求。职业院校面向全体劳动者广泛开展职业培训,既有利于支持和促进就业创业,也有利于学校提升人才培养质量和办学能力,是深化职业教育改革发展的重要内容。不可否认,当前,我市职业院校开展学历教育和培训"一条腿长、一条腿短"的现象仍然存在,面向社会开展培训仍然是我市职业教育发展的薄弱环节。为强化职业院校社会培训功能,激发院校培训工作积极性,提升培训服务水平,我委会同有关部门,坚持问题导向,积极采纳代表建议,强化政策供给,完善工作机制,相关工作稳步推进。

一是将职业培训摆在更加突出位置。部市共建新时代职业教育创新发展标杆是引领新一轮我市职业教育改革创新的重大举措,在我市与教育部共同制定的《关于深化产教城融合 打造新时代职业教育创新发展标杆的意见》中,明确将"落实职业学校学历教育和职业培训并举并重""推广复制'区校联合体'终身学习服务模式"作为当前和未来两年我市职业教育发展的重要内容,引导各级政府、各相关部门及职业院校高度重视。随着标杆建设加速,职业培训工作成效也将逐步显现。

二是实施重大项目引导。出台《天津市职业教育创优赋能建设项目和资金管理办法》(津教规范〔2021〕7号),启动实施天津市职业教育创优赋能建设项目,创新工作机制,推动优质职业学校年职业培训人次达到在校生规模的2倍以上,以"先建后奖"激发职业院校落实开展职业培训的法定职责。依托国家中西部地区职业教育师资培训中心的国字号品牌,以"双高校"为龙头积极推进教师培训基地建设,鼓励职业学校承担更多培训任务。

三是强化政策保障。在《教育部 天津市人民政府关于深化产教城融合打造新时代职业教育创新发展标杆的意见》(津政发〔2021〕1号)中,再次明确:"院校通过校企合作、技术服务、社会培训等项目所得的净收入,可作为绩效工资来源,院校可在现行公务员可比收入1.5倍调控线基础上,再按照不超过公务员可比收入的1倍相应增加绩效工资总量",为调动广大教师员工积极参与社会培训提供了重要政策保障。

四是开拓服务平台。对接产业发展需求,依托天津市教科院成立了市产教融合研究院。研究职业教育专业建设与产业发展互动关系,动态发布企业需求信息(含企业培训需求)是产教融合研究院的重要功能,目前,职业教育专业建设与产业发展谱系图已获立项并实质性开展工作,随着产教融合研究院组织机构的完善和工作的推进,市产教融合研究院将及时发布相关信息,为职业院校开展社会培训提供参考。

五是组织实施职教师资"国培"计划。发布《关于下达天津市2021年度职业院校教师素质提高计划国家级培训任务的通知》,建立竞争机制,遴选确定2021年度培训任务及承担机构,我市9所院校(含本科院校)承担了17个培训项目。"国培"计划项目的定期实施为职业院校开展高质量师资培训提供了项目支撑。

下一步,我们将充分结合您的意见建议,一方面,以创优赋能项目建设为抓手,深化"三教"改革,建强培训师资、建优培训资源,会同有关部门,强化信息服务;另一方面,引导学校充分利用绩效工资利好政策,进一步激发职业院校社会培训活力,有效服务我市产城教融合发展。

2021年09月23日

附:

关于发挥政府职能、职业院校优势
开展职业培训的建议

康晓明

实施学历教育与培训并举是职业院校(含技工院校,下同)的法定职责。职业院校面向全体劳动者广泛开展职业培训,既有利于支持和促进就业创业,也有利于学校提升人才培养质量和办学能力。教育部等十四部门专门研究制定了《职业院校全面开展职业培训促进就业创业行动计划》,文件中提道:"要充分发挥职业教育资源优势,以健全政行企校多方协同的培训机制为突破口,增强院校和教师主动性,调动参训人员积极性,面向全体劳动者特别是重点人群及技术技能人才紧缺领域开展大规模、高质量的职业培训,为实现更高质量和更充分就业提供有力支持。"职业院校积极性很高,劳动者对职业培训也有需求,但是目前存在供给和需求之间匹配对接的问题。为深入贯彻落实文件要求,建议:一是政府搭建平台,为职业院校、行业企业、有需求的群体建立对接渠道,或是定期组织供需对接会,或者是依托现有平台发布需求信息。二是成立天津职业院校培训联盟,组织开展职业培训研究,整合资源精准开展职业培训。

教育统计

天津市各级各类学校基本情况

单位：人

甲	编号乙	学校数 1	毕业生数 2	招生数 3	在校生数 4	教职工数 5	专任教师数 6
一、高等教育	01						
（一）研究生教育	02	24	21465	30040	86320	—	—
1.博士	03		2057	3616	14210	—	—
其中：地方	04		532	980	3380	—	—
2.硕士	05		19408	26424	72110	—	—
其中：地方	06		10417	15368	39977	—	—
（二）普通高等教育	07	56	143462	161795	583353	48368	32459
1.普通本科教育	08	30	84843	92958	372830	38298	25413
其中：地方	09	27	72062	78914	315888	26984	18473
2.高职（专科）教育	10	26	58619	68837	210523	10070	7046
其中：地方	11	26	56642	67565	205876	10070	7046
（三）成人高等教育	12	13	14991	24078	45045	799	467
其中：成人高等院校	13	13	6334	9311	17211	799	467

（续表）

	编号	学校数	毕业生数	招生数	在校生数	教职工数	专任教师数
二、中等教育	14						
（一）高中阶段教育	15	275	82834	101490	292290	42389	24229
1.普通高中	16	191	51828	64707	190701	32595	17123
2.中等职业教育	17	84	31006	36783	101589	9794	7106
其中：技工学校	18	21	6528	8342	21472	2428	1635
其他中等职业学校	19	63	24478	28441	80117	7366	5471
（二）初中阶段教育	20	344	98175	113051	340858	26887	30401
三、初等教育（小学）	21	895	111992	124168	751918	49609	49277
四、专门学校	22	1				26	16
五、特殊教育	23	20	801	562	4734	831	640
其中：特殊教育学校	24	20	553	332	3264	831	640
六、学前教育	25	2346	91243	110471	315967	49837	25300

注：另有附设中职班的其他学校9个；

研究生培养单位包含高校18所，培养研究生的科研机构6所；

各级各类教育学校的教职工按照学校类型统计，专任教师按照教育层级统计。

民办教育学校基本情况表

单位：个

甲	乙	机构数	班级数	#小学	#初中	#高中	学生数	#小学	#初中	#高中	教职工数	专任教师数	#小学	#初中	#高中	建筑面积	教学及辅助用房	占地面积	图书	固定资产总值	政府购买学位机构数	政府购买学位数	#用于进城务工人员子女学位数
		1	2	3	4	5	6	7	8	9	10	11	12	13	14	15	16	17	18	19	20	21	22
总计	01	1145	7915	968	800	428	239090	32131	32335	16031	34753	17801	2349	2292	1307	2898659.1	1713083.74	4225644.51	3309899	16677926.4	7	4639	223
学前教育	02	1068	5719	—	—	—	158593	—	—	—	27134	11853	—	—	—	1519523.11	1079933.89	2349731.08	1709243	16510276.84	—	—	—
附设幼儿班	03	—	—	—	—	—	—	—	—	—	—	—	—	—	—	—	—	—	—	—	—	—	—
小学	04	21	539	539	—	—	19860	19860	—	—	1583	1329	1329	—	—	143017.68	85422.55	222668.57	386848	16986.63043	1	1234	157
小学教学点	05	—	—	—	—	—	—	—	—	—	—	—	—	—	—	—	—	—	—	—	—	—	—
附设小学班	06	—	—	—	—	—	—	—	—	—	—	—	—	—	—	—	—	—	—	—	—	—	—
初级中学	07	7	188	—	188	—	9090	—	9090	—	656	554	—	554	—	72045.87	36023.74	147386	179367	5950.468707	1	1	1
九年一贯制学校	08	15	366	218	148	—	11262	6052	5210	—	1358	1011	535	476	—	246921.24	117216.53	269807.3	145593	30625.44693	—	—	—
职业初中	09	—	—	—	—	—	—	—	—	—	—	—	—	—	—	—	—	—	—	—	—	—	—
附设初中班	10	—	—	—	—	—	—	—	—	—	—	—	—	—	—	—	—	—	—	—	—	—	—
完全中学	11	15	406	—	271	135	16794	—	11258	5536	1171	1050	—	652	398	219438.38	97009.95	380413.21	356918	15211.48239	3	2240	26
高级中学	12	9	163	—	—	163	5886	—	—	5886	655	475	—	—	475	166928.22	72987.65	187111.95	141749	43401.51474	—	—	—
十二年一贯制学校	13	10	534	211	193	130	17605	6219	6777	4609	2196	1529	485	610	434	530784.6	224489.43	668526.4	390181	55474.01992	2	1164	39
附设高中班	14	—	—	—	—	—	—	—	—	—	—	—	—	—	—	—	—	—	—	—	—	—	—
特殊教育	15	—	—	—	—	—	—	—	—	—	—	—	—	—	—	—	—	—	—	—	—	—	—
附设特教班	16	—	—	—	—	—	—	—	—	—	—	—	—	—	—	—	—	—	—	—	—	—	—
专门学校	17	—	—	—	—	—	—	—	—	—	—	—	—	—	—	—	—	—	—	—	—	—	—

高等教育

高等教育学校（机构）数

单位：所

甲	编号 乙	合计 1	中央部门 2	教育部 3	其他部门 4	地方 5	教育部门 6	其他部门 7	地方企业 8	民办 9	中外合作办 10
1.研究生培养机构	01	24	9	2	7	15	15			9	10
普通高校	02	18	3	2	1	15	15				
科研机构	03	6	6		6						
2.本科层次高等学校	04	30	3	2	1	16	15	1		11	
普通本科学校	05	30	3	2	1	16	15	1		11	
#独立学院	06	8								8	
本科层次职业学校	07										
3.专科层次高等学校	08	26				25	4	9	12	1	
高等职业学校	09	25				24	4	8	12	1	
高等专科学校	10	1				1		1			
4.成人高等学校	11	13				13	6	5	2		
5.其他普通高教机构	12										

高等教育学校（机构）学生数

单位：人

甲	编号乙	毕（结）业生数 1	#职业类证书 2	#职业技能等级证书 3	#师范生 4	授予学位数 5	招生数 6	#师范生 7	在校生数 8	#现代学徒制 9	#师范生 10	预计毕业生数 11
普通本科	01	84843	—	—	3689	85368	92958	4931	372830	—	18474	95592
高职本科、专科生	02	58619	25648	6752	—		68837	—	210523	3251	—	70084
专科	03	58619	25648	6752	—	—	68837	—	210523	3251	—	70084
本科	04											
成人本科、专科生	05	14991	—	—	—	319	24078	—	45045	—	—	20561
专科	06	8615	—	—	—	—	11016	—	21145	—	—	10017
本科	07	6376	—	—	—	319	13062	—	23900	—	—	10544
网络本科、专科生	08	53288	—	—	—	1779	35946	—	132727	—	—	—
专科	09	29371	—	—	—	—	1431	—	36459	—	—	—
本科	10	23917	—	—	—	1779	34515	—	96268	—	—	—
研究生	11	21465	—	—	—	21290	30040	—	86320	—	—	30297
硕士研究生	12	19408	—	—	—	19348	26424	—	72110	—	—	24538
博士研究生	13	2057	—	—	—	1942	3616	—	14210	—	—	5759
国际学生	14	6093	—	—	—	780	5555	—	10983	—	—	—

单位：人

普通本科分形式、分学科学生数

	编号	合计				普通高校				职业高校				成人高校			
甲	乙	毕业生数	招生数	在校生数	预计毕业生数	毕业生数	招生数	在校生数	预计毕业生数	毕业生数	招生数	在校生数	预计毕业生数	毕业生数	招生数	在校生数	预计毕业生数
		1	2	3	4	5	6	7	8	9	10	11	12	13	14	15	16
总　计	01	84843	92958	372830	95592	84843	92958	372830	95592								
#女	02	47312	48140	195874	48855	47312	48140	195874	48855								
按形式分 高中起点	03	82304	89529	365582	91816	82304	89529	365582	91816								
专科起点	04	2491	3311	7039	3698	2491	3311	7039	3698								
第二学士学位	05	48	118	209	78	48	118	209	78								
按学科分 哲学	06	65	68	236	61	65	68	236	61								
经济学	07	5821	5517	24258	6246	5821	5517	24258	6246								
法学	08	2380	2219	10359	2650	2380	2219	10359	2650								
教育学	09	1673	2094	7679	1843	1673	2094	7679	1843								
文学	10	7216	6828	29126	7537	7216	6828	29126	7537								
历史学	11	300	351	1373	354	300	351	1373	354								
理学	12	4963	5975	21612	5496	4963	5975	21612	5496								
工学	13	32324	36104	144594	37616	32324	36104	144594	37616								
农学	14	823	1138	3927	915	823	1138	3927	915								
医学	15	4480	5750	24179	6159	4480	5750	24179	6159								
管理学	16	15951	15975	65047	17357	15951	15975	65047	17357								
艺术学	17	8847	10939	40440	9358	8847	10939	40440	9358								
按举办者 1.中央部门办	18	12781	14044	56942	15199	12781	14044	56942	15199								
教育部	19	8378	8830	35797	9307	8378	8830	35797	9307								
其他部门	20	4403	5214	21145	5892	4403	5214	21145	5892								
2.地方公办	21	50901	55092	219838	56375	50901	55092	219838	56375								
教育部门	22	49821	52533	211623	54351	49821	52533	211623	54351								
其他部门	23	1080	2559	8215	2024	1080	2559	8215	2024								
地方企业	24																
3.民办	25	21161	23822	96050	24018	21161	23822	96050	24018								
4.中外合作办	26																
总计中:师范生	27	3689	4931	18474	—	3689	4931	18474	—				—				—

普通、职业本专科学生数（高等学校分类型、性质类别）

单位:人

甲	编号 乙	学校数（所）1	#中央 2	毕业生数 3	专科 4	本科 5	招生数 6	专科 7	本科 8	在校生数 9	专科 10	本科 11	预计毕业生数 12	专科 13	本科 14
总　　计	01	69	3	143462	58619	84843	161795	68837	92958	583353	210523	372830	165676	70084	95592
一、普通、职业高等学校	02	56	—	143462	58619	84843	161795	68837	92958	583353	210523	372830	165676	70084	95592
本科院校	03	30	3	90449	5606	84843	96636	3678	92958	385323	12493	372830	99808	4216	95592
普通本科	04	30	3	90449	5606	84843	96636	3678	92958	385323	12493	372830	99808	4216	95592
#独立学院	05	8		15191		15191	13749		13749	62851		62851	16925		16925
职业本科	06														
专科院校	07	26		53013	53013		65159	65159		198030	198030		65868	65868	
高等职业学校	08	25		50522	50522		62698	62698		189906	189906		63342	63342	
高等专科学校	09	1		2491	2491		2461	2461		8124	8124		2526	2526	
其他普通高教机构（不计校数）	10														
综合大学	11	16	1	39415	25195	14220	45970	30953	15017	157183	94741	62442	48390	33294	15096
理工院校	12	16	2	55865	22927	32938	60670	25287	35383	220813	79545	141268	63343	25638	37705
农业院校	13	1		3066	184	2882	3587	60	3527	12850	201	12649	3285	84	3201
林业院校	14														
医药院校	15	5		8931	4145	4786	10077	4271	5806	37765	13354	24411	10732	4335	6397
师范院校	16	2		10259	536	9723	11131	495	10636	44228	1411	42817	11740	433	11307
语文院校	17	2		3495		3495	2681		2681	14247		14247	4030		4030
财经院校	18	5		15489	2889	12600	18692	4324	14368	66362	11127	55235	16788	3424	13364
政法院校	19	1		1057	1057		1347	1347		4074	4074		1215	1215	
体育院校	20	3		2871	320	2551	4776	890	3886	15610	2520	13090	3394	575	2819
艺术院校	21	5		3014	1366	1648	2864	1210	1654	10221	3550	6671	2759	1086	1673
民族院校	22														
1. 中央部门办	23	3	—	14758	1977	12781	15316	1272	14044	61589	4647	56942	16955	1756	15199
教育部	24	2	—	8673	295	8378	8830		8830	35810	13	35797	9317	10	9307
其他部门	25	1	—	6085	1682	4403	6486	1272	5214	25779	4634	21145	7638	1746	5892
2. 地方公办	26	41	—	106867	55966	50901	120425	65333	55092	418375	198537	219838	123553	67178	56375
教育部门	27	19	—	62519	12698	49821	67449	14916	52533	255844	44221	211623	69495	15144	54351
其他部门	28	10	—	16275	15195	1080	19913	17354	2559	61370	53155	8215	18994	16970	2024
地方企业	29	12	—	28073	28073		33063	33063		101161	101161		35064	35064	
3. 民办	30	12	—	21837	676	21161	26054	2232	23822	103389	7339	96050	25168	1150	24018
4. 中外合作办	31														
二、成人高等学校	32	13													

按类型分

按性质类别分

按举办者分

高职专科分举办者学生数

单位：人

	编号	合计				普通高校				职业高校				成人高校			
甲	乙	毕业生数	招生数	在校生数	预计毕业生数	毕业生数	招生数	在校生数	预计毕业生数	毕业生数	招生数	在校生数	预计毕业生数	毕业生数	招生数	在校生数	预计毕业生数
		1	2	3	4	5	6	7	8	9	10	11	12	13	14	15	16
总　计	01	58619	68837	210523	70084	5606	3678	12493	4216	53013	65159	198030	65868				
#女	02	25866	28374	89325	30833	2533	1466	5313	1946	23333	26908	84012	28887				
1.中央部门办	03	1977	1272	4647	1756	1977	1272	4647	1756								
教育部	04	295		13	10	295		13	10								
其他部门	05	1682	1272	4634	1746	1682	1272	4634	1746								
2.地方公办	06	55966	65333	198537	67178	3406	2084	6867	2137	52560	63249	191670	65041				
教育部门	07	12698	14916	44221	15144	720	555	1612	517	11978	14361	42609	14627				
其他部门	08	15195	17354	53155	16970	2686	1529	5255	1620	12509	15825	47900	15350				
地方企业	09	28073	33063	101161	35064					28073	33063	101161	35064				
3.民办	10	676	2232	7339	1150	223	322	979	323	453	1910	6360	827				
4.中外合作办	11																

按举办者分

高职专科分大类学生数

单位：人

甲	编号 乙	合计				普通高校				职业高校				成人高校			
		毕业生数 1	招生数 2	在校生数 3	预计毕业生数 4	毕业生数 5	招生数 6	在校生数 7	预计毕业生数 8	毕业生数 9	招生数 10	在校生数 11	预计毕业生数 12	毕业生数 13	招生数 14	在校生数 15	预计毕业生数 16
总计	01	58619	68837	210523	70084	5606	3678	12493	4216	53013	65159	198030	65868				
#女	02	25866	28374	89325	30833	2533	1466	5313	1946	23333	26908	84012	28887				
农林牧渔大类	03	112	87	228	76	75	31	85	27	37	56	143	49				
资源环境与安全大类	04	1596	2271	7031	2058					1596	2271	7031	2058				
能源动力与材料大类	05	629	713	1823	605	100	58	132	34	529	655	1691	571				
土木建筑大类	06	4348	4653	14661	5327	114	55	167	44	4234	4598	14494	5283				
水利大类	07	28	29	84	26	28	29	84	26								
装备制造大类	08	9409	10834	30746	10881	1185	841	2363	805	8224	9993	28383	10076				
生物与化工大类	09	757	1198	3533	953					757	1198	3533	953				
轻工纺织大类	10	401	511	1567	490					401	511	1567	490				
食品药品与粮食大类	11	1526	2065	5768	1718					1526	2065	5768	1718				
交通运输大类	12	7826	7395	24041	8022	1876	1375	5063	1911	5950	6020	18978	6111				
电子信息大类	13	9842	12130	37546	12377	829	341	1268	421	9013	11789	36278	11956				
医药卫生大类	14	3602	4194	13669	3923					3602	4194	13669	3923				
财经商贸大类	15	10252	12097	37851	13189	606	507	1483	408	9646	11590	36368	12781				
旅游大类	16	1562	1927	5990	2063	74		109	55	1488	1927	5881	2008				
文化艺术大类	17	2227	2651	7660	2569	179	86	413	181	2048	2565	7247	2388				
新闻传播大类	18	898	854	2388	684	28				870	854	2388	684				
教育与体育大类	19	1649	2796	8469	2800	386	354	986	258	1263	2442	7483	2542				
公安与司法大类	20	1108	1153	3655	1200					1108	1153	3655	1200				
公共管理与服务大类	21	847	1279	3813	1123	126	1	340	46	721	1278	3473	1077				

成人本科、专科分举办者、成人高校分类型学生数

单位:人

	编号	学校数(所)	#中央	毕业生数	专科	本科	招生数	专科	本科	在校生数	专科	本科	预计毕业生数	专科	本科
甲	乙	1	2	3	4	5	6	7	8	9	10	11	12	13	14
总计	01	31	1	14991	8615	6376	24078	11016	13062	45045	21145	23900	20561	10017	10544
一、普通、职业高等学校	02	23	—	8657	2281	6376	14767	1705	13062	27834	3934	23900	12673	2129	10544
1.中央部门办	03	1	—	492	54	438	83	21	62	776	291	485	461	180	281
教育部	04		—	267	26	241									
其他部门	05	1	—	225	28	197	83	21	62	776	291	485	461	180	281
2.地方公办	06	22	—	8165	2227	5938	14684	1684	13000	27058	3643	23415	12212	1949	10263
教育部门	07	17	—	7574	1656	5918	14059	1064	12995	25687	2277	23410	11466	1203	10263
其他部门	08	3	—	63	43	20	42	37	5	191	186	5	149	149	
地方企业	09	2	—	528	528		583	583		1180	1180		597	597	
3.民办	10		—												
4.中外合作办	11		—												
二、成人高等学校	12	8	—	6334	6334		9311	9311		17211	17211		7888	7888	
1.中央部门办	13		—												
教育部	14		—												
其他部门	15		—												
2.地方公办	16	8	—	6334	6334		9311	9311		17211	17211		7888	7888	
教育部门	17	6	—	2418	2418		2435	2435		4906	4906		2471	2471	
其他部门	18		—												
地方企业	19	2	—	3916	3916		6876	6876		12305	12305		5417	5417	
3.民办	20		—												
4.中外合作办	21		—												
职工高等学校	22	7	—	6310	6310		9219	9219		17099	17099		7868	7868	
农民高等学校	23														
管理干部学院	24														
教育学院	25														
独立函授学院	26														
广播电视大学	27	1	—	24	24		92	92		112	112		20	20	
其他机构	28														

注:按举办者分(编号03—21);按成人高校类型分(编号22—28)。

成人本科分形式、分学科学生数

单位：人

甲	编号 乙	合计 毕业生数 1	合计 招生数 2	合计 在校生数 3	合计 预计毕业生数 4	普通高校 毕业生数 5	普通高校 招生数 6	普通高校 在校生数 7	普通高校 预计毕业生数 8	职业高校 毕业生数 9	职业高校 招生数 10	职业高校 在校生数 11	职业高校 预计毕业生数 12	成人高校 毕业生数 13	成人高校 招生数 14	成人高校 在校生数 15	成人高校 预计毕业生数 16
总计	01	6376	13062	23900	10544	6376	13062	23900	10544								
#女	02	3913	6745	12863	6024	3913	6745	12863	6024								
按形式分 函授	03	1791	2284	5014	2588	1791	2284	5014	2588								
业余	04	4585	10778	18886	7956	4585	10778	18886	7956								
脱产	05																
按学科分 哲学	06																
经济学	07	8	53	143	90	8	53	143	90								
法学	08	203	198	461	263	203	198	461	263								
教育学	09	550	1038	1841	803	550	1038	1841	803								
文学	10	373	554	1055	478	373	554	1055	478								
历史学	11																
理学	12	56	168	330	162	56	168	330	162								
工学	13	1037	2028	3856	1704	1037	2028	3856	1704								
农学	14	91	39	110	71	91	39	110	71								
医学	15	843	529	1388	823	843	529	1388	823								
管理学	16	3183	8389	14549	6070	3183	8389	14549	6070								
艺术学	17	32	66	167	80	32	66	167	80								

成人专科分形式、分学科学生数

单位：人

甲	编号 乙	合计 毕业生数 1	招生数 2	在校生数 3	预计毕业生数 4	普通高校 毕业生数 5	招生数 6	在校生数 7	预计毕业生数 8	职业高校 毕业生数 9	招生数 10	在校生数 11	预计毕业生数 12	成人高校 毕业生数 13	招生数 14	在校生数 15	预计毕业生数 16
总 计	01	8615	11016	21145	10017	1663	1070	2506	1343	618	635	1428	786	6334	9311	17211	7888
#女	02	4139	5537	10516	4935	958	841	1756	914	181	249	559	270	3000	4447	8201	3751
按形式分 函授	03	1297	672	1656	894	1297	672	1656	894								
业余	04	2425	2546	5016	2448	366	398	850	449	618	635	1428	786	1441	1513	2738	1213
脱产	05	4893	7798	14473	6675									4893	7798	14473	6675
按学科分 农林牧渔大类	06	39	5	31	26	39	5	31	26								
资源环境与安全大类	07	19	21	39	18					11	16	26	10	8	5	13	8
能源动力与材料大类	08																
土木建筑大类	09	1147	2220	3861	1640	47	12	32	20	47	45	93	48	1053	2163	3736	1572
水利大类	10																
装备制造大类	11	595	533	1069	528	192	47	90	43	7		13	6	396	486	966	479
生物与化工大类	12	1	55	63	5									1	55	63	5
轻工纺织大类	13																
食品药品与粮食大类	14	25	48	80	32					6	1	1		19	47	79	32
交通运输大类	15	89	154	578	334	29	21	291	180	60	133	287	154				
电子信息大类	16	424	379	752	373	143	23	94	71	3	2	4	2	278	354	654	300
医药卫生大类	17	45	18	47	29					45	18	47	29				
财经商贸大类	18	4361	5395	10206	4801	366	203	392	186	419	389	790	401	3576	4803	9024	4214
旅游大类	19																
文化艺术大类	20																
新闻传播大类	21																
教育与体育大类	22	539	790	1667	877	492	697	1419	722	10	31	162	131	37	62	86	24
公安与司法大类	23	10		16	16									10		16	16
公共管理与服务大类	24	1321	1398	2736	1338	355	62	157	95	10		5	5	956	1336	2574	1238

网络专科分学科学生数

单位：人

甲	编号 乙	毕业生数 1	招生数 2	在校生数 3
总　　计	01	29371	1431	36459
#女	02	13415	512	16343
农林牧渔大类	03			
资源环境与安全大类	04			
能源动力与材料大类	05			
土木建筑大类	06	2961		1863
水利大类	07			
装备制造大类	08	820		454
生物与化工大类	09			
轻工纺织大类	10			
食品药品与粮食大类	11			
交通运输大类	12			
电子信息大类	13	2474	455	5802
医药卫生大类	14	1696	125	4231
财经商贸大类	15	17476	629	18543
旅游大类	16	464	15	963
文化艺术大类	17			
新闻传播大类	18			
教育与体育大类	19	103		67
公安与司法大类	20	189		71
公共管理与服务大类	21	3188	207	4465

网络本科分学科学生数

单位:人

甲	编号 乙	毕业生数 1	招生数 2	在校生数 3
总　　计	01	23917	34515	96268
#女	02	11708	15514	43960
哲学	03			
经济学	04	1727	2128	6286
法学	05	1321	2103	5629
教育学	06			
文学	07	630	1292	3641
历史学	08			
理学	09			
工学	10	4339	7327	18584
农学	11			
医学	12	1394	2949	7907
管理学	13	14506	18088	53477
艺术学	14		628	744

分部门、分计划研究生数

单位：人

甲	编号 乙	学校(机构)数(所) 1	毕业生数 2	硕士 3	博士 4	招生数 5	硕士 6	博士 7	在校生数 8	硕士 9	博士 10	预计毕业生数 11	硕士 12	博士 13
总计	01	24	21465	19408	2057	30040	26424	3616	86320	72110	14210	30297	24538	5759
全日制	02	—	19043	16986	2057	27038	23673	3365	76473	62909	13564	25760	20004	5756
非全日制	03	—	2422	2422	—	3002	2751	251	9847	9201	646	4537	4534	3
一、中央部门办	06	9	10516	8991	1525	13692	11056	2636	42963	32133	10830	16706	12308	4398
全日制	07	—	8800	7275	1525	11478	9093	2385	35561	25374	10187	13111	8713	4398
非全日制	08	—	1716	1716	—	2214	1963	251	7402	6759	643	3595	3595	
1.教育部	09	2	9742	8217	1525	12578	9956	2622	39912	29112	10800	15819	11421	4398
全日制	10	—	8069	6544	1525	10411	8040	2371	32664	22507	10157	12288	7890	4398
非全日制	11	—	1673	1673	—	2167	1916	251	7248	6605	643	3531	3531	
2.其他部门	12	7	774	774	—	1114	1100	14	3051	3021	30	887	887	
全日制	13	—	731	731	—	1067	1053	14	2897	2867	30	823	823	
非全日制	14	—	43	43	—	47	47	—	154	154	—	64	64	
二、地方公办	15	15	10949	10417	532	16348	15368	980	43357	39977	3380	13591	12230	1361
全日制	16	—	10243	9711	532	15560	14580	980	40912	37535	3377	12649	11291	1358
非全日制	17	—	706	706	—	788	788	—	2445	2442	3	942	939	3
1.教育部门	18	15	10949	10417	532	16348	15368	980	43357	39977	3380	13591	12230	1361
全日制	19	—	10243	9711	532	15560	14580	980	40912	37535	3377	12649	11291	1358
非全日制	20	—	706	706	—	788	788	—	2445	2442	3	942	939	3
2.其他部门	21													
全日制	22													
非全日制	23													
3.地方企业	24													
全日制	25													
非全日制	26													
三、民办	27													
全日制	28													
非全日制	29													
四、中外合作办	30	—												
全日制	31	—												
非全日制	32	—												

分学科研究生数

单位：人

	编号	毕业生数			招生数			在校生数			预计毕业生数		
甲	乙	1	硕士 2	博士 3	4	硕士 5	博士 6	7	硕士 8	博士 9	10	硕士 11	博士 12
总计	01	21465	19408	2057	30040	26424	3616	86320	72110	14210	30297	24538	5759
#女	02	12184	11181	1003	16289	14660	1629	46459	40037	6422	16567	13914	2653
哲学	03	89	70	19	65	42	23	250	153	97	118	68	50
经济学	04	1110	979	131	1761	1588	173	4750	3878	872	2084	1569	515
法学	05	998	901	97	1504	1316	188	4019	3344	675	1481	1157	324
教育学	06	1244	1216	28	1675	1573	102	4182	3758	424	1498	1301	197
文学	07	1185	1118	67	1397	1327	70	3503	3165	338	1349	1156	193
历史学	08	215	155	60	257	179	78	890	533	357	397	193	204
理学	09	1407	1068	339	1991	1477	514	6025	4165	1860	2044	1250	794
工学	10	8587	7747	840	12107	10430	1677	35804	28979	6825	11367	8963	2404
农学	11	200	193	7	596	590	6	1591	1568	23	402	392	10
医学	12	2614	2294	320	3344	2748	596	9382	7706	1676	2928	2413	515
军事学	13												
管理学	14	3268	3119	149	4399	4210	189	13387	12324	1063	5911	5358	553
艺术学	15	548	548		944	944		2537	2537		718	718	
交叉学科	16												
总计中:学术学位	17	9970	7986	1984	13283	10428	2855	41662	29299	12363	14787	9258	5529
专业学位	18	11495	11422	73	16757	15996	761	44658	42811	1847	15510	15280	230

（按学科分）

分培养类型、分学科研究生数

单位:人

甲		编号 乙	毕业生数 1	硕士 2	博士 3	招生数 4	硕士 5	博士 6	在校生数 7	硕士 8	博士 9	预计毕业生数 10	硕士 11	博士 12
总计		01	21465	19408	2057	30040	26424	3616	86320	72110	14210	30297	24538	5759
#女		02	12184	11181	1003	16289	14660	1629	46459	40037	6422	16567	13914	2653
学术学位	小计	03	9970	7986	1984	13283	10428	2855	41662	29299	12363	14787	9258	5529
	哲学	04	89	70	19	65	42	23	250	153	97	118	68	50
	经济学	05	361	230	131	822	649	173	2851	1979	872	1241	726	515
	法学	06	632	535	97	939	751	188	2601	1926	675	954	630	324
	教育学	07	360	332	28	476	412	64	1436	1120	316	519	336	183
	文学	08	622	555	67	675	605	70	2044	1706	338	761	568	193
	历史学	09	194	134	60	208	130	78	779	422	357	353	149	204
	理学	10	1407	1068	339	1991	1477	514	6025	4165	1860	2044	1250	794
	工学	11	3768	2944	824	4968	3710	1258	16178	10473	5705	5500	3227	2273
	农学	12	89	82	7	184	178	6	453	430	23	104	94	10
	医学	13	1297	1034	263	1625	1333	292	4736	3679	1057	1527	1097	430
	军事学	14												
	管理学	15	911	762	149	1073	884	189	3579	2516	1063	1439	886	553
	艺术学	16	240	240		257	257		730	730		227	227	
	交叉学科	17												
专业学位	小计	18	11495	11422	73	16757	15996	761	44658	42811	1847	15510	15280	230
	哲学	19												
	经济学	20	749	749		939	939		1899	1899		843	843	
	法学	21	366	366		565	565		1418	1418		527	527	
	教育学	22	884	884		1199	1161	38	2746	2638	108	979	965	14
	文学	23	563	563		722	722		1459	1459		588	588	
	历史学	24	21	21		49	49		111	111		44	44	
	理学	25												
	工学	26	4819	4803	16	7139	6720	419	19626	18506	1120	5867	5736	131
	农学	27	111	111		412	412		1138	1138		298	298	
	医学	28	1317	1260	57	1719	1415	304	4646	4027	619	1401	1316	85
	军事学	29												
	管理学	30	2357	2357		3326	3326		9808	9808		4472	4472	
	艺术学	31	308	308		687	687		1807	1807		491	491	
	交叉学科	32												

高等教育国际学生基本情况

单位：人、人次

甲	编号 乙	毕(结)业生数 1	授予学位数 2	招生数 3	在校生数(注册) 4
总　　计	01	6093	780	5555	10983
按学历分　小计 专科	02	1030	780	1406	6245
#女	03	118	—	147	452
专科 #女	04	62	—	57	200
本科	05	611	516	760	4079
#女	06	297	268	385	1954
硕士研究生	07	268	240	325	1134
#女	08	116	105	128	475
博士研究生	09	33	24	174	580
#女	10	9	8	38	136
按大洲分　亚洲	11	731	524	1053	4689
非洲	12	211	174	244	1083
欧洲	13	53	58	85	310
北美洲	14	14	11	13	79
南美洲	15	16	10	7	59
大洋洲	16	5	3	4	25
另有非学历教育(培训)	17	5063	—	4149	4738

高等教育学校教职工情况（总计）

单位：人

甲	编号乙	教职工数 1	专任教师 2	行政人员 3	教辅人员 4	工勤人员 5	专职科研人员 6	其他附设机构人员 7	校外教师 8	行业导师 9	外籍教师 10	离退休人员 11	附属中小学幼儿园教职工 12
总　计	01	49167	33001	8974	4682	1627	554	329	10392	4654	421	28195	343
#女	02	26250	17611	4930	2757	525	249	178	4483	1833	113	13472	288
在编人员	03	40339	27434	7533	4144	741	177	310	—	—	—	—	—

高等教育学校分类型、性质类别教职工情况

单位：人

甲	编号乙	教职工数 1	专任教师 2	行政人员 3	教辅人员 4	工勤人员 5	专职科研人员 6	其他附设机构人员 7	校外教师 8	行业导师 9	外籍教师 10	离退休人员 11
总　计	01	49167	33001	8974	4682	1627	554	329	10392	4654	421	28195
#女	02	26250	17611	4930	2757	525	249	178	4483	1833	113	13472
一、普通、职业高等学校	03	48368	32534	8838	4505	1609	554	328	9047	4654	421	27086
按类型分　本科院校	04	38298	25434	7194	3592	1303	521	254	4915	3228	420	20468
普通本科	05	38298	25434	7194	3592	1303	521	254	4915	3228	420	20468
#独立学院	06	3063	1883	641	210	328	1		1768	280	11	12
职业本科	07											
专科院校	08	10070	7100	1644	913	306	33	74	4132	1426	1	6618
高等职业学校	09	9475	6695	1535	852	297	22	74	4031	1426	1	6223
高等专科学校	10	595	405	109	61	9	11		101			395
其他普通高教机构（不计校数）	11											

（续表）

	编号	教职工数	专任教师	行政人员	教辅人员	工勤人员	专职科研人员	其他附设机构人员	校外教师	行业导师	外籍教师	离退休人员
综合大学	12	12247	7878	2092	1171	670	362	74	2725	1008	60	5660
理工院校	13	18747	13283	2837	1898	442	66	221	3705	1269	212	12390
农业院校	14	1066	717	200	138	11			191			578
林业院校	15											
医药院校	16	4043	2460	954	444	52	109	24	631	1432	16	2224
师范院校	17	3838	2704	790	289	48	7		305	252	58	2531
语文院校	18	1381	950	326	83	10	3	9	64	51	31	353
财经院校	19	4010	2717	883	236	174			923	537	42	1647
政法院校	20	391	203	134	32	15	7					308
体育院校	21	1339	833	243	97	166			152	14	1	372
艺术院校	22	1306	789	379	117	21			351	91	1	1023
民族院校	23											
中央部门办	24	11314	6940	2143	1441	206	379	205	426	542	156	7933
教育部	25	9153	5390	1796	1251	169	369	178	387	411	116	7248
其他部门	26	2161	1550	347	190	37	10	27	39	131	40	685
地方公办	27	31337	22020	5729	2683	628	169	108	6493	3759	252	19137
教育部门	28	23270	16359	4325	1984	403	144	55	2865	2669	249	13286
其他部门	29	3441	2397	647	293	82	20	2	804	375	2	2704
地方企业	30	4626	3264	757	406	143	5	51	2824	715	1	3147
民办	31	5717	3574	966	381	775	6	15	2128	353	13	16
中外合作办	32											
二、成人高校	33	799	467	136	177	18		1	1345			1109

按性质类别分
按举办者分

成人高校教职工情况

单位:人

甲		编号 乙	教职工数 1	专任教师 2	行政人员 3	教辅人员 4	工勤人员 5	专职科研人员 6	其他附设机构人员 7	校外教师 8	行业导师 9	外籍教师 10	离退休人员 11
总计		01	799	467	136	177	18		1	1345			1109
#女		02	511	321	65	121	4			864			474
按类型分	职工高等学校	03	541	397	62	68	13		1	58			731
	农民高等学校	04											
	管理干部学院	05	39	8	24	4	3						156
	教育学院	06											
	独立函授学院	07											
	广播电视大学	08	219	62	50	105	2			1287			222
	其他机构	09											
按举办者分	1.中央部门办	10											
	教育部	11											
	其他部门	12											
	2.地方公办	13	799	467	136	177	18		1	1345			1109
	教育部门	14	609	339	104	152	14			1314			719
	其他部门	15	39	8	24	4	3						156
	地方企业	16	151	120	8	21	1		1	31			234
	3.民办	17											
	4.中外合作办	18											

高等教育专任教师年龄情况（总计）

单位：人

甲	编号 乙	合计 1	29岁以下 2	30—34岁 3	35—39岁 4	40—44岁 5	45—49岁 6	50—54岁 7	55—59岁 8	60—64岁 9	65岁以上 10
总　计	01	32926	2189	5507	7195	7150	4150	2921	3532	245	37
#女	02	17551	1351	3101	3986	3962	2150	1497	1439	58	7
#获博士学位	03	13454	332	2366	3105	3049	1946	1209	1241	176	30
#获硕士学位	04	14463	1453	2682	3420	3424	1596	903	950	32	3
按专业技术职务分　正高级	05	4952	1	46	329	797	865	970	1685	222	37
副高级	06	10521	18	430	1999	3044	2048	1375	1586	21	
中级	07	13344	331	3564	4335	3146	1181	546	239	2	
初级	08	2661	1160	970	350	109	36	26	10		
未定职级	09	1448	679	497	182	54	20	4	12		
博士研究生	10	13312	332	2363	3069	3012	1923	1191	1218	174	30
#获博士学位	11	13264	332	2361	3062	2992	1914	1186	1213	174	30
#获硕士学位	12	42		1	7	20	8	4	2		
硕士研究生	13	11395	1463	2605	2833	2341	1008	501	611	29	4
#获博士学位	14	157		5	41	51	23	14	21	2	
#获硕士学位	15	11140	1452	2589	2785	2274	971	473	566	27	3
按学历（学位）分　本科	16	8099	367	533	1285	1783	1207	1215	1665	41	3
#获博士学位	17	33			2	6	9	9	7		
#获硕士学位	18	3277	1	92	628	1128	616	425	382	5	
专科	19	99	17	6	7	13	12	13	30	1	
#获博士学位	20	4				2	1	1			
#获硕士学位	21	21	1		1	1		1			
高中阶段以下	22	21	10		1	1		1	8		

普通高校专任教师年龄情况

单位：人

	甲	编号 乙	合计 1	29岁以下 2	30—34岁 3	35—39岁 4	40—44岁 5	45—49岁 6	50—54岁 7	55—59岁 8	60—64岁 9	65岁以上 10
总计		01	25413	1659	4364	5379	5584	3304	2162	2690	234	10
#女		02	12861	990	2353	2798	2959	1648	1026	1029	51	37
	#获博士学位	03	13298	332	2357	3065	2998	1921	1195	1224	176	7
	#获硕士学位	04	10011	1049	1842	2115	2358	1164	645	804	31	30
按专业技术职务分	正高级	05	4618	1	46	323	765	817	884	1524	221	3
	副高级	06	8030	18	421	1685	2379	1583	921	1011	12	37
	中级	07	10073	304	2939	3100	2364	876	347	142	1	
	初级	08	1741	913	606	141	53	15	7	6		
	未定职级	09	951	423	352	130	23	13	3	7		
按学历（学位）分	博士研究生	10	13154	332	2353	3030	2959	1897	1177	1202	174	30
	#获博士学位	11	13114	332	2352	3025	2942	1889	1173	1197	174	30
	#获硕士学位	12	36		1	5	17	7	4	2		
	硕士研究生	13	8290	1051	1817	1937	1738	788	389	537	29	4
	#获博士学位	14	155		5	40	51	23	14	20	2	
	#获硕士学位	15	8098	1049	1808	1896	1683	759	373	500	27	3
	本科	16	3939	272	193	412	883	614	591	940	31	3
	#获博士学位	17	29				5	9	8	7		
	#获硕士学位	18	1874		33	214	657	397	267	302	4	
	专科以下	19	29	4	1		4	5	5	10		
	#获博士学位	20										
	#获硕士学位	21	3				1	1	1			
	高中阶段以下	22	1							1		

职业高校专任教师年龄情况

单位：人

甲	编号(乙)	合计(1)	29岁以下(2)	30—34岁(3)	35—39岁(4)	40—44岁(5)	45—49岁(6)	50—54岁(7)	55—59岁(8)	60—64岁(9)	65岁以上(10)
总　计	01	7046	512	1090	1721	1461	796	702	753	11	
#女	02	4369	346	712	1121	926	466	432	359	7	
#获博士学位	03	146		9	38	48	22	14	15		
#获硕士学位	04	4190	390	794	1225	997	409	241	133	1	
按专业技术职务分　正高级	05	320			6	32	44	83	154	1	
副高级	06	2319		9	306	627	443	426	499	9	
中级	07	3058	27	591	1154	721	287	185	92	1	
初级	08	857	234	345	203	50	15	7	3		
未定职级	09	492	251	145	52	31	7	1	5		
按学历（学位）分　博士研究生	10	148		10	37	50	23	14	14		
#获博士学位	11	140		9	35	47	22	13	14		
#获硕士学位	12	6			2	3	1				
硕士研究生	13	2960	398	751	859	567	210	105	70		
#获博士学位	14	2			1				1		
#获硕士学位	15	2902	389	744	852	557	202	95	63		
本科	16	3850	91	324	818	834	556	575	642	10	
#获博士学位	17	4			2	1		1			
#获硕士学位	18	1281	1	50	371	436	206	146	70	1	
专科以下	19	69	13	5	7	9	7	7	20	1	
#获博士学位	20										
#获硕士学位	21	1				1					
高中阶段以下	22	19	10			1		1	7		

成人高校专任教师年龄情况

单位：人

甲	编号乙	合计 1	29岁以下 2	30—34岁 3	35—39岁 4	40—44岁 5	45—49岁 6	50—54岁 7	55—59岁 8	60—64岁 9	65岁以上 10
总　计	01	467	18	53	95	105	50	57	89		10
#女	02	321	15	36	67	77	36	39	51		
#获博士学位	03	10			2	3	3		2		
#获硕士学位	04	262	14	46	80	69	23	17	13		
按专业技术职务分　正高级	05	14					4	3	7		
副高级	06	172			8	38	22	28	76		
中级	07	213	13	34	81	61	18	14	5		
初级	08	63	5	19	6	6	6	12	1		
未定职级	09	5	5								
按学历（学位）分　博士研究生	10	10			2	3	3		2		
#获博士学位	11	10			2	3	3		2		
#获硕士学位	12										
硕士研究生	13	145	14	37	37	36	10	7	4		
#获博士学位	14										
#获硕士学位	15	140	14	37	37	34	10	5	3		
本科	16	310	4	16	55	66	37	49	83		
#获博士学位	17										
#获硕士学位	18	122		9	43	35	13	12	10		
专科以下	19	1						1			
#获博士学位	20										
#获硕士学位	21										
高中阶段以下	22	1			1						

普通高校专任教师教学领域分学科门类情况

单位：人

甲	编号 乙	合计 1	正高级 2	副高级 3	中级 4	初级 5	未定职级 6
总　　计	01	25413	4618	8030	10073	1741	951
#女	02	12861	1514	3967	5837	1017	526
哲学	03	859	96	252	382	104	25
#马克思主义哲学	04	494	53	144	216	60	21
经济学	05	1039	214	334	383	58	50
法学	06	1417	221	331	544	222	99
教育学	07	2028	171	537	828	366	126
文学	08	2879	282	782	1498	229	88
历史学	09	289	99	92	81	9	8
理学	10	2862	742	958	1016	74	72
工学	11	8445	1774	2967	3150	266	288
农学	12	177	34	66	58	9	10
医学	13	1673	443	590	570	39	31
管理学	14	2127	388	709	857	120	53
艺术学	15	1618	154	412	706	245	101

职业高校专任教师教学领域所属大类情况

单位：人

甲	编号 乙	合计 1	#女 2	正高级 3	副高级 4	中级 5	初级 6	未定职级 7
总　　计	01	7046	4369	320	2319	3058	857	492
#女	02	4369	—	199	1437	1877	535	321
#实习指导课	03	490	294	14	176	241	42	17
农林牧渔大类	04	7	5		4	3		
资源环境与安全大类	05	391	203	2	220	143	18	8
能源动力与材料大类	06	148	83	4	43	41	41	19
土木建筑大类	07	222	140	1	85	95	29	12
水利大类	08							
装备制造大类	09	501	229	25	177	233	57	9
生物与化工大类	10	304	162	29	53	168	43	11
轻工纺织大类	11	43	25	6	10	17	10	
食品药品与粮食大类	12	28	16	2	14	9	3	
交通运输大类	13	509	258	15	173	257	47	17
电子与信息大类	14	882	504	45	319	382	89	47
医药卫生大类	15	669	505	57	182	292	60	78
财经商贸大类	16	727	543	23	280	286	94	44
旅游大类	17	200	137	3	53	103	29	12
文化艺术大类	18	397	222	15	105	181	61	25
新闻传播大类	19	44	17	2	9	22	9	2
教育与体育大类	20	1588	1068	57	481	646	225	179
公安与司法大类	21	179	96	15	61	69	13	21
公共管理与服务大类	22	207	156	9	50	111	29	8

成人高校专任教师教学领域分学科门类情况

单位：人

甲	编号	合计	正高级	副高级	中级	初级	未定职级
	乙	1	2	3	4	5	6
总　　计	01	467	14	172	213	63	5
#女	02	321	12	116	145	44	4
哲学	03	17	1	8	7		1
#马克思主义哲学	04	3		1	1		1
经济学	05	74	2	30	34	7	1
法学	06	24	4	5	13	1	1
教育学	07	38		11	20	7	
文学	08	72	1	35	29	7	
历史学	09	15		9	6		
理学	10	21		11	9	1	
工学	11	154	3	52	74	23	2
农学	12						
医学	13	1				1	
管理学	14	40	3	9	15	13	
艺术学	15	11		2	6	3	

高等教育教师学历（位）情况（总计）

单位：人

甲	编号乙	合计 1	#获博士学位 2	#获硕士学位 3	博士研究生 4	#获博士学位 5	#获硕士学位 6	硕士研究生 7	#获博士学位 8	#获硕士学位 9	本科 10	#获博士学位 11	#获硕士学位 12	专科 13	#获博士学位 14	#获硕士学位 15	高中阶段以下 16
1.专任教师	01	32926	13454	14463	13312	13264	42	11395	157	11140	8099	33	3277	99		15	16
#女	02	17551	5899	9107	5822	5799	22	7184	78	7071	4508	22	2012	30		4	21
正高级	03	4952	3749	771	3679	3678	1	525	53	462	740	18	306	5		2	7
副高级	04	10521	4831	3891	4762	4747	13	2433	72	2328	3306	12	1549	16		2	3
中级	05	13344	4469	7181	4460	4436	24	5865	30	5800	2992	3	1356	24		1	4
初级	06	2661	19	1954	23	18	4	1908	1	1892	716		58	13		1	3
未定职级	07	1448	386	666	388	385		664	1	658	345		8	41			1
2.校外教师	08	10392	1634	3245	1534	1511	8	2840	112	2565	5404	11	671	568		1	46
#女	09	4483	614	1760	570	567	1	1482	43	1387	2287	4	372	140			4
两年以上	10	5715	1041	1744	974	971	3	1554	64	1379	2810	6	361	348		1	29
正高级	11	1418	703	323	661	659		318	40	261	412	4	62	25			2
副高级	12	3080	528	1017	495	480	2	798	45	715	1755	3	300	29			3
中级	13	3397	378	1330	353	350	3	1168	24	1076	1754	4	251	119			3
初级	14	644	3	219	3	2	1	206	1	191	381		27	51			3
未定职级	15	1853	22	356	22	20	2	350	2	322	1102		31	344		1	35
3.行业导师	16	4654	892	1452	890	863	4	1248	17	1189	2182	12	257	318		2	16
4.外籍教师	17	421	258	113	267	258	9	104		104	50						

普通高校教师学历（位）情况

单位：人

甲	编号 乙	合计 1	#获博士学位 2	#获硕士学位 3	博士研究生 4	#获博士学位 5	#获硕士学位 6	硕士研究生 7	#获博士学位 8	#获硕士学位 9	本科 10	#获博士学位 11	#获硕士学位 12	专科 13	#获博士学位 14	#获硕士学位 15	高中阶段以下 16
1.专任教师	01	25413	13298	10011	13154	13114	36	8290	155	8098	3939	29	1874	29		3	16
#女	02	12861	5805	6128	5727	5708	19	5086	76	4991	2044	21	1117	3		1	1
正高级	03	4618	3706	607	3638	3637	1	426	52	367	551	17	237	2		2	1
副高级	04	8030	4761	2562	4691	4680	10	1772	71	1686	1560	10	865	7		1	1
中级	05	10073	4429	5029	4420	4397	23	4304	30	4263	1341	2	743	8			
初级	06	1741	17	1446	18	16	2	1423	1	1420	295		24	5			
未定职级	07	951	385	367	387	384		365	1	362	192		5	7			
2.校外教师	08	4915	1508	1878	1424	1417	7	1686	82	1580	1746	9	291	54			5
#女	09	2133	568	975	535	534	1	839	30	798	734	4	176	24			1
两年以上	10	2790	977	996	916	913	3	924	58	829	898	6	164	47			5
正高级	11	1233	656	266	623	623		257	29	221	331	4	45	20			2
副高级	12	1608	474	630	442	440	2	517	33	479	632	1	149	17			
中级	13	1506	355	745	337	334	3	670	17	649	489	4	93	9			1
初级	14	222	3	110	2	2		110	1	108	109		2	1			
未定职级	15	346	20	127	20	18	2	132	2	123	185		2	7			2
3.行业导师	16	3228	881	1248	879	852	4	1048	17	1013	1215	12	230	78		1	8
4.外籍教师	17	420	258	113	267	258	9	104		104	49						

职业高校教师学历（位）情况

单位：人

甲	编号 乙	合计	#获博士学位	#获硕士学位	博士研究生	#获博士学位	#获硕士学位	硕士研究生	#获博士学位	#获硕士学位	本科	#获博士学位	#获硕士学位	专科	#获博士学位	#获硕士学位	高中阶段以下
		1	2	3	4	5	6	7	8	9	10	11	12	13	14	15	16
1.专任教师	01	7046	146	4190	148	140	6	2960	2	2902	3850	4	1281	69		1	19
#女	02	4369	88	2782	89	85	3	1988	2	1971	2260	1	807	27		1	5
正高级	03	320	40	154	38	38	3	94	1	90	183	1	64	3			2
副高级	04	2319	64	1269	65	61	3	639	1	622	1602	2	644	9			4
中级	05	3058	39	1993	39	38	1	1474		1452	1527	1	539	16		1	2
初级	06	857	2	480	5	2	2	459		447	385		31	7			1
未定职级	07	492	1	294	1	1		294		291	153		3	34			10
2.校外教师	08	4132	84	864	95	79	1	835	5	711	2655	5	151	506		1	41
#女	09	1486	32	437	31	29		410	3	383	930		54	112			3
两年以上	10	2044	51	408	48	48		413	3	357	1259		50	300		1	24
正高级	11	137	34	35	35	33		30	1	24	67		11	5			
副高级	12	939	37	235	47	34		207	3	173	670		62	12			3
中级	13	1290	11	326	10	10	1	327	1	269	845		57	106			2
初级	14	317		56	1			65		53	198		2	50			3
未定职级	15	1449	2	212	2	2		206		192	875		19	333		1	33
3.行业导师	16	1426	11	204	11	11		200		176	967		27	240		1	8
4.外籍教师	17	1									1						

单位：人

成人高校教师学历（位）情况

甲	编号	合计	#获博士学位	#获硕士学位	博士研究生	#获博士学位	#获硕士学位	硕士研究生	#获博士学位	#获硕士学位	本科	#获博士学位	#获硕士学位	专科	#获博士学位	#获硕士学位	高中阶段以下
	乙	1	2	3	4	5	6	7	8	9	10	11	12	13	14	15	16
1.专任教师	01	467	10	262	10	10		145		140	310		122	1			1
#女	02	321	6	197	6	6		110		109	204		88				1
正高级	03	14	3	10	3	3		5		5	6		5				
副高级	04	172	6	60	6	6		22		20	144		40				
中级	05	213	1	159	1	1		87		85	124		74	1			
初级	06	63		28				26		25	36		3				1
未定职级	07	5		5				5		5							
2.校外教师	08	1345	42	503	15	15		319	25	274	1003	2	229	8			
#女	09	864	14	348	4	4		233	10	206	623		142	4			
两年以上	10	881	13	340	10	10		217	3	193	653		147	1			
正高级	11	48	13	22	3	3		31	10	16	14		6				
副高级	12	533	17	152	6	6		74	9	63	453	2	89				
中级	13	601	12	259	6	6		171	6	158	420		101	4			
初级	14	105		53				31		30	74		23				
未定职级	15	58		17				12		7	42		10	4			
3.行业导师	16																
4.外籍教师	17																

普通高校教师授课分类情况

单位：人

甲	编号	本学年授课专任教师	公共基础课	#思政课	专业课	本学年授课校外教师	公共基础课	#思政课	专业课	本学年授课行业导师	公共基础课	专业课	本学年授课外籍教师	公共基础课	专业课	本学年不授课专任教师	进修	科研	病休	其他
乙		1	2	3	4	5	6	7	8	9	10	11	12	13	14	15	16	17	18	19
总计	01	22976	5424	1562	17552	3814	605	81	3209	2844	19	2825	373	29	344	2437	313	738	52	1334
#女	02	11684	3094	909	8590	1790	316	42	1474	1209	14	1195	102	9	93	1177	170	249	32	726
正高级	03	4323	474	155	3849	799	94	31	705	709		709	150	2	148	295	45	117	12	121
#为本科生上课	04	4171	418	139	3753	636	90	30	546	487		487	123	1	122	27			2	25
副高级	05	7463	1435	352	6028	1306	219	28	1087	950	1	949	56		56	567	67	238	12	250
#为本科生上课	06	7304	1375	331	5929	1140	191	28	949	792	1	791	53		53	66	1		2	63
中级	07	9107	2489	626	6618	1295	222	21	1073	794	4	790	59	2	57	966	131	345	24	466
初级	08	1451	818	316	633	183	37	1	146	59	3	56	11		11	290	27	19	4	240
未定职级	09	632	208	113	424	231	33		198	332	11	321	97	25	72	319	43	19		257

单位：人

职业高校教师授课分类情况

甲	编号乙	本学年授课专任教师 1	公共基础课 2	#思政课 3	专业(技能)课程 4	#双师型 5	本学年授课校外教师 6	公共基础课 7	#思政课 8	专业(技能)课程 9	#双师型 10	本学年授课行业导师 11	#专业(技能)课程 14	本学年授课外籍教师 15	公共基础课 16	专业(技能)课程 17	本学年不授课专任教师 18	进修 19	病休 21	其他 22
总计	01	6762	1646	474	5116	3533	4127	369	31	3758	1181	1426	1374	1		1	284	68	8	208
#女	02	4206	1121	377	3085	2171	1483	225	18	1258	390	530	518				163	35	4	124
正高级	03	311	42	12	269	198	136	14	6	122	70	53	53				9		1	8
副高级	04	2253	534	109	1719	1359	936	75	9	861	380	183	171				66	14	1	51
中级	05	2974	711	165	2263	1636	1290	129	8	1161	469	320	299				84	21	5	58
初级	06	817	200	77	617	281	317	22	2	295	86	167	151				40	33	1	6
未定职级	07	407	159	111	248	59	1448	129	6	1319	176	703	700	1		1	85			85

成人高校教师授课分类情况

单位:人

		本学年授课专任教师				本学年授课校外教师				本学年授课行业导师			本学年授课外籍教师			本学年不授课专任教师				
甲	乙	本学年专任授课教师	公共基础课	#思政课	专业课	本学年授课校外教师	公共基础课	#思政课	专业课	本学年授课行业导师	公共基础课	专业课	本学年授课外籍教师	公共基础课	专业课	本学年不授课专任教师	进修	科研	病休	其他
	乙	1	2	3	4	5	6	7	8	9	10	11	12	13	14	15	16	17	18	19
总计	01	440	133	26	307	1314	434	159	880							27		4		23
#女	02	304	101	16	203	852	263	99	589							17		2		15
正高级	03	13	4	4	9	36	12	9	24							1				1
#为本科生上课	04	11	4	4	7	26	7	6	19							1				
副高级	05	164	52	5	112	521	158	59	363							8				8
#为本科生上课	06	39	5	2	34	317	97	24	220											
中级	07	200	65	13	135	594	201	70	393							13	1			12
初级	08	60	12	4	48	105	41	11	64							3		3		
未定职级	09	3			3	58	22	10	36							2				2

高等教育专任教师变动情况

单位：人

甲	乙 编号	上学年初报表专任教师数	增加教师数	招聘	#应届毕业生	#师范生	调入	#外校	校内变动	#学段调整	其他	减少教师数	退休	死亡	调出	辞职	校内变动	#学段调整	其他	本学年初报表专任教师数
		1	2	3	4	5	6	7	8	9	10	11	12	13	14	15	16	17	18	19
总　计	01	34710	2246	1527	875	27	278	195	375	1	66	4030	530	10	266	508	978	33	1738	32926
#女	02	18326	1191	851	515	24	131	90	180		29	1966	266	3	111	216	509	27	861	17551
一、普通高校	03	26940	1863	1293	794	6	226	168	280	1	64	3390	354	7	136	420	777	1	1696	25413
#女	04	13517	951	693	453	5	101	77	129		28	1607	169	2	42	174	393	1	827	12861
二、职业高校	03	7299	349	228	78	21	26	8	93		2	602	159	3	128	86	184	32	42	7046
#女	04	4479	224	153	60	19	20	5	50		1	334	92	1	67	41	99	26	34	4369
三、成人高校	05	471	34	6	3		26	19	2			38	17		2	2	17			467
#女	06	330	16	5	2		10	8	1			25	5		2	1	17			321

研究生指导教师情况

单位：人

甲	编号 乙	合计 1	#人事关系在本校 2	29岁以下 3	30—34岁 4	35—39岁 5	40—44岁 6	45—49岁 7	50—54岁 8	55—59岁 9	60—64岁 10	65岁以上 11
总　计	01	13179	10122	40	985	2255	2833	2259	1850	2193	483	281
#女	02	4719	—	17	392	835	1121	917	681	626	92	38
按专业技术职务分 正高级	03	6570	4362		47	375	976	1187	1361	1911	449	264
按专业技术职务分 副高级	04	5199	4471	12	336	1367	1676	1007	473	280	32	16
按专业技术职务分 中级	05	1410	1289	28	602	513	181	65	16	2	2	1
按指导关系分 博士生导师	06	69	17			4	2	14	12	23	7	7
按指导关系分 #女	07	13	—					5	2	6		
按指导关系分 硕士生导师	08	9568	7292	37	925	1853	2246	1686	1263	1266	209	83
按指导关系分 #女	09	3954	—	16	384	755	1001	766	535	433	51	13
按指导关系分 博士生、硕士生导师	10	3542	2813	3	60	398	585	559	575	904	267	191
按指导关系分 #女	11	752	—	1	8	80	120	146	144	187	41	25

高等教育学校心理咨询工作人员情况

单位：人

甲	编号 乙	合计	#接受过专业教育	按工作年限分				按专业技术职务分					按学历分			
				4年以下	5—10年	11—20年	21年以上	正高级	副高级	中级	初级	未定职级	博士研究生	硕士研究生	本科	专科以下
		1	2	3	4	5	6	7	8	9	10	11	12	13	14	15
总　　计	01	336	297	99	97	101	39	5	67	157	75	32	15	225	95	1
#女	02	274	240	88	76	81	29	5	49	121	69	30	12	187	74	1
一、中央部门办	03	28	26	9	12	2	5	3	5	10	5	5	5	23		
二、地方公办	04	277	241	73	80	91	33	1	60	134	58	24	9	178	89	1
1.教育部门	05	172	144	55	50	53	14	1	35	80	39	17	8	128	35	1
2.其他部门	06	42	41	5	9	19	9		13	23	4	2	1	19	22	
3.地方企业	07	63	56	13	21	19	10		12	31	15	5		31	32	
三、民办	08	31	30	17	5	8	1	1	2	13	12	3	1	24	6	
四、中外合作办	09															

高等教育学校专职辅导员分职务、专业技术职务情况

单位：人

		合计	按行政职务分					按专业技术职务分					
			正处级	副处级	正科级	副科级及以下	正高级	副高级	中级	初级	未定职级
甲	编号 乙	1	2	3	4	5	6	7	8	9	10
总计	01	3480	6	252	271	2951	7	270	1102	1142	959
#女	02	2064	4	143	153	1764	3	165	658	651	587
按类型分 本专科生辅导员	03	3109	6	196	202	2705	4	235	902	1051	917
研究生辅导员	04	371	1	56	69	246	3	35	200	91	42
一、中央部门办	05	486	1	63	69	353	2	19	220	152	93
二、地方公办	06	2435	5	178	181	2071	5	241	756	785	648
按举办者分 1.教育部门	07	1568	3	158	144	1263	3	147	523	560	335
2.其他部门	08	328	2	20	18	288	2	13	75	81	159
3.地方企业	09	539		11	19	520		81	158	144	154
三、民办	10	559			21	527		10	126	205	218
四、中外合作办	11										

高等教育学校专职辅导员分年龄、学历情况

单位：人

	编号	合计	按年龄分						按学历分			
			19岁及以下	20—29岁	30—39岁	40—49岁	50岁以上	博士研究生	硕士研究生	本科	专科以下
甲	乙	1	2	3	4	5	6	7	8	9	10
总　　　计	01	3480		1382	1631	356	111	124	2230	9	10
#女	02	2064		840	952	214	58	74	1343	1077	49
按类型分 本专科生辅导员	03	3109		1267	1428	312	102	88	1946	622	25
研究生辅导员	04	371		115	203	44	9	36	284	1029	46
一、中央部门办	05	486		241	203	40	2	29	346	48	3
二、地方公办	06	2435		847	1198	283	107	95	1586	111	
按举办者分 1.教育部门	07	1568		624	761	151	32	91	1191	717	37
2.其他部门	08	328		95	182	40	11	4	161	265	21
3.地方企业	09	539		128	255	92	64		234	157	6
三、民办	10	559		294	230	33	2		298	295	10
四、中外合作办	11									249	12

普通高校校舍情况

单位：平方米

甲	编号 乙	上学年校舍建筑面积 1	学校产权校舍建筑面积 增加面积 2	减少面积 3	本学年校舍建筑面积 4	正在施工校舍建筑面积 5	非学校产权校舍建筑面积 校舍建筑面积 6	独立使用 7	共同使用 8
总 计	01	13311492.95	1801709.26	1725755.75	13387446.46	425619.76	1751906.55	1591619.04	160287.51
#C级危房	02	12291.05			12291.05	—	5293.12	5293.12	
#D级危房	03	7647.83			7647.83	—	4528.28	4528.28	
#被外单位租（借）用	04	115050.85	9952.45	2156.8	122846.5				
一、教学及辅助用房	05	5546181.72	979369.5	760848.45	5764702.77	251023	794301.62	664054.11	130247.51
教室	06	1774814.25	94122.2	323501.43	1545435.02	34825	205937.25	198437.25	7500
#艺术院校专业课教室	07	64238.1	1300		65538.1		56184.7	56184.7	
实验实习用房	08	1974399.34	282985.72	277103.63	1980281.43	119949	268220.9	241404.49	26816.41
专职科研机构办公及研究用房	09	573740.2	287255.12	50141.17	810854.15	56711	76924.86	76924.86	
图书馆	10	639760.43	62027.88	65231.14	636557.17	24282	166068.52	74637.42	91431.1
室内体育用房	11	454936.49	157419.65	37634.8	574721.34	14655	37553.46	37553.46	
师生活动用房	12	36307.97	62536.48		98844.45		13900.8	10900.8	3000
会堂	13	83688.21	23432.95	7236.28	99884.88	601	13619.35	12119.35	1500
继续教育用房	14	8534.83	9589.5		18124.33		12076.48	12076.48	
二、行政办公用房	15	709899.37	149696.93	76512.3	783084	6929	90564.57	88864.57	1700
校行政办公用房	16	335115.27	43773.88	56560.39	322328.76		36634.91	36634.91	
院系级教师办公用房	17	374784.1	105923.05	19951.91	460755.24	6929	53929.66	52229.66	1700
三、生活用房	18	5085152.2	586693.35	599728.06	5072117.49	135691.76	811056.22	786316.22	24740
学生宿舍（公寓）	19	3695073.76	398566.43	300814.77	3792825.42	89225.98	557427.52	549927.52	7500
食堂	20	490022.29	47032.54	66930.74	470124.09	9015	89325.39	72085.39	17240
单身教师宿舍（公寓）	21	410052.4	49198.37	111338.51	347912.26	25326.78	45464.25	45464.25	
后勤及辅助用房	22	490003.75	91896.01	120644.04	461255.72	12124	118839.06	118839.06	
四、教工住宅	23	1662008.43	6809	277313.77	1391503.66		—	—	
五、其他用房	24	308251.23	79140.48	11353.17	376038.54	31976	55984.14	52384.14	3600

职业高校校舍情况

单位：平方米

甲	编号 乙	上学年校舍建筑面积 1	学校产权校舍建筑面积 增加面积 2	减少面积 3	本学年校舍建筑面积 4	正在施工校舍建筑面积 5	非学校产权校舍建筑面积 6	独立使用 7	共同使用 8
总　计	01	4052529.34	191828.28	1311285.87	2933071.75	34391.68	1685735.62	1045450.82	640284.8
#C级危房	02	22596.99			22596.99	—			
#D级危房	03	2153.1			2153.1	—			
#被外单位租（借）用	04							—	—
一、教学科研及辅助用房	05	2104349.27	117138.95	779399.65	1442088.57	25141.22	1104272.17	570077.68	534194.49
教室	06	697934.8	48197.23	194678.7	551453.33	—	238630.51	159868.2	78762.31
专业教学实训用房及场所	07	971610.76	20523.49	400625.96	591508.29	—	742263.74	303663.96	438599.78
图书馆	08	192869.36	1291.59	69611.58	124549.37	—	56009.35	51823.35	4186
培训工作用房	09	54981.35	6708.64	20638.08	41051.91		9167.81	5652.81	3515
室内体育用房	10	142603.04	26318.65	76129.93	92791.76		33935.08	25002.08	8933
大学生活动用房	11	44349.96	14099.35	17715.4	40733.91	2791.7	24265.68	24067.28	198.4
二、行政办公用房	12	323516	39046.81	66441.37	296121.44		66207.96	54390.76	11817.2
系级教师教研办公用房	13	195880.1	16425.87	29708.27	182597.7		27849.13	19683.43	8165.7
校级办公用房	14	127635.9	22620.94	36733.1	113523.74		38358.83	34707.33	3651.5
三、生活用房	15	1506545.29	35122.16	442629.63	1099037.82	7990.06	499892.58	405619.47	94273.11
学生宿舍（公寓）	16	1122845.29	29221.9	257658.89	894408.3	5991.21	435007.19	346836.08	88171.11
食堂	17	176762.37	1924.54	39863.26	138823.65		49299.3	44319.3	4980
单身教师宿舍（公寓）	18	1967.76	472.8	581	1859.56				
后勤及辅助用房	19	204969.87	3502.92	144526.48	63946.31	1998.85	15586.09	14464.09	1122
四、教工住宅	20	96382.32	520.36	1888.5	95014.18		—	—	
五、其他用房	21	21736.46		20926.72	809.74	1260.4	15362.91	15362.91	

成人高校校舍情况

单位：平方米

甲	编号 乙	学校产权校舍建筑面积 上学年校舍建筑面积 1	增加面积 2	减少面积 3	本学年校舍建筑面积 4	正在施工校舍建筑面积 5	非学校产权校舍建筑面积 6	独立使用 7	共同使用 8
总　计	01	195144.29	7202.44	129288.42	73058.31	—	429457.31	163536.86	265920.45
#C级危房	02	3836.52			3836.52	—	21107.93	5722.14	15385.79
#D级危房	03					—	2665.04	2665.04	—
#被外单位租（借）用	04	1098.97			1098.97	—		—	—
一、教学科研及辅助用房	05	94005.68	276	75057.25	19224.43		247610.49	100075.25	147535.24
教室	06	60487.92		47411.89	13076.03		139214.71	69079.32	70135.39
专业教学实训用房及场所	07	12803.78		8726.46	4077.32		72804.97	12209.48	60595.49
图书馆	08	14830.66		14471.2	359.46		9826.5	4396	5430.5
培训工作用房	09	821.42	276	821.42	276		19091.96	12968.37	6123.59
室内体育用房	10	3302.9		1867.28	1435.62		4853.08	1422.08	3431
大学生生活活动用房	11	1759		1759			1819.27		1819.27
二、行政办公用房	12	40673.92	1329.28	9547.69	32455.51		53638.57	26031.64	27606.93
系及教师教师办公用房	13	31430.02	145.84	3042.79	28533.07		29844.05	12785	17059.05
校级办公用房	14	9243.9	1183.44	6504.9	3922.44		23794.52	13246.64	10547.88
三、生活用房	15	52878.59	3419.22	37254.88	19042.93		114859.53	31819.68	83039.85
学生宿舍（公寓）	16	31116.92		25649	5467.92		68365.31	21706.47	46658.84
食堂	17	7438.09		5447	1991.09		29587.64	3784.59	25803.05
单身教师宿舍（公寓）	18	1371.09			1371.09		426	—	426
后勤及辅助用房	19	12952.49	3419.22	6158.88	10212.83		16480.58	6328.62	10151.96
四、教工住宅	20	2792		2792			—	—	—
五、其他用房	21	4794.1	2177.94	4636.6	2335.44		13348.72	5610.29	7738.43

高等教育学校资产情况

指标名称	计量单位	代码	学校产权	非学校产权	独立使用	共同使用
甲	乙	丙	1	2	3	4
占地面积	平方米	01	36627503.09	6418222.62	4650145.69	1768076.93
#绿化用地面积	平方米	02	10494041.87	861159.6	736297	124862.6
#运动场地面积	平方米	03	2637548.9	471191.38	329941.6	141249.78
校园足球场	个	04	105	26	10	16
11人制足球场	个	05	66	14	6	8
7人制足球场	个	06	19	6	3	3
5人制足球场	个	07	20	6	1	5
图书	册	08	54744885	5863998	81672	5782326
#当年新增	册	09	1363793	51816	3219	48597
数字资源量	-	10			—	—
电子图书	册	11	57953088	10771726	8200487	2571239
电子期刊	册	12	19789945	2399660	2099688	299972
学位论文	册	13	211276549	32792200	27362626	5429574
音视频	小时	14	8058414.56	644525.8	349449.5	295076.3
职业教育仿真实训资源量	套	15	2487	43	22	21
仿真实验软件	套	16	558	9	5	4
仿真实训软件	套	17	1585	28	14	14
仿真实习软件	套	18	344	6	3	3
数字终端数	台	19	284918	12135	2463	9672
教师终端数	台	20	74069	3570	629	2941
学生终端数	台	21	202750	8391	1660	6731
教室	间	22	10079	3902	2860	1042
#网络多媒体教室	间	23	5935	1933	1369	564
固定资产总值	万元	24	7705090.997	210560.157	118771.517	91788.64
#教学科研实习仪器设备资产值	万元	25	1951150.104	25224.327	8571.157	16653.17
#当年新增	万元	26	188285.2403	3566.457	2119.037	1447.42

博士研究生情况分学校一览表

单位:人

甲	编号	毕业生数			授予学位数			招生数			在校学生数			预计毕业生数		
	乙	小计	#非全日制	#专业学位	小计	#非全日制	#专业学位	小计	#非全日制	#专业学位	小计	#非全日制	#专业学位	小计	#非全日制	#专业学位
		1	2	3	4	5	6	7	8	9	10	11	12	13	14	15
总计	01	2057		73	1942		55	3616	251	761	14210	646	1847	5759	3	230
南开大学	02	766		16	766		3	1206		66	4806		66	2361		
天津大学	03	759			693			1416	251	419	5994	643	1120	2037		131
天津科技大学	04	57			44			71			260			120		
天津工业大学	05	45			39			111			425			215		
中国民航大学	06							14			30					
天津理工大学	07	27			29			52			211			60		
天津农学院	08															
天津医科大学	09	189		37	163		33	342		174	954		402	304		85
天津中医药大学	10	95		20	90		19	164		64	489		151	127		
天津师范大学	11	63			63			145		38	589	3	108	283	3	14
天津职业技术师范大学	12	3			2			10			58			29		
天津外国语大学	13	8			8			10			41			21		
天津商业大学	14															
天津财经大学	15	44			44			60			285			163		
天津体育学院	16	1			1			15			68			39		
天津音乐学院	17															
天津美术学院	18															
天津城建大学	19															
中钢集团天津地质研究院有限公司	20															
核工业理化工程研究院	21															
中国航天科工集团公司第三研究院8357所	22															
中国航天科工集团公司第三研究院8358所	23															
国家海洋技术中心	24															
天津航海仪器研究所	25															

硕士研究生情况分学校一览表

单位：人

编号	毕业生数			授予学位数			招生数			在校学生数			预计毕业生数		
	小计	#非全日制	#专业学位	小计	#非全日制	#专业学位	小计	#非全日制	#专业学位	小计	#非全日制	#专业学位	小计	#非全日制	#专业学位
乙	1	2	3	4	5	6	7	8	9	10	11	12	13	14	15
总计 01	19408	2422	11422	19348	2521	11454	26424	2751	15996	72110	9201	42811	24538	4534	15280
南开大学 02	3153	716	1660	3153	716	1660	4062	795	2125	11237	2552	5675	4242	1037	2243
天津大学 03	5064	957	3001	5177	1056	3104	5894	1121	3538	17875	4053	11012	7179	2494	4922
天津科技大学 04	1111	27	690	1064	27	670	1753	67	1179	4581	204	3025	1321	73	861
天津工业大学 05	1253	96	845	1247	96	846	1869	144	1297	4924	432	3376	1390	172	954
中国民航大学 06	751	43	443	746	43	439	1075	47	622	2945	154	1708	861	64	477
天津理工大学 07	912	59	606	909	59	606	1655	53	1218	4232	217	3044	1066	112	707
天津农学院 08	82		1	92		7	530		335	1382		889	326		221
天津医科大学 09	1065		565	968		519	1321		660	3648		1828	1099		556
天津中医药大学 10	958		565	941		563	1159		619	3297		1805	1069		641
天津师范大学 11	1710	247	1036	1710	247	1036	2224	173	1351	5473	589	3029	1898	231	1178
天津职业技术师范大学 12	198	19	89	198	19	89	390	9	195	997	58	510	283	38	162
天津外国语大学 13	485		260	484		259	617		315	1479		689	490		245
天津商业大学 14	533	24	275	530	24	275	654	58	354	1730	113	844	597	31	310
天津财经大学 15	1063	215	709	1063	215	709	1469	275	967	3619	768	2176	1378	241	931
天津体育学院 16	267	5	155	266	5	154	494		352	1274	1	870	335		205
天津音乐学院 17	159		122	155		118	187		131	544		393	179		130
天津美术学院 18	211		112	212		112	329		234	873		589	245		148
天津城建大学 19	410	14	288	410	14	288	717	9	504	1924	60	1349	554	40	389
中钢集团天津地质研究院有限公司 20	1			1			2			6			2		
核工业理化工程研究院 21	4			4			5			13			4		
中国航天科工集团公司第三研究院8357所 22	4			4			4			12			4		
中国航天科工集团公司第三研究院8358所 23	8			8			8			22			8		
国家海洋技术中心 24	4			4			4			14			5		
天津航海仪器研究所 25	2			2			2			9			3		

普通本、专科生情况分学校一览表

单位：人

甲	编号乙	毕业生数 计 1	毕业生数 本科 2	毕业生数 专科 3	招生数 计 4	招生数 本科 5	招生数 专科 6	在校生数 计 7	在校生数 本科 8	在校生数 专科 9	预计毕业生数 计 10	预计毕业生数 本科 11	预计毕业生数 专科 12
南开大学	01	3722	3722		4154	4154		16696	16696		4241	4241	12
天津大学	02	4951	4656	295	4676	4676		19114	19101	13	5076	5066	10
天津科技大学	03	5411	5411		5344	5344		21678	21678		5561	5561	
天津工业大学	04	5935	5935		4645	4645		21059	21059		6166	6166	
中国民航大学	05	6085	4403	1682	6486	5214	1272	25779	21145	4634	7638	5892	1746
天津理工大学	06	5571	5571		6490	6490		24994	24994		6602	6602	
天津农学院	07	3066	2882	184	3587	3527	60	12850	12649	201	3285	3201	84
天津医科大学	08	1149	1149		1214	1214		5428	5428		1187	1187	
天津中医药大学	09	1969	1969		2783	2783		11375	11375		2244	2244	
天津师范大学	10	5803	5544	259	7105	6835	270	27010	26325	685	7082	6907	175
天津职业技术师范大学	11	4456	4179	277	4026	3801	225	17218	16492	726	4658	4400	258
天津外国语大学	12	2266	2266		2219	2219		9230	9230		2416	2416	
天津商业大学	13	5109	5109		5414	5414		21323	21323		5248	5248	
天津财经大学	14	3119	3119		3174	3174		12753	12753		3161	3161	
天津体育学院	15	1174	1174		1267	1267		4939	4939		1254	1254	
天津音乐学院	16	638	638		668	668		2753	2753		662	662	
天津美术学院	17	1010	1010		986	986		3918	3918		1011	1011	
天津城建大学	18	3865	3865		4166	4166		16707	16707		4331	4331	
天津天狮学院	19	1775	1552	223	3117	2795	322	10676	9697	979	2468	2145	323
天津中德应用技术大学	20	3766	1080	2686	4088	2559	1529	13470	8215	5255	3644	2024	1620
天津外国语大学滨海外事学院	21	1229	1229		462	462		5017	5017		1614	1614	
天津传媒学院	22	1377	1377		2619	2619		8151	8151		1565	1565	
天津商业大学宝德学院	23	1817	1817		2226	2226		8847	8847		2044	2044	
天津医科大学临床医学院	24	1668	1668		1809	1809		7608	7608		2966	2966	
南开大学滨海学院	25	2627	2627					7974	7974		2574	2574	
天津师范大学津沽学院	26	1079	1079					8	8		4	4	
天津理工大学中环信息学院	27	2017	2017		2289	2289		8369	8369		2063	2063	
北京科技大学天津学院	28	2199	2199		3409	3409		12716	12716		2749	2749	

普通本、专科生情况分学校一览表（续）

单位：人

甲	乙 编号	毕业生数			招生数			在校生数			预计毕业生数		
		计 1	本科 2	专科 3	计 4	本科 5	专科 6	计 7	本科 8	专科 9	计 10	本科 11	专科 12
天津仁爱学院	29	3041	3041		4659	4659		15351	15351		3383	3383	
天津财经大学珠江学院	30	2555	2555		3554	3554		12312	12312		2911	2911	
天津市职业大学	31	4665		4665	5435		5435	16778		16778	5404		5404
天津滨海职业学院	32	2205		2205	2513		2513	7491		7491	2453		2453
天津工程职业技术学院	33	2186		2186	320		320	737		737	391		391
天津渤海职业技术学院	34	3182		3182	3861		3861	12001		12001	4503		4503
天津电子信息职业技术学院	35	3514		3514	3334		3334	11699		11699	4915		4915
天津机电职业技术学院	36	3001		3001	3872		3872	11792		11792	4576		4576
天津现代职业技术学院	37	2940		2940	3663		3663	12062		12062	3635		3635
天津公安警官职业学院	38	1057		1057	1347		1347	4074		4074	1215		1215
天津轻工职业技术学院	39	2833		2833	3719		3719	10865		10865	3955		3955
天津商务职业学院	40	2889		2889	4324		4324	11127		11127	3424		3424
天津国土资源和房屋职业学院	41	2072		2072	2371		2371	8243		8243	3586		3586
天津医学高等专科学校	42	2491		2491	2461		2461	8124		8124	2526		2526
天津开发区职业技术学院	43												
天津艺术职业学院	44	592		592	679		679	2026		2026	679		679
天津交通职业学院	45	3242		3242	3606		3606	10405		10405	3435		3435
天津工业职业技术学院	46	1545		1545	2922		2922	8144		8144	2561		2561
天津石油职业技术学院	47	1562		1562	3300		3300	10244		10244	2619		2619
天津城市职业学院	48	2195		2195	3137		3137	8361		8361	3353		3353
天津铁道职业技术学院	49	2761		2761	3222		3222	10262		10262	2938		2938
天津工艺美术职业学院	50	327		327	531		531	1524		1524	407		407
天津城市建设管理职业技术学院	51	1967		1967	2656		2656	7982		7982	2665		2665
天津生物工程职业技术学院	52	1654		1654	1810		1810	5230		5230	1809		1809
天津海运职业学院	53	2913		2913	3276		3276	9979		9979	3417		3417
天津广播影视职业学院	54	447		447									
天津体育职业学院	55	320		320	890		890	2520		2520	575		575
天津滨海汽车工程职业学院	56	453		453	1910		1910	6360		6360	827		827

成人本、专科生情况分学校一览表

单位：人

甲	乙	毕业生数			招生数			在校生数			预计毕业生数		
	编号	计	专科	本科	计	专科	本科	计	专科	本科	计	专科	本科
		1	2	3	4	5	6	7	8	9	10	11	12
天津大学	01	267	26	241								11	12
天津科技大学	02	166	62	104	43		43	154	30	124	111	30	81
天津工业大学	03	917	44	873	519		519	1043	17	1026	524	17	507
中国民航大学	04	225	28	197	83	21	62	776	291	485	461	180	281
天津理工大学	05	1170		1170	8058		8058	13162		13162	5090		5090
天津农学院	06	536	89	447	77	16	61	300	62	238	223	46	177
天津医科大学	07	536		536	321		321	931		931	574		574
天津中医药大学	08	307		307	208		208	457		457	249		249
天津师范大学	09	3027	1081	1946	4201	940	3261	8240	1883	6357	4039	943	3096
天津职业技术师范大学	10	497	219	278	271	70	201	586	151	435	315	81	234
天津外国语大学	11	58	26	32	22		22	70	3	67	25	3	22
天津财经大学	12	74	11	63	63	5	58	191	13	178	67	5	62
天津体育学院	13				78		78	78		78			
天津音乐学院	14	15		15	29		29	80		80	30		30
天津美术学院	15	17		17	35		35	78		78	43		43
天津城建大学	16	174	44	130	113	12	101	231	32	199	118	20	98
天津中德应用技术大学	17	53	33	20	11	6	5	29	24	5	18	18	
天津市职业大学	18	26	26					9	9		9	9	
天津滨海职业学院	19	37	37		17	17		53	53		29	29	
天津机电职业技术学院	20	4	4		1	1							
天津商务职业学院	21	10	10					2	2		1	1	
天津交通职业学院	22	494	494		564	564		1141	1141		577	577	

（续表）

	毕业生数			招生数			在校生数			预计毕业生数		
编号	计	专科	本科	计	专科	本科	计	专科	本科	计	专科	本科
天津城市职业学院 23	17	17		4	4		24	24		20	20	
天津城市建设管理职业技术学院 24	5	5										
天津生物工程职业技术学院 25	25	25		19	19		39	39		20	20	
天津体育职业学院 26				30	30		160	160		130	130	
天津市和平区新华职工大学 27	64	64		90	90		133	133		43	43	
天津市河西区职工大学 28	458	458		345	345		739	739		394	394	
天津市河东区职工大学 29	354	354		159	159		402	402		243	243	
天津市红桥区职工大学 30	559	559		912	912		1884	1884		972	972	
天津市南开区职工大学 31	959	959		837	837		1636	1636		799	799	
天津市建筑工程职工大学 32	3659	3659		6603	6603		11756	11756		5153	5153	
天津市职工经济技术大学 33												
天津市渤海化工工学院 34	257	257		273	273		549	549		264	264	
天津市管理干部学院 35												
天津开放大学 36	24	24		92	92		112	112		20	20	
天津市政法管理干部学院 37												
天津市工会管理干部学院 38												
天津市房地产局职工大学 39												

高等教育学校（普通、职业）分学校教职工情况一览表

单位：人

甲	编号 乙	教职工数 合计 计 (1)	#在编人员 (2)	专任教师 计 (3)	#在编人员 (4)	行政人员 (5)	教辅人员 (6)	工勤人员 (7)	专职科研人员 (8)	其他附设机构人员 (9)	校外教师 (10)	行业导师 (11)	外籍教师 (12)	离退休人员 (13)	附属中小学幼儿园教职工 (14)
南开大学	01	4357	4001	2212	2212	1064	574	85	356	66	74	215	55	3259	14
天津大学	02	4796	4558	3178	2988	732	677	84	13	112	313	196	61	3989	148
天津科技大学	03	2028	1970	1457	1399	349	184	35	3		197	173	29	970	79
天津工业大学	04	2228	2208	1704	1684	267	174	41	28	14	353		4	1644	20
中国民航大学	05	2161	2161	1550	1550	347	190	37	10	27	39	131	40	685	9
天津理工大学	06	1987	1893	1525	1431	275	154	33			543	92	45	1665	
天津农学院	07	1066	1066	717	717	200	138	11			191			578	
天津医科大学	08	1205	523	656		313	187	22	3	24	8	838	12	1215	
天津中医药大学	09	1727	1727	1126	1126	358	142	6	95		137	339	4	431	
天津师范大学	10	2531	2531	1709	1709	606	182	34			141	221	58	2002	
天津职业技术师范大学	11	1307	1307	995	995	184	107	14	7		164	31		529	
天津外国语大学	12	1028	993	682	682	269	57	8	3	9	12	51	24	350	
天津商业大学	13	1481	1481	1101	1101	286	76	18			151	203	35	762	
天津财经大学	14	1279	1189	791	786	300	83	105			52	86	5	623	
天津体育学院	15	595	595	421	421	118	49	7			28		1	362	
天津音乐学院	16	443	443	268	268	153	21	1			108			235	
天津美术学院	17	505	505	293	293	162	41	9			40	12	1	250	
天津城建大学	18	1429	1429	1059	1059	190	150	30	7		55	233	31	591	
天津天狮学院	19	607		431		84	74	18			113				
天津中德应用技术大学	20	724	516	571	406	107	30	12	2	2	206	54	2	312	
天津外国语大学滨海外事学院	21	353		268		57	26	2			52		7	3	
天津传媒学院	22	653		345		104	45	159			108				
天津商业大学宝德学院	23	265		162		73	23	7			300	6	2		
天津医科大学临床医学院	24	210		60		115	27	8		9	330	255		4	
南开大学滨海学院	25	591		448		86	22	35			112		2		
天津师范大学津沽学院	26	135		76		51	6	2			14				87
天津理工大学中环信息学院	27	251	112	176	84	32	40	3			284			3	
北京科技大学天津学院	28	757		409		75	33	239	1		317				

高等教育学校(普通、职业)分学校教职工情况一览表(续)

单位:人

甲	编号 乙	教职工数 合计 计 1	#在编人员 2	专任教师 计 3	#在编人员 4	行政人员 5	教辅人员 6	工勤人员 7	专职科研人员 8	其他附设机构人员 9	校外教师 10	行业导师 11	外籍教师 12	离退休人员 13	附属中小学幼儿园教职工 14
天津仁爱学院	29	1098		760		85	47	206			114	73	2	4	14
天津财经大学珠江学院	30	501		284		152	33	32			359	19		2	
天津市职业大学	31	1009	894	770	689	136	92	11			71	279		333	
天津滨海职业学院	32	330	330	293	293	15	20	2			252			188	
天津工程职业技术学院	33	262	262	153	153	33	5	20		51	17	12			
天津渤海职业技术学院	34	677	677	553	553	42	54	28			225			68	
天津电子信息职业技术学院	35	514	465	401	375	83	19	11			330	370		613	
天津机电职业技术学院	36	371	341	206	204	145	18		2					346	
天津现代职业技术学院	37	491	330	331	243	82	62	16			610		1	321	
天津公安警官职业学院	38	391	391	203	203	134	32	15	7					308	
天津轻工职业技术学院	39	475	408	332	300	116	17	10			393	223		322	
天津商务职业学院	40	484	460	379	373	72	21	12			61	5		260	
天津国土资源和房屋职业学院	41	362	64	264	64	91	7				129			381	
天津医学高等专科学校	42	595	549	405	400	109	61	9	11		101			395	
天津开发区职业技术学院	43														
天津艺术职业学院	44	204	204	155	155	20	21	8			167	79		211	
天津交通职业学院	45	520	379	325	248	76	105	14			551	8		403	
天津工业职业学院	46	393	376	310	296	48	16	16	3		29			264	
天津石油职业技术学院	47	336	336	233	233	40	44	19			467	111		404	
天津城市职业学院	48	620	594	392	381	82	120	13	5	8	54			479	
天津铁道职业技术学院	49	451	430	280	279	61	87	23			88			501	
天津工艺美术职业学院	50	139	139	73	73	32	31	3			36			326	
天津城市建设管理职业技术学院	51	266	239	207	193	21	36	2			147	325		226	
天津生物工程职业技术学院	52	306	164	213	121	59	27	7			55			179	
天津海运职业学院	53	472	278	400	228	62	7	3			308			79	
天津广播影视职业学院	54	15	15			12	3							1	
天津体育职业学院	55	91	91	67	67	21	3				16	14		10	
天津滨海汽车工程职业学院	56	296	296	155		52	5	64	5	15	25				

高等教育学校(成人)分学校教职工情况一览表

单位:人

编号	教职工数									校外教师	行业导师	外籍教师	离退休人员	附属中小学幼儿园教职工
	合计		专任教师		行政人员	教辅人员	工勤人员	专职科研人员	其他附设机构人员					
	计	#在编人员	计	#在编人员										
甲	1	2	3	4	5	6	7	8	9	10	11	12	13	14
乙														
天津市和平区新华职工大学 01	92	92	59	59	22	6	5						126	14
天津市河西区职工大学 02	52	52	45	45	4	3							91	
天津市河东区职工大学 03	93	93	66	66	9	15	3			8			88	
天津市红桥区职工大学 04	80	80	63	63	10	5	2			4			81	
天津市南开区职工大学 05	73	73	44	44	9	18	2			15			111	
天津市建筑工程职工大学 06	67	67	52	52	2	13							106	
天津市职工经济技术大学 07														
天津市渤海化工职工学院 08	84		68		6	8	1		1	31			128	
天津市管理干部学院 09														
天津开放大学 10	219	219	62	62	50	105	2			1287			222	
天津市政法管理干部学院 11														
天津市工会管理干部学院 12	39	39	8	8	24	4	3						156	
天津市房地产局职工大学 13														

高等教育学校（普通、职业）分学校校舍情况一览表

单位：平方米

编号 乙	甲	学校产权校舍建筑面积 计 1	#C级危房 2	#D级危房 3	#被外单位租（借）用 4	正在施工校舍建筑面积 5	非学校产权校舍建筑面积 独立使用 6	共同使用 7
01	南开大学	1836020.78			9952.45	56212	117263	
02	天津大学	2432459.34				105914	15437.19	
03	天津科技大学	886681.57					20955.6	
04	天津工业大学	756974.32				183286	661491.79	
05	中国民航大学	102507.29						
06	天津理工大学	753803.56						52416.41
07	天津农学院	271167.52						
08	天津医科大学	299224.25	2896		1229.2			
09	天津中医药大学	494745.36				20000		
10	天津师范大学	799881.86						
11	天津职业技术师范大学	462437.98			499			
12	天津外国语大学	85462.77					258463.3	
13	天津商业大学	509682.62	9395.05					
14	天津财经大学	515799.53		7647.83			9725.2	
15	天津体育学院	423868.4						
16	天津音乐学院	103478.95						
17	天津美术学院						146429.44	
18	天津城建大学	453227.4						
19	天津天狮学院	475066.09			111165.85			
20	天津中德应用技术大学	297255.43					5732.8	31601.1
21	天津外国语大学滨海外事学院						104911.93	
22	天津传媒学院	136589.45						
23	天津商业大学宝德学院	132242.16				10237.1		
24	天津医科大学临床医学院	126463.38						
25	南开大学滨海学院	231086.46						
26	天津师范大学津沽学院	110525.65					21689.3	76270
27	天津理工大学中环信息学院						35622	
28	北京科技大学天津学院	285196.19				49970.66	14611.92	

高等教育学校（普通、职业）分学校校舍情况一览表（续）

单位：平方米

甲	编号 乙	学校产权校舍建筑面积 计 1	#C级危房 2	#D级危房 3	#被外单位租（借）用 4	正在施工校舍建筑面积 5	非学校产权校舍建筑面积 独立使用 6	共同使用 7
天津仁爱学院	29	160173.22					179285.57	
天津财经大学珠江学院	30	249454.93						
天津市职业大学	31	58193.23					386391.99	
天津滨海职业学院	32	181708.9						
天津工程职业技术学院	33	163076.5					28140.06	
天津渤海职业技术学院	34	314434						
天津电子信息职业技术学院	35	181703.99						112068
天津机电职业技术学院	36	162371.84						88091.28
天津现代职业技术学院	37	159777					15000	144140.35
天津公安警官职业学院	38	95337						
天津轻工职业技术学院	39	164862.64					30327.26	
天津商务职业学院	40	14931.4					173932.59	
天津国土资源和房屋职业学院	41	107343.41						60887.99
天津医学高等专科学校	42	102330.26	11646.36	2153.1			82831.04	
天津市开发区职业技术学院	43							
天津艺术职业学院	44						42979	
天津交通职业学院	45	214898					20358	
天津工业职业学院	46						129711	
天津石油职业技术学院	47	147772.34						86812.9
天津城市职业学院	48	192950.17	2804.07				10046	26751
天津铁道职业技术学院	49	89176.92	8146.56					
天津工艺美术职业学院	50	39398.01						
天津城市建设管理职业技术学院	51	117155.01						36815.2
天津生物工程职业技术学院	52	87107.61						
天津海运职业学院	53	176133.04					3564.22	
天津广播影视职业学院	54	52301.3						
天津体育职业学院	55						75260	76785.08
天津滨海汽车工程职业学院	56	110109.18					46909.66	7933

高等教育学校（成人）分学校校舍情况一览表

单位：平方米

甲	编号 乙	学校产权校舍建筑面积				正在施工校舍建筑面积	非学校产权校舍建筑面积		
		计 1	#C级危房 2	#D级危房 3	#被外单位租（借）用 4	5	独立使用 6	共同使用 7
天津市和平区新华职工大学	01						4881	
天津市河西区职工大学	02						5658.12	
天津市河东区职工大学	03						13474.9	
天津市红桥区职工大学	04						15517	
天津市南开区职工大学	05	10887.68	1590.68					
天津市建筑工程职工大学	06	5693.79	2245.84		1098.97		3002.5	
天津市职工经济技术大学	07							
天津市渤海化工职工学院	08	7901.83						5762
天津市管理干部学院	09							
天津开放大学	10	48575.01					60223.82	26015845
天津市政法管理干部学院	11							
天津市工会管理干部学院	12						60779.52	
天津市房地产局职工大学	13							

高等教育学校（普通、职业）分学校资产情况一览表

甲	编号乙	学校产权 占地面积（平方米）1	图书（册）纸质图书 2	电子图书 3	数字教学终端数（台）计 4	#教师终端数 5	#学生终端数 6	职业教育仿真实训资源量（套）7	固定资产总值（万元）计 8	#教学科研实习仪器设备资产值 9	非学校产权使用 占地面积（平方米）10	图书（册）纸质图书 11	电子图书 12	数字教学终端数（台）计 13	#教师终端数 14	#学生终端数 15	职业教育仿真实训资源量（套）16	固定资产总值（万元）计 17	#教学科研实习仪器设备资产值 18
南开大学	01	4363963.52	3409743	2271485	21409	10963	10446		1025809.08	233580.7	67222.1	0	0	0	0	0		8495.21	4428
天津大学	02	4033302.9	3572682	1950560	38946	7772	31174		1293214.986	408107.17	280001.4	0	0	0	0	0		0	0
天津科技大学	03	1252651.93	1949619	0	11419	3599	7820		345872.73	82745.54		0	1064847	0	0	0		0	0
天津工业大学	04	1765816.28	2061426	2134062	10655	3914	6741		173462.13	117016.25	9442.86	0	0	0	0	0		0	0
中国民航大学	05	1680180.9	2320278	6806284	17128	9397	7731		341906.91	116075.47	298499.78	0	0	0	0	0		0	0
天津理工大学	06	1567476.5	2159101	1938665	11688	4383	7305		395662	90281.01	0	0	0	0	0	0		0	0
天津农学院	07	861559.56	1257442	428115	5681	3379	2302		104327.56	30713.12	0	0	0	0	0	0		0	0
天津医科大学	08	199005.99	1360993	2214122	6158	4387	0		159131.72	94721.18	0	0	0	0	0	0		0	0
天津中医药大学	09	1450576.86	1136670	110734	3116	2021	1095		91607.13	66590.54	0	0	3751320	0	0	0		0	0
天津师范大学	10	2331070	3647140	1606707	8127	184	7943		508126.04	73018.05	0	0	0	0	0	0		0	0
天津职业技术师范大学	11	559184.66	2234770	2997850	8179	1599	6580		208908.43	52367.34	0	0	0	0	0	0		0	0
天津外国语大学	12	362256	1072853	6298155	6112	2343	3769		106618.57	16668.47	101962.7	0	0	0	0	0		26692.06	0
天津商业大学	13	862739.98	2207729	4188485	9103	1821	7282		228251.1224	56267.4816	0	0	0	0	0	0		0	0
天津财经大学	14	900200	1658900	4677702	12847	2785	6331		176189.65	19170.97	8000	0	0	0	0	0		0	0
天津体育学院	15	836388.2	441865	1048323	1451	257	1194		36506.06	19334.87	0	0	0	0	0	0		0	0
天津音乐学院	16	61766.69	280600	1624250	842	756	86		32715.1036	12761.5671	71135.7	0	0	0	0	0		0	0
天津美术学院	17	109694.5	360422	1583942	2969	280	2689		70354	9669		0	0	0	0	0		0	0
天津城建大学	18	336624.91	1385869	2828097	6725	786	4177		213518.32	40736.83	249220.12	0	0	0	0	0		0	0
天津天狮学院	19	1650841.6	802000	1200000	2648	361	2287		185300.9	6178.89		0	0	0	0	0		0	0
天津中德应用技术大学	20	483625.5	510659	72964	5352	655	4678		182290.56	47691.56	0	19631	0	91	6	85		1699.707	1699.707
天津外国语大学滨海外事学院	21	194629.2	691966	46675	1400	142	1258		5359.31	4244.95	329983	0	0	0	0	0		21595.95	0
天津传媒学院	22	333336.8	409307	72000	1053	482	571		56826.72	3224.96		0	0	0	0	0		0	0
天津商业大学宝德学院	23	141390	619966	600000	2346	611	1735		73401.93	2515.67	0	0	0	0	0	0		0	0
天津医科大学临床医学院	24	222765	544849	240000	1437	146	1004		45114.6543	5736.0227	0	0	0	0	0	0		0	0
南开大学滨海学院	25	594547.2	1286060	371221	4691	740	3951		65537	7511.2	0	0	3360653	0	0	0		0	0
天津师范大学津沽学院	26	0	414000	0	1678	150	1528		12553.84	3032.58	329611	0	0	0	0	0		0	0
天津理工大学中环信息学院	27	146156.2	554449	165000	3461	367	3094		40114.37	4488.47	91555	0	0	0	0	0		0	0
北京科技大学天津学院	28	865153.1	1180702	231296	3689	545	3144		72763.04	6013.75		0	0	0	0	0		0	0

高等教育学校（普通、职业）分学校资产情况一览表（续）

甲	编号	学校产权									非学校产权独立使用								
		占地面积（平方米）	图书（册）		数字终端数（台）			职业教育仿真实训资源量（套）	固定资产总值（万元）		占地面积（平方米）	图书（册）		数字终端数（台）			职业教育仿真实训资源量（套）	固定资产总值（万元）	
			纸质图书	电子图书	计	#教师终端数	#学生终端数		计	#教学科研实习仪器设备资产值		纸质图书	电子图书	计	#教师终端数	#学生终端数		计	#教学科研实习仪器设备资产值
甲	乙	1	2	3	4	5	6	7	8	9	10	11	12	13	14	15	16	17	18
天津仁爱学院	29	501186.5	1104822	295468	4953	560	4393		81676.4	10691.1	179285.57	0	0	0	0	0		44689	0
天津财经大学珠江学院	30	625782.3	1179041	600000	2973	591	2382		66211.29	4818.38	0	0	0	0	0	0	0	0	0
天津市职业大学	31	78498.9	852837	771189	7290	463	6827	1277	134251.84	39433.28	749374.1	0	0	0	0	0	16	0	0
天津滨海职业学院	32	609998.5	601800	1036	5291	262	4735	16	34883.03	11043.16	0	0	0	0	0	0	0	0	0
天津工程职业技术学院	33	401452.7	650000	1200	1698	120	1578	33	17210	8007.41	135986	12000	0	0	0	0	0	0	0
天津渤海职业技术学院	34	481208	925550	83000	2060	53	2007	226	61108.8905	19206.2111	0	0	0	0	0	0	0	0	0
天津电子信息职业技术学院	35	498000	709752	232435	6936	325	6611	107	108388.83	12857.5	0	0	0	0	0	0	1	0	0
天津机电职业技术学院	36	395600	368909	260000	2907	350	2557	15	38579.7987	23255.39	0	0	0	0	0	0	1	0	0
天津现代职业技术学院	37	532800	673203	494797	3708	331	3208	50	116715.53	20484.76	0	0	0	0	0	0	0	0	0
天津公安警官职业学院	38	237203.7	244285	163316	786	316	470	0	21853.76	3092.79	183437.75	0	0	0	0	0	0	0	0
天津轻工职业技术学院	39	393630.2	537750	374356	4896	475	4421	43	90171.44	18414.6	496286.86	0	0	0	0	0	0	0	0
天津商务职业学院	40	7203.6	562112	3269217	4828	638	4190	86	121678.65	9570.57	263700.8	0	0	0	0	0	0	0	0
天津国土资源和房屋职业学院	41	177696.2	764900	250000	520	10	510	0	39885.38	8200.45	296100	0	0	0	0	0	0	8200.45	250.76
天津医学高等专科学校	42	176490	509000	670	2657	237	2420	45	60471.1476	19997.1722	0	0	0	0	0	0	0	0	0
天津开发区职业技术学院	43																		
天津艺术职业学院	44	0	127000	1556	242	60	182	0	33530.06	2840.53	83124.48	0	0	0	0	0	0	0	0
天津交通职业学院	45	535090	720000	1355000	3287	160	3127	0	34132.21	16975.12	21744.8	0	0	0	0	0	0	0	0
天津工业职业学院	46	0	406900	136918	1838	338	1500	58	25065.03	12460.91	143440	0	0	0	0	0	0	0	0
天津石油职业技术学院	47	964992.5	533000	780000	984	328	656	38	24387.67	11240.98	14160	0	0	0	0	0	0	0	0
天津城市职业学院	48	321822.57	872631	162458	1967	464	1503	4	20150.7	9644.49	0	0	0	0	0	0	0	0	0
天津铁道职业技术学院	49	146134.2	253112	229308	1777	897	880	96	41165.23	10418.31	0	0	0	0	0	0	0	0	0
天津工艺美术职业学院	50	94193.8	93200	13400	915	112	767	4	5985.88	2964.66	0	0	0	0	0	0	0	0	0
天津城市建设管理职业技术学院	51	270008	583864	290640	3085	112	2973	11	55413	9292.86	0	0	0	0	0	0	0	0	0
天津生物工程职业技术学院	52	202250.7	282700	250000	1029	506	523	285	30074.14	6037.03	0	0	0	0	0	0	4	0	0
天津海运职业学院	53	409173.8	829537	52858	2872	347	2525	90	113886.01	13453.2204	0	0	0	0	0	0	0	0	0
天津广播影视职业学院	54	126370.5	110800	130000	550	120	430	0	14189.1	2179.31	0	0	0	0	0	0	0	23.67	7.85
天津体育职业学院	55	80000	80000	0	173	115	32	3	1562.51	883.4	75260	0	0	312	120	192	0	0	0
天津滨海汽车工程职业学院	56	104107.7	130700	0	620	30	590	0	22348.43	2260.31	40393.91	0	0	0	0	0	0	0	0

高等教育学校（成人）分学校资产情况一览表

甲	编号乙	学校产权 占地面积（平方米）1	图书（册）纸质图书 2	电子图书 3	数字终端数（台）计 4	#教师终端数 5	#学生终端数 6	固定资产总值（万元）计 7	#教学科研实习仪器设备资产值 8	非学校产权独立使用 占地面积（平方米）9	图书（册）纸质图书 10	电子图书 11	数字终端数（台）计 12	#教师终端数 13	#学生终端数 14	固定资产总值（万元）计 15	#教学科研实习仪器设备资产值 16
天津市和平区新华职工大学	01		58416		752	110	638	1158.962	494.9372	11856.84							
天津市河西区职工大学	02									5658.12	500		179	66	113	1436.5	200.31
天津市河东区职工大学	03									23447.73	39329		680	220	286	1483.75	606.15
天津市红桥区职工大学	04		65600		383	100	283	2109.65	271.16	34997							
天津市南开区职工大学	05	16675	60000	3089	582	190	392	982.721711	665.062034								
天津市建筑工程职工大学	06	4650.71	12186		177	56	121	633.71	256.27	3000							
天津市职工经济技术大学	07																
天津市湖海化工职工学院	08	12674	53000	198	205	45	160	476.85	190.74								
天津市管理干部学院	09																
天津开放大学	10	50073.83	126345	44285	1657	413	1244	29049.04	6954.3	52258.07	10212	23667	1201	217	984	4155.22	1378.38
天津市政法管理干部学院	11																
天津市工会管理干部学院	12	85631.2	129873		10		10	4260.24	2130.12								
天津市房地产局职工大学	13																

中等职业教育

中等职业学校机构数

单位：所

甲	编号	合计	中央部门	地方					民办	中外合作办
					教育部门	其他部门	地方企业			
乙		1	2	3	4	5	6	7	8	
中等职业学校	01	63		55	29	11	15	8	8	
#调整后中等职业学校	02									
#中等技术学校	03	36		32	13	8	11	4		
#中等师范学校	04	1		1	1					
#成人中等专业学校	05	13		13	6	3	4		4	
#职业高中学校	06	13		9	9					
其他中职机构（不计校数）	07									
附设中职班	08	9		8	5	2	1	1		

中等职业学校（机构）各类学生数

单位：人

甲	编号 乙	毕业生数 1	#职业类证书 2	#职业技能等级证书 3	招生数 4	在校生数 5	#现代学徒制 6	一年级 7	二年级 8	三年级 9	四年级以上 10	预计毕业生数 11
中职学生计	01	24478	11518	5557	28441	80117	126	28451	25491	25343	832	25709
#女	02	9826	4001	1955	12743	34405	59	12747	10701	10460	497	10341
#五年制高职中职段	03	3169	2094	987	5852	12714		5852	3465	3397		4086
全日制	04	24422	11462	5557	26219	77895	126	26229	25491	25343	832	25709
非全日制	05	56	56		2222	2222		2222				

中等职业学校分办学类型及举办者的中职学生及教职工情况

单位：人

甲	编号 乙	学生数 合计 毕业生数 1	招生数 2	在校生数 3	学生数 全日制 毕业生数 4	招生数 5	在校生数 6	学生数 非全日制 毕业生数 7	招生数 8	在校生数 9	教职工数 10	#专任教师 11	正高级 12	副高级 13	中级 14	初级 15	未定职级 16	校外教师 17	行业导师 18	外籍教师 19
总　计	01	24478	28441	80117	24422	26219	77895	56	2222	2222	7366	5471	30	2017	2398	829	197	495	26	
#女	02	9826	12743	34405	9797	11617	33279	29	1126	1126	4642	3770	19	1427	1659	536	129	302	8	
调整后中等职业学校	03																			
普通中专学校（按办学类型分）	04	18795	19587	58574	18795	19587	58574				5362	3734	30	1267	1651	610	176	397	26	
成人中专学校	05	241	2222	2222	185			56	2222	2222	247	157		59	71	27	11	21		
职业高中学校	06	5008	6045	17252	5008	6045	17252				1757	1458		637	634	176		77		
其他中职机构	07																			
附设中职班	08	434	587	2069	434	587	2069				—	—	—	—	—	—	—	—	—	—
1.中央部门办（机构）	09																			
2.地方公办（按举办者分）	10	23870	26911	76622	23814	24689	74400	56	2222	2222	7120	5279	30	2009	2337	761	142	468	26	
教育部门	11	11693	12806	38507	11637	12806	38507	56			3878	3243	10	1386	1501	314	32	174		
其他部门	12	3566	6504	15178	3566	4282	12956		2222	2222	1128	631	9	212	253	141	16	139	10	
地方企业	13	8611	7601	22937	8611	7601	22937				2114	1405	11	411	583	306	94	155	16	
3.民办	14	608	1530	3495	608	1530	3495				246	192		8	61	68	55	27		
4.中外合作办	15																			

中等职业学校学生分科类情况

单位:人

甲	编号 乙	毕业生数 1	#职业类证书 2	#职业技能等级证书 3	招生数 4	在校生数 5	预计毕业数 6
总　计	01	24478	11518	5557	28441	80117	25709
#女	02	9826	4001	1955	12743	34405	10341
农林牧渔大类	03	208			2537	3322	368
资源环境与安全大类	04	83	4	4	167	445	142
能源动力与材料大类	05	23	23		45	133	44
土木建筑大类	06	690	28	28	971	2684	844
水利大类	07						
装备制造大类	08	4113	2750	1375	4704	13673	4329
生物与化工大类	09	119			167	502	149
轻工纺织大类	10				22	43	21
食品药品与粮食大类	11	374	71	71	378	1225	290
交通运输大类	12	1734	1163	677	1872	5518	1687
电子与信息大类	13	8764	3343	1640	6865	22253	8578
医药卫生大类	14	468	314	217	702	2006	601
财经商贸大类	15	3987	1821	857	4820	13383	4526
旅游大类	16	781	262	148	1157	2953	739
文化艺术大类	17	658	91	37	1212	3573	871
新闻传播大类	18	411	356	177	551	1566	478
教育与体育大类	19	1982	1209	243	2235	6693	1971
公安与司法大类	20						
公共管理与服务大类	21	83	83	83	36	145	71

中等职业学校教职工情况

单位：人

甲	编号 乙	教职工数 1	专任教师 2	行政人员 3	教辅人员 4	工勤人员 5	其他附设机构人员 6	校外教师 7	行业导师 8	外籍教师 9
总计	01	7366	5372	1093	439	260	202	495	26	9
#女	02	4642	3698	509	284	54	97	302	8	—
#在编人员	03	6918	5104	1016	394	202	202	—	—	—
普通中专	01	5362	3757	865	335	203	202	397	26	—
#女	02	3246	2493	400	217	39	97	254	8	—
#在编人员	03	5004	3559	797	301	145	202	—	—	—
成人中专	01	247	157	53	19	18		21		—
#女	02	134	87	25	11	11		4		—
#在编人员	03	241	157	53	13	18		—		—
职业高中	01	1757	1458	175	85	39		77		—
#女	02	1262	1118	84	56	4		44		—
#在编人员	03	1673	1388	166	80	39		—		—

单位：人

中等职业学校专任教师分年龄情况（总计）

	编号 乙	合计 1	29岁以下 2	30—34岁 3	35—39岁 4	40—44岁 5	45—49岁 6	50—54岁 7	55—59岁 8	60—64岁 9	65岁以上 10
总　计	01	5471	408	712	969	874	853	971	683		10
#女	02	3770	302	486	676	641	621	706	338		
#获博士学位	03	6		1	1	2	2				
#获硕士学位	04	1211	94	283	381	237	139	61	16		
按专业技术职务分　正高级	05	30				1	6	7	16		
副高级	06	2017	31	1	91	209	415	726	574	1	
中级	07	2398	268	354	721	610	403	211	68		
初级	08	829	109	309	134	45	27	25	21		
未定职级	09	197		48	23	9	2	2	4		
博士研究生	10	6		1	1	2	2				
#获博士学位	11	6		1	1	2	2				
#获硕士学位	12										
硕士研究生	13	728	94	260	235	90	21	19	9		
#获博士学位	14										
#获硕士学位	15	688	94	252	219	77	25	18	3		
按学历（学位）分　本科	16	4630	309	450	725	776	817	926	626	1	
#获博士学位	17										
#获硕士学位	18	523		31	162	160	114	43	13		
专科	19	94	5	1	6	5	12	22	43		
#获博士学位	20										
#获硕士学位	21										
高中阶段以下	22	13			2	1	1	4	5		

普通中专学校专任教师分年龄情况

单位：人

甲	编号 乙	合计 1	29岁以下 2	30—34岁 3	35—39岁 4	40—44岁 5	45—49岁 6	50—54岁 7	55—59岁 8	60—64岁 9	65岁以上 10
总　计	01	3734	321	607	730	534	478	588	475	1	
#女	02	2474	234	412	497	380	337	402	212		
#获博士学位	03	6			1	2	2				
#获硕士学位	04	904	78	229	285	169	90	43	10		
按专业技术职务分　正高级	05	30				1	6	7	16		
副高级	06	1267		1	75	133	208	452	397	1	
中级	07	1651	23	309	541	375	247	112	44		
初级	08	610	206	250	91	19	15	15	14		
未定职级	09	176	92	47	23	6	2	2	4		
按学历（学位）分　博士研究生	10	6		1	1	2	2				
#获博士学位	11	6		1	1	2	2				
#获硕士学位	12										
硕士研究生	13	579	78	212	180	65	19	16	9		
#获博士学位	14										
#获硕士学位	15	549	78	206	164	60	23	15	3		
本科	16	3064	240	394	541	461	449	552	426	1	
#获博士学位	17										
#获硕士学位	18	355		23	121	109	67	28	7		
专科	19	72	3		6	5	7	16	35		
#获博士学位	20										
#获硕士学位	21										
高中阶段以下	22	13			2	1	1	4	5		

成人中专学校专任教师分年龄情况

单位：人

甲	编号	合计	29岁以下	30—34岁	35—39岁	40—44岁	45—49岁	50—54岁	55—59岁	60—64岁	65岁以上
	乙	1	2	3	4	5	6	7	8	9	10
总计	01	157	3	24	26	19	28	34	23	9	10
#女	02	87	3	17	18	8	14	18	9		
#获博士学位	03										
#获硕士学位	04	32	2	16	8	3	1	2			
按专业技术职务分 正高级	05										
副高级	06	59			3	8	10	20	18		
中级	07	71		11	18	8	15	14	5		
初级	08	27	3	13	5	3	3				
未定职级	09										
按学历（学位）分 博士研究生	10										
#获博士学位	11										
#获硕士学位	12										
硕士研究生	13	28	2	15	8	1		2			
#获博士学位	14										
#获硕士学位	15	28	2	15	8	1		2			
本科	16	120	1	9	18	18	25	29	20		
#获博士学位	17										
#获硕士学位	18	4		1		2	1				
专科	19	9					3	3	3		
#获博士学位	20										
#获硕士学位	21										
高中阶段以下	22										

职业高中学校专任教师分年龄情况

单位：人

	甲	编号 乙	合计 1	29岁以下 2	30—34岁 3	35—39岁 4	40—44岁 5	45—49岁 6	50—54岁 7	55—59岁 8	60—64岁 9	65岁以上 10
总 计	总计	01	1458	63	69	202	301	328	322	173	9	10
	#女	02	1118	48	48	152	236	254	269	111		
	#获博士学位	03										
	#获硕士学位	04	251	12	29	83	61	44	16	6		
按专业技术职务分	正高级	05										
	副高级	06	637			10	59	180	237	151		
	中级	07	634	8	26	155	216	139	75	15		
	初级	08	176	48	42	37	23	9	10	7		
	未定职级	09	11	7	1		3					
按学历（学位）分	博士研究生	10										
	#获博士学位	11										
	#获硕士学位	12										
	硕士研究生	13	106	12	24	44	23	2	1			
	#获博士学位	14										
	#获硕士学位	15	96	12	22	44	15	2	1			
	本科	16	1341	49	44	158	278	325	318	169		
	#获博士学位	17										
	#获硕士学位	18	155		7	39	46	42	15	6		
	专科	19	11	2	1			1	3	4		
	#获博士学位	20										
	#获硕士学位	21										
	高中阶段以下	22										

中等职业学校专任教师教学领域所属大类情况（总计）

单位：人

甲		编号 乙	合计 1	#女 2	正高级 3	副高级 4	中级 5	初级 6	未定职级 7
总计		01	5471	3770	30	2017	2398	829	197
#女		02	3770	—	19	1427	1659	536	129
	#实习指导课	03	524	152	5	140	232	122	25
专业课	农林牧渔大类	04	57	45		20	29	6	2
	资源环境与安全大类	05	2	1		2			
	能源动力与材料大类	06	10	5		5	5		
	土木建筑大类	07	30	22	1	10	12	7	
	水利大类	08							
	装备制造大类	09	780	451	11	260	365	113	31
	生物与化工大类	10	55	34	2	21	20	8	4
	轻工纺织大类	11	10	9		4	5	1	
	食品药品与粮食大类	12	56	31	4	14	27	11	4
	交通运输大类	13	347	162	1	78	160	93	15
	电子与信息大类	14	787	498	5	295	354	108	25
	医药卫生大类	15	117	87		48	57	12	
	财经商贸大类	16	496	411	3	218	192	65	18
	旅游大类	17	102	79		28	49	22	3
	文化艺术大类	18	619	436	2	232	287	81	17
	新闻传播大类	19	31	22	1	3	14	4	9
	教育与体育大类	20	1916	1433	4	768	801	285	58
	公安与司法大类	21							
	公共管理与服务大类	22	56	44		11	21	13	11

普通中专学校专任教师教学领域所属大类情况

单位：人

	甲	编号 乙	合计 1	#女 2	正高级 3	副高级 4	中级 5	初级 6	未定职级 7
总 计		01	3734	2474	30	1267	1651	610	176
#女		02	2474	—	19	838	1111	393	113
	#实习指导课	03	430	91	5	103	193	104	25
专业课	农林牧渔大类	04	56	45		19	29	6	2
	资源环境与安全大类	05	1	1		1			
	能源动力与材料大类	06	3	3		1	2		
	土木建筑大类	07	30	22	1	10	12	7	
	水利大类	08							
	装备制造大类	09	691	397	11	231	314	104	31
	生物与化工大类	10	39	27	2	14	11	8	4
	轻工纺织大类	11							
	食品药品与粮食大类	12	36	19		10	16	6	4
	交通运输大类	13	230	108	1	50	103	63	13
	电子与信息大类	14	578	349	5	196	262	91	24
	医药卫生大类	15	33	20		14	17	2	
	财经商贸大类	16	298	234	3	121	116	43	15
	旅游大类	17	46	33		17	25	4	
	文化艺术大类	18	354	263	2	120	159	57	16
	新闻传播大类	19	30	21	1	2	14	4	9
	教育与体育大类	20	1260	895	4	454	553	202	47
	公安与司法大类	21							
	公共管理与服务大类	22	49	37		7	18	13	11

成人中专学校专任教师教学领域所属大类情况

单位:人

甲	编号 乙	合计 1	#女 2	正高级 3	副高级 4	中级 5	初级 6	未定职级 7
总计	01	157	87		59	71	27	7
#女	02	87	—		29	41	17	
#实习指导课	03	49	25		19	20	10	
专业课 农林牧渔大类	04	1			1			
资源环境与安全大类	05	1			1			
能源动力与材料大类	06	5	2		2	3		
土木建筑大类	07							
水利大类	08							
装备制造大类	09	1	1			1		
生物与化工大类	10	4	3		2	2		
轻工纺织大类	11							
食品药品与粮食大类	12							
交通运输大类	13	39	7		13	18	8	
电子与信息大类	14	3	2		2	1		
医药卫生大类	15	11	10		4	4	3	
财经商贸大类	16							
旅游大类	17							
文化艺术大类	18							
新闻传播大类	19							
教育与体育大类	20	92	62		34	42	16	
公安与司法大类	21							
公共管理与服务大类	22							

职业高中学校专任教师教学领域所属大类情况

单位:人

		编号	合计	#女	正高级	副高级	中级	初级	未定职级
		乙	1	2	3	4	5	6	7
总计		01	1458	1118		637	634	176	11
	#女	02	1118	—		520	476	113	9
	#实习指导课	03	30	27		12	10	8	
	农林牧渔大类	04							
	资源环境与安全大类	05							
	能源动力与材料大类	06	2			2			
	土木建筑大类	07							
	水利大类	08							
	装备制造大类	09	65	40		18	39	8	
	生物与化工大类	10	12	4		5	7		
	轻工纺织大类	11	10	9		4	5	1	
	食品药品与粮食大类	12	20	12		4	11	5	
专业课	交通运输大类	13	78	47		15	39	22	2
	电子与信息大类	14	197	141		92	87	17	1
	医药卫生大类	15	56	46		21	29	6	
	财经商贸大类	16	190	170		93	72	22	3
	旅游大类	17	56	46		11	24	18	3
	文化艺术大类	18	265	173		112	128	24	1
	新闻传播大类	19							
	教育与体育大类	20	507	430		260	193	53	1
	公安与司法大类	21							
	公共管理与服务大类	22							

甲

中等职业学校教师分学历（位）情况（总计）

单位：人

甲	编号乙	合计	博士研究生	#获取博士学位	#获取硕士学位	硕士研究生	#获取博士学位	#获取硕士学位	本科	#获取博士学位	#获取硕士学位	专科	#获取博士学位	#获取硕士学位	高中阶段以下
		1	2	3	4	5	6	7	8	9	10	11	12	13	14
1.专任教师	01	5471	6	6		728		688	4630		523	94			14
#女	02	3770	3	3		570		546	3164		412	31			13
正高级	03	30				3		2	27		5				2
副高级	04	2017	4	4		88		71	1906		221	19			
中级	05	2398	2	2		406		386	1946		267	39			5
初级	06	829				171		169	637		29	17			4
未定职级	07	197				60		60	114		1	19			4
2.校外教师	08	495	6	6		85		46	374		9	28			2
#女	09	302	2	2		46		25	236		7	18			
#两年以上	10	87	2	2		7		7	77			1			
正高级	11	16				1		1	14			1			
副高级	12	76	4	4		20		18	52						
中级	13	83	2	2		27		12	53						1
初级	14	139				27		7	100			11			1
未定职级	15	181				10		8	155		9	15			3
3.行业导师	16	26				2		2	16			5			
4.外籍教师	17														

普通中专学校教师分学历（位）情况

单位：人

甲	编号 乙	合计 1	博士研究生 2	#获取博士学位 3	#获取硕士学位 4	硕士研究生 5	#获取博士学位 6	#获取硕士学位 7	本科 8	#获取博士学位 9	#获取硕士学位 10	专科 11	#获取博士学位 12	#获取硕士学位 13	高中阶段及下 14
1. 专任教师	01	3734	6	6		579		549	3064		355	72			13
#女	02	2474	3	3		460		443	1992		270	17			2
正高级	03	30				3		2	27		5	15			
副高级	04	1267	4	4		76		59	1172		148	28			5
中级	05	1651	2	2		306		296	1310		187	13			4
初级	06	610				137		135	456		15	16			4
未定职级	07	176				57		57	99			18			1
2. 校外教师	08	397	6	6		84		46	288		9	13			
#女	09	254	2	2		45		25	194		7	1			
#两年以上	10	74	2	2		7		7	64			1			
正高级	11	8	4	4		1		1	6						
副高级	12	61	2	2		19		18	38			1			
中级	13	53				27		12	23			9			
初级	14	125				27		7	88		9	7			1
未定职级	15	150				10		8	133			5			
3. 行业导师	16	26				2			16						3
4. 外籍教师	17														

517

成人中专学校教师分学历（位）情况

单位：人

甲	编号 乙	合计 1	博士研究生 2	#获取博士学位 3	#获取硕士学位 4	硕士研究生 5	#获取博士学位 6	#获取硕士学位 7	本科 8	#获取博士学位 9	#获取硕士学位 10	专科 11	#获取博士学位 12	#获取硕士学位 13	高中阶段及下 14
1.专任教师	01	157				28		28	120		4	9			
#女	02	87				18		18	64		4	5			
正高级	03														
副高级	04	59				2		2	57		3				
中级	05	71				16		16	47			8			
初级	06	27				10		10	16		1	1			
未定职级	07														
2.校外教师	08	21							21						
#女	09	4							4						
#两年以上	10	4							4						
正高级	11	5							5						
副高级	12	8							8						
中级	13	6							6						
初级	14	2							2						
未定职级	15														
3.行业导师	16														
4.外籍教师	17														

职业高中学校教师分学历（位）情况

单位：人

甲	编号 乙	合计 1	博士研究生 2	#获取博士学位 3	#获取硕士学位 4	硕士研究生 5	#获取博士学位 6	#获取硕士学位 7	本科 8	#获取博士学位 9	#获取硕士学位 10	专科 11	#获取博士学位 12	#获取硕士学位 13	高中阶段及下 14
1.专任教师	01	1458				106		96	1341		155	11			14
#女	02	1118				80		73	1031		130	7			
正高级	03														
副高级	04	637				8		8	627		65	2			
中级	05	634				75		65	556		76	3			
初级	06	176				22		22	151		13	3			
未定职级	07	11				1		1	7		1	3			
2.校外教师	08	77				1	1		65			10			1
#女	09	44				1			38			5			
#两年以上	10	9							9						
正高级	11	3				1			3						
副高级	12	7							6						
中级	13	24							24						
初级	14	12							10			2			
未定职级	15	31							22			8			1
3.行业导师	16														
4.外籍教师	17														

中等职业学校教师授课分类情况（总计）

单位：人

甲	乙	本学年授课专任教师	公共基础课	#思政课	专业(技能)课程	#双师型	本学年授课校外教师	公共基础课	#思政课	专业(技能)课程	#双师型	本学年授课行业导师	#专业(技能)课程	本学年授课外籍教师	公共基础课	专业(技能)课程	本学年不授课专任教师	进修	病休	其他
编号	乙	1	2	3	4	5	6	7	8	9	10	11	12	13	14	15	16	17	18	19
总　计	01	5313	2514	331	2799	1947	495	222	14	273	140	26	25				158	2	29	127
#女	02	3691	1892	269	1799	1233	302	178	9	124	62	8	7				79	1	20	58
正高级	03	28	2		26	22	16	3	1	13	10	2	2				2			2
副高级	04	1960	1045	117	915	669	76	26	4	50	43	10	9				57		5	52
中级	05	2343	1011	135	1332	976	83	16		67	43	11	11				55	1	4	50
初级	06	788	351	56	437	250	139	69	9	70	21	1	1				41	1	19	21
未定职级	07	194	105	23	89	30	181	108		73	23	2	2				3		1	2

普通中专学校教师授课分类情况

单位：人

甲	编号	本学年授课专任教师	公共基础课	#思政课	专业(技能)课程	#双师型	本学年授校外教师	公共基础课	#思政课	专业(技能)课程	#双师型	本学年授课行业导师	#专业(技能)课程	本学年授课外籍教师	公共基础课	专业(技能)课程	本学年不授课专任教师	进修	病休	其他
乙		1	2	3	4	5	6	7	8	9	10	11	12	13	14	15	16	17	18	19
总 计	01	3674	1531	226	2143	1488	397	198	11	199	103	26	25				60	2	18	48
#女	02	2456	1131	182	1325	896	254	162	8	92	42	8	7				18	1	6	11
正高级	03	28	2		26	22	8			8	7	2	2				2			2
副高级	04	1243	602	75	641	478	61	21	2	40	39	10	9				24		3	21
中级	05	1636	610	89	1026	757	53	10		43	27	11	11				15	1	1	13
初级	06	592	226	40	366	202	125	63	9	62	15	1	1				18	1	5	12
未定职级	07	175	91	22	84	29	150	104		46	15	2	2				1		1	

成人中专学校教师授课分类情况

单位：人

甲	乙	本学年授专任教师	公共基础课	#思政课	专业(技能)课程	#双师型	本学年授课校外教师	公共基础课	#思政课	专业(技能)课程	#双师型	本学年授课行业导师	#专业(技能)课程	本学年授课外籍教师	公共基础课	专业(技能)课程	本学年不授课专任教师	进修	病休	其他
编号		1	2	3	4	5	6	7	8	9	10	11	12	13	14	15	16	17	18	19
总 计	01	133	89	4	44	23	21	6	1	15	9						24			24
#女	02	71	58	4	13	6	4			4	3						16			16
正高级	03																			
副高级	04	51	35	1	16	9	5	2		3	2						8			8
中级	05	57	38	1	19	9	8	3	1	5	2						14			14
初级	06	25	16	2	9	5	6	1		5	4						2			2
未定职级	07						2			2	1									

职业高中学校教师授课分类情况

单位：人

甲	乙	本学年授课专任教师 1	公共基础课 2	#思政课 3	专业(技能)课程 4	#双师型 5	本学年授校外课教师 6	公共基础课 7	#思政课 8	专业(技能)课程 9	#双师型 10	本学年授课行业导师 11	#专业(技能)课程 12	本学年授课外籍教师 13	公共基础课 14	专业(技能)课程 15	本学年不授课专任教师 16	进修 17	病休 18	其他 19
总　计	01	1386	819	94	567	413	77	18	2	59	28						72		18	19
#女	02	1075	643	77	432	316	44	16	1	28	17						43		19	53
正高级	03						3	1		2	1								14	29
副高级	04	612	374	38	238	170	7	2	2	5	2						25		2	23
中级	05	608	339	43	269	201	24	5		19	12						26		3	23
初级	06	156	96	12	60	42	12	6		6	5						20		14	6
未定职级	07	10	10	1			31	4		27	8						1			1

中等职业学校专任教师变动情况

单位：人

	编号	上学年初报表专任教师数	增加教师数	招聘	#应届毕业生	#师范生	调入	#外校	校内变动	#学段调整	其他	减少教师数	退休	死亡	调出	辞职	校内变动	#学段调整	其他	本学年初报表专任教师数
甲	乙	1	2	3	4	5	6	7	8	9	10	11	12	13	14	15	16	17	18	19
总计	01	5520	428	95	43	11	137	82	180	45	16	477	126	7	130	21	189	24	4	5471
#女	02	3767	288	65	29	6	97	59	112	33	14	285	85	5	87	16	90	19	2	3770

中等职业学校校舍情况（总计）

单位：平方米

甲	编号 乙	上学年校舍建筑面积 1	学校产权校舍建筑面积 增加面积 2	学校产权校舍建筑面积 减少面积 3	本学年校舍建筑面积 4	正在施工校舍建筑面积 5	非学校产权校舍建筑面积 6	独立使用 7	共同使用 8
总 计	01	1380586.39	41455.3	25978.01	1396063.68		443823.55	403646.5	40177.05
#C级危房	02	1397.83			1397.83				
#D级危房	03								
#被外单位租（借）用	04	4242.2		140	4102.2				
一、教学及辅助用房	05	729225.82	26511.92	2017.93	753719.81		225825.34	206033.34	19792
普通教室	06	308468.27	2002.85	140	310331.12		111668.82	96361.82	15307
合班教室	07	16184.89	1072.46	474	16783.35		3658.01	3658.01	
基础课实验室	08	14567		34	14533		10139.74	10139.74	
实训用房	09	273752.75	76	986.18	272842.57		50877.21	47268.21	3609
图书阅览室	10	38083.65	53	383.75	37752.9		22199.42	21458.42	741
心理咨询室	11	2106.35	697.61		2803.96		1046.52	911.52	135
风雨操场	12	76062.91	22610		98672.91		26235.62	26235.62	
二、行政办公用房	13	105716.05	2689.11	207	108198.16		36869.46	34604.46	2265
行政办公室	14	81645.81	1861.14	150	83356.95		32158.46	30253.46	1905
教研室	15	24070.24	827.97	57	24841.21		4711	4351	360
三、生活用房	16	481734.66	1811.95	11090.39	472456.22		157401.85	140154.81	17247.04
学生宿舍	17	329313.96	170	432	329051.96		105636.83	90889.79	14747.04
食堂	18	91034.45	1224.1	126.66	92131.89		31088.66	28688.66	2400
单身教工宿舍	19	15169.3			15169.3		1600	1500	100
其他附属用房	20	46216.95	417.85	10531.73	36103.07		19076.36	19076.36	
四、教工住宅	21	10673.68			10673.68		—	—	
五、其他用房	22	53236.18	10442.32	12662.69	51015.81		23726.9	22853.89	873.01

普通中专学校校舍情况

单位：平方米

甲	编号 乙	学校产权校舍建筑面积				正在施工校舍建筑面积 5	非学校产权校舍建筑面积 6	独立使用 7	共同使用 8
		上学年校舍建筑面积 1	增加面积 2	减少面积 3	本学年校舍建筑面积 4				
总　计	01	1132561.58	39795.75	16312.01	1156045.32		227051.55	186874.5	40177.05
#C级危房	02	1397.83			1397.83				
#D级危房	03								
#被外单位租（借）用	04	4242.2		140	4102.2				
一、教学及辅助用房	05	594503.57	25696.37	1420.93	618779.01		90572.34	70780.34	19792
普通教室	06	257383.62	1393.85	140	258637.47		62603.84	47296.84	15307
合班教室	07	13989.89	1072.46	192	14870.35		3658.01	3658.01	
基础课实验室	08	11969		34	11935		10139.74	10139.74	
实训用房	09	239839.82	76	671.18	239244.64		9140.41	5531.41	3609
图书阅览室	10	32204.98		383.75	31821.23		1671.42	930.42	741
心理咨询室	11	1720.35	544.06		2264.41		249.6	114.6	135
风雨操场	12	37395.91	22610		60005.91		3109.32	3109.32	
二、行政办公用房	13	82391.06	1845.11	150	84086.17		16146.36	13881.36	2265
行政办公室	14	64381.82	1017.14	150	65248.96		15243.36	13338.36	1905
教研室	15	18009.24	827.97		18837.21		903	543	360
三、生活用房	16	409813.29	1811.95	7223.39	404401.85		103237.75	85990.71	17247.04
学生宿舍	17	281065.89	170		281235.89		74128.63	59381.59	14747.04
食堂	18	76895.01	1224.1	126.66	77992.45		21130.76	18730.76	2400
单身教工宿舍	19	12269.3			12269.3		1600	1500	100
其他附属用房	20	39583.09	417.85	7096.73	32904.21		6378.36	6378.36	
四、教工住宅	21	9873.68			9873.68		—	—	—
五、其他用房	22	35979.98	10442.32	7517.69	38904.61		17095.1	16222.09	873.01

成人中专学校校舍情况

单位:平方米

甲	编号乙	学校产权校舍建筑面积 上学年校舍建筑面积 1	增加面积 2	减少面积 3	本学年校舍建筑面积 4	正在施工校舍建筑面积 5	非学校产权校舍建筑面积 6	独立使用 7	共同使用 8
总 计	01	32684.05			32684.05		38497	38497	
#C级危房	02								
#D级危房	03								
#被外单位租(借)用	04								
一、教学及辅助用房	05	21874.72			21874.72		23948	23948	
普通教室	06	11181.45			11181.45		10161	10161	
合班教室	07	670			670				
基础课实验室	08	1138			1138				
实训用房	09	2239.6			2239.6		10901	10901	
图书阅览室	10	1063.67			1063.67		2886	2886	
心理咨询室	11	82			82				
风雨操场	12	5500			5500				
二、行政办公用房	13	4038.78			4038.78		3390	3390	
行政办公室	14	3278.78			3278.78		2667	2667	
教研室	15	760			760		723	723	
三、生活用房	16	5438.55			5438.55		10831	10831	
学生宿舍	17	2514.15			2514.15		8762	8762	
食堂	18	451			451		1467	1467	
单身教工宿舍	19	220			220				
其他附属用房	20	2253.4			2253.4		602	602	
四、教工住宅	21	800			800		—	—	—
五、其他用房	22	532			532		328	328	

职业高中学校校舍情况

单位：平方米

甲	编号 乙	学校产权校舍建筑面积				正在施工校舍建筑面积	非学校产权校舍		
		上学年校舍建筑面积 1	增加面积 2	减少面积 3	本学年校舍建筑面积 4	5	建筑面积 6	独立使用 7	共同使用 8
总　计	01	215340.76	1659.55	9666	207334.31		178275	178275	
#C级危房	02								
#D级危房	03								
#被外单位租（借）用	04								
一、教学及辅助用房	05	112847.53	815.55	597	113066.08		111305	111305	
普通教室	06	39903.2	609		40512.2		38903.98	38903.98	
合班教室	07	1525		282	1243				
基础课实验室	08	1460			1460				
实训用房	09	31673.33		315	31358.33		30835.8	30835.8	
图书阅览室	10	4815	53		4868		17642	17642	
心理咨询室	11	304	153.55		457.55		796.92	796.92	
风雨操场	12	33167			33167		23126.3	23126.3	
二、行政办公用房	13	19286.21	844	57	20073.21		17333.1	17333.1	
行政办公室	14	13985.21	844		14829.21		14248.1	14248.1	
教研室	15	5301		57	5244		3085	3085	
三、生活用房	16	66482.82		3867	62615.82		43333.1	43333.1	
学生宿舍	17	45733.92		432	45301.92		22746.2	22746.2	
食堂	18	13688.44			13688.44		8490.9	8490.9	
单身教工宿舍	19	2680			2680				
其他附属用房	20	4380.46		3435	945.46		12096	12096	
四、教工住宅	21						—	—	—
五、其他用房	22	16724.2		5145	11579.2		6303.8	6303.8	

中等职业学校资产情况

甲	计量单位 乙	编号 丙	学校产权 1	非学校产权 2	独立使用 3	共同使用 4
占地面积	平方米	1	2650643.23	982327.07	888969.07	93358
#绿化用地面积	平方米	2	467749.7	169994	169122	872
#运动场地面积	平方米	3	449952	164030.48	158013.48	6017
校园足球场	个	4	28	7	6	1
11人制足球场	个	5	13	5	4	1
7人制足球场	个	6	11			
5人制足球场	个	7	4	2	2	
图书	册	8	3043590	235770	117770	118000
#当年新增	册	9	43508	500	500	—
数字资源量	-	-	—	—	—	—
电子图书	册	10	11753565	1400630	630	1400000
电子期刊	册	11	78324	6	6	6
学位论文	册	12	2505098	8	8	8
音视频	小时	13	28692.91	600	600	
职业教育仿真实训资源量	套	14	578	13	4	9
仿真实验软件	套	15	92	2	2	
仿真实训软件	套	16	403	11	2	9
仿真实习软件	套	17	83			
数字终端数	台	18	35350	1686	1366	320
教师终端数	台	19	7117	297	247	50
学生终端数	台	20	25736	1386	1116	270
教室	间	21	2857	1064	916	148
#网络多媒体教室	间	22	1804	400	387	13
固定资产总值	万元	23	459584.6964	93472.80429	90516.33595	2956.46834
#教学科研实习仪器设备资产值	万元	24	134773.2689	6754.885951	6501.285951	253.6
#当年新增	万元	25	6314.195932	109.1121	109.1121	—

中等职业学校分学校情况一览表

单位:人

甲	编号 乙	毕业生数 计	毕业生数 #获得职业资格证书	招生数 计	在校生数 计	预计毕业生数 计	教职工数 计	教职工数 #专任教师
		1	2	3	4	5	6	7
天津市物资贸易学校	01	414	5	267	837	459	70	53
天津市涉外工业中等职业学校	02							
天津求实科工贸成人中等专业学校	03							
天津市中华职业中等专业学校	04	528	58	541	1653	499	202	175
天津市政工程学校	05	119	185	401	1214	421	102	51
天津市纺织工业学校	06	785		802	2361	811	67	48
天津市农业广播电视学校	07			2222	2222		34	20
天津市园林学校	08	152	510	313	911	248	59	27
天津市化学工业学校	09	574	56	653	2152	615	138	92
天津市航运职工中专学校	10	185	1392					
天津市宝坻区教师进修学校	11						49	41
天津市南开区职工中等专业学校	12		136					
天津市经济贸易学校	13	1654	8	1233	4204	1626	292	211
天津市和平区职工中等专业学校	14	56	32	56			37	35
天津市第一商业学校	15	1394	888	1626	4677	1480	232	162
天津音乐学院附属中等音乐学校	16	130	462	225	898	168	83	64
天津市新华中等职业学校	17							
天津市财经职业中等专业学校	18	199	177	390	812	278	141	109
天津市建筑工程学校	19	604		652	1721	534	129	81
天津市劳动经济学校	20	888	838	989	2975	1078	253	200
天津市仪表无线电工业学校	21	496	62	569	1748	612	218	139
天津市电子计算机职业中等专业学校	22	280		350	1074	300	162	122

中等职业学校分学校情况一览表（续一）

单位：人

甲	编号	毕业生数		招生数	在校生数	预计毕业生数	教职工数	
		计	#获得职业资格证书	计	计	计	计	#专任教师
	乙	1	2	3	4	5	6	7
天津市南开区职业中等专业学校	23	190		377	781	184	181	160
天津市蓟州区成人中等专业学校	24							
天津市滨海新区塘沽第一职业中等专业学校	25	921	316	965	2582	889	232	191
天津市滨海新区汉沽中等专业学校	26	270	622	408	1086	283	87	62
天津市城市建设管理学校	27		1070					
天津市宝坻区职工卫生学校	28						14	11
天津市礼仪职业中等专业学校	29		135				3	
天津市旅外职业高中有限公司	30	316	100	920	2087	257	81	70
天津市第一轻工业学校	31	1923		1261	4005	1610	342	257
天津市红星职业中等专业学校	32	1070		973	3232	1200	319	282
天津市国际商务学校	33		203					
天津市中山志成职业中等专业学校	34	298		289	818	311	122	107
天津市生态城汉德中等职业学校	35	100		249	613	141	63	42
天津市宁河区成人中等专业学校	36							
天津市幼儿师范学校	37	71	1436	88	243	74	176	116
天津市南洋工业学校	38	644		744	2272	731	163	117
天津市远洋职工中等专业学校	39		206				77	36
天津市信息工程学校	40	1406		1262	3482	1202	303	291
天津市西青区成人中等专业学校	41						15	6
天津市机电工业学校	42	1436		1193	3384	1152	560	314
天津市百利机械装备集团有限公司干部中等专业学校	43							
天津市西青区中等专业学校	44	374		533	1765	657	156	138

中等职业学校分学校情况一览表（续二）

单位：人

甲	编号	毕业生数 计	毕业生数 #获得职业资格证书	招生数 计	在校生数 计	预计毕业生数 计	教职工数 计	教职工数 #专任教师
	乙	1	2	3	4	5	6	7
天津市静海区新东方烹饪中等职业技术学校有限公司	45		408				6	7
天津市现代职业学校	46	112		131	420	138	64	40
天津市武清区卫生学校	47							
天津市滨海新区汉沽职工卫生学校	48		686				6	1
天津市宝坻区职业教育与成人教育中心	49	657	577	646	1948	618	244	231
天津市滨海中等专业学校	50	421		562	1551	461	156	75
中交天津航道局有限公司职工中等专业学校	51						15	7
天津市静海区中医学校	52		109					
天津市劳动保护学校	53	686	54	612	1706	579	294	92
天津市东丽区职业教育中心学校	54	911		1035	3311	959	222	195
天津北方职业学校有限公司	55	199	16	133	133		35	19
天津市药科中等专业学校	56			161	711	247	62	33
天津市宁河区中等专业学校	57	181	126	328	1123	461	98	91
天津市交通学校	58	292		790	1690	511	144	111
天津市北辰区中等职业技术学校	59	619		540	2268	762	123	111
天津市武清区塘沽职工中等专业学校	60	1216		1170	3484	1113	314	238
天津市滨海新区塘沽中等专业学校	61		225					
天津市民族中等专业学校	62	468	239	482	1427	588	90	75
天津市滨海新区塘沽职业技术学校	63							
天津市港口管理中等专业学校	64							
天津市滨海新区汉沽职业成人中等教育中心	65						10	
天津市静海区成人职业教育中心	66	566		555	1675	648	193	134
天津市体育运动学校	67	239		214	792	280	134	66

单位：人

附设中职班情况一览表

甲	编号	毕业生数		招生数		在校生数	预计毕业生数	专任教师
		计	#获得职业资格证书	计	#应届毕业生	计	计	
甲	乙	1	2	4	6	7	9	11
天津艺术职业学院	01	57		68	32	528	108	
天津市视力障碍学校	02	10	10	12	12	28	8	12
天津市职业大学	03					70		
天津体育学院	04	31		59	58	153	42	1
天津师范大学	05	115		116	116	310	36	
天津城市职业学院	06	70	3	180	180	527	170	31
天津市聋人学校	07	22	6	35	35	87	23	34
天津霍元甲文武学校	08	80	61	97	93	242	67	21
天津工业职业学院	09	49	32	20	20	124	70	23

普通中等教育

普通中学、职业初中校数

单位：所

甲	编号 乙	合计 1	城区						镇区						乡村					
			城区 2	教育部门 3	其他部门 4	地方企业 5	民办 6	中外合作办 7	镇区 8	教育部门 9	其他部门 10	地方企业 11	民办 12	中外合作办 13	乡村 14	教育部门 15	其他部门 16	地方企业 17	民办 18	中外合作办 19
总计	01	535	339	287	1		51		129	124			5		67	67				
#独立设置少数民族学校	02	1	1	1																
初中	03	344	181	159	1		21		100	99			1		63	63				
初级中学	04	286	138	131			7		91	91					57	57				
九年一贯制学校	05	58	43	28	1		14		9	8			1		6	6				
职业初中	06																			
高中	07	191	158	128			30		29	25			4		4	4				
完全中学	08	107	106	91			15		1	1										
高级中学	09	69	39	32			7			24			2		4	4				
十二年一贯制学校	10	15	13	5			8		2				2							

中学班数

单位:个

甲	编号	合计	初中	一年级	二年级	三年级	四年级	高中	一年级	二年级	三年级
乙		1	2	3	4	5	6	7	8	9	10
总计	01	12443	8156	2717	2660	2566	213	4287	1446	1506	1335
#九年一贯制学校	02	622	622	234	205	183					
#十二年一贯制学校	03	486	279	91	91	97		207	80	71	56
#其他学校附设班	04	5	5	1	2	2					
#独立设置少数民族学校	05	7	7	2	2	3					
教育部门	06	11190	7331	2430	2391	2297	213	3859	1288	1356	1215
其他部门	07	25	25	9	8	8					
地方企业	08										
民办	09	1228	800	278	261	261		428		150	120
中外合作办	10										
城区	11	9369	5802	2001	1931	1832	38	3567	1210	1244	1113
教育部门	12	8193	5021	1729	1677	1577	38	3172	1066	1105	1001
其他部门	13	20	20	8	6	6					
地方企业	14										
民办	15	1156	761	264	248	249		395	144	139	112
中外合作办	16										
镇区	17	2236	1594	486	503	499	106	642	210	234	198
教育部门	18	2159	1550	471	488	485	106	609	196	223	190
其他部门	19	5	5	1	2	2					
地方企业	20										
民办	21	72	39	14	13	12		33	14	11	8
中外合作办	22										
乡村	23	838	760	230	226	235	69	78	26	28	24
教育部门	24	838	760	230	226	235	69	78	26	28	24
其他部门	25										
地方企业	26										
民办	27										
中外合作办	28										

中学班额情况

单位：个

甲	编号乙	合计 1	初中 2	一年级 3	二年级 4	三年级 5	四年级 6	高中 7	一年级 8	二年级 9	三年级 10
总计	01	12443	8156	2717	2660	2566	213	4287	1446	1506	1335
25人以下	02	280	163	49	40	60	14	117	34	45	38
26–30人	03	447	315	104	101	89	21	132	35	40	57
31–35人	04	949	735	213	197	269	56	214	57	81	76
36–40人	05	2201	1686	556	507	570	53	515	162	159	194
41–45人	06	4098	2936	1015	1050	828	43	1162	436	377	349
46–50人	07	3299	1984	685	679	600	20	1315	526	407	382
51–55人	08	1169	337	95	86	150	6	832	196	397	239
56–60人	09										
61–65人	10										
66人以上	11										
城区 25人以下	12	175	89	35	22	32		86	30	30	26
26–30人	13	263	145	61	46	38		118	30	35	53
31–35人	14	564	377	103	108	162	4	187	52	75	60
36–40人	15	1517	1039	337	324	366	12	478	162	140	176
41–45人	16	3316	2280	827	806	627	20	1036	410	334	292
46–50人	17	2647	1583	555	556	472		1064	400	348	316
51–55人	18	887	289	83	69	135	2	598	126	282	190
56–60人	19										
61–65人	20										
66人以上	21										

（续表）

		编号	合计	初中	一年级	二年级	三年级	四年级	高中	一年级	二年级	三年级
镇区	25人以下	22	68	37	7	9	16	5	31	4	15	12
	26-30人	23	110	96	16	37	29	14	14	5	5	4
	31-35人	24	243	219	61	49	67	42	24	5	6	13
	36-40人	25	476	441	150	141	134	16	35		17	18
	41-45人	26	576	469	148	171	137	13	107	22	37	48
	46-50人	27	503	288	92	82	102	12	215	111	49	55
	51-55人	28	260	44	12	14	14	4	216	63	105	48
	56-60人	29										
	61-65人	30										
	66人以上	31										
乡村	25人以下	32	37	37	7	9	12	9				
	26-30人	33	74	74	27	18	22	7				
	31-35人	34	142	139	49	40	40	10	3			3
	36-40人	35	208	206	69	42	70	25	2		2	
	41-45人	36	206	187	40	73	64	10	19	4	6	9
	46-50人	37	149	113	38	41	26	8	36	15	10	11
	51-55人	38	22	4		3	1		18	7	10	1
	56-60人	39										
	61-65人	40										
	66人以上	41										

普通初中分办别、分城乡学生情况

单位：人

甲	编号 乙	毕业生数 1	招生数 2	在校生数 3	#女 4	一年级 5	二年级 6	三年级 7	四年级 8	预计毕业生数 9
总计	01	98175	113051	340858	159020	113691	112203	107078	7886	106567
#女	02	45984	52765	159020	—	53046	52095	50115	3764	49864
#少数民族	03	4437	5740	16957	8164	5757	5570	5147	483	5092
#九年一贯制学校	04	5970	9239	24421	11191	9263	8201	6957		6957
#十二年一贯制学校	05	2714	3406	10307	4773	3406	3363	3538		3538
#完全中学	06	24678	33681	93480	43815	33742	31319	28152	267	28146
#附设普通初中班	07	28	25	155	92	25	70	60		60
#附设职业初中班	08									
#独立设置少数民族学校	09	57	34	182	72	34	74	74		74
#寄宿生	10	—	3248	9712	4342	3248	3189	3270	5	3258
#随迁子女	11	6652	11678	31201	13955	11697	10873	8560	71	8546
#外省迁入	12	6528	11482	30674	13684	11501	10695	8410	68	8405
#本省外县迁入	13	124	196	527	271	196	178	150	3	141
进城务工人员随迁子女	14	5203	9053	23856	10626	9060	8341	6407	48	6422
#外省迁入	15	5142	9001	23741	10571	9008	8316	6369	48	6390
#本省外县迁入	16	61	52	115	55	52	25	38		32
#农村留守儿童	17	28	38	100	31	38	42	17	3	13
#送教上门	18	2	2	8	1	2	4		2	—
教育部门	19	88678	101421	307410	143189	102057	101270	96197	7886	95686
其他部门	20	149	407	1113	563	407	390	316		316

（续表）

编号	毕业生数	招生数	在校生数	#女	一年级	二年级	三年级	四年级	预计毕业生数	
21										地方企业
22	9348	11223	32335	15268	11227	10543	10565		10565	民办
23										中外合作办
24	70099	85116	247876	115710	85245	83005	78051	1575	77933	城区
25	60666	74016	215867	100521	74141	72553	67598	1575	67480	教育部门
26	121	382	958	471	382	320	256		256	其他部门
27										地方企业
28	9312	10718	31051	14718	10722	10132	10197		10197	民办
29										中外合作办
30	19585	19437	63907	29830	19672	20308	20089	3838	19850	镇区
31	19521	18907	62468	29188	19142	19827	19661	3838	19422	教育部门
32	28	25	155	92	25	70	60		60	其他部门
33										地方企业
34	36	505	1284	550	505	411	368		368	民办
35										中外合作办
36	8491	8498	29075	13480	8774	8890	8938	2473	8784	乡村
37	8491	8498	29075	13480	8774	8890	8938	2473	8784	教育部门
38										其他部门
39										地方企业
40										民办
41										中外合作办

普通高中分办别、分城乡学生情况

单位：人

甲	编号 乙	毕业生数 1	招生数 2	在校生数 3	#女 4	一年级 5	二年级 6	三年级 7	预计毕业生数 8
总计	01	51828	64707	190701	97193	64763	67664	58274	58274
#女	02	26280	32838	97193	—	32863	34292	30038	30038
#少数民族	03	3364	4164	12932	6875	4165	4303	4464	4464
#十二年一贯制学校	04	1710	2680	7824	3663	2682	2926	2216	2216
#完全中学	05	24504	31981	91756	47032	32025	32141	27590	27590
#附设普通高中班	06								
#独立设置少数民族学校	07								
#残疾人	08	29	29	112	36	31	41	40	40
#寄宿生	09	—	25275	65578	34329	25277	23145	17156	
#随迁子女	10	15	6	932	395	6	514	412	412
#外省迁入	11	15	6	925	393	6	510	409	409
#本省外县迁入	12			7	2		4	3	3
教育部门	13	48340	59065	174670	89712	59118	61855	53697	53697
其他部门	14								
地方企业	15								
民办	16	3488	5642	16031	7481	5645	5809	4577	4577
中外合作办	17								
城区	18	42682	53293	157434	79842	53344	55545	48545	48545
教育部门	19	39356	48060	142389	72802	48108	50071	44210	44210
其他部门	20								
地方企业	21								
民办	22	3326	5233	15045	7040	5236	5474	4335	4335
中外合作办	23								

	编号	毕业生数	招生数	在校生数	#女	一年级	二年级	三年级	预计毕业生数
镇区	24	8144	10114	29546	15380	10119	10769	8658	8658
教育部门	25	7982	9705	28560	14939	9710	10434	8416	8416
其他部门	26								
地方企业	27								
民办	28	162	409	986	441	409	335	242	242
中外合作办	29								
乡村	30	1002	1300	3721	1971	1300	1350	1071	1071
教育部门	31	1002	1300	3721	1971	1300	1350	1071	1071
其他部门	32								
地方企业	33								
民办	34								
中外合作办	35								

中学学校教职工数

单位：人

甲	编号乙	教职工数 1	专任教师 2	行政人员 3	教辅人员 4	工勤人员 5	其他 6	校外教师 7	外籍教师 8
总　计	01	59482	51652	3364	3261	1074	131	226	8
#女	02	41794	37915	1437	2083	287	72	157	97
#少数民族	03	2118	1874	127	94	22	1	10	34
#任编人员	04	51543	45571	2799	2661	475	37	—	3
教育部门	05	53211	46787	2797	2777	752	98	123	17
其他部门	06	235	225	10					
地方企业	07								
民办	08	6036	4640	557	484	322	33	103	80
中外合作办	09								
城区	10	46306	39702	2716	2910	871	107	223	97
教育部门	11	40523	35182	2205	2481	581	74	120	17
其他部门	12	235	225	10					
地方企业	13								
民办	14	5548	4295	501	429	290	33	103	80
中外合作办	15								
镇区	16	9591	8678	437	302	157	17	3	
教育部门	17	9103	8333	381	247	125	17	3	
其他部门	18								
地方企业	19								
民办	20	488	345	56	55	32			
中外合作办	21								
乡村	22	3585	3272	211	49	46	7		
教育部门	23	3585	3272	211	49	46	7		
其他部门	24								
地方企业	25								
民办	26								
中外合作办	27								

中学专任教师专业技术职务、年龄结构情况（总计）

单位：人

甲		编号乙	合计 1	#女 2	24岁以下 3	25—29岁 4	30—34岁 5	35—39岁 6	40—44岁 7	45—49岁 8	50—54岁 9	55—59岁 10	60岁以上 11
初	中	01	30401	22085	748	3423	3657	4183	5721		5269	2501	11
	#女	02	22085	—	601	2779	2952	3240	4144	3498	3575	1292	4
	#少数民族	03	1023	832	25	139	136	192	222	125	128	56	
	正高级	04	10	8		2	2		1	3	4	2	
	副高级	05	10570	7308			21	343	1514	2533	3980	2170	7
	中级	06	13094	9431	11	211	1850	3211	3987	2282	1231	309	2
	助理级	07	4604	3644	191	2105	1485	528	179	51	46	19	
	员级	08	158	115	26	64	34	17	10	4	3		
	未定职级	09	1965	1579	520	1041	267	84	30	15	5	1	2
高	中	10	17123	12391	342	1764	2412	3087	3875	2395	1942	1298	8
	#女	11	12391	—	283	1433	1841	2305	2791	1711	1366	658	3
	#少数民族	12	678	513	5	75	108	140	188	91	48	23	
	正高级	13	88	61				1	5	19	27	35	1
	副高级	14	6645	4400	2		8	382	1461	1826	1746	1216	6
	中级	15	6955	5224	93	170	1349	2387	2323	526	158	40	
	助理级	16	2385	1899		1094	891	234	54	8	6	5	
	员级	17	140	99	11	40	47	27	9	6	5		
	未定职级	18	910	708	236	460	117	56	23	10	5	2	1

中学专任教师专业技术职务、年龄结构情况（城区）

单位：人

甲		编号 乙	合计 1	#女 2	24岁以下 3	25—29岁 4	30—34岁 5	35—39岁 6	40—44岁 7	45—49岁 8	50—54岁 9	55—59岁 10	60岁以上 11
初	中	01	21819	17120	588	2589	2906	3285	4038	3314	3516	1574	11
	#女	02	17120	—	478	2108	2356	2642	3183	2644	2687	1018	9
	#少数民族	03	808	681	21	114	113	162	174	95	93	36	4
	正高级	04	8	8						3	3	2	
	副高级	05	7556	5815		2	20	261	1212	1874	2763	1418	6
	中级	06	9034	7091	8	158	1450	2516	2666	1386	707	142	1
	助理级	07	3457	2792	149	1518	1176	414	120	34	35	11	
	员级	08	148	111	24	60	32	16	10	3	3		
	未定职级	09	1616	1303	407	851	228	78	30	14	5	1	2
高	中	10	14217	10467	245	1336	1965	2662	3201	2014	1648	1140	6
	#女	11	10467	—	201	1085	1497	2003	2373	1480	1210	615	3
	#少数民族	12	573	437	2	63	92	116	153	82	42	23	
	正高级	13	86	59				1	5	19	26	34	1
	副高级	14	5638	3887			5	301	1218	1558	1483	1069	4
	中级	15	5717	4345	2	114	1033	2081	1906	420	129	32	
	助理级	16	1863	1476	51	777	774	203	43	7	5	3	
	员级	17	132	97	11	40	47	26	7	1			
	未定职级	18	781	603	181	405	106	50	22	9	5	2	1

中学专任教师专业技术职务、年龄结构情况（镇区）

单位：人

甲	编号 乙	合计 1	#女 2	24岁以下 3	25—29岁 4	30—34岁 5	35—39岁 6	40—44岁 7	45—49岁 8	50—54岁 9	55—59岁 10	60岁以上 11
初 中	01	5826	3409	103	596	553	607	1134		1186	610	11
#女	02	3409	—	78	482	443	416	628	581	604	177	2
#少数民族	03	134	99	2	18	17	17	31	20	21	8	
正高级	04	1										
副高级	05	2043	1038			1	68	227	433	820	493	1
中级	06	2737	1576	3	45	307	457	870	586	357	111	1
助理级	07	800	602	26	417	216	76	37	14	8	6	
员级	08	4	2		2		1		1			
未定职级	09	241	191	74	132	29	5		1			
高 中	10	2540	1688	85	383	411	387	584	329	231	128	2
#女	11	1688	—	73	310	312	273	360	201	123	36	
#少数民族	12	71	52	3	9	14	20	20	2	3		
正高级	13	2	2							1	1	
副高级	14	863	444		54	3	77	223	232	206	120	2
中级	15	1091	774	35	279	296	276	347	90	23	5	
助理级	16	457	367			101	27	11	1	1	2	
员级	17	8	2				1	2	5			
未定职级	18	119	99	50	50	11	6	1	1			

中学专任教师专业技术职务、年龄结构情况（乡村）

单位：人

甲	编号乙	合计 1	#女 2	24岁以下 3	25—29岁 4	30—34岁 5	35—39岁 6	40—44岁 7	45—49岁 8	50—54岁 9	55—59岁 10	60岁以上 11
初 中	01	2756	1556	57	238	198	291	549	528	567	317	11
#女	02	1556	—	45	189	153	182	333	273	284	97	
#少数民族	03	81	52	2	7	6	13	17	10	14	12	
正高级	04	1						1				
副高级	05	971	455				14	75	215	397	259	11
中级	06	1323	764		8	93	238	451	310	167	56	
助理级	07	347	250	16	170	93	38	22	3	3	2	
员级	08	6	2	2	2	2						
未定职级	09	108	85	39	58	10	1					
高 中	10	366	236	12	45	36	38	90	52	63	30	
#女	11	236	—	9	38	32	29	58	30	33	7	
#少数民族	12	34	24		3	2	4	15	7	3		
正高级	13											
副高级	14	144	69				4	20	36	57	27	
中级	15	147	105		2	20	30	70	16	6	3	
助理级	16	65	56	7	38	16	4					
员级	17											
未定职级	18	10	6	5	5							

中学分课程专任教师学历情况（总计）

单位：人

甲	乙	合计	#女	道德与法治	语文	数学	外语	#英语	#日语	#俄语	科学	物理	化学	生物	历史与社会	地理	历史	信息技术	通用技术	体育与健康	艺术	音乐	美术	综合实践活动	#信息技术	#劳动与技术	其他	本学年不授课专任教师
	编号	1	2	3	4	5	6	7	8	9	10	11	12	13	14	15	16	17	18	19	20	21	22	23	24	25	26	27
总计 计	01	47524	34476	3186	6872	6917	6877	6837	11		98	4233	3083	2666	38	2242	2702	387	230	3007	13	1038	1090	1318	787	486	681	846
初中	02	30401	22085	2152	4560	4576	4539	4506	8		98	2660	1498	1307	38	1156	1669	—	—	2201	10	776	784	1297	787	486	517	563
#女	03	22085	—	1641	3863	3505	3994	3969	7		43	1635	1154	999	16	819	1142	—	—	708	6	606	502	742	480	248	348	362
#少数民族	04	1023	832	70	183	154	156	154	2		1	90	49	44		27	65	—	—	62		32	15	36	26	10	15	24
博士研究生	05	13	10	1			1	1			1	3	2	2		1	2										1	
硕士研究生	06	4057	3488	298	518	510	706	696	3		4	347	230	227	1	176	284			295		102	117	113	93	19	112	17
本科	07	25780	18385	1823	4002	4018	3796	3773	5		84	2278	1255	1040	37	945	1355			1856	10	651	651	1123	678	424	361	495
专科	08	524	192	31	40	47	35	35			9	32	10	38		34	27			49		23	16	57	15	40	26	50
高中阶段	09	23	10			1	1	1				1	1				1			1				4	1	3	13	1
高中阶段以下	10	4																									4	
高中	11	17123	12391	1034	2312	2341	2338	2331	3			1573	1585	1359		1086	1033	387	230	806	3	262	306	21	—	—	164	283
#女	12	12391	—	833	1854	1646	2073	2066	3			870	1205	1069		811	738	258	116	227	2	200	203	11	—	—	121	154
#少数民族	13	678	513	48	91	88	105	105				64	67	43		36	45	17	7	29		14	10		—	—	8	6
博士研究生	14	56	28	1	5	1			1			9	16	20			3		1	1					—	—		
硕士研究生	15	3344	2713	228	367	376	539	536	2			272	315	358		240	271	59	31	127	1	39	49	3	—	—	50	19
本科	16	13659	9627	803	1938	1956	1787	1783				1288	1253	981		845	757	327	196	670	2	220	255	18	—	—	109	254
专科	17	61	21	2	2	8	12	12				4	1			1	2		2	7		3	2		—	—	5	10
高中阶段	18	3	2															1		2					—	—		
高中阶段以下	19																											

中学分课程专任教师学历情况（城区）

单位：人

甲	编号 乙	合计 1	#女 2	道德与法治 3	语文 4	数学 5	外语 6	#英语 7	#日语 8	#俄语 9	科学 10	物理 11	化学 12	生物 13	历史与社会 14	地理 15	历史 16	信息技术 17	通用技术 18	体育与健康 19	艺术 20	音乐 21	美术 22	综合实践活动 23	#信息技术 24	#劳动与技术 25	其他 26	本学年不授课专任教师 27
总计	01	36036	27587	2346	5181	5211	5217	5180	11		31	3199	2383	2079	12	1731	2063	315	187	2234	4	793	835	943	605	308	565	707
初中	02	21819	17120	1487	3247	3260	3254	3224	8		31	1878	1064	968	12	839	1212	—	—	1584	1	573	575	926	605	308	421	487
#女	03	17120	—	1266	2882	2622	2986	2961	7		19	1277	877	808	8	680	918	—	—	583	1	480	409	635	426	202	323	346
#少数民族	04	808	681	56	142	112	125	123	2			73	36	36		23	55	—	—	50		27	10	29	23	6	11	23
博士研究生	05	13	10								1	3	2	2		1	2	—	—								1	
硕士研究生	06	3811	3281	284	481	482	653	643	3		4	325	212	218	1	170	266	—	—	281		96	104	108	88	19	109	17
本科	07	17716	13676	1196	2745	2747	2574	2554	5		23	1528	843	737	11	660	933	—	—	1279	1	468	464	794	511	273	283	430
专科	08	262	143	7	21	30	25	25			3	22	7	11		8	10	—	—	24		9	7	24	6	16	14	40
高中阶段	09	13	10			1	1	1									1	—	—								10	
高中阶段以下	10	4					1	1										—	—								4	
高中	11	14217	10467	859	1934	1951	1963	1956	3		—	1321	1319	1111	—	892	851	315	187	650	3	220	260	17	—	—	144	220
#女	12	10467	—	703	1567	1384	1752	1745	3		—	757	1012	879	—	677	621	219	96	201	2	170	178	9	—	—	107	133
#少数民族	13	573	437	41	80	73	97	97			—	48	56	36	—	31	36	11	7	26		11	6		—	—	8	6
博士研究生	14	56	28	1	5	1					—	9	16	20	—		3		1						—	—	6	
硕士研究生	15	3090	2500	215	346	348	497	494	1		—	251	286	332	—	222	248	52	31	116	1	34	45	3	—	—	47	16
本科	16	11021	7921	642	1581	1598	1455	1451	2		—	1058	1016	759	—	669	598	263	154	526	2	183	213	14	—	—	92	198
专科	17	49	17	1	2	4	11	11			—	3	1		—	1	2		1	7		3	2		—	—	5	6
高中阶段	18	1	1								—				—					1					—	—		
高中阶段以下	19																											

中学分课程专任教师学历情况（镇区）

单位：人

甲	编号乙	合计1	#女2	道德与法治3	语文4	数学5	外语6	#英语7	#日语8	#俄语9	科学10	物理11	化学12	生物13	历史与社会14	地理15	历史16	信息技术17	通用技术18	体育与健康19	艺术20	音乐21	美术22	综合实践活动23	#信息技术24	#劳动与技术25	其他26	本学年不授课专任教师27
总计	01	8366	5097	602	1224	1230	1196	1196			48	757	529	453	21	390	468	62	36	559	7	175	185	250	117	122	78	96
初中	02	5826	3409	450	889	886	862	862			48	531	292	238	21	219	309	—	—	427	7	139	143	246	117	122	63	56
#女	03	3409	—	258	679	612	666	666			18	242	187	135	7	101	154	—	—	87	3	87	67	79	41	32	12	15
#少数民族	04	134	99	10	26	25	20	20				10	9	4		3	6			9		4	2	1		1	4	1
博士研究生	05																											
硕士研究生	06	195	169	7	30	24	46	46				17	13	9		6	16			8		3	9	4	4		3	
本科	07	5458	3210	428	849	853	808	808			44	507	276	209	21	195	283	—	—	403	7	128	127	224	110	107	47	49
专科	08	168	30	15	10	9	8	8			4	7	3	20		18	10			16		8	7	15	3	12	11	7
高中阶段	09	5																						3		3	2	
高中阶段以下	10																											
高中	11	2540	1688	152	335	344	334	334			—	226	237	215	—	171	159	62	36	132		36	42	4	—	—	15	40
#女	12	1688	—	113	256	231	284	284			—	103	170	165	—	120	100	33	17	22		25	22	2	—	—	12	13
#少数民族	13	71	52	4	8	12	6	6				11	6	3		4	7	3		2		3	2				3	
博士研究生	14																											
硕士研究生	15	239	199	12	20	28	38	38				20	26	26		16	23	6	1	11		3	4	4			3	3
本科	16	2288	1484	139	315	313	295	295			—	205	211	189	—	155	136	55	35	120		33	38	4	—	—	12	33
专科	17	11	4	1		3	1	1				1							1									4
高中阶段	18	2	1															1		1								
高中阶段以下	19																											

中学分课程专任教师学历情况（乡村）

单位：人

甲	乙	合计	#女	道德与法治	语文	数学	外语	#英语	#日语	#俄语	科学	物理	化学	生物	历史与社会	地理	历史	信息技术	通用技术	体育与健康	艺术	音乐	美术	综合实践活动	#信息技术	#劳动与技术	其他	本学年不授课专任教师
总计	01	3122	1792	238	467	476	464	461			19	277	171	134	5	121	171	10	7	214	2	70	70	125	65	56	38	43
初中	02	2756	1556	215	424	430	423	420			19	251	142	101	5	98	148	—	—	190	2	64	66	125	65	56	33	20
#女	03	1556	—	117	302	271	342	342			6	116	90	56	1	38	70	—	—	38	2	39	26	28	13	14	13	1
#少数民族	04	81	52	4	15	17	11	11			1	7	4	4		1	4	—	—	3		1	3	6	3	3		1
博士研究生	05																											
硕士研究生	06	51	38	7	7	4	7	7				5	5				2			6		3	4	1	1			
本科	07	2606	1499	199	408	418	414	411			17	243	136	94	5	90	139	—	—	174	2	55	60	105	57	44	31	16
专科	08	94	19	9	9	8	2	2			2	3	1	7		8	7			9		6	2	18	6	12	1	3
高中阶段	09	5																		1				1	1		1	1
高中阶段以下	10																											
高中	11	366	236	23	43	46	41	41			—	26	29	33	—	23	23	10	7	24		6	4		—	—	5	23
#女	12	236	—	17	31	31	37	37			—	10	23	25	—	14	17	6	3	4		5	3		—		2	8
#少数民族	13	34	24	3	3	3	2	2				5	5	4		1	2	3		1			2					
博士研究生	14																											
硕士研究生	15	15	14	1	1		4	4				1	3			2		1				2						
本科	16	350	222	22	42	45	37	37			—	25	26	33	—	21	23	9	7	24		4	4		—	—	5	23
专科	17	1				1																						
高中阶段	18																											
高中阶段以下	19																											

中学专任教师变动情况

单位：人

甲	乙	上学年初报表专任教师数	增加教师数	招聘	应届毕业生	#师范生	调入	#外校	校内变动	#学段调整	其他	减少教师数	退休	死亡	调出	辞职	校内变动	#学段调整	其他	本学年初报表专任教师数
		1	2	3	4	5	6	7	8	9	10	11	12	13	14	15	16	17	18	19
初 中	01	29208	3143	1484	661	243	845	461	714	343	100	1950	375	7	854	224	460	270	30	30401
#女	02	21088	2294	1172	547	195	575	311	477	255	70	1297	247	5	569	173	285	176	18	22085
城区	03	20766	2621	1223	546	216	681	376	627	324	90	1568	287	5	613	218	418	265	27	21819
#女	04	16253	1965	974	453	176	487	263	441	240	63	1098	218	4	428	168	264	175	16	17120
镇区	05	5730	369	189	73	21	96	52	79	17	5	273	58	1	171	5	37	3	1	5826
#女	06	3328	231	140	59	15	56	31	32	13	3	150	18	1	107	4	20			3409
乡村	07	2712	153	72	42	6	68	33	8	2	5	109	30	1	70	1	5	2	2	2756
#女	08	1507	98	58	35	4	32	17	4	2	4	49	11		34	1	1	1	2	1556
高 中	09	16798	1486	776	346	174	283	154		230	44	1161	146	7	340	163	442	265	63	17123
#女	10	12104	1054	589	287	148	192	105	236	150	37	767	98	4	239	113	282	186	31	12391
城区	11	13984	1299	665	284	143	230	109		230	44	1066	136	6	285	155	421	265	63	14217
#女	12	10241	936	505	238	121	163	81	231	150	37	710	93	3	203	105	275	186	31	10467
镇区	13	2471	159	102	56	31	36	28				90	9	1	51	8	21			2540
#女	14	1630	110	81	47	27	24	19	5			52	4	1	32	8	7			1688
乡村	15	343	28	9	6		17	17				5	1		4					366
#女	16	233	8	3	2		5	5				5	1		4					236

中学教育学校办学条件

甲	乙 编号	学校占地面积（平方米） 1	校舍建筑面积（平方米） 2	教学及辅助用房 3	行政办公用房 4	生活用房 5	其他用房 6	#租用外单位 7	#被外单位（借）用 8	图书（册） 9	固定资产总值（万元） 10	#仪器设备总值 11
总　计	01	18940534.91	9060320.48	4197990.46	1099980.3	2728534.47	1033815.25	512443.02	55196.44	24952283	1651259.993	267566.9212
初中	02	9143821.55	3353641.11	1779426.62	446373.44	702610.55	425230.5	184642.58	20073.67	11482374	623068.2815	103677.1834
初级中学	03	7269933.12	2430930.31	1357842.46	351763.51	502127.87	219196.47	22694	9022.31	9690052	480343.1048	73941.1599
九年一贯制学校	04	1873888.43	922710.8	421584.16	94609.93	200482.68	206034.03	161948.58	11051.36	1792322	142725.1767	29736.0235
高中	05	9796713.36	5706679.37	2418563.84	653606.86	2025923.92	608584.75	327800.44	35122.77	13469909	1028191.712	163889.7378
完全中学	06	4811979.61	3167342.83	1449776.28	405441.11	957611.38	354514.06	114856.6	35122.77	8366326	470060.2541	109022.4418
高级中学	07	3963970.55	1792987.92	643894.9	193973.44	764708.65	190410.93	87131.91		4244469	483462.5831	42743.86976
十二年一贯制学校	08	1020763.2	746348.62	324892.66	54192.31	303603.89	63659.76	125811.93		859114	74668.87437	12123.42625

中学学校占地面积及其他办学条件

甲	编号 乙	占地面积（平方米） 1	#绿化用地面积 2	#运动场地面积 3	校园足球场（个） 4	11人制足球场 5	7人制足球场 6	5人制足球场 7	图书（册） 8	数字终端数（台） 9	教师终端数 10	学生终端数 11	教室（间） 12	#网络多媒体教室 13	固定资产总值（万元） 14	#教学仪器设备资产值 15
总　计	01	18940534.91	3076849.71	6876772.28	506	180	235	91	24952283	146784	71475	71985	23460	20060	1651259.993	267566.9212
初中	02	9143821.55	1332202.95	3686257.78	314	82	159	73	11482374	62658	31824	29666	11091	9187	623068.2815	103677.1834
初级中学	03	7269933.12	1019747.18	3047092.06	254	66	126	62	9690052	49097	24172	23971	8295	6774	480343.1048	73941.1599
九年一贯制学校	04	1873888.43	312455.77	639165.72	60	16	33	11	1792322	13561	7652	5695	2796	2413	142725.1767	29736.0235
高中	06	9796713.36	1744646.76	3190514.5	192	98	76	18	13469909	84126	39651	42319	12369	10873	1028191.712	163889.7378
完全中学	07	4811979.61	797131.58	1816950.89	107	55	37	15	8366326	53651	25454	26334	7383	6511	470060.2541	109022.4418
高级中学	08	3963970.55	711750.19	1062229.37	59	31	26	2	4244469	23927	11085	12669	3265	2704	483462.5831	42743.86976
十二年一贯制学校	09	1020763.2	235764.99	311334.24	26	12	13	1		6548	3112	3316	1721	1658	74668.87437	12123.42625

普通中学分区情况一览表

单位：人

区县名称	编号	校数			毕业生数			招生数			在校生数			教职工数	
		合计	高中	初中	高中	初中		高中	初中		高中	初中		计	专任教师
甲	乙	1	2	3	4	5		6	7		8	9		10	11
总　计	01	535	191	344	51828	98175		64707	113051		190701	340858		59482	51652
和平区	02	18	13	5	2779	4154		3439	5619		9706	16146		3051	2732
河东区	03	22	11	11	2437	3727		3206	4776		9218	13486		2564	2203
河西区	04	24	13	11	3650	5534		4711	7290		13586	20469		3476	2963
南开区	05	22	15	7	3186	5686		4287	8229		12355	22952		4187	3601
河北区	06	18	13	5	2285	3491		2788	4331		8372	12317		2492	2197
红桥区	07	14	9	5	1477	2035		1935	2838		5929	8177		2241	1739
东丽区	08	21	7	14	1516	3445		2012	4295		6033	12342		2187	1970
西青区	09	19	10	9	1930	3826		2330	4872		6388	13332		2111	1774
津南区	10	18	7	11	2176	4785		2904	6055		8465	17105		2106	1660
北辰区	11	21	6	15	1917	3854		2120	4601		6658	13274		2092	1939
武清区	12	60	15	45	7346	12740		8201	11712		25150	37326		6139	5427
宝坻区	13	46	11	35	3810	7874		4879	6901		14674	24900		4465	3854
滨海新区	14	95	32	63	7134	14108		8997	16952		27641	49924		11187	9510
宁河区	15	29	6	23	1876	4983		2680	4452		7209	14083		2144	1975
静海区	16	48	9	39	3733	8843		4680	9874		13496	29590		4196	3858
蓟州区	17	60	14	46	4576	9090		5538	10254		15821	35435		4844	4250

普通中学分区办学条件情况一览表

甲	编号 乙	学校占地面积（平方米） 1	校舍建筑面积（平方米） 2	校舍建筑面积中：租借面积（平方米） 7	图书（册） 9	固定资产总值（万元） 计 10	固定资产总值（万元） 其中：仪器设备总值 11
总　计	01	18940534.91	9060320.48	512443.02	24952283	1651259.993	267566.9212
和平区	02	348109	369591.6	24635.6	1205909	76078.25834	20447.71156
河东区	03	505272.94	267583.91		1122507	30507.68412	7728.084282
河西区	04	685619.13	580781.62	17178.53	1342261	80914.9422	19914.90168
南开区	05	740728.49	531769.73	18439.2	1340874	49559.58134	19056.98739
河北区	06	438890.48	303006.32	4525.6	1103976	19553.12921	10155.636
红桥区	07	433203.57	285470.29		695792	45317.39614	7943.977755
东丽区	08	888782.13	464697.34	57184.6	1038321	94616.70024	10337.09675
西青区	09	705669.4	556591.62	108898.27	969926	87058.59525	10554.6977
津南区	10	1048853.83	484169.87	9700	1135505	144017.4671	17243.94326
北辰区	11	816818.46	374089.05		1108913	78567.30364	11033.23463
武清区	12	2343581.6	1012681.7	137710	2787530	292030.9492	19089.9282
宝坻区	13	1679668.5	507711.27	20316.67	1875074	118467.07	13949.85
滨海新区	14	3903807.5	1765228.54	106425.22	4630723	316513.3254	66012.4377
宁河区	15	839877.2	260487.26		1010312	44240.30748	13503.3738
静海区	16	1879289.68	700042.96	7429.33	1805757	110900.8626	12951.91308
蓟州区	17	1682363	596417.4		1778903	62916.42096	7643.147427

初等教育

小学校数

单位：所

甲	编号乙	合计 1	城区							镇区							乡村						
			2	教育部门 3	其他部门 4	地方企业 5	民办 6	中外合作办 7		8	教育部门 9	其他部门 10	地方企业 11	民办 12	中外合作办 13		14	教育部门 15	其他部门 16	地方企业 17	民办 18	中外合作办 19
总　计	01	895	468	447	2		19			134	132			2			293	293					19
#独立设置少数民族学校	02	3	3	3																			
#教学点数（个）	03																						

小学班数

单位：个

甲	编号	合计	一年级	二年级	三年级	四年级	五年级	六年级	复式班
	乙	1	2	3	4	5	6	7	8
总　计	01	19907	3388	3570	3428	3432	3216	2873	
#九年一贯制学校	02	1246	242	249	224	197	172	162	
#十二年一贯制学校	03	484	99	98	81	80	66	60	
#其他学校附设班	04	24	4	4	5	4	4	3	
#独立设置少数民族学校	05	55	9	9	9	10	9	9	
教育部门	06	18782	3178	3356	3227	3247	3052	2722	
其他部门	07	157	33	34	28	27	18	17	
地方企业	08								
民办	09	968	177	180	173	158	146	134	
中外合作办	10								
城区	11	14854	2579	2714	2532	2510	2316	2203	
教育部门	12	13813	2393	2521	2348	2335	2158	2058	
其他部门	13	153	33	34	27	26	17	16	
地方企业	14								
民办	15	888	153	159	157	149	141	129	
中外合作办	16								
镇区	17	2171	354	366	383	387	374	307	
教育部门	18	2087	330	345	366	377	368	301	
其他部门	19	4			1	1	1	1	
地方企业	20								
民办	21	80	24	21	16	9	5	5	
中外合作办	22								
乡村	23	2882	455	490	513	535	526	363	
教育部门	24	2882	455	490	513	535	526	363	
其他部门	25								
地方企业	26								
民办	27								
中外合作办	28								

小学班额情况

单位：个

甲	编号 乙	合计 1	一年级 2	二年级 3	三年级 4	四年级 5	五年级 6	六年级 7	复式班 8
总　计	01	19907	3388	3570	3428	3432	3216	2873	
25人以下	02	1682	378	321	279	267	255	182	
26-30人	03	1570	251	258	275	275	305	206	
31-35人	04	2867	514	437	457	490	487	482	
36-40人	05	5406	1004	949	952	885	826	790	
41-45人	06	6432	1065	1327	1099	1124	986	831	
46-50人	07	1380	126	193	284	283	250	244	
51-55人	08	570	50	85	82	108	107	138	
56-60人	09								
61-65人	10								
66人以上	11								
城区 25人以下	12	414	77	65	62	71	79	60	
26-30人	13	630	99	96	104	110	126	95	
31-35人	14	1766	368	260	276	277	254	331	
36-40人	15	4357	882	799	750	663	639	624	
41-45人	16	5823	978	1225	989	1016	889	726	
46-50人	17	1308	125	184	271	267	227	234	
51-55人	18	556	50	85	80	106	102	133	
56-60人	19								
61-65人	20								
66人以上	21								

（续表）

		编号	合计	一年级	二年级	三年级	四年级	五年级	六年级	复式班
镇区	25人以下	22	251	65	47	42	46	30	21	
	26-30人	23	307	67	66	60	41	37	36	
	31-35人	24	541	89	95	75	91	121	70	
	36-40人	25	591	67	79	121	125	103	96	
	41-45人	26	429	66	76	72	73	67	75	
	46-50人	27	39		3	11	10	11	4	
	51-55人	28	13			2	1	5	5	
	56-60人	29								
	61-65人	30								
	66人以上	31								
乡村	25人以下	32	1017	236	209	175	150	146	101	
	26-30人	33	633	85	96	111	124	142	75	
	31-35人	34	560	57	82	106	122	112	81	
	36-40人	35	458	55	71	81	97	84	70	
	41-45人	36	180	21	26	38	35	30	30	
	46-50人	37	33	1	6	2	6	12	6	
	51-55人	38	1				1			
	56-60人	39								
	61-65人	40								
	66人以上	41								

小学分办别、分城乡学生情况

单位:人

甲	乙	毕业生数	招生数	招生中接受学前教育 未接受过	一年	两年	三年	在校生数	#女	一年级	二年级	三年级	四年级	五年级	六年级	预计毕业生数
		1	2	3	4	5	6	7	8	9	10	11	12	13	14	15
计	01	111992	124168	2062	9107	6779	106220	751918	354722	124218	135030	130019	130736	121420	110495	118890
#女	02	52263	58878	980	4235	3232	50431	354722	—	58892	64231	61390	61356	57176	51677	55678
#少数民族	03	5442	7358	150	460	284	6464	41301	20300	7359	7881	7328	7265	6110	5358	5877
#九年一贯制学校	04	5083	9152	207	559	103	8283	47641	22606	9159	9701	8653	7491	6528	6109	6109
#十二年一贯制学校	05	1877	3695	25	101	5	3564	17311	8047	3695	3531	2923	2784	2300	2078	2078
#附设小学班	06	70	110	8	—	—	102	654	334	110	110	108	127	91	108	108
#复式班	07															
#小学教学点	08															
#独立设置少数民族学校	09	297	289	4	5	26	254	1886		289	338	329	347	287	296	296
#寄宿生	10	—	351	—	14	—	337	2928	1076	351	339	395	524	567	752	752
#随迁子女	11	16123	18559	—	—	—	—	118828	54001	18560	19817	20895	20234	19783	19539	19704
外省迁入	12	15446	18219	—	—	—	—	116251	52818	18220	19501	20403	19720	19349	19058	19217
本省外县迁入	13	677	340	—	—	—	—	2577	1183	340	316	492	514	434	481	487
#进城务工人员随迁子女	14	13444	15306	—	—	—	—	99354	45210	15311	16581	17238	16825	16818	16581	16614
外省迁入	15	13155	15157	—	—	—	—	98020	44615	15162	16394	16987	16575	16590	16312	16344
本省外县迁入	16	289	149	—	—	—	—	1334	595	149	187	251	250	228	269	270
#农村留守儿童	17	24	30	—	—	—	30	225	83	30	30	40	49	52	24	49
#送教上门	18							11	3	30	1	3	4	1	2	—
教育部门	19	106967	116987	1833	8781	6731	99642	713434	336809	117035	127594	123172	124418	115867	105348	113743
其他部门	20	559	1371	66	14	6	1285	6353	2983	1371	1452	1101	1019	731	679	679
地方企业	21															
民办	22	4466	5810	163	312	42	5293	32131	14930	5812	5984	5746	5299	4822	4468	4468
中外合作办	23															

（总）

（续表）

分类	编号	毕业生数	招生数	招生中接受学前教育 未接受过	一年	两年	三年	在校生数	#女	一年级	二年级	三年级	四年级	五年级	六年级	预计毕业生数
城区	24	82676	100956	1962	8072	4764	86158	593969	280078	100996	109063	101824	101182	92572	88332	90033
教育部门	25	77723	94521	1772	7746	4716	80287	557796	263206	94559	102240	95443	95093	87131	83330	85031
其他部门	26	534	1371	66	14	6	1285	6301	2946	1371	1452	1095	1012	721	650	650
地方企业	27															
民办	28	4419	5064	124	312	42	4586	29872	13926	5066	5371	5286	5077	4720	4352	4352
中外合作办	29															
镇区	30	12947	11476	39	365	845	10227	74922	35221	11481	12373	13306	13466	13169	11127	13245
教育部门	31	12875	10730		365	845	9520	72611	34180	10735	11760	12840	13237	13057	10982	13100
其他部门	32	25						52	37			6	7	10	29	29
地方企业	33															
民办	34	47	746	39			707	2259	1004	746	613	460	222	102	116	116
中外合作办	35															
乡村	36	16369	11736	61	670	1170	9835	83027	39423	11741	13594	14889	16088	15679	11036	15612
教育部门	37	16369	11736	61	670	1170	9835	83027	39423	11741	13594	14889	16088	15679	11036	15612
其他部门	38															
地方企业	39															
民办	40															
中外合作办	41															

小学学校教职工数

单位:人

甲	编号 乙	教职工数 1	专任教师 2	行政人员 3	教辅人员 4	工勤人员 5	其他 6	校外教师 7	外籍教师 8
总 计	01	49609	45224	2695	1070	598	22	215	8
#女	02	38057	35731	1428	735	152	11	194	7
#少数民族	03	1488	1368	66	34	18	2		3
#在编人员	04	45974	42133	2595	961	265	20		—
教育部门	05	47924	43801	2599	1018	485	21	207	1
其他部门	06	102	94	5	3				
地方企业	07								
民办	08	1583	1329	91	49	113	1	8	6
中外合作办	09								
城区 教育部门	10	37260	33778	1998	983	479	22	212	7
教育部门	11	35637	32400	1906	934	376	21	204	1
其他部门	12	102	94	5	3				
地方企业	13								
民办	14	1521	1284	87	46	103	1	8	6
中外合作办	15								
镇区 教育部门	16	5080	4740	227	44	69			
教育部门	17	5018	4695	223	41	59			
其他部门	18								
地方企业	19								
民办	20	62	45	4	3	10			
中外合作办	21								
乡村 教育部门	22	7269	6706	470	43	50		3	
教育部门	23	7269	6706	470	43	50		3	
其他部门	24								
地方企业	25								
民办	26								
中外合作办	27								

小学专任教师专业技术职务、年龄结构情况（总计）

单位：人

甲	编号乙	合计 1	#女 2	24岁以下 3	25—29岁 4	30—34岁 5	35—39岁 6	40—44岁 7	45—49岁 8	50—54岁 9	55—59岁 10	60岁以上 11
总　计	01	49277	39100	1732	8963	8423	4947	5815	8749	8744	1887	17
#女	02	39100	—	1474	7646	7221	4046	4329	6909	7033	431	11
#少数民族	03	1539	1261	53	335	296	157	171	246	246	34	11
正高级	04	20	15				1	4	8	6		1
副高级	05	5324	4063			17	169	743	1706	1905	781	3
中级	06	27821	21456	1	625	4198	3839	4698	6776	6604	1069	11
助理级	07	11489	9591	557	6213	3426	662	246	181	174	30	
员级	08	317	255	41	130	76	14	12	16	27	1	
未定职级	09	4306	3720	1133	1995	706	262	112	62	28	6	2

小学专任教师专业技术职务、年龄结构情况（城区）

单位：人

甲	编号 乙	合计 1	#女 2	24岁以下 3	25—29岁 4	30—34岁 5	35—39岁 6	40—44岁 7	45—49岁 8	50—54岁 9	55—59岁 10	60岁以上 11
总　计	01	37369	31192	1531	7003	6361	3800	4097	6755	6993	814	15
#女	02	31192	—	1306	5989	5440	3215	3245	5671	6040	275	11
#少数民族	03	1317	1108	47	276	244	138	148	219	223	21	1
正高级	04	19	15				1	4	7	6		1
副高级	05	3811	3144			17	146	606	1306	1373	360	3
中级	06	21030	17480	1	469	3271	2945	3220	5257	5421	435	11
助理级	07	8972	7519	485	4917	2525	529	205	141	155	15	
员级	08	258	212	39	98	63	8	9	15	25	1	
未定职级	09	3279	2822	1006	1519	485	171	53	29	13	3	

小学专任教师专业技术职务、年龄结构情况（镇区）

单位：人

甲	编号 乙	合计 1	#女 2	24岁以下 3	25—29岁 4	30—34岁 5	35—39岁 6	40—44岁 7	45—49岁 8	50—54岁 9	55—59岁 10	60岁以上 11
总　计	01	5058	3551	93	847	878	512	786	820	731	389	11
#女	02	3551	—	83	720	762	403	527	535	455	66	2
#少数民族	03	100	67	4	29	24	10	11	13	7	2	
正高级	04											
副高级	05	652	433				14	77	180	239	142	
中级	06	2812	1759		61	389	380	656	609	477	240	
助理级	07	1056	884	28	559	365	56	20	14	9	5	
员级	08	16	11	1	4	4	3	2	1	1		
未定职级	09	522	464	64	223	120	59	31	16	5	2	2

小学专任教师专业技术职务、年龄结构情况（乡村）

单位:人

甲	编号 乙	合计 1	#女 2	24岁以下 3	25—29岁 4	30—34岁 5	35—39岁 6	40—44岁 7	45—49岁 8	50—54岁 9	55—59岁 10	60岁以上 11
总　计	01	6850	4357	108	1113	1184	635	932	1174	1020	684	11
#女	02	4357	—	85	937	1019	428	557	703	538	90	
#少数民族	03	122	86	2	30	28	9	12	14	16	11	
正高级	04	1							1			
副高级	05	861	486				9	60	220	293	279	
中级	06	3979	2217		95	538	514	822	910	706	394	
助理级	07	1461	1188	44	737	536	77	21	26	10	10	
员级	08	43	32	1	28	9	3	1		1		
未定职级	09	505	434	63	253	101	32	28	17	10	1	

小学分课程专任教师学历情况（总计）

单位:人

甲	编号 乙	合计 1	#女 2	道德与法治 3	语文 4	数学 5	外语 6	#英语 7	#日语 8	#俄语 9	体育 10	科学 11	艺术 12	音乐 13	美术 14	综合实践活动 15	#信息技术 16	#劳动与技术 17	其他 18	本学年不授课专任教师 19
总　计	01	49277	39100	1955	15186	11248	6345	6337	1		4322	1723	46	2423	2438	1904	1049	762	777	910
#女	02	39100	—	1333	13895	9259	5764	5761	1		1566	985	34	2066	1899	1029	515	465	577	693
#少数民族	03	1539	1261	53	470	329	193	193			123	51	1	122	78	39	18	14	39	41
博士研究生	04	19	14		4	4					5	2			1				2	1
硕士研究生	05	4010	3604	125	1111	699	712	712			476	143	1	263	300	108	77	29	51	21
本科	06	38793	31364	1423	12347	9235	5227	5221	1		3151	1138	37	1877	1853	1455	875	527	520	530
专科	07	6081	3931	389	1679	1281	388	386			634	403	8	276	269	317	91	194	189	248
高中阶段	08	360	176	18	43	29	16	16			56	35		7	14	24	6	12	11	107
高中阶段以下	09	14	11		2		2	2				2			1				4	3

小学分课程专任教师学历情况（城区）

甲	合计	#女	道德与法治	语文	数学	外语	#英语	#日语	#俄语	体育	科学	艺术	音乐	美术	综合实践活动	#信息技术	#劳动与技术	其他	本学年不授课专任教师
乙	1	2	3	4	5	6	7	8	9	10	11	12	13	14	15	16	17	18	19
总计 01	37369	31192	1199	11908	8348	4750	4745	1		3296	1234	18	1911	1906	1274	720	484	703	822
#女 02	31192	—	954	11226	7200	4397	4395	1		1352	821	14	1695	1554	788	381	364	546	645
#少数民族 03	1317	1108	42	414	275	162	162			99	42	1	103	70	32	13	14	36	41
博士研究生 04	19	14		4	4					5	2			1				2	1
硕士研究生 05	3789	3418	122	1066	648	664	664			458	138	1	243	282	99	71	26	49	19
本科 06	29006	24407	869	9576	6774	3758	3755	1		2375	822	15	1482	1432	959	580	338	470	474
专科 07	4258	3180	198	1227	901	310	308			415	250	2	182	181	198	64	110	169	225
高中阶段 08	284	163	10	34	21	16	16			43	20		4	9	18	5	10	9	100
高中阶段以下 09	13	10		1		2	2				2			1				4	3

小学分课程专任教师学历情况（镇区）

单位：人

甲	编号 乙	合计	#女	道德与法治	语文	数学	外语	#英语	#日语	#俄语	体育	科学	艺术	音乐	美术	综合实践活动	#信息技术	#劳动与技术	其他	本学年不授课专任教师
		1	2	3	4	5	6	7	8	9	10	11	12	13	14	15	16	17	18	19
总计	01	5058	3551	318	1407	1217	675	675			441	195	11	235	240	246	119	117	45	28
#女	02	3551	—	177	1190	925	592	592			103	74	9	179	165	99	53	43	21	17
#少数民族	03	100	67	3	30	19	12	12			14	4		12	3	1	1		2	
博士研究生	04																			
硕士研究生	05	135	109	1	25	30	24	24			15	2		13	15	6	4	2	2	2
本科	06	4175	3090	240	1188	1045	621	621			328	127	9	187	181	198	106	87	36	15
专科	07	716	343	74	189	140	30	30			92	60	2	33	42	39	8	28	7	8
高中阶段	08	31	8	3	4	2					6	6	2	2	2	3	1			3
高中阶段以下	09	1	1		1															

小学分课程专任教师学历情况（乡村）

单位：人

甲	合计	#女	道德与法治	语文	数学	外语	#英语	#日语	#俄语	体育	科学	艺术	音乐	美术	综合实践活动	#信息技术	#劳动与技术	其他	本学年不授课专任教师
编号 乙	01	02	03	04	05	06	07	08	09	10	11	12	13	14	15	16	17	18	19
总计	6850	4357	438	1871	1683	920	917			585	294	17	277	292	384	210	161	29	60
#女	4357	—	202	1479	1134	775	774			111	90	11	192	180	142	81	58	10	31
#少数民族	122	86	8	26	35	19	19			10	5		7	5	6	4		1	
博士研究生																			
硕士研究生	86	77	2	20	21	24	24			3	3		7	3	3	2	1		
本科	5612	3867	314	1583	1416	848	845			448	189	13	208	240	298	189	102	14	41
专科	1107	408	117	263	240	48	48			127	93	4	61	46	80	19	56	13	15
高中阶段	45	5	5	5	6					7	9		1	3	3		2	2	4
高中阶段以下																			

小学专任教师变动情况

单位：人

甲	编号 乙	上学年初报表专任教师数	增加教师数	招聘	应届毕业生	#师范生	调入	#外校	校内变动	#学段调整	其他	减少教师数	退休	死亡	调出	辞职	校内变动	#学段调整	其他	本学年初报表专任教师数
		1	2	3	4	5	6	7	8	9	10	11	12	13	14	15	16	17	18	19
总计	01	47480	4836	2222	1044	394	1519	970	664	55	431	3039	577	22	1643	343	384	96	70	49277
#女	02	37447	3850	1910	927	358	1141	750	443	37	356	2197	310	11	1246	295	284	83	51	39100
城区	03	35460	3963	1875	934	353	1173	803	515	41	400	2054	358	18	1074	281	269	91	54	37369
#女	04	29542	3251	1630	835	326	938	650	353	28	330	1601	250	10	848	244	210	79	39	31192
镇区	05	5088	437	196	65	27	137	62	100	12	4	467	80	1	260	41	80	3	5	5058
#女	06	3535	317	167	57	22	84	36	65	8	1	301	25		182	34	56	2	4	3551
乡村	07	6932	436	151	45	14	209	105	49	2	27	518	139	3	309	21	35	2	11	6850
#女	08	4370	282	113	35	10	119	64	25	1	25	295	35	1	216	17	18	2	8	4357

小学学校办学条件

编号		学校占地面积（平方米）	校舍建筑面积（平方米）	教学及辅助用房	行政办公用房	生活用房	其他用房	#租用外单位	#被外单位（借）用	图书（册）	固定资产总值（万元）	#仪器设备总值
甲	乙	1	2	3	4	5	6	7	8	9	10	11
总　计	01	13670702.92	5465087.14	3396715.3	689679.43	890094.65	488597.76	135770.88	34024.02	24216296	1077866.626	213056.0004
城区	03	7615453.72	3905788.48	2417627.94	518558.61	644710.79	324891.14	128363.88	14785.96	17695817	814203.8859	172818.4525
镇区	03	2232798.15	633630.35	393508.54	71249.36	104577.86	64294.59	7407	10144.7	2736396	106221.0869	16640.8345
乡村	03	3822451.05	925668.31	585578.82	99871.46	140806	99412.03		9093.36	3784083	157441.6531	23596.71342

小学学校占地面积及其他办学条件(小学、教学点)

甲	编号 乙	占地面积 (平方米) 1	#绿化用地 面积 2	#运动场地 面积 3	校园 足球场 (个) 4	11人 制足 球场 5	7人 制足 球场 6	5人 制足 球场 7	图书 (册) 8	数字 终端数 (台) 9	教师 终端数 10	学生 终端数 11	教室 (间) 12	#网络 多媒体 教室 13	固定资产 总值 (万元) 14	#教学仪器设 备资产值 15
总 计	01	13670702.92	1778893.07	5839280.3	758	48	340	370	24216296	130736	63413	65901	26357	22512	1077866.626	213056.0004
城区	02	7615453.72	1097734.56	3397179.59	444	24	244	176	17695817	96604	48995	46551	18323	16512	814203.8859	172818.4525
镇区	03	2232798.15	251090.91	960327.49	103	12	38	53	2736396	13031	6029	6941	3074	2451	106221.0869	16640.8345
乡村	04	3822451.05	430067.6	1481773.22	211	12	58	141	3784083	21101	8389	12409	4960	3549	157441.6531	23596.71342

小学分区基本情况一览表

单位：人

区县名称	编号	校数	毕业生数	招生数	在校学生数								教职工数	
					计	其中女	一年级	二年级	三年级	四年级	五年级	六年级	计	专任教师
甲	乙	1	2	3	4	5	6	7	8	9	10	11	12	13
总　计	01	895	111992	124168	751918	354722	124218	135030	130019	130736	121420	110495	49609	45224
和平区	02	20	5452	7189	39993	18840	7190	6965	6453	6856	6573	5956	3086	2882
河东区	03	29	5039	6022	36712	17441	6025	6909	6533	6310	5539	5396	2441	2221
河西区	04	39	7559	11192	60956	28983	11196	11929	10659	9846	8625	8701	3664	3267
南开区	05	31	7918	10715	61683	29233	10721	11955	10567	10415	9285	8740	2970	2650
河北区	06	27	4292	5028	31607	15083	5029	6088	5503	5653	4795	4539	2420	2236
红桥区	07	17	2722	2698	17208	8168	2702	3131	2940	2992	2684	2759	1961	1690
东丽区	08	36	4185	4717	28791	13810	4717	4988	4902	4863	4681	4640	2039	1917
西青区	09	39	4873	6094	35453	16324	6097	6325	6009	6183	5522	5317	2667	2424
津南区	10	33	6195	6537	39249	18380	6539	6818	6423	6501	6472	6496	2485	2144
北辰区	11	50	5138	6004	35318	16870	6006	6519	6150	5798	5610	5235	2286	2116
武清区	12	123	10740	11340	68665	32786	11343	12107	11678	11648	10941	10948	4097	3872
宝坻区	13	84	6475	6156	39054	18351	6158	6979	7300	7538	7171	3908	3367	3131
滨海新区	14	98	16906	20910	123619	57882	20919	22204	21233	20995	19497	18771	6864	5993
宁河区	15	60	4424	3673	27206	12981	3679	4418	4730	5024	4841	4514	2146	2053
静海区	16	96	9900	8011	55436	25237	8015	8660	9305	9817	9796	9843	3418	3259
蓟州区	17	113	10174	7882	50968	24353	7882	9035	9634	10297	9388	4732	3698	3369

小学分区办学条件情况一览表

区县名称	编号	学校占地面积(平方米)	校舍建筑面积(平方米)	校舍建筑面积中:租借面积(平方米)	图书(册)	固定资产总值(万元)	
						计	其中:仪器设备总值
甲	乙	1	2	3	4	5	6
总 计	01	13670702.92	5465087.14	135770.88	24216296	1077866.626	213056.0004
和平区	02	165042	198358	34829.07	1126354	34246.64372	16949.49126
河东区	03	506094.88	233724.92		1066683	33322.00273	10477.12085
河西区	04	541833.14	365533.13	25058.78	1609044	37574.41579	16278.63475
南开区	05	355156.99	241250.77	4450	1343338	18056.35117	12201.982
河北区	06	328109.29	194814.55		1042462	19009.91219	9990.373532
红桥区	07	231638.98	134392.79		477815	13887.2191	4142.793209
东丽区	08	586290.15	275415.93	6687.77	1393010	66423.18366	12203.04009
西青区	09	678398.13	328345.51	33589.22	1245679	59923.83233	14268.55717
津南区	10	899455.93	440810.7	6208	1651674	137666.2945	16481.20162
北辰区	11	752948.93	353806.75		1305038	70929.00225	11723.51964
武清区	12	1978277.17	649685.81	2605	2609905	219881.5728	16596.25165
宝坻区	13	1128414.86	307488.85		1516123	72888.88	10438.86
滨海新区	14	1618509.34	697633.56		3139054	143399.2568	36572.52521
宁河区	15	779735	192290.88		1069468	37781.32764	7445.95762
静海区	16	1582766.13	408840.32	12435.04	2013563	56350.26739	10058.60764
蓟州区	17	1538032	442694.67	9908	1607086	56526.46388	7227.0842

学前教育

幼儿园园数

单位：所

甲	编号	合计	城区	教育部门	其他部门	地方企业	事业单位	部队	集体	民办	#普惠性民办幼儿园	中外合作办	镇区	教育部门	其他部门	地方企业	事业单位	部队	集体	民办	#普惠性民办幼儿园	中外合作办	乡村	教育部门	其他部门	地方企业	事业单位	部队	集体	民办	#普惠性民办幼儿园	中外合作办
乙		1	2	3	4	5	6	7	8	9	10	11	12	13	14	15	16	17	18	19	20	21	22	23	24	25	26	27	28	29	30	31
总 计	01	2346	1465	330	23	1	14	9	52	1036	416		317	54	3		1		94	165	47		564	114					271	179	30	
#少数民族幼儿园	02	3	3	2						1																						
#建立家长委员会	03	2089	1281	322	20	1	12	9	45	872	395		299	54	2		1		91	151	46		509	112					263	134	30	

学前教育班数

单位：个

甲	编号 乙	计 1	托班 2	小班 3	中班 4	大班 5	混合班 6
总　计	01	12958	108	4229	4590	3636	395
教育部门	02	4302	2	1506	1578	1148	68
其他部门	03	187	20	53	58	45	11
地方企业	04	14		5	6	3	
事业单位	05	139	9	45	45	32	8
部队	06	49		16	19	13	1
集体	07	1305	1	356	426	405	117
民办	08	6962	76	2248	2458	1990	190
#普惠性民办幼儿园	09	3365	30	1093	1225	963	54
中外合作办	10						
城　区	11	10023	99	3374	3581	2739	230
教育部门	12	3523	2	1265	1298	906	52
其他部门	13	176	20	49	54	42	11
地方企业	14	14		5	6	3	
事业单位	15	135	9	44	44	30	8
部队	16	49		16	19	13	1
集体	17	259	1	86	92	77	3
民办	18	5867	67	1909	2068	1668	155
#普惠性民办幼儿园	19	2975	26	969	1081	851	48

（续表）

	编号	计	托班	小班	中班	大班	混合班
中外合作办	20						
镇　区	21	1313	7	403	468	400	35
教育部门	22	325		104	116	101	4
其他部门	23	11		4	4	3	
地方企业	24						
事业单位	25	4		1	1	2	
部队	26						
集体	27	364		98	124	122	20
民办	28	609	7	196	223	172	11
#普惠性民办幼儿园	29	257	3	85	95	72	2
中外合作办	30						
乡　村	31	1622	2	452	541	497	130
教育部门	32	454		137	164	141	12
其他部门	33						
地方企业	34						
事业单位	35						
部队	36						
集体	37	682		172	210	206	94
民办	38	486	2	143	167	150	24
#普惠性民办幼儿园	39	133	1	39	49	40	4
中外合作办	40						

学前教育幼儿数（总计）

单位：人

甲	编号 乙	入园(班)人数 1	托班 2	小班 3	中班 4	大班 5	混合班 6	在园(班)人数 7	#女 8	托班 9	小班 10	中班 11	大班 12	混合班 13	离园(班)人数 14
总　计	01	110471	1352	86709	12496	6886	3028	315967	152517	1506	91966	119651	95026	7818	91243
#女	02	53572	687	42234	6020	3209	1422	152517	—	736	44578	57905	45595	3703	43375
教育部门	03	41762	30	37485	2649	795	803	118758	57935	30	37891	46108	32972	1757	28542
其他部门	04	1349	400	847	12		90	5203	2508	455	1314	1701	1435	298	1268
地方企业	05	97		97				290	148		97	151	42		12
事业单位	06	1203	197	850	55	23	78	3823	1804	197	1096	1361	983	186	1073
部队	07	436		394	16	9	17	1327	645		398	529	375	25	301
集体	08	9732	9	6899	1393	719	712	28209	13603	9	6994	10207	9202	1797	10857
民办	09	55892	716	40137	8371	5340	1328	158357		815	44176	59594	50017	3755	49190
#普惠性民办幼儿园	10	30432	320	23001	4284	2435	392	89677	43220	374	24718	34486	28860	1239	24705
中外合作办	11														
城　区	12	88266	1279	72045	7997	5093	1852	254905	122878	1430	76252	96685	75431	5107	69786
教育部门	13	34877	30	32528	1267	393	659	100251	48772	30	32821	38769	27213	1418	22717
其他部门	14	1251	400	749	12		90	4895	2352	455	1216	1587	1339	298	1181
地方企业	15	97		97				290	148		97	151	42		12
事业单位	16	1182	197	829	55	23	78	3734	1768	197	1073	1332	946	186	1026
部队	17	436		394	16	9	17	1327	645		398	529	375	25	301
集体	18	2279	9	1982	188	96	4	6938	3312	9	1995	2683	2217	34	2410
民办	19	48144	643	35466	6459	4572	1004	137470	65881	739	38652	51634	43299	3146	42139
#普惠性民办幼儿园	20	26809	274	20666	3385	2139	345	79717	38546	328	21995	30626	25659	1109	22180
中外合作办	21														

（续表）

项目	编号	入园(班)人数 人数	托班	小班	中班	大班	混合班	在园(班)人数 人数	#女	托班	小班	中班	大班	混合班	离园(班)人数 人数
镇 区	22	11210	70	7408	2226	1205	301	30413	14645	71	8177	11621	9974	570	9935
教育部门	23	3109		2459	413	203	34	8727	4286		2486	3345	2817	79	2808
其他部门	24	98		98				308	156		98	114	96		87
地方企业	25														
事业单位	26	21		21				89	36		23	29	37		47
部队	27														
集体	28	3192		2082	510	467	133	8720	4165		2121	3230	3065	304	3282
民办	29	4790	70	2748	1303	535	134	12569	6002	71	3449	4903	3959	187	3711
#普惠性民办幼儿园	30	2505	43	1521	698	207	36	6577	3074	43	1864	2587	2039	44	1487
中外合作办	31														
乡 村	32	10995	3	7256	2273	588	875	30649	14994	5	7537	11345	9621	2141	11522
教育部门	33	3776		2498	969	199	110	9780	4877		2584	3994	2942	260	3017
其他部门	34														
地方企业	35														
事业单位	36														
部队	37														
集体	38	4261		2835	695	156	575	12551	6126		2878	4294	3920	1459	5165
民办	39	2958	3	1923	609	233	190	8318	3991	5	2075	3057	2759	422	3340
#普惠性民办幼儿园	40	1118	3	814	201	89	11	3383	1600	3	859	1273	1162	86	1038
中外合作办	41														

学前教育幼儿数（幼儿园）

单位：人

甲	编号 乙	入园(班) 人数 1	托班 2	小班 3	中班 4	大班 5	混合班 6	在园(班) 人数 7	#女 8	托班 9	小班 10	中班 11	大班 12	混合班 13	离园(班) 人数 14
总 计	01	109911	1352	86391	12449	6803	2916	314608	151850	1506	91633	119225	94552	7692	90193
#女	02	53300	687	42082	5993	3173	1365	151850	—	736	44418	57688	45368	3640	42890
教育部门	03	41337	30	37229	2637	732	709	117700	57431	30	37627	45789	32605	1649	27845
其他部门	04	1349	400	847	12		90	5203	2508	455	1314	1701	1435	298	1268
地方企业	05	97		97				290	148		97	151	42		12
事业单位	06	1203	197	850	55	23	78	3823	1804	197	1096	1361	983	186	1073
部队	07	436		394	16	9	17	1327	645		398	529	375	25	301
集体	08	9597	9	6837	1358	699	694	27908	13440	9	6925	10100	9095	1779	10504
民办	09	55892	716	40137	8371	5340	1328	158357		815	44176	59594	50017	3755	49190
#普惠性民办幼儿园	10	30432	320	23001	4284	2435	392	89677	43220	374	24718	34486	28860	1239	24705
中外合作办	11														
城 区	12	87934	1279	71805	7985	5090	1775	254005	122434	1430	76004	96388	75167	5016	69217
教育部门	13	34545	30	32288	1255	390	582	99351	48328	30	32573	38472	26949	1327	22148
其他部门	14	1251	400	749	12		90	4895	2352	455	1216	1587	1339	298	1181
地方企业	15	97		97				290	148		97	151	42		12
事业单位	16	1182	197	829	55	23	78	3734	1768	197	1073	1332	946	186	1026
部队	17	436		394	16	9	17	1327	645		398	529	375	25	301
集体	18	2279	9	1982	188	96	4	6938	3312	9	1995	2683	2217	34	2410
民办	19	48144	643	35466	6459	4572	1004	137470	65881	739	38652	51634	43299	3146	42139
#普惠性民办幼儿园	20	26809	274	20666	3385	2139	345	79717	38546	328	21995	30626	25659	1109	22180

（续表）

	编号	入园(班)人数	托班	小班	中班	大班	混合班	在园(班)人数	#女	托班	小班	中班	大班	混合班	离园(班)人数
中外合作办	21														
镇　区	22	11117	70	7392	2226	1145	284	30262	14588	71	8161	11600	9877	553	9785
教育部门	23	3016		2443	413	143	17	8576	4229		2470	3324	2720	62	2689
其他部门	24	98		98				308	156		98	114	96		87
地方企业	25														
事业单位	26	21		21				89	36		23	29	37		47
部队	27														
集体	28	3192		2082	510	467	133	8720	4165		2121	3230	3065	304	3251
民办	29	4790	70	2748	1303	535	134	12569	6002	71	3449	4903	3959	187	3711
#普惠性民办幼儿园	30	2505	43	1521	698	207	36	6577	3074	43	1864	2587	2039	44	1487
中外合作办	31														
乡　村	32	10860	3	7194	2238	568	857	30341	14828	5	7468	11237	9508	2123	11191
教育部门	33	3776		2498	969	199	110	9773	4874		2584	3993	2936	260	3008
其他部门	34														
地方企业	35														
事业单位	36														
部队	37														
集体	38	4126		2773	660	136	557	12250	5963		2809	4187	3813	1441	4843
民办	39	2958	3	1923	609	233	190	8318	3991	5	2075	3057	2759	422	3340
#普惠性民办幼儿园	40	1118	3	814	201	89	11	3383	1600	3	859	1273	1162	86	1038
中外合作办	41														

学前教育幼儿数（附设幼儿班）

单位：人

甲	编号 乙	入园(班)人数 1	托班 2	小班 3	中班 4	大班 5	混合班 6	在园(班)人数 7	#女 8	托班 9	小班 10	中班 11	大班 12	混合班 13	离园(班)人数 14
总 计	01	560		318	47	83	112	1359	667		333	426	474	126	1050
#女	02	272		152	27	36	57	667	—		160	217	227	63	485
教育部门	03	425		256	12	63	94	1058	504		264	319	367	108	697
其他部门	04														
地方企业	05														
事业单位	06														
部队	07														
集体	08	135		62	35	20	18	301	163		69	107	107	18	353
民办	09														
#普惠性民办幼儿园	10														
中外合作办	11														
城 区	12	332		240	12	3	77	900	444		248	297	264	91	569
教育部门	13	332		240	12	3	77	900	444		248	297	264	91	569
其他部门	14														
地方企业	15														
事业单位	16														
部队	17														
集体	18														
民办	19														
#普惠性民办幼儿园	20														
中外合作办	21														

（续表）

	编号	入园(班)人数	托班	小班	中班	大班	混合班	在园(班)人数	#女	托班	小班	中班	大班	混合班	离园(班)人数
镇 区	22	93		16		60	17	151	57		16	21	97	17	150
教育部门	23	93		16		60	17	151	57		16	21	97	17	119
其他部门	24														
地方企业	25														
事业单位	26														
部队	27														
集体	28														31
民办	29														
#普惠性民办幼儿园	30														
中外合作办	31														
乡 村	32	135		62	35	20	18	308	166		69	108	113	18	331
教育部门	33							7	3			1	6		9
其他部门	34														
地方企业	35														
事业单位	36														
部队	37														
集体	38	135		62	35	20	18	301	163		69	107	107	18	322
民办	39														
#普惠性民办幼儿园	40														
中外合作办	41														

学前教育分年龄幼儿数

单位：人

甲	编号乙	入园(班)人数 1	托班 2	小班 3	中班 4	大班 5	混合班 6	在园(班)人数 7	#女 8	托班 9	小班 10	中班 11	大班 12	混合班 13	离园(班)人数 14
总　计	01	110471	1352	86709	12496	6886	3028	315967	152517	1506	91966	119651	95026	7818	91243
#女	02	53572	687	42234	6020	3209	1422	152517	—	736	44578	57905	45595	3703	43375
#少数民族	03	5422	56	4326	599	300	141	13743	5634	59	4455	5087	3838	304	2977
#残疾人	04	49		20	4	5	20	124	42		21	32	45	26	160
2岁以下	05	1146	941	172			33	1288	612	1061	186			41	—
3岁	06	82566	408	80380	336		1442	87995	43066	442	84953	754		1846	—
4岁	07	18123	3	6126	11060	139	795	119258	57782	3	6795	108707	865	2888	—
5岁	08	7756		30	1099	5942	685	100092	48194		31	10133	87139	2789	836
6岁以上	09	880		1	1	805	73	7334			1	57	7022	254	90407
教育部门	10	41762	30	37485	2649	795	803	118758	57935	30	37891	46108	32972	1757	28542
2岁以下	11	46	16	30				47	18	16	31				—
3岁	12	35647	14	35309	44		280	36233	17752	14	35662	171		386	—
4岁	13	4715		2135	2451	21	108	45713	22457	3	2187	42703	251	572	—
5岁	14	1187		11	154	636	386	34984	17006		11	3216	30995	762	311
6岁以上	15	167				138	29	1781	702			18	1726	37	28231
其他部门	16	1349	400	847	12		90	5203	2508	455	1314	1701	1435	298	1268
2岁以下	17	400	400					455	219	455					—
3岁	18	915		826			89	1378	700		1283			95	—

（续表）

	编号	入园（班）人数						在园（班）人数							离园（班）人数
		人数	托班	小班	中班	大班	混合班	人数	#女	托班	小班	中班	大班	混合班	人数
4岁	19	33		21	12			1819	849		31	1664		124	—
5岁	20	1					1	1481	708			37	1369	75	9
6岁以上	21							70	32				66	4	1259
地方企业	22	97		97				290	148		97	151	42		12
2岁以下	23														—
3岁	24	97		97				97	47		97				—
4岁	25							151	79			151			—
5岁	26							42	22				42		
6岁以上	27														12
事业单位	28	1203	197	850	55	23	78	3823	1804	197	1096	1361	983	186	1073
2岁以下	29	182	182					183	68	182	1				—
3岁	30	850	15	822			13	1070	510	15	1041	1		13	—
4岁	31	85		28	47		10	1352	641		54	1278	6	14	—
5岁	32	85			8	22	55	1148	555			82	907	159	
6岁以上	33	1				1		70	30				70		1073

学前教育分年龄幼儿数（续）

单位：人

甲	乙	入园(班)人数 1	托班 2	小班 3	中班 4	大班 5	混合班 6	在园(班)人数 7	#女 8	托班 9	小班 10	中班 11	大班 12	混合班 13	离园(班)人数 14
部队	34	436		394	16	9	17	1327	645		398	529	375	25	14
2岁以下	35	7		7				7	7		7				—
3岁	36	401		381	4		16	430	225		384	30		16	—
4岁	37	19		6	12	1		541	241		7	492	34	8	—
5岁	38	9				8	1	314	154			7	306	1	1
6岁以上	39							35	18				35		300
集体	40	9732	9	6899	1393	719	712	28209	13603	9	6994	10207	9202	1797	10857
2岁以下	41	49		46			3	49	19		46			3	—
3岁	42	6251	9	5796	120		326	6417	3136	9	5863	188		357	—
4岁	43	2527		1050	1176	14	287	10415	5107		1078	8435	176	726	—
5岁	44	786		7	97	598	84	10027	4830		7	1570	7809	641	146
6岁以上	45	119				107	12	1301	511			14	1217	70	10711
民办	46	55892	716	40137	8371	5340	1328	158357	75874	815	44176	59594	50017	3755	49190
2岁以下	47	462	343	89			30	547	281	408	101			38	—
3岁	48	38405	370	37149	168		718	42370	20696	404	40623	364		979	—
4岁	49	10744	3	2886	7362	103	390	59267	28408	3	3438	53984	398	1444	—
5岁	50	5688		12	840	4678	158	52096	24919		13	5221	45711	1151	369

（续表）

	编号	入园(班)人数	托班	小班	中班	大班	混合班	在园(班)人数	#女	托班	小班	中班	大班	混合班	离园(班)人数
6岁以上	51	593		1	1	559	32	4077	1570		1	25	3908	143	48821
#普惠性民办幼儿园	52	30432	320	23001	4284	2435	392	89677	43220	374	24718	34486	28860	1239	24705
2岁以下	53	240	174	63			3	290	141	218	65			7	—
3岁	54	21728	146	21268	88		226	23467	11604	156	22748	215		348	—
4岁	55	5619		1660	3753	90	116	33965	16420		1895	31330	307	433	—
5岁	56	2581		9	443	2093	36	30009	14359		9	2927	26649	424	98
6岁以上	57	264		1		252	11	1946	696		1	14	1904	27	24607
中外合作办	58														
2岁以下	59														—
3岁	60														—
4岁	61														
5岁	62														
6岁以上	63														—

幼儿园教职工数

单位：人

甲	编号 乙	教职工数 1	园长 2	专任教师 3	保育员 4	卫生保健人员 5	行政人员 6	教辅人员 7	工勤人员 8	校外教师 9	外籍教师 10
总 计	01	49837	2560	25203	9674	1889	2245	1873	6393	212	45
#女	02	45437	2326	24713	9527	1835	2008	1558	3470	188	23
#少数民族	03	881	66	547	104	31	48	38	47	5	2
#在编人员	04	12533	922	9313	573	384	533	622	186	—	—
#接受过专业教育	05	34662	1890	20479	6363	1272	1285	1056	2317	148	23
教育部门	06	18161	770	10602	2789	556	611	946	1887	86	1
其他部门	07	868	59	406	174	31	66	22	110		
地方企业	08	62	1	29	16	1	3		12		1
事业单位	09	667	25	364	97	25	39	31			
部队	10	257	13	110	49	9	14	6	56		
集体	11	2688	203	1839	312	51	31	77	175	88	
民办	12	27134	1489	11853	6237	1216	1481	791	4067	38	43
#普惠性民办幼儿园	13	13992	586	6084	3339	612	727	456	2188	20	3
中外合作办	14										
城 区	15	42416	1898	20886	8403	1647	2146	1739	5697	129	45
教育部门	16	15644	605	9124	2344	479	574	888	1630	69	1
其他部门	17	813	53	387	156	29	61	22	105		
地方企业	18	62	1	29	16	1	3		12		1
事业单位	19	660	24	358	97	25	39	31	86		
部队	20	257	13	110	49	9	14	6	56		
集体	21	765	42	396	136	23	27	59	82	41	
民办	22	24215	1160	10482	5605	1081	1428	733	3726	19	43
#普惠性民办幼儿园	23	12614	498	5503	2977	542	687	424	1983	5	3
中外合作办	24										

（续表）

	编号	教职工数	园长	专任教师	保育员	卫生保健人员	行政人员	教辅人员	工勤人员	校外教师	外籍教师
镇 区	25	3643	295	2034	693	131	67	82	341	47	
教育部门	26	1038	55	659	147	37	20	31	89	14	
其他部门	27	55	6	19	18	2	5		5		
地方企业	28										
事业单位	29	7	1	6							
部队	30										
集体	31	761	59	542	98	14	4	9	35	29	
民办	32	1782	174	808	430	78	38	42	212	4	
#普惠性民办幼儿园	33	919	56	385	256	45	30	20	127		
中外合作办	34										
乡 村	35	3778	367	2283	578	111	32	52	355	36	
教育部门	36	1479	110	819	298	40	17	27	168	3	
其他部门	37										
地方企业	38										
事业单位	39										
部队	40										
集体	41	1162	102	901	78	14		9	58	18	
民办	42	1137	155	563	202	57	15	16	129	15	
#普惠性民办幼儿园	43	459	32	196	106	25	10	12	78	15	
中外合作办	44										

幼儿园专任教师年龄、职称情况

单位:人

甲	编号 乙	合计 1	其中:女 2	24岁以下 3	25—29岁 4	30—34岁 5	35—39岁 6	40—44岁 7	45—49岁 8	50—54岁 9	55—59岁 10	60岁以上 11
总　计	01	25300	24806	3899	7176	6259	3152	1539	1230	1738	285	22
#女	02	24806	—	3834	7063	6163	3117	1511	1201	1704	191	22
#少数民族	03	548	535	79	158	115	89	23	33	47	4	
正高级	04	11	11			1	1	3	2	1		3
副高级	05	666	625	2	14	17	53	91	167	257	65	
中级	06	4630	4429	4	358	1499	751	365	509	1068	73	3
助理级	07	3197	3084	218	1866	867	153	11	22	58	2	
员级	08	289	286	49	119	52	41	11	5	12		
未定职级	09	16507	16371	3626	4819	3823	2153	1058	525	342	145	16
城　区	10	20960	20663	3506	6125	5237	2645	1106		1414	79	12
正高级	11	8	8			1	1	3	2	1		
副高级	12	575	571	2	14	17	49	88	147	234	24	
中级	13	4091	3999	3	325	1362	698	289	405	992	16	1
助理级	14	2741	2652	192	1604	713	146	10	18	57	1	
员级	15	263	262	46	101	49	41	10	5	11		
未定职级	16	13282	13171	3263	4081	3095	1710	706	259	119	38	11

（续表）

	编号	合计	其中:女	24岁以下	25—29岁	30—34岁	35—39岁	40—44岁	45—49岁	50—54岁	55—59岁	60岁以上
镇 区	17	2051	1983	249	519	511	242	174	171	119	61	5
正高级	18	3	3									3
副高级	19	41	27				3	1	15	8	14	
中级	20	218	186	1	12	58	23	28	44	37	14	1
助理级	21	193	182	12	106	69	4		1		1	
员级	22	13	12	1	8	3				1		
未定职级	23	1583	1573	235	393	381	212	145	111	73	32	1
乡 村	24	2289	2160	144	532	511	265	259	223	205	145	5
正高级	25											
副高级	26	50	27				1	2	5	15	27	
中级	27	321	244	14	21	79	30	48	60	39	43	1
助理级	28	263	250	2	156	85	3	1	3	1		
员级	29	13	12		10			1				
未定职级	30	1642	1627	128	345	347	231	207	155	150	75	4

幼儿园园长、专任教师学历情况

单位:人

甲	编号 乙	按学历分 1	博士研究生 2	硕士研究生 3	本科 4	专科 5	高中阶段 6	高中阶段以下 7
总 计	01	27860	4	467	14810	10513	1650	416
园长	02	2560	2	83	1547	754	140	34
#女	03	2326	2	78	1394	695	128	29
专任教师	04	25300	2	384	13263	9759	1510	382
#女	05	24806	2	378	12931	9625	1498	372
城 区	06	22858	4	454	12914	8367	955	164
园长	07	1898	2	81	1206	522	74	13
#女	08	1815	2	76	1162	493	70	12
专任教师	09	20960	2	373	11708	7845	881	151
#女	10	20663	2	367	11488	7789	875	142
镇 区	11	2346		7	831	1126	279	103
园长	12	295		2	149	114	21	9
#女	13	253		2	120	101	21	9
专任教师	14	2051		5	682	1012	258	94
#女	15	1983		5	637	993	255	93
乡 村	16	2656		6	1065	1020	416	149
园长	17	367			192	118	45	12
#女	18	258			112	101	37	8
专任教师	19	2289		6	873	902	371	137
#女	20	2160		6	806	843	368	137

幼儿园办学条件

甲	编号 乙	学校占地面积（平方米） 1	校舍建筑面积（平方米） 2	教学及辅助用房 3	行政办公用房 4	生活用房 5	其他用房 6	#租用外单位 7	#被外单位（借）用 8	图书（册） 9	固定资产总值（万元） 10	#仪器设备总值 11
总　计	01	5738534.28	3413076.43	2299364.83	327379.27	384684.14	401648.19	815212.26	7425.72	4526120	21555579.21	68762.68518
城区	02	4049693.93	2700565.62	1811390.7	263822.35	306022.08	319330.49	717436.91	7425.72	3684831	19870792.26	53632.5282
镇区	03	717204.05	336427.11	229984.25	29278.55	37471.02	39693.29	38664.5		433565	755220.706	8158.008836
乡村	04	971636.3	376083.7	257989.88	178474.48	41191.04	42624.41	59110.85		407724	929566.2449	6972.148142

幼儿园资产等办学条件情况

甲	编号 乙	占地面积（平方米） 1	#绿化用地面积 2	#室外游戏场地 3	图书（册） 4	固定资产总值（万元） 5	#玩教具资产值 6
总　计	01	5738534.28	851799.17	2044694.72	4526120	21555579.21	68762.68518
城区	02	4049693.93	616935.82	1424274.98	3684831	19870792.26	53632.5282
镇区	03	717204.05	94432.57	268998.96	433565	755220.706	8158.008836
乡村	04	971636.3	140430.78	351420.78	407724	929566.2449	6972.148142

幼儿园分区基本情况

单位：所、人

甲	编号 乙	园数 1	入园(班)人数 2	在园(班)人数 3	离园(班)人数 4	教职工数 合计 5	教职工数 专任教师 6
合　计	01	2346	110471	315967	91243	49837	25203
和平区	02	36	2574	6868	1536	1251	697
河东区	03	90	5560	15957	3622	2736	1544
河西区	04	58	5743	17026	3794	3366	1526
南开区	05	95	6210	16820	3698	3045	1647
河北区	06	47	3629	10471	2171	1589	1026
红桥区	07	33	2325	6725	1261	1426	657
东丽区	08	184	7729	21268	5975	3687	1653
西青区	09	165	8958	23668	6211	4381	2118
津南区	10	74	7872	20699	9656	3033	1467
北辰区	11	109	7046	19869	4741	3029	1365
武清区	12	332	13305	31563	10017	3987	2217
宝坻区	13	170	7611	20116	5697	3223	1596
滨海新区	14	273	14953	51288	13621	8317	3842
宁河区	15	152	3616	10081	3969	1341	669
静海区	16	257	7047	21115	7104	2913	1910
蓟州区	17	271	6293	22433	8170	2513	1269

特殊教育

特殊教育学校校数

单位:所

甲	编号 乙	合计 1	城区 2	教育部门 3	其他部门 4	地方企业 5	民办 6	中外合作办 7	镇区 8	教育部门 9	其他部门 10	地方企业 11	民办 12	中外合作办 13	乡村 14	教育部门 15	其他部门 16	地方企业 17	民办 18	中外合作办 19
总 计	01	20	20	20																
盲人学校	02	1	1	1																
聋人学校	03	1	1	1																
培智学校	04	15	15	15																
其他学校	05	3	3	3																

特殊教育班数

单位：个

甲	编号乙	合计 1	学前教育阶段 2	小学阶段 一年级 3	二年级 4	三年级 5	四年级 6	五年级 7	六年级 8	初中阶段 一年级 9	二年级 10	三年级 11	四年级 12	高中阶段 一年级 13	二年级 14	三年级以上 15
总 计	01	340	11	30	32	33	34	32	28	27	31	25		19	13	25
视力残疾班	02	10		1	1	1	2	1	1	1	1	1				
听力残疾班	03	22	3	2	2	2	2	2	2	2	2	3				
言语残疾班	04	1														1
肢体残疾班	05	6				1	1	1	1	1	1					
智力残疾班	06	289	8	26	28	29	27	28	23	22	26	20		18	12	22
精神残疾班	07	1					1									
多重残疾班	08	11		1	1		1		1	1	1	1		1	1	2
特殊教育学校	09	340	11	30	32	33	34	32	28	27	31	25		19	13	25
视力残疾班	10	10		1	1	1	2	1	1	1	1	1				
听力残疾班	11	22	3	2	2	2	2	2	2	2	2	3				
言语残疾班	12	1														1
肢体残疾班	13	6				1	1	1	1	1	1					
智力残疾班	14	289	8	26	28	29	27	28	23	22	26	20		18	12	22
精神残疾班	15	1					1									
多重残疾班	16	11		1	1		1		1	1	1	1		1	1	2
小学附设特教班	17															
视力残疾班	18															
听力残疾班	19															
言语残疾班	20															
肢体残疾班	21															
智力残疾班	22															
精神残疾班	23															
多重残疾班	24															

（续表）

	编号	合计	学前教育阶段	小学阶段						初中阶段				高中阶段		
				一年级	二年级	三年级	四年级	五年级	六年级	一年级	二年级	三年级	四年级	一年级	二年级	三年级以上
初中附设特教班	25															
视力残疾班	26															
听力残疾班	27															
言语残疾班	28															
肢体残疾班	29															
智力残疾班	30															
精神残疾班	31															
多重残疾班	32															
其他学校附设特教班	33															
视力残疾班	34															
听力残疾班	35															
言语残疾班	36															
肢体残疾班	37															
智力残疾班	38															
精神残疾班	39															
多重残疾班	40															

特殊教育学生数

单位：人

甲	编号乙	毕业生数 1	招生数 2	在校生数 3	#女 4	学前教育阶段 5	小学阶段 一年级 6	二年级 7	三年级 8	四年级 9	五年级 10	六年级 11	初中阶段 一年级 12	二年级 13	三年级 14	四年级 15	高中阶段 一年级 16	二年级 17	三年级以上 18
总 计	01	801	562	4734	1650	45	315	391	597	549	569	453	430	494	459	19	141	98	174
#女	02	260	189	1650	—	19	106	126	224	198	193	162	136	175	167	8	42	33	61
#少数民族	03	20	23	160	57		16	14	28	14	19	15	14	14	13	2	3	2	6
#寄宿生	04	—	11	236	91		3	8	10	18	23	21	35	36	43	2	12	18	9
#特殊教育学校中:寄宿生	05	—	9	233	90		3	8	10	18	23	21	33	36	42	2	12	18	9
#送教上门	06	191	138	1100	411		106	107	181	176	183	89	66	95	40	2	2		53
视力残疾	07	32	27	140	54		10	13	8	17	19	17	17	16	21	1		1	
听力残疾	08	71	54	399	155	20	30	34		37	42	46	49	45	51	4	1		
言语残疾	09	3	6	48	15		2	3	5	8	3	4	5	8	6	1			
肢体残疾	10	75	69	465	157		22	29	42	49	56	49	54	70	78	8	4	3	
智力残疾	11	595	379	3411	1195	21	228	284	469	402	416	322	287	316	288	5	126	90	157
精神残疾	12	9	9	70	14	3	5	10	7	8	13	6	5	10	1		1		
多重残疾	13	16	18	201	60	1	18	18	26	28	20	9	13	29	14		9	4	12

（续表）

项目	编号	毕业生数	招生数	在校生数	#女	学前教育阶段	小学阶段						初中阶段				高中阶段		
							一年级	二年级	三年级	四年级	五年级	六年级	一年级	二年级	三年级	四年级	一年级	二年级	三年级以上
特殊教育学校	14	553	332	3264	1159	45	243	278	445	386	365	268	268	308	245		141	98	174
视力残疾	15	21	18	86	34		7	9	6	12	11	10	11	11	8			1	
听力残疾	16	35	17	208	84	20	13	14	13	15	17	27	28	29	31				1
言语残疾	17		1	19	8			2	1	2	1	1	2	5	2		1		2
肢体残疾	18	21	11	121	49		5	7	13	15	18	10	11	22	12		4	3	1
智力残疾	19	459	267	2633	930	21	201	231	386	313	299	212	201	215	181		126	90	157
精神残疾	20	4	1	16	4	3		1		1	2	2	2	2	1		1		1
多重残疾	21	13	17	181	50	1	17	14	26	28	17	6	13	24	10		9	4	12
特殊教育学校中:送教上门	22	189	136	1081	407		106	106	178	172	182	87	64	91	40		2		53
视力残疾	23			3	2		1	1						1					
听力残疾	24		1	3	1			1		1					1				
言语残疾	25		1	11	4			1	1	2		1	2	3	1				
肢体残疾	26	10	7	94	35		3	6	8	13	16	10	10	18	9		1		
智力残疾	27	175	116	889	342		89	90	154	139	155	74	49	59	26		1		53
精神残疾	28																		

特殊教育学生数（续一）

单位：人

甲	编号乙	毕业生数 1	招生数 2	在校生数 3	#女 4	学前教育阶段 5	小学阶段 一年级 6	二年级 7	三年级 8	四年级 9	五年级 10	六年级 11	初中阶段 一年级 12	二年级 13	三年级 14	四年级 15	高中阶段 一年级 16	二年级 17	三年级以上 18
多重残疾	29	4	11	81	23		13	7	15	17	11	2	3	10	3				18
小学附设特教班	30																		
视力残疾	31																		
听力残疾	32																		
言语残疾	33																		
肢体残疾	34																		
智力残疾	35																		
精神残疾	36																		
多重残疾	37																		
小学随班就读	38	119	71	878	290	—	72	112	149	159	203	183	—	—	—	—	—	—	—
视力残疾	39	5	3	29	12	—	3	4	2	5	8	7	—	—	—	—	—	—	—
听力残疾	40	17	17	130	50	—	17	20	27	22	25	19	—	—	—	—	—	—	—
言语残疾	41	2	2	18	4	—	2	1	4	6	2	3	—	—	—	—	—	—	—
肢体残疾	42	20	16	175	50	—	17	22	27	32	38	39	—	—	—	—	—	—	—
智力残疾	43	71	27	475	164	—	27	52	82	88	116	110	—	—	—	—	—	—	—
精神残疾	44	4	5	42	6	—	5	9	7	6	11	4	—	—	—	—	—	—	—
多重残疾	45	2	1	9	4	—	1	4			3	1	—	—	—	—	—	—	—

（续表）

	编号	毕业生数	招生数	在校生数	#女	学前教育阶段	小学阶段						初中阶段				高中阶段		
							一年级	二年级	三年级	四年级	五年级	六年级	一年级	二年级	三年级	四年级	一年级	二年级	三年级以上
小学送教上门	46			11	3	—	—	1	3	4	1	2	—	—	—	—	—	—	—
视力残疾	47					—													
听力残疾	48					—													
言语残疾	49					—													
肢体残疾	50			4	2	—			2	2									
智力残疾	51			4		—		1	1	1	1								
精神残疾	52			1		—				1									
多重残疾	53			2	1	—						2							
初中附设特教班	54																		
视力残疾	55																		
听力残疾	56																		

特殊教育学生数（续二）

单位：人

甲	乙	毕业生数	招生数	在校生数	#女	学前教育阶段	小学阶段 一年级	二年级	三年级	四年级	五年级	六年级	初中阶段 一年级	二年级	三年级	四年级	高中阶段 一年级	二年级	三年级以上
		1	2	3	4	5	6	7	8	9	10	11	12	13	14	15	16	17	18
言语残疾	57																		
肢体残疾	58																		
智力残疾	59																		
精神残疾	60																		
多重残疾	61																		
初中随班就读	62	127	157	573	197	—	—	—	—	—	—	—	160	182	214	17	—	—	—
视力残疾	63	6	6	25	8	—	—	—	—	—	—	—	6	5	13	1	—	—	—
听力残疾	64	19	20	61	21	—	—	—	—	—	—	—	21	16	20	4	—	—	—
言语残疾	65	3	3	11	3	—	—	—	—	—	—	—	3	3	4	1	—	—	—
肢体残疾	66	34	41	162	56	—	—	—	—	—	—	—	42	46	66	8	—	—	—
智力残疾	67	63	84	295	101	—	—	—	—	—	—	—	85	100	107	3	—	—	—
精神残疾	68	1	3	11	4	—	—	—	—	—	—	—	3	8			—	—	—
多重残疾	69	1		8	4	—	—	—	—	—	—	—	—	4	4		—	—	—

（续表）

	编号	毕业生数	招生数	在校生数	#女	学前教育阶段	小学阶段						初中阶段				高中阶段		
							一年级	二年级	三年级	四年级	五年级	六年级	一年级	二年级	三年级	四年级	一年级	二年级	三年级以上
初中送教上门	70	2	2	8	1	—	—	—	—	—	—	—	2	4		2	—	—	—
视力残疾	71					—	—	—	—	—	—	—					—	—	—
听力残疾	72					—	—	—	—	—	—	—					—	—	—
言语残疾	73					—	—	—	—	—	—	—					—	—	—
肢体残疾	74		1	3		—	—	—	—	—	—	—	1	2			—	—	—
智力残疾	75	2	1	4		—	—	—	—	—	—	—	1	1		2	—	—	—
精神残疾	76					—	—	—	—	—	—	—					—	—	—
多重残疾	77			1	1	—	—	—	—	—	—	—		1			—	—	—
其他学校附设特教班	78																		
视力残疾	79																		
听力残疾	80																		
言语残疾	81																		
肢体残疾	82																		
智力残疾	83																		
精神残疾	84																		
多重残疾	85																		

特殊教育学校教职工数

单位：人

甲	编号 乙	教职工数 1	专任教师 2	行政人员 3	教辅人员 4	工勤人员 5	校外教师 6	外籍教师 7
总　　计	01	831	686	74	37	5	6	7
#女	02	612	531	49	27	34	6	
#少数民族	03	35	32	2	1	5	4	
#在编人员	04	803	679	67	37	20	—	—
#接受过专业教育	05	647	563	46	23	15		

特殊教育专任教师分年龄职务情况

单位:人

甲	编号 乙	合计 1	#女 2	24岁以下 3	25—29岁 4	30—34岁 5	35—39岁 6	40—44岁 7	45—49岁 8	50—54岁 9	55—59岁 10	60岁以上 11
总　计	01	640	496	19	89	128	50	66	139	130	19	11
#女	02	496	—	16	76	106	35	50	104	105	4	
#少数民族	03	30	23	1	3	9		1	5	10	1	
正高级	04	1	1					1				
副高级	05	88	65				1	16	32	29	10	
中级	06	383	291		3	77	46	45	102	101	9	
助理级	07	127	103	6	67	45	2	2	5			
员级	08	11	11		7	4						
未定职级	09	30	25	13	12	2	1	2				
城　区	10	640	496	19	89	128	50	66	139	130	19	
正高级	11	1	1					1				
副高级	12	88	65				1	16	32	29	10	
中级	13	383	291		3	77	46	45	102	101	9	
助理级	14	127	103	6	67	45	2	2	5			
员级	15	11	11		7	4						
未定职级	16	30	25	13	12	2	1	2				

（续表）

	编号	合计	#女	24岁以下	25—29岁	30—34岁	35—39岁	40—44岁	45—49岁	50—54岁	55—59岁	60岁以上
镇 区	17											
正高级	18											
副高级	19											
中级	20											
助理级	21											
员级	22											
未定职级	23											
乡 村	24											
正高级	25											
副高级	26											
中级	27											
助理级	28											
员级	29											
未定职级	30											

特殊教育专任教师学历情况

单位：人

	编号	按学历分	博士研究生	硕士研究生	本科	专科	高中阶段	高中阶段以下
甲	乙	1	2	3	4	5	6	7
总　计	01	640		39	525	74	2	
#女	02	496		33	408	54	1	
城区	03	640		39	525	74	2	
#女	04	496		33	408	54	1	
镇区	05							
#女	06							
乡村	07							
#女	08							

特殊教育学校办学条件

甲	编号	学校占地面积（平方米）	校舍建筑面积（平方米）	教学及辅助用房	行政办公用房	生活用房	其他用房	#租用外单位	#被外单位(借)用	图书（册）	固定资产总值（万元）	#仪器设备总值
乙		1	2	3	4	5	6	7	8	9	10	11
总　计	01	205407.74	105215.2	53535.36	11255.37	20750	19674.47	145		110036	37912.17966	12043.93923
城区	10	205407.74	105215.2	53535.36	11255.37	20750	19674.47	145		110036	37912.17966	12043.93923
镇区	10											
乡村	10											

特殊教育学校占地面积及其他办学条件

甲	编号	占地面积（平方米）	#绿化用地面积	#运动场地面积	校园足球场（个）	11人制足球场	7人制足球场	5人制足球场	图书（册）	教学终端数（台）	教师终端数	学生终端数	教室（间）	#网络多媒体教室	固定资产总值（万元）	#教学仪器设备资产总值
乙		1	2	3	4	5	6	7	8	9	10	11	12	13	14	15
总　计	01	205407.74	20249.17	63906.62	8	4	4	4	110036	1607	1086	515	421	255	37912.17966	12043.93923
城区	02	205407.74	20249.17	63906.62	8	4	4	4	110036	1607	1086	515	421	255	37912.17966	12043.93923
镇区	03															
乡村	04															

特殊教育分区情况一览表

单位：人

甲	编号 乙	在校学生数 合计 1	视力残疾 2	听力残疾 3	言语残疾 4	肢体残疾 5	智力残疾 6	精神残疾 7	多重残疾 8	教职工数 教职工 9	专任教师 10
合 计	01	4734	140	399	48	465	3411	70	201	831	686
和平区	02	71		1		2	64	4		26	23
河东区	03	208	3	7	2	20	156	9	11	30	24
河西区	04	252	83		2	3	162	2		94	75
南开区	05	305		2	3	7	277	2	14	30	21
河北区	06	420	4	214	1	13	173	3	16	193	160
红桥区	07	204	4	1	1	15	161	2	20	61	42
东丽区	08	388	2	4	1	13	316	9	43	44	39
西青区	09	187		2	2	19	153		11	34	29
津南区	10	236	4	6	3	25	174	2	22	27	19
北辰区	11	296	2	4	3	18	226	15	28	48	46
武清区	12	350	5	22	3	43	276		1	43	42
宝坻区	13	211	3	11	2	17	177		1	34	29
滨海新区	14	630	8	38	4	47	513	16	4	81	62
宁河区	15	178	1	5	3	19	130	3	17	34	33
静海区	16	387	12	38	7	63	263	3	1	19	18
蓟州区	17	411	13	44	11	141	190		12	33	24

其他教育

专门学校基本情况

单位：人

甲	编号 乙	校数（所） 1	班数（个） 2	离校人数 3	入校人数 4	在校生数 5	教职工数 6	#专任教师 7
总 计	01	1	2				26	16
#女	02	—	—				11	9
#少数民族	03	—	—					

学校名录

普通高等学校

编号	校名	校长	教职工数	学生数	校址	邮政编码	电话
1	南开大学	曹雪涛	4357	32739	天津市南开区卫津路94号	300071	23508206
2	天津大学	金东寒	4796	42983	天津市南开区卫津路92号	300350	27409509
3	天津科技大学	路福平	2028	26673	天津经济技术开发区13大街9号	300457	60601909
4	天津工业大学	夏长亮	2228	27451	天津市西青区宾水西道399号	300387	83955989
5	中国民航大学	丁水汀	2161	29530	天津市东丽区津北公路2898号	300300	24092112
6	天津理工大学	杨庆新	1987	42599	天津市西青区宾水西道391号	300384	60215500
7	天津农学院	金危危	1066	14532	天津市西青区津静路22号	300392	23781315
8	天津医科大学	雷 平	1205	10961	天津市和平区气象台路22号	300070	83336888
9	天津中医药大学	高秀梅	1727	15618	天津市南开区玉泉路88号	300193	59596111
10	天津师范大学		2531	41312	天津市西青区宾水西道393号	300387	23766666
11	天津职业技术师范大学	张金刚	1307	18859	天津市河西区大沽南路1310号	300222	88181004
12	天津外国语大学	陈法春	1028	10820	天津市河西区马场道117号	300204	23281307
13	天津商业大学	葛宝臻	1481	23053	天津市北辰区光荣道409号	300134	26675774
14	天津财经大学	刘金兰	1279	16848	天津市河西区珠江道25号	300222	88186026

（续表）

编号	校名	校长	教职工数	学生数	校址	邮政编码	电话
15	天津体育学院	吉承恕	595	6359	天津市静海区东海道16号	301617	23012708
16	天津音乐学院	王宏伟	443	3377	天津市河东区十一经路57号，天津市河东区十四经路9号	300171	2416049
17	天津美术学院	贾广健	505	4869	天津市河北区天纬路4号	300141	26241712
18	天津城建大学	李忠献	1429	18862	天津市西青区津静路26号	300384	23085000
19	天津中德应用技术大学	张桦	724	13499	天津市津南区雅深路2号	300350	28776000
20	天津天狮学院	韦福祥	607	10676	天津市津南区翠亨路128号	301700	82112575
21	天津传媒学院	李罡	653	8151	天津市武清区盘山大道68号	301901	22825905
22	天津仁爱学院	杭建民	1098	15351	天津市静海区团泊新城博学苑	301636	68579990
23	天津外国语大学滨海外事学院	张文	353	5017	天津市滨海新区大港学府路60号	300270	63433132
24	天津商业大学宝德学院	朱世和	265	8847	天津市西青区津静路28号	300384	23799800
25	天津医科大学临床医学院	刘赢梅	210	7608	天津市滨海新区大港学苑路167号	300270	63305281
26	南开大学滨海学院	刘立松	591	7974	天津市滨海新区大港学府路634号	300270	63304888
27	天津师范大学津沽学院	李靖	135	8	天津市西青区宾水西道393号	300387	23766088
28	天津理工大学中环信息学院	牛玉明	251	8369	天津市西青区杨柳青柳口路99号	300380	86437555
29	北京科技大学天津学院	王斌	757	12716	天津市宝坻区京津新城珠江北环东路1号	301830	22410800
30	天津财经大学珠江学院	任碧云	501	12312	天津市宝坻区京津新城祥瑞端大街	301811	22410851
31	天津市职业大学	刘斌	1009	16787	天津市北辰区洛河道2号	300410	59198850
32	天津滨海职业学院	杜学森	330	7544	天津市滨海新区塘沽庐山道1101号	300451	25215008
33	天津工程职业技术学院	戴映湘	262	737	天津市滨海新区海滨街幸福路51号	300280	25924346
34	天津渤海职业技术学院	于兰平	677	12001	天津市北辰区津榆公路508号	300402	86848420
35	天津电子信息职业技术学院	张丹阳	514	11699	天津市津南区雅深路4号	300350	28773688
36	天津机电职业技术学院	张维津	371	11792	天津市津南区雅观路19号	300350	58719587
37	天津现代职业技术学院	王立	491	12062	天津市津南区雅观路3号	300350	28193132
38	天津公安警官职业学院	杨明光	391	4074	天津市西青区陈台子路88号	300380	59561013
39	天津轻工职业技术学院	褚建伟	475	10865	天津海河教育园区雅观路1号	300350	27391637
40	天津商务职业学院	刘欣	484	11129	天津海河教育园区雅观路23号	300000	59655499
41	天津国土资源和房屋职业学院	吴佳丽	362	8243	天津市滨海新区大港学苑路600号	300210	63303000
42	天津医学高等专科学校	张彦文	595	8124	天津市河西区柳林路14号	300222	60276688
43	天津艺术职业学院	孟繁华	204	2026	天津市西青区娄山道27号	300181	58911907
44	天津交通职业学院	于海祥	520	11546	天津市西青区西青道269号	300380	87912186
45	天津工业职业学院	孔维军	393	8144	天津市北辰区京津公路引河桥北学海道38号	300400	26983789

（续表）

编号	校名	校长	教职工数	学生数	校址	邮政编码	电话
46	天津石油职业技术学院	韩福勇	336	10244	天津市静海区团泊洼	301607	29000406
47	天津城市职业学院	李彦	620	8385	天津市河东区真理道27号	300250	26431204
48	天津铁道职业技术学院	于忠武	451	10262	天津市河北区建昌道21号	300240	26186928
49	天津工艺美术职业学院	马忠庚	139	1524	天津市河北区革新道10号	300250	26786331
50	天津城市建设管理职业技术学院	刘春光	266	7982	天津市北辰区光荣道2688号	300134	58319048
51	天津生物工程职业技术学院	李榆梅	306	5269	天津市东丽区南大街175号	300462	66339006
52	天津海运职业学院	吴宗保	472	9979	天津市津南区雅深深路8号	300350	28779601
53	天津广播影视职业学院	吕新	15		天津市西青区东姜井凯苑路148号	300112	27529960
54	天津体育职业学院	王伟	91	2680	天津市静海区杨成庄镇健康产业园区	303616	68569005
55	天津滨海汽车工程职业学院	云景乾	296	6360	天津市津南区创新2路36号	300350	58553350

成人高等学校

编号	校名	校长	教职工数	学生数	校址	邮政编码	电话
1	天津开放大学	张宗旺	219	112	天津市南开区迎水道1号、天津市津南区同心路36号	300191	23678538
2	天津市和平区新华职工大学	邵佳博	92	133	天津市和平区鞍山道129号	300070	23396190
3	天津市河西区职工大学	徐长群	52	739	天津市河西区徽州道31号	300203	23262956
4	天津市河东区职工大学	王涛	93	402	天津市河东区成林道123号	300161	24122186
5	天津市红桥区职工大学	杨庆	80	1884	天津市红桥区丁字沽三号路45号	300131	86513059
6	天津市南开区职工大学	梁建军	73	1636	天津市南开区旧津保路2号	300110	27373310
7	天津市建筑工程职工大学	李峰	67	11756	天津市河西区气象台路93号	300074	23015817
8	天津市职工经济技术大学	郭振影			天津市河北区民生路56号	300380	58321509
9	天津市渤海化工职工学院	明健	84	549	天津市滨海新区东大街206号	300450	25304838
10	天津市工会管理干部学院	郭振影	39		天津市西青区西青道274号	300380	58321509
11	天津市房地产局职工大学				天津市滨海新区大港学苑路600号	300270	

中等职业学校

编号	校名	校长	教职工数	学生数	校址	邮政编码	电话
1	天津市静海区中医学校	李可华			天津市静海区胜利大街北段利大段西侧	301600	28941701
2	天津市静海区成人职业教育中心	赵春明	193	1675	天津市静海区地纬路2号	301600	58595077
3	天津市化学工业学校	于泳涛	138	2152	天津市红桥区本溪路2号	300131	88241161
4	天津市宁河区中等专业学校	孙友彬	98	1123	天津市宁河区金华路100号	301500	69592983
5	天津市南开区职业中等专业学校	郭光盛	181	781	天津市南开区淦江路4号	300190	27641350
6	天津市新华中等职业学校	彭强					
7	天津市礼仪职业中等专业学校	冯兆军	3		天津市南开区雅安道延安南路1号	300113	27032855
8	天津市现代职业学校	马斌	64	420	天津市蓟州区盘山大道68号	301900	22825568
9	天津市北辰区中等职业技术学校	谢瑞	123	2268	天津市北辰区富锦道5号	300400	26390772
10	天津市武清区职业教育中心	孙学刚	314	3484	天津市武清区源春道1号	301709	82951628
11	天津生态城汉德中等职业学校	盖喜乐	63	613	天津市滨海新区文一路111号	300467	59901276
12	天津市静海区新东方烹饪中等职业技术学校有限公司	姜海波			天津市静海区经济开发区一号路6号	301600	68961599
13	天津北方职业学校有限公司	孙金铎	35	133	天津市滨海新区港西路699号	300270	58170529
14	天津市涉外工业中等职业学校	西青区教育局代			天津市滨海新区雅西路	300380	27392456
15	天津市宝坻区职业教育与成人教育中心	李卫东	244	1948	天津市宝坻区进京路28号	301800	82622680
16	天津市西青区中等专业学校	祭翠红	156	1765	天津市西青区杨柳青镇柳霞路29号	300380	27390275
17	天津市民族中等职业技术学校	郑佳美	90	1427	天津市北辰区京津公路天穆村北	300400	26345327
18	天津市红星职业中等专业学校	郭荔	319	3232	天津市红桥区丁字沽三号路45号	300131	86513122
19	天津市中山志成职业中等专业学校	魏毅	122	818	天津市河北区张兴庄大道57号	300402	86320612
20	天津市南洋工业学校	王崇明	163	2272	天津市津南区津沽路700号	300350	28392677
21	天津市中华职业中等专业学校	贾素兰	202	1653	天津市和平区荣安大街130号	300021	23353709
22	天津市河东园林学校	童彤	59	911	天津市河东区津塘路101号	300181	84260747
23	天津市劳动保护学校	勾东海	294	1706	天津市东丽区程林泉道2号	300000	24379649
24	天津市第一商业学校	郭葳	232	4677	天津市河东区津塘路129号	300180	84940451
25	天津市政工程学校	王树敏	102	1214	天津市河东区凤山道6号	300252	24658585
26	天津音乐学院附属中等音乐学校	孟辉	83	898	天津市河东区七纬路110号	300171	24160002
27	天津市纺织工业学校	肖健	67	2361	天津市河西区三元村大街4号	300000	27366252
28	天津市体育运动学校	夏清	134	792	天津市静海区团泊体育中心内	301636	23916357
29	天津市仪表无线电工业学校	高建立	218	1748	天津市津南区雅深路6号	300350	88241604

（续表）

编号	校名	校长	教职工数	学生数	校址	邮政编码	电话
30	天津市建筑工程学校	张孟同	129	1721	天津市河西区郁江道61号	300221	60267600
31	天津市幼儿师范学校	苏睿先	176	243	天津市南开区双峰道38号	300073	27387602
32	天津市城市建设管理学校	王金鹏			天津市红桥区勤俭道24号	300134	58319048
33	天津市第一轻工业学校	王建军	342	4005	天津市红桥区勤俭道24号	300131	86512110
34	天津市劳动经济学校	张国兴	253	2975	天津市西青区青沙路6号	300380	87971627
35	天津市交通学校	王海兴	144	1690	天津市西青区西青道154号	300112	27326774
36	天津市经济贸易学校	刘恩丽	292	4204	天津市西青区卫津南路239号	300381	23380960
37	天津市药科中等专业学校	李输梅	62	711	天津市滨海新区南大街175号	300462	66339006
38	天津市滨海中等专业学校	张森	156	1551	天津市滨海新区大港霞光路42号	300270	63219214
39	天津市滨海新区第一职业中等专业学校	贾启来	232	2582	天津市滨海新区塘沽霞汉路389号	300457	66308625
40	天津市滨海新区塘沽中等专业学校	贾启来			天津市滨海新区塘沽胡家园三爱里145号	300454	66330881
41	天津港口管理中等专业学校	陈钢			天津市滨海新区新港三号路688号	300456	25707109
42	天津市电子计算机职业中等专业学校	徐长群	162	1074	天津市河西区利民道48号	300201	28301108
43	天津市国际商务学校	何玲			天津市河西区贺江道3号	300170	58065506
44	天津市旅外职业高中有限公司	穆建成	81	2087	天津市津南区辛柴路10号	300354	28322417
45	天津市滨海新区汉沽中等专业学校	邓勇	87	1086	天津市滨海新区新开北路66号	300480	25668926
46	天津市滨海新区汉沽职业中等专业学校	邓勇	10		天津市滨海新区河西二纬路38号	300480	25668926
47	天津市机电工业学校	卜学军	560	3384	天津市津南区雅观路17号	300350	26650245
48	天津市物资贸易学校	张凤桐	70	837	天津市西青区青莹道8号	300384	23792300
49	天津市东丽职业教育中心学校	李鑫	222	3311	天津市东丽区津汉公路13999号	300309	84892879
50	天津市信息工程学校	张秋亮	303	3482	天津市蓟州区武定西街89号	301900	29172945
51	天津市轻工中等职业学校						
52	天津市财经职业中等专业学校	王惠玲	141	812	天津市河东区华龙道77号	300011	24331743
53	天津霍元甲文武学校附设中职班	郎荣标		242	天津市西青区南河镇小南河村	300382	23989292
54	天津师范大学附设中职班	钟英华		310	天津市西青区宾水西道393号	300387	23766666
55	天津体育学院附设中职班	吉承恩		153	天津市静海区东海道16号	301617	23012708
56	天津职业大学附设中职班	刘斌		70	天津市北辰区洛河道2号	300410	59198850
57	天津艺术职业学院附设中职班	孟繁华		528	天津市河东区娄山道27号	300181	58911907
58	天津工业职业学院附设中职班	孔维军		124	天津市北辰区京津公路引河桥北学海道38号	300400	26983789
59	天津城市职业学院附设中职班	李彦		527	天津市河东区真理道27号	300250	26431204
60	天津市聋人学校附设中职班	李佳		87	天津市河北区正义道东头	300250	24575538
61	天津市视力障碍学校附设中职班	刘庆敏		28	天津市河西区梅江道2号	300221	88250803

成人中专

编号	校名	校长	教职工数	学生数	校址	邮政编码	电话
1	天津市宁河区成人中等专业学校	孙友彬			天津市宁河区金华路100号	301500	69592983
2	天津市南开区职工中等专业学校	贺兰芳			天津市南开区旧津保路2号	300110	27373310
3	天津市宝坻区教师进修学校	王延海	49		天津市宝坻区海滨街道东街12号	301800	29262939
4	天津市宝坻区职工卫生学校	陈　华	14		天津市宝坻区津闸路7号	301800	29241142
5	天津市西青区成人中等专业学校	韦　敏	15		天津市西青区西青道329号	300380	27913068
6	天津市和平区职工中等专业学校	董继超	37		天津市和平区南门外大街257号教育局大楼17楼	300020	27814736
7	天津市求实科工贸成人中等专业学校	魏兆彬			天津市河东区雪莲南路71号	300300	24391721
8	天津市农业广播电视中等学校	王永强	34	2222	天津市河西区西园道5号	300384	23793979
9	天津市航运职工中等专业学校	杨　彦				300000	28341438
10	天津市百利机械装备集团有限公司干部中等专业学校	王干文			天津市红桥区竹山路7号	300000	58719587
11	天津市津南区成人中等专业学校						
12	天津市滨海新区汉沽职工卫生学校	鲁　云	6		天津市滨海新区汉沽河西三经路南	300480	25694462
13	中交天津航道局有限公司职工中等专业学校	包　诚	15		天津市滨海新区中心路1号	300450	66880166
14	天津远洋职工中等专业学校	李建国	77		天津市滨海新区津塘路1498号	300451	66300686
15	天津市滨海新区塘沽职工中等专业学校	贾启米				300541	66330881
16	天津市蓟州区成人中等专业学校	张秋亮			天津市蓟州区武定西街89号	301900	29172945

滨海新区

编号	学校名称	校长	教职工数	年级数	班数	学生数	校址	邮政编码	电话
1	天津市滨海新区塘沽紫云中学	苏金龙	228	3	52	2286	天津市滨海新区塘沽新港三号路3350号	300450	66700229
2	天津外国语大学附属滨海外国语学校	王丽	615	12	188	7854	天津市滨海新区中新天津生态城和韵路1457号	300467	66196600
3	天津经济技术开发区第一中学	邱克稳	227	6	55	2128	天津经济技术开发区第三大街翔实路21号	300457	66219720
4	天津市滨海新区汉沽第一中学	赵勇	174	3	31	1346	天津市滨海新区汉沽汉沽文化东9号	300480	67190709
5	天津市滨海新区田家炳中学	高强	134	3	25	1172	天津市滨海新区汉沽新村街北侧	300480	67193697
6	天津市滨海新区汉沽第六中学	周盛镇	82	3	14	561	天津市滨海新区汉沽河西三号路55号	300480	25695605
7	天津经济技术开发区第二中学	张英群	136	6	33	1238	天津经济技术开发区第四大街121号	300457	66223399
8	天津市滨海新区塘沽第一中学	段景国	424	6	85	3777	天津市滨海新区塘沽烟台道3号	300450	25863980
9	天津市滨海新区塘沽第二中学	刘昌芹	266	6	56	2541	天津市滨海新区浙江路74号	300450	25861970
10	天津市滨海新区塘沽渤海石油第一中学	张晓燕	128	6	31	1295	天津市滨海新区塘沽童乐路99-79号	300452	25808382
11	天津市滨海新区塘沽渤海石油第二中学	任延新	73	6	17	722	天津市滨海新区塘沽石油新村路299-239号	300452	66910749
12	天津市滨海新区塘沽第十三中学	段红	128	3	24	1130	天津市滨海新区塘沽广州道开源里21号	300451	66316867
13	天津市滨海新区塘沽海滨中学	刘振江	92	3	16	651	天津市滨海新区塘沽吉林路2号	300451	25711500
14	天津市滨海新区大港油田第一中学	柴子金	178	6	29	1237	天津市滨海新区大港海滨建设街228号	300280	25924658
15	天津市滨海新区大港油田第二中学	杨德江	130	6	24	849	天津市滨海新区大港油田先锋路333号	300280	25921664
16	天津市滨海新区大港油田第三中学	刘坚	113	6	30	1200	天津市滨海新区大港油田红旗路1199号	300280	25961043
17	天津市滨海新区大港油田实验中学	李强	107	3	20	856	天津市滨海新区大港油田新兴北道266号	300280	25926411
18	天津市滨海新区大港油田德远高级中学	李凤清	61	3	16	559	天津市滨海新区大港油田新道西大道893号	300283	25930694
19	天津泰达枫叶国际学校	陈林生	299	12	85	1941	天津经济技术开发区第三大街71号	300457	66226888
20	天津市滨海新区大港第一中学	赵树祥	163	3	30	1396	天津市滨海新区大港世纪大道东288号	300270	63238022
21	天津市滨海新区大港实验中学	刘田峰	154	3	36	1670	天津市滨海新区大港世纪大道191号	300270	63386609
22	天津市滨海新区大港第三中学	李善玉	131	3	25	1093	天津市滨海新区大港迎宾街130号	300270	63388046
23	天津市滨海新区大港第八中学	张广新	162	3	40	1586	天津市滨海新区大港迎新街77号	300270	63389162
24	天津市滨海新区大港太平村中学	刘秀利	67	6	16	699	天津市滨海新区大港太平镇	300282	63142101
25	天津市南开中学滨海生态城学校	潘岱忠	174	6	43	2044	天津市生态城中天大道4666号	300467	25265709
26	天津市第一中学滨海学校	王晶	108	6	30	1296	天津空港经济区环河北路与东七道交口	300308	84819908
27	天津市实验中学滨海学校	赵强	145	6	32	1506	天津市滨海新区黄港欣荣道80号	300450	25212868
28	天津滨海高新技术产业开发区第一学校	张延江	95	12	32	1025	天津市滨海高新区滨海科技园惠全道81号	300000	59830807
29	北京师范大学天津生态城附属学校	程凤春	270	12	77	3051	天津生态城新昌道203号	300467	67956006

（续表）

编号	学校名称	校长	教职工数	年级数	班数	学生数	校址	邮政编码	电话
30	天津市滨海新区嘉国际学校	张航天	37	10	10	84	天津市滨海新区中新生态城明盛路226号	300457	67139298
31	天津科技大学附属中学	马健	47	2	10	317	天津市滨海新区中新天津生态城华三路345号	300467	60607000
32	天津市实验中学滨海育华学校	夏恩伟	30	1	6	185	天津市滨海新区新港街道君景湾	300452	25709618
33	天津市滨海新区塘沽湾学校	韩勇	45	9	11	315	天津市滨海新区海滨街港盛道	300450	65242379
34	天津市滨海新区大港同盛学校	武树峰	157	9	49	2132	河北省沧县东关港狮小区	300280	25948065
35	天津市滨海新区大港港狮学校	任丙俊	79	9	19	634	天津经济技术开发区晓园街9号	300457	25942028
36	天津市滨海新区大港滨海学校	李洪波	238	9	84	3688	天津市滨海新区大港学府路669号	300457	25290136
37	天津市滨海新区大港第五中学	刘洪生	121	3	23	915	天津市滨海新区开发区发达街99号	300270	63309825
38	天津市滨海新区泰达实验学校	武斌	220	9	80	3558	天津市滨海新区大港海滨街采油小区	300457	66629182
39	天津市滨海新区大港海滨第三学校	高玉军	52	9	11	337	天津市滨海新区海滨街港南路	300280	25969750
40	天津市滨海新区大港海滨学校	靳王成	158	9	49	2184	天津市滨海新区大港港西街并下作业港西大道东	300280	63955282
41	天津市滨海新区大港海滨第一学校	王德强	58	9	15	476	天津市滨海新区大港古林街欣沁小区1号	300283	25932479
42	天津市滨海新区大港海滨第四学校	张燕山	60	9	18	522	天津市滨海新区汉沽东风中路77号	300272	25936471
43	天津市滨海新区汉沽第二中学	刘晨香	112	3	23	979	天津市滨海新区汉沽河西五纬路60号	300480	67196093
44	天津市滨海新区汉沽第三中学	张建	113	3	24	996	天津市滨海新区汉沽文化街80号	300480	25694823
45	天津市滨海新区汉沽第八中学	王伟	114	3	23	1039	天津市滨海新区汉沽太平东街9号	300480	67126472
46	天津市滨海新区汉沽第九中学	刘宗利	93	3	24	1086	天津市滨海新区汉沽大田村东	300480	67293685
47	天津市滨海新区汉沽大田中学	毛青华	48	3	9	252	天津市滨海新区汉沽茶淀街后沽村南	300480	67227208
48	天津市滨海新区汉沽后沽中学	王健	54	3	11	340	天津市滨海新区汉沽杨家泊镇杨家泊村北	300480	67206906
49	天津市滨海新区汉沽桃园中学	付国忠	43	3	8	264	天津市滨海新区汉沽杨家泊镇高庄村北	300480	67257653
50	天津市滨海新区汉沽高庄中学	邵卫军	39	3	6	143	天津市天津石油职业技术学院内	300480	67261256
51	天津市滨海新区大港团泊洼学校	刘长安	24	8	8	95	天津市滨海新区兴胜道与希望路交叉路口任东南约100米	301607	29000348
52	天津市滨海新区大港油田第四中学	李冠森	116	3	22	819	天津市滨海新区塘沽吉林路二号	300280	25912473
53	天津市滨海新区塘沽第三中学	刘振江	83	3	23	859	天津市滨海新区塘沽营口道1125号	300450	66317125
54	天津市滨海新区塘沽第五中学	刘瑛	102	3	26	1110	天津市滨海新区塘沽东大街137号	300450	25894071
55	天津市滨海新区塘沽第六中学	侯树梅	154	3	40	1729	天津市滨海新区塘沽大梁子振教路12号	300450	25893591
56	天津市滨海新区塘沽第九中学	郭如良	52	3	11	370	天津市滨海新区塘沽港航路一号	300455	65242655
57	天津市滨海新区塘沽新港中学	甄凤祥	97	3	22	924	天津市滨海新区塘沽向阳北支路1号	300456	25798124
58	天津市滨海新区塘沽第十一中学	董俊英	116	3	25	1197	天津市滨海新区塘沽杭州道街广州道51号	300451	25865105
59	天津市滨海新区塘沽第十四中学	慕婉利	146	3	36	1519	天津市滨海新区塘沽江西路2号	300451	66361711
60	天津市滨海新区塘沽第十五中学	魏颖	130	3	34	1496	天津市滨海新区塘沽新城镇东南街	300451	66312660

（续表）

编号	学校名称	校长	教职工数	年级数	班数	学生数	校址	邮政编码	电话
61	天津市滨海新区塘沽新城中学	严文胜	47	3	10	322	天津市滨海新区塘沽胡家园街善门村	300455	25330921
62	天津市滨海新区塘沽河头中学	李晓光	41	3	7	221	天津市滨海新区胡家园街中心庄村	300454	25359660
63	天津市滨海新区塘沽盐场中学	贾洪元	50	3	9	328	天津市滨海新区塘沽河南路98-69号	300455	25798163
64	天津市滨海新区塘沽北塘学校	赵晓红	112	9	34	1198	天津市滨海新区塘沽北塘文化宫大街28号	300453	65229670
65	天津市滨海新区塘沽体育学校	刘振江	23	3	6	100	天津市滨海新区塘沽吉林路2号	300451	25711500
66	天津市滨海新区塘沽实验学校	刘颖	142	9	42	1868	天津市滨海新区塘沽营口道1421号	300450	25861815
67	天津市滨海新区大港第二中学	何世利	163	3	32	1480	天津市滨海新区大港振兴路增10号	300270	63212822
68	天津市滨海新区大港第六中学	陈桂霞	160	3	35	1532	天津市滨海新区大港凯旋街与旭日路交口	300270	63100358
69	天津市滨海新区大港第七中学	孙振山	88	3	14	535	天津市滨海新区大港石化路与荣苑街交口	300270	63371600
70	天津市滨海新区大港第九中学	杨占利	83	3	19	758	天津市滨海新区大港迎宾街109号	300270	59719204
71	天津市滨海新区大港第四中学	刘月军	134	3	27	1034	天津市滨海新区大港中塘镇中港路14号	300277	63270860
72	天津市滨海新区大港栖凤冏中学	王文通	77	3	18	636	天津市滨海新区大港中塘镇栖凤北里111号	300273	63132640
73	天津市滨海新区大港小王庄中学	张华革	65	3	12	479	天津市滨海新区大港小王庄镇205国道西侧6268号	300273	63129586
74	天津市滨海新区大港徐庄子中学	刘少海	41	3	9	299	天津市滨海新区大港小王庄镇徐庄子向阳小区北侧	300275	63169041
75	天津市滨海新区大港太平村第二中学	刘培义	41	3	9	300	天津市滨海新区大港太平村镇北环路	300282	63148107
76	天津市滨海新区大港窦庄子中学	刘泽起	27	3	4	126	天津市滨海新区大港太平村镇窦庄子村	300282	63189128
77	天津市滨海新区大港苏家园学校	徐站林	102	9	29	707	天津市滨海新区大港太平村镇苏家园村西	300282	63155203
78	天津市滨海新区大港远景学校	窦书森	63	9	12	362	天津市滨海新区大港海滨街远景一村16号	300282	63199651
79	天津市滨海新区大港沙井子学校	赵议文	59	9	15	498	天津市滨海新区大港海滨街道沙井子一村	300283	63178520
80	天津市滨海新区大港滨湖学校	刘志奇	43	9	10	298	天津市滨海新区大港古林街建工里	300274	63285086
81	天津市滨海新区塘沽育才学校	张兵	196	9	58	2649	天津市滨海新区大港泗水路以西,燕飞路以南	300450	60971763
82	天津华苑枫叶国际学校	谭佳莹	127	9	51	1003	天津市西青区内环二路与华科九路交汇	300392	87930777
83	天津市滨海新区塘沽第七中学	何军	48	3	12	476	天津市滨海新区塘沽新港二号路3号	300456	60123700
84	天津港保税区空港学校	叶芊	185	9	45	1850	天津港保税区东六道39号	300457	84841184
85	天津市滨海新区远洋城中学	刘云梅	106	3	27	1226	天津市滨海新区塘沽胡家园街近洋城金田路443号	300454	66535101
86	天津港保税区临港实验学校	李洁	65	9	20	594	天津临港经济区黄埔江道229号	300250	59892611
87	天津市滨海新区云山道学校	李秀莉	199	9	65	2828	天津市滨海新区云山道676号	300459	25219092
88	天津市滨海新区中部新城学校	李林	76	9	26	1027	天津市滨海新区中部新城银河二路316号	300451	25782366
89	天津师范大学滨海附属学校	张秋林	144	9	47	2066	天津市滨海新区塘沽大沽街西月路378号	300450	60276122
90	天津市滨海新区大港第十中学	刘冬清	143	3	38	1736	天津市滨海新区港东六道与景八路交口	300270	63369213

（续表）

编号	学校名称	校长	教职工数	年级数	班数	学生数	校址	邮政编码	电话
91	天津市滨海新区塘沽洞庭学校	邢洁明	60	9	14	558	天津市滨海新区杭州道街洞庭路与广济道交口	300457	66220069
92	天津市滨海新区塘沽胡家园学校	尚建文	171	9	52	2152	天津市滨海新区胡家园街道同安路427号	300454	25362425
93	天津市滨海新区塘沽未来学校	高锦毅	83	9	39	1643	天津市滨海新区谐海路1128号	300450	25219956
94	天津生态城枫叶学校	李俊	21	7	7	27	天津市滨海新区中新生态城富盛路999号	300467	59892777
95	天津市滨海新区大港欣苑小学	崔洪玺	56	6	18	647	天津市滨海新区大港太平示范镇昌盛路26号	300282	63182316
96	天津师范大学滨海附属小学	王颖	78	6	25	1025	天津市滨海新区中心商务区乐合路605号	300452	25315315
97	天津市滨海新区塘沽远洋城小学	李胜利	161	6	57	2454	天津市滨海新区塘沽胡家园街道慧花园1-8栋	300454	66591306
98	天津市滨海新区塘沽紫云小学	金环	78	6	28	1235	天津市滨海新区塘沽紫云环路983号	300456	66783159
99	天津市滨海新区塘沽三中心小学	仝汝华	73	6	24	1036	天津市滨海新区塘沽江西路996号	300450	66597588
100	天津市滨海新区港西新城小学	陈树荣	85	6	29	1120	天津市滨海新区海滨街云祥道878号	300380	63983568
101	天津华夏未来中新生态城小学	杨军红	119	6	36	1361	天津市滨海新区中新生态城新二街895号	300467	25265306
102	天津生态城南开小学	杨丽	185	6	58	2281	天津生态城中天大大道4210号	300467	25265000
103	天津市滨海新区新北第一小学	孙凤亭	89	6	32	1387	天津市滨海新区河北西路290号	300451	66899575
104	天津市实验小学滨海学校	张起莲	45	6	15	569	天津市滨海新区塘沽航运西路1179号	300450	65820885
105	天津市昆明路小学滨海学校	李秉玲	43	6	15	516	天津市滨海新区北塘经济区随州道119号	300450	66258307
106	天津市滨海新区大港第十二小学	刘泽香	59	6	23	1002	天津市滨海新区大港街滨海大道1251号	300270	63173701
107	天津市滨海新区小王庄第二小学	赵云明	57	6	17	595	天津市滨海新区小王庄示范镇华纳街96号	300273	63165995
108	天津市空港经济区实验小学	丁立群	161	6	49	1916	天津空港经济区兴字路50号	300308	59096708
109	天津外国语大学附属东疆外国语学校	王桢	13	3	3	79	天津市滨海新区东疆保税港区银川道1号	300450	25708253
110	天津市滨海新区大港第一小学	顾孟武	113	6	41	1784	天津市滨海新区大港景一路328号	300270	63818065
111	天津市滨海新区新北城第二小学	刘树成	55	6	24	985	天津市滨海新区河北西路1172号	300451	25218691
112	天津市滨海新区塘沽福州道小学	宋秉霞	84	6	28	1193	天津市滨海新区塘沽奥林花园路23号	300450	66315277
113	天津市滨海新区南益小学	贾佩娟	75	6	26	1065	天津市滨海新区塘沽福州道3166号	300451	25364986
114	天津市滨海新区五簪小学	石莉	44	6	18	755	天津市滨海新区北塘街道欣雅苑	300453	66331705
115	天津市滨海新区大港第一小学	刘慕军	63	6	22	889	天津市滨海新区大港迎宾街122号	300270	59719259
116	天津市滨海新区大港第二小学	王宝华	110	6	46	2058	天津市滨海新区大港育秀街14号	300270	63100287
117	天津市滨海新区大港第三小学	刘元凤	86	6	33	1478	天津市滨海新区大港凯旋苑65号	300270	63237506
118	天津市滨海新区大港第六小学	宋金江	70	6	25	1078	天津市滨海新区大港育秀路366号	300270	63109595
119	天津市滨海新区大港实验小学	高相发	109	6	39	1737	天津市滨海新区大港福苑里	300270	63305086
120	天津市滨海新区大港上林小学	窦加旺	66	6	24	1010	天津市滨海新区大港古林街古林里	300270	63226388
121	天津市滨海新区大港第四小学	李培章	104	6	33	1313	天津市滨海新区中港路12号	300277	63188443
122	天津市滨海新区大港英语实验小学	郝玉科	69	6	25	950	天津市滨海新区大港善荣街与兴华路交口	300270	63381931

（续表）

编号	学校名称	校长	教职工数	年级数	班数	学生数	校址	邮政编码	电话
123	天津市滨海新区大港西海苑西小学	王玉芝	62	6	19	791	天津市滨海新区海滨街三号院西海苑小区	300280	25912387
124	天津市滨海新区大港二号院小学	郭燕	56	6	14	458	天津市滨海新区大港海滨街油田二号院	300280	25919535
125	天津市滨海新区大港三号院小学	徐铭津	62	6	15	530	天津市滨海新区大港海滨街三号院春华小区	300280	25921585
126	天津市滨海新区大港海花园里小学	陈金焕	43	6	12	366	天津市滨海新区大港海滨街海花园南里	300280	25923434
127	天津市滨海新区大港桃李园小学	贾玉英	47	6	13	402	天津市滨海新区大港油田海滨街新盛小区物探	300280	25963139
128	天津经济技术开发区第一小学	刘丽莉	134	6	48	2093	天津经济技术开发区第三大街37号	300457	66295955
129	天津经济技术开发区第二小学	冯莉	122	6	43	1808	天津经济技术开发区第五大街98号	300457	66222681
130	天津市滨海新区汉沽河西第一小学	张秀庆	58	6	17	632	天津市滨海新区汉沽寨上街平阳里社区	300480	67193903
131	天津市滨海新区汉沽河西第二小学	刘玉云	94	6	24	1093	天津市滨海新区汉沽河西四纬路南8号	300480	25693107
132	天津市滨海新区汉沽河西第三小学	刘东	57	6	16	624	天津市滨海新区茶淀街九龙里社区	300480	25695172
133	天津市滨海新区汉沽盐场小学	张军文	130	6	41	1952	天津市滨海新区汉沽文化街8号	300480	67192572
134	天津市滨海新区汉沽新港第一小学	朱云	75	6	24	1030	天津市滨海新区新港新民街74号	300456	25792184
135	天津市滨海新区汉沽新港第四小学	刘云香	104	6	37	1580	天津市滨海新区塘沽新港北仓里11号	300456	66708303
136	天津市滨海新区塘沽新港第二小学	张静	70	6	20	853	天津市滨海新区塘沽新港海滨路164号	300456	66705496
137	天津市滨海新区塘沽朝阳小学	张俊丽	85	6	29	1310	天津市滨海新区塘沽街春风路431号	300456	25792433
138	天津市滨海新区塘沽第一中心小学	汪敏军	83	6	27	1196	天津市滨海新区塘沽新港文化街3号	300450	25305505
139	天津市滨海新区塘沽草场街小学	杨淑梅	88	6	30	1342	天津市滨海新区塘沽草场街204号	300450	25862750
140	天津市滨海新区塘沽第二中心小学	李莉	130	6	46	2007	天津市滨海新区塘沽山东路13号	300450	25863097
141	天津市滨海新区塘沽上海道小学	周建	85	6	27	1267	天津市滨海新区塘沽江苏路593号	300450	25895906
142	天津市滨海新区塘沽浙江路小学	邵瑞娟	108	6	37	1662	天津市滨海新区塘沽上海道2461号	300450	25864122
143	天津市滨海新区塘沽宁波里小学	王秀玲	44	6	14	569	天津市滨海新区塘沽福建路39号	300450	25861680
144	天津市滨海新区塘沽向阳第一小学	王启嫒	92	6	28	1256	天津市滨海新区塘沽向阳南10号	300451	60315874
145	天津市滨海新区塘沽向阳第三小学	陈学东	86	6	28	1233	天津市滨海新区塘沽杭州道吉林路6号	300451	1662285383
146	天津市滨海新区塘沽广州道小学	刘岩	76	6	25	1113	天津市滨海新区塘沽广州道61号	300451	66305736
147	天津市滨海新区塘沽桂林路小学	刘伟	91	6	27	1142	天津市滨海新区塘沽广州道桂林路2号	300451	66309073
148	天津市滨海新区塘沽大庆道小学	苏雪芹	74	6	22	888	天津市滨海新区塘沽福建北路1889号	300451	25348877
149	天津市滨海新区塘沽徐州道小学	张宝颖	75	6	24	1030	天津市滨海新区塘沽河西湘江里增3号	300451	66595816
150	天津市滨海新区塘沽工农村小学	卢秀智	72	6	24	977	天津市滨海新区塘沽广州道河沽3号	300452	66309681
151	天津市滨海新区塘沽岷江里小学	张宝颖	127	6	37	1582	天津市滨海新区塘沽河北路49号	300451	25214882
152	天津市滨海新区塘沽胡家园小学	孙宝衡	62	6	20	831	天津市滨海新区塘沽于庄子路8号胡家园小学	300452	25352316
153	天津市滨海新区塘沽大梁子小学	朱红霞	63	6	17	518	天津市滨海新区塘沽新城镇大梁子曙光道	300454	25234579
154	天津市滨海新区塘沽新城小学	王志江	53	6	10	317	天津市滨海新区塘沽新城镇新城村南门东里	300455	25333297

（续表）

编号	学校名称	校长	教职工数	年级数	班数	学生数	校址	邮政编码	电话
155	天津市滨海新区塘沽湾第一小学	张秀来	28	6	10	345	天津市滨海新区塘沽胡家园街河头村永达里1排1号	300455	25380190-8206
156	天津市滨海新区塘沽河头小学	张建设	28	6	10	292	天津市滨海新区塘沽胡家园街南窑村	300454	25354461
157	天津市滨海新区塘沽刘庄南窑小学	李春良	24	5	5	89	天津市滨海新区塘沽胡家园街于庄子路	300454	25359104
158	天津市滨海新区塘沽誉门口小学	郭庆忠	26	6	7	233	天津市滨海新区胡家园街郑各庄子村1号	300450	25359150
159	天津市滨海新区塘沽于庄子小学	王鸿宝	35	6	8	186	天津市滨海新区胡家园街道中心庄村	300454	66530350
160	天津市滨海新区塘沽馨桥园小学	潘桂喜	92	6	28	1177	天津市滨海新区塘沽胡家园街六道沟村	300454	60916029
161	天津市滨海新区塘沽欣嘉园第一小学	张树梅	71	6	25	1094	天津市滨海新区塘沽海欣嘉海嘉辉路186号	300450	65532778
162	天津市滨海新区塘沽盐场小学	张彤	58	6	16	601	天津市滨海新区塘沽万年桥北路1716号	300455	65819530
163	天津市滨海新区塘沽湖海石油第一小学	张谦	47	6	15	546	天津市滨海新区塘沽河溪路28号	300452	25808393
164	天津市滨海新区塘沽湖海石油第二小学	陈岭	86	6	30	1310	天津市滨海新区塘沽东沽石油新村路299-117号	300454	60718278
165	天津市滨海新区塘沽湖海石油第三小学	刘汝海	25	6	6	169	天津市滨海新区塘沽建设路400-500号	300458	66906552
166	天津市滨海新区塘沽博才小学	王笑春	73	6	27	1207	天津市滨海新区塘沽赵新路6号	300451	66309123
167	天津市滨海新区塘沽怡成小学	杨德敏	80	6	24	1037	天津市滨海新区塘沽东江路1655号	300451	25815175
168	天津市滨海新区汉沽体育场小学	李国双	126	6	40	1837	天津市滨海新区汉沽新村街23号	300480	67113586
169	天津市滨海新区汉沽中心小学	许付梅	132	6	46	2105	天津市滨海新区汉沽寨上府北街1号	300480	25696412
170	天津市滨海新区汉沽大田小学	赵雪芹	69	6	13	434	天津市滨海新区汉沽街大田村东	300480	67227168
171	天津市滨海新区汉沽孟圈小学	郜若生	21	6	6	92	天津市滨海新区茶淀街孟家疆村南	300480	67270107
172	天津市滨海新区汉沽后沽小学	秦玉海	36	6	7	167	天津市滨海新区汉沽茶淀街后沽村	300480	67299115
173	天津市滨海新区汉沽桥沽小学	刘文合	26	6	6	90	天津市滨海新区茶淀街桥沽村西	300480	67272562
174	天津市滨海新区汉沽李自沽小学	杨朝顺	22	6	6	78	天津市滨海新区茶淀街西李自沽村南	300480	25697720
175	天津市滨海新区汉沽西孟小学	李文利	26	6	6	94	天津市滨海新区汉沽茶淀镇西孟村	300480	67270016
176	天津市滨海新区汉沽茶淀小学	张军刚	65	6	15	517	天津市滨海新区汉沽六经路32号	300480	67239271
177	天津市滨海新区汉沽桃园小学	霍金军	38	6	8	218	天津市滨海新区汉沽杨家泊镇桃园村北	300480	67257833
178	天津市滨海新区汉沽杨家泊小学	高静	36	6	6	178	天津市滨海新区汉沽杨家泊镇杨家泊村	300480	67257601
179	天津市滨海新区汉沽高庄小学	史春敬	42	6	8	209	天津市滨海新区汉沽杨家泊镇高庄村	300480	67261259
180	天津市滨海新区大港第九小学	于文成	50	6	19	700	天津市滨海新区大港迎新街19号	300270	63389100
181	天津市滨海新区大港第十一小学	高相发	31	6	14	444	天津市滨海新区大港迎宾街建安里	300270	63863928
182	天津市滨海新区大港第五小学	吴洪英	56	6	20	591	天津市滨海新区大港中塘镇张港子村	300277	63270643
183	天津市滨海新区大港第七小学	张秀茹	35	6	11	299	天津市滨海新区大港中塘镇中塘村东侧	300277	63266523

（续表）

编号	学校名称	校长	教职工数	年级数	班数	学生数	校址	邮政编码	电话
184	天津市滨海新区大港栖凤小学	刘润福	57	6	17	609	天津市滨海新区大港中塘镇栖凤北路110号	300273	63131149
185	天津市滨海新区大港仁合小学	武连俊	50	6	15	347	天津市滨海新区大港中塘镇仁和里	300273	63136838
186	天津市滨海新区大港小王庄第一小学	李长镇	23	6	6	92	天津市滨海新区大港小王庄镇小王庄	300273	63129125
187	天津市滨海新区大港向阳小学	李维鹏	53	6	19	387	天津市滨海新区大港小王庄镇向阳里小区	300275	63169106
188	天津市滨海新区大港太平第一小学	王慈源	54	6	18	482	天津市滨海新区大港太平镇太平村	300282	63148158
189	天津市滨海新区大港太平第二小学	刘洪喜	34	6	12	421	天津市滨海新区大港太平镇同安小区	300282	63148795
190	天津市滨海新区大港窦庄子小学	窦家田	20	6	6	218	天津市滨海新区大港太平镇窦庄子村9999号	300282	63189384
191	天津市滨海新区大港福源小学	常喜珍	131	6	50	2130	天津市滨海新区大港海景九路436号	300270	63355125
192	天津滨海新区空港经济区东方剑桥幼儿园	田海波	60	3	14	483	天津市滨海新区天津港保税区保税路栖路9号	300300	84841265
193	天津市滨海新区大港实验幼儿园	李玉花	47	3	12	339	天津市滨海新区大港茶上街道平阳里建设路5号	300480	67219188
194	天津市滨海新区大港弗雷德里克兰幼儿园	赵之彦	45	3	10	294	天津市滨海新区大港古林街道福汇园小区44-1	300270	63357654
195	天津市滨海新区大港汉沽第一幼儿园	王珊	42	3	10	282	天津市滨海新区大港茶淀街道宜春里三纬路22号	300480	25693054
196	天津市滨海新区大港汉沽第二幼儿园	唐广东	37	3	8	231	天津市滨海新区大港茶淀街道惠阳里太平街22号	300480	67198799
197	天津市滨海新区大港汉沽第三幼儿园	付娜	37	3	10	277	天津市滨海新区大港茶上街道建阳里建设南路229号	300480	25694146
198	天津市滨海新区大港汉沽第四幼儿园	高俊玲	37	3	6	171	天津市滨海新区大港汉沽街道后坨里	300480	25661058
199	天津市滨海新区大港汉沽求实幼儿园	温梓开	27	3	6	181	天津市滨海新区大港茶淀街道七星里	300480	25694579
200	天津市滨海新区大港大田中心幼儿园	门付香	17	3	4	112	天津市滨海新区大港茶淀街道新立	300480	67227675
201	天津市滨海新区大港第二幼儿园	赵之娥	49	3	12	368	天津市滨海新区大港汉沽街道重阳里	300270	63219239
202	天津市滨海新区大港塘沽第一幼儿园	韩秀英	75	3	18	540	天津市滨海新区大港新村街道正义里烟台道836号	300450	25861449
203	天津市滨海新区大港塘沽第三幼儿园	董薇	111	3	27	744	天津市滨海新区大港新村街道海河菜市场路4号	300450	25863164
204	天津市滨海新区大港塘沽第四幼儿园	赵红	55	3	15	425	天津市滨海新区大港杭州道街道唐山里贵州路2号	300451	66302080
205	天津市滨海新区大港塘沽第五幼儿园	刘美琳	39	3	9	235	天津市滨海新区大港杭州道街道贵阳里抗震路44号	300451	25345209
206	天津市滨海新区大港塘沽第六幼儿园	李红	48	3	12	348	天津市滨海新区大港新村街道河华里河华里7-1号	300450	25862326
207	天津市滨海新区大港塘沽第七幼儿园	申红	27	3	6	149	天津市滨海新区大港新村街道联合村东大街1号	300450	25862008
208	天津市滨海新区大港塘沽第八幼儿园	李远英	60	3	17	512	天津市滨海新区大港塘沽街道贻芳嘉园港航路819-200号	300456	25795191
209	天津市滨海新区大港塘沽第九幼儿园	许泽欣	57	3	15	429	天津市滨海新区大港杭州道街道文安里桂林路2号	300451	66313159
210	天津市滨海新区大港塘沽第十幼儿园	周庆红	34	3	9	239	天津市滨海新区大港新村街道联合村文化街一号	300450	25871163
211	天津市滨海新区大港明星幼儿园	杨开芝	23	3	9	278	天津市滨海新区大港杭州道街道振业里	300270	63103303
212	天津市滨海新区大港塘沽保育院	王燕	41	3	9	265	天津市滨海新区大港塘沽街道华蓉里S8号	300456	66172220
213	天津市滨海新区大港向阳幼儿园	张香月	26	3	6	129	天津市滨海新区大港杭州道街道和平里沈阳道贻顺园72号	300451	65578718

（续表）

编号	学校名称	校长	教职工数	年级数	班级数	学生数	校址	邮政编码	电话
214	天津市滨海新区腾飞幼儿园有限公司	张冬雪	27	3	6	147	天津市滨海新区新河街道新建里近开里30号	300457	25794248
215	天津市滨海新区塘沽爱心幼儿园	许 静	30	3	8	221	天津市滨海新区胡家园街道六道沟村210号	300454	65312894
216	天津市滨海新区塘沽裕川艺术幼儿园	刘彦希	25	3	9	185	天津市滨海新区杭州道街道京山道迎宾园15栋底商	300451	25228827
217	天津市滨海新区美景幼儿园	闫 素	17	3	3	69	天津市滨海新区杭州道街道吉宁里美景园小区19栋对面	300451	65511850
218	天津市滨海新区塘沽小太阳紫云幼儿园	何 欢	49	3	10	311	天津市滨海新区塘沽街道紫云园26栋	300457	66863862
219	天津经济技术开发区第一幼儿园	陆 媛	57	3	12	380	天津经济技术开发区东街道翠亨	300457	66378821
220	天津经济技术开发区第二幼儿园	韩 婷	59	3	12	340	天津经济技术开发区东街道康翠徇园里40号	300457	25326320
221	天津经济技术开发区泰达保育院	王 虹	63	3	12	383	天津经济技术开发区东街道雅园发达街15号	300457	66202039
222	天津经济技术开发区泰达第三幼儿园	张建红	53	3	12	381	天津经济技术开发区东街道泰丰荣泰街3号	300457	66281351
223	天津开发区启朗幼儿园	刘 琪	63	3	12	420	天津经济技术开发区东街道康翠捷达路15号	300457	66289040
224	天津经济技术开发区启明幼儿园	王 威	65	3	14	424	天津经济技术开发区东街道芳林	300450	66221335
225	泰达青少年营附属幼儿园	谢爱霞	62	3	13	439	天津经济技术开发区东街道东海北海东路19号	300457	59001551
226	天津市滨海新区大港第一幼儿园	徐振平	46	3	10	300	天津市滨海新区大港街道七邻里31号楼旁	300270	25991083
227	天津市滨海新区大港第三幼儿园	张秀枝	52	3	9	282	天津市滨海新区大港街道晨晖里	300270	63219075
228	天津市滨海新区大港第四幼儿园	程恩林	34	3	8	233	天津市滨海新区大港中塘镇黄房子26-1	300270	63260401
229	天津市滨海新区大港凯旋花幼儿园	张卫红	40	3	9	272	天津市滨海新区大港街道凯苑振兴路东9号	300270	63228706
230	天津市大地实验幼儿园	张 洁	48	3	10	306	天津市滨海新区大港街道福苑里	300270	63306495
231	天津市天联石化有限责任公司第四幼儿园	井秀丽	18	3	5	84	天津市滨海新区大港街道三春里	300270	62082773
232	天津市天联石化有限责任公司第八幼儿园	王云静	31	3	7	102	天津市滨海新区大港街道前光里	300270	62082824
233	天津市天联石化有限责任公司师花幼儿园	刘俊丽	30	3	6	85	天津市滨海新区大港街道前进里	300270	62082783
234	华盛综合服务处官港综合服务站官港幼儿园	慕 君	12	3	3	42	天津市滨海新区古林街道官港社区第一居委会	300274	63288284
235	民进天津市滨海新区务实官港第一幼儿园	王文娟	22	3	4	95	天津市滨海新区大港街道育秀里兴慧里301-310号	300270	63386866
236	民进天津市滨海新区务实第三幼儿园	顾桂红	29	3	7	135	天津市滨海新区大港街道建安里一世纪大道180号	300270	63377909
237	天津市滨海新区务实第六幼儿园	苏 超	30	3	6	138	天津市滨海新区大港街道兴德里	300270	63103581

（续表）

编号	学校名称	校长	教职工数	年级数	班数	学生数	校址	邮政编码	电话
238	民进天津市滨海新区务实第二幼儿园	王婧	37	3	6	114	天津市滨海新区大港街道六合里8-1号	300270	63228978
239	天津生态城艾毅幼儿园	许文娇					天津市中新天津生态城和韵路1375号	300467	66328982
240	大港油田集团公司第一矿区托幼中心西苑幼儿园	张广珍	46	3	10	301	天津市滨海新区海滨街道西苑	300280	25912390
241	大港油田集团公司第一矿区托幼中心运输幼儿园	郑兰香	1	3			天津市滨海新区古林街道欣欣里	300270	25936445
242	大港油田集团公司第一矿区托幼中心北苑幼儿园	李姝	21	3	5	128	天津市滨海新区古林街道欣欣里	300280	25922843
243	大港油田集团公司第一矿区托幼中心新兴幼儿园	张献平	1	3			天津市滨海新区海滨街道新盛	200270	25922290
244	大港油田集团公司第一矿区托幼中心快乐稚园	于军化	44	3	10	268	天津市滨海新区海滨街道春华	300280	25925325
245	大港油田集团阳光幼儿园	张英杰	29	3	7	200	天津市滨海新区海滨街道阳光佳园	300280	13820123232
246	中国石油大港油田港狮矿管理处幼儿园	蒋桂芬	38	3	7	212	河北省沧州市沧县旧州镇狮港狮街北区20号	061723	25942473
247	大港油田二矿区公司托幼采油幼儿园	侯丽萍	1	3			天津市滨海新区海滨街道采油	300270	25969854
248	大港油田公司三矿管公司祥和幼儿园	齐丽娟	21	3	4	108	天津市滨海新区海滨街道祥和27号楼	300280	63951943
249	大港油田公司三矿区幸福幼儿园	王金芝	38	3	10	309	天津市滨海新区海滨街道幸福	300280	63956924
250	大港油田二矿区公司花园幼儿园	袁海娟	20	3	4	123	天津市滨海新区海滨街道花园南里139号	300280	25912390
251	大港油田三矿区双运幼儿园	李姝	1	3			天津市滨海新区海滨街道双丰	300270	25960046
252	大港油田公司三矿区华幸幼儿园	林霖	16	3	4	96	天津市滨海新区海滨街道华幸	300283	25931783
253	大港油田公司三矿区李园幼儿园	侯丽萍	20	3	4	120	天津市滨海新区海滨街道桃李园	300280	25963198
254	大港油田三矿区世纪星幼儿园	程葵葵	54	3	12	359	天津市滨海新区海滨街道同盛东里	300280	63962232
255	天津市滨海新区塘沽花儿朵朵幼儿园	张岩	1				天津市滨海新区新港开年里喻北街182号	300456	25788925
256	天津市滨海新区塘沽奥星小佛幼儿园	刘讯	37	3	7	160	天津市滨海新区杭州道街道米兰世纪72号楼	300457	65291330
257	天津市滨海新区塘沽欣美幼儿园	韩美玉	18	3	6	135	天津市滨海新区胡家园杭州道六道沟村100号楼	300450	66894699
258	天津市滨海新区塘沽红贝壳幼儿园	张丽	21	3	6	184	天津市滨海新区杭州道文安里福建北路896号	300450	25640988
259	天津市滨海新区大港欣苑幼儿园	刘俊香	36	3	9	213	天津市滨海新区太平镇郭庄子昌德路96-1号	300282	63385566
260	天津市滨海新区大港润泽幼儿园	徐振霞	40	3	9	265	天津市滨海新区古林街道润泽园A91-1号	300270	63289577
261	天津市滨海新区大港梁子村童星幼儿园	王德明	10	3	3	71	天津市滨海新区大港街道新桥	300450	25393390
262	天津市滨海新区塘沽嘉源幼儿园	任洪杰	12	3	3	42	天津市滨海新区胡家园街道中八车村	300454	25365152
263	天津市滨海新区育才幼儿园	刘闻智	37	3	8	207	天津市滨海新区杭州道街道福州道来茵春天商业街A区220号	300451	66593119

（续表）

编号	学校名称	校长	教职工数	年级数	班数	学生数	校址	邮政编码	电话
264	天津市滨海新区塘沽新新幼儿园	刘 雨	19	3	6	165	天津市滨海新区新河街道西江里飞虹街柳江里19栋	300451	25348011
265	天津市滨海新区塘沽云天民族幼儿园	李艳燕	19	3	3	61	天津市滨海新区塘沽街道华云园东海云天会所101室	300450	65543118
266	天津市滨海新区塘沽西部新城第一幼儿园	刘丽娟	21	3	4	88	天津市滨海新区胡家园街道馨顺园二区增26号	300450	25362689
267	天津市滨海新区塘沽智星星实验幼儿园	梁英杰	15	3	4	93	天津市滨海新区杭州道街道泰和城丽景胜和园6号楼	300451	66369904
268	天津市滨海新区塘沽滨海幼儿园	李晓静	25	3	7	194	天津市滨海新区新港街道新开里新港一号路新开里A3栋	300450	25799882
269	天津市滨海新区塘沽水木小清华幼儿园	张冬雪	45	3	10	269	天津市滨海新区胡家园街道明北22号	300451	25647978
270	天津市滨海新区塘沽汇明幼儿园	高展飞	32	3	7	148	天津市滨海新区新北街道蓝山国际西区10-101	300450	65156156
271	天津市滨海新区塘沽意贝格幼儿园	岳蒙蒙	66	3	15	436	天津市滨海新区杭州道街道丽水园13-14栋之间	300450	65232186
272	天津市滨海新区塘沽芸圣幼儿园	鲁长云	64	3	16	514	天津市滨海新区新北街道贻成尚北贻成豪庭56栋	300459	66353677
273	天津市滨海新区塘沽和平幼儿园	胡学芝	39	3	9	242	天津市滨海新区杭州道街道和平里	300451	258943863
274	天津市滨海新区塘沽心贻湾可爱蜗幼儿园	周莉琴	40	3	9	275	天津市滨海新区新北街道融盛谐谐海心贻湾10号楼	300450	65365588
275	天津市滨海新区塘沽博雅幼儿园	袁仙华	72	3	18	540	天津市滨海新区杭州道街道贻成尚北	300456	59895168
276	天津市滨海新区塘沽福州道幼儿园	杜 娟	48	3	12	364	天津市滨海新区新北街道福州道来茵春天58号	300451	66311575
277	天津市滨海新区塘沽新河幼儿园	王丽芳	27	3	6	154	天津市滨海新区新河街道满江里1号	300450	66313359
278	天津市滨海新区塘沽第二幼儿园	李海红	44	3	10	284	天津市滨海新区新村街道民主街居仁街2号	300450	25875566
279	天津市滨海新区塘沽远洋城第一幼儿园	郑富洋	51	3	12	376	天津市滨海新区胡家园街道远洋城天地路262号	300450	65247790
280	天津市滨海新区塘沽黄港第一幼儿园	胡建华	40	3	9	263	天津市滨海新区北塘街道欣雅苑欣展苑008号	300451	65531556
281	天津市滨海新区育苗幼儿园	孔凡茹	16	3	3	77	天津市滨海新区茶淀街道桥沽	300480	67205078
282	天津市滨海新区中心商务区西沽幼儿园	刘 颖	44	3	12	338	天津市滨海新区大沽街道和睦园	300452	65810036
283	天津市滨海新区塘沽新北幼儿园	葛凤茹	33	3	7	188	天津市滨海新区北塘街道文化孕馨宇家园49栋	300453	65228378
284	天津市滨海新区中心商务区东沽幼儿园	陈桂琴	36	3	9	252	天津市滨海新区大沽街道和盛苑和荣苑配建一号楼	300450	25232002
285	天津市滨海新区塘沽华夏之星幼儿园	张晓朋	25	3	6	240	天津市滨海新区杭州道街道长征里吉林路804号	300450	25815730
286	天津市滨海高新技术产业开发区航天神箭幼儿园	武德红	43	3	9	271	天津市滨海新区高新技术产业开发区高新科技园高新七路99号17号楼	300458	59801080
287	天津市滨海新区贝迪幼儿园	赵 颖	53	3	15	395	天津市滨海新区杭州道街道泰和城安顺道332号	300450	65199215
288	天津市滨海新区实务乡第四幼儿园	祁由园	38	3	10	265	天津市滨海新区古林街道福芳园10号11号	300277	63211219

（续表）

编号	学校名称	校长	教职工数	年级数	班数	学生数	校址	邮政编码	电话
289	天津滨海新区金色摇篮篮求实幼儿园	沈帆	59	3	14	422	天津市滨海新区海滨街道求实	300280	25931540
290	天津滨海新区南益东方剑桥幼儿园	王娜	52	3	13	385	天津市滨海新区新河街道南益名盛道485号	300456	25823691
291	天津滨海新区七彩阳光幼儿园	刘玉增	32	3	8	230	天津市滨海新区大港街道双安里	300270	63276301
292	天津滨海新区蓝天北塘幼儿园	李娜	59	3	12	352	天津市滨海新区北塘街道泰达澜海601号	300453	59995633
293	天津滨海新区临港经济区东方剑桥幼儿园有限公司	刘煜	34	3	7	182	天津市滨海新区大沽街道建新里616号	300452	66622395
294	天津滨海新区华想世纪幼儿园有限公司	孙伟	26	3	6	112	天津市滨海新区大沽街道蓝鲸岛	300450	25803646
295	天津滨海新区渤海育才第三幼儿园	李敏	54	3	14	373	天津市滨海新区大沽街道华安楼	300452	66916735
296	天津滨海新区新家园康贝幼儿园	韩美莲	28	3	7	153	天津市滨海新区新北街道新家园65栋112号	300459	65558908
297	天津滨海新区太平第二幼儿园	李景凤	19	3	4	85	天津市滨海新区太平镇窦庄子93-1号	300282	63434043
298	天津滨海新区海滨第一幼儿园	谢金芬	18	3	6	128	天津市滨海新区鑫泰路166-1号	300282	63175150
299	天津市滨海新区宝宝树幼儿园有限责任公司	高心缘	16	3	4	66	天津市滨海新区杭州道街道陆丰园韶山道3号	300456	66372888
300	天津市滨海新区童心之翼幼儿园有限责任公司	葛栗萍	15	3	3	63	天津市滨海新区胡家园街道红光家园	300454	66892958
301	天津自贸试验区华夏未来素成幼儿园	傅淑华	34	3	8	211	天津市滨海新区新港街道听涛苑金岸一道155号	300450	25708080
302	天津生态城卡酷七色光幼儿园	段三仂	48	3	11	316	天津市滨海新区北塘街道揽翠轩宣州道489号491号	300450	87582487
303	天津市滨海新区海滨第一幼儿园	杨昆	35	3	9	268	天津市滨海新区新港街道海航运六道1059号	300457	65820982
304	天津经济技术开发区东方剑桥幼儿园	姜清贤	55	3	12	398	天津经济技术开发区东区泰达福瑞盛达街91号	300451	65540935
305	天津生态城华夏之星幼儿园	东方囊子					天津市中新天津生态城汉北路895号	300480	25265398
306	天津自贸区空港二十一世纪实验幼儿园	李荣	83	3	18	558	天津市滨海新区新村街道民主街陇翠路18号	300308	88954518
307	天津生态城小金星幼儿园	潘艳平	30	3	7	193	天津市中新天津生态城永定和惠路518号	300467	59060030
308	天津市滨海新区小王庄中心幼儿园	薛凌艳	32	3	8	234	天津市滨海新区小王庄镇圣美园华纳街126号	300273	63127662
309	天津生态城艾毅实验幼儿园	郭红霞	34	3	6	110	天津市中新天津生态城和风路312号	300480	66227888
310	天津滨海新区皆怡幼儿园	徐雅林					天津经济技术开发区东区泰达街道康翠	300459	66365866
311	天津生态城丽达美意幼儿园	张雪芹	39	3	9	203	天津生态城丽达美景杉和顺路48号	300467	59901220
312	天津生态城悦宝美创幼儿园有限责任公司	王玲芳					天津滨海新区大港街道明里霞光路69号	300270	63371876
313	天津市滨海新区童心幼儿园	迟雪	24	3	5	85	天津经济技术开发区东新街道盛清云街9号	300457	60395899
314	天津生态城伟才幼儿园	王玖					天津市中新天津生态城永定和睦路505号	300480	59955128
315	天津生态城东方剑桥幼儿园	刘少卿					天津市中新天津生态城景清旭路1103号	300467	59901201

（续表）

编号	学校名称	校长	教职工数	年级数	班数	学生数	校址	邮政编码	电话
316	天津经济技术开发区三之三幼儿园	张雪莹	54	3	12	424	天津经济技术开发区东区泰达街道信环东路26号	300457	60276033
317	天津生态城三之三阳光海岸幼儿园	杨晓萌					天津市中新天津生态城雍海商业广场23号	300467	1319463199
318	天津自贸保税区瑞德幼儿园有限责任公司	王芳	30	3	7	130	天津港保税区保税区凤凰园60号墅	300000	84958245
319	天津生态城丽达美信幼儿园	王洪超					天津市中新天津生态城和韵和旭路659号	300467	59901263
320	天津生态城三之三幼儿园	高原					天津市中新天津生态城海博海博道360号	300467	67294777
321	天津生态城精英伢奇幼儿园	杨静					天津市中新天津生态城	300467	59061099
322	天津生态城丽达幼儿园	朱颖娜					天津市中新天津生态城季和风路1179号	300467	58173122
323	天津自贸试验区育树家湖溪幼儿园有限责任公司	张蕊	43	3	10	239	天津港保税区保税区中环东路55号	300001	58173070
324	天津市滨海新区华云园幼儿园有限责任公司	柳淑嫒	53	3	11	336	天津经济技术开发区东区泰达街云园紫第二大街2号53门	300457	65751661
325	天津市滨海新区枫叶幼儿园	宋魏	30	3	5	96	天津经济技术开发区东区泰达街道紫云新港三号路1998号	300457	25285817
326	天津市滨海新区古林幼儿园	王雪梅	61	3	12	384	天津市滨海新区古林街道福锦园	300270	63223528
327	天津市滨海新区彩虹幼儿园	王浩	31	3	7	201	天津市滨海新区汉沽街道前㳇里汉沽场盐俱乐部南侧15号楼	300480	67292488
328	天津市滨海新区莲心幼儿园	陈明志	39	3	9	259	天津市滨海新区新河街道赵地津塘公路29号	300451	66596888
329	天津市滨海新区新城中心幼儿园	李钧香	18	3	4	119	天津市滨海新区新城镇新城村金泉里10号楼	300454	25640216
330	天津生态城东方剑桥乐惠幼儿园	赵涛	22	3	6	137	天津市中新天津生态城海博荣盛路166号	300480	59916818
331	天津市滨海新区塘沽新港第一幼儿园	岳沛红	48	3	13	375	天津市滨海新区新港街道海宁里海安路145号	300450	25650886
332	天津市滨海新区塘沽燕飞幼儿园	杨颖娟	15	3	3	69	天津市滨海新区新港街道宇康园和谐道1681号	300450	25350561
333	天津市自贸试验区馨园幼儿园有限公司	郝丽丽	49	3	13	349	天津市滨海新区新港街道星海建路9号	300456	25700868
334	天津市滨海新区塘沽胡家园第一幼儿园	顾艳红	19	3	6	149	天津市滨海新区胡家园街道星海苑同安道325号（691号）	300454	25356579
335	天津市滨海新区小天使幼儿园	卓其行	18	3	5	150	天津市滨海新区杭州道街道米兰碧海明珠23-14、23-15	300450	65183297
336	天津市滨海新区北塘睿童幼儿园	王立娇	16	3	3	55	天津市滨海新区新北街道诺德名苑德景花园18栋1门、17栋2门	300453	62032908
337	天津美加詹妮幼儿园有限公司	田佳瑶	30	3	7	219	天津市滨海新区高新技术产业开发华发苑科馨别墅68号	300000	23862238
338	天津市滨海新区诺德幼儿园	鲁长云	29	3	6	149	天津市滨海新区新北街道诺德名苑	300459	25211179
339	天津市滨海新区大港太平中心幼儿园	季会荣					天津市滨海新区太平镇太平村友爱东街336号	300282	63185260

（续表）

编号	学校名称	校长	教职工数	年级数	班数	学生数	校址	邮政编码	电话
340	天津市滨海新区澳博幼儿园有限公司	张娜	12	3	3	37	天津经济技术开发区东区泰达街紫云A7	300457	65293906
341	天津市滨海新区育晖幼儿园	张蕙兰	12	3	3	83	天津市滨海新区小王庄镇北抛	300275	63167362
342	天津市滨海新区未优贝幼儿园	孙丽莉	15	3	4	95	天津市滨海新区大沽街道安阳790号804号	300450	65814348
343	天津市滨海新区艺童幼儿园	王晶	11	3	3	50	天津市滨海新区茶淀街道留园里二经路9增11号	300480	67270077
344	天津市滨海新区环宇幼儿园	施宝瑞	10	2	2	39	天津市滨海新区新城镇新城村	300452	25330028
345	天津市滨海新区津华禾木幼儿园有限公司	刘静	17	3	3	70	天津市滨海新区新街道新岗里新港一号路2454号	300451	25781033
346	天津市滨海新区瑞宁子康幼儿园	张玮	28	3	7	144	天津市滨海新区胡家园街道馨顺园馨顺园74号	300454	65183296
347	天津市滨海新区博润天使幼儿园有限公司	朱宝菊	12	3	3	39	天津经济技术开发区东区泰达街道东海2-106/2-107	300450	25898078
348	天津市滨海新区育红幼儿园	吴育红	7	3	3	60	天津市滨海新区海滨街道华羊	300280	25930660
349	天津市滨海新区博堃幼稚幼儿园	袁倩情	37	3	7	213	天津市滨海新区古林福港园福润园5号物业楼1—3层	300270	63307155
350	天津市滨海新区欣昌金色童年幼儿园	王月	32	3	7	212	天津市滨海新区北塘街道欣雅苑282号、290、298号	300451	66350664
351	天津市滨海新区哈吉娃幼儿园	王珊珊	20	3	5	169	天津市滨海新区汉沽街道贾园里学仕府底商16号增6号,7号	300480	67176258
352	天津市滨海新区德育幼儿园	屈景芬	9	3	3	42	天津市滨海新区大港街道兴慧里521号,523号	300270	63105979
353	天津市滨海新区瑞恩幼儿园	吕家滨	26	3	6	156	天津市滨海新区新北街道欧美小镇宝山道1521号	300450	25216128
354	天津市滨海新区哆咪咪幼儿园	王玥	15	3	5	177	天津市滨海新区寨上街道建阳里66号增15号、16号,68号	300480	67959139
355	天津市滨海新区神苗幼儿园	王学兰	9	3	3	78	天津市滨海新区大港街道六合里胜利街906号	300270	63057189
356	天津市滨海新区育辉幼儿园	张悦	11	3	4	96	天津市滨海新区小王庄镇北和顺华旭广场1号楼1.2号门	300275	63167362
357	天津市滨海新区奥兹城堡幼儿园有限公司	赵岩	54	3	11	231	天津市滨海新区胡家园街道远洋滨尚	300454	66580636
358	天津市滨海新区墨荼幼儿园	孙艳秋	24	3	6	143	天津市滨海新区大港街道四号里	300270	63066596
359	天津市滨海新区盛星可爱蜗幼儿园	左萌	32	3	7	212	天津市滨海新区新北街道融盛	300450	65365588
360	天津市滨海新区佳糠幼儿园	张玉敏	14	3	4	76	天津市滨海新区海滨街道花园南里	300280	60421109
361	天津市滨海新区蓝月亮幼儿园	许才娟	10	3	3	50	天津市滨海新区太平镇郭庄子盛泽里8-102	300282	63105028
362	天津市滨海新区可贝儿幼儿园	李丹丹	33	3	7	205	天津市滨海新区海通港海东三道55-1	300270	63212016
363	天津市滨海新区吉吉星快乐心幼儿园	赵俊萍	42	3	10	224	天津市滨海新区胡家园街道前进里菁华津城金田路81号	300450	65218058
364	天津市滨海新区欧风幼儿园有限公司	亚卓然	17	3	4	80	天津市滨海新区新北街道欧美小镇欧风家园60栋	300450	65759168

（续表）

编号	学校名称	校长	教职工数	年级数	班数	学生数	校址	邮政编码	电话
365	天津市滨海新区新起点幼儿园	端振利	9	3	4	36	天津市滨海新区中塘镇常流庄	300273	63850989
366	天津市滨海新区育童幼儿园有限公司	杨全旺	14	3	7	136	天津市滨海新区胡家园街道佳美苑	300454	18502672118
367	天津市滨海新区智多星幼儿园	张婷	10	3	4	117	天津市滨海新区小王庄镇小王庄华旭广场2号门1,2,3门	300273	63129370
368	天津市滨海新区汉沽滨凡幼儿园	苏庆丽	18	3	5	104	天津市滨海新区茶淀街道泰安里四经路52,54,56号	300480	67170858
369	天津滨海新区向阳新北幼儿园	沈洋	35	3	7	181	天津滨海新区新北街道迎宾园河北西园	300451	65610155
370	天津市滨海新区腾悟幼儿园	王佳惠	34	3	8	202	天津市滨海新区新北街道晓镇家园五期底商56-61号	300453	25213335
371	天津市滨海新区艾茅幼儿园有限公司	刘俊	1				天津经济技术开发区东沽街道华纳	300457	66202808
372	天津市滨海新区康贝鸿庭幼儿园	王智慧	24	3	6	166	天津市滨海新区新村街道碧都碧海龙都碧海鸿庭7号楼4,5,6门	300450	66867273
373	天津市滨海新区世纪嘉篮幼儿园有限公司	武化莉	26	3	6	176	天津市滨海新区杭州道街道贻丰园20栋S1,S2底商	300451	66593431
374	天津市滨海新区金迪贝嘉幼儿园	李良娟	18	3	4	100	天津市滨海新区新河街道南端商益名士华庭四期底商3410.3402	300451	2266595232
375	天津市滨海新区希子华德福幼儿园有限公司	李海霞	21	3	5	88	天津市滨海新区北塘街道揽茬轩6-1,6-2	300457	13021307947
376	天津市滨海新区滨海小螺号幼儿园	任红伟	22	3	5	125	天津市滨海新区杭州街道吉宁里河北路25号	300451	65577767
377	天津生态城小金星启德幼儿园	张忠波		3	3		天津市中新天津生态城中天大道4210号	300467	66194660
378	天津市滨海新区阳光优童童话幼儿园有限公司	司玉芹	17	3	3	60	天津市滨海新区新北街道贻成豪庭66栋101/102	300459	66320089
379	天津市滨海新区格童活幼儿园有限公司	刘德玮	13	3	4	46	天津经济技术开发区东区泰达芳林26栋	300450	65836123
380	天津市滨海新区希子幼儿园有限公司	张静	15	3	3	56	天津经济技术开发区东区泰达康翠新阳光干线D区2栋	300457	65170067
381	天津市滨海新区意贝格紫枫苑幼儿园	李艳卉	20	3	4	86	天津市滨海新区新城镇紫枫苑	300400	25388255
382	天津市滨海新区凯帝幼儿园有限责任公司	李卿	12	2	2	28	天津经济技术开发区东区泰达街道泰丰润景苑5号楼	300457	65661177
383	天津市滨海新区鑫宇幼儿园	李全会	12	3	3	90	天津市滨海新区胡家园街道佳顺苑103,201,202,203,207,208,209	300454	25365257
384	天津市滨海新区贝迪幼儿园有限公司	李健颖	15	3	4	53	天津经济技术开发区东区泰达街道华纳第二大街10号御景园郡	300450	23231951
385	天津市滨海新区滨海爱心幼儿园	梁新玲	25	3	5	135	天津市滨海新区茶淀街道茶园里紫润别苑底商65,67-69号	300480	67234950

（续表）

编号	学校名称	校长	教职工数	年级数	班数	学生数	校址	邮政编码	电话
386	天津市滨海新区金栖凤幼儿园	张雪芹	10	3	3	74	天津市滨海新区太平镇东升村东升村东4号底商	300282	63141167
387	天津市滨海新区新童星幼儿园	韩晓慧	17	3	3	83	天津市滨海新区新村街道碧海都营龙都营口道底商F11F12	300450	62182435
388	天津市滨海新区百福幼儿园	王雯雯	24	3	6	125	天津市滨海新区新港街道三百吨千间永进路487号	300456	65759168
389	天津市滨海新区汉沽小金星幼儿园	张浩	16	3	3	61	天津市滨海新区汉沽街道金谷里	300480	67953565
390	天津市自贸试验区空港丽达海港幼儿园	付岩	71	3	16	496	天津港保税区保税区东二道88号	300308	58801780
391	天津市滨海新区希桥幼儿园有限公司	胡雅宁	12	2	2	20	天津经济技术开发区东沽街道华纳南海路27号	300451	18622262187
392	天津市滨海新区泊清幼儿园	王晶	14	3	4	110	天津市滨海新区寨上街道平阳里人民街12号及14号	300480	67270070
393	天津市滨海新区军辉幼儿园	贾世敏	23	3	5	150	天津市滨海新区古林街道上古林古林里1号公寓101~103,203,204,206,208	300270	63221807
394	天津市滨海新区韵之星幼儿园	胡学珍	29	3	6	164	天津市滨海新区寨上街道德阳里太平街10号	300480	67998999
395	天津市滨海新区中心桥领航幼儿园	张红莉	9	3	3	90	天津市滨海新区胡家园街道鑾顺园园海兴路728号746号	300451	13752606658
396	天津市滨海新区秀强京达幼儿园	于侠	17	3	3	60	天津市滨海新区新河街道赵家地	300450	25345667
397	天津市滨海新区务实第七幼儿园	綦瑛	30	3	7	124	天津市滨海新区古林街道上古林	300270	63386866
398	天津启乐原幼儿园有限公司	侯晓磊	34	3	9	168	天津港保税区C4201~202	300300	84382895
399	天津市滨海新区浩宇幼儿园	孟凡贞	17	3	6	120	天津市滨海新区胡家园街道上古林托老所101.102.103	300270	63106343
400	天津市滨海新区童乐幼儿园	李长喜	8	3	3	33	天津市滨海新区茶淀街道茶乐茶乐自建楼8号3门	300480	67204181
401	天津市滨海新区西里明城幼儿园	包丽	34	3	6	180	天津市滨海新区新北街道蓝山国际金江路1443号	300450	25216362
402	天津市滨海新区金色童年幼儿园	刘迎颖	44	3	12	283	天津市滨海新区大港街道福华里福华里26~1	300270	63433200
403	天津市滨海新区诺贝儿红光幼儿园	丁艳燕	26	3	6	95	天津市滨海新区胡家园街道红光家园	300450	66275777
404	天津市滨海新区梦圆幼儿园有限责任公司	江帆	14	3	6	95	天津经济技术开发区东沽街道紫云第二大街2号32门	300457	25283302
405	天津市滨海新区红领巾幼儿园	王洋	14	3	3	45	天津市滨海新区茶淀街道宜春里一经路馨月湾底商71.73号	300480	67136900
406	天津市滨海新区方剑幼儿园	赵静	35	3	8	246	天津市滨海新区杭州道街道滨智滴山	300450	25282018
407	天津市滨海新区天和城东方幼儿园	郑万英	15	3	4	99	天津市滨海新区新城镇新城村顺平里15号	300455	65776938
408	天津市滨海新区春天幼儿园	王文荣	10	3	3	71	天津市滨海新区太平镇红星21号别墅	300282	63197608
409	天津市滨海新区德贤雅幼儿园有限公司	杨娜	27	3	6	102	天津经济技术开发区东沽街道时尚广场汇锦苑配建2	300457	65390661

（续表）

编号	学校名称	校长	教职工数	年级数	班数	学生数	校址	邮政编码	电话
410	天津市滨海新区晨光幼儿园	甄泓博	22	3	6	98	天津市滨海新区汉沽街道金围安阳里25号	300480	67163386
411	天津市滨海新区大港栖凤幼儿园	商其静	30	3	9	243	天津市滨海新区中塘镇新房子栖凤北路171号	300273	63261456
412	天津市滨海新区斯阔谷圣陶幼儿园有限公司	张利月	15	3	3	40	天津市滨海新区大港街道春港花园迎宾街25号	300270	63371773
413	天津市滨海新区清艺幼儿园	韩崎	18	3	4	100	天津市滨海新区汉沽街道贾园里底商14号增1增2号	300480	59665884
414	天津市滨海新区贝睿幼儿园	李亚静	8	3	3	26	天津市滨海新区寨上街道德阳里	300457	67171008
415	天津市滨海新区幸福城博雅幼儿园	程佳佳	60	3	13	390	天津市滨海新区北塘街道幸福城第一水福环路1296号	300450	25213358
416	天津市滨海新区宝之家幼儿园	徐菁	11	3	3	21	天津市滨海新区汉沽街道金围里友北自建楼11号3门	300480	18622435776
417	天津市滨海新区贝思特幼儿园	赵玉峰	16	3	3	65	天津市滨海新区大港街道六合里小区内	300270	63057709
418	天津市滨海新区育苗第二幼儿园	孔凡茹	21	3	3	60	天津市滨海新区寨上街道东风里2号	300480	67120088
419	天津市滨海新区鸿泊幼儿园有限责任公司	付鹏	15	3	5	97	天津市滨海新区茶淀街道泰安里362号	300480	13662127972
420	天津市滨海新区童星华艺幼儿园有限公司	闫长丽	34	3	10	248	天津市滨海新区胡家园街道前进里菁华津城底商68号78号90号108号	300454	65219978
421	天津市滨海新区海贝尼斯幼儿园	刘超	17	3	5	94	天津市滨海新区寨上街道铁圪垯里海宁湾底商23号25号	300480	67290798
422	天津市滨海新区蔚城幼儿园有限责任公司	韩雁	24	3	5	87	天津市滨海新区古林街道福鑫园福港东六道500号	300000	63355888
423	天津市滨海新区北师鸿泊幼儿园	张桂莲	10	3	3	52	天津市滨海新区茶淀街道九龙里九龙里58号	400380	13212070367
424	天津市滨海新区天天乐幼儿园	史豪郡	29	3	9	226	天津市滨海新区中塘镇西正河	300270	16222327862
425	天津市滨海新区童心小那鲁幼儿园	刘红伟	41	3	9	289	天津市滨海新区新河街道威海路	300450	65614288
426	天津市滨海新区辅仁新起点幼儿园有限公司	李维	18	3	3	90	天津市滨海新区新河街道威海路101	300450	65619422
427	天津市滨海新区童星华艺之星幼儿园有限公司	李晓静	20	3	5	76	天津市滨海新区大沽街道和盛苑320号、328号	300452	25233181
428	天津市滨海新区金贝贝朗幼儿园	赵婷	26	3	6	188	天津市滨海新区新北街道晓镇家园金江路1651号、1667号、1659号、1655号、1663号	300450	66305146
429	天津市滨海新区凯蒂幼儿园	张桂芳	24	3	6	135	天津市滨海新区寨上街道德阳里大丰路98号	300720	13021384881
430	天津市滨海新区博育幼儿园	刘英	12	3	5	107	天津市滨海新区茶淀街道七星里一纬路25号	300480	67293099
431	天津市滨海新区汉沽雅博幼儿园	常芳芳	20	3	5	118	天津市滨海新区茶淀街道雅安里四经路130号	300457	67984088
432	天津市滨海新区悠久志远幼儿园	陈满芹	20	3	4	90	天津市滨海新区新河街道满江里	300450	15222152535

（续表）

编号	学校名称	校长	教职工数	年级数	班数	学生数	校址	邮政编码	电话
433	天津市滨海新区棒棒糖幼儿园有限公司	张欣	19	3	5	137	天津市滨海新区胡家园街道远洋城京山南道962号-970号	300454	13624928782
434	天津市滨海新区艾利芬特幼儿园有限责任公司	黄玉超	38	3	9	202	天津市滨海新区新北街道新家园387号	300450	60963595
435	天津生态城爱绿幼儿园	诸双双	40	3	9	225	天津市中新天津生态城新一街202号	300450	66381188
436	天津市滨海新区启爱幼儿园	陈小君	19	3	4	119	天津市滨海新区海滨街道怡然幸福中区港兴道729-4,729-5	300280	63958884
437	天津市滨海新区新河第二幼儿园	张学	40	3	11	289	天津市滨海新区新河街道四季风情贻港新城19栋1门	300450	66366998
438	天津生态城果子安幼儿园	李想	161	3	34	1025	天津市中新天津生态城季景11033号	300467	66194658
439	天津生态城果子恭幼儿园	李婷	237	3	54	1606	天津市中新天津生态城景杉1375号	300467	66194658
440	天津市滨海新区海滨第二幼儿园	朴树梅	28	3	9	245	天津市滨海新区海滨街道庆祥111号	300271	25931077
441	天津市滨海新区欣苗园第一幼儿园	胡建华	30	3	9	267	天津市滨海新区北塘街道欣昌苑嘉耀路65号	300451	66331136
442	天津市滨海新区柏思幼儿园有限公司	张健	20	3	6	141	天津市滨海新区新河街道震新226号	300450	25347897
443	天津生态城果子详幼儿园	宋多	232	3	34	965	天津市中新天津生态城895号	300467	66194658
444	天津市滨海新区北京大风车西部新城幼儿园	刘洋	16	3	4	69	天津市滨海新区胡家园街道觉祥园觉康园配建5	300451	66581897
445	天津生态城果子敬幼儿园	李祯	198	3	43	1279	天津市中新天津生态城和韵659号	300467	59901263
446	天津市滨海新区哈妮莱德幼儿园有限公司	卢艳秋	8	1	1	22	天津市滨海新区北塘街道拨海轩滨海中关村科技园璐莘轩2-4	300451	65638065
447	天津市滨海新区博文文优幼儿园有限公司	王彩霞	22	3	7	132	天津市滨海新区古林街道海通明园2-1.2-2	300000	15332019359
448	天津市滨海新区欢乐颂幼儿园	赵越	13	3	5	91	天津市古林街道寨上街建阳里70.72.74	300480	67181501
449	天津市滨海新区京师实验幼儿园	侯兰英	39	3	9	284	天津市滨海新区北塘街道滨海湖	300462	66299555
450	天津市滨海新区童心童画幼儿园有限公司	钮燕	19	3	7	105	天津市滨海新区杭州道街道延宝里	300451	13622062491
451	天津生态城丽达中福幼儿园有限公司	习慕原	42	3	6	91	天津市中新天津生态城海博荣盛路251号	300480	59553550
452	天津市滨海新区布尔熊幼儿园有限公司	岳琨	11	3	3	40	天津市滨海新区古林街海川园2-5-301	300270	63215526
453	天津市滨海新区快乐之家幼儿园	彭东梅	9	3	3	94	天津市滨海新区大沽街道河南里河南路2179号2189号	300452	65615529
454	天津市滨海新区金钥匙幼儿园	欧阳美丽	13	3	3	66	天津市滨海新区大港街道福苑里	300270	18622487039
455	天津市滨海新区青苗幼儿园有限公司	吴莹婷	12	3	4	58	天津市滨海新区古林街道海通明园28号6	300270	15022779636
456	天津市滨海新区爱尔福幼儿园有限公司	刘春凤	14	3	3	54	天津市滨海新区大沽街道安丽亚泰津澜底商9556号	300450	16622183188
457	天津市滨海新区萌雅幼儿园	刘维维	16	3	4	79	天津市滨海新区古林街道上古东环路1056号	300270	63855599

（续表）

编号	学校名称	校长	教职工数	年级数	班数	学生数	校址	邮政编码	电话
458	天津市滨海新区西部新城东方剑桥幼儿园	赵瑛	29	3	6	121	天津市滨海新区胡家园街道宇康园中七路1306-1号	300451	25350825
459	天津市滨海新区圣贝纳幼儿园	李艳云	38	3	9	208	天津市滨海新区新港街道听涛苑银河一路327号A座	300452	25706762
460	天津市滨海新区旭阳第一幼儿园	毛凤针	21	3	5	97	天津市滨海新区古林街道海韵园	300270	63255588
461	天津市滨海新区华德福子衿幼儿园有限公司	王娟	8	2	2	24	天津市滨海新区杭州道街道米兰34-1-101,34-1-102	300457	58686139
462	天津市滨海新区泉嘉幼儿园	徐琳鑫	17	3	4	97	天津市滨海新区古林街道海川园	300270	15122576859
463	天津市滨海新区远洋心里幼儿园	李慧	25	3	4	79	天津市滨海新区新港街道远洋心里	300450	25781786
464	天津市滨海新区彩虹幼儿园有限公司	赵宝俊	10	3	3	77	天津市滨海新区胡家园街道星海苑	300454	25366118
465	天津生态城汉德中等职业学校	盖喜乐	63	3	32	613	天津市滨海新区中新天津生态城文一路111号	300467	59901276
466	天津北方职科中等专业学校有限公司	孙金铎	35	2	12	133	天津市滨海新区古林街道官港社区第二	300270	58170529
467	天津市药科中等专业学校	李榆梅	62	2	11	711	天津市经济开发区西区南大街175号	300462	66339006
468	天津市滨海中等专业学校	张森	156	3	4	1551	天津市滨海新区大港霞光路42号	300270	63219214
469	天津市滨海新区塘沽第一职业中等专业学校	贾启来	232	3	57	2582	天津市滨海新区塘沽胡家园三爱里145号	300457	66330625
470	天津市港口管理中等专业学校	贾启来					天津市滨海新区塘沽新港三号路688号	300454	66330881
471	天津市滨海新区塘沽中等专业学校	陈钢					天津市滨海新区塘沽新港三号路688号	300456	25707109
472	天津市滨海新区汉沽中等专业学校	邓勇	87	3	28	1086	天津市滨海新区汉沽新开北路66号	300480	25668926
473	天津市滨海新区汉沽职业中等专业学校	邓勇	10				天津市滨海新区汉沽河西一纬路32号	300480	25668926
474	天津市滨海新区汉沽职工卫生学校	鲁云	6				天津市滨海新区汉沽河西三经路南	300480	25694462
475	中交天津航道局有限公司职工中等专业学校	包诚	15				天津市滨海新区塘沽中心路一号	300450	66880166
476	天津远洋职工中等专业学校	李建国	77				天津市滨海新区塘沽津塘路1498号	300451	66300686
477	天津市塘沽职工中专学校	贾启来					天津市滨海新区塘沽福建路39号	300541	66330881
478	天津市滨海新区汉沽启智学校	高建春	16	10	10	57	天津市滨海新区汉沽河西宜春里1号二经路和三纬路交口	300480	67230360
479	天津市滨海新区塘沽兴华里学校	梅克江	36	12	21	200	天津市滨海新区塘沽徐州道11号	300450	25341488
480	天津市滨海新区大港特殊教育学校	张淑霞	29	12	20	136	天津市滨海新区大港振兴路东3号	300270	63107882

和平区

序号	校名	校长	教职工数	年级数	班数	学生数	校址	邮政编码	电话
1	天津市第一中学	侯立瑛	310	6	55	2441	天津市和平区西安道117号	300051	23391126
2	天津市耀华中学	邵凤鸣	313	6	59	2684	天津市和平区南京路106号	300040	23394521
3	天津市第二十中学	孙茁	255	6	39	1602	天津市和平区湖北路59号	300050	23391920
4	天津市第二南开学校		360	6	61	2419	天津市和平区荣安大街167号	300021	27314272
5	天津市第十一中学		86	3	14	619	天津市和平区河北路211号	300040	27111351
6	天津市汇文中学	璎魏	269	6	59	2424	天津市和平区甘肃路40号	300020	27222377
7	天津市第十九中学	卢冬梅	114	3	24	1117	天津市和平区河北路30号	300020	27305141
8	天津市第二十一中学	韩杰	356	6	65	2646	天津市和平区贵州路92号	300070	27818136
9	天津市第五十五中学	张丽丽	239	6	46	2020	天津市和平区鞍山道131号	300070	27830123
10	天津市第六十一中学	张树军	152	3	23	1023	天津市和平区建设路87号	300040	23392252
11	天津市第九十中学	阚菁	118	3	22	999	天津市和平区成都道144号	300070	23351756
12	天津市汉阳道中学	刘建新	90	3	22	846	天津市和平区河沿道25号	300070	27833905
13	天津市耀华嘉诚国际中学	黄维洁	107	6	36	1498	天津市和平区山西路294号	300040	23143362
14	天津市建华中学	王钊	84	6	27	842	天津市和平区包头道45号	300021	23126281
15	天津市双菱中学	赵淑珍	18	6	27	974	天津市和平区湖北路2号	300040	23143501
16	天津市兴南中学	简爱军	33	3	10	407	天津市和平区荣安大街167号	300021	27302901
17	天津市益中学校	李新	86	6	31	1291	天津市和平区西安道117号余门	300051	23118688
18	天津市第五十八中学	邹玉霞	47	6			天津市和平区兰州道37号	300052	23393936
19	天津市实验小学	杨立军	266	6	55	1980	天津市和平区柳州路28号	300051	23397875
20	天津市和平区西康路小学	陈蔺	196	6	60	2499	天津市和平区西康路31号	300051	83521027
21	天津市和平区昆明路小学	李素颖	177	6	42	1615	天津市和平区昆明路99号	300050	83121532
22	天津市和平区岳阳道小学	褚新红	268	6	71	2791	天津市和平区大理道109号	300050	23307575
23	天津市和平区中心小学	李际萌	307	6	103	4215	天津市和平区西宁道8号	300052	85611337
24	天津市和平区新星小学	张淼	148	6	49	2144	天津市和平区新兴路40号	300070	27839754
25	天津市第二十中学附属小学	孙立娟	98	6	26	1083	天津市和平区南京路86号	300042	23397503
26	天津市和平区新华南路小学	吕欣	117	6	35	1317	天津市和平区新华路257号	300050	23120798
27	天津市和平区耀华小学	张喜英	195	6	61	2584	天津市和平区保定道59号	300050	23396198
28	天津市和平区劝业场小学	牛杰	63	6	16	660	天津市和平区河南路161号	300041	27113849
29	天津市和平区鞍山道小学	李庆东	296	6	101	4182	天津市和平区鞍山道81号	300020	27313478

（续表）

序号	校名	校长	教职工数	年级数	班数	学生数	校址	邮政编码	电话
30	天津市和平区万全小学	赵岩	359	6	114	4677	天津市和平区南市大街31号	300020	23451088
31	天津市和平区哈密道小学	罗勤	92	6	25	1069	天津市和平区哈密道80号	300020	27217570
32	天津市和平区四平东道小学	焦茹	91	6	30	1261	天津市和平区承德道30号	300041	23395386
33	天津市和平区万全第二小学	马媛	103	6	33	1366	天津市和平区山西路36号	300020	27305870
34	天津市逸阳梅江湾国际学校	杨乃容	175	6	82	3516	天津市和平区常德道30号	300051	23395016
35	天津市三毛艺术学校	苑国芳	31	4	12	410	天津市河东区和平村增产巷5号	300011	24326235
36	天津模范小学	刘绍萍	152	6	54	2102	天津市南开区华苑中学路49号	300384	23711341
37	天津市和平区培育学校	孙婧艳	28	6	7	63	天津市和平区宜昌道24号	300051	23393587
38	天津市和平区兴安小学	王志刚	59				天津市和平区荣吉大街12号	300020	27351431
39	天津市和平区第二幼儿园	刘莹	36	3	8	241	天津市和平区吉林路41号	300041	23305593
40	天津市和平区第四幼儿园	刁习	50	3	10	258	天津市和平区常德道38号	300050	23302024
41	天津市和平区第五幼儿园	陈蔷	53	3	11	296	天津市和平区昆明路72号	300052	23395987
42	天津市和平区第八幼儿园	卢瑞	46	3	11	285	天津市和平区荣吉大街20号	300021	23391460
43	天津市和平区第九幼儿园	陈剑苹	42	3	10	285	天津市和平区河沿道卫华里51号	300070	23287091
44	天津市和平区第十一幼儿园	赵静	93	3	20	552	天津市和平区长沙路60~64号	300050	83121189
45	天津市和平区第十三幼儿园	王晓菁	52	3	9	242	天津市和平区热河路31号	300020	27308416
46	天津市和平区第十六幼儿园	陈丽荣	23	3	5	110	天津市和平区重庆道116号	300050	23113939
47	天津市和平区第十九幼儿园	王家华	23	3	3	98	天津市和平区新华路156号	300040	23391476
48	天津市幼儿师范学校附属幼儿园	刘健	44	4	7	203	天津市和平区柳州路益寿里26号	300051	23392756
49	天津市和平区保育院（天津市卫生健康委员会幼儿园）	王茜	180	4	38	1277	天津市和平区南京路88号	300042	23197366
50	天津市文化和旅游局幼儿园	关丽娜	33	3	6	142	天津市和平区洛阳道45号	300050	23121742
51	天津市公安局幼儿园	孙德强	52	3	12	376	天津市和平区新华南路249号	300050	23394305~3203
52	天津华夏未来实验幼儿园	黄丽珊	60	3	11	363	天津市和平区慎益大街86号	300021	23452248
53	天津华夏未来花园幼儿园有限公司	王雷	66	4	15	343	天津市和平区新华路183号	300040	27116565
54	天津市和平区华夏未来新时代幼儿园	刘咏梅	59	4	14	357	天津市和平区南马路15号、17号、荣业大街1号	300021	87320888
55	天津市和平区气象台幼儿园	李欣	27	3	6	162	天津市和平区气象台路合振河里14号	300070	23358777~801
56	天津市英中幼儿园有限公司	马莹	16	3	3	37	天津市和平区新华路120号	300041	17622918899
57	天津市和平区卓美幼儿园	杨娜	41	3	10	267	天津市和平区康定路35号	300052	27125587
58	天津华夏未来玛利亚幼儿园有限公司	刘乐	15	3	4	45	天津市和平区睦南道52号	300050	59005288
59	天津和平郡童幼儿园	李颖	24	3	5	120	天津市和平区常德道10号	300074	13820078889

（续表）

序号	校名	校长	教职工数	年级数	班数	学生数	校址	邮政编码	电话
60	天津宝贝计划幼儿园有限公司	王履鹤	24	3	7	157	天津市和平区河南路129号	300022	23716346
61	天津市和平区阳光宝贝幼儿园	陈 玮	17	3	4	94	天津市和平区赤峰道127号	300041	23300322
62	天津黛西幼儿园有限责任公司	王敬宇	15	3	3	38	天津市和平区洛阳道7号	300050	13820867386
63	伊恩瑞斯（天津）幼儿园有限公司	尹正利	22	3	4	80	天津市和平区开封道7号	300042	23126217
64	天津玛利娅蒙特梭利幼儿园有限公司	赵志刚	26	3	5	86	天津市和平区香榭里8号	300052	23228250
65	迪蒽捷贝贝（天津）幼儿园有限公司	郭培琪	11	1	3	43	天津市和平区气象台路开发里18号	300051	18522723039
66	天津市和平区来可因幼儿园	王 胜	21	4	7	150	天津市和平区岳阳道79号	300051	23955999
67	天津市和平区第六幼儿园	林雪梅	11				天津市和平区睦南道6号	300074	23370343
68	天津文和蒙特梭利幼儿园有限公司	刘 睿	15	3	2	30	天津市和平区岳阳道与广西路交口成桂公馆1-1-101	300051	23123046
69	天津市春藤幼儿园有限责任公司	张迎迎	36	3	7	89	天津市和平区贵州路正和公寓4号楼	300070	27810538
70	华美德（天津）幼儿园有限公司	陶 伶	15	1	1	7	天津市和平区重庆道25号	300050	23122898
71	天津市和平区学仕林幼儿园	高 航	27	3	8	167	天津市和平区山西路60号	300020	28139298

河北区

编号	校名	校长	教职工数	年级数	班数	学生数	校址	邮政编码	电话
1	天津市天津市河北区启智学校	卞　颖	38	12	13	157	天津市河北区王串场三号路5号	300150	26464995
2	天津城市职业学院	李　彦	212	5	146	5049	天津市河北区真理道27号（真理道校区）	300250	26431204
				5	49	1529	天津市河北区乌江路南头（乌江路校区）	300251	26330492
							天津市河北区幸福道39号（幸福道校区）		
							天津市河北区泰兴路4号（泰兴路校区）		
							天津市河北区乌江路南头（渤海校区）		
3	天津市中山志成职业中等专业学校	魏　毅	122	3	23	818	天津市河北区张兴庄大道57号	300402	86320612
4	天津市第四十八中学	赵　卿	114	3	15	465	天津市河北区王串场一号路42号	300251	60813095
5	天津市第九十三中学	刘玉林	113	3	24	793	天津市河北区真理道22号	300250	84530501
6	天津市天士力中学	赵增强	50	2	12	534	天津市河北区满江道88号	300151	60208616
7	天津市第三十中学	冯继红	74	2	8	307	天津市河北区曙光路6号	300402	26319727
8	天津市红光中学	刘　鹤	148	6	31	1267	天津市河北区建昌道24号	300240	26784050
9	天津市第二中学	许吉彬	324	6	55	2316	天津市河北区昆纬路109号	300140	26235235
10	天津市第十四中学	王　莉	245	6	56	2394	天津市河北区水产前街45号	300241	86257808
11	天津市第五十七中学	姜志惠	231	6	45	2105	天津市河北区昆纬路38号	300140	26236292
12	天津市木斋中学	赵学红	137	6	35	1566	天津市河北区民权路1号	300010	26491997
13	天津市第七十八中学	刘曜云	164	6	36	1501	天津市河北区增产道23号	300150	26430919
14	天津市第三十五中学	刘春梅	92	3	18	728	天津市河北区普济河道与南口路交口	300000	26353903
15	天津市美术中学	刁志东	145	6	25	995	天津市河北区元纬路50号	300141	26352153
16	天津市扶轮中学	张　红	160	6	30	1301	天津市河北区吕纬路93号	300142	26276628
17	天津市汇森中学	张　力	75	3	28	1272	天津市河北区昆纬路46号	300250	26235884
18	天津外国语大学附属河北中学	周海芸	29	1	8	318	天津市河北区龙关道2号	300100	26261043
19	天津市求真高级中学	王　哲	108	3	24	911	天津市河北区真理道六号路7号	300151	26441639
20	天津意斯特美术高级中学	康　臣	45	3	8	327	天津市河北区源泉路6号	300141	60107105
21	天津外国语大学附属外国语学校	刁雅俊	238	6	42	1589	天津市河北区南口路11号	300230	26295580
22	天津外国语学校南普小学	高　敬	104	6	43	1607	天津市河北区南口路36号	300232	26144591
23	天津市天津市河北区育婴里第三小学	张　弘	92	6	38	1564	天津市河北区天泰路183号	300230	26613550
24	天津市天津市河北区兴宜小学	耿愿红	47	6	18	546	天津市河北区宜白路荣强里47号	300402	26307610
25	天津实验学校天津市河北区望海小学	陆玉凤	37	6	16	572	天津市河北区胜利路与滨海道交口	300010	24455118

（续表）

编号	校名	校长	教职工数	年级数	班数	学生数	校址	邮政编码	电话
26	天津市河北区育婴里第四小学	桑凤华	4	1	2	67	天津市河北区津浦北路259号	300000	58837622
27	天津市河北区第二实验瑞庭小学	朱玉红	10	1	5	200	天津市河北区金钟河大街瑞庭路东侧	300240	26744773
28	天津市河北区育婴里小学	桑凤华	113	6	42	1678	天津市河北区元纬路113号	300401	58837616
29	天津市河北区第二实验小学	朱玉红	146	6	55	2249	天津市河北区红梅道200号	300240	26320076
30	天津市河北区中心小学	刘荣璞	157	6	48	1554	天津市河北区甫纬路46号	300143	26359602
31	天津市河北区增产道小学	刘　健	92	6	31	1028	天津市河北区增产道24号	300150	26438020
32	天津市河北区红星路小学	刘　伟	79	6	25	911	天津市河北区红星路106号	300150	26437731
33	天津市河北区开江道小学	宋　洁	66	6	24	891	天津市河北区民权门新六区开江道	300251	26323395
34	天津市河北区月牙河小学	赵　毅	59	6	17	603	天津市河北区月牙河道月牙河小区	300251	26332778
35	天津市河北区兴华小学	李　功	78	6	26	1008	天津市河北区宜洁路1号	300402	26717168
36	天津市河北区育婴里第二小学	邢　健	87	6	26	1004	天津市河北区天泰路席厂下坡2号	300230	86613042
37	天津市河北区新开小学	王小迎	92	6	36	1457	天津市河北区月纬路21号	300142	26210852
38	天津市河北区靖江路小学	陈静兰	52	6	18	681	天津市河北区海门路启东道1号	300250	24342664
39	天津市河北区金沙江路小学	王　冠	57	6	17	540	天津市河北区金钟河大街金沙江路184号	300251	26321218
40	天津市河北区昆纬路第一小学	姚　琳	244	6	93	3970	天津市河北区东三经路64号	300010	26298401
41	天津市河北区宁园小学	张　杰	91	6	26	999	天津市河北区中纺前街36号	300241	26430276
42	天津市河北区育贤小学	王　倩	48	6	17	568	天津市河北区张兴庄东南小街3号	300402	86320153
43	天津市河北区红光小学	李　虹	54	6	12	414	天津市河北区江都路银山道2号	300250	24512768
44	天津市河北区扶轮小学	尔兆新	164	6	44	1630	天津市河北区宇纬路4号	300140	26267933
45	天津市河北区光明小学	刘宝红	170	6	57	2019	天津市河北区富强道40号	300150	26412971
46	天津市河北区大江路小学	匡　津	52	6	18	596	天津市河北区大江路大江北里1号	300251	26332843
47	天津市河北区第二实验新世纪小学	蔡　云	75	6	23	826	天津市河北区建昌道铁工西里22号	300240	26321504
48	天津市河北区实验小学	邢文悦	150	6	56	2425	天津市河北区金纬路金田道1号	300143	26235800
49	天津市河北区七彩阳光幼儿园	王玉婧	19	3	3	96	天津市河北区月牙河琴江公寓8号楼对面	300251	86369798
50	天津市河北区第六幼儿园	周宝楼	45	3	15	436	天津市河北区月纬路二马路34号	300142	26146686
51	天津市河北区第十四幼儿园	李宝华	41	3	10	275	天津市河北区乌江路开江路交口	300251	26320334
52	天津市河北区第二幼儿园	赵宝静	66	3	22	576	天津市河北区黄纬路四马路30号	300141	26352860
53	天津市河北区第十五幼儿园	解俊萍	40	3	11	308	天津市河北区宜白路华自里27号	300402	26312887
54	天津市河北区第十六幼儿园	杨卫红	31	3	7	173	天津市河北区民权门乌江北里	300251	26754525
55	天津市河北区第一幼儿园	张绽艳	94	3	33	892	天津市河北区昆纬路东四经路21号	300140	26368509

（续表）

编号	校名	校长	教职工数	年级数	班数	学生数	校址	邮政编码	电话
56	天津市天津市河北区第五幼儿园	孙凤玲	102	3	34	950	天津市河北区王串场富强道5号	300150	26435921
57	天津市天津市河北区第十幼儿园	董娟	50	3	13	376	天津市河北区真理道青浦商1号	300250	24342003
58	天津市天津市河北区第九幼儿园	陈蓉兰	34	3	7	180	天津市河北区建昌道泗阳里50号	300240	86760546
59	天津市天津市河北区五号路街第一幼儿园	董家丽	14	2	1	11	天津市河北区王串场宇翠里68号	300150	26430578
60	天津市天津市河北区五号路街第三幼儿园	闫媛	14	3	4	122	天津市河北区王串场盛宇里44门	300250	26424653
61	天津市天津市河北区扶轮幼儿园	马洁	81	3	23	676	天津市河北区中山北路一号	300142	26184161
62	天津市天津市河北区第十七幼儿园	杨莉	39	3	8	186	天津市河北区建昌道铁工西里21号	300240	96219800
63	天津市天津市河北区第十二幼儿园	王燕	33	3	8	199	天津市河北区民权门灵江里	300250	26332861
64	天津市天津市河北区第十八幼儿园	杨泉凤	35	3	7	181	天津市河北区民权门开江南5号	300251	26751290
65	天津市天津市河北区第八幼儿园	张云	43	3	7	188	天津市河北区王串场一号路与正义道交口	300150	26456389
66	天津市天津市河北区少年宫艺术幼儿园	崔珊	18	3	6	182	天津市河北区富悦路110号	300231	26281824
67	天津市天津市河北区小太阳幼儿园	杨慧君	24	3	6	92	天津市河北区中山北路汇园里小区9号增一号	300241	26429864
68	中国人民解放军联勤保障部队第八三医院幼儿园	张桂云	31	3	6	129	天津市河北区黄纬路60号	300142	84683204
69	天津河北区欧文希浦幼儿园	吴奕	37	3	8	233	天津市河北区黄纬路军民里11栋对面	300014	26261755
70	天津市天津市河北区第七幼儿园	魏玲	35	3	11	324	天津市河北区迎贤道26号	300402	86270281
71	天津市天津市河北区欣欣美嘉幼儿园	邓茜	72	3	13	402	天津市河北区水产前街28号	300241	26411583
72	天津市天津市河北区未来星幼儿园	李国莉	14	3	3	26	天津市河北区金钟路120号	300143	18522468723
73	天津市天津市河北区博雅艺诺幼儿园	李虹	36	3	10	259	天津市河北区仓联庄中街20号	300000	86656161
74	天津市天津市河北区第十九幼儿园	苏俊英	37	3	11	310	天津市河北区杜鹃道160号	300240	26328036
75	天津市天津市河北区宝贝乐幼儿园	张晶	45	3	11	306	天津市河北区鸿顺里街纬纬路社区	300000	86280088
76	天津市天津市河北区红星乐其幼儿园	秦乐	44	3	10	316	天津市河北区红波西里55号	300240	58175200
77	天津市天津市河北区三和温泉花园幼儿园	李玲玉	43	3	9	253	天津市河北区红梅道182附近	300240	86377846
78	天津市天津市河北区天美幼儿园有限责任公司	尹彩云	64	4	13	186	天津市河北区王串场五号路8号	300240	26293855
79	天津贝比星幼儿园有限公司	黄冠杰	38	3	9	193	天津市河北区正义道宇翠里100号	300150	26172162
80	天津市天津市河北区汇宝贝望海幼儿园	米晚爱	38	3	9	242	天津市河北区金辉路5号	300240	86362288
81	天津市天津市河北区新时代幼儿园	兰鹤	16	3	3	91	天津市河北区建昌道街地利园12号楼75-101号	300240	86282879

（续表）

编号	校名	校长	教职工数	年级数	班数	学生数	校址	邮政编码	电话
82	天津市天津市河北区尚德萌智幼儿园有限公司	李新全	16	3	4	83	天津市河北区万柳村大街56号	300230	15122785746
83	天津金宝贝幼儿园有限公司	王莉茗	42	3	11	299	天津市河北区南口路与喜峰道交口格调艺术花园13号商业楼	300232	26635580
84	天津市天津市河北区洋扬幼儿园	姚建华	12	3	4	84	天津市河北区狮子林大街59号	300143	84320900
85	天津市天津市河北区津宝贝宁园幼儿园	侯方媛	34	4	8	196	天津市河北区中纺前街30号	301700	86210066
86	天津市天津市河北区聪明宝贝幼儿园	罗婷婷	23	3	5	104	天津市河北区红星路24号（建昌道桥口）	300241	58610659
87	天津卓融天成北岸华庭幼儿园有限公司	边鸿彬	43	3	8	136	天津市河北区狮子林大街37,39,41号	300010	86296888
88	天津市天津市河北区华悦幼儿园	王莉	24	3	3	108	天津市河北区北斗花园14-1,2,3	300300	27566861
89	天津市华夏巴博幼儿园有限公司	赵先伟	12	3	6	92	天津市河北区中山路61号三层	300000	28052313

河东区

编号	校名	校长	教职工数	年级数	班数	学生数	校址	邮政编码	联系电话
1	天津市河东区职工大学	王 涛	91	5	24	886	天津市河东区成林路123号	300161	24122186
2	河东区教师发展中心	张宝林	84					天津市河东区富民路72号	300182	84111811
3	河东区少年官	逄 涛	43					天津市河东区华龙道78号	300011	24326454-811
4	河东区教育综合服务中心	焦森林	23					天津市河东区津塘路89号	300171	24153493
5	河东区教育招生考试中心	张忠强	10					天津市河东区八纬路与大直沽西路交口	300170	24136312
6	天津市财经职业中等专业学校	王惠玲	137	3	28	812	天津市河东区华龙道77号	300011	24331743
7	天铁教育中心	李保东	31					河北省邯郸市涉县更乐镇天铁教育中心	056404	0310-5576817
8	天铁第一中学	陈海申	95	3	18	566	河北省邯郸市涉县更乐镇天铁第一中学	056404	0310-3885399
9	天铁第二中学	牛怀德	66	3	13	550	河北省邯郸市涉县更乐镇天铁第二中学	056404	0310-3885222
10	第七中学	王保庆	282	6	44	2059	天津市河东区成林道30号	300160	24316337
11	第四十五中学	邵长云	309	6	51	2323	天津市河东区中山门广宁路15号	300181	84265335
12	第一〇二中学	焦国珍	269	6	60	2590	天津市河东区向阳楼晨阳道	300161	24556363
13	第五十四中学	张鲁莉	243	6	49	1877	天津市河东区六纬路135号	300171	24310405
14	第三十二中学	任 静	209	6	45	2089	天津站后广场金纬立交桥华龙道 12 号	300011	60532799
15	第八十二中学	李军梅	193	6	33	1291	天津市河东区大桥南道1号	300170	24315052-8001
16	第八中学	张庆森	182	6	35	1530	天津市河东区卫国道丽国苑小区秀丽路55号	300252	24697036
17	第九十八中学	王 红	151	6	34	1624	天津市河东区龙潭路19号	300170	84232001
18	育才中学	于万钧	3	3	20	875	天津市河东区新开路351号	300160	24328851
19	华英中学	王春立	91	3	20	872	天津市河东区中山门龙潭路5号	300161	24290288
20	太阳城学校	张 红	65	4	23	1027	天津市河东区凤山道8号	300171	58789617
21	东局子学校	刘云玲	42	4	13	510	天津市河东区东兴路7号	300161	84238958-8000
22	第二十八中学	刘 洋	85	3	18	798	天津市河东区唐家口新大王庄14号	300011	24414000
23	二号桥中学	李 丽	69	3	16	736	天津市河东区二号桥福东北里29号	300300	24390345
24	田庄中学	董 洋	76	3	12	486	天津市河东区八纬北路3号	300170	24132172-810
25	香山道中学	董爱华	96	3	19	725	天津市河东区成林道沧浪路1号	300162	24373198
26	盘山道中学	宋 丹	98	3	21	878	天津市河东区万新村19区内	300162	24720242-8000
27	天铁第一小学	杨才红	58	6	16	602	河北省邯郸市涉县更乐镇天铁第一小学	056404	0310-3885101
28	天铁第二小学	苗建新	47	6	14	425	河北省邯郸市涉县更乐镇天铁第二小学	056404	0310-3885130
29	天铁第三小学	张宗绪	55	6	12	315	河北省邯郸市涉县更乐镇天铁第三小学	056404	0310-3885201

（续表）

编号	校名	校长	教职工数	年级数	班数	学生数	校址	邮政编码	联系电话
30	第二实验小学	张全胜	121	6	56	2309	天津市河东区学堂大街83号	300011	24320468
31	凤凰小学	赵育梅	30	3	16	607	天津市河东区凤山道1068号	300171	16222052346
32	二号桥小学	徐 鹏	65	6	23	860	天津市河东区茅山道219号	300300	24390757
33	福东小学	王 嵘	63	6	29	1194	天津市河东区津塘路双东路6号	300300	24394611
34	松竹里小学	赵奎娟	57	6	20	766	天津市河东区富民路72号	300182	84263965
35	友爱道小学	孙 玫	65	6	24	810	天津市河东区广宁路46号	300181	84264009
36	中心东道小学	董国红	90	6	40	1630	天津市河东区中山门中心南道31号	300181	84265678
37	互助道小学	李 燕	120	6	53	2216	天津市河东区中山门中心南道1号	300181	84263041
38	大桥道小学	党 艳	49	6	22	637	天津市河东区大桥道34号	300170	84120903
39	街坊小学	安 宁	84	6	23	681	天津市河东区八纬北路1号	300170	84110135-1208
40	六纬路小学	张 蕾	57	6	20	744	天津市河东区六纬路157号	300170	24314226
41	第一中心小学	张 军	194	6	60	2479	天津市河东区八纬路丰盈小区小劳	300171	24212621
42	实验小学	王 双	213	6	96	4012	天津市河东区韶山道36号	300160	24592611
43	第二中心小学	王 莞	86	6	34	1411	天津市河东区卫国道顺航路14号	300161	24662372
44	缘诚小学	朱广英	123	6	53	2262	天津市河东区津滨大道160号	300161	24120924-8015
45	东兴道小学	王 惠	85	6	26	1037	天津市河东区东兴路5号	300161	84260576
46	香山道小学	石文鹿	144	6	65	2706	天津市河东区成林道沧浪路1号	300162	24378119
47	盘山道小学	周则芬	99	6	34	1337	天津市河东区万新村21区盘山道	300162	24370760
48	嵩山道小学	乔 伟	76	6	26	979	天津市河东区万新村18区	300162	24373736
49	丽苑小学	亓玉杰	91	6	27	1121	天津市河东区卫国道秀丽路4号	300252	24671313
50	常州道小学	吉 东	73	6	22	810	天津市河东区靖江路14号	300250	24340453
51	益寿里小学	张 伟	62	6	28	1050	天津市河东区卫国道益寿东里4号	300250	24342298-8806
52	前程小学	韩 颖	96	6	40	1641	天津市河东区育才路3号	300151	24416286
53	冠云小学	朱 宏	18	2	5	145	天津市河东区天山东路与嵩山道交口	300162	24177268
54	翔宇小学	张 军	87	6	32	1234	天津市河东区八纬路28号	300012	24212621
55	启智学校	魏 荣	30	10	10	128	天津市河东区华龙道万春花园劳	300011	24321167
56	行知小学	石国玲	12	1	3	107	天津市河东区万庆道108号	300161	24279798-8010
57	第一幼儿园	高歌今	152	3	38	1137	天津市河东区华龙道秋实园劳	300011	24331506
58	第二幼儿园	张 民	114	3	31	930	天津市河东区中山门中心西道100号	300181	84265744
59	第三幼儿园	李玉荣	60	3	17	490	天津市河东区中山门中心东道16号	300181	84265696
60	第四幼儿园	张秀丽	58	3	18	440	天津市河东区大桥道紫东小区内	300170	84110352
61	第五幼儿园	马文俊	56	3	15	388	天津市河东区向阳楼捕水泵房道2号	300161	24341563

（续表）

编号	校名	校长	教职工数	年级数	班数	学生数	校址	邮政编码	联系电话
62	第六幼儿园	傅瑾好	35	3	8	203	天津市河东区万新村远翠西里13区	300162	24373360
63	第七幼儿园	沈 萍	40	3	9	252	天津市河东区成林道泰昌路2号	300161	24662369 24660824
64	第八幼儿园	赵莲蕙	58	3	12	304	天津市河东区万新村冠云西里16区	300162	24373067
65	第九幼儿园	蔡秀云	63	3	14	386	天津市河东区万新村简虹西里19区	300162	24789311-801
66	第十幼儿园	侯继惠	45	3	12	329	天津市河东区常州道官兴道3号童欢园	300250	24340457
67	第十一幼儿园	胡玲玲	47	3	12	322	天津市河东区卫国道云丽北道2号	300252	24681958
68	第十二幼儿园	徐 颖	29	3	6	142	天津市河东区二号桥建新东里34号楼旁	300180	24971945
69	天津市实验幼儿园	李惠虹	43	3	9	286	天津市河东区新阔路1333号（红星国际晶品品轩小区后）天津市河东区万川路209号	300161	5968110-606
70	凤凰幼儿园	王 颖	28	3	8	214	天津市河东区凤亭路1号	300171	58787066
71	天铁神山幼儿园	王建芝	39	3	11	320	河北省邯郸市涉县更乐镇天铁神山幼儿园	056404	0310-3882905
72	天铁庞岐第一幼儿园	江瑞琴	15	3	4	106	河北省邯郸市涉县更乐镇天铁庞岐第一幼儿园	056404	0310-5576828
73	天铁庞岐第二幼儿园	余仙娥	15	3	3	78	河北省邯郸市涉县更乐镇天铁庞岐第二幼儿园	056404	0310-3975337
74	天铁黄花脑幼儿园	王秀清	23	3	8	212	河北省邯郸市涉县更乐镇天铁黄花脑幼儿园	056404	0310-5576985
75	来安里幼儿园	刘 蕊	11	1	1	29	天津市河东区上杭路来安里幼儿园	300171	84120521
76	华馨幼儿园	杨 育	16	1	4	101	天津市河东区华馨公寓32号	300171	24336406

河西区

编号	校名	校长	教职工数	年级数	班级数	学生数	校址	邮政编码	电话号码
1	新华中学	陶扬	327	6	62	2591	天津市河西区马场道99号	300204	23285967-8002
2	实验中学	杨静武	319	6	60	2569	天津市河西区平山道1号	300074	23354658-3159
3	海河中学	魏芙蓉	269	6	55	2382	天津市河西区南京路5号	300202	58688015
4	四十二中学	施永梅	354	6	57	2536	天津市河西区大沽南路837号	300200	58688311
5	四十一中学	沈蓉	240	6	53	2321	天津市河西区马场道195号	300204	23255323
6	第四中学	安媛	296	6	54	2536	天津市河西区澧水道11号	300210	28323157
7	北师大天津附中	杨伟云	244	6	57	2391	天津市河西区大沽南路1010号	300222	28190669
8	微山路中学	温玉芳	165	6	40	1737	天津市河西区双水道14号	300222	28341550-8036
9	环湖中学	刘春	85	3	22	898	天津市河西区体院北环湖中道4号	300060	23514902
10	滨湖中学	韩莉	92	3	26	1150	天津市河西区体院北环湖北道1号	300060	23358843
11	枫林路中学	廉朝	83	3	21	945	天津市河西区珠江道枫林路2号	300222	58350600
12	双水道中学		91	3	23	1038	天津市河西区双水道31号	300222	28340573
13	田家炳中学		102	3	31	1381	天津市河西区甬堤道145号	300074	28359929
14	梅江中学	邹积华	145	6	30	1295	天津市河西区紫金山路与韩江道交口	300221	88363455
15	卓群中学		70	3	22	1039	天津市河西区白云路37号	300221	28223261
16	培杰中学	邢坚	82	6	45	1819	天津市河西区泰山路26号	300211	28312113
17	自立中学	俞声第	92	6	36	1699	天津市河西区爱国道5号	300204	88291559
18	梧桐中学		81	6	28	1227	天津市河西区九连山路206号	300221	83767599
19	第二新华中学		63	5	20	921	天津市河西区全运村梅林路752号	300074	28388287
20	新华圣功学校	潘春芬	60	3	13	548	天津市河西区榆林路365号	300350	28388267
21	实验求是学校		79	3	13	550	天津市河西区梅江道69号	300221	83852311
22	汇德学校	孟宪明	64	3	14	551	天津市河西区小海地西横街27号	300222	28387783
23	台湾路小学	张家琪	46	6	15	529	天津市河西区台湾路1号	300202	23392224
24	湘江道小学	郑兆燕	162	6	83	3562	天津市河西区湘江道50号	300202	28328727
25	上海道小学	范伟敏	194	6	101	4143	天津市河西区绍兴道226号	300204	23259431
26	闽侯路小学	于少纯	258	6	136	5368	天津市河西区徽州道4号	300202	83833062
27	马场道小学	王伟	71	6	20	735	天津市河西区马场道津港路4号	300204	23280881
28	平山道小学	韩洪涛	88	6	27	1061	天津市河西区气象台路87号	300074	23557653
29	师大附小	刘芳	72	6	25	949	天津市河西区平山道42号	300074	23341700

（续表）

编号	校名	校长	教职工数	年级数	班级数	学生数	校址	邮政编码	电话号码
30	中山小学	张傲然	67	6	24	873	天津市河西区环湖中道1号	300060	23358273
31	滨湖小学	王强	59	6	21	664	天津市河西区环湖北道6号	300060	23355741
32	四号路小学	刘欣	55	6	25	962	天津市河西区越秀路健春里2号	300201	28352005
33	恩德里小学	沈丽梅	52	6	27	1127	天津市河西区越秀路2号	300201	28318500
34	中心小学	刘莉	191	6	136	5448	天津市河西区梅江道121号	300221	88363535
35	东楼小学	王琳	57	6	27	1136	天津市河西区景兴里6号增1号	300200	28334388
36	友谊路小学	葛莉	50	6	24	948	天津市河西区友谊路东里55号	300211	28134612
37	师大二附小	周静	273	6	148	5921	天津市河西区泰山路2号	300211	28302930
38	土城小学	魏庆钢	77	6	38	1506	天津市河西区大沽南路935号	300210	28224668
39	卫东路小学	薛梅	79	6	30	1219	天津市河西区平江道65号	300201	28230293
40	科大柳林	何晓硕	69	6	26	870	天津市河西区灰堆南北大街1号	300222	28341456
41	科大附小	邵洁	57	6	22	734	天津市河西区小海地泰山里34号	300222	28346627
42	天津职业技术师范大学附属珠江道小学	陈军美	62	6	24	997	天津市河西区梅林路平江里21号	300222	28341175
43	新会道小学	刘洪英	73	6	29	1129	天津市河西区小海地新会道27号	300222	28159908
44	财大二附小	冯刚	91	6	46	1817	天津市河西区小海地茂名道1号	300222	28124790
45	财大附小	张卫华	131	6	66	2488	天津市河西区小海地天水道2号	300222	28340319
46	天津职业技术师范大学附属小学	刘晓冬	72	6	38	1571	天津市河西区小海地三水道华江里	300222	88120306
47	南湖小学	刘健丽	46	6	22	800	天津市河西区环湖中路富有道1号	300381	23384358
48	水晶小学	张蕾	90	6	48	1745	天津市河西区解放南路活水道交口	300221	88229818
49	纯真小学	张宝红	48	6	13	491	天津市河西区黑牛城道纯真里119号	300211	88332859
50	同望小学	齐鸿恩	109	6	22	887	天津市河西区绍兴道298号	300074	23377082
51	天音附小	尹俊明	79	6	15	604	天津市河西区围堤道85号	300201	28277627
52	天津小学	张红葵	217	6	56	2396	天津市河西区大沽南路977号	300220	88320816
53	启智学校	陈宝利	35	10	23	148	天津市河西区挂甲寺湘阳大街37号	300210	28258811
54	梧桐小学	孙垣	88	6	44	1686	天津市河西区右江道2号	300221	83852326
55	名都小学	朗珀	57	6	28	1095	天津市河西区解放南路442号增1号	300022	83852355
56	梅苑小学	王树玲	52	4	25	946	天津市河西区丽江路1568号	300221	88385376
57	全运村小学	张堃	43	3	25	997	天津市河西区梅林路752号	300222	28388298
58	复兴小学	丁文莉	21	3	13	428	天津市河西区嘉江路75号	300220	88392096
59	德贤小学	周瑞	27	2	16	583	天津市河西区泽庭道208号	300220	28650987
60	新华圣功学校	潘春芬	60	2	6	249	天津市河西区榆林路365号	300350	28388267
61	实验求是学校	朱海宁	79	2	10	402	天津市河西区梅江道69号	300221	83852311

（续表）

编号	校名	校长	教职工数	年级数	班级数	学生数	校址	邮政编码	电话号码
62	汇德学校	刘兰声	64	2	12	422	天津市河西区小海地西横街27号	300222	28387783
63	纯皓小学	张庆起	29	1	6	188	天津市河西区正隆道3号	300201	28232918
64	梅江天津小学	邢克凤	49		20	762	天津市河西区梅江南环岛东路38号	300000	60710818
65	华星学校	张金凤	13	1	3	80	天津市河西区琼州道111号	300000	23714777
66	海河博爱学校	丁树华	15	1	3	75	天津市河西区琼州道36号 解放南路415号部分	300000	23233771
67	东湖小学		49						
68	河西一幼	李奇	98	3	32	874	天津市河西区宁波道2号	300202	23263293
69	河西二幼	贾玉梅	53	3	18	512	天津市河西区宁波道50号	300202	83833708
70	河西四幼	唐晓岩	38	3	15	429	天津市河西区广东路与利民道交口	300201	28301580
71	河西五幼	范文	34	3	10	294	天津市河西区马场道崇敬里9号	300204	23282476
72	河西六幼		37	3	12	346	天津市河西区土城大湖路4号	300210	28248345
73	河西七幼	张红	23	3	7	209	天津市河西区苏州道安德里35号	300203	23250231
74	河西八幼	杨莉	76	3	28	843	天津市河西区景福里28号增1号	300200	28333212
75	河西十幼	崔玉梅	24	3	8	208	天津市河西区微山东里33号	300222	28343313
76	河西十一幼	朱红	40	3	17	476	天津市河西区小海地微山榆林路2号	300222	28349371
77	河西十四幼	李树静	30	3	9	254	天津市河西区南北大街北洋新里25号	300210	28324017
78	河西十六幼	涂红春	77	3	26	760	天津市河西区黑牛城道浔江路16号	300061	23376615转8002
79	河西十七幼	马敬雯	25	3	6	187	天津市河西区体院北环湖中路1号	300060	23532534
80	河西十八幼	刘方	21	3	7	180	天津市河西区体院北环湖中道2号	300060	23551210
81	河西二十一幼	李冬梅	40	3	14	386	天津市河西区洞庭路43号	300222	88121217
82	河西二十二幼	卢荣	51	3	8	211	天津市河西区小海地双水道12号	300222	28126406
83	河西二十四幼	李立新	48	3	16	420	天津市河西区小海地学苑路10号	300222	28340477
84	河西二十五幼	陈洪霞	23	3	7	173	天津市河西区友谊路友谊东里22号	300211	28135773
85	河西二十六幼	谢晖	48	3	17	455	天津市河西区体院北宾水西里49号	300060	23386813
86	河西二十七幼	朱凤君	27	3	8	238	天津市河西区体院东环湖东路51号	300060	23385207
87	河西二十八幼		24	3	6	169	天津市河西区小海地茂名道东江南里	300222	28341268
88	河西二十九幼	宋贵琴	23	3	6	184	天津市河西区小海地田林路5号	300222	28343490
89	河西三十三幼	杨荣洁	21	3	7	206	天津市河西区黑牛城道可园里40号增1号	300061	88297816
90	棣棠幼儿园	李玫	25	3	13	380	天津市河西区禄水道501号	300000	18649020387
91	锦绣幼儿园	季学欣	24	3	12	360	天津市河西区沂山路769号	300222	88363069转8010
92	美棠幼儿园	王东娟	25	3	11	310	天津市河西区东江道栖塘佳苑8号楼	300220	88453050
93	德贤幼儿园	潘璐	23	3	11	375	天津市河西区澧水东道2号	300022	28320158

（续表）

编号	校名	校长	教职工数	年级数	班级数	学生数	校址	邮政编码	电话号码
94	艺林幼儿园	高凤丽	24	3	13	334	天津市河西区江林北支道2号	300222	28346117
95	天津河西区少年宫幼儿园	张清	23	3	9	268	天津市河西区解放南路357号	300210	58181991
96	市直机关幼儿园	王月季	138	4	23	727	天津市河西区宾馆路6号	300074	83605779
97	天津警备区第一幼儿园	祝燕	44	3	9	253	天津市河西区平江道平江里2号	300211	28333329
98	天津警备区第二幼儿园	贾瑛	43	3	8	229	天津市河西区洞庭路66号	300220	28707517
99	曲江幼儿园	杨丽君	20	3	9	260	天津市河西区小海地东江道47号	300222	28173518
100	河西保育院	陶虹	69	4	8	214	天津市河西区利民道恩德东里	300201	28305369
101	六一保育院	马敏雯	16	4	5	145	天津市河西区气象南里37号	300060	23351507
102	蓝天幼儿园	杜红	16	3	3	73	天津市河西区气象台路46号空兴军大院	300074	84680697
103	河西区金湾雅苑幼儿园	余芳欧	26	3	5	131	天津市河西区兴湾道与复兴河交口（琥珀雅苑小区）玉湾西路2号	300061	28329611
104	河西区金侨壹号幼儿园	李路菲	51	3	11	276	天津市河西区太湖路与江道交口内西内南侧南兴道378号	300385	88381378
105	河西区复兴幼儿园	丛静	37	3	8	205	天津市河西区黑牛城道与洞庭路交口东南侧五福里配建一	300457	28380185
106	河西区郁江溪岸幼儿园	吴雪	35	3	5	92	天津市河西区幕山路与郁江道交口东南侧浩江道202号	300221	88364989
107	华英星辰幼儿园	郑宇	44	3	10	287	天津市河西区解放南路瑞江花园梅江15号楼西侧	300221	88241618
108	华夏未来幼儿园	贾萧	134	3	35	948	天津市河西区体院北环湖中道3号	300200	23371888-8506
109	华兰国际幼稚园	高敏	63	3	13	223	天津市河西区梅江环岛东路7号	300221	58329096
110	启明幼儿园	段亚洁	44	3	8	173	天津市河西区解放南路518号万科水晶城东北角	300221	88152667
111	迪恩捷幼儿园	李伟	54	3	11	202	天津市河西区吴家窑大街57号增一号	300074	27301028
112	华夏阳光幼儿园	李莹	25	3	6	137	天津市河西区闽侯路60号增3号	300202	83834663
113	励童幼儿园	扈晓洁	31	3	7	145	天津市河西区广顺道2号增4号--增6号	300201	83283599
114	华夏美乐幼儿园	史延辉	44	3	10	247	天津市河西区九华山路与小珠江道交口	300221	88364397
115	杰夫未来幼儿园	杨学雯	30	3	5	84	天津市河西区台儿庄道51号	300202	23288797
116	乐智宝幼儿园	赵旭	59	3	11	250	天津市河西区越秀路街白云路8号	300201	28339768
117	京学附属幼儿园	李静	56	3	11	325	天津市河西区洞庭路与梅林路交口锦葵园配建3	300222	28388978
118	河西区金子小一一幼儿园	董玲	60	3	10	300	天津市河西区黑牛城道尖山路德望里24号	300211	23262699
119	华夏未来博雅幼儿园	王璐	40	3	9	167	天津市河西区环岛南路天浦园公建2号	300221	18622880989
120	杰乐育知苑幼儿园	任媛	34	3	4	58	天津市河西区马场道107号	300050	86333339
121	河西区古德堡幼儿园有限公司	王珺	23	3	5	136	天津市河西区铂津湾海河大观配建13-5	300202	28302777
122	河西区苏格哈特幼儿园有限公司	武艳	51	3	11	180	天津市河西区白云山路与都江道交口东走80米	300220	25285555
123	杰艺幼儿园有限公司	刘新建	20	3	3	35	天津市河西区梅江南环江岛东路38号2栋东侧办公楼	300221	60533522
124	河西区爱贝乐幼儿园有限公司	卢文君	26	3	6	148	天津市河西区郁江道69号南侧	300221	17622994048

（续表）

编号	校名	校长	教职工数	年级数	班级数	学生数	校址	邮政编码	电话号码
125	河西区竹蜻蜓幼儿园有限公司	李向辉	19	3	4	74	天津市河西区大任路贺江道 5-8,5-9,5-10 号	300221	15620959511
126	河西区欣爱婴幼儿园有限公司	都枫娟	16	3	3	57	天津市河西区台儿庄路与古海道交口	300210	88255567
127	河西区枫叶燕园幼儿园有限公司	周　颖	20	3	4	49	天津市河西区紫金山路 31 号	300060	15822659598
128	爱宸幼儿园有限公司	李向辉	22	3	3	39	天津市河西区峰汇广场 103 号	300201	28031775
129	河西区宝贝计划美童幼儿园有限公司	马　坤	18	3	4	84	天津市河西区解放南路 495 号	300202	13820897448
130	河西区鹤立幼儿园有限公司	王舒雅	9	3	3	20	天津市河西区越秀路惠阳里底商 11 号,13 号	300201	15822542997
131	河西区天使教育兰园幼儿园	刘　惟	34	3	9	150	天津市河西区宾水北里 36 号	300061	23359171
132	河西区宝贝计划七彩童年幼儿园	于志颖	23	3	4	125	天津市河西区陵水道 26 号	300222	15620897173
133	河西区宝贝计划乐童幼儿园	陈　凤	12	3	4	128	天津市河西区平江道农林小院	300211	18202576531
134	河西区绿岛幼儿园	肖　茜	17	3	4	62	天津市河西区宁波道 7 号	300202	18602297478
135	河西区快乐岛幼儿园	赵梓羽	19	3	5	80	天津市河西区灰堆村南艺林路 16 号	300222	13820625259

南开区

编号	校名	校长	教职工数	年级数	班数	学生数	校址	邮政编码	电话
1	天津大学附属中学	肖伟	226	6	40	1697	天津市南开区湖镜道1号	300192	27476674
2	天津市崇化中学	谷梦琴	274	6	64	2743	天津市南开区鼓楼西侧北城街	300120	27274528
3	天津市第二十五中学	李忠益	284	6	64	2549	天津市南开区灵隐道14号	300193	27459900
4	天津市南开田家炳中学	郭光盛	186	6	38	1765	天津市南开区三纬路110号	300100	27433341
5	天津市第九中学	曹树华	194	6	41	1913	天津市南开区凌宾路奥城53号	300381	83774901
6	天津市第四十三中学	杨志祥	157	6	38	1657	天津市南开区黄河道452号	300110	27365504
7	天津市南开中学	刘浩	295	6	52	2391	天津市南开区四马路22号	300100	27483391
8	天津市第六十三中学	崔涛	105	3	31	1315	天津市南开区天托南横江里平房7号	300190	83612616
9	天津市天华中学	孙建昆	189	6	37	1733	天津市南开区华苑小区中平路41号	300384	23725549
10	天津师范大学南开附属中学	王雅洁	167	6	42	1750	天津市南开区云阴道6号	300113	27367052
11	南开大学附属中学	吕国强	310	6	64	2852	天津市南开区三潭路165号	300192	60264355
12	天津市五十中学	张雅梅	108	3	30	1352	天津市南开区广开四马路158号	300102	17622638027
13	天津市南开区科技实验中学	迟颖	111	3	30	1235	天津市南开区黄河道458号	300110	83578200
14	天津师范大学附属实验中学	王洋	73	3	21	942	天津市南开区望云道1号	300384	23787619
15	天津市南开区实验学校	李颖	314	9	88	4137	天津市南开区华苑小区锦环道	300384	23718197
16	天津市翔宇弘德学校	李翠玲	93	8	28	1107	天津市南开区天拖南横江北里6号	300190	87376062
17	南开区翔宇学校	李贵生	311	11	74	3215	天津市南开区澄江路2号	300221	58785063
18	天津南开日新国际学校	李金龙	119	8	40	1361	天津市南开区王顶堤迎风道西头	300191	23508660
19	天津市育贤中学	李波	74	3	24	1075	天津市南开区南丰路178号	300193	27417471
20	天津市津英中学	张慧颖	167	6	48	1829	天津市南开区黄河道494号	300112	27535637
21	天津市南开美达菲学校	张桂元	195	12	47	1555	天津市南开区雅安南路1号	300113	27032878
22	南开区跃升里小学	杨文艳	53	6	20	807	天津市南开区西南横堤跃升里市场内	300112	87710565
23	南开区南开小学	王晖	300	6	124	6014	天津市南开区三马路205号	300073	87023596
24	南开区新星小学	高育红	157	6	70	2810	天津市南开区王顶堤苑中路58号	300191	23366612-821
25	南开区永基小学	赵颖	61	6	24	1052	天津市南开区南大道33号	300101	27581809
26	南开区华夏小学	李琪	121	6	42	1636	天津市南开区楚雄道4号	300190	23681722
27	南开区南开小学	姬琳	119	6	51	24531	天津市南开区白堤路81号	300193	27381063
28	南开区中营瑞丽小学	王芳	80	6	34	1421	天津市南开区保泽道65号	300190	83611206
29	南开区长冶里小学	马红	60	6	21	721	天津市南开区长冶里道长冶里楼群内	300193	27380446

（续表）

编号	校名	校长	教职工数	年级数	班数	学生数	校址	邮政编码	电话
30	南开区华苑小学	冯颖	60	6	21	762	天津市南开区华苑信美道	300384	23729416
31	南开区西营门小学	张伟	62	6	28	1165	天津市南开区黄河道临汾路5号	300110	27561236
32	南开区艺术小学	刘红	55	6	23	853	天津市南开区黄河道闻菩里2号	300110	27365591
33	南开区咸阳路小学	刘惠健	83	6	33	1629	天津市南开区汾水道39号	300110	27365627
34	南开区汾水道小学	胡莲君	92	6	33	1370	天津市南开区黄河道立新路8号	300111	87086833-801
35	南开区第二中心小学	张卫华	88	6	34	1545	天津市南开区红日路1号	300111	27695736
36	南开区前园小学	冯志戎	45	6	19	749	天津市南开区密云路锦园里楼群内	300111	27513821-8028
37	南开区宜宾里小学	刘红	65	6	30	1173	天津市南开区嘉陵道通江路9号	300113	27615096-8001
38	天津师范大学南开附属小学	王敏	148	6	67	2838	天津市南开区雅安道116号	300113	27367058
39	南开区水上小学	崔凯	111	6	41	1734	天津市南开区红旗南路凌庄子道129号	300381	23921585-8006
40	南开区川府里小学	邱悦宁	66	6	24	1104	天津市南开区川府新村温江路2号	300113	27873979
41	南开区风湖里小学	安玉杰	59	6	18	740	天津市南开区鞍山西道柳荫路湖波道16号	300192	27382927
42	南开区阳光小学	曹树华	47	6	24	863	天津市南开区鞍山道阳光100国际新城	300381	83957882-8000
43	南开区义兴里小学	宋玲华	45	6	17	607	天津市南开区南丰路义兴南里140号	300193	27475673
44	南开区勤敏小学	胡怡宁	53	6	20	689	天津市南开区苍兮道28号	300381	27354568-8010
45	南开区中营小学	华联	296	6	110	5609	天津市南开区西门内大街中营前街2号	300120	27272689
46	南开区五马路小学	田艳	311	6	120	5526	天津市南开区南丰路7号	300100	87310259
47	南开区科技实验小学	赵纯	94	6	38	1631	天津市南开区汾水道41号	300111	27681950
48	南开区博瀚小学	姚永强	76	6	20	830	天津市南开区华苑苑望云道1号	300384	23720771
49	南开区东方小学	宁桂林	52	6	28	1218	天津市南开区万德庄南北大街116号	300073	27412585-816
50	南开区育智学校	尹立新	30	12	12	271	天津市南开区红旗路宜宾道3号	300113	23694109
51	南开区第一幼儿园	宗颖	75	3	8	241	天津市南开区鞍山西道柳荫路16号	300192	27418423
52	南开区第二幼儿园	王虹	24	3	6	172	天津市南开区华苑小区莹华里	300384	23715006
53	南开区第三幼儿园	王芳	29	3	6	166	天津市南开区芥园西道宜春小区	300112	27773165
54	南开区第四幼儿园	孙淑惠	39	3	8	264	天津市南开区黄河营西营门外烈土路27号	300110	27565677
55	南开区第五幼儿园	刘文凤	63	3	19	593	天津市南开区广开四马路春贺胡同26号	300102	27385055
56	南开区第六幼儿园	陈雪	29	3	7	207	天津市南开区城厢东路铜锣湾花园1号	300090	27355972
57	南开区第九幼儿园	茅建	26	3	6	172	天津市南开区嘉陵道罗江西平房1号	300113	27641170
58	南开区第十幼儿园	师竑昊	38	3	11	331	天津市南开区恰金路2号	300110	27366477
59	南开区第十三幼儿园	王双红	33	3	7	220	天津市南开区黄河道咸阳西路290号	300120	27581812
60	南开区第十五幼儿园	唐玉静	44	3	11	317	天津市南开区黄河道咸阳路67号	300110	27622721
61	南开区第十八幼儿园	田裕华	28	3	8	208	天津市南开区红旗路嘉陵道泊江东里平房2号	300113	27367466

（续表）

编号	校名	校长	教职工数	年级数	班数	学生数	校址	邮政编码	电话
62	南开区第十九幼儿园	国文芳	35	3	6	190	天津市南开区天拖南横江里平房5号	300190	83612803
63	南开区第二十一幼儿园	侯 杰（已退）	29	3	6	162	天津市南开区嘉陵道嘉陵南里平房13号	300113	27362236
64	南开区第二十二幼儿园	焦建东	23	3	6	169	天津市南开区长江道苏堤路临江里16楼西	300193	27493452
65	南开区第二十四幼儿园	季蕴霞	29	3	6	167	天津市南开区西湖道卧龙南里平房2号	300193	27382320
66	南开区第二十八幼儿园	胡 颖	30	3	8	232	天津市南开区王顶堤迎水道平房	300191	83635795
67	南开区第三十一幼儿园	孙常虹	27	3	6	171	天津市南开区红旗南路王顶堤凤园里	300191	23366094
68	南开区第三十二幼儿园	刘存健	26	3	7	219	天津市南开区王顶堤林苑西道（苑中路）	300191	23366844
69	南开区第三十七幼儿园	刘 清	25	3	7	221	天津市南开区雅安道川府新村温江路	300113	27683238
70	南开区居华里幼儿园（天津师范大学南开附属幼儿园）	赵素青	64	3	19	488	天津市南开区居华里32号楼	300384	23714701
71	南开区时代奥城幼儿园	吕俊华	33	3	9	289	天津市南开区水上公园西路景山道奥城小区奥城50号楼	300381	87937568
72	南开区实验幼儿园	任慧红	45	3	14	407	天津市南开区宾水西道华苑小区天华里	300384	23719763
73	南开一幼保泽幼儿园	宗 颖	8	3	11	331	天津市南开区保泽道152号	300190	60307519
74	南开一幼中南幼儿园	宗 颖	8	2	6	180	天津市南开区利丰路68号	300190	27417427
75	南开区第三幼儿园分园	王 芳	7	3	5	151	天津市南开区汾水道西头立新里2号	300111	87536618
76	南开四幼临汾分园	孙淑惠	10	2	4	119	天津市南开区临汾路5号	300110	27565677
77	南开区第十三幼儿园分园	王双红	16	2	5	117	天津市南开区二纬路聚英里楼群内	300100	27240865
78	南开区第十九幼儿园分园	国文芳	5	1	4	114	天津市南开区天拖南徐江西平房6号	300190	83612803
79	南开区第二十四幼儿园分园	季蕴霞	10	3	6	174	天津市南开区玉泉路五云里2号	300193	27383842

红桥区

序号	校名	校长	教职工数	年级数	班数	学生数	校址	邮政编码	电话
1	天津市第三中学	尹淑霞	260	6	59	2420	天津市红桥区丁字沽一号路问东道	300131	86513074
2	天津市第五中学	郭文颖	269	6	57	2355	天津市红桥区团结路6号	300122	86513077
3	天津市民族中学	刘和葵	232	9	39	1500	天津市红桥区西青道87号	300122	27322498
4	河北工业大学附属红桥中学	胡宾	233	6	39	1477	天津市红桥区北大街58号	300132	27328272
5	天津市第八十中学	刘扬	217	6	40	1312	天津市红桥区光荣道39号	300132	86513096
6	天津市第八十九中学	于洲	91	3	17	647	天津市红桥区洪湖东道1号	300130	86521720
7	天津市铃铛阁外国语中学	王勇	129	3	15	577	天津市红桥区复兴路11号	300121	27593005
8	天津市西青道中学	戴伟荣	88	3	15	552	天津市红桥区西青道171号	300122	27724746
9	天津市红桥区泰达实验中学	王颖	140	3	16	519	天津市红桥区赵家场大街8号	300123	87322337
10	天津市红桥区新华中学和苑学校	张惠书	81	3	17	702	天津市红桥区营玉路6号	300211	27731895
11	天津市红桥区体育学校	马红	12				天津市红桥区洪湖东路1号	300130	27329944
12	河北工业大学附属红桥小学	刘晶	139	18	33	1095	天津市红桥区丁字沽五爱道30号	300130	26379552
13	天津市红桥区中心小学	郑杰	81	6	20	641	天津市红桥区怡闲道28号	300121	27560981
14	天津市红桥区邵公庄小学	殷潆文	91	6	23	804	天津市红桥区红旗路30号	300122	27323150
15	天津市红桥区跃进里小学	李俊义	155	6	31	1089	天津市红桥区西青道幸福里平房11号	300122	277322691
16	天津市红桥小学	李宝君	61	4	12	293	天津市红桥区红桥北大街105号	300132	86513193
17	天津市红桥区第二实验小学	赵丽	92	6	22	784	天津市红桥区咸阳北路同德道3号	300131	86513176
18	天津市雷锋小学		78	6	18	583	天津市红桥区西于庄街中嘉花园绮水苑旁	300131	86513205
19	天津市红桥区桃花园小学	李春林	87	6	17	512	天津市红桥区红塔寺大道1号	300130	86513209
20	天津市红桥区培智学校	刘桂祥	49	13	15	166	天津市红桥区丁字沽一号路四渐道9号	300131	27326341
21	天津市红桥区洪湖里小学	赵芳	66	6	22	665	天津市红桥区西于庄街洪湖中路8号	300130	86513181
22	天津市红桥区清源道小学		70	6	19	729	天津市红桥区咸阳北路街清源道2号	300131	86513182
23	天津市第三中学附属小学	曹鹏	112	6	20	503	天津市红桥区西青道3号	300123	27270886
24	天津市红桥区实验小学	陶冶	281	6	69	2866	天津市红桥区丁字沽一号路1号	300131	86513135
25	天津市红桥区师范附属小学	侯立岷	249	6	79	3189	天津市红桥区水木天成团结路1号	300122	87786153
26	天津师范学校和苑附属小学	杨丽萍	61	6	27	1073	天津市红桥区和苑西区营玉路8号	300131	27733367
27	天津市红桥区丁字沽小学	庞杰	60	6	12	403	天津市红桥区丁字沽零号路35号增1	300131	86513198
28	天津市红桥区文昌宫民族小学	徐娅蓉	125	6	25	896	天津市红桥区春雨路1号	300121	87726060

（续表）

序号	校名	校长	教职工数	年级数	班数	学生数	校址	邮政编码	电话
29	天津市红桥区第一幼儿园	赵慧雯	76	3	21	579	天津市红桥区丁字沽五爱道26号 天津市红桥区西青道建设里2条7号	300130 300122	86513211 27327259
30	天津市红桥区第二幼儿园		24	3	8	196	天津市红桥区湘潭道68号	300133	27721565
31	天津市红桥区第三幼儿园	霍惠君	54	3	16	457	天津市红桥区芥园道日园路1号 天津市红桥区恰闲道28号	300121	23726669
32	天津市红桥区第四幼儿园	冯芸	20	3	6	158	天津市红桥区团结路20号	300122	87782526
33	天津市红桥区第八幼儿园		29	3	8	216	天津市红桥区纪念馆中嘉花园1号	300131	86513213
34	天津市红桥区第九幼儿园	宋炜	20	3	7	180	天津市红桥区营和园配建1号	300000	27730981
35	天津市红桥区第十幼儿园	姚葵花	53	3	15	372	天津市红桥区东大楼小区61号	300130	86513258
36	天津市红桥区第十一幼儿园	杜建茹	31	3	10	259	天津市红桥区咸阳北路海源道23号	300133	87703690-8000
37	天津市红桥区第十二幼儿园	姜红艳	21	3	7	182	天津市红桥区咸阳北路德道1号	300131	58301131
38	天津市红桥区第十三幼儿园	赵海静	14	2	4	105	天津市红桥区春利街3号	300121	86582848
39	天津市红桥区第十四幼儿园		35	3	10	237	天津市红桥区红湖南路4号	300130	86513218
40	天津市红桥区第十五幼儿园	马英	13	2	2	39	天津市红桥区丁字沽一号路56号	300131	58112007
41	天津市红桥区第十八幼儿园		31	3	9	240	天津市红桥区丁字沽新村1条17号	300130	86513219
42	天津市红桥区第二十幼儿园	王彦卿	28	3	7	168	天津市红桥区勤俭道育苗路5号	300131	86513223
43	天津市红桥区第二十二幼儿园		25	3	8	210	天津市红桥区本溪路昌图路2号	300131	86513224
44	天津市红桥区西北角回民幼儿园	房克霞	29	3	8	214	天津市红桥区西马路欢庆胡同20号	300121	27561192
45	天津市红桥区第一幼儿园和苑园	邢莉红	32	3	10	270	天津市红桥区和苑西区鸿明道3号	300112	86555975

东丽区

编号	校名	校长	教职工数	年级数	班数	学生数	校址	邮编	联系电话
1	程林中学	杨海龙	47	3	12	460	天津市东丽区万新街道登州路18号	300300	24710497
2	东丽中学	多志静	153	3	29	1116	天津市东丽区张贵庄街道东丽区招远路30号	300300	24979088
3	鉴开中学	王国权	193	3	40	1661	天津市东丽区丰年村街道霞发道1号	300300	2495923 6-8075
4	小东庄中学	姚广静	77	3	20	877	天津市东丽区金桥街道	300300	24981586
5	大毕庄中学	刘亚申	109	3	28	1041	天津市东丽区金钟街道东丽区金钟新市镇信泰道8号	300240	84824856
6	立德中学	任家凤	52	3	12	506	天津市东丽区万新街道 6 号	300180	24966736
7	滨瑕实验中学	闫桂英	56	3	12	487	天津市东丽区瑕街道	300301	84821300
8	华明中学	刘文华	95	3	23	907	天津市东丽区华明街道东丽区华明家园六经路和二纬路交口	300300	60961121
9	东丽区民族中学	孙柏岑	37	3	7	182	天津市东丽区金桥街道11	300300	84892612
10	东丽区华新实验学校	杨健勇	54	3	15	628	天津市东丽区华新街道华七道277号	300300	84973366
11	东丽区华侨城实验学校	吴学鸥	116	9	58	2339	天津市东丽区湖滨街道东丽区湖滨路1号	300309	24875238
12	东丽区英华学校	丁球	133	9	34	1016	天津市东丽区丰年村街道	300300	60322116
13	东丽区格瑞思学校	王红霞	32	9	12	110	天津市东丽区经济技术开发区8	300300	84388383
14	东丽区城庭苑中学	多志静	9	1	2	54	天津市东丽区华明街道南江东道与登州路交口海鹏路1号	300300	24930619
15	东丽区北大附中东丽湖学校	祝会清	186	12	50	1215	天津市东丽区东丽湖街道01号	300400	59095000
16	第一百中学	郭永强	193	3	44	1966	天津市东丽区新立街道紫英路2号	300300	84931566
17	天津钢管公司中学	王中合	141	6	30	1233	天津市东丽区瑕街道缝春道2号	300301	24355755
18	四合庄中学	刘洪亮	145	6	29	1205	天津市东丽区新立街道	300300	24997770
19	军粮城中学	牛淑红	140	6	43	1783	天津市东丽区军粮城街道	300301	84822098
20	百华实验中学	张桂玲	120	6	33	1505	天津市东丽区新立街道津塘二线路英路1号	300300	24840742
21	天津耀华滨海学校	刘木岭	117	6	34	1561	天津市东丽区新立街道新立街98	300457	58185655
22	劳动保护学校	勾东海	294			1706	天津市东丽区万新街道军屋泉道2号	300000	24379649
23	东丽区职业教育中心学校	李鑫	222	13	15	3311	天津市东丽区湖滨街道东丽区津汉公路13999号	300309	84892879
24	东丽区明强特殊教育学校	吴立新	44	13	15	180	天津市东丽区丰年村街道东丽176	300300	84932192
25	东丽区华明小学	刘权利	172	6	62	2296	天津市东丽区华明街道东丽区华明家园文辅路2号	300300	84921040
26	东丽区滨瑕小学	张美玲	99	6	36	1346	天津市东丽区瑕街道	300301	84241601
27	东丽区华新小学	宋德江	63	6	42	1649	天津市东丽区华新街道4号	300300	24926691
28	东丽区逸阳文思学校	李月玲	56	6	15	363	天津市东丽区华新街道277号	300304	24926188

（续表）

编号	校名	校长	教职工数	年级数	班数	学生数	校址	邮编	联系电话
29	东丽区新源小学	王玉全	72	6	23	798	天津市东丽区金桥街道公建3号	300300	24362384
30	东丽区华城庭苑小学	薛春旺	5	6	1	25	天津市东丽区华明街道海滪路3号	300300	58601069
31	东丽区实验小学	张振池	141	6	44	1598	天津市东丽区张贵庄街道东丽区先锋路23号	300300	24968573
32	东丽区津门小学	刘亚静	109	6	35	1457	天津市东丽区张贵庄街道稠霞道3号	300300	24393606
33	东丽区振华里小学	张泽琴	50	6	16	591	天津市东丽区张贵庄街道津塘公路233号	300300	84375832
34	东丽区丽泽小学	尚俊歆	127	6	45	1758	天津市东丽区丰年村街道富安路	300300	84931630
35	天津钢管公司小学	黄成民	65	6	21	853	天津市东丽区暇街道津华路2号	300301	24802341
36	东丽区苗街小学	刘凤萍	49	6	18	612	天津市东丽区军粮城街道	300301	84871289
37	东丽区刘台小学	张 晖	75	6	27	985	天津市东丽区军粮城街道	300301	84455339
38	东丽区民生小学	邢晓军	41	6	14	524	天津市东丽区军粮城街道悦泽家园8-1	300300	65354979
39	东丽区军粮城小学	袁树霞	72	6	26	977	天津市东丽区军粮城街道杨台大街2号	300300	58601693
40	东丽区东羽小学	王玉全	58	6	25	958	天津市东丽区金桥街道景云轩公建壹号	300301	59652438
41	东丽区正心小学	曹付玲	29	6	7	177	天津市东丽区金桥街道	300300	84965838
42	东丽区泥沃小学	郭玉环	30	6	7	227	天津市东丽区新立街道	300300	24992925
43	东丽区中河小学	郭玉环	33	6	8	272	天津市东丽区东丽津塘公路六号桥北侧	300300	24994613
44	东丽区四合庄小学	刘学爱	39	6	13	434	天津市东丽区新立街道	300300	24990648-8116
45	东丽区新立小学	吴凤栋	49	6	16	544	天津市东丽区新立街道幸福路40号	300300	84375831
46	东丽区张贵庄小学	张加起	38	6	19	732	天津市东丽区新立街道万新好美嘉园对过	300300	84375834
47	东丽区李明庄学校	薛春旺	37	6	14	475	天津市东丽区华明街道昆箭路2号	300300	58601069
48	东丽区北程林小学	孙加芹	43	6	12	409	天津市东丽区万新街道跃进路193号	300300	24372757
49	东丽区增兴窑小学	胡玉环	31	6	11	260	天津市东丽区万新街道	300300	84760558
50	东丽区丽景小学	芦纯英	48	6	20	675	天津市东丽区万新街道雪莲南路与环宇路交口	300300	84838981
51	东丽区赵沽里小学	李慧明	22	6	6	144	天津市东丽区金钟街道	300251	26323730
52	东丽区大毕庄小学	韩宝国	59	6	17	551	天津市东丽区金钟街道金钟河大街199号	300251	26323546
53	东丽区金钟小学	于国栋	115	6	42	1470	天津市东丽区金钟街道金钟街仁政路2号	300240	26791474
54	东丽区流芳小学	刘玲玲	57	6	24	858	天津市东丽区华明街道馨园10号	300300	58090513
55	东丽区新兴小学	郭玉环	20	6	7	228	天津市东丽区新立街道新兴村四通道南	300300	24993208
56	东丽区宝元小学	孙维芳	26	6	8	198	天津市东丽区新立街道宝元村	300300	24394632
57	东丽区徐庄小学	胡秀祥	34	6	8	205	天津市东丽区金钟街道	300251	26338428
58	东丽区新中村小学	张世勇	25	6	6	161	天津市东丽区金钟街道	300240	26120831
59	东丽区工业区小学	董俊玲	21	6	7	198	天津市东丽区万新街道	300163	24373174
60	东丽区刘辛庄回族小学	许士军	29	6	12	306	天津市东丽区金桥街道3号	300300	84890181

（续表）

编号	校名	校长	教职工数	年级数	班数	学生数	校址	邮编	联系电话
61	东丽区金童幼儿园	高淑香	12	3	2	59	天津市东丽区金钟街道北方五金城A7-2	300240	26791770
62	东丽区金蕾幼儿园	张树芬	40	3	10	298	天津市东丽区张贵庄街道利津路金津道24号	300300	84458705
63	东丽区金桥街道阳光实验幼儿园	邢维娟	16	3	5	106	天津市东丽区金桥街道金港里3号楼1-2门	300300	84892863
64	东丽区心贝儿园有限公司	魏岳婷	13	3	3	49	天津市东丽区东丽湖街道东丽大道1565号、15-东丽大道1567号	300300	24550120
65	东丽区第二幼儿园	张子梅	106	3	27	714	天津市东丽区张贵庄街道东丽区张贵庄街福山路26号	300300	24968708
66	东丽区钢花幼儿园	冯昕	46	3	12	330	天津市东丽区瑕街街道	300301	84960456-8302
67	东丽区华明第二幼儿园	刘烈娟	71	3	12	343	天津市东丽区华明街道辅仁路2号	300300	58237215
68	东丽区华明第一幼儿园	张长燕	46	3	12	327	天津市东丽区华明街道华明大道1号	300300	58237206
69	东丽区滨海之星艺术幼儿园	来如意	7	3	3	37	天津市东丽区万新街道46号	300300	84373288
70	东丽区阳光幼儿园	邢维娟	12	3	3	87	天津市东丽区丰年村街道枫泽园底商7-8号	300300	24955716
71	中国民航大学幼儿园	丁敏	34	3	7	170	天津市东丽区新立街道	300300	24092783
72	东丽区金航标幼儿园	纪秀梅	25	3	7	176	天津市东丽区张贵庄街道双环路2-22号	300300	84833208
73	东丽区第一幼儿园	董凤霞	64	3	19	475	天津市东丽区张贵庄街道荣成路9号	300300	24390993
74	东丽区万科城伊顿慧智双语幼儿园	刘娜	46	3	9	286	天津市东丽区东丽湖街道	300000	24880017
75	东丽区滨海之星幼儿园	杨静		3			天津市东丽区瑕街街道	300000	13702130931
76	东丽区丰年幼儿园	周萍	58	3	10	335	天津市东丽区丰年村街道1号	300300	84934996
77	东丽区春暖幼儿园	赵丽颖	42	3	8	238	天津市东丽区瑕街街道12号楼1-2层	300300	84471661
78	东丽区流芳幼儿园	李会芳	37	3	8	240	天津市东丽区华明示范镇馨园11号	300300	58093198
79	东丽区利顺幼儿园	姜金艳	43	3	8	218	天津市东丽区军粮城街道	300300	65620181
80	东丽区春辛幼儿园	崔伏娟	69	3	13	377	天津市东丽区华明街道明盛园21号	300300	24632575
81	东丽区德盈幼儿园	储柏艳	47	3	9	261	天津市东丽区华明街道德盈里17号楼	300000	84929158
82	东丽区德晟幼儿园	徐京莲	46	3	10	262	天津市东丽区金钟街道	300240	84929168
83	东丽区军宏幼儿园	闫静	35	3	7	190	天津市东丽区军粮城街道军宏园31号	300300	84960018
84	东丽区军丽幼儿园	宋丽敏	44	3	11	294	天津市东丽区军粮城街道军丽园31号楼	300301	84854065
85	东丽区博远翱翔幼儿园	李炎	24	3	5	138	天津市东丽区华明街道11号楼	300300	58205097
86	东丽区滨海阳光幼儿园	杨静	21	3	7	183	天津市东丽区瑕街街道	300000	84822206
87	东丽区博雅幼儿园	李德艳	14	3	4	104	天津市东丽区金钟街道B7	300240	58855531
88	东丽区金宝幼儿园	闫贵勤	31	3	8	185	天津市东丽区华明街道华明家园禾园12-2号	300340	84894718
89	东丽区鑫迪海秋丽幼儿园	魏薇	16	3	3	62	天津市东丽区万新街道15号楼102,202A	300163	88220022
90	东丽区金太阳幼儿园	李德艳	8	3	2	50	天津市东丽区金桥街道21	300000	1590248372

（续表）

编号	校名	校长	教职工数	年级数	班数	学生数	校址	邮编	联系电话
91	东丽区恩贝英才幼儿园	彭方方	26	3	6	162	天津市东丽区万新街道秋丽家园35-201~202,204-207	300000	84464518
92	东丽区快乐宝贝幼儿园	于媛媛	29	3	6	140	天津市东丽区新立街道蓝庭广场1-44-45	300300	84993758
93	东丽区家乐幼儿园	葛文军	16	3	3	94	天津市东丽区金钟街道	300251	26748476
94	东丽区华新幼儿园	王健	58	3	9	260	天津市东丽区华新街道华四路2号	300300	24926158
95	东丽区童心幼儿园	翟广萍	31	3	6	141	天津市东丽区新立街道	300300	24878862
96	东丽区鹏搏千贝幼儿园	程桂青	13	3	4	114	天津市东丽区新立街道东盛园28-8底商	300300	84998938
97	东丽区华夏之星幼儿园	姜彦好	8	3	3	72	天津市东丽区金桥街道东津塘公路697号(滨海钢材城内4号楼西向)	300300	1562048 3128
98	东丽区华文童蒙幼儿园	高淑香	31	3	10	297	天津市东丽区金钟街道大毕庄村(原村委会)	300240	26110308
99	东丽区津星幼儿园	张莹	23	3	6	168	天津市东丽区金钟街道金钟公路3699号B15-B16	300000	84816933
100	东丽区夏明珠幼儿园	马亚洲	10	3	3	52	天津市东丽区华明街道崂山支路明珠花园底商9-10号	300163	24762067
101	东丽区晓晓幼儿园有限公司	张爱缨	22	3	6	85	天津市东丽区万新街道津滨大道以南嘉春园42号楼底商104,203号	300000	13207589162
102	东丽区星星树幼儿园	赵平	16	3	4	109	天津市东丽区华明新街道	300252	18622964599
103	东丽区北方之星海悦幼儿园	李帮喜	27	3	6	168	天津市东丽区万新街道	300300	18526576386
104	东丽区海颂幼儿园	付玉英	58	3	12	315	天津市东丽区军粮城街道	300000	84936901
105	东丽区北方之星季景幼儿园	刘倩	40	3	8	194	天津市东丽区万新街道	300180	84760805
106	东丽区华夏未来幼儿园有限公司	曲枫	56	3	14	183	天津市东丽区华明街道华明大道17号	300300	84900007
107	东丽区冬梅幼儿园	王雪丽	35	3	9	231	天津市东丽区军粮城街道	300301	84395258
108	东丽区精英传奇军祥幼儿园	卢静	33	3	8	215	天津市东丽区军粮城街道	300301	84851178
109	东丽区精英传奇春竹幼儿园	张志凤	20	3	6	112	天津市东丽区军粮城街道	300300	84821657
110	东丽区精英传奇军华幼儿园	孙悦	30	3	7	160	天津市东丽区军粮城街道东丽区军粮城示范镇民生路与兴兴道交叉口西北侧华园31号	300301	84960799
111	东丽区天杭幼儿园有限公司(东丽区天杭幼儿园)	徐晓	36	3	8	190	天津市东丽区万新街道218号	300300	84715609
112	东丽区博艺幼儿园	李祯	48	3	10	305	天津市东丽区华明街道乔园18号102-106	300300	58205088
113	东丽区万恩乐学幼儿园有限公司	隋东星	50	3	9	115	天津市东丽区东丽湖街道东丽湖与东丽大道与东丽湖路交叉口东南一号房屋	300300	84395110
114	东丽区跃进路阳光幼儿园	邢维娟	40	3	8	199	天津市东丽区张贵庄街道跃进路23号	300300	84833839
115	东丽区励童幼儿园有限公司(东丽区励童幼儿园)	刘晓旭	6	3	1	12	天津市东丽区华明街道EOD B-5	300309	24845238
116	东丽区奥兹堡幼儿园	李炎	49	3	12	239	天津市东丽区新立街道润风家园20号楼1门,2门	300300	58711540
117	东丽区丰新幼儿园有限公司	赵文敏	14	3	3	58	天津市东丽区新立街道2门	300000	84834716

（续表）

编号	校名	校长	教职工数	年级数	班数	学生数	校址	邮编	联系电话
118	东丽区阿尔法幼儿园有限责任公司	刘姗娜	35	3	6	112	天津市东丽区东丽湖街道凭澜苑23号楼101-102室	300300	84395883
119	东丽区启蒙幼儿园	王育红	23	3	6	178	天津市东丽区华明街道1-2	300162	18892261282
120	东丽区辰光幼儿园有限公司	李妍	72	3	13	251	天津市东丽区华新街道80号	300300	84919966
121	东丽区贝多奇幼儿园	黄甫敬	30	3	8	240	天津市东丽区瑕街道东丽区瑕街东环路1号	300301	84878169
122	东丽区索菲思幼儿园有限公司	柴梦莉	48	3	7	148	天津市东丽区新立街道5号楼101	300000	84396077
123	东丽区艾威蒙幼儿园有限公司	王丹	27	3	5	80	天津市东丽区华明街道唐雅苑苑配建四	300000	84398805
124	东丽区红缨东艺幼儿园有限公司	李丽	20	3	3	70	天津市东丽区金钟街道106/107/206/207/208	300251	26173958
125	东丽区吉佳乐幼儿园有限公司	周佳	16	3	6	58	天津市东丽区新立街道406号	300300	84359953
126	东丽区华夏未来万科民和乐幼儿园	高姗姗	52	3	12	336	天津市东丽区丰年村街道漄智道9号	300399	84967870
127	东丽区保利和乐玫瑰湾幼儿园	张旭	51	3	12	339	天津市东丽区金钟街道溪水河畔44号楼	300300	26329881
128	东丽区北方之星海雅幼儿园	张秀峰	19	3	5	128	天津市东丽区新立街道	300300	84390486
129	东丽区前程似锦幼儿园有限责任公司	杨玲	52	3	12	239	天津市东丽区新立街道跃进路9号	300000	84946777
130	东丽区哲明幼儿园有限公司	胡正兰	22	3	4	83	天津市东丽区蓝廷公寓20号楼1,2门	300300	24937137
131	东丽区茉莉亚悦迪幼儿园有限公司	靳玉辉	34	3	8	153	天津市东丽区东丽湖街道东丽湖万科城碧溪苑配建一	300300	22847219
132	东丽区华博恩幼儿园	李德艳	36	3	8	217	天津市东丽区金钟街道3699	300240	24919155
133	东丽区爱优宝幼儿园	黄晓梅	51	3	12	360	天津市东丽区华明街道雪优花园公建1	300300	15822111565
134	东丽区春田花花幼儿园	张建华	16	3	3	86	天津市东丽区金钟街道19-21号底商	300204	18822330060
135	东丽区懂心幼儿园	翟广泙	21	3	4	101	天津市东丽区东丽经济技术开发区	300300	84354676
136	东丽区东旭幼儿园	张玲悌	25	3	10	295	天津市东丽区金钟街道金钟新市镇便民服务中心2-1	300300	26797928
137	东丽区新蕾幼儿园	寇甜甜	14	3	4	123	天津市东丽区金钟街道呈和里底商8增18-1	300240	84459833
138	东丽区智慧堡幼儿园有限公司	齐颖慧	9	3	2	44	天津市东丽区东丽湖街道1-1-104-105	300300	24886712
139	东丽区领航卓越幼儿园	成利娜	35	3	8	224	天津市东丽区军粮城街道利顺欣园C区16号楼107号	300300	59002546
140	东丽区绿洲馨园幼儿园	赵艳丽	74	3	16	451	天津市东丽区东丽湖街道绿城馨园15号	300300	60128166
141	东丽区新希望幼儿园	胡志超	44	3	11	286	天津市东丽区经济技术开发区东丽开发区东丽开发区新路10-1号	300300	84858716
142	东丽区霍洛威幼儿园有限公司	祝莉	30	3	7	120	天津市东丽区经济技术开发区经济技术开发区二纬路5号	300000	59909087
143	东丽区卓跃英才幼儿园	赵彤彤	16	3	4	125	天津市东丽区经济技术开发区丽新路10-2号107	300300	84359250
144	东丽区博苑翱翔幼儿园有限公司	李炎	29	3	6	116	天津市东丽区华明街道公建一号	300300	84919389
145	东丽区京师幼儿园	司有苗	44	3	9	234	天津市东丽区东丽湖街道东丽湖东丽大道与景荣路交口处东北侧花雨商业广场14#1-2	300300	24880990

（续表）

编号	校名	校长	教职工数	年级数	班数	学生数	校址	邮编	联系电话
146	东丽区春晖幼儿园	王淑娟	13	3	3	41	天津市东丽区张贵庄街道景欣苑28号楼	300300	13022219563
147	东丽区童星幼儿园	魏乾芳	31	3	12	341	天津市东丽区华明街道华湖苑26号	300000	24927288
148	东丽区未来贝星幼儿园	王欢	22	3	6	175	天津市东丽区金钟街道五金城D区9号201	300240	84951558
149	东丽区启航幼儿园	王跃彬	17	3	4	57	天津市东丽区经济技术开发区三经路1号	300300	18502242451
150	东丽区阳光童年幼儿园	苏秉霞	20	3	5	108	天津市东丽区万新街道成林道344号	300000	18622327373
151	东丽区福宝堂幼儿园有限公司	刘桂辛	16	3	4	91	天津市东丽区东丽湖街道湖道3-2	300100	26410002
152	东丽区启航未来星幼儿园有限公司	赵丽丽	20	3	4	122	天津市东丽区东丽湖街道朗钜天域广场内3号	300300	24885252
153	东丽区绿洲嘉园幼儿园	张长燕	16	3	2	47	天津市东丽区东丽湖街道翡翠华庭（6号楼）	300309	24887620
154	东丽区华侨城幼儿园	翟士美	52	3	10	312	天津市东丽区东丽湖街道配建3	300300	84395855
155	东丽区揽城苑幼儿园	姜元茹	26	3	5	127	天津市东丽区东丽湖街道揽城苑22号楼	300309	24888224
156	东丽区国英幼儿园	杨洋	25	3	3	31	天津市东丽区万新街道程新道2号	300399	13212275771

西青区

编号	校名	校长	教职工数	年级数	班数	学生数	校　址	邮政编码	电话
1	天津市西青区杨柳青第三中学	李洪国	109	3	23	997	天津市西青区杨柳青镇新华道175号	300380	27392606
2	天津市南开敬业中北中学	孙腊梅	97	3	26	1229	天津市西青区中北镇开锦道与锦祥路交口南侧	300112	27937996
3	天津市西青区杨柳青第二中学	谢红华	112	3	27	1252	天津市西青区杨柳青镇柳口路51号	300380	27391603
4	天津市西青区富力中学	李伟	98	3	30	1382	天津市西青区津门湖门湖江湾路68号	300221	83852906
5	天津市西青区大寺中学	张宝起	117	3	27	1192	天津市西青区大寺镇大任庄村东	300385	23972687
6	天津市西青区精武中学	孟凡永	109	3	29	1343	天津市西青区精武镇乾华道36号	300382	23982404
7	天津市西青区当城中学	边庆玲	143	6	36	1537	天津市西青区辛口镇吉运街6号	300380	87990856
8	天津市西青区张家窝中学	张庆华	229	6	58	2582	天津市西青区张家窝镇张家窝村	300382	87982451
9	天津市西青区致远中学	刘千山	124	3	36	1733	天津市西青区王稳庄示范镇铺汇道20号	300383	23990268
10	天津市第九十五中学益中学校	陈中	157	4	40	1668	天津市西青区津港公路辅路交口东南侧	300380	83930882
11	天津市西青区杨柳青第四中学	张守军	130	6	28	1139	天津市西青区杨柳青镇新华道42号	300380	27935350
12	天津市西青区华诚中学	解远领	35	2	5	119	天津市西青区精武镇迎水道10号	300382	83992222
13	天津市益中西青学校	李新	38	2	6	225	天津市西青区大寺镇泽润道2号	300000	87975505
14	天津市静文高级中学	李霞	75	3	23	823	天津市西青区复康路210号	300384	23792255
15	天津市西青区杨柳青第一中学	冯克文	175	3	38	1588	天津市西青区杨柳青镇崇文道88号	300380	27391727
16	天津津英衡高级中学	郑彦星	26	1	4	90	天津市西青区梅江西路与丽江道交口南100米	300381	83852988
17	天津市西青区启智学校	赵金素	34	12	14	176	天津市西青区杨柳青镇崇文道90号	300380	58063529
18	天津市西青区杨柳青镇第一小学	陈宝茹	116	6	36	1555	天津市西青区杨柳青镇致真路2号	300380	27909375
19	天津市西青区杨柳青第二小学	高文慧	73	6	24	855	天津市西青区杨柳青镇十四街胜利路增2号	300380	27919748
20	天津师范大学第三附属小学	张同俊	137	6	48	2093	天津市西青区精武镇京华道70号	300382	23989001
21	天津市西青区天易园小学	庞新辉	97	6	27	1153	天津市西青区杨柳青镇柳明路2号	300380	27391229
22	天津市西青区东碾砣嘴中心小学	李军华	67	6	22	992	天津市西青区杨柳青镇崇文道50号	300380	87971227
23	天津市西青区大柳滩中心小学	胡宗福	48	6	11	342	天津市西青区杨柳青镇大柳滩村振兴大道7号	300380	27391228
24	天津市为明双语实验小学	吕霞	103	6	35	1050	天津市西青区中北镇外环西路7号	300380	58716621
25	天津市西青区逸夫小学	李桂玥	66	6	24	997	天津市西青区大寺镇赛达大道628号增1号	300385	23870568
26	天津市西青区实验小学	李祖华	129	6	38	1630	天津市西青区杨柳青镇崇文道柳云路9号	300380	27941330
27	天津市西青区大沙沃中心小学	刘佩宇	23	6	7	177	天津市西青区辛口镇小沙沃村西	300380	87993022
28	天津市西青区逸阳文思小学	程林	99	5	25	805	天津市西青区张家窝镇枫雅道189号	300112	87988150
29	天津市西青区梅江富力小学	孙克强	77	6	32	1163	天津市西青区李七庄街江湾路64号	300381	28389021

（续表）

编号	校名	校长	教职工数	年级数	班数	学生数	校 址	邮政编码	电话
30	天津市西青区京师大西营门实验小学	刘吉芹	28	3	8	204	天津市西青区云开道182号	300112	27722118
31	天津市西青区中北镇星光路小学	魏 媛	28	3	12	500	天津市西青区中北镇御河道56号	300380	58605516
32	天津市西青区张家窝镇祥和小学	王 帅	19	2	8	368	天津市西青区张家窝镇知景道327号	300380	81103225
33	天津市西青区蔡达津衡实验小学	薛 敏	12	4	6	193	天津市西青区赤龙南街泽福路60号	300385	15502207749
34	天津市西青区大任庄小学	李 田	45	6	12	536	天津市西青区大任庄村大任庄村任桥环路5号	300385	23971670
35	天津市西青区小孙庄中心小学	石凤明	42	6	18	621	天津市西青区王稳庄镇小孙庄村	300383	23994362
36	天津市西青区西营门小学	边德月	50	5	17	485	天津市西青区西营门街营冰路62号	300112	27322882
37	天津市西青区张家窝镇田丽小学	陶瑞娟	130	6	42	1937	天津市西青区张家窝镇华旭道1号	300380	23381711
38	天津市西青区辛口镇中心小学	高国恒	135	6	43	1694	天津市西青区辛口镇上辛口村南	300380	27990242
39	天津市西青区青凝侯中心小学	卞兴良	38	6	12	363	天津市西青区大寺镇青凝侯村	300385	83963047
40	天津市西青区蔡台中心小学	刘桂增	55	6	24	820	天津市西青区李七街子泽园东	300380	27051218
41	天津市西青区大寺中心小学	李克柱	70	6	25	1085	天津市西青区大寺镇龙泉道35号	300385	23970896
42	天津市西青区第六埠小学	徐忠昌					天津市西青区辛口镇第六埠村	300380	27990264
43	天津市西青区王兰庄中心小学	刘洪梅	53	6	18	730	天津市西青区李七街王兰庄村B区1号	300381	23384078
44	天津市西青区大芦北口中心小学	李元霞	48	5	16	602	天津市西青区大寺镇大芦北口村东	300385	23970325
45	天津市西青区华旭小学	杨永泉	125	6	41	1780	天津市西青区张家窝镇田丽小区人祥北里27号	300380	87982738
46	天津市西青区小南河中心小学	刘洽会	47	6	18	652	天津市西青区精武镇小南河村	300382	23811053
47	天津市西青区南北口雅爱中心小学	王利军	59	6	20	850	天津市西青区赤龙南街佳和雅庭旁	300381	23965186
48	天津工业大学附属小学	高连宾	71	6	26	1086	天津市西青区精武镇工西路与潘楼路交叉口西侧	300382	87186855
49	天津市西青区育英小学	刘金华	52	6	18	734	天津市西青区大寺镇张道口村	300385	23970738
50	天津市西青区中北镇第二小学	曹 禹	135	6	43	1767	天津市西青区中北镇阜锦道12号	300380	59381763
51	天津市西青区东兰坨中心小学	宋春军	59	6	21	771	天津市西青区王稳庄镇东兰坨	300383	23994331
52	天津市西青区水高庄小学	徐忠昌	39	6	12	300	天津市西青区辛口镇水高庄村	300380	27990264
53	天津市西青区当城小学	张希顺	16				天津市西青区辛口镇当城村	300380	27990174
54	天津市西青区中北小学	孙 红	114	6	36	1432	天津市西青区中北镇政府西侧	300380	23987930
55	天津市西青区王稳庄镇中心小学	万宗卫	127	6	47	1787	天津市西青区王稳庄示范镇锦汇道95号	300383	23990203
56	天津市西青区重点业余体校	郭瑞国	35				天津市西青区杨柳青府前街5号	300380	27919622
57	天津霍元甲文武学校	郎荣标	125	9	37	1173	天津市西青区精武镇小南河村	300382	23989292
58	天津市西青区为明学校	胡 军	124	5	24	719	天津市西青区张家窝镇丰泽道和裕盛陆交口	300380	60392836
59	天津市西青区华兰萨顿国际学校	韩 钰	88	7	18	273	天津市西青区翠波道7号	300381	60912222
60	天津市西青区第一幼儿园	李玉芝	42	3	9	288	天津市西青区杨柳青镇新华道新华里1号	300380	27391657

（续表）

编号	校名	校长	教职工数	年级数	班数	学生数	校址	邮政编码	电话
61	天津市西青区第二幼儿园	王 晶	53	3	12	305	天津市西青区杨柳青致路北	300380	27393513
62	天津市西青区第三幼儿园	杜 瑞	39	3	9	269	天津市西青区张家窝镇祥和大道180号	300380	87987618
63	天津市西青区第四幼儿园	杜 瑞	24	2	6	138	天津市西青区鸿信路9号	300380	13821263565
64	天津市西青区中等专业学校	祭翠红	156	3		1765	天津市西青区杨柳青柳霞路29号	300380	27390275
65	天津市西青区成人中等专业学校	韦 敏	15				天津市西青区西青道329号	300380	27913068

津南区

编号	校名	校长	教职工数	年级数	班数	学生数	校址	邮政编码	电话
1	海河教育园区南开学校	张勇	235	9	103	4678	天津市津南区天津海河教育园区昭慧路2号	300000	88977843
2	咸水沽第一中学	吴景冬	193	3	46	2224	天津市津南区天津海河教育园区智文路24号	300350	28558261
3	咸水沽第二中学	胡金才	157	6	46	1097	天津市津南区咸水沽镇月牙河西路16号	300350	28516658
4	咸水沽第三中学	周林庆	118	3	31	1322	天津市津南区咸水沽镇津沽路235号	300350	28391468
5	咸水沽第四中学	刘志华	74	3	27	1231	天津市津南区咸水沽镇丰收路16号	300350	88657713
6	咸水沽第五中学	李红顺	69				天津市津南区津南新城合安园公建4号	300350	88714321-8001
7	双港中学	辛宪祥	198	6	60	2825	天津市津南区咸水沽镇同德路18号 天津市津南区津沽公路920（双港镇段）	300350	28594381
8	辛庄中学	潘志刚	74	3	21	922	天津市津南区辛庄镇吉泰道2号	300350	88531473
9	南开大学附属中学津南学校	王贤瑞	26	2	12	595	天津市津南区八里台镇天嘉湖路南开大学附属中学天泽校	300356	28393866
10	八里台第一中学	王庆利	85	3	26	1225	天津市津南区八里台镇丰台泽道16号	300350	88523316
11	八里台第二中学	张贤松	65	3	22	1071	天津市津南区八里台镇博爱路21号	300353	88529462
12	北闸口中学	赵淑珍	97	3	30	1455	天津市津南区北闸口镇御惠道12号	300350	88738766
13	小站第一中学	胡金才	158	6	46	2189	天津市津南区小站镇红旗路82号	300350	28618681
14	小站实验中学	张洪武	110	3	35	1664	天津市津南区小站镇北马路19号	300353	28618003
15	双桥中学	田大春	77	3	20	902	天津市津南区双桥河镇中宏道25号	300350	88659432
16	葛沽第一中学	刘世辉	137	6	38	1802	天津市津南区葛沽镇津沽公路76号	300352	28692334
17	葛沽第三中学	陈嵩	81	3	24	1110	天津市津南区葛沽镇安正道39号	300350	88698619
18	天华高级中学有限公司	陈天顺	149	3	40	1487	天津市津南区咸水沽镇二八公路西800米	300350	28535422
19	南华中学	刘书炜	64	3	12	485	天津市津南区咸水沽镇富颂别墅丙侧	300350	28523928
20	津南区实验小学	张凤瑰	184	6	90	3890	天津市津南区咸水沽镇合力园配建工程 天津市津南区咸水沽镇合祥园配建工程	300350	28391881
21	咸水沽第三小学	姚如惠	82	6	35	1405	天津市津南区咸水沽镇红旗路75号	300350	28533175
22	咸水沽第四小学	王志俭	82	6	35	1487	天津市津南区咸水沽镇津沽公路268号	300350	28392648
23	咸水沽第五小学	商木彬	81	6	34	1377	天津市津南区雅润路22号	300350	88712602
24	咸水沽第六小学	陈珈明	89	6	31	1272	天津市津南区咸水沽镇同声路17号	300350	88973581

（续表）

编号	校名	校长	教职工数	年级数	班数	学生数	校址	邮政编码	电话
25	咸水沽第七小学	任宝来	87	6	36	1548	天津市津南区咸水沽镇金茂路15号	300350	28511777
26	双港联合小学	李恩璐	103	6	43	1590	天津市津南区双港镇金地格林旁 天津市津南区双港镇欣桃园小区附近	300350	28589438
27	海天小学	崔建军	37	6	15	573	天津市津南区双林东路6号	300350	28112987
28	双港新家园小学	刘欣玉	86	6	35	1373	天津市津南区双港镇新家园领世路7号	300350	28731388
29	何庄子联合小学	张洪志	50	6	20	762	天津市津南区双港镇吉兆路与柳盛道交口	300222	28347622
30	高庄子联合小学	张乔云	58	6	25	953	天津市津南区辛庄镇永胜道6号	300350	88531136
31	前辛庄联合小学	单世琴	67	6	28	1114	天津市津南区辛庄镇平凡道五号	300350	28576145
32	白塘口联合小学	王武军	46	6	17	626	天津市津南区辛庄镇政府对面	300350	28589426
33	八里台实验小学	魏永强	14	2	10	415	天津市津南区八里台镇天嘉湖大道中海公园城内	330356	28392231
34	八里台第一小学	许绍宾	103	6	45	1860	天津市津南区八里台镇八里台村	300350	28628166
35	八里台第二小学	孙连军	89	6	40	1550	天津市津南区八里台镇大韩庄村东	300350	88521382
36	八里台第三小学	孙庆义	44	6	18	662	天津市津南区八里台镇大孙庄村	300353	88520217
37	八里台第四小学	赵志国	109	6	42	1720	天津市津南区八里台镇礼贤道10号	300353	88529342
38	北闸口第一小学	刘桂明	62	6	26	1001	天津市津南区北闸口镇普善惠道15号	300359	88696298
39	北闸口第二小学	马秀民	102	6	42	1605	天津市津南区北闸口镇福善道8号 天津市津南区北闸口镇衙鸖善道与西营路交口	300350	58052507
40	北闸口第三小学	刘瑞华	43	6	15	559	天津市津南区北闸口镇三道沟村	300350	28510061
41	小站实验小学	赵艳	62	6	24	908	天津市津南区小站镇正营路21号	300353	88615075
42	小站第一小学	冯润	54	6	23	868	天津市津南区小站镇文化路4号	300353	88615073
43	小站第二小学	董铁军	81	6	36	1392	天津市津南区小站镇前营路	300353	88615076
44	小站第四小学	王伟	73	6	29	1130	天津市津南区小站工业区六号路115号	300353	88615077
45	小站第六小学	梁桂芝	80	6	36	1448	天津市津南区小站镇北马路15号	300353	88615078
46	东大站联合小学	李培松	58	6	18	661	天津市津南区小站镇东大站村	300353	88615091
47	双桥河第一小学	刘春珍	101	6	37	1530	天津市津南区双桥河镇津沽路136号	300350	28531483
48	双桥河第二小学	马金水	31	6	12	418	天津市津南区双桥河镇东泥沽村	300352	88690521
49	葛沽实验小学	顾金艳	52	6	20	765	天津市津南区葛沽镇津沽路74号	300352	28686360
50	葛沽第二小学	刘学菊	85	6	30	1177	天津市津南区葛沽镇华景道	300352	89965102
51	葛沽第三小学	张玉强	72	6	29	1087	天津市津南区葛沽镇北园路21号	300352	88628101
52	三合联合小学	刘秀伟	48	6	14	523	天津市津南区葛沽镇三合村	300352	28690151

（续表）

编号	校名	校长	教职工数	年级数	班数	学生数	校址	邮政编码	电话
53	津南区第一幼儿园	董玉媛	65	3	44	1359	天津市津南区咸水沽镇红旗路13号（主园）；天津市津南区咸水沽镇界河路12号（合盈园）；天津市津南区双港镇林景家园配件三（柳林园）；天津市津南区咸水沽镇界河路与坤元路交口（新城园）	300350	28511616
54	津南区第二幼儿园	刘振福	47	3	17	482	天津市津南区咸水沽镇光明楼规划区；天津市津南区咸水沽镇金芳园配建二	300350	28392940
55	津南区第三幼儿园	邢金书	41	3	31	915	天津市津南区咸水沽镇旺海路3号；天津市津南区咸水沽镇丰达园；天津市津南区咸水沽镇照明南里；天津市津南区咸水沽镇鑫洋园	300350	88518926
56	津南区第四幼儿园	杨建霞	38	3	29	756	天津市津南区小站镇南付营路幸福公寓26-18号；天津市津南区小站镇润淼佳苑9号楼；天津市津南区小站镇盛坤新苑创新路	300353	88615083
57	津南区第五幼儿园	孙霞	31	3	16	446	天津市津南区咸水沽镇博雅时尚小区还迁配建一；天津市津南区咸水沽镇金朗园配建八；天津市津南区咸水沽镇江屿城51号	300350	28599028
58	津南区第六幼儿园	高志静	37	3	21	567	天津市津南区双港镇翠港园公建2号楼；天津市津南区双港镇仁和园小区内；天津市津南区双港镇欣桃园19号楼对面	300350	28591291
59	津南区第七幼儿园	岳丽	24	3	15	429	天津市津南区双桥河镇友和园内	300352	28566839
60	津南区第八幼儿园	王爱洋	42	3	20	616	天津市津南区八里台镇泰昌路1号；天津市津南区八里台镇星耀五洲枫情阳光城157号；天津市津南区八里台镇大孙庄瀚文苑小区；天津市津南区八里台镇大甸庄里	300350	88523719
61	津南区第九幼儿园	王义娟	17	4	6	137	天津市津南区葛沽镇金龙里综合楼；天津市津南区葛沽镇绿水园配建12	300352	28691656
62	津南区第十幼儿园	李宗茹	32	3	18	485	天津市津南区北闸口镇普惠道14号；天津市津南区北闸口镇御瀛惠园社区32号楼	300359	88560030
63	津南区第十一幼儿园	刘梦	28	3	18	523	天津市津南区辛庄镇鑫旺里小区公共建筑2号；天津市津南区辛庄镇仁嘉花园24号楼	300350	28733317

（续表）

编号	校名	校长	教职工数	年级数	班数	学生数	校址	邮政编码	电话
64	津南区第十二幼儿园	王娟	17	3	12	334	天津市津南区葛沽镇北园路	300359	88697099
65	津南区第十五幼儿园	王金霞	24	3	18	461	天津市津南区双林街道豪博豪庭23号楼（配建） 天津市津南区双新街道泽山路26号 天津市津南区双新街道翠名邸2号楼	300350	58188859
66	津南区第十六幼儿园	丁嘉维	16	3	14	396	天津市津南区双新街道新尚园45号楼对面 天津市津南区辛庄镇逸雅花园32号楼	300350	28594904
67	华夏未来米兰阳光幼儿园	付英克	70	4	15	452	天津市津南区辛庄镇锦花园配建 天津市津南区咸水沽镇北街北侧米兰阳光花园E区公建1号楼	300350	18822306686
68	乐新幼儿园	鄂俊达	48	3	12	353	天津市津南区咸水沽镇津南新城合安公建3号楼	300350	15710256932
69	华夏之光景明幼儿园	李丹	30	3	7	171	天津市津南区咸水沽镇景和花园小区内	300350	13752088202
70	小金星幼儿园	顾琳宁	27	3	6	151	天津市津南区咸水沽镇宝业馨苑37号楼	300350	88569961
71	益华幼儿园	吴家萍	83	4	21	634	天津市津南区咸水沽镇红旗路与南边路交口益华里小区	300350	28392299
72	新启点幼儿园	孙聚菲	26	3	6	198	天津市津南区咸水沽镇丰收路23号	300350	18602251033
73	华艺幼儿园	白玉敏	23	3	6	159	天津市津南区咸水沽镇惠民小区3号公建楼	300350	13820982619
74	未来星幼儿园	周芳	21	4	6	185	天津市津南区咸水沽镇津沽路85号院内5号楼	300350	13820209558
75	朗朗幼儿园有限公司	杨柳	29	3	6	122	天津市津南区咸水沽镇新旭园6号楼底商	300350	88719969
76	红黄蓝富力桃园幼儿园	王嫒嫒	47	4	9	220	天津市津南区咸水沽镇世一大道2号富力桃园	300350	15122307484
77	阳光幼儿园	王玲	25	4	12	327	天津市津南区双港镇双港中学劳	300350	18822347722
78	晓晓幼儿园	吴晓颖	31	3	6	164	天津市津南区双港镇领世郡常春藤27号楼	300350	13821327841
79	爱梦星幼儿园	白玉敏	31	4	7	135	天津市津南区双港镇红磡领世郡仁和商业中心27号楼（1—2层）	300350	13820982619
80	蕴艺幼儿园	于学芹	31	3	9	228	天津市津南区双港镇鑫港花园商业街24-4	300350	28668098
81	华恒启迪幼儿园	荣志英	4	4	4	88	天津市津南区双港镇上海街6号	300350	13207699678
82	启航之洋幼儿园	邢丽君	16	3	4	107	天津市津南区双港镇仁永名居综合楼2号	300350	13702055979
83	环美幼儿园	张振荣	21	3	6	166	天津市津南区双港镇赤龙59—4号	300350	13820632348
84	华夏未来领世郡幼稚园	马丽莉	57	3	12	288	天津市津南区双港镇红磡领世郡四大道2号	300350	88623888
85	金色摇篮幼儿园	王宝珠	46	3	8	197	天津市津南区双港镇金地格林世界C区7号楼	300350	28592261
86	莱恩（天津）幼儿园有限公司	黄亚男	27	4	4	91	天津市津南区双港镇普森花园294号楼	300350	13821828586
87	太阳月亮柳景园幼儿园	王颖	17	2	2	26	天津市津南区双港镇大沽南路与外环南路交口柳景园小区内	300350	86280007
88	小金星幼儿园	刘艳梅	49	3	12	347	天津市津南区双新街道大沽南路领世郡领新家园领景园小区交口	300350	28575518
89	太阳月亮幼儿园	程乙	39	3	9	260	天津市津南区双港新街道领世郡普世荷道路20号	300350	86280003
90	春芽幼儿园	刘艳平	34	3	7	205	天津市津南区双新街梨双公路南侧民盛南公建24号102	300350	13370331559

（续表）

编号	校名	校长	教职工数	年级数	班数	学生数	校址	邮政编码	电话
91	爱宝贝幼儿园有限责任公司	张金玉	26	3	5	143	天津市津南区双新街双港新家园香微郡19号楼	300350	18222566623
92	德美幼儿园	毛晨	54	3	10	282	天津市津南区双林街海天馨苑海天馨阳路2号楼劳	300350	13821111201
93	阳光春芽幼儿园	许莹	45	3	9	280	天津市津南区双林街鄠阳路与外环辅路阳路交口的林城佳苑16号楼底商-05	300350	88346558
94	蒙特利利幼儿园	李莉	28	3	6	176	天津市津南区双林街语水道南侧宝葛家园6-底商4号	300350	88469776
95	京师星海幼儿园	张健	76	3	18	534	天津市津南区辛庄镇首创城星景苑33号公建	300350	18522655711
96	师大爱心幼儿园	邢红梅	46	4	7	125	天津市津南区辛庄镇鑫怡路与永胜道交口沁景苑19号	300350	15222251972
97	天津邦尼幼儿园有限责任公司	王玲	49	3	7	161	天津市津南区辛庄镇鑫合一号路与鑫茂路交口鑫合园14号楼	300350	13682008860
98	睿之源幼儿园	李艳杰	29	4	8	179	天津市津南区北闸口镇俊凌路10号1幢	300350	15822671254
99	爱育幼儿园	韩文文	33	4	12	280	天津市津南区北闸口镇广惠道2号	300350	13512000816
100	童星幼儿园	刘忠玲	15	3	5	127	天津市津南区北闸口镇宣惠园底商A-9,A-10	300350	13752698528
101	心宇幼儿园	刘静	20	3	5	148	天津市津南区小站镇颐养项目六号楼	300353	18920605585
102	新生代幼儿园	李川	27	3	7	181	天津市津南区小站镇卫生院扩建项目1号楼	300353	13820934701
103	童乐幼儿园	房恩丽	23	3	6	192	天津市津南区小站镇营盘圈村东上路	300353	13662066898
104	金色童年幼儿园	吴洪琴	11	3	3	90	天津市津南区小站镇营盘圈村东上路	300353	13662018068
105	优沐阳光幼儿园	郑华	38	3	10	325	天津市津南区小站镇颐养院扩建5-501	300353	13370378788
106	睿思幼儿园	高淑香	23	3	6	144	天津市津南区小站镇德胜道195号	300353	15510970591
107	培新幼儿园	周璇	14	3	6	145	天津市津南区小站镇迎新村东侧3区26号	300353	18822348868
108	昇华幼儿园	陈兴云	14	3	4	94	天津市津南区小站镇南付营路63号	300353	13821585248
109	博文幼儿园	杨丽娜	8	3	3	61	天津市津南区小站镇恰润轩1号楼底商2号	300353	18902103058
110	京师星海幼儿园	孙磊	42	3	12	356	天津市津南区葛沽镇安正道61号公建	300352	13821210371
111	蓝天幼儿园	张向娜	18	3	7	212	天津市津南区葛沽镇福海路4号	300352	13516114506
112	明诚幼儿园	郑万英	24	3	7	170	天津市津南区葛沽镇荣水园E区123号楼及院落	300352	13752765462
113	区奥兰星贝幼儿园	刘玉娟	18	4	6	155	天津市津南区葛沽镇葛万公路（长城里小区）二楼1幢及附属平房二排	300352	18920021315
114	金葵花幼儿园	陈金霞	4	3	4	93	天津市津南区葛沽镇长城里36号	300352	13512881599
115	馨德幼儿园	庞艳华	22	3	7	155	天津市津南区葛沽镇荣水园f区179号	300352	17526952385
116	东方剑桥幼儿园	李德胜	54	3	13	383	天津市津南区八里台镇幸福道17号	300356	13352072773
117	京师星海幼儿园	宋莉	59	4	16	439	天津市津南区八里台镇八一路以南逸彩庭园14号商17号1门	300356	18522738796
118	蓝兰海贝幼儿园	李洁然	8	3	3	12	天津市津南区八里台镇天颐津城雅茗园2号楼	300356	13102276750
119	爱尚幼儿园	沈志杰	18	3	6	145	天津市津南区八里台镇双闸村3区6.7.8号	300356	15620458380

（续表）

编号	校名	校长	教职工数	年级数	班数	学生数	校址	邮政编码	电话
120	百合幼儿园	周庆霞	14	3	4	103	天津市津南区八里台镇双闸村老卫生院后面30米处	300356	13820612558
121	文彦幼儿园	由玉娥	14	3	6	148	天津市津南区八里台镇双闸村老卫生院	300356	13702177988
122	红苹果幼儿园	潘巨霞	24	3	9	286	天津市津南区八里台镇永兴里别墅区37号	300356	13516281061
123	阳光宝贝幼儿园	李芝兰	14	3	5	114	天津市津南区八里台镇别墅区5-13号	300356	15922161001
124	才儿坊仁恒滨河湾幼儿园	高娜	56	3	13	407	天津海河教育园区达文路1号	300350	28569121
125	三之三幼儿园	李晓丽	60	3	13	420	天津海河教育园区达文路70号	300350	13194631177
126	艾思坦幼儿园	胡洋	56	4	12	329	天津海河教育园区雅馨路139号景尚花园配建二	300350	18698168019
127	南洋工业学校	翟宗清	162	3	61	2276	天津市津南区津沽路700号	300350	28392677
128	培智学校	靳春英	27	10	10	150	天津市津南区咸水沽红旗路	300000	88968323
129	旅外职业高中有限公司	穆建成	104	3	39	2081	天津市津南区辛桥路10号 天津市津南区小站镇津港公路1001号	300354	28322417
130	少年儿童体育学校	王静	18				天津市津南区咸水沽合力园21号楼	300350	13920972256
131	教师发展中心	许浩然	77				天津市津南区咸水沽原头道沟小学院内	300350	13132000050
132	教育综合服务中心	孙妍	63				天津市津南区咸水沽镇津沽路77号	300350	81125529
133	教育招生考试中心	张梦贤	18				天津市津南区咸水沽镇津沽路77号	300350	88510592
备注	民办园教师为非编制人员								

北辰区

编号	校名	校长	教职工数	年级数	班数	学生数	校址	邮编	电话
1	天津市第四十七中学	狄建成	200	3	49	2172	天津市北辰区京津公路富锦道南	300400	26918802
2	天津市南仓中学	王景江	210	6	55	2564	天津市北辰区天穆镇南仓村东	300400	26340148
3	天津市第九十六中学	张俊华	97	3	22	1029	天津市北辰区官兴埠镇西三干路	300402	26300788
4	天津市青光中学	王凤青	126	6	35	1584	天津市北辰区青光镇政府西	300401	26951982
5	天津市朱唐庄中学	张学伟	74	3	12	541	天津市北辰区大张庄镇朱唐庄村	300402	86985263
6	天津市北辰区华辰学校	刘宝珍	265	12	92	3808	天津市北辰区京津公路517号	300400	26391036
7	天津市北辰区普育学校	秦立军	175	9	70	2864	天津市北辰区官兴埠镇北	300402	86313040
8	天津市北辰区河头中学	宋国华	107	9	38	1554	天津市北辰区双口镇上河头村	300401	86832041
9	天津市集贤里中学	赵秀洋	84	3	23	977	天津市北辰区霞林路11号	300400	26392701
10	天津市北仓第二中学	李东	77	3	17	662	天津市北辰区北仓北医道	300400	26391332
11	天津市北辰区实验中学	王金成	89	3	24	928	天津市北辰区北仓园北道21号	300400	86852561
12	河北工大天津附属中学	宋会顺	45	3	12	496	天津市北辰区双口镇双口二村东	300401	86835003
13	天津市大张庄中学	魏金权	73	3	19	821	天津市北辰区大张庄镇大张庄村	300402	86852308
14	天津市霍庄中学	王贵勇	48	3	12	485	天津市北辰区西堤头镇霍庄村北	300402	86823655
15	天津市东堤头中学	刘魏	68	3	18	761	天津市北辰区西堤头镇东堤头村	300402	86849337
16	天津市小淀中学	胥刚	88	3	23	916	天津市北辰区小淀镇津围公路东侧	300402	26990333
17	天津市秋怡中学	于广发	55	3	14	688	天津市北辰区汾河道20号	300400	26866513
18	天津市北辰区佳春中学	马树新	66	3	13	401	天津市红桥区佳春里18号	300134	86513110
19	天津市北辰区璟悦中学	魏贺梅	15	3	16	635	天津市北辰区瑞景街辰昌路	300400	15692208381
20	天津市第九十二中学	尚志伟	103	3	33	1331	天津市北辰区引河桥京津公路西侧	300402	26970355
21	天津市北辰区体育中学	高强	19				天津市北辰区引河南里	300400	26833961
22	天津市北辰区中等职业技术学校	谢瑞	123	3	40	2268	天津市北辰区京津公路富锦道北	300400	26390772
23	天津市民族中专	郑佳美	90	3	40	1427	天津市北辰区天穆镇京津公路	300400	26345327
24	天津市北辰区实验小学	王维静	123	6	56	2341	天津市北辰区北仓道都旺新城	300400	26391526
25	天津市北辰区苍园小学	王贵水	53	6	23	841	天津市北辰区北仓园新村	300400	26393427
26	天津市北辰区北仓小学	刘自成	87	6	34	1263	天津市北辰区北仓延吉道北	300400	26397269
27	天津市北辰区王秦庄小学	张汝芳	27	6	10	245	天津市北辰区北仓镇王秦庄村	300400	26391293
28	天津市北辰区李咀小学	陈建禹	23	6	6	119	天津市北辰区北仓镇李咀村	300400	86862656
29	天津市北辰区引河里小学	吴常坤	37	6	15	549	天津市北辰区北仓引河里	300400	26391497

（续表）

编号	校名	校长	教职工数	年级数	班数	学生数	校址	邮编	电话
30	天津市北辰区集贤里小学	荣国凤	41	6	17	657	天津市北辰区北仓集贤里	300400	26393973
31	天津市北辰区瑞景小学	刘文革	82	6	27	980	天津市北辰区瑞景小区辰达路	300400	26664728
32	天津市北辰区辰昌路小学	田秀红	70	6	26	982	天津市北辰区瑞景小区昌路	300400	86673451
33	天津市北辰区南仓小学	李银珍	45	6	16	534	天津市北辰区天穆镇南仓村	300400	26341615
34	天津市北辰区天穆小学	穆瑞洋	43	6	18	684	天津市北辰区天穆镇天穆村东	300400	26341646
35	天津市北辰区王庄小学	张亚民	35	6	12	381	天津市北辰区天穆镇王庄村	300400	26663053
36	天津市北辰区模范小学	杨晓春	126	6	50	2010	天津市北辰区双街镇沙庄村	300400	26972361
37	天津市北辰区第二模范小学	吕欣颖	83	6	41	1535	天津市北辰区双街镇杨嘴村	300400	26865098
38	天津市北辰区前丁庄小学	果俊华	23	6	6	197	天津市北辰区双口镇前丁庄村	300401	86836000
39	河北工大天津附属小学	李刚	61	6	26	988	天津市北辰区双口村	300401	86836002
40	天津市北辰区线河小学	荣珺	31	6	12	293	天津市北辰区双口镇线河村	300380	27399124
41	天津市北辰区安光小学	高淑静	26	6	12	310	天津市北辰区双口镇安光村	300401	26940004
42	天津市北辰区杨嘴小学	王清	29	6	9	244	天津市北辰区青光镇杨嘴村	300401	26684919
43	天津市北辰区青光小学	魏顺勇	62	6	24	933	天津市北辰区青光镇青光村	300401	26958210
44	天津市北辰区沿河小学	张健	41	6	12	350	天津市北辰区青光镇家房子村	300401	27392907
45	天津市北辰区韩家墅小学	刘玉俊	69	6	23	873	天津市北辰区青光镇韩家墅村	300401	26951459
46	天津市北辰区大张庄小学	王会民	44	6	14	428	天津市北辰区大张庄镇西张庄村	300402	86853062
47	天津市北辰区辰风小学	刘庆军	65	6	28	1157	天津市北辰区大张庄镇霍庄村	300402	86826401
48	天津市北辰区朱唐庄小学	赵迎春	33	6	9	238	天津市北辰区大张庄镇南王平村	300402	26990063
49	天津市北辰区刘快庄小学	王秀梅	38	6	13	475	天津市北辰区西堤头镇朱唐庄村	300402	86841933
50	天津市北辰区西堤头小学	苗中军	38	6	14	474	天津市北辰区西堤头镇刘快庄村	300402	86842523
51	天津市北辰区霍庄子小学	王怡家	31	6	14	494	天津市北辰区西堤头镇西堤头村	300402	86233284
52	天津市北辰区芦新河小学	于红	32	6	12	254	天津市北辰区西堤头镇芦新河村	300402	86848552
53	天津市北辰区东堤头小学	于广艳	36	6	12	375	天津市北辰区西堤头镇东堤头村	300402	86842289
54	天津市北辰区辛侯庄小学	季海岑	28	6	10	247	天津市北辰区西堤头镇辛侯庄村	300402	86991431
55	天津市北辰区宜兴埠第一小学	阚世魁	51	6	17	552	天津市北辰区宜兴埠镇南	300402	86313824
56	天津市北辰区宜兴埠第三小学	高文芹	52	6	24	867	天津市北辰区宜兴埠镇宜白路北	300402	26319134
57	天津市北辰区温家房子小学	张慧	28	6	12	464	天津市北辰区小淀镇温家房子村	300402	26790869
58	天津市北辰区小淀小学	邵瑞芳	63	6	23	908	天津市北辰区小淀镇小淀村	300402	26990355
59	天津市北辰区刘安庄小学	宋洁	85	6	33	1190	天津市北辰区小淀镇刘安庄村	300402	26852146
60	天津市北辰区秋怡小学	刘秧莲	56	6	28	1039	天津市北辰区普东街秋怡家园	300400	86940629
61	天津市北辰区盛青小学	苏忠欣	23	1	9	344	天津市北辰区双清新家园盛青园	300401	86838233

（续表）

编号	校名	校长	教职工数	年级数	班数	学生数	校址	邮编	电话
62	天津市北辰区辰庆小学	周则伟	10	1	2	45	天津市北辰区辰庆路10号	300400	86877311
63	天津市北辰区荣辰小学	张金梅	13	1	5	164	天津市北辰区沁河北道105号	300400	86877810
64	天津市北辰区湖辰小学	马增霞	13	1	2	52	天津市北辰区奇峰路1号	300400	26391036
65	天津市北辰区金艺小学	侯金霞	10	1	4	146	天津市北辰区淮东路63号	300134	26724875
66	天津市北辰区佳园里小学	孔维薇	74	6	18	625	天津市北辰区辰昌路与龙武道交口	300134	26611590
67	天津市北辰区佳春里小学	穆 铁	66	6	18	610	天津市北辰区红桥区佳春里	300134	86513180
68	天津市北辰区佳宁里小学	张 水	91	6	24	921	天津市北辰区佳宁里	300134	86513184
69	天津市北辰区荣馨小学	胡春香	10	3	3	113	天津市北辰区新畅路2号	300400	26950778
70	天津市北辰区天和小学	谢裕梅	9	1	1	14	天津市北辰区奇峰路1号	300400	
71	天津市北辰区辰星小学	杨立鹏	8	1	2	66	天津市北辰区永康道20号	300402	86858978
72	天津市北辰区万通文武学校	杨子辉	23	6	12	153	天津市北辰区韩家墅村幸福道2号	300401	26950088
73	天津市天外大附属北辰光华外国语学校	唐 莉	39	3	12	309	天津市北辰区西平道5466号	300401	86839888
74	天津市北辰区特殊教育学校	胡美凤	48	15	21	186	天津市北辰区北仓镇贤安达路2号	300400	26913304
75	天津市北辰区新华幼儿园	史文彦	33	3	6	184	天津市北辰区北仓镇果园中道	300400	26390144
76	天津市北辰区北仓幼儿园	陈秀凤	53	3	11	286	天津市北辰区北仓镇悦franc道2号	300400	26390468
77	天津市北辰区集贤里幼儿园	王 芳	47	3	11	315	天津市北辰区北仓镇集贤里安达里	300400	26391405
78	天津市北辰区引河里幼儿园	张佩环	49	3	7	246	天津市北辰区北仓镇引河里	300400	26391497
79	天津市北辰区实验幼儿园	刘凤伟	80	3	19	536	天津市北辰区北仓果园北道11号	300400	26393653
80	天津市北辰区淮盛幼儿园	樊亚娜	38	3	9	236	天津市北辰区姚江东路与汾河北道交口	300400	24101323
81	天津市北辰区宸宜幼儿园	王淑青	58	3	15	443	天津市北辰区姚江东路与汾河北道交口	300400	86239007
82	天津市北辰区铂城幼儿园	刘玉娜	30	3	8	229	天津市北辰区景丽道7号	300409	26990148
83	天津市北辰区温雅幼儿园	郜瑞雅	24	3	5	146	天津市北辰区小淀镇温馨家园B座	300400	86826587
84	天津市北辰区双青第一幼儿园	匡立彬	32	3	9	270	天津市北辰区北辰西道北侧欣永路102号	300400	86838622
85	天津市北辰区双青第二幼儿园	刘 芳	44	3	13	378	天津市北辰区青广源街翠园13号	300400	26958409
86	天津市北辰区双青第三幼儿园	荣 琳	33	3	9	282	天津市北辰区青广源街嘉康西路13号	300400	26958786
87	天津市北辰区双青第四幼儿园	安志芬	32	3	7	188	天津市北辰区双青新家园新景道40号	300400	86831235
88	天津市北辰区双青第五幼儿园	李巧英	23	3	4	85	天津市北辰区嘉定东路9号	300400	13002228602
89	天津市北辰区半湾花园幼儿园	王 磊	37	3	7	201	天津市北辰区双街镇双进南侧顺达路6号	300400	26971880
90	天津市北辰区润辰新苑幼儿园	龙 霞	31	3	7	177	天津市北辰区天重道31号	300400	86877835
91	天津市北辰区恒逸华庭幼儿园	高耀红	20	3	6	144	天津市北辰区天穆镇洛河西道2号	300400	86331295
92	天津市北辰区郡德花园幼儿园	刘木更	17	3	4	84	天津市北辰区京津公路805号	300400	2685996
93	天津市北辰区绿境华庭幼儿园	罗志燕	23	3	4	115	天津市北辰区北仓镇济永道与至信路交口	300400	86875968

673

（续表）

编号	校名	校长	教职工数	年级数	班数	学生数	校址	邮编	电话
94	天津市北辰区碧水蓝湾幼儿园	曹志华	16	3	3	57	天津市北辰区青光镇李家房子村碧水蓝湾小区	300400	86938296
95	天津市北辰区实验第二幼儿园	王怀葛	45	3	10	280	天津市北辰区大张庄镇喜凤花园信雅苑	300400	26938369
96	天津市北辰区东赵庄幼儿园	沈建平	15	3	3	89	天津市北辰区东赵新家园天赐园	300400	86847800
97	天津市北辰区第十九幼儿园	王志玲	36	3	9	258	天津市红桥区佳园里佳园道17号	300134	26667995
98	天津市北辰区第二十三幼儿园	张爽	32	3	8	218	天津市红桥区千里堤佳园东里小区	300134	86513226
99	天津市北辰区第二十四幼儿园	贡然	37	3	8	226	天津市红桥区双环东路6号	300134	26640946
100	天津市北辰区北仓小学祥泽幼儿园	郭锡红	19	3	3	74	天津市北辰区泰来道8号	300400	26947973
101	天津市北辰区鸿泰幼儿园	张佩环	38	3	8	191	天津市北辰区祥辰路与河里南道交口东	300400	26969896
103	天津市北辰区教师发展中心	苗丰	85				天津市北辰区京津公路富锦道1号	300400	26838055
104	天津市北辰区教育综合服务中心	丁建	25				天津市北辰区京津公路富锦道1号	300400	26877891
105	天津市北辰区学生综合素质发展中心	周德勇	50				天津市北辰区京津公路富锦道1号	300400	26822332
106	天津市北辰区青少年宫	李凤美	15				天津市北辰区中学西路文化中心A座	300400	26398697
107	天津市北辰区科技馆	姜德华	10				天津市北辰区中学西路文化中心B座	300400	26391858
108	天津市北辰区广播电视大学北辰分校	付桂兰	31				天津市北辰区富锦道2号	300400	26830172
109	天津市北辰区果园新村街成人文化技术学校	邢福顺	8				天津市北辰区果园北道15号	300400	26810058
110	天津市北辰区集贤里街成人文化技术学校	李凤秀	5				天津市北辰区北仓集贤里	300400	26819570
111	天津市北辰区普东街成人文化技术学校	米庆堂	4				天津市北辰区万科花园路与兴中路交口	300400	26725109
112	天津市北辰区瑞景街成人文化技术学校	唐建	4				天津市北辰区龙泉道西端景瑞街道办事处	300134	87237820
113	天津市北辰区佳荣里街成人文化技术学校	肖振江	5				天津市北辰区佳宁道62号	300134	87236968
114	天津市北辰区天穆镇成人文化技术学校	王安和	4				天津市北辰区京津公路282号	300408	26638060
115	天津市北辰区北仓镇成人文化技术学校	周立东	4				天津市北辰区京津公路延吉道交口北200米	300408	26919534
116	天津市北辰区双街镇成人文化技术学校	苏少青	5				天津市北辰区双街镇双江道	300400	26986070
117	天津市北辰区双口镇成人文化技术学校	赵育廷	4				天津市北辰区双口镇人民政府	300401	86836073
118	天津市北辰区青光镇成人文化技术学校	于广欣	5				天津市北辰区青光镇联东U谷3号楼1门	300401	26961316
119	天津市北辰区宜兴埠镇成人文化技术学校	马立友	4				天津市北辰区汾河南道3号	300402	26710806
120	天津市北辰区小淀镇成人文化技术学校	周学富	4				天津市北辰区小淀镇北辰延长线	300404	26992094
121	天津市北辰区大张庄镇成人文化技术学校	霍焕颖	5				天津市北辰区大张庄镇津围公路西侧	300402	86853341
122	天津市北辰区西堤头镇成人文化技术学校	秦运红	5				天津市北辰区西堤头镇杨北公路刘快庄村口	300408	86841328
123	天津市北辰区青光源街成人文化技术学校	柴守忠	1				天津市北辰区双青新家园文体中心	300134	

宝坻区

编号	校名	校长	教职工数	年级数	班数	学生数	校址	邮编	电话
1	宝坻区北大附属实验学校	周建文	292	6	16	395	天津市宝坻区南关大街20号	301800	59225333
2	宝坻区新安镇初级中学	王静奇	95	4	28	1064	天津市宝坻区新安镇工部村南1号	301825	82631860
3	宝坻区大钟庄镇初级中学	岳树政	91	3	22	717	天津市宝坻区大钟庄镇商贸街北	301800	82429636
4	宝坻区第五中学	冯志军	60	3	12	497	天津市宝坻区进京路31号	301800	82622966
5	宝坻区大白庄镇初级中学	杨万存	69	4	17	703	天津市宝坻区大白庄镇大白庄村	301802	29660291
6	宝坻区大唐庄镇初级中学	李维庆	60	4	16	537	天津市宝坻区大唐庄镇政府路7号	301813	29657037
7	宝坻区牛道口镇初级中学	王兴	69	3	17	606	天津市宝坻区牛道口镇牛道口村村北	301800	22558164
8	宝坻区潮阳街初级中学	杨宝林	92	4	24	940	天津市宝坻区潮阳街道广场道	301800	29649245
9	宝坻区第三中学	刘竞	174	3	39	2024	天津市宝坻区建设路46号	301800	29262353
10	宝坻区林亭口镇初级中学	苏玉刚	64	4	16	487	天津市宝坻区林亭口镇大侯庄西	301804	82538359
11	宝坻区史各庄镇初级中学	马振峰	78	4	20	784	天津市宝坻区史各庄镇各庄村路东区一排一号	301800	22578454
12	宝坻区第六中学	孙振元	148	3	30	1547	天津市宝坻区宝平街道渔阳路南侧	301800	82692902
13	宝坻区周良街初级中学	李金伟	51	4	14	557	天津市宝坻区周良庄街道周良庄村西200米	301800	22499457
14	宝坻区霍各庄镇初级中学	刘建强	83	4	20	831	天津市宝坻区霍各庄镇东霍村北	301800	22518634
15	宝坻区林亭口镇糙甸甸初级中学	李仲军	48	4	10	327	天津市宝坻区林亭口镇糙甸甸村西	301804	82554682
16	宝坻区方家庄镇杨家口初级中学	李国际	61	4	12	371	天津市宝坻区方家庄镇杨家口村南	301800	22597259
17	宝坻区口东镇口东初级中学	张文明	61	4	16	478	天津市宝坻区口东镇黄辛村南	301800	22566986
18	宝坻区中关村初级中学	宋占华	64	3	12	492	天津市宝坻区朝霞街道乔辛庄西侧	301800	22538820
19	宝坻区郝各庄镇初级中学	李宝良	45	3	9	271	天津市宝坻区郝各庄镇前郝村西	301800	29679047
20	宝坻区郝各庄镇中登初级中学	赵明辉	25	3	6	116	天津市宝坻区郝各庄镇杜台村	301800	22479353
21	宝坻区新开口镇初级中学	王连鹏	90	4	24	889	天津市宝坻区新开口镇新开口村西	301815	29611091
22	宝坻区朝霞街三岔口初级中学	李晓平	57	4	15	569	天津市宝坻区朝霞街三岔口村南	301800	22548493
23	宝坻区尔王庄镇初级中学	张春青	64	4	16	419	天津市宝坻区尔王庄镇尔王庄村东	301802	22469474
24	宝坻区八门城镇初级中学	王晓宇	96	4	19	749	天津市宝坻区八门城镇向阳街西	300823	82567117
25	宝坻区牛家牌镇初级中学	赵立鹏	71	4	17	546	天津市宝坻区牛家牌镇政府大街东200米	301809	29635034
26	宝坻区王卜庄镇仉庄初级中学	张春伟	53	4	15	472	天津市宝坻区王卜庄镇申村村组	301805	82458164
27	宝坻区黄庄镇黄庄初级中学	刘宝兴	49	3	10	326	天津市宝坻区黄庄镇黄庄村北	301803	82579347
28	宝坻区第二中学	王树成	91	3	20	890	天津市宝坻区海滨街道苏北路5号	301800	29230870
29	宝坻区方家庄镇方家庄初级中学	刘海良	82	4	21	667	天津市宝坻区方家庄镇方家庄后街村	301827	29951909

（续表）

编号	校名	校长	教职工数	年级数	班数	学生数	校址	邮编	电话
30	宝坻区王卜庄镇王卜庄初级中学	岳志远	73	4	16	452	天津市宝坻区王卜庄镇王卜庄村东	301805	82517054
31	宝坻区口东镇黑狼口东镇口初级中学	张率增	59	4	16	424	天津市宝坻区口东镇八台港村南	301800	82480945
32	宝坻区牛道口镇赵各庄初级中学	张庆国	72	3	18	780	天津市宝坻区牛道口镇赵各庄村北	301800	22588132
33	宝坻区第八中学	王付军	95	3	18	893	天津市宝坻区顺驰路2号	301800	29941872
34	宝坻区大口屯镇初级中学	刘建友	130	3	30	1119	天津市宝坻区大口屯镇北村北侧	301801	59286650
35	宝坻区北大附属实验学校	周建文	292	3	22	865	天津市宝坻区南关大街20号	301800	59225333
36	宝坻区第十中学	张国良	58	2	12	359	天津市宝坻区宝平街道安城街北侧	301800	59228098
37	宝坻区第十一中学	张良	81	3	22	1132	天津市宝坻区海滨街道北城东路	301800	59950355
38	宝坻区北大附属实验学校	周建文	292	3	28	989	天津市宝坻区南关大街20号	301800	59225333
39	宝坻区第一中学	刘葆中	304	3	62	2854	天津市宝坻区海滨街北东路	301800	29228633
40	宝坻区大钟庄高级中学	王连功	80	3	15	667	天津市宝坻区大钟庄村南	301806	82425730
41	宝坻区大口屯高级中学	郭树超	135	3	27	1239	天津市宝坻区大口屯镇东村	301801	29685535
42	宝坻区王卜庄高级中学	刘盛海	110	3	20	877	天津市宝坻区王卜庄镇王卜庄村	301805	82590706
43	宝坻区李家深高级中学	王建波	111	3	18	880	天津市宝坻区牛道口镇李家深村	301800	22588810
44	宝坻区艺术中学	吴景占	54	3	9	275	天津市宝坻区海滨街道小火神庙胡同19号	301800	29262693
45	宝坻区大白庄高级中学	常学禄	124	3	26	1310	天津市宝坻区大白庄镇大白庄村机关街1号	301802	29662727
46	宝坻区林亭口高级中学	韩学志	113	3	23	1114	天津市宝坻区林亭口镇北	301804	82538309
47	宝坻区第四中学	黄向辉	214	3	42	2219	天津市宝坻区进京路30号	301802	82623004
48	宝坻区第九中学	张瑞占	269	3	48	2250	天津市宝坻区广阳路北侧	301800	59952599
49	宝坻区博爱学校	王希杰	34	13	19	158	天津市宝坻区宝平街刘辛庄宿舍北	301800	82623046
50	宝坻区教师进修学校	王延海	49				天津市宝坻区东街12号	301800	29262939
51	宝坻区职工卫生学校	陈华	13				天津市宝坻区津围南路7号	301800	29241142
52	宝坻区职业教育与成人教育中心	李卫东	244	3	43	875	天津市宝坻区进京路28号	301800	82622680
53	宝坻区黄庄镇貉子沽村小学	赵中辉	17	6	6	110	天津市宝坻区黄庄镇貉子沽村三区1排1号	301803	82579059
54	宝坻区王卜庄镇六各庄小学	王志超	16	5	5	150	天津市宝坻区王卜庄镇六各庄村北侧	301805	82511507
55	宝坻区牛道口镇庞各庄小学	刘宝丰	26	6	12	280	天津市宝坻区牛道口镇庞各庄村中区0排0号	301800	22588274
56	宝坻区口东镇南王小学	张海军	21	5	7	199	天津市宝坻区口东镇南王村北	301800	22568334
57	宝坻区尔王庄镇国皮庄小学	李术良	14	5	5	99	天津市宝坻区尔王庄镇国皮庄村大街南	301802	2469504
58	宝坻区尔王庄镇许辛庄小学	冯连发	9	5	5	51	天津市宝坻区尔王庄镇许辛庄村街北18号	301899	22469544
59	宝坻区大白庄镇八道沽小学	王志国	15	5	5	82	天津市宝坻区大白庄镇八道沽村西区2街25号	301802	22418434
60	宝坻区王卜庄镇王卜庄小学	刘军	24	5	10	294	天津市宝坻区王卜庄镇王卜庄村东北	301805	82518010
61	宝坻区牛道口镇焦山寺庄小学	芮宝忠	31	6	11	233	天津市宝坻区牛道口镇焦山寺庄村南	301800	22559094

（续表）

编号	校名	校长	教职工数	年级数	班数	学生数	校址	邮编	电话
62	宝坻区口东镇黑狼口小学	王卫东	21	5	10	275	天津市宝坻区口东镇八台港村南	301822	82485411
63	宝坻区林海路小学	孙增辉	103	6	38	1682	天津市宝坻区海滨街道雍阳东侧、大吴路北侧	301800	60902982
64	宝坻区口东镇安乐小学	刘振杰	31	5	10	315	天津市宝坻区口东镇安乐村南	301800	22567887
65	宝坻区顺驰小学	王国军	89	6	29	1212	天津市宝坻区城市艺墅小区西侧	301800	29260640
66	宝坻区华苑小学	刘新华	80	6	24	885	天津市宝坻区南关大街168号	301800	82652211
67	宝坻区景苑小学	刘东	104	6	35	1572	天津市宝坻区开泰路西侧	301800	82652825
68	宝坻区潮阳小学	孔昭武	106	6	30	1271	天津市宝坻区凯旋丽苑东侧一组	301800	82679907
69	宝坻区朝霞街刘举人庄小学	纪连俊	25	6	7	194	天津市宝坻区朝霞街张丰村东	301800	29237947
70	宝坻区八门城镇八门城二村小学	陈希镇	14	5	5	105	天津市宝坻区八门城镇八门城二村	301823	82567757
71	宝坻区刘辛庄小学	王国军					天津市宝坻区刘辛庄宿北	301800	82621937
72	宝坻区霍各庄镇陈家口小学	吴学武	31	5	9	278	天津市宝坻区霍各庄镇陈家口村南	301800	22517484
73	宝坻区尔王庄镇高庄户小学	李秀东	14	5	5	76	天津市宝坻区尔王庄镇高庄户村东	301802	29660644
74	宝坻区建设路小学	王子兴	93	6	27	1098	天津市宝坻区宝平街道建设路91号	301800	29238030
75	宝坻区霍各庄镇高八封小学	张玉珍	28	5	5	153	天津市宝坻区霍各庄镇北封村北	301800	22517924
76	宝坻区方家庄镇方家庄小学	孙永旺	42	5	14	457	天津市宝坻区方家庄镇方丁村南	301827	82447872
77	宝坻区新安镇北覃小学	尤凤新	50	5	15	452	天津市宝坻区新安镇老张庄村东	301825	29937060
78	宝坻区郝各庄镇郝各庄小学	闫玉刚	57	6	16	481	天津市宝坻区郝各庄镇前郝村西	301800	29675979
79	宝坻区吴苏路小学	仇兰玲	53	6	18	651	天津市宝坻区吴苏路三号	301800	29241923
80	宝坻区郝各庄镇高台小学	潘建军	31	6	10	255	天津市宝坻区郝各庄镇杜台村	301800	22479633
81	宝坻区八门城镇南燕窝小学	陈卫新	25	5	8	274	天津市宝坻区八门城镇南燕窝村南	301800	82528729
82	宝坻区林亭口镇苏家庄小学	李雪锦	35	5	13	348	天津市宝坻区林亭口镇新立街1号	301804	82539204
83	宝坻区方家庄镇杜家庄小学	陈彤宇	24	5	6	159	天津市宝坻区方家庄镇杜家庄村南	301800	22599534
84	宝坻区尔王庄镇程润淀小学	冯吉安	14	5	5	97	天津市宝坻区尔王庄镇程润淀村	301802	22469414
85	宝坻区大唐庄镇东淀小学	冯文清	11	5	5	64	天津市宝坻区大唐庄镇东淀村	301813	29651154
86	宝坻区八门城镇中圈小学	王建	18	5	5	163	天津市宝坻区八门城镇中圈村北100米	301800	82561543
87	宝坻区海滨小学	刘民	73	6	24	1055	天津市宝坻区海滨宿舍北	301800	29226479
88	宝坻区方家庄镇大角小学	华广建	24	5	5	98	天津市宝坻区方家庄镇大角甸村南	301805	22599537
89	宝坻区牛家牌镇西老鸦口小学	李学民	15	5	5	103	天津市宝坻区牛家牌镇西老鸦口村南1排5号	301809	29638307
90	宝坻区八门城镇菱角沽小学	孙学明	19	5	5	168	天津市宝坻区八门城镇菱角沽村	301800	82548540
91	宝坻区进京路小学	吴俊东	57	6	16	644	天津市宝坻区南城西路57号	301800	29247218
92	宝坻区牛道口镇赵各庄小学	贾金国	76	6	26	1184	天津市宝坻区牛道口镇赵各庄村	301800	22588257
93	宝坻区王卜庄镇东孟小学	王文东	18	5	5	148	天津市宝坻区王卜庄镇东孟村西组	301805	82518204

（续表）

编号	校名	校长	教职工数	年级数	班数	学生数	校址	邮编	电话
94	宝坻区大口屯镇第一小学	张立泉	49	6	19	635	天津市宝坻区大口屯镇东村	301801	22400079
95	宝坻区大白庄镇大白庄小学	郝宝明	46	5	14	422	天津市宝坻区大白庄镇大白庄村	301802	29660414
96	宝坻区史各庄镇第二小学	马国林	37	5	9	283	天津市宝坻区史各庄镇马子口东路南区2排1号	301800	22571047
97	宝坻区中关村小学	苑怀连	68	6	26	1020	天津市宝坻区宝平线与威远路交口	301800	22537844
98	宝坻区王卜庄镇大吴庄小学	孔宪忠	22	5	9	261	天津市宝坻区王卜庄镇大吴庄村南	301805	29919815
99	宝坻区史各庄镇第一小学	郭金栋	62	5	19	698	天津市宝坻区史各庄镇曹辛庄村14排1号	301800	29219680
100	宝坻区新安镇小学	袁德生	65	5	22	678	天津市宝坻区新安镇正大街1号	301825	82469084
101	宝坻区大唐庄镇大唐庄小学	张海波	17	5	8	173	天津市宝坻区大唐庄镇村政府路2号	301813	29657757
102	宝坻区林亭口镇糙甸小学	方连栋	24	5	8	231	天津市宝坻区林亭口镇老街48号	301804	82553254
103	宝坻区大唐庄镇鲫鱼淀小学	常凤全	12	5	5	132	天津市宝坻区大唐庄镇鲫鱼淀村南大街13条36号	301813	29650157
104	宝坻区朝霞街三岔口小学	董向军	53	5	19	701	天津市宝坻区朝霞街三岔口村南	301800	22455090
105	宝坻区大钟庄镇袁罗庄小学	解宗元	49	6	15	552	天津市宝坻区大钟庄镇袁罗庄村东	301800	82433244
106	宝坻区林亭口镇帐房瞿小学	周金善	24	5	10	241	天津市宝坻区林亭口镇帐房瞿ß村	301804	82558344
107	宝坻区大口屯镇第三小学	杨永洁	41	6	18	585	天津市宝坻区大口屯镇韩村村西	301801	29623175
108	宝坻区广阳路小学	李桂婷	79	6	27	1035	天津市宝坻区朝霞路与安城街交口	301800	82680090
109	宝坻区务本道小学	田宝庆	50	6	18	715	天津市宝坻区钰华街道双站路与务本道交口	301800	29253308
110	宝坻区朝霞路小学	荣红骏	47	6	12	406	天津市宝坻区南三路与朝霞路交口	301800	82621937
111	宝坻区双站路小学	刘国志	81	6	29	1068	天津市宝坻区广阳路与双站路交口	301800	59211080
112	宝坻区大唐庄镇运家庄小学	唐萌萌	11	5	5	93	天津市宝坻区大唐庄镇运家庄村东新街1号	301813	29657147
113	宝坻区黄庄镇黄庄小学	庞福友	56	6	18	439	天津市宝坻区黄庄镇黄庄村南	301803	82579444
114	宝坻区潮阳街广林木小学	何福耕	50	5	16	628	天津市宝坻区潮阳街水岸蓝庭小区北	301800	29649389
115	宝坻区八门城镇欢喜庄小学	张国秋	19	5	6	157	天津市宝坻区八门城镇欢喜庄村南	301803	82521173
116	宝坻区实验小学	贾福引	94	6	25	940	天津市宝坻区钰华街观潮同对面	301800	59212650
117	宝坻区牛道口镇牛道口小学	付桂友	72	6	27	1103	天津市宝坻区牛道口镇牛道口村北	301800	22559068
118	宝坻区方家庄镇胡宽小学	单宝新	33	5	10	261	天津市宝坻区方家庄镇胡宽村南	301804	82440098
119	宝坻区周良街大杨小学	靳云成	32	5	15	516	天津市宝坻区周良街田桥村村南	301800	22408109
120	宝坻区霍各庄镇香铺王小学	杨长江	33	5	10	315	天津市宝坻区霍各庄镇香铺王村东	301800	22516070
121	宝坻区牛家牌镇牛家牌小学	吴学国	28	5	10	302	天津市宝坻区牛家牌镇吴家牌村北1号	301809	29638443
122	宝坻区口东镇牛庄子小学	李建波	24	5	10	290	天津市宝坻区口东镇牛庄子村西	301800	82486609
123	宝坻区龚庄乐小学	吴建东					天津市宝坻区龚庄乐小学村东环城南路6号	301800	82655614
124	宝坻区新开口镇小学	张秀艳	85	5	30	1196	天津市宝坻区新开口镇卷子村东	301815	29616677
125	宝坻区大钟庄镇宝船窝小学	岳树明	75	6	25	1048	天津市宝坻区大钟庄镇宝船窝村南一组	301806	82429325

（续表）

编号	校名	校长	教职工数	年级数	班数	学生数	校址	邮编	电话
126	宝坻区潮阳街马家店小学	许福来	52	5	15	595	天津市宝坻区潮阳街马家店镇政府南	301800	29649430
127	宝坻区北城路小学	刘树兵	68	6	20	737	天津市宝坻区北城路4号	301800	29241346
128	宝坻区林亭口镇张家庄小学	张良	22	5	9	210	天津市宝坻区林亭口镇张家庄村西	301804	82538347
129	宝坻区方家庄北郝小学	孟昭军	20	5	5	183	天津市宝坻区方家庄镇北郝村南	301827	22597955
130	宝坻区周良街小学	赵润东	39	5	15	545	天津市宝坻区周良街镇良庄村西	301800	22497593
131	宝坻区霍各庄北马小学	李井贺	31	5	9	264	天津市宝坻区霍各庄镇北马村东	301800	22517944
132	宝坻区大唐庄南里自沽小学	运起兴	14	5	5	97	天津市宝坻区大唐庄镇南里自沽村新南西街1号	300813	22401734
133	宝坻区尔王庄尔王小学	李瑞龙	20	5	6	147	天津市宝坻区尔王庄镇尔王庄村西	301800	22469424
134	宝坻区王卜庄何仉庄小学	崔永海	28	5	11	310	天津市宝坻区王卜庄镇何仉庄村南	301805	29919810
135	宝坻区大口屯第二小学	白学军	58	6	24	886	天津市宝坻区大口屯镇北口	301801	29689591
136	宝坻区牛家牌青南小学	齐万忠	23	5	8	146	天津市宝坻区牛家牌镇南河村东	301809	29631521
137	宝坻区潮阳街果园幼儿园	杜继超	17	3	3	65	天津市宝坻区潮阳街果园村东1排1号	301800	29649435
138	宝坻区潮阳幼儿园	孙卫军	94	3	17	522	天津市宝坻区广阳路北侧	301800	82692195
139	宝坻区刘辛庄幼儿园	孙金玉	35	3	5	135	天津市宝坻区刘辛庄宿舍东侧	301800	59952539
140	宝坻区朝霞街道三岔口幼儿园	王志东	23	3	6	164	天津市宝坻区朝霞街道三岔口村南	301800	22544682
141	宝坻区大钟庄鲁沽幼儿园	于宗合	6	3	3	69	天津市宝坻区大钟庄镇东沽村西1号	300800	82437236
142	宝坻区景苑幼儿园	李依娜	115	3	21	628	天津市宝坻区开泰路景苑小学北侧	301800	82657855
143	宝坻区第二幼儿园	李银舫	51	3	9	204	天津市宝坻区海滨街道办事处苏北路南侧	301800	29243504
144	宝坻区黄庄貉子沽幼儿园	赵中辉	6	3	3	40	天津市宝坻区黄庄镇貉子沽村3区1排1号	301803	82579059
145	宝坻区郝各庄高台幼儿园	朱建秀	24	3	4	82	天津市宝坻区郝各庄镇高台村二区20号	301800	22477200
146	宝坻区史各庄中心幼儿园	刘金霞	56	3	12	286	天津市宝坻区史各庄镇朱楼下村南区1排1号	301800	22579559
147	宝坻区黄庄里自沽幼儿园	张海燕	74	3	15	430	天津市宝坻区黄庄镇里自沽村北	301800	59226600
148	宝坻区华苑幼儿园	杨秀红	66	3	12	336	天津市宝坻区新苑街北侧	301800	59220041
149	宝坻区新开口镇中心幼儿园	康春梅	39	3	7	205	天津市宝坻区新开口村西侧	301815	29611241
150	宝坻区郝各庄河西幼儿园	杨淑霞	11	3	3	102	天津市宝坻区郝各庄镇郝各庄村南1排2号	301800	22571097
151	宝坻区黄庄北里自沽幼儿园	卜新国	14	3	3	67	天津市宝坻区黄庄镇里自沽村北	301805	82579543
152	宝坻区周良街中心幼儿园	李学立	19	3	12	333	天津市宝坻区周良街镇良庄村西100米	301800	22497822
153	宝坻区大钟庄第一中心幼儿园	齐德华	20	3	4	88	天津市宝坻区大钟庄镇大沽村西1区7排9号	301806	82429781
154	宝坻区郝各庄各庄中心幼儿园	方永君	29	3	6	134	天津市宝坻区郝各庄镇西郝村西	301800	29678860
155	宝坻区新开口镇后六幼儿园	张玉佳	12	3	3	73	天津市宝坻区新开口镇后六村	301815	29611235
156	宝坻区新开口镇种苗幼儿园	孙志伶	37	3	6	162	天津市宝坻区新开口镇种苗村	301815	29611242
157	宝坻区史各庄曹辛庄尚庄幼儿园	白振艳	15	3	4	107	天津市宝坻区史各庄镇曹辛庄村14排1号	301800	29269182

（续表）

编号	校名	校长	教职工数	年级数	班数	学生数	校址	邮编	电话
158	宝坻区口东镇李家幼儿园	周桂芝	24	3	6	109	天津市宝坻区口东镇东李家村南	301800	22566863
159	宝坻区霍各庄镇香铺王中心幼儿园	关占东	14	3	5	128	天津市宝坻区霍各庄镇香铺王村东	301800	22519944
160	宝坻区口东镇东王庄中心幼儿园	单海萍	21	3	6	145	天津市宝坻区口东镇东王庄村增1号	301822	82489024
161	宝坻区尔王庄尔王庄幼儿园	李海清	8	3	3	83	天津市宝坻区尔王庄镇尔王庄村北	301800	5921080
162	宝坻区大唐庄镇东淀幼儿园	冯文清	4	3	3	23	天津市宝坻区大唐庄镇东淀村	301813	29651154
163	宝坻区口东镇黑狼口中心幼儿园	唐俊英	17	3	5	102	天津市宝坻区口东镇黑狼口村南增1号	301800	82489004
164	宝坻区尔王庄镇中心幼儿园	杜双艳	5	3	3	50	天津市宝坻区尔王庄镇高庄户村东	301802	29660644
165	宝坻区霍各庄镇高八垒幼儿园	董振宏	8	3	3	30	天津市宝坻区霍各庄镇北垒村北	301800	29230874
166	宝坻区大钟庄镇第三中心幼儿园	曹艳岭	11	3	3	74	天津市宝坻区大钟庄镇马郭庄村南	301822	82422049
167	宝坻区尔王庄镇囝皮庄幼儿园	李木良	2	1	2	42	天津市宝坻区尔王庄镇囝皮庄村大街街南	301802	22469504
168	宝坻区方家庄镇中心幼儿园	刘海生	38	3	7	192	天津市宝坻区方家庄镇方家庄子街1排1号	301827	82448877
169	宝坻区口东镇中心幼儿园	肖永生	21	3	6	152	天津市宝坻区口东镇口东村二区三排8号	301800	22566736
170	宝坻区尔王庄镇程润淀幼儿园	尔玉凤	4	3	3	55	天津市宝坻区尔王庄镇程润淀村	301802	22469414
171	宝坻区方家庄镇胡宽幼儿园	单宝新	9	3	4	107	天津市宝坻区方家庄镇胡宽村南	301804	82440098
172	宝坻区尔王庄镇许辛庄幼儿园	田振全	3	1	2	25	天津市宝坻区尔王庄镇许辛村街北18号	301899	22469544
173	宝坻区八门城镇欢喜庄幼儿园	邢淑静	7	3	3	62	天津市宝坻区八门城镇欢喜庄村南	301800	82521173
174	宝坻区周良街大杨幼儿园	李学立	12	3	9	260	天津市宝坻区周良街田桥村村南	301800	60370350
175	宝坻区大钟庄镇袁罗庄幼儿园	李媛媛	16	3	3	69	天津市宝坻区大钟庄镇袁罗庄村东	301802	82433474
176	宝坻区大唐庄镇南里自治园	运起兴	4	3	3	55	天津市宝坻区大唐庄镇里自沽村南新西街1号	300813	22401734
177	宝坻区潮阳街中心幼儿园	李玉舫	31	3	6	179	天津市宝坻区潮阳街道津围路与广场道交口东150米	301800	29646181
178	宝坻区牛道口镇第三中心幼儿园	侯连云	9	3	5	108	天津市宝坻区牛道口镇沟头村西北区1排22号	301800	22588144
179	宝坻区八门城镇委角沽幼儿园	王艳玲	6	3	3	70	天津市宝坻区八门城镇委角沽村	301800	82548540
180	宝坻区大唐庄镇中心幼儿园	李志秀	15	3	4	76	天津市宝坻区大唐庄镇政府路7号	301813	29654162
181	宝坻区牛道口镇庞各庄幼儿园	贾蓉蓉	9	3	5	113	天津市宝坻区牛道口镇庞各庄村中区1排1号	301800	22588274
182	宝坻区大唐庄镇鲫鱼淀幼儿园	贾芳芳	6	3	3	51	天津市宝坻区大唐庄镇鲫鱼淀村南大街13条36号	301813	29650157
183	宝坻区潮阳街广林木幼儿园	东建新	11	3	3	77	天津市宝坻区潮阳街道广林木村西	301801	29679227
184	宝坻区陈家庵幼儿园	刘畅	64	3	13	327	天津市宝坻区钰华街秦柳路	301800	59215892
185	宝坻区大白庄中心幼儿园	孙广发	37	3	9	263	天津市宝坻区大白庄村东	301802	29660125
186	宝坻区八门城镇中心幼儿园	邢淑静	13	3	4	94	天津市宝坻区八门城镇南燕窝村南一排一号	301823	82528865
187	宝坻区牛道口镇老高寨幼儿园	刘少松	10	3	3	40	天津市宝坻区牛道口镇老高寨村四区10排1号	301800	22551370
188	宝坻区新安镇佟家庄中心幼儿园	高爱岭	28	3	7	175	天津市宝坻区新安镇佟家庄村西	301825	29985559
189	宝坻区朝霞街道于家观幼儿园	刘辉	11	3	3	52	天津市宝坻区朝霞街道于家观村南	301800	22548125

（续表）

编号	校名	校长	教职工数	年级数	班数	学生数	校址	邮编	电话
190	宝坻区朝霞街道中会中心幼儿园	陈超	9	1	2	32	天津市宝坻区朝霞街中会村南	301800	29283550
191	宝坻区牛道口镇焦山寺幼儿园	王松林	2	3	3	66	天津市宝坻区牛道口镇焦山寺村南	301800	22559094
192	宝坻区牛道口镇第二中心幼儿园	孙志起	20	3	6	90	天津市宝坻区牛道口镇牛道口村南村路东1排1号对面	301800	22559084
193	宝坻区新安镇王善庄中心幼儿园	赵海泉	20	3	5	114	天津市宝坻区新安镇王善庄村南三区一排20号	301825	82468169
194	宝坻区牛道口镇第一中心幼儿园	孙秀霞	13	3	5	109	天津市宝坻区牛道口镇李三店村南区1排1号	301800	22589800
195	宝坻区新安镇工部中心幼儿园	任建民	22	3	4	124	天津市宝坻区新安镇工部村西	301825	82631639
196	宝坻区大口屯镇第一中心幼儿园	张宝来	15	3	4	83	天津市宝坻区大口屯镇张疃村西侧1排68号	301801	29685272
197	宝坻区大口屯镇第三中心幼儿园	段国涛	23	3	6	142	天津市宝坻区大口屯镇刘举村南	301801	29623737
198	宝坻区林亭口镇大新幼儿园	许义东	6	3	3	55	天津市宝坻区林亭口镇大新庄村北新1村1号增1号	301804	82531374
199	宝坻区林亭口镇糙甸甸中心幼儿园	刘祝强	15	3	4	90	天津市宝坻区林亭口镇糙甸甸村西	301804	82553334
200	宝坻区林亭口镇清沟幼儿园	金福霞	13	3	5	86	天津市宝坻区林亭口镇南清沟村南98号	301804	82553044
201	宝坻区大口屯镇南苑幼儿园	盛海森	11	3	3	67	天津市宝坻区大口屯镇福苑庄1村1号	301801	29698847
202	宝坻区大口屯镇古河幼儿园	王东波	12	3	3	64	天津市宝坻地区大口屯镇朱台村北区1号	301801	29691034
203	宝坻区大口屯镇东十幼儿园	王凤亮	11	3	3	40	天津市宝坻区大口屯镇东十字港口村	301800	29681067
204	宝坻区林亭口镇林亭口中心幼儿园	唐淑颖	27	3	5	124	天津市宝坻区林亭口镇商业街138号	301804	82538229
205	宝坻区八门城镇中圈幼儿园	陈建霞	8	3	3	76	天津市宝坻区八门城镇中圈村北100米	301823	82561543
206	宝坻区八门城镇八门城中心幼儿园	孙学霞	5	3	3	23	天津市宝坻区八门城镇八门城二村	301823	82567757
207	宝坻区大唐庄镇运家庄幼儿园	唐萌萌	5	3	3	55	天津市宝坻区大唐庄镇运家庄村东新街1号	301813	29657147
208	宝坻区方家庄杜家庄幼儿园	陈彤宇	7	3	3	68	天津市宝坻区方家庄镇杜家庄村南	301800	22599534
209	宝坻区方家庄北郝中心幼儿园	杨树怀	30	3	6	153	天津市宝坻区方家庄镇北郝村南	301827	22599985
210	宝坻区金鑫幼儿园	王瑞梅	90	3	18	516	天津市宝坻区海滨街北城东路147号	301800	29223504
211	宝坻区黄庄镇黄庄幼儿园	庞福友					天津市宝坻区黄庄镇黄庄村南	301803	82579444
212	宝坻区黄庄镇中心幼儿园	霍绍勇	19	3	5	131	天津市宝坻区黄庄镇吴辛庄村西	301803	82570113
213	宝坻区大口屯镇西寨幼儿园	刘茜	9	3	3	39	天津市宝坻区大口屯镇西寨村1号	301801	29697040
214	宝坻区牛家牌镇中心幼儿园	李玉姝	21	3	6	133	天津市宝坻区牛家牌镇政府大街东1街18号	301809	29637766
215	宝坻区牛家牌镇西老鸦口幼儿园	王玉莲	5	3	3	58	天津市宝坻区牛家牌镇西老鸦口村	301809	29650835
216	宝坻区绿景幼儿园	孙金花	44	3	7	215	天津市宝坻区绿景家园小区内	301800	59281055
217	宝坻区钰鑫幼儿园	沙丽丽	39	3	6	177	天津市宝坻区建设路1号	301800	29980518
218	宝坻区北环路幼儿园	杨晓彦	63	3	12	336	天津市宝坻区北环东路与环城东路交口东侧	301800	2926375
219	宝坻区牛家牌镇青南幼儿园	许俊娟	10	3	3	92	天津市宝坻区牛家牌镇青南村东	301809	29626361

（续表）

编号	校名	校长	教职工数	年级数	班数	学生数	校址	邮编	电话
220	宝坻区朝霞街中心幼儿园	顾红梅	30	3	7	156	天津市宝坻区朝霞街道后莲花村北	301800	22526371
221	宝坻区王卜庄镇王卜庄中心幼儿园	刘秀婷	22	3	10	235	天津市宝坻区王卜庄镇王卜庄村东北1排1号	301805	82517807
222	宝坻区大口屯镇北厂幼儿园	张静钰	12	3	3	55	天津市宝坻区大口屯镇窑北厂村1号	301801	59950332
223	宝坻区大钟庄镇第二中心幼儿园	臧春花	12	3	3	79	天津市宝坻区大钟庄镇商贸街北100米	301800	82428113
224	宝坻区大白庄镇八道沽幼儿园	王志国	5	3	3	47	天津市宝坻区大白庄镇八道沽村西区2街25号	301802	22418434
225	宝坻区潮筑幼儿园	白雪英	46	3	9	241	天津市宝坻区潮阳大道南侧诚品嘉园小区内	301800	29991369
226	宝坻区霍各庄镇陈家口中心幼儿园	刘钰	28	3	10	236	天津市宝坻区霍各庄镇陈家口村南	301800	29959382
227	宝坻区朝霞街道肖家垫幼儿园	牛瑞娟	13	3	3	58	天津市宝坻区朝霞街道肖家垫村	301800	22530885
228	宝坻区华勤幼儿园	李海霞	35	3	6	191	天津市宝坻区海滨街道林海路勤宝勤华境栖园小区内	301800	29289123
229	宝坻区王卜庄镇向机中心幼儿园	刘大凤	22	3	8	159	天津市宝坻区王卜庄镇南申庄村西北1排1号	301805	82518289
230	宝坻区花蕾幼儿园	田海燕	29	3	6	150	天津市宝坻区华苑东区院内花蕾幼儿园	301800	82650962
231	宝坻区北大博雅（天津）幼儿园有限公司	田亚君					天津市宝坻区南关大街20号	301800	59225333
232	宝坻区大口屯镇第二中心幼儿园	王宝洪	15	3	3	83	天津市宝坻区大口屯镇翰林雅苑小区天钰园14号楼	301801	59952638
233	宝坻区玫瑰湾幼儿园	白雪英	39	3	7	203	天津市宝坻区渠阳大街玫瑰湾花园商业5号	301800	82678017
234	宝坻区新苗幼儿园	张秋莎	26	3	7	201	天津市宝坻区朝霞街道北艾各庄主街	301800	22538826
235	宝坻区史各庄镇彭家店村贾淑平托幼点	贾淑平	8	3	3	62	天津市宝坻区史各庄镇彭家店村西1排2号	301800	22577273
236	宝坻区童星缘幼儿园	付亚明	13	3	4	90	天津市宝坻区新安镇第一中心小学西侧	301800	82428559
237	乐图幼儿园有限公司	李超	13	3	3	61	天津市宝坻区华苑东区39号增1号	301800	82688688
238	宝坻区牛道口镇赵各庄金贝托幼点	叶文静					天津市宝坻区牛道口镇赵各庄村赵各庄农业行西侧1排25号	301800	22556259
239	宝坻区史各庄镇马各庄于金爽托幼点	于金爽					天津市宝坻区史各庄镇西马各庄村	301800	22573218
240	宝坻区牛道口镇小太阳托幼点	冯秀芬	3	3	3	32	天津市宝坻区牛道口镇郭家深村西北1排16号	301800	22556259
241	宝坻区周良街香江社区居委会李凤姣托幼点	李凤姣	27	4	8	163	天津市宝坻区周良街道锦绣香江小区康乃馨7号楼	301802	22408887
242	宝坻区牛道口镇润托幼儿园	王广平	8	3	3	93	天津市宝坻区牛道口镇西寺庄村3区8排1号	301800	22556259
243	宝坻区阳光幼儿园	张晓红	17	3	4	98	天津市宝坻区朝霞街道津闸路2号	301800	29226118
244	宝坻区朝霞街崔玉霞托幼点	崔玉霞	15	3	4	122	天津市宝坻区朝霞街前西苑村	301800	22528126
245	宝坻区周良新城之星幼儿园有限责任公司	陶海丰	13	3	3	50	天津市宝坻区京津新城珠江北路上京和园009号	301899	29667667
246	宝坻区霍各庄镇七彩托幼点	赵安琪	14	3	5	130	天津市宝坻区霍各庄镇哈啦庄村村西	301800	22518805
247	宝坻区牛道口镇天使托幼点	李学莉	5	3	3	50	天津市宝坻区牛道口镇李家深村2区7排25号	301800	22556259

（续表）

编号	校名	校长	教职工数	年级数	班数	学生数	校址	邮编	电话
248	宝坻区育才幼儿园	郭洪玲	16	3	5	121	天津市宝坻区大口屯镇北村商业街1号	301801	22488269
249	宝坻区口东镇上王各庄村李洪月托幼点	刘冬雪	8	3	3	39	天津市宝坻区口东镇上王各庄1区4排2号	301800	22567353
250	宝坻区童星幼儿园	付亚明	16	3	6	185	天津市宝坻区大钟庄镇人民政府南侧50米	301800	82429917
251	宝坻区方家庄镇方于街李超托幼点	李超	9	3	3	61	天津市宝坻区方家庄镇方于村于街14号	301800	82445190
252	宝坻区新开口镇圆梦托幼点	欧阳小芳	11	3	3	76	天津市宝坻区新开口镇邮局北侧	301815	60665835
253	宝坻区牛道口镇顶新托幼点	宋连永	2		1	15	天津市宝坻区牛道口镇下五庄村1区3排2号	301800	22556259
254	宝坻区王卜庄镇向日葵托幼点	蔺建江					天津市宝坻区王卜庄镇葡萄家庄村西8排1号	301805	82517551
255	宝坻区牛道口镇高各庄托幼点	刘付凤	5	3	3	41	天津市宝坻区牛道口镇高各庄村2区1排7号	301800	22556259
256	宝坻区牛道口镇下五庄村爱托幼点	庞焊娜	5	3	3	33	天津市宝坻区牛道口镇下五庄村1区8排10号	301800	22556259
257	宝坻区潮阳街道水岸蓝庭社区乔志托幼点	乔志	9	3	4	77	天津市宝坻区潮阳街道水岸蓝庭一期门牌号19-8	301800	29619333
258	宝坻区藤竹幼儿园有限公司	马丽	36	3	7	179	天津市宝坻区保集玫瑰湾藤竹幼儿园22号	301800	29992711
259	宝坻区牛道口镇塘头村奥拓托幼点	魏学金	14	3	4	113	天津市宝坻区牛道口镇塘头村东4排3号	301800	22556259
260	宝坻区大口屯镇奥拓托幼点	韩学芹					天津市宝坻区大口屯镇北村北区11号	301801	59213228
261	宝坻区牛道口镇新起点托幼点	刘建红	1		1	7	天津市宝坻区牛道口镇牛道口南路西1号	301800	22556259
262	宝坻区卡酷七色光幼儿园有限公司	赵会明	24	3	8	196	天津市宝坻区钰华街道绿色家园南门2号	301800	29257765
263	宝坻区王卜庄镇盛世花蕾耶律各庄托幼点	周静					天津市宝坻区王卜庄镇耶律各庄村东14排18号	301805	82510591
264	宝坻区王卜庄镇未来星托幼点	申聪颖	6	3	4	55	天津市宝坻区王卜庄镇前张司马村2区2排增1号	301800	82516333
265	宝坻区童乐幼儿园	李丽	15	3	5	115	天津市宝坻区林亭口镇三莱市场北侧100米	301804	82531860
266	宝坻区史各庄镇西马各庄村贾淑红托幼点	贾淑红	9	3	4	86	天津市宝坻区史各庄镇西马各庄村路东区8排17号	301800	22577273
267	宝坻区大口屯镇南仁垺智奥拓托幼点	刘志国	15	3	5	94	天津市宝坻区大口屯镇东南仁垺村12号	301801	29629566
268	宝坻区牛道口镇智慧树托幼点	张玉霞	4	3	3	34	天津市宝坻区牛道口镇李家深村1区8排18号	301800	22556259
269	天津红缨育英才幼儿园有限公司	杨磊	17	3	6	135	天津市宝坻区宝平街道开元路68号	301800	82660246
270	宝坻区牛道口镇新新托幼点	王秀荣	5	3	3	41	天津市宝坻区牛道口镇黄沙务村2区3排24号	301800	22556259
271	宝坻区多彩幼儿园	孙春辉	10	3	4	107	天津市宝坻区海滨街道北城东路183号	301800	29204868
272	宝坻区宝平街天宝新苑居委会田海燕托幼点	田海燕	11	3	3	66	天津市宝坻区宝平街新安新苑路25号	301800	82651787
273	宝坻区王卜庄镇北史村托幼点	张晓娥					天津市宝坻区王卜庄镇北史村2排1号	301805	82507202
274	宝坻区小伙伴第三幼儿园有限公司	孟阳					天津市宝坻区海滨街道蓝水湾小区西南门	301800	29294669
275	宝坻区牛道口镇明日托幼点	武秀阳	5	3	3	42	天津市宝坻区牛道口镇岳家庄村3区11排1号	301800	22556259
276	宝坻区硕果幼儿园	曹瑞凤	15	3	3	88	天津市宝坻区新安街商业街防疫东侧	301800	82411797
277	宝坻区方家庄镇春天托幼点	方春柳	9	3	3	77	天津市宝坻区方家庄镇方中村西五排一号	301827	82447097

（续表）

编号	校名	校长	教职工数	年级数	班数	学生数	校址	邮编	电话
278	宝坻区大口屯镇树尔窝托幼点	孙国富	7	2	2	23	天津市宝坻区大口镇树尔窝村西南区84号	301800	13652086526
279	宝坻区霍各庄镇花蕊托幼园	王薪新	15	3	4	78	天津市宝坻区霍各庄镇北蟹村北	301800	29958818
280	宝坻区小伙伴第一幼儿园有限公司	金福颖	26	3	6	156	天津市宝坻区海滨街道和远领居小区底商21号楼114-118	301800	29255176
281	宝坻区新开口镇育新托幼点	郭春良	9	3	3	76	天津市宝坻区新开口镇种东村南二排1号	301815	82646189
282	宝坻区王卜庄镇徐家庄托幼点	刘艳会	6	3	4	89	天津市宝坻区王卜庄镇徐家庄东2排1号	301805	82457609
283	宝坻区牛道口镇启蒙托幼点	王薪新	6	3	3	56	天津市宝坻区牛道口镇焦山寺村5区3排1号	301800	22556259
284	天津育英才幼儿园有限公司	杨磊	17	3	4	109	天津市宝坻区钰华街道环城东路88号燕泉大楼	301800	29259189
285	宝坻区小伙伴第二幼儿园有限公司	康玉芳					天津市宝坻区海滨街道蓝水湾小区西区南门	301800	29265098
286	宝坻区广阳路幼儿园	王灵敏	81	3	15	438	天津市宝坻区广阳路与望月路交口	301800	60288658
287	宝坻区超级宝贝幼儿园	马亮	11	3	5	130	天津市宝坻区大钟庄镇法庭西100米1区1排2号	301800	82428699
288	宝坻区金色摇篮幼儿园有限公司	戴海环	24	3	9	226	天津市宝坻区龙宝帝景南门西侧	301800	29261777
289	宝坻区向日葵幼儿园	白然	18	2	5	142	天津市宝坻区潮阳街道小兰各庄村	301800	29601500
290	宝坻区务本道幼儿园	刘佳	62	3	12	357	天津市宝坻区务本道与双站路交口	301800	59283619
291	宝坻区及人幼儿园	王建英	15	3	5	120	天津市宝坻区大唐庄镇大唐庄村大街38号	301813	29658385
292	宝坻区金色摇篮幼儿园有限公司	戴海环	12	3	5	100	天津市宝坻区钰华街193号	301800	29991328
293	宝坻区行知西方寸幼儿园	付起超	35	3	9	223	天津市宝坻区平安街道西方寸路西侧南三路北组	301800	82682739
294	宝坻区行知钰华幼儿园	岳琦	39	3	10	269	天津市宝坻区钰华街道双站路西侧	301800	82667578
295	宝坻区月亮船幼儿园有限公司	贾洁洁	13	3	5	124	天津市宝坻区宝平公路西侧门牌号01-1266	301800	29988996
296	宝坻区行知田场幼儿园	骆明玉	52	3	12	334	天津市宝坻区海滨街道田场路与威远街交口	301800	29230378
297	宝坻区行知望都幼儿园有限公司	程茵	34	3	8	188	天津市宝坻区海滨街道环城西路气象新苑小区西侧	301800	29204587
298	天津京师育英幼儿园有限公司	范海青	21	3	6	162	天津市宝坻区潮阳街道春满园10号楼	301800	82628686
299	宝坻区乐童幼儿园	孙美健	11	2	3	73	天津市宝坻区郝各庄镇侯家庄村北东	301800	29678321
300	宝坻区中天幼儿园	陈琦	37	2	6	180	天津市宝坻区海滨街道天泰园公建2号	301800	59228089
301	宝坻区银练路幼儿园	史云杰	42	3	7	137	天津市宝坻区银练路与云水街交口	301800	60371115
302	宝坻区馨雅霞幼儿园有限公司	冯乃霞	7	1	3	56	天津市宝坻区渠梁大街与监督局150米	301800	82662021
303	宝坻区朝霞路幼儿园	李娟	28	2	4	90	天津市宝坻区朝霞路与南三路西北	301800	60371118
304	宝坻区金玉幼儿园	孙金花					天津市宝坻区金玉二园小区内	301800	59281055
305	宝坻区传奇幼儿园	陈杰					天津市宝坻区海滨街道兴海路6号	301800	59281055
306	宝坻区北城路幼儿园	杨晓彦	33	3	5	74	天津市宝坻区环城北路北环路交口东侧	301800	59210809
307	宝坻区塞纳世家幼儿园	杨秀红					天津市宝坻区逸城雅园园内	301800	59220062

武清区

编号	校名	校长	教职工数	年级数	班数	学生数	地址	邮政编码	电话
1	天津市武清区杨村第二中学	王月松	84	3	18	831	天津市武清区杨村街道塔园路5号	301700	29581243
2	天津市武清区杨村第五中学	武士云	190	3	45	2363	天津市武清区运河西街道	301700	59616720
3	天津市武清区杨村第六中学	张绍和	101	3	18	852	天津市武清区运河西街道杨村街道光明道与泉兴路交口	301700	82162517
4	天津市武清区杨村第七中学						1878	天津市武清区杨村东蒲洼街道	301700	82162518
5	天津市武清区雍阳中学	李文和	148	3	37	1878	天津市武清区运河西街道振华西道251号	301700	22172573
6	天津市武清区徐官屯街道初级中学	王玉梅	50	3	12	432	天津市武清区徐官屯街工贸大街北段江源道4号	301700	29337626
7	天津市武清区黄庄街泉昇初级中学	杨德水	65	3	18	795	天津市武清区黄庄街道泉阳路2号	301727	60979533
8	天津市武清区曹子里镇初级中学	杨海东	68	3	16	638	天津市武清区曹子里镇	301701	29559527
9	天津市武清区梅厂镇初级中学	单一明	89	3	20	841	天津市武清区梅厂镇	301702	29535351
10	天津市武清区大黄堡镇初级中学	刘长春	53	3	12	351	天津市武清区大黄堡镇	301729	82225130
11	天津市武清区上马台镇初级中学	尚桂苓	53	3	12	605	天津市武清区上马台镇梅丰路40号	301706	82289906
12	天津市武清区大碱厂镇初级中学	郭永强	54	3	11	432	天津市武清区大碱厂镇	301702	82217986
13	天津市武清区崔黄口镇初级中学	龚印	87	3	18	831	天津市武清区崔黄口镇	301702	29571354
14	天津市武清区崔黄口镇后巷初级中学	李晓红	38	3	11	435	天津市武清区崔黄口镇	301703	82205299
15	天津市武清区大良镇初级中学	闫井先	90	3	24	980	天津市武清区大良镇政府西100米	301705	29561328
16	天津市武清区下伍旗镇初级中学	杨立志	55	3	14	539	天津市武清区下伍旗镇田辛庄村东	301704	22289174
17	天津市武清区河北屯镇初级中学	王学松	62	3	14	635	天津市武清区河北屯镇河北屯西北	301709	22277698
18	天津市武清区南蔡村镇初级中学	王春江	72	3	18	657	天津市武清区南蔡村镇	301709	29411844
19	天津市武清区南蔡村镇北蔡村初级中学	李顺国	44	3	12	398	天津市武清区南蔡村镇苏羊坊村5	301711	22252134
20	天津市武清区大孟庄镇初级中学	高洪杰	57	3	11	483	天津市武清区大孟庄镇	301709	22262761
21	天津市武清区泗村店镇初级中学	姜永	51	3	12	473	天津市武清区泗村店镇	301714	29425981
22	天津市武清区河西务镇初级中学	郭丽梅	75	3	18	820	天津市武清区河西务镇	301714	29430538
23	天津市武清区河西务镇大沙河初级中学	张志明	39	3	10	354	天津市武清区河西务镇五一排1号	301737	22235070
24	天津市武清区高村镇初级中学	苏学文	50	3	14	593	天津市武清区高村镇沙高路113号	301712	22221626
25	天津市武清区城关镇中学	王海军	71	3	15	548	天津市武清区城关镇	301738	22189909
26	天津市武清区白古屯镇初级中学	孙明	50	3	12	508	天津市武清区白古屯镇富和路9号	301739	22186483
27	天津市武清区大王古庄镇初级中学	杨桂长	58	3	18	775	天津市武清区大王古庄镇韩指挥营村东	301717	82958250
28	天津市武清区东马圈镇初级中学	杨明山	44	3	12	477	天津市武清区东马圈镇	301707	29471615

（续表）

编号	校名	校长	教职工数	年级数	班数	学生数	地址	邮政编码	电话
29	天津市武清区豆张庄镇豆张庄初级中学	周宏伟	74	3	11	358	天津市武清区豆张庄镇	301707	22167714
30	天津市武清区豆张庄镇南双庙初级中学	宋志伟	29	3	6	191	天津市武清区豆张庄镇	301708	22167697
31	天津市武清区黄花店镇初级中学	杨鹏	65	3	17	664	天津市武清区黄花店镇	301718	29480222
32	天津市武清区石各庄初级中学	高水凯	63	3	18	720	天津市武清区石各庄镇	301741	22159210
33	天津市武清区陈咀明镇初级中学	刘冠军	65	3	18	816	天津市武清区陈咀明镇	301713	22146437
34	天津市武清区王庆坨镇初级中学	刘忠来	110	3	35	1565	天津市武清区王庆坨镇王庆坨镇北环路北侧	301721	29518807
35	天津市武清区汉沽港镇初级中学	王龙	106	3	38	1580	天津市武清区汉沽港镇	301700	29491422
36	天津市武清区杨村第九中学	武士云	109	3	18	800	天津市武清区运河西街道泉发路西侧上河雅苑39号楼	301700	22258119
37	天津市武清区杨村第十一中学	张士光	44	3	13	603	天津市武清区东蒲洼街道雍和道152号	301700	29366516
38	天津市武清区杨村第十中学	李铭	59	3	12	571	天津市武清区东蒲洼街道泉丰路37号	301700	29366710
39	天津市武清区杨村第八中学	李彩星	114	3	34	1616	天津市武清区运河西街道前进道200号	301700	82962536
40	天津市武清区下朱庄街厂贤路初级中学	张文杰	79	3	30	1398	天津市武清区下朱庄街道明博路28号	301700	59903055
41	天津市武清区下朱庄街南湖初级中学	刘正攀	86	3	32	1554	天津市武清区下朱庄街道天和路133号	301700	29453260
42	天津市武清区杨村第十二中学	王学彦	74	3	18	840	天津市武清区东蒲洼街道武清强国道302号增1号	301700	60327956
43	天津市武清区六力学校	李志	280	9	54	2099	天津市武清区运河西街道源泉路15号	301700	29376691
44	天津市武清区杨村光明道中学	周建国	115	3	40	1877	天津市武清区东蒲洼街道光明道751号	301700	60651560
45	天津英华国际学校	林向阳	474	12	83	3454	天津市武清区运河西街道建国南路57号	301700	59666737
46	天津市武清区杨村第一中学	刘洪生	332	3	67	3135	天津市武清区东蒲洼街道282	301700	59689168
47	天津市武清区杨村第三中学	王鹏	269	3	61	2605	天津市武清区运河西街道	301700	29342310
48	天津市武清区杨村第四中学	孙明利	183	3	42	2159	天津市武清区杨村街道建国南路57号	301701	29341940
49	天津市武清区梅厂中学	袁连友	122	3	26	1281	天津市武清区梅厂镇	301702	60715825
50	天津市武清区崔黄口中学	付振龙	123	3	25	1160	天津市武清区崔黄口镇	301703	29570662
51	天津市武清区大良中学	王立新	120	3	26	1209	天津市武清区大良镇	301714	29562858
52	天津市武清区河务中学	孙宝森	136	3	30	1498	天津市武清区河务镇京津公路（河西务镇京津段171号）	301709	29439040
53	天津市武清区南蔡村中学	孙献友	126	3	32	1562	天津市武清区南蔡村镇360号	301712	29413975
54	天津市武清区城关中学	刘天智	168	3	58	2341	天津市武清区城关镇武清道186号	301708	29469480-8666
55	天津市武清区黄花店中学	刘永亮	111	3	32	1353	天津市武清区黄花店镇大王路20号	301713	29481067
56	天津市武清区王庆坨中学	朱万水	113	3	27	1318	天津市武清区王庆坨镇幸福路18号	301700	29518796
57	天津市黑利伯瑞精英国际学校	高虎	109	9	12	216	天津市武清区高村镇公学道6号	301700	60978152
58	天津市武清区天和城实验中学	史学忠	233	3	57	3020	天津市武清区下朱庄街道天和路26号	301700	29453175-8001
59	天津六力高级中学	李志	128	3	31	1054	天津市武清区运河西街道源泉路15号	301700	29376691

（续表）

编号	校名	校长	教职工数	年级数	班数	学生数	地址	邮政编码	电话
60	黑利伯瑞高中（天津）有限责任公司	高虎	22	3	5	109	天津市武清区高村镇公学道6号	301709	60978152
61	天津市武清区职业教育中心	孙学刚	314	3	76	3484	天津市武清区南蔡村镇源春道1号	301700	82951628
62	天津市武清区卫生学校						天津市武清区运河西街道	301700	60911881
63	天津市武清区特殊教育学校	张艳苓	43	10	28	244	天津市武清区运河西街道18	301700	82263110
64	天津市武清区杨村第四小学	张伶玲	69	6	23	899	天津市武清区杨村街道雍阳东道5号	301700	29581954
65	天津市武清区杨村第六小学	张春海	59	6	18	713	天津市武清区运河西街道广厦东里19号	300700	82263120
66	天津市武清区杨村第七小学	田刚	86	6	23	911	天津市武清区运河西街道广厦道	301700	59616757
67	天津市武清区杨村第八小学	杜爱剑	118	6	42	2083	天津市武清区东蒲洼街道	301700	82108849
68	天津市武清区杨村第九小学	张建忠	86	6	43	2063	天津市武清区东蒲洼街道雍阳西道南侧杨村	301700	82191638
69	天津市武清区杨村第十小学	李树武	153	6	53	2658	天津市武清区运河西街道强国道43号	301700	82178955
70	天津市武清区杨村街第二小学	王晶元	89	6	36	1505	天津市武清区运河西街道泉兴路65号	301700	82175962
71	天津市武清区杨村街上未庄育才小学	金兆强	48	6	14	483	天津市武清区杨村街道机场道24号	301700	29321288
72	天津市武清区王庄军民小学	杜国良	45	6	17	681	天津市武清区杨村街道	301700	29505805
73	天津市武清区徐官屯街道庄中心小学	刘力	17	6	12	372	天津市武清区徐官屯街道	301700	29341213
74	天津市武清区杨村第十二小学	赵宝忠	64	6	28	1194	天津市武清区东蒲洼街道泉丰路39号	301700	60977911
75	天津市武清区下未庄街道静湖小学	杨春莉	62	6	35	1364	天津市武清区下未庄街道	301727	22982610
76	天津市武清区曹子里镇曹子里中心小学	杨健	45	6	20	737	天津市武清区曹子里镇	301700	29551266
77	天津市武清区曹子里镇大高口中心小学	孟凡刚	25	6	11	366	天津市武清区曹子里镇	301727	29559904
78	天津市武清区曹子里镇汉白户中心小学	冯学武	14	6	6	117	天津市武清区曹子里镇	301701	29559013
79	天津市武清区梅厂镇灰锅口中心小学	石玉春	26	6	9	247	天津市武清区梅厂镇	301701	59691105
80	天津市武清区梅厂镇裴古子中心小学	夏萍	25	6	11	308	天津市武清区梅厂镇	301701	82294850
81	天津市武清区梅厂镇张大庄中心小学	李庆余	20	6	6	188	天津市武清区梅厂镇	301701	29533517
82	天津市武清区梅厂镇梅厂中心小学	王宝山	71	6	32	1113	天津市武清区梅厂镇	301702	29534647
83	天津市武清区大黄堡镇东八里庄中心小学	李红文	13	6	6	98	天津市武清区大黄堡镇东八里庄村南	301702	82251387
84	天津市武清区大黄堡镇代庄中心小学	张宝春	16	6	6	134	天津市武清区大黄堡镇	301701	82248189
85	天津市武清区上马台镇上马台中心小学	祖继兵	63	6	28	1049	天津市武清区上马台镇	301701	82945936
86	天津市武清区上马台镇北五村中心小学	杜丽珍	16	6	6	120	天津市武清区上马台镇	301706	22961532
87	天津市武清区大碱厂镇第一小学	张志强	40	6	12	443	天津市武清区大碱厂镇	301706	82218821
88	天津市武清区大碱厂镇第二小学	张永富	36	6	12	422	天津市武清区大碱厂镇	301702	82216068
89	天津市武清区崔黄口镇崔黄口中心小学	陈宝春	35	6	18	738	天津市武清区崔黄口镇四街南	301702	29570203
90	天津市武清区崔黄口镇修家庄中心小学	李宝彦	14	6	6	160	天津市武清区崔黄口镇津围公路崔黄口镇段18号	301702	22996638

（续表）

编号	校名	校长	教职工数	年级数	班数	学生数	地址	邮政编码	电话
91	天津市武清区崔黄口镇北中心小学	龚善峰	16	6	7	232	天津市武清区崔黄口镇	301702	29579051
92	天津市武清区崔黄口镇后街明德中心小学	范更强	29	6	16	523	天津市武清区崔黄口镇	301702	82206238
93	天津市武清区崔黄口镇大宫城中心小学	赵宝齐	17	6	6	203	天津市武清区崔黄口镇	301703	82205634
94	天津市武清区大良镇大良中心小学	孙爱国	67	6	27	1079	天津市武清区大良镇	301703	29562224-819
95	天津市武清区大良镇双树小学	时春华	29	6	11	326	天津市武清区大良镇	301703	22298094
96	天津市武清区大良镇二百户小学	赵志龙	14	6	6	149	天津市武清区大良镇	301705	22298084
97	天津市武清区下伍旗镇下伍旗中心小学	邢学志	36	6	16	575	天津市武清区下伍旗镇	301705	22289147
98	天津市武清区下伍旗镇河各庄中心小学	张 平	23	6	9	292	天津市武清区下伍旗镇	301704	22289127
99	天津市武清区河北屯镇河北屯中心小学	张怀志	32	6	12	402	天津市武清区河北屯镇	301704	22284899
100	天津市武清区河北屯镇亢家庄中心小学	薄炳生	19	6	9	274	天津市武清区河北屯镇亢家庄村西	301709	22275024
101	天津市武清区南蔡村镇南蔡中心小学	韩阳春	35	6	12	394	天津市武清区南蔡村镇	301709	82185456
102	天津市武清区南蔡村镇畔水庭苑中心小学	郭生亮	54	6	22	849	天津市武清区南蔡村镇	301709	58953981
103	天津市武清区南蔡村镇莲胜中心小学	齐学亮	41	6	18	642	天津市武清区南蔡村镇	301709	29419038
104	天津市武清区南蔡村镇西小庄中心小学	李书红	19	6	6	122	天津市武清区南蔡村镇一排001号	301709	22253321
105	天津市武清区南蔡村镇六百户中心小学	张学全	17	6	6	107	天津市武清区南蔡村镇六百户村西	301709	22252489
106	天津市武清区南蔡村镇团结中心小学	炼洪春	21	6	6	153	天津市武清区南蔡村镇34排5号	301711	22253197
107	天津市武清区大孟庄镇大孟庄中心小学	许 波	29	6	11	302	天津市武清区大孟庄镇	301711	22260869
108	天津市武清区大孟庄镇小王庄中心小学	张玉海	18	6	6	147	天津市武清区大孟庄镇	301711	22263591
109	天津市武清区大孟庄镇大押虎寨中心小学	赵凤生	26	6	10	287	天津市武清区大孟庄镇大押虎寨村西侧	301709	22261900
110	天津市武清区泗村店镇太子务中心小学	高朋林					天津市武清区泗村店镇	301709	29425724
111	天津市武清区泗村店镇泗村店中心小学	白振宇	44	6	18	661	天津市武清区泗村店镇	301714	29425671
112	天津市武清区河西务镇河西务首镇小学	海 鹏	44	6	21	827	天津市武清区河西务镇	301713	29433301
113	天津市武清区王庆坨镇大三河小学	王 颖	12	6	6	236	天津市武清区王庆坨镇大三河曾村道沟子路一	301704	29519037
114	天津市武清区河北屯镇振华完全小学	王利军	23	6	12	400	天津市武清区河北屯镇西一排4号	301700	22284900
115	天津市武清区徐官屯街道第二小学	周 建	23	6	6	189	天津市武清区徐官屯街道惠民里小	301714	82144980
116	天津市武清区河西务镇扶头中心小学	孙中波	14	6	7	217	天津市武清区河西务镇	301714	29437389
117	天津市武清区河西务镇孝力小学	钟学伟	18	6	12	380	天津市武清区河西务镇孝力小学村东	301714	29400340
118	天津市武清区河西务镇大沙河中心小学	陈立华	25	6	12	417	天津市武清区河西务镇三五排6增1	301714	22224169
119	天津市武清区河西务镇羊坊中心小学	要建刚	14	6	6	196	天津市武清区河西务镇羊坊村北	301714	22235064
120	天津市武清区高村镇高村中心小学	王丽平	31	6	15	554	天津市武清区高村镇沙沟高路113号	301714	22221764
121	天津市武清区高村镇第二中心小学	贾广庆	17	6	6	149	天津市武清区高村镇	301712	22221824

（续表）

编号	校名	校长	教职工数	年级数	班数	学生数	地址	邮政编码	电话
122	天津市武清区城关营中心小学	孙占杰	42	6	14	513	天津市武清区城关镇	301712	29460311
123	天津市武清区城关镇东张营中心小学	庞胜发	16	6	6	139	天津市武清区城关镇	301712	29464117
124	天津市武清区城关镇明德小学	孙宝林	14	6	6	126	天津市武清区城关镇后庄村小屯路1号	301712	82275258
125	天津市武清区城关镇大桃园中心小学	刘春生	28	6	10	287	天津市武清区城关镇	301712	29461432
126	天津市武清区白古屯镇和平中心小学	杨连喜	24	6	12	318	天津市武清区白古屯镇黄小公路77号	301712	22186422
127	天津市武清区白古屯镇桐林中心小学	王建军	16	6	7	173	天津市武清区白古屯镇黄小公路36号	301712	22180089
128	天津市武清区白古屯镇东马房中心小学	郝军	13	6	6	111	天津市武清区白古屯镇	301739	29466760
129	天津市武清区大王古庄镇大王古庄中心小学	刘国旗	66	6	32	1310	天津市武清区大王古庄镇	301739	82958251
130	天津市武清区大王古庄镇第二中心小学	杜会东	30	6	16	536	天津市武清区大王古庄镇	301717	22191655
131	天津市武清区东马圈镇中心小学	徐建忠	29	6	13	526	天津市武清区东马圈镇	301717	29479771
132	天津市武清区东马圈镇大谋古屯中心小学	张颖	15	6	6	153	天津市武清区东马圈镇13排24号	301717	29476013
133	天津市武清区东马圈镇西刘庄中心小学	吴学强	13	6	6	117	天津市武清区东马圈镇28排7号	301707	29472040
134	天津市武清区豆张庄镇豆张庄中心小学	刘庆山	28	6	10	260	天津市武清区豆张庄镇	301707	22167574
135	天津市武清区豆张庄镇南双庙中心小学	朱立华	25	6	12	307	天津市武清区豆张庄镇	301707	22167674
136	天津市武清区豆张庄镇茨洲中心小学	朱艳松	23	6	9	234	天津市武清区豆张庄镇	301708	22167544
137	天津市武清区黄花店镇黄花店中心小学	李永未	47	6	17	641	天津市武清区黄花店镇陈兴路2号	301708	29481514
138	天津市武清区黄花店镇甄营中心小学	王立国	15	6	6	164	天津市武清区黄花店镇	301708	29484916
139	天津市武清区黄花店镇八里桥中心小学	李欣凤	16	6	6	197	天津市武清区黄花店镇3214号	301718	29481213
140	天津市武清区石各庄镇石各庄中心小学	沙立秋	53	6	23	853	天津市武清区石各庄镇	301718	22159467
141	天津市武清区石各庄镇敖嘴中心小学	王淑霞	28	6	10	259	天津市武清区石各庄镇	301718	22159461
142	天津市武清区石各庄镇梁在中心小学	蔡玉茹	14	6	6	147	天津市武清区石各庄镇	301741	22156255
143	天津市武清区陈咀镇陈咀中心小学	肖会欣	28	6	18	630	天津市武清区陈咀镇陈咀村东13	301741	22146439
144	天津市武清区陈咀镇北三村中心小学	马祥印	23	6	12	311	天津市武清区陈咀镇大王村	301741	22147541
145	天津市武清区陈咀镇庞庄中心小学	朱卫红	14	6	6	178	天津市武清区陈咀镇	301713	22146607
146	天津市武清区王庆坨镇光明小学	张胜义	40	6	19	761	天津市武清区王庆坨镇五街村小范口公路西	301713	29518587
147	天津市武清区王庆坨镇六街小学	胡培荣	29	6	14	508	天津市武清区王庆坨镇西环路一巷88号	301700	29515072
148	天津市武清区杨村第十三小学	张克福	45	6	18	810	天津市武清区东蒲洼街道雍和道153号	301700	29366626
149	天津市武清区杨村第十四小学	赵越华	74	6	32	1457	天津市武清区杨村街道新城规划富民路北侧	301713	22958025
150	天津市武清区王庆坨镇郑大小学	李立群	12	6	6	183	天津市武清区王庆坨镇郑大小学村西	301713	29514080
151	天津市武清区王庆坨镇一街中心小学	孙开明	41	6	18	681	天津市武清区王庆坨镇	301713	29513919

（续表）

编号	校名	校长	教职工数	年级数	班数	学生数	地址	邮政编码	电话
152	天津市武清区王庆坨镇第二小学	王树刚	24	6	11	319	天津市武清区王庆坨镇四王庆与津霸公路交口南500米	301713	29525962
153	天津市武清区王庆坨镇胜利小学	罗前锋	18	6	7	204	天津市武清区王庆坨镇北环路20号	301713	29516651
154	天津市武清区王庆坨镇九街小学	张纪洪	21	6	10	356	天津市武清区王庆坨镇九街村团卫院三巷27号	301713	29521611
155	天津市武清区王庆坨镇尤张堡小学	李丽霞	16	6	8	248	天津市武清区王庆坨镇四王排4号	301721	29501512
156	天津市武清区汉沽港镇一街中心小学	徐丽丽	37	6	17	678	天津市武清区汉沽港镇一街村政府路2号	301721	29491917
157	天津市武清区汉沽港镇六街小学	高元梅	30	6	15	556	天津市武清区汉沽港镇口村南黄王公路西侧6号	301721	22134254
158	天津市武清区汉沽港镇苑家堡中心小学	鲁宣生	15	6	10	265	天津市武清区汉沽港镇苑家堡村北路2号	301721	29491485
159	天津市武清区汉沽港镇西肖庄中心小学	边亚洲	16	6	6	123	天津市武清区汉沽港镇中心路108号	301700	22134974
160	天津市武清区黄庄街泉昇小学	杨仲颖	56	6	34	1480	天津市武清区黄庄街道泉阳路4号	301700	60979536
161	天津市武清区杨村第十五小学	陈安国	60	6	28	1100	天津市武清区徐官屯街道	301700	22161887
162	天津市武清区杨村第十六小学	李红宝	53	6	26	1038	天津市武清区杨村街道英华道8号	301700	60180372
163	天津市武清区下朱庄街广贤路小学	徐红宇	69	6	51	2241	天津市武清区下朱庄街道明博路28号	301721	58509974
164	天津市武清区汉沽港镇港韵小学	林　刚	46	6	26	1037	天津市武清区汉沽港镇京津科技谷嘉园道2号	301700	22123163
165	天津市武清区杨村第十七小学	张秀波	53	6	20	904	天津市武清区东蒲洼街道强国道302号	301741	60327857
166	天津市武清区陈嘴镇艾蒲庄小学	严庆娟	18	6	7	235	天津市武清区陈嘴镇艾蒲庄村西口	301741	22146347
167	天津市武清区陈嘴镇渔坝口小学	肖兴强	22	6	12	414	天津市武清区陈明镇村中心	301721	22149790
168	天津市武清区汉沽港镇三街小学	李邦江	11	6	6	137	天津市武清区汉沽港镇永华道20号	301712	29491282
169	天津市武清区白古屯镇小韩村完全小学	杜翔云	10	6	6	161	天津市武清区白古屯镇黄小公路18号	301700	22180219
170	天津市武清区杨村街第一小学	程志军	26	6	14	497	天津市武清区杨村街道102号	301700	29301813
171	天津市武清区黄庄街城上完全小学	王瑞军	8	6	5	98	天津市武清区杨村街道998号	301707	82123754
172	天津市武清区黄庄街老米店完全小学	崔洪才	20	6	6	112	天津市武清区东蒲洼街道艾蒲庄镇	301712	22167784
173	天津市武清区白古屯镇中心小学	郑志强	12	6	6	144	天津市武清区白古屯镇白古屯镇富和公路39号	301700	22186481
174	天津市武清区黄庄街马家口完全小学	郑宏元	9	6	5	80	天津市武清区黄庄街道	301700	29361001
175	天津市武清区黄庄街老米店完全小学	陈瑞崇	8	6	5	120	天津市武清区黄庄街道	301700	29323664
176	天津市武清区下朱庄街南湖小学	芮晓云	39	6	36	1496	天津市武清区下朱庄街道天和路396号	301725	29301655
177	天津市武清区下朱庄街静湖第二小学	张学玲	37	6	28	1050	天津市武清区下朱庄街道	301700	29441873
178	天津市武清区杨村街光明道小学	杜宏宇	68	6	37	1874	天津市武清区东蒲洼街道东蒲洼街光明道751号增1号	301731	60329258
179	天津市武清区大黄堡镇朝阳里小学	张福忠	39	6	12	328	天津市武清区大黄堡镇大东路101号	301700	82225033
180	天津市武清区下朱庄街越秀园小学	李学军	39	6	22	902	天津市武清区下朱庄街道世广道1号	301700	29356891
181	天津市武清区杨村第十一小学	邱思达	98	6	35	1660	天津市武清区东蒲洼街道	301709	82978116

（续表）

编号	校名	校长	教职工数	年级数	班数	学生数	地址	邮政编码	电话
182	天津市武清区泗村店镇湖村中心小学	姜晓国	20	6	6	208	天津市武清区泗村店镇1-1	301702	29425724
183	天津市武清区崔黄口镇南中心小学	刘德增	24	6	12	357	天津市武清区崔黄口镇五安营村二	301737	29572044
184	天津市武清区高村镇第三中心小学	王军龙	23	6	14	486	天津市武清区高村镇书院道55号	301721	22221823
185	天津市武清区汉沽港镇二中心小学	于成军	29	6	17	653	天津市武清区汉沽港镇红领巾路14号	301700	29491425
186	天津市武清区第一幼儿园	龚保兰	47	3	18	586	天津市武清区杨村街道雍阳东道28号	301700	29342257-8010
187	天津市武清区杨村街第三幼儿园	卢俊媛	43	3	9	338	天津市武清区运河西街道	301700	82114232
188	天津市武清区东蒲洼街金摇篮幼儿园	王 旭	70	3	15	476	天津市武清区东蒲洼街道泉发路53号	301700	22162566
189	中国人民解放军66058部队幼儿园	王婉英	4	3	1	27	天津市武清区杨村街街道	301700	18622610521
190	中国人民解放军93735部队幼儿园	宋 英	21	3	3	105	天津市武清区杨村街街道	301700	84681236
191	天津市武清区杨村第四小学附属幼儿园	张会玲	2	3	1	30	天津市武清区杨村街街道雍阳东道5号	301700	22108162
192	天津市武清区杨村第六小学附属幼儿园	张春海	4	3	1	22	天津市武清区运河西街道厦东里19号	301700	82263137
193	天津市武清区杨村第七小学附属幼儿园	田 刚	6	3	2	46	天津市武清区运河西街道杨村村厦道	301700	59616767
194	天津市武清区杨村第八小学附属幼儿园	杜爱剑	5	3	2	67	天津市武清区东蒲洼街道	301700	82106159
195	天津市武清区杨村第五幼儿园	王继艳	72	3	18	607	天津市武清区杨村街泉兴北路25号	301700	29385226
196	天津市武清区杨村街育才幼儿园	金兆强	17	3	7	195	天津市武清区杨村街街道24号	301700	29321228
197	天津市武清区王庄军民小学附属幼儿园	杜国良	4	3	1	9	天津市武清区杨村村街道	301700	29505805
198	天津市武清区杨村街月亮船幼儿园	张春俊	14	3	4	111	天津市武清区杨村街道振华西道二号楼	301700	29360200
199	天津市武清区徐官屯中心幼儿园	王静华	8	3	6	153	天津市武清区徐官屯街道	301700	82293915
200	天津市武清区黄庄街老米店幼儿园	陈瑞崇	1	3	3	42	天津市武清区黄庄街道	301700	29323664
201	天津市武清区黄庄街马家口幼儿园	郑宏元	1	3	3	34	天津市武清区黄庄街道	301700	29361001
202	天津市武清区黄庄街城上幼儿园	王瑞云	3	3	2	17	天津市武清区黄庄街道99号	301700	82123754
203	天津市武清区下朱庄街道静湖幼儿园	穆文玲	20	3	6	156	天津市武清区下朱庄街道静花园西57号	301700	29441977
204	天津市武清区下朱庄街越秀园幼儿园	高永妹	9	3	6	188	天津市武清区下朱庄街道	301700	29356892
205	天津市武清区曹子里镇小高口中心幼儿园	白凤玉					天津市武清区曹子里镇	301700	29559105
206	天津市武清区曹子里镇大地幼儿园	杨 惢	32	3	6	179	天津市武清区曹子里镇杨六公路802号	301727	29559195
207	天津市武清区曹子里镇西掘河幼儿园	李光民	8	3	2	52	天津市武清区曹子里镇	301727	29308175
208	天津市武清区曹子里镇汉百户幼儿园	吕洪旭	2	3	1	19	天津市武清区曹子里镇	301701	29559013
209	天津市武清区梅厂镇中心幼儿园	时铁栓	8	3	7	175	天津市武清区梅厂镇	301700	29538512
210	天津市武清区梅厂镇聂庄子中心幼儿园	张艳霞	3	3	1	27	天津市武清区梅厂镇聂庄子村东	301701	82294242
211	天津市武清区梅厂镇张大庄幼儿园	王 涛	2	3	2	32	天津市武清区梅厂镇	301701	29534064
212	天津市武清区梅厂镇灰锅口中心幼儿园	李德亮	5	3	3	89	天津市武清区梅厂镇	301731	59691105
213	天津市武清区大黄堡镇代家庄幼儿园	张宝春	2	3	1	23	天津市武清区大黄堡镇	301729	82241097

（续表）

编号	校名	校长	教职工数	年级数	班数	学生数	地址	邮政编码	电话
214	天津市武清区上马台镇中心幼儿园	李立明	16	3	15	381	天津市武清区上马台镇	301700	82288966
215	天津市武清区上马台镇北五村幼儿园	杜丽珍	2	3	2	22	天津市武清区上马台镇	301706	22961532
216	天津市武清区大碱厂镇中心幼儿园	武明丽	6	3	2	47	天津市武清区大碱厂镇初级中学院内	301706	82219044
217	天津市武清区大碱厂镇兰家庄幼儿园	莫亚艳	4	3	2	39	天津市武清区大碱厂镇兰家庄村北	301706	82219275
218	天津市武清区大碱厂镇陈楼幼儿园	段秀娟	4	3	1	22	天津市武清区大碱厂镇	301702	82217867
219	天津市武清区崔黄口镇中心幼儿园	肖艳	19	3	6	134	天津市武清区崔黄口镇廊延长线崔黄口段56号	301702	82203070
220	天津市武清区崔黄口镇后巷中心幼儿园	王艳敏	13	3	5	113	天津市武清区崔黄口镇后巷福巷嘉苑小区	301702	82206238
221	天津市武清区崔黄口镇北幼儿园	龚章峰	4	3	2	33	天津市武清区崔黄口镇	301702	29579051
222	天津市武清区崔黄口镇大宫城幼儿园	赵宝齐	2	3	2	32	天津市武清区崔黄口镇	301702	82205634
223	天津市武清区崔黄口镇周辛庄幼儿园	肖艳	3	3	2	27	天津市武清区崔黄口镇周辛庄村	301702	60639801
224	天津市武清区崔黄口镇修家庄中心小学小学幼儿园	李宝彦	2	3	2	33	天津市武清区崔黄口镇图公路崔黄口段18号	301702	22996638
225	天津市武清区崔黄口镇东粮窝幼儿园	陈立侠	3	3	2	46	天津市武清区崔黄口镇东粮窝村15排19号	301702	82203319
226	天津市武清区崔黄口镇育才托幼点	丁祥春			6		天津市武清区崔黄口镇辛庄村西北	301703	82101018
227	天津市武清区大良镇中心幼儿园	刘凤娟	10	3	5	182	天津市武清区大良镇	301703	29591729
228	天津市武清区大良镇双树中心幼儿园	马艳臣	7	3	1	105	天津市武清区大良镇	301703	22291235
229	天津市武清区大良镇李千户幼儿园	刘丽华	1	3	1	8	天津市武清区大良镇	301703	85701604
230	天津市武清区大良镇屯底庄幼儿园	钱玉环	1	3	1	11	天津市武清区大良镇	301703	22260924
231	天津市武清区大良镇二百户幼儿园	宗桂柳	1	3	1	16	天津市武清区大良镇	301703	22298094
232	天津市武清区大良镇蔡各庄幼儿园	冯宇琦	1	3	1	6	天津市武清区大良镇	301703	22292153
233	天津市武清区大良镇前洞寺幼儿园	靳洁丽	1	3	1	9	天津市武清区大良镇	301703	22292159
234	天津市武清区大良镇安家务幼儿园	李志杰	1	3	1	13	天津市武清区大良镇	301703	85701607
235	天津市武清区大良镇北小营幼儿园	闫秀云	2	3	6	23	天津市武清区大良镇	301705	22969307
236	天津市武清区下伍旗镇中心幼儿园	刘树颖	9	3	3	150	天津市武清区下伍旗镇旗良路68号	301704	22289714
237	天津市武清区河北屯镇中心幼儿园	杨妍妍	7	3	3	74	天津市武清区河北屯镇3排102	301704	22273380
238	天津市武清区河北屯镇南北口哨中心幼儿园				2		天津市武清区河北屯镇南口哨村	301706	22273381
239	天津市武清区河北屯镇振华幼儿园	王晨生	4	3	2	57	天津市武清区河北屯镇西一排4号	301704	22284900
240	天津市武清区河北屯镇亢家庄中心幼儿园	王孟岳	5	3	2	69	天津市武清区河北屯镇亢家庄村西	301706	22275024
241	天津市武清区南蔡村镇中心幼儿园	靳宝成	5	3	3	35	天津市武清区南蔡村镇	301709	82185456
242	天津市武清区南蔡村镇连胜幼儿园	齐学亮	7	3	3	49	天津市武清区南蔡村镇	301709	29419038
243	天津市武清区南蔡村镇西小良幼儿园	李书红	2	3	1	17	天津市武清区南蔡村镇一排001号	301709	22253321

（续表）

编号	校名	校长	教职工数	年级数	班数	学生数	地址	邮政编码	电话
244	天津市武清区南蔡村镇六百户幼儿园	张学全	2	3	1	14	天津市武清区南蔡村镇六百户村西	301709	22252489
245	天津市武清区南蔡村镇团结幼儿园	陈洪春	3	3	4	22	天津市武清区南蔡村镇34排5号	301700	22253197
246	天津市武清区大孟庄镇中心幼儿园	张玉霜	11	3	2	64	天津市武清区大孟庄镇	301711	22260290
247	天津市武清区大孟庄镇小王庄幼儿园	张玉霜	4	3	3	31	天津市武清区大孟庄镇	301711	22263591
248	天津市武清区大孟庄镇第二幼儿园	张玉霜	7	3	3	54	天津市武清区大孟庄镇	301711	22261900
249	天津市武清区大孟庄镇第三幼儿园	张玉霜	5	3	5	40	天津市武清区大孟庄镇	301735	22228751
250	天津市武清区泗村店镇中心幼儿园	李委林	17	3	2	135	天津市武清区泗村店镇	301735	29427871
251	天津市武清区泗村店镇太子务幼儿园	高朋林	5	3	1	41	天津市武清区泗村店镇	301735	29425714
252	天津市武清区泗村店镇仓上幼儿园	姜晓国	2	3	1	23	天津市武清区泗村店镇	301735	29425724
253	天津市武清区泗村店镇旧县幼儿园	李委林	2	3	1	11	天津市武清区泗村店镇	301735	29425570
254	天津市武清区泗村店镇陈庄幼儿园	李委林	2	3	10	19	天津市武清区泗村店镇	301714	29425552
255	天津市武清区河西务镇中心幼儿园	张玉香	16	3	3	255	天津市武清区河西务镇	301714	29435168
256	天津市武清区河西务镇孝力幼儿园	钟学伟	4	3	3	74	天津市武清区河西务镇孝力村东	301714	29400340
257	天津市武清区河西务镇龚庄幼儿园	倪振国	4	3	1	55	天津市武清区河西务镇龚庄村东	311714	29433177
258	天津市武清区河西务镇中白庙幼儿园	李武生	2	3	4	9	天津市武清区河西务镇	301714	29431010
259	天津市武清区河西务镇扶头幼儿园	孙中波	4	3	3	91	天津市武清区河西务镇	301714	29437389
260	天津市武清区河西务镇索庄幼儿园				3		天津市武清区河西务镇	301714	29439131
261	天津市武清区河西务镇大沙河幼儿园	陈立华	4	3	3	46	天津市武清区河西务镇三五排6增1	301714	22224169
262	天津市武清区河西务镇羊坊幼儿园	要建刚	4	3	6	73	天津市武清区河西务镇羊坊村北	301714	22235064
263	天津市武清区河西务镇北七幼儿园	何书生	4	3	6	54	天津市武清区河西务镇	301714	22235068
264	天津市武清区高村镇中心幼儿园	陈博文	11	3	3	160	天津市武清区高村镇	301714	22221743
265	天津市武清区高村镇牛镇幼儿园	段玉英	7	3	3	139	天津市武清区高村镇	301714	22221743
266	天津市武清区高村镇大周村幼儿园	陈博文	1	3	3	76	天津市武清区高村镇	301714	22221743
267	天津市武清区高村镇碱厂幼儿园	陈博文	1	3	3	59	天津市武清区高村镇	301712	22221743
268	天津市武清区城关镇中心幼儿园	王海英	7	3	3	57	天津市武清区城关镇西南街小学道	301712	29461381
269	天津市武清区城关镇东张营中心小学营幼儿园	庞胜发	4	3	3	28	天津市武清区城关镇西南街小学道	301712	29464117
270	天津市武清区城关镇明德幼儿园	孙宝林	4	3	2	33	天津市武清区城关镇后庄村小屯路1号	301712	22297185
271	天津市武清区城关镇大桃园中心小学幼儿园	刘春生	7	3	2	71	天津市武清区城关镇	301712	29467925
272	天津市武清区白古屯白古幼儿园	郑志强	3	3	2	55	天津市武清区白古屯镇白古屯镇富和公路39号	301712	22186481
273	天津市武清区白古屯镇东马房幼儿园	郝军	6	3	3	31	天津市武清区白古屯镇	301712	29466760

（续表）

编号	校名	校长	教职工数	年级数	班数	学生数	地址	邮政编码	电话
274	天津市武清区白古屯镇利平庄幼儿园	杨连喜	2	3	2	44	天津市武清区白古屯镇黄小公路77号	301712	22186422
275	天津市武清区白古屯镇桐林中心幼儿园	赵向东	5	3	2	54	天津市武清区白古屯镇黄小公路36号	301712	22180089
276	天津市武清区白古屯镇大魏庄幼儿园	马永志	2	3	2	20	天津市武清区白古屯镇大魏庄村北口	301712	22186422
277	天津市武清区白古屯镇耿庄幼儿园	杨连喜	2	3	15	17	天津市武清区白古屯镇耿庄村东口	301712	22186422
278	天津市武清区白古屯镇小韩村幼儿园	方德领	5	3	2	47	天津市武清区白古屯镇黄小公路18号	301739	22180219
279	天津市武清区大王古庄镇中心幼儿园	聂宝义	36	3	3	418	天津市武清区大王古庄镇	301739	22224895
280	天津市武清区大王古庄镇侯尚幼儿园	王文录	4	3	6	31	天津市武清区大王古庄镇	301700	29354895
281	天津市武清区大王古庄镇王凤利托幼点	王凤利	5	3	2	58	天津市武清区大王古庄镇	301717	22191160
282	天津市武清区东马圈镇中心幼儿园	刘 中	17	3	2	151	天津市武清区东马圈镇马圈村通达路66号	301717	29470511
283	天津市武清区东马圈镇大谋幼儿园	张 颖	2	3	1	43	天津市武清区东马圈镇	301717	29476013
284	天津市武清区东马圈镇西刘庄幼儿园	吴学强	4	3	2	44	天津市武清区东马圈镇西刘庄村	301707	29472040
285	天津市武清区豆张庄镇豆张庄中心幼儿园	王海珍	4	3	1	14	天津市武清区豆张庄镇	301707	22123884
286	天津市武清区豆张庄镇双庙中心幼儿园	李凤华	5	3	2	38	天津市武清区豆张庄镇南双庙村西	301707	22167674
287	天津市武清区豆张庄镇汶洲幼儿园	刘文秀	2	3	1	30	天津市武清区豆张庄镇	301708	22167544
288	天津市武清区黄花店镇中心幼儿园	李永来	6	3	1	54	天津市武清区黄花店镇	301708	29481514
289	天津市武清区黄花店镇甄营幼儿园	王立国	2	3	12	22	天津市武清区黄花店镇	301700	29484916
290	天津市武清区黄花店镇八里桥幼儿园	李欣凤	2	3	3	25	天津市武清区黄花店镇	301718	29481213
291	天津市武清区石各庄镇中心幼儿园	沙百岑	10	3	2	367	天津市武清区石各庄镇	301718	22157896
292	天津市武清区石各庄镇庞庄幼儿园	王淑霞	5	3	1	102	天津市武清区石各庄镇	301741	22159461
293	天津市武清区陈咀镇艾卜庄幼儿园	史冬宇	6	3		50	天津市武清区陈咀镇	301741	22136294
294	天津市武清区陈咀镇北三村幼儿园	马祥印	2	3		14	天津市武清区陈咀镇	301741	29498691
295	天津市武清区陈咀镇敖咀幼儿园	朱卫红			5		天津市武清区陈咀镇	301741	22136294
296	天津市武清区王庆坨镇光明幼儿园	严庆娟			4		天津市武清区陈咀镇	301713	22136294
297	天津市武清区王庆坨镇六街中心幼儿园	张胜义	11	3	2	115	天津市武清区王庆坨镇五街村西	301713	29511179
298	天津市武清区王庆坨镇郑大幼儿园	胡培荣	9	3	5	77	天津市武清区王庆坨镇环路一巷88号	301713	29515072
299	天津市武清区王庆坨镇一街幼儿园	李立群	7	3	2	29	天津市武清区王庆坨镇郑家楼西	301713	29514080
300	天津市武清区王庆坨镇二街幼儿园	孙开明	13	3	1	161	天津市武清区王庆坨镇一街村东环路南四巷	301713	29513919
301	天津市武清区王庆坨镇胜利幼儿园	王树刚	6	3	3	33	天津市武清区王庆坨镇津霸公路与四街交口路南500米	301713	29515962
302	天津市武清区王庆坨镇九街幼儿园	罗前锋	3	3	5	16	天津市武清区王庆坨镇	301713	29516651
303		张纪洪	7	3	1	57	天津市武清区王庆坨镇27号	301713	29521611

（续表）

编号	校名	校长	教职工数	年级数	班数	学生数	地址	邮政编码	电话
304	天津市武清区王庆坨镇红星幼儿园	蔚丽	13	3		103	天津市武清区王庆坨镇六街	301721	82179059
305	天津市武清区汉沽港镇中心幼儿园	董泽	3	3	1	7	天津市武清区汉沽港镇二街村红领巾路15号	301721	29491425
306	天津市武清区汉沽港镇一街幼儿园	徐丽丽	2	3	1		天津市武清区汉沽港镇一街村政府路2号	301721	29491917
307	天津市武清区汉沽港镇六道口幼儿园	高元梅	2	3	9	4	天津市武清区汉沽港镇六道口村南黄王公路西侧6号	301721	22134254
308	天津市武清区汉沽港镇肖庄幼儿园	边亚洲	2	3	6	4	天津市武清区汉沽港镇中心路108号	307121	22134974
309	天津市武清区汉沽港镇宗奕幼儿园	严宗奕	20	3	1	322	天津市武清区汉沽港镇	301705	29493407
310	天津市武清区下伍旗镇宝贝之家幼儿园	刘雪花	28	3	2	169	天津市武清区下伍旗镇	301721	22282955
311	天津市武清区汉沽港镇苑家堡星苑托幼点	顾兆侠	4	3	5	18	天津市武清区汉沽港镇苑家堡	301712	29491986
312	天津市武清区白古屯镇徐庄幼儿园	杨连菩	2	3	3	15	天津市武清区白古屯镇徐庄村南口	301706	22186422
313	天津市武清区大碱厂镇月亮湾幼儿园	周庆莲	15	3	3	135	天津市武清区大碱厂镇大顺旺商贸楼9号	301700	82115836
314	天津市武清区下朱庄街鑫竹第一托幼点	赵学武	8	3	2	37	天津市武清区下朱庄街道武清花溪畔小区	301708	82214500
315	天津市武清区黄花店镇耕心托幼点	简海玲	8	3	1	36	天津市武清区黄花店镇	301714	82214501
316	天津市武清区河西务镇晨雨托幼点	王秋菊	6	3	16	9	天津市武清区河西务镇	301721	29415189
317	天津市武清区汉沽港镇冷家堡福霞托幼点	高福霞	4	3	1	27	天津市武清区汉沽港镇冷家堡村	301700	294923097
318	天津市武清区第四幼儿园	曹雪雪	70	3	6	675	天津市武清区东蒲洼街道雍阳道849号	301721	22195952-8010
319	天津市武清区汉沽港镇苑家堡开心托幼点	孟娟	4	3	3	24	天津市武清区汉沽港镇苑家堡村	301700	29492637
320	天津市武清区第二幼儿园	邓宝芹	29	3	14	187	天津市武清区运河西街道厂厦东里15号	301721	29333714
321	天津市武清区汉沽港镇三街童之梦托幼点	苏丹	5	3	10	27	天津市武清区汉沽港镇三街村东门	301700	22154502
322	天津市武清区杨村街武清英华幼儿园	郑慧玲	61	3	3	486	天津市武清区杨村街道天津武清梿仙公寓东	301700	82123939
323	天津市武清区伊顿慧智教育咨询有限公司	宋媛媛	50	3	1	268	天津市武清区东蒲洼街道36	301700	22977882
324	天津市武清区曹子里镇鑫苗托幼点	辛树梅	10	3	2	64	天津市武清区曹子里镇27-7	301705	29559105
325	天津市武清区下伍旗镇河各庄幼儿园	陈熙	2	3	2	34	天津市武清区下伍旗镇	301705	22289127
326	天津市武清区下伍旗镇河各庄村查老师托幼点	查淑红	5	3	3	59	天津市武清区黄花店镇杨王公路东侧源兴商贸楼12排6号	301708	82298985
327	天津市武清区黄花店镇阳光托幼点	李文元	5	3	7	29	天津市武清区黄花店镇杨王公路东侧源兴商贸楼13号	301721	13752343399
328	天津市武清区汉沽港镇二街启蒙幼儿园	张翻	9	3	2	40	天津市武清区汉沽港镇18号	301700	29495790
329	天津市武清区曹子里镇蓝天幼儿园	周娟	20	3	3	196	天津市武清区曹子里镇一排53号	301700	29559261
330	天津市武清区杨村第十四小学附属幼儿园	王振丽	5	3	1	50	天津市武清区杨村街道武清下园大街	301700	63079307
331	天津市武清区曹子里镇拾稻村托幼点	韩春艳		3	4		天津市武清区曹子里镇	301731	29559105
332	天津市武清区大黄堡镇八里庄幼儿园	李红文	1	3	3	23	天津市武清区大黄堡镇	301731	82241097

（续表）

编号	校名	校长	教职工数	年级数	班数	学生数	地址	邮政编码	电话
333	天津市武清区大黄堡镇朝阳里幼儿园	何洪兴	8	3	9	111	天津市武清区大黄堡镇	301700	82241097
334	天津市武清区下朱庄街俊园托幼点	李永丽	9	3	5	51	天津市武清区下朱庄街33-8	301700	22959120
335	天津市武清区黄庄街泉昇第一幼儿园	陈秀娟	20	3	6	260	天津市武清区黄庄街黄庄镇泉昇佳苑东	301721	60120200
336	天津市武清区汉沽港镇高秀娟托幼点	高秀娟	12	3	2	86	天津市武清区汉沽港镇三街立新路39号	301700	29492308
337	天津市武清区第六幼儿园	高洁	24	3	4	177	天津市武清区运河西街道武清杨村前进道198号	301700	29505580
338	天津市武清区杨村第十一小学附属幼儿园	邱思达	4	3	8	74	天津市武清区杨村街道	301701	82978116
339	天津市武清区上马台镇童星幼儿园	杨兆勇	16	3	6	92	天津市武清区上马台镇	301700	29599360
340	天津市武清区大良镇吴老师幼儿园	张洪瑜	29	3	6	236	天津市武清区大良镇	301700	22294184
341	天津市武清区下朱庄街碧溪园第一幼儿园	程景玉	5	3	9	146	天津市武清区下朱庄街道碧溪春园25号	301700	59691607
342	天津市武清区下朱庄街碧溪园第二幼儿园	王海秀	6	3	6	159	天津市武清区下朱庄街道碧溪秋园48号	301700	59679031
343	天津市武清区下朱庄街碧溪园第三幼儿园	刘新艳	9	3	2	197	天津市武清区下朱庄街道碧溪卓园45号	301700	59691609
344	天津市武清区杨村街金贝贝幼儿园	董文红	17	3	2	169	天津市武清区杨村街道汇信道30,32	301739	82129055
345	天津市武清区大王古庄镇大王古庄幼儿园	王文录	4	3	6	30	天津市武清区大王古庄镇	301739	82977482
346	天津市武清区大王古庄镇陈振华托幼点	陈振华	4	3	5	25	天津市武清区大王古庄镇一排3号	301714	22192055
347	天津市武清区河西务镇晨雨幼儿园	王秋菊	18	3	2	174	天津市武清区河西务镇	301700	22298921
348	天津市武清区大良镇未来星幼儿园	陈洪敏	12	3	4	138	天津市武清区大良镇	301702	22929002
349	天津市武清区崔黄口镇南幼儿园	刘德增	3	3	7	47	天津市武清区崔黄口镇五安营村	301700	29572044
350	天津市武清区东蒲洼街佳禾幼儿园	赵志琴	17	3	4	91	天津市武清区东蒲洼街道	301700	82149700
351	天津市武清区杨村街阳光幼儿园	张凤萍	17	3	6	163	天津市武清区运河西街道	301700	82262399
352	天津市武清区下朱庄街秀中托幼点	黄义桂	9	3	3	82	天津市武清区下朱庄街道逸秀园中	301700	29500359
353	天津市武清区梅厂镇启明星幼儿园	李志霞	22	3	3	186	天津市武清区梅厂镇	301721	82947234
354	天津市武清区汉沽港镇四街红霞托幼点	魏红霞			13		天津市武清区汉沽港镇四街红旗胡同6号	301721	29498618
355	天津市武清区汉沽港镇六道口村童托幼点	王兴颖	7	3	3	61	天津市武清区汉沽港镇	301700	29454599
356	天津市武清区第七幼儿园	孟昭云	27	3	1	421	天津市武清区东蒲洼街道	301700	59667904
357	天津市武清区徐官屯街第二幼儿园	李俊春	6	3	6	85	天津市武清区徐官屯街道徐官屯镇惠民里小	301702	82144980
358	天津市武清区崔黄口镇前营幼儿园	李红	3	3	14	20	天津市武清区崔黄口镇前营村	301703	82203290
359	天津市武清区大良镇华星幼儿园	周海静	22	3	3	134	天津市武清区大良镇1号	301700	22243699
360	天津市武清区第八幼儿园	李红菁	30	3	3	441	天津市武清区东蒲洼街道152号增1号	301702	58953850
361	天津市武清区崔黄口镇聪明宝宝托幼点	温秀美	6	3	3	48	天津市武清区崔黄口镇崔黄口镇一街	301700	22996898
362	天津市武清区曹子里镇中英托幼点	黄俊贵	10	3	3	67	天津市武清区曹子里镇	301708	82258502

（续表）

编号	校名	校长	教职工数	年级数	班数	学生数	地址	邮政编码	电话
363	天津市武清区黄花店镇快乐宝贝托幼点	王静	4	3	10	49	天津市武清区黄花店镇商贸街楼33号	301711	22138680
364	天津市武清区大孟庄镇聪明屋托幼点	于丽	7	3	3	40	天津市武清区大孟庄镇京津公路东侧	301700	22260808
365	天津市武清区下朱庄街君利花园幼儿园	李永丽	49	3	14	285	天津市武清区下朱庄街道32号	301721	22959120
366	天津市武清区汉沽港镇一街金太阳幼儿园	张会芝	8	3	9	44	天津市武清区汉沽港镇一街村西环路东100米	301700	29491907
367	天津市武清区第九幼儿园	贾永新	37	3	2	391	天津市武清区徐官屯街道2616号	301709	59903161
368	天津市武清区南蔡村镇紫盈幼儿园	王秋菊	37	3	3	230	天津市武清区南蔡村镇	301700	29415189
369	天津市武清区黄花店镇八里桥村以勒之家托幼点	李乃栋	5	3	2	12	天津市武清区黄花店镇556号	301721	29482932
370	天津市武清区汉沽港镇一街阳光宝贝幼托点	李志梅	5	3	2	30	天津市武清区汉沽港镇汉沽港一街市场西路44号	301718	22270239
371	天津市武清区石各庄镇梁各庄幼儿园	蔡玉茹	1	3	2	56	天津市武清区石各庄镇梁各庄村西	301702	22156255
372	天津市武清区崔黄口镇同家务阳光托幼点	霍占军	3	3	3	16	天津市武清区崔黄口镇同家务村	301713	82205320
373	天津市武清区王庆坨镇开心托幼点	郑彩丽	5	3	9	18	天津市武清区王庆坨镇九街中心街六巷1号	301714	29305400
374	天津市武清区河西务镇上刘庄艾贝尔托幼点	黄沁芳	11	3	8	64	天津市武清区河西务镇	301700	82257613
375	天津市武清区黄庄街大地幼儿园	严芳	35	3	11	224	天津市武清区黄庄街道80号	301721	58593768
376	天津市武清区汉沽港镇港韵幼儿园	许恒会	7	3	12	182	天津市武清区汉沽港镇福端路东侧1号	301709	22123253
377	天津市武清区南蔡村镇畔水庭苑幼儿园	张树文	23	3	3	350	天津市武清区南蔡村镇	301700	58952183
378	天津市武清区下朱庄街阿嘉仁国际幼儿园	宋敏	67	3	15	256	天津市武清区下朱庄街道明博路26号	301708	59666162
379	天津市武清区黄花店镇童星幼儿园	陈钰	6	3	2	20	天津市武清区黄花店镇冀营村4	301700	82923791
380	天津市武清区东蒲洼街英华第二幼儿园	刘春艳	62	3	2	521	天津市武清区东蒲洼街道	301739	22212556
381	天津市武清区大王古庄镇利电幼儿园	杜会东	5	3	3	67	天津市武清区大王古庄镇	301713	22191655
382	天津市武清区王庆坨镇大三河幼儿园	王颖	5	3	1	15	天津市武清区王庆坨镇15排13号	301713	29519037
383	天津市武清区王庆坨镇九张堡幼儿园	李丽霞	13	3	2	59	天津市武清区王庆坨镇四马三排7号	310739	82109829
384	天津市武清区大王古庄镇张家场托幼点	赵紫环	2	3	11	14	天津市武清区大王古庄镇张家场村一	301721	22190051
385	天津市武清区汉沽港镇六道口村金太阳托幼点	王飞	6	3	3	14	天津市武清区汉沽港镇立新胡同37	301700	22990862
386	北京博雅时代教育投资有限公司	于萌	51	3	5	344	天津市武清区东蒲洼街道保利上河雅颂北	301703	22258391
387	天津市武清区大良镇宝贝之家托幼点	田立娜	5	3	1	64	天津市武清区大良镇教师楼门口西侧	301700	29569569
388	天津市武清区曹子里春藤托幼点	王媛	16	3	7	95	天津市武清区曹子里镇	301700	22962535
389	天津市武清区杨村第十六小学附属幼儿园	李红宝	7	3	3	19	天津市武清区运河西街道英华道8号	301700	60180385
390	天津市武清区黄庄街泉鑫大幼儿园	崔宏伟	30	3	8	180	天津市武清区黄庄街道黄庄泉鑫佳苑中65号	301721	29344806

（续表）

编号	校名	校长	教职工数	年级数	班数	学生数	地址	邮政编码	电话
391	天津市武清区汉沽港镇二街宝树托幼点	刘敬	8	3	3	34	天津市武清区汉沽港镇二街天洋景园28号楼后	301700	22255880
392	天津市武清区杨村街阜越宝宝幼儿园	包瑞忠	27	3	7	234	天津市武清区杨村街道3门,4门	301721	59007177
393	天津市武清区汉沽港镇六道口村领航托幼点	张玉书	7	3	10	40	天津市武清区汉沽港镇武清六道口村庆丰胡同11号	301700	22962653
394	天津市武清区第十幼儿园	陈玉玲	22	3	7	217	天津市武清区东蒲洼街道	301700	59662221
395	天津市武清区下朱庄街福美森生态幼儿园	张娜	41	3	10	277	天津市武清区下朱庄街道远洋红熙郡颐清花园11号楼3门	301700	59619642
396	天津市武清区第十一幼儿园	曹金梅	27	3	5	188	天津市武清区运河西街道	301700	22121693
397	天津市武清区杨村街五一阳光幼儿园	张娜	46	3	2	266	天津市武清区杨村街道五一阳光锦园22号	301700	22993973
398	天津市武清区杨村街宝宝之家幼儿园	高静	17	3	3	105	天津市武清区杨村街道香江广场14号楼	301721	82952505
399	天津市武清区汉沽港镇二街金贝托幼点	高信	5	3	12	33	天津市武清区汉沽港镇二街村10	301713	29492512
400	天津市武清区王庆坨镇爱心托幼点	贾丽丽	7	3	3	20	天津市武清区王庆坨镇21排2号	301700	29523109
401	天津市武清区下朱庄街红黄蓝幼儿园	田立纳	52	3	4	293	天津市武清区下朱庄街道农子道花样年花郡南门配建	301713	18920662787
402	天津市武清区王庆坨镇宝贝托幼点	陈边华	13	3	3	49	天津市武清区王庆坨镇三街津同公路75号	301739	22920799
403	天津市武清区大王古庄镇安楠托幼点	安楠	7	3	3	77	天津市武清区大王古庄镇26排54号	301702	22190016
404	天津市武清区崔黄口镇鸿鹏小区托幼点	陈立颖	5	3	3	75	天津市武清区崔黄口镇鸿鹏花园小	301708	22951612
405	天津市武清区黄花店镇童星托幼点	陈钰	6	3	6	25	天津市武清区黄花店镇黄花店四街46号	301713	82923791
406	天津市武清区王庆坨镇育阳航幼托幼点	胡永新	7	3	2	52	天津市武清区王庆坨镇金威新天地10-3号	301714	22926689
407	天津市武清区河西务镇放心妈妈幼儿园	许伟	24	3	5	180	天津市武清区河西务镇207 209号	301700	22265860
408	天津市武清区王庆坨镇红星宝贝托幼点	王会香	3	3	3	16	天津市武清区王庆坨镇一街解放路9号	301721	29528980
409	天津市武清区汉沽港镇一街萌次幼儿托幼点	鲁婷婷	16	3	2	84	天津市武清区汉沽港镇一街国家电网西	201721	22965677
410	天津市武清区汉沽港镇六道口金色童年托幼点	韩艳红	7	3	3	20	天津市武清区汉沽港镇六道口村	301713	21361815
411	天津市武清区王庆坨镇博贝智托幼点	史盟	3	3	3	36	天津市武清区王庆坨镇一街解放路七号	301700	29526537
412	天津市武清区杨村街七色光托幼点	赵玉平	6	3		25	天津市武清区杨村街道杨村建设南路与振华西道交口	301713	22179712
413	天津市武清区王庆坨镇芯博托幼点	郑春燕	5	3	2	39	天津市武清区王庆坨镇中心街5巷1号	301700	22145303
414	天津市武清区下朱庄街秀中宝托幼点	黄义桂	6	3	3		天津市武清区下朱庄街道越秀园	301713	29422093
415	天津市武清区王庆坨镇育阳展大托幼点	李文侠	5	3	5	26	天津市武清区王庆坨镇南门路三巷1号	301714	29510484
416	天津市武清区河西务镇育才蓝哲托幼点	慈学猛	7	3	3	37	天津市武清区河西务镇102	301702	22287190
417	天津市武清区崔黄口镇育才蓝哲托幼点	高文英	17	3	3	102	天津市武清区崔黄口镇黄二街影院路12号	301713	29571018
418	天津市武清区王庆坨镇二十一世纪托幼点	唐少侠	9	3	3	48	天津市武清区王庆坨镇富华里27号	301713	29379633

（续表）

编号	校名	校长	教职工数	年级数	班数	学生数	地址	邮政编码	电话
419	天津市武清区王庆坨镇丽丽托幼点	高立丽	8	3	3	15	天津市武清区王庆坨镇五街光辉路三巷1号	301700	29521639
420	天津市武清区杨村街小夫字幼儿园	王晓东	8	3	3	66	天津市武清区杨村街道12-3	301713	59667856
421	天津市武清区王庆坨镇快乐宝贝托幼点	李美英	10	3	3	41	天津市武清区王庆坨镇3街西环路10号	301713	82118353
422	天津市武清区王庆坨镇星坨托幼点	赵双	6	3	3	43	天津市武清区王庆坨镇七街建华北路13号	301721	29517858
423	天津市武清区汉沽港镇三街童悦托幼点	金翠翠	6	3	6	43	天津市武清区汉沽港镇三街立新路5号	301700	29517859
424	天津市武清区梅厂镇向日葵幼儿园	刘毅	12	3	4	90	天津市武清区梅厂镇馨梅福苑商底商36-1,36-2	301725	29343914
425	天津市武清区下朱庄街小天使幼儿园	白霞	22	3	2	128	天津市武清区下朱庄街道102-104	301700	29506974
426	天津市武清区杨村街贝乐幼儿园	闫迎春	18	3		105	天津市武清区杨村街道202 204	301713	29519338
427	天津市武清区王庆坨镇五街如意托幼点	于庆茹	8	3	2	27	天津市武清区王庆坨镇王庆坨五街光辉路50号	301700	29519339
428	天津元慧蓓蕾幼儿园有限责任公司	苗月			5		天津市武清区武清经济技术开发区	301700	82144960
429	天津市武清区黄花店镇EASY智慧星托幼点	马宽红	5	3	3	17	天津市武清区黄花店镇第三大街10号	301700	82168781
430	天津市武清区杨村街哈尼尼幼儿园	刘文浩	20	3	2	95	天津市武清区杨村街道香榭城底商3-274	301702	29336675
431	天津市武清区崔黄口镇智慧树幼儿园	马思宇	7	3	5	71	天津市武清区崔黄口镇2-09,2-10	301712	22227634
432	天津市武清区白古屯镇稍子营幼儿园	李云波	3	3	10	17	天津市武清区白古屯镇稍子营村	301700	29385704
433	天津特兰蒂幼儿园有限公司	李丽英	21	3	2	80	天津市武清区杨村街道186号	301713	29458864
434	天津市武清区王庆坨镇中心幼儿园	曹维	31	3	5	212	天津市武清区王庆坨镇	301700	88676589
435	天津市武清区杨村街波文幼儿园	王建业	10	3		30	天津市武清区杨村街道Y18	301700	22179010
436	天津市武清朗朗幼儿园有限责任公司	杨晓蔓	12	3	8	103	天津市武清区下朱庄街道173号	301700	29303004
437	天津市武清区杨村第十二小学附属幼儿园	张秀波		3	6		天津市武清区杨村街道东蒲洼街道	301700	60327857
438	天津市武清区杨悦尔雅幼儿园	李倩春	29	3	3	219	天津市武清区下朱庄街道3号楼	301700	82294357
439	天津市武清区杨村街太阳岛多彩幼儿园	白艳茹	26	3	3	182	天津市武清区杨村街道杨村街运河西路	301741	82293903
440	天津市武清区陈咀镇渔坝口村金太阳托幼点	曹宝芹	4	3	6	49	天津市武清区陈咀镇31号	301712	22964569
441	天津市武清区城关镇李庄村芳托幼点	刘春芳	4	3	3	21	天津市武清区城关镇北政府路2号	301700	13352087390
442	天津市武清区杨村街六加一幼儿园	张晓慧	21	3	2	120	天津市武清区杨村街道工贸大街佰盛广场2712、2714,2716	301700	59678723
443	天津市武清区大碱厂镇英杰托幼点	赵蒙	9	3	3	64	天津市武清区大碱厂镇长屯村1	301700	29452699
444	天津市武清区梅厂镇犀甸喜洋洋托幼点	王启芬	8	3	3	14	天津市武清区武清犀甸村一	301706	82947860
445	天津市武清区大碱厂镇阳光宝宝托幼点	谈书玉	5	3	3	39	天津市武清区大碱厂镇115	300700	82200952
446	天津市武清区下朱庄街青蕾幼儿园	魏长敏	6	3	3	21	天津市武清区下朱庄街道15-3	301700	22959369
447	天津市武清区大碱厂镇郦和托幼点	刘凤书	4	3	3	27	天津市武清区大碱厂镇卫生院南商住楼2号	301700	22254929

（续表）

编号	校名	校长	教职工数	年级数	班数	学生数	地址	邮政编码	电话
448	天津市武清区大碱厂镇英才托幼点	何兆琴	9	3	3	70	天津市武清区大碱厂镇大碱厂村	300400	82211080
449	天津市武清区陈咀镇艾蒲庄村腾龙托幼公司	段丽丽	3	3	2	24	天津市武清区陈咀镇一二排26号	301700	22146064
450	天津市美蒂奇龙达幼儿园有限公司	王丽	16	3	3	52	天津市武清区下朱庄街道43-1	301705	59678715
451	天津市武清区下伍旗镇陈庄村童星托幼园	陈凤茹	5	3	2	56	天津市武清区下伍旗镇陈庄村	301701	29437082
452	天津市武清区梅厂镇北王平村旺旺托幼点	李艳	9	3	3	40	天津市武清区梅厂镇四一排11号	301700	15320127338
453	天津市武清区城关镇东街小红花托幼点	张艳	4	3	3	27	天津市武清区城关镇东二巷4号	301712	29462720
454	天津市武清区城关里仁街小博士托幼点	李伟	5	3	2	50	天津市武清区城关镇34排1号	301718	15822911249
455	天津市武清区陈咀镇渔坝口村蓝天托幼点	周会连	3	3	2	26	天津市武清区陈咀镇四村25排25号	301741	22136294
456	天津市武清区陈咀镇渔坝口村小太阳毅托幼点	张怀艳	2	3	3	18	天津市武清区陈咀镇玉1排28号	301701	22146012
457	天津市武清区梅厂镇恒庄村小太阳佳毅托幼点	张丽丽	10	3	3	33	天津市武清区梅厂镇	301712	29329433
458	天津市武清区城关镇里仁街普千托幼点	张永芹	5	3	3	64	天津市武清区城关镇16排4号	301700	22189989
459	天津市武清区杨村街童乐托幼点	商金萍	8	3	1	47	天津市武清区运河西街道红樱巷9号楼	301741	29503068
460	天津市武清区陈咀镇咀村蓝粉家族托幼点	张继刚	4	3	3	30	天津市武清区陈咀镇咀村六组	301701	82917071
461	天津市武清区梅厂镇蔡庄村未来托幼点	田建军	8	3	2	12	天津市武清区梅厂镇11排26号	301700	29308195
462	天津市武清区梅厂镇北王平村英杰托幼点	刘桂荣	12	3	3	36	天津市武清区梅厂镇	301741	29302753
463	天津市武清区陈咀镇渔坝口村春芳托幼点	黄春芳	3	3	4	21	天津市武清区陈咀镇	301700	29302754
464	天津市武清区河北屯镇东苏庄未来星托幼点	孙术广	4	3	2	23	天津市武清区河北屯镇	301700	82956177
465	天津市武清区下朱庄街金盛托幼点	覃洁琼	10	3	3	81	天津市武清区下朱庄街36,38,40	301718	60883668
466	天津市武清区陈咀镇咀村新苗托幼点	刘殿军	4	3		23	天津市武清区陈咀镇十一排43号	301700	22148785
467	天津市武清区杨村街喜乐河幼儿园	杜丽	11	3	3	46	天津市武清区运河西街道富民道278号增25、26、27号	301700	60617509
468	天津市美帝奇幼儿园有限公司	苗月			7		天津市武清区运河西街道前进道北侧意居广场1号楼一层4,二层79~80,博物馆三层	301709	82144960
469	天津市武清区南蔡村镇王猛托幼点	王猛	7	3	3	16	天津市武清区南蔡村274号	301700	18622676594
470	天津市武清区东蒲洼街蓝天美育第三幼儿园	杨楠	32	3	2	232	天津市武清区东蒲洼街道	301737	29306339
471	天津市武清区高村镇唐恩学托幼点	刘建丽	11	3	2	57	天津市武清区高村镇学术道15-1号	301709	22230399
472	天津市武清区南蔡村镇小天使托幼点	范立华	9	3	5	32	天津市武清区南蔡村镇环渤海腾达百兴广场D-14.D-15.D-112.座	301721	59672945

（续表）

编号	校名	校长	教职工数	年级数	班数	学生数	地址	邮政编码	电话
473	天津市武清区汊沽港镇西肖庄村天使兜兜托幼点	王立娇	6	3	4	22	天津市武清区汊沽港镇红星路6号	301709	22910565
474	天津市武清区南蔡村镇快乐天使幼儿园	王运花	17	3	7	145	天津市武清区南蔡村镇南蔡村莲花园小	301738	18622676594
475	天津市武清区白古屯镇金童年托幼点	费生琴	5	3	2	95	天津市武清区白古屯镇17排5号	301700	2567352
476	天津市武清区黄庄街新起点幼儿园	诸翱丽红	25	3	9	181	天津市武清区黄庄街道泉昇佳苑商业街74-1#	301709	29370001
477	天津市武清区南蔡村镇北蔡村小太阳托幼点	崔晓明	5	3	3	32	天津市武清区南蔡村镇四二排一号	301700	60866733
478	天津市武清区东蒲洼街天美育第二幼儿园	刘文娜	31	3	11	305	天津市武清区东蒲洼街道	301700	59667947
479	天津市武清区东蒲洼街新起点托幼点	刘文玲	6	3	5	59	天津市武清区东蒲洼街道富力尚悦居底商44-110	301700	59667948
480	天津市英华三幼幼儿园有限公司	刘春艳	53	3	4	292	天津市武清区东蒲洼街道	301700	82158080
481	天津市武清区东蒲洼街未来贝贝托幼点	李新菁	12	3	3	78	天津市武清区东蒲洼街道盛世景园底商曾4-5	301700	82109837
482	天津市武清区东蒲洼街皇宝贝托幼点	杨 强	6	3	2	72	天津市武清区东蒲洼街道尚冬金街534号	301700	59963417
483	天津市武清区东蒲洼街童星托幼点	马红暖	5	3	9	15	天津市武清区东蒲洼街道674号	301700	13752645239
484	天津市武清区东蒲洼街小翰林学园托幼点	李 阳	6	3	10	27	天津市武清区东蒲洼街道富力尚悦居底商42-101	301700	13502010223
485	天津市武清区下朱庄第二幼儿园	苏媛合	8	3	3	258	天津市武清区下朱庄街396号教学楼A	301700	29301633
486	天津市武清区第十二幼儿园	穆祥春	43	3	3	257	天津市武清区运河西街道潞水华苑小区	301712	29380681
487	天津市武清区城关镇草茨村安林托幼点	安学敏	4	3	4	9	天津市武清区城关镇西南3排8号	301700	29464379
488	天津市武清区豆张庄镇家庄菁菁托幼点	陈海燕	4	3	4	51	天津市武清区豆张庄镇二排3号	301717	82113913
489	天津市武清区东马圈镇研胜幼儿园	唐研书	19	3	1	121	天津市武清区东马圈镇和竣底商67-69号	301739	13920262627
490	天津市武清区金贝睿智幼儿园有限公司	郑理娜	10	3	3	106	天津市武清区大王古庄镇大王古庄京滨大道北侧景鑫商业三号楼东侧	301712	29465952
491	天津市武清区城关镇东张营村小燕子托幼点	赵晓燕	4	3	3	16	天津市武清区城关镇东张营村南魏家胡同30号	301700	29465953
492	天津市武清区东蒲洼街七彩童年托幼点	孙振清	3	3	5	38	天津市武清区东蒲洼街道尚东金街510号	301700	18222257823
493	天津市武清区城关镇八里庄村智博托幼点	王振香	2	3	3	11	天津市武清区城关镇八里庄村2排89号	301700	29429220
494	天津市武清区泗村店镇恩智幼儿园	韩嫦丽	22	3	1	78	天津市武清区泗村店镇恒大山水城恒颐园77-9、77-10	301700	29470830
495	天津市武清区东蒲洼街金色阳光托幼点	祝文慧	7	3	0	48	天津市武清区东蒲洼街道尚东金街490	301712	59680969
496	天津市武清区城关镇无梁苗村明德托幼点	王树梅	2	3	3	20	天津市武清区城关镇	301700	29463393
497	天津市武清区童星宝宝幼儿园有限公司	魏乾芳		3	6		天津市武清区黄庄街道泉水城鸿嘉广场6号楼	301700	82240524
498	天津市武清区杨村乐智托幼点	王 超	8	3	5	72	天津市武清区运河西街道505	301700	82104844

（续表）

编号	校名	校长	教职工数	年级数	班数	学生数	地址	邮政编码	电话
499	天津市武清区下朱庄街溪湖林语大地幼儿园	刘大芳	28	3	15	138	天津市武清区下朱庄街道郎庄子道北侧	301700	81412326
500	天津市武清区徐官屯街祥福园幼儿园	朱 悦	27	3	7	131	天津市武清区徐官屯街道祥福园小	301700	59675688
501	天津市英华国际幼儿园有限公司	付婧娟	68	3	11	400	天津市武清区运河西街道1号	300170	60329081
502	天津市武清区黄庄街亚泰万朵幼儿园	李 见	28	3	3	116	天津市武清区黄庄街道亚泰澜景园配建1	301700	60329082
503	天津市武清区东蒲洼街蓝天美育第一幼儿园	曾 巧	44	3	2	345	天津市武清区东蒲洼街道枫丹天城底商	301700	59670486
504	天津武清海悦星悦幼儿园有限公司	张婉嵩	11	3	10	24	天津市武清区下朱庄街道	301706	59670487
505	天津市武清区大碱厂镇长屯幼托点	韩春艳	4	3	3	21	天津市武清区大碱厂镇	301700	29474755
506	天津市武清区梅厂镇诺尔顿实验幼儿园	卢长凤	45	3	2	235	天津市武清区梅厂镇佰达隆馨梅福苑东	301700	22154858
507	天津市金子塔幼儿园有限公司	刘裕辰	6	3	8	31	天津市武清区下朱庄街道君利新家园底商32号67门	301717	22959018
508	天津市武清区东马圈镇新胜幼儿园	王 钊	9	3	4	34	天津市武清区东马圈镇盛道20号	301714	82202705
509	天津市武清区高村镇首创优才幼儿园	宋盛超	37	3	19	165	天津市武清区高村镇公学道21号	301700	22228623
510	天津市慧贝尔幼儿园有限公司	邵萌萌	9	3	6	64	天津市武清区下朱庄街道武清龙湾城十六坊商业南	300000	15022713550
511	天津市武清区下朱庄街塔文实验幼儿园	姚延敏	84	3	6	508	天津市武清区下朱庄街道富兴御园配建	301700	60382698
512	天津市武清区下朱庄街静湖花园幼儿园	张婉莹	27	3	10	167	天津市武清区下朱庄街道静湖西	301700	60382699
513	天津市武清区东蒲洼街金摇篮第二幼儿园	苗志艳	24	3	10	156	天津市武清区东蒲洼街道	301700	82192566
514	天津市武清区黄庄街睿思鸿苑花园幼儿园	李海鹏	43	3	2	220	天津市武清区黄庄街道泉阳路6号	301700	59683039
515	天津市武清区阳光海霖幼儿园	张 娜	42	3	7	255	天津市武清区大王古庄镇	301700	22228387
516	天津市武清区紫泉庭苑乐乐堡幼儿园	杨菊霞	11	3	2	30	天津市武清区运河西街道	301700	22165816
517	天津市武清区杨村街卓朗幼儿园	韩佼佼	32	3		200	天津市武清区杨村街道春江郡城配建	301700	29363128

蓟州区

编号	校名	校长	教职工数	年级数	班级数	学生数	学校地址	邮政编码	联系电话
1	天津市蓟州区第一中学	张丙更	290	3	48	2559	天津市蓟州区渔阳镇迎宾大街1号	301900	82713016
2	天津市蓟州区第二中学	张振兵	216	6	49	2310	天津市蓟州区人民西大街221号	301900	82822305
3	天津市蓟州区第四中学	张福平	315	6	76	4040	天津市蓟州区兴华街59号	301900	29036179
4	天津市蓟州区上仓中学	高云波	178	3	36	1874	天津市蓟州区上仓镇南岗庄	301906	18522622826
5	天津市蓟州区实验中学	李晓军	152	3	36	1932	天津市蓟州区渔阳镇二经路2号	301900	60177510
6	天津市蓟州区擂鼓台中学	张建峰	123	3	26	1206	天津市蓟州区出头岭镇X北擂鼓台村北	301911	59168966
7	天津市蓟州区渔阳中学	杜汉永	170	3	60	3013	天津市蓟州区迎宾大街1号	301900	82713158
8	天津市蓟州中学	陈小兵	146	6	32	1596	天津市蓟州区渔阳南路74号	301900	60675336
9	天津市蓟州区康各庄中学	刘文民	79	3	14	525	天津市蓟州区尤古庄镇北1公里	301902	29837908
10	天津市蓟州区邦均中学	付士杰	104	3	18	1022	天津市蓟州区邦均镇西潘庄村路南300米	301901	29818301
11	天津市蓟州区下仓中学	绳建丰	79	3	16	734	天津市蓟州区下仓镇北三公里处	301900	29879516
12	天津市蓟州区下营中学	王宝江	88	3	18	875	天津市蓟州区下营镇下营村	301913	29710116
13	天津市蓟州区马伸桥中学	吴志波	106	3	22	1095	天津市蓟州区马伸桥镇北赵各庄村南	301909	29739132
14	天津市蓟州区杨家楼学校	刘文俊	137	3	28	1418	天津市蓟州区别山镇后楼村北	301907	15822988736
15	天津市蓟州区燕山中学	何志	124	6	28	1394	天津市蓟州区西环路七号	301900	29172605
16	天津市信息工程学校北校区	张秋亮	201	3	55	2946	天津市蓟州区武定西街89号	301900	29172945
17	天津市信息工程学校南校区	张秋亮	86	3	21	984	天津市蓟州区杨津庄镇津庄村南	301906	60290961
18	天津市蓟州区第一小学	霍玉梅	137	6	36	1665	天津市蓟州区文安街1号	301900	29010878
19	天津市蓟州区第二小学	冯瑞娟	97	6	39	2070	天津市蓟州区兴华大街48号	301900	82819658
20	天津市蓟州区实验小学	孙文	107	6	42	2066	天津市蓟州区城内四正街	301900	29031925
21	天津市蓟州区第六小学	张素芹	116	6	41	1947	天津市蓟州区兴华街卫生局北200米	301900	60115101
22	天津市蓟州区第六小学幼儿园	邢秀敏	18	3	8	220	天津市蓟州区兴华街卫生局北200米	301900	60115118
23	天津市蓟州区第七小学	赵立志	62	6	16	652	天津市蓟州区渔阳镇逮头子村	301900	13820008199
24	天津市蓟州区第八小学	李佳禾	77	6	28	1365	天津市蓟州区洲河湾镇青池西街3号	301900	13682016898
25	天津市蓟州区第九小学	傅宾	74	6	32	1522	天津市蓟州区洲河湾镇河湾东街3号	301900	2282821266
26	天津市蓟州区山倾城小学	王淑学	68	6	30	1631	天津市蓟州区渔阳镇北环路北侧、山倾城幼儿园东侧	301900	13752156596
27	天津市蓟州区公乐小学	巩国民	96	6	44	2084	天津市蓟州区北外环南侧、盘龙路东侧	301900	60189368
28	天津市蓟州区同乐小学	白玉山	72	6	30	1495	天津市蓟州区远和大街南侧、静水路西侧	301900	22772720

（续表）

编号	校名	校长	教职工数	年级数	班级数	学生数	学校地址	邮政编码	联系电话
29	天津市蓟州区别山小学	刘红梅	41	6	16	560	天津市蓟州区别山小学	300907	29779552
30	天津市蓟州区育才学校	耿学芳	33	11	7	84	天津市蓟州区渔阳镇武定西街13条42号	301900	13207535689
31	天津市蓟州区第一幼儿园	崔俊茹	68	3	12	421	天津市蓟州区渔阳镇中昌北大道440号	301900	29706866
32	天津市蓟州区第二幼儿园	陈炳倩	72	3	14	460	天津市蓟州区兴华大街50号北	301900	82861307
33	天津市蓟州区第三幼儿园	冀树敏	50	3	9	333	天津市蓟州区迎宾路花园新村北侧	301900	2913.2972
34	天津市蓟州区第三幼儿园博御园分园	冀树敏	25	3	5	160	天津市蓟州区博御园小区北侧公建2号	301900	29881953
35	天津市蓟州区山倾城幼儿园	张铁琳	67	3	12	467	天津市蓟州区渔阳镇府君山东路1号	301900	18522699898
36	天津市蓟州区山倾城幼儿园分园	张铁琳	17	3	4	75	天津市蓟州区北环路与康平路交口帕醌欧建花园配建1	301900	13820550656
37	天津市蓟州区第五幼儿园	孟振宏	39	3	6	182	天津市蓟州区州河湾西街南侧辽运河东侧	301900	229114638
38	蓟州区第六幼儿园	李雅婷	53	3	10	286	天津市蓟州区青池西街10号	301900	17720003496
39	天津市蓟州区第七幼儿园	马爱平	27	3	5	176	天津市蓟州区新城A2区东园	301900	18622419366
40	天津市蓟州区公乐幼儿园	高 静	46	3	10	334	天津市蓟州区迎宾西街南侧湖东大道东侧	301900	22781195
41	天津市蓟州区渔阳镇仓上屯初级中学	卢向阳	28	4	8	217	天津市蓟州区渔阳镇仓上屯村北	301900	82892636
42	天津市蓟州区渔阳镇仓上屯中心小学	王辉宇	18	5	6	216	天津市蓟州区渔阳镇仓上屯村北	301900	82892267
43	天津市蓟州区泃溜镇初级中学	田丽云	72	4	17	759	天津市蓟州区泃溜镇五里庄村北	301902	18822215666
44	天津市蓟州区泃溜镇中心小学	刘英彪	16	5	6	168	天津市蓟州区泃溜镇三岔口村村西	301902	18502200642
45	天津市蓟州区泃溜镇龙湾中心小学	赵立民	16	5	6	188	天津市蓟州区泃溜镇龙湾村村南	301902	13212253063
46	天津市蓟州区泃溜镇敦庄子中心小学	韩占丰	25	5	11	391	天津市蓟州区泃溜镇敦庄子村村西	301902	13193062555
47	天津市蓟州区泃溜镇八里庄完全小学	赵振山	18	5	8	234	天津市蓟州区泃溜镇八里庄村北	301902	18222011588
48	天津市蓟州区泃溜镇龙湾中心幼儿园	王 平	4	3	3	52	天津市蓟州区泃溜镇龙湾村村南	301902	18622391410
49	天津市蓟州区泃溜镇敦庄子中心小学幼儿园	祝艳华	5	3	3	97	天津市蓟州区泃溜镇敦庄子村村西	301902	13672049516
50	天津市蓟州区泃溜镇中心小学幼儿园	刘丽华	4	3	3	56	天津市蓟州区泃溜镇三岔口村村西	301902	13820996389
51	天津市蓟州区泃溜镇八里庄完全小学幼儿园	王秀莲	5	3	3	99	天津市蓟州区泃溜镇八里庄村北	301902	13642027518
52	天津市蓟州区马伸桥镇初级中学	吕新阁	87	4	24	959	天津市蓟州区马伸桥镇大街北200米	301909	29738097
53	天津市蓟州区马伸桥镇中心小学	李福兴	24	5	10	335	天津市蓟州区马伸桥镇大街村西	301909	29738590
54	天津市蓟州区马伸桥镇于各庄中心小学	王海成	20	5	9	229	天津市蓟州区马伸桥镇于各庄村西	301909	29732598
55	天津市蓟州区马伸桥镇赵各庄中心小学	杨瑞武	19	5	10	276	天津市蓟州区马伸桥镇赵各庄村西	301909	22760788
56	天津市蓟州区马伸桥镇验甲宫中心小学	张旭东	21	5	10	303	天津市蓟州区马伸桥镇验甲宫村	301909	22779879
57	天津市蓟州区马伸桥镇牛各庄中心小学崔各寨校区	赵永悦	11	5	5	158	天津市蓟州区马伸桥镇崔各寨村村北	301909	29733898
58	天津市蓟州区马伸桥镇宋家营初级中学	李立军	43	4	14	555	天津市蓟州区马伸桥镇宋家营村北	301909	22777188

（续表）

编号	校名	校长	教职工数	年级数	班级数	学生数	学校地址	邮政编码	联系电话
59	天津市蓟州区马伸桥镇牛各庄中心小学	张连元	15	5	7	173	天津市蓟州区马伸桥镇牛各庄村东北	301909	29738963
60	天津市蓟州区马伸桥镇淋河中心小学	杨满武	20	5	10	294	天津市蓟州区马伸桥镇淋河村西	301909	29733799
61	天津市蓟州区马伸桥镇成人文化技术学校	李景刚	3				天津市蓟州区马伸桥镇大街北200米	301909	29739918
62	天津市蓟州区马伸桥镇中心幼儿园	马艳伶	9	5	5	141	天津市蓟州区淋河村西	301909	1302130852
63	天津市蓟州区马伸桥镇干各庄幼儿园	闻秀凤	5	3	3	65	天津市蓟州区马伸桥镇干各庄村西	301909	15022033825
64	天津市蓟州区马伸桥镇验甲宫幼儿园	张许强	6	3	5	125	天津市蓟州区马伸桥镇验甲宫村东	301909	15510873626
65	天津市蓟州区马伸桥镇崔各寨幼儿园	肖继红	4	3	1	51	天津市蓟州区马伸桥镇崔各寨村西北	301909	13642029712
66	天津市蓟州区马伸桥镇赵各庄幼儿园	刘艳芳	7	3	3	153	天津市蓟州区马伸桥镇赵各庄村西	301909	18622846065
67	天津市蓟州区马伸桥镇小幼儿园	高艳东	9	7	7	176	天津市蓟州区马伸桥镇大街村西	301909	13212210733
68	天津市蓟州区穿芳峪镇初级中学	蔡学军	72	4	15	519	天津市蓟州区穿芳峪镇政府南0.5公里路西	301909	13132046366
69	天津市蓟州区穿芳峪镇中心小学	屈德洲	17	5	7	185	天津市蓟州区穿芳峪镇政府西0.5公里路北	301909	15510897155
70	天津市蓟州区穿芳峪镇唐庄户中心小学	朱华斌	29	5	10	356	天津市蓟州区穿芳峪镇唐庄户村南	301909	13622122066
71	天津市蓟州区穿芳峪镇中心幼儿园	康国兴	15	5	5	74	天津市蓟州区穿芳峪镇果香峪村南	301909	17622903788
72	天津市蓟州区穿芳峪镇唐庄户幼儿园	王金桓	17	3	6	159	天津市蓟州区穿芳峪镇唐庄户中心小学院内	301909	15222529001
73	天津市蓟州区穿芳峪镇果香峪村幼儿园	王金桓	4	3	3	81	天津市蓟州区穿芳峪镇果香峪中心小学院内	301909	15222529001
74	天津市蓟州区穿芳峪镇果香峪村幼儿园	王金桓	2	3	3	40	天津市蓟州区穿芳峪镇果香峪中小学院内	301909	15222529001
75	天津市蓟州区穿芳峪镇成人文化技术学校	惠昆鹏	3				天津市蓟州区穿芳峪镇初级中学南	301909	18622315658
76	天津市蓟州区孙各庄满族乡初级中学	杨景民	28	4	8	309	天津市蓟州区孙各庄满族乡夏家林村南	301909	22741044
77	天津市蓟州区孙各庄满族乡第一中心小学	焦爱国	13	5	5	152	天津市蓟州区孙各庄满族乡北太平庄村北	301909	22741054
78	天津市蓟州区孙各庄满族乡第二中心小学	王文兴	13	5	5	168	天津市蓟州区孙各庄满族乡隆福寺村南	301909	22741064
79	天津市蓟州区别山镇初级中学	孙汉峰	74	4	22	710	天津市蓟州区别山镇科科峪村东	301900	82726137
80	天津市蓟州区别山镇下里庄中心小学	王鹏	25	4	9	343	天津市蓟州区别山镇下里庄村村南	301907	29779007
81	天津市蓟州区别山镇管城中心小学	白志华	22	3	5	148	天津市蓟州区别山镇别山村南100米	301907	29779036
82	天津市蓟州区别山镇杨家楼初级中学	于明龙	33	3	9	314	天津市蓟州区别山镇杨家楼村北	301907	29773497
83	天津市蓟州区别山镇陈辛庄中心小学	马永旺	15	5	6	186	天津市蓟州区别山镇陈辛庄村东	301907	29778273
84	天津市蓟州区别山镇翠南庄中心小学	黄国红	21	5	7	209	天津市蓟州区别山镇翠南庄村北	301907	82726207
85	天津市蓟州区别山镇管城中心小学	朱延兴	20	5	10	351	天津市蓟州区别山镇管城村西	301907	82826267
86	天津市蓟州区别山镇杨家楼中心小学	张瑞华	25	6	11	333	天津市蓟州区别山镇杨家楼村南	301907	29778494
87	天津市蓟州区别山镇弥勒院中心小学	李志营	16	6	6	216	天津市蓟州区别山镇弥勒院村北	301907	29779950
88	天津市蓟州区别山镇清官完全小学	王宝华	12	5	5	137	天津市蓟州区清池峪峪村南	301907	29778737
89	天津市蓟州区别山镇中心幼儿园	赵红伟	3	3	6	145	天津市蓟州区别山镇科科峪村	301907	82728768
90	天津市蓟州区礼明庄镇初级中学	贾永鑫	101	4	32	1378	天津市蓟州区礼明庄镇孟家楼村北	301907	82791256

（续表）

编号	校名	校长	教职工数	年级数	班级数	学生数	学校地址	邮政编码	联系电话
91	天津市蓟州区礼明庄中心小学	付新建	53	5	21	812	天津市蓟州区礼明庄镇孟家楼村北	301907	60188101
92	天津市蓟州区礼明庄镇徐各庄中心小学	王学光	29	5	9	295	天津市蓟州区礼明庄镇徐各庄村西	301907	29742880
93	天津市蓟州区礼明庄镇人沟中心小学	李德友	22	5	10	363	天津市蓟州区礼明庄镇东八沟村	301907	13821548379
94	天津市蓟州区礼明庄镇无尽寺幼儿园	段兆德	7	3	3	63	天津市蓟州区礼明庄镇康毛庄村北	301907	13821407380
95	天津市蓟州区礼明庄镇孟家楼幼儿园	蒋振玲	7	3	3	82	天津市蓟州区礼明庄镇孟家楼村南	301907	29896232
96	天津市蓟州区礼明庄镇徐各庄中心小学幼儿园	王学光	5	3	3	108	天津市蓟州区礼明庄镇徐各庄村西	301907	13011366562
97	天津市蓟州区礼明庄镇东卢育新幼儿园	张秀娟	7	3	3	44	天津市蓟州区礼明庄镇东卢各庄	301907	15620584589
98	天津市蓟州区礼明庄彤安幼儿园有限公司	李学超	12	3	4	90	天津市蓟州区礼明庄镇康毛庄村村西	301907	18222010152
99	天津市蓟州区礼明庄镇中心幼儿园	王艳	7	3	4	102	天津市蓟州区礼明庄镇抗政村东	301907	82792968
100	天津市蓟州区礼明庄镇前徹幼儿园	吴海山	7	3	3	67	天津市蓟州区礼明庄镇前徹村东	301907	82791175
101	天津市蓟州区上仓镇初级中学	焦志远	79	4	16	609	天津市蓟州区上仓镇各庄北	301906	29859023
102	天津市蓟州区上仓镇东塔初级中学	于明艳	76	4	16	733	天津市蓟州区上仓镇程家庄村西	301906	13642016116
103	天津市蓟州区上仓镇中心小学	刘华吉	40	5	20	694	天津市蓟州区上仓镇桥头村	301906	29850656
104	天津市蓟州区上仓镇仓前庄中心小学	朱学力	15	5	6	171	天津市蓟州区上仓镇仓前王庄村南	301906	29859005
105	天津市蓟州区上仓镇河西中心小学	王宝平	44	5	22	783	天津市蓟州区上仓镇程家庄村西	301906	82769345
106	天津市蓟州区上仓镇成人文化技术学校	贾云鹏	3				天津市蓟州区上仓镇东蔡庄村北	301906	18622947816
107	天津市蓟州区上仓镇河西幼儿园	肖怀京	15	3	6	161	天津市蓟州区上仓镇蔡各庄村北	301906	82234816
108	天津市蓟州区上仓镇中心幼儿园	王小静	7	3	3	57	天津市蓟州区上仓镇各庄后各庄村北	301906	29859380
109	天津市蓟州区上仓镇八营小幼儿园	张宝道	6	3	3	33	天津市蓟州区上仓镇八营村北	301906	82769340
110	天津市蓟州区上仓镇子少牛宫中心小学	付旭海	6	3	3	26	天津市蓟州区上仓镇子少屯村西	301906	29859342
111	天津市蓟州区上仓镇大纪中小幼儿园	孙小兰	5	3	3	22	天津市蓟州区上仓镇大纪各庄村	301906	29859553
112	天津市蓟州区上仓镇仓前小幼儿园	朱学力	4	3	3	60	天津市蓟州区上仓镇仓前王庄村	301906	29859005
113	天津市蓟州区东赵各庄镇初级中学	李学庆	52	3	14	529	天津市蓟州区东赵各庄镇盈福寺村南	301914	82732316
114	天津市蓟州区东赵各庄镇中心小学	宋连山	26	6	12	360	天津市蓟州区东赵各庄镇东赵各庄村东	301914	82739568
115	天津市蓟州区东赵各庄镇前宫中心小学	方学民	27	6	11	297	天津市蓟州区东赵各庄镇前宫村东	301914	82731538
116	天津市蓟州区东赵各庄镇安二寺中心小学	刘广波	26	6	12	330	天津市蓟州区东赵各庄镇安二庄村北	301914	82735916
117	天津市蓟州区东赵各庄镇辛庄南完全小学	陈念华	15	6	6	183	天津市蓟州区东赵各庄镇辛庄南村东	301914	82731728
118	天津市蓟州区下窝头镇白塔子中心小学	何爱国	20	5	11	303	天津市蓟州区下窝头镇白塔子村西	301900	22808631
119	天津市蓟州区下窝头镇中心幼儿园	杨春梅	4	3	4	113	天津市蓟州区下窝头镇白塔子村西	301900	22808631
120	天津市蓟州区下窝头镇大王务中心小学	姚寿新	15	5	6	166	天津市蓟州区下窝头镇大王务村西	301905	82782842
121	天津市蓟州区下窝头镇大王务中心幼儿园	赵卫东	2	3	3	59	天津市蓟州区下窝头镇大王务村西	301905	82782842
122	天津市蓟州区下窝头镇咀头中心小学	李爱兵	16	5	7	185	天津市蓟州区下窝头镇咀头村	301905	22806160

（续表）

编号	校名	校长	教职工数	年级数	班级数	学生数	学校地址	邮政编码	联系电话
123	天津市蓟州区下窝头镇嘴头小学幼儿园	李爱兵		3	3	50	天津市蓟州区下窝头镇咀头村	301905	22806160
124	天津市蓟州区下窝头镇初级中学	吴红伟	52	4	14	412	天津市蓟州区下窝头镇侯井刘村	301906	13920793789
125	天津市蓟州区下窝头镇台头中心小学	刘瑞利	12	5	5	128	天津市蓟州区下窝头镇台头村	301906	82782587
126	天津市蓟州区下窝头镇白塔子初级中学	张林青	45	4	14	494	天津市蓟州区下窝头镇白塔子村西	301905	22808203
127	天津市蓟州区下窝头镇中心小学	刘兆山	12	5	5	79	天津市蓟州区下窝头镇下窝头村南	301906	82781700
128	天津市蓟州区下窝头镇青甸完全小学	魏刚	18	5	8	208	天津市蓟州区下窝头镇青甸村	301906	82782876
129	天津市蓟州区下窝头镇程子口完全小学	张国艳	12	5	5	71	天津市蓟州区下窝头镇程子口村东	301906	82787908
130	天津市蓟州区下窝头镇新兴幼儿园	董秋野	10	3	6	163	天津市蓟州区下窝头镇台头村	301906	15502225769
131	天津市蓟州区东施古镇柳子口中心小学	何建军	15	5	5	147	天津市蓟州区东施古镇柳子口村西	301906	82741972
132	天津市蓟州区东施古镇东方红中心小学	张广存	20	5	8	225	天津市蓟州区东施古镇唱吧庄村东	301900	82743040
133	天津市蓟州区东施古镇完全小学	李雷明	24	5	10	244	天津市蓟州区东施古镇政府东侧200米	301934	82743300
134	天津市蓟州区东施古镇初级中学	王振波	49	4	15	612	天津市蓟州区东施古镇孟辛庄村南	301906	82743052
135	天津市蓟州区东施古镇西中心小学	刘俊如	15	5	5	146	天津市蓟州区东施古镇西施古村东	301906	82743097
136	天津市蓟州区东施古镇中心幼儿园	刘红梅	5	3	3	106	天津市蓟州区东施古镇政府东侧200米	301934	82743300
137	天津市蓟州区东施古镇东方红幼儿园	张广存	3	3	3	82	天津市蓟州区东施古镇唱吧庄村东	301900	82743040
138	天津市蓟州区东施古镇柳子口幼儿园	何建军	3	3	3	45	天津市蓟州区东施古镇柳子口村西	301906	82741972
139	天津市蓟州区东施古镇西施古幼儿园	刘俊如	3	3	3	82	天津市蓟州区东施古镇西施古村东	301906	82743097
140	天津市蓟州区东施古镇成人文化技术学校	肖建明	3				天津市蓟州区东施古镇南孟辛庄村南	301906	82743020
141	天津市蓟州区下仓镇大仉庄初级中学	黄士全	39	4	11	331	天津市蓟州区下仓镇桥头大仉庄村东	301905	29871006
142	天津市蓟州区下仓镇初级中学	丁伟	22	4	6	187	天津市蓟州区下仓镇大仉庄村北	301905	82757186
143	天津市蓟州区下仓镇大杨家庄初级中学	张庆波	30	4	9	285	天津市蓟州区下仓镇大杨家庄村	301905	29878518
144	天津市蓟州区下仓镇蒙瞿阝中心小学	王云杰	38	4	10	324	天津市蓟州区下仓镇南赵庄村	301905	82776046
145	天津市蓟州区下仓镇草场中心小学	胡学英	22	5	9	200	天津市蓟州区下仓镇丰富村南	301905	82777128
146	天津市蓟州区下仓镇大仉庄中心小学	王宏兴	21	5	8	232	天津市蓟州区下仓镇大仉庄村东	301905	82757909
147	天津市蓟州区下仓镇大杨家庄中心小学	张庆波	29	5	12	360	天津市蓟州区下仓镇大杨家庄村北	301905	29878518
148	天津市蓟州区下仓镇东太河中心小学	蒙长建	22	6	6	224	天津市蓟州区下仓镇东太河村	301905	82770018
149	天津市蓟州区下仓镇蒙瞿阝中心小学	王俊	12	5	5	83	天津市蓟州区下仓镇蒙瞿阝村	301905	82777856
150	天津市蓟州区下仓镇桥头庄高级小学	陈利强	15	5	5	139	天津市蓟州区下仓镇西焦庄村	301905	29879665
151	天津市蓟州区下仓镇少林口中心小学	刘玉明	13	5	5	107	天津市蓟州区下仓镇少林口村	301905	29870028
152	天津市蓟州区下仓镇中心小学	白继忠	22	5	10	246	天津市蓟州区下仓镇下仓村	301905	29987753
153	天津市蓟州区杨津庄镇初级中学	王伟光	51	4	10	434	天津市蓟州区杨津庄镇杨津庄村东	301906	13821199124
154	天津市蓟州区杨津庄镇大堼上初级中学	刘德营	51	4	16	733	天津市蓟州区杨津庄镇大堼庄村东	301906	13820322718

（续表）

编号	校名	校长	教职工数	年级数	班级数	学生数	学校地址	邮政编码	联系电话
155	天津市蓟州区杨津庄镇中心小学	王建业	31	5	14	366	天津市蓟州区杨津庄镇杨津庄村东	301906	13820006289
156	天津市蓟州区杨津庄镇小漫河中心小学	高鹏	18	5	6	145	天津市蓟州区杨津庄镇小漫河村北	301906	18522109518
157	天津市蓟州区杨津庄镇涵津庄中心小学	李建波	20	5	5	97	天津市蓟州区杨津庄镇涵津庄村东	301906	13622160885
158	天津市蓟州区杨津庄镇大埝上中心小学	崔文旺	34	5	14	388	天津市蓟州区杨津庄镇大埝上村东	301906	13002206916
159	天津市蓟州区杨津庄镇半壁店中心小学	杨玉秀	28	5	10	264	天津市蓟州区杨津庄镇半壁店村东	301906	18630909915
160	天津市蓟州区杨津庄镇六道街中心小学	苏荣正	31	6	13	454	天津市蓟州区杨津庄镇六道街村西	301906	13821313552
161	天津市蓟州区杨津庄镇中心幼儿园	孟晨光	24	3	7	283	天津市蓟州区杨津庄镇中心幼儿园	301906	13072029943
162	天津市蓟州区杨津庄镇成人文化技术学校	杜成远	3				天津市蓟州区杨津庄镇黄津庄村	301906	15302056097
163	天津市蓟州区尤古庄镇初级中学	崔亮	42	3	12	424	天津市蓟州区尤古庄镇邓各庄村北	301902	15900369002
164	天津市蓟州区尤古庄镇西新庄初级中学	王宝占	24	3	6	218	天津市蓟州区尤古庄镇梁贾庄村南	301902	13002299615
165	天津市蓟州区尤古庄镇康各庄中心小学	李钊	14	6	6	168	天津市蓟州区尤古庄镇康各庄村西	301902	13820300482
166	天津市蓟州区尤古庄镇西塔庄中心小学	王浩丹	22	6	10	261	天津市蓟州区尤古庄镇西塔庄村南	301902	18820555828
167	天津市蓟州区尤古庄镇育新中心小学	白士辉	13	6	7	169	天津市蓟州区尤古庄镇侯庄子村东	301902	15102258688
168	天津市蓟州区尤古庄镇张毕庄中心小学	赵宗宇	16	6	7	197	天津市蓟州区尤古庄镇张毕庄村西	301902	13821736013
169	天津市蓟州区尤古庄镇大龙卧中心小学	李志强	31	6	13	452	天津市蓟州区尤古庄镇大龙卧村	301902	13820229016
170	天津市蓟州区尤古庄镇成人文化技术学校	徐满清	16	6	7	183	天津市蓟州区尤古庄镇邓各庄村口	301902	15510824082
171	天津市蓟州区尤古庄镇中心幼儿园	陈滢	3			134	天津市蓟州区尤古庄镇周庄村南	301902	13389952201
172	天津市蓟州区尤古庄镇西塔庄中心幼儿园	田玉廷	3	3	6	31	天津市蓟州区尤古庄镇西塔庄村南	301902	13302071231
173	天津市蓟州区侯家营镇三岔口初级中学	王鑫	72	4	24	1021	天津市蓟州区侯家营镇三岔口村北	301902	13300207123
174	天津市蓟州区侯家营镇中心小学	赵鑫	48	4	16	535	天津市蓟州区侯家营镇侯家营村西	301904	18820555828
175	天津市蓟州区侯家营镇西桥头中心小学	刘宏臣	46	5	18	601	天津市蓟州区侯家营镇西桥头村西	301904	22832626
176	天津市蓟州区侯家营镇王庄子中心小学	汪云朋	12	5	5	126	天津市蓟州区侯家营镇王庄子村西	301904	18630882068
177	天津市蓟州区侯家营镇三岔口中心小学	赵立红	11	5	5	184	天津市蓟州区侯家营镇中周庄村西	301904	22832574
178	天津市蓟州区侯家营镇付屯中心小学	张永建	16	5	6	159	天津市蓟州区侯家营镇三岔口村北	301904	22832295
179	天津市蓟州区侯家营镇祥福中心小学	张福光	18	5	9	237	天津市蓟州区侯家营镇付屯村南	301904	29841898
180	天津市蓟州区侯家营镇魏良庄完全小学	王振生	14	5	8	193	天津市蓟州区侯家营镇祥福庄村北	301900	29841251
181	天津市蓟州区侯家营镇老末庄完全小学	王树礼	13	5	6	172	天津市蓟州区侯家营镇魏良庄村南	301904	29841037
182	天津市蓟州区侯家营镇林庄户完全小学	赵尚凯	11	5	5	93	天津市蓟州区侯家营镇老末庄村北	301904	29848191
183	天津市蓟州区侯家营镇中心幼儿园	张金枝	11	5	5	124	天津市蓟州区侯家营镇林庄户村北	301900	29841342
184	天津市蓟州区侯家营镇西桥头中心幼儿园	李建新	22	3	9	223	天津市蓟州区侯家营镇付屯村北	301904	22835038
185	天津市蓟州区侯家营镇中心幼儿园	刘艳辉	22	3	9	223	天津市蓟州区侯家营镇付屯村北	301900	29832040
186	天津市蓟州区侯家营镇西桥头中心幼儿园	赵立红	5	3	3	52	天津市蓟州区侯家营镇西桥头村	301904	22832295

（续表）

编号	校名	校长	教职工数	年级数	班级数	学生数	学校地址	邮政编码	联系电话
187	天津市蓟州区侯家营镇王庄子幼儿园	张永建	4	3	3	74	天津市蓟州区侯家营镇中周庄村西	301904	29841898
188	天津市蓟州区侯家营镇三岔口幼儿园	张福光	4	3	3	46	天津市蓟州区侯家营镇三岔口村北	301904	29841251
189	天津市蓟州区侯家营镇南付屯幼儿园	王振生	5	3	3	80	天津市蓟州区侯家营镇南付屯村南	301904	22832651
190	天津市蓟州区侯家营镇祥福庄幼儿园	王树礼	4	3	3	74	天津市蓟州区侯家营镇祥福庄村北	301900	29841037
191	天津市蓟州区侯家营镇魏良庄幼儿园	赵尚凯	5	5	6	58	天津市蓟州区侯家营镇魏良庄村南	301904	29848191
192	天津市蓟州区侯家营镇老米庄幼儿园	张良枝	4	3	3	46	天津市蓟州区侯家营镇老米庄村村北	301905	29841342
193	天津市蓟州区侯家营镇林庄户幼儿园	李建新	4	3	3	39	天津市蓟州区侯家营镇林庄户村北	301900	22835038
194	天津市蓟州区桑梓镇中心小学	王立永	24	6	12	369	天津市蓟州区桑梓镇桑梓村东	301903	13702149966
195	天津市蓟州区桑梓镇马道完全小学	李金强	13	6	6	122	天津市蓟州区桑梓镇马道村委会南面	301900	29848384
196	天津市蓟州区桑梓镇常各庄中心小学	解磊	11	5	5	144	天津市蓟州区桑梓镇常各庄村北	301903	22861157
197	天津市蓟州区桑梓镇刘家顶初级中学学校	郝进平	45	4	16	657	天津市蓟州区桑梓镇刘家顶村北	301901	22861052
198	天津市蓟州区桑梓镇西芦庄初级中学	李杰	21	3	6	160	天津市蓟州区桑梓镇西芦庄村东	301903	22843044
199	天津市蓟州区桑梓镇归宁屯中心小学	王振龙	21	6	6	163	天津市蓟州区桑梓镇归宁屯村南	301903	22843128
200	天津市蓟州区桑梓镇四百户中心小学	李学东	21	5	8	202	天津市蓟州区桑梓镇四百户村西	301903	22861047
201	天津市蓟州区桑梓镇辛瞳初级中学	崔竞	39	3	12	396	天津市蓟州区桑梓镇赵家坨村北	301903	22840588
202	天津市蓟州区桑梓镇辛瞳中心小学	李镇元	15	6	6	187	天津市蓟州区桑梓镇辛瞳村	301901	22843938
203	天津市蓟州区桑梓镇大许庄中心小学	王文贺	23	5	10	228	天津市蓟州区桑梓镇大许庄村北	301901	22861057
204	天津市蓟州区桑梓镇西吕庄中心小学	李武	16	5	6	185	天津市蓟州区桑梓镇刘家顶村西北	301900	22861988
205	天津市蓟州区桑梓镇马坊中心小学	王海强	26	6	12	318	天津市蓟州区桑梓镇马坊村东	301903	22841858
206	天津市蓟州区桑梓镇辛瞳幼儿园	李镇元	5	3	3	70	天津市蓟州区桑梓镇辛瞳村	301901	22843938
207	天津市蓟州区桑梓镇归宁屯幼儿园	王振龙	3	3	3	11	天津市蓟州区桑梓镇归宁屯村南	301903	22843128
208	天津市蓟州区桑梓镇马道完全小学幼儿园	李金强	3	5	3	42	天津市蓟州区桑梓镇马道村委会南面	301900	29848384
209	天津市蓟州区桑梓镇常各庄中心小学幼儿园	解磊	2	3	3	34	天津市蓟州区桑梓镇常各庄村北	301903	22861157
210	天津市蓟州区桑梓镇大许庄幼儿园	王文贺	5	3	3	36	天津市蓟州区桑梓镇大许庄村北	301901	22861057
211	天津市蓟州区桑梓镇西吕庄幼儿园	李武	3	3	3	29	天津市蓟州区桑梓镇刘家顶村西北	301900	22861988
212	天津市蓟州区桑梓镇中心小学幼儿园	王立永	4	3	3	58	天津市蓟州区桑梓镇桑梓村村东	301903	13702149966
213	天津市蓟州区桑梓镇四百户幼儿园	李学东	3	3	3	20	天津市蓟州区桑梓镇四百户村西	301903	22861047
214	天津市蓟州区桑梓镇马坊幼儿园	李建军	8	3	4	83	天津市蓟州区桑梓镇马坊村	301903	82766792
215	天津市蓟州区邦均镇李庄子初级中学	王坤	66	4	16	406	天津市蓟州区邦均镇孙后庄村西	301901	22880022
216	天津市蓟州区邦均镇初级中学	胡国付	73	4	16	803	天津市蓟州区邦均镇京哈路17号	301901	29818611
217	天津市蓟州区邦均镇西后街中心小学	高连国	21	5	10	360	天津市蓟州区邦均镇西后街村西	301901	29818715
218	天津市蓟州区邦均镇东南道中心小学	韩健	27	5	12	392	天津市蓟州区邦均镇东南道村东	301901	29817081

（续表）

编号	校名	校长	教职工数	年级数	班级数	学生数	学校地址	邮政编码	联系电话
219	天津市蓟州区邦均镇西兵马中心小学	马德平	22	5	9	264	天津市蓟州区邦均镇西兵马村西	301901	29817082
220	天津市蓟州区邦均镇沿河中心小学	孙永江	31	5	10	339	天津市蓟州区邦均镇沿河村村南	301901	22886597
221	天津市蓟州区邦均镇李子庄中心小学	李雪坤	21	5	9	266	天津市蓟州区邦均镇李子村村东	301901	22883866
222	天津市蓟州区邦均镇成人文化技术学校	张占山	3				天津市蓟州区邦均镇大街村北	301901	15822555858
223	天津市蓟州区邦均镇中心幼儿园	吴春华	3	3	5	93	天津市蓟州区邦均镇大街3号	301901	22763958
224	天津市蓟州区邦均镇沿河中心幼儿园	王继平	1	3	4	132	天津市蓟州区邦均镇李子村	301901	22886547
225	天津市蓟州区邦均镇李子中心幼儿园	王亚男	1	3	5	105	天津市蓟州区邦均镇李子村南	301901	22888400
226	天津市蓟州区许家台镇初级中学学校	白鑫雄	40	4	14	484	天津市蓟州区许家台镇许家台村	301901	22820660
227	天津市蓟州区许家台镇中心小学学校	张志伟	46	5	15	526	天津市蓟州区许家台镇许家台村	301901	22827417
228	天津市蓟州区许家台镇中心幼儿园学校	郑赛楠	12	3	5	140	天津市蓟州区许家台镇许家台村	301901	22827469
229	天津市蓟州区东二营镇中心幼儿园	付奎	14	3	4	121	天津市蓟州区东二营镇东三村	301901	22862400
230	天津市蓟州区东二营镇蕾春中心幼儿园	于生广	9	3	3	89	天津市蓟州区东二营镇辛庄村东	301901	22829788
231	天津市蓟州区东二营镇东二营中心小学	秦海超	23	5	10	376	天津市蓟州区东二营镇东二村	301901	22855228
232	天津市蓟州区东二营镇唐头庄中心小学	焦振伟	16	5	7	217	天津市蓟州区东二营镇唐头庄村南	301901	22853958
233	天津市蓟州区东二营镇唐头庄中心小学童馨幼儿园	李占云	4	3	3	67	天津市蓟州区东二营镇唐头庄村南	301901	13920481201
234	天津市蓟州区东二营镇初级中学	于文光	68	4	19	809	天津市蓟州区东二营镇东二村	301901	22850638
235	天津市蓟州区东二营镇辛庄中心小学	聂海涛	20	5	9	261	天津市蓟州区东二营镇辛庄村东	301901	22853959
236	天津市蓟州区白涧镇初级中学	赵云	74	4	17	861	天津市蓟州区白涧镇政府东侧	301926	22877916
237	天津市蓟州区白涧镇天平庄中心小学	杨继国	21	5	8	233	天津市蓟州区白涧镇天平庄村东	301926	29817687
238	天津市蓟州区白涧镇二百户中心小学	杜金波	22	5	7	205	天津市蓟州区白涧镇二百户村西	301926	29817125
239	天津市蓟州区白涧镇刘吉素中心小学	王广亮	23	5	10	271	天津市蓟州区白涧镇刘吉素村东	301926	22878674
240	天津市蓟州区白涧镇五百户中心小学	刘敬松	17	5	5	173	天津市蓟州区白涧镇西五百户村	301926	22878256
241	天津市蓟州区白涧镇成人文化技术学校	王志江	2				天津市蓟州区白涧镇初级中学东院	301926	22877996
242	天津市蓟州区白涧镇天平庄中心幼儿园	王红艳	4	3	3	77	天津市蓟州区白涧镇天平庄村东	301926	29817687
243	天津市蓟州区白涧镇二百户中心幼儿园	汪宝芹	5	3	3	64	天津市蓟州区白涧镇二百户村西	301926	29817125
244	天津市蓟州区白涧镇刘吉素幼儿园	付美金	7	3	4	105	天津市蓟州区白涧镇刘吉素村东	301926	22878674
245	天津市蓟州区白涧镇五百户幼儿园	宋连秀	5	3	3	61	天津市蓟州区白涧镇西五百户村	301926	22878256
246	天津市蓟州区下营镇初级中学	冯海飞	43	3	12	423	天津市蓟州区下营镇下营村	301913	29718083
247	天津市蓟州区下营镇小港学校	李绪刚	28	9	9	273	天津市蓟州区下营镇小港村北区16号	301909	22711093
248	天津市蓟州区下营镇小港幼儿园	李俊刚	4	3	3	61	天津市蓟州区下营镇小港村北区16号	301909	22711093
249	天津市蓟州区下营镇中心小学	穆智勇	18	6	8	210	天津市蓟州区下营镇下营村	301913	29718935

（续表）

编号	校名	校长	教职工数	年级数	班级数	学生数	学校地址	邮政编码	联系电话
250	天津市蓟州区下营镇下营幼儿园	穆智勇	4	3	3	74	天津市蓟州区下营镇下营村	301913	29718935
251	天津市蓟州区下营镇东中心小学	张永全	26	6	11	264	天津市蓟州区下营镇白滩村南	301913	29718104
252	天津市蓟州区下营镇东中心幼儿园	张永全	9	3	5	119	天津市蓟州区下营镇白滩村南	301913	29718104
253	天津市蓟州区下营镇黄崖关中心小学	杨 春	11	6	6	152	天津市蓟州区下营镇黄崖关村南	301913	22718183
254	天津市蓟州区下营镇黄崖关幼儿园	杨 春	4	3	3	53	天津市蓟州区下营镇黄崖关村南	301913	22718183
255	天津市蓟州区下营镇中营完全小学	王跃文	15	6	6	178	天津市蓟州区下营镇中营村	301913	29718986
256	天津市蓟州区下营镇中营中心幼儿园	王跃文	4	3	3	62	天津市蓟州区下营镇中营村	301913	29718986
257	天津市蓟州区下营镇段庄庄完全小学	马成林	8	6	6	87	天津市蓟州区下营镇段庄村西	301913	15522019673
258	天津市蓟州区下营镇段庄幼儿园	马成林	2	3	2	31	天津市蓟州区下营镇段庄村西	301913	15522019673
259	天津市蓟州区下营镇成人文化技术学校	袁福江	3				天津市蓟州区下营镇下营村	301913	18602644086
260	天津市蓟州区罗庄子镇初级中学	王铁铮	28	4	8	284	天津市蓟州区罗庄子镇史家井28号	301913	13820209711
261	天津市蓟州区罗庄子镇洪水庄中学	田志国	21	4	4	107	天津市蓟州区罗庄子镇洪水庄村村北	301913	13920794949
262	天津市蓟州区罗庄子镇洪水庄中心小学	姜文记	13	5	6	171	天津市蓟州区罗庄子镇洪水庄村村南	301900	1317484 3565
263	天津市蓟州区罗庄子镇中心小学	刘朝争	20	5	7	227	天津市蓟州区罗庄子镇政府南	301913	29728507
264	天津市蓟州区罗庄子镇中心小学桑园分校	郑宝国	9	5	5	54	天津市蓟州区罗庄子镇桑园村西	301913	29720168
265	天津市蓟州区罗庄子镇中心小学翟庄分校	黄艳岭	8	5	5	26	天津市蓟州区罗庄子镇翟庄村西	301913	13752402038
266	天津市蓟州区罗庄子镇中心小学幼儿园	苏逸秋	6	3	3	94	天津市蓟州区罗庄子镇政府西侧	301913	18622826128
267	天津市蓟州区罗庄子镇洪水庄幼儿园	苏逸秋	4	3	3	60	天津市蓟州区罗庄子镇中学东院	301913	18622826128
268	天津市蓟州区罗庄子镇旱店子幼儿园	苏逸秋	1	3	1	14	天津市蓟州区罗庄子镇旱店子村	301913	18622826128
269	天津市蓟州区罗庄子镇二十里铺幼儿园	苏逸秋	1	3	1	21	天津市蓟州区罗庄子镇二十里铺村	301913	18622826128
270	天津市蓟州区罗庄子镇青山村幼儿园	苏逸秋	1	3	1	12	天津市蓟州区罗庄子镇青山村	301913	18622826128
271	天津市蓟州区罗庄子镇桑园幼儿园	苏逸秋	1	3	1	21	天津市蓟州区罗庄子镇桑园小学内	301913	18622826128
272	天津市蓟州区罗庄子镇翟庄幼儿园	苏逸秋	1	3	1	14	天津市蓟州区罗庄子镇翟庄小学内	301913	18622826128
273	天津市蓟州区西龙虎峪镇初级中学	程瑞光	94	3	25	1152	天津市蓟州区西龙虎峪镇大街	301912	22752345
274	天津市蓟州区西龙虎峪镇中心小学	孙建军	31	6	12	377	天津市蓟州区西龙虎峪镇西虎峪村	301912	22752507
275	天津市蓟州区西龙虎峪镇燕各庄中心小学	李 畅	38	6	14	463	天津市蓟州区西龙虎峪镇燕各庄村南	301912	22752373
276	天津市蓟州区西龙虎峪镇贾庄中心小学	陈爱华	20	6	8	260	天津市蓟州区西龙虎峪镇贾庄村西	301912	22759540
277	天津市蓟州区西龙虎峪镇藏山庄中心小学	张建生	25	6	9	254	天津市蓟州区西龙虎峪镇藏山庄村	301912	22752349
278	天津市蓟州区西龙虎峪镇鹿角河完全小学	赵立新	14	6	6	187	天津市蓟州区西龙虎峪镇鹿角河村南	301912	29757340
279	天津市蓟州区西龙虎峪镇龙前完全小学	孟凡莉	13	6	6	171	天津市蓟州区西龙虎峪镇龙前村南	301912	22759554

（续表）

编号	校名	校长	教职工数	年级数	班级数	学生数	学校地址	邮政编码	联系电话
280	天津市蓟州区西龙虎峪镇南贾庄中心小学（龙北校区）	李振军	7	4	4	36	天津市蓟州区西龙虎峪镇龙北村东	301912	22759344
281	天津市蓟州区西龙虎峪镇南贾庄中心幼儿园	李　旋	5	3	3	74	天津市蓟州区西龙虎峪镇南贾庄村西	301912	22759540
282	天津市蓟州区西龙虎峪镇藏山庄中心幼儿园	于占秋	6	3	3	76	天津市蓟州区西龙虎峪镇藏山庄村北	301912	29730904
283	天津市蓟州区西龙虎峪镇成人文化技术学校	王荣柱	3				天津市蓟州区西龙虎峪镇燕各庄村	301912	22752331
284	天津市晟楷中学	马占春	147	3	31	1601	天津市蓟州区经济开发区津围路2号	301900	17622373065
285	天津市蓟州区出头岭镇景兴春蕾初级中学	李向阳	47	4	14	566	天津市蓟州区出头岭镇东王官屯村南	301911	29984856
286	天津市蓟州区出头岭镇初级中学	孙　华	106	4	27	1212	天津市蓟州区出头岭镇三屯村	301911	29757297
287	天津市蓟州区出头岭镇小稻地中心小学	霍金生	14	5	6	160	天津市蓟州区出头岭镇小稻地村北	301911	29757613
288	天津市蓟州区出头岭镇龙泉中心小学	刘洪军	20	5	9	315	天津市蓟州区出头岭镇小汪庄村北500米	301911	29758816
289	天津市蓟州区出头岭镇下庄中心小学	张永利	14	5	6	133	天津市蓟州区出头岭镇夏立庄村	301911	29757610
290	天津市蓟州区出头岭镇东王官屯中心小学	肖文立	32	5	15	537	天津市蓟州区出头岭镇官屯村村南	301911	29757333
291	天津市蓟州区出头岭镇东王官屯中心小学（西代甲庄教学点）	肖文立	2	2	2	31	天津市蓟州区出头岭镇西代甲村	301911	29757333
292	天津市蓟州区出头岭镇马官庄中心小学	刘志勇	27	5	13	462	天津市蓟州区出头岭镇北汪家村南	301911	29757197
293	天津市蓟州区出头岭镇南河河完全小学	董志刚	13	5	6	138	天津市蓟州区出头岭镇南河村	301911	29757615
294	天津市蓟州区出头岭镇闻马庄幼儿园	刘志勇	4	3	4	173	天津市蓟州区出头岭镇北汪家庄村南	301911	29757197
295	天津市蓟州区出头岭镇龙泉小学幼儿园	刘洪军	4	3	3	52	天津市蓟州区出头岭镇小汪庄村北500米	301911	29758816
296	天津市蓟州区出头岭镇小稻地幼儿园	霍金生	4	3	3	49	天津市蓟州区出头岭镇小稻地村北	301911	29757613
297	天津市蓟州区出头岭镇河南幼儿园	董志刚	3	3	3	37	天津市蓟州区出头岭镇大安平村	301911	29757615
298	天津市蓟州区出头岭镇店子幼儿园	肖文立	3	3	3	30	天津市蓟州区出头岭镇店子村	301911	29757333
299	天津市蓟州区出头岭镇未官屯幼儿园	肖文立	3	3	3	17	天津市蓟州区出头岭镇未官屯村	301911	29757333
300	天津市蓟州区出头岭镇西代甲庄幼儿园	肖文立	3	3	3	25	天津市蓟州区出头岭镇西代甲庄村	301911	29757333
301	天津市蓟州区出头岭镇夏立庄中心幼儿园	张永利	9	3	3	57	天津市蓟州区出头岭镇夏立庄村	301911	29757610
302	天津市蓟州区出头岭镇东王官屯中心幼儿园	肖文立	4	3	3	70	天津市蓟州区出头岭镇官屯村村南	301911	29757333
303	天津市蓟州区盘山职业学校	李　岊	60	3	9	435	天津市蓟州区盘山大道68号	301901	22825568
304	天津市蓟州区官庄初级中学	李爱东	74	4	20	901	天津市蓟州区官庄镇政府东侧	301900	29821679
305	天津市蓟州区官庄南营初级中学	陈福春	49	4	10	411	天津市蓟州区官庄镇南营村西北	301900	29825056
306	天津市蓟州区官庄中心小学	王子维	27	5	13	507	天津市蓟州区官庄镇官庄村东南	301915	82346991
307	天津市蓟州区官庄贾各庄中心小学	孙泽恭	21	5	5	226	天津市蓟州区官庄镇贾各庄村东区	301900	15802237161
308	天津市蓟州区官庄大彩各庄中心小学	刘英杰	24	5	12	453	天津市蓟州区官庄镇大彩各庄村东	301900	13512207632

（续表）

编号	校名	校长	教职工数	年级数	班级数	学生数	学校地址	邮政编码	联系电话
309	天津市蓟州区官庄镇大彩各庄中心小学塔院分校	王爱晨	13	5	5	131	天津市蓟州区塔院村南	301900	15900244077
310	天津市蓟州区官庄镇大彩各庄中心小学沟河北分校	宋士良	8	5	5	39	天津市蓟州区官庄镇沟河北村村东	301915	13920175754
311	天津市蓟州区官庄镇南营中学小学	王建良	21	5	10	324	天津市蓟州区官庄镇南营村村中	301915	29158292
312	天津市蓟州区官庄镇中心幼儿园	付艳荣	11	3	3	99	天津市蓟州区官庄镇大彩各庄村东	301905	13332039533
313	天津市蓟州区官庄镇成人文化技术学校	孙浩明	4				天津市蓟州区官庄镇塔院村	301915	13389957822

静海区

序号	校称	校长	教职工数	年级数	班级数	学生数	校址	邮编	电话
1	天津市静海区成人职业教育中心	赵春明	198	3	37	1706	天津市静海区地纬路2号	301600	58955077
2	天津市静海区独流中学	曹晓松	113	3	24	1122	天津市静海区独流镇新开路1号	301602	68815022
3	天津市静海区唐官屯中学	吴振英	89	3	18	836	天津市静海区唐官屯镇文昌路西增1号	301608	68875997
4	天津市静海区第四中学	张金宝	188	3	38	1797	天津市静海区胜利大街南112号	301600	28939106
5	天津市静海区第一中学	张福英	294	3	60	3002	天津市静海区地纬路19号	301600	68600800
6	天津市静海区第六中学	陈克洪	241	3	52	2508	天津市静海区静海镇静王路南侧3号	301600	59580850
7	天津市静海区大邱庄中学	金宝华	147	3	33	1464	天津市静海区大邱庄镇恒山路6号	301606	68960026
8	天津市静海区瀛海学校	王玉莲	255	12	47	2088	天津市静海区静海镇南纬一路南78号	301600	28941071
9	天津北京师范大学静海附属学校	朱鹏	72	12	29	788	天津市静海区团泊新城西团泊大道18号	301617	68592007
10	天津市静海区蔡公庄学校	张景成	87	9	34	1259	天津市静海区蔡公庄镇蔡公庄村南	301606	68565151
11	天津市静海区大邱庄镇码头尚学校	翟洪霞	59	9	23	828	天津市静海区大邱庄镇前尚码头村	301611	68599075
12	天津市静海区台头三堡学校	陈冬梅	24	9	12	283	天津市静海区台头镇三堡村南	301600	68168074
13	天津市静海区子牙新城学校	元英斌	111	9	43	1765	天津市静海区子牙新城梁头道西	301600	68951004
14	天津市静海区大邱庄尧舜实验学校	舒树江	32	9	13	415	天津市静海区大邱庄镇尧舜度假村丙区3号	301606	28897077
15	天津市静海区大邱庄镇大屯学校	刘宝国	45	9	18	637	天津市静海区大邱庄镇大屯村北	301606	28895379
16	天津市静海区运河学校	郝亚河	94	9	32	1274	天津市静海区团泊新城口子门村新兴增路新兴增1号	301600	68923513
17	天津市翔宇力仁学校	陆曦	75	9	25	900	天津市静海区团泊新城东区仁爱学府路1号	300190	68589207
18	天津市静海区独流镇中学	肖俊生	63	3	18	792	天津市静海区独流镇建设街	301602	68815123
19	天津市静海区独流镇北肖楼中学	顾来元	41	3	12	493	天津市静海区独流镇光渠东侧	301602	68815160
20	天津市静海区良王庄乡中学	韩富国	44	3	12	496	天津市静海区良王庄乡良一村	301602	68120085
21	天津市静海区团泊镇中学	程广娟	44	3	14	651	天津市静海区团泊镇官家堡村	301636	68504126
22	天津市静海区良王庄乡府君庙中学	安永德	26	3	6	273	天津市静海区良王庄乡府君庙村西	301600	68729311
23	天津市静海区体育运动学校	杨万华	5	0	0	0	天津市静海区静海镇地纬路17号	301600	28912094
24	天津市静海区第五镇中学	刘泉	92	3	20	937	天津市静海区静海镇地纬路西段	301600	68690503
25	天津市静海区中旺镇中学	李秀清	56	3	20	909	天津市静海区中旺镇中心街18号	301615	68531493
26	天津市静海区中旺镇大庄子中学	李玉广	36	3	13	566	天津市静海区中旺镇大庄子村	301614	68521635
27	天津市静海区第八中学	马君刚	70	3	18	702	天津市静海区良王庄乡徐庄子村东五排19号	301600	68686084
28	天津市静海区王口镇中学	刘世伟	92	3	26	1231	天津市静海区王口镇东岳庄村东静文路97号	301603	28836193
29	天津市静海区陈官屯镇王官屯中学	王维洪	39	3	12	455	天津市静海区陈官屯镇王官屯村	301604	68754900

（续表）

序号	校称	校长	教职工数	年级数	班级数	学生数	校址	邮编	电话
30	天津市静海区大丰堆镇中学	任绍成	81	3	21	911	天津市静海区大丰堆镇王路26号	301609	68663158
31	天津市静海区子牙镇中学	刘恩辉	64	3	19	834	天津市静海区子牙镇王二庄村	301605	68856377
32	天津市静海区台头镇中学	李树海	52	3	18	685	天津市静海区台头镇义和村	301613	68139100
33	天津市静海区唐官屯镇中学	李玉松	49	3	12	469	天津市静海区唐官屯镇京福路168号	301608	68758720
34	天津市静海区唐官屯镇大张屯中学	刘新	38	3	12	462	天津市静海区唐官屯镇靳官屯村东	301608	68361849
35	天津市静海区唐官屯镇大郝庄中学	季如顺	57	3	18	748	天津市静海区唐官屯镇大郝庄村	301608	68353013
36	天津市静海区梁头镇中学	霍增福	67	3	16	636	天津市静海区梁头镇梁头村东	301600	68969071
37	天津市静海区第二中学	李绍玉	176	3	34	1356	天津市静海区静海镇胜利街5号	301600	28948409
38	天津市静海区大邱庄镇胡连庄中学	薛印恒	24	3	8	316	天津市静海区大邱庄镇胡连庄村西	301606	68558196
39	天津市静海区陈官屯镇中学	明素霞	55	3	16	662	天津市静海区陈官屯镇小钓台村西	301604	68728191
40	天津市静海区大邱庄镇中学	吴斌	118	3	32	1523	天津市静海区大邱庄镇长江道南段	301606	28899523
41	天津市静海区沿庄镇中学	蔡春驰	51	3	17	779	天津市静海区沿庄镇三海房村北增1号	301605	68728026
42	天津市静海区沿庄镇东滩头中学	于振中	50	3	16	742	天津市静海区沿庄镇东滩头村北	301605	68771109
43	天津市静海区双塘镇中学	赵家贵	61	3	17	750	天津市静海区双塘镇西双塘村西兴路102号	301600	68868981
44	天津市静海区实验中学	张文伟	104	3	26	1224	天津市静海区静海镇建设路5号	301600	28919318
45	天津市静海区蔡公庄镇中学	刘焕瑜	58	3	16	635	天津市静海区蔡公庄镇公庄村建兴里增1号	301606	68728677
46	天津市静海区第七中学	刘玉兴	86	3	20	780	天津市静海区静海镇胜利南路89号	301600	28942300
47	天津市静海区西翟庄镇中学	史建勇	52	3	13	533	天津市静海区西翟庄镇翟庄村	301611	68371043
48	天津市静海区杨成庄乡中学	李春华	96	3	25	1107	天津市静海区杨成庄乡华杨路12号	301617	68276752
49	天津市静海区模范中学	王建龙	115	3	32	1474	天津市静海区静海镇开发区春熙道西	301600	68555130
50	天津市静海区独流镇育英小学	张树林	45	6	16	687	天津市静海区独流镇新开路79号	301602	68815223
51	天津市静海区独流镇李家湾子小学	孙恩立	29	6	12	327	天津市静海区独流镇李家湾子村	301602	68198175
52	天津市静海区良王庄乡王庄明德小学	贡海明	51	6	18	732	天津市静海区良王庄乡良一村	301601	68120028
53	天津市静海区唐官屯镇小学	王凤林	46	6	16	518	天津市静海区唐官屯镇文昌路1号	301608	28777070
54	天津市静海区唐官屯镇靳官屯小学	只德见	18	6	6	177	天津市静海区唐官屯镇靳官屯村南	301608	59526955
55	天津市静海区第六小学	戴文江	160	6	39	1473	天津市静海区开发区旭华道南段西侧	301600	68685627
56	天津市静海区唐官屯镇赵官屯小学	只茂玉	26	6	11	306	天津市静海区唐官屯镇赵官屯村	301608	59592157
57	天津市静海区唐官屯镇长张屯小学	刘松鹏	18	6	7	194	天津市静海区唐官屯镇长张屯村南素路1号	301608	59526755
58	天津市静海区唐官屯镇刘上道小学	时忠臣	30	6	12	303	天津市静海区唐官屯镇刘上道村	301608	68879581
59	天津市静海区唐官屯镇满意庄小学	刘新	31	6	15	474	天津市静海区唐官屯镇满意庄村	301608	28878344
60	天津市静海区唐官屯镇大十八户小学	王建	27	6	12	234	天津市静海区唐官屯镇大十八户村	301608	68354130
61	天津市静海区唐官屯镇亚庄子小学	朱玉强	44	6	22	483	天津市静海区唐官屯镇亚庄子村	301611	68518041

（续表）

序号	校称	校长	教职工数	年级数	班级数	学生数	校址	邮编	电话
62	天津市静海区团泊镇团泊小学	张宝坤	59	6	26	1028	天津市静海区团泊镇政府北侧	301636	68504081
63	天津市静海区团泊镇华源小学	王学敬	27	6	12	336	天津市静海区团泊镇张家房子村北	301636	68509089
64	天津市静海区子牙镇子牙小学	胡媛媛	49	6	24	820	天津市静海区子牙镇子牙村	301605	28859365
65	天津市静海区中旺镇姚庄子小学	张宝剑	19	6	9	228	天津市静海区中旺镇姚庄子村	301615	68539050
66	天津市静海区中旺镇大曲河小学	张奎柱	21	6	10	242	天津市静海区中旺镇大曲河村	301615	68728221
67	天津市静海区中旺镇韩庄子小学	高城	18	6	12	232	天津市静海区中旺镇韩庄子村北	301615	68728208
68	天津市静海区中旺镇中旺小学	姚庆森	34	6	18	603	天津市静海区中旺镇中旺村	301615	68272113
69	天津市静海区王口镇第一小学	邓再刚	57	6	31	892	天津市静海区王口镇民主村北	301603	28836063
70	天津市静海区中旺镇赵齐庄小学	刘庆红	14	6	9	156	天津市静海区中旺镇赵齐庄村	301614	68521586
71	天津市静海区中旺镇西湾河小学	岳凤格	11	6	6	74	天津市静海区中旺镇西湾河村	301614	68522033
72	天津市静海区中旺镇大庄子小学	杨寿发	29	6	12	423	天津市静海区中旺镇大庄子村	301614	6521157
73	天津市静海区王口镇第三小学	李春	21	6	10	246	天津市静海区王口镇朱家村前进街南8排21号	301603	28836627
74	天津市静海区台头镇第二小学	王光辉	27	6	14	445	天津市静海区台头镇和平村北	301613	68135310
75	天津市静海区王口镇第二小学	张启东	41	6	18	599	天津市静海区王口镇大瓦头村北	301603	68276580
76	天津市静海区王口镇第四小学	王鹏	24	6	12	303	天津市静海区王口镇南茁头村	301603	68168162
77	天津市静海区大邱庄镇庞家庄小学	许良阁	28	6	10	288	天津市静海区大邱庄镇庞家庄村	301611	68599336
78	天津市静海区大丰堆镇高家村小学	刘玉彬	34	6	13	398	天津市静海区大丰堆镇高家村村东组	301609	68663304
79	天津市静海区大丰堆镇大丰堆小学	徐玉良	52	6	18	610	天津市静海区大丰堆镇王府路26号	301608	68663180
80	天津市静海区台头镇黄岔小学	王立春	29	6	15	489	天津市静海区台头镇友好村南	301613	68139144
81	天津市静海区第四小学	王学忠	119	6	48	1976	天津市静海区静海镇北纬二路西段2号	301600	28639882
82	天津市静海区台头镇二堡小学	郝秀武	10	6	6	150	天津市静海区台头镇南二堡村富民路1号	301600	68168071
83	天津市静海区台头镇大六分小学	孙景林	12	6	6	110	天津市静海区台头镇大六分村村委路6号	301602	68169101
84	天津市静海区大丰堆镇后明庄小学	王俊杰	44	6	14	424	天津市静海区大丰堆镇后明庄村东	301609	68663344
85	天津市静海区第十一小学	章绍党	52	6	23	776	天津市静海区静海镇花园村花园路1号	301600	28916754
86	天津市静海区第十二小学	岳魏	29	6	12	395	天津市静海区静海镇杨高路高家楼村组	301600	28910040
87	天津市静海区第七小学	牛文清	18	6	7	217	天津市静海区静海镇上二里村东	301600	28910659
88	天津市静海区子牙镇西庄高小学	元世军	33	6	16	400	天津市静海区子牙镇西庄村东头	301605	68731656
89	天津市静海区第十小学	徐连来	25	6	9	258	天津市静海区静海镇北纬五路南十排1号	301600	59513027
90	天津市静海区第十三小学	陈连江	29	6	13	422	天津市静海区静海镇北里村	301600	28917213
91	天津市静海区子牙镇王二庄小学	曹广彦	27	6	11	360	天津市静海区子牙镇王二庄村西新村11号胡同118号	301605	68247755
92	天津市静海区第九小学	付润生	39	6	13	452	天津市静海区静海镇东边庄村一区一排7号	301600	59186795
93	天津市静海区子牙新城第一小学	刘继英	63	6	28	1107	天津市静海区天津子牙循环经济产业示范小城镇	301605	68722135

（续表）

序号	校称	校长	教职工数	年级数	班级数	学生数	校址	邮编	电话
94	天津市静海区良王庄乡四小屯小学	郭树成	15	6	6	208	天津市静海区良王庄乡四小屯村	301602	68153599
95	天津市静海区良王庄乡府君庙小学	王志华	35	6	13	429	天津市静海区良王庄乡府君庙村东	301600	68191101
96	天津市静海区陈官屯镇小集村小学	褚连生	25	6	13	340	天津市静海区陈官屯镇小集村	301604	68728101
97	天津市静海区陈官屯镇陈官屯小学	袁兴洪	36	6	15	478	天津市静海区陈官屯镇二街村东	301604	68728153
98	天津市静海区陈官屯镇高官屯小学	纪烈亮	32	6	18	377	天津市静海区陈官屯镇高官屯村	301604	68752233
99	天津市静海区陈官屯镇纪家庄小学	潘玉敏	22	6	12	237	天津市静海区陈官屯镇纪家庄村	301604	68761883
100	天津市静海区第三小学	唐卫源	73	6	24	966	天津市静海区胜利大街51号	301600	28942680
101	天津市静海区陈官屯镇吕官屯明德小学	冯宝川	15	6	7	182	天津市静海区陈官屯镇吕官屯村北	301608	68728107
102	天津市静海区大邱庄镇五美城小学	姚明	18	6	9	279	天津市静海区大邱庄镇五美城村西	301606	68557373
103	天津市静海区大邱庄镇岳家庄小学	张学鹏	17	6	7	187	天津市静海区大邱庄镇岳家庄村组	301609	68860016
104	天津市静海区大邱庄镇巨家庄小学	刘秋田	17	6	7	194	天津市静海区大邱庄镇巨子村南	301611	68669347
105	天津市静海区大邱庄镇津美小学	高用军	78	6	35	1275	天津市静海区大邱庄镇黄河道1号	301606	59581763
106	天津市静海区大邱庄镇尧舜小学	朱静华	37	6	14	446	天津市静海区大邱庄镇渤海路3号	301606	28876703
107	天津市静海区大邱庄镇胡连庄小学	孙明	19	6	8	241	天津市静海区大邱庄镇胡连庄村	301606	68557290
108	天津市静海区大邱庄镇万全小学	韩文林	48	6	22	877	天津市静海区大邱庄镇长江道2号	301606	58607377
109	天津市静海区沿庄镇沿庄小学	曹增喜	26	6	12	424	天津市静海区沿庄镇沿庄村东北	301605	68719527
110	天津市静海区沿庄镇西港小学	韩宾	27	6	13	387	天津市静海区沿庄镇西港村富兴区	301605	68779017
111	天津市静海区沿庄镇津海小学	高政贤	52	6	24	833	天津市静海区沿庄镇珠江道1号	301606	28899702
112	天津市静海区沿庄镇三禅房小学	王跃明	24	6	12	467	天津市静海区沿庄镇东禅房村北	301605	68771865
113	天津市静海区沿庄镇大黄洼小学	张洪卫	19	6	10	280	天津市静海区沿庄镇大黄洼村北	301605	68779049
114	天津市静海区双塘镇西双塘小学	杨志强	45	6	15	427	天津市静海区双塘镇西双塘村西海兴路176号	301600	68865020
115	天津市静海区双塘镇东滩头小学	马树山	25	6	14	469	天津市静海区双塘镇东滩头村	301605	68758008
116	天津市静海区双塘镇双楼小学	蔡增胜	9	6	6	134	天津市静海区双塘镇双楼村东北	301605	68776033
117	天津市静海区沿庄镇流庄小学	赵洪松	17	6	10	281	天津市静海区沿庄镇流庄村	301605	68856882
118	天津市静海区大邱庄镇王虎庄小学	沈以辉	23	6	11	363	天津市静海区大邱庄镇王虎庄村东	301606	28895323
119	天津市静海区梁头镇西柳木小学	张英	18	6	6	133	天津市静海区梁头镇西柳木村海宏大街5号	301600	68969093
120	天津市静海区梁头镇罗塘小学	任文坤	38	6	18	472	天津市静海区梁头镇罗塘村	301600	68959753
121	天津市静海区双塘镇杨学士小学	张亮	16	6	6	193	天津市静海区双塘镇杨学士村北	301605	68868765
122	天津市静海区独流镇第二小学	高岩	42	6	18	646	天津市静海区独流镇生产新村新村组	301602	68815119
123	天津市静海区双塘镇育德小学	王贵德	48	6	17	520	天津市静海区双塘镇东平村西	301600	68367086
124	天津市静海区大邱庄镇太平小学	边何国	20	6	11	322	天津市静海区大邱庄镇太平村西	301606	68205399
125	天津市静海区蔡公庄镇党口中小学	张春刚	46	6	20	706	天津市静海区蔡公庄镇党口中村西	301646	68517215

（续表）

序号	校称	校长	教职工数	年级数	班级数	学生数	校址	邮编	电话
126	天津市静海区蔡公庄镇惠丰学校	崔希奎	20	6	9	240	天津市静海区蔡公庄镇惠丰村中北	301606	68519144
127	天津市静海区蔡公庄镇土河小学	牛士金	15	6	6	128	天津市静海区蔡公庄镇土河村北	301646	68518072
128	天津市静海区蔡公庄镇刘祥庄小学	陈凤才	16	6	10	167	天津市静海区蔡公庄镇刘祥庄村	301606	68519567
129	天津市静海区实验小学	张世彪	174	6	58	2266	天津市静海镇工农街152号	301600	28857579
130	天津市静海区双塘镇杨家园小学	何春林	18	6	9	248	天津市静海区双塘镇杨家园村	301600	68866541
131	天津市静海区西翟庄镇矫庄子小学	胡华秀	25	6	10	275	天津市静海区西翟庄镇贺新村北	301608	68367301
132	天津市静海区西翟庄镇西翟庄小学	刘同星	29	6	11	381	天津市静海区西翟庄镇西翟庄村	301611	68371454
133	天津市静海区西翟庄镇杨小庄小学	王文春	24	6	11	298	天津市静海区西翟庄镇杨小庄村东南角	301611	68728469
134	天津市静海区杨成庄乡铺头小学	张健	38	6	21	557	天津市静海区团泊新城西区健康产业园怡湖园小区	301617	59592799
135	天津市静海区杨成庄乡双窑小学	刘焕勤	35	6	19	468	天津市静海区杨成庄乡双窑村九区一排1号	301617	68641341
136	天津市静海区杨成庄乡董庄窠小学	刘军	38	6	18	412	天津市静海区杨成庄乡董庄窠村7区1排10号	301617	68651004
137	天津市静海区杨成庄乡东寨小学	吴凤刚	34	6	16	473	天津市静海区杨成庄乡东寨村	301617	68651142
138	天津市静海区第八小学	马敬奎	81	6	34	1265	天津市静海区黎明道西侧北丰路北侧	301600	68686141
139	天津市静海区肖楼北楼小学	刘克军	48	6	19	688	天津市静海区独流镇北肖楼村东	301602	68196689
140	天津市静海区沿庄镇元蒙口小学	陶尔利	24	6	11	358	天津市静海区沿庄镇元蒙口村北组2	301605	68772299
141	天津市静海区台头镇第一小学	杨洪贵	24	6	13	379	天津市静海区台头镇建设村北	301613	68135110
142	天津市静海区第五小学	彭英华	93	6	31	1179	天津市静海区东方红路中段17号	301600	68692298
143	天津市静海区梁头镇梁头小学	只萍萍	44	6	16	526	天津市静海区梁头镇梁台路42号	301600	68965027
144	天津市静海区广海道小学	刘颖	46	6	22	666	天津市静海区经济开发区东方红路东段11号增2号	301600	28878626
145	天津市静海区模范小学	李洪芹	177	6	71	2998	天津市静海区开发区地纬路20号	301600	68603083
146	天津市静海区建华学校	王昭辉	19	9	15	63	天津市静海区径海中静文路城西33号	301600	28912039
147	天津市静海区第八幼儿园	何文香	4	3			天津市静海区黎明道西侧北丰路北侧	301600	68127968
148	天津市静海区第一幼儿园	乔建英	125	3	27	851	天津市静海区东方红路西段大街74号	301600	28942897
149	天津市静海区团泊镇第三中心幼儿园	李茂静	22	3	7	211	天津市静海区团泊镇张家房子村北	301636	68509101
150	天津市静海区团泊镇第一中心幼儿园	程广趁	26	3	7	225	天津市静海区团泊镇政府南侧	301636	68728903
151	天津市静海区中旺镇第一中心幼儿园	曹延松	27	3	9	286	天津市静海区中旺镇中旺村	301615	68532585
152	天津市静海区王口镇第一中心幼儿园	李宝萍	24	3	6	106	天津市静海区王口镇民主村	301603	68835089
153	天津市静海区第二幼儿园	杨淑芳	47	3	12	422	天津市静海区纬二路西段四号	301600	28942317
154	天津市静海区大丰堆镇第一中心幼儿园	程少梅	19	3	5	119	天津市静海区大丰镇静王路26号	301609	68660301
155	天津市静海区大丰堆镇第二中心幼儿园	姚家廉	11	3	3	54	天津市静海区大丰堆镇靳庄子村	301600	68676322
156	天津市静海区子牙新城第一幼儿园	田茂林	35	3	11	312	天津市静海区子牙新车4号路红绿灯南150米	301605	68859578
157	天津市静海区陈官屯镇第一中心幼儿园	赵增雪	20	3	6	176	天津市静海区陈官屯镇二街	301604	68786055

（续表）

序号	校称	校长	教职工数	年级数	班级数	学生数	校址	邮编	电话
158	天津市静海区第四幼儿园	李福秀	75	3	16	537	天津市静海区静海镇胜利大街124号	301600	59580516
159	天津市静海区陈官屯镇第三中心幼儿园	魏玉起	10	3	3	66	天津市静海区陈官屯镇王官屯村	301604	68753200
160	天津市静海区大邱庄镇海中心幼儿园	杨志敏	34	3	12	460	天津市静海区大邱庄镇珠江道1号	301606	68585361
161	天津市静海区大邱庄镇乾隆湖中心幼儿园	刘玉梅	17	3	5	141	天津市静海区大邱庄镇尧舜度假村村丙区4号	301606	59186013
162	天津市静海区双塘镇中心幼儿园	魏桂花	14	3	6	136	天津市静海区双塘镇增福堂村2号楼	301600	68248755
163	天津市静海区唐官屯镇第一中心幼儿园	刘金星	9	3	3	67	天津市静海区唐官屯镇三街边家胡同9号	301608	68727967
164	天津市静海区西翟庄镇第二中心幼儿园	任玉琴	21	3	6	141	天津市静海区西翟庄镇西翟庄村北	301611	68371919
165	天津市静海区大邱庄镇美中心幼儿园	刘丽丽	30	3	12	412	天津市静海区黄河道1号	301606	68569972
166	天津市静海区模范幼儿园	李天云	89	3	18	657	天津市静海区开发区地纬路南侧	301600	68628016
167	天津市静海区杨成庄乡第一中心幼儿园	刘元娟	16	3	4	74	天津市静海区杨成庄乡毕杨路12号	301617	68652123
168	天津市静海区子牙新城第二幼儿园	蔡洪蕾	18	3	6	153	天津市静海区子牙新城六号路	301605	28857908
169	天津市静海区陈官屯镇第二中心幼儿园	马金英	21	3	6	126	天津市静海区陈官屯镇小集村北	301604	68761318
170	天津市静海区大邱庄镇万全中心幼儿园	刘文兰	39	3	12	415	天津市静海区大邱庄镇长江道2号	301606	58607311
171	天津市静海区台头镇第一中心幼儿园	孙长颖	17	3	5	125	天津市静海区台头镇友好村南	301613	68729089
172	天津市静海区子牙镇中心幼儿园	李广信	15	3	6	123	天津市静海区子牙镇子牙村	301605	28859032
173	天津市静海区第三幼儿园	胡景华	94	3	20	700	天津市静海区静海镇瑞和道15号	301600	68299783
174	天津市静海区团泊镇第二中心幼儿园	周作敏	21	3	6	185	天津市静海区团泊镇政府北侧	301636	68505085
175	天津市静海区沿庄镇第一中心幼儿园	杨益岭	20	3	6	165	天津市静海区沿庄镇禅房村东100米	301605	28855196
176	天津市静海区蔡公庄镇第一中心幼儿园	王树瑞	23	3	9	214	天津市静海区蔡公庄镇四党口后村	301646	68517307
177	天津市静海区沿庄镇第一中心幼儿园	程德良	18	3	5	102	天津市静海区沿庄镇沿庄村东	301605	68715968
178	天津市静海区梁头镇第一中心幼儿园	刘福娥	24	3	7	242	天津市静海区梁头镇梁台路42号	301600	58607375
179	天津市静海区良王庄乡第一中心幼儿园	王玉娟	26	3	6	143	天津市静海区良王庄乡霸路6号	301601	68233008
180	天津市静海区大邱庄镇第二中心幼儿园	刘德红	20	3	9	292	天津市静海区大邱庄镇渤海路3号	301606	68287150
181	天津市静海区蔡公庄镇第二中心幼儿园	边士美	20	3	6	133	天津市静海区蔡公庄镇公庄村西南	301606	58607949
182	天津市静海区独流镇第一中心幼儿园	王会俊	17	3	6	130	天津市静海区独流镇生产新村	301602	68233368
183	天津市静海区王口镇第二中心幼儿园	管世军	19	3	6	85	天津市静海区王口镇南苗头村东南角	301603	68166818
184	天津市静海区第九幼儿园	郝胜颖	43	3	9	248	天津市静海区东方红路中段17号	301600	68127868
185	天津市静海区第十幼儿园	董汉敏	27	3	5	154	天津市静海区海北纬二路西段2号	301600	68921680
186	天津市静海区第七幼儿园	王平	31	3	6	148	天津市静海区海高楼村	301600	68386815
187	天津市静海区陈官屯镇第四中心幼儿园	崔文革	7	3	3	45	天津市静海区陈官屯镇吕官屯村东北	301604	68755287
188	天津市静海区第五幼儿园	郑庆凤	60	3	14	435	天津市静海区春曦道西侧北盛路南侧	301600	58178330
189	天津市静海区中旺镇港里幼儿园	张宝剑	2	3	1	12	天津市静海区中旺镇港里村	301615	68539050

（续表）

序号	校称	校长	教职工数	年级数	班级数	学生数	校址	邮编	电话
190	天津市静海区蔡公庄镇惠丰幼儿园	崔希奎	8	3	3	87	天津市静海区蔡公庄镇惠丰蔡公庄镇惠丰村中村北	301646	68519144
191	天津市静海区梁头镇肖民庄幼儿园	张 英	1	3	1	9	天津市静海区梁头镇肖民庄村福泰街二组	301600	68969093
192	天津市静海区西翟庄镇东翟庄幼儿园	王文春	18	3	4	83	天津市静海区西翟庄镇东翟庄村	301611	68372117
193	天津市静海区唐官屯镇赵官屯幼儿园	只茂玉	7	3	3	78	天津市静海区唐官屯镇赵官屯村	301608	59592157
194	天津市静海区沿庄镇双楼幼儿园	蔡增胜	4	3	3	38	天津市静海区沿庄镇双楼村东北	301605	68776033
195	天津市静海区台头镇第四幼儿园	赵秀玉	11	3	3	73	天津市静海区台头镇三堡村	301602	68168074
196	天津市静海区王口镇进庄幼儿园	邓再刚	3	3	3	11	天津市静海区王口镇进庄村北	301603	28836063
197	天津市静海区王口镇堂上幼儿园	邓再刚	2	3	1	6	天津市静海区王口镇堂上村	301603	28836063
198	天津市静海区杨成庄乡管铺头幼儿园	陈琳丽	31	3	10	288	天津市静海区团泊新城西区西支路6北侧	301617	68650086
199	天津市静海区陈官屯镇高官屯幼儿园	纪烈亮	4	3	3	31	天津市静海区陈官屯镇高官屯村	301604	68752233
200	天津市静海区双塘镇杨学士幼儿园	张 亮	6	3	3	81	天津市静海区双塘镇杨学士村北	301609	68868765
201	天津市静海区王口镇童馨幼儿园	李 春	6	3	2	33	天津市静海区王口镇丁家村南	301603	28836627
202	天津市静海区唐官屯镇曲庄子幼儿园	只茂玉	3	3	3	43	天津市静海区唐官屯镇曲庄子村	301608	59592157
203	天津市静海区中旺镇李庄子幼儿园	刘传利	4	3	2	16	天津市静海区中旺镇李庄子村	301605	68272116
204	天津市静海区大邱庄镇胡连庄幼儿园	孙 明	6	3	4	93	天津市静海区大邱庄镇胡连庄村	301606	68557290
205	天津市静海区姚庄子幼儿园	张宝剑	3	3	3	48	天津市静海区姚庄子村	301615	68539050
206	天津市静海区子牙镇西高庄幼儿园	元国军	7	3	3	63	天津市静海区子牙镇西高庄村东北角	301605	68731656
207	天津市静海区蔡公庄镇土河幼儿园	牛士金	7	3	3	38	天津市静海区蔡公庄镇土河村北	301646	68518072
208	天津市静海区中旺镇小齐幼儿园	刘庆红	2	3	1	8	天津市静海区中旺镇小齐庄村	301614	68521586
209	天津市静海区大邱庄镇德幼儿园	辛 峰	17	3	4	91	天津市静海区大邱庄镇太平村南	301606	68205470
210	天津市静海区大邱庄镇庞家幼儿园	刘嘉永	12	3	5	73	天津市静海区大邱庄镇庞家庄村	301611	68599336
211	天津市静海区沿庄镇流洪幼儿园	赵洪松	10	3	3	78	天津市静海区沿庄镇流洪村	301605	68856882
212	天津市静海区第十小学附属幼儿园	付润生	2	3	1	17	天津市静海区静海镇北纬五路南十排1号	301600	59513027
213	天津市静海区唐官屯镇烧盆村幼儿园	王 强		3			天津市静海区唐官屯镇烧盆村	301608	28878344
214	天津市静海区良王庄乡张家幼儿园	贡海明	2	3	1	7	天津市静海区良王庄乡张家村	301601	68120028
215	天津市静海区梁头镇东贾口幼儿园	王 健	1	3	1	19	天津市静海区梁头镇东贾口村	301600	68959753
216	天津市静海区中旺镇蔡庄子幼儿园	高 城	2	3	1	11	天津市静海区中旺镇蔡庄子村中心	301615	68728208
217	天津市静海区中旺镇大庄子幼儿园	杨寿发	12	3	6	74	天津市静海区中旺镇大庄子村	301614	68521157
218	天津市静海区良王庄乡白杨树幼儿园	王志华	1	3	1	9	天津市静海区良王庄乡白杨树村	301600	68973255
219	天津市静海区西翟庄镇安家幼儿园	王文春	4	3	1	22	天津市静海区西翟庄镇安家庄村	301611	68728469
220	天津市静海区蔡公庄镇顺小王幼儿园	边永泽	4	3	2	22	天津市静海区蔡公庄镇顺小王村北	301606	68565757
221	天津市静海区沿庄镇小河幼儿园	王 红	3	3	3	40	天津市静海区沿庄镇小河村文华区9排3号	301605	68718212

（续表）

序号	校称	校长	教职工数	年级数	班级数	学生数	校址	邮编	电话
222	天津市静海区独流镇八堡幼儿园	孙恩立	1	3	1	7	天津市静海区独流镇八堡村	301602	68198175
223	天津市静海区良王庄乡岳家园幼儿园	贡海明		3			天津市静海区良王庄乡岳家园村	301601	68120028
224	天津市静海区唐官屯镇国家庄幼儿园	王强	3	3	2	13	天津市静海区唐官屯镇国家庄村	301608	28878344
225	天津市静海区中旺镇清河村幼儿园	岳凤格	1	3	1	6	天津市静海区中旺镇清河村	301615	68522033
226	天津市静海区杨成庄乡砖垛幼儿园	杨明远	5	3	3	30	天津市静海区杨成庄乡砖垛村北	301617	68645437
227	天津市静海区中旺镇班高庄幼儿园	张宾柱	3	3	2	21	天津市静海区中旺镇班高庄村	301615	68728200
228	天津市静海区大丰堆镇高家庄幼儿园	刘玉彬	3	3	3	14	天津市静海区大丰堆镇高家庄村村东组	301609	68663304
229	天津市静海区台头镇第三幼儿园	陈田	13	3	4	110	天津市静海区台头镇和平村北	301613	68135310
230	天津市静海区大丰堆镇前树幼儿园	王俊杰	2	3	2	24	天津市静海区大丰堆镇前树村	301609	68663344
231	天津市静海区中旺镇大曲河幼儿园	张宾柱	3	3	2	21	天津市静海区中旺镇大曲河村	301615	68728200
232	天津市静海区蔡公庄镇杨家场幼儿园	杨森	4	3	2	20	天津市静海区蔡公庄镇杨家场村南	301606	68556408
233	天津市静海区大丰堆镇史家庄幼儿园	程少梅	1	3	1	8	天津市静海区大丰堆镇史家庄村村西	301609	68660301
234	天津市静海区陈官屯镇钓台幼儿园	吴树林	3	3	2	23	天津市静海区陈官屯镇钓台村	301604	68788199
235	天津市静海区唐官屯镇亚子村幼儿园	朱玉强	3	3	2	20	天津市静海区唐官屯镇亚子村	301611	59955138
236	天津市静海区沿庄镇西港幼儿园	韩宾	10	3	3	57	天津市静海区沿庄镇西港村北	301605	68751599
237	天津市静海区杨成庄乡董家簧幼儿园	刘军	9	3	3	41	天津市静海区杨成庄乡董家簧村7区10排1-1号	301617	68651004
238	天津市静海区大邱庄镇王虎庄幼儿园	张洪霞	19	3	6	145	天津市静海区大邱庄镇王虎庄村东	301606	28895323
239	天津市静海区大丰堆镇高小王庄幼儿园	程少梅	1	3	1	14	天津市静海区大丰堆镇高小王庄合作区	301609	68660301
240	天津市静海区王口镇朱家村幼儿园	李春	6	3	2	28	天津市静海区王口镇朱家村南	301603	28836627
241	天津市静海区大邱庄镇岳家幼儿园	张学鹏	7	3	3	42	天津市静海区大邱庄镇岳家村北	301609	68860016
242	天津市静海区梁头镇南柳木幼儿园	张英	2	3	2	28	天津市静海区梁头镇南柳木村兴柳南街5号	301600	68969093
243	天津市静海区子牙镇第二幼儿园	马标利	4	3	3	32	天津市静海区子牙镇宗保村园区院2号	301600	28858415
244	天津市静海区中旺镇王官庄幼儿园	高城	5	3	3	42	天津市静海区中旺镇王官庄村东	301615	68728208
245	天津市静海区梁头镇罗塘幼儿园	王健	11	3	6	149	天津市静海区梁头镇罗塘村	301600	68959753
246	天津市静海区王口镇郑庄幼儿园	邓再刚	3	3	1	23	天津市静海区王口镇郑庄村	301603	28836063
247	天津市静海区唐官屯镇满意庄幼儿园	王强	13	3	4	81	天津市静海区唐官屯镇满意庄村	301608	28878344
248	天津市静海区梁头镇邓庄子幼儿园	张英	1	3	1	9	天津市静海区梁头镇邓庄子村团结路22号	301600	68969063
249	天津市静海区大邱庄镇李八庄幼儿园	刘玉梅	1	3	2	23	天津市静海区大邱庄镇李八庄村	301606	59186013
250	天津市静海区中旺镇团瓢幼儿园	刘庆红	1	3	1	11	天津市静海区中旺镇团瓢村	301614	68204088
251	天津市静海区西翟庄镇第二幼儿园	赵培芝	14	3	5	101	天津市静海区西翟庄镇佟庄子村	301608	68353695
252	天津市静海区沿庄镇元蒙口幼儿园	陶尔凤	13	3	6	123	天津市静海区沿庄镇元蒙口村北1组	301605	68770186
253	天津市静海区大丰堆镇大王庄幼儿园	刘玉彬	1	3	1	8	天津市静海区大丰堆镇大王庄村东组	301609	68663304

(续表)

序号	校称	校长	教职工数	年级数	班级数	学生数	校址	邮编	电话
254	天津市静海区台头镇第二幼儿园	李学艳	17	3	5	142	天津市静海区台头镇建设村北	301613	68557373
255	天津市静海区大邱庄镇五美城幼儿园	王泽凤	7	3	4	87	天津市静海区大邱庄镇五美城村西	301606	68557373
256	天津市静海区唐官屯镇靳官屯幼儿园	只德见	7	3	3	55	天津市静海区唐官屯镇靳官屯村南	301608	59526955
257	天津市静海区中旺镇西湾河幼儿园	岳凤格	3	3	2	15	天津市静海区中旺镇西湾河村	301615	68522033
258	天津市静海区良王庄乡十里堡幼儿园	王志华	1	3	1	12	天津市静海区良王庄乡十里堡村	301600	68973255
259	天津市静海区唐官屯镇孙坝口幼儿园	王强	2	3	2	23	天津市静海区唐官屯镇孙坝口村	301608	28878344
260	天津市静海区杨成庄乡梅厂明德幼儿园	只于刚	3	3	2	17	天津市静海区杨成庄乡梅厂村北	301617	68641341
261	天津市静海区独流镇李家湾子幼儿园	孙恩立	4	3	2	35	天津市静海区独流镇李家湾子村	301602	68198175
262	天津市静海区中旺镇韩庄子幼儿园	高城	3	3	2	28	天津市静海区中旺镇韩庄子村北	301615	68728208
263	天津市静海区中旺镇张高庄幼儿园	张宾柱	3	3	2	21	天津市静海区中旺镇张高庄村	301615	68728200
264	天津市静海区大邱庄镇崔家庄幼儿园	刘玉梅	1	3	1	4	天津市静海区大邱庄镇崔家庄村	301606	59186013
265	天津市静海区大邱庄镇巨家庄幼儿园	刘秋田	6	3	3	39	天津市静海区大邱庄镇巨家庄子村南	301611	68669347
266	天津市静海区大邱庄镇东边庄幼儿园	朱平和	8	3	3	46	天津市静海区大邱庄镇东边庄村一区一排7号	301600	68686400
267	天津市静海区唐官屯镇鲁辛庄幼儿园	张春明	6	3	3	33	天津市静海区唐官屯镇鲁辛庄村	301608	68879581
268	天津市静海区大丰堆镇齐小王幼儿园	刘玉彬	1	3	1	5	天津市静海区大丰堆镇齐小王村村西组	301609	68663304
269	天津市静海区第十一小学附属幼儿园	章绍亮	2	3	1	6	天津市静海区静海镇花园村花园路1号	301600	28938052
270	天津市静海区大邱庄镇尚码头幼儿园	李敬芹	17	3	6	127	天津市静海区大邱庄镇前尚码头村	301611	68599870
271	天津市静海区良王庄乡府君庙幼儿园	王志华	4	3	2	17	天津市静海区良王庄乡府君庙村	301600	68973255
272	天津市静海区双塘镇东双塘幼儿园	王贵德	6	3	3	84	天津市静海区双塘镇东双塘村	301600	68367086
273	天津市静海区唐官屯镇纪家庄幼儿园	潘玉敏	5	3	3	41	天津市静海区陈官屯镇纪家庄村	301604	68761883
274	天津市静海区唐官屯镇长张屯幼儿园	刘松鹏	10	3	3	43	天津市静海区唐官屯镇长屯村南条路1号	301608	59526755
275	天津市静海区中旺镇李高庄幼儿园	张宾柱	2	3	1	5	天津市静海区中旺镇李高庄村	301615	68728200
276	天津市静海区良王庄乡阁庄院幼儿园	贾海明	1	3	1	9	天津市静海区良王庄乡阁庄村	301601	68120028
277	天津市静海区双塘镇董莫院幼儿园	孙亮	1	3	1	16	天津市静海区双塘镇董莫院村	301600	68865630
278	天津市静海区西翟庄镇杨小庄幼儿园	王文春	3	3	1	14	天津市静海区西翟庄镇杨小庄村东南角	301611	68728469
279	天津市静海区唐官屯镇大郝庄幼儿园	牛学超	4	3	2	24	天津市静海区唐官屯镇大郝庄村	301611	68353061
280	天津市静海区沿庄镇张村幼儿园	马树山	1	3	1	20	天津市静海区沿庄镇张村	301605	68980866
281	天津市静海区蔡公庄镇刘祥庄幼儿园	陈凤才	6	3	3	52	天津市静海区蔡公庄镇刘祥庄村	301606	68519567
282	天津市静海区双塘镇西双塘幼儿园	杨志强	5	3	3	72	天津市静海区双塘镇西双塘村西兴路176号	301600	68865020
283	天津市静海区唐官屯镇慈儿庄幼儿园	郑光元	3	3	1	13	天津市静海区唐官屯镇慈儿庄村	301608	59595136
284	天津市静海区唐官屯镇西沟乐幼儿园	王强	3	3	2	31	天津市静海区唐官屯镇西沟乐村	301611	59595131
285	天津市静海区大邱庄镇大屯幼儿园	刘宝国	13	3	6	162	天津市静海区大邱庄镇大屯村北	301606	28885379

722

（续表）

序号	校称	校长	教职工数	年级数	班级数	学生数	校址	邮编	电话
286	天津市静海区唐官屯镇大十八户幼儿园	牛学春	5	3	3	42	天津市静海区唐官屯镇大十八户村	301608	68354130
287	天津市静海区独流镇育英幼儿园	苗昆水		3			天津市静海区独流镇新开路79号	301602	68815223
288	天津市静海区独流镇七堡幼儿园	孙恩立	2	3	2	11	天津市静海区独流镇七堡村	301602	68198175
289	天津市静海区唐官屯镇博爱幼儿园	季如良	6	3	3	42	天津市静海区唐官屯镇小郝庄村南,郑家庄村北	301611	59595133
290	天津市静海区良王庄乡王家院幼儿园	王志华	1	3	1	5	天津市静海区良王庄乡王家院村	301600	68973255
291	天津市静海区大丰堆后明庄幼儿园	王俊杰	1	3	1	3	天津市静海区大丰堆镇后明庄村东	301609	68663344
292	天津市静海区良王庄乡四小屯幼儿园	郭树成	5	3	3	39	天津市静海区良王庄乡四小屯村	301602	68153599
293	天津市静海区唐官屯镇刘上道幼儿园	时忠臣	7	3	3	30	天津市静海区唐官屯镇刘上道小学	301608	68879581
294	天津市静海区杨成庄乡闫家塚幼儿园	张少青	5	3	3	24	天津市静海区杨成庄乡闫家塚村3区17排1号	301617	68651429
295	天津市静海区中旺镇赵齐庄幼儿园	刘庆红	3	3	2	21	天津市静海区中旺镇齐庄村	301614	68521586
296	天津市静海区中旺镇西小屯幼儿园	杨寿发	2	3	1	14	天津市静海区中旺镇西小屯村	301614	68521157
297	天津市静海区梁头镇东柳木幼儿园	张 英	1	3	1	14	天津市静海区梁头镇东柳木村	301600	60969093
298	天津市静海区梁头镇西柳木幼儿园	张 英	1	3	1	23	天津市静海区梁头镇西柳木村海宏大街5号	301600	68969093
299	天津市静海区独流镇北肖楼幼儿园	刘克军	5	3	1	5	天津市静海区独流镇北肖楼村东	301602	68811689
300	天津市静海区沿庄镇东滩头幼儿园	马树山	3	3	3	82	天津市静海区沿庄镇东滩头村西	301605	68758009
301	天津市静海区杨成庄乡双窑幼儿园	刘焕勤	9	3	3	21	天津市静海区杨成庄乡双窑村九区一排1号	361603	68641341
302	天津市静海区王口镇大瓦头幼儿园	张启东	17	3	4	98	天津市静海区王口镇大瓦头村	301603	68166813
303	天津市静海区陈官屯镇东钓台幼儿园	张洪明	3	3	3	28	天津市静海区陈官屯镇东钓台村南	301604	68789366
304	天津市静海区沿庄镇大黄洼幼儿园	张洪卫	8	3	4	97	天津市静海区沿庄镇大黄洼村北	301605	68779049
305	天津市静海区王口镇小瓦头幼儿园	张启东	2	3	1	9	天津市静海区王口镇小瓦头村东	301603	68276580
306	天津市静海区双塘镇杨家园幼儿园	何春林	3	3	3	78	天津市静海区双塘镇杨家园村	301600	68242055
307	天津市静海区第十三小学附属幼儿园	陈连江	8	3	3	75	天津市静海区中旺镇北五村	301600	28917213
308	天津市静海区中旺镇刘家河幼儿园	刘庆红	1	3	1	4	天津市静海区中旺镇刘家河村	301614	68521586
309	天津市静海区中旺镇罗庄子幼儿园	张宝剑	3	3	2	26	天津市静海区中旺镇罗庄子村	301615	68539050
310	天津市静海区陈官屯镇胡辛庄幼儿园	魏玉起	5	3	3	44	天津市静海区陈官屯镇胡辛庄村	301604	60366348
311	天津市静海区第六幼儿园	陈会英	40	3	8	212	天津市静海区工农街西侧南纬一路南侧77号	301600	59592287
312	天津市静海区王口镇第三幼儿园	邓再刚	3	3	1	5	天津市静海区王口镇团结村北	301603	28836063
313	天津市静海区子牙镇王二庄幼儿园	宋维维	9	3	3	75	天津市静海区子牙镇龙嘉公寓西侧	301605	68752399
314	天津市静海区第六小学(附属幼儿园)	马春梅		3	3	104	天津市静海区开发区旭华道南段西侧	301600	68698895

宁河区

编号	校名	校长	教师数	年级数	班数	学生数	校址	邮政编码	电话
1	天津市宁河区芦台第二中学（初中）	张忠峰	225	3	11	416	天津市宁河区芦台镇震新路30号	301500	69560238
2	天津市宁河区芦台第二中学（高中）	张忠峰	225	3	40	1997	天津市宁河区芦台镇震新路30号	301500	69560238
3	天津市宁河区芦台第一中学（初中部）	廉成林	327	3	19	856	天津市宁河区芦台镇东大营一中路1号	301500	69561221
4	天津市宁河区芦台第一中学（高中部）	廉成林	327	3	50	2406	天津市宁河区芦台镇东大营一中路1号	301500	69561221
5	天津市宁河区特殊教育学校	张泽莘	35	8	8	133	天津市宁河区桥北街恒大御景对面	301500	69220530
6	天津市宁河区桥北街实验学校（小学部）	李立明	150	6	37	1527	天津市宁河区桥北街淀翠西路北小赵道西	301500	69568636
7	天津市宁河区桥北街实验学校（中学部）	李立明	150	3	21	885	天津市宁河区桥北街淀翠西路北小赵道西	301500	69568636
8	天津市宁河区丰台中学	李学军	96	3	19	953	天津市宁河区丰台镇东大街57号	301500	69487002
9	天津市宁河区芦台第四中学	张忠峰	66	1	6	271	天津市宁河区芦台镇震新路45号	301500	69110788
10	天津市宁河区潘庄中学	高彬	143	3	34	1582	天津市宁河区潘庄镇潘庄村南	301500	69529151
11	天津市宁河区板桥镇中学	王宝强	31	3	6	240	天津市宁河区板桥镇板桥路增19号	301500	69469047
12	天津市宁河区北淮淀镇中学	邢海滨	67	3	18	747	天津市宁河区北淮淀镇北淮淀村	301500	69321042
13	天津市宁河区俵口镇中学	于泽利	61	3	16	692	天津市宁河区俵口镇洛里村东	301500	69331144
14	天津市宁河区大北涧沽镇中学	李传柱	48	3	12	471	天津市宁河区大北涧沽镇大北村	301500	69549171
15	天津市宁河区东棘坨镇赵本中学	冯泉喜	35	3	7	294	天津市宁河区东棘坨镇赵本村西	301500	69439043
16	天津市宁河区东棘坨镇中学	杨成财	57	3	13	567	天津市宁河区东棘坨镇政府北侧	301500	69379875
17	天津市宁河区丰台镇后棘坨中学	李玉领	19	3	3	118	天津市宁河区丰台镇后棘坨村南	301500	69499284
18	天津市宁河区丰台镇小李庄中学	李绍杰	23	3	6	247	天津市宁河区丰台镇小李庄南	301500	69231374
19	天津市宁河区丰台镇中学	韩若龙	30	3	6	243	天津市宁河区丰台镇东村	301500	69489123
20	天津市宁河区廉庄镇中学	于文全	43	3	9	371	天津市宁河区廉庄镇菜园村北	301500	69459857
21	天津市宁河区芦台第三中学	肖俊江	131	3	32	1522	天津市宁河区芦台镇震新路2号	301500	59325578
22	天津市宁河区芦台第五中学	郝绍国	122	3	28	1226	天津市宁河区芦台镇金海路玉红街	301500	69570144
23	天津市宁河区苗庄镇中学	冯全亮	49	3	11	343	天津市宁河区苗庄镇苗庄村东	301500	69221042
24	天津市宁河区宁河镇大辛中学	刘建辉	24	3	6	206	天津市宁河区宁河镇江洼口村南	301500	69260210
25	天津市宁河区宁河镇中学	李春亮	40	3	7	276	天津市宁河区宁河镇四村	301500	69417002
26	天津市宁河区潘庄镇大贾中学	王万忠	33	3	9	387	天津市宁河区潘庄镇大贾村	301500	69485306
27	天津市宁河区潘庄镇中学	张立松	58	3	16	663	天津市宁河区潘庄镇潘庄村南	301500	69529152
28	天津市宁河区七里海镇南涧沽中学	兰广春	40	3	9	356	天津市宁河区七里海镇	301500	69361204
29	天津市宁河区七里海镇中学	王洪利	67	3	16	641	天津市宁河区七里海镇大地村	301500	69531163

（续表）

编号	校名	校长	教师数	年级数	班数	学生数	校址	邮政编码	电话
30	天津市宁河区桥北街赵庄中学	曹凤桐	75	3	17	704	天津市宁河区芦台镇桥北新区205国道旁	301500	69192701
31	天津市宁河区岳龙镇中学	董建军	55	3	16	604	天津市宁河区岳龙镇岳村西南	301500	69251624
32	天津市宁河区造甲城镇中学	冯义合	82	3	21	1008	天津市宁河区造甲城镇村东	301500	69519249
33	天津市宁河区板桥镇板桥小学	刘　健	28	6	8	215	天津市宁河区板桥镇北珠村东	301500	69469313
34	天津市宁河区板桥镇张子铺小学	郝连瑞	18	6	6	134	天津市宁河区板桥镇珠路增36号	301500	69466114
35	天津市宁河区北淮淀镇北淮淀小学	郑俊来	66	6	22	906	天津市宁河区北淮淀镇北淮淀村	301500	69321043
36	天津市宁河区北淮淀镇乐善庄小学	马金友	29	6	11	323	天津市宁河区北淮淀镇乐善庄村	301500	69321149
37	天津市宁河区北淮淀镇南淮淀小学	张富新	40	6	15	480	天津市宁河区北淮淀镇南淮淀村	301500	69329034
38	天津市宁河区俵口镇方舟小学	陈　胜	47	6	18	592	天津市宁河区俵口镇俵口小学	301500	69331524
39	天津市宁河区俵口镇后辛庄小学	于泽兰	17	6	6	175	天津市宁河区俵口镇后辛庄村	301500	69339263
40	天津市宁河区俵口镇洛里坨小学	刘福新	17	6	6	181	天津市宁河区俵口镇洛里坨村	301500	69331194
41	天津市宁河区俵口镇兴家坨小学	李志江	30	6	12	388	天津市宁河区俵口镇兴家坨小学	301500	69339114
42	天津市宁河区大北涧沽镇大北涧沽小学	刘学运	67	6	24	940	天津市宁河区大北涧沽镇大北涧沽村	301500	69546919
43	天津市宁河区东棘坨镇东棘坨小学	孙宝娜	27	6	9	246	天津市宁河区东棘坨镇东棘坨小学	301500	69375168
44	天津市宁河区东棘坨镇高景小学	王付桂	21	6	7	188	天津市宁河区东棘坨镇高景小学	301500	69432207
45	天津市宁河区东棘坨镇李家店小学	赵丹丹	19	6	6	155	天津市宁河区东棘坨镇李家店村李家店小学	301500	69375098
46	天津市宁河区东棘坨镇史家庄小学	董　旭	23	6	6	197	天津市宁河区东棘坨镇史家庄小学	301500	69377010
47	天津市宁河区东棘坨镇小芦庄小学	李振立	17	6	6	108	天津市宁河区东棘坨镇小芦庄	301500	69127152
48	天津市宁河区东棘坨镇于京小学	王泉武	21	6	6	179	天津市宁河区东棘坨镇于京小学	301500	69379814
49	天津市宁河区东棘坨镇赵本小学	崔顺利	35	6	12	367	天津市宁河区东棘坨镇赵本村西	301500	69439014
50	天津市宁河区丰台镇丰小学	韩若龙	32	6	10	338	天津市宁河区丰台镇东村东大街北侧	301500	69489123
51	天津市宁河区丰台镇后棘坨小学	杜顺林	21	6	6	179	天津市宁河区丰台镇后棘坨小学	301500	69499284
52	天津市宁河区丰台镇李老小学	韩学国	20	6	6	162	天津市宁河区丰台镇李老小学	301500	69231188
53	天津市宁河区丰台镇南埋珠小学	王兆祝	19	6	6	194	天津市宁河区丰台镇南埋珠小学	301500	69231377
54	天津市宁河区廉庄镇大于小学	庄学军	30	6	11	329	天津市宁河区廉庄镇大于村	301500	69260818
55	天津市宁河区廉庄镇廉庄小学	杨建国	39	6	14	424	天津市宁河区廉庄镇高坨村东	301500	69458788
56	天津市宁河区芦台街第二小学	张国庆	66	6	24	988	天津市宁河区芦台镇新生街芦台二小	301500	69591387
57	天津市宁河区芦台街第三小学	韩克亮	82	6	27	1287	天津市宁河区芦台镇新生路91号	301500	69592500
58	天津市宁河区芦台街第四小学	钱连丰	67	6	24	1084	天津市宁河区芦台镇宏伟路8号	301500	69117209
59	天津市宁河区芦台街第五小学	付玉梅	85	6	29	1328	天津市宁河区芦台镇育红街园丁楼南芦台五小	301500	69592600
60	天津市宁河区芦台街第一小学	李贺忠	140	6	50	2606	天津市宁河区芦台镇震新路26号	301500	69571815

（续表）

编号	校名	校长	教师数	年级数	班数	学生数	校址	邮政编码	电话
61	天津市宁河区芦台街皇姑庄小学	张辉	14	6	6	105	天津市宁河区芦台街皇姑庄小学	301500	69555358
62	天津市宁河区苗庄镇星辰小学	姜红杰	27	6	10	226	天津市宁河区苗庄镇中捷道沽村	301500	69221036
63	天津市宁河区苗庄镇星光小学	王海宁	31	6	11	299	天津市宁河区苗庄镇麦穗沽村南	301500	69229035
64	天津市宁河区宁河镇江洼口小学	孙瑞存	31	6	12	378	天津市宁河区宁河镇江洼口村南	301500	69260230
65	天津市宁河区宁河镇宁河小学	张志新	46	6	14	498	天津市宁河区宁河镇张辛村西	301500	69419102
66	天津市宁河区潘庄镇白庙小学	杨明辉	23	6	10	279	天津市宁河区潘庄镇白庙村	301500	69310769
67	天津市宁河区潘庄镇大贾庄小学	吴江楠	18	6	6	178	天津市宁河区潘庄镇大贾庄	301500	69310009
68	天津市宁河区潘庄镇大龙湾小学	马超	18	6	6	128	天津市宁河区潘庄镇大龙湾村	301500	69319590
69	天津市宁河区潘庄镇东塘坨小学	冯泉源	30	6	10	289	天津市宁河区潘庄镇东塘坨小学	301500	18200018293
70	天津市宁河区潘庄镇老安淀小学	付景武	22	6	7	215	天津市宁河区潘庄镇老安淀小学	301500	69529247
71	天津市宁河区潘庄镇潘庄小学	杨玉红	45	6	16	535	天津市宁河区潘庄镇潘庄小学	301500	69529651
72	天津市宁河区潘庄镇西塘坨小学	吕顺艳	39	6	14	479	天津市宁河区潘庄镇西塘坨小学	301500	69522154
73	天津市宁河区潘庄镇朱头淀小学	董玉良	19	6	6	171	天津市宁河区潘庄镇朱头淀中台村	301500	69310383
74	天津市宁河区七里海镇薄台小学	黄银佐	32	6	11	359	天津市宁河区七里海镇兰台村北	301500	69361604
75	天津市宁河区七里海镇大八亩坨小学	张洪存	45	6	16	529	天津市宁河区七里海镇大八亩坨小学	301500	69531164
76	天津市宁河区七里海镇冯庄小学	周文喜	18	6	6	131	天津市宁河区七里海镇冯庄村	301500	13920370617
77	天津市宁河区七里海镇齐家埠小学	张朋	17	6	6	127	天津市宁河区七里海镇齐家埠村	301500	69531214
78	天津市宁河区七里海镇任凤庄小学	徐永爽	31	6	10	259	天津市宁河区七里海镇任凤小学	301500	69539175
79	天津市宁河区七里海镇小坨小学	张效汉	21	6	8	208	天津市宁河区七里海镇小坨村	301500	69531177
80	天津市宁河区七里海镇兴隆淀小学	马政宗	17	6	6	143	天津市宁河区七里海镇兴隆淀村南	301500	18920779668
81	天津市宁河区桥北街北胡小学	陈勇	25	6	9	215	天津市宁河区桥北街北胡小学	301500	69192689
82	天津市宁河区桥北街大艇小学	韩克永	16	6	6	114	天津市宁河区桥北街大艇村	301500	69101146
83	天津市宁河区桥北街第二小学	冯立	25	6	8	224	天津市宁河区桥北街王前村	301500	69267822
84	天津市宁河区桥北街第一小学	王立新	116	6	42	1806	天津市宁河区桥北新区绿屏西路1号	301500	69318930
85	天津市宁河区岳龙镇东魏甸小学	李春利	27	6	8	233	天津市宁河区岳龙镇东魏甸村	301500	69252534
86	天津市宁河区岳龙镇岳会小学	张海泉	29	6	10	248	天津市宁河区岳龙镇岳会村	301500	69258635
87	天津市宁河区岳龙镇岳龙小学	张立明	29	6	11	263	天津市宁河区岳龙镇岳龙村	301500	69251614
88	天津市宁河区造甲城镇大王台小学	杨志超	36	6	17	550	天津市宁河区造甲城镇大王台村委	301500	69510527
89	天津市宁河区造甲城镇冯家台小学	郭骏	47	6	19	628	天津市宁河区造甲城镇冯家台村	301500	69510877
90	天津市宁河区造甲城镇甲城小学	王立英	51	6	20	726	天津市宁河区造甲城镇甲城村	301500	69519086
91	天津市宁河区造甲城镇赵温小学	庄永泽	35	6	14	443	天津市宁河区造甲城镇赵温庄村	301500	69624678
92	天津市宁河区第一幼儿园	张得春	35	3	10	323	天津市宁河区芦台镇幸福小区内	301500	69551558

（续表）

编号	校名	校长	教师数	年级数	班数	学生数	校址	邮政编码	电话
93	天津市宁河区第二幼儿园	刘荣	27	3	5	137	天津市宁河区芦台镇光明路风光明里9—11号	301500	69591699
94	天津市宁河区第二幼儿园（分园）	刘荣	—	3	3	85	天津市宁河区芦台镇时代花园小区内	301500	69366716
95	天津市宁河区第三幼儿园	王广坡	62	3	12	390	天津市宁河区芦台镇三八河路东	301500	69119708
96	天津市宁河区第四幼儿园	苏丽	25	3	9	274	天津市宁河区新北运河家园丽月湾	301500	69295971
97	天津市宁河区第五幼儿园	苏晓丹	27	3	6	176	天津市宁河区芦台街龙渔溪园小区51号楼	301500	69366855
98	天津市宁河区第六幼儿园	董相育	27	3	12	378	天津市宁河区桥北街绿屏西路2号	301500	69318903
99	天津市宁河区桥北实验幼儿园	马秀利	18	3	3	75	天津市宁河区桥北街小赵道5号	301500	69561618
100	天津市宁河区俵口镇中心幼儿园	王加敏	10	3	8	230	天津市宁河区俵口镇幸福村南	301500	69364630
101	天津市宁河区俵口镇兴家坨中心幼儿园	刘德石	21	3	6	156	天津市宁河区俵口镇兴家坨村北	301500	69338906
102	天津市宁河区大北涧沽镇船沽中心幼儿园	马斌	4	3	3	83	天津市宁河区大北涧沽镇船沽村村北	301500	59327969
103	天津市宁河区丰台镇中心幼儿园	刘丽	14	3	4	125	天津市宁河区丰台镇丰台东村东霞胡同	301500	69486121
104	天津市宁河区北淮淀镇南淮淀中心幼儿园	孙恩君	7	3	9	210	天津市宁河区北淮淀镇南淮淀村北	301500	69329630
105	天津市宁河区宁河镇中心幼儿园	张卫达	12	3	3	41	天津市宁河区宁河镇四村东	301500	69416866
106	天津市宁河区造甲城镇造甲中心幼儿园	王金月	5	3	6	117	天津市宁河区造甲城镇台村南	301500	69516295
107	天津市宁河区潘庄镇潘庄中心幼儿园	王洪英	7	3	3	106	天津市宁河区潘庄镇潘庄村潘庄小学内南侧	301500	69529578
108	天津市宁河区七里海镇大坨中心幼儿园	张兴瑞	16	3	4	109	天津市宁河区七里海镇大人苗坨村市场中央	301500	69532060
109	天津市宁河区岳龙镇小闫中心幼儿园	曾凡娇	18	3	5	85	天津市宁河区岳龙镇小闫庄村	301500	69221880
110	天津市宁河区苗庄镇星辰中心幼儿园	庞文斌	8	3	3	93	天津市宁河区苗庄镇中建道沽村村西	301500	69221035
111	天津市宁河区大北涧沽镇中心幼儿园	陈淑芳	9	3	10	258	天津市宁河区大北涧沽镇大北涧沽村村西	301500	59328669
112	天津市宁河区江洼口中心幼儿园	张建强	16	3	3	75	天津市宁河区宁河镇江洼口村南	301500	69260296
113	天津市宁河区板桥镇板桥中心幼儿园	钱峰	4	3	3	46	天津市宁河区板桥镇盆罐村	301500	69468583
114	天津市宁河区岳龙镇于潮中心幼儿园	王世永	18	3	4	77	天津市宁河区岳龙镇于潮村丰会公路北侧	301500	69250600—8001
115	天津市宁河区北淮淀镇第二中心幼儿园	王广芹	28	3	11	323	天津市宁河区北淮淀镇北淮淀村村北	301500	69322457
116	天津市宁河区岳龙镇四新中心幼儿园	李学虎	10	3	3	37	天津市宁河区岳龙镇高坨村东	301500	69399828
117	天津市宁河区廉庄镇廉庄中心幼儿园	王汉起	10	3	3	20	天津市宁河区廉庄镇于京村	301500	18526178600
118	天津市宁河区东棘坨镇大贾庄中心幼儿园	张小彤	17	3	4	97	天津市宁河区东棘坨镇大贾庄三区一排3号	301500	13389903635
119	天津市宁河区北淮淀镇第二中心幼儿园	孙连艳	20	3	4	71	天津市宁河区北淮淀镇北淮淀村	301500	15022121480
120	天津市宁河区岳龙镇马新中心幼儿园	曾凡新	5	3	1	20	天津市宁河区岳龙镇小良庄村	301500	13516227570
121	天津市宁河区大北涧沽镇马鞍村幼儿园	陈淑芳	2	3	1	11	天津市宁河区大北涧沽镇马鞍村西	301500	69360877
122	天津市宁河区七里海镇中心幼儿园分园	张兴瑞	9	3	2	47	天津市宁河区七里海镇中学院内	301500	15102239435
123	天津市宁河区七里海镇任凤中心幼儿园	王茜	9	3	3	80	天津市宁河区七里海镇任凤村	301500	69322937
124	天津市宁河区苗庄镇大沙窝幼儿园	庞文斌	4	3	2	62	天津市宁河区苗庄镇大沙窝村西	301500	69221035

（续表）

编号	校名	校长	教师数	年级数	班数	学生数	校址	邮政编码	电话
125	天津市宁河区七里海镇齐家埠小学幼儿园	张朋		3	3	41	天津市宁河区七里海镇齐家埠小学院内	301500	69531214
126	天津市宁河区北淮淀镇乐善庄小学幼儿园	马若莲		3	5	116	天津市宁河区北淮淀镇乐善庄村南	301500	69323104
127	天津市宁河区俵口镇洛里坨小学幼儿园	马政宗		3	3	83	天津市宁河区俵口镇洛里坨村中	301500	69331194
128	天津市宁河区俵口镇后辛庄小学幼儿园	于泽兰		3	3	64	天津市宁河区俵口镇后辛庄村东	301500	13752445061
129	天津市宁河区宁河镇任汉幼儿园	张卫达	2	3	1	6	天津市宁河区宁河镇任汉村	301500	69416866
130	天津市宁河区宁河镇北岳庄幼儿园	张卫达	4	3	3	34	天津市宁河区宁河镇北岳庄	301500	69416866
131	天津市宁河区宁河镇后帮幼儿园	张卫达	5	3	3	30	天津市宁河区宁河镇后帮村	301500	69416866
132	天津市宁河区小月河幼儿园	张建强	4	3	3	23	天津市宁河区宁河镇小月河村	301500	69260296
133	天津市宁河区廉庄杨杨坡幼儿园	李学虎		3	3	18	天津市宁河区廉庄镇杨杨坡村	301500	69399828
134	天津市宁河区廉庄镇任千户幼儿园	李学虎		3	3	18	天津市宁河区廉庄镇任千户村	301500	69399828
135	天津市宁河区丰台镇后棘坨小学幼儿园	杜顺林		3	3	24	天津市宁河区丰台镇后棘坨村南	301500	69499284
136	天津市宁河区板桥镇张子铺幼儿园	钱峰	2	3	3	58	天津市宁河区板桥镇张子铺村	301500	69465977
137	天津市宁河区东棘坨镇高景幼儿园	张寒		3	3	20	天津市宁河区东棘坨镇高景村东	301500	69432207
138	天津市宁河区东棘坨镇小丛村幼儿园	张寒	2	3	2	12	天津市宁河区东棘坨镇小丛村西	301500	69432207
139	天津市宁河区东棘坨镇躲军淀幼儿园	王汉起		3	3	30	天津市宁河区东棘坨镇躲军淀村	301500	18526178600
140	天津市宁河区廉庄后米厂幼儿园	李学虎	3	3	1	21	天津市宁河区廉庄镇后米厂村	301500	69399828
141	天津市宁河区大北涧沽镇小北村幼儿园	马斌	1	3	2	6	天津市宁河区大北涧沽镇小北村村南	301500	18902102882
142	天津市宁河区廉庄朝阳村幼儿园	李学虎	3	3	1	3	天津市宁河区廉庄镇朝阳村	301500	69399828
143	天津市宁河区苗庄倒流幼儿园	庞文彬	2	3	1	3	天津市宁河区苗庄镇倒流村中	301500	69221035
144	天津市宁河区桥北街第二小学附属幼儿园	冯立		3	1	17	天津市宁河区桥北街王北村	301500	13110077800
145	天津市宁河区桥北街第二小学小王村幼儿园	冯立		3	2	36	天津市宁河区桥北街小王村	301500	13110077800
146	天津市宁河区七里海镇薄台小学幼儿园	王茜	4	3	3	50	天津市宁河区七里海镇薄台村	301500	15620259799
147	天津市宁河区七里海镇冯庄子幼儿园	周文喜	1	3	3	11	天津市宁河区七里海镇冯庄子村	301500	69361647
148	天津市宁河区七里海镇兴东幼儿园	马政宗	2	3	2	21	天津市宁河区七里海镇兴隆淀村	301500	18920779668
149	天津市宁河区七里海镇小坨小学幼儿园	张效汉		3	3	67	天津市宁河区七里海镇小坨小学院内	301500	18622679956
150	天津市宁河区宁河镇大月幼儿园	张建强	4	3	1	26	天津市宁河区宁河镇大月村	301500	69260296
151	天津市宁河区丰台镇南埋珠幼儿园	王克祝	1	3	3	12	天津市宁河区丰台镇南埋珠村	301500	13702048370
152	天津市宁河区丰台镇李老村幼儿园	韩学国		3	2	27	天津市宁河区丰台镇李老村	301500	13116132978
153	天津市宁河区潘庄大龙湾小学幼儿园	马超		3	1	18	天津市宁河区潘庄镇大龙湾村	301500	69319590
154	天津市宁河区潘庄老安淀小学幼儿园	付景武		3	2	31	天津市宁河区潘庄镇老安淀村西	301500	69520508
155	天津市宁河区潘庄白庙小学幼儿园	杨明辉		3	1	8	天津市宁河区潘庄镇白庙村	301500	69310769
156	天津市宁河区海祥豪庭东方剑锐幼儿园	韩春红	17	3	3	70	天津市宁河区造甲城镇田辛村海祥豪庭70号	301500	68518358

（续表）

编号	校名	校长	教师数	年级数	班数	学生数	校址	邮政编码	电话
157	天津市宁河区琴朗幼儿园	董 凯	33	3	7	208	天津市宁河区芦台镇芦汉路时代商城2区14、15、16、17	301500	69236588
158	天津市宁河区春园幼儿园	龚 礼	34	3	9	250	天津市宁河区芦台镇文化路4号	301500	13212193114
159	天津市宁河区天骄慧宇幼儿园	艾云惠	25	3	5	108	天津市宁河区芦台镇光明路15号	301500	69567480
160	天津市宁河区琴朗绿洲幼儿园	付 丽	23	3	6	145	天津市宁河区芦台镇建国别墅区287号	301500	69588895
161	天津市宁河区琴朗开发幼儿园	郭 菲	34	3	7	200	天津市宁河区贸易开发区长安路19号	301500	69199988
162	天津市宁河区太阳月亮朝阳花园幼儿园	吕 爽	23	3	5	82	天津市宁河区芦台镇朝阳花园三期震新路与芦汉路交口	301500	86280008
163	天津市宁河区启昂幼儿园	吕福娜	15	3	4	102	天津市宁河区芦台镇偷悦港湾小区28号	301500	69572867
164	天津市宁河区芦台镇小博士幼儿园	李 霞	17	3	4	100	天津市宁河区芦台镇建设路20号	301500	69595670
165	天津市宁河区芦台镇天骄幼儿园	艾云惠	22	3	6	147	天津市宁河区芦台镇国家园街7排37号	301500	69578281
166	天津市宁河区东棘坨镇东棘坨幼儿园	冯玉红	19	3	6	149	天津市宁河区东棘坨镇东棘坨村	301500	69376020
167	天津市宁河区芦台镇世纪阳幼儿园	李文静 车立凡	6	3	3	83	天津市宁河区贸易开发区百兴路5号	301500	18602262066
168	天津市宁河区未来贝星幼儿园	闯秀清	24	3	6	186	天津市宁河区芦台镇建设路13号	301500	13212144351
169	天津市宁河区双优幼儿园	牛炳娜	27	3	6	171	天津市宁河区芦台镇建国别墅区287号	301500	69185888
170	天津市宁河区博文幼儿园	赵文彦	22	3	6	162	天津市宁河区芦台镇国家园街2排34~36号	301500	15602055201
171	天津市宁河区世纪阳光建国幼儿园	李文静 车立凡	13	3	4	54	天津市宁河区芦台镇建国社区二排80号	301500	18602262066
172	天津市宁河区育才幼儿园	冯艳梅	15	3	6	132	天津市宁河区芦台镇靳庄子村二区三排34号	301500	13389997135
173	天津市宁河区芦台镇华翠幼儿园	张 彬	12	3	3	86	天津市宁河区芦台镇华翠小区物业楼一楼	301500	69101116
174	天津市宁河区芦台镇明日之星幼儿园	李 娜	10	3	3	69	天津市宁河区芦台镇东红街2排5号	301500	69125758
175	天津市宁河区芦台镇亲子幼儿园	王克庆	11	3	3	41	天津市宁河区芦台镇建国村新乐里一排38号	301500	69589393
176	天津市宁河区芦台镇海之星幼儿园	刘 艳	9	3	3	54	天津市宁河区贸易开发区长丰路振兴道	301500	69191116
177	天津市宁河区七里海镇兰海幼儿园	曲慧敏	13	3	4	88	天津市宁河区七里海镇兰台村北5排1号	301500	69361099
178	天津市宁河区新起点第一幼儿园	孙桂芳	11	3	3	67	天津市宁河区造甲城镇造甲城村	301500	69461200
179	天津市宁河区阳光天使幼儿园	宁克颖	9	3	4	83	天津市宁河区造甲城镇大艇村	301500	69390018
180	天津市宁河区爱娃幼儿园	王洪华	11	3	3	78	天津市宁河区廉庄镇廉庄村老供销社对面100米	301500	69450479
181	天津市宁河区金贝幼儿园	刘 琳	13	3	4	101	天津市宁河区廉庄镇孟庄村9排34号	301500	15922253951
182	天津市宁河区金雨贝幼儿园	丁克凤	9	3	3	88	天津市宁河区廉庄镇大子村5排16号	301500	18649180061
183	天津市宁河区阳光幼儿园	冯 越	8	3	4	70	天津市宁河区造甲城镇造甲城村二区六排149号	301500	13388076605
184	天津市宁河区童之梦幼儿园	李 霞	11	3	3	33	天津市宁河区桥北新区津榆公路以北御林园配建1~102,1~103,1~104,1~105	301500	17627611528

（续表）

编号	校名	校长	教师数	年级数	班数	学生数	校址	邮政编码	电话
185	天津市宁河区博雅幼儿园	冯玉红	8	3	3	23	天津市宁河区丰台镇新市场	301500	15100255888
186	天津市宁河区丰台镇倍儿幸福民办托幼点	李益菊	3	3	3	16	天津市宁河区丰台镇南埋珠村	301500	13821120434
187	天津市宁河区丰台镇新启点民办托幼点	姜玲	2	3	1	12	天津市宁河区丰台镇北埋珠村	301500	15900307480
188	天津市宁河区芦台镇乐学民办托幼点	刘秀兰	7	3	2	13	天津市宁河区芦台镇永盛永安里3-48	301500	15922234105
189	天津市宁河区芦台镇未来之星民办托幼点	安建香	5	3	3	45	天津市宁河区芦台镇永盛道永心里1排37号	301500	15822302521
190	天津市宁河区芦台镇小不点民办托幼点	张桂艳	4	3	3	21	天津市宁河区宁新花园76号104室	301500	13132269086
191	天津市宁河区芦台镇好苗苗民办托幼点	冯宏伟	6	3	3	26	天津市宁河区芦台镇西大桥街瑞华里7排5号	301500	13043235971
192	天津市宁河区芦台镇成长快乐民办托幼点	李娜	6	3	3	21	天津市宁河区芦台镇金华里3排41号	301500	13012236231
193	天津市宁河区芦台镇童鑫民办托幼点	李丽娜	3	3	3	20	天津市宁河区芦台镇偷悦港湾2-4-101	301500	18506273949
194	天津市宁河区芦台镇永盛民办托幼点	黄秀清	4	3	2	4	天津市宁河区芦台镇曙光路曙光里4排3号	301500	13662184030
195	天津市宁河区芦台镇梦想民办托幼点	刘志平	4	3	3	48	天津市宁河区芦台镇国家园6-36（少年宫对面）	301500	15900276197
196	天津市宁河区芦台镇阳光宝贝民办托幼点	朱红慧	4	3	3	39	天津市宁河区芦台镇王前村	301500	15122905317
197	天津市宁河区芦台镇育才民办托幼点	曹建霞	2	3	1	6	天津市宁河区宁新花园93楼2门104	301500	13662151600
198	天津市宁河区芦台镇红果2民办托幼点	沈文珠	2	3	2	4	天津市宁河区芦台镇晓光里6排28号	301500	13752488013
199	天津市宁河区芦台镇好孩子民办托幼点	曾庆秀	4	3	2	25	天津市宁河区芦台镇车站街永春楼旁	301500	18920663913
200	天津市宁河区芦台镇未来之星民办托幼点	尹守银	15	3	3	30	天津市宁河区芦台镇曹庄	301500	15522086990
201	天津市宁河区芦台镇智多星民办托幼点	王学玲	6	3	3	46	天津市宁河区宁新花园78号104室	301500	13512973848
202	天津市宁河区小太阳民办托幼点（分园）	邢丽萍	6	3	2	47	天津市宁河区沿河街春霞里2-20	301500	13133051933
203	天津市宁河区芦台镇育红民办托幼点	马春霞	4	3	3	32	天津市宁河区大艇村南区7排19号	301500	18522008546
204	天津市宁河区芦台镇蓝天苑民办托幼点	陈征	4	3	3	33	天津市宁河区运河家园底商37号	301500	13602191818
205	天津市宁河区芦台镇小太阳民办托幼点	邢丽萍	8	3	3	62	天津市宁河区沿河街春霞里2-14	301500	13133051933
206	天津市宁河区芦台镇乐迪托幼点	王红红	4	3	3	18	天津市宁河区绿洲别墅2区4排6号	301500	13194693214
207	天津市宁河区芦台镇向日葵托幼点	樊立元	7	3	3	34	天津市宁河区宁新花园6地块83号1	301500	13512051835
208	天津市宁河区大北镇盼盼幼儿点	陈淑洋 王凤焕	3	3	2	39	天津市宁河区大北镇中兴沽村	301500	13072026748
209	天津市宁河区大北镇红太阳托幼点	李海艳	3	3	3	23	天津市宁河区大北镇大北村	301500	15022115119
210	天津市宁河区大北镇阳光托幼点	赵军	2	3	2	34	天津市宁河区大北镇小北村	301500	18622803121
211	天津市宁河区东棘坨镇赵本村托幼点	王辉	1	3	1	7	天津市宁河区东棘坨镇赵本村	301500	15900321309
212	天津市宁河区东棘坨镇西苗村托幼点	吴姜蕾	1	3	1	7	天津市宁河区东棘坨镇苗村	301500	18202600539
213	天津市宁河区东棘坨镇大邓村托幼点	田芳芳	1	3	2	14	天津市宁河区东棘坨镇大邓村	301500	13652194566
214	天津市宁河区东棘坨镇李城村托幼点	赵淑芬	1	3	1	8	天津市宁河区东棘坨镇李城村	301500	13820649645

（续表）

编号	校名	校长	教师数	年级数	班数	学生数	校址	邮政编码	电话
215	天津市宁河区东棘坨镇杨村富村托幼点	韩玉兰	1	3	1	7	天津市宁河区东棘坨镇杨村富村	301500	13022211122
216	天津市宁河区东棘坨镇史自红托幼点	吴自红	2	3	3	15	天津市宁河区东棘坨镇史家庄村	301500	15620120239
217	天津市宁河区东棘坨镇姜庄村托幼点	赵廷芝	3	3	3	25	天津市宁河区东棘坨镇姜庄村	301500	18502673359
218	天津市宁河区东棘坨镇张老仁村托幼点	张伯梅	1	3	1	2	天津市宁河区东棘坨镇张老仁村	301500	13110039591
219	天津市宁河区东棘坨镇后大安村托幼点	尹志云	2	3	2	7	天津市宁河区东棘坨镇后大安村	301500	18698006137
220	天津市宁河区廉庄镇金种子托幼点	冯广婷	2	3	2	19	天津市宁河区廉庄镇后米村	301500	15022084615
221	天津市宁河区造甲新希望学前点	郭金枝	4	3	3	34	天津市宁河区造甲城镇冯台村	301500	15122562635
222	天津市宁河区造甲青苗托幼点	李洁	7	3	2	26	天津市宁河区造甲城镇造甲城村	301500	13821627537
223	天津市宁河区造甲东方启航托幼点	冯玥	4	3	3	37	天津市宁河区造甲城镇冯台村	301500	13110050775
224	天津市宁河区造甲春苗托幼点	冯旭云	9	3	3	68	天津市宁河区造甲城镇造甲城村	301500	13652117119
225	天津市宁河区造甲金色摇篮托幼点	李静	5	3	3	36	天津市宁河区造甲城镇大王台村	301500	13820445388
226	天津市宁河区造甲小太阳学前点	王曼	3	3	3	19	天津市宁河区造甲城镇冯台村	301500	13163141362
227	天津市宁河区造甲温馨学前点	尚德荣	4	3	3	12	天津市宁河区造甲城镇田辛村	301500	15122892804
228	天津市宁河区造甲伯菊托幼点	王伯菊	6	3	3	61	天津市宁河区造甲城镇大王台村	301500	13323410299
229	天津市宁河区造甲阳光托幼点	王希乐	5	3	3	32	天津市宁河区造甲城镇大王台村	301500	18222233444
230	天津市宁河区造甲红太阳学前托幼点	冯朝议	3	3	2	21	天津市宁河区造甲城镇田辛村	301500	18602254905
231	天津市宁河区造甲作艳学前点	付作艳	3	3	3	32	天津市宁河区造甲城镇大王台村	301500	18920367608
232	天津市宁河区造甲镇益智托幼点	冯荣芳	4	3	2	23	天津市宁河区造甲城镇造甲村	301500	13622028533
233	天津市宁河区造甲安博托幼点	郝素萍	4	3	3	28	天津市宁河区造甲城镇赵温村	301500	15620044575
234	天津市宁河区造甲向茹学前点（开心宝贝）	霍笑男		3	1	17	天津市宁河区造甲城镇赵温村	301500	15822523985
235	天津市宁河区造甲张老师学前点	张振云	3	3	3	17	天津市宁河区造甲城镇赵温村	301500	13752125455
236	天津市宁河区潘庄镇七彩阳光托幼点	吕立华	7	3	3	74	天津市宁河区潘庄镇西潘庄村	301500	18622750310
237	天津市宁河区潘庄宝宝乐托幼点	杨维永	8	3	3	22	天津市宁河区潘庄镇潘庄村东	301500	15122043030
238	天津市宁河区潘庄镇Q宝贝学前托幼点	张佳佳	3	3	3	38	天津市宁河区潘庄镇未淀中台村	301500	13682062021
239	天津市宁河区潘庄王庄Q宝贝学前托幼点	张佳红	5	3	3	44	天津市宁河区潘庄镇王庄村	301500	13682062021
240	天津市宁河区潘庄镇育才托幼点	李清楠	4	3	3	28	天津市宁河区潘庄镇未淀中台村	301500	18649183552
241	天津市宁河区潘庄镇温馨托幼点	李合艳	4	3	2	48	天津市宁河区潘庄镇潘庄村	301500	13212288455
242	天津市宁河区潘庄镇快乐童年托幼点	常少杰	2	3	1	4	天津市宁河区潘庄镇东塘坨村	301500	13622194218
243	天津市宁河区潘庄西塘蓝天托幼点	赵兰华	6	3	3	25	天津市宁河区潘庄镇西塘坨村	301500	18602609459
244	天津市宁河区潘庄西塘立英托幼点	尚立英	3	3	2	16	天津市宁河区潘庄镇东塘坨村	301500	13752542612
245	天津市宁河区潘庄镇育红托幼点	刘增云	2	3	1	11	天津市宁河区潘庄镇西塘坨村	301500	13920415422
246	天津市宁河区潘庄小太阳托幼点	齐艳生	2	3	1	9	天津市宁河区潘庄镇西塘坨村	301500	13332070926

（续表）

编号	校名	校长	教师数	年级数	班数	学生数	校址	邮政编码	电话
247	天津市宁河区潘庄镇启蒙托幼点	冯娇	4	3	3	31	天津市宁河区潘庄镇白庙村	301500	15620221630
248	天津市宁河区芦台镇京师幼学托幼点	孟庆娟	10	3	4	56	天津市宁河区贸易开发区长丰路8号	301500	17622963205
249	天津市宁河区芦台镇耀中托幼点	李淑静	6	3	1	10	天津市宁河区芦台镇鸡场路8号	301500	13821864199
250	天津市宁河区芦台镇启卓托幼点	薄丽丽	3	3	1	18	天津市宁河区张西村一区六排12号	301500	18920183669
251	天津市宁河区廉庄镇爱心托幼点	张娟娟	3	3	1	14	天津市宁河区廉庄镇	301500	13312009927
252	天津市宁河区芦台镇起点托幼点	刘真	3	3	3	26	天津市宁河区运河家园丽水湾19-1-101	301500	13163000068

索引

说明

一、本索引包括单位名称索引和人名索引。

二、本索引按汉语拼音音序排列。具体排列方法如下：标目按首字的音序、音调依次排列，首字相同时，则以第二个字的音序、音调排序，依次类推。

三、索引标目后的数字，表示检索内容所在的正文页码；数字后面的英文字母a、b表示正文中的栏别，合在一起即指该页码及左、右两个版面区域。

安　旭 360a

宝坻区 121

北辰区 115

北京师范大学天津生态城附属学校 276a

滨海新区 66

卜显和 351a

车铭洲 355b

陈关裔 362b

陈瑞阳 355b

陈新坤 354b

东丽区 103

董庆绵 363a

辜燮高 353a

何柏荣 356b

何永江 361a

和平区 70

河北工业大学 202a

河北区 79

河东区 83

河西区 91

红桥区 100

胡　青 356b

黄　洁 362b

黄成龙 359b

霍秉海 362b

蓟州区 128

津南区 111

静海区 132

康锡惠 363a

亢　亮 361a

李宝森 356b

李冬田 365a

李恩贵 361a

李美盈 355a

李淑高 365b

李希曾 361b

李宪庆 360b

李正名 358b

林华宽 360a

刘家鸣 355b

刘珺珺 359b

刘敏江 364b

刘廷志 364a

鹿中甫 363b

吕福云 358b

吕可诚 357b

马会英 363b

米夏埃尔·格雷策尔 352b

苗　戎 365b

南开大学 141a

南开区 97

聂兰生 360b

宁河区 137

潘同龙 358a

邱　驹 362b

曲林桀 363a

尚稚珍 353b

史慧明 357b

舒同林 364a

宋　礽 361b

宋德瑛 356a

宋光复 363a

宋秋蓉 358a

苏光郡 364b

孙明珠 363b

唐士雄 360b

天津滨海汽车工程职业学院 254a

天津滨海职业学院 232a

天津渤海职业技术学院 226a

天津财经大学 177a

天津城建大学 181b

天津城市建设管理职业技术学院 249b

天津城市职业学院 240b

天津传媒学院 207a

天津大学 144b

天津电子信息职业技术学院 218a

天津工程职业技术学院 230b

天津工业大学 150a

天津工业职业学院 243b

天津工艺美术职业学院 239a

天津公安警官职业学院 251a

天津国土资源和房屋职业学院 236a

天津海河教育园区南开学校 287a

天津海运职业学院 246b

天津机电职业技术学院 234b

天津交通职业学院 220a

天津教育报刊社 43a

天津开放大学 256a

天津科技大学 153b

天津理工大学 157b

天津美术学院 190b

天津农学院 184a

天津轻工职业技术学院 222b

天津仁爱学院 209b

天津商务职业学院 229a

天津商业大学 179a

天津生物工程职业技术学院 248a

天津师范大学 168a

天津石油职业技术学院 242b

天津市宝坻区北环路幼儿园 324a

天津市宝坻区第十一中学 289b

天津市宝坻区第一中学 288b

天津市宝坻区务本道小学 309a

天津市宝坻区职业教育与成人教育中心 338b

天津市北辰区集贤里幼儿园 323a

天津市北辰区实验中学 287b

天津市北辰区翊辰小学 308a

天津市滨海新区大港东城小学 297b

天津市滨海新区塘沽燕飞幼儿园 314a

天津市大学软件学院 196b

天津市第二南开学校 277b

天津市第二十五中学 283a

天津市第九十五中学益中学校 286a

天津市第五十七中学 278b

天津市第一轻工业学校 334b

天津市第一商业学校 333b

天津市第一中学 264a

天津市东丽区第一幼儿园 320a

天津市东丽区流芳小学 305a

天津市复兴中学 273a

天津市工读学校 275b

天津市和平区第五幼儿园 315a

天津市和平区哈密道小学 300a

天津市和平区岳阳道小学 298b

天津市河北区第八幼儿园 316a

天津市河北区津宝贝幼儿园 347b

天津市河北区开江道小学 301a

天津市河东区第一幼儿园 316b

天津市河东区凤凰小学 302a

天津市河东区太阳城学校 279b

天津市河东区太阳月亮恒大帝景幼儿园 348b

天津市河东区天铁第二中学 281a

天津市河东区天铁教育中心 90

天津市河西区复兴小学 302b

天津市河西区美棠幼儿园 317b

天津市河西区职工大学 258b

天津市红桥区第十二幼儿园 319a

天津市红桥区职工大学 260b

天津市红桥小学 304b

天津市红星职业中等专业学校 336a

天津市华明中学 285a

天津市机电工艺技师学院（天津市机电工业学校）343a

天津市蓟州区第七幼儿园 326b

天津市蓟州区第一小学 310b

天津市蓟州区康各庄中学 290b

天津市蓟州区尤古庄镇初级中学 292a

天津市建筑工程职工大学 257b

天津市教育科学研究院 60

天津市教育委员会财务与资产管理中心 22b

天津市教育委员会教育综合服务中心 35a

天津市津南区第八幼儿园 322a

天津市津南区小站第一小学 307a

天津市经济贸易学校（天津市烹饪技术学校）337a

天津市静海区第六中学 293a

天津市静海区梁头镇梁头小学 312a

天津市静海区团泊镇第二中心幼儿园 327a

天津市静海区杨成庄乡成人文化技术学校 345a

天津市静海区运河学校 294b

天津市劳动保护学校 340b

天津市老年人大学 349b

天津市聋人学校 329a

天津市南开区第五幼儿园 318a

天津市南开区科技实验小学 303b

天津市南开区职工大学 259b

天津市南开中学 262a

天津市宁河区第一幼儿园 328b

天津市宁河区潘庄中学 295b

天津市宁河区造甲城小学 313b

天津市瑞景中学 274b

天津市实验小学 296a

天津市实验中学 269b

天津市视力障碍学校 330b

天津市武清区第四幼儿园 325a

天津市武清区杨村光明道小学 309b

天津市武清区职业教育中心 339b

天津市西青道中学 284a

天津市西青区大柳滩中心小学 306b

天津市西青区张家窝镇华夏阳光幼儿园 321a

天津市新华中学 268a

天津市耀华中学 265b

天津市仪表无线电工业学校（天津市电子信息技师学院）344a

天津市雍阳中学 346a

天津市幼儿师范学校 332a

天津市园林学校 342a

天津市卓群中学 282a

天津体育学院 187b

天津体育职业学院 253a

天津天狮学院 204a

天津铁道职业技术学院 245a

天津外国语大学 173b

天津外国语大学附属外国语学校 271a

天津现代职业技术学院 224a

天津医科大学 160b

天津医学高等专科学校 215a

天津艺术职业学院 237b

天津音乐学院 194a

天津职业大学 211b

天津职业技术师范大学 171b

天津中德应用技术大学 198b

天津中学 272a

天津中医药大学 163b

汪克让 361b

王成山 352a

王鸿江 366a

王家骅 355a

王敬中 353a

王开和 364b

王茂瑶 363a

王树新 352a

王象箴 362a

王者福 357a

魏宏运 357b

翁福海 365a

吴弘宝 355a

吴文林 361a

武清区 124

西青区 107

肖英达 354a

徐民忠 354b

徐温元 359a

严宗达 361b

元英进 351b

张东明 362a

张鸿文 358b

张金昌 362a

张素华 357a

张廷贤 360b

张岩贵 354a

张毓琪 354b

张振衡 362a

赵　华 353a

赵　珺 362b

赵春益 357a

赵光济 361b

赵广玉 365b

赵俊岭 365a

赵文芳 356a

中国民航大学 147b

钟维德 364b

周昌震 360b

朱海清 356b

左秉坚 364a

2021年天津市教育两委领导及处室负责人名单

市教育两委领导

天津市委教育工作委员会常务副书记,天津市教育委员会主任,天津市人民政府教育督导室主任(兼):荆洪阳

天津市委教育工作委员会专职副书记:孙志良

天津市纪委委员,市纪委监委驻市委教育工委纪检监察组组长、天津市委教育工作委员会委员、一级巡视员:王 琳

天津市教育委员会一级巡视员:孙惠玲

天津市委教育工作委员会委员,天津市教育委员会副主任(兼),天津市教育招生考试院党委书记、院长:徐广宇

天津市委教育工作委员会委员,天津市教育委员会副主任:白海力

天津市委教育工作委员会、市教育委员会一级巡视员:闫国梁

天津市委教育工作委员会、市教育委员会一级巡视员:刘 欣

天津市委教育工作委员会委员,天津市教育委员会副主任:郝奎刚

天津市委教育工作委员会委员,天津市教育委员会副主任:仇小娟

市教育两委各处室负责人

市委教育工作领导小组办公室秘书处:王秋岩

办公室:徐瑞成

组织处:张 宇(2021年1月离任)
　　　　姜国斌(2021年1月到任)

干部处:张 宇(2021年1月到任)

宣传处(教材办):姜国斌(2021年1月离任)
　　　　　　　　许 瑞(女)(2021年1月到任)

统战处:祝 建

网络安全和信息化办公室:王 峥

发展规划处:连忠锋(2021年1月到任)

法制处(政务服务处):邢建涛

科学技术与研究生工作处(学位办):苏 丹

高等教育处:连忠锋(2021年1月离任)
　　　　　　徐 震(2021年4月到任)

职业教育处:李 力

继续教育处:穆树发(2021年11月离任)

中小学教育处:乔 盛

学前教育处:郭鑫勇(2021年7月离任)

学生思想教育与管理处:许 瑞(女)(2021年1月离任)
　　　　　　　　　　　　杨 明(2021年3月到任)

体美劳教育处:张健青

民办教育管理处:刘 卫

扶贫协作与语言文字处:杨继荣

国际合作与交流处(港澳台合作与交流办公室):张华泉

教师工作处:狄建明

人事处:陈长征

财务处:范志华(女)

基本建设与后勤管理处:王 岩

安全稳定处:梁春雨

审计处:李 琪(2021年4月退休)

督政处:田青宇

督学处:李翔忠

机关党委办公室:李 旭(2021年4月离任)

巡察工作办公室:王著名

巡察组:安瑞威(2021年4月退休)
　　　　穆树发(2021年11月到任)

离退休干部处:王 戈

机关纪委书记(正处级):曲 杨

督政处督学(正处级):马蕴龄(女)

督学处督学(正处级):井 清

校外教育培训监管处:郭鑫勇(2021年7月到任,2021年10月免职)